中华名人百传

■何国山 主编

第一卷

吉 林 大 学 出 版 社

图书在版编目（CIP）数据

中华名人百传/何国山主编. —长春：吉林大学出版社，
2009.4

ISBN 978-7-5601-4241-8

Ⅰ．中… Ⅱ．何… Ⅲ．名人—列传—中国 Ⅳ．K82

中国版本图书馆 CIP 数据核字（2009）第 041472 号

书　名：中华名人百传

作　者：何国山　主编

责任编辑、责任校对：黄凤新　　　　　　　　　封面设计：世纪鼎

吉林大学出版社出版、发行　　　　　　　三河市玉星印刷装订厂　印刷

开本：710×1030 毫米　1/16　　　　　　　2009 年 4 月　第 1 版

印张：51.5　　字数：1025 千字　　　　　2011 年 5 月　第 2 次印刷

ISBN 978-7-5601-4241-8　　　　　　　　　　定价：298.00 元

社址：长春市明德路 421 号　邮编：130021

发行部电话：0431-88499826

网址：http://www.jlup.com.cn

E-mail：jlup@mail.jlu.edu.cn

前　言

名人是一面镜子。名人的成功经验是我们事业进取的宝贵精神财富，名人的失败教训会让我们在人生奋斗历程中多几分冷静，少些许急躁。

古往今来成大器者，都十分重视吸取名人的经验教训。牛顿说：我之所以成功，是因为我站在了巨人的肩上。

现代社会纷繁复杂，每个想在事业进取中少走弯路，多几分成功几率的人，都没有理由不去关注名人的成败得失。本部《中华名人百传》收录了上百位帝王、后妃、将相、革命家、思想家、科学家、能工巧匠、文学家、艺术家及奸臣贼子等古今名人的生平传记，如秦始皇、李世民、张良、诸葛亮、岳飞、李自成、孙中山、孔子、康有为、张衡、华佗、李四光、李白、曹雪芹、吕不韦、秦桧、魏忠贤等，领域涉及政治、经济、文化、军事、科技、外交等方方面面。全书内容翔实，不仅生动地记载了他们的生平活动，而且客观地总结了他们的成功经验和失败教训，文字通俗易懂，融知识性、趣味性于一体，足以为今人提供借鉴，帮助大家做一个有所作为、有益于社会的人。

由于本书所涉及的史料庞杂，时间跨度长，空间跨度广，头绪纷乱，虽然我们处处谨慎，如履薄冰，但仍恐有不如人意之处。对于书中的贻误不当之处，敬请广大读者提出斧正意见，以便让我们及时修正。

编　者

2009 年 4 月

总 目 录

第一卷

帝后卷

五帝　大禹　勾践　秦始皇
刘邦　汉文帝　汉武帝　光武帝
王莽　曹操　晋武帝　隋炀帝
李世民　长孙皇后　武则天　李隆基
赵匡胤　成吉思汗　朱元璋　康熙
慈禧

将相卷

姜尚　管仲　晏子　伍子胥
范蠡　孙膑　商鞅　鬼谷子
苏秦　张仪

第二卷

将相卷

廉颇　蔺相如　范雎　蒙恬
李斯　萧何　陈平　张良
韩信　李广　鲁肃　诸葛亮
陆逊　长孙无忌　房玄龄　魏征
杜如晦　薛仁贵　狄仁杰　寇准

范仲淹　司马光　王安石　岳飞
戚继光　林则徐　曾国藩
耶律楚材

革命家卷

陈胜　黄巢　李自成　洪秀全
孙中山

第三卷

革命家卷

黄兴

思想家卷

老子　孔子　孙子　孟子
荀子　韩非子　董仲舒　玄奘
朱熹　李贽　黄宗羲　顾炎武

康有为　梁启超

科学技术卷

蔡伦　祖冲之　张衡　华佗
孙思邈　郭守敬　李时珍　徐光启
李四光

第四卷

文化艺术卷

屈原　司马迁　司马相如　钟繇
王羲之　陶潜　谢朓　庾信
李白　杜甫　白居易　韩愈
柳宗元　欧阳修　苏轼　陆游
关汉卿　曹雪芹　鲁迅

奸佞卷

吕不韦　嫪毐　赵高　梁冀
董卓　许敬宗　李义府　李林甫
蔡京　秦桧　严嵩　魏忠贤
马士英

目　　录

帝后卷

五　帝 ………………………………………………… （1）

大　禹 ………………………………………………… （7）

勾　践 ………………………………………………… （10）

秦始皇 ………………………………………………… （14）

刘　邦 ………………………………………………… （17）

汉文帝 ………………………………………………… （25）

汉武帝 ………………………………………………… （27）

光武帝 ………………………………………………… （32）

王　莽 ………………………………………………… （40）

曹　操 ………………………………………………… （47）

晋武帝 ………………………………………………… （54）

隋炀帝 ………………………………………………… （60）

李世民 ………………………………………………… （66）

长孙皇后 …………………………………………… （71）

武则天 ………………………………………………… （73）

李隆基 ………………………………………………… （78）

赵匡胤 ………………………………………………… （84）

成吉思汗 …………………………………………… （90）

朱元璋 ………………………………………………… （103）

康　熙 ………………………………………………… （116）

慈　禧 ………………………………………………… （128）

将相卷

姜　尚……………………………………………………（138）

管　仲……………………………………………………（143）

晏　子……………………………………………………（144）

伍子胥……………………………………………………（145）

范　蠡……………………………………………………（150）

孙　膑……………………………………………………（155）

商　鞅……………………………………………………（159）

鬼谷子……………………………………………………（164）

苏　秦……………………………………………………（169）

张　仪……………………………………………………（177）

帝后卷

五帝

　　黄帝,是少典族的后代,姓公孙,名轩辕。相传其生下来就很神异,几个月大就能说话,幼年心智周遍、口齿伶俐,长大后敦厚机敏,成年时就见识广博,能通晓天下大事。

　　轩辕的时候,神农氏已经没落,诸侯互相侵伐,残害百姓,而神农氏却没有能力征讨他们。于是轩辕就操练军队、动用武力,来征讨那些不来朝贡的诸侯,四方诸侯都来归顺。但是蚩尤最为残暴,还没有谁能去征讨他。

　　炎帝试图侵犯诸侯,诸侯都来归附轩辕。轩辕于是推行德政,强化军队,顺应四时五方的自然气象,播种五谷,安抚百姓,丈量和规划四方土地,训练勇猛威武的劲旅,与炎帝在阪泉之野展开大战,经过多次战斗,终于取得胜利。

　　蚩尤发动叛乱,不服从黄帝的命令。于是黄帝就向诸侯征调军队,与蚩尤在涿鹿之野进行决战,擒获并杀死了蚩尤。四方诸侯都公推轩辕为天子,取代了神农氏,这就是黄帝。天下有不归顺的,黄帝随即就去征讨。平定以后,就离开这个地方。披荆斩棘,开山凿道,未曾过过一天安逸的日子。

　　黄帝向东来到大海边,登上了丸山和泰山;往西到达崆峒,登上了鸡头山;往南到达长江,登上了熊山和湘山;向北驱逐了荤粥,在釜山与四方诸侯验合符瑞,在涿鹿山下的旷野建起了都城。迁移往来,没有固定的住处,只是在营地四周部署军队作为护卫的屏障。所设官职都用"云"来命名,军队也叫做"云师"。设置左右大监,负责监察各地诸侯。四方诸侯和睦相处,因此对鬼神山川的祭祀封禅,比以往任何时候都多。黄帝又获得了宝鼎,用通灵蓍草来预测节气日辰。推举风后、力牧、常先、大鸿四人来治理民众。顺应天地四时的规律,预测阴阳五行的变化,制定养生送死的仪制规范,推究国家存亡的道理。按照时令节气播种百谷草木,驯化鸟兽昆虫,旁及日月星辰的运行、水木土石金玉的性能等各项事务,烦劳勤苦自己的心力耳目,有节制地使用山川林泽的物产资源。因为有"土德"的祥瑞出现,所以人们称他为"黄帝"。

　　黄帝共有三十五个儿子,获得姓氏的有十四个。

　　黄帝住在轩辕之丘,娶西陵氏的女儿为妻,这就是嫘祖。嫘祖是黄帝的正妃,生了两个儿子,他们的后代都统治过天下:一个名叫玄嚣,这就是青阳,青阳的封地在长江;另一个名叫昌意,封地在若水。昌意娶蜀山氏的女子为妻,名叫

昌仆,生高阳。高阳是个圣德的人。

黄帝逝世,葬在桥山。他的孙子也就是昌意的儿子高阳即位,这就是颛顼帝。

颛顼帝高阳,是黄帝的孙子,昌意的儿子。宁静深沉而有智谋,通达而明晓事理,养材育物以充分利用土地,按照四时季节办事以顺应自然规律,凭借鬼神的名义来制定礼仪法度,治理四时五行之气来教化百姓,洁心诚意来进行祭祀。疆域北到幽陵,南到交阯,西到流沙,东到蟠木。动物植物,大神小神,凡是日月能够照临的地方,没有不归属于他的。

颛顼帝生了个儿子,名叫穷蝉。

颛顼逝世后,便由玄嚣的孙子高辛继位,这就是帝喾。

帝喾高辛,是黄帝的曾孙。高辛的父亲叫蟠极,蟠极的父亲叫玄嚣,玄嚣的父亲就是黄帝。从玄嚣到蟠极,都没能得到帝位,直到高辛才即帝位。高辛是颛顼的侄子。

高辛生下来就非常神灵,能够说出自己的名字。他广施恩泽,从来不考虑自身的私利。他聪明辨析,见识深远,明白事理,洞察秋毫。他顺应上天的旨意,了解百姓的急难。他仁爱而又威严,慈宽而守信义,修养自身而使天下归心。他充分利用土地的物产资源而又能节制使用,抚育和教导百姓能够因势利导,制定历法能够符合日月运行和季节变化的规律,申明鬼神之道并能虔诚地供奉祭祀。他神态肃穆庄重,品德高尚,一举一动都能顺应天时,穿的衣服也跟普通世人一样。帝喾治理国家有如春雨润物,不偏不倚,凡是日月所照、风雨所至的地方,无不顺服他的统治。

帝喾娶陈锋氏的女子为妻,生下了放勋。又娶娵訾氏的女子,生下了挚。帝喾逝世后,由挚继承帝位。帝挚在位治理不善,由弟弟放勋取而代之,这就是帝尧。

帝尧就是放勋。他的仁德可比上天,他的智慧可比神灵。接近他就能感到像太阳般的温暖,仰望他就好像是高洁的白云。他富有而不骄奢,尊贵而不放纵。通常戴黄色的礼帽,穿黑色的礼服,乘坐白马拉的朱红色座车。能够发扬光大恭顺的美德,因此能使九族和睦团结。九族和睦之后,又能明确百官的职责。百官各尽其责,四方诸侯也都融洽和睦。

于是命令羲氏、和氏,敬顺上天,取法日月星辰的运行规律,教导百姓按照时令节气的变化来安排劳动生产。命羲仲住在郁夷(又叫旸谷),恭敬地迎接日出,安排春耕春种的事务。春分日,昼夜长短一致,再根据黄昏时鸟星的出现,推定仲春的节气。百姓这时就散布到田野从事农作,鸟兽也开始交尾;再命令羲叔住在南交,管理和安排夏季的农作,务必谨慎敬业。夏至日,白昼最长,再根据黄昏时火星的出现,推定仲夏的节气。这时百姓更加辛勤劳作,鸟兽也开始换上稀疏的羽毛;再命令和仲住在西方,那个地方叫昧谷,恭送太阳落山,安排和管理秋收事务。秋分日,昼夜长短一致,再根据黄昏时虚星的出现,推定仲秋的节气。这时百姓喜悦和乐,鸟兽也都长好新的羽毛;再命令和叔住在北方,那里名叫幽都,安排和管理冬藏事宜。冬至日，白昼最短，再根据黄昏时昴星的出现，推定仲冬的节气。这时百姓都呆在室内，穿上厚衣服，鸟兽也都长上细密的绒毛以便御寒。一年为三百六十六天，用闰月调整四季的偏差，切实地整饬和训诫百官，于是各项事业都兴旺起来。

尧说："谁能顺应天意接替帝位？"放齐说："您的嗣子丹朱开明通达。"尧说："唉！丹朱生性顽劣，又好争斗，不可任用。"尧又说："谁可以？"驩兜说："共工遍揽事务，很见成效，可以任用。"尧说："共工巧言善辩，但心地邪僻，貌似恭顺，内心里连上天都敢欺瞒，不可任用。"尧又说："唉！四岳诸侯，眼下洪水滔天，浩浩荡荡地包围了群山，淹没了高地，老百姓忧心忡忡，有谁能前去治理呢？"大家都说鲧可以。尧说："鲧违背教令，危害同类，不可任用。"四岳说："不是这样吧，先试他一试，真的不行就算了。"尧于是听从四岳的意见，任命鲧去治水。九年过去，鲧治水毫无成绩。

尧说："唉！四岳，我在位已七十年了，你们当中有谁能够顺应天命，来接替我的帝位？"四岳回答说："我们德行微浅，会玷污帝位的。"尧说："那你们把贵族亲戚以及关系疏远的隐居者中的人才都推荐出来。"大家都对尧说："民间有个单身汉，名叫虞舜。"尧说："是的，我听说过，这个人怎么样？"四岳说："他是一个盲人的儿子。他父亲冥顽不化，母亲心地阴暗，兄弟狂傲无礼，他都能以孝道亲和他们，使他们能够力求上进，不至于奸恶。"尧说："那我就试试他吧！"于是尧把两个女儿嫁给舜，通过这两个女儿来考察他的德行。舜告诫她们放下架子，居住在沩水河边谨守妇道。尧对此十分赞赏，于是放手让虞舜推行五种教典，民众都能遵从这五种教典。又让他参与百官事务，各种职事都处理得井井有条。让他在四门接待宾客，四门的接待工作庄严肃穆，诸侯以及远方的宾客也都态度恭敬。尧又派虞舜进入山川林泽，遇到暴风雷雨，舜从不迷失方向。尧认为他有圣智，召来舜说："你谋划事务都能成功，说过的话都有实绩可以考察，已经三年了，你来登帝位。"舜认为自己德行不够，因而一直谦让。

正月初一，舜在文祖庙接受了尧的禅让。文祖，就是尧的太祖。

于是尧告老在家，命令舜代理天子执政，以观察上天的旨意。舜就通过璇玑玉衡观测天象，确定日月五星的位置和运行情况。以"类礼"祭祀上帝，用"禋礼"祭天地四时，用"望礼"祭祀名山大川，又遍祭各路神灵。接受五种瑞玉，选择吉利的月日，接受四岳和各方诸侯的朝觐，向他们颁赐瑞玉。这年二月，巡视东方，到达泰山，烧柴祭天；又按等级祭祀其它名山大川；于是召见东方诸侯，校定四时节气和月份大小，校正一天的时辰，统一音律和度量衡，修订吉、凶、宾、军、嘉五种礼仪，规定用五种玉、三种帛、两种生物、一种死物作为初见面时的赠礼。至于五种玉器，礼仪结束后就物归原主。五月，巡视南方；八月，巡视西方；十一月，巡视北方，所做的事情都跟巡视东方时一样。回来后，到尧的祖庙和父庙祭祀，用一头公牛作为祭品。每五年巡视一次，其间的四年里各方诸侯君长轮流朝见天子，舜全都告诫他们治国的方法，明确考察他们的业绩，对政绩突出者，赐车服给他们享用。开始将全国分为十二个州，疏通各地的河道。把常用的刑律刻在器

物上，用流放来宽赦触犯五刑的罪犯，用鞭刑作为官府的刑罚，用戒尺作为学校的刑罚，金钱可用来减赎刑罚。无心之过或因灾害造成的犯罪可以赦免，对屡教不改的犯人就严施刑罚。

驩兜引荐共工，尧说："不可。"试用为工师，共工果然放纵邪辟。四岳推举鲧治理洪水，尧认为不可以，四岳力请试用，试用后毫无成效，老百姓深感不便。三苗在江淮、荆州一带屡次作乱，舜巡视回来就向帝尧汇报，请求把共工流放到幽陵，来改变北狄的习俗；把驩兜流放到崇山，来改变南蛮的习俗；把三苗迁移到三危去，来改变西戎的习俗；把鲧远贬到羽山，来改变东夷的习俗。处置了这四个罪人，天下人都心悦诚服。

尧在位七十年才得到舜，又过了二十年告老，命令舜代行天子政事，把舜推荐给上天。尧退位共二十八年后去世。百姓悲痛哀伤，好像死了父母一样。三年之内，天下无人奏乐，以此表示对尧的悼念。尧知道自己的儿子丹朱不成器，不足以授予天下，于是就采取权变措施让位于舜。授权给舜，天下人都可以得到好处，只有丹朱受到损害；授权给丹朱，那么天下人都会受到损害而只有丹朱一人得利。尧说："终归不能让天下人受害而让一人得利，"最终把天下传给了舜。

尧去世后，三年丧期结束，舜让位给丹朱，自己避居到南河南岸。诸侯来朝见的不去丹朱那里反而来到舜这里，打官司的不去找丹朱而来找舜，歌功颂德的人不歌颂丹朱而歌颂舜。舜说："这是天意啊！"然后才回到都城即天子之位，这就是帝舜。

虞舜，名叫重华。重华的父亲叫瞽叟，瞽叟的父亲叫桥牛，桥牛的父亲叫句望，句望的父亲叫敬康，敬康的父亲叫穷蝉，穷蝉的父亲是帝颛顼，颛顼的父亲叫昌意。从昌意到舜已经有七代了。从穷蝉一直到帝舜，都是地位低微的普通百姓。

舜的父亲瞽叟是个瞎子，舜的生母去世后，瞽叟又娶了一个妻子，生下了象，象狂傲骄纵。瞽叟偏爱后妻的儿子，常常想杀了舜，舜只得躲闪逃避；一旦有小的过失，舜便接受处罚。他以恭顺的态度对待父亲、后母和弟弟，每天都小心恭谨，不敢稍有懈怠。

舜，是冀州人。舜曾在历山种过地，在雷泽捕过鱼，在黄河边做过陶器，在寿丘做过各种手艺活，又在负夏做过买卖。舜的父亲瞽叟冥顽不善，后母又爱搬弄是非，弟弟象狂傲骄纵，他们都想杀掉舜。舜孝顺父母，从不违背做儿子的道义，有事要找他去处理时，他会随时来到身边。

舜二十岁那年就以孝闻名。三十岁时，帝尧询问可用的人才，四岳诸侯都推荐虞舜，说他可以。于是尧就把两个女儿嫁给他，以观察他怎样治家；让九个儿子跟他相处，以观察他怎样处世。舜居住在妫水湾，治家一丝不苟，尧的两个女儿不敢因为自己地位尊贵而傲慢地对待舜的亲人，很讲究妇道。尧的九个儿子也都更加敦厚友爱。舜在历山耕地，历山人都互相谦让田界；在雷泽捕鱼，雷泽人都互相让出自己的居所；在黄河边制作陶器，河滨出产的陶器没有粗制滥造的。一年之内，舜居住的地方就聚成村落，两年时间变成城镇，三年之后便成了都市。

尧于是赐给舜细葛布衣和琴，为他建造仓库，还给他牛、羊。瞽叟仍想杀他，让舜爬上去修补仓库，自己在下面放火焚烧仓库。舜就用两个斗笠护住身子跳下来逃走，得免一死。后来瞽叟又让舜挖井，舜预先挖了一个暗道可以从旁边出来。舜挖井已经很深了，瞽叟和象一起往井里填土，舜从暗道逃出，脱离了险境。瞽叟和象都很高兴，以为舜已经死了。象说："这件事的主谋是我。"象跟父母瓜分舜的家产，便说道："舜娶了尧的两个女儿，还有一把琴，这些归我；牛、羊和仓库归父母。"象于是就住在舜的居室，弹他的琴。舜回来见象，象惊愕不快，假意说："我想你想得好苦闷啊！"舜说："是这样的，你是个好人。"舜重新侍奉瞽叟，爱护弟弟，态度更加恭谨。于是尧就试着让舜推行五种教典，都干得很好。

从前高阳氏有八个很有才能的儿子，世人从他们那里受益很多，称他们为"八恺"。高辛氏也有八个才干出众的儿子，世人称他们为"八元"。这十六个家族，世世代代都能发扬光大先辈的美德，从没损坏过祖先的声誉。到了帝尧时代，尧没能任用他们。舜推举八恺，让他们主管土地事务，他们恪尽职守，没有一件不处理得井井有条。任用八元，让他们在四方布施教典，于是父义、母慈、兄友、弟恭、子孝，国内太平，外族归附。

从前帝鸿氏还有个不成器的儿子，掩没道义，阴狠残暴，好做凶恶的坏事，天下人称他为"浑沌"。少暤氏有个不成器的儿子，败坏信义，憎恶忠直，满口邪恶言论，天下人叫他"穷奇"。颛顼氏有个不成器的儿子，不接受教育训导，不知言语的好坏，天下人称他为"梼杌"。这三个家族，世代为人们所忧虑。到帝尧时代，尧没能驱除他们。缙云氏有个不成器的儿子，贪恋酒食，贪图钱财，天下人叫他"饕餮"。天下人都讨厌他，把他跟三凶相提并论。

舜在四门负责迎宾事务时，就放逐了这四个凶恶的家族，把他们迁到四方偏远的地方，用他们去抵御妖魔鬼怪。于是四门通达，大家都说没有凶人了。

舜进入高山大麓，遇到暴风雷雨从不迷路，尧于是知道舜足以托付天下。尧年事已高，让舜代行天子政事，巡视各地。舜受到推荐任用已二十年，然后尧才让他摄政。舜摄政八年，尧逝世。三年的丧期结束，舜让位给丹朱，但天下人都归服于舜。禹、皋陶、契、后稷、伯夷、夔、龙、倕、益、彭祖等人自尧时都已被任用，但还没有明确的分工。于是舜到文祖庙，征求四岳的意见，开放四门，以畅通四方各地的见闻和意见，命令十二州长官讨论天子的德行，认为只要推行德政，远离奸佞小人，那么就能使蛮夷归服。舜对四岳说："有谁能够奋发努力，发扬光大帝尧的功业，让他任官辅政？"四岳都说："让伯禹做司空，可以光大尧的事业。"舜说："啊，是的！禹，你去治理水土，可要恪尽职守啊！"禹跪拜叩首，想让给后稷、契和皋陶。舜说："就这样，你上任去吧！"舜说："弃，老百姓要挨饿了，你担任农官，指导百姓种好各种谷物。"舜说："契，百姓不和睦，百官不团结，你担任司徒，认真推行五常教典，做事要宽厚。"舜说："皋陶，蛮夷侵扰华夏，贼寇杀人越货，你做刑官，五种刑罚要量刑适中，执行五刑要在三个地方进行；要有一定的尺度，五种流放要确定三等远近不同的处所。只有公正廉明，才能使人信服。"舜说："谁

能担任我的工官?"都说倕可以。于是让倕做共工。舜说:"谁能为我掌管山川林泽中的草木鸟兽?"都说益可以。于是让益担任虞官。益跪拜叩头,想让给朱虎、熊罴等大臣。舜说:"去吧,你很合适。"于是让朱虎、熊罴为助手。舜说:"啊!四岳诸侯,有谁能为我掌管三礼?"都说伯夷可以。舜说:"喂!伯夷,命你担任秩宗,早晚都要虔诚恭敬,只有清明洁净才能正直。"伯夷谦让给夔、龙。舜说:"可以。任命夔为典乐官,教导贵族子弟,要正直而温和,宽厚而严格,刚毅而不暴虐,简易而不傲慢;用诗表达意志,用歌咏延长和音,五声要依据歌咏的需要,用律吕调节音乐,使八种乐器的声音都能和谐,不互相干扰,这样神、人都会欢乐。"夔说:"啊!我捬击石磬,连百兽都会相率起舞。"舜说:"龙,我厌恶忌讳谗言和伪善,它们扰乱我的臣民,任命你为纳言,早晚传达我的政令,务求诚信。"舜说:"啊!你们二十二人要认真办事呀,要顺应时势辅佐好上天交付的事业。"每三年考察一次政绩,经过三次考核决定升降,远近各项事业都兴盛起来。又分别处理了北部边境的三苗部族。

这二十二人都成就了他们的事功。皋陶主管刑狱,执法公平,老百姓心服口服。伯夷主持礼仪,上下都知谦让。倕担任工官,每项工务都完成得很好。益做虞官,山川林泽都得到了开发利用。弃担任农官,百谷庄稼都长得很茂盛。契担任司徒,百姓亲近和睦。龙负责接待宾客,远方的人都来朝贡。十二个地方长官推行政令,全国各地没人敢逃避违抗。只有禹的功劳最大,开通了九座大山,疏浚了九大湖泽,疏通决导了九条大河,划定了九州地界,各州都按照相应的职份来进贡特产,没有不合时宜的。方圆五千里的国土,一直到达荒僻遥远的地方。南边抚交阯、北发,西边抚戎、析枝、渠廋、氐、羌,北方抚山戎、发、息慎,东边抚长、鸟夷,四海之内,都推戴帝舜的功绩。

于是禹创制《九韶》之乐,招来各方奇珍异物,凤凰也飞来翔舞。天下的清明德政,都是从虞舜时代开始的。

舜二十岁时以孝闻名,三十岁时尧举用他,五十岁时代行天子政事,五十八岁那年尧逝世,六十一岁接替尧登上帝位。登上帝位三十九年,到南方巡视,死在苍梧境内。葬在江南九嶷山,这里就是零陵。舜登上帝位后,用车载着天子的旌旗,去拜见父亲瞽叟,态度和悦恭敬,完全符合做儿子的孝道。又封弟弟象为诸侯。舜的儿子商均也不成器,舜于是预先把禹推荐给上天。十七年后,舜去世。三年丧期结束,禹也把帝位让给舜的儿子,就像舜让给尧的儿子一样。诸侯都归附大禹,然后禹才登上帝位。尧的儿子丹朱,舜的儿子商均,都有封地,以奉祀他们的祖先。他们仍然穿自己的服饰,用自己的礼乐,以宾客之礼朝见天子,天子不把他们当臣下看待,表示不敢专有天下。

从黄帝到舜、禹,都出自同姓,只是国号不同,以显扬各自的美德。所以黄帝号有熊,帝颛顼号高阳,帝喾号高辛,帝尧号陶唐,帝舜号有虞。帝禹号夏后,又另取姓氏,姓姒。契是商的祖先,姓子。弃为周的始祖,姓姬。

太史公说:学者们多称说五帝,但五帝的时代太久远了。然而《尚书》只记载尧以来的史事,其他各家所叙说的黄帝,文字都不雅驯,有学问的人也很难据此

说个明白。孔子的弟子宰予曾问过的《五帝德》和《帝系姓》，儒生们大多不予传习。我曾经西到崆峒，北过涿鹿，东至海滨，南渡江淮，所到之处长老们往往都能讲一些黄帝、尧、舜的典故，这些地方的风俗教化却各不相同，总之还是以不背离古文经传的说法比较接近事实。我读《春秋》《国语》，其中阐发《五帝德》《帝系姓》的内容是很明显的，只不过是人们没有深加考究罢了，其实这些记载都不虚妄。《尚书》的缺失遗漏由来已久，其所散佚的内容还常常见于别的记载。若不是好学深思，对事情的真相心领神会，肯定很难对那些孤陋寡闻的人说清楚。我对收集的材料加以编排考察，选择其中特别典雅合理的，因而著成《五帝本纪》，作为全书的首篇。

大　禹

　　夏禹，名叫文命。禹的父亲叫鲧，鲧的父亲是帝颛顼，颛顼的父亲叫昌意，昌意的父亲就是黄帝。禹，是黄帝的玄孙，帝颛顼的孙子。禹的曾祖昌意和父亲鲧都没能登帝位，都是天子的臣民。

　　当帝尧的时候，洪水滔天，浩浩荡荡包围了大山，淹没了高地，老百姓非常忧惧。尧寻求能治水的人，群臣、四岳都说鲧可以。尧说："鲧这个人违背教令，毁坏同族，不可用。"四岳说："相比之下，没有比鲧更能干的人，希望您试用一下。"于是尧采纳了四岳的建议，任用鲧治理洪水。九年过去了，洪水还是没有平息，治水没有成功。于是帝尧就又寻访人才，得到了舜。舜受到任用，代行天子政事，巡视四方。途中见鲧治水毫无成效，就把鲧流放到羽山，直到他死在那里。天下人都认为舜的惩罚是正确的。于是舜推荐鲧的儿子大禹，让他继续完成鲧的治水事业。

　　尧逝世后，帝舜问四岳说："有谁能够光大尧的事业，就让他担任官职！"都说："伯禹做司空，可以光大尧的功业。"舜说："啊，是的！"命令禹："你去平治水土，一定要勤勉地办好这件事。"禹跪拜叩头，推让给契、后稷、皋陶。舜说："你还是去就职尽责吧！"

　　禹为人聪敏机智，能够吃苦；遵守道德，仁爱可亲，言语可信；说话的声音合乎声律，行为举止合乎规矩，衡量好了再处理事务，勤勤恳恳，端庄恭敬，堪称百官典范。

　　禹于是和益、后稷敬奉帝舜的命令，敦促诸侯百官征调人夫动土治水，攀行山岭，树立标志，测定高山大川的形势。禹伤感先父鲧治水无功而受惩罚，于是劳苦身躯，苦心焦虑，在外奔波十三年，经过家门也不愿进去。节衣缩食，却致力用丰厚洁净的祭品来孝敬鬼神。居住的宫室简陋低矮，将大量费用用于修筑沟渠。陆地行进时乘车，走水路时乘船，在泥沼中行进时坐木橇，爬山越岭时穿着带齿的木屐。一年四季都带着测量用的准绳和规矩，来开发九州土地，疏通九条

河道,修筑陂塘围住九大湖泊,测量九座大山。命令益把稻种分发给民众,让他们可以在低湿的地方耕种。命令后稷分发给民众短缺的食品。食物不足,就从有余的地方调来相互补给,以均衡各诸侯国的物品。禹根据各地适宜出产的物品来确定相应的贡品,同时还考察了各地山川的便利路线。

禹开通了九大山脉的道路:由汧山和岐山直达荆山,越过黄河;从壶口山、雷首山直到太岳山;由砥柱山、析城山直达王屋山;由太行山、常山直达碣石山,然后入海;由西倾山、朱圉山、鸟鼠山直至太华山;从熊耳山、外方山、桐柏山直到负尾山;开通嶓冢山,直至荆山;由内方山,直达大别山;从汶山南面直抵衡山,经过九江,到达敷浅原。

又疏导了九条河流:疏通弱水流过合黎山,使其下游注入流沙;疏通黑水,流过三危山,进入南海;从积石山开始疏导黄河,直到龙门山,往南流到华山北面,往东流过砥柱山,再往东流到孟津,从东面进入洛水,至大邳山,往北流过降水,到达大陆泽,再往北分成九条支流,汇合为逆河,注入大海;从嶓冢山开始疏导漾水,往东流的叫汉水,再往东叫苍浪水,经过三澨水,流到大别山,再往南流入长江,再往东汇成彭蠡泽,向东流称为北江,最后流入大海;从汶山开始疏导长江,往东另外分出沱水,再向东到达澧水,经过九江,到达东陵,向东偏北方向与彭蠡泽汇合,再往东流为中江,注入大海;疏导沇水,东流为济水,流入黄河,从黄河溢出的水汇成荥泽,向东流过陶丘北面,再往东到达荷泽,又往东北流,与汶水会合,再往东转北流入大海;从桐柏山开始疏导淮河,向东汇合泗水、沂水,再往东入海;从鸟鼠同穴山开始疏导渭水,往东汇合沣水,再往东北到达泾水,向东经过漆水、沮水,注入黄河;从熊耳山开始疏导洛水,向东北汇合涧水、瀍水,又往东汇合伊水,再向东北流进黄河。

于是九州和同安定,四方各地都可以安居,九大山脉都开出了道路,九大河流也都疏通,九大湖泊也已筑好堤防,四海之内进贡的道路畅通无阻。各种物资齐备,各州土地交相订正了它们的等级,使财赋的征收更加认真慎重,按照三等田地来确定赋税的标准。在中原地区向诸侯颁赐土地和姓氏,告诫道:“恭敬尽职,以德为先,不要抗拒我的政令。”

规定天子国都以外的五百里地区为甸服:百里之内,老百姓缴纳带禾秸的谷物,距离国都二百里的地区,交纳用镰刀割下的谷穗;距离国都三百里的地区,交纳谷实;距离国都四百里的地区,交纳粗米;距离国都五百里的地区交纳精米。甸服以外的五百里区域为侯服:靠近甸服的一百里地区是卿大夫的采邑,二百里以内的地区是给天子任事的小国,另外三百里的地区用来分封诸侯。侯服以外的五百里地区为绥服:距离侯服三百里以内的地区根据具体情况施行教化;另外二百里的地区振兴武力,保卫天子。绥服以外的五百里区域为要服:靠近绥服三百里内的地区为夷人居住的地方,另外二百里给遵守王法的人居住。要服以外的五百里区域为荒服:靠近要服的三百里地区给蛮人居住,另外二百里是流放犯人的地方。

东濒大海,西到流沙,北方和南方也都是政令教化所及的地区,天子的恩威

遍于四海。于是帝舜赐给禹黑色的圭玉，诏告天下，治水成功。天下于是太平大治。

皋陶负责刑狱，治理人民。帝舜上朝时，禹、伯夷和皋陶在帝舜面前交谈。皋陶陈述他的谋议说："如果能够切实按照道德行事，谋划就会高明，辅佐的大臣就会和谐相处。"禹说："是这样的，怎样去做呢？"皋陶说："哦！要严于律己，要有长远的打算，要使九族和睦相亲，使众多贤人辅助自己，政令由近及远，完全在于自身的德行修养。"禹拜谢他的美好言论，说："是啊！"皋陶说："呵！还在于知人善任，能安抚民心。"禹说："唉！都要像这样去做，就是帝尧也会为难的。知人才能明智，才能任官得人；能够安民才算是恩惠，黎民百姓才会怀念恩德。能够做到既明智又仁爱，还担心什么驩兜？还放逐什么有苗？还害怕什么巧言令色、阿谀谄媚之徒呢？"皋陶说："是呀！也就是说行为要有九方面的品德，即使是言论也要有道德的依据。"于是接着说："考察一个人的品德要从他做的事情开始，宽厚而能庄谨，柔顺而能自立，忠诚而能办事，有治理才能而能认真谨慎，性情和顺而能刚毅，正直而能温和，简约而不草率，刚健而能笃实，勇猛而能合乎道义，经常修明彰显这九种品德，那就很好了。每天修明三种品德，早晚庄敬努力，就可以保有自己的领地。每天恭敬地修明六德，认真办理各项事务，就能保有他们的封国。天子综合九德而加以运用，使有才能的人都担任官职，百官都会严肃谨慎。不要让人走歪门邪道。如果不合适的人占住重要的官位，这就叫扰乱上天交付的政事。上天将要讨伐有罪的人，用五刑中相应的刑罚来惩处他。我所说的这些能够得到实行吗？"禹说："你的言论可以实行，而且能取得成绩。"皋陶说："我没有什么才智，只是想辅佐天子履行天道罢了。"

帝舜对禹说："你也说说自己的高见。"禹拜揖道："啊，我有什么可说的呢？我只想每天努力不懈地办事。"皋陶向禹质疑道："什么叫努力不懈呢？"禹说："洪水滔天，浩浩荡荡，包围了高山，淹没了丘陵，老百姓都深受水灾之害。我陆上乘车，遇水乘船，泥行乘橇。翻山越岭则穿着带齿的木屐，在山中行进立木为标记。与益一道施给百姓稻粮和新鲜肉食。进而疏通九条河道使之归流大海，又疏浚小沟大渠归入河流。与后稷一起施给百姓欠缺的粮食。粮食少了，就从有余的地区调来补充给不足的地区，并且把百姓迁移到适宜居住的地区。于是百姓得以安定生活，各诸侯国也得到了治理。"皋陶说："是啊，这的确是您的美德。"

禹说："啊，帝！您在位一定要谨慎，要冷静思考您的举止，用德行高尚的人辅佐您，这样天下百姓都会顺从您。用清静美好的德行来等待上帝的旨意，上天就会不断赐福给您。"帝说："啊，臣子啊，臣子啊！臣子要做我的股肱耳目，我想帮助民众，你们来辅佐我。我想观察古人衣服上的图案，按照日、月、星辰的形象制成文绣五彩的服装，你们要替我明确服装的等级。我想听六律、五声、八音，以观察治乱的情形，宣讲和接纳符合五德的言论，你们要认真倾听并帮我做出判断。如果我有邪僻的行为，你们要匡正我、帮助我。你们不要当面逢迎恭维，背后却说我的坏话。要尊重前后左右的大臣。那些形形色色谗言惑众的小人，只要君主真能施行德政，就都会被清除的。"禹说："是的，帝如果不这样做，如果善

恶不分，那就不会有任何功绩。"

帝说："不要像丹朱那样骄恣放纵，只知道偷懒游玩，在无水的陆上行船，在家中成群结党地淫乱，因此我要取消他的世袭继承权，我不能容忍他这副样子。"禹说："我娶了涂山氏的女子，结婚只有四天就外出治水了，生了儿子启，我也没能抚养他，所以才能完成平治水土的大业。而且设置了五服制度来拱卫京师，使国土扩大到五千里，全国十二个州都设置了官长，京师以外一直管辖到四方荒远的边地，普遍建立了伍长制度，所以他们都能遵循职守、建功立业。只有三苗愚顽而不肯遵从职守，帝可要时刻留意这个问题啊。"帝说："为我推行德政，开导民众，都是你的功劳。"

皋陶于是就敬重禹的德行，命令百姓都效法禹。对不遵照命令执行的，就用刑罚加以惩处。因此舜的德教大显于天下。

于是夔奏起了乐曲，祖先的神灵也降临了，各方诸侯相互礼让，鸟兽飞翔起舞，当《箫韶》的乐曲演奏完九章，连凤凰也飞来朝仪，百兽相率起舞，百官团结和谐。舜帝因此作歌道："我奉了上天的命令来治理人民，重在顺应时势，重在谨言慎行。"于是唱道："辅佐大臣们欣喜尽职呀！君王的治功才能振兴啊！各项事业才能鼎盛啊！"皋陶作揖叩头大声说道："大家要记住天子的训诫呀！都要恪尽职守，谨守法度，不能懈怠啊！"又继续作歌道："君王英明啊！大臣贤良啊！各项事业兴旺发达啊！"又唱道："君王细碎无大略啊！大臣就会懈怠啊！各项事业就将败坏啊！"舜帝拜谢说："是啊，以后大家都尽心尽力吧！"于是天下人都遵奉大禹所兴起的九韶声乐，推崇他做山川神灵的主宰。

帝舜向上天推荐禹，做天子的继承人。十七年后帝舜逝世。三年的丧期结束后，禹谦让回避舜的儿子商均而居住在阳城。天下诸侯都离开商均而去朝拜大禹。禹于是即天子位，坐北向南接受诸侯的朝拜。国号为夏后，姓姒。

帝禹即位后向上天推荐皋陶，准备授给他处理国政的权力，而皋陶却过早去世了。禹把皋陶的后代分封到英、六，也有的封在许地。然后推举伯益，让他管理政事。

十年过后，帝禹巡视东方，到达会稽时逝世。把天下传给伯益。三年的丧期结束后，伯益把帝位让给禹的儿子启，自己避居到箕山南面。禹的儿子启有贤德，天下都归心于他。等到大禹去世，虽然把天下传给伯益，但伯益辅佐禹的时间不长，天下人还不能信任他，因此诸侯都离开伯益而去朝拜启，说："启是我们的君主帝禹的儿子啊！"于是启登天子位，这就是夏后帝启。

勾　践

越王勾践，他的祖先是夏禹的后代子孙，夏后帝少康的庶子。他的祖先被封在会稽，以奉守夏禹的祭祀，身上刺着花纹，削短头发，清除蒿草，开辟荒野，建立

起城邑。此后经过二十多代,传到了允常。允常的时候,与吴王阖闾交战而结下仇怨、相互攻伐。允常去世,儿子勾践继位,这就是越王。

元年,吴王阖闾听说允常去世,就兴兵讨伐越国。越王勾践派敢死队挑战,排成三行,到达吴军阵前,大声呼喊着刎颈自杀。吴军光顾了观看,越军趁机袭击吴军,吴军在檇李被打败,越军射伤了吴王阖闾。阖闾临死之际,对他的儿子夫差说:"一定不要忘记越国。"

三年,勾践听说吴王夫差日夜操练军队,将要报复越国,越王想在吴国没有出兵之前先去攻打它。范蠡进谏说:"不可以。我听说兵器是不祥之物,战争是违背道义的,争夺是最差劲的处事方式。暗中策划违背道义的事情,喜欢用凶器,亲身尝试着去干最下等的事情,天帝就会禁止,干这种事的人必定不利。"越王说:"我已经决定了。"于是发兵。吴王听说后,调动全部的精锐部队去迎击越军,在夫椒打败越军。越王率五千残余部队退守在会稽山上。吴王率兵追击并包围了他们。

越王对范蠡说:"因为不听从你劝谏而落到如此地步,怎么办呢?"范蠡回答说:"能够保守成业的人必定会得到上天的保佑,能够力挽危局的人必定会得到百姓的拥护,能够节俭少事的人必定能得到地利。现在只有低声下气,向吴王敬献厚礼,如果他还不答应,就只能把自己作为抵押去给吴王做奴仆。"勾践说:"是。"于是让大夫文种去吴国求和,文种跪地用膝盖前行,向吴王叩头说道:"君王的逃亡之臣勾践派陪臣文种大胆地向您的下级办事人员报告,勾践请求做您的奴仆,妻子甘愿做您的侍妾。"吴王准备答应他。伍子胥对吴王说:"上天把越国赐给吴国,不要答应他。"文种回到越国,向勾践报告。勾践想杀掉妻子,烧毁宝器,拼命决战。文种劝阻勾践说:"吴国的太宰伯嚭很贪婪,可以用利益诱惑他,请让我暗中向他游说。"于是勾践就把美女宝器交给文种,让他暗中献给吴国太宰伯嚭。伯嚭接受了,就带大夫文种去见吴王。文种叩头说道:"希望大王赦免勾践的罪过,把越国的所有宝器都收归吴国。如果不幸没有赦免他,勾践就将杀尽他的妻子儿女,烧毁他的宝器,率领所有的五千人马和吴军决战,吴军一定会付出相当的代价。"伯嚭趁机劝吴王说:"越王已经降服为臣,如果能赦免他,这对吴国有好处。"吴王准备答应他。伍子胥进谏说:"现在不灭了越国,以后必定后悔。勾践是个贤明的君主,文种、范蠡是贤良的大臣,如果让他们返回越国,将会作乱。"吴王不听,最终赦免了越王,撤兵返回吴国。

勾践被困在会稽山时,喟然叹息说:"我将要死在这里了吗?"文种说:"商汤被关押在夏台,周文王被囚禁在羑里,晋文公重耳逃奔到翟国,齐桓公小白逃奔到莒国,他们最终都成就了王霸之业。由此可见,祸怎么会不转化成福呢?"

吴王赦免越王后,越王勾践返回越国,就勤劳吃苦、深思焦虑,把苦胆悬挂在座位上面,坐卧时就仰视苦胆,吃饭时也要先品尝苦胆,对自己说:"你忘记会稽的耻辱了吗?"他亲自耕种劳作,夫人亲自纺纱织布,吃饭没有肉,穿衣不绣彩,谦虚恭敬,礼贤下士,厚待宾客,赈济贫民,吊唁死者,与百姓同劳苦。他想让范蠡治理国政,范蠡回答说:"用兵打仗,文种不如我范蠡;安抚国家,使百姓亲附,我

范蠡不如文种。"于是把国家大政托付给文种，而派范蠡和大夫柘稽去吴国讲和，在吴国充当人质。两年过后，吴国放回了范蠡。

勾践从会稽回来后的七年里，一直安抚他的士卒和百姓，想以此向吴国复仇。大夫逢同劝谏说："国家刚刚遭遇到败亡，现在才重新殷实富足，如果修整军备，吴国一定会害怕，一害怕，灾难就必然降临越国。况且凶猛的鸟袭击目标时，一定故意隐藏它那凶猛的形体，如今吴国的军队侵犯齐国、晋国，又与楚国、越国结下很深的仇怨，名声虽然高过天下诸侯，但实际上却损害了周王室的威望，一定会放纵骄傲。为越国考虑，不如结交齐国，亲近楚国，依附晋国，并且厚待吴国。吴王的野心很大，一定会轻率用兵。这样，我们联络各种势力，让齐、晋、楚三国讨伐吴国，越国趁它疲弊，就可以打败它。"勾践说："好的。"

过了两年，吴王将要讨伐齐国。伍子胥劝谏说："不可以。我听说勾践吃饭不注重美味，与百姓同甘共苦。这个人不死，必定会成为吴国的祸患。吴国有越国，就好比是有心腹大患，而齐国对吴国来说，只不过是疥癣之类的小病。希望大王放弃攻打齐国，先打越国。"吴王不听，于是讨伐齐国，在艾陵打败齐军，俘虏了齐国的高张、国夏，回到吴国。吴王责备伍子胥。伍子胥说："大王不要高兴得太早！"吴王发怒，伍子胥想自杀，吴王听说后制止了他。越国大夫文种说："我看吴王当政已经非常骄傲了，请尝试着向他借贷粮食，以试探他对我们的态度。"文种向吴王请求借粮，吴王想要答应，伍子胥劝谏吴王不要给，吴王还是把粮食借给了越国，越王于是暗自高兴。伍子胥对吴王说："大王不听劝谏，三年后吴国就要变成废墟！"太宰伯嚭听说后，就多次和伍子胥争论对越国的态度，趁机进谗言诋毁伍子胥说："伍员貌似忠厚，其实是个残忍的人，他连父兄都不顾及，怎么能顾及大王呢？大王先前想讨伐齐国，伍员强行谏阻，后来取得胜利，他反而因此怨恨大王。大王如果不防备伍员，伍员一定会作乱。"又跟越国大夫逢同合谋，在吴王面前进谗言诋毁伍子胥。吴王一开始不相信，就派伍子胥出使齐国，听说伍子胥把儿子托付给齐国的鲍氏，吴王于是大怒，说："伍员果然欺骗我！"等他出使回来，吴王就派人赐给伍子胥一把属镂宝剑，让他自杀。伍子胥大笑说："我让你的父亲称霸，又立你为王，你当初想把吴国的一半分给我，我没有接受，还没多久，如今你反而听信谗言要杀我。唉，唉，你一个人必定不能独立长久！"又告诉使者说："一定要取出我的眼睛，放在吴国都城的东门，以便看到越国军队攻进都城！"于是吴王任用伯嚭主持国政。

三年过后，勾践召见范蠡说："吴王已经杀了伍子胥，阿谀奉承的人很多，可以进攻吴国了吧？"范蠡回答说："还不可以。"

到了第二年春天，吴王北上与诸侯在黄池会盟，吴国的精锐部队都跟随吴王北上，只剩下老弱残兵和太子在都城留守。勾践又询问范蠡，范蠡说："可以了。"于是派遣善战的水兵两千人，训练有素的士兵四万人，君王的卫兵六千人，在职军官一千人，讨伐吴国。吴军战败，于是越军杀了吴国太子。吴国向吴王告急，吴王正跟诸侯在黄池会盟，害怕天下诸侯知道这一消息，就加以保密。吴王在黄池会盟完后，就派人用厚礼向越国求和。越王估计自己也还没有能力消灭吴国，

就跟吴国讲和了。

这以后的第四年，越国再次讨伐吴国，吴国的军队和百姓都疲惫不堪，精锐部队都战死在齐国、晋国。越军因而大败吴军，留下来把吴军围困了三年，吴军彻底失败，越军就又把吴王围困在姑苏山。吴王派公孙雄赤裸着上身，用膝盖跪地前行，向越王求和说："孤弱之臣夫差冒昧地倾吐肺腑之言，从前曾经在会稽山得罪了君王，夫差不敢违背天命，得以跟君王讲和然后返归。如今君王亲移贵步来诛讨孤臣，孤臣唯命是从，内心也希望君王像当年在会稽山一样，赦免孤臣的罪过。"勾践心中不忍，想答应他。范蠡说："会稽山的那件事，上天把越国赐给吴国，吴国没有接受。如今上天把吴国赐给了越国，越国怎能违背天意呢？况且君王早起上朝，很晚才休息，不就是为了灭掉吴国吗？谋划了二十二年，一旦放弃它，可以吗？再说上天给予而不接受，反而会受到上天的惩罚。'砍伐树木做斧柄，斧柄的模样就在旁边'，君王忘记会稽山上的厄运了吗？"勾践说："我想听从你的话，却又不忍心这样对待他的使臣。"范蠡于是击鼓进军，说："越王已经把政事托付给办事人员了，吴国的使臣赶快离开，否则就要得罪你了。"吴国的使者哭着离去。勾践很可怜吴王，于是派人对他说："我把你安置在甬东，做一个百户人家的君王。"吴王辞谢说："我老了，不能侍奉君王！"于是自杀。自杀时把脸遮盖起来说："我没有脸面去见伍子胥啊！"越王就安葬了吴王并杀死吴国的太宰伯嚭。

勾践平定吴国以后，率军北渡淮水，与齐国、晋国的诸侯在徐州会盟，向周王进献贡品。周元王派人赐给勾践祭肉，任命他为霸主。勾践离开徐州，渡过淮水南下，把淮水上游的土地让给楚国，把吴国所侵占的宋国的土地归还给宋国，把泗水以东纵横一百里的土地送给鲁国。在这个时候，越军横行于长江、淮水以东地区，诸侯都来祝贺，号称霸王。

范蠡此时却离开越国，从齐国给大夫文种送去书信说："飞鸟尽，良弓藏；狡兔死，走狗烹。越王的长相脖子很长，嘴尖得像鸟喙一样，可以跟他共患难，但不可以共欢乐。你为什么不离去呢？"文种看了书信，托病不再上朝。有人进谗言说文种将要作乱，越王于是赐给文种宝剑，说："你教给我七种讨伐吴国的计谋，我用了其中三样就打败了吴国，还有四种在你那里，你为我到先王那里试用这些计谋吧。"文种于是自杀。

勾践去世，儿子王鼫与继位。王鼫与去世，儿子王不寿继位。王不寿去世，儿子王翁继位。王翁去世，儿子王翳继位。王翳去世，儿子王之侯继位。王之侯去世，儿子王无强即位。

王无强的时候，越国兴兵向北讨伐齐国，向西讨伐楚国，与中原各国争雄。楚威王兴兵迎击越军，大败越军，杀死越王无强，全部夺取了原来吴国的土地，一直到浙江沿岸，向北在徐州打败齐军。越国从此分崩离析，各位族子争夺继承权，有的称王，有的称君，分散在江南沿海一带，向楚国臣服朝贡。

此后又经过七世，到了闽君摇，佐助诸侯推翻秦朝。汉高帝又封摇为越王，让他供奉越国祖先。东越，闽君，都是越国的后代。

秦始皇

　　秦始皇帝，是秦国庄襄王的儿子。庄襄王替秦国到赵国当质子的时候，看到吕不韦的一个姬妾，非常喜欢，就娶了她，生下始皇。始皇在秦昭王四十八年正月生于邯郸。等生下来后，取名叫政，姓赵。

　　始皇十三岁时，庄襄王去世，政继位为秦王。当时，秦国的疆土已经兼并了巴、蜀、汉中，越过宛地而占有郢都，设置了南郡；在北方收取了上郡以东的地区，拥有河东、太原、上党三郡；东到荥阳，灭了东、西二周，设置了三川郡。吕不韦做丞相，封给食邑十万户，号称文信侯。招揽宾客游士，想要吞并天下。李斯为舍人。蒙骜、王龁、麃公等人为将军。秦王年少，又刚刚即位，国家大事就委托给大臣处理。

　　九年四月己酉日，秦王举行成年加冠典礼，佩带宝剑。长信侯嫪毐作乱被发觉，就假造秦王和太后的印玺，调动京城的军队以及侍卫、官骑、戎狄君公、家臣，准备进攻蕲年宫。秦王知道后，命令相国、昌平君、昌文君发兵攻打嫪毐。在咸阳交战，斩杀数百名叛军。参与平叛的功臣都拜升了爵位，那些参加作战的宦官，也都拜升一级官爵。嫪毐等战败逃走。于是通令国内：有能生擒嫪毐的，赏钱百万；杀死他的，赏钱五十万。将嫪毐等人全部捉拿归案。嫪毐、卫尉竭、内史肆、佐弋竭、中大夫令齐等二十人全被斩首、车裂示众，诛连九族。他们的门客家人，罪轻的判罚劳役三年。至于那些被剥夺爵位、流放到蜀地的有四千多家，都被安置在房陵居住。

　　秦王又下令在全国大举搜查，驱逐从各诸侯国来的宾客。李斯上书劝说，于是废止了逐客令。李斯进而向秦王游说，请求先攻取韩国，来恐吓其它诸侯国，于是派李斯去攻打韩国。韩王很担忧，与韩非谋划削弱秦国。

　　韩非出使秦国，秦王采纳了李斯的计谋，扣留韩非，韩非死在云阳。韩王请求做秦国的藩臣。

　　十五年，大举出兵，一支打到邺地，一支直抵太原，攻下狼孟。这时发生地震。十六年九月，发兵接收韩国的南阳地区，任命内史腾代理南阳郡守。开始命令男子要呈报年龄。秦国设置丽邑。十七年，内史腾攻打韩国，俘获韩王安，占领了韩国的全部土地，在该地设郡，命名为颍川郡。这时发生地震。华阳太后去世。老百姓遭受了严重的饥荒。

　　十八年，大举出兵进攻赵国，王翦率领上地的军队，攻下井陉。杨端和率领河内的军队，羌瘣攻打赵国，杨端和包围邯郸城。十九年，王翦、羌瘣彻底平定赵国东阳，俘获赵王。又引兵想进攻燕国，驻军中山。

　　二十年，燕国的太子丹担心秦师侵犯燕国，十分害怕，派荆轲去刺杀秦王。秦王觉察，将荆轲肢解示众，同时派王翦、辛胜攻打燕国。燕国和代国发兵抗击

秦军,秦军在易水以西地区打败燕国军队。

二十一年,王贲攻打燕国。于是增调更多的士卒到王翦军中,击破燕太子的军队,夺取燕国的蓟城,获得燕国太子丹的首级。

二十二年,王贲攻打魏国,挖沟引黄河水灌淹大梁城,大梁城墙被水冲坏,魏王请求投降,于是占领了整个魏国。

二十三年,秦王再次征召王翦,强迫他出任官职,派他率兵攻打楚国。夺取陈县以南一直到平舆的地区,俘虏了楚王。

二十六年,齐王建与相国后胜发兵守卫西部边界,不跟秦国往来。秦国派将军王贲从燕国南下攻齐,俘获齐王建。

秦国刚刚统一天下,秦王命令丞相、御史说:"寡人凭借渺小之身,兴兵讨伐暴乱,仰赖祖宗的神灵,六国的君王全都臣服认罪,天下完全得到平定。如今要是不改名号,就无法显示我的功业,使它流传后世。希望你们议定帝号。"

丞相王绾、御史大夫冯劫、廷尉李斯等人都说:"从前五帝的疆土纵横千里,在这以外的侯服、夷服地区的诸侯,有的称臣进贡,有的却不臣服,天子不能加以控制。如今陛下大兴正义之师,诛杀暴乱的贼子,平定了天下,在国内设置郡县,法令政令由此统一,这是从上古以来从未有过的功业,连五帝也比不上您。臣等谨慎地与博士商讨说:'古代有天皇、地皇、泰皇,泰皇最为尊贵。'臣等冒死呈上尊号,大王应称为'泰皇',天子之命称为'制',天子之令称为'诏',天子自称为'朕'。"秦王说:"去掉'泰'字,保留'皇'字,采用上古'帝'的名号,称为"皇帝"。其它就依从你们的建议。"于是下令说:"可以。"追尊庄襄王为太上皇。又颁布命令说:"我听说远古的时候帝王只有号,没有谥,中古时有号,死后又按照他生前的行为定一个谥。这样的话,就是儿子评论父亲、臣子议论君王了,很不合适,我不赞成这么做。从今往后,废除谥法。我是始皇帝。后代子孙就用数字标识,从二世、三世直至万世,无穷无尽地传承下去。"

始皇又推演金、木、水、火、土五德终始循环、相生相克的顺序,认为周朝得到火德,秦代替周的火德而兴起,就应当推从周德所不能胜过的水德。

把天下分成三十六个郡,每个郡设置郡守、丞尉和监御史等职。改称老百姓为"黔首"。全国宴饮狂欢。没收天下的兵器,集中到咸阳,销毁后铸成大钟,又造了十二个铜人,各重一千石,放置在宫廷中。统一法律和度量衡。车辆同轨。统一书写的文字。疆土东到大海和朝鲜,西至临洮、羌中,南边到达北向户,北边依黄河为关塞,并连及阴山直至辽东。把国内十二万户豪富迁移到咸阳。各代先祖的陵庙以及章台宫、上林苑都在渭水南岸。秦国每灭亡一个诸侯国,就描绘该国的宫室图形,在咸阳北面的山坡上加以仿建,南临渭水,从雍门向东直达泾水、渭水的交会处,殿宇之间的天桥、回廊相互连接。把从诸侯国获得的美女、钟鼓,都充实在这些宫殿中。

二十七年,始皇巡视陇西、北地,越过鸡头山,经过回中。于是在渭水南岸修建信宫。修建完后,又把信宫改名为极庙,象征北极星。从极庙修建道路直通郦山,建造甘泉宫前殿。修筑甬道,从咸阳一直贯通到这里。这一年,天下有爵位

中华名人百传

帝后卷

的人普遍提升一级。又修治皇帝巡行天下的大道。

二十八年，始皇巡视东方郡县，登上邹地的峄山，树起石碑，和鲁地的儒生商议，刻石歌颂秦朝的功德，并且讨论了封禅和祭祀名山大川的事情。于是登上泰山，立起石碑，筑坛立祠，祭祀天神。下山时突然风雨大至，在一棵松树下休息，因此封这棵树为五大夫。在梁父山祭祀地神。

于是沿渤海向东行进，经过黄县、腄县，越过成山，登临之罘山，在这里刻石颂扬秦朝的功德，然后离去。

往南登上琅邪山，始皇帝十分喜欢这个地方，逗留了三个月。于是下令迁徙三万户百姓居住在琅邪台下，免除他们十二年的赋税徭役。建造琅邪台，树立石碑，歌颂秦朝的功德，表达始皇踌躇满志的心情。

这件事情完成以后，齐地人徐市等呈上奏书，说海中有三座神山，名叫蓬莱、方丈、瀛洲，是仙人居住的地方。请求准许斋戒沐浴，带领童男童女去寻觅仙人。

始皇从东方返回，经过彭城，斋戒祈祷，举行祭祀，想把当年掉进泗水中的周鼎打捞上来。派了一千个人下水搜寻，没能找到。于是向西南渡过淮水，到达衡山、南郡。渡过长江，来到湘山祠。遇到大风，差点不能渡过。始皇问博士说："湘君是什么神？"博士回答说："听说是尧的女儿，舜的妻子，葬在这里。"于是始皇大怒，派了三千个刑徒砍光湘山上的树木，使它成了红土裸露的秃山。始皇从南郡经武关回到都城。

三十六年，火星侵入心宿天区。有一颗流星坠落在东郡，到地面变成了石头，有人在陨石上刻字说："始皇帝死后国土就要分裂。"始皇听说后，派御史逐一查问，没有人认罪，便把住在陨石附近的人全部抓起来杀了。接着又将这块陨石焚烧销毁。始皇闷闷不乐，让博士写作《仙真人诗》，等他巡游天下时，就传令乐工演奏歌唱。

秋天，使者从关东来，夜里经过华阴平舒道，有人手里拿着一块玉璧拦住使者说："替我把这块玉璧送给滈池君。"接着又说："今年祖龙死。"使者问他为什么，那人忽然不见了，丢下玉璧离去。使者呈奉这块玉璧，并将此事详细报告给始皇。始皇听后沉默了很久，说："山鬼知道的事，本来就不超过一年。"退朝后又说："所谓祖龙，是指人类的祖先。"命令御府察验这块璧，竟是二十八年出外巡游渡过长江时丢入水中的那块玉璧。于是始皇为此进行占卜，卦象显示巡游迁徙才吉祥。迁移三万户人家到北河榆中地区。赐给每户一级爵位。

三十七年十月癸丑日，始皇出游。左丞相李斯随行，右丞相冯去疾留守都城。小儿子胡亥很羡慕，请求跟随，始皇答应了他。十一月，巡行到云梦，在九嶷山遥祭虞舜。坐船顺江而下，游览籍柯，渡过海渚，经过丹阳，到达钱塘。来到浙江边，因为水势汹涌，于是西行一百二十里，从江面狭窄的地方渡江。登上会稽山，祭祀大禹，眺望南海，立石刻碑歌颂秦朝的功德。

回程经过吴县，从江乘县渡过长江，沿海北上，抵达琅邪。

方士徐市等人入海寻求仙药，好几年也没找到，花费浩大，担心受到谴责，于是在始皇面前谎称："蓬莱仙药可以得到，但因为经常被大鲛鱼困扰袭击，所以不

能到达。希望皇上派些善射的人和我们一起去,见到大鲛鱼就用连弩射杀它。"始皇梦见自己与海神搏斗,海神的形状像人。询问圆梦的博士,博士说:"水神的本来面目是无法看到的,因为有大鱼蛟龙在它的周围守候。如今皇上祈祷祭祀都很恭谨,却出现这种凶神,应当把它除掉,这样善神才会来临。"于是命令下海的渔人携带捕捉大鱼的用具,自己亲自拿着连弩等待大鱼出现时射杀它。从琅邪北上一直到荣成山,没有见到一条大鱼。到达之罘时,大鱼出现,射杀了一条,然后沿海西行。

到了平源津,始皇生病。始皇讨厌说死,群臣没有人敢说死的事情。皇上病得更重了,于是写了一封盖有玉玺的诏书给公子扶苏说:"回来参加丧事,到咸阳把我安葬。"诏书已经封好,放在中车府令赵高处加盖符玺,还没有交给送信的使者。七月丙寅日,始皇在沙丘平台驾崩。丞相李斯因为皇上死在外地,担心各位公子和天下人发生变乱,于是秘不发丧。将棺木放在辒辌车里,由以前皇上宠幸的宦官陪乘驾车,所到之处照常进献饮食。百官也像以前一样奏事,宦官就在辒辌车中批阅他们的奏章。只有始皇的儿子胡亥、赵高以及平时宠信的宦官五六个人知道皇帝死了。赵高以前曾教胡亥读书以及学习刑法律令等事,胡亥私下很宠信他。赵高于是跟公子胡亥、丞相李斯密谋打开始皇赐给公子扶苏的诏书,另外伪称丞相李斯在沙丘接受了始皇的遗诏,立公子胡亥为太子。又另外写了一封赐给公子扶苏和蒙恬的书信,里面列举了他们的罪状,命令他们自杀。继续行进,就从井陉抵达九原。正好遇上暑热,皇上的辒辌车中散发出臭味,于是命令随从官员在各自乘坐的车中装载一石鲍鱼,使人分辨不出是什么东西发臭。

一路从直道返回咸阳,然后才发布治丧的公告。

太子胡亥继承皇位,成为二世皇帝。九月,将始皇安葬在郦山。

刘　邦

高祖,是沛县丰邑中阳里人,姓刘,字季。父亲叫太公,母亲叫刘媪。先前刘媪曾在大泽的堤岸上休息小睡,梦见自己和神交合。当时雷鸣电闪天色昏暗,太公前去寻找刘媪,看见一条蛟龙卧在刘媪身上。不久刘媪就有了身孕,于是生下高祖。

高祖的相貌,鼻梁很高,面相像龙,胡须很美,左腿上有七十二颗黑痣。性情仁厚爱人,喜欢布施,心胸豁达。常常表现出宏大的气度,不愿意干普通人家生产和经营之类的事情。等到成年以后,尝试着去做官,担任泗水亭长,却对官府中的官吏无不加以轻侮调侃,而且贪好酒和女色。

高祖以亭长的身份遣送沛县的徒隶去修郦山墓,一路上有很多徒隶逃亡。高祖估计自己等到达郦山徒隶们也都逃光了,于是来到丰西的大泽中,停下来饮酒,在夜间把押送的徒隶全都放了,说:"你们都跑吧,我也从此逃命去了!"徒隶

中有十几位壮士愿意跟随他。

高祖酒喝多了，夜间在草泽中的小路上行走，命令一个人在前面探路。探路者回来报告说："前面有一条大蛇拦住了去路，请求退回去。"高祖醉了，说："壮士们往前走，有什么可害怕的！"于是领队前行，拔剑斩杀了大蛇，蛇身被砍成两截，小路也就开通了。走了几里地，高祖大醉，于是卧倒在地。后面的人来到有蛇的地方，有个老婆婆在夜晚哭泣。问她为什么哭，老婆婆说："有人杀了我的儿子，我在哭他。"又问："你的儿子为什么被杀？"老婆婆说："我的儿子，是白帝的儿子，变成了一条蛇，挡住了道路，如今被赤帝的儿子杀了，所以痛哭。"后面的人于是认为这个老婆婆在说谎，准备打她，老婆婆突然不见了。后来的人到达时，高祖酒醒。他们将此事报告了高祖，高祖却心中暗喜，非常自负。各位跟随他的人对他日益敬畏起来。

秦二世元年秋天，陈胜等人在蕲县起义，到了陈地自立为王，号称"张楚"。有许多郡县的人都杀了他们的长官来响应陈胜。沛县百姓率领子弟杀死县令，迎接刘季入城，拥立刘季做沛公。刘季祠祀黄帝，又在县庭祭祀了蚩尤，又用血祭旗鼓，旗帜都是红色。这是因为他所杀的那条蛇是白帝的儿子，而杀蛇的人是赤帝的儿子，所以崇尚红色。于是少年豪吏如萧何、曹参、樊哙等人一起为沛公收聚了沛县的二三千名子弟，进攻胡陵、方与，然后回师据守丰邑。

听说项梁在薛地，于是带了一百多名骑兵去见项梁。项梁增援沛公五千名士兵以及十名五大夫级的将官。

沛公归从项梁一个多月，项羽攻占襄城后回来。项梁把所有统兵将领召到薛城。听说陈王已死，因而扶立楚王后代怀王的孙子心为楚王，建都盱眙。项梁号称武信君。

项梁一再打败秦军，产生了骄傲情绪。宋义向他劝谏，他也不听。秦朝为章邯增派军队，夜间衔枚袭击项梁的军队，在定陶大败楚军，项梁战死。

秦二世三年，楚怀王见项梁的军队被打败，十分害怕，便把都城从盱眙迁到了彭城，把吕臣和项羽的军队合并起来，由他亲自指挥。任命沛公为砀郡长，封为武安侯，统率砀郡的军队。封项羽为长安侯，封号为鲁公。吕臣担任司徒，他的父亲吕青为令尹。

当时，秦军强大，经常乘胜追击败退的诸侯军队，诸将都不认为率先攻打关中是件有利的事情。唯独项羽痛恨秦朝打败了项梁的军队，自告奋勇，要与沛公一起向西攻打关中。怀王的各位老将都说："项羽为人剽悍凶暴，奸猾狠毒。他曾经攻打襄城，襄城人没有一个活下来的，全被活埋了，所到之处无不残杀毁灭。况且楚军已经多次进兵要夺取关中，在此以前陈王和项梁都失败了。不如改派一位忠厚长者，以仁义为号召向西进攻，晓谕秦国的父老兄弟。秦国的父老兄弟苦于他们君主的残暴已经很久了，现在如果真能派长者前往，不使用侵伐残暴的手段，应该能够攻下关中。如今项羽暴躁凶悍，不可派遣。只有沛公一向是宽厚长者，可以派遣。"最终没有准项羽西进，而是派遣沛公向西攻取土地，收聚陈王、项梁逃散的士卒，于是取道砀城到达咸阳，和杠里的秦军对垒，打败了秦国的两

支部队。沛公率兵西进,由于秦军主力多在东方,所以没有遭遇太大的抵抗,军队进展神速。所到之处禁止掳掠,秦国的人非常高兴,秦军士气瓦解,沛公军因而大败秦军。又在蓝田北面作战,再次大败秦军。沛公军乘胜追击,彻底打垮了秦军。

汉王元年十月,沛公的军队比诸侯们的军队先到达霸上。秦王子婴乘着素车白马,用绳子系在脖子上,封好皇帝的玺印符节,在轵道旁向沛公投降。沛公召集各县的父老豪杰们说:"百姓们忍受秦朝严刑峻法之苦已经很久了,诽谤朝政的人要被诛灭九族,相互私语的要被杀头示众。我与诸侯们订立过盟约,先进入关中的人就在关中地区称王,因此我应当做关中王。我与秦地的父老们约订,只有如下三条:杀人者处以死刑,伤人和偷抢别人财物者都要按各自所犯的罪行判罪。其余的秦朝法律条文一律废除掉。"秦国的百姓十分喜悦,争相拿着牛羊酒食进献和犒劳沛公的军队。沛公又谦让不肯接受,说:"仓库里粮食很多,军中并不匮乏,不想让大家破费。"秦人于是更加高兴,唯恐沛公不当秦王。

有人劝导沛公说:"秦国的富裕十倍于天下,而且地理形势优越。如今听说章邯投降了项羽,项羽就封他为雍王,统治关中。现在他要是来了,沛公您恐怕无法占有关中之地。您可以赶快派兵去把守函谷关,不要让诸侯的军队进来,逐渐征发关中兵员来增强自身的实力,以抗拒他们。"沛公同意了他的建议,照此行事。

十一月中旬,项羽果然率领诸侯的军队西进,准备入关,可是关门却紧闭着。听说沛公已经平定关中,项羽大为愤怒,派黥布等人攻破函谷关。

十二月中旬,项羽到达戏地。沛公的左司马曹无伤听说项王发怒,就打算攻击沛公,派人向项羽说:"沛公想在关中称王,任命子婴为相国,把秦国的珍宝全部占为己有。"想以此求得项王的封赏。此时项羽拥有四十万军队,号称百万。沛公的军队有十万人,号称二十万,实力无法跟项羽相比。亚父范增劝项羽攻打沛公。项羽正要犒劳士卒,明日早晨与沛公展开会战。恰逢项伯想救张良,趁夜去见张良,进而向项羽讲明道理,项羽这才作罢。沛公带着一百多个骑兵,急驰到鸿门,面见项羽,向他谢罪。项羽说:"这是沛公你的左司马曹无伤跟我讲的。要不然,我怎么会生此疑心呢?"沛公在樊哙、张良的帮助下,得以解脱逃回。回来后,立刻诛杀了曹无伤。

项羽于是率军西进,屠戮和焚烧了咸阳城的秦朝宫室,所到之处无不残灭毁坏。秦国的人民大为失望,只是因为害怕,不敢不服从罢了。

项羽派人回去向楚怀王汇报。怀王说:"按照以前的盟约行事。"项羽怨恨怀王不肯让他和沛公一起西进入关,而是向北救援赵国,以至于在盟约中处于下风,就说道:"怀王,是我项家扶立的,并没有什么功劳,有什么资格主持盟约呢?事实上平定天下的,是各位将领和我项籍。"于是假意尊奉楚怀王为义帝,实际上不听他的命令。

正月,项羽自立为西楚霸王,统治梁、楚地区的九个郡,定都彭城。违背盟约,立沛公为汉王,统治巴、蜀、汉中,以南郑为都把关中地区分成三部分,立秦朝

的三位将领:章邯为雍王,定都废丘;司马欣为塞王,定都栎阳;董翳为翟王,定都高奴。立楚将瑕丘申阳为河南王,建都洛阳。赵将司马卬为殷王,定都朝歌。赵王歇迁到代地为王。赵国的丞相张耳为常山王,定都襄国。当阳君黥布为九江王,定都六地。怀王的柱国共敖为临江王,定都江陵。番君吴芮为衡山王,定都郴城。燕将臧荼为燕王,以蓟为都城。以前的燕王韩广迁往辽东为王。韩广不服从,臧荼在无终攻打并杀死他。把河间三个县封给陈余,居住在南皮。封梅鋗为十万户侯。

四月,在戏下罢兵,诸侯们各自前往自己的封国。

汉王前往封国,项王派遣三万名士兵跟从。楚国和诸侯的军队中因仰慕而跟随汉王的有几万人。刘邦率军进入蜀中。离开后立即烧断栈道,以防备诸侯军队的袭击,也以此向项羽表示自己没有向东进攻的意图。到达南郑,有许多将官和士兵在途中逃亡回家,士卒们都唱着歌表达想要东归的情绪。韩信劝汉王说:"项羽将各位有功的将领都封为王,唯独让大王你居住在南郑,这是对你的贬黜啊。军官士兵都是山东地区的人,日夜踮着脚盼望回乡,利用他们的这种情绪,可以建立大功业。等到天下都安定了,人人都安于太平,就无法利用了。不如决策挥师东向,争夺天下的统治权。"

八月,汉王采用韩信的计策,从原先去汉中的道路回师关中,袭击雍王章邯。章邯在陈仓迎击汉军,被汉军打败,退兵逃走;在好畤县停止逃跑,与汉军作战,又一次失败,逃往废丘。汉王于是平定雍地,向东来到咸阳。

二年,汉王向东攻略土地。塞王司马欣、翟王董翳、河南王申阳都投降了汉王。

三月,汉王从临晋渡过黄河,魏王豹率军跟随。攻下河内地区,俘虏了殷王,设置河内郡。向南渡过平阴津,到达洛阳。新城的三老董公拦住汉王诉说义帝被杀的事情。汉王听说后,祖露着左臂大哭。于是为义帝发丧,祭奠了三天。派使者向各个诸侯说:"天下共同拥立义帝,以臣子的礼节侍奉他。如今项羽在江南流放并杀害义帝,大逆不道。寡人亲自为义帝发丧,诸侯都应身穿白色的孝衣。寡人要发动关中所有的军队,会集河南、河东、河内三郡的士兵,向南坐船顺长江、汉水而下,希望和诸侯王一起征讨杀害义帝的人。"

当时项王向北攻打齐国,汉王因此得以驱使五路诸侯的军队攻进彭城。项羽听说后,就率军离开齐国,从鲁地兵出胡陵,来到萧县,在彭城灵壁东面的睢水岸边与汉军展开大战,大败汉军,杀死很多士兵,睢水因为被尸体堵塞而不能流通。于是在沛县抓住汉王的父母妻子,放在楚军中做人质。在这个时候,诸侯们看到楚军强大、汉军失败,又都背叛汉王,重新归附楚国。塞王司马欣逃到楚国。

吕后的哥哥周吕侯为汉王统率军队,驻扎在下邑。汉王逃到他那里,逐渐收聚士卒,在砀地驻守。汉王于是向西经过梁地,到达虞县。派遣使者隋何前往九江王黥布的驻地,说:"您如果能够让黥布起兵反叛楚国,项羽一定会留下来进攻他。只要能把项王滞留在那里几个月,我一定能够争夺天下。"隋何前去游说九江王黥布,黥布果然背叛楚国。楚国派龙且前去攻打他。

黥布与龙且作战，没能取胜，与隋何抄小路归附汉王。汉王逐渐收集士卒和各位将领，等到关中增援的士卒出关前来，汉军在荥阳势力大振，在京、索之间的地区大败楚军。

　　三年，魏王豹请假回家探视父母疾病，到达魏地后就断绝了河津要道，反叛汉王归附楚国。汉王派郦食其劝说魏王豹，魏王豹不听。汉王就派遣将军韩信攻打他，彻底打败他的军队，俘虏了魏王豹。进而平定魏国地区，设置了三个郡，名叫河东、太原、上党。随后汉王命令张耳与韩信接着东下井陉攻打赵国，斩杀了陈余和赵王歇。第二年，立张耳为赵王。

　　汉王驻军荥阳南面，修筑甬道，一直连接到黄河，以便取得敖仓的粮食。与项羽对峙了一年多时间。项羽多次侵夺汉军的甬道，使汉军粮食缺乏，然后包围了汉王。汉王请求讲和，割取荥阳以西地区作为汉国的地盘，项王不答应。汉王很是忧虑，于是采用陈平的计策，给了陈平四万斤黄金，用来离间和疏远楚国的君臣关系，使得项羽对亚父范增产生怀疑。亚父本来正劝项羽趁势攻下荥阳，等到被项羽怀疑，感到很愤怒，请求告老退休，回到士卒的行列中去，但还没到达彭城就病死了。

　　汉军粮食断绝，于是在夜间从东门放出二千多个女子，都披着盔甲，楚军因而从四面围攻她们。将军纪信便乘坐汉王的车驾，假充汉王，欺骗楚军，楚军误认为汉王投降而欢呼万岁，到城东面观看。因此汉王得以和几十名骑兵从西门逃了出去。

　　汉王逃离荥阳进入函谷关，收聚兵马想再次向东进攻。袁生劝说汉王道："汉军与楚军在荥阳互相对峙了好几年，汉军经常受困。希望君王从武关出兵，项羽必定引兵向南转移，大王您挖沟筑垒，使荥阳和成皋之间的汉军暂时得到休息。派韩信等人去安抚河北的赵地，联合燕国和齐国，这时君王再去荥阳，为时不晚。这样一来，楚军多处防御，力量分散，汉军得到休整，再跟他们作战，一定能够打败楚军。"汉王听从了他的计策，出兵驻守宛城和叶城之间的地区，与黥布在行军途中收聚散亡的士兵。项羽听说汉王在宛城，果然引兵南进。汉军坚守壁垒，不与楚军交战。

　　这时彭越渡过睢水，与项声、薛公在下邳交战，彭越大败楚军。项羽又率兵向东进攻彭越。汉王也引兵向北，驻扎在成皋。项羽击败并赶走彭越后，听说汉王又在成皋驻军，于是又引兵西进，攻克荥阳，诛杀了周苛、枞公，俘虏了韩王信，接着包围成皋。

　　汉王跳出包围圈，只跟滕公同乘一辆车从成皋玉门逃出，向北渡过黄河，一路急驰，到修武住宿。汉王自称是使者，在早晨驰进韩信、张耳的营垒，强行收回了他们的军队。于是派张耳向北进一步征发赵地的士兵，派韩信向东进攻齐国。汉王取得了韩信的军队，势力重大振，率兵来到黄河岸边，向南在小修武城的南面犒劳士卒，准备再次与楚军作战。郎中郑忠劝阻了汉王，让他筑高营垒、深挖壕沟，不要与楚军交战。

　　淮阴侯韩信已受命向东攻齐，还没有渡过平原。汉王派郦食其前去游说齐

王田广，田广背叛楚国，与汉军讲和，共同攻打项羽。韩信采用蒯通的计策，袭击并打败了齐国的军队。齐王烹杀了郦食其，向东逃往高密。项羽听说韩信已经率领河北的军队攻破了齐国、赵国，而且将要攻打楚国，就派龙且、周兰前去迎击韩信的军队。韩信与楚军作战，骑兵将领灌婴率军出击，大败楚军，杀死了龙且。

韩信攻破齐国以后，派人对汉王说："齐国接近楚国，权力太轻，如果不封我为假王，恐怕不能安定齐国。"汉王准备攻伐他。留侯张良说："不如趁势立他为齐王，让他为自己的利益守卫齐国。"于是派遣张良持着印绶去封韩信为齐王。

项羽听说龙且的军队被打败，于是恐慌起来，派盱眙人武涉去劝说韩信。韩信不听。

楚、汉两军相持了很长时间，不能决出胜负，壮年男子苦于兵役和军旅生涯，老弱疲于水陆转运粮食物资。汉王和项羽在广武之间互相对话。项羽想跟汉王单独挑战。汉王数落项羽，当看两军将士，罗列项羽十大罪状。项羽大怒，埋伏下弓弩射中了汉王。汉王胸部受伤，却捂着脚说："贼虏射中了我的脚趾！"汉王伤势很重，卧床养病，张良强行请他起来慰劳军队，以便安定士卒的情绪，免得让楚军趁机进攻而战胜汉军。汉王出去巡视军营，病伤更加严重了，因此急驰进入成皋城中。

汉王养好伤后，向西进入函谷关，到达栎阳，抚恤和慰问当地父老，设酒宴款待他们。在停留了四天，重新回到军中，把军队驻扎在广武。关中增派出更多的军队。

在这个时候，彭越率兵占据梁地，来回骚扰楚军，断绝了楚军的粮食供应。田横前去跟他一起作战。项羽多次进攻彭越等人，齐王韩信又进兵攻打楚国。项羽害怕，于是跟汉王订立盟约，把天下从中分成两部分，分割鸿沟以西地区为汉国，鸿沟以东地区为楚国。项王归还汉王的父母妻子，军中都高呼万岁，就回师分别离去。

项羽退兵回归东方。汉王本来想率军回归西方，后来又采用了张良、陈平的计策，于是进兵追击项羽，到阳夏南部停止进军，与齐王韩信、建成侯彭越约定日期会合军队，共同进攻楚军。

五年，高祖和诸侯的军队共同进攻楚军，与项羽在垓下举行决战。淮阴侯率领三十万军队独当一面。孔将军在左边。费将军在右边。汉王刘邦在后面。绛侯周勃和柴将军在刘邦后面。项羽的士卒大约有十万。淮阴侯先与楚军交战，作战不利，退了回来。孔将军、费将军纵兵攻击，楚军失利。淮阴侯再次趁势进攻。楚军在垓下被打得大败。项羽的士卒听到汉军中唱着楚地的民歌，以为汉军已经全部夺取了楚国的土地，项羽于是败退而逃，楚军大败。汉王派骑兵将领灌婴追杀项羽，杀敌八万人。项羽自刎于乌江边。汉王最终平定了楚地。鲁地为了楚国而坚守，不肯投降。汉王率领诸侯军队向鲁地进军，把项羽的人头给鲁地的百姓们看，鲁地这才投降。于是以鲁公的名号把项羽葬在谷城。

回师到达定陶，汉王急驰进入齐王的军营，夺取了他的军队。

五月，诸侯和将相们一起共同请求尊奉汉王为皇帝。

天下彻底安定。高祖建都洛阳，诸侯都称臣归属于他。

五月，士兵们都解甲归田。诸侯的儿子住在关中的免除十二年的赋税徭役，回到封国的免除六年的赋税徭役，由国家供养他们一年。

高祖在洛阳南宫摆设酒宴。高祖说："列侯和各位将军不要隐瞒我，都要说出实情。我之所以拥有天下，原因在哪里？项羽之所以失去天下，原因又在哪里？"高起、王陵对答道："陛下傲慢而喜欢轻侮别人，项羽仁厚而爱护别人。但陛下派人攻城略地，就把所攻克降服的地区封给他，这是与天下人共享利益。项羽嫉贤妒能，立有功劳的人就要加以迫害，有贤能的人就怀疑他，作战胜利却不给胜利者授功，攻取土地却不给予别人利益，这就是他失去天下的原因。"高祖说："你们只知其一，不知其二。要说运筹帷幄之中，决胜千里之外，我不如张良。镇守国家，安抚百姓，供应粮饷，保证粮道不断，我不如萧何。统领百万大军，战必胜，攻必取，我不如韩信。这三个人，都是人中的豪杰，我能够任用他们，这就是我能够取得天下的原因。项羽只有一个范增，却还不能任用，这就是他被我打败的原因。"

六年。高祖每五天朝见一次太公，像普通人家一样行父子相见的礼节。太公家令劝说太公道："天上没有两个太阳，地上没有两个君王。如今高祖虽然是您的儿子，但却是君主，太公您虽然是父亲，但却是臣子。怎么能让君主拜见臣子呢？如果这样的话，君主的威令和尊严就无法体现。"此后高祖再来朝见，太公都抱着扫帚在大门口迎接，倒退着行走。高祖大惊，下车搀扶太公。太公说："皇帝，是君主，怎么能因为我而乱了天下的法度？"于是高祖就尊太公为太上皇，心中认为太公家令的话说得很好，就赐给他五百斤黄金。

十二月，有人上书举报楚王韩信谋反，皇上询问左右，左右大臣争着要去讨伐韩信。高祖采用了陈平的计策，假装巡游云梦地区。在陈地会集诸侯，楚王韩信前来迎接，就在这时拘捕了韩信。当天，大赦天下。

十几天后，高祖封韩信为淮阴侯，把他原来的封地分成两部分。高祖说将军刘贾多次立功，封他为荆王，统治淮东地区。

萧丞相营建未央宫，修筑了东阙、北阙、前殿、武库和太仓。高祖回到长安，看到宫殿十分壮丽，很生气，对萧何说："天下纷乱苦战了好多年，成败还不可确知，你为什么要修治这样过分豪华的宫室呢？"萧何说："正是因为天下还没有安定，所以才可以趁此机会建成宫室。况且天子以四海为家，宫殿不壮丽不足以显示天子的尊贵和威严，而且这样可以不让后世再超过本朝的规模。"高祖这才高兴起来。

未央宫建成。高祖召集诸侯群臣举行盛大朝会，在未央宫前殿设置酒宴。高祖捧着玉杯，起身为太上皇祝寿，说："当初大人经常认为我没有出息，不能经营产业，不如刘仲勤勉努力。如今我所成就的产业和刘仲相比谁多。"殿上群臣都欢呼万岁，大笑取乐。

十一年，高祖在邯郸诛灭陈豨等人的事情还没有完成，陈豨的部将侯敞率领一万多人流窜各地，王黄驻军曲逆，张春渡过黄河攻打聊城。汉朝派将军郭蒙和

齐国的将领攻打他们，将他们打得大败。太尉周勃取道太原进入并且平定了代地。到了马邑，马邑不肯投降，随即攻破城邑将他们消灭。

陈豨的部将赵利据守东垣，高祖指挥部队攻打，没有打下，相持了一个多月。守城的士卒骂高祖，高祖大怒。东垣城投降后，高祖下令把那些骂他的人找出来统统杀掉，没有骂的人受到了宽大。于是就把赵国的山北地区分割出来，封皇子刘恒为代王，定都晋阳。

春天，淮阴侯韩信在关中谋反，被诛灭三族。

夏天，梁王彭越谋反，被剥夺王爵迁徙到蜀地；彭越还想造反，也被诛灭三族。封皇子刘恢为梁王，皇子刘友为淮阳王。

秋天七月，淮南王黥布造反，向东吞并了荆王刘贾的地盘，向北渡过淮河，楚王刘交逃进薛城。高祖亲自前去讨伐。立皇子刘长为淮南王。

十二年十月，高祖在会甀攻打黥布的军队，黥布逃跑。于是命令别将追击黥布。

高祖回归，经过沛县，停留下来。在沛宫中设置酒宴，召来所有的故人父老子弟纵情畅饮，征集到沛县的一百二十个小孩，教他们唱歌。唱到尽兴的时候，高祖击筑伴奏，自己作诗唱道："大风起兮云飞扬，威加海内兮归故乡，安得猛士兮守四方！"让小孩儿们都跟着学唱。高祖于是起舞，慷慨伤怀，流下几行热泪。对沛县的父兄们说："游子一想到故乡就感到悲伤。我虽然在关中定都，死后我的魂魄还是乐意思念沛地。而且我是从沛公的地位来诛除暴逆，才拥有了天下，因此要把沛地作为我的汤沐邑，免除沛地百姓的赋税徭役，世世代代不必交税服役。"沛县的父兄和长辈妇女以及故交们每天痛饮尽欢，讲述从前的旧事取笑作乐。过了十几天，高祖准备离去，沛地的父老兄弟坚持请求挽留高祖。高祖说："我带的人很多，百姓无法承受对他们的供应。"于是离去。沛县人把县里所有的东西都拿出来到城西进献。高祖又停留下来，在城外张开帷帐饮酒三日。沛县的父老兄弟都叩头说："沛县有幸能免除赋税徭役，但丰邑还没能免除，恳请陛下哀怜他们。"高祖说："丰邑是我出生的地方，是我最不能忘怀的，只是因为他们跟随雍齿反叛我而归附魏国的缘故才不予免除的。"沛县的父老们一再恳请，于是一并免除了丰邑的赋税徭役，与沛县相同。于是封沛侯刘濞为吴王。

汉将另外又在洮水南北攻打黥布的军队，把黥布的军队打得大败，并乘胜追击，在鄱阳追上并杀死了黥布。

高祖攻打黥布时，曾被流矢射中，行军途中病倒。病得很厉害，吕后请来一位好医生。医生入宫进见，高祖询问医生。医生说："皇上的病可以治好。"于是高祖辱骂医生道："我以平民的身份手持三尺长的宝剑而夺取天下，这难道不是天命吗？我的命是上天决定的，即使扁鹊在世又有什么用呢？"于是不让医生治病，赐给他五十斤黄金打发了事。后来吕后问："陛下百年后，萧相国若是死了，让谁来代替他的职务？"皇上说："曹参可以。"吕后问然后是谁，皇上说："王陵可以。但是王陵耿直憨厚，可以让陈平辅助他。陈平智谋有余，但却难以单独胜任。周勃稳重宽厚，质朴少文，但是安定刘家天下的一定是周勃，可任命他为太

尉。"吕后又问以后是谁,皇上说:"这以后的事情也不是你所能知道的了。"

　　四月甲辰日,高祖在长乐宫驾崩。过了四天仍不发丧。吕后与审食其谋划道:"各位将领和皇帝都是出身平民,如今他们北面称臣,为此经常快快不乐,现在却要事奉年少的君主,如果不把他们全部诛杀灭族,天下就不可能太平。"有人听说了这件事,就告诉了郦将军。郦将军前去见审食其,说:"我听说皇帝已经去世,过了四天还不发丧,却准备诛杀各位将领。如果真是这样,天下就危险了。陈平、灌婴率十万大军驻守荥阳,樊哙、周勃率二十万大军平定燕、代地区,假使他们听说皇帝驾崩,诸将都被诛杀,一定会联合军队回来攻打关中。这样大臣在朝内叛乱,诸侯在朝外造反,天下的灭亡就指日可待了。"审食其进宫向吕后说了这些事情,才在丁未日发丧,大赦天下。

汉文帝

　　孝文皇帝,是高祖的儿子,排行居中。高祖十一年春天,在击破陈豨的叛军后,平定了代地,刘恒被立为代王,定都中都。刘恒是太后薄氏所生的儿子,即代王位十七年后,也就是高后八年七月,高后驾崩。九月,吕家的人吕产等企图作乱,来篡夺刘氏的政权,大臣们共同诛杀了他们,商议召回代王,立他为皇帝。

　　皇帝即位当天傍晚进入未央宫。当夜就拜宋昌为卫将军,镇抚南、北二军。任命张武为郎中令,负责宫中的巡逻警卫。回到前殿坐朝。在当天夜里颁下诏书说:"近几年来吕家人把持政事,独断专行,阴谋叛逆,企图篡夺刘氏的宗庙社稷,依赖将相列侯宗室大臣将他们诛杀,使他们全都受到应有的惩罚。朕刚刚即位,应大赦天下,赐给百姓家长每人一级爵位,赐给女子每百户一头牛、十石酒,特许天下百姓聚会痛饮五天。"

　　孝文皇帝元年十月庚戌日,将原琅邪王刘泽改封为燕王。

　　辛亥日,皇帝登位主祭,拜谒高祖庙。右丞相陈平改任左丞相,太尉周勃为右丞相,大将军灌婴为太尉。被吕氏家族侵夺的齐国、楚国原有的土地,又都重新归还原主。

　　壬子日,派车骑将军薄昭到代地迎接皇太后。皇帝说:"吕产自封为相国,吕禄为上将军,擅自冒用朝廷的名义派遣灌婴将军率兵攻打齐国,妄图取代刘氏,灌婴停驻在荥阳没有出击,与诸侯共同谋划诛灭吕氏。吕产企图作乱,丞相陈平与太尉周勃谋划夺取了吕产等人的军权。朱虚侯刘章首先追捕吕产等人。太尉亲自率领襄平侯刘通持着符节承受诏令进入北军。典客刘揭亲自夺取赵王吕禄的印绶。加封太尉周勃一万户,赐黄金五千斤。丞相陈平、将军灌婴加赐食邑各三千户、黄金二千斤。朱虚侯刘章、襄平侯刘通、东牟侯刘兴居加赐食邑各二千户、黄金一千斤。封典客刘揭为阳信侯,赐黄金一千斤。

　　十二月,皇上说:"法律,是治国的准绳,是用来禁止暴乱、劝人向善的。现在

犯罪的人已经被依法论罪,却还要让他们无罪的父母妻子受牵连罪,成为官府的奴婢,朕很不赞成。你们好好商议一下。"有关官员都说:"老百姓不能自己管理自己,所以才制定法律来约束他们。实行亲人连坐判罪的刑罚,为的是增加他们内心的恐惧和压力,使他们不敢轻易犯法。这项制度由来已久,还是像以前那样更便于治理。"皇上说:"朕听说法律公正那么百姓就会诚实,量刑恰当那么百姓就会服从。治理民众并引导他们向善,这是官吏的责任。官吏既然没有能力引导百姓,却又用不公正的法律来惩罚他们,这反而是坑害了百姓,使他们走向邪恶,凭什么去禁止他们犯罪呢?朕看不到有什么便利的,你们仔细讨论一下。"有关官员于是都说道:"陛下向百姓施予大恩大惠,功德盛大,不是我们能想到的。请求遵奉皇帝的诏令,废除收没罪犯家人为奴等各项连坐法律。"

皇上从代国来到长安,刚刚即位,广施德惠,天下百姓得以安抚,诸侯、四夷都融洽欢乐,于是封赏跟随皇上从代地来的功臣。皇上说:"正当大臣们诛杀吕氏而迎请我的时候,我心中狐疑,臣下也都劝我不要来长安。只有中尉宋昌劝导我,使我能够供奉宗庙社稷。我已经尊奉宋昌为卫将军,应当再封宋昌为壮武侯。另外随我而来的六个人,官职都升到九卿。"

二年十月,丞相陈平去世,重新以绛侯周勃为丞相。皇上说:"我听说古代诸侯立国的有一千多个,各自守卫着自己的封地,按时进贡,百姓不受劳苦,上下欢欣,没有失德的地方。如今诸侯大多住在长安,离封邑很远,吏卒运送给养费用很多而且十分劳苦,诸侯们也无从教导和治理他们的臣民。请命令诸侯前往封国。在朝中做官和诏令留下的,就派遣他们的太子回国。"

十一月晦日,出现日食。十二月望日,又出现日食。皇上说:"我听说,天生万民,为他们设置君主来养育和治理他们。君主失德,施政不公,那么上天就会向他显示灾难,以此警告他没有治理好。因而在十一月晦日,出现了日食,上天发出谴责,这是多么巨大的灾异啊!我得以保卫宗庙社稷,以渺小的身躯担任万民的君王,天下的治乱,都系在我一人身上,只有两三位执政大臣像我的股肱手足。我下不能治理和养育众生,上又玷污了日、月、星辰的光明,失德也太严重了。诏令下达后,你们都要想想我的过失,以及我的知见思虑未到之处,请求你们都告诉我。并且推举贤良方正、能够直言极谏的人,来匡正我能力所达不到的地方。进而各自整顿你们的职责,务必减省徭役费用以便利百姓。我既然不能远施恩德,所以惶惶然担心外族有非礼行为,因此防备未能停息。现在不能停止边境屯兵戍守,却又命令部队加强对我的保卫,应当裁撤卫将军统领的军队。太仆所管现有马匹留下够用的就行了,其余的都交给驿站使用。"

正月,皇上说:"农业,是天下的根本,应该开辟籍田,我要亲自耕地,以供给宗庙祭祀所用的黍稷。"

皇上说:"古人治理天下,在朝廷上设置进善言的旌旗和批评朝政的谤木,目的是为了通达治道,招来进谏的人。现在刑法中有诽谤和妖言的罪名,这就使群臣不敢尽情直言,而君主无法听到自己的过失。这如何能招来远方的贤良呢?应当废除这样的条文。臣民中有人相约结誓诅咒君上而后又互相攻击告发,官

吏们认为这是大逆不道,如果还有其它怨言,官吏们又认为这是诽谤朝廷。这都是小民们愚昧无知,判他们死罪,我认为很不可取。从今往后,有触犯此罪的人都不要治罪。"

十三年夏天,皇上说:"我听说天之大道,灾祸起自怨恨,福乐兴于德义。百官的过失,应当由我亲自负责。如今负责秘祝的官吏把过失推给臣下,更加显示出我的失德,我很不赞成。应当取消这种做法。"

五月,齐国太仓令淳于公犯罪应当受刑,诏令狱吏将他逮捕押解到长安。太仓令没有儿子,只有五个女儿。太仓令即将被捕时,骂他的女儿们说:"生孩子没生男孩,一旦遇有急难就没什么用处。"他的小女儿缇萦暗自伤心哭泣,于是跟随她父亲来到长安,上书说:"我的父亲做官,齐地的人都称赞他清廉公正,如今犯法应当受刑。我悲伤那些死去的人不能复生,受了刑的人不能复原,即使想要改过自新,也没有办法了。我愿意没入官府为奴,来抵赎我父亲的刑罪,使他能够改过自新。"这份上书呈奏给天子,天子悲怜她的孝心,于是下诏说死后葬礼从简,不要扰民。霸陵一带的山川仍保持原样,不要有所改变。后宫中夫人以下直至少使全部遣送回家。任命中尉周亚夫为车骑将军,属国徐悍为将屯将军,郎中令张武为复土将军,征发附近各县现役士兵一万六千人,调集京师士卒一万五千人,负责护送棺椁、穿穴覆土等工作,由将军张武统管。

乙巳日,群臣都叩首上尊号为孝文皇帝。

太子在高祖庙即位,丁未日,承袭帝号为皇帝。

汉武帝

从胶东王到汉武帝

刘彻公元前156年生于长安未央宫猗兰殿,他的生母是槐里(今陕西兴平东南)人王仲之女,名臧儿,早在汉景帝做太子时就被选入宫中,后来被封为"美人"。公元前153年汉景帝封刘彻做胶东王,这只是一次普通的赐封,刘彻又是汉景帝的第二个儿子,本无做太子,更无做皇帝的可能。可是汉景帝的薄皇后没有儿子,于是,汉景帝于公元前156年立他宠爱的栗姬的儿子刘荣做太子。薄皇后于公元前151年被废,本来该栗姬当皇后,然而汉景帝有个姐姐刘嫖,被封为长公主,经常在汉景帝面前出主意,汉景帝对她十分信任。当时刘嫖有个女儿,与刘彻年龄相仿,长公主刘嫖有意将女儿嫁给刘彻,就尽力想把刘彻推上太子的位置,于是在汉景帝面前说栗姬的坏话。栗姬于公元前150年失宠自杀,刘荣也被废为临江王。汉景帝又根据长公主的建议立王美人为皇后,刘彻也被立为太

子。刘彻做太子时受到太子太傅卫绾的教诲，卫绾是个儒生，因此，他的儒家思想也影响着刘彻。刘彻幼年又喜欢文学，年纪不大便能作赋。这些经历与他后来推崇儒术及重视文才有很大关系。

公元前141年，汉景帝驾崩。16岁的太子刘彻即位，是为孝武帝，史称汉武帝，由于年纪尚小，无力控制朝政，出现了他的生母王太后和祖母窦太后争夺权力的情况。窦太后想让她的侄儿窦婴主持朝政，而王太后想让她的同母兄弟田蚡主持朝政。结果，窦婴做了丞相，田蚡做了太尉。窦太后提倡黄老无为思想，而王太后支持卫绾、田蚡的儒家思想，这就必然与窦太后发生矛盾。建元三年，窦太后强令孝武帝把信仰儒家思想的大臣赵绾、王臧打入监狱（后来两人自杀），连窦婴、田蚡也被免职。在窦太后的淫威下，汉武帝只好忍气吞声。但是少年的汉武帝很有主见，而且有旺盛的精力和勇往直前的进取精神，在建元六年五月，窦太后死后，汉武帝立即重新任命田蚡为丞相，开始了独立执掌政权的时期。

汉武帝继位不久就从政权上着手，收归权力于中央。

当时最难解决的就是王国问题。汉初，刘邦平定了异姓王的叛乱，但同时又分封了大量同姓子弟为王，这同样造成了地方上的割据势力，以致汉景帝时出现了"七国之乱"。经过汉初几代皇帝的努力，汉武帝时期，诸侯王不像以前那样强大难制。但是，有的王国仍然连城数十，地方千里，威胁着西汉中央政权。因此，汉武帝决定彻底解决王国问题。

公元前127年，汉武帝采纳主父偃的建议，下令推行"推恩令"。即诸侯王除了由嫡长子继承王位以外，可以"推恩"，把王国土地的一部分分给子弟为列侯，由皇帝制定这些侯国的名号，这样就使侯国的地位与县相当。"推恩令"颁布后，诸侯王纷纷把土地分给自己的子弟，王国的直接辖地缩小了。武帝以后，王国辖地只有数县，地位与郡相当，再也没有力量同中央王朝相抗衡了。

与此同时，汉武帝对如何加强皇权，削弱相权想了不少办法。丞相是秦代官制，汉代沿用。表面上看，丞相是秉承皇帝的旨意办事，实际上是整个政权的负责人。为了削弱相权，汉武帝颁布了一系列针对限制丞相权力的措施，并做了一系列的人事安排，迫使丞相只能承盲顺命。从此丞相的地位和权力大为削弱，汉武帝开始独揽大权，亲自过问一切。

在政治上集权的同时，汉武帝又开始在军事上进行集权。汉制规定：男子自傅籍之年至56岁期间，服兵役两年，称为正卒。一年在本郡，另一年屯戍京师。

元鼎六年，汉武帝创建屯骑、步兵、越骑、长水、射声、虎贲、胡骑等七校尉，常驻京师及其附近。七校尉兵都统一于由中尉属官中垒令演变而来的中垒校尉，合称"八校尉"。八校尉属北军系统，每校兵力约数百人至千余人。宫廷中皇帝的仪卫称为郎，也是一支武装力量，由郎中令率领。建元三年设期门军，约千人；太初元年，设羽林军，约700人，这些兵力也由郎中令率领，称为郎，属于南军系统。期门、羽林军后来成为一支重要的武装力量，汉代名将多出于期门、羽林，可见它们在全国军事系统中的地位。八校尉和期门、羽林军的建立，使京师军力得到加强。

汉武帝在加强中央集权的同时,在意识形态领域也开始推行专制措施。汉初的几位皇帝都信奉"黄老无为"思想,就是让老百姓休养生息,不过多地打扰农民。到了汉武帝时期,政治、经济情况发生了很大变化,是继续推行道家的无为思想,还是改用其他思想来统治人民就成了一件紧迫的事情。汉武帝采纳了董仲舒的建议,在窦太后死后,任命好儒术的田蚡为相。田蚡把不学儒家五经的太学傅一律罢黜,排斥黄老等各家思想于官学之外,又优礼延揽儒生数百人,这就是有名的"罢黜百家,独尊儒术"。

汉武帝实行"罢黜百家,独尊儒术"的措施,使儒家思想获得了合法地位。从此,它不断发展,成为此后两千年间统治人民的正统思想。但这并不意味着汉武帝就不采用法家的法治思想了。相反,他执法非常严厉。汉武帝知道,只依靠法治是无助于巩固封建统治的,而仅有儒家的德教,封建国家也无法实现统一和强大。因此,他采用的是儒表法里的统治思想。意识形态的统一,是和统一的政治和经济相适应的,顺应了时代的需要,巩固和促进了封建制度的发展。

抗击匈奴

匈奴是我国北方一个古老的以游牧为主的少数民族,逐水草迁徙,有少量的农业生产。汉初,已进入奴隶制社会,在首领冒顿单于的带领下,匈奴族东败东胡,北服丁零,西逐大月氏。统治区域,东自朝鲜边界,横跨蒙古高原,与羌相接,向南延伸至今晋北、陕北一带,与汉相接。冒顿把这一广大地区分为左、中、右三部,自己居中,左、右两部由左右贤王分领。

战国末年以来,匈奴就不断南侵。汉高祖时,发生了"白登山之围"。之后,西汉政府被迫与匈奴和亲,开通关塞,每年给匈奴很多馈赠,但仍无法阻止匈奴南犯。到了汉武帝时期,西汉的国力有了很大增加,已经有足够的力量来抗击匈奴。于是,汉武帝决定狠狠打击匈奴奴隶主。

元光二年,汉武帝派马邑人聂翁壹出塞,引诱匈奴进占马邑,汉军三十余万埋伏近旁,企图一举歼灭匈奴主力,匈奴兵10万入塞,中途发觉汉的诱兵计划而退却。此后,匈奴多次大规模进攻边塞,汉军也多次反击和进攻,其中影响较大的有三次。

元朔二年,匈奴入侵,汉武帝派卫青、李息出兵云中郡,在河套地区大破匈奴军队,俘虏数千人,一举收复河套地区,汉在那里设朔方郡,并修缮了秦时的边塞。同年迁民10万,边务农,边守卫。元溯年间,匈奴连年入侵,汉军在卫青指挥下数度出击,沉重打击了匈奴军队。

元狩二年,汉武帝命霍去病领兵远征匈奴。霍去病从陇西出击,过焉支山千余里,歼敌8000多人,杀匈奴二王,缴获了匈奴的祭品金质佛像。同年夏,霍去病又与大将公孙敖出北地塞外2000余里,直到祁连山,斩获匈奴3万余人,迫使匈奴浑邪王杀休屠王,率部4万余人归汉。西汉王朝在其故地设酒泉、武威、张

掖、敦煌四郡。不但隔绝了匈奴与羌的联系,还沟通了内地与西域的直接交通,使双方势力的消长发生了显著变化。

元狩四年,一场决定匈奴命运的战争开始了。这年汉武帝命卫青、霍去病率10万骑兵,近10万匹马负载辎重,几十万步兵殿后,分道北征。西路卫青军从定襄出发,在漠北击败单于,歼敌1.9万人,一直攻打到今蒙古高原杭爱山以南,缴获大批粮食而还。东路霍去病军从代郡出发,行军2000余里,以灵活多变的奇袭,生擒匈奴屯头王、韩王等三人,前后歼敌7万多人,一直打到狼居胥山。在那里霍去病代表汉王朝举行了封禅礼。经过这次大战,匈奴已无力再到大漠以南进行侵扰,西汉王朝开始对北方地区进行开发建设,巩固边防,恢复农业生产。从此,汉与匈奴十七年间没有发生战争。

抗击匈奴的战争,是汉武帝最重要的"武功"。它打击和抑制了近百年来匈奴对中原地区的烧杀掠夺,保护了人民的生命财产和国家领土的完整。它保证了汉朝社会经济和文化的发展,是一次正义的行动。

"凿空"西域

西汉时,把阳关和玉门关以西即今新疆乃至更远的地方,称作西域。西汉初年,西域共有三十六国。

汉武帝听说西迁的大月氏有报复匈奴之意,就派人出使大月氏,联络他们东西夹攻匈奴。汉中人以郎应募,建元二年,张骞率领100余人离开长安向西域进发。途中被匈奴俘获,滞留了10年,终于寻机逃脱,西行数十日到达大宛。这时大月氏已不想攻打匈奴而西迁了,张骞没有达到目的。在西域呆了一年多东返,途中又被匈奴扣留了一年多。元溯三年,张骞回到长安,受到汉武帝的热情接待,后被封为博望侯。此次西行前后达十余年,虽未达到目的,但获得了大量西域的资料,司马迁称张骞此行为"凿空"。

张骞归国后,汉武帝曾遣使探求通过身毒,开辟一条不经匈奴而到大夏的交通线,但是没有成功。后来,汉军打败匈奴,取得了河西走廊地区,打通了西汉与西域之间的通道。

霍去病在祁连山大破匈奴后,张骞建议联络西域强国乌孙,以断匈奴右臂。元狩四年,张骞再次出使西域,目的是招引乌孙回河西故地,并与西域各国联系。张骞到乌孙,未达目的,于公元前115年偕同乌孙使者返抵长安,被张骞派往西域其他国家的副使也陆续回国。从此,汉同西域的联系频繁起来。

但是,西域诸国仍未完全摆脱匈奴的控制,楼兰、车师等国在匈奴的策动下,经常劫掠西汉派往西域的使臣和商队。为了确保西域通道,元封三年,王剧率骑兵击破楼兰,赵破奴率军击破车师。元封六年,西汉又与乌孙王和亲,企图联合协迫匈奴。同时为了打破匈奴对大宛的控制并取得大宛的汗血马,汉武帝派李广利领兵数次进攻大宛,在付出沉重代价后,攻破大宛都城,使西汉在西域的声

威大振，确保了西域通道的安全。西域道路畅通后，使西域与中原地区联为一体。西域的葡萄、石榴、苜蓿、胡豆、胡麻、胡瓜、胡蒜、胡桃、汗血马及各种奇禽异兽和名贵毛织品传入中原。中原的铁器和牛耕技术、凿井技术传入西域，特别是向西域输入大量丝织品，形成了历史上有名的"丝绸之路"。

张骞通西域，促进了西域社会的进步，丰富了中原地区的物质和精神生活。

开疆拓土

汉武帝是以"大一统"为己任的。在董仲舒"大一统"思想的指导下，他要建立一个幅员辽阔、疆域广大的封建大帝国。在解决了北方匈奴和西域问题后，他把眼光转向了东南和西南边疆。

我国的东南地区长期以来居住着越人，秦朝时曾在这些地区设置郡县，在秦末农民起义过程中，各地的豪强官吏乘机独立称王，形成割据势力。当时，这些割据势力，有在今浙江南部的东瓯，今福建境内的闽越，今两广地区的南越。

建元三年，闽越出兵攻打东瓯，东瓯向西汉求救。西汉出兵后，闽越退去。东瓯王决定归附西汉管辖，汉朝把他们的一部分迁至江淮之间。从此，东瓯人同中原人民共同生产，建设着祖国的东南地区。

南越王赵佗原是秦朝的一个校尉，后来，他自立为王，他的后代也继续称为南越王。汉武帝中期，赵兴即位，因年少，大权落入吕嘉手中。吕嘉怕自己的权势和地位保不住，于是起兵叛乱，杀死赵兴和樛太后。汉武帝决定消灭吕嘉割据势力，元鼎元年秋，十几万驻军进攻南越，吕嘉被生擒，南越政权到此灭亡。

闽越政权是三个政权中势力最强的，曾围攻东瓯，出击南越，后来慑服于汉朝的威势，表面上受汉朝的节制，暗地里与南越勾结。汉武帝调整大军进攻闽越。闽越王余善被部下杀死，闽越归汉。

在进攻东南地区的同时，汉武帝又开始了开辟我国西南地区的行动。从此以后，中原地区的人民到西南地区的越来越多，促进了当地经济、文化的发展。

下诏自谴

汉武帝在位五十多年，建立了一系列的文治武功，但有些事是不得不做的，其中也做了不少不利于社会发展和对人民有害的事情。比如在他晚年时兴起的"巫蛊之祸"，就曾逼死了自己的儿子。

汉武帝有个儿子叫刘据，性情宽厚仁爱，被立为太子。他常规劝武帝少兴征伐之事，不要严刑苛法，滥杀大臣，这些都使汉武帝感到不快。正好这时汉武帝重用一个奸臣江充，他曾与太子刘据结怨，于是乘机陷害太子，说太子在背后使用巫术咒骂汉武帝。太子刘据一气之下杀了江充。汉武帝误认为是太子怕获

罪,才杀了江充,派人捕捉太子。刘据被迫反抗,兵败自杀。

作为最高统治者,汉武帝极尽穷奢极欲之能事。为了炫耀威势,他到处巡行、封禅。元封元年,他北率18万骑兵,旌旗千里,封禅泰山,东巡海上。所过之处,大肆赏赐,用帛百余万匹,钱几万万。巨大的人力和财力耗费极其沉重地加深了人民的负担。汉武帝大兴土木,动用大量人力、物力,扩建上林苑,开凿昆明池,建造首山宫、明光宫、建章宫等雄伟殿宇。他又追求长生不老之术,结果,大量钱财被方士骗去。他统治期间又多次发生大规模水灾、旱灾、蝗灾等自然灾害。

战争、灾荒,加上汉武帝生活上的过分奢华,使阶级矛盾激化了。农民被迫离开土地,沦为流民。在汉武帝晚年时,几乎在全国范围内都爆发了农民暴动和农民起义。

经过一系列的打击之后,汉武帝开始认识到自己政策上的一些失误,决定改弦更张。征和四年,汉武帝下诏表示追悔既往的过错,拒绝了大臣烦劳百姓的建议,认为当前的正事在于禁止对百姓的苛暴行为,不准擅自加重人民赋税负担,而应致力于农事,官吏要鼓励百姓多养马,免除徭役赋税。之后,汉武帝采取了一些有利于发展农业的措施。他晚年的追悔之心和他推行的"富民政策"对当时和以后起了积极作用。

后元二年,汉武帝在陕西境内巡行时,一病不起。他召来霍光等人,立少子刘弗陵为帝,拜霍光为大司马将军,叫他效法周代周公辅助成王的故事,辅佐小皇帝。不久,这位雄才大略的皇帝驾崩于五柞宫,享年69岁。之后,汉武帝的灵柩移殡于未央宫前殿。18天后葬于长安西北八十里的茂陵。

汉武帝在位54年,使中国封建社会在经济制度、政治制度、思想意识上都达到了完备,标志着中国封建社会的基本成熟和定型。汉武帝时期在我国文化发展史上也出现了光辉灿烂的局面。当时,涌现出诸如董仲舒、司马迁、司马相如、卫青、霍去病、唐都、落下闳、赵过、张骞等一大批各方面的著名人物,他们的出现是中国封建社会前期政治、经济、文化发展的必然结果。汉武帝也因此成为中国历史上一位雄才大略的帝王。

光武帝

世祖光武皇帝讳名秀,字文叔,南阳郡蔡阳县人,汉高祖第九代孙子,出自汉景帝所生长沙定王刘发的那个支系。刘发生春陵节侯刘买,刘买生郁林太守刘外,刘外生钜鹿都尉刘回,刘回生南顿令刘钦,刘钦生刘秀。刘秀九岁时成了孤儿,由叔父刘良收养。他身高七尺三寸,须眉浓秀,大嘴,高鼻梁,额骨隆起,生性喜欢种植庄稼,而哥哥刘伯升好行侠养士,常讥笑刘秀经营农业,把他比作汉高祖的哥哥刘仲。王莽天凤年间,刘秀来到长安,拜师学习《尚书》,略通大义。

王莽末年，天下连年闹蝗灾，盗贼蜂起。地皇三年，南阳发生饥荒，各家的宾客大多去偷盗抢劫。刘秀为逃避官吏躲到新野，顺便在宛城出售粮食。宛人李通等人用图谶鼓动刘秀说："刘氏复兴，李氏为辅。"刘秀起初不敢答应，然而暗自思量哥哥伯升一向结交无业游民，必将发动起义，况且王莽败亡的征兆已经明显，天下正动荡不安，于是同李通等人定下大计，从此就购置兵刃弩箭。十月，与李通从弟李轶等起兵于宛城，当时他二十八岁。

十一月，有彗星出现在张星星区，刘秀于是率领宾客回到春陵，当时伯升已经聚众起兵。起初，各家子弟十分恐惧，都逃散躲藏起来，说："伯升要害我们。"等到看见刘秀身着武将的绛衣大冠，都吃惊地说："谨慎厚道的人也干这种事"，这才稍微心安了一些。伯升于是请来新市军和平林军，同他们的主帅王凤、陈牧一道向西进攻长聚。刘秀开始骑牛，杀死新野尉后才得以骑马，进占并屠戮了唐子乡，又杀死了湖阳尉。军中瓜分财物不均，众人愤恨不平，想反攻刘姓各部。刘秀收敛起宗族成员所得到的财物，全部给了他们，众人才喜悦起来。进占棘阳后，与王莽前队大夫甄阜、属正梁丘赐交战于小长安，汉军被打得大败，退守棘阳。

更始元年正月初一，汉军重又与甄阜、梁丘赐交战于沘水西岸，大败敌军，斩杀了甄阜、梁丘赐。伯升又在淯阳击败王莽的纳言将军严尤和秩宗将军陈茂，进而包围了宛城。二月初一，拥立刘圣公为天子，以伯升为大司徒，刘秀为太常偏将军。三月，刘秀另与一些将领征讨昆阳、定陵、郾等地，全都攻占下来，缴获大批的牛马和财物，粮食数十万斛，转运到了宛城城下。王莽获悉甄阜、梁丘赐战死，汉帝已经登基，十分恐惧，派遣大司徒王寻、大司空王邑统兵百万，可以作战的士兵为四十二万人，五月，抵达颍川，又和严尤、陈茂会合。当初，刘秀曾替春陵侯家向严尤申诉拖欠租赋事，严尤召见后，很欣赏他的风度。到此时，汉军城中出来投降严尤的人说刘秀不掠夺财物，只是筹划军事策略。严尤笑道："是那位须眉俊美的人吗？他怎么竟做这种事！"

起初，王莽征调天下精通兵法的六十三家学派中的数百人，一并任用为军吏；又选拔训练卫兵，招募猛士，组成庞大的军队开赴战场，各种军旗和军用物资在千里大道上络绎不绝。当时军中有巨人叫巨无霸，身高一丈，腰大十围，被任命为垒尉；又驱赶各种猛兽如虎、豹、犀牛、大象之类，以助军威。自秦汉以来，出征的军队如此声势浩大，还从未有过。刘秀率领数千名士兵，巡逻到阳关。众将领见到王寻、王邑军容盛大，转而顺原路撤退，奔回昆阳城，全都心惊胆战，忧虑后方的妻子儿女，想分别返回各自原来驻守的城池。刘秀建议道："现在士兵和军粮都很少，而外敌强大，合力抵御他们，或许可以立功；如果力量分散，势必全都难以保全。而且宛城尚未夺取，主力不能前来救援，昆阳一旦被攻破，一日之间，各部也将被消灭，难道大家现在不同心协力共同谋取功名，反而要去守护各自的妻子儿女和财物吗？"众将发怒道："刘将军怎敢这样说话？"刘秀笑着起身走了。恰巧侦察的骑兵回来，说王莽大军将进抵城北，军队绵延数百里，看不见后尾。众将领窘迫地相互商量说："还是重新请刘将军来商议对策吧。"刘秀再度剖

析成败得失。众将忧虑窘迫，都同声称是。当时城中只有八九千人，刘秀便让成国上公王凤、廷尉大将军王常留守昆阳，晚上自己同骠骑大将军宗佻、五威将军李轶等十三人骑马，出昆阳城南门，到外地调集兵马。这时王莽军队来到城下的有近十万人，刘秀等人差点儿没能出城。他们到了郾、定陵，调动各营所有兵马，而那些将领贪恋钱财，想分兵留守。刘秀说："现在如果能够击败敌人，所得珍宝是已有的万倍，大功可以告成；如果被莽军打败，脑袋都没有了，还用什么财物！"大家这才听从了他的命令。

严尤劝说王邑说："昆阳城小但坚固，现在假冒帝号的人在宛城，速派大兵前往，他们一定逃走；宛城敌人被打败了，昆阳自然降服。"王邑说："我过去以虎牙将军的身份围攻翟义，因为没能将他生擒，所以受到责备。今天率领百万大军，遇到敌人据守的城池而不能攻取，如何交待？"于是围绕昆阳城设下数十道防线，建立成百座营盘，树起云车高十余丈，靠近昆阳俯视城中，各类旗帜遮盖了田野，人马搅得尘埃满天，敲鼓击钲的军乐声传出数百里之远。莽军有的挖掘地道攻城，有的用冲车撞城。大批弓弩手连续不断发射，箭如雨下，城中军民不得不背着门板而汲水。王凤等人乞求投降，遭到拒绝。王寻、王邑自以为胜利已为时不远，神态十分安闲。晚上有流星坠落在王莽军营地之中，白天有云，形如山丘，从营盘上空直落而下，离地一尺左右才崩散开来，莽军将士全部都匍匐在地上。

六月初一，刘秀即与各部人马一齐进发，自己亲率步、骑兵一千余人，在离莽军大约四五里的地方排开阵势。王寻、王邑也派兵数千人前来交战。刘秀冲击敌营，斩下数十名敌军首级。其他各部将士高兴地说："刘将军平生见到小股敌人就害怕，今天遇到强敌却勇猛无畏，真叫人奇怪！而且继续向前冲，请让我们帮助将军！"刘秀再次进攻，王寻、王邑派出的军队又退去，义军各部一同乘机进攻，杀死莽军数百近千人。义军连续获胜，继续向昆阳进军。此时伯升攻取宛城已有三天了，而刘秀还不知道，还派人伪装成宛城的使者携带书信通知昆阳守军，说："宛城的救兵即刻赶到。"却又故意将这封书信失落在莽军中。王寻、王邑得知后，十分不快。义军众将领屡战屡捷，胆气更壮，无不以一当百。刘秀就与三千名敢死队员，从城西涉水直扑莽军的中军，王寻、王邑的阵势大乱，义军一鼓作气打垮敌军，杀死了王寻。昆阳守军也击鼓呐喊着冲杀出来，内外夹击，喊杀声惊天动地，莽军大败溃退，逃跑的士兵互相践踏，死尸僵卧在百余里的路上。恰逢雷声大作，狂风骤起，屋瓦全被风刮得乱飞，暴雨如注，滍水水势猛涨，吓得虎豹都四肢颤抖。士兵们争着渡河，淹死的人数以万计，河水为之断流。王邑、严尤、陈茂轻装骑马踏着死尸渡河逃走。义军全部缴获了莽军的各种军用物资，兵车、盔甲和珍宝，多得无法计算，运了几个月都没运完，就把剩余的物资都烧掉了。

刘秀再接再厉夺取颍阳。恰在此时伯升被更始帝所杀害，刘秀从父城赶回宛城请罪。伯升司徒府的属吏迎接刘秀并表示慰问，刘秀不便述说心里话，只能沉痛地引咎自责而已。他未曾自我表白昆阳的功劳，又不敢为伯升服丧，吃饭说笑如同平时一样。更始帝因此心中有愧，便任命刘秀为破虏大将军，封武信侯。

九月初三,三辅的豪杰共同杀死了王莽,将首级送到宛城。更始帝将北上建都洛阳,以刘秀兼管司隶校尉事,命他前去整修宫室和官府。于是刘秀任命了属吏,写好文书发到各属县,行使起督促文书、察举非法的职责,一切按照汉朝的旧规定办事。当时三辅地区的官吏和士人到洛阳城东迎接更始帝,看见诸位将军经过,都是头上戴帻,身穿如同妇女所穿的衣裳,如绣裤之类,无不感到可笑,甚至有人害怕不吉利而走掉了。等到看见司隶校尉的部下,都高兴得不知如何是好。老年的官吏有的流着泪说:"不料想今天还能重新看到汉朝官员的威仪!"从此有识之士都倾心于刘秀。

　　待更始帝到达洛阳,就派刘秀以破虏将军的身份代理大司马事务。十月,持节向北渡过黄河,镇抚河北各州郡。

　　更始二年正月,刘秀鉴于王郎一兴起就比较强大,于是向北巡行蓟县。王郎下达快递文书,悬赏十万户侯捉拿刘秀。因此原广阳王之子刘接于蓟城中起兵,以响应王郎。城内很混乱,谣言四起,人人惊恐,说邯郸使者刚刚到达,二千石以下官吏都前去迎接。于是刘秀急忙坐车南逃,无论白天黑夜都不敢进入城市,吃住全在道旁。到达饶阳,部下全断了炊。刘秀就自称是邯郸使者,进入传舍。传舍的官吏刚送进食物,刘秀的随从因为饥饿,争抢食物。传吏怀疑他们是伪装的使者,就击鼓数十下,假称邯郸的将军来到,刘秀的部下都大惊失色。刘秀上车想跑,继而害怕出不去,就慢慢回到座位,说:"请邯郸的将军进来。"过了许久才驾车离去。传舍中的人远远地喊守护城门的人关闭大门。门长说:"天下形势还难预料,能随便关闭长者吗?"于是刘秀得以从南门离去。

　　当时王郎大将李育驻扎在柏人,汉兵不知情况而进军,前部偏将军朱浮、邓禹被李育打败,丧失了辎重。刘秀在后面听说此事,收容了朱浮、邓禹的溃散的士兵,与李育大战于柏人的外城城门,大获全胜,全部夺回了被李育缴获的物资。李育退守城池,刘秀攻不下它,就率军夺取广阿。恰好上谷太守耿况、渔阳太守彭宠各派他们的将领吴汉、寇恂等人统率突骑来协助攻打王郎,更始帝也派遣尚书仆射谢躬讨伐王郎,刘秀因而大大犒劳士兵,于是东进围困钜鹿。王郎守将王饶坚守,刘秀久攻不下。王郎派将军倪宠、刘奉领兵数万援救钜鹿,刘秀迎战于南䜌,斩杀数千人。四月,围攻邯郸,连战连胜。五月初一,攻取邯郸,处死王郎。收缴文书时,得到自己部下向王郎联络或诽谤自己的信件数千封。刘秀也不查看,集合众将当面把信烧掉,说:"让为此事担扰的人心安。"

　　更始帝派侍御史持节封刘秀为萧王,命令他遣散军队回到更始帝身边。刘秀以河北地区尚未平定为由推辞,不应征召,从此开始脱离更始帝。

　　刘秀将攻击诸寇贼,先派遣吴汉到北方征发十郡兵马。幽州牧苗曾不听从调兵,吴汉就斩杀苗曾而征发了他的部下。秋天,刘秀进攻铜马于鄡县,吴汉率领突骑来到清阳会合。贼兵多次挑战,刘秀坚守营垒,贼兵有出外抢掠的人,就发兵消灭他们,断绝了贼兵的粮道。累计过了一月有余,贼兵粮食吃光,乘夜色逃去,刘秀追击到馆陶,大败贼军。

　　青犊、赤眉开进函谷关,进攻更始帝。刘秀就派遣邓禹率领六员副将引兵向

西进发,以利用更始帝、赤眉相争的动乱机会。当时更始帝派大司马朱鲔、舞阴王李轶等屯守洛阳,刘秀也命令冯异据守孟津予以抗衡。

建武元年春正月,平陵人方望拥立原来的孺子刘婴为天子,更始帝派遣丞相李松进攻并斩杀了他们。光武帝北上进攻尤来、大抢、五幡军于元氏,追击到右北平,连续打败他们。又战于顺水之北,乘胜冒进,反而被打败。贼兵追击得很紧,短兵相接,刘秀自己从高坡上跳下去,遇到突骑王丰。王丰下马让给刘秀,刘秀扶着王丰的肩膀上马,回过头来笑着对耿弇说:"几乎被敌人所耻笑!"耿弇频频射箭击退贼兵,得以幸免。刘秀的士兵死了数千人,散兵回来后退守范阳。军中不见刘秀,有人说他已战死,众将不知如何是好。吴汉说:"大家努力!萧王哥哥的儿子在南阳,何愁没有主公?"众人恐惧,几天以后才安定下来。贼兵虽然取胜,但平素折服于汉军军威,客主双方互不摸底,晚上就撤走了。大军重又前进到安次,与敌交锋,击败他们,斩首三千余级。贼兵退入渔阳,刘秀于是派遣吴汉率领耿弇、陈俊、马武等十二位将军追击于潞县之东,一直进抵平谷,大败并消灭了贼军。

朱鲔派遣讨难将军苏茂进攻温县,冯异、寇恂与他们交锋,大败敌军,斩杀苏茂的将领贾强。于是众将商议给刘秀上尊号,马武先向刘秀进言:"天下无主。若无圣人利用天下凋敝的时候崛起,我们虽有仲尼为相,孙子为将,也恐怕难有作为。泼水难收,后悔无及。大王虽然执意谦让,叫宗庙社稷怎么办?应该返回蓟县登基,再商议征伐的事情。否则现在能说谁是逆贼而放手攻打他们呢?"刘秀震惊地说:"将军为何说出这样的话?该斩首了!"马武说:"众将领都这样说。"刘秀让他出去劝说众将,遂引军回到蓟县。

夏四月,公孙述自称天子。刘秀从蓟县返回,路过范阳,下令收葬以前阵亡的将士。抵达中山,众将又上奏说:"汉朝遭遇王莽之乱,宗庙废弃,祭祀断绝,豪杰愤怒,兆民惨遭涂炭。大王与伯升首举义兵,更始凭靠你们的努力才得以占有帝位,而不能维护好大业,破坏搅乱了纲纪,盗贼日益增多,百姓处于危难和窘境之中。大王初征昆阳,王莽不战自溃;后来夺取邯郸,河北的州郡归顺平定;三分天下而有其二,据有数州领土,军队多达百万。谈武力没有人敢于对抗,论文德更是无可挑剔。臣等听说帝王之位不可以长久空着,天命不可以谦让拒绝,愿大王一心以社稷为重,以百姓为念。"刘秀又不听从。行进到南平棘,众将又坚决地请求刘秀登基。刘秀说:"贼寇尚未平定,四面受敌,怎么能立即考虑正号位的事呢?诸位将军暂且出去吧。"耿纯又进来说:"天下士大夫丢弃亲戚,别离故土,追随大王于箭石横飞的战场,他们的打算原本是想攀龙鳞,附凤翼,以实现建功立业的志向。现在功业已成,天人也相应合,而大王拖延良机而违逆众心,不定尊号,我恐怕士大夫失去希望,没有办法,就会有离去而归家的想法,不愿长此苦守下去。大军一旦离散,难以再度招集。良机不可久留,众心不可违背。"耿纯言辞十分诚挚恳切,刘秀深受感动,说:"我将考虑这件事。"

进抵鄗城,与刘秀过去同在长安居住求学的强华从关中送来赤伏符,符文是:"刘秀发兵捕不道,四夷云集龙斗野,四七之际火为主。"群臣因而再次上奏道:"承受天命之符,与之相应的人当居大位,相距万里而符信相合,不经商议而情思相同,周代的白鱼之信,何足相比? 现今上无天子,海内混乱,符瑞所示,昭然若揭,应该顺从天神的意愿,以满足大家的希望。"刘秀于是命令有关部门设立坛场于鄗县城南千秋亭的五成陌。

六月二十二日,即皇帝位。烧柴祭告上天,升烟以享六宗,望祭群神。祭祀祝文说:"皇天上帝,后土神祇,垂青于我而降下天命,将百姓托付给我刘秀,为人父母,秀不敢当。手下群臣,不谋而合,都说:'王莽篡位,刘秀发愤起兵,破王寻、王邑于昆阳,杀王郎、铜马于河北,平定天下,海内蒙受恩惠。上应天地之心,下为百姓所归。'谶记说:'刘秀发兵捕不道,卯金修德为天子。'秀仍然坚辞,以至于一而再,再而三。群臣都说:'皇天大命,不可拖延。'敢不恭敬受命。"于是定年号为建武,大赦天下,改鄗县名为高邑。

这个月,赤眉军拥立刘盆子为天子。

赤眉军杀死更始帝,而隗嚣占据陇右,卢芳起兵于安定。破房大将军叔寿进攻五校贼于曲梁,战死。

二年春天正月初一,有日食。大司马吴汉率领九位将军进攻檀乡贼于邺城的东边,大败并降服了他们。十七日,封全部功臣为列侯,大国有四县,其余各有等差。下诏说:"人情得到满足,常被放纵所苦,为快一时的欲望,忘却应当谨慎对待刑法的宗旨。只因诸位将军功业远大,真诚希望能传之无穷,应当像面临深渊,或脚踏薄冰一样,战战栗栗,一天比一天谨慎。凡有显著功劳而未得到报答,没有列入封侯名册的人,大鸿胪迅速奏上,朕将分别封赏他们。"博士丁恭议论说:"古时候帝王分封诸侯,地不超过百里,所以有利于建侯,取法于雷卦,实行强干弱枝,以此来把国家治理好。现在封给诸侯四县,不符合法制。"光武帝说:"古代凡是灭亡的国家,都是因为无道,没听说是因为功臣封地多而亡国的。"于是派遣谒者立即颁发印绶,策文说:"在高位而不骄傲,位虽高而没有危险;约束自己遵守法度,势虽盈满也不会溢出。要谨慎小心地对待此事,传爵位给你的子孙,长久成为汉朝的藩属。"十九日,更始的复汉将军邓晔、辅汉将军于匡投降,都恢复原有爵位。某日,筑起高庙,建社稷坛于洛阳,立郊兆坛于城南,开始以火德为正,以赤色为上色。

这个月,赤眉焚烧西京的宫室,挖掘园陵,抢掠关中。大司徒邓禹进入长安,派司徒府官吏护送西汉十一帝的神主,放入高庙。

真定王刘杨、临邑侯刘让谋反,派遣前将军耿纯杀了他们。二月十六日,驾临修武。大司空王梁被免除职务。十九日,以太中大夫宋弘为大司空。派遣骠骑大将军景丹率领征房将军祭遵等二位将军进攻弘农贼,打败了他们,因而派遣祭遵围攻蛮中贼张满。渔阳太守彭宠造反,攻打幽州牧朱浮于蓟县。延岑自称武安王于汉中。某日,从修武返回到洛阳。

三月某日,大赦天下,诏书说:"近来狱中多有冤屈的人,用刑深刻,朕非常怜愍他们。孔子说:'刑罚不得当,那么百姓的手脚就慌得不知所措。'和中二千石、诸大夫、博士、议郎商议削减刑法。"

三年春天正月初六,以偏将军冯异为征西大将军,杜茂为骠骑大将军,大司徒邓禹和冯异与赤眉战于回溪,邓禹、冯异被击败。征房将军祭遵攻破蛮中,杀了张满。二十三日,立皇父南顿君以上四庙。二十四日,大赦天下。闰月十八日,大司徒邓禹被免职。

冯异与赤眉战于崤底,大败赤眉,赤眉残部向南逃往宜阳,光武帝亲自率军征讨他们。十二日,驾临宜阳。十七日,亲自统辖六军,大量布置兵马,大司马吴汉的精兵排列于前,中军在其后,骁骑、武卫分列左右。赤眉望见后震惊恐怖,派出使者请降。十九日,赤眉君臣反绑双臂,献上高皇帝玺印绶带,刘秀命令交付城门校尉。二十一日,从宜阳回到洛阳。二十二日,诏书说:"群盗纵横,残害百姓,刘盆子窃据尊号,扰乱迷惑天下。朕出兵征伐,立刻土崩瓦解,十余万人束手降服,先帝的玺印归于王府。这都是仰仗祖宗之灵,世人之力,朕怎么配有此荣耀?选择吉日祭祀高庙,赏赐天下长子并将成为父亲后嗣的人以爵位,每人一级。"

六年春天正月十六日,改春陵乡为章陵县,世世代代免除徭役,如同丰、沛一样,没有差遣。六月二十四日,诏书说:"设官置吏,是为了管理百姓。现在百姓遭难,户口减少,而县级官吏设置仍很繁冗,命令司隶校尉、州牧各自核实所辖各部,裁减官员。县、国不足以安置长吏而可以合并的,上报大司徒、大司空二府。"于是分别上奏合并削减四百余县,吏职裁撤,十留其一。

七年春天正月初二,诏命中都官、三辅、郡、国释放囚犯,不是犯死罪的人,都一律不再追究他们的罪,现有囚徒释放为平民。犯耐罪而逃亡的人,官吏行文免除他们的罪名。

又下诏说:"世上以厚葬为有德,薄葬为鄙陋,以至于富有的人奢侈无度,贫穷者耗尽资财,法令不能禁止,礼义不能劝阻。战乱时坟墓被盗挖,才明白厚葬的祸害。布告天下,叫大家知道忠臣、孝子、慈兄、悌弟薄葬送终的道理。"

九年春天正月,隗嚣病死,他的将领王元、周宗又拥立隗嚣的儿子隗纯为王。迁移雁门郡吏民到太原。

三月辛亥日,初次设置青巾左校尉官。公孙述派遣将军田戎、任满据守荆门。

十年春正月,大司马吴汉率领捕房将军王霸等五位将军进攻贾览于高柳,匈奴派骑兵援救贾览,众将同他们交战,击退了他们。修理长安的高庙。

夏天,征西大将军冯异打败公孙述将领赵匡于天水,斩杀了他。征西大将军冯异病死。

十一年春天二月八日,诏书说:"天地之性以人为贵。杀奴婢,不许减罪。"

十二年春正月,大司马吴汉与公孙述将领史兴交战于武阳,斩了他。

冬天十一月十八日,吴汉、臧宫与公孙述交战于成都,大败述军。公孙述受伤,夜里死去。二十一日,吴汉血洗成都,诛灭公孙述的宗族以及延岑等人。

起初,巴蜀已平定,大司马吴汉上书请求分封皇子,不许,连续几年反复上奏。三月,才诏命群臣商议。大司空窦融、固始侯李通、胶东侯贾复、高密侯邓禹、太常登等奏议说："古代封建诸侯，用来藩卫京师。周代封侯八百，同姓诸姬氏都因此建国，辅佐王室，尊事天子，享国久长，成为后世的法范。所以《诗经》说：'大开你的领地，成为周王室的辅弼。'汉高祖圣德，君临天下，也务必亲亲，分封兄弟和诸子，不违背过去的规定。陛下圣德通贯天地，恢复了刘氏的大统，褒扬宿德，奖励功勋，和睦九族，功臣和宗室都蒙受封爵，大多授予广大的封地，有的拥有数县。现今皇子仰仗天恩，已能穿成人衣冠出入迎拜，陛下恭廉克让，有意压制而不让论议封爵，群臣百姓无不失望。应当在此盛夏吉时，定下号位，以增广藩辅，明示亲亲之道，尊宗庙，重社稷，应古法，合旧规，满足大家的心愿。臣等请求由大司空送上舆地图，由太常选择吉日，安排礼仪。"制书说："可以。"

十九年春天正月十五日，追尊孝宣皇帝为中宗。开始祭祀昭帝、元帝于太庙，祭祀成帝、哀帝、平帝于长安，祭祀春陵节侯以下四世于章陵。

六月二十六日，诏书说："《春秋》大义，立皇后的儿子为太子。东海王刘阳是皇后儿子，应该继承大统。皇太子刘强崇尚谦让之道，愿意退居藩国地位。父子的情谊，应以不长久违背儿子的心愿为重。以刘强为东海王，立刘阳为皇太子，改名为刘庄。"

秋九月，巡视南方。二十一日，驾临南阳，进而驾临汝南郡南顿县县衙，摆酒聚会，赏赐吏民，免征南顿县田租一年。父老上前叩头说："皇上的父亲担任南顿县令时间很长，陛下熟悉这个县衙，每次一来就施加厚恩，希望能降恩免征十年的赋税。"光武帝说："我享有天下重器，常常害怕不能胜任，过一天算一天，怎么敢预定十年这么远呢？"吏民又说："陛下实际上是舍不得，为什么说得这样谦恭呢？"光武帝大笑，又增免一年。进而驾临淮阳、梁、沛等地。

二十六年春天正月，诏命有关部门增加百官的俸禄。千石以上，少于西汉旧制；六百石以下，多于旧俸禄。

初建寿陵。将作大匠窦融上书说园陵广袤，不必计较花费。光武帝说："古时候帝王的葬具，都是陶俑瓦器，木车草马，让后世的人不知道墓室的所在。太宗懂得生死真义，景帝能谨遵孝道，遭遇大乱的变故之后，而唯独霸陵有幸保全，岂不是美事吗？今所建墓地不许超过二三顷，不堆土为山陵，不修池，只要不存水就可以了。"

中元元年春天正月，东海王刘强、沛王刘辅、楚王刘英、济南王刘康、淮阳王刘延、赵王刘盱都来朝见光武帝。二十八日，巡视东方。二月十日，驾临鲁国，进而驾临泰山。北海王刘兴、齐王刘石朝见光武帝于东岳。二十二日，焚柴望祭岱宗，登临泰山，聚土为坛而祭天；二十五日在梁父打扫干净场地而祭地。三月三十日，司空张纯去世。

这年夏天，京师发现有甘美的泉水涌出，喝了这泉水的人所有顽症都可以痊愈，唯有盲人、跛人不能治。又有赤草长在水边。郡国频频报告发现甘露。群臣上奏道："地神显灵而朱草萌生。孝宣帝每有嘉瑞，就改年号，神爵、五凤、甘露、黄龙，都用来纪年，这是为了把感应送达天地神灵，表彰德信。因此化为升平，称作中兴。当今天下清平安宁，灵物不断降世。陛下心存谦虚退让，推辞而不愿自

应瑞征,然而怎么可以让吉祥的符应和明显的喜庆湮没而无闻呢?应当命令太史把祥瑞记录编集起来,传给后世。"光武帝不同意。他常常自己谦称无德,每当郡国上奏祥瑞,就压下而不接受,因此史官很少能记载下来。秋天,有三个郡国出现蝗灾。

二年春天正月初八,开始建立北郊,祭祀后土。东夷倭奴国国王派来使者进贡。

二月五日,光武帝死于南宫前殿,享年六十二岁。遗诏说:"朕无益于百姓,全照孝文皇帝制度,后事务必节省。刺史、二千石长吏都不要离开城池,不要派属吏或用邮传上书致哀。"

王　莽

哀帝在位六年,死时二十六岁,没有儿子嗣位。他的祖母傅氏、母亲丁氏,也已经先他死去。太皇太后王政君得知哀帝死讯,立即赶往未央宫收取皇帝的印玺,并派人急召她的侄子王莽入宫主持丧事。接着,罢去大司马董贤的职务,由王莽接任。又派车骑将军王舜持节前往中山国,迎接中山王刘箕子(即刘衎)来京师继位。他就是汉平帝。

平帝即位时年仅九岁,由太皇太后临朝称制,大司马王莽掌管朝政。平帝的母亲卫姬及外家,都不准来京师侍候平帝。这位小皇帝成为汉家的招牌,实际的朝政大权落入王氏家族手中,而王莽是其中的核心人物。

王莽发迹,与王氏家族的勃兴息息相关。他的先世田安,即项羽所封济北王。田安失国之后,齐人称之为"王家",因此就以"王"为姓。王莽的曾祖父王贺,武帝时为绣衣御史。祖父王禁,宣帝时任过廷尉史。他们都是汉廷的一般官员。直到王莽的姑母王政君,在元帝时被立为皇后,这个旧的贵族之家,才由衰微而再度勃兴。汉成帝即位后,王政君成了皇太后,王氏一族贵幸倾朝。他们先后有十人封侯,五人为大司马、大将军领尚书事,执掌汉家的朝政大权。朝廷公卿、大夫、侍中、诸曹、郡国守相、刺史,也多出自王氏之门。王氏家族成为西汉末年权势最大的政治集团,王莽即依附这个家族一跃而为汉朝的头面人物。

王莽的父亲王曼,是王政君的异母弟。因为王曼早死,来不及封侯,所以王莽自幼孤贫。但是他"内事诸父,曲有礼意"(《汉书·王莽传》),受到王氏兄弟的信任。王凤病重时,王莽小心侍候,连月不解衣带。临死前,王凤荐举他为黄门郎,又迁射声校尉。后来,又经他的叔父王商,以及一些官员的推荐,成帝封他为新都侯,擢迁为骑都尉、光禄大夫侍中。为了谋取高官厚禄,王莽收养名士,对宾客施加小恩小惠,结交朝廷的大官僚,作为他的进身之阶。绥和元年(前8年),由于他的叔父王根的推荐,王莽接替王根为大司马,执掌汉廷大权。但是,不久成帝死去,哀帝继位,外戚傅氏、丁氏得势,王莽被迫辞职。元寿二年(前1年),

哀帝死，王莽才重任大司马。

王莽执政之后，为了巩固自己的地位，并进一步夺取汉室最高权力，便大施各种权术。他培植党羽，安插心腹，提拔附顺他的官员。他的亲信王舜、王邑、甄丰、甄邯、平晏、刘歆、孙建等人，都分别被授予重要的职务。对官员中的异己者则加以排斥，有的免官，有的罢去官爵后迁徙边远地区。甚至连他的叔父王立，也被遣回封地，以免干涉他的行动。同时，他还唆使公卿上书太皇太后，攫取州牧及二千石官员的任免权。

为了笼络人心，取得宗室、老臣的支持，王莽大封宗室和功臣的后代为侯。对二千石以上的退休官员，则发给原来俸禄的三分之一，直到老死为止。当青州（今山东地区）、其它郡国发生旱灾、蝗灾时，王莽率先上书，表示愿捐钱一百万，献出土地三十顷，交大司农分给贫民。遇有自然灾害发生，他就素食，以博取忧国忧民的声誉。

王莽又利用古文经学派，作为代汉及改制的工具。事情是这样的：汉武帝尊崇儒术，立太学，设置五经博士及弟子员。博士们传授的经书，都是用汉代通行文字隶书书写的，所以称为"今文经"。当时的公羊学，以及后来的谷梁学，即属于今文经学派，曾经盛行一时。到成、哀之际，刘歆受命校订秘府藏书，曾发现一部《春秋左氏传》，是用先秦古文字写成的。刘歆认为，它的作者左丘明，与孔子是同时代人，他们的好恶也相同。与《公羊传》《谷梁传》依靠传闻解释经义相比，《左氏传》更符合《春秋》宗旨。因此，刘歆建议将《春秋左氏传》，还有当时陆续发现的《逸礼》《古文尚书》《毛诗》等都列于学官。但是，博士们不赞成，刘歆写信指责他们，结果遭到一阵攻击。因为今文经学派势力大，刘歆只好离开京师，到外地当郡守去。刘歆要立的四种经书，都是用先秦篆文书写的，所以称为"古文经"。随着古文经学的兴起，儒家发生了内争，儒学也分成为两派。今文经与古文经不仅文字不同，更主要的还在它们释经的内容、政治历史观也大相径庭，于是便演变成以经学为形式的政治派别的斗争。

平帝即位后，王莽执掌大权，古文经学美化古制、倡导复古的主张，正是新莽代汉、托古改制最好的工具。在王莽的支持下，古文经学再度兴起。他将刘歆召回朝廷，委以重任。刘歆先后任右曹太中大夫，迁中垒校尉、羲和、京兆尹，又封红休侯，掌儒林史卜之官。刘歆要表彰的《春秋左氏传》《逸礼》《古文尚书》《毛诗》四种古文经，也都被列于学官。王莽还扩充太学，扩建太学生房舍。增立《乐经》于学官，将五经增为六经。每经的博士增为五人，每个博士领弟子三百六十人，进一步扩大博士及其弟子的人数。在郡县设立学校，设置经师，招收生徒。他又网罗天下异能之士，凡通晓《逸礼》《古文尚书》《毛诗》《周官》《尔雅》、天文、图谶、钟律、《月令》、兵法、《史篇》、小学、医药、方技的人，由地方官备车马遣送京师，前后达数千人。王莽所征募的"异能"之士，自然都是古文经的信奉者。他们在京城讨论经传，撰写释经的文字，"正乖缪，壹异说"（《汉书·王莽传》），对今文经学发动攻击，并把今文经学作为异端思想加以剿杀，以求达到统一学术思想的目的。王莽通过表彰古文经学，为新莽代汉、托古改制制造舆论。在经学的外衣

下,思想学术愈益演变为政治说教,成为维护这个政权合法化的工具。

与此同时,王莽攫取汉室最高权力,也在加紧进行。他出任大司马仅仅几个月,便指使亲信上书替他邀功请赏,得到太皇太后的宠信,被封为太傅,赐号"安汉公"。元始三年(公元3年),王莽又策划立他的女儿为皇后。翌年,他果然成了平帝的岳父。这种联姻无疑使王莽既得的权力进一步得到了巩固。但是王莽并不满足,他的心腹王舜等人,又上书大造舆论,认为王莽的"功德",可与殷朝的阿衡伊尹、周朝的太宰周公相比,应兼采"阿衡""太宰"的称号,以"宰衡"封王莽,位居上公。于是,太皇太后亲封,拜王莽官为宰衡、太傅、大司马,可谓位极人臣。他还接受"九命之锡",即皇帝赐予九种表示极尊的器物,其权势之大和声望之高,都达到了无以复加的地步。就在这时,泉陵侯刘庆上书声称:汉平帝年轻,"宜令安汉公行天子事,如周公"(《汉书·王莽传》)。王莽问鼎的野心,正在一步步实现。然而他行天子事,平帝毕竟是绊脚石。正是在这一关键时刻,平帝突然驾崩,使王莽更加得心应手。在他一手操纵之下,宣帝最小的玄孙、年仅两岁的孺子婴,被立为皇太子。一时,王莽代汉舆论四起,符命图谶随之出现。有人浚井挖得一块白石,上面写有红字:"告安汉公莽为皇帝"。王莽指示亲信上奏此事,太皇太后无可奈何,令王莽居摄践祚。于是,王莽服天子被冕,南面朝群臣,做起了"假皇帝"。仅仅过了三年,王莽以假造的金匮符命,逼令元后交出传国玺,准备改朝换代。公元九年,王莽抛掉孺子婴,摘下汉家招牌,改国号为"新",改元"始建国",做了真皇帝。

王莽摄政及代汉,不仅没有使西汉末年的社会危机得以缓和,反而愈益加深了。还在他摄政刚刚四个月,宗室刘崇就因不满王莽专制朝政,遂与张绍合谋起兵攻宛(今河南南阳)。第二年,东郡太守翟义移檄郡国,以王莽"毒杀平帝,摄天子位,欲绝汉室"为号召,发兵十余万讨伐王莽。槐里人赵明、霍鸿等人,在关中起兵响应。王莽惊恐万状,立即分派王邑、孙建、王奇、王级领兵镇压。王莽建立新朝那年,又有宗室刘快起兵胶东。这些反莽的兵火,大多属统治集团内部相互火拼,表明王莽代汉与正统观念格格不入,给新莽政权又蒙上一层阴影。

新朝面对深重的社会危机,加以新的政治动荡,一开始就陷入重重困境。为了摆脱危机,稳定政局,集中权力,王莽登位后,即下令改制。主要内容有如下几项。

改变职官制度。在中央,设"四辅",位上公;又设"三公""四将",合十一公。"三公"之下,设九卿,分属三公。九卿之下又有大夫、元士之设,分主中都官诸职。此外,还有"六监",位皆上卿。在地方,仍然实行郡县制,郡守称"大尹",县令长称"宰"。王莽仿效古制,对职官制度做了较大改变,职官名称及秩名也都全部更改。

推行"王田"制。王莽认为,土地兼并起于"废井田",造成弱者无立锥之地。他企图通过恢复井田制,解决土地问题。始建国元年(公元9年),王莽下令推行"王田"制。法令规定,凡男子不满八口之家,占地超过一井(九百亩)的,必须将多占土地分给九族,或者乡里;没有田地的,按一夫一妇百亩之制,授予土地;土

地不许买卖。这个规定直接损害官僚贵族、豪强地主及商人的利益，遭到他们强烈的反对，结果只推行三年即告废止。

禁止买卖奴隶。西汉末年，随着土地兼并加剧，奴婢数量不断增加，成为严重的社会问题。始建国元年（公元9年），与推行"王田"制，同时，又改奴婢为"私属"，禁止买卖奴婢，以维系小农经济，保证农村劳动力。但是奴婢买卖并未停止，犯禁者数不胜数。因此，天凤四年（公元17年），又重申禁止买卖奴婢，规定"一切调上公以下诸有奴婢者，率一口出钱三千六百"（《汉书·王莽传》），即通过加重征收口赋的办法，制止买卖奴婢，然而收效仍然不大。

实行"五均""赊贷""六笔"政策。这是一项工商市场管理政策，始建国二年（公元10年）开始实施。所谓"五均"，即在长安、洛阳、临淄、邯郸、宛、成都等城市，设置五均官，称为"五均司京师"，由长安东西市令、其它五大都市长充任，管理五谷、布帛、丝绵等物价。五均官在每季的第二个月，要定出各种货物的标准价，以稳定市场的价格。上述货物滞销时，五均官要按质量由官府以原价收购。如果市场货物超过标准价，官府则将掌握的货物，按标准价出售。如果低于标准价，则听任自相买卖。五均官所属的钱府，还负责征收工商税。

"赊贷"指官府发放贷款。凡是贫苦的百姓，因无钱办理祭祀和丧葬，可以暂时向官府借钱，祭祀的借期不超过十天，所借丧葬钱限于三个月内还清，官府不收取利息，这种贷款称为"赊"。还有一种贷款，即贫民经营产业，如果资金短缺，可向官府预借，官府收取的利息，每年不超过十分之一，这种借款称为"贷"。

"六管"是指官府统一掌管六种经济事业。这就是对盐、铁、酒实行专卖；名山大泽、铸钱、五均赊贷，由官府管理。这是六种对社会经济生活影响较大的事业，由官府实行垄断，目的在于避免豪民富贾从中渔利。

变更币制。自从汉武帝统一货币以来，至西汉末年，五铢钱成为当时通行的货币。居摄二年（公元7年），王莽变更币制，另造新币大钱、契刀和错刀三种，与五铢钱同时并行。始建国元年（公元9年），王莽登位后，又废错刀、契刀和五铢钱，另造小钱，重一铢，与大钱并用。翌年，王莽再改币制，分黄金一品，银货二品，龟宝四品，贝货五品，钱货六品，布货十品，共计五物，六名，二十八品，统称为"宝货"。这些货币品名繁多，质量不纯，加以使用原始货币，更为混乱，结果新币无法流通。在这种情况下，只好使用小钱、大钱两种，龟贝之类，不得不废止。天凤元年（公元14年），又罢大钱和小钱，改作货布和泉布。王莽几次变更币制，造成货币流通混乱，社会经济遭到破坏，而每次改币都有不少人破产。至于犯私铸之罪，全家被没为官奴婢，或者被罚做苦役的，更是数不胜数。

对少数民族的政策。王莽认为，边疆少数民族"僭号称王""违于古典，缪于一统"，所以统统贬"王"为"侯"。始建国元年（公元9年），他派遣使者收回原汉朝授予的印绶，改授新朝的印绶，引起少数民族强烈的不满，关系也日趋紧张。对于匈奴，除了改授新朝的印绶外，又加给一些侮辱性的称号，称匈奴单于为"降奴服于"，后来又改称为"恭奴善于"，使宣帝以来和好的汉匈关系遭到破坏，匈奴再度入塞劫掠吏民和畜产。为了对付匈奴的骚扰，始建国二年（公元10年），王

莽从各地征发囚徒、丁男及甲卒三十万人，由孙建等率十二将分道并出，准备对匈奴发起大规模的进攻。此后匈奴继续虏掠不绝，北部地区遭到严重的破坏。

为了进攻匈奴，王莽强征高句骊兵，高句骊人大量逃出塞外。始建国四年（公元 12 年），王莽派辽西大尹田谭追击，结果田谭战死。王莽又派严尤进攻高句骊，诱杀高句骊侯驺，并将高句骊改名为"下句骊"，引起高句骊、夫余等族更大的反抗。

与此同时，西南地区的鉤町王邯，因怨怒王莽贬王为侯，遭到牂柯大尹周歆杀害，当地少数民族因此起兵反抗。天凤元年（公元 14 年），王莽派遣冯藏发巴、蜀、犍为吏士进攻鉤町，士兵因疾疫而大批死亡。天凤三年（公元 16 年），王莽又派廉丹和史熊发天水、陇西、巴蜀等地吏民十万人，转输者合二十万人进攻鉤町，士兵因饥疫而死亡数万人。

此外，西域各少数民族，也因王莽改王为侯，与新朝关系逐渐恶化，以至中断与内地的往来。

新莽代汉及其改制，本是汉家统治集团中的一部分人借以挽救汉室于危亡，也符合王莽攫取最高权力的愿望。然而新莽取代汉室本身，由于不合封建"正统"观念，在道义上得不到广泛的支持。王莽摄政及登位之后，立刻遭到统治集团另一部分人起兵反对，形成政局持续不稳的局面。甚至后来一些参加农民起义的贵族，仍然以"复汉"为号召，使王莽在政治上处于被动的地位。这是新莽代汉及改制导致失败的重要原因。而王莽改制企图牺牲官僚贵族、富强地主及富商的部分利益，以缓和当时的社会矛盾的做法，又使王莽在政治上进一步陷入孤立的境地，因而改制受到很大阻力而无法继续推行下去。再加上改制不切时宜，甚至照搬古制，政策又屡屡变更，以及吏治败坏，官员营私舞弊，因此改制失败是必然的。在这种情况下，新莽代汉及改制如同火上加油，使汉末的社会危机进一步加深，因而一场大规模的农民起义，终于爆发了。

继居摄二年（公元 7 年）长安附近爆发赵明、霍鸿领导的起义之后，天凤二年（公元 15 年），边郡五原及代郡又爆发农民起义。天凤四年（公元 17 年），又有临淮瓜田仪起义于会稽。同时，琅琊海曲（今山东日照西）吕母，因儿子吕育被县宰冤杀，遂聚众百余人为子复仇，并发展成万余人的起义队伍。各地农民起义方兴未艾，更大规模的绿林起义，就是在这种形势下爆发的。

天凤四年（公元 17 年），荆州地区饥荒严重，百姓只能挖掘草根充饥，生命受到严重威胁。新市（今湖北京山东北）人王匡、王凤遂被饥民推为渠帅，率领数百人起义。接着，南阳人马武，颍川人王常、成丹等，也加入起义队伍。这支起义军据守绿林山（今湖北大洪山），不久发展成七八千人的队伍，历史上被称为绿林军。

地皇二年（公元 21 年），荆州两万官兵进剿绿林军，遭到起义军迎头痛击。王匡等在云杜（今湖北京山）迎击荆州军，杀敌数千，缴获官军所有的作战物资。起义军乘胜攻取竟陵（今湖北潜江西北）、云杜、安陆（今湖北安陆北）等地。起义军回到绿林山时，队伍已发展到五万余人。

地皇三年(公元22年),绿林山一带疫病流行,起义军死亡很多,不得不分兵两路,向其它地区转移。一路由王常、成丹率领,西入南郡,称为"下江兵";一路由王匡、王凤、马武、朱鲔、张卬等率领,北进南阳,称为"新市兵"。同年七月,王匡等率起义军进攻隋县(今湖北隋县),平林(今湖北隋县北)人陈牧、廖湛等率千余人响应,称为"平林兵"。

荆州起义军不断发展壮大,新莽政权摇摇欲坠,一些贵族豪富无不为之震惊。他们为了维护自己的政治、经济利益,纷纷打出反莽的旗号,加入起义军。如西汉宗室刘玄,在陈牧起义后,即加入了平林军。另一宗室刘演、刘秀兄弟,则聚族人七八千人,起兵于春陵(今湖北枣阳南),称为"春陵兵",并与新市兵、平林兵联合反莽。

与南方绿林起义几乎同时,另一支义军劲旅赤眉军,正在东部地区逐渐发展壮大。天凤五年(公元18年),琅琊(今山东诸城)人樊崇,在莒县(今山东莒县)聚众百余人起义。这一年,青、徐地区正闹饥荒,贫苦农民纷纷起义响应。一年之间,队伍发展到一万余人。当时,东莞(今山东沂水)人逄安、东海(今山东郯城)人徐宣、谢禄、杨音等,也同时起义,共有数百人,并与樊崇会合,壮大了樊崇领导的起义力量。他们提出"杀人者死,伤人偿命"的口号,彼此"以言辞为约束",共同遵守义军的纪律。他们没有文书、旌旗、部曲、号令的设置。在义军内部,首领被尊称为"三老",其次为"从事",再次称"卒史",相互间称"巨人",体现了义军平等的关系。这支由贫苦农民组成的起义军,与南方的绿林军遥相呼应,成为当时反莽的两支主要的农民军。

樊崇与逄安等会合之后,他们联合攻打莒县未下,便向莒县东北进击,转战姑幕(今山东安丘南)一带,击败王莽军探汤侯田况,共歼敌一万余人。之后,他们北入青州,又回师泰山。义军所到之处,打击豪富,开仓赈济,深得饥民拥护。

起义军的声势,震动了新莽集团。地皇二年(公元21年),王莽派太师景尚、更始将军护军王党率军镇压。官军沿途烧杀掳掠,各地人民无不遭殃。第二年,樊崇再次击败王莽军,杀死其统帅景尚,取得又一次的胜利。

地皇三年(公元22年)四月,王莽在损兵折将之后,又派太师王匡(与绿林军王匡同名)、更始将军廉丹将兵十余万人,气势汹汹地扑向东平(今山东东平东)一带。樊崇闻讯,准备迎战。为了与王莽军相区别,义军用朱红涂眉,因此被称为"赤眉军"。王莽军所过烧杀抢掠,无恶不作,当时流传一首民谣,表达了人民对官军的痛恨:"宁逢赤眉,不逢太师;太师尚可,更始杀我!"

王匡和廉丹到达东平后,正值索卢恢在无盐(今山东东平东南)起兵,以响应樊崇领导的赤眉军。这年冬天,王匡和廉丹先攻取无盐,杀害起义人民一万多人。

当时赤眉军董宪等数万人,正驻扎在梁郡(郡治今河南商丘南),王匡及廉丹乘胜引兵进击,双方大战于成昌(今山东东平东南)。结果官军大败,士卒死一万余人。王匡战败后逃走,廉丹及校尉汝云、王隆等二十余人被杀。赤眉军取得这一辉煌的战果,沉重地打击了王莽在东部的统治。王莽又派国将哀章率军与王

帝后卷

中华名人百传

45

匡余部汇合,妄图继续镇压赤眉军。但是官军数战不利,已经无法挽回败局。于是,樊崇率赤眉军十余万人,还军围攻莒县。又转战东海、楚、沛、汝南、颍川、陈留、鲁城、濮阳等地。最后,赤眉军发展成数十万人的队伍,并控制包括今山东、江苏、安徽、河南的一部分地区。这对驰骋中原的绿林军,在客观上无疑是有力的支持。

绿林军分兵转移后,不久又汇合,并与春陵兵联合反莽。地皇三年(公元22年),新市兵、平林兵与春陵兵西击长聚,攻破唐子乡(今湖北枣阳北),杀湖阳(今河南新野东南)尉,又乘虚攻取棘阳(今河南南阳市南)。接着,刘縯、刘秀率军北上,准备进攻宛(今河南南阳市),途中与王莽军甄阜、梁丘赐相遇,两军战于小长安聚(今河南南阳市南),结果兵败被迫退守棘阳。甄阜、梁丘赐引十万精兵乘胜追击,将辎重留在蓝乡,企图将起义军消灭于沘水(今河南泌阳县境内)一带。

更始元年(公元23年)正月,义军在夜袭蓝乡,缴获官军全部辎重之后,春陵兵与下江兵遂发起攻击。他们斩杀甄阜和梁丘赐,歼灭官军两万余人。这时,王莽军严尤、陈茂见主力军大败,准备率军退至宛城据守,却在淯阳(今河南新野北)与刘縯、刘秀发生激战。严尤、陈茂战败,起义军遂进围宛城。

同年二月,起义军拥立刘玄为帝,改年号为"更始",以王匡为定国上公,王凤为成国上公,朱鲔为大司马,刘縯为大司徒,陈牧为大司空,其余将领为九卿将军。当时,南阳豪强所支持的刘縯没有取得政权,并在拥立问题上反对刘玄称帝,这就在更始政权内部埋下了不和的种子。

更始政权建立后,义军士气更加高涨。他们分兵两路:以主力进攻宛城,以便西进关中;又派王凤、王常、刘秀北上,于三月间攻占昆阳(今河南叶县)、定陵(今河南舞阳东北)、郾(今河南郾城南),缴获许多物资和粮食,支援围攻宛的主力。

王莽得知甄阜、梁丘赐被杀,更始政权建立,更加慌成一团。这年五月,他派大司徒王寻、大司空王邑到洛阳,调发州郡精兵四十二万人,南出颍川(今河南禹县)与严尤、陈茂的余部汇合,妄图一举消灭起义军。他们首先纵兵包围昆阳城,一场决定性的战役开始了。

当时,昆阳城中的义军只有八九千人,双方力量对比非常悬殊。面对占压倒优势的王莽军,起义军决定由王凤、王常守城,派刘秀、宗佻和李轶等十三人,乘黑夜自南门突围出城,到郾和定陵调发援军。

王莽军仗着优势兵力,将昆阳围成数十重。他们挖掘地道,使用冲车、楼车攻城,对昆阳发起猛烈攻击。但是义军坚守城中,官军久攻不破。

同年六月,刘秀发郾和定陵的援军赶到,并亲率步骑千余为前锋,在距离官军四五里远的地方摆下阵势。王寻、王邑派数千人迎战,都被义军击败。

义军初战告捷,愈战愈勇,士气更加旺盛。于是,刘秀组成敢死队三千人,从昆阳城西突击敌人中军兵营。这是王莽军指挥机关所在地。义军出其不意,攻其不备,打得官军措手不及,王寻、王邑亲自率军万余人迎战,命令其余各部坚守阵地,不得随便行动。但是王寻、王邑出师不利,军阵大乱,义军乘势猛打猛冲,锐不可当,遂将王寻杀于乱军之中。

昆阳守军闻讯,擂鼓呐喊,奋勇杀出城外。两支义军里应外合,杀声震天动地,官军丢盔弃甲,溃不成军,被杀者不计其数。又逢风雨大作,滍水暴涨,夺路逃命的官军,纷纷跳入滍水,溺死者数以万计。王邑、严尤、陈茂等人,渡滍水逃走,遗弃辎重无数。

昆阳大战给予王莽致命的打击,各地起义浪潮更加高涨,新莽垮台指日可待。与此同时,刘縯和刘秀在攻宛及昆阳大战中,战功卓著,威名益盛,他们与更始政权的矛盾也随之加深。结果在昆阳战后,刘縯及其部将刘稷,遂在宛同时被杀。刘秀因一时无力反抗,只好暂时隐忍,并亲自从父城赶赴宛城,向刘玄表示"谢罪"。

昆阳大战之后,绿林军兵分两路:一路由王匡率军北上进攻洛阳;一路由申屠建、李松率军西进长安。这年九月,西进的绿林军破武关,从宣平门攻入长安城,得到城中人民的响应。王莽躲入未央宫渐台,被商人杜吴杀死,至此新莽政权宣告垮台。

曹　操

曹操(公元 155—220 年)即魏武帝,三国时政治家、军事家、诗人。今安徽亳县人,字孟德。

少年时代

公元 155 年,曹操出生在一个大官僚的地主家庭里。祖父做过宦官常侍,在宫中做事三十多年,好举荐人才,后来还被封为贵亭侯。公元 229 年,魏明帝追封其高祖曹腾为高皇帝,宦官得皇帝的名号,这在中国历史上是绝无仅有的一例。父亲曹嵩,本姓夏侯,因做了曹腾的长子才姓曹,官至太尉。

少年的曹操智勇机警,善权诈应变。他小时候因行为不正,叔父看不惯,曾多次告诉他的父亲,而挨了父亲的训。他因此设法报复他的叔父。一天,他迎面碰见叔父,故意倒在地上,口吐白沫,扭歪嘴脸。他告诉他叔父,他可能中风了。叔父赶紧将此事告知曹嵩。他父亲来看时,他又面貌如故,他父亲很惊奇。他告诉他父亲说:"我根本没有中风,可能是叔父看不惯我,在您面前说我的坏话。"此后,他父亲再也不听他兄弟反映的情况了。自此,曹操更是放纵任性,再也无人管束他了。

东汉末年,宦官专权,朝廷衰弱,国家一片混乱。他便留心国家大事,并在心中暗下拨乱反正的决心。为了实现自己的抱负,曹操注意习武健身、强壮身体,

经常围猎比武。当时，汉灵帝身边的宦官常侍头目张让，骄横跋扈，威权显赫，不可一世。他便打算刺杀张让，制造奇闻，引起人们对他的注意。他夜闯张让的卧室，准备下手刺杀张让时被其发现，他于是在房中舞了一通剑，然后翻墙逃走。可见，他负气仗义，胆大艺高。

曹操深知征乱必用武，他因此博览兵书，掌握兵法，并广泛地搜罗和抄写各家兵法，择其精华、汇辑成册，题名为《摘要》。他还旁征博引，为《孙子兵法》十三篇作注，而且自撰《续孙子兵法》二卷。他不仅对古代军事家孙武的兵法战术很有研究，而且通过实践还有创造和发展。

曹操广泛接触社会名流，扩大自己的影响力。汝南人许劭见他后对他说："汝乃治世之能臣，乱世之奸雄。"他听后非但不怒，反而还大笑。

公元174年，二十岁的曹操被地方举为孝廉，开始正式登上政治舞台。

初入仕途

公元174年，曹操被地方推举为孝廉，后又被选为郎，经司马防举荐，他做了洛阳北部尉，负责京城北郊地区的治安。他虽官职小，却很有气度。他一上任，便修缮好他所管的四道城门，并令人做五色棍数十条，并在每道门的左右两边各挂上十多条，然后出示禁令"有犯禁者，不避豪强，皆棒杀之"。这样一来，数月间没有人敢犯禁令。宦官蹇硕是禁军头目，权大势重。其叔仗势不法，被狱卒捉住，他不把曹操放在眼里，狂妄地说："你敢把我怎样？"曹操问明情况，立即下令将其打死。消息传出，官绅哄传，京师再没有人敢不服法。这显示了他的才能和胆识，从此他便出了名。宦官们对他咬牙切齿，但因他做事做在明处，宦官们也无可奈何，只好把他调出洛阳，让他做顿兵县令。

公元177年，有人为曹操鸣不平，朝廷升他为议郎，参与议论时政。公元178年，汉灵帝听信宦官的话，废掉宋皇后，因曹操的堂妹夫宋奇和宋皇后是同宗，也被株连，使他丢掉了官职。

公元180年，朝廷认为曹操"能明古学"，再拜他为议郎。他向汉灵帝上奏反映权臣专权、贵戚横行、贪赃枉法等事，但汉灵帝不仅置之不理，自己还开园卖官，用手中无上的权力，做无本万利的生意。曹操知道，东汉已面临崩溃的局面。

公元184年，黄巾起义，汉灵帝封曹操为骑都尉。他打败了波才领导的黄巾军，因作战有功，被提升为济南相，管辖十来个县。到任后，他一反前任的为非作歹的作风，着手调查，并把调查的情况上报朝廷，罢免了其中十之八九的官员，有劣迹恶行的大小官员都胆颤心惊。经过他的治理，济南的秩序安定了。不久，朝廷调他为东郡太守，他见权臣专朝，不愿同流合污，唯恐长期下去会祸殃其家，便告病回乡，在家过着"春夏习读书传，秋冬弋猎，以自娱乐"的生活。

公元188年，汉灵帝为拱卫京师，直接掌握禁军。8月，又成立了新军统帅部，设置八校尉，曹操被任命为西园八校尉之一的典军校尉，以军职重登汉室风

云变幻的历史舞台,开始了他在政治上角逐的新阶段。

独霸一方

曹操到京师后,经历了宦官之祸、何进之变、董卓之乱,他都看在眼里,记在心头。公元189年,曹操改名换姓,离开洛阳,回到陈留,招兵买马,联络四方豪杰,共同起兵讨伐董卓。曹操很快就聚集了五千兵马,后来成为曹魏集团著名首领的夏侯惇、夏侯渊、曹仁、曹洪、乐进等这时都投奔到他帐下。

公元190年,曹操和各路讨伐董卓的大军共计十几万人马,汇集酸枣,组成一支联军,推举袁绍为盟主。消息传到洛阳,董卓惊恐万分,便挟持献帝迁都长安。临行前,他下令吕布焚烧宫庙,发掘帝陵,收其珍宝,同时将洛阳的几百万人都赶到长安。这样洛阳周围二百里一片狼藉,董卓仓惶出逃,溃不成军,踩死的,打死的,尸体遍地都是。联军本应乘胜追击,然而诸侯都为了保存自己的实力,互相观望,不敢去打第一仗。曹操心中大为不满,实在忍无可忍,要求大家齐心协力给董卓以致命一击。可是,各路将领仍无心参战。曹操看出,这些人只想保存实力。于是,他整顿自己的队伍孤军出击,准备只身奋斗。

曹操领兵从酸枣出发,进至荥阳汴水,就与董卓的大将徐荣遭遇。他们在汴水边展开一场恶战,从早到晚,最后,因徐荣以逸待劳,以多战少,曹操败走。他领兵回到枣阳,见其他联军非但按兵不动,反而整天饮酒作乐。不管曹操怎么说他们,他们仍不吭声。曹操看出,依靠他们难成大事,便率自己的队伍离开了酸枣。不久,联军军粮耗尽,也各自散去。

曹操离开酸枣后,来到扬州。他打着讨伐董卓的旗帜,招募了四千多人。不料,他带着队伍回到龙亢时,发生叛乱,新召的士卒大多叛逃,仅剩五百多人。到铚县和建平县后,他又招了一千多人。这时,曹洪带一支兵马到元龙与曹操会合。曹操决定,渡过黄河,进驻河内郡,投奔袁绍,继续讨伐董卓。但袁绍为保存自己的实力,争权夺利,根本不讨伐董卓,和韩馥谋划立幽州牧刘虞为皇帝。曹操拒绝了他们的主张。袁绍曾得到一方玉印,从曹操的座席中举到他的肘旁。曹操因此讥笑和厌恶袁绍,他只恨自己力量太小,心有余而力不足。

公元191年,盘踞在南阳的袁术命孙坚率军攻打董卓。起初,孙坚被董卓打败,但他很快恢复实力,重振旗鼓,收复洛阳,逼走了董卓。董卓的部将李傕、郭汜等又杀死王允,攻打吕布,吕布战败,向东逃出武关。李傕等把持了朝政。曹操预感到,今后各地势力割据、争夺地盘的斗争将会越演越烈。他于是打算自找出路。

这时,河北黑山军于毒、白绕、眭固等领兵十万攻取魏郡和东郡。郡太守无力抵抗,弃城而逃,袁绍命曹操领兵镇压黑山军。曹操进入东郡,经过一场恶战,打败白绕率领的黑山军,占领濮阳。袁绍表奏朝廷,举荐曹操为东郡太守。192年,他用大规模的军事行动扫除了郡内的黑山军余部,收复东郡。这时,青州黄

巾军百万人开进兖州地界，杀了任城国相，后又转入东平郡内。兖州刺史不听北济相国鲍信等人的劝阻，与黄巾军主力硬拼，结果大败。鲍信等人到东郡请曹操任兖州牧。他立即调部进击寿张县东的黄巾军，鲍信奋战而死，才勉强打败黄巾军。但悬赏寻找鲍信的尸体不得，只好用木头刻出鲍信的形象，哭着祭奠他。曹操继续竭尽全力攻打黄巾军，一直到济北。黄巾军投降了，他得降兵三十余万，男女百余万口，收编了其精锐部分，号称"青州兵"。这一仗，扩大了曹操的武装力量，为他割据一方奠定了军事基础。

公元194年，他的父亲从华县返回兖州时，被徐州牧陶谦害死。他怒不可遏，立志东征为父复仇。这年夏天，他派荀彧、程昱驻守鄄城，自己率兵征讨陶谦，攻下五座城池，回军途中，他被陶谦的部将曹豹等阻截在郯县东面。曹操打败了他们，又攻克了襄贲，所经之地，无不烧杀抢掳。

这时恰逢曹操的部将张邈和陈宫叛变，迎接吕布为兖州牧，各郡县也纷纷响应，只有荀彧和程昱保住了鄄城，靳允和枣祗坚守范县和东阿。于是曹操领兵撤回，吕布军到，攻鄄城不下，就驻守于濮阳。曹操领兵攻打濮阳，双方多次交锋，互有胜负，在濮阳对峙了一百多天后，发生了蝗灾，双方军中没有粮食，只好各自退兵。

公元195年，曹操又攻打吕布部将薛立、李封驻守的钜野。吕布前往救助，被曹操打败，逃走后，又从东缗与陈宫率领一万多人来参战。这时曹操兵少，不足千人，而且营盘也不坚固。曹操急中生智，看到西边有一大堤，南边有一大片树林，可以迷惑敌人。他于是命令城中妇女上城防守，自己率军坚守屯营。吕布一见，怀疑曹军有埋伏，不战而退，远离十里扎营。次日，曹操在西堤上设下埋伏，用奇兵袭击，大败吕布。吕布逃走，曹操再次进攻，占据了定陶，并分兵平定了周围各县的叛乱。11月，攻破雍丘，张邈被自己的部下杀死。在这之前，汉献帝又拜曹操为兖州牧。

曹操以少胜多，击败吕布，从此成为称雄一方的地方割据势力。

挟天子令诸侯

长安之乱后，汉献帝的舅父董承和一批大臣护着献帝迁回洛阳。这里的宫室早被董卓烧尽，到处是一片狼藉。皇帝、大臣们无人援救，困苦不堪。

此时，驻军许都的曹操，迎接献帝，想以此来号令天下。曹操派曹洪率军前去迎献帝，因为国丈董承和袁术的部将苌权疑曹操有阴谋，凭险抗拒，曹洪不能前进。

公元196年2月，汝南、颖川二郡的黄巾军依附孙坚，曹操进军讨伐，打败了他们。汉献帝任命曹操为建德将军，6月，又提升为镇东将军，封为贵亭侯。

谋士董昭向曹操献计说，天子身边唯有杨奉兵马最多，而他又朋党甚微，不如向他说明诚意，使其助一臂之力。于是，曹操致书杨奉，向他说明自己迎献帝

的诚心。杨奉见书后很高兴。不久,曹操率军进入洛阳,守卫京城,汉献帝封曹操为司隶校尉,并录尚书事。

从此,曹操成为朝中大臣,但洛阳的朝臣并不服他。他于是采纳了董昭的建议迁都许都。顺利完成迁都计划后,他被封为大将军、武平侯。从此,他开始了"挟天子以令诸侯"的政治生涯。

献帝迁都许都时,杨奉打算从梁县出兵拦截,但没能赶上。10月,曹操征讨杨奉,杨奉投奔袁绍,曹操攻占了杨奉在梁县的营寨。这时,朝廷拜袁绍为太尉,但他不甘位居曹操之下,于是不接受。曹操为了缓和与袁绍的对抗,于是辞去大将军的职务,把它让给袁绍。献帝改任曹操为司空,兼任车骑将军。其实,他这次让位只是权宜之计。反正献帝在自己手中,一旦时机成熟,他什么都可以得到。

许都稳定后,军队的粮食供应又成了问题。为了解决这一问题,曹操采纳了枣祗、韩浩等人的建议,开始实行屯田。曹操发布《置屯田令》,招募流亡的农民,在许都郊外开垦荒地。屯田组织成为独立系统,不属地方管辖,许都郊外当年就获得丰收。几年后,凡是实行屯田的地方,解决了军粮,增加了生产,而且减少了劳役。

迁都许都,曹操以皇帝的名义命令诸侯,实行屯田,为统一天下养精蓄锐。

攻城掠地

曹操割据一方,强兵富民以后,就开始了有计划、有步骤地为谋求统一而进行兼并战争。

公元197年正月,曹操把朝中大事安排妥当以后,让尚书令荀彧留守许都。他亲自率军出征宛城,守将张绣不战而降。他在兵不血刃的情况下得到宛城,甚是骄傲,带部分将领进入宛城,置酒宴会。宴席上,当曹操与降将行酒时,他的亲信校尉典韦手持大斧,跟在其后,每到一人面前,典韦则举斧瞪着他,直到席散,张绣和他的部将都不敢抬头看曹操。后来他又把张绣的婶母纳为小妾。张绣大怒,乘其不备,抢先下手,起来叛变,击败曹操,大儿子曹昂被杀死,侄儿曹安民遇害,曹操自己也被乱箭射中。曹操退回舞阴。张绣率兵来包抄他,被他打败,逃奔镶县。

公元197年,袁术在寿春称帝,江东的孙策知悉后,主动写信与袁术断绝了关系。曹操得悉后,立即令孙策为讨逆大将军,封吴侯,进攻袁术。袁术无法,只好与吕布联合,于是派使者前往徐州。吕布扣留了使者,把他送往许都,听凭曹操处理。曹操下令将使者斩首示众,并以天子的名义封吕布为左将军。袁术大怒,出兵打吕布,结果大败。袁术又进军陈留,杀了陈相骆俊和陈王刘宠。曹操大怒,于是率军亲征,大败袁术。袁术逃往淮河以南。公元198年,袁术屡战屡败,众叛亲离,只好投奔异母兄长袁绍。曹操知悉后,立即派兵去徐州截击袁术,

袁术南窜，逃到离寿春还有八十里的江亭，一病不起，吐血身亡。

公元198年秋，曹操东征吕布。曹操兵临下邳，吕布亲自率军迎战，结果大败，其勇将成廉被俘虏。吕布逃回邳城，固守不出。曹操又采用荀攸、郭嘉的计策，引泗河、沂河的水淹下邳城。一个多月后，吕布的部将宋宪等人抓了陈宫，献城投降。曹操活捉了吕布、陈宫，把他们都杀了。

公元199年，袁绍遣使者去招纳张绣。张绣想与袁绍联合，但他的谋士贾诩认为，曹操挟天子以令诸侯，名正言顺，而且他有志于统一中国。张绣采纳了他的意见，率部投降了曹操。到许都后，曹操又拜张绣为扬武将军，封刘侯。

曹操早就看出，将来与之争天下的必然是刘备，所以，他的势力大起来以后，就想灭掉刘备。公元200年春，他准备亲征刘备，而诸将却劝他攻袁绍。但最后，他还是率军进攻刘备，攻破徐州，刘备的妻儿全被曹操俘获，又活捉了刘备的部将夏侯博。刘备投奔袁绍。当时刘备的部将关羽驻守下邳，曹操又打败了他。起兵不久、力量弱小的刘备大伤元气，曹操胜利地回到官渡，袁绍终于没有出兵。

经过几年的征战，曹操灭袁术，擒吕布，招降张绣，击走刘备。这时袁绍才发现曹操已是自己的劲敌，于是决心进攻许都。

公元200年，袁绍率十万精兵到达黎阳，令大将颜良进攻白马。东郡太守刘延向曹操告急，曹操鉴于大军压境，抽不出兵力去救援，以致白马被围一个多月。接着他采纳荀攸的谏议，声东击西，分散了袁绍的兵力。曹操然后急奔白马，与颜良相遇，大败颜良。这时袁绍渡过黄河追赶曹操，一直追到延津南边。曹操收住部队，在白马山坡下安营，并令骑兵解下马鞍把马放开。不多时，白马乱奔，器械满地。不久，袁军部将文丑追到，他一见满地的白马和器械，认为曹军已逃，便令士兵收拾武器。这时，曹操下令出击，大败袁军，杀死了文丑，然后回军官渡。

袁绍损兵折将，大为震动，士气一落千丈。袁绍大怒，不听谋士的劝阻，下令继续追击曹操，一直追到官渡。袁绍前后扎营，步步推进，还令士兵挖地道，堆土山。曹操也在城内准备迎战。袁军弓箭手向曹营射箭，箭如雨下，营内走动的人都用盾护着身子。曹操马上召谋士商量，设计出一种霹雳车，这种车上装有机钮，扳动机钮，十几斤重的石头就可以飞动三四百步。如此一来，袁军的高台被击垮，许多士兵也被打得头破血流。而且，曹操又守营不战，袁绍无计可施，两军只好对峙以待。

时间一长，曹操的军粮已不多，而袁绍的粮食却源源不断地从后方运来。这时袁绍的谋士许攸的家人因犯法而被收监，许攸得知后，便投奔曹操，并劝曹操攻打袁绍的粮仓乌巢。曹操留曹洪守营，自己带兵进击乌巢，大败守军，并火烧了袁军的一万多车粮食，守将淳于琼被杀。

袁绍获悉后，急遣张郃、高览去攻曹洪。张郃听说淳于琼大败的消息后，就投降了曹操。袁军全面崩溃，袁绍与其子袁谭弃军而逃。不久，袁绍发病，吐血死去。曹操缴获了袁绍的全部资财，并俘虏了许多袁军。这样，聚集在曹操帐下的谋士越来越多。

官渡一役，袁绍主力被歼。曹操以少胜多，势力大增。

征发扩张

这时,北部少数民族乌桓部乘天下大乱,破幽州,掠取汉人十多万户。他们和袁绍有交情,袁绍死后,他们多次袭击汉郡,想帮袁绍之子袁尚重振旗鼓。

公元207年,曹操北征乌桓。5月,他到了无终县,但因连日下雨,海路又不通,其它各路又被乌桓扼守,大军难以前进。这时田畴主动当向导,领着大军出了卢龙塞,跋涉到鲜卑人的聚居地,向东逼近柳城。离柳城还有二百里时,袁尚、袁熙、踏顿、辽西单于楼班、右北平单于能臣抵之等率几万骑兵前来迎战,曹操的部将有些害怕。他却仍镇定自若,登高远眺,发现敌军不整,料定指挥不统一。于是他以张辽为先锋,率军猛击敌军,敌军各部果然自顾自,大败而逃。辽西单于踏顿被斩,乌桓及汉卒二十余万人投降,其他人都投奔辽东。辽东太守公孙康向来害怕袁尚等人,就把袁氏兄弟的首级送到曹营。后来代郡乌桓代理单于普害卢,上郡乌桓代理单于那楼率领各王来朝拜。至此,曹操平定了北部乌桓,消灭了袁绍的残余势力,基本上统一了中国的北方地区。

公元208年,为了统一东南地区,他又率兵南征荆州,进逼东吴,孙权、刘备联盟,抵抗曹军,爆发了历史上有名的赤壁之战。赤壁之战中,曹操因被胜利冲昏头脑,被孙刘联军打败。他于是回军许都。

曹操无法统一东南,关中又成了他的心腹之患。他想征讨关中马超,但当时马超又归顺朝廷,他苦于出师无名。结果,他还是让钟繇前去讨伐,又令夏侯渊等人由河东郡出兵与钟繇会合。于是马超、韩遂、杨秋等人开始举兵反叛。

曹操于是大喜,马上率军亲征,马曹二人隔着潼关对峙。曹操用重兵紧盯住他们,还暗中让徐晃、朱灵等趁夜渡过蒲阪津,占据黄河西岸构筑营垒。他自己从潼关渡过黄河,并沿黄河甬道向南推进。马超见势不好,只好退守渭口。曹操又设置了许多疑兵,迷惑马超,暗中却用船马上运兵过渭河,架设浮桥,趁夜分兵在渭河南岸扎营。马超获悉后,趁夜攻打曹操,曹操利用伏兵大败马超。这时马超派人向曹操求和,以割让河口为代价。曹操既不答应讲和,也不应战。马超屡次请战不得,又多次去和曹操讲和,并愿让自己儿子作为人质。曹操表面上答应。韩遂请求与曹操相见,他们二人原是好友,于是曹操利用这个关系,在两军阵前,马靠马地和韩遂交谈,但曹操和老相识只讲过去的事,不谈军事,讲到兴头,二人还拍掌大笑。马超见此情景,便对韩遂起了疑心。过了几天,曹操又给韩遂写了一封信,故意涂改了许多,好像是韩遂偷偷改的。马超对他更加怀疑。接着,曹操突然发兵挑战,毫无准备的马超等被迫仓促迎击。打了很久,曹操又派勇猛的骑兵前来夹攻,大败马超。部将成宜、李堪等被杀死,韩遂、马超等逃往凉州。曹操夺取了关中要地。

历史功过

曹操处在汉末三国乱世时期,以其卓越的智慧和才能创造了非常之业,建立了非常之功,是当时最杰出的人物。

他征战三十余年,最终"削平群雄",统一了大半个中国,对中国历史的发展做出了巨大的贡献。

他为了建立自己的霸业,"拥戴汉室""挟天子以令诸侯",充分利用天子这块招牌,防止了各地割据势力称帝称王的混乱局面的出现。他自己虽未称帝,但为其子孙代汉称帝奠定了基础。

他自二十岁步入政坛,步步登高。但他深知前途艰难,壮志难酬,故始终能坚持赏罚分明,奖功惩过。他还提出"唯才是举"的方针,下令求贤,拔举了不少有用之才。他要求各地官吏在举荐人才时,力戒"求全责备""勿废偏短",不断壮大自己的力量,加强中央集权。

他重视发展农业生产,实行"屯田",逐渐恢复了北方的农业经济,为统一北方打下了雄厚的基础。他减轻农民赋税,抑制豪强兼并土地,这些措施都有利于当时社会生产力的恢复和发展。

他在文学方面的成就也非同凡响,造诣极深。他"外定武功,内兴文学",广泛地搜罗志士,改革文体;他亲自进行文学创作。他的诗《薤露行》《蒿里行》,被人誉为"史诗";他的《短歌行》反映了他实现中国统一的政治理想而想广泛招揽人才的急切心情。他的诗形象鲜明、气魄宏大、音节铿锵、豪迈悲凉,有独特的艺术风格;他的文章也"清峻""通脱",独具风格;他的政令,如《让县自明本志令》,文笔朴素,直抒胸臆,语言明白晓畅,堪称其代表作。鲁迅先生称他"是一个改造文章的祖师"。他还擅长书法、音乐,并精通围棋。

他作为封建地主阶级的代表人物,在历史上也曾有一些罪过,如手段奸诈,杀人如麻,特别是那些违背他的意愿的人。但从他的主要活动来看,无论在政治、军事、文化等方面都做出过杰出的贡献,正如著名历史学家吴晗所说"是当时最伟大的军事家,第一流的诗人"。

晋武帝

武皇帝名炎,字安世,是文帝司马昭的长子。他为人宽容厚道,慈善好施,喜怒不形于色,有容人的气量。魏国嘉平年间,被赐爵北平亭侯,历任给事中、奉车都尉、中垒将军,同时还兼任散骑常侍,经过多次提拔后做了中护军、假节。因奉命到东武阳县去迎接常道乡公曹奂,被提升做中抚军,进封爵位为新昌乡侯。到

晋王国建立的时候，被确定为王国的继承人，授官抚军大将军、开府，做相国的副手。

咸熙二年五月，司马炎被立为晋王的太子。

八月初九，文帝司马昭去世，太子司马炎继承了相国、晋王的职位。他发布命令：放宽刑罚，赦免犯人，安抚百姓，减轻徭役，国内服丧三日。这一月，一位身材高大的人出现在襄武县境，告诉该县县民王始说："现在天下应当太平了。"

这时候，晋王的恩德普及，四方归心。于是，魏国的皇帝曹奂知道天命已经有了归属，就派遣太保郑冲送策书说："啊！你这位晋王，我的祖先虞舜受上天的安排，从唐尧处承继了帝位，因天命又禅让给了夏禹。三位君主死后的灵魂上升天庭，配享天帝，都能广布天子恩德。自从夏禹受禅以后，上天又将伟大的使命降落在汉帝身上。因火德而兴起的汉帝已经衰微，于是又选中并授命给我的高祖。媲美于虞夏四代的光明显赫，这不是我一个人知道的，是四海公认的。晋王你的祖辈和父辈，衷心信服贤明的先哲，辅弼光大我曹氏宗族，功业德泽广布四方。至于天地神灵，无不亲善和顺，水土无不得到平治，万物无不得到成长，各方因此得到安宁。你应当接受上天的使命，协调帝王统治天下的中正法则。于是，我虔诚地遵守帝王世系的传递，将帝位恭敬地禅让给你。帝王相继的次序已经落在你身上了。诚实地执行公平合理的原则吧，上天赐予的禄位将得以长久。啊！晋王，你应恭敬地顺从天帝的意旨，一切遵循常规法则，安抚周边国家，用来保持上天赐予的吉祥，不要废弃我武帝、文皇伟大功业。"武帝开始表示礼貌的谦让，但在魏国的公卿大臣何曾、王沈等人坚持请求下，才接受了魏帝的禅让。

泰始元年冬季十二月十七日，在南郊设置坛场，百官有爵位的、以及匈奴南单于等四方各国到会的数万人，举行烧柴祭天的仪式，将继承帝位的事报告天帝说："新任皇帝臣司马炎冒昧使用黑色的公牛做祭品，明白地告诉光明而伟大的天帝：魏帝考查了帝位转移的运数，秉承了上天神圣的意旨来命令我，从前的唐尧，发扬光大了崇高的理想，禅让帝位给虞舜，舜又将帝位禅让给夏禹，他们都努力推行德政，留下了光辉的典范，得以世代相传，历年久远。到了汉朝，火德衰微，太祖武皇帝平息动乱，匡时救世，扶持拥戴刘氏，因此接受了汉帝的禅让。就说进入魏朝吧，仍然是几代动乱，几乎到了灭亡的地步，实实在在依靠晋王匡扶拯救的功德，因此得以保存魏国的宗庙祭祀，这都是晋王有大功于魏国啊。广阔的四方，无不恭敬顺从，肃清梁、岷，席卷扬、越，极远的荒外也得到统一。吉祥与符瑞多次出现，天命与人事互相呼应，四方无不服从。于是，我效法尧、舜、禹三帝，接受上天授予的帝位。臣司马炎的威德不足以继承帝统，辞让又得不到准许。在这时候，公卿大臣，百官僚佐，庶民仆隶以及各族酋长，都说：'皇天洞察下方，寻求民间的疾苦，既然授命为贤明的君主，就不是谦让可以拒绝和违背的事情。帝王的世系不可以无人继统，庶民的生计与神灵的祭祀不可以无人主持。'臣虔诚地奉行帝王传递的命运，恭谨地畏惧天命的威严，慎重地选择了吉日良辰，登坛接受魏帝的禅让，举行祭天仪式将登基的事报告天帝，并永久地满足众人的厚望。"禅让典礼结束，武帝就来到洛阳宫，亲临太极前殿，发布诏令说："从

前，我的祖父宣王，聪慧明智，敬慎明察，顺应上天的运数，宏扬帝王的功德，开创了宏伟的基业。伯父景王，身行正道，明达事理，兴旺发达了中国。到了父亲文王，思虑精密远大，和洽天地神灵，适应天命，顺从时运，接受了晋王的封爵。仁慈普及四海，功业惊动天地。因此，魏国曹氏借鉴先王的法则，效法唐尧的禅让，访求诸侯公卿，归结天命于我本人。我敬畏上天的成命，因此不敢违背。想到我的威德不足，承担如此宏大的功业，置身在王侯公卿的上面，得以主宰天下，内心不安，十分畏惧，不知该如何治理国家。只有依靠你们这些在我左右的得力助手，忠心耿耿的文武大臣。你们的祖辈父辈，已经辅佐过我的祖先，光大兴隆了我晋国的基业。我打算与天下各方共同享受这美好的岁月。"与此同时，颁布对已判刑囚犯的减免令，更改年号。赏赐天下人爵位，每人五级；赏赐鳏寡孤独生活困难的人以稻谷，每人五斛。免收一年的田租、户调和关市的商税，老账、旧债全部免去。调解过去嫌隙，废除原来的禁令，撤去官职、削除爵位的人，全都给予恢复。

十八日，武帝派遣太仆刘原到太庙禀告接受禅让的事。分封魏帝曹奂为陈留王，食邑一万户，居住在邺城的王宫中；曹氏诸王都降为县侯。追加尊号：宣王司马懿称宣皇帝，景王司马师称景皇帝，文王司马昭称文皇帝，宣王妃张氏称宣穆皇后。

十九日，武帝下达诏令，大力倡导勤俭节约，拿出皇宫库藏的珍珠玉石、赏玩嗜好这类物品，分赏王公以下人员，按不同等次进行。设置中军将军，用来统领宿卫的左卫、右卫、骁骑、游击、前军、左军、右军等七军。

二十日，武帝诏令陈留王曹奂使用天子的旗帜，备用按东、西、南、北、中方位配置的青、白、红、黑、黄五色侍从车，继续沿用魏国的历法，照常在南郊祭天、北郊祭地，礼乐制度也不改变，上书晋帝不必称臣。赐山阳公刘康、安乐公刘禅的子弟各一人为驸马都尉。二十六日，任命安平王司马孚担任太宰、假黄钺、大都督中外诸军事。又下诏令说："从前，王凌策划废黜齐王曹芳，但曹芳终究未能保住自己的帝位。邓艾虽然自夸功勋，有失臣节，但他没有反抗，接受处罚。现在，彻底赦免他们家属的罪行，各自回到原地并确定他们的直系继承人。使衰败的世家兴旺起来，灭绝的大族后继有人。简化法典，省并刑律，废除曹魏时期对宗室担任官职的禁令。将官佐吏遭遇三年丧期的丧事，准许回家服完丧礼。百姓恢复他们的徭役。停止部曲将领、州郡长吏以下人员的人质制度。减少郡国供给皇宫的征调，禁止主管音乐的部门演出奢侈华丽的散乐、杂技等伎艺，以及雕刻彩饰这类出游、田猎的器具。鼓励众人敢于讲真话，设置谏官来主管这件事情。"

四年春季正月初三，武帝任命尚书令裴秀担任司空。

十八日，晋国的律令修订完成，参与的人被增封爵位、赏赐绢帛各有不同的等级。十九日，武帝在用于宗庙祭祀的农田上，举行耕田的仪式。二十日，下诏令说："古代，设置象征五刑的特异服饰来表示耻辱，但是百姓都不去犯法；如今，虽然有诛灭父族、母族和妻族的酷刑，可是作奸犯科的事不断发生。为什么德化

与刑治的差别有这么大呢？文帝十分爱惜百姓，怜悯狱讼，于是命令众大臣参考历代刑典，修订晋朝的法律。我继承父祖留下的基业，想使天下长治久安，愿同各方用德化作为治国的根本。当前，温暖的春天繁殖着万物，春耕刚刚开始，我将亲自带领王公百官，耕种宗庙祭祀的农田。加上律令已经修订完成，将它颁布于天下，准备采用简化刑律、致力德化，来抚育境内的百姓。应当从宽处理犯法的人，使他们得到改正过误、重新做人的机会；对天下已经判刑的罪犯，实行免刑或减刑。长吏、郡丞、长史每人赐马一匹。"

十二月，武帝向郡国守相颁布五条诏书：一是修养心身；二是厚待百姓；三是体恤孤寡；四是重农抑商；五是杜绝请托。二十八日，武帝到听讼观查阅廷尉府洛阳地区在押囚犯的案卷，并亲自审讯，进行判决。扶南、林邑国分别派遣使臣来朝，贡献物品。

五年春季正月初一，武帝一再告诫郡国掌管税收、财务的计吏，以及守相、令长，务必使农民充分利用土地资源，禁止他们弃农经商。初四，武帝到听讼观，查阅囚犯的案卷，并亲自审讯，大多从宽释放。

六年春季正月初一，武帝不坐正殿而来到殿前，也没有陈列乐队。吴国将领丁奉入侵涡口，扬州刺史牵弘打败并赶走了他。

七年春季正月二十六日，武帝给太子司马衷举行表示成人的加冠典礼，赏赐王公以下人员分别以不同等次的绢帛。匈奴族酋帅刘猛反叛，出奔塞外。

三月，吴帝孙皓率领兵将进军寿阳，武帝派遣大司马司马望出屯淮北来防御他。初七，司空、钜鹿公裴秀去世。十四日，任命中护军王业担任尚书左仆射、高阳王司马珪担任尚书右仆射。孙秀所部将领何崇带领五千人，前来投降。

八年春季正月，监军何桢出讨匈奴族刘猛，多次打败了他。匈奴左部酋帅李恪杀了刘猛，前来投降。十九日，武帝在用于宗庙祭祀的农田里举行耕田仪式。

九年春季正月二十二日，司空、密陵侯郑衮去世。

十一月初三，武帝来到宣武观，举行盛大的阅兵典礼，初十才结束。

十年春季正月十八日，武帝在用于宗庙祭祀的农田里举行耕田仪式。

闰正月十一日，太傅、寿光公郑冲去世。十七日，高阳王司马珪去世。十八日，太原王司马环去世。

二十五日，武帝下诏书说："嫡子与庶子的区别，用来分辨上下，表明贵贱。但是，近代以来，大多宠爱姬妾，使她们升上了后妃的位置，搞乱了尊卑贵贱的秩序。从现在起以至将来，都不准选用妾媵作为嫡系正妻。"

咸宁元年春季正月初一，颁布对已判刑罪犯的减免令，更改年号。

二月，由于将官、士兵已到结婚年龄应当娶妻的人众多，便规定了凡是养育有五个女儿的人家，就免去他的租调徭役。辛酉，原任郿县县令夏谡做官清廉，名声远扬，赏赐稻谷一百斛。由于官吏的俸禄菲薄，分别不同的等次，赏赐公卿以下人员绢帛。叛虏树机能送来人质，请求归降。

十二月初五，追加尊号：宣帝庙称高祖，景帝庙称世宗，文帝庙称太祖。这一月，发生了严重的瘟疫，洛阳地区的百姓死亡超过了一半。武帝分封裴颁为钜

鹿公。

二年春季正月，由于瘟疫流行，停止了元日的朝会。分别不同的等次，赏赐没有固定职事的闲散官吏下至士兵蚕丝。

秋季七月，吴国的临平湖自后汉末年淤塞，到这时自行开通。年老的人都在传说："此湖堵塞，天下大乱；此湖畅通，天下太平。"初五，安平王司马隆去世。东方夷族有十七国归附。河南、魏郡洪水泛滥成灾，淹死了一百多人，武帝诏令赐予棺材。鲜卑族阿罗多等人入侵边境，西域戊己校尉马循征讨鲜卑，杀死四千多人，生俘九千多人。在这种形势下，阿罗多等人来晋投降。

三年春季正月初一，发生日蚀。武帝分封儿子司马裕为始平王、安平穆王司马隆的弟弟司马敦为安平王。又下诏书说："宗族和亲属，都是国家的辅翼，想使他们遵守和奉行道德礼仪的规范，成为天下人们学习的榜样。但是，身处富贵地位又能谨慎行事的人很少，召穆公召集兄弟在一起，歌咏名为《唐棣》的诗篇作为训诫，这是周代姬氏本宗和支庶能够传递百代、不凋残的原因啊。现在任命卫将军、扶风王司马亮担任宗师，所有应当施行的事情，都要在宗师那里征询意见啊。"十五日，始平王司马裕去世。武帝派遣征北大将军卫瓘征讨鲜卑族的力微。

四年春季正月初一，发生日蚀。

五年春季正月，叛虏酋帅树机能攻陷凉州。初一，武帝派遣讨虏护军、武威太守马隆讨伐他。

十一月，武帝大规模地征伐吴国，派遣镇军将军、琅邪王司马伷出兵涂中，安东将军王浑出兵长江西岸，建威将军王戎出兵武昌，平南将军胡奋出兵夏口，镇南大将军杜预出兵江陵，龙骧将军王浚、广武将军唐彬率领巴蜀的士兵，顺长江向下游进军，东西共有军队二十多万。任命贾充担任大都督，行冠军将军杨济做他的副手，总领各路军队。

十二月，马隆进攻叛虏树机能，彻底打败了叛虏，杀了树机能，凉州的叛乱被平定。肃慎国派遣使臣，前来贡献楛木箭杆、石制箭镞。

太康元年春季正月初一，五色云气覆盖了太阳。二十五日，王浑攻克吴国的寻阳、赖乡等城池，活捉了吴国的武威将军周兴。

二月初一，王浚、唐彬等人攻下了丹阳城。初三，又攻克西陵，杀了吴国的西陵都督、镇军将军留宪，征南将军成璩，西陵监郑广。初五，王浚又攻占夷道、乐乡等城，杀了夷道监陆晏、水军都督陆景。十七日，杜预攻陷江陵，杀了吴国的江陵监伍延；平南将军胡奋攻克江安。在这时候，晋国各路军队同时并进，乐乡、荆门等地的吴国守军，相继前来归降。十八日，武帝任命王浚担任都督益、梁二州诸军事，又下达诏令说："王浚、唐彬向东进军，肃清巴丘以后，与胡奋、王戎共同攻克夏口、武昌，再顺流东下，直达秣陵，与胡奋、王戎审时度势，相机行事。杜预应当稳定零、桂，安抚衡阳。大军既已前进，荆州的南部地区，定当传布檄文就可平定，杜预应分一万人给王浚，七千人给唐彬；夏口既已攻下，胡奋应分七千人给王浚；武昌既已得手，王戎应分六千人增加唐彬的兵力。太尉贾充移驻项城，总管监督各方事宜。"王浚率军向前，攻陷了夏口、武昌，于是率领战舰顺流东下，凡

是到达的地方,没有遇到抵抗就平定了。王浑、周浚在版桥地界,与吴国的丞相张悌交战,大败吴军,杀了张悌以及随同他的吴国将领孙震、沈莹,将他们的人头送往洛阳。孙皓穷困紧迫,请求投降,向琅邪王司马伷送上吴国皇帝的玉玺及绶带。

三月十五日,王浚率领水军,直达建邺的石头城,孙皓十分恐惧,反缚双手,载着棺材,在晋军营门前投降。王浚手持符节,代表武帝解开了他的双手,烧毁棺材,送他上京都洛阳。收集吴国的地图户籍,取得四州,四十三郡,三百一十三县,五十二万三千户,三万二千吏,二十三万兵,男女共二百三十万口。吴国原来任命的州牧郡守以下的官吏,都继续留任,废除了孙皓繁琐残酷的政令,宣布了简便易行的措施。吴国百姓十分高兴。

五月二十五日,武帝赐孙皓爵位为归命侯,任命他的太子孙瑾担任中郎,其余的儿子任郎中。吴国德高望重的人,根据他们的才能,任命相应的官职。孙氏在交战中阵亡的高级将领,他们的家属搬迁到寿阳县居住;将吏渡江北来定居的,免除十年的租调徭役,百姓和各种工匠,免除二十年。

二年春季二月,淮南、丹阳发生地震。

三月十五日,安平王司马敦去世。分清不同等次,将俘掠的吴国人口赏赐王公以下人员。武帝下令挑选原孙皓的姬妾五千人,进入后宫。东方夷族有五国入朝贡献。

七年春季正月初一,发生日蚀。初二,武帝下诏令说:"近几年来,自然灾害和怪异现象多次出现,日蚀发生在正月初一,地壳震动,山崖滑坡。国家治理得不好,责任完全在我一人。公卿大臣每人都密封上书,尽你们所知,讲出灾异多次出现的原因,不要有任何隐瞒或忌讳。"

九年春季正月初一,发生日蚀。武帝下诏书说:"振兴教化的根本,在于政治安定清明,讼事平允及时;地方官吏不去多方体恤百姓的疾苦,却任意凭借私人的恩怨,制造扩大狱讼,又大多贪残污浊,扰乱百姓。当敕令刺史、郡守,纠察那些贪赃枉法的人,推荐那些公正清廉的人,由有关部门讨论他们的罢黜或升迁。"又要求中央、地方各级官吏,荐举清廉有才能的人,提拔出身微贱的人。长江东岸的四郡发生地震。

十年夏季四月,由于京兆太守刘宵、阳平太守梁柳办事有方,成效卓著,分别被赏赐稻谷一千斛。有八个郡国发生霜灾。太庙改建完成。十一日,迁徙死去祖先的牌位进入新建的太庙,武帝在道旁亲自迎接,并举行祭祀远祖、近祖的典礼;颁布对已判刑罪犯的减免令,文武百官增加爵位一级,参加修建太庙的增加二级。十三日,尚书右仆射、广兴侯朱整去世。十九日,崇贤殿发生火灾。

这一年,东方夷族僻远的三十多个国家、西南方夷族的二十多个国家,来朝贡献。叛虏奚轲率男女十万人归降。

太熙元年春季正月初一,更改年号。初九,调尚书左仆射王浑任司徒、司空卫瓘任太保。

二月十二日,东方夷族有七国入朝贡献。琅邪王司马觐去世。

三月初五,调右光禄大夫石鉴任司空。

夏季四月十二日,调侍中、车骑将军杨骏任太尉、都督中外诸军、录尚书事。二十日,武帝在含章殿逝世,享年五十五岁,葬在峻阳陵地,庙号世祖。

隋炀帝

隋炀帝杨广是隋文帝的第二个儿子。在其父杨坚还是北周大臣的时候,他就因父功而被封为雁门郡公。隋朝建立之后,他于公元581年被父封为郡王,并担任并州总管,这时候他才是一个十三岁的少年。公元582年,隋文帝设置河北道行台尚书省于并州,又任命他为河北道行台尚书令。

本来,杨广也不是一个纨绔子弟,虽然他的门第家世为他提供了奢侈豪华的优越条件,但因他处在一个风云变幻的复杂的政治时代,杨家先代的文治武功,将门之子所受的各种熏陶,塑造了他十分复杂刁钻的秉性:既有专擅威福的豪门习气,又有饰情矫行、希望人称道他的贤明的虚荣心;既有一个花花公子的低级趣味,又有军事统帅的风度和文武才干。这两种习性一直并存在他的身上,而在他称帝独尊之前,前一种性情一直处在自我抑制的阶段,没有表现出来。

公元588年,隋朝大举进攻陈国,次年春,隋灭掉了陈朝。杨广作为最高统帅,在很大程度上是坐享其成的。实际指挥部署战争的是元帅长史高颎,而亲率三军攻破陈都建康的是大将贺若弼和韩擒虎,沿江而下、扫除陈国残余势力的是大将杨素。但杨广毕竟是最高统帅,进占建康后,他将围绕在陈后主身边的奸臣全部处死,以此答谢三吴人民的支持。接着,他又下令收图籍、封府库、资财尽归国有。这些都表现了杨广的大将气度。同时,隋灭陈,结束了自东晋以来的南北对峙的局面。灭掉陈国以后,杨广被提升为太尉,并继续留任并州总管。

公元590年,江南士族高智慧等人起兵作乱,隋文帝又调杨广为扬州总管,镇守江都一带。

十年后即公元600年,北方少数民族突厥进犯北方边境,文帝又命杨广等率军分道出击。杨广部下长孙晟设计大败突厥。

这样,年少的杨广,既曾是灭陈的最高统帅,又曾平定南方士族叛乱,还曾北御突厥族的进犯,在杨坚的几个儿子中,他的功勋也可谓卓著了。

在隋文帝杨坚的五个儿子中,杨广是老二,他有一个哥哥杨勇,三个弟弟,分别为秦王杨俊、蜀王杨秀、汉王杨琼。本来,杨坚当皇帝后不久,就立长子杨勇为皇太子,确定法定的皇位继承人。但随着杨广政治资本的增加,越来越滋长了他继承皇位的奢望。

杨广知道,要夺得皇太子的合法地位,首先要讨得皇帝老子的欢心,其次,还必须笼络自己的亲信党羽。按照这两个策略,他同隋文帝杨坚、太子杨勇演出了一幕惊险残酷、精彩而又圆满的篡夺皇位的戏。

太子杨勇是个无心的人，他好我行我素。他既没有觉察到杨广夺位的阴谋，也不愿意虚情假意去讨父母的欢心。他明知母亲独孤皇后最痛恨的便是男子宠爱姬妾，而他却仍明目张胆地喜好女色，把父母为他娶的嫡妻元氏冷落一边，而同其他的姬妾吃喝玩乐，使母后独孤氏大为不满。

隋文帝杨坚是一个比较节俭的皇帝，可杨勇却偏偏喜好华丽铺张，因此，杨坚也不喜欢他的行为。一次杨勇大张旗鼓地接受百官的朝贺，文帝生怕臣子们和太子的关系过密，影响自己的皇权，这样，父子之间渐生猜疑。夫妻俩既然都不喜欢杨勇，于是杨勇的太子地位也便开始动摇了。

本来，杨广就是一个善于要阴谋权术的人，为了迎合母后独孤氏的癖好，他便只和王妃萧氏住在一起，每当他和其他的姬妾生了孩子之后，就把他们杀掉。父母每次派人来，他总是亲自和萧妃迎到门口，还用丰盛的酒饭招待他们，临走时，还送他们一些礼物。这些人得了好处，于是都在文帝和独孤皇后面前称道杨广的仁孝。有时父皇和母后到杨广那儿去，他就把那些年轻貌美的姬妾藏起来，让既老又丑的人穿上粗布衣服服侍父皇和母后。文帝和独孤氏见杨广既节俭又不好色，于是更加宠爱他。同时，杨广也用这一方法来敬待朝中大臣，大臣们也都因此称赞他。这样，在朝廷内外，他获得了极为普遍的好感，声望也因此而越来越高。在这种声势下，杨广开始实施自己的阴谋，颠覆哥哥杨勇的皇太子地位。

杨广在任扬州总管时，趁入宫辞行母后的机会，故意跪在母亲面前痛哭流涕，说皇太子想要加害于他。这如同掷薪救火，促使独孤氏决计要废除皇太子。此后，杨广便更加快了夺位的步伐。寿州刺史宇文述是他的亲信，他献计请重臣杨素向皇上提出废太子的建议。杨素是隋朝著名的大将，他屡建战功，深得文帝杨坚的宠信，是朝中举足轻重的人物。而杨素又十分信任弟弟杨约。为了实现"曲线救国"的目的，杨广让宇文述找到任大理少卿的杨约，整月和他赌博，并故意将金钱输给杨约，还趁机将杨广的意思告诉杨约，后又危言耸听地对他说："你们兄弟得罪了皇太子，皇帝一死，你们家就会大祸临头的，如今皇太子失宠，主上有废立之意，请立晋王为太子就在你哥哥杨素一句话。"在这种情况下，杨素兄弟答应挑唆文帝和独孤皇后废掉皇太子杨勇，拥立杨广为皇太子。

不久，杨勇被废为庶人。杨广终于如愿以偿，被立为皇太子，取得了皇位继承权。杨广在坐上太子的宝座之后，他又命杨素捏造罪名，将自己的弟弟杨秀废为庶人。事后，杨勇多次请求见文帝申冤，但都被杨广阻止了。这样，杨广便稳坐东宫，只等文帝死了好做皇帝。

公元604年，文帝病卧仁寿宫。这时，杨广已急不可待，于是写信给杨素，问他如何处理后事。杨素的回信被错送给文帝，文帝看后非常生气，开始对杨广表示不满。后来，文帝宠幸的宣华夫人陈氏入宫服侍文帝，杨广见了陈氏，不禁欲火烧身，兽性大发，企图逼奸陈氏。文帝得知此事后，大怒道："畜牲何足付大事？"于是对柳述、元岩说："速召我儿。"柳述等便想召杨广前来，文帝连呼"勇也！"柳、元二人便外出起草诏书，召杨勇回来。

这一突变的风云，使形势急转直下，但这时杨广的心腹已布满朝廷内外，他很快得知这一消息，杨广急令心腹宇文述、郭衍率东宫卫士包围皇宫，并撤换文帝的卫士和服侍文帝的人。后来，他一不作二不休，干脆杀了文帝和杨勇。就这样，他登上了皇帝的宝座，即隋炀帝。他改年号为大业，这时他才三十六岁。

杨广继位后，他的最小的弟弟并州总管杨琼马上反抗，但因其势单力薄，马上被杨广平定。

杨广取得帝位之后，他便做了一些改革旧制度、轻徭薄赋、收揽民心的工作。他刚办完父皇的丧事，就下诏免除妇人、奴婢和部典的课役，男女成丁的年纪也由二十一岁改为二十二岁，以缩短服役的时间。这是自北魏实施均田制以来最大的改变。北魏妇人受田服役的制度也到此中止了。

杨广即位后，他为了进一步巩固隋王朝的统治，下令修建了一系列浩大的工程。

公元605年，杨广令尚书令杨素领营东都大监，纳言杨达、将作大匠宇文恺为副将，每月役使二百万人，大规模地营建东都洛阳。此外，他还动辄调发民工几十万，甚至上百万，让他们修御道，筑长城。

在杨广大兴土木的工程中，其中以修建大运河最著名，它可以和秦朝的万里长城相媲美。

公元605年，在他营建东都的同时，杨广又征调河南、河北一百多万民工开凿通济渠。从西苑引谷、洛二水到黄河，再从板渚引黄河水入汴水，再从大梁以东引汴入泗水，最后到达淮水。同时，杨广还征调淮南民工十万余人，整修扩大了自山阳经江都到扬子入长江的山阳河。公元608年，他征调河北一百多万民工，引沁水南至黄河，北到涿郡（今北京）。公元610年，他又调江南十万多民工开凿了从京口到余杭的江南河。这样，以洛阳为中心，北起北京，南到余杭，全长五千里的大运河仅用了六年时间就完成了。

这一系列大规模的土木工程，一方面使国家耗费了大量的资财，给人民带来了深重的负担，到处堆砌着人民累累的白骨。另一方面，又加强了隋朝对全国范围内的统治，维护了国家的统一。东都的营建和大运河的开凿，为中国经济重心转移到南方后，整个国家的政治布局，各地物资的统一平衡调动，提供了有效的方案，奠定了中国以后一千多年政治、经济的规模和格局，从而进一步促进了江南地区经济的发展。

杨广了为夺得皇位一度曾装出一副仁孝恭俭的假象。一旦天下在手，他便原形毕露，穷极华丽的苑囿宫室，羽仪千里的巡游，轻歌曼舞的宫廷，穷极珍奇的酒宴，陪伴了他的后半生。

杨广本来就是一个好色之徒，只不过是善于在文帝面前掩饰罢了。杨广的后宫里，除了萧皇后和众多的贵人、美人外，还有在西苑的十六院夫人及宫女数千人。公元612年，他又下令江淮各郡每年挑选姿质端丽的童女入宫，不管是在西都宫苑中，还是在巡游的路上，杨广总要携带大批的宫女，以供自己随时寻欢作乐。

为了创造更多的游玩场所，杨广几乎天天在修建宫室。本来，在京师长安和东都洛阳已有许多苑囿和宫殿，后来，他又在东都洛阳修建了富丽堂皇的里仁宫和广阔的西苑，但他仍不满足，经常让臣子们在各地寻找修宫室的理想场所。于是，一处处豪华宫室在全国各地拔地而起。

　　杨广生性好动，而且他享乐游玩的兴趣又经常变换。即位后的第一年，即公元605年8月，他就坐船去游江都，一直到公元606年4月才回到东都洛阳；公元607年，他又北巡至榆林，还到了突厥族启民可汗的帐里；公元608年，他又到五原，出长城塞外巡游；公元609年，他又西行至张掖，接见了许多西域的使者；公元610年，他又二游江都，从公元611年到公元614年，连续三次亲征高句丽；公元615年，他再次北巡长城，被突厥始毕可汗围困于雁门，直到很久才解围；解围回来的第二年，他又三游江都。从即位之日到灭亡之时，他几乎是马不停蹄地到处巡游，在位十四年，总共在京城的时间，还不足一年。

　　杨广不仅出巡频繁，而且每次出巡的气派更是大得惊人。他第一次游江都时，随行船只几千艘。一路上舳船相接二百余里，骑兵沿运河两岸而行，旌旗蔽野。所过州县，五百里内都要贡献食物，多者达上百车，都是水陆珍奇。佳肴美馔，多得吃不了，吃不了的就埋掉。

　　杨广到其他地方巡游，其派头不仅不比游江都有丝毫逊色，还要改换其味口，不断翻新求异。他北巡时，又有一番派头。凿太行山通驰道到并州，又从榆林至涿郡，修长达三千里、宽十余米的御道，还命宇文恺造可容数百人、下装轮轴，可以行走的"飞行殿"。随行甲士五十余万，旌旗辎重千里不绝。

　　隋炀帝杨广即位时，隋王朝府库充实、兵强马壮，凭借这一雄厚的经济、军事实力，本来可以成为历史上长治久安的王朝，可是经过炀帝杨广的一番番折腾，这些家当全被挥霍殆尽。他四处征伐虽然可以起到巩固边防、发展对外贸易的积极作用，但也成为隋王朝灭亡的致命伤。

　　公元605年，刚即位不久，北方的契丹族便南犯营州。炀帝杨广命通事谒者韦云起发突厥兵讨伐契丹。韦云起偷袭获胜，这一役加强了炀帝向四处扩张的野心。

　　杨广大规模地经营西域是从公元607年开始的。在这以前，西域各国的人多到张掖同隋朝进行贸易，隋由翰林黄门侍郎裴矩负责。他向炀帝杨广上奏主张经营西域，这唤起了杨广追慕秦皇、汉武的雄心。他于是派裴矩回张掖，并用重金引诱西域各国来朝。此后，西域各国往来相继，所经州郡，送往迎来，其花费用度以上万金来计。

　　经营西域，开辟了通往西域的通道，保护了对外的商路交通，在客观上促进了中外经济和文化的交流。同时，除少数地区以外，基本上没有动用武力。按说，这不应该给人民带来更大的负担，可实际上恰恰相反，为经营西域所费的资财每年竟高达几亿。裴矩招致西域诸国入朝，都是引以厚利，临行又给予丰厚的赏赐。并让当地人民置办华丽宫室，很多人因此而贫困破产，而朝廷却以此来向西域人夸示中原的富有。杨广的这些劳民伤财的措施造成了天下的穷困，而西

北则是首当其冲的地区。

公元609年正月,西域各国酋长云集洛阳,杨广在端门大演百戏,一连折腾了一个月,此后愈演愈烈。为了给那些演员制造锦绣服装,西京的缯锦为之耗空,国家每年仅此项耗费达数亿金。后来元宵节观景行乐,大盛于此,西域人请求到洛阳市内作交易,炀帝又下令排场一番,店肆檐宇,整齐划一,帷帐盛设,珍货积聚,西域商人吃饭不要钱。炀帝要的是万国来朝、天下至尊的威仪,他挥霍巨资来粉饰太平,夸耀富比天下,还不惜和西域人做了陪本生意。为了满足他的虚荣心,国家付出的代价是无可估计的。

隋炀帝向外经营或扩张,规模最大,时间最长,给人民造成灾难最沉重的是对高句丽的三次征讨。

612年正月,炀帝下诏大举进军。隋军一百三十万人,号称二百万人,分成二十四军,另有炀帝亲帅率的六军,共三十军,转运粮饷的民夫更是无以计数,这是进攻高句丽的主力军,另有支水军由右翊卫大将军来护儿率领从东莱海口出发,接应陆军。

来护儿的水军进到距平壤六十里的地方,打了一个胜仗,于是乘胜进攻平壤城,被高句丽的伏兵击败,四万人只剩下几千人逃回船上,仓皇撤退。陆路军队在大将宇文述、于仲文的率领下,共有三十万五千人渡过鸭绿江。兵士携带兵器粮饷,负担沉重,疲惫不堪,多将粮食偷偷扔掉。才及中路,粮食已尽,饥困交加,无力再战,不得不回师,三十余万人只有二千多人生还,军资器械丢失殆尽。第一次远征高句丽遂告失败,此后又发动了两次对高句丽的征讨,但仍以失败告终。

隋炀帝四处经营,屡兴兵甲,耗费了无以计数的财力、物力和人力,他继位时的充盈的府库、兵强马壮的局面已经不再,隋朝的大厦也面临倒闭坍塌的危机。

杨广虽没有雄才大略,但也有一定的文才武功,只是未用在治理天下方面,而是成为嫉贤妒能、狂妄自大的资本。

他极端厌恶那些敢言敢谏的人,对肯谏的人,他一定要杀之而后快,朝中那些刚直不阿、直言不讳的大臣,如果不三缄其口,就不会有好下场。尚书仆射高颍便是例证。他本来是隋朝的一位名臣,他不仅辅佐文帝建立隋朝,而且还在杨广南伐陈朝的时候,负责指挥部署,从而成就了杨广的武功。炀帝杨广即位后,拜他为太常卿。高颍见炀帝杨广穷奢极欲,又连起长城之役,于是对太常丞李懿说:"周天元帝以好乐而亡,应接受教训,怎么还可以这样纵情声色呢?"炀帝对突厥启民可汗恩礼太重,高颍深为国家的财政担心,于是对太府卿何稠说:"启民可汗深谙中国虚实,山川地形,恐后患无穷。"礼部尚书宇文弼、光禄大夫贺若弼也赞成高颍的意见。三人就因这几句话而招杀身之祸,被炀帝杨广以诽谤朝政的罪名杀掉了。

后来,朝廷又议定新令,过了很长时间还没有定下来,内史侍郎薛道衡对朝士说:"如果高颍没有死的话,恐怕新令早就颁布施行了。"炀帝杨广听了,立即把薛道衡交给法司问罪。薛道衡自己觉得所犯的并不是什么大罪,一定会被赦免的,于是他便催促法司早断,还通知家人准备好酒菜,迎候他回家。等炀帝杨广的判决下来,他完全是惊呆了,没想到炀帝竟让他自尽。

御史大夫张衡本来是隋炀帝的幸臣。杨广夺得太子之位,大都出于张衡的谋划。所以在杨广即位后,张衡也青云直上,在朝中备受恩宠。后来,杨广要修汾阳宫,便让张衡规划图样。张衡偷偷地劝炀帝杨广说:"前几年劳役繁多,百姓疲敝,应有所节制。"张衡马上被贬为榆林太守,第二年,炀帝又让他到南方督役江都宫。张衡不敢再劝炀帝,他于是自尽以示反对。

三征高句丽后,炀帝杨广又想到东都洛阳游玩,太史令庾质进谏曰:"陛下连年东征高句丽,百姓疲敝,应镇抚关内,使百姓尽力农桑,让百姓喘口气,然后再去巡游。"结果他也被炀帝杀掉了。其他凡是劝谏炀帝节省民力、停止巡游的,都无一幸免。大臣们见炀帝杨广如此拒不纳谏,也就不敢再拿自己的性命开玩笑,朝中大臣因此都变成了随声附和的应声虫。

在炀帝杨广统治的十四年中,他掘长堑、筑西苑、建东都、开凿大运河、修筑长城、盛造宫殿、伐木造船、凿山开道等,可以说是百役繁兴。他还四处经营征伐,穷兵黩武,这些无止境、无休止的徭役、兵役,不仅夺去了上百万人的生命,同时还把社会经济推向绝境。他屡次北巡、南游江都以及穷奢极欲的挥霍,使得内外虚竭,百姓困敝,无法生存,只好铤而走险了。

公元 611 年,王薄领导农民在长白山首举义旗,为逃避兵役、徭役的农民纷纷参加进来。他一起兵,那些备受兵役之苦的人民也纷纷响应。

在人民力量的冲击下,统治集团内部也发生了分裂。公元 613 年,隋炀帝二征高句丽时,杨素之子杨玄感便在京师发动叛乱。他是利用了人民反抗情绪高涨的斗争形势,在起兵誓师时说:"我身为上柱国,家累钜千金,富贵已无所求,今不顾灭门之祸,为解天下倒悬也。"他这一口号,迎合了广大人民的愿望,当时父老争献酒肉,前来参军的每天逾千人。杨玄感的叛乱,在统治阶级内部引起强烈的震动,许多贵族子弟,如韩擒虎的儿子韩世鄂、来护儿的儿子来渊、裴蕴的儿子裴爽,共计有四十多人一块投降了杨玄感,右武侯大将军李子雄也前来投奔,光禄大夫赵元淑、兵部侍郎斛斯政都和杨玄感同谋。后来,炀帝杨广虽然平定了叛乱,但统治集团内部却从此开始瓦解了。

在这种众叛亲离的情况下,炀帝杨广仍不思悔改,不但继续发动对高句丽的战争,而且再次北巡太原、长城。这时,依附隋朝的东突厥始毕可汗见隋朝国力空虚,也脱离了隋朝的控制,趁炀帝出塞,率骑兵十余万,在雁门将炀帝包围,全靠随从兵士坚守,外加各地援兵赶来才得以解围。

经过这次事变,炀帝杨广知道形势已开始恶化。回到东都洛阳后,他就准备南游江都,以避开农民起义的锋芒。虽死到临头,杨广仍不思悔过,还继续滥用民力,命在江都重造龙舟送来东都,又在毗陵修离宫十六所。

公元 616 年 7 月,龙舟造成,送到洛阳,宇文述等人劝炀帝赶快到江都去。许多朝臣都认识到,炀帝将会一去不复返,但都不敢说话。建节尉任忠、奉信郎崔民象、王爱仁等舍死相劝,仍未获效,反白白丢了性命。炀帝留下越王侗留守

东都,便前往江都巡游。

在江都的一年多时间里,农民军杜伏威步步向江淮逼进,打败隋朝大将陈棱,攻克高邮,进据历阳。中原翟让、李密等领导的瓦岗军击溃隋军主力张须陀、裴仁基等。他们传檄周围郡县,揭露炀帝杨广的十大罪状,说他罪该万死。炀帝又派王世充率江淮劲军与留守东都的越王侗继续同瓦岗军对抗。河北义军窦建德大败南下攻李密的涿郡留守薛世雄,威震河北。

许多地主见隋朝气数已尽,纷纷起兵自保:金城府校尉薛举割据兰州,自称秦帝;鹰扬府司马李轨占据武威,自号河西大凉王;鹰扬府校尉刘武周割据马邑,也称皇帝;鹰扬府郎将梁师都割据朔方,自称大梁皇帝。太原留守李渊起兵攻下长安,立杨广的孙子杨侑为傀儡皇帝,遥尊炀帝为太上皇。隋炀帝这个残害天下、穷困万民的暴君成为一个众叛亲离的独夫。

大势已去的隋炀帝也感到末日的来临,但他还是要及时寻欢作乐,与萧皇后、宠姬等天天寻欢作乐,醉生梦死。他还自我安慰说:“现在有许多人想推翻我,然而我不失为长城公,你(萧皇后)也不失为沈后。”他还准备了毒药在身边,准备随时自尽。

公元618年3月,炀帝杨广见天下大乱,自知已无力回天,便下令修治丹阳宫,准备迁居江左。从驾的卫士共推宇文述的儿子宇文化及为首领,发动了兵变,将炀帝杨广用巾带勒死。杨广终年五十岁,谥号“炀帝”。

李世民

公元599年1月(隋开皇十八年十二月)在陕西武功县的一个官僚家庭,生下一个婴儿,其父李渊希望孩子长大后能“济世安民”,故取名“世民”。这就是后来历史上杰出的政治家唐太宗李世民。

李渊和隋炀帝杨广是姨表兄弟,早年他做过几任郡太守,后来被调到中央做殿内少监,管理皇室的衣食住行,后又改任卫尉少卿,负责宫廷保卫。李渊长期周旋在皇帝的周围,李世民自幼聪明能干,颇得父亲的喜爱。李渊宦游各地,李世民常常跟在身边,使他有机会亲眼目睹隋帝国兴盛衰亡的现实。

公元616年(大业十二年)末,李渊被任命为太原留守。次年瓦岗军占领了洛口,上百万大军围困洛阳,隋炀帝逃往扬州再也不敢回去了。各地农民几乎全都参加了起义队伍。隋朝地方官见大势已去,也纷纷自树旗帜,宣布独立。李世民积极地招兵买马,收揽豪杰,再三督促父亲早日掀起反隋大旗。公元617年(大业十三年)李渊把他的军队分为两部,一部由长子李建成统领,另一部由李世民统领,自太原出发,沿汾水而下,渡黄河,直扑长安。沿途农民起义军纷纷加入队伍。李世民的部下马上发展到十三万人。这年十一月,长安攻陷,炀帝之孙杨侑被李渊拥立为帝。李渊自己以大丞相掌握国政。次年,炀帝在扬州兵变中被

杀,李渊废杨侑而自立国号为唐,改元武德。中国进入一个新朝代。

唐政府第一个对手是西部近邻。金城豪族薛举公元617年起兵反隋,攻占周围地区,士兵发展到三十万人,其中有许多隋朝牧场的牧奴。唐建国后,李世民以秦王身份,统兵征讨薛举。经过两次交战,付出巨大代价,才把这一政权消灭。唐政府解除了后顾之忧。

但此后不久,东方形势大变,唐帝国面临的局面更加严峻起来。公元618年突厥怂恿占据马邑(山西朔县)的傀儡刘武周统兵南下,席卷今山西地区。李渊见形势严重,主张放弃河东坚守黄河,李世民却极力反对,主动请战要精兵三万,保证收复太原,李渊同意了。李世民率众在十一月踏着坚冰渡过黄河,进驻柏壁,与刘武周主力宋金刚部相持。次年四月,宋金刚粮尽撤退,李世民全力出击,在介休双方交战,宋金刚大败,与刘武周逃入突厥后被突厥处死。唐帝国收复太原,转危为安。

消灭刘武周后,唐帝国将兵锋指向东方的郑国,公元620年李世民统率各路人马进攻东都,河南郡县相继降服,洛阳被包围。占据河北自称夏王的窦建德为保全自己,接受占据洛阳的隋将王世充的求援,亲率大军十万援救东都。李世民果断分兵两路:一路继续围攻东都,另一路进驻虎牢,把守要塞,挡住窦建德的路。双方相持两个月左右,窦建德疲沓起来。公元621年五月李世民利用窦建德召见群臣的间隙,发动猛烈的攻击。窦建德战败被俘,被牵至洛阳城下。王世充绝望了,只好开门迎接李世民。

七月,李世民凯旋回京。李渊下令将窦建德和其他农民起义军领袖绑赴刑场杀头示众,其他部属发配边疆,同时下令窦建德的部将限期到达长安报到。这就迫使窦建德的部属不得不重新拿起武器进行战斗。他们推举刘黑闼为首领,纠集一百多人突然占领漳南县城,窦建德散在各地的部属也纷纷响应。半年中,全部占领原来的领土。李渊无奈,再派李世民前去镇压。经过几次战役,刘黑闼战败,逃入突厥。等李世民撤军后,刘黑闼依靠突厥的力量又打回老家来,并且再度占领原来的地方。最后李渊改派李建成去镇压,李建成采纳魏征的建议把俘虏全部放回。这些俘虏回到刘黑闼营中散布消息:"你们的家眷都回去了,你们也回去吧!"刘黑闼的士兵果然纷纷离去,甚至捆绑首领投降唐朝。刘黑闼渐渐不能支持,只好向北逃窜,后终被部将所捕,送往唐营被杀。

全国虽实现了统一,但唐皇室却酝酿着一场尖锐的斗争。

李世民兄弟四人,长兄建成即太子,李世民第二,三弟玄霸,少年早死,四弟元吉封齐王。李世民是太原起兵的策划者,进攻长安的先锋,削平群雄、统一全国的主帅,因此深受父亲的喜爱。但在公元621年,父子之间出现了裂痕。这一年李世民率大军出征,一举消灭了王世充和窦建德的两支大的封建割据势力,进入东都后,他采取的许多重大措施未能按李渊的意旨。尤其见他把王世充和窦建德的部属归于麾下,使其实力威信大大提高,李渊因此而闷闷不乐。

随着天下大定,年近花甲的李渊沉缅于酒色,拒绝进谏,好听一些嫔妃的话,在嫔妃的挑唆下,渐渐疏远了李世民。再加上624年全国已统一,作为军事统帅

的李世民已渐渐失去作用。建成继承帝位便确定无疑了。但李世民的威望卓著,在他的周围有一大群虎将,形成一个牢固的集团。他像一棵根深蒂固的大树,挡住了李建成通往帝位的道路。

李建成的亲信魏征劝建成早早除掉这棵大树,李建成采取两方面的措施:一是利用太子地位,积极扩张实力,培养亲信;二是挖秦王的墙角,对秦王的幕僚,能拉则拉之,不能拉则铲除。务必把秦王府的一班人瓦解,然后再除去秦王。

公元622年刘黑闼第二次起兵,李渊这次派李建成消灭叛匪。建成不费吹灰之力,平定叛乱,并收罗一些爪牙。

公元624年,李建成广招武士屯住东宫附近。这年夏天,他利用李渊赴仁智宫避暑,自己留守长安的机会,企图发动兵变,杀死李世民。由于被人告发,李渊几乎废掉他的太子地位,李建成也收敛了些。

公元626年的一天夜里,建成召世民饮酒,世民回家后突然心头绞痛,吐出大口大口的鲜血。李渊闻讯,亲自到住所探望,这时他才觉察出他们兄弟之间的斗争十分尖锐。于是决定让李世民驻守洛阳。建成知道洛阳是世民的老巢,李世民回洛阳无异于放虎归山。于是活动李渊的宠臣让李渊改变主意。这时突厥入侵,建成让李元吉带兵,统率秦府官兵。

六月初的一天,秦王李世民的厅堂里挤满了人,李世民正中坐,面色阴沉。他的妻兄长孙无忌说:"太子率更丞王晊今天来了份密报,齐王元吉要出征突厥。皇上旨意,把秦王府的将领一起拨归齐王部下,太子和齐王约定,在昆明池举行的欢送宴上将你杀死,假报暴病而亡,使人劝说皇上传位太子,将秦府将帅一律斩杀。"尉迟敬德说:"人虽不惜死,但如今正是天赐良机,全体官兵愿誓死保卫殿下,大王祸在眼前,但无动于衷,纵大王不计个人生死,难道不为国家社稷着想?大王处事犹豫,算不上智;当断不断,算不上勇。如今大王亲信士兵八百多人都已进入王府待命,形势如此还袖手不干吗?大王如不动手,我敬德只能逃往山野,不能坐等杀头。"于是李世民横下一条心,决心大干一场。

六月三日清晨,太白星穿过正空。太史令傅奕奏称"太白星出现在天空秦的分野,秦王当得天下"。李渊乘机试探世民,就把这个奏报给李世民,李世民乘机把建成、元吉如何淫乱后宫,如何搞诡计,全部奏上去,李渊大惊,说"明天命人审讯,你可早来见我"。张婕妤正好探知此事告之建成。

六月四日,建成和元吉深信李渊在自己这边,一同入宫打探消息。行至离玄武门不远的湖殿,发现守门的士兵不是原来人马,而是全副武装的秦府人马。两人拨马而逃,元吉准备射杀李世民,仓皇三次拉弓却拉不开弓。李世民一箭将建成射死,元吉被部下射落马下。这时李世民也被树枝所阻坠下马来,元吉夺弓想掐死世民,却被尉迟敬德追杀而死。

玄武门在决斗时,李渊正在后宫划船取乐。当尉迟敬德手持长矛,直奔他身边时,李渊才惊问道"今天是谁叛乱?你来干什么?"敬德说是来保卫圣驾。大臣萧瑀、陈叔达说:"建成、元吉嫉妒世民,阴谋害之,如今已被秦王杀死。秦王功盖天下,万众归心,陛下立他为太子,托付他国家大事,天下便太平无事了。"李渊无

奈,当即答应,命大臣宇文士及在太极殿宣布各府军士归秦王指挥,建成的部属各个罢散。

建成、元吉死了,他们的十几个儿子也被处死。李渊深知如不让位,父子间的矛盾会更加深。因此他诏命天下,军国大事一律由秦王处理。这年八月皇位正式传给李世民,从此唐帝国进入一个新的历史时期。

公元628年八月,李世民登上皇位宝座,次年改元"贞观",但他面临的政治形势却并不是那么美妙。那时候,农民战争刚刚结束,政府对各地区的统治还不稳固,加之连年灾荒,生产萧条,人口流动,许多农民军的头目还隐匿在民间,仍然是革命风暴的沃土。如何避免人民起来暴动,仍然是当务之急,这就牵涉到对人民的看法问题。

李世民即位后,一部隋朝的兴亡史向他提示:人民好比是水,国君好比是舟。水可以载舟,也可以覆舟。这是一条真理。

李世民君臣总结隋朝灭亡的原因是:隋朝对人民"动之也"。怎样避免人民起来造反呢?关键是静止。李世民君臣反复强调,"静之则安,动之则死"。

李世民目睹大规模的工程营造给人民带来的危害,他竭力避免过多地劳民伤财。为了减轻物资运输的压力,下令不在洛阳修造宫室。贞观四年他下令修乾阳殿。张玄素上奏说:"假如动工修乾阳殿,终究不过是大乱罢了。"于是李世民下令所有工程一律停止。

李世民执政的二十年中,为避免大规模巡视给人民造成更大的负担,他的活动大都在长安、洛阳一带。

李世民对隋炀帝好大喜功的印象是深刻的。所以他即位以后,对外关系采取十分谨慎的态度。贞观时代,周围有许多强大的敌手,若处置不当,就会引起极严重后果。李世民君臣采取的总方针是"务静方内而不求辟土",行动上就是能谈和就谈和,能和亲就和亲,但决不屈服和投降,而且以坚强的武备为后盾。

李世民非常重视人才的选拔。他选拔人才的总原则是"拔人物则不私于党,负志业则咸尽其才"。

李世民身边最著名的谏臣是魏征。"居安思危""善始克终"是魏征要求李世民时刻不忘的座右铭。凡是影响居安思危、善始克终的言行,魏征总是尽力谏止。

唐制,男女十八岁成丁,开始服徭役和兵役。李世民即位的当年,听取封德彝的建议兵士从十六岁以上身体健壮的人中征集,但魏征坚决反对,他列举了一连串的例子说李世民不守信用。李世民听后不仅不恼反而奖赏金瓮给魏征。

魏征针对李世民怕亡国的心理,时时用隋炀帝的失败教训来提醒李世民,使他从奢纵中猛醒过来。

唐太宗主张:"国家纲纪,唯赏与罚。"李世民即位后,对武德时期的法律删繁就简,将刑罚变重为轻,重新整理成新律。到其子李治统治时代,又加以详尽的解释,这就是流传到今天的《唐律疏义》。

制定法律是一回事,执行法律又是一回事,李世民深知他的亲族会钻法律

的空子,于是对其严加管制。贞观十七年,姐姐长广公主的儿子赵节参与了谋反,公主的后夫杨师道是宰相,暗中为赵节活动。李世民除将赵节按律处死,还将杨师道降为吏部尚书。

贞观初年,国家经过十年的动乱,破坏惨重,急需一个安定的局面,让人民休养生息,以缓和矛盾,恢复生产。但专制主义的严刑峻法是与这种形势不相容的,李世民懂得要把德治贯彻到法律的推行中,他常说:"人命至重,一死不能再生,用法务必要宽简,要谨慎。"他下命令:凡属死罪,都要经过中书、门下两省四品以上官员及尚书、九卿共同讨论,才能决定,这开创了后代所谓"九卿议罪"的先例。他又主张,死刑在处决前,要经过五次呈报审议才能执行。有案件,据法应判刑,但情有可原处,也要详细上报,重新审理。李世民又深信人心是善良的,是可以改恶从善的。贞观六年十二月他下令:全国死刑犯一律暂时释放,回归家乡,从事春耕,约定来年秋天到长安报到。第二年九月,全部囚犯二百九十人都如期到达,李世民下令全部赦免。

由于李世民执行"赏不避仇敌,罪不庇亲戚"的原则,那些王公大臣皇亲国戚,都不得不收敛手脚,不敢过分压迫佃民。曾经在贞观六年皇帝的宴会上口骂国舅、拳打王爷的尉迟敬德,后来也关起大门,修饰楼台,弄些歌儿舞女,静享清福,不和外人来往达十六年之久,终于安然度过了他的晚年。

突厥是北方强大的游牧汗国。隋朝末年,全国陷入分裂状态,突厥利用这个机会,纵横捭阖,使北方的割据势力无不向它称臣。李渊也不例外,唐建国后,突厥可汗求取无厌,他的使节在长安飞扬跋扈。李世民即位后,可汗亲率大军十万,直抵长安外围,京师戒严,李世民被迫在渭水便桥订立盟约,赠送大量财物,颉利可汗才返回塞外。

便桥结盟后,李世民卧薪尝胆,立志解除北方入侵的威胁。贞观四年,颉利可汗被唐军俘虏,突厥宣布灭亡。

这时投降唐朝的突厥人十万,如何处置?最后唐太宗采纳中书令温彦博的意见:

一、把大部分突厥降民安置在今西北部和内蒙古南部地带,其余部分散居在今北京直到宁夏一线的草原地区,任突厥首领来做都督,他们仍过着游牧生活。

二、大量提拔突厥贵族到唐朝做官。一方面淡化他们的亡国之痛及反抗情绪,一方面可以作为人质扣在长安。

三、医治战争创伤。突厥灭亡后,一些战士尸骨未寒,李世民派人到边境以酒肉致祭,一一掩埋,和家人悲歌哭泣,又用国库钱帛赎回被抢去的汉族人口,使他们回归故里。

四、优待颉利可汗。颉利到长安后,李世民把他们安置在太仆寺,厚加款待,但颉利仍郁郁不乐,和家人悲歌哭泣,以后改任几次,但颉利终不愿前往,于贞观八年死于长安,太宗下旨按突厥风俗厚葬。后又筑大坟墓作为纪念。

突厥灭亡之后,北方各族君长都到长安来,称李世民是"天可汗",处理少数民族事务公平。

李世民对突厥的妥善处理,大大加强了周边各民族的向心力。在处理民族关系方面李世民采取的措施主要有:

一、在归附或被征服的民族和地区设置羁縻州府。府州的督都、刺史、县令都由各民族自己的首领担任,并可世袭。定期向朝廷纳贡,但保持本民族的风俗习惯和组织结构,不腐故土。

二、大力推行和亲政策。唐朝以前,由于诸王朝虚弱往往被迫嫁女,但李世民却不是这样。他深知"北狄风俗,政治是由后妃操纵。公主出嫁,生了儿子,就是我的外孙。外孙做可汗,可保证我三十年边疆无事",他曾将妹妹衡阳公主嫁于原突厥可汗处罗之子阿史那杜尔,将文成公主嫁给吐蕃赞普松赞干布。

三、开驿站,通市场,接纳客使,兼收并蓄。

649年,李世民去世,留居长安的各族使者和官员放声大哭。松赞干布来信说"先皇晏驾天子新立,臣子有不忠者,我率兵赴难"。

将"中华"与"夷狄"等同看待,爱之如一是大唐帝国富强的原因之一。

贞观十九年,李世民出师高句丽回来,身上长了一个疮。第二年又去灵武接收北方的降民,疲顿劳累,又受了些风寒。公元647年又得了风病,病情加重。公元649年听说印度僧人会配长生不老药,他信以为真,服药后,拉痢不止。五月,这个大唐帝国的皇帝,各族人民的"天可汗"与世长辞了,终年五十三岁。

长孙皇后

长孙皇后(600—636年),河南洛阳人,是唐太宗李世民的结发妻子,13岁时嫁给李世民。唐高祖李渊登基后,册封她为秦王妃。当时,由于秦王李世民在统一的作战中不断建立卓越功勋,皇太子李建成对李世民的猜忌日益加深,两人的矛盾日趋暴露。为弥合李渊父子裂痕,她尽力孝敬李渊及其嫔妃,为李世民在宫中树立威信。李世民发动"玄武门之变"时,她引导将士进入宫中,杀掉李建成。李世民对她很感激,即位后立她为皇后。她外柔内刚,在政治上特别是在反对外戚当权方面有坚定的主张。贞观初期,她为李世民的清明政治出了不少好主意,可以说是李世民的重要谋士之一。贞观十年(公元636年)死后,李世民称赞她"每能规谏,补朕之阙。今不复闻善言,是内失一良佐。"

长孙皇后作为内宫"总管",对子女、对宫内其他人员教育管束是比较严格的。有一次,皇太子的乳母遂安夫人对皇后说,东宫(太子宫)的器用设施太少,请给增加一些。皇后不许,说:"作为太子,怕的是德不立、名不扬,哪怕什么器用少呢?"皇后对宫内人员严而不苟。嫔妃以下患病时,她都亲自探视慰问,甚至把自己用的高级药膳拿给她们吃。太宗有时临时遇到一些不顺心的事,回到后宫便迁怒于宫人。遇到这种情况,皇后表面上也做出发怒的样子,甚至将"得罪"太宗的宫人当着太宗的面囚禁起来。等太宗息怒之后,皇后再慢慢地向他申诉宫

人无罪的道理，为宫人恢复名誉和自由。因此，宫中没有滥施刑罚的现象，人人都爱戴皇后，长孙皇后对与自己疏远的甚至有私怨的人，从来也不想借机报复，总是从大局出发，不计私仇。她的异母兄长孙安业，曾将她赶到舅家。但她并不介意异母兄这种恶劣行为。她当上皇后之后还请太宗对长孙安业"厚加恩礼"。长孙安业官至监门将军，后来与李孝常、刘裕德谋反，太宗决定处其以极刑。皇后得知，叩头流涕为其请命，说："安业之罪，万死无赦。然其不慈于妾，天下知之。今处以极刑，人必谓妾恃宠以报复其兄，岂不为圣朝之累乎？"太宗遂改变决定，将长孙安业流放于边远之地。

长孙皇后曾搜集古代妇女的善事，撰成《女则》十篇，并且写文章驳斥汉明帝马皇后关于不能抑制外戚参政，而应节制其车马之侈的论点。她认为，马皇后的论调是开外戚乱政的祸源而防其末节。她曾对太宗说："妾之本宗，以恩泽进位，无德而禄，易以取祸。欲保全其子孙永久，慎勿使其处之权要，但以外戚奉朝请。则为幸矣。"她的同母兄长孙无忌与太宗李世民本是布衣之交，在帮助李世民统一中国及谋划"玄武门之变"使李世民得以即位等方面建有巨大功勋，是李世民的心腹和"佐命元勋"，常出入李世民卧内为之出谋划策。李世民登基后想任命长孙无忌掌握朝政，皇后"固言不可"，多次对李世民说："妾既托身紫宫，尊重已极，实不愿兄弟子侄布列朝廷。汉之内戚吕氏、霍氏之祸，可谓切骨之戒。特愿圣朝勿以妾兄为宰相。"李世民不听，仍然任用长孙无忌为左武侯大将军、吏部尚书、右仆射。皇后又秘密遣人与长孙无忌商定，两人分别苦求逊职。李世民不得已才准许了他们的请求，改授长孙无忌为开府仪同三司。皇后这才感到放了心。后人评论长孙皇后不赞成内戚掌握权柄的策略思想时，认为这是"虑之深远"。

长孙皇后所生长乐公主，太宗特别钟爱。在她将要出嫁的时候，太宗敕令有司，陪送长乐公主的物品要比陪送永嘉长公主（李渊之女、李世民之妹）的物品多一倍。魏征得知后谏曰："皇帝之姑姊为长公主，皇帝之女为公主。既有'长'字，应高于公主。若陪送物品多于长公主，甚为不可。"他引用汉明帝封皇子的故事说："昔汉朝明帝封皇子时说：'我子岂得与先帝子封地相等！'皆令半于先帝子（给皇子的封地为给先帝子的封地的一半）。"太宗纳其言，并入告皇后。皇后感叹地说："妾亟闻陛下称重魏征，不知其情。今观其引礼义以抑人主之情，乃知真社稷之臣也！妾与陛下结发为夫妇，曲承恩体，每言必先候颜色，不敢轻犯威严，况以人臣之疏远，乃能抗言如是，陛下不可不从。"皇后还遣使持钱四百缗、绢四百匹，以赐魏征，并传语于魏征说："闻公正直谏，乃今见之，故以相赏。公宜常秉此心，勿转移也。"有一次，太宗上朝后回宫，怒气冲冲地说："会须杀此田舍翁！"皇后迷惑不解地问太宗要杀谁。太宗说："魏征经常在朝廷之上辱没我。"皇后退出宫寝，换上正式的朝服，立于宫廷之中。太宗惊问其故，皇后说："妾闻主明臣直。今魏征直，由陛下之明故也。妾敢不贺？"太宗听了很高兴，消除了对魏征的怨气。贞观十年（公元636年），太宗的重要谋臣房玄龄因受到太宗的指责而愤然请归故里。皇后当时已病重，得知此事后，对太宗说："玄龄事陛下最久，小心谨慎，奇谋秘计，皆所预闻，竟无一言泄漏，非有大故，愿勿弃之。"太宗听从皇后劝告,即刻起用房玄龄。

长孙皇后是一个注重节约的人。她的服饰用品都是作为皇后所必需的,从来没有提出过个人的要求。她还是个遵守法度的人,从不因私枉法。贞观八年(公元634年),她跟从太宗到九成宫(在今陕西麟游西)休养,当时已染上疾病,仍坚持与太宗一起活动,因而病情日益加重。太子承乾见皇后病得实在太重了,对皇后说:"各种药都吃过了,尊体仍不见好。请奏启父皇,大赦天下囚徒,并请佛道人士诵经祈求福助。"皇后说:"死生有命,非人力所加。若修福可延长寿命,吾素来不为恶;若行善对延寿无效,又有何福可求?大赦是国之大事;佛道不过是异域之教,与政体有弊无利。这些均是陛下所不为的,岂能因吾一妇人而乱天下大法?"太子不敢奏禀父皇,便将此想法告诉给左仆射房玄龄。房玄龄又转奏太宗;其他朝臣也建议实施大赦,太宗答应下来,皇后听说后马上向太宗固请不可大赦。太宗乃止。贞观十年六月,皇后病入膏肓,与太宗辞诀时,除请求不要重用外戚之外,还说:"妾生无益于人,不可以死害人。愿勿以殡葬劳费天下,且葬者藏也,欲人之不见。自古圣贤皆崇俭薄。惟无道之世,墓葬大起山陵,劳费天下,为有识者笑。但请因山而葬,不须起坟,无用棺椁,所需器服,皆以木瓦。俭薄送终,则是不忘妾也。愿陛下亲君子,远小人,纳忠谏,屏谗慝,省作役,止游畋,妾虽殁于九泉,诚无所恨。儿女辈不必令来,见其悲哀,徒乱人意。"太宗听后甚为感动。皇后死后,太宗尊其号为"文德顺圣皇后",并在其墓前刻石为文,称:"皇后节俭,遗言薄葬,以为'盗贼之心,只求珍货,既无珍货,复何所求。'朕之本志,亦复如此。王者以天下为家,何必物在陵中,乃为已有……。当使百世子孙奉以为法。"

武则天

武则天(公元624—705年),又名武媚、武曌。我国历史上的唯一一位女皇帝。

武则天的父亲叫武士彟,乃并州文水县人。他本是个木材商,后来随高祖李渊起兵,推翻隋朝后,被封为应国公。李世民即位以后,他又被任命为工部尚书、利州和荆州都督。他娶过两个妻子,第一个妻子姓相里,生有两个儿子,但去世很早。高祖知悉后对他早年丧妻深表同情,并让他娶隋朝皇族杨达的女儿为妻。公元624年,杨氏为他生下一个女儿——武则天。当武则天九岁时,她的父亲病逝。随后,武则天母子便从荆州搬回长安居住。在家中,杨氏虽为一家之长,但武则天的两个哥哥并不把她放在眼里,对她十分不尊重,时常为一些小事和杨氏争吵,家庭的不和,在武则天幼小的心灵里打下深深的烙印。

公元637年,十四岁的武则天被唐太宗李世民召进宫中。在宫里,她言谈高雅,举止大方,因而深受唐太宗的宠爱,被赐名——武媚。此后,武则天跟随唐太

宗生活了整整十二年,在这十二年中,她深受唐太宗言谈举止的影响。

公元 649 年,唐太宗病逝,他的儿子李治即位,即唐高宗。按照当时的规矩,皇帝死了,没有生过孩子的宫人,都要到寺庙或道观当尼姑。武则天和一些宫女被送到感业寺当尼姑。但没过多久,唐高宗李治又把她召进宫去,封为"昭仪"。

武则天的受宠,引起了皇后和肖淑妃的妒忌,二人常在高宗面前说武则天的坏话,没想到,她们的言论不但不能将她置于死地,反而使她更受高宗的宠爱,引起了高宗对她们的不满和厌恶。于是,武则天便收买高宗、皇后、肖淑妃身边的人,随时了解她们的过错,并向高宗汇报。由于她的情报有根有据,使高宗对皇后和肖淑妃产生疑心,感情也因此而日益疏远。

不久,她为高宗生了一个女儿,甚得高宗的喜爱。一天,武则天从外边回来,走到宫门口,看见王皇后正俯在床边逗小女孩玩,便心生一计,回身躲了起来。待王皇后和宫女们走开后,她又马上回到房中,看到周围没有任何人,便将小孩子活活掐死了。之后,又用被子将其盖好,然后自己又躲了出去。不久,高宗散朝回来,掀开被子一看,自己的心肝小女儿已死,心中大怒,责问宫女,得知王皇后刚才来过,便不分青红皂白,遣人把王皇后找来。王皇后一再申诉,高宗自己也苦于没有证据,只得将皇后狠狠骂了一顿,喝令退下。这一事件后,高宗便产生了废掉王皇后的念头。

公元 655 年,高宗准备废掉王皇后,另立武则天为后。立皇后,看起来好像是皇帝的私事,但因皇后大都出生于官宦之家,和朝中的大臣们有着千丝万缕的联系,因此,皇后的废立,必然会影响和她亲近的那些朝臣们的仕途,关系到太子的更换,这是朝中的一件政治大事。因为武则天出生"新贵",所以遭到许多大贵族和元老重臣如长孙无忌、褚遂良等人的反对,引起朝廷大臣的激烈争辩,支持武则天当皇后的人物是李勣、崔义玄、许敬宗和李义府等人。李勣不仅是当时参与朝政的宰相之一,而且还是一位著名的将帅,论战功、论能力,都和长孙无忌等人相当,在文武诸臣中有很大的影响。高宗见有了他的支持,于是决定废王皇后,立武则天为皇后。

这年的十月,高宗下诏废王皇后、肖淑妃为庶人,十一月,他又下诏立武则天为皇后。不久,武则天四岁的儿子李弘也代替原来的太子李忠,登上太子宝座。

在短短的两年内,高宗先贬褚遂良,后又逼迫长孙无忌自尽,罢免了二十多名反对武则天的官员。从此,朝中大臣站在武则天一边的越来越多,朝中的政权渐渐落到她的手中。

公元 660 年冬天,高宗染上了一种"风眩病",当这种病发作时,便会头晕眼花,看不见东西。这样,朝中的大事,常常让武则天代他处理。武则天本来就精明能干,读过许多文学、历史方面的书籍,再加上十几岁便追随君王左右,积累了不少从政的经验,因此,她处理起政务来是又快又好,深得高宗的信任和赞赏。随着自己势力一天天地膨胀,地位一天天地巩固,武则天对高宗的尊重越来越差,高宗想做什么事情,不经过她的同意,往往就办不成。当高宗发现大权已落在武则天手中,自己反成了傀儡时,感到十分不快,于是,他便把宰相上官仪召到

宫中，商量废掉武则天的事。但此事马上被武则天探知，她迅速采取了对策，指使许敬宗等诬告上官仪，说他与前太子李忠合伙谋反，不久，她便把上官仪和李忠杀了。而且朝中与上官仪有来往的人，也纷纷遭到贬职和流放。从此，高宗对武则天更是言听计从。每次高宗上朝，武则天都坐在帘子后面，参与决策朝政。因此，在当时，无论是国内臣民，还是边远的少数民族，都称他们为"二圣"。这时，出头露面的虽然还是高宗，但事实上，这时的决策人却是武则天，高宗成了一个名副其实的傀儡皇帝。

　　武则天的"垂帘听政"，一开始遭到不少朝臣的强烈反对。武则天进一步认识到，要想掌握全部大权，实现自己的梦想，就必须不断削弱宰相和大臣的权势，而且首先要防止太子和其他皇子起来夺取政权。鉴于此，她首先展开了对太子和皇子的斗争。高宗为了保住李家的江山，想传位给太子李弘。而且太子李弘和宰相、大臣的关系十分密切。在高宗和武则天的矛盾斗争中，他也是站在高宗的一边，不赞成母后掌握朝中的大权。本来，武则天早就对他的这种行为表示不满，这时对他则更为痛恨。不久，她就用毒酒药死了太子李弘，又立次子李贤为太子。李贤和哥哥一样，对父亲特别亲近，同母亲的关系很不好，唐高宗让李贤监国。武则天便又废李贤为平民，接着又立三子李显为太子。公元683年12月，高宗逝世，李显即位，即唐中宗。中宗很昏庸，他听皇后韦氏的话，要提升皇后的父亲韦玄贞为侍中。宰相裴炎不同意。中宗发怒道："我就是把天下给了韦玄贞，又有什么不可以呢？"裴炎于是把这话告诉了武则天，武则天立即召集文武大臣商议，废中宗为庐陵王，另立她的第四个儿子李旦为皇帝，即唐睿宗。自此，所有的政事都由武则天来处理，睿宗丝毫不能过问。事实上睿宗等于被幽禁在宫中。

　　武则天把朝中大权全部掌握在自己的手里以后，便开始着手改朝换代，为做女皇帝做准备工作。

　　在她的一手策划下，她的权势一天天地扩大、加强，唐朝宗室和一些出身名门望族的达官贵人，受到了严重的威胁。他们一面感到惶恐不安，一面又对此万分的愤怒。从而，一场激烈的权力斗争公开化了。最先起来反抗的是"唐皇旧臣"徐敬业等人。十几天内便招集了十几万人马，准备向朝廷发动进攻，并由骆宾王写了一篇讨伐武则天的战斗檄文。徐敬业起兵叛乱的消息和骆宾王的檄文很快传到京城。宰相裴炎和李冲在博州，越王李贞在豫州相继起兵，武则天立即和群臣商议，并派大军前往镇压。最终，徐敬业支持了七天，裴炎等支持了二十天后，便被武则天镇压下去了。徐敬业、李冲、李贞的叛乱，迅速遭到覆灭，这说明他们的行动违背了历史发展的趋势，背离了广大人民希望和平安定、反对战乱的强烈愿望；同时，也说明武则天推行的一些较开明的政治措施，得到了广大人民的拥护。

　　从平定叛乱的事件中，武则天更加看清楚了豪门贵族的强大势力，要想自己牢牢掌握政权，政令能够顺利实行，就必须对这些豪门贵族的反对进行残酷的镇压。为确保自己耳聪目明，她首先大开告密之门，鼓励各种各样的人，包括贫苦

百姓都可以到京都面见皇帝,并提出控告。她下令,凡告密的事,任何人都不可阻拦。她还规定,外地人来京都告密,官府供给驿马使用,沿途享受五品官的待遇,到京城后,可以住在官家客馆,供给食物。如果揭发的事属实,可以破格提拔,授给官职。如果揭发的事情不真实,也不予以追究。因此,告密的蜂拥而至。接着,她又任用索元礼、周兴、来俊臣等酷吏,对付有反抗意识的唐宗室贵戚数百人,还处死反对她的大臣几百家。至于所杀的中下级官员,就多得无法统计了。

通过平乱、铲除异己等一系列活动,武则天彻底扫清了登基的障碍。公元690年,武则天把国号由唐改为周,正式登基当上了皇帝。她是我国历史上唯一的有正式称号的女皇帝。这时她已六十七岁了。她给自己取名为曌(即照)。不过,到这时,她参加决议政事已有三十多年了。

武则天当政,颇有贞观遗风。她像唐太宗一样,十分重视农业生产。早在公元674年,她就曾向高宗提出十二条施政建议,发展农业生产。

公元684年,她再次下令奖励农桑,并明确指出,所有的地方官吏,只要能够不断扩大耕地面积,使农民有余粮的,就可以提升;相反,如果政治腐败,农业生产搞不好,农民有逃荒讨饭、流落外地的,就要受到免官或是降职的处分。另外,她还下令边远地区的军队施行屯田。

在她当上皇后以后,还十分注重节俭。682年,高宗在一封诏书中说:"天后,是我的配偶,可是她却经常穿着旧裙子,难道她不知道华丽的衣服好看吗?当然不是。她这样做,只不过是让天下臣民都崇尚节俭罢了。"

她为了巩固自己的统治,大力扶持新兴的地主官僚分子,注意抬高他们的社会地位。高宗还在位时,她就曾重修《氏族志》,并把它更名为《姓氏录》。《姓氏录》完全打破了士族和庶族的界线,抬高了出身地位低的人。这表明她尊重人才。

为了广纳贤才,武则天注意破格用人,她同时还鼓励各级官吏推荐人才,而且还允许他们自荐。她在洛阳铸了四个铜匦,其中一个叫"延恩"。要求做官的人,可以把自己的诗赋文章投进去自荐。被荐或自荐的人,只要有才能,便可以获得提升或任用。相反,对于那些不称职的官员,则毫不客气地罢斥降免,甚至处死。她听说王及善很有才干,想让他做滑州刺史,去防卫契丹的骚扰。但当她和王及善谈话以后,发现王及善很有政治眼光,可以做更重要的事,她就立刻改变了主意,留他在朝廷中任内史。后来王及善向她提了许多建议,大都被她采纳。狄仁杰也是一个普通官僚出身的科举之士。高宗的时候,他曾做过大理丞,曾在一年内判理了积压下来的一万七千多项案件,而且断得十分公正。武则天执政后,认为他很有才能,曾两度让他做宰相。在职期间,他向武则天提出了不少建议和批评,武则天大都采纳。而且她晚年提拔起来的姚崇、宋璟等,到玄宗时都成了名相。初唐四杰中的骆宾王,在《为徐敬业讨武曌檄文》中,对她进行了强烈的人身攻击。但当她看到骆宾王的诗文后,却盛赞骆宾王的才学,并说:"有这样的人才,让他疏落,这是宰相的过错。"武则天还以修书为名,广召文词之士入宫中,让他们参议朝政,处理各类奏章,以分宰相之权,被当时的人称为"北门

学士"。她在任期间，真正做到了知人善任。

武则天在加强封建国家的边防、改善和边境各族的关系方面，也做了不少工作。高宗时，吐蕃贵族吞并吐谷浑，攻占安西四镇。武则天一面派王孝杰领兵前去收复安西四镇，一面恢复和亲，使双方关系缓和下来，再设置安西都护府于龟兹。为了进一步巩固西北边疆，公元702年，武则天在庭州设置了北庭都护府。

在武则天执政半个世纪中，由于隋末农民起义的作用及唐太宗"贞观之治"奠定的基础，也由于武则天沉重打击了旧士族和大贵族大官僚集团，执行了一系列开明政策，所以周朝的社会经济呈现出发展的趋势，人口也由三百八十万户猛增到六百一十五万户。武则天上承"贞观之治"，下启"开元盛世"，史家称她的统治有贞观遗风。她在长达半个世纪的统治中，做到了郭沫若所说的"政启开元，治宏贞观"。

武则天为了夺取和巩固政权，一方面重用男宠、酷吏和娘家的人，使他们有的成了宰相，有的当了统兵大将，大都参与国家大事，掌握着一部分重要权力；另一方面，她倚重狄仁杰、李昭德、魏元忠、姚崇、宋璟、张柬之等宰相和大臣。这些人有才有识，又富有治国经验。对他们，武则天一方面给以严密的监视和控制；一方面又委以重任，让他们在治理国家中充分发挥自己的才干。因而，她以太后身份，杀太子、废皇帝、诛大臣，甚至改朝换代，当了皇帝，政局始终保持稳定，没有发生大的动乱，使百姓大致过上近半个世纪的和平、安定的生活。这在很大程度上是依赖她的知人善任。

到了武则天晚年，太子李显的地位已经确定，武则天本人又衰老多病，因而，政治大权便逐渐集中在朝中的那些大臣们手中。但是，她的男宠张易之、张昌宗兄弟，还有他们的党羽，依然掌握着一部分权力。他们经常出入宫廷，不离武则天左右。同时，武则天过去的铁血政策，还使一些大臣心怀畏惧。因此，这些大臣们都希望能早日剔除张氏兄弟，夺掉他们所掌握的那些权力，让李显早日恢复帝位，以便恢复李唐王朝，使他们的权力得到保障。于是，一场争权夺利的宫廷战斗在宫廷中拉开序幕。

长安四年，武则天一病不起，她在洛阳宫长生殿养病，宰相一连好几个月见不到她的面。可是张氏兄弟却日夜守在她的身边，许多朝中大事，都由他们来决断，诸大臣却不能近前。于是，张柬之、崔玄暐、敬晖、桓彦范、袁恕己等，偷偷在一起商议，打算把张氏兄弟处死，以迫使武则天立即传位给太子李显。为了实现这一目的，张柬之首先去做羽林军的工作，他先找到羽林军大将军李多祚，二人经过一番秘密计议之后，指天为誓，定下了杀掉张氏兄弟的初步计划。

公元705年，张柬之、崔玄暐、桓彦范，薛思行等，率领羽林军五百多人来到玄武门，会同太子，破门而入，一直奔向武则天所住的迎仙宫。这时，张氏兄弟看见众人气势汹汹，直扑而来，知道大势不妙，心里恐慌不已，但自己又毫无准备，既无法抵抗，又无处躲藏，只好硬着头皮来迎接。张柬之等看见他们出来，不容分说，挥起大刀立即将他们兄弟二人砍死，然后率众进入武则天的寝宫长生殿。

这时武则天正卧在床上闭目养神，突然听到外面一阵吵嚷，又见一大群人蜂

拥而入，来到自己面前，她大吃一惊，慌忙坐起来问道："是谁在制造乱子？"张柬之等回答说："张氏兄弟谋反，我们奉太子的命令，已经将他们二人处死。因害怕走漏消息，因而没有事先奏知陛下，请陛下原谅我们的罪过。"武则天见太子站在一旁，于是对他说："这事是你指使的么？既然把那两个叛徒处死了，你可以回到东宫里去了。"桓彦范赶紧上前奏道："太子怎么能老是住在东宫呢？以前先帝把爱子托附给陛下，现在，太子已长大成人，况且，天意人心都是思念李氏，群臣不忘太宗、天皇的恩德，所以奉太子之命诛杀奸臣，希望陛下传位给太子，以上合天意，下顺民心。"武则天见已无力挽回局面，只好就此作罢。

随后，张柬之等又将张昌期、张昌仪、张同休等处死，与张氏兄弟一起示众，同时，还将张氏兄弟的党羽逮捕处办。一时，李宗室和朝中大臣们都扬眉吐气，兴奋不己。

政变后的几天，武则天被迫传位给太子李显。他就是唐中宗，中宗复位后，首先下诏给那些受陷害的官吏平反昭雪。皇族也都恢复了原来的身份，依旧给以高官厚禄。武则天也被迫迁到上阳宫居住，由李湛负责宿卫。每隔几天，皇帝便亲自前去请安一次。不久，中宗又恢复了唐的国号。

武则天平时很注意保养和装饰自己，八十岁左右的她还看不出衰老。但是，到上阳宫后，她的病情也越来越严重，再加上又失去了权势，成天闷闷不乐，再也无心修饰自己了。一次，中宗前去问安，见她容颜憔悴，面色苍白，大吃一惊。武则天见他进来，流着泪说："我把你从房陵召回来，立为太子，就是让你继承帝位的，想不到张柬之等人领功生事，把我弄成这个样子。"说罢老泪纵横，泣不成声。

公元705年11月，武则天终于在孤独寂寞中离开人世，享年八十二岁。

李隆基

李隆基生于公元685年，那时正是武周天下，等待他的并不是名正言顺轻而易举可得的皇位，而是宫廷内部激荡多变的风风雨雨的磨炼。他从小就有大志，但武氏家族根本不拿正眼瞧他。七岁那年，他例行到朝堂举行祭祀仪式，金吾将军武懿宗对他的随从大声喝斥，隆基立刻声色俱厉斥之曰："吾家朝堂，干你何事？敢胁迫我的随从？"武则天知道了这件事后，便对他另眼相看了。第二年，李隆基被封为临淄郡王。公元705年，张柬之逼迫武则天退位，拥立中宗李显。这时隆基曾一度兼任潞州别驾。

武则天死后，唐中宗昏庸懦弱，大权操于妻子韦皇后、女儿安乐公主之手。张柬之等功臣均遭贬谪，太子李崇俊等被杀，武三思等沉滓余孽迅速泛起。韦皇后又擢用其从兄韦温等掌握政权，纵容安乐公主卖官鬻爵，又大肆建筑寺院道观，奴役人民，朝政日非。公元710年，中宗被妻女毒死。韦后准备效法她的婆婆武则天做历史上的第二个女皇帝。这时，武则天的第四子李旦还很有势力，李

旦之子李隆基也在悄悄地积蓄力量,身边已聚积大批文臣武将。这是韦后专权的主要障碍,韦后决定将他们二人置于死地。韦后还没有来得及动手,李隆基便和姑母太平公主合谋发动政变,率羽林军万余人抢先攻入皇宫,将韦后及其党羽一网打尽。后由太平公主出面,恢复了睿宗李旦的帝位。李隆基也因此被立为太子。

睿宗也是一个昏庸的的帝王,他心甘情愿地听任太平公主的调停。太平公主恃拥戴睿宗有功,大树私人势力,左右朝政,朝中的七个宰相中,有四个是她的亲信,文武之臣,多半依附于她。她开始认为李隆基年幼,所以不以为意,后来,她看到李隆基十分英武,对自己专权十分不利,她于是把进攻的目标转向李隆基。她造舆论说,现在的太子不是长子,不应被立为太子,立必有后忧。公元712年,睿宗让位给太子李隆基,隆基即位,即玄宗。但朝中三品以上官员的任免和重大军国行政仍由睿宗决定。这时,玄宗和太平公主间的关系极为紧张,可谓剑拔弩张,各自磨刀霍霍,暗藏杀机,双方的决斗已是利箭在弦,一触即发。

公元713年7月3日,玄宗抢先下手,率厩牧兵马杀死太平公主及其党羽数十人,依附太平公主的官员也尽数被削为民。这一年,他改国号为开元。

玄宗的皇位来之不易,亲政后所面临的局势也异常严峻,长期的宫廷政变,削弱了中央政权的力量,吏治腐败,官吏冗滥。亲政两年后,他宣布:"官不滥升,才不虚受"。他注意任人唯贤,所用的宰相,大都成了有名的政治家。

姚崇是当时有名的贤相。入相前,他就曾向玄宗提了十项建议,大意是要皇上不要贪小功,而应广开言路,奖擢谏臣,除租税外不得接受馈赠,不能让皇亲国戚专权,勿使宦官专权等。玄宗样样依允,从而奠定了开元施政的方针,为创造"开元盛世"的局面奠定了基础。

当时,一些富家往往用出家做和尚的办法来逃避赋税。姚崇一次就查出一千二百多人,勒令他们还俗。他还禁止百官和僧尼、道士来往,抑制武、韦时发展起来的寺院地主势力。御弟薛王李业的舅父王仙童侵暴百姓,他不讲情面,请玄宗批准,依法加以惩办。

开元初,黄河南北连年发生蝗灾。蝗虫飞来如云遮日,所过之处苗草罄尽。前朝也曾遭遇蝗灾,因为捕杀不力,进一步导致赤地千里、横尸遍野的惨景,以致物价飞涨,民心大乱,政局动荡不安。姚崇对此十分关注,力主诏令各郡县及时捕杀,并由官府奖励治蝗。结果,蝗灾被有效地制止了,尽管蝗灾连年,灾区也未发生大的饥荒。

宋璟是继姚崇之后为宰相,他也很注意选拔人才,官吏都能称其职。有一次吏部选人,他的远房叔父宋元超说明自己与宋璟的关系,想得到一个好差使。他获悉后,特地关照吏部,不给宋元超任何职务。

张九龄是广东人,当时岭南被看成是蛮荒之地,那边的人很难做大官,但由于他很有才能,玄宗于是让他做宰相。他建议选用人才要慎重,在吏部议论人才时,其态度极为公允。他做宰相时,已在开元后期,但每见玄宗有什么过失,总是竭力劝谏。

玄宗隆基下令重用贤相,他还十分重视刷新吏治,整顿官僚队伍。

玄宗的改革措施,主要是依赖下级官员去贯彻执行,玄宗能注意用人,这是"开元之治"得以出现的一个很重要的原因。

玄宗在位的前半期,不仅文治取得了非凡的成就,而且武功也赫然可纪。在玄宗继位以前,唐朝边防危机十分严重。

到玄宗即位时,西域的碎叶、庭州,北方的云州以北以及辽西十二州,都已被突厥、契丹奴隶主贵族占领,陇右及河北人民经常惨遭劫掠和屠杀,唐朝统一的局面被破坏了。

玄宗执政以后,为彻底解决边区问题,以巩固唐政权,维护国家统一,采取了一系列措施:为了提高军队的战斗力,玄宗对府兵制进行了改革。高武以后,尚武风气逐渐消失,府兵多不按时更换。宰相张说遂建议雇佣募兵,玄宗即下令实行,从关内召募军士达12万人,充作卫士,名"长从宿卫",或称"长征健儿",从而代替了有唐以来的府兵轮番宿卫制度。这是军制由兵募到雇佣的重大改革。经过十余年的实践,于公元737年推行全国。从此,各地民丁再无须长受戍边之苦。雇佣兵既可吸收社会上的失业人口,缓和社会矛盾,又可常驻各地,加强训练,对改善军队素质,提高战斗力是起积极作用的。

玄宗还通过各种措施整顿军旅。他颁布《练兵诏》,令西北军镇增加兵员,并加以精选,加强军事训练,不得供其它役使。还派兵部侍郎裴琰、太常卿姜皎,往军州督促检查诏令的执行情况,处理具体事宜。

7世纪末年,军马不足,玄宗即位时,只剩二十四万匹,玄宗任用太仆卿王毛仲为内外闲厩使,专门主管这项工作。到公元725年,军马增至四十三万余匹,牛羊也相应增加了。为了解决军粮问题,玄宗又下令扩大屯田区。在西北万里的边防线上及黄河以北的部分地区,设置庞大的屯田区。

经过以上准备,公元717年,唐军把沦陷十七年的营州等十三州全部收复,玄宗派宋庆礼任都督,重建营州防务。长城以北的拔也古、同办、回纥等地也宣布取消割据称号,与唐政府合作,唐政府重新设置了安北都护府,统一了长城以北的广大地区。

玄宗把解决西域的问题分两阶段进行。第一阶段从公元738年开始,玄宗派碛西节度使盖嘉运打败了突厥。唐军猛攻碎叶,突厥可汗出战,在贺逻岭被唐军俘获,从而使沦陷了三十七年的碎叶镇又回归唐朝管辖。第二阶段是击败吐蕃、小勃律,重新打通"丝绸之路"的门户。开元初年,西域小勃律可汗曾到唐朝请降,唐政府在那里置绥远军。后来,小勃律王娶吐蕃王女,依附了吐蕃,与唐为敌。玄宗派安西副都护高仙芝打败吐蕃,俘虏了小勃律王,把他遣送长安。这使唐朝国威大振。这一仗胜利后,罗马、伊朗诸胡七十二国都为之震恐,遂来朝拜唐朝,唐朝重新打通了中亚的通道,这不仅维护了国家的统一,也有利于对外经济文化的交流和发展。

唐玄宗在开元年间,注重发展社会经济,采取了一系列措施,经济出现了前所未有的繁荣景象。

自武周以来,佛教在全国恶性发展,全国各州,都设置大方寺。玄宗于开元二年下令裁减天下僧尼,当时全国各地还俗的有一万多人。接着,玄宗又下令禁止新造佛寺,禁铸佛像,禁抄佛经。同时又禁止官员和僧尼交往,使佛教势力受到很大的打击。

玄宗即位之初,在生活上节俭自励。他裁汰宫女,还毁掉了武周所造的天枢台、韦后所立的石台,以示与弊政决裂。

开元年间玄宗君臣的文治武功,造就了比较清明的政治局面,出现了"开元盛世"的盛况。

开元盛世的升平景象,逐渐使唐玄宗陶醉了,锐意进取的精神逐渐丧失。到公元742年,他已做了三十年的皇帝,日渐奢欲,纵情声色,宠幸杨贵妃,怠于政事,不再像开元时那样听取忠言直谏了。"尚直"的张九龄、韩休相继被罢,奸佞的李林甫任中书令。他独揽大权,使恶势力在朝廷中开始占了上风。公元752年,李林甫死,杨贵妃的堂兄杨国忠任宰相,朝政更加黑暗。玄宗由选贤治国到宠信奸佞,国家形势也自此由盛而衰。

从开元二十四年(公元736年)到天宝年间,奸相专权,贵妃专宠,玄宗日益昏聩,政治愈加腐败,繁荣背后的危机也就加剧了。首先是均田制瓦解了,负担租赋的居户在缩减,而朝廷的费用却在加大,财政危机日甚一日。朝廷就派员横征暴敛,甚至一次预征三十年的租赋,加速了人民的贫困化。唐王朝赖以生存的社会基础动摇了。其次是府兵制破坏后,募兵制也日益腐败。京师所募之兵多是无赖子弟、市井小贩,毫无战斗力。中原承平日久,社会风尚耻于当兵,几乎无兵可用。

尽管如此,玄宗却发动了一系列不义的战争。边将权奸为了升官加爵也不惜推波助澜,挑起事端。这些战争,伤亡了大量的各族人口,消耗了大量的社会财富,大大加深了阶级矛盾和民族矛盾。

开元后期,府兵制破坏,募兵制产生。在府兵制下,卫士轮番服役。将不得专兵,实行募兵制后,边镇兵力扩大,京城周围兵力减缩,唐初内重外轻的局面转变为外重内轻,地方边镇势力强大。

在唐初,边将皆用忠厚名臣,不久后,还遥领或兼任边职,功名显著者往往入为宰相,如李靖、李勣、刘仁规等。开元前期,薛讷、郭元振、张嘉贞、张说、萧高等也是边将入相。"胡"将虽忠勇皆具,也不能就大将之任,远征时皆以大臣为使制之。这对于防止军阀割据是必要的。开元后期,由于形势发生了变化,边帅往往连任多年,有的还兼任几镇节度使。他们既有土地,又有人民,既有兵甲,又有财赋。"胡"将权势的坐大,主要是李林甫为相后蛊惑玄宗造成的。

玄宗曾考虑过把兵权交给谁最可靠的问题。王嗣宗兼任四镇节度使,被人诬告欲拥兵尊奉太子,玄宗即罢了王嗣宗的官,交司法机关惩处。与王嗣宗有瓜葛的人,有了兵权,玄宗便放心不下,深怕他们结成朋党,危及自己的皇位。正在玄宗为难的时候,李林甫出了一个主意:用"胡人"做边帅。理由是"胡人"勇敢善战,在中原也没有复杂的社会关系,孤立无党,不懂汉文,比汉将可靠。他心里另

中华名人百传

帝后卷

有打算。他认为,"胡"将文化水平不高,不能做宰相,他自己的地位就更牢固了。玄宗陆续提拔安禄山、安思顺、哥舒翰、高仙芝等做大将。到了天宝六年,节度使大都是"胡"将了。

安禄山是柳城(今辽宁朝阳)"胡"人,由于英勇善战,逐渐做到高级将领。天宝元年,任平卢节度使,到天宝十年兼领平卢、范阳、河东三镇。他用欺骗、献媚、贿赂等手段逐渐取得了玄宗的信任。表面上对唐玄宗非常忠诚,实际上却野心勃勃,心怀觊觎,以图一逞。

安禄山在范阳北极力扩充势力,天宝十三年(公元 754 年),他为了收买人心,培植心腹,提拔奚、契丹、九姓、同罗等族升将军者五百人,中郎将二百余人。第二年,又以"胡"将三十二人代替汉将。这样一来,其军队的将领基本上都是"胡"人了。他还积屯粮草,养战马数万匹。所统领的军队在数量上已超过唐中央所在地的军队。

唐玄宗和杨国忠等沉溺在荒淫的酒色中,歌舞升平,毫无应变的准备。玄宗在腐朽的生活里到了迷不知返的程度。当时也有人提醒玄宗,张九龄曾说,将来乱幽州者必此胡雏。安禄山犯了法,玄宗包庇他。张九龄反对,指出安禄山此人狼子野心,不杀必生后患。玄宗不听,反而提拔他,使他羽毛渐丰。玄宗的儿子李亨也说安禄山必反,玄宗仍不信,刚愎自用到此地步。在对安禄山的问题上,充分暴露了玄宗的昏聩。

天宝十四年(公元 755 年)十一月九日,安禄山在范阳起兵,发动叛乱,兵锋指向唐的都城长安。中原武备久驰,精兵猛将都放在东北、西北各镇,叛军兵锋所至,中原郡县毫无准备,大都望风而逃。安禄山率兵十五万,尘灰蔽天,鼓噪震地,一路上几乎没有人敢抵抗。十二月初二,叛军已在灵昌(今河南滑县西南),渡过了黄河。

安禄山叛乱的消息传到长安,玄宗还认为是谣言。得到确讯以后,满朝文武无不惊慌失措。杨国忠却夸口叛军必生内变,不过十天,安禄山定为部下所杀。玄宗惊慌之中,不禁欣然。

当时安西节度使封常清正在长安,玄宗便派他赶往洛阳,募兵抵御。接着又在长安招了一些兵,连同原来的禁军,凑了五万人马,交给高仙芝带领,屯驻陕州,同时派使者到朔方、河西、陇右各镇调兵。然而形势急转直下,封常清虽足智多谋,高仙芝虽能征善战,但他们所统领的都是些乌合之众,无法抵御叛军的进攻。不久,唐军即被迫退出洛阳。封常清退至陕州,高仙芝退守潼关,以防叛军突入关中。玄宗下令将二人斩首。

玄宗杀了封常清和高仙芝,在朝将领,只有原河西陇右节度使哥舒翰素有威名,于是便派他去守潼关。哥舒翰熟悉军事,有勇有谋,又和安禄山有仇,在当时是适当的人选。西北各镇的军队也相继开到潼关。河南前线出现了相持的局面。

这时候,叛军长驱直入的势头停止了,安禄山的处境开始变坏。常山(今河北正栗)太守颜杲卿和堂弟平原(今山东平原东北)太守颜真卿起兵,联络河北十

七郡,切断了叛军前线和范阳的联系。至德元年(公元756年)正月,安禄山在洛阳自称大燕皇帝,他所占的地方,在河北只有六个郡,在河南也只潼关以东一片土地。叛将史思明虽然攻陷常山俘虏颜杲卿,把他送到洛阳杀害。但不久,朔方军大将郭子仪、李光弼率军收复了常山,屡败史思明。河南民间自行集结的武装,群起响应。河南南阳太守鲁炅,睢阳太守许远,真源令张巡等,也起兵抗击叛兵,扼住了叛军南下的道路。安禄山进退两难。

形势对唐政府有利,但唐玄宗不仅不能发展有利形势,反而自己拆自己的台。潼关天险,道路狭窄,易守难攻。唐军在关外挖了三道壕沟,各有二丈宽,一丈深。叛将崔乾祐屯兵陕州,徘徊半年,只能望关兴叹,无法进攻。哥舒翰决心固守待机,郭子仪、李光弼也说潼关只宜坚守,主张用朔方兵先打范阳,捉住叛军家属,致其瓦解。从当时河南战局的形势看,这是可能做到的,可是玄宗竟听信了杨国忠的谗言,认为哥舒翰按兵不动,坐失良机,因而连续不断地逼哥舒翰出兵。至德元年(公元756年)6月,哥舒翰被迫出兵,与叛军会战,结果大败。部将火拔归仁等劫持了哥舒翰送往洛阳安禄山处,哥舒翰投降了叛军。

唐玄宗只得委任了京城留守官吏,宣示御驾亲征。同贵妃姐妹、皇子皇孙、宫中近侍及朝中几个大臣,由千名禁军护从,悄然向西南而去,欲逃往蜀郡避难。当走到马嵬驿(今陕西兴平西)时,将士鼓噪,要消灭祸国殃民的杨家豪门。杨国忠被将士杀死,将士又要求杀贵妃以息天下怒,可怜"三千宠爱在一身"的杨贵妃,竟被缢杀于逃亡途中。

长安在大约十几天之后陷落了。玄宗正在向西逃命。乡民父老遮道请留,玄宗不听,百姓无法,又转请皇太子留下。但玄宗还是逃到蜀郡去了。皇太子李亨北上到了灵武(今宁夏灵武西南),即位称帝,是为唐肃宗,重新集聚力量,开始对安禄山进行反攻。

安禄山自天宝十四年叛乱,先后攻陷两京,第三年,被他的儿子安庆绪杀死。安庆绪在至德二年称帝。不久长安、洛阳为唐军收复。第三年,他又被安禄山的副将史思明杀死。史思明在乾元二年(公元759年)先称燕王,后称皇帝。第三年,他也被儿子史朝义杀死。史朝义在上元二年(公元761年)称帝,两年后,兵败势穷,上吊自杀了。

至德二年(公元758年),当唐军收复了两京后,玄宗由成都返回长安。路过马嵬驿时,触景生情,黯然神伤,祭拜了杨贵妃墓。到达长安后,玄宗就住在兴庆宫里。肃宗不时来问候他,他有时也到大明宫去看肃宗。左龙武大将军陈玄礼、宦官高力士一直保卫、侍候着玄宗。肃宗又叫梨园子弟天天奏乐、唱歌、跳舞以供他消遣,可这种生活并没有持续到底。玄宗经常在楼上徘徊观望,百姓经过这里,一看到玄宗,往往跪拜,并高呼"万岁"。玄宗常在楼下安排酒食招待客人,并在楼上宴请将军郭子仪和王锐等人,还送给他们好多东西。玄宗并没有东山再起的用意,但却引起了肃宗的猜忌。由此,父子间的矛盾便尖锐起来了。

宦官李辅国知道肃宗的复杂心理,想立奇功来巩固肃宗对他的宠爱。他对肃宗说:"上皇住在兴庆宫,天天和外人来往,而且陈玄礼、高力士密谋对陛下不

利。如今六军将士都是灵武功臣,都坐卧不安。"肃宗假装哭着道:"圣皇仁慈,哪会有别的想法呢?"李辅国就说:"即使上皇没有别的想法,怎奈有班小人天天在他周围怂恿。陛下是天下的主人,应当为社稷着想,防患于未然……"李辅国的这番话正中肃宗下怀,便默许了。公元 760 年 7 月,李辅国传旨,请玄宗游览太极宫,但当玄宗从兴庆宫走到睿武门时,预先埋伏好的士兵突然冲了过来,把他簇拥到了太极宫,住进甘露殿。肃宗对玄宗还是放心不下,又把高力士流放到巫州,命令陈玄礼退休,给玄宗只留下几十名卫士,而且尽是老弱病残。

处在这样的逆境中,玄宗更觉寂寞、凄凉、郁郁寡欢,连饭也吃不进,变得憔悴不堪。公元 762 年四月五日,玄宗死于太极宫神龙殿,享年七十七岁。死后葬在泰陵,谥为"大圣大明孝皇帝",庙号"玄宗"。

赵匡胤

赵匡胤出生于后唐明宗天成二年(公元 927 年)二月十六日。他祖上原是涿郡(今河北涿县)人,后唐王朝建立时,他们举家迁往洛阳,赵匡胤就生在洛阳的夹马营。后晋王朝建立时,他们全家又随着新王朝移居东京。在他的成长过程中,后晋被契丹灭亡,河东节度使刘知远趁机当了皇帝,建立了后汉。这一段时期,在历史上被称为"五代十国",是一个大动乱、大分化的时代,劳动人民处于水深火热之中。民族要求和平统一,希望安居乐业。赵匡胤受家庭和社会风尚的影响,从小就弃文习武,而且从小就有很远大的志向。青年时代他曾写过一首言志的咏日诗:"欲出未出光辣达,千山万水如火发,须臾走向天上来,赶却残星赶却月。"表明他早有"赶却残星赶却月",扫除大小割据势力的雄心壮志。

赵匡胤 20 岁那年,毅然辞别父母妻子,离开东京,一路西行,希望能找到一个伸展抱负的地方。他到过陕西、甘肃等地,不仅没找到伸展抱负的机会,甚至连生活也成了问题。没办法,只好又转身东行。两三年艰苦的流浪生活使他意识到:光靠一个人的力量是不行的,要想成大事,必须先投靠一个有势力的特别是一个有兵权的人。于是他便南下,首先到复州(今湖北沔阳县西南),想投在防御使王彦超的麾下,但王彦超并没收留他。他便又转投刺史董宗本,董宗本倒是收留了他,但董宗本的儿子却不容他,赵匡胤无法再呆下去,只得离去。最后他投到枢密使郭威手下,当了一名偏将。由于他武艺精湛娴熟,又通兵法,受到郭威的赏识。乾祐四年(公元 951 年),郭威被部下拥立为皇帝,在拥立过程中,赵匡胤也出了不少力。所以,在郭威建立后周王朝之后,赵匡胤便成了后周禁卫军的军官。郭威死后,他的养子柴荣继位。柴荣是个很能干的君主,他继续推行郭威的政治改革,并采取了一些恢复生产的措施。军事上,他统一了关中地区和淮河流域,后又亲自北伐契丹,收复了一些地区,为统一打下了基础。

公元 954 年,北汉联合辽国(即契丹)进攻后周,赵匡胤也随柴荣出征,与汉

辽联军交战于高平（今山西晋城县东北），周将范爱能、何徽，竟一触即溃，争相南逃。形势万分危急，在这紧急关头，赵匡胤非常镇定，对张永德说："将军麾下多善左射，请为左翼，我则从右翼包抄。敌气轻狂，全力死战必能破敌！"说罢拍马上前，当先冲入敌阵。北汉军队大吃一惊，阵容顿时混乱起来，张永德的射手们也抓住时机，箭如飞蝗般射向敌阵。敌人骑兵中箭栽下马来，惊马又践踏了步兵，乱作一团。而周军受到赵匡胤的鼓舞，士气大振，人人奋力厮杀，终于大获全胜。高平之战，反败为胜，成为我国历史上一个著名的以少胜多的战例。赵匡胤由于在战斗中的出色表现，受到了周世宗柴荣的器重，并给他记了大功一次。以后一系列的南讨北伐，柴荣总把他带在身边。在那些战争中，赵匡胤也立下了不少功劳，后被提拔为殿前都督侯（皇帝亲军的高级长官）。从此，赵匡胤开始掌管后周的军事大权，开始实现他那"赶却残星赶却月"的雄心壮志。

显德六年，柴荣率领大军北攻契丹。此次亲征，赵匡胤一直随驾左右。契丹宁州（今甘肃宁县）、益津关（今河北霸县）守将都相继归降，后周军队直抵幽州大门瓦桥关。瓦桥关守将姚内斌也城破归降，但就在马上要攻取幽州的时候，柴荣忽然病倒，大军只得停止进攻，返回东京。

回到东京之后，柴荣的病是一天比一天重，当时他的儿子还只有七岁。为了使柴氏江山千秋万代传下去，他在死前对身后政事进行了一番精心部署。当时的禁军由殿前部点检统一指挥，担任这一职务的是张永德。张永德虽然也屡立战功，但他是郭威的女婿，为人既骄横，又有"点检为天子"的传说，柴荣怕自己死后不听约束，所以决定把他换掉，交由他最信得过的平时对他最忠实的赵匡胤担任。于是，赵匡胤就完全掌握了后周的军事大权。

公元959年柴荣病死，他7岁的儿子柴宗训继位。当时兼任宋州（现在河南省商丘县南）归德军节使、防守都城汴京（今河南省开封市）的赵匡胤和他的弟弟赵匡义，幕僚赵普等人，看到柴宗训年幼无能，就秘密筹划准备夺取皇位。

公元960年春天，后周的君臣正在庆贺新年，在赵匡胤的指使下，镇州和定州（现在河北省的正定县和定县）有人到开封谎报军情，说北汉和辽国的军队联合南下，声势很大。后周的宰相范质和王溥等人，不辨真假，急忙派赵匡胤带领大军，前去抵抗。赵匡胤率军队走到陈桥驿便停了下来。在他的导演之下，发生了开头的那一幕，即"陈桥兵变"。

被"黄袍加身"的赵匡胤开始假意推让一番，众将哪里肯答应？于是，赵匡胤乘机说："你们贪图富贵，立我为天子，我发出号令，你们能听从吗？""愿听命！"大家异口同声地回答。赵匡胤又说："皇帝和太后，都是我侍奉过的，朝廷中的大臣，你们都不能欺侮冒犯；近年来皇帝一上台，进了京城就放纵士兵抢劫。你们不能这样做；凡是听从我命令的，以后必有重赏；违反命令的，一律严办。"

接着，赵匡胤带领大军，掉转马头，回到了开封。开封居民早已听到政变的风声，见赵匡胤的大军去了又来，非常惊慌。直到听人说赵匡胤在陈桥军前的讲话，又看到巡逻的士兵处死乘机抢劫的歹徒，才安下心来。京城秩序也恢复了正常。

后周的大臣韩通，听说赵匡胤发动兵变，急忙从内廷飞奔回家，准备组织力量进行抵抗，刚走到半路，就被赵匡胤的部下王彦升发觉杀死了。

后周的宰相范质、王溥，被将士拥到赵匡胤那里。赵匡胤脱下黄袍，假惺惺地哭着对范质、王溥说："我受周世宗的厚恩，今日被将士们逼迫，做出这样的事，真是惭愧，叫我怎么办呢？"范质刚要说话，赵匡胤的部下罗彦瑰按剑上前，大声喝道："我们今天一定要立点检为天子！"赵匡胤假意喝道："还不退下！"罗彦瑰却按剑不动，吓得范质、王溥脸色都变了。于是王溥赶紧退到台阶下，伏身下拜。范质也只好跟着下拜，口呼"万岁"。如果周世宗柴荣在天有灵，知道这一切，一定会觉得自己真是枉费心机，悔不当初的！

正月初五下午，赵匡胤举行做皇帝的仪式。崇元殿上，聚集了文武百官。一位官员拿着事先以柴宗训为名义写的诏书，宣布把皇位禅让给赵匡胤。赵匡胤正式登上了皇位，接受群臣的拜贺。由于担任过宋州归德军节度使，因此，他把国号定为"宋"，仍旧把开封作为都城。历史上将其称为"北宋"，赵匡胤是宋太祖。

为了尽可能消除后周旧臣宿将结盟反叛，对后周将官赵匡胤一概留用，给予优厚待遇。同时，在暗中密切注意手握重兵的藩镇将领，预防不测。果然，宋朝建立不出三个月，昭义军节度使李筠就会师北汉大举反宋，驱兵直逼汴梁。由于早有准备，赵匡胤立即命令石守信等将帅分兵迎击。行前，他对众将面受机宜，说："你们马上率兵马控制关隘，千万不要让李筠兵进太行，这样，必能破敌。"这一招可谓老谋深算，若李筠西下太行，据河洛之险，控关中粮道，就会形成"东向而争天下"的局面，宋朝将捉襟见肘，自身难保。宋太祖这一部署，反映了他确有深远的战略目光，先头部队出发不久，赵匡胤下诏亲征，率军穿越险峻多石的山路奔赴驿州前线，迅速平定了李筠之乱。

淮南节度使李重进是周太祖郭威的外甥，世宗时与赵匡胤分掌内外兵权。赵匡胤代周称帝，李重进心中忿然。李筠起兵后，李重进派翟守珣暗中去联络，准备合击宋朝。不料，翟守珣是赵匡胤安排在他身边的亲信。他立即潜行到京，向赵匡胤做了密报，赵匡胤下令："你要想办法说服李重进不要马上起兵，避免他和李筠联合，以免分散我的兵力。翟守珣回到扬州，一番花言巧语，骗得李重进果然相信，按兵不动。这样，赵匡胤得以集中兵力对付李筠。等到李筠战败，李重进想举兵时，赵匡胤已腾出空来，下诏亲征，迅速攻克了扬州，走投无路的李重进只落得个自焚身亡。

赵匡胤一年内两次亲征的胜利，基本解决了新王朝与旧王朝残余势力之间的矛盾，但他并未因此而感到心安，相反，他更时时刻刻感到另一种潜在的威胁。

赵匡胤当上皇帝以后，大封功臣。后周将领慕容延钊，因为拥护宋朝，升任殿前都点检；领兵守卫北边的韩令坤，当了侍卫马步军都指挥使；石守信当了侍卫马步军副都指挥使。这些都是统率禁军（宋朝军队的主力）的高级官职，他们掌握了军事大权。

平定了李筠、李重进的叛乱之后，赵匡胤并没有满足于安定的局面。他反复

86

思考着一个问题：怎样才能确保他的统治？于是他问大臣赵普："自从唐末以来，几十年中间，帝王换了好几个姓，篡位之事频繁，变乱不停，原因到底在哪？我想让天下停止战乱，使国家长治久安，究竟应该怎么办？"赵普回答说："这是由于藩镇势力太大，君弱臣强。如果夺他们的权力，控制他们的钱粮，收他们的精兵……"不等赵普说完，赵匡胤马上说："你不用再讲，我已经明白了。"

于是，公元961年，宋太祖赵匡胤下令罢免了慕容延钊、韩令坤统领禁军的兵权，派他们两人到外地当节度使，从此，不再设立统领禁军的殿前都点检。

禁军将领石守信，因为拥立有功，宋太祖没有立即罢免他。就在那年秋天的一个晚上，赵匡胤约请石守信等一批将领饮酒。他乘着酒兴对众将说："我没有你们，不会有今天。然而当天子太艰难了，还不如当节度使快乐，我没有哪天敢睡安稳觉！"众将忙问其缘故，赵匡胤叹着气说："原因不难知道，这皇位谁不想坐上几天？"石守信等听出话中有话，便说："如今天命已定，谁还敢有其他想法？"赵匡胤沉吟说："你们虽然没有其他想法，但是，如果有朝一日你们的部下贪图富贵，也把黄袍披到你们的身上，你们即使不想做，恐怕也不行了。"石守信等大吃一惊，个个吓得涕泪横流，连连磕头说："我们实在太笨，想不到这一点，请陛下指给我们一条生路。"宋太祖意味深长地说："一个人的寿命非常短促，贪图富贵的人，不过想多积攒些金银，享福安乐，使子孙不会受穷罢了。我为你们打算，不如交出兵权，到地方上做官，购置些好的田地房屋，为子孙留些产业，再多买一些歌妓舞女，天天饮酒作乐，过一辈子。我再和你们联姻，君臣之间没有猜疑，上下相安，难道不好吗？"这番话既是劝告，又是警告。石守信等人一听，赶忙向宋太祖叩头谢恩。第二天，石守信等人都推说有病，不去上朝，请求辞去军职。赵匡胤十分高兴，对他们假意安慰一番，赏赐大量财物，解除了他们统领禁军的兵权，派到地方上做节度使，但是已经没有实权了。这就是历史上著名的"杯酒释兵权"。

此后，宋太祖麻利地进行了一系列改革。当时军队主要分为禁军和厢军，厢军是各州的地方军，禁军是用来"守京师，备征战"的中央军。"杯酒释兵权"之后，赵匡胤取消了正副殿前都点检，改设侍卫马军、步军两司和殿前司，分统禁军，鼎足而立，互不统属，分别听命于皇帝。另设枢密院，掌握军队调动权，枢密院、三司又互相牵制，皇帝高高在上，对他们操纵自如。

接着，他又实行了"内外相制"的策略，削弱藩镇的实力和实权（包括兵权、政权和财权）。他把一半禁军留驻京师，一半驻屯各州府，通过这种办法控制全国，防止变乱。为保持禁军对厢军的绝对优势，常把厢军中体格健壮武艺出众者选入禁军，而把禁军中的病弱者退作厢兵。这样，禁军与厢军强弱分明又互相牵制。宋太祖又制定了"更戍法"，规定除了警卫皇室的殿前班外，所有禁军都要定期换防，将领经常调动，军队和将帅的调动权也归中央，使得"兵无常帅，帅无常师"。

宋太祖通过从"杯酒释兵权"开始的一系列军制改革，逐步铲除了引起社会动荡变乱的祸根，使军队完全成了皇帝得心应手的暴力工具。后来，赵匡胤把地方上的行政权和财权，也分别派人接管过来，节度使逐渐成了没有实权的官衔。

宋太祖加强中央集权的措施，对于结束这种混乱局面，维护国家的统一，起了重要作用。但是，由于军队经常调动，将领又不固定，造成了"将不识兵，兵不识将"的局面。赵匡胤虽然把军权集中到了中央，可是宋朝军队的战斗力却大大削弱了，边防力量也薄弱了。

宋朝虽然已经建立起来，但是，原先各地的一些割据势力依然存在。北方有契丹建立的辽国和盘踞太原的北汉；南方有南唐、吴越、后蜀、南汉、南平（荆南）等国家。在湖南和复州等地方，也还有人拥兵自立。

宋太祖做皇帝以后，就进一步考虑如何消除这些割据势力。他对赵普说："我睡不着觉，卧床以外，都是人家的地方。"于是，他跟赵普商量消灭割据势力的具体措施。当时宋朝刚刚建国，禁军不足 20 万人，以步兵为主；辽国却有 50 余万人，以剽悍的骑兵为主；北汉、南唐、后蜀的兵力也不弱。面对这种形势，正确的战略就成了克敌制胜的决定性因素。赵匡胤与赵普的"先南后北"的统一战略不谋而合。因为南方各国兵力相对薄弱而经济比较富裕，这是"先南后北"战略的基本依据。若先收复太原（指北汉），宋朝则要独自承担辽国的压力，而在削平南方各国之后，自己的实力会大大增强，那时再攻打太原，岂有拿不下之理？在贯彻"先南后北"战略过程中，宋太祖又采取先易后难、各个击破的具体措施。太祖选定的第一个攻击目标就是军力弱小而处长江中游要冲的荆南、湖南。

公元 962 年，割据湖南的周行逢病死了，他的儿子周保权继位。大将张文表不服周保权，起兵反抗，割据潭州（现湖南省长沙市）。周保权派人向宋朝求援，这给宋太祖提供了一个好机会。第二年初，宋太祖派慕容延钊带领大军，讨伐张文表。宋朝出兵湖南，要经过南平。南平占有现在的湖北江陵、公安一带，都城是荆州。这时候，正赶上南平国主高继勖去世，由侄子高继冲继位。南平只有 3 万军队，力量非常薄弱。慕容延钊乘高继冲没有防备，一举占领了南平。接着，慕容延钊向湖南进发。当时周保权已把张文表杀死，但无力抵抗宋军的进攻，结果战败被俘，湖南被平定了。

后蜀建都成都，占有现在的四川和陕西南部。后蜀国主孟昶非常荒淫奢侈，连尿壶都用金银珠宝装饰。大臣王昭远劝孟昶联合北汉进攻宋朝。孟昶派人送密信给北汉。不料密信被宋朝截获，赵匡胤大笑说："这一下，我出兵西讨就有理由了。"公元 961 年 11 月，赵匡胤派忠武军节度使王全斌等人带领大军，分成几路，浩浩荡荡奔向后蜀。孟昶连忙派王昭远率兵抵抗。王昭远平时爱看兵书，但是从来没有立过战功，只会纸上谈兵。这次出兵前，他当着那些送行官员的面，吹牛说："这次出兵，不止是打败敌人，就是夺取中原，也易如反掌。"他亲自带兵，三次和宋军交锋，都大败而逃，一直退到剑门。第二年春，王全斌采取偷袭战术，攻克剑门。王昭远被迫退守汉源（今四川剑阁东），宋军又向汉源追来，王昭远吓得双腿发抖，脸色苍白。双方一交战，蜀军又大败，死伤不计其数。王昭远见势不妙一口气逃到东川，躲进民间仓房。不久，宋军追来，王昭远束手就擒。后蜀许多州县，很快落入了宋军手里。孟昶没有力量抵抗，只好投降，这样后蜀也被平定了。

南汉建都广州,占有现在的广东和广西南部。南汉国主刘鋹荒淫残暴。他用烧、剥、刀山、剑树等酷刑对待犯罪的老百姓,甚至命令犯人和老虎搏斗。老百姓进城也要纳税。公元970年,宋太祖命令大将潘美带领大军征讨南汉。因为很久没有打仗了,南汉士兵们都不会打仗。潘美的军队打到广州,刘鋹把美女和金银财宝装到十几只大船上,准备入海逃跑。哪知道那些大船竟被宦官盗走了。刘鋹没有办法逃跑,就放火焚烧宫殿,出城投降了,南汉被平定了。

南唐建都金陵,占有现在江苏、安徽淮河以南和福建、江西、湖南、湖北东部。南唐国主李煜自知不是宋朝的对手,所以一直向宋朝纳贡。后来,李煜又自动取消南唐国号,改称江南国主,企图维持他的统治地位,可是赵匡胤还是决定除掉他。公元974年9月,赵匡胤命大将曹彬出征江南,宋军很快就打到了金陵。李煜是个有名的文学家,很会写词,但是不大过问政事。一天,他亲自巡城,看到城下到处都是宋军的旗帜,方才大吃一惊。他连忙派大臣徐铉到开封去见宋太祖赵匡胤。徐铉对赵匡胤说:"李煜以小国侍奉大国,像儿子侍奉父亲,没有什么过失,宋朝为什么要出兵讨伐呢?"赵匡胤回答:"你说父子可以分为两家吗?"徐铉据理力争,赵匡胤大怒,对徐铉说:"天下一家,卧榻旁边,怎能让他人鼾睡?"徐铉只好垂头丧气地回金陵去了。李煜急忙调军队救援金陵,可是援军很快就被消灭了。这年11月,宋军攻进金陵,李煜投降,南唐也灭亡了。

占据现在浙江、江苏一带的吴越,也竭力向宋朝表示顺服,吴越国主钱俶不断向宋朝进贡。宋朝进军江南的时候,命令钱俶出兵援助。李煜赶紧写信给钱俶说:"今天没有我,明天怎么还会有你? 早晚你也是汴京一个平民罢了。"钱俶把这封信交给了宋军,又亲自出兵攻打李煜。南唐灭亡以后,宋太祖让钱俶到开封来,钱俶连忙去朝见。过了两个月,钱俶要回杭州了。就在他动身的时候,赵匡胤送给他一个黄包袱。钱俶打开一看,里面都是宋朝大臣请求赵匡胤扣留他的奏疏。他非常恐惧,回国后又派人送去大批财物。这时候的吴越,对宋朝唯命是从,只保留着一个国号。到了宋太宗的时候,钱俶又去开封朝见,被宋太宗扣留下来,被迫献出了全部土地。

当时,只剩下留从效割据泉、漳等州。留从效死后,部将陈洪进夺取兵权,他派人向宋朝进贡,并献出了泉、漳等州土地。江南最后一个割据势力也被消灭了。

赵匡胤从公元963年起,只用了10来年的时间,就消灭了南方各地的割据势力。这一方面是因为当时人们厌恶战乱,要求统一;同时,南方和中原地区经济联系的发展,也要求消除起阻碍作用的割据政权。赵匡胤的统一事业符合人民的要求,符合客观的需要,他个人又具有相当的政治军事才能。所以,他在较短的时间内,实现了南方的统一。

公元976年赵匡胤下令北伐北汉。不料,他竟在这时不明不白地离开了人间,北伐也就从此中断了。

赵匡胤是一个生于乱世、雄起于行伍的封建帝王。他逐步消灭封建割据政权,解除了禁军首领和藩镇的兵权;派文官管理州郡,州郡的兵权和财权由朝廷

掌握。这些措施加强并巩固了专制主义中央集权的统治,结束了分裂混战局面,统一了中国。这是顺应历史发展要求的,在历史上有一定的积极作用,对于他的功绩,人们自然会给予正确评价的。

成吉思汗

成吉思汗(公元 1162 年—1227 年),杰出的军事家,大蒙古国的缔造者,原名铁木真,成吉思汗是他成为大蒙古国的统治者之后的称号。

多灾多难的童年

蒙古高原指东起大兴安岭、西到阿尔泰山的广大地区,包括现蒙古共和国和内蒙古自治区。这里是由茫茫戈壁、荒凉的沙漠和一望无边的草原组成的。这里的居民,主要从事游牧生活。据我国史书典籍记载,他们过的是一种"逐水而居"的生活,一年根据四季的转换,驱赶牲畜转移居所,并从事牧业生产。

在这一地区,先后有匈奴、鲜卑、柔然、突厥、回纥、契丹等少数民族。他们的活动,在中国乃至亚洲的历史上写下了不朽的篇章。到了 11—12 世纪,蒙古高原上各部落分立,互相争斗。蒙古部、克烈部、篾儿乞部、塔塔儿部、翁吉剌部、乃蛮部、汪古部等是当时众多的游牧民群体中间力量比较强大的部落。蒙古部原来生活在高原东部的额尔古纳河流域,后来逐年西迁,到 12 世纪初,游牧于鄂嫩、克鲁伦河与肯特山一带。

蒙古部在迁到鄂嫩河、克鲁伦河和肯特山一带之后,逐渐发展起来。蒙古部内的各氏族中,以乞颜氏和泰赤乌氏的势力最为强大,他们的首领经常充当整个部族的首领。成吉思汗出身乞颜氏,他的曾祖合不勒是蒙古部的领袖,据说自他起开始采用"汗"的称号。金国听说合不勒汗势力强盛,便通报他前来朝贡,合不勒汗来金国后,受到金国很好的招待,可是他却不懂金国的礼仪,从而得罪了金国的一些使臣。合不勒走后,金国派使者前去将他追回,他非但不回,反而杀了使者。而在当时,塔塔儿部已归金,因此和金合力攻打合不勒族。从此,蒙古部与金和塔塔儿部都成了仇敌。

合不勒死后,泰赤乌氏的俺巴孩成为蒙古部的领袖。有一次,他欲在塔塔儿部挑选一名姑娘做自己的妻子,却被塔塔儿部捉住、送给金国。金国将之杀死,同时放回一名随从回去报信。消息传来后,蒙古部举行会议,推举乞颜氏的忽图剌为领袖。他是合不勒汗的儿子,成吉思汗的祖父。之后,他马上率部攻打塔塔儿部,双方进行了十多次战斗。后来,他又率部攻入金国境内,掳夺了大批人口、财物。但金国却没有力量打败他,只好与之议和。

忽图刺汗死后,蒙古部各氏族首领为争夺汗位而吵闹不止,在很长一段的时间内没能产生出一致推举的汗来。但忽图刺的三儿子也速该因为作战英勇而受到很多人的拥戴,至少在乞颜氏和接近乞颜氏的氏族中他是公认的汗,一天,也速该到鄂嫩河边放鹰时,远远看到一对青年男女走来,那位女子长得如花似玉。按照当地的风俗,他伙同自己的两个兄弟把那个姑娘抢了过来,做了自己的妻子,同时乞颜氏也与篾儿乞部结下了冤仇。

公元1162年秋,也速该率部前去攻打塔塔儿人。这次战争很快结束,蒙古部大胜,不仅夺回了大量人口、牲口和财物,还俘虏了塔塔儿部的领袖铁木真兀格。而恰巧在这时,他的妻子河额仑生下了一个儿子,真是双喜临门。为了纪念这次战争的胜利,他便给自己的儿子取名铁木真。这个出生在鄂嫩河边帐房中的幼儿,就是后来震惊世界的成吉思汗。传说他生下来时在手中握着一块坚硬如石的血饼,人们都传为奇闻,以为这是一种吉兆,象征他将来会有作为,能与众不同。

当铁木真9岁时,他的父母决定为他订一门亲事。蒙古乞颜氏与翁吉刺部世代通婚,河额仑也是翁吉刺人。其父便带着他前去翁吉刺部,为他物色未婚妻。在途中,他们碰到了翁吉刺部的德薛禅,他问道:"也速该亲家,你往哪里去?"也速该说:"我往这儿子母舅斡勒忽讷氏索女子去。"德薛禅说:"你的儿子眼睛明亮,红光满面;我昨夜梦见一只海东青带着太阳和月亮飞来站在我的手掌上,这是一个吉兆,你儿子应了我的梦。我家有个女子,你去看看。"于是一同到德薛禅家里,看见他的女儿确实长得很美,也速该心里高兴。这女子名叫孛儿帖,这年10岁,比铁木真大1岁。两人便定下亲,也速该将铁木真留下,还留下一匹骏马作聘礼,自己便回去了。

在回家途中,也速该恰巧碰上塔塔儿人举行宴会。按照当地的风俗,对于客人应不问亲疏而加以款待,也速该也被邀入席。因赶路又饥又渴,他就大吃大喝起来。但不久,其中一人认出也速该是自己部落的仇人,于是在酒中下毒。也速该吃饱喝足后,上马往回走,越走越觉得不舒服,三天后回到家中,自知不对,马上遣人将铁木真接回。之后便去世了。

也速该的朋友蒙力克到德薛禅家后,用谎言将铁木真接回。回到家中,看到父亲已死。从此,在他幼小的心灵中深深埋下了对塔塔儿人的仇恨,同时也开始懂得部落之间斗争的残酷性。

铁木真有三个兄弟,一个姊姊,都是河额仑所生。还有同父异母的兄妹,但年纪都很小。这样,河额仑承担了家庭重担。由于也速该在世时威震四方,但在部族内部有不少人对他心怀不满。现在他一死,于是这些人根本不把铁木真母子放在眼里,而且还处处加以歧视。一次,部族大迁徙,泰赤乌氏族人没有事先通告他们,而且走时还将他们的百姓和奴隶全部带走,只把她母子撇下。河额仑发现以后,亲自骑马去追赶。赶上以后,在她的感召下,有一半人跟她回来了,但另一半人没有留住,后来又走了。其中有一个叫脱端火儿真的,铁木真哭着请他留下,但他却说:"井水已经枯干,明石已经破碎,留下干什么?"意指也速该已去

世,这一氏族已注定没落,说完便扬长而去。

在这种情况下,河额仑和她的子女陷入极端困苦的境地。家中仅有一个老奴,除了乘骑的马匹外,几乎没有其它牲口。在草原上,没有成年男子,没有成群的牲口,这给生活和生产都带来极大的不便,但河额仑没有屈服,她奔波在鄂嫩河边,挖一些野菜、草根来代替肉食,孩子们逐渐长大后,便开始学习捕鱼,来维持家族生活。草原的牧民一般是不吃鱼的,而他们却以鱼为生,这足以证明他们的穷困程度了。

有一次,铁木真和他的兄弟在河边钓鱼,他钓到一条金鱼,却被别帖克儿抢去,他十分生气,便和合撒儿合计,乘别帖克儿不注意时,一前一后用箭将别帖克儿射死。事后,他的母亲非常生气,于是用蒙古部族祖先阿阑娘娘以五箭教五子的故事来训导儿子,要他们团结一致。

这事对他和其兄弟们有很大的影响。如果说,艰难困苦的生活磨练了他们的意志,铸造了他们坚定沉毅的性格,那么,这起不幸的事件和母亲的训谕,他们懂得了加强内部团结的重要性和必要性。使他们懂得了,只有一致对外,才能迎接未来的挑战和困难。

在逆境中崛起

铁木真和他的兄弟们一天天长大,泰赤乌部不放心铁木真母子,担心他们长大后起事反对自己,便前来察看。河额仑母子一见他们来到,便知他们不怀好意,于是赶紧将三个小孩子藏在悬崖缝里,谷撒儿则用箭与泰赤乌人对射。泰赤乌人则大叫只要铁木真,不要其他人。铁木真骑马逃到山中,泰赤乌人不敢进入茂林中,只好在外面围着,他在林中藏了九天,由于没有食物吃,只好出来,被泰赤乌人捉住。泰赤乌人将他夹上枷板在各帐篷中示众。一天晚上,泰赤乌人举行宴会,让一个年小软弱的人看守他。宴会结束后,人群散了,他趁机用枷板打倒看守,逃到鄂嫩河,藏在水里,只有脸部露出水面,看守的人大喊大叫,散了的人又重聚起来找他。这天是农历四月十六,晚上月光明亮,有个名叫锁儿罕失剌的人发现了他,不但没有抓他,反而加以掩护。搜查的人因而没有捉住他。后来,他从河道中爬出来,找到锁儿罕失剌家中,他们将他藏在堆着羊毛的车子里,才幸免了第二天的挨户搜查。事后,锁儿罕失剌还给了他一匹马、弓箭和粮食,让他回去。为了感谢锁儿罕失剌冒着生命危险给予自己的帮助,他在建国后授予锁儿罕失剌以"达儿罕"的称号。而锁儿罕失剌的儿子赤老温则是铁木真最亲信的将领,成为元朝开国"四杰"之一。

铁木真回去以后,找到母亲和兄弟,迁移到其它地方。不久,不幸又降到他的头上,家中的八匹马被贼偷走了。他跟踪找了三天,在路上碰到一个叫博尔术的青年,他不但指明了盗贼的去向,而且愿意陪他一同去找马。三天后,他们在一处牧民宿营地看到了丢失的马,将马赶了出来,贼追了上来。博尔术要铁木真

把弓箭给他，由他来对付盗贼。但铁木真害怕博尔术受伤，坚持要自己与盗贼对射。盗贼见状，不敢上前，这时已近黄昏，两个便赶着马回来了。铁木真要把马分一半给博尔术，但他坚持不要，从此，他们俩结下了深厚的友谊。没多久，博尔术离开自己的家，和铁木真生活在一起。此后，他们二人共患难，一起经历了艰苦的斗争。后来，博尔术在开国"四杰"中名列第一。

铁木真已长大成人，能够支撑门户了。这时，他想起了当年父亲为他定的亲事，便与弟弟别勒古台一起，找到了德薛禅家，德薛禅见到铁木真后十分高兴，马上为他们举办了婚事，并送他们回去。这样，这一家族又逐渐兴旺起来。但不久，灾难又降到他们的头上，一天早上，使大地颤动的马蹄声从远处传来，河额仑知道不好，赶紧叫醒了儿女们。大家各自骑着马上了山。只有老女奴和孛儿帖没有骑马，在路上做了俘虏。篾儿乞人抢到了孛儿帖，报了也速该抢走河额仑的仇，也就回去了。铁木真知道篾儿乞人退走后，才下山来，他当下发誓，为感谢肯特山的救命之恩，以后世世代代要举行祭山典礼。而在他的胸中，则充满了复仇的怒火。面对这一系列加在他身上的打击，他决心开始反击了。

他知道自己的势力微弱，要想报仇，必须取得其他部强有力的首领的支持。于是便去寻找克烈部的王汗。

王汗当即答应出兵 2 万，同时还要铁木真去找札木合一起出兵。

札木合是札答兰部的首领。他曾两次和铁木真结为安答，是誓同生死的义兄弟。他也答应出兵 2 万，并说明了会师的日期与地点。铁木真自己也集合了一批人马，三方人马会齐后对篾儿乞人发动袭击，大败之，并夺回了孛儿帖以及大量牲口、财物等。在孛儿帖回到丈夫身边后不久，便生下了大儿子术赤。这是铁木真的长子，后来立下了赫赫战功。但他的血统却受到怀疑。

得胜之后，王汗则带着自己的队伍回去，铁木真和札木合交换礼物，重叙旧情。二人同住在一处，亲如一家。但这种亲密的关系仅仅维持了一年多。铁木真雄心勃勃，积极发展自己的势力。但这正与札木合称霸草原的意图相冲突，札木合感到铁木真的壮大是对其地位的威胁，在言语中流露出分开的意思。铁木真一听，心中十分疑虑。他的久经磨难的母亲也害怕札木合会吞并自己。于是他在夜间兼程而行，脱离了札木合。从此，两位安答已告破裂，分道扬镳。

铁木真独立后，前来投靠的人越来越多。聚积在他身边的大多是平民百姓和其他部族中逃出来的奴隶。他们归附他以后，就成为铁木真直接管辖的部属。大家公推铁木真为汗，而且各首领都起誓要为铁木真出力出汗。

称汗之后，铁木真遣人向王汗报告，并得到了王汗的认可。接着又派人去告知札木合。札木合知道他与自己分裂是有人挑拨，而且立之为汗也是这些人的阴谋。虽然要派去的人回去"教铁木真安答心里安着"，但事实上，他的不满已经表现得很明显了。

面对铁木真的势力日益壮大。札木合完全到了无法忍受的地步。他一直在寻找机会。有一次，札木合的弟弟给察儿抢走了铁木真部下的马群，这个部下便在晚上赶去将之用箭射死，并夺回了马群。这件事给札木合提供了借口，于是率

部众并联合仇视铁木真的泰赤乌部,以及其他一些部的首领共3万多人,分成十多队,前来挑战,铁木真知道后,也召集自己的部属和其他一些部属的力量,也有3万人,分成同样的队数,前去应战。这就是蒙古史上有名的"十三翼之战"。

铁木真虽然再次遭到失败,但他并没因此而灰心。相反,却积极展开活动,争取各部对自己的拥护。在草原打围时,他常让自己部下的人把猎物往其他部人面前赶。这样,其他部人可以有较多的收获,他还经常向其他部人赠送礼物。很快,铁木真赢得了人们的尊敬,人们认为他有君主的度量。所以他虽被打败,而归附他的人反而越来越多,很快就恢复了元气。

草原势力格局的新变动又为他提供了发展的时机,由于东部的塔塔儿部与金国有着密切的联系。在金国的支持下,塔塔儿部经常攻击蒙古部和克烈部。长期的斗争,使蒙古部和塔塔儿部成为仇敌。但由于也速该死后,蒙古部内部分裂,势力衰微,在相当长的时间内没有力量和塔塔儿部展开争斗。在公元1195年,由于呼伦贝尔的一些游牧部落侵扰金国边境,金章宗遣军队进剿,取得了胜利,获得大量战利品,但当他们班师回朝时,却遭到塔塔儿部的抢劫,被夺走了金军俘获的羊、马。金军将领要求他们退还,但塔塔儿人坚持不肯,在公元1196年,金军便大举进攻塔塔儿部,并大败之。铁木真认为这是自己复仇的大好时机,便约王汗一同出兵,联合金军夹攻塔塔儿部,并取得了巨大的胜利。这次胜利,大大抬高了铁木真的声望。同样,金国也十分欣赏他的协作,于是以皇帝的名义封他为"札兀惕忽里",即军队统领。因此,这次事件后,铁木真已经成为草原上一股引人注目的势力了。

成就伟业

铁木真在建立蒙古国后的一封诏书中说:"七载之中成大业,六合之内为一统。"蒙古国建立于公元1206年,而公元1200年—1206年间的七年,是铁木真一生中具有重要意义的七年。在这七年中,他经历了一系列艰苦的征战。

首先是与安答札木合的斗争。公元1201年,札木合被11部的首领拥为"古儿汗",这个札木合联盟,是以反对铁木真和王汗为共同目的而建立起来的。他们本想秘密从事,但却有人事先告知铁木真。铁木真立即联合王汗,双方在阔亦田相遇。作战以前,札木合军中有两个自称能够用法术呼风唤雨,以此来打击铁木真、王汗一方。当他们施行法术时,风雨的确来了,但却刮到了札木合军队一边。自然现象的巧合使札木合军中的士兵完全丧失了勇气,札木合也认为"天不护佑",在铁木真、王汗的猛烈攻击下,联盟很快溃散了。

阔亦田战后,王汗追击札木合,铁木真则追击泰赤乌部。泰赤乌部首领回到本部,召集人马进行顽强抵抗。战斗直到晚上才停止,各自扎营休息。战斗中铁木真颈部严重受伤,多亏那可儿者勒篾不顾一切,用口吸出了其中的瘀血,又到敌军营中偷马奶,才使他恢复过来。第二天清晨,泰赤乌的军队已经逃散,剩下

的百姓大都归附铁木真。其中还有当年救过其性命的锁儿罕失剌和他的女儿。还有一位勇士只儿豁阿歹。

泰赤乌部经过这一战,基本上已不复存在了。铁木真把下一个目标对准了塔塔儿部。在12世纪90年代金军和铁木真的夹攻下,塔塔儿部早已元气大伤。铁木真看清这种形势,决定给他以毁灭性的打击,既为扩大自己的势力,也为复仇。公元1202年秋,铁木真发动了对塔塔儿部的战争,并很快结束了战斗,获得了大量的部众、牲口及财物。事后铁木真为了雪耻仇恨,决定杀掉一部分部众,让另一部分成为奴隶,不幸这一消息传了出去,导致了塔塔儿部的拼死抵抗,使铁木真的军队受到很大的损失。但经过这次战斗,塔塔儿部也从草原上消失了。

铁木真在战胜泰赤乌部以后,便发布军令:作战中不准私自掳掠财物,要等胜利后统一分配;作战时军马退回到原来排阵的地方,要返回去力战,如果不这样则斩。这两条军令的颁布,加强了对军队的集中管理,提高了自己在部盟中的权威。可是在对塔塔儿部一战中,一些首领依旧任意抢掠财物,铁木真就下令把他们抢到的财物没收,分给其他各军。这样,军队的纪律性大大加强了。

塔塔儿部原居住在呼伦贝尔草原,这是一个水草丰美、牲畜众多的好地方,塔塔儿部的强盛,与他们占有这块土地是分不开的。铁木真得到这块草原后,就有了强大的经济后盾。强大军事力量和强大经济力量的结合,使得以他为首的蒙古部在蒙古高原上有了举足轻重的地位。从此,三部鼎足而立、互争雄长的局面在蒙古高原形成,即乃蛮部、克烈部、蒙古部三部。

而蒙古部和克烈部有着十分密切的关系。铁木真的父亲帮王汗恢复权力,王汗又帮铁木真重振家业,铁木真也不止一次帮王汗度过难关,两人也正式结为父子,并立誓互相帮助,共同对敌。二人的亲密关系维持了相当长一段时间,他们协同作战,打败了一个个竞争对手。但是王汗却一直视铁木真为自己的附庸,铁木真的壮大导致了王汗和他的儿子桑昆的不安。他们无法容忍铁木真和自己平起平坐,更不用说超越自己之上了。在消灭塔塔儿部以后,他便以和桑昆结成儿女亲家为幌子,试探出王汗已开始对自己的行动不满。他们之间的亲密关系难以再继续下去了。

他们之间的矛盾很快被札木合发现,他便勾结那些反对铁木真的部族首领到桑昆那儿,煽动桑昆去消灭铁木真,并表示他们愿意为之卖命。愚蠢的桑昆信以为真,便要求王汗出兵攻打铁木真。起初王汗不允许,但禁不住桑昆的再三请求,终于同意攻打铁木真。桑昆与众人商定,以把桑昆的女儿嫁给术赤为由,请铁木真前去赴宴,趁机抓住铁木真。铁木真信以为真,准备前去赴宴,却遭到老朋友蒙力克的劝阻,恐怕其中有诈。铁木真接受了这一意见,没有前去。

桑昆见计不成,便对之发动突然袭击,出兵捉拿铁木真。可在行动前一夜,这一密谋却泄露了。等第二天桑昆带兵来袭时,铁木真早已严阵以待了。双方在合兰真沙陀展开大战,这一战是铁木真一生中最艰苦的一战。称雄草原多年的克烈部兵强马壮、英勇善战。而且又有札木合等部的支持,对方的兵力也有明显的优势。面对强大的敌人,有的人已是未战心虚了。这时铁木真的安答忽亦

勒答儿却挺身而出,将自己的大旗插到了敌人的后方山岗上,这样大大地鼓舞了士气,士兵们奋勇杀敌,王汗的军队眼看支持不住了,恰巧桑昆带着援军赶来,方稳定了大局,又经过一番恶战,铁木真因寡不敌众而溃败。同样,王汗的军队也遭到重大损失,已无力攻击铁木真。这次战斗中的勇士忽亦勒答儿身受重伤,在退军途中死去。后来铁木真之子窝阔台灭金封赏功臣时,还因其功大而大大赏赐了其后代。

在败退过程中,铁木真的部众溃散。最后只有十几骑同他一起经过巴勒渚纳河,即黑河。这个地方泉水少,因此他们只好挤饮污泥中的水。很快干粮也吃空了,他们只好四处打猎,以维持生命。这时铁木真对天发誓,说将来成就大业,一定要和大家同享富贵。他的这番话起了稳定军心的作用,因此得到部众的拥戴。这十几人没有再离他而去了。后来这些人也都成了享受优厚待遇的开国元勋。"歃血饮黑河,剖券著青史。"共饮黑河水,被认为是特殊功勋的标志。

离开黑河以后,他很快集中了旧部。为了壮大自己的力量,他又要求自己的世代亲家翁吉刺部归附自己,否则就要动武。缺乏战斗力的翁吉刺部只好投降。利用翁吉刺部的人力物力,铁木真马上又恢复了元气。于是他又分别派人到王汗、桑昆、札木合等部族首领那里,对他们说了一些话,说话的内容因人而异。有的是联络感情,有的是晓之以利,有的则是谴责。以王汗为首的反铁木真联盟内部出现了分裂。这样,王汗和铁木真双方也就处于不和亦不战的状态。

合兰真沙陀之战发生在公元 1203 年的春天。到秋天,铁木真准备对王汉反戈一击。铁木真先派使者以合撒儿的名义去向王汗求情,让王汗收留他。王汗正在举行宴会,因此信以为实,派人来接合撒儿。铁木真杀了来人,并带着军队日夜兼程赶去,向王汗发动了突然袭击。克烈部虽措手不及,但仍进行了顽强的抵抗,双方拼战了三天才分出胜负。这一次战争,使一度强盛的克烈部也从草原上消失了。王汗和桑昆在逃亡中被其他部首领杀了。而为铁木真报信的两名奴隶,因使铁木真在合兰真沙陀战中有了准备,而得到了丰厚的赏赐,并成为自由人。

消灭克烈部以后,铁木真又把目标转移到乃蛮部,这是一个在经济、文化方面都较进步的部。他们已建立了国家机构、有了官印和文字,其中有许多人信仰基督教。他们的首领则称为太阳汗。在他们自己心目中,他们认为自己是国大民众,势力强。他们认为蒙古部是落后的、不开化的,身上有怪气味,衣服破烂。而当他们听说蒙古部已将强大的克烈部消灭后,非常震惊,他们认为蒙古人想当草原君主。掌握乃蛮部实权的太阳汗夫人古儿别速积极主张对蒙古采取军事行动。于是乃蛮部组织人马,准备出征。为了确保万无一失,他们还遣人到汪古部,希望能协同作战,共同对付蒙古部。可汪古部却认为成大业的是蒙古部,于是将来人交给了铁木真。铁木真非常感激,于是将自己的女儿嫁给了汪古部首领,从此结为婚姻关系。

太阳汗虽豪言壮语,但他们的力量却很脆弱。他自己娇生惯养,兄弟不和,而且古儿别速对人严厉,其内部矛盾很深,人心离散。而刚战胜克烈部的铁木真则势力强大，威信极高，而且军队纪律严明有序，还对军队进行了十进制编组：十户、百户、千户。这样不仅使军队成为一个整体，完全服从其命令，而且还提高了军队的作战能力。

当铁木真得知乃蛮部即将进攻的消息后，马上召开会议商讨对付的办法。起初有些人犹豫不定，但在他的两个幼弟的豪言壮语的激励下，都决心和乃蛮人决一死战。

铁木真于是率军西进，而同时太阳汗则领军东进，最后他们在纳忽山前摆开了阵势。由于太阳汗事先胆怯，而蒙古军又锐不可当，乃蛮军则步步后退，太阳汗在战斗中受伤，前来帮助太阳汗的札木合也趁乱逃走了。被蒙古军吓破胆的乃蛮士兵，夜里纷纷逃亡。第二天，乃蛮已溃不成军，太阳汗因重伤死去，铁木真也活捉了古儿别速，并把她收为自己的妾。太阳汗的儿子屈出律则逃走了，投奔其伯父不欲鲁汗，公元 1205 年春，铁木真向打猎的不欲鲁汗发动袭击，捉住并杀死了他。这样，乃蛮部则完全灭亡。屈出律则继续西逃，投奔了辽西皇帝。而与此同时，铁木真又消灭了篾儿乞部的残余势力。

屡次与铁木真作对的札木合，也到了穷途末路，部众纷纷离散，最后身边只剩五个那可儿。而他们却将他绑了送给铁木真。铁木真处死了这五个不义之徒及其全家，并按札木合的要求让他不出血而死。这样，蒙古高原只剩下一个汗了，那就是铁木真。

建立大蒙古国

公元 1206 年春，铁木真在他原来生活的鄂嫩河源头召开广泛的"忽里台"。全体与会成员为他献上了"成吉思汗"的称号。很快，这一称号便震动了世界。

"汗"是君主，"成吉思"则是天赐。成吉思汗则意味天赋予他统治百姓的权力。当然还有一些其它说法。

也是从这次忽里台，他们开始采用"大蒙古"国这一名称，他统一了整个蒙古高原，并建立了国家，使高原上各部融合为一个民族共同体即蒙古族。他们还在这次忽里台上，建立了适应游牧生活方式的国家机构，分封了亲族和功臣。

在不断的征战中，草原上的部落氏族编制已基本解体。在忽里台会议上，铁木真继续扩大十进制编组，以适应新的形式。他将全蒙古的居民划分为 95 个千户，让千户那颜进行统治。这样，原有的部落、氏族形式已经失去作用，不复存在了。这里的千户既是行政机构，又是军队组织，成吉思汗通过千户制的确立，牢牢地控制着他的国家。

千户以上，还设了万户。万户主要担任出征时的统帅。这些都由亲族和功臣担任。而且，无论是万户、千户，还是百户，都是世袭的。但一旦对成吉思汗有不忠，立即会被撤职。

为了进一步扩大自己的权力，成吉思汗扩大了"怯薛"——护卫的人数，他们

轮流到成吉思汗身边值班,各人都有一定的职务。而实际上"怯薛"成了他自己掌握的一支精锐部队,平时负责其安全,战时充当主力。而同时还起了人质的作用,以牵制那颜的背叛。"怯薛"队长则由自己最宠信的"四杰"担任。他们的权力都是世袭的,这种制度的建立,对以后的蒙古国和元朝的政治、军事生活都产生了深远的影响。

成吉思汗又任命义弟失吉忽秃忽为札鲁忽赤即大断事官。事实上,札鲁忽赤掌握了立法和司法的权力。而后来,札鲁忽赤实际上还掌握着行政和财政方面的权力,相当于丞相的位置。

千户制、怯薛、札鲁忽赤成了大蒙古建国初的国家机器,它们对于巩固成吉思汗的统治起了极其重要的作用。

原来蒙古人没有文字,是以结草或木刻记事,但在他们击败乃蛮人后,俘获了掌印官的维吾尔人塔塔统阿,于是成吉思汗命塔塔统阿用维吾尔文字来拼写蒙古语,这样便创制了蒙古文字。这进一步加强了国家机构的职能。

十二三世纪的蒙古人相信万物有灵,相信有权力至高无上的"长生天"。而萨满则是传达"长生天"意志的人,他们还会种种巫术。成吉思汗很了解萨满的作用。萨满帖卜腾格里曾在忽里台传达"长生天"的意旨说,应该由成吉思汗来管理天下。这样,成吉思汗的统治不仅是武力征服的结果,还是上天的意旨。既然如此,萨满便利用这一行权为所欲为。成吉思汗登基后,帖卜腾格里的欲望也一天天扩大,为了自己的私欲,他则想方设法扩大自己的权势。还挑拨成吉思汗和合撒儿的关系,差点酿成家庭悲剧。而且聚集在帖卜腾格里身边的人比在成吉思汗身边的人还多。成吉思汗也感到帖卜腾格里咄咄逼人,决心采取断然措施。贴卜腾格里后因和成吉思汗的幼弟相争而被三个勇士打死。帖卜腾格里死后,蒙力克一家的气焰就消散了。

帖卜腾格里事件是成吉思汗建国后遇到的一次严重挑战。成吉思汗是信仰萨满的,但他却不能容忍他们威胁他的权力。帖卜腾格里死后,其他萨满依旧得到尊重,而且宫廷里也常举行萨满仪式,但再没有一个萨满敢于不服从大汗了。

大蒙古国建立后,成吉思汗继续采取一系列军事行动。先后消灭了蒙古高原以北大森林地里的"林木中百姓"和叶尼塞流域的乞儿吉思部。又派兵追捕乃蛮部的屈出律和篾儿乞部的脱脱,直至将他们全歼。

接着,又有一些西部部族因蒙古的强大而纷纷投奔成吉思汗,如维吾尔人巴尔术,哈剌鲁人首领。他们的归附,为成吉思汗向西发展打开了门户。

1205年,蒙古开始了对蒙古高原西南的西夏发动战争。这年的战争使蒙古得到了许多战利品,特别是大量的骆驼。1207年,成吉思汗又向西夏发动了一次以抢劫财物为目的的战争。1209年春,成吉思汗又对西夏开始新一轮进攻,并连破西夏军队,直到都城中兴府。9月,成吉思汗下令筑堤灌城。不料,12月,河堤决裂,河水四溃,反而淹了蒙军的阵地。在这种情势下,蒙古与西夏议和。西夏向成吉思汗献出了大量骆驼和礼物,还把一个女儿献给成吉思汗。经过三次战争,西夏最终成为蒙古国的附庸。成吉思汗只剩最后一个难以对付的强大

敌人——金国。

出兵金国

成吉思汗建立大蒙古国后,接着又不断向外扩张。金国并没对这股北方新兴的力量给予重视。这也是和金国当时的境况相联系的:这时金国已由盛而衰,内部争权夺利、生活腐化,没有人有远大的目光。

蒙古和金国的关系是复杂的,既有仇,但又接受金国的官职。但成吉思汗并没有忘记仇恨,他这样只是为了掩盖自己的图谋,在等待时机。后来,他曾亲自送贡品到金国,通过接触,发现金国是徒有其表,于是开始对金国表示不屑,并于1208年与金国断绝关系。

公元1211年春,成吉思汗出动了几乎所有的兵力,开始发动对金的战争。与金国靠近的汪古部积极为之提供休养兵马的场所,而且充当向导。这年秋天,成吉思汗兵分两路,分头攻击金国的许多城镇。被蒙古进攻震动的金国,急忙拼凑了约五十万大军,准备以绝对优势打败蒙古军队。但成吉思汗发现金军缺乏训练,并不可怕。"四杰"之一的木华黎挺身而出,请求打前锋,他带领一批勇士冲入金军阵中,成吉思汗则率大队跟随。结果金军大败,差不多是遭到毁灭性打击。野狐岭之战后,哲别率一部蒙古军直抵金国首都中都城下。但不久,哲别就退走了。

公元1212年,成吉思汗与金军在北部展开了激烈的斗争。哲别用计攻下了东京即辽阳。

公元1213年秋,经过休整的蒙古军队又一次对金发起猛攻,这次是直逼中都。但在居庸关受到阻碍,蒙古军却绕道先攻下南口,然后攻下北口,于是中都出现在蒙古军队的面前了。

而恰在此时,金国又发生了政变。常败将领不但不听从指挥,反而杀回王宫,杀死卫王,另立完颜珣为帝即金宣宗,胡沙虎掌握了军政大权。10月,另一常败将军书术高琪杀死胡沙虎,并因此升官。面对强大的敌人,金国不但不能组织有效的抵抗,反而内部政变不断。

而此时,成吉思汗并没有急于向中都发动进攻,而是采用扫荡外围,孤立中都的战略。到年底,除中都以外的地方几乎都被成吉思汗的部队占领。在这种情势下,蒙古的将领纷纷请求攻城,但成吉思汗却采取了和中都议和的措施。宣宗便派完颜福兴做使者,向成吉思汗献上童男童女500人,马3000匹,还有许多黄金和丝织品,以及卫王的女儿岐国公主。这样成吉思汗退出了居庸关。

虽蒙古军已退走,但战争的阴云仍然笼罩在宣宗的心中。公元1214年,宣宗便迁都开封。在宣宗南迁的同时,一部分由契丹组成的军队发动兵变,投降蒙古,而且他的这一行动也激怒了成吉思汗。6月,成吉思汗派兵进攻中都。7月,留守的太子逃到南京。公元1215年5月,掌兵权的抹然尽忠出逃,主持政局的

完颜福兴自杀。这样，中都不攻自破。成吉斯汗派人接管中都。后来改中都为燕京。成吉思汗还收留了博学多能、有政治抱负的契丹人耶律楚材。

公元1216年，成吉思汗回到克鲁伦河边草原上，留下木华黎继续与金兵作战。不久，木华黎攻占了辽东，成吉思汗封他为太师、国王。这样，成吉思汗把对金作战的全部权力交给了木华黎。不多久，木华黎占领了河北、山东、山西的广大地区，以及关中的部分地区。公元1221年冬，他开始进攻延安，采用灵活多变的战术，因而节节胜利，对金国形成了巨大的威胁。

公元1221年4月，成吉思汗正在西征中亚花刺子模时，金国的使者赶往那里，请求成吉思汗为兄，双方议和。但成吉思汗不满足，他希望金国称臣投降。因此双方仍处于战争状态。

公元1222年底，木华黎发动了关中地区的全面战争，但一座城池都没有攻下。第二年，他就病死了。但是他的活动却为蒙古最后攻击金国奠定了基础。

震撼世界的西征

公元1216年回到克鲁伦河以后，成吉思汗把他的注意力转向了西方。

乃蛮部太阳汗的儿子西逃后，到西辽国成为驸马，不久，他趁西辽皇帝直鲁古的昏庸，纠集花刺子模国发动兵变，于公元1211年取得西辽皇帝的宝座。为了发展自己的势力，他又改信佛教，争取西辽贵族的支持。还打击伊斯兰教徒，激起了当地人的不满。

成吉思汗知道屈出律的活动后，于公元1218年出兵攻打西辽，屈出律不敢抵抗，仓皇出逃。约在公元1215年，中亚的花刺子模国派了一个使团到蒙古国探听虚实，受到成吉思汗的友好招待。他还派人回访花刺子模国，并表示希望与之建立友好的关系。但在国书中，成吉思汗却把花刺子模国看成属国，使他们非常气愤。使团离开后不久，一批蒙古商人到花刺子模国做生意，却遭到杀害。只有一个逃回，并把这件不幸的事告诉了成吉思汗。听到这之后，他非常气愤，发誓要复仇。后来他又派使者前去，谴责花刺子模国的背信弃义，但是他们又杀了正使，并将副使的胡须剃掉，放他们回来。这一挑衅行动使成吉思汗忍无可忍。

公元1219年春，成吉思汗亲自带兵出征花刺子模国。全军大约有10万人。这年秋天，蒙古军来到讹答剌城下。这时的花刺子模军有约40万人，但他们没有采用战略，而是分散固守，企图以拖延的方式来迫使成吉思汗退兵。成吉思汗兵分四路，全面出击。留儿子察合台、窝阔台围困讹答剌城，自己和幼子拖雷率主力攻不花剌，其他两路分攻其他城市。讹答剌抵抗了五个月后被攻下。当公元1220年3月蒙古军来到不花剌时，守军已逃。他们每攻下一座城池，都要烧杀抢掳。

接着成吉思汗有准备进攻花刺子模的新都撒麻耳木。摩诃末宗带11万人守城。但各路蒙古军胜利之后，都向这里汇集。对此，摩诃末宗已绝望，蒙古军

还未到,他便率一部分军队从这里逃走。于是撒麻耳木也是不攻自破,之后又是一场大屠杀。他让哲别和速不台去追摩诃末宗,最后,摩柯末宗逃到一个海岛上,公元1220年底病死,死前传位儿子札兰丁。

花剌子模的旧都玉龙杰赤有9万人防守,札兰丁料理父亲的后事后来到这里。但由于城中将领妒忌他的才干,发动政变,札兰丁只好出走,玉龙杰赤因此陷入混乱。术赤、察合台、窝阔台三兄弟兵临城下,发动猛攻,起初城中军民全力抵抗,又因三兄弟意见不一致,连战七个月,仍未能攻下。成吉思汗对此大为发火,下令由窝阔台指挥,不久,玉龙杰赤失守,全城被洗劫一空。

札兰丁从玉龙杰赤出走后,积极组织力量。公元1221年,他率军驻进八鲁湾。在此将一支3万人的蒙古军打得大败。后来,成吉思汗和他的儿子们率军前来。这时札兰丁军因内部瓜分战利品产生矛盾,四分五裂。他自知无法与成吉思汗对抗,于是向印度河方向逃走。11月,蒙古军在河边将札兰丁团团围住,展开了一场血战,札兰丁最后跳河逃走。公元1222年,成吉思汗命一支军队到印度去追击札兰丁,但没有发现其踪迹。同年,追捕摩诃末宗的哲别和速不台进入到阿塞拜疆和格鲁吉亚,并击败钦察人。公元1223年春,蒙古军继续追击钦察人,钦察人便向俄罗斯求救。由于俄罗斯害怕蒙古的强大,于是和钦察人结成盟军,共同对付蒙古军,但由于俄罗斯王公的分裂,蒙古军长驱直入俄罗斯境内,一直前进到克里米亚半岛。这年年底,哲别、速不台东返,经里海、咸海的北部,赶上了成吉思汗的队伍,速不台后来又受命西征,接连击败钦察、俄罗斯、乌札儿,直到亚得里亚海滨。

在成吉思汗西征时,契丹人耶律楚材一直在他的身边。他只是充当一名秘书的角色,帮忙起草文书和观察天象,有时他还提出一些政治建议。

公元1219年,成吉思汗在西征途中感到身体大不如前,想寻求长生的方法。这时有人向他推荐全真道掌门人丘处机,他本来隐居在栖霞山中,但因慑于成吉思汗的威力,于公元1220年初出发北行,两年后到达撒麻耳木,在见到耶律楚材时,二人一见如故成为至交。丘处机受到成吉思汗的热烈欢迎。虽然丘处机没有给成吉思汗带来长生不老药,但因诚实而受到赏识。1223年他请求东归,成吉思汗下令一路提供方便,并免除所有道士的徭役。1224年他回到燕京,住在长春宫,三年后,他死在了长春宫,他的弟子修了一座白云观以埋葬其尸体。

谱写历史的新章

公元1224年,成吉思汗从中亚回军,一年多以后,他回到了自己的草原营地,这年的秋天,他又带兵出征西夏。

本来,按照蒙古的规矩,凡是归附自己的政权,除平时要交纳贡税以外,战时还得出兵助战。成吉思汗出兵花剌子模时曾遣使去要求出兵。西夏的丞相不但不愿出兵,还反唇相讥。而且在他西征时,西夏的政策也摇摆不定,时而助金,时

而助蒙。他早已把西夏看成眼中钉。在公元1224年秋,孛鲁曾大败西夏,杀了几万人,抢走了大量牲口和财物。成吉思汗回师并经过一段休整后,便亲自出征了。

可是在出征途中,他却因打猎从马上摔下来,受了伤。军中许多人建议暂时回师,但他却要遣使讨问西夏的口讯。由于西夏态度坚决,于是他带病出征,连战连胜。西夏王李德胜面对严重的形势,忧郁而死,他的侄儿李睍继位。同年11月,成吉思汗开始进攻灵州,西夏军前来营救,他便令军士用箭射敌人的脚,敌人不敢前进,于是蒙古军取得完全胜利。接着又进军西夏首府中兴府。他认为敌人粮草不多,便把攻城任务交给其他将领,自己带兵攻占了金国的一些地盘,然后到六盘山避暑。6月,西夏表示愿意投降,他同意了这一请求。7月5日,他的病情加重,自知将不久于人世,于是对身边的遗族、将领们说:"我死后,你们不要为我发丧举哀,免得敌人知道我死去。当西夏国国王和百姓从城里出来投降时,你们要将他们一下子全部消灭掉。"同时他还对灭金的战略做了部署:"金国的精兵在潼关,潼关南据连山,北倚黄河,难以攻破。如果向宋借道,宋、金是世世代代的仇敌,一定能答应我们的要求。……"说完这些话后,他就去世了,享年66岁。

成吉思汗死后,蒙古军秘不发丧,并按照他的吩咐将西夏消灭了。直到他们回到草原营地以后,才正式发布他已死的消息。后来他被葬在萆谷,离他的夏季牧场和秋季牧场不远。这块地方是他在打猎时自己选中的,他的后代也大部分葬在此地。

成吉思汗有后妃五百多人,其中一些是按蒙古习俗娶的,而有些则是别人献给他的。而在这些人中,他的结发妻子孛儿帖权力最大,地位最高,被称为大皇后,因此,她生的四个儿子的地位也突出,而且他们也都能征善战,可以独当一面,又都有赫赫战功。

在他准备西征的时候,汗位的继承问题已经出来了。于是他先问长子术赤,察合台害怕哥哥夺走权力,便说他是篾儿乞杂种,差点又导致家庭悲剧。后来成吉思汗也批评了察合台。察合台自知理亏,为了不让汗位落至术赤手中,于是建议把汗权交给与自己较亲近的窝阔台。术赤也表示赞成,这样继承人的问题就定下了。他还许诺分给各个儿子以大量的土地和百姓。后来在攻打玉龙杰赤时他又让窝阔台做统帅,这样进一步明确了他的特殊地位。

后来西征回师时,术赤没和成吉思汗在一起,他几次召见,术赤都以病推托不见。有人却说看到术赤在打猎,于是准备让窝阔台和察合台去攻打他,就在这时,传来了术赤已死的消息。他非常悲痛,同时感到子孙间矛盾重重,大帝国可能分裂,于是又用折箭和多头蛇的故事教育子孙要团结,要有一个领袖。并重申窝阔台为继承人,并让其他儿子立下文书,不能违背。

草原部落本来是采用推选的办法选举领袖。成吉思汗死后,政务由拖雷代理,两年后,新的忽里台召开,并公推窝阔台为汗的继承人。

成吉思汗虽然去世,但他的继承者却把他的事业进一步发扬光大。一方面

兵分三路进军金国，并与南宋联合，消灭了金国。接着又开始了对南宋的战争。另一方面，又进行新一轮"长子西征"，从公元 1236 年春天出兵，再次攻入俄罗斯和钦察草原。公元 1241 年兵分两路，进入匈牙利、波兰，渡过多瑙河，继续攻城掠地，直到公元 1242 年得知窝阔台汗去世的消息才回师。

但后来由于后代过多，相互争吵，规模宏大的大蒙古国在成吉思汗死后不到半个世纪就已四分五裂。到 14 世纪，都相继走上了没落的道路。

朱元璋

朱元璋（公元 1328 年—1398 年），元末农民起义军的领袖，大明王朝的开创者，我国封建社会的著名皇帝之一。

人们常说，明太祖朱元璋是安徽凤阳人。其实，凤阳只是他的成长之地，他出生于泗州，3 岁时随父迁到凤阳。祖籍江苏沛县，关于朱元璋的籍贯与经历，后人在凤阳龙兴寺朱元璋画像左右曾撰有一联，生动形象地作了很好的概括：

系于沛，生于泗，长于濠，凤郡昔钟天子气；

始为僧，继为王，终为帝，龙兴今仰圣人容。

身披袈裟　皇觉寺里讨生活

元朝（公元 1271 年—1368 年）的建立，结束了宋、辽、夏、金对峙混战的局面，使中国又出现了规模空前的统一局面。但是由于元王朝的残酷民族高压政策，不到百年，就被愤怒的人民推翻了。而在人民反元的大起义中，朱元璋就是最杰出的英雄人物。

佃农朱五四，其妻陈氏已经为他生育了三个儿子，两个女儿。元文宗天历元年（公元 1328 年）的九月十八日子丑二时之交，也就是凌晨三时许，又一个男婴降生了，取名重八，他就是朱元璋。八口之家，生活更加艰难，经常穷得揭不开锅。先天不足的朱元璋由于不得温饱，更是瘦得皮包骨头，气息奄奄。幻想神灵保佑的朱五四，便抱着他到皇觉寺（后改为龙兴寺），跪倒在佛像前许愿舍身，然后在老僧高彬法师面前，恳求认幼儿朱元璋做徒弟。当高彬认可后，才抱着朱元璋离寺而回。

朱元璋一天天长大起来，并开始给地主放牛、打工。随着岁月的流逝，朱元璋的哥哥、姐姐都先后成了家，他满以为凭一家人的拼命劳作，节衣缩食，苦日子就会到头了的，但天并不遂人愿，就在这时，一场大祸降临了。

元顺帝至正四年（公元 1344 年），一场特大的自然灾害发生了，这一年，淮河北岸发生了百年不遇的大旱灾。濠州地区久晴不雨，眼见收获将临，又飞来铺天

盖地的蝗虫,将庄稼吃了个精光,接着,瘟疫又流行起来,穷苦的人民饿死、病死的不计其数,人们为了生存不得不纷纷流浪,远近几百里一片荒凉。

朱元璋一家也难逃厄运。这一年九月,64岁的朱五四一病不起,不久就离开了人世,接着母亲陈氏和大哥重四又先后死去。加上前几年相继病死的二嫂、三嫂等人,偌大的一家人只剩下大嫂王大娘、二侄朱文正、二哥重六和朱元璋自己四人了。此时的他们连棺材钱也出不起,而且埋葬尸体的地方都没有,他们的可怜处境和哀伤的哭声感动了好心的邻里刘继祖,主动送了一块坟地给朱家,这才使得朱元璋四人用几片破芦席埋葬了亲人。这就是朱元璋在当上皇帝之后,在原地重建的凤阳城南的明皇陵。

为了活命,在埋葬了亲人后,二哥与大嫂、侄儿就各奔东西谋生去了,好心的邻居汪老太太十分可怜17岁的朱元璋,主动收留了他。但汪家也是自身难保,无法照顾朱元璋太久,汪老太太回忆起朱五四抱子皇觉寺舍身的过去,便与朱元璋商量入寺为僧的事情。两人相对落泪,朱元璋含着泪反过来安慰老太太说:"大娘,当和尚总比饿死的好,您就放心吧!"于是朱元璋拜谢汪老太太的收留之恩后,迈着沉重的脚步向皇觉寺一步步走去。

17岁的朱元璋衣衫褴褛,面容消瘦,可以说是其貌不扬,但他却生得身材高大,有几分力气,所以,高彬大师虽有几分不快,还是答应了他实现幼时舍身、如今决心削发为僧的请求。从此,朱元璋成为一名干杂活的小行僧。他实际上是庙里大和尚的小仆人。虽然发给了朱元璋一件破"衲衣",但并没有给他受戒,所以,他还不是一个正式的和尚,扫地、上香、击鼓、挑水、烧火、煮饭、洗衣等等就是他每天的"功课"。

朱元璋本是一位要强好胜的乖巧少年,一场天灾使他沦落到这个地步:从早到晚听着枯燥的钟鼓声、木鱼声、念经声,白天不停地干着体力活,还少不了受老和尚的训斥,时时低声下气地陪笑脸。再一想想过去,自己是家中最小的,处处有人宠着、让着,在村子里的小伙伴当中,也凭着聪明能干有些身份,真是越想滋味越不好受,但为了生存下去,又不敢对活人发火,他便对泥菩萨下手来发泄怒气。

有一天,朱元璋打扫佛殿,干了大半天,累得上气不接下气,却不小心绊着佛像的石座跌了一跤,早就窝了一肚子气的朱元璋,这下可找到出气的地方了,不由分说,便操起扫帚痛快地揍了佛像一顿。过了些日子,供桌上的大红蜡烛因为被老鼠啃了一个大缺口,老和尚却怪罪朱元璋不尽职责,把他狠狠训斥了一顿。朱元璋心想,不是听说你们佛爷是管庙宇的吗?这个木头东西却连一只老鼠都管不住,害得我受责骂,真是没用。于是他设法找到了一支笔,在佛像的背上写了"发配三千里",把佛像"充了军"。这在当时,迷信统治着人们的时代,此事倒也算得上不小的反抗。事发后,朱元璋自然少不了挨骂,但由于他是不花钱的杂役,也就不了了之。

寺庙是靠收租过日子的。淮北的特大灾害,也断了皇觉寺的活路,眼看着存粮一天天地减少,高彬等法师只好做出让和尚们出门去云游觅食的决定。朱元璋当了50天行童后,便与师父、师兄一起先后离开皇觉寺。他一不会念经,二不会做佛事,却也只好硬着头皮上路。好在他虽然不通佛道,倒也看惯了别人如何敲木鱼,如何口中念念有词。于是他也就装模作样,走东闯西,壮着胆子,走向西方去了。

朱元璋由凤阳南下,先到合肥,再西入固始、信阳,又往北进入汝州、陈州等地,最后回到皇觉寺。这一圈,历时四年(公元1344年—1348年),穿城越村,虽说是饥寒交迫,吃尽苦头,却也经了风雨,见了世面,增长了知识,开阔了眼界。特别是这些地区人民高昂的反元活动,给了朱元璋极大的鼓舞。他开始明白只有斗争才能改变现状。这次游历,对于朱元璋以后的成长和发展,奠定了思想基础。

从士兵到大明开国皇帝

朱元璋当游方僧在淮西地区到处行乞的期间,正是江淮人民为反抗元朝统治,在宗教外衣的掩护下进行广泛地组织发动的高潮阶段。

河南与淮西地带,在当时,是南、北两大派白莲教的活动中心地域。

北派白莲教,当时是以祖籍赵州栾城(今河北栾城)人韩山童为首。南派首领则是彭莹玉,他因袁州起义失败,便逃到淮西地区潜伏,秘密宣传"弥勒降生,当为世主"的思想,在他的发展组织下,教徒遍及江淮,积极做着起义准备。朱元璋游方期间,正是南派白莲教进行紧张的宣传和发动民众的时候,朱元璋暗暗地接受了白莲教的教义,寄希望于已经降生的弥勒,以解救受苦受难的淮西民众和自己。于是,回到皇觉寺后,他改变了顽皮的旧习,开始思考将来,并开始认真学习文化,广泛交友,为将来能干一番大事业而积极创造起条件来。

元至正三年(公元1343年)五月,黄河在白茅口决口,元王朝的税收遭到很大损失。朝廷决定强征17万名民夫,要开河280里,把黄河勒回旧道。韩山童认为时机已到,便到处散布童谣,说"石人一只眼,挑动黄河天下反!"并且暗地里雕凿了一个独眼石人,偷偷地埋在黄陵岗旁估计着先要开挖的地方。

后来人们果然挖出了一个独眼石人,一时人们确信弥勒降生,出头翻身的日子已来到了,人人口中念佛,情绪十分激昂。

根据形势的发展,韩山童聚集了3000人,在白鹿庄杀白马、乌牛祭告天地。宣称自己是宋徽宗第八代孙,刘福通也宣布是宋将刘光世的后代,是辅佐旧主韩山童的,在一片欢呼声中,韩山童被推为明王。他们定下起兵日子,决定以头包红巾为记号,歃血立誓。不料消息走漏,元军包围了白鹿庄,韩山童遭擒被杀。刘福通则力战而逃,重整队伍,并出敌不意,立即举行起义,先后攻占了颖州、罗山、上蔡、正阳、霍山等地。黄陵岗工地河夫们得了信号,也呐喊而起,杀了监工河官,包上红头巾,与刘福通主力会合,组成了五六万人的大部队。

由于农民起义每个人头包红巾,所以被称为"红巾军",以区别于头包青巾的

元军。

红巾军所到之处，严守教规，不杀平民，不奸淫，不抢劫，开仓发粮救穷人，深得民众的拥护。有关起义军的消息，不断地传到皇觉寺，传到朱元璋的耳朵里，特别是红巾军檄文中"贫极江南，富夸塞北"这句话，更是深深打动了朱元璋的心，他结合个人的际遇，想到了自己一家人长年辛勤劳作，却只能吃草根树皮，原来是大漠那边的贵族把全国的财富都掠去了，要活命，就得改变当今这个世道，把吃人的朝廷推倒。这样，朱元璋暗下了决心，要参加起义的队伍，达到改变现状的目的。就在这时，郭子兴占领了濠州城。

在城外皇觉寺里的朱元璋，原本准备去投奔濠州城，但听说城内五个元帅谁也不服谁，便又踌躇不决了。这时，他接到一封从濠州城里捎来的信。

这封决定了朱元璋前程的信，是他的少年好友写来的，那位好友，就是在死后被朱元璋追封为东瓯王的汤和。当朱元璋远游外地时，汤和也逃荒他乡。在得讯郭子兴定远起事之时，汤和即带领十几位壮汉前来投奔，并立功被提升为千户。他首先想到了仍在皇觉寺受苦的故友朱元璋，便写了封信动员朱元璋入伍。

元至正十二年（公元1352年）闰三月初一日夜，朱元璋身着僧衣，来到了被元军包围的濠州城下。黎明，城门洞开，朱元璋急着就要进门。但守门的兵士见到他是一个衣衫破烂的和尚，便起了疑念，将他捆起来，送交郭子兴帐前请令斩首。但朱元璋此时十分镇定自若，问一句，答一句，不喊冤不叫屈，而是清晰地表达出自己的投军之意。郭子兴见他没有奸细的慌张和畏惧，而且虽长得丑了一点，却是一身正气，身高体壮，确像一条好汉，心底里暗暗喜欢他了，再仔细盘问，原来朱元璋是本地孤庄村人，又是千户汤和写信叫他来的，便高兴地收为步卒。

朱元璋入伍后，可以说是如鱼得水，精神振奋，操练刻苦认真，又加上他颇有心计，有体格，仅仅十几天工夫，就成了小队内武艺拔顶的人物。几次出城巡哨，有机谋，又果断，行动沉着，随机应变，次次立功圆满而归，不仅小兵们个个喜欢与他一起执行任务，就是队长也常常与他商议。也许是朱元璋的缘分好，运气佳。有一天郭子兴亲自巡查，因为朱元璋个头高大，站在排头，很是醒目，郭子兴一眼认出他是那位被捆来投军的和尚，便顺口问队长他来队后的表现。队长自然是满口称赞，说他是"千中选一"的人材。一句话令郭子兴大喜，当即宣布朱元璋为亲兵九夫长，调回帅府，在自己身边当差去了。

乖巧能干的朱元璋调到了郭子兴身边服务后，做事小心谨慎，作风果敢利落，完成任务又快又好，打起仗来能身先士卒，且不贪功不贪财。加上他平时没有多话，说出的话字字都有分量，深得上司和同伴的信赖。朱元璋又认识一些字，上司的命令、公告以至士卒们的家信，伙伴们常找他讲解。由于朱元璋勇敢、能干、有见识、有义气，为人大方人缘又好，因此得到了大伙儿的尊重，甚至郭子兴元帅也将他作为心腹贴己。

早几年，郭子兴的老友马公病死，将其女儿托付了他，郭子兴视孤女为亲生骨肉，交二夫人张氏抚养成人。郭子兴常在饭后茶余夸奖朱元璋这也好，那也好。张氏认为郭子兴心粗，脾气又不好，与其他四个元帅合不来，急需一位像朱

元璋这样能干的人当助手,两人一商量,决定将养女嫁给朱元璋,招为上门女婿,对此朱元璋自是满口应承,择日便成婚。为婚礼上显示身份,郭子兴找人给重八起官名,取名元璋,字国瑞,此后他便更受尊敬,也更有利于施展才能,官阶逐渐上升了。

在红巾军中几个月的生活实践,使朱元璋懂得了要使自己地位牢靠,非要建立自己的队伍不可。于是他趁元军撤围的良机,回到家乡钟离,打出红巾军招兵的大旗。穷乡亲们看见自己的重八招兵,纷纷前来报名,不到10天,就招到了700多人。其中就有小时的伙伴、以后的大明开国元勋徐达、周德兴、顾时、王志、李新等在《明史》有传的人物近40人。朱元璋就以这支贴己的力量为基干发展自己,直至登上皇帝宝座。

朱元璋带着这700多人回来,郭子兴大喜,于至正十三年(公元1353年)六月,升朱元璋为镇抚,一跃成为带兵的军官了。一年后,又被升为总管。而且朱元璋看透了已经称王的彭大、赵均用成不了大气候,便提出自己单独外出发展势力的想法,得到了支持后,便带贴身伙伴徐达、费聚等24人,南进定远,占城掠地,扩大队伍。

一天朱元璋得到消息,说张家堡驴牌寨有3000人的队伍孤立无援,处境困难。他便亲自前往联合,但其主师却事后反悔,不肯带兵前来投奔。朱元璋便骗来主师,假传命令,然后加以感化,把3000人变成了自己的队伍。不久,他又采取软硬兼施的手段得到了从濠州撤围下来的元朝"民兵"20000人,朱元璋高兴地写道:"赤旗蔽野人盈岗。"

朱元璋羽毛日渐丰满,思考问题的眼光也更远了,首先,他想到了事业要成功,必须要有知识、有文化的人才。他任命前来投奔的定远儒生冯国用、冯国胜兄弟为幕府参谋,国用深沉,有计谋;国胜骁勇,多智略。朱元璋虚心地向他们请教,冯国用提出了夺取有"龙盘虎踞"美称的集庆路(今江苏南京),占据有利的地形,以建立巩固的根据地为首要任务,而后拓展地盘,而且要取得民众的支持才能建功立业的建议。这一建议,对于朱元璋的反元建国的成功起到先导作用。接着,在南攻滁州途中,定远地方有名的文人李善长来军门求见,朱元璋高兴地马上接见。朱元璋认为现在反元起义遍地都是,看来要做长期的战争准备。李善长胸有成竹地说:"您要事业成功,必须学习汉高祖刘邦。"他认为刘邦也出身平民,但为人气量大,眼光远,善用人,不乱杀人,深得军民爱戴,所以只用了五年便平定天下。朱元璋从此暗下决心要学习这位沛县老乡,便将李善长留作幕府掌书记。朱元璋心中不但有了建立根据地的思想,而且有了效仿的榜样,为今后的斗争铺开了道路。

在李善长和冯氏兄弟的辅佐下,朱元璋顺利地攻下滁州城。这时,他的亲侄子朱文正和二姐夫李贞携带他的儿子李文忠闻讯前来投奔,并转告他的二哥已去世的消息。一家所剩的几口人总算团聚了。

朱元璋攻克和州,至正十五年(公元1355年)正月,郭子兴接到捷报,立即指派朱元璋为总兵官,镇守和州,成了一地的最高长官。朱元璋明白自己有了名义

上的地位,但由于年龄轻、资历浅,所以又花费了不少心机,整顿军纪,处处严格以身作则,在和州逐渐建立并巩固了自己的地位。

不久,郭子兴病死,军队由其子郭天叙、妻弟张天祐、朱元璋三人同管。

和州都元帅府内的三名元帅,在名义上,郭天叙为主帅,张天祐、朱元璋是副职,应该由郭天叙当家做主。可是,郭天叙年纪轻,又没有军事经验,起不了实际作用,张天祐又无计谋,只是一介武夫,而朱元璋本身有勇有谋有决断,又有一批勇猛得力的幼时贴心伙伴,如徐达、汤和、邵荣等战将,加上收了一批年轻善战的义子,如外甥李文忠、侄子朱文正、同乡沐英外,还有朱文刚、何文辉、徐司马等二十几个干儿子的全力支持;更重要的还有自己招来的一支强大的亲军和李善长、冯国用等出谋划策之士,使自己如虎添翼。所以,和州红巾军的实际主帅是朱元璋。和州在他的经营下,日益兴盛起来。

至正十年四月,邓愈、常遇春先后带着自己的军队来投。二人勇猛无比,威震一方。他们的到来令朱元璋十分高兴,立即委任邓愈为管军总管,常遇春为前锋。不久,巢湖水军廖永安、俞通海又率船来投。至正十五年六月朱元璋得以乘风渡江,攻克太平路,为防止军队抢物,他事先就命李善长起草了禁约,四处张贴,见一兵犯禁立即斩首,因此城内很快平静下来。朱元璋又对全军将士论功行赏,军队上下也是十分欢喜。随着军中威望的提高,朱元璋在太平路建立元帅府,自己当起了元帅。

后来,郭天叙与张天祐二帅战死,郭子兴的旧部完全由朱元璋统管。至此,他成了名实相符的都元帅,小明王麾下的一方面军的主将。

至正十六年(公元 1356 年)三月,朱元璋亲自领兵进攻集庆路,在城外,陈兆先后败降,得兵 36000 人,再攻城,守将福寿战死,水军元帅康茂才和军民 50 余万归降。朱元璋入城后立即召开军民大会,公开宣布:"我是带兵为你们解除元朝腐败统治,带走你们痛苦的,大家各安本业,不必害怕。有本事的人,欢迎他随我建功立业,元朝种种不利百姓的陋习,统统废除。我们决不允许欺压百姓。"老百姓的心安了,社会秩序建立了,人人欣喜,互相道贺。

朱元璋改集庆路为应天府,并向小明王报告集庆路大捷。小明王得知后,升朱为枢密院同金;不久,又升他为江南等处行中书省平章镇守应天。朱元璋为了在应天站稳脚跟,首先在应天城内建立了自己的"天兴建康翼大元帅府。"

红巾军主力在中原的浴血奋战,吸引了元朝的军力,使之无暇南顾。朱元璋趁机在应天立足并稳步向外进取,建设并巩固自己的根据地。

针对当时的军事势态,朱元璋担心的就是仅靠自己的张士诚、徐寿辉两支反元力量向今苏南、浙西拓展。当务之急,是东取镇江、南占宁国,以防张、徐,确保应天的安全。等应天安顿稍定,便派出徐达和邓愈两支大军,分别向镇江和皖南进军。

随着有利形势的发展,胸怀大志的朱元璋,更加懂得了知识的重要性。他自己,在繁忙的军政活动中,总是抽闲抓紧读书学习,请李善长等人讲解历代政治的得失,成败的教训。随着自身知识的增长,他也更加敬重有知识的人,每占领

一处地方,他都必访寻当地名士为自己做秘书、顾问、参谋一类工作。至正十五年七月,胡大海打下徽州,经邓愈推荐,朱元璋请来隐居的老儒朱升,恭敬地征求应付时局的办法。朱升提出了"高筑墙,广积粮,缓称王"的九字方略。朱元璋对此心领神会,称善不已,对于建立和巩固应天根据地,进而夺取全中国起到了深远的影响。

军队进入浙江后,先取建德路,改名平州府;再得婺州路,置浙东行省,并在省府门外树起两面大黄旗,上书"山河奄有中华地,日月重开大宋天",公开打出了反元复宋的政治旗帜。由于朱元璋以"打仗占城要靠用兵正确,安定民心要靠切实用仁"通令全军,所以军队所到之处,秋毫无犯,这样,婺州周围的郡县都闻风归附。

婺州是到当时近二百年来的理学中心,出了许多著名的学者,朱元璋访得当地13名著名学者,为他讲解经书的历史。其中最有名望的是宋濂,这样,朱元璋开始接触了儒学。

至正十九年五月,小明王提升朱元璋为"仪同三司江南等处行中书省左丞相。"八月,朱元璋的部队攻浙东诸暨、衢州、处州等元军重要据点,与应天为中心的地域联成一片,形成了四邻为:东面和北面是张士诚,西面是陈友谅,东南是方国珍,南面是陈友定的格局。虽说他们均为反元盟军,但各有各的打算,形若敌国。其中以张士诚最为富有,陈友谅力量为最大,方国珍、陈友定则是胸无大志,不求进取。

为巩固应天,谋求进取,朱元璋访知浙东有刘基、叶琛、章溢等名士,便请他们出来。刘基便向朱元璋提出了如何改变四面受敌的局面和进而夺取天下的"十八策",为朱元璋定下了先西征、再东讨,然后南下、北伐夺取全中国的战略决策。当前,要麻痹住张士诚,全力攻击陈友谅,陈灭张必孤,一举可两得;然后再北向中原,王业必成。朱元璋称赞不已。随后,完全按照这一方略行事。

随着应天根据地的巩固,朱元璋这位出身贫苦,在反元队伍里行伍起家,和他建立的应天政权,也就逐渐加快了向封建化的转变。如果说,从李善长、陶安的参加为朱元璋及其政权变质的开始,那么,到了刘基、叶琛、宋濂、章溢等的加入,便进一步加深了质变的进程。这时尽管陈友谅、张士诚等人早已称王称帝,但朱升"缓称王"的教诲之声仍在朱元璋的耳边回响,他按捺住自己,而未急于称王。

陈友谅在元末群雄中力量最强,疆土最广,野心也最大,他原是徐寿辉的部将,后来杀徐寿辉自立,改国号为汉。至正二十年五月,陈友谅攻下太平路,朱元璋的守将花云战死,继而又占采石,应天近在咫尺。

面对陈友谅的东下和应天城内的不安情绪,朱元璋与刘基在密室商议对策。刘基还是重申他先灭陈友谅的主张。朱元璋也认为投降或逃走是下策,唯一的出路是坚决抵抗。于是,二人设计了集中实力,后发制人,捕捉有利战机,攻击其薄弱环节,以打乱敌人的阵脚,挫其锐气而胜之的策略。朱元璋部将康茂才是陈友谅的老朋友,便请康茂才施假降计,引诱陈友谅上钩。

康茂才府上的老门房以前曾伺候过陈友谅。康茂才就叫他带着自己的亲笔信去见陈友谅，表示愿意里应外合，并建议陈友谅兵分三路直取应天，与自己在城西江东桥会合，以喊"老康"为暗号。陈友谅高兴万分，并问桥是石桥还是木桥？答是木桥。陈又请老门房转告康将军，他将亲自带领一路军队至江东桥与他会合。

老门房归来，朱元璋在搞清陈友谅的布置后，便在卢龙山（今南京狮子山）顶设指挥部，确定以举黄旗为伏兵出击的信号，除安排守城力量外，分兵两路，以康茂才和徐达带领重兵在江东门外设伏，并连夜将木桥改建为石桥；调胡大海率奇兵进袭广信，捣陈友谅的背后。万事俱备，就等陈友谅自投罗网了。

求胜心切的陈友谅日夜兼程，自带主力赶赴江东桥。到桥头一看，不是木桥而是石桥，始觉受骗，大吃一惊，锐气挫落一大半；连忙高喊"老康"，无人回答。正在胆战心惊犹疑之时，忽见山上黄旗招展，顿时伏兵四起，陈友谅措手不及，主力很快被击溃。还被生俘两万多人。因为退潮，陈友谅水军舰只搁浅，全部做了俘虏。朱元璋乘胜西下，收复太平、安庆、信州、袁州。至正二十一年正月，小明王封朱元璋为吴国公。

陈友谅不服输，决心报应天城下之仇。当年九月，遣将又把安庆攻下，力图再次东下雪耻。朱元璋得讯后大怒，立即召开军事会议，决定西伐，亲自统率大军，一鼓作气攻下安庆、江州。陈友谅为人忌能护短，自从杀徐寿辉夺位后，原徐寿辉的将帅不服，因怕被杀害，纷纷投奔朱元璋；没有投奔的，也心怀异志，出战时不肯出力效死，所以不堪一击。江西全境和东南角，很快便被朱元璋占领。陈友谅自己逃往武昌。这样一来，几年来陈强朱弱的军事形势完全改观，朱元璋已具备了与陈友谅决一雌雄的实力。

至正二十三年六七月间朱元璋、陈友谅在鄱阳湖展开了大规模水战，双方参战人数总共达80万之多，两军苦战36天，最后以朱元璋得胜，陈友谅败亡而告结束。

轻敌的陈友谅，以几十条大船用铁链连在一起，迎战朱元璋小船组成的活动船队。而朱元璋恰好凭自己的船小，又能单船行动、操作灵活、进退自由的长处，不断用火攻的办法进攻，令陈友谅难于防备，拙于应付。

陈友谅见朱元璋的小船组成的船队在湖面上零零落落，散布一片，便指挥着舰队如老鹰捉小鸡般地向小船群猛扑过去。朱元璋则不慌不忙地挥动旗子，指挥小船立即四散。这样你来我散，你去我扰数十天，搅得陈友谅又气又急，焦躁万分而又无可奈何。后来，陈友谅改变战法，变一口吞为慢慢吃，改驱赶为炮轰，朱元璋也改激将法为实战法，即当自己占上风时，及时组织火攻。因此，湖面上两军相搏苦战，互有胜负，双方死伤都很大，但陈友谅孤军深入，接济断绝，最后几乎弹尽粮绝。

为此，陈友谅召开了军事会议，在会上，右金吾将军主张烧船登陆，直奔湖南再作打算；左金吾将军则主张继续打下去，认为死里求生必胜，结果已丧失信心的陈友谅同意登陆逃走。左金吾怕被处死，散会后便带领自己的队伍投降了朱元璋,右金吾将军看到陆上已被封锁,前途无望,随后也赶来投降。七月二十一日,陈友谅带领余下的部队在凌晨出发,向湖口方向开去,发现一片白船在前拦截,急掉头后退,后面又是一片白船等着,在前后夹击,四面受敌中,全军溃败,陈友谅也被飞箭射死。败兵载陈的尸体和太子陈理乘黑夜靠岸登陆,连夜护送至武昌,从而结束了这场大决战,朱元璋大胜。

二月,朱元璋率大军西征武昌,陈理投降,遂建立湖广行中书省。到年底,陈友谅的汉国疆土,汉水以南,赣州以西,韶州以北,辰州以东广大地区,尽为朱元璋占领。

朱元璋打败陈友谅后,将攻击的矛头指向了张士诚。

朱元璋战胜张士诚的战略部署,基本上分为三步进行:

第一步的战略目标是夺取张士诚江北淮河流域的地盘。这一步,自至正二十五年(公元1365年)十月至二十六年四月,用了半年时间,便攻克了今苏北和皖北的通州、兴化、盐城、泰州、淮安、徐州、宿州、安丰等地。

第二步的战略目标是夺取张士诚在浙西的地盘。这一步,自至正二十六年八月到十一月,用了三个月时间,便先后取得了占领杭州、湖州的胜利,从而实现了三面包围平江的态势。

第三步是夺取平江城,实现消灭张士诚的最终战略目标。

围困平江的战役,自至正二十六年十二月吴元年九月,用了十个月的时间,以胜利结束。张士诚面对外无援兵、内无粮草的状况,组织数次突围又均遭失败,负气斗狠,决心与城同存亡。朱元璋在一次次劝降失败之后,最后下令全面攻城。城破后,张士诚亲自带领亲兵进行巷战,最后见败局已定,便一把火烧死全家大小,然后上吊自尽。门外部将见其府中火起,撞门而入,救下了张士诚。此时,朱元璋的军队也已赶到,便将张士诚活捉,由水路解往应天。在船上,张实行绝食,并且始终一言不发。到应天后,朱元璋问话也不答理,还痛骂李善长,被乱杖当堂打死,吴国彻底解体。

朱元璋雄心勃勃,在灭了张士诚后,马上部署南征、北伐的大计。当时他统治的地区,占有汉水下游和长江下游这块中国领土中最肥沃、物产最丰富、人口最稠密、经济最繁荣的地区。

当时的南中国,军事形势是:浙东为方国珍的势力;以四川为中心的地区为西系红巾军的夏国,由明玉珍之子明升占领。其它均为残余势力:云南有元宗室梁王镇守,福建是陈友定,两广也是元朝的势力。

以庆元(今浙江宁波)为根据地,称雄浙东达20年之久的是方国珍。朱元璋在取得平江一役灭吴国之后,便顺手牵羊,于吴元年九月派汤和、朱亮祖带领大军直取庆元并台州、温州,方国珍败入大海,又被廖永忠水师所败,只好向朱元璋投降,浙东为朱元璋所有。

朱元璋分析了形势,决定再向福建和两广进军。他兵分三路向福建进发。

三路大军很快就把延平包围。明洪武元年(公元1368年)正月城破,陈友定与同僚诀别,服毒自杀,未死被俘,被解往应天。朱元璋坐堂责问何去何从,陈友

定厉声回答:"国破家亡,一死而已。有何可说?"朱元璋便下令立斩陈友定及其家口。接着,朱元璋又用了8个月的工夫,福建全省就全部占领为己有。

对待两广,朱元璋也用老法,分三路进兵。洪武元年六月,靖江被攻下。七月,广西被平定。至此,两广全归入朱元璋的版图。

中国北部,仍为元朝统治区。但情况复杂,在中央,最高统治集团内部矛盾重重,并日趋激化;在地方,军阀割据,火拼不绝,争军权,夺地盘,内战不断。宫廷内阴谋政变频繁与军事将领公开内战形成配合,打得不可开交。朱元璋便乘机开展东征西讨,扩大地盘,增强实力。在解决南方之后,就部署全力北伐了。

1368年,朱元璋委任徐达为征虏大将军、常遇春为副将军,统领主力25万大军北上,渡淮河北取中原。

出发前,朱元璋发布告谕,向全军重申军纪,阐明北伐的意义,号召将士们在行军打仗中要爱护百姓,不许烧杀淫掠,早日消除战乱,平定中原。同时发布文告,指出元气数将终,提出"驱逐胡虏,恢复中华"的政治口号,号召民众切勿逃避,共同推翻元朝统治;打出复兴道统的封建主义政治旗帜,进一步表明朱元璋的政治立场的彻底转变,转变为封建地主阶级的总代表。

这一文告,发生了巨大的作用。北伐军所到之处,大部分州县开城投降,不战而克。首先取得山东的胜利,接着由山东取河南,开封不战而降,进而全省平定。冯胜部奇袭潼关得胜,堵住了关中元军增援大都的门路,完成了东、南、西包围大都的战略部署。

元顺帝知道援军来路已被割断,孤城难守,害怕被俘后落得北宋徽、钦二帝的命运,便乘明军尚未形成包围的良机,于当月二十八日半夜,领着后妃和太子逃出大都,直奔上都(今内蒙古正蓝旗东北)而去。八月初二日,徐达统军进入大都,元朝统治达97年的历史结束了。朱元璋下令将大都改为北平府。

徐达根据朱元璋先剪枝叶,再刨树根,后平全国的战略决策,马不停蹄地移兵进取山西、陕西。从洪武元年八月到第二年八月,用了一年时间,便取得了西北的胜利。

元朝虽被推倒,但元顺帝在上都仍保持完整的政府机构和元军的主力。因此,从徐达举行西征后,元军又乘北平空虚,曾先后两度偷袭。常遇春、李文忠率步骑九万直捣上都,元顺帝北入沙漠,北平转危为安。从此元顺帝打消了重回大都的念头,在洪武三年(公元1370年)死去。

1368年,朱元璋在文武百官的拥戴下在应天府称帝,建立明朝,改元洪武。历经十六年戎马生涯之后,41岁的朱元璋当上了大明王朝的开国皇帝。摆在他面前的大明天下,是经过长时间战争破坏、千疮百孔的社会现实。为了巩固统治,长治久安,朱元璋竭尽了全力,施展着自己的才能。

首先,他以强有力的手段加强法制,重建起封建的社会秩序。

早在建国前一年,朱元璋就令李善长制定明朝法律《大明律》,要求条文比《唐律》简要,处罚则严于《宋律》。至公元1367年正式颁布。全书460卷,分吏、户、礼、兵、刑、工六律,在处罚的严酷上大大超过《唐律》。

为了朱明王朝的长治久安，朱元璋对于统治阶级及其领导集团内部的违法乱纪行为也决不手软。他曾三次编出《大诰》，汇集了一万多件案例，作为惩治贪官污吏的范例。朱元璋在各种场合，都强调"法不行，无以惩治"的道理，在守法上，他还可以称得上身体力行。建国后，朱元璋仅有的亲侄儿朱文正因散布不满情绪，在外违法乱纪，他还是朱的义子，也不留情，被废了官职。引导他投奔红巾军的同村好友汤和，有一位姑父，自以为有开国功臣汤和为靠山，隐瞒土地，不向政府纳税，朱元璋查获后坚决处死。他对违法乱纪行为的处治，一扫元末官官相护、腐败的政风，对推动明初法制的贯彻，起了重大的作用。

第二，改革政治体制，加强中央集权。

他撤消了中书省机构，废止丞相一职，结束了我国延续两千多年的宰相制度，由皇帝亲自执政。他提高六部的地位，直接对皇帝负责，各自独立处理本职政务。另设五品内阁大学士为皇帝处理公文。在六部之外，另设都察院，进而健全了君主专制的监察制度。

为了进一步加强皇权，公元1382年，朱元璋专门建立特务机构锦衣卫，作为自己的军事侍从，下设镇抚司、监狱和法庭，受皇帝指令从事侦察、缉捕、审讯等活动。

第三，采取坚决而严酷的措施，压制富豪，惩办贪污。

经常标榜自己出身贫民的朱元璋，亲身体会到人民抗争是由于官府和地主豪强残酷压迫和剥削所促成。因此，他在坚决镇压农民起义的同时，也多次召集富豪训话，警告他们不要为富不仁，不准胡作非为，同时又要他们支持新朝，充当各地的良长，为新朝服务。苏州巨富沈万三，朱元璋就令他出资修建南京城的南半部。公元1393年，因蓝玉案的牵连，沈万三又遭没收家产，被充军云南。

朱元璋十分痛恨贪官污吏。有一次他外出视察，查出一个县官的贪赃劣迹，处死后，剥下人皮，体内塞进稻草，把它挂在公堂之上，给下一任县令作镜子，令人触目惊心，不敢再胡作非为。他还专门下令，老百姓可直接投诉各地贪官，凡贪污在60两银子以上的官员，不论是谁，一律处死剥皮。这一酷刑，的确收到了一时的实效，但仍未能完全解决问题，对此朱元璋也大感不解。其实，贪赃枉法的现象，是地主阶级和封建社会制度本身的结果，是严酷刑罚所不能尽除的。

第四，继续征战，削平割据的残余实力，实现国家的统一。

新朝虽已建立，但事实上远未实现全国的统一。在北方，元朝残余势力还很强大，在南方，四川明玉珍的夏政权仍然存在，云南为故元梁王把匝剌瓦尔密和大理土著段氏控制并忠于元朝。朱元璋没有满足于登上皇帝宝座，仍继续指挥全军，完成国家的统一大业。

公元1372年，朱元璋派大将汤和率军包抄，实行武力迫降，夏亡，四川归于大明。公元1381年，明朝军队进攻云南势如破竹，梁王自杀，云南平定。朱元璋设布政使司进行统治。

北元势力强大，朱元璋先后派兵与元军征战二十年，收复辽东、漠南、甘肃及哈密地区，减轻了元军对中原的威胁。

人们常说，朱元璋治国的作风是宽、猛结合。这里所指的，是说朱元璋在政治上采取的是以"猛"治国，也就是上面所指的四个方面，而在经济上，他采取的是"宽"的策略。这些，是与他的出身和经历分不开的。

贫寒的出身和战乱的经历，使朱元璋认识到新朝的长治久安，必须以经济繁荣、民众富足为前提，他深知长期战乱之后，不能涸泽而渔的道理，所以决定实行安养生息的方针。

在朱元璋大力推行"安养生息"的国策之下，经过近30年的努力，出现了人心安定、经济繁荣的局面。

铲除异己　维护帝系图万世

大凡帝王多疑心。他们总要为防止有人夺位谋权而倍加警惕，甚至扩大打击面也在所不惜。作为一代明君的朱元璋，也未能逃出这一历史的怪圈。

朱元璋在16年中由红巾军一名小卒而登上皇帝的宝座，没有善于团结周围人群并得到他们的全力支持，是不可能实现的。但随着队伍的强大、事业的发展，队伍内的权力之争也就日渐展开。本来很能团结人，并以机智、稳重著称的朱元璋，也日渐变得自以为是，独断专行，进而对部属产生疑忌，造成下属不满，祸根蔓延。

朱元璋登上了皇位，对一切问题的思考、认识和判断，都离不开自身皇权的巩固。邵荣、谢再兴的教训，更使得朱元璋不敢委任非嫡系成员为地方镇守官，而决定采取分封诸王的制度。洪武二年（公元1369年），封第二至第十子为亲王。命二子秦王朱樉就镇西安，三子晋王朱枫就镇太原，四子燕王朱棣就镇北平。26子中除九子、二十六子夭折外，其余均分封至全国各军事战略要地，力图用血亲控制全国。其中以秦、晋、燕三王力量最强。朱元璋满以为把军权托付给儿子，就可以放心了，却万万没有想到正是由于儿子们权力过大，造成了自相残杀。他死后不久，自己亲定的继承者建立的政权就为燕王倾覆。

朱元璋在反元战争中，先后形成了支持自己事业的两支得力的势力，分别是以李善长为中心人物的淮人官僚集团和以刘基为领袖的浙东集团。朱元璋处于二者之上，以导演兼仲裁的角色，坐收集权之利。

在朱元璋出巡期间，洪武元年八月，他委托李善长和刘基协助太子朱标处理朝政。刘基认为，只有严肃纪纲，才能保证国家安宁。因此一旦发现违法乱纪的，一律报告太子处之以法。这期间发现了李善长的亲信僚属李彬的犯法事件，刘基不听李善长的求情，在报告太子后将李彬处死。本来就是淮西集团眼中钉的浙东势力，从此更成了铲除的对象。

朱元璋从开封回到南京后，李善长等人广进谗言，诋毁刘基。刘基也就顺水推舟，以老、疾为由告老引退。胡惟庸主持中书省后，仍寻找由头攻击刘基。最后以刘基为在"地有王气"的谈洋地方建墓与平民争地的事，说动朱元璋下令剥

夺了刘基的岁禄。刘基赶回南京向朱元璋谢罪，眼见胡惟庸横行，很快便忧愤成疾。胡惟庸伪装关怀，差人送药，刘基服后病情加重，回老家后一月便死去。

明初统治阶级最高层的内部斗争，集中表现在皇权与相权的斗争上。朱元璋与李善长之间的矛盾，朱元璋采取软处理的办法，于洪武四年（公元1371年）让他回老家作罢。结束君权与相权的斗争，则是朱元璋对胡惟庸事件的处理。

胡惟庸，是李善长的侄儿李佑的岳父，由于李善长的提携，由帅府奏差起家，一步步升到中书省丞相，随着地位的提高，他便本性暴露，直到窃权乱政，为所欲为，甚至企图内外勾结，颠覆朱元璋的政权。洪武十三年，阴谋被揭发，朱元璋当机立断，不仅处死了几个主谋，而且宣布撤消中书省和丞相，下令永远不准复设，将行政权力全收归皇帝。胡惟庸被杀后，他的乱党、乱政、叛国的罪行不断被揭发，有关系的官员也一一被揭出，朱元璋趁机大开杀戒，送了一批开国元勋上断头台。

如果说胡惟庸事件是君权战胜相权的斗争，那么蓝玉案件，则是君权与将权的斗争。蓝玉，定远人，开平王常遇春的妻弟，作战勇敢，屡建奇功，被朱元璋封为凉国公。但他慢慢骄横起来，甚至连朱元璋的命令也有所不听。他屡受朱元璋斥责后心生异志，串连景川侯曹震等人，企图在朱元璋去光农坛举行"籍田"仪式时举事。洪武二十六年二月，朱元璋的特务机构锦衣卫侦破并告发，朱元璋立即拘捕蓝玉下狱，进行跟踪清查，先后斩决吏部尚书詹徽、户部侍郎傅友文、开国公常升、景川侯曹震等，并著《逆臣亲》诏告天下，株连灭族达15000余人。连同胡惟庸一案中所诛杀灭族的30000余人在内，二案共杀戮45000多人。再加上二案之外先后被杀的功臣，十三年用鞭子打死的永嘉侯朱亮祖父子，十七年以犯禁罪处死的临川侯胡美，二十五年以暧昧罪处死的江夏侯周德兴，甚至连屡建战功的亲侄儿朱文正也因"亲近儒生，胸怀怨怒"而被鞭死，至洪武末年，基本上杀光了开国元勋。至此，朱元璋也就放心了，自以为大权不会旁落，他的决策可以贯彻始终了。

洪武三十一年（公元1398年）闰五月初十日，"素少疾病"的朱元璋，"临朝决事不倦，如平时。"在会议上突然发病，含笑死去。终年70岁。6日后葬入孝陵。

纵观朱元璋70年（公元1328年—1398年）历史活动的内容及其实质，对朱元璋其人其事，应该有一个正确的判断。

首先，朱元璋在我国长达两千多年的封建社会中，是唯一的一位出身于真正平民百姓的皇帝。只有他是历经贫困，吃尽人间的苦，甚至出家为僧求得活命的皇帝。

第二，朱元璋之所以会由红巾军的一员反封建斗争的小卒，最后登上皇帝宝座，成为统治全国的封建地主阶级的总代表。这一事实说明，时代和阶级的局限性，不可能有先进阶级的领导，单纯的农民战争不可能完成反封建的任务，只会最终成为改朝换代的工具。

第三，朱元璋是我国古代封建社会中的一位卓越的政治家和军事家。他的军事才能与政治才能并非天生的，而是在长期浴血战斗中锻炼出来的，是时势造

中华名人百传

帝后卷

就的英雄人物。如果没有在反元战争与群雄角逐中斗智斗勇的磨练，朱元璋就不会有纵横捭阖的技艺、洞察全局的眼光、决战决胜的本领、治理国政的才能。

朱元璋也有他的阴暗面。他和所有的封建帝王一样，为了确保朱家的天下世代不变，对敢于反抗的人民进行无情的镇压，对于知识分子则采取严格的思想控制，如推行文字狱等，实行集权政治，特别是猜疑和杀戮大批开国功臣并株连无辜、独裁思想恶性发展等方面也超过了前代君王。

朱元璋的一生是奋斗不息的一生。从元末农民起义军的领袖到大明王朝的开创者，到成为我国封建社会的著名皇帝，真可以说是"忧危积心"辛劳毕生。

康　熙

康熙帝（公元1654年—1722年），姓爱新觉罗，名玄烨，满族人。庙号圣祖，通称康熙皇帝。他八岁开始登基，在位61年，是我国封建帝王中的佼佼者，也是一位具有远见卓识的地主阶级政治家。

深宫童年　祖母严教

康熙帝的名字叫爱新觉罗·玄烨，是清朝顺治皇帝福临的第三个儿子，生于公元1654年5月4日（顺治十一年三月十八日），当时他父亲才17岁，母亲才15岁。

康熙是顺治皇帝诸多的皇子中长得最可爱的一个。他生得五官端正，双目炯炯有神，鼻梁高耸，大耳双垂，整个面目线条分明，神采奕奕，叫人一看，就觉得异常的机敏。因此，他特别受到祖母的钟爱，但祖母从不对他溺爱，而是严格照做皇帝的要求对他进行教育和训练。

这位祖母经常给康熙讲述当年祖父如何东征西战，艰苦创业的故事，要他做一个像他祖父那样的能创业、治国、干一番事业的英雄，这对康熙是很有影响的。康熙六岁的时候，有一天他和哥哥福全、弟弟常宁同去向顺治皇帝请安。他们的父亲看到兄弟三人站在一起，心里很高兴，就想试试他们的志趣和才能如何，于是问道："你们三人长大了，想做什么啊？"当时常宁只有三岁，自然回答不出。福全说："我要做一个贤王。"而康熙则想了想，向前行了一个跪拜礼，用他那天真、脆亮的嗓音说："我长大了，要像皇父那样，尽力把国家治理好，使天下太平，老百姓安居乐业。"顺治皇帝看着他既天真又一本正经的样子，又高兴又好笑，连连夸他说："有志气，有志气。"

光阴荏苒，日月如梭。玄烨七岁那年，他那只有24岁就当了18年皇帝的父亲爱新觉罗·福临，也就是顺治皇帝突然驾崩了。

顺治帝临终前,遗诏指定聪明颖悟的玄烨为皇太子,继承皇位。当时玄烨虽然年幼,但"国不可一日无君",终于在顺治十八年正月初九,也就是顺治皇帝去世的第三天,在他的祖母孝庄皇太后的亲自主持下,举行了登基大典。于是颁诏天下,实行大赦,并从第二年(公元1662年)起改为康熙元年。"康熙"一词为安定太平之意。从此,他为巩固大清江山,保卫自己的皇位进行着不同寻常的艰苦奋斗。

玄烨虽然聪明颖悟,但毕竟只有八岁,暂时还无法担负处理国家大事的重任。为此,当时有人建议可根据前代母后临朝称制的先例,请孝庄太后垂帘听政,主持政事。孝庄太后认为自己年事已高,加之按照正统的习惯,一般都不轻易垂帘听政。另外,顺治皇帝遗诏中已明确提出四大臣辅政,最后根据太后的意见,由四大臣辅政。

又过了几天,一份诏书下来,"特命大臣索尼、苏克萨哈、遏必隆、鳌拜为辅臣,伊等皆勋旧重臣,朕以腹心寄托,其勉矢忠荩,保翊幼主,佐理政务,布告中外,咸使闻知。"

这样,顺治帝死后便形成了一个以年幼的康熙帝为中心,四大臣辅政的集体统治班子。

辅政的最初几年,四大臣有事协商,集体议定,倒也相安无事,还制定了一些正确的政策和措施。

然而,事物的发展是不断变化的,在任何社会都有野心家出现。顺治帝临终前担心他所经历的事情在他死后会再次出现,便将亲王摄政改为四个异姓大臣来共掌相权,希望能以此起到互相制约的作用。然而,平衡是暂时的。在个人专权的封建社会里,就必然会有各种各样的人,千方百计地追逐这种专制的权力,以达到爬上荣华富贵的顶峰之目的。四大臣中的鳌拜,就是这样的人物。

鳌拜擅权　少帝心忧

鳌拜·瓜尔佳氏,满洲镶黄旗人。他骁勇善战,因军功卓著而步步高升,早在崇德三年(公元1638年),就得到"巴图鲁"的称号(满语勇士的意思)。嗣后,又被封为议政大臣,领侍卫内大臣、二等公少傅兼太子太傅等一大串的头衔,除少傅兼太子太傅是没有实权的荣誉称号外,议政大臣和领侍卫内大臣都是了不得的重要位置。

索尼由于年老多病,渐渐地不大问事,遏必隆庸碌无能,缺乏主见。苏克萨哈不过是纠纠武夫,亦非对手。因此,鳌拜逐渐把大权抓在自己手里,姿意妄为,排斥异己,根本不把皇帝放在眼里。

康熙身边的四个侍卫:倭赫、西住、折克图、觉罗塞尔弼,平时对鳌拜没有表示特别恭敬,加之倭赫的父亲内大臣费扬古,与鳌拜有矛盾。于是在康熙三年(公元1664年)四月的一天,鳌拜突然下令把倭赫等四人从皇宫里抓走。康熙听

中华名人百传

帝后卷

到这个消息，很生气，在上朝听政时问道："倭赫、西住他们在朕御前当差，一向不错，不知辅臣何故将他们拿了？"

　　一般说来，皇帝未亲政时，委托辅政大臣全权处理政务。皇帝每日会奏、听政，不过是一个学习的机会，听听罢了，从不过问。一天康熙突然查询此事，跪在下面的辅政大臣们觉得很意外。遏必隆先是一怔，随后叩头答道："启奏皇上，倭赫、西住、折克图、觉罗塞尔弼擅骑御马，在御苑里使用御用弓箭射鹿，犯了大不敬罪，昨日臣等会议，将其四人革职拿问，现关在内阁府。臣等尚未议定做何处分。"

　　鳌拜不甚满意遏必隆的回答，他抬起头来冷冷地说道："皇上尚在幼冲，此等政事当照先帝遗制由臣等裁定施行。""难道朕连问都问不得？"康熙满腔怒火，厉声责问。

　　跪在地下的大臣，面面相觑，个个倒抽冷气。鳌拜心中盘算："这次若不堵回去，以后他事事都要过问，有许多事就不好办了。"思计一定，鳌拜即刻缓缓地说道："照祖训，皇上未亲政，是不用过问的，不过此事关内宫，不妨破例。"

　　康熙当然听出来了，这是"下不为例"的意思。他按捺了一下心里的火气，向鳌拜道："那好吧！我想听听，这次是怎么回事？"

　　"倭赫紫禁城中擅骑御马，是欺君之罪，应该弃市；乃父费扬古纵子不法，口出急言，咆哮公堂，应一并弃市！"

　　"弃市"即杀头。康熙不禁吓了一跳。"倭赫四人是先帝随行侍卫，费扬古乃朝廷重臣，素来谨慎，并无大错，仅仅因为骑了御马就定为死罪，太过分了吧！朕以为廷杖也就够了。"他缓缓地说。

　　鳌拜回奏道："晚了！国典不可因私而废，古有明训！费扬古和倭赫四人已于昨日下午行刑了！"

　　遏必隆和苏克萨哈都大吃一惊，他们相互看了一眼，苏克萨哈立即叩头奏道："倭赫之事，臣等尚未议定，鳌拜中堂擅诛天子近臣，殊为不妥。"

　　康熙帝也被气得浑身打颤，他正想问罪鳌拜，只见孝庄太后来了，她十分不满地说："擅到皇宫内院拿人，不奏而斩者，这在我大清开国以来还从未有过，你们眼中还有皇帝吗？事情已到了如此地步，再说这些还有什么用？你们回去想想在先帝灵前的誓言吧！"说罢拉着康熙向后宫走去。

　　回到后宫，康熙想着多年在自己身边、朝暮相随的四个亲信侍卫，如今都成了无头鬼，他眼泪直往下掉："皇祖母，不是说皇上的话是圣旨，无论是谁都要听皇上的吗？鳌拜为何如此放肆？我真想立即诛鳌拜，才能解朕心头之恨！"

　　孝庄太后叹了口气道："皇上，你还年幼，不懂事。有些国家朝政大事，还得靠他们处理。你再看宫中的侍卫，多数已是他的心腹党羽了，外廷六部尚书，地方的封疆大吏中，也有好些是他的人，要除掉他，还不是时候！"

　　康熙十二岁那年，在孝庄皇太后主持下，选索尼的孙女为皇后与康熙完婚。因为按规定皇帝必须大婚后表示已经成人才能亲政。这是孝庄太后为康熙亲政所做的准备。

倭赫事件，鳌拜不过是投石问路。皇帝和孝庄太后的忍耐，他以为软弱可欺。从此他更加不把这一老一少放在心上。特别是苏克萨哈竟敢在皇帝面前告他的状，更使他难以容忍，他决心要把苏克萨哈这个对他威胁最大的人物干掉。

康熙五年(公元1666年)，一项经过鳌拜精心策划的毒计出笼了。他要利用黄、白旗之间的矛盾，挑起三旗内部的争端，孤立打击正白旗，从而达到既打击苏克萨哈，又威胁太皇太后及康熙幼帝，同时培植自己亲信势力的目的。这就是他所提出的"改换圈地"计划。

鳌拜为了打击苏克萨哈，于康熙五年(公元1666年)，串通正黄旗的索尼及本旗遏必隆，再次正式行文户部，要求将多尔衮仗势倚权违背规定分给正白旗的土地归还给镶黄旗。这样不仅可以挑起黄白旗的矛盾，趁机打击苏克萨哈，而且可以造成八旗纷纷要求重新圈换土地的形势，也给太皇太后和年轻的康熙皇帝施加压力。

本来圈占土地的事已过去二十多年了。旗民已经各安其业，以前的矛盾和不愉快，也随着时间的流逝而逐渐淡忘，新的圈换土地的命令，重新激起旗民惊恐不安，不仅正白旗的广大官员旗民强烈抵制，就是镶黄旗下级官佐和广大旗民，有的也不肯再换。换地激起北方社会广泛的不满、动荡和不安。直隶巡抚汉军镶红旗人王登联率先上疏，将广大旗民反对圈换土地的情况上奏。

康熙五年十二月的一天，在乾清宫东暖阁，康熙正在听师傅熊赐履讲论《资治通鉴》。君臣二人谈论正在兴浓之时，内侍呈进几份奏折，康熙把奏折认真地看了一遍，抬起头来，忧虑地说道："唉，看来京畿各州县一定是民怨沸腾，纷乱不堪了。"

熊赐履望着年轻皇帝忧愤的神色，轻轻地说了一声："皇上！鳌拜改换圈地，这也许不是他的主要目的。"

"你的意思是……"

"鳌大人一向刚愎自用，野心不小。他是想通过换地扰乱天下，清除皇上身边近臣，然后……"

"卿之所言极是，朕已经想过了。"康熙站起来望着窗外，他似乎已经看到了远方未来的一些情景。

熊赐履道："还有一事，陛下明察！"

"何事？"

"鳌拜知道苏纳海等人上书后，十分恼怒，已把他们关到监狱里去了！"

康熙大吃一惊："啊！朕怎么不知道？"

"皇上，鳌拜现在凡事都在家决定，然后再借皇上的名义施行，只瞒着皇上一人。"

"鳌拜太狠毒了！天下人还以为朕是一个无道的昏君呢！"康熙气愤得脸色煞白。

"皇上息怒，凡事要从长计议！"

"鳌拜如此专权，如何是好？"

熊赐履缓缓地说道:"陛下,'冰冻三尺,非一日之寒',有些事只能慢慢来。眼下最要紧的是诏赦苏纳海等出狱,让天下人知道皇上的恩德,不主张圈换土地。"

康熙点点头,"卿之所言,正合朕意。"

后来,尽管康熙不同意处死苏纳海等人,但鳌拜还是利用他的辅政地位和代皇帝批红(即代皇帝签署意见)处理问题的大权,以上谕的名义将苏纳海等三人立即处死,强制推行换地。

智除权奸　锋芒初露

鳌拜矫旨,妄杀了苏纳海等三大臣的事给康熙极大的刺激。

康熙六年(公元1667年),他十四岁了,根据顺治皇帝十四岁亲政的先例,康熙终于盼来了亲政的这一天。七月初七,满朝文武在太和殿举行了隆重的亲政大典。他身着龙袍、头戴皇冠,躬亲大政,文武百官上叩行庆贺礼,宣诏天下。表明从此可以亲理政事了。

但是事情并不那么简单,鳌拜擅权的问题并不因他亲政可以立即解决。就在康熙亲政后的第六天,康熙端坐在乾清门正殿的宝座上,对群臣说:"朕常想效法列祖列宗,能使天下乂(yì,治理、安定的意思)安,万民乐业。但朕自知年幼,德薄望浅,实感力不从心。望列位爱卿畅所欲言,各抒己见,出谋划策,多为朝廷建功立业。言者一律无罪。"

众大臣听了,立即响起了一片"我皇圣明""臣愿为皇上鞠躬尽瘁、死而后已"的欢呼声。康熙不觉皱了皱眉头说:"我哪里是要你们这些话啊? 我希望听听众卿治国方策的具体意见。"他将目光慢慢地扫过文武百官,忽见苏克萨哈趋前一步跪奏道:"皇上,微臣这里有一份奏折。"说着将奏折呈给皇帝,只见上面写道:

"臣才庸识浅,蒙先皇顺治帝眷爱,在遗诏中列臣为辅政。臣本欲竭力图报。但一二年来,身染重疾,不能始终在皇上面前效力。这都是不可饶恕的罪过。皇上现已亲政,我恳求皇上允许臣辞掉辅臣职务,前去看守先帝的陵寝,留我一条活路,感恩不尽。"

康熙感到很诧异,怎么我才亲政几天,这老头就要辞职不干? 于是问道:"朕有所不解,在朝何以不得生,守陵何以得生?"

苏克萨哈斜眼望了一下鳌拜奏道:"卑臣有苦衷,一言难尽啊。"

康熙无奈,只好下旨道:"卿既然如此说,就交议政王会议审议明白后,朕再做处理。"在苏克萨哈看来,皇上亲政了,辅政理应废除。长期以来他早已对鳌拜擅权感到心忧,他名列辅政第二,想通过自己带头退出辅政之位,从而逼迫鳌拜、遏必隆也同样退出辅政之位,解除对皇上的威胁。但他的一片苦心,既不为皇上理解,也感动不了鳌拜,相反激起鳌拜的恐惧和憎恶。因此一幕诬陷苏克萨哈趁机将其消灭的悲剧发生了。鳌拜精心策划操纵议政王大臣会议,上下齐手,颠倒

黑白,给苏克萨哈罗织了二十四条罪状,决定将其本人及其长子凌迟处死,其余家族斩首,财产没收。在审定苏克萨哈问题的御前会议上,康熙见此奏折大吃一惊,立即感到这是鳌拜对苏克萨哈的恶意陷害,坚决不同意议政王大臣会议的这一错误决定。可是这时的议政王大臣会议已被鳌拜操纵,大多数是他的爪牙,少数人有不同的政见也不敢公开反对,会议最后的决定还是把苏克萨哈杀头了事。

可怜苏克萨哈本欲成全康熙,解除辅政,安度晚年,结果反而使一家人成了一个个无头冤鬼,并没收了家产。这时康熙亲政才有十多天。

鳌拜自从强迫康熙杀掉苏克萨哈后,就推说有病,一直在家不上朝,康熙也明知他是假装生病。为了稳住鳌拜,他还是亲自登门探望。从此鳌拜自以为康熙不敢对他怎样,更加放肆了,凡事上奏自动列于遏必隆之前,以首席辅政自居,一切政事先同自己的党羽议定于家中,以后干脆将部院大臣召集在自己的家中会议。凡有人不经过他直奏皇上的,立即加以迫害。对康熙决定的事,凡不如他意的立即加以阻挠,俨然以太上皇自居。康熙也只装作不知,不久,还亲自下诏加封鳌拜、遏必隆为一等公。实际上康熙正悄悄实施他的计划:第一,他从各王府中精选了几十名年纪和自己差不多的亲王子弟,叫作"哈哈珠子",由索尼次子索额图负责建立了一支"布库"队伍。为了训练这支队伍,另外还请了武林高手做他们的教练,终日练习拳击武艺,形成一支忠实可靠的卫队,以后正式建制,就称作善扑营。第二,康熙为振奋正直大臣的情绪,有时也针锋相对地与鳌拜顶一顶,但更多还是麻痹鳌拜。

岁月悠悠,康熙忍辱负重,不动声色,经过将近两年的准备。这时,"布库"队的"哈哈珠子"的扑击拳术也已练得非常娴熟,具有相当高的水平了,最后除鳌拜的时机成熟了。

在康熙八年(公元1669年)四五月间,康熙经过周密安排,以各种名义将鳌拜的主要党羽、得力干将一个个差出京城,以削弱其势力。对鳌拜下手这一天(康熙八年五月十六日),康熙亲自做了动员,由索额图做了具体部署,然后传旨召鳌拜进宫议事。

鳌拜大摇大摆地进宫来了。他左右瞥了一眼,只见康熙御座两旁站立着一些精神抖擞的各王府少年弟子,并未有一个王公大臣在场,觉得气氛与往日有点不同。但他平时骄横惯了,并不把康熙放在眼里,更不把这些少年放在眼里,他和平常一样,大声问道:"皇上召臣何事?"

康熙端坐在御案后,冷冷的问道:"事到临头,你还不知罪?"

鳌拜听了,大大出乎意料之外,瞪大眼睛蛮横地反问道:"臣何罪之有?"

"哼!自朕即位以来,你欺朕年幼,背弃先皇重托,专权骄横,结党营私,擅杀大臣,恣意妄为,欺君罔上,罄竹难书,还说无罪?左右给朕拿下!"

话音未落,只见一少年应声跃出,直冲鳌拜而去,紧接着,其他布库少年乘机蜂拥而上,鳌拜寡不敌众,终于被打翻在地。

康熙接着派人把遏必隆等鳌拜党羽一一捉拿。事情办完后立即召开议政王大臣会议,宣布鳌拜罪状,满朝文武,人心大快。最后经议政王大臣会议审讯,鳌

拜应革职立斩,遏必隆也应革职立斩,但康熙做了宽大处理:鳌拜"革职籍没,免死仍行拘禁";遏必隆削去太师及后加公爵,免死,其原有一等公,仍准他儿子世袭。处死刑的仅限于劣迹昭彰的班布尔善等九名死党。

康熙对鳌拜及其党羽的处理,分别情况,罪恶轻重,区别对待,法外施仁,体现了很高的政策水平,有力地保持了政局的稳定。许多被宽大处理的大臣感激涕零,终身不忘,后来许多人成了康熙的得力辅臣。

康熙牢牢撑握了朝政大权后,立即着手整顿政治、经济、军事。康熙朝开始出现了前所未有的新气象,也为平定"三藩"准备了充分的条件。

平定三藩　收复台湾

所谓"藩"即"藩王",主要指当时镇守云、贵一带的平西王吴三桂,镇守广东的平南王尚可喜,镇守福建的靖南王耿精忠,三王合称"三藩"。在顺治帝时期,由于他们都是清朝的开国功臣,清军又是初入关,力量不足,全国未定,因此对他们很是器重和迁就。时间一长,他们渐渐不把皇帝放在眼里,慢慢拥兵自重,割据一方,成为强大的地方割据势力,对清朝的统一构成巨大的威胁。康熙亲政后,发觉了三藩问题的严重性,在康熙二年,以"天下大定"为由,收缴了吴三桂的大将军印。其后,康熙四年、六年分别裁减了吴三桂的5000绿营兵和一百多万两饷银。康熙六年发布谕旨,严禁广东、福建等南方各省官员经商盘剥,与民争利。这一切,"三藩"当然也有所感觉,特别是吴三桂更加敏感。为此他在康熙六年五月,以眼睛不好为名,试探性地呈请辞退总管云贵两省事务。岂知,康熙立即批准,其大小官员亦照例由吏部委任。

康熙十二年(公元1673年)康熙决定撤除三藩。他分别派遣吏部右侍郎折尔肯、翰林院学士傅达礼去云南,户部尚书梁清标赴广东,吏部侍郎陈一炳前往福建,会同当地的总督、巡抚、提督,处理各藩撤兵起行事宜。

折尔肯、傅达礼两人在康熙十二年(公元1673年)九月到达云南。吴三桂见永镇云南的幻想破灭,便立即快马飞报靖南王、平南王,决心武力反叛朝廷。于是,开始了三藩之乱。

吴三桂公开反清后,滇黔湘蜀纷纷响应,参加叛乱的各省总督巡抚提督总兵等地方大员达26人,其中20人为明朝的降将,共约14万余人,一时声威大震。

康熙为了把战事控制在云贵湖广范围内,做了周密布置,中路先锋靖寇大将军勒尔锦率领八旗精兵扼守荆州,以控制叛军北上的咽喉之地,稳定人心。同时派兵星夜驰赴常德、岳州以阻叛军北犯、东进。另派兵固守广西,相机分兵合击。

康熙以陕西、甘肃为西线要地,派赫业为安西将军,率军由汉中进入四川,派席卜臣为镇西将军进驻西安,经略陕西,接应入川部队,防止吴三桂军由西北而进窥北京。

在前线各省形势紧张、后方人心浮动的情况下,康熙生活起居,仍一如既往,

几乎每日都到景山散步或外出骑射。他认为：身为国主必须冷静沉着，才能安定人心。若惊慌失措，必致人心动摇，引起意外事故。吴三桂原以为康熙年轻，没有能力指挥行动。当他了解到康熙计谋深远的军事部署后，也不得不叹服。

但吴三桂毕竟老谋深算，他深知南方六省虽陷，并不稳固，加之康熙指挥的各路大军压境，轻易过江，未必能稳操胜券。特别是他的子孙尚在京师做人质，万一做绝，无一能生还。考虑再三，他终于决定通过与朝廷谈判，要求放回在京的子孙，然后划江而治，统有江南半壁河山，与清廷分庭抗礼。于是，他给康熙一份奏章，表示和好罢兵。康熙看了奏章，非常气愤，为表明平叛的决心，下令立即处死吴三桂的儿子吴应熊和孙子吴世霖。同时重新部署军队，加强中路讨伐吴三桂的攻势。对陕西提督王辅臣的叛乱，则采取剿抚并用的策略，王辅臣在康熙十五年（公元 1676 年）向清军投降。从此，陕甘平定。

陕甘平定后，康熙决定首先解决福建问题，同样采取剿抚兼施、恩威并用的策略。他认为耿精忠不同于首倡叛乱的吴三桂。所以一面经常派人前往耿部招抚，一面加强军事进攻力量。适值此时台湾的郑经乘机占据了福建的漳州、泉州等七府，耿精忠后方空虚，两面受到夹击，被迫归降清朝。康熙下令恢复耿精忠靖南王的爵位，随军征剿吴三桂，立功赎罪。

驻守在广东的平南王尚可喜，对朝廷一直矢志不二。康熙嘉奖他"性笃忠贞"，还提高了尚可喜的职权，并封他为平南亲王。尚之孝为平南大将军，尚之信为讨寇将军协助剿叛。但在康熙十五年（公元 1676 年）四月，尚之信却软禁患病的父亲，接受吴三桂招讨大将军的伪职，并夺了弟弟的兵权。吴三桂虽给了尚之信辅德亲王的封号，但又想抓尚之信的实力。尚之信看出了吴三桂的险恶用心，心中害怕深感后悔，于是向清军请降，得到康熙的恩准。十六年三月，大军入粤，诏令尚之信承袭其父平南亲王爵，下属将领各复原职。两军合击吴三桂叛军于韶州，大胜。广东至此全境平定。

接着康熙全力以赴对付吴三桂。这时吴三桂驻守在湖南衡州，眼看东线耿精忠、西线王辅臣、广东尚之信先后降清，为了鼓舞士气，过过皇帝瘾，竟于康熙十七年（公元 1678 年）三月初一，把衡州改为定天府，作为"国都"，当年改为昭武元年，演出了登基做皇帝的一幕丑剧。也许真是天意难容，及至八月吴三桂就一命呜呼了。

吴三桂死后，由其孙子吴世璠继位。此时，叛军势力已江河日下，人心动摇，处于孤立无援四面楚歌的境地了。这时康熙一方面更加强调招抚政策，以便分化瓦解，一方面加紧了军事进攻。清军势如破竹，于康熙十八年（公元 1679 年）收复湖南，十九年平定了四川。二十年（公元 1681 年）正月贵州收复。同年二月，清军分三路进抵昆明，组成了数十里的包围圈。同年十月，城中食尽援绝，吴世璠服毒自杀，部将开南城门投降。三藩之乱历经八年终于彻底平息。

削平三藩，消除了地方割剧的隐患，康熙统一了大陆，加强了中央集权，有利于社会经济的发展和繁荣，也有利于尽早收复宝岛——台湾，最终完成国家的统一。

康熙二十二年(公元1683年)六月十四日,福建铜山海边,清军水师21000余人,各类战船230余艘,齐到海湾中。福建水师提督施琅站在楼船上,大手用力一挥:"出发!"顿时号角齐鸣,战船如箭,向台湾宝岛的重要门户澎湖进发。收复台湾的战斗打响了。

再说那澎湖守将刘国轩,是台湾的实权人物。他在澎湖岛的沿岸,筑了一道坚固的短墙,墙上又置腰铳,墙后阵列火炮,形成周环20余里壁垒,严阵以待。

首战清军失利。为了取得下次战役的胜利,施琅做了充分准备,他总结经验教训,改变了作战方案。

第二次战斗,清军战果辉煌,攻占了号称台湾门户的澎湖等30多个岛,击沉敌船100余艘,毙敌12000多人,投降官兵近5000人。

刘国轩狼狈逃回台湾后,全岛震动。守岛将士人心涣散,纷纷私逃降清。郑克塽知大势已去,有心降清。正在他惶惶无主之时,接到康熙的诏降谕旨。

八月十一日,施琅率清军进驻台湾受降。郑克塽亲率文武官员于海边列队恭迎。自此,台湾纳入清朝版图,大清江山,始得全国统一。

康熙在郑克塽归诚投降后,不仅把他们从前的违抗之罪一概赦免,而且授郑克塽为正黄旗汉军公,授后来主持台湾政务的刘国轩等为伯爵,充分显示了康熙宽广的胸怀。

台湾收复以后,康熙采纳了施琅等的建议,坚决主张留守台湾,又在台湾设立了台湾府及凤山、诸罗、台湾三县,隶属福建布政司管辖,同时在台湾设总兵一员,水师副将一员,士兵参将二员,士兵8000名,在澎湖设水师副将一员,士兵2000名。这些措施,加强了对台湾的统治,保卫了台湾及其所属岛屿的安全。

亲征雅克萨

从公元1640年清太宗时期,沙俄就开始组织远征军,向黑龙江渗透。至康熙九年(公元1670年)先后四次进行骚扰。在此同时,沙俄还派遣了另一支哥萨克远征军,从贝加尔湖地区向黑龙江上游进攻,建立了巴尔津察堡,占领我石勒喀河上的重镇尼布楚,构筑了涅尔琴斯克城堡。其后又不断向南渗透,深入喀尔喀蒙古的土谢图汗,在我国的色楞格河下游建立了色楞格斯克堡。

康熙十四年(公元1675年),沙俄派出正式使节到北京递交国书,要求中国派使团携带珠宝到莫斯科向沙俄朝拜称臣,要求开展贸易等。在此同时变本加厉地加紧对我国东北边疆的侵略。沙俄军队很快控制了外兴安岭以南黑龙江上下游的我国广大地区,不断地与清军发生摩擦。

面对沙俄如此咄咄逼人的疯狂侵略,康熙一面积极准备加强东北边疆的防务建设,一面抓紧平定三藩,统一西南边疆。康熙为了铲除沙俄匪军侵略东北的大本营,决定首先荡平雅克萨,并为此做了一系列的准备工作。康熙为了加强东北军事、防务建设,在黑龙江的瑷珲以木为城建成城堡,驻大军屯田自给,生产粮

食,生产战船大炮,建立驿站。康熙二十二年(公元1683年)正式在黑龙江设立将军,任命萨布素为首任黑龙江将军。任命礼部侍郎溢岱、工部给事中雅齐纳为副都统。经过以上部署,基本完成了抗击沙俄匪军的全部准备工作。

康熙二十四年初(公元1685年),康熙会同大臣制定了作战计划,命令黑龙江将军萨布素、都统彭春,副都统郎谈、班达沙尔等统率大军万余人,分水陆两路,进攻雅克萨。经过几天的激战,清军大败沙俄匪军。至此,被沙俄侵占二十余年的雅克萨始告收复。但萨布素收复雅克萨后,并未在此驻兵设防,只是放一把火将城堡烧毁,大军仍撤回瑷珲屯驻。

沙俄匪军于康熙二十五年(公元1686年)二月,重占雅克萨。康熙非常气愤,立即降旨部署第二次雅克萨保卫战。

五月上旬,再由萨布素统率大军2000余人,由瑷珲出发,月底抵达雅克萨城下,俄军闭城固守。六月初清军开始从南北两个方向攻城,敌军负城顽抗,双方打得十分激烈。清军久攻不下,于是采取长围坐困,同时部署重兵打击敌援军的办法,孤立守敌。夏去秋来,城内俄军饥饿痛毙,死亡甚重。眼看孤城危悬,不日可下。忽然传来撤销包围的命令。这到底是怎么回事呢?原来康熙帝在处理中俄关系问题上,一向主张通过和平谈判解决边界争端,加上这时噶尔丹叛匪正值嚣张时期,更促使他下决心尽快跟俄国人谈判,解决争端,以便全力以赴对付噶尔丹。

康熙二十五年冬(公元1687年1月),俄国政府任命戈洛文为全权大使,于翌年八月到达贝加尔湖东岸乌丁斯克。康熙为向俄使表示诚意,下令将围困雅克萨的清军全部撤回瑷珲。可是康熙的宽厚仁义之举,却被狡猾的戈洛文所欺。当他得知清国已从雅克萨撤退后,反而不急于跟清政府谈判了。相反,却利用当时的噶尔丹叛乱,与其勾结,加强对喀尔喀蒙古的进攻掠夺。一直拖到康熙二十七年(公元1688年)春,仍无意跟清政府接触。经康熙遣使一再抗议敦促,戈洛文才遣使到北京安排谈判事宜。双方商定谈判地点先设在钯椤格斯克,康熙接受了俄方要求,立即组成以索额图、佟国纲等为首的使团,北上谈判。

七月初八,双方使臣举行第一轮会谈。戈洛文提出黑龙江左岸划归俄国,右岸属中国。索额图当即严正地指出:"黑龙江流域自古属中国领土。中国在此一直设有地方官,有证可查。贝加尔湖东南广大地区,也一直为臣属中国的蒙古族所领有,贵方有何理由和证据,定要索要如此广大地区?"戈洛文理屈词穷,提不出任何证据,但却会节外生枝,无理取闹,双方辩论一天,没有结果。

次日举行第二轮会谈,由于双方事先都已有做出让步的打算,故几经较量,最后达成六条协议,史称《尼布楚条约》。条约明确规定中俄东段边界以外兴安岭格尔必齐河为界,以北属俄,以南属中国,俄军撤出雅克萨。外兴安岭与乌第河之间的小块地区尚有争议,以后待定。

《尼布楚条约》的签订,俄国获得了额尔齐斯河以西原属中国的大片领土。但清政府第一次从外交上确定了东北方的中俄边界,收回了长期被俄方占领的雅克萨,保卫了黑龙江两岸的广大领土免遭侵犯。同时,为进一步平定噶尔丹叛

中华名人百传

帝后卷

乱,完成国内统一创造了条件。

平定噶尔丹叛乱

在 17 世纪 80 年代,噶尔丹不仅控制了厄鲁特四部西北广大地区,而且还趁沙俄觊觎喀尔喀蒙古之机频频对喀尔喀蒙古发动进攻,妄图把漠北蒙古以及漠南蒙古都置于自己的统治之下。

康熙二十七年(公元 1688 年),正值一支沙俄远征军肆掠喀尔喀蒙古时,噶尔丹率领精锐骑兵三万余人,翻越杭爱山与沙俄联合向土谢图汗进攻,双方在特穆尔接触。由于土军腹背受敌,不久全线崩溃,望风东逃。后来,土谢图汗联合三部民众抵抗噶尔丹新的猛攻,结果全军败溃。沙俄趁机诱降喀尔喀各部。三部王公举行特别会议,严词拒绝沙俄的威逼利诱,一致要求清政府予以保护援助。康熙立即遣使阿拉尼,前往归化宣抚接待,将逃来的部众安排在科尔沁草原水草丰盛地区。同时令阿拉尼前往噶尔丹部强行要求噶尔丹撤兵。但噶尔丹阳奉阴违,陈兵不退,同时遣使跟沙俄勾结,伺机再度发动进攻。

康熙二十九年(公元 1690 年)六月,北京紫禁城内一片惊慌。康熙和大臣几天来一直在乾清门紧急磋商北方边事。

原来噶尔丹勾结沙俄,得到沙俄的默许和支持,率领数万精骑,直接南下侵入内蒙,矛头指向京城了,清军初战失利,阵地被突破,而且损失重大。叛军趁势进抵乌兰布通附近,威胁京师。

为了平定这次叛乱,康熙制定了详细的作战方案:决定分成三路大军,迎战叛军,左路由抚远大将军康熙之兄裕亲王福全统领,由古北口北上;右路由安北将军恭亲王常宁统领,由喜峰口北上;康熙亲自统领中路,御驾亲征。七月初大军出发,月底抵乌兰布通,与叛军隔河安营扎寨。战斗打响后,双方损失都很大,但清军最后终于打败噶尔丹。但由于清军损失较大,福全有点惧战,让"卑词乞和"的噶尔丹率残部仓惶逃去。

为了进一步解决喀尔喀蒙古各部之间的矛盾,协调各部之间的关系,宣扬天朝的声威,第二年即康熙三十年(公元 1691 年)四月,康熙决定亲赴内蒙古多伦诺尔,会见内外蒙古各部领袖。通过这次会盟,康熙威震大漠,内外蒙古各部,都接受了清政府的封号,被各赐以亲王、郡王、贝勒、贝子、镇国公、辅国公的爵位。从此跟清王朝中央的关系更加密切,边疆暂时获得巩固,对沙俄妄图利用各部之间的矛盾浑水摸鱼,想侵占外蒙的野心是一个沉重的打击,有力地捍卫了大清朝的统一。

可是噶尔丹野心不死,自乌兰布通大败后,率领残部溃逃至科布多河流域方才停止。他一面整顿军队,一面遣使去莫斯科乞援。结果得到沙俄的支持,拨给车装大炮多门和鸟铳千余枝,准备继续发动叛乱。康熙三十四年(公元 1695

年)，噶尔丹自恃羽毛重丰，有沙俄为后盾，不顾清廷中央的多次劝慰，悍然再次发动叛乱。康熙于十一月立即着手准备，制定了平叛方略。康熙此次亲自随军出征，士气高昂。噶尔丹闻之，立即下令迅速逃跑，逃匿在昭莫多与西路军相遇，经过殊死的搏斗，最后噶尔丹全军覆没，仅引数骑遁去，逃向漠西本部。

噶尔丹逃走后四处漂泊，拒不接受清廷中央的招抚，想继续勾结沙俄，进行分裂祖国的叛乱活动。康熙三十六年（公元 1697 年）春，康熙再次御驾亲征，远赴宁夏。他不顾旅途劳顿，立即召集各军统帅商议作战方略，命费扬古带领一支兵马从左路突进，命马思喀率大军从右路包抄。此时噶尔丹只剩下五六百人，食尽粮绝，最后窜至俄罗斯边境，由于沙俄看他已派不了用场，严厉拒绝他入境。噶尔丹在后有大军进逼，前无活路可逃，军心涣散纷纷潜逃情况下，自知末日来临，饮毒自杀，余部或逃或降。自此，大漠东西，广袤的 5000 余里的北方边疆获得了一个短暂的休养生息时期。

慎始慎终　风范永铸

康熙从 8 岁登基，至 69 岁驾崩，在位 61 年，是中国历史上在位时间最长的皇帝。他为中华民族做出了巨大的贡献。

他消除地方割据，抵制沙俄侵略，实现了一个地域辽阔人口众多的封建大帝国的统一和稳定。中国是一个多民族的国家，自汉唐以来，历经变故，王朝更迭，在中原地区周边的少数民族，虽然和中原王朝有着政治、经济、文化上的密切联系，但从来没有实现过像康熙朝如此版图，如此统一和稳定，保证了此后二三百年中华民族在这片土地上的繁衍、发展和安宁的生活。

康熙在位期间，比较妥善地处理了国内各民族的关系，缓和了阶级矛盾，形成相当长一段时间内和平安定的环境，有利于经济文化的交流、发展和繁荣。清初满汉民族矛盾十分尖锐，康熙执政后，团结汉族官僚、地主、士人，继承中原地区的传统思想、文化、典章、制度，尊儒崇道，使满族向汉族看齐，有利于民族融合和进步。

康熙是满族人，对汉族文化却推崇倍至。他集中大批汉族知识分子，整理古籍，编辑类书，尊儒崇实，对封建文化的发展和保存起了重要作用。他对西方的先进科学技术，认真学习、实践，开中国封建帝王之先。

康熙的一生勤于政事，自奉节俭，关心民间疾苦的行为风范十分感人。他从政数十年，"孜孜汲汲，小心谨慎，夙夜不遑，未尚少懈，数十年殚心竭力，有如一日"。他说，君主行止，事关重大，"一事不谨，即贻四海之忧，一时不谨，即贻百世之患"。所以，他事事谨慎，每日政事不处理完毕，决不休息。同时，他一生自奉节俭，十分尊崇中国的一句古训："以一人治天下，不以天下奉一人。"他每次出巡，不许为他修路，不准擅建宫室，不搞隆重排场迎接。六十大寿时，上下官员要

求为他祝寿,他断然拒绝,不准地方为他建御书碑亭。

康熙的一生是功业辉煌、彪炳史册的一生。当然,金无足赤,人无完人。康熙是人不是神,他不可能超越历史时代,超越他所处的阶级地位,以及超越他自己。例如如何使国富民强,他想到的只有兴修水利,注重农桑,改革赋税,轻徭薄赋。他就没像俄皇亚历山大那样,嗅出西方资本主义的早春气息,微服出访,叩开资本主义工业的大门。他花了那么大力量编著那么多的中国文史之书,却没有系统推广一本外国重要的科技著作。当时的西方,海上贸易已有惊人的发展,英国成了世界贸易的中心,大大促进了英国资本主义工场手工业的发展。而康熙却由于当时情况的变化,变开矿为禁矿,变开放的海上贸易为禁海,这不能不说他的目光短浅,见识有限。但这些丝毫不影响我们评价这位杰出的皇帝。

慈　禧

慈禧(公元 1835 年—1908 年),姓叶赫那拉,乳名兰儿。"慈禧"是她正式上台时所接受的第一个徽号。在她生前,其徽号已多达 16 个,全称是"慈禧端佑康颐昭豫庄诚寿恭钦献崇熙皇太后"。由于她曾居于西宫,故又称西太后。在皇宫中,慈禧还被尊为"老佛爷"。在她死后,又上谥号曰"孝钦显皇后"。

被召入宫

慈禧公元 1835 年 11 月(道光十五年十月)出生,其父是安徽宁池广太道道台,名惠征。公元 1851 年,奕泞登基后第一次挑选八旗秀女,年方 17 的慈禧被选入宫,赐号兰贵人。慈禧入宫后,因善于"先意承旨",甚得咸丰帝宠幸,咸丰四年进封懿嫔,咸丰六年生子载淳,当日即晋为懿妃,地位仅次于皇后和皇贵妃。随着地位的提高,她开始参预朝政,常代咸丰帝批阅奏章,由此渐渐熟悉政务和朝廷要员情况,并滋长了权欲和野心。

公元 1861 年 27 岁的慈禧和咸丰帝之弟奕䜣合谋发动了一次宫廷政变,夺取清朝最高统治权,从此执掌同治、光绪两朝统治大权,长达半个世纪,创中国历史女后专权之最高纪录,成为晚清政治舞台上显赫一时、对国家民族影响至深且远的一位重要历史人物。

垂帘听政

公元 1856 年英、法联军对中国发动了第二次鸦片战争。由于清政府的妥协退让,公元 1860 年,英法联军攻占天津,一直打到北京。咸丰皇帝惊慌万分,带着后妃、皇子和一些贵族官僚逃往热河。次年 8 月,咸丰帝在热河行宫病死,临死前遗诏立年方 6 岁的儿子载淳为皇太子,继承皇位。同时建"顾命制度",任命怡亲王载垣、郑亲王端华和户部尚书肃顺等八人为"赞襄政务大臣",主持一切政务。

根据咸丰遗诏,八大臣拥立载淳即位,定明年为"祺祥"元年。咸丰的皇后钮祜禄氏被尊为"母后皇太后",慈禧被尊为"圣母皇太后",合称"两宫皇太后",之后分别加徽号"慈安"和"慈禧"。清代的祖宗家法从未有母后临朝听政先例,为防止皇太后干预朝政,肃顺等人规定皇帝谕旨由赞襄王大臣拟定后,送呈两宫皇太后印用"御赏"和"同道堂"印玺,不得更易;大臣的奏折不得呈送皇太后阅看,而且奏折上只写"皇上"字样,不准写"皇太后"字样。这些限制引起了权欲心强烈的慈禧的极端不满,视顾命八大臣为其掌权的主要障碍,于是与八大臣之间不断发生剧烈冲突,殿堂之上常出现"哓哓置辩"的场面。在此之前已有传说,肃顺曾建议咸丰帝除慈禧只留其子。慈禧风闻,便与肃顺结下不解之怨。慈禧在无法折服肃顺等人的情况下,便施展诡计,策划宫廷政变,除掉八大臣,独揽朝纲。

慈禧发动政变的第一步是争取慈安太后站在自己一边。慈禧与慈安之间原本并不和睦,品行和作风大相径庭,时常有争执。为了取得慈安的帮助,慈禧一反常态,百般逢迎和拉拢,利用慈安也同肃顺等人的紧张关系,劝诱慈安联手垂帘听政。在慈禧的鼓动下,慈安成了慈禧的亲密伙伴,一起密订了政变的计划。

争取到了慈安,接着是勾结恭亲王奕䜣。作为咸丰帝的异母弟,奕䜣在清皇室中宗支最近,地位较高,被封为恭亲王,屡委重任。咸丰离京后,他作为钦差大臣留京与外国侵略者周旋。咸丰死后,奕䜣原想以叔王身份出掌中枢权力,未想到八大臣名单中没有他,实权却落入宗支较远的肃顺等人手中。加上肃顺等人对他的排挤,他与肃顺等人积怨日深。慈禧正是利用这个矛盾,并凭借奕䜣的实力,共同实施政变计划。慈禧派心腹太监去京召奕䜣到热河,策划了政变的具体步骤,并取得奕䜣"外国无异议"的保证,然后两人分头下手。

奕䜣回京后,首先联络人员,组织力量,特别是军事力量。慈禧和奕䜣不仅得到内阁和总理各国事务衙门主要成员的支持,而且也取得了胜保、僧格林沁等重要军事官员的支持。与此同时策动一批官员弹劾辅政大臣和制造皇太后垂帘听政的舆论。公元 1861 年 10 月 7 日她利用载垣等以事务繁忙,要求酌量改派的机会,解除了载垣、端华、肃顺的许多兼差,包括步军统领、火器管理等。11 月 26 日,在咸丰帝的灵柩起运回京之时,慈禧又袭用旧制,偕同慈安和小皇帝先期

129 ☯

上路,留下八大臣核心人物肃顺在后护送灵柩,拆散八大臣。这一着使得肃顺孤掌难鸣,先行七人又群龙无首。

11月1日,慈禧回到北京,立即召集恭亲王奕䜣和其他亲信大臣秘密部署。第二天一早,慈禧下令恭亲王传旨,将载垣、端华、肃顺革职拿问。恭亲王随即命早已布置好的侍卫将载垣、端华逮捕,同时派人前往途中拿问肃顺,押解来京。11月8日慈禧以幼帝载淳名义发布上谕,罗列八大臣罪名,令载垣、端华自尽,肃顺斩首,其余五大臣革职和充军。11月11日,慈禧为载淳举行登基大典,正式即皇位,废除年号"祺祥",改明年为"同治"元年,政变成功了。

在这段时间里,慈禧还改组了军机处,授任奕䜣为议政王,并通过一系列任免措施,把最高统治权全部攫取到自己手里,与此同时制造舆论,为垂帘听政寻找历史根据。12月2日慈禧和慈安两宫皇太后正式垂帘听政,清朝王公大臣、六部九卿,由吏部带领引见,在养心殿向太后行礼。至此,咸丰帝死后所建立的顾命制宣告彻底结束,晚清慈禧太后开始了她专权48年的历史。

二次垂帘

两太后垂帘听政后,由于慈安平素作风是"和易少思虑"不大过问政务,清廷大权实际由慈禧独揽,直到1873年。这年同治皇帝载淳已满18岁,按常规理该亲政,慈禧被迫发布上谕,宣布两宫皇太后撤帘归政,由载淳亲政。

载淳名义上亲政,可朝政实权仍为慈禧暗中操纵。这种局面维持不到两年,公元1875年1月载淳身染重病而死。

载淳无子,皇位继承成了问题。按理应由他低一辈的"溥"字辈的宗室中,挑选一个皇侄来继位。如果是这样,慈禧就成了"太皇太后,"没有资格再垂帘听政。为了继续操纵统治大权,慈禧违背常情,选定咸丰帝奕詝的长子同治帝的堂弟载湉继位,开了清室皇位继承传弟不传子的新例。慈禧之所以选立载湉,其用意很明显:载湉与载淳同辈,慈禧仍可保持皇太后身份;载湉年仅4岁,仍需皇太后临朝执政;载湉的母亲是慈禧的胞妹,载湉与慈禧存在甥姨至亲关系,便于控制。这样,慈禧凭借素日的淫威,依靠党羽的支持,立4岁的载湉为皇帝,登基后年号改为光绪,慈禧再度以皇太后名义垂帘听政。

由同治之死造成的光绪帝继位和慈禧垂帘听政,对晚清政局影响至关重大。它使本已撤帘归政的慈禧重返舞台,再次成为清王朝的最高统治者。

慈禧在二次垂帘后的10年里,为了独揽大权,采取种种手段,对有可能损害其权势地位的对手都逐个加以铲除。

慈禧首先拿同治的皇后阿鲁特氏开刀。因为没有立"溥"字辈继承皇位,阿鲁特氏没有得到皇太后封号,但她毕竟作为已故皇帝的正后留居宫中,对于慈禧破坏祖制的行为是一个活见证。于是,慈禧视儿媳为眼中钉。载淳死后,慈禧诬

称她行为不端,并将同治的死归罪于她,百般责备逼迫。在慈禧的虐待凌辱下,同治死后不到百日,阿鲁特氏猝然死去。

接着是慈安太后,慈禧与慈安两度共同垂帘听政,但慈禧独揽大权,统治手腕高超,慈安充当的只是陪衬角色。尽管如此慈禧仍视其为专权障碍。特别是光绪年岁渐长后,与慈安颇为相近,与慈禧反而疏远,这更引起慈禧的不悦。公元1881年4月,素称康健的慈安突然死去,年仅45岁。后来许多史书推测她是被慈禧投毒致死。慈安暴卒为慈禧专权清除了障碍,从而结束了公元1861年以来两宫太后共同垂帘听政的历史,开始了一宫"独尊"。

慈禧搞掉的下一个对手是恭亲王奕䜣。公元1861年奕䜣支持慈禧发动了"祺祥政变",他因此也煊赫一时,总揽内政外交大权。当时有人称清廷是两个当权者,慈禧和恭亲王。奕䜣权势的增强对慈禧构成了一大威胁,她不能容忍身边有一个隐然钳制着自己的力量。二次垂帘后,慈禧仍视奕䜣为心病,借机收拾。公元1884年中法战争中,慈禧又以"委靡因循"之罪,将奕䜣赶出了军机处和总理各国事务衙门,并撤恩加双俸,迫其"家居养病"。从此奕䜣整整闲居10年。

慈禧搞掉了影响自己专权的这些对手之后,统治地位大为巩固,名副其实地成了清王朝最高主宰。

三次临朝

公元1886年光绪年满16岁,已及执政之年,慈禧不便再垂帘听政。于是她表面宣布明年"归政于帝",可实际上并不愿意放弃权力,又暗示亲信大臣上疏,恳请实行"训政"数年,即一切事情先请懿旨,再于皇帝前奏闻。慈禧照例又故技重演,说是为了俯顺"天下公论,再训政数年"。

过了3年,光绪已经19岁,大婚成年。慈禧又不得不在公元1889年3月宣布"撤帘归政,由光绪亲政"。此后几年,慈禧常居住在供她"颐养冲和"的颐和园,表面上不过问国事,实际上仍然掌握着政事的最后裁夺权,光绪只不过是傀儡皇帝。朝廷中掌握军政实权的贵族官僚大多依附于慈禧,结为后党,压制光绪周围的帝党。由于慈禧实权在握,后党势力大于帝党势力,在政治斗争中总是处于优势地位。

公元1894年中日甲午战争爆发,两派矛盾尖锐,慈禧一味妥协求和,招致战争失败,签订了丧权辱国的《马关条约》。在民族危机日益严重的情况下,以康有为为代表的资产阶级改良派发动了一场维新变法运动。资产阶级改良派想通过皇帝的力量自上而下推行其变法主张。光绪皇帝鉴于甲午战败,国势贫弱,支持改良派的变法主张,并想通过变法维新,引入新人,排斥后党,摆脱慈禧的束缚,从而掌握实权。

公元1898年6月11日光绪帝发布"明定国是"诏书,正式宣布变法。接着

他启用了康有为、梁启超、谭嗣同等维新人士,颁布了许多除旧布新的变法法令,包括废八股,改革科举制度;设新式学堂、学习西学;奖励新著作、新发明;倡办报刊,提倡上书议事;保护和奖励农工商业,修建铁路,开采矿产;用新法操练海陆军,裁绿营兵;改革官制,裁减冗员等等。短短二三个月中,维新变法运动达到了高潮。

面对维新运动高涨的形势和帝党与维新派结合而形成的压力,慈禧及后党采取了欲擒故纵手法,表面上忍让,使光绪的一些改良诏谕能够发布和程度不同地付诸实践,暗地里却加紧部署。就在光绪下令变法的第四天,慈禧强迫光绪一连发布几道诏旨:一是免去帝党核心人物、皇帝的老师翁同龢协办大学士和户部尚书的职衔,并驱逐回籍,借以孤立皇帝;二是令今后被任命的二品以上大员都必须到慈禧面前谢恩,借以操纵皇帝的人事任免权;三是任命其心腹荣禄为直隶总督,从军事上控制京畿地区。这几道命令为慈禧后党最终铲除帝党势力做好了准备。

光绪帝下令变法后两个多月,帝党与后党矛盾日益尖锐。9月2日,光绪以"雍蔽言路"的罪名一次罢黜了礼部的两个尚书和四个侍郎。同月7日又解除了李鸿章总理各国事务衙门的兼差。慈禧则与直隶总督荣禄密谋,利用10月19日光绪去天津阅兵之机,由荣禄发动兵变,胁迫光绪退位。与此同时,后党势力还大造"训政"舆论,吁请太后重新临朝训政。

当光绪得知慈禧预谋政变的消息后,深感自己无权又无兵,难以对付,只有密诏康有为、谭嗣同等设法相救。康等也毫无办法,只好游说荣禄部下袁世凯,指望他在天津阅兵时营救光绪。不料袁世凯惯耍两面派,当即答应,隔天即往天津密告荣禄。荣禄得报,星夜进京报见慈禧。

9月21日凌晨,慈禧由颐和园回到宫廷,发动政变。她下令将光绪幽禁在中南海的瀛台,派太监看管。同时又以皇帝名义发布谕旨,宣布自己不能胜任艰难的国事,"皇太后两次垂帘听政,办理朝政,弘济时艰,无不尽善尽美。因念宗为重,……"。下谕后,光绪帝与废立无异,慈禧第三次临朝听政。紧接着慈禧下令逮捕维新人士,康有为、梁启超逃亡国外,谭嗣同、杨锐、刘光第、杨深秀、林旭、康广仁六人被斩首。其他赞助变法维新者或因滥保匪人,或因勾结边界乱党,轻罪革职,重罪充军及永远监禁。同时撤销了全部新政(只有京师大学堂和各省民团两项除外),并恢复了已被废除的旧制。这一年是旧历戊戌年,这次政变史称"戊戌政变"。

这样,慈禧又用流血的政变手段,扼杀了维新变法运动,囚禁光绪,复出训政,继续把持清最高统治权,直到1908年。

卖国求荣

慈禧掌握朝政的48年中，先后发生了中法战争、中日甲午战争、八国联军侵华战争，结果都是清政府签订丧权辱国条约，以割地赔款而告终。这三次战争期间或前后，恰逢慈禧50、60、70大寿。尽管国难当头，她为满足个人的虚荣，显示她的权势而大办庆寿活动，极尽穷奢极欲。

公元1883年法国把蓄谋已久的侵华战火烧进中越边界，中国面临是战是和的选择。当时清政府中主战主和的态度不一，慈禧外受法国的逼迫，内受抗法舆论的压力，曾一度增兵边防，奖励抗法将领刘永福，更换全部军机大臣，表面似乎有抗法的倾向。但同时，她又唯恐开战会危及清王朝的统治，希望尽快把大事化小，苟且目前。所以她又大力支持李鸿章的求和主张，授权李鸿章设法与法国谈判，请求英、美出面"调停"，并不顾法军日益加强的挑衅，严令中国守军"静以待之"。

慈禧采取的这种妥协态度，助长了法国的侵略气焰。清廷迫于形势，于公元1884年8月26日对法宣战。双方开战后半年，中国军队掌握了战场上的主动权，公元1885年3月，取得著名的镇南关大捷。法军在军事上的失利导致法国茹费理内阁的倒台。

正当前线捷报频传，抗法斗争胜利在望的关键时刻，慈禧却在4月7日下达了停战撤兵命令。最后授权李鸿章在6月9日与法国签订了《中法会订越南条约》。清政府承认法国对越南的统治；法国取得了在中国西南开埠通商、货物进出减少税率等特权，战争以中国出卖主权而告结束。

中法之战，中国不败而败，法国不胜而胜，这种咄咄怪事中国历史上罕见，也令外国人惊讶。在整个战争过程中，慈禧的宗旨是只要"不伤国体"胜与败无关紧要。中法战争之际，正逢慈禧50寿辰，庆寿期间，设宴演戏，挥金如土。从公元1884年开始对南海、中海、北海进行大规模的修建，以供慈禧归政颐养之用。这次修建工程浩繁，开支巨大，在当时清政府财力匮乏的情况下，更加重了人民的负担。

中法战争十年以后，公元1894年日本借朝鲜东学党起义之机出兵朝鲜，并对清军发动突然袭击，挑起一场侵略战争。这年是旧历甲午年，史称甲午战争。这年适逢慈禧60大寿，她一心只想举行万寿庆典，但求战事速结，从战争开始就积极支持李鸿章等对日本妥协求和活动。

慈禧六旬万寿庆典活动从年初即开始筹备，颐和园的建造工程这时已基本完成，仍在不断修饰。8月中日战事日益扩大，户部上疏请暂停办庆典活动中的"点景"，移作军费，慈禧更是怒不可遏，声称"今日令吾不欢者，吾亦将彼终身不欢。"

133

9 月清政府陆海军在平壤、黄海先后遭败绩，慈禧求和心更切，强令主战的仇同和到天津面见李鸿章，以托沙俄驻华公使出面调停中日战事。10 月 18 日下令王公大臣及外省封疆大吏，将"六旬万寿贡品"统于 10 月 23 日呈进。11 月 7 日日军占领了大连界湾，这一天正是慈禧生日大典。前方败战电报如雪片飞来，她却不为所动，照例在颐和园殿受贺，大宴群臣，连续赏戏三天。

11 月 22 日北洋海军基地旅顺陷敌，慈禧仍不以为然，却将矛头指向以光绪为首的帝党主战派。从 11 月底至 12 月底，慈禧为了加强主和派势力和打击主战派，连续办了三件事：一是处罚瑾妃和珍妃；二是处死珍妃位下的内监高万枝；三是启用恭亲王主持对日议和，并授其军机大臣，同时下令撤销光绪的书房，借此罢斥光绪的近臣，以示警告。

公元 1894 年底，清政府因淮军屡败，又起用湘军，结果还是不堪一战。慈禧更加急切求和，公元 1895 年 1 月派张荫桓、邵友濂为全权大臣，赴日求和。日本政府借口中国使臣"全权不足"，拒绝开议。议和未成，慈禧慌恐之下，曾授命顺天府准备车骤，拟逃往山西。2 月威海卫海军全军覆灭。3 月山海关外的牛庄、田庄台等军事重地相继失守。于是慈禧决意议和，派李鸿章为头等全权议和大臣，赴日本乞和。4 月 17 日签订了空前屈辱的《马关条约》。

甲午战败，乞和签约，慈禧作为卖国之首遭到人们的愤怒谴责。《马关条约》签订后不久，北京城门贴出一幅对联"万寿无疆，普天同庆；三军败绩，割地求和"。战败签约带给中国的影响是帝国主义对中国的侵略进入一个新阶段。从此各列强纷纷在中国开办工厂、矿山、抢占租借地，划分势力范围，中国面临着沦为殖民地的严重民族危机。

公元 1900 年八国联军发动侵华战争，并有迫令太后归政光绪之谣。慈禧盛怒之下发布上谕正式对外宣战，但又事事为求和留有余地。8 月八国联军攻入北京，慈禧挟持光绪逃奔西安，在途中又发上谕，将义和团作为肇祸之源，令清军痛加铲除，为自己一气之下的对外宣战开脱责任。慈禧到西安后，每日坐立不安，"望电报如饥渴"，担心八国联军会把她当祸首惩办，失去权势。

12 月底，外国侵略者提出"议和大纲"十二条，要清政府全部接受，不得有丝毫更改。"议和大纲"寄到西安后，慈禧见没将自己作祸首惩办，大喜过望，即下令给奕劻和李鸿章不得违背十二条大纲。公元 1902 年 2 月慈禧又以光绪的名义向议和大臣奕劻和李鸿章下达批准"议和大纲"的电令，"议和十二条大纲，业已照允，仍电饬该全权大臣，将详细节目，悉心酌核，量中华之物力，结与国之欢心"。

有慈禧上述电谕，双方没有经过多少谈判，就在公元 1901 年 9 月 7 日签订了《辛丑条约》。这个新的不平等条约又把大量中国主权出卖，换取了慈禧统治地位的稳固。当时在民间流传着这样一首民谣"西太后，真不赖，腿儿长，跑得快，长安一住把国卖。赔款数不清，卖地好大块"。

慈禧西逃太原、西安期间，仍不忘宫廷排场，大肆挥霍。她所到之处的行宫，

一切布置与北京宫中相仿。慈禧所到之处无不兴师动众，大兴土木。只要是慈禧必经的"御道"都要求用细软的黄土铺于路面，以使马蹄行之无声，水平如镜。慈禧所经州县必备行宫、尖站。从西安到北京的2700多公里行程中，共建富丽行宫37座，尖站公馆等不计其数。慈禧这一次的浩繁开支，除来自大量调拨转运各省的关饷银粮，就是对沿途及晋、陕百姓的搜刮。而此时，山西、陕西正遭大旱，饥荒日甚，饥民数十万。

公元1902年1月慈禧回到了北京，依然以最高统治者的身份坐阵朝廷，为报答各列强维持其地位的"恩情"，更是尽心尽力，"凡所要求，曲意徇之"，从此清王朝真正成了"洋人的朝廷"。

专制独裁

慈禧当权的48年间，中国大地先后爆发了声势浩大的农民反抗斗争、资产阶级的改良和革命。慈禧为了维持摇摇欲坠的清王朝和巩固自己的专权地位，对人民的反抗斗争采取了坚决的镇压。

公元1861年慈禧垂帘听政后，太平天国革命兴起已8年，清统治受到这场农民革命的沉重打击。慈禧一上台就把镇压农民起义作为自己的第一要务，为此她采取了两条方针：对内依靠曾国藩等一批汉族官僚，对外"借洋师助剿"。

当时清朝的八旗、绿营军已腐朽不堪，在对太平军的镇压中屡败，清廷迫不得已开始启用地方团练武装。早在咸丰当政时，慈禧就看上了有实力的汉族官僚曾国藩，建议任用他。慈禧上台后打破了清廷重满轻汉的惯例，开始放手使用曾国藩等汉族官僚。慈禧执政当月就命曾国藩统辖江苏、安徽、江西、浙江四省军务，四省巡抚提镇以下文武官员归其节制。两个月后又授协办大学士官职，以示"恩宠"。曾国藩取得实权后，又派李鸿章去进攻上海、苏州、常州。于是，地方武装，特别是湘军成为后期镇压太平天国革命的主要力量。慈禧见曾国藩忠心无二，又加封太子太保衔，封一等毅勇侯。

慈禧在重用汉族官僚的同时，对外采取了"借洋师助剿"即"中外同心，以灭贼为志"。第二次鸦片战争后，清政府同外国侵略者的关系由保持一定距离到相互勾结。外国侵略者对政变上台的慈禧组成的清政府也颇感满意，表示愿为清廷"剿匪"助一臂之力。公元1862年1月太平军继攻克宁波、杭州后再次进攻上海。慈禧2月即以载淳名义发布一道上谕，要求外国侵略者协助"剿匪"。

有了"借师助剿"的谕旨，外国侵略者立即"出师助剿"。他们出动的既有英、美、俄正规军，又有美国人华尔组织的洋枪队，法国人德克碑率领的"常捷军"。这些军队成为镇压太平天国革命异常凶恶的力量。

太平天国革命在中外反动势力联合镇压下失败了。对外国侵略者在镇压中的"战功"，慈禧自然感激报答。

太平天国革命被镇压后，慈禧马上集中力量对付捻军。起初她依靠僧格林沁等蒙族将领，借以树立他们的威望，但没奏效，反被捻军消灭在山东曹州。此后又令曾国藩为钦差大臣督湖、淮军镇压捻军，结果也是连吃败仗，最后，授李鸿章为钦差大臣接替曾国藩专办"剿捻"事宜。李鸿章率淮军，凭借优势兵力和洋枪洋炮用了近两年时间镇压了捻军起义。为奖李鸿章之功，清廷加李鸿章太子太保衔，以湖广总督领协办大学士。

就这样，慈禧一手依靠汉族地主武装，一手借洋人之力，镇压了太平天国农民革命和捻军起义，维护住了风雨飘摇中的半殖民地半封建统治秩序。

公元1900年慈禧执掌政权的第40个年头，中国大地爆发了一场声势浩大的义和团反帝爱国运动。义和团运动由反洋教而起，斗争锋芒直指外国，提出了"扶清灭洋"的战斗口号。对于这场反帝运动，慈禧尽施狡诈手段，翻手为云，覆手为雨，围剿、招抚、利用、痛剿皆用之。

义和团初起山东时，慈禧的态度是主剿。公元1899年3月，她认为原山东巡抚张汝梅镇压不力，改派毓贤接任巡抚。毓贤到任后先是严禁设厂练拳，派兵围剿，后由"剿"变"抚"，承认义和团为民间团练。这引起帝国主义驻华公使的不满，要求清廷撤换毓贤，改派袁世凯任山东巡抚，并下令"拳民聚众滋事，万无宽纵酿祸之理，……即须剿办，示以兵威"。

1900年春，义和团出山东开始向直隶发展，6月上旬大规模涌入北京，帝国主义各国对此惊恐万分，以保护侨民和使馆安全为由，组成八国联军在渤海湾登陆，向北京进犯，镇压义和团。

当义和团向直隶发展时，慈禧主剿的态度开始发生了变化，改"剿"为"抚"。这一转变的显著标志是她在6月6日上谕里第一次明确称义和团为"国家赤子"。慈禧对义和团的态度由剿而变安抚，一是因为义和团当时的口号是"扶清灭洋"，专反洋人而不反清廷；二是她越来越感到自己的统治权受到了洋人的威胁，对此产生了强烈的憎恨。戊戌政变后，慈禧一直想废光绪，但英、日等国支持光绪，阻碍她"废立"计划。对此，慈禧一直耿耿于怀。6月17日慈禧又接谎报，洋人要迫令太后归政光绪，急怒交加之下，慈禧于6月21日发布上谕，正式对外宣战。

宣战之后，慈禧采取了利用义和团，即"因而用之，徐图挽救"的策略。她一面称义和团为"义民"，给以赏银，一面加强控制，委庆亲王载勋等为团练大臣，统率义和团，并要义和团"努力王家""以忠义相勉"。在与八国联军交战中，慈禧的手段更为狡猾，既利用义和团对各列强泄愤，又处处做手脚，为自己日后向列强乞和留有后路。7月6日她在发布的上谕中令"如有战事，仍应令拳民作为前驱，我则不必明张旗帜，方于后来筹办机宜，无可窒碍……"。

8月14日，八国联军攻入北京，慈禧挟光绪等仓惶出逃。在逃跑途中，慈禧发布上谕"此案初起，义和团实为肇祸之由，今欲拔本塞源，非痛加剿除不可，"将一切罪过推到义和团身上，下令"痛剿"义和团。同时授权李鸿章"便宜行事"，与各列强议和。于是清军与八国联军携手,向义和团挥动了屠刀。在中外反动势力联合镇压下,义和团运动终告失败。

在慈禧统治的最后 8 年中,正是孙中山领导的民主革命运动迅速发展时期,腐朽没落的清王朝已处于崩溃的前夕。为了挽救清王朝的垂危统治,抵制革命,使自己的"皇位永固",慈禧政治上又玩弄了一出实行新政和预备立宪的骗局。

公元 1901 年 1 月慈禧在西安发布了一道"变法"上谕,4 月下诏设立"督办政务处",作为筹办"新政"的机构。从公元 1901 年到公元 1905 年陆续出台了一些新政措施:裁撤绿营和防勇,编练新军;调整机构,将总理各国事务衙门改为外交部,成立督办政务、练兵处;通过新政解决财政危机。1905 年 7 月慈禧又派载泽等四大臣出国考察宪政,立宪派为此大喜狂喜,称"伟哉此举"! 1906 年载泽等回国后奏请宣布立宪,称立宪有三大好处:一是皇室永固;二是外患渐轻;三是内乱可弭。慈禧在权衡利害得失之后,于 1906 年 9 月下诏预备仿订行宪政,宣布立宪原则是"大权统于朝廷,庶政公诸舆论。"两年之后又颁布了《钦定宪法大纲》《议院法选举法要领》及《逐年筹备宪政事宜清单》,明定以 9 年为立宪的预备期限。

《钦定宪法大纲》以保障"君上大权"为核心,规定皇帝有颁行法律及发交议案、召集及解散议院、设官制禄及黜陟百司、统率陆海军及编定军制、宣战议和及订立条约、宣布戒严及发布命令等权力,并总揽司法权,实际上和专制帝王没有多少差别。《议院法大纲》对议院职权、议员言论做了种种限制,使"民意"机关多半实际上成了皇帝的咨询机关。《逐年筹备宪政事宜清单》所列 9 年内需办事项毫无涉及立宪问题。从上述内容看,预备立宪不过是借立宪之名,行君主专制之实而已。因此,清政府的宪政不仅受到革命党人的反对,也为立宪派所不满。

宪法大纲颁布后两个月,1908 年 11 月,光绪病重。光绪无子,慈禧指定醇亲王载沣的 3 岁的小儿溥仪承嗣同治帝并兼祧光绪帝。11 月 14 日光绪帝死,慈禧即立溥仪为帝,自立为太皇太后。次日慈禧也病死,时年 74 岁。

慈禧的一生,基本上是在中国近代历史时期度过。在她独揽晚清朝政大权 48 年中,中国财力日渐枯竭,人民生活更加艰辛,疆土屡遭列强侵犯,国势日趋衰落,构成了一部近代中国的灾难史,慈禧成为一个祸国殃民的历史罪人。

中华名人百传

帝后卷

将 相 卷

姜 尚

　　姜尚在西周开国建国事业中占有相当重要的位置,是中国历史上第一个兼有总参谋长职能的职官,也是军事谋略理论的开创者和奠基者。

　　姜尚,又名吕尚、吕牙,周人尊称为"太公望""师尚父",后世称他为"姜太公"。他的生平事迹,史籍记载简略,而且说法不一,但基本轮廓和重要史实还是明确的。从军事史的角度来看,值得重视的有这样几点。

　　(1)姜尚的活动范围相当广泛。他的祖先因为助禹治水有功被封于吕(在今河南南阳),"从其封姓,故曰吕尚"。他长时间过着穷困的生活,曾经"屠牛于朝歌,卖饭于孟津",隐居东海之滨,垂钓渭水河畔,足迹遍及现在的河南、河北、山东、陕西广大地区。他由此形成的广泛地理知识对后来他能够驾轻就熟地协助周武王观兵孟津,决战牧野有很大帮助。

　　(2)姜尚具有丰富的政治经验。据《史记》记载,他博学多才,"尝事纣,纣无道,去之;游说诸侯,无所遇;而卒西归周"。所以熟悉商、周双方以及各地诸侯的情况。他对商纣王朝的情况曾做过下面的分析判断:"今彼殷商,众口相惑,纷纷渺渺,好色无极,此亡国之征也。吾观其野,草菅胜谷;吾观其众,邪曲胜直;吾观其吏,暴虐残贼,败法乱刑,上下不觉。此亡国之时也。"(《六韬·武韬·发启》)这说明,姜尚确有在殷商和其他地方从事政治活动的经历,并且对商纣王朝做过广泛深刻的观察,这是他后来能够协助西周文武二王做出正确战略决策的一个重要因素。《孙子兵法》所说"周之兴也,吕牙在殷"是有事实根据的。

　　(3)姜尚辅助周文王是历史的选择。据《吕氏春秋》记载,姜尚"欲定一世而无其主,闻文王贤,故钓于渭水以观之"。《史记》也说,姜尚"年老矣,以鱼钓于周西伯"。还有一种说法也出自《史记》,说早在"周西伯拘羑里"的野外,就"素知"隐居于海滨的姜尚,派散宜生、闳夭去聘请他。姜尚则说:"吾闻西伯贤,又善养老,盍往焉"。总之,一方面是周文王为成就其灭商兴周大业而到处寻找人才,一方面是姜尚为实现其政治抱负而寻求贤主。所以无论谁采取主动,都是在互相了解基础上的双向选择,是偶然性的表面下隐藏着的历史必然性。至于那个流传很广的姜尚和文王相遇于渭水的故事,则带有很大的神话色彩。这个故事说,周文王出猎以前占卜吉凶,说他将获得的"非龙,非彨,非虎,非罴",而是"王者之辅"。文王出猎于渭水之阳,果然看到姜尚"坐茅以渔"。二人由钓鱼说到治国,

谈得特别投机。周文王还假托他的祖父古公亶父预言,以后将有一位圣人到周国,周国可依靠他的谋略强盛起来,说:"吾太公望子久矣!"于是称姜尚为"太公望",和他同车而归,尊之为师。(见《史记》和《六韬·文韬》)司马迁在列举各种传说以后指出,这些传说"言吕尚所以事周虽异,然要之为文、武师"。这个结论抓住了实质,与后来姜尚所做出的贡献以及历史事实是吻合的。

(4)姜尚对西周开国和建国事业做出的贡献具有举足轻重的作用。在文、武二王执政期间,姜尚的职务是"师"。师是国王的重要辅弼之臣。在政治上,师和保、宰(亦称太保、太宰)一样,统领王廷百官和四方诸侯,参加国家重要决策,相当于后世的宰相;在军事上,他协助国王统率军队,参与国家的军事决策和战场指挥,相当于后世的军师或总参谋长。在开国时期,姜尚协助文王"阴谋修德,以倾商政,其事多兵权与奇计""天下三分其二归周者,太公之谋计居多";后来又辅佐武王伐纣,组织孟津之会,指挥牧野之战,最后推翻商纣王朝。在建国阶段,他协助武王采取一系列政治、军事措施,例如"讨纣之罪,散鹿台之钱,发矩桥之粟,以赈贫民,封比干墓,释箕子囚,迁九鼎"等,"修周政,与天下更邕,师尚父谋居多"。战后,武王"封功臣谋士,而师尚父为首封。"受封于齐之后,"太公至国修政,因其俗,简其礼,通工商之业,便鱼盐之利,而人民多归齐,齐为大国",在"东至海,西至河,南至穆陵,北至无棣"(今山东、河南东部,江苏北部,河北东部)广大地区内拥有对诸侯实行征伐的特权,地位在所有封国之上。

这些记载反映了姜尚政治和军事实践活动的最明显的特点是"谋",他的贡献集中地表现在西周的政治、军事决策方面。姜尚还把他的实践经验上升为理论,是中国古代第一个比较系统地提出谋略理论的政治家和军事家。记述姜尚谋略思想的著作,在战国时代就广为流传。秦汉以后,姜尚的谋略思想影响更加广泛。汉代存世的典籍中就有"太公二百三十七篇",其中"谋八十一篇,言七十一篇,兵八十五篇"(见《汉书·艺文志》)。相传姜尚的《六韬》著作,是现存中国古代兵书中第一部比较系统论述谋略思想的著作。姜尚被称为"兵家之祖""后世之言兵及周之阴权,皆宗太公为本谋"(见《史记·齐太公世家》)。

姜尚的谋略思想具有朴素的唯物论、辩证法观点,强调人在战争中的主观能动性,注意军事斗争与政治斗争、外交斗争的结合,特别强调运用谋略达到"全胜不斗,大兵无创"的目的。他的谋略思想,在他的论著和实践活动中都有体现。举其要旨,大体有如下几点。

(1)举吊民伐罪的旗帜

姜尚认为,战争胜负的决定因素是人心向背,人心向背的物质基础则是利益得失,这是姜尚谋略思想的基本出发点,也是他谋略思想的一个鲜明特点。他不是抽象地宣扬仁义道德,而是把人心向背同物质利益直接结合起来。他说:"取天下者,若逐野兽,而天下皆有分肉之心;若同舟共济,济则皆同其利,败将皆同其害""同天下之利者得天下,擅天下之利者失天下"。如果能够做到"与人同病相救,同情相成,同恶相助,同好相趋",那就可以"无甲兵而胜,无冲机而攻,无沟堑而守"(以上引语均见《六韬》)。从这个基本论点出发,在协助文武二王兴周灭

将相卷

商的时候，他首先"阴谋修德，以倾商政"，采取一系列措施来争取人心。对内实行"惠民""富国"政策，发展生产，礼贤下士，使"民不失务""农不失时""省刑罚""薄赋敛""俭宫室台榭""吏清不苛扰"，缓和平民和奴隶主贵族之间的冲突，增强经济实力。对外"修德行善"来争取盟国，例如：针对当时奴隶大量逃亡而为商纣奴隶主贵族收容占有的情况，西周实行"有亡，荒阅"政策，规定任何人都不允许收留逃亡奴隶，并且定期查阅，将逃亡奴隶送还原主。这一措施，不仅巩固了国内的奴隶制统治制度，而且得到了各地奴隶主贵族的拥护。这些政策实行的结果，"诸侯多叛纣而往归于西伯"，造成了"天下三分其二归周"的局面。在此基础上，公开打出吊民伐罪的旗帜，开始了伐商、灭商的军事行动。同时发布政治性宣言《泰誓》《牧誓》，揭露商纣罪恶性，说他"作威杀戮，毒痛四海""自绝于天，结怨于民"，是"独夫"民贼，西周发动讨伐战争乃是"恭行天罚""为天下除残去贼"。这一政治攻势，收到了团结诸侯、孤立商纣的作用，使西周进一步掌握了政治上的主动权，对翦商、灭商的军事行动是有力的配合。

（2）用"文伐"以成就"武事"

姜尚谋略思想的另一显著特点是用辩证的、联系的和发展的观点分析敌我双方的形势，善于把军事斗争同政治斗争与外交斗争结合起来。西周对殷商的战争，基本形势是"以少击众，以弱击强"，如何转弱为强、分化敌人、瓦解敌人（"攻强，离亲，散众"），从而最终达到以少胜多，是西周战略决策中必须解决的问题。姜尚认为，实力的强弱是相对的，它在一定条件下可以转化。"存者非存，在于虑亡；乐者非乐，在于虑殃"，而"商工知存而不知亡，知乐而不知殃"（见《六韬·文韬·兵道》），因此可以因势利导，运用正确的谋略，"攻强以强"（"养之使强，益之使能，太强必折，太张必缺"），"离亲以亲""散众以众"，促使实力的消长朝着有利于自己的方向发展。姜尚把这些思想贯彻于自己的政治和军事实践之中，协助文、武二王成功地实行了以下两方面的策略。

第一是韬晦之计（瞒天过海）：隐蔽自己的战略意图、迷惑敌人、调动敌人，积蓄实力，等待时机。西周的兴起，曾经引起殷商王朝的警惕，结果导致季历被杀害、姬昌被囚禁，商王加强了对西周的控制。接受这个教训，姜尚建议文王伪装成恭顺商纣而无所作为的样子，在"事殷"的掩盖下偷偷进行兴周灭商的准备。他说："鸷鸟将击，卑飞敛翼。猛兽将搏，两耳俯伏。圣人将动，必有愚色。"（见《六韬·文韬·发启》）文王在这个思想指导下，采取了一系列措施："求美女、奇物、善马以献纣""献洛西之地，以请纣去炮烙之刑"（见《史记·殷本纪》），率领西部诸侯朝觐纣王，又"为玉门，筑灵活台，列侍女，撞钟击鼓"（见《资治通鉴外纪》卷二），制造一种沉沦于酒色的假象。商纣果然被西周的表面姿态所蒙蔽，说："西伯改过易行，吾无忧矣！"因而放松了对西周的控制与防范，把文王姬昌放回西周，还"赐弓矢斧钺，得征伐，为西伯"（见《史记·殷本纪》），把主力军队由西线调往东线。这样，就使西周赢得了时间，并且利用对西线诸侯"得专征伐"的特权，乘机壮大自己的政治、军事、经济力量。结果，"西伯滋大，纣由是稍失权重"（见《史记·殷本纪》）。

第二是用离间计。利用商纣王朝的弱点和矛盾,分化瓦解商纣统治阶层,削弱敌人的实力。商纣王并非庸才,但是他"智足以拒谏,言足以饰非,矜人臣以能,高天下以声",骄奢淫逸,对百姓暴虐残忍,对诸侯巧取豪夺。针对这种情况,姜尚建议文、武二王对商纣实行"文伐",将军事斗争同政治斗争、外交斗争联系起来,并且提出"文伐"的十二种具体措施。其要点是:迷惑、腐蚀、利诱敌国君主,"因其所喜,以顺其志""尊之以名""塞之以道""养其乱臣以迷之,进美女淫声以惑之,遗良犬马以劳之,时与大势以诱之",助长他的腐败和暴虐行为,诱使他做出对形势的错误判断和决策;离间敌国君臣和诸侯彼此之间的关系,"收其内,间其外",收买敌国近臣,"赂以重宝,因与之谋",使其"身内情外"或"一人两心""亲其所爱,以分其威",使其"才臣外相,敌国内侵",扩大和加剧敌人统治集团内部的矛盾;"阴赂左右,得情甚深",打进敌统治集团内部,窃取其核心机密情报;"收其左右忠爱,阴示以得,令之轻业而蓄积空虚",破坏敌国生产,削弱敌国经济实力。姜尚说,运用这些策略,就可以收到军事斗争所不能达到的目的,加速军事斗争的胜利,"十二皆备,乃成武事"。(以上引文均见《六韬·武韬·文伐》)这些策略先后付诸实践,果然收到了显著的效果,助长了商王纣的腐败,扩大了商纣统治集团内部的矛盾,促使殷商属国的进一步产生离心倾向。商王朝的政治、军事、经济实力受到削弱,使商纣陷于内外交困、众叛亲离的境地。这样,就从根本上改变了商强周弱的形势,为兴周灭商的战略决战准备了必要的条件。

第三是靠权谋夺取军事行动的主动权。姜尚初步认识到,战争不仅是交战双方实力的较量,同时也是双方战争指挥员的智力较量。因此,他把谋略斗争提到十分重要的地位,认为"先谋后事者昌,先事后谋者亡"(见《古今图书集成·兵略部》)。战争的胜负,全在于能否运用谋略造成神秘莫测的态势("其成与败,皆由神势")。无论治国、用兵、选将,他都把智谋作为首先考虑的因素。他认为,"主明"的三个条件是"目贵明,耳贵聪,心贵智";"智与众同,非国师也";"将不智,则三军大疑",主张"无智权谋"者"勿使为将"。指导战争,军事决策最重要的是有必胜的把握,用兵打仗最重要的是做到神秘和隐蔽,军事行动最重要的是善于兵贵神速、出其不意,军事谋略最重要的是使敌人难以识破("事莫大于必克,用莫大于玄默,动莫神于不意,谋莫善于不识")。姜尚主张,用"示形"的策略造成敌人的错觉与意外,"外乱而内整,示饥而实饱,内精而外钝。一合一离,一聚一散。阴其谋,密其机,高其垒,伏其锐,士寂若无声,敌不知我所备"(见《六韬·兵韬·兵道》)。然后,乘隙而入,避实就虚,声东击西,攻其不备,出其不意。他说:"善战者,见得不失,遇时不疑。失利后时,反受其殃。故智者从之而不释,巧者一决而不豫。"(见《六韬·龙韬·军势》)"兵胜之术,密察敌人之机而速乘其利,复疾击其不意。"(见《六韬·文韬·兵道》)

姜尚亲自参与指挥的三次军事行动集中表现了这些谋略思想。

(1)翦商羽翼。殷商后期,对其统治威胁最大的敌人,是东方的夷族和西方的周族。东夷时顺时叛,步步进逼殷商统治中心,是其现实威胁。西周实力弱小,但力图壮大,是其潜在威胁,而对这种两面夹攻的局势,殷商原来设想避免同

时和两国作战,采取各个击破,即首先击破一方的战略,集中力量平定东夷,对西周实行遏制政策;又为西周恭顺的假象所迷惑,长期放松了对西周的控制与防范。西周采用姜尚的谋略,利用商纣赋予的"得专征伐"的特权,乘机发动对商纣西方属国的军事进攻,首先征服西北的犬戎、密须和阮、共(今陕西西部和甘肃径河流域),消除了后顾之忧。紧接着,东渡黄河,征服黎(今山西长治西南)、邢(今河南沁阳西北),消灭商纣的心腹属国崇(今河南嵩县),为进军商都朝歌扫清了障碍。

(2)观兵孟津。这是姜尚以"师尚父"身份协助周武王组织的一次军事演习,目的是测验诸侯对伐纣战争的态度,检查军队的作战准备。姜尚"左杖黄钺,右把白旄",代表武王发号施令,宣布军事纪律。参加孟津之会的八百诸侯同仇敌忾,表示愿意参加讨纣战争,接受武王指挥。这次演习,不仅显示西周在政治上、军事上取得优势地位,而且使未经统一训练的诸侯联军进行了一次协调性行动的演练,为后来的战略决战创造了必要的条件。

(3)牧野决战。孟津观兵以后,西周时刻注视商纣王朝动向,寻找决战时机。两年以后,商纣王朝在政治上陷入众叛亲离、土崩瓦解的困境,"杀比干,囚箕子""贤者出走""百姓不敢怨诽";在军事上则处于劣势和被动地位,军队的主力陷于东线自顾不暇,西方军事力量薄弱,首都朝歌空虚。姜尚建议武王抓住战机,长驱直入,对商纣发动战略决战。纣王仓皇应战,一触即溃,十七万军队土崩瓦解。纣王自焚而死,延续六百年的殷商王朝宣告结束。

(4)重人事而不拘于天命,这是姜尚谋略思想的另一个鲜明特色。有一次,武王与姜尚讨论用兵的原则。武王列举天道、地利、人事,问姜尚哪个是最重要的("凡用兵之极,天道、地利、人事,三者孰先?")。姜尚认为,人事是最重要的。"天道难见,地利、人事易得""天道鬼神,视之不见,听之不闻,索之不得""顺天道不必有吉,违之不必有害。失地之利,则士卒迷惑。人事不和,则不可以战矣"。"若乃好贤而能用,举事而得时,此则不看时日而事利,不假卜筮而事吉,不祷祀而福从"。所以,对于"天道"、"卜算""智将不法,而愚将拘之"。(以上引文见《六韬》佚文)在当时的历史条件下,面对着信奉天道鬼神的统治阶级和社会思潮,姜尚能够坚持这种朴素的唯物主义观点,并且贯彻于军事决策和战争指导的实践活动中,是难能可贵的。

牧野之战的战略决策和组织指挥,就生动地反映了姜尚重人事而不拘于天道的思想。据《周书》记载,周王朝决策程序是:"谋及乃心,谋及卿士,谋及庶人,谋及卜筮",最后由占卜的吉凶来决定。牧野之战的决策也是这样。大约在公元前1027年,西周完成了对商纣战略决战的各项战前准备,在政治上造成了"三分天下有其二"的局面,在军事上形成了对商都朝歌的钳形包围,商王朝内外交困、众叛亲离,于是西周决定发动对商纣的战略决战。不料,出师之前占卜"不吉",又逢"风雨暴至",辎重车浸泡在雨水里,旗帜断为三折,"群众尽惧"。周公旦、散宜生等人认为"天不佑周""不可举事"。周武王也犹豫不决,问姜尚:"意者纣未可代乎?"在此紧要关头,"唯太公强之"。他力排众议,劝武王抓住难得的战机,

坚持出兵伐纣。他说："圣人生天地之间，承衰乱而起。龟者枯骨，蓍者折草，何足以辨吉凶。""今纣杀比干，囚箕子，以飞廉为政，伐之有何不可。"（见《太平御览》卷328）武王采纳了姜尚的劝谏，冒雨挥军东进，三百辆战车，三千虎贲，四万五千甲士，加上诸侯联军，浩浩荡荡，开始向商都朝歌进军。牧野一战而胜，终于实现了兴周灭商大业。

正如题为《大明》的诗描述的那样：

　　　"牧野洋洋，檀车煌煌，驷𬴂彭彭，惟师尚父，

　　　　时维鹰扬。凉彼武王，肆伐大商。会朝清明。"

（牧野平原辽阔宽广，檀木战车坚利辉煌，高大的战马威武雄壮。善于计谋的军师姜尚，谋略指挥如鹰隼翱翔。辅佐武王兴周灭商，犹如旭日东升碧空晴朗。）

这首诗生动地描述了壮烈的牧野决战场面和姜尚卓越的谋略才能。

管　仲

管仲名夷吾，是颖上人。管仲年少时常与鲍叔牙往来，鲍叔牙知道他很有才能。管仲因为家贫，常常骗取鲍叔牙的财物，鲍叔牙却一直好好待他，不提这些事。后来鲍叔牙跟随齐国的公子小白，而管仲跟随了公子纠。等到小白立为齐桓公时，杀了公子纠，管仲也被囚禁起来。鲍叔牙于是向齐桓公推荐管仲。齐桓公重用管仲，让他执掌齐国之政。齐桓公之称霸，九次会合天下诸侯，匡扶天下正道，这都是用了管仲之谋。

管仲说："当初我贫穷时，曾与鲍叔牙一起做买卖，分财利时我常常多占，鲍叔牙却不以此认为我贪，因为他知道我家贫。我曾经为鲍叔牙谋事，结果却使他更窘迫，鲍叔牙不因此认为我这个人很愚蠢，因为他知道时机有时有利有时不利。我曾经几次出仕，却屡次被国君罢免，鲍叔牙不据此认为我无能，因为他知道我没有碰到好时机。我曾几次带兵打仗，却屡战屡败，鲍叔牙不因此以为我这个人胆小，因为他知道我家有老母需要供养。公子纠与小白争位失败后，召忽杀之，我被囚禁起来，忍受侮辱，鲍叔牙不因此认为我这个人不知羞耻，因为他知道我不以小事为耻，而只耻功名不显扬于天下。所以说，生我的是父母，而真正了解我的是鲍叔牙先生。"

鲍叔牙推荐管仲后，他的职位在管仲之下。他的子孙世代都在齐国享受俸禄，其中有封邑的有十多代，子孙中有许多人都成为有名的大夫。相比之下，天下人很少称道管仲之才能而常常称道鲍叔牙有知人之明。

管仲担任齐国宰相、执掌齐国之政之后，因为看到齐国占地狭小，又靠近海边，便重视通商，积累财富，使国家富裕，军队强大，并顺从百姓的好恶意愿。所以他说："只有仓库里的粮食堆满了老百姓才会重视礼节，只有老百姓丰衣足食

了他们才会知道荣辱。在上位的人遵守礼度,亲属内部才会团结。不讲礼义廉耻,国家必然灭亡。上面发下的政令好比是流水的源头一样,一定要使它顺乎民心。"所以他的言论通俗而易于推行。老百姓所需要的,就给他们;老百姓不需要的,就废掉它。

管仲执政时,善于把坏事变为好事,把失败转化为成功。并且注意处理事情的轻重缓急,谨慎地权衡事情的利弊得失。桓公本来因为蔡姬之事发怒,要南下袭击蔡国,管仲却劝桓公讨伐楚国,谴责楚国不向周室朝贡包茅。桓公实际上是想往北征讨山戎,而管仲却借此劝燕国修改召公时的国政。在柯地会盟时,齐桓公想背弃跟曹沫签订之约,管仲却劝齐桓公守信,使天下诸侯归心于齐。所以说:"知道了给与就是取得,是为政的法宝。"

管仲富比国君,拥有三归台和反坫(诸侯们举行宴会时用来放置酒杯的土台),但齐国人不认为他奢侈。管仲死后,齐国仍然遵循管仲立下的政令,使齐国强于诸侯。一百多年后,齐国又出了个晏子。

晏　子

晏平名仲婴,是莱地夷维人。他曾辅助齐灵公、齐庄公、齐景公,因为奉行节俭,注重身体力行而受齐国人尊敬。晏婴担任齐国宰相后,每次吃饭不吃两道肉食,他的妻妾不穿贵重的锦帛。他在朝廷时,一旦国君和他说话,就正言以对;国君不与他说话时,就肃立在那里。国家有道,他就顺从国君的命令;国家无道的时候,他就权衡国君的命令行事。正因为他这样做,使齐国在灵公、庄公、景公时在诸侯国家名望很高。

越石父有才能,但正被拘役中。晏子外出时,在道上碰上了越石父,便用自己所乘马车的左边的马把他赎了出来,并一道乘车回家。回家后,晏子没有向越石父打招呼,便进了内室。过了很长时间,晏子仍未出来,越石父便请求离去。晏子感到很惊讶,整理好衣帽向越石父道歉说:"晏婴缺乏仁德,但我把你从厄难中解救出来,你为何那么快就要离开我呢?"石父说:"话不能这样说。我听说君子可以在不知道自己的人面前受委曲,而在知道自己的人面前就必须能伸展自己的意志。刚才我在被拘役时,因为他们并不了解我;而你既然因了解我而把我赎了出来,就可以称为知己。既然已是知己而又待我无礼,那我还不如仍被人拘役的好。"晏子于是把他请入内室,并把他作为上宾看待。

晏子担任齐国宰相时,有一次出门,他的车夫的妻子从门缝中偷看他丈夫的样子。她的丈夫因为做宰相的车夫,车上面罩着大盖,驾着驷马,意气风发,感觉很满足。车夫回家后,他的妻子请求离开他。车夫问是什么缘故,他的妻子回答说:"晏子身高不足六尺,却担任了齐国的宰相,名扬诸侯。今天我看他出去时,思虑深沉,常常显出很谦虚的样子。而你身高八尺,只不过是人家的车夫,思想

上却以此为足，我就是因此请求离开你的。"她丈夫自此后就开始收敛自己。晏子感觉很奇怪，就问他为什么。车夫如实告诉了他。晏子就把车夫推荐当了大夫。

太史公说："我读管子的《牧民》《山高》《乘马》《轻重》《九府》，以及《晏子春秋》，上面的论述已极为详细了。既然看了他们所著的书，又想看他们实际是如何行事的，所以写了这篇传记。至于他们的书，世上已有许多，所以在此不再论述，只论他们的轶事。

管仲，是世人称道的贤臣，但孔子却看不起他。难道是因为周道衰微之际，而桓公既然很贤明，管仲却不辅助他行王道，而让他称霸吗？古语说：'要顺从君王的美德，匡救他们的过失，这样君臣上下就能亲密相处。'难道这说的就是管仲吗？

当初晏子伏在庄公的尸体上哭泣，尽到礼节后才离去，这难道是那种'见义不为不勇敢'的人吗？至于他劝谏国君，甚至触怒了国君，这就是所谓的'在朝堂之上就要尽忠，回到家就要考虑补救过失'。假如晏子现在仍然活着的话，我即使替他做一个执鞭赶马的仆从，也是心甘情愿的。"

伍子胥

伍子胥是楚国人，名员。伍员的父亲叫伍奢，他的兄长叫伍尚。他的先祖伍举，因直言谏诤奉事楚庄王，很有名声，所以他的后代在楚国很有名。

楚平王有位太子名叫建，派伍奢做他的太傅，费无忌做少傅。费无忌不忠于太子建。楚平王派费无忌为太子建从秦国娶亲，这位秦国女子长得很漂亮，无忌就骑马归来报告平王说："这位秦国女子相貌极美，大王可以自己娶她，另外再为太子建娶亲。"平王于是自己娶了这位秦国女子，并对她极为宠爱，生了个儿子叫轸。另外替太子建娶了亲。

无忌既然利用秦国女子向平王献了媚，于是就离开太子建而服事平王。但他又害怕一旦平王死后太子即位，会杀了自己，于是就在平王面前诽谤太子。太子建的母亲是蔡国人，不为平王所宠。平王对太子建慢慢地越来越疏远，派他守卫城父，防备边疆。

很快，无忌又不断地向平王说太子的坏话："太子因为秦国女子的缘故，不会没有怨气，希望大王稍微有所准备。自从太子驻守城父以来，手掌兵权，对外结交诸侯，很快就会在国内发动叛乱。"平王于是召来太子建的太傅伍奢进行考察。伍奢也知道无忌在平王面前诽谤太子，就说："大王为何偏要因为那些专进谗言的小人而疏远自己的骨肉之亲呢？"无忌说："大王现在如果不再制止，他们就要成事了，大王都将被擒拿。"于是平王大怒，囚禁了伍奢，而派城父司马奋扬前去杀太子。奋扬还未到城父，就派人先去告诉太子："太子赶快离去，不然将被杀

将相卷
中华名人百传

死。"太子建就逃跑到宋国。

无忌对平王说："伍奢有两个儿子,都有才能,不杀他们将会给楚国带来忧患。可以以他们的父亲为人质而召他们,否则将成为楚国的祸患。"平王派使者对伍奢说："你能把你的两个儿子叫来就让你活,否则你就得死。"伍奢说："伍尚为人仁义,叫他肯定来。伍员为人刚毅,肯忍辱负重,能成大事,他知道来了以后定是一起被擒,所以肯定不会来。"平王不听,派人召伍奢的两个儿子说："如果你们来,我能让你们的父亲活下去;如果不来,现在就杀了伍奢。"伍尚想去,伍员说:"平王召我兄弟两人,并不是想让父亲活下去,而是怕有人逃脱,带来后患,所以用父亲为人质,诈骗我们两人。我们两人一到,则父子三人都死。这对父亲的死有什么好处?去反而使仇不能报,还不如投奔他国,借他国之兵为父亲报仇雪耻。大家一起死了,是没有什么价值的。"伍尚说:"我知道即使去了最终也不能保全父亲的性命,但只恨父亲召我以求生而我不去,以后又不能为父亲雪耻,最终反而被天下人所笑。"于是对伍员说:"你可以逃走,你能够报杀父之仇,我将回去与父亲一起死。"伍尚被擒后,使者又来擒伍员,伍子胥弯弓搭箭指向使者,使者不敢进逼,伍子胥才逃走了。伍子胥听说太子建在宋国,就跑去投奔他。伍奢听说伍子胥逃跑了,说:"楚国的君臣将要面临战争的苦难了。"伍尚到了楚都,平王把伍奢与伍尚一起杀掉了。

伍子胥到了宋国以后,宋国的华氏发动了叛乱,他就与太子建一起跑到了郑国。郑人对他们很客气。太子建又到了晋国,晋顷公说:"太子既然与郑国亲善,郑国又很信任太子,如果太子能作我的内应,我从外部发动进攻,就一定能灭掉郑国。灭掉郑国后就可以把郑国封给太子。"之后太子回到了郑国。事情还未谋划好,恰好太子因为私事要杀死他的随从,这位从者知道他灭郑的阴谋,就去向郑国告发了。郑定公与子产就杀了太子建。太子建有个儿子名胜。伍子胥很害怕,就与胜一起逃奔吴国。到了昭关,昭关的守吏想抓他。伍子胥就与胜只身徒步逃走,差点不能逃脱。追兵紧跟他们身后,他们来到一条江边,江上有一位渔翁划着一条船,他看到伍子胥十分焦急,就把伍子胥渡过了江。伍子胥过了江,就解下身上的佩剑,说:"这把剑价值百金,送给你吧。"渔翁说:"根据楚国的法令,能抓获伍子胥的人赐粟五万石,封给执圭的爵位,岂只价值百金的一把剑呀?"拒不接受。伍子胥还未到吴国就生了病,只好滞留途中,以乞讨为生。到了吴国,正值吴王僚执政,公子光为将军,伍子胥就通过公子光来求见吴王。

过了很久,因为楚国的边邑钟离与吴国的边邑卑梁氏都养蚕,两位女子因为争摘桑叶而发生冲突,楚平王大怒,以致引起了两国间的战争。吴国派公子光带兵攻打楚国,占领了楚国的钟离、居巢后回来了。伍子胥劝说吴王僚说:"楚国可以打败,希望让公子光回头再打楚国。"公子光对吴王说:"那伍子胥的父亲和兄长被楚国杀了,他劝大王攻打楚国,只不过是想报他自己的私仇罢了。攻打楚国并不能取胜。"伍子胥知道公子光对内有野心,他想杀掉吴王僚而自立为王,不能跟他说对外作战的事,就把专诸推荐给公子光,他自己与太子建的儿子胜则隐居起来,在山野中以耕种为业。

五年后楚平王死。当初,平王与他所夺的太子建的秦国女子生了儿子轸,等平王死后,轸竟然继承了王位,这就是昭王。吴王僚因为楚国新丧,就派两位公子带兵前去袭击楚国,楚国则发兵断了吴军的后路,使吴军不能归国。吴国国内兵力空虚,公子光于是派专诸袭杀了吴王僚,自立为王,这就是吴王阖庐。阖庐成了一国之主,遂了自己的志向,便召来伍子胥,官拜行人,并让他参与谋划国家大事。

楚国诛杀了大臣郤宛、伯州犁,伯州犁的孙子伯嚭逃跑到吴国,吴国也任命他为大夫。从前吴王僚所派的两位公子带领的伐楚队伍,因为归路被楚军所断,无法回国,后来听说阖庐杀了吴王僚自立为王,就投降了楚国,楚国把他们封在舒地。

阖庐称王后第三年,就兴兵和伍子胥、伯嚭一起攻打楚国,攻克了舒地,擒住了以前反吴投楚的两位将军。于是阖庐想攻到郢都,将军孙武说:"百姓已疲劳,时机未到,暂时再等待。"于是回国。

第四年,吴国攻打楚国,占领了六与灊两地。第五年,攻打越国,取得了胜利。第六年,楚昭王派公子囊瓦领兵攻打吴国,吴国派伍子胥领兵迎头痛击,在豫章大破楚军,并攻取了楚国的居巢。

第九年,吴王阖庐对伍子胥、孙武说:"开始时你们就说可以攻入郢都,现在的情况怎么样呢?"两人回答说:"楚国的将领囊瓦极为贪婪,因此唐、蔡两国都怨恨他。大王如果一定要大肆讨伐楚国,必须先得到唐、蔡两国。"阖庐听从了他们的意见,出动全国的军队与唐、蔡两国一起攻打楚国,与楚军在汉水两岸分别立阵。吴王的弟弟夫概领着兵请求出征,吴王不答应,夫概于是带着他属下的五千人进攻楚国的将军子常。结果子常兵败,逃奔郑国。于是吴军乘胜前进,经过五次大的战役,就到了郢都。已卯日,楚昭王逃离郢都。庚辰日,吴王就攻入了郢都。

楚昭王外逃,进入了云梦泽。有盗匪袭击昭王,昭王又逃到郧。郧公的弟弟怀说:"平王杀了我的父亲,现在我杀他的儿子,不也可以吗?"郧公害怕自己的弟弟杀了昭王,就跟着昭王一起逃跑到随。吴军包围了随,对随地人说:"周朝在汉水一带的后裔,都被楚国杀了。"随地人想杀昭王,昭王的儿子綦把昭王藏了起来,自己冒充楚昭王来承受灾祸。随地人对是否把昭王给吴国专门占了一卦,发现不吉利,就拒绝把昭王交给吴国。

起初伍子胥与申包胥相交,伍子胥逃亡时,对申包胥说:"我一定要灭楚国。"申包胥说:"我一定会保全它。"等到吴军进入郢都,伍子胥到处寻找楚昭王。因为始终找不到,便掘开了楚平王的坟墓,拉出平王的尸身,抽了三百鞭,才罢手。申包胥逃到山中,派人对伍子胥说:"你的这种报仇,太过份了吧!我听说,人多就能胜天,但天道恒定也能胜人。现在你是已故的平王的臣子,曾经亲自北面称臣而侍奉他,到今天竟然到了侮辱死人的地步,这难道不是到了没有天道的极点了吗?"伍子胥说:"替我向申包胥谢罪,说我是因为到了日暮途穷的地步,才这样倒行逆施的。"于是申包胥跑到秦国去告急,并向秦国求救。秦国不答应出兵。

将相卷

申包胥就站在秦国的朝廷上，日夜哭泣，一连七天七夜，哭声不停。秦哀公很可怜他，说："楚王虽然无道，但是有这样的臣子，楚国能不保全吗？"于是派遣战车五百乘攻打吴军，拯救楚国。六月，在稷地击败了吴军。因为吴王久留楚国寻找楚昭王，阖庐的弟弟夫概就先奔回吴国，自立为王。阖庐听到这个消息，就急忙离开楚国，回归吴国，攻打他的弟弟夫概。夫概败走，逃到了楚国。楚昭王看到吴国内乱，就回到了郢都，把夫概封于堂溪，称为堂溪氏之后。楚国又与吴国作战，打败了吴军，吴王只好回国了。

这以后两年，阖庐派太子夫差带兵进攻楚国，占领了楚国的番。楚国害怕吴国再次大军压境，就离开了郢，把国都迁到了鄀。在当时，吴国用伍子胥、孙武的谋略，向西打败强大的楚国，向北威震齐国、晋国，向南征服了越人。

这之后四年，孔子在鲁国任相。

之后五年，吴国攻打越国。越王勾践带兵迎头痛击，在姑苏打败了吴军，并击伤了阖庐的脚趾。吴军退却，阖庐因为伤痛将死，对太子夫差说："你忘得了勾践杀你父亲了吗？"夫差回答说："不敢忘。"当天晚上，阖庐死。夫差继王位后，任命伯嚭为太宰，练习战争和射击的本领。过了两年，吴国再次攻打越国，在夫湫打败了越军。越王勾践以剩下的五千人兵力聚集于会稽山上，派大夫文种把厚礼赠送给太宰伯嚭，请求讲和，愿意把越国作为吴国的臣妾。吴王准备答应这一请求，伍子胥谏阻道："越王这个人能够忍受辛苦，现在大王不乘机灭了他，以后一定会后悔。"吴王不听，而听从太宰伯嚭的建议，与越国讲和。

这之后五年，吴王听说齐景公死，大臣们争权夺利，新立的国君又没有力量，就起兵攻打齐国。伍子胥劝谏说："勾践吃饭不用两种菜肴，吊唁死者，慰问贫困之人，将要有所作为。这个人不死，一定会成为吴国的祸患。现今吴国拥有越国，恰如一个人患了心腹之病。可是大王不先讨伐越国而去对付齐国，这不是错了吗？"吴王不听，继续攻打齐国，在艾陵大败齐军，慑服了邹国与鲁国的国君后才班师回国。自此之后，吴王更加轻视伍子胥的谋略。

这之后四年，吴王将向北攻打齐国，越王勾践采用子贡的谋略，率领军队帮助吴国，并把重宝献给太宰伯嚭。太宰伯嚭既然多次接受了越国的贿赂，就对越国十分爱护信任，不断在吴王面前为越国说好话。吴王对伯嚭的计谋也十分信任。伍子胥劝谏道："越国是吴国的心腹之患，现在却相信他的虚假浮夸之辞而贪图齐国，打败了齐国，就好比得到了一片石田，没有什么用处。而且《盘庚之诰》中说：'有叛逆不恭顺的人，就要彻底加以消灭，使他不能繁衍后代，不要让他在这个土地上生存。'这是商朝兴旺的原因。希望大王放弃齐国而先对付越国；如若不然，将会后悔莫及。"吴王仍然不听，派伍子胥出使齐国。伍子胥将要出发时，对他的儿子说："我多次劝谏吴王，吴王都不采纳，我现在已经看到了吴国将要灭亡。你与吴国一齐灭亡，没有什么价值。"于是把他的儿子嘱托给齐国的鲍牧，自己回到了吴国。

吴国的太宰伯嚭素来与伍子胥有仇隙，就毁谤说："伍子胥为人刚愎、暴躁、缺少恩惠、猜忌、奸猾，他的怨恨恐怕会带来深重的灾难。上次大王将攻打齐国，

伍子胥认为不可以，大王最终攻打齐国并立下了大功，伍子胥因为他的计谋没有得到采纳，认为很可耻，于是心生怨恨。现在大王又再次攻打齐国，伍子胥专横刚愎，强行谏阻，诋毁对齐国的军事行动，只是希望吴国兵败，以此来证明自己的计策高明。现在大王亲自行动，动用全国的军队来攻打齐国，而伍子胥因为不采纳他的劝谏，就推辞、装病不与大王一起出征。大王不可不做防备，因为这样很容易造成灾患。况且我曾派人暗中探察他，发现他出使齐国时，就把自己的儿子嘱托给齐国的鲍氏。作为一个臣子，在国内不得志，就依靠国外的力量，自认为是先王的谋臣，现在不得重用，常常快快不乐，心存怨气。希望大王早做准备。"吴王说："即使没有你刚才所说的话，我也早已怀疑他了。"就派人赐给伍子胥名叫属镂的宝剑，说："你就用这把剑自杀。"伍子胥仰天叹道："啊！奸臣伯嚭作乱，大王却反而杀我。我使你父亲称霸，在你未即王位时，诸公子争夺王位，我在先王面前为你死争，否则，你差点就当不了王。你即位以后，想把吴国分一部分给我，我本来就不存什么奢望。然而今天你却听从奸人之言来杀长者！"于是告诉他的门客说："一定要在我的坟墓上种上梓树，使它可以制作棺材；挖下我的眼珠悬挂在吴国的东门上，用来看越国入侵、消灭吴国。"说完就自杀了。吴王听说后十分愤怒，就把伍子胥的尸身放到马革上，让它在江中漂流。吴国的百姓们可怜他，为伍子胥在江边立了一所祠堂，把立祠的地方也命名为胥山。

吴王杀了伍子胥以后，就去攻打齐国。齐国的鲍氏杀掉国君悼公而立阳生为国君。吴王想讨伐齐国的叛逆，但未能获胜，就离开了齐国。此后第二年，吴王召集鲁国、卫国的国君在橐皋相会。又过了一年，北上与诸侯国的国君在黄池会聚，以借此号令周王室。越王勾践乘机袭杀了吴国的太子，并打败了吴军。吴王听说后，回国，派使者带着厚礼与越国讲和。又过了九年，越王勾践终于灭了吴国，杀了吴王夫差，并且杀了太宰伯嚭，因为他不忠于自己的国君，接受国外的贿赂，与越国相亲近。

当初与伍子胥一起逃跑的楚国原太子建的儿子胜，居住在吴国。夫差为吴王时，楚惠王想把胜召回楚国。叶公劝谏说："胜这个人争强好胜而且私下里网罗亡命之徒，估计有什么阴谋。"惠王不听，就把胜召回楚国，让他居住在楚国的边邑鄢，号为白公。白公回楚国三年后，吴国杀了伍子胥。

白公胜回到楚国后，怨恨郑国杀了他父亲，便私下里蓄养亡命之徒，准备对郑国复仇。白公胜回到楚国五年后，请楚王发兵讨伐郑国，楚国的令尹子西答应了这个请求。白公胜的队伍还未出发，晋国就已经开始攻打郑国，郑国向楚国求救。楚国派子西前去救郑，并与郑国结盟后回国。白公胜怒道："郑国不是我的仇敌，子西才是真正的敌人。"胜亲自磨剑，有人问他："磨剑做什么？"胜回答说："要用它杀子西。"子西听说后，笑道："胜就像蛋一样脆弱，他做不了什么事。"

之后四年，白公胜与石乞在朝堂上袭杀了楚国的令尹子西、司马子綦。石乞说："不杀楚王不行。"他们就把楚王劫持到高府。石乞的仆从屈固背着楚惠王逃到昭夫人的宫中。叶公听说白公作乱，就带着自己属地的人攻打白公。白公等人被打败，跑到了山中，白公自杀。叶公俘虏了石乞，问石乞白公的尸身在何处，

不说的话将把他烹杀。石乞说："事情成功的话成为卿相，不成功就被烹杀，这是本当如此的。"始终不肯说出白公的尸身所在。叶公就烹杀了石乞，找到楚惠王复位。

太史公说："怨恨之心对于人来说实在是太厉害了，当君王的人尚且不能让臣下产生怨恨，何况是同等地位的人呢？当初如果让伍子胥与伍奢一起死了，跟蝼蚁之死又有什么区别呢？但伍子胥能放弃小义，洗雪大耻，终于名垂后世。可悲啊！当伍子胥在江边窘急，在道上乞食时，他心里何曾有丝毫忘却回郢都复仇呀。所以能暗中忍受来成就功名，不是伟烈的大丈夫谁能做得到呢？白公如果不求自立为国君，他的功劳谋略也不是一下子说得完的。

范　蠡

范蠡是越王勾践的军事幕僚，是春秋末期著名的谋略家。

范蠡是一位具有浓厚传奇色彩的人物。他的一生大起大落，由布衣客到上将军，从流亡者到大富翁，凭借坚韧不拔的毅力和深谋远虑的策略，辅佐勾践复兴濒于灭亡的越国，消灭称霸诸侯的吴国，创造扶危定倾的奇迹，是春秋末期一位杰出的谋略家。

范蠡，字少伯，又叫鸱夷子皮、陶朱公。原是楚宛三户（今安徽宣成）人，先后移居越、齐二国。生卒年月不详，大约活动于楚平王、越王勾践、齐平公在位的年代（公元前五世纪后期至公元前四世纪前期），青少年时代就失去父母，同兄嫂一起过着贫穷的生活。他曾经拜计然（又叫辛文子）为师，研究治国治军的方策，博学多才，"有圣贤之明"，但是怀才不遇，因而"洞馆负俗"，行为怪诞，被视为狂人。直到遇见具有识才之明的文种，范蠡的生活才发生突然转变。

文种当时是楚国宛陵的地方官，早就听说当地有贤者，但没能找到。范蠡的怪诞行为引起了文种的注意。文种派手下官吏去见范蠡。官吏回报说，他患有疯癫病，是一个狂人。文种不以为然地一笑，说："吾闻士有贤俊之姿，必有佯狂之讥；内怀独见之明，外有不智之毁。此因非二三子所知也。"就是说，"大智若愚"，具有独特本领的人才往往被人讥笑、诋毁为狂妄无知，普通人难以认识他的真实面目。于是决定亲自驱车拜访。范蠡避而不见。文种不因碰壁而灰心丧气，再三前去拜访。范蠡看到文种确是一片诚心，料定文种一定会再来，就对他的兄嫂说："今天有客人来，请借给衣帽一用。"过了一会，文种果然来了。二人一见如故，"终日而语，疾陈霸王之道""志合意同"。此后交往日益加深。当时已出逃吴国的伍员（伍子胥）派人请文种去吴国。文种与范蠡商量何去何从。范蠡分析楚、吴、越三国形势，认为当时正处于吴越争霸之时，吴越之间矛盾日益激化，楚越之间存在着联兵伐吴的关系，"霸业创立，非吴即越"。他还认为，"君子逢时，不人份邦"，犯不着帮伍子胥报杀父之仇而"失故国之亲"。因此，他建议去越

国，并表示愿意和文种一起去。于是，二人先后离楚入越，受到越王允常重用，被任命为大夫。范蠡从此开始政治、军事生涯。

公元前496年，越王允常病亡，他的儿子勾践继位。范蠡和文种继续得到重用，主持越国军政。公元前494年，勾践得知吴国加紧练兵，准备伐越，于是先发制人，出兵攻吴。范蠡认为越国实力不充足，准备不充分，时机不成熟，若出兵一定会败，劝勾践改变决定。勾践不听，坚持出兵，用舟师进攻吴国的震泽（今江苏太湖）。吴军于夫椒（今太湖夫山、椒山）迎战越军。结果，越军大败，勾践率残余越军退守会稽山，被吴军团团包围。这时，勾践方才悔悟，对范蠡说："当初不听你的话，致遭如此失败。现在该怎么办？"范蠡认为，为了避免亡军亡国的悲惨结局，唯一的办法是求和图存，等待时机，另图兴复。勾践采纳了范蠡的策略，派文种到吴国求和。经过多方努力，才得到吴王夫差允许。自此以后，范蠡先是随勾践到吴国当人质，过了三年忍辱负重的奴仆生活。被遣返回国以后，又协助勾践"十年生聚，十年教训"，振兴越国并伺机灭吴。从公元前482年开始，范蠡担任上将军之职，辅佐勾践组织和指挥灭吴之战。经过六年奋战，最后终于攻陷姑苏，灭亡吴国。然后乘胜北进，与中原诸侯会盟，取代吴国的霸主地位，横行江淮，称霸中原，国势达到鼎盛时期。

在欢庆胜利的时刻，范蠡却做出了一个出人意料的行动。根据长期的观察体验，范蠡意识到，"大名之下，难以久居""且勾践为人，可与同患，难与处安"，如果继续留在越国，说不定哪一天就会灾难临头。于是决定辞官退隐。当越军凯旋到达五湖（今太湖）时，范益就婉言提出辞退的请求，说："为人臣者，君忧臣劳，君辱臣死。昔者君王辱于会稽，臣所以不死者，为此事（指灭吴称霸）也。今事已济矣，由请从会稽之罚。"（《国语·越语》）勾践假意挽留，软硬齐施，说："你听我的话，我就与你分国而治；不听我的话，就杀掉你和你的妻子儿女！"范蠡的态度也强硬起来，说："我知道了。你实行你的命令，我照我的意志办事！"于是携带财宝和从人"乘舟跨海以行"。勾践也愿意除去一个潜在威胁，并不追寻，同时又划出会稽周围三百里作为范蠡俸邑，用良金铸造范蠡塑像，装出怀念功臣的样子。范蠡写信给文种，劝他尽快离开越国。信中说："飞鸟尽，良弓藏；狡兔死，走狗烹。越王为人长颈鸟喙，可与其共患难，不可与其共安乐。子何不去？"文种见信，称病不朝。有人诬告文种将要"作乱"。勾践乘机"赐剑"文种，说："子教寡人伐吴七术，寡人用其三而败吴，其四在子，子为我从先王试之！"文种遂被迫自尽。越国赖以兴复的两大功臣，就这样落得一走一死的下场。

范蠡从海上到达齐国，就定居在那里。为了表达对吴国忠臣伍子胥的敬慕和怀念，改名昭夷子皮（昭夷是一种鸥鸟形状的革囊。伍子胥被逼自杀后，被吴王夫差装进革囊，投进江中）。他和儿子"耕于海畔"，没过多久就"致产数千万"。齐国君认为范蠡是不可多得的人才，要任命他为相。范蠡认为这并不是好事，坦然兴叹："居家则致千金，居官则致卿相，此布衣之极也。久受尊名不祥。"于是，把相印退还齐君，把财产散发给友邻，移居到中原地区的交通、贸易枢纽陶（今山东定陶），自称陶朱公。在这里，度过他毕生的最后岁月。他一面从事农牧业生

将相卷

中华名人百传

产,一面经营商业贸易,很快又"资累巨万",成为闻名通途的大富翁。

范蠡从楚到越,由越到齐,无论是治国治军,还是经营农商,谋必中,战必胜,事必成,显示了非凡的毅力和才能,以"勇而善谋""能屈能伸"著称于世。所以,司马迁在《史记》中说:"范蠡三徙,成名于天下"。(以上引语,见《史记·越王勾践世家》)

灭吴兴越之战,是一场扶危定倾、扭败为胜的战争,因而也是一场凭借坚强毅力和正确谋略取胜的战争。在这场战争中,作为主要决策者和指挥者之一的范蠡,"勇而善谋""苦身戮力,与勾践深谋二十余年",对取得战争的最终胜利做出了决定性贡献。

范蠡谋略思想的显著特点,是"善于虑患",敢于正视严酷的现实,善于利用敌人的矛盾和弱点,重视战争因素的"赢缩转化",因势利导,稳中行险,转危为安,转弱为强,转败为胜。

灭吴兴越之战的谋略斗争,大致经历了三个阶段。

(1)从公元前494年的夫椒之战到公元前491年勾践被吴国释放。斗争的中心是亡越还是存越。范蠡的策略是求和图存,转危为安。

公元前494年,越王勾践不听范蠡劝阻,坚持出兵伐吴,结果大败,被吴军围困在会稽山。在生死存亡的紧急关头,采取何种对策?勾践征求范蠡、文种等人的意见。范蠡、文种主张求和图存。为了达到求和的目的,不惜忍辱负重,"卑辞尊礼,献出宝器美女,交出经济、政治权利("委管钥,属国家"),甚至越国君臣到吴国去做人质。这是转危为安的一招险棋。范蠡之所以敢于施此险计,是因为他对吴越双方的形势做了冷静的判断:一方面吴越实力悬殊,越国处在劣势,再战必亡,求和图存则可转危为安,保全国家,保存实力,以图后计;另一方面,吴国君臣之间存在可以利用的矛盾和弱点,吴王夫差与大夫伍员政见不同,夫差急于争霸中原,伍员主张先灭越以除心腹之患;太宰伯嚭与大夫伍员存在着权力之争,而伯嚭贪婪"可诱以利"。勾践采纳了范蠡和文种的策略,派文种去吴国求和。文种对吴国君臣陈说利害:如果成和,越国不仅愿以金玉、女子作为战争赔偿,而且作为吴的属国,"有带甲万人"听从吴王统领;否则,"越将焚宗庙,系妻孥,沈金玉于江",与吴国决一死战。是和是战?请吴国君臣权衡利弊。于是,在吴国君臣之间发生了一场争论。伍员认为,吴越是"仇雠敌吾战之国""三江环之,民无所移,有吴则无越,有越则无吴""攻而胜之,能居其地,吾能乘其舟,此其利也,不可失也已";如果与越成和,"克而弗取,将又存之,是违天而长寇仇""以是求霸,必不行矣"。因此,坚持乘胜灭亡越国,然后北进争霸中原。伯嚭接受了越国的贿赂,又想迎合夫差急于称霸中原的心理,并趁此机会谋取伍员的权柄,坚决主张接受越国求和条件。他对夫差说:"我听说古代伐人之国,使之屈服就行了。现在越国已经屈服,而且愿意交出政治和经济权利,越国勾践服侍您左右,这等于名存实灭,还能要求什么呢?"吴王夫差采纳了伯嚭的意见,决定与越国约和。越王勾践留文种守国,自己则带领范蠡等三百人到吴国做人质,度过了三年奴仆生活,忍辱负重,"面无恨色",终于取得吴王信任,并被遣放回国。这一场谋略战,以越胜吴败而告终。

(2)从公元前492年到公元前482年,越国"十年生聚,十年教训。"主要的问题是如何改变吴强越弱的力量对比形势。范蠡的策略是振兴越国,削弱吴国,变弱为强。

公元前492年,勾践和范蠡等人回到越国,商讨"富邦强兵"之策。范蠡主张,"使百姓安其居、乐其业者,唯兵。兵之要,在于人。人之要,在于谷。故民众则主安,谷多则兵强。王而备此二者,然后可以图之也。"(《越绝书》卷十三)而要能够做到这一点,必须顺应"天道自然",做长期艰苦奋斗的思想准备,"时不至,不可强生;事不分,不可强成"。勾践采纳了范蠡的意见,并且要他总揽朝政,说"我的国家就是你的国家"。范蠡推荐文种一起执政。他对勾践说,在处理"四封之内,百姓之事"方面,自己不如文种;在处理"四封之外,敌国之制,立断之事"方面,文种不如自己。勾践又采纳范蠡的建议,决定由文种治政,范蠡治军。

于是,范蠡和文种辅佐勾践,以兴越作为奋斗目标,实施一系列措施,"卧薪尝胆",励精图治。在政治上,"内亲群臣,下义百姓""葬死者,问伤者,养生者,吊有忧,贺有喜,迎来者,送往者,去民之所恶,补民之不足",尊贤厚士,广揽人才,使"君臣上下交得其志"。在经济上,奖励生产,"不乱民功,一不逆天时",使"田野开辟,府仓实,民众殷";同时,奖励生育,"令壮者无娶老妇,老者无娶壮妻",女子十七、男子二十不嫁不娶者受罚,以生育子女多少给奖,来繁殖人口。在军事上,扩充军队,制造武器,修建城廓,加强训练,造就了一支士气高昂("赴矢石如渴得饮")、纪律严明("旅进旅退")的军队。在外交上,"结齐,亲楚,附晋",从而争取盟国,孤立吴国,加深齐、楚、晋与吴的矛盾;同时,不断向吴王进献珍玩美女,以助长吴王的骄奢淫逸,消除其对越国的防范心理,诱使其北进争霸中原。公元前489年,吴王夫差与大夫伍员听说越国"遣使结齐晋而亲于楚",伍员认为"勾践不死,必为吴患",于是策划起兵伐越。勾践原想出兵迎敌,而范蠡、文种以为,当时的实力对比仍然是吴强越弱,不利于越,不可力敌,建议遣使求和,"以广移吴王之心""不以越为可畏",而与中原诸侯争霸。这样,"吴将自疲其民",越国就可以乘其敝而取之。吴王夫差认为越国不堪一击,对吴恭顺,自己又"将有大志于齐",准备应和,伍员识破了越国的图谋,劝夫差先灭越然后北进。他说,越国的目的是"使吾甲兵钝敝,人民离落,而日以憔悴,然后安受吾烬",不可让越国"玩吾国于股掌之上以得其志"。夫差认为伍员对越国估计太高,坚持与越约和。公元前486年,吴王夫差决定倾举国之兵北伐齐鲁,开凿邗沟到江淮的运河开通北上粮道。越王勾践派文种带领一万人工、百船粮食帮助吴开河,以坚定夫差北进攻打齐鲁的决心。伍员见时势紧迫,又一次进谏,说"吴越势不两立",越对吴是"心腹之患",齐鲁于吴是"疥癣之疾""今王不以越国是图,而图齐鲁,是忘内忧而医疥癣之疾也"。伯嚭起来反驳:"越已服而欲伐之,方许其成又欲袭之,将何以示诸侯?君王之令所以不行于上国者,以齐鲁未服也,君王若伐齐而胜之,移其兵以临晋,晋必听命矣。是君王一举而服两国也。两国服,则君王之令行于上国矣,又何惧于越?"夫差于是决意出兵伐齐。出兵之前,勾践又率领越国臣民送

行，对吴国君臣都有馈赂，吴人皆喜。看到这种情景，伍员忧心忡忡，再次建议暂停北进攻齐。夫差不但不听，反而派他到齐国约战。公元前484年，夫差率领倾国之师北伐，在艾陵之战中大败齐军。又在黄池之会上取代晋国的霸主地位，其势汹汹，不可一世。然而，得之于北，失之于南，给越国造成了可乘之机。这一回合的谋略战，又以越胜吴败而告终。

（3）从公元前482年到公元前473年，是越对吴的战略反攻阶段。斗争的焦点是如何选择有利的决战时机，争取战役上的优势和主动。范蠡的策略是乘虚捣隙（"按师整兵，待其坏败，随而袭之"），战和并行，出奇制胜。

公元前482年，吴王夫差率领吴国精锐部队参加黄池之会，太子友和老弱兵卒守卫姑苏。吴军出发后不久，越王勾践就急于出兵攻吴。范蠡建议暂缓出兵，因为吴王"兵始出境不远，闻越掩其空虚，兵还不难也"，时机还没有成熟。数月以后，吴军到达远离吴国的黄池。范蠡认为时机已到，建议抓住战机，对吴发动突然袭击。越军兵分两路：一路由海道进入淮河，切断吴军回师增援的道路；一路由勾践亲率越军主力，直取吴都姑苏。两军接战，越军先锋部队先败以示弱，后又佯退来诱敌，使吴军贸然出击，被越军主力包围歼灭。只用了十几天的时间，就攻陷姑苏，消灭守城吴军，俘获吴太子友和两员将领。等夫差闻讯返回吴国，已成局势，无可挽回，不得已而求和图存。范蠡认为当时吴军主力仍完好无损，不能很快消灭，建议越王许和，班师回越。此后，吴越两国都利用暂时的和平，积极准备战略决战。

公元前478年，吴国遭受历史上未有的干旱，仓库空虚，"市无赤米"，民怨沸腾。勾践决定乘机攻吴，于是任命范蠡为上将军，亲率五万越军攻入吴境。吴王夫差则亲率吴军六万，迎战于笠泽（今江苏吴江县境内）。两军夹江对峙。越军分兵三路，乘夜发动进攻。先由左右两翼鸣鼓佯攻，诱使吴军分兵抵御。然后，乘吴军调整部署之机，中军主力部队隐蔽渡江，对吴中军发动突然袭击。吴军大败。越军乘胜追击，直逼姑苏。吴军仗姑苏城防守坚固，闭城固守。范蠡建议采取围而不打的战术，保存实力，消耗吴军，"因吴之民而治之，因吴之粮而食之"，坚持长达两年的时间，越军日强，吴军日削，越国占领了吴国的所有土地，吴国只剩下万余亲兵固守孤城姑苏。

公元前476年，越王勾践又准备攻城。范蠡劝止，说："凡兵之胜，敌之失也。今不能再分敌之兵，犹可疑敌之心也。"建议采取声东击西的策略，发兵攻楚，使吴军放松戒备，然后出其不意，对吴军发起总攻。面对越军的突然进攻，吴王夫差惊慌失措，乘夜突围，据守姑苏山，派王孙雒到越军求和。

越王勾践在此关键时刻却一反常态，优柔寡断，意欲与吴约和。范蠡对勾践说："孰使人早朝而宴罢者？非吴乎？与我争三江五湖之利者非吴耶？夫十年谋之，一朝而弃之，其可乎？""得时无怠，时不再来。天予不取，反为之灾。"劝勾践彻底消灭吴国，不要许和。勾践又说："难对其使者"，让范蠡去处理这件事。范蠡于是提鼓援炮发号施令，赶走吴王使者王孙雒，指挥三千越军攻上姑苏山，俘获吴王夫差。夫差在绝望中自杀身亡。持续二十多年的吴越战争，以越胜吴败

而宣告结束。

　　从上述历史事实可以看出,越胜吴败的关键,在于战争指导的正确与否,谋略思想和指挥艺术的优劣。吴越两国幕僚范蠡和伍员的谋略水平不相上下,区别就是用与不用。勾践和夫差虽然都不是雄才大略之辈,对幕僚的态度却完全不相同。身处逆境的勾践能够采纳范蠡和文种的谋略,因胜而骄的夫差却一再拒绝伍员的劝谏,因而导致一胜一负的完全相反的结果。

　　范蠡功成身退的结局说明,范蠡不仅善长谋国,而且善长谋身,当进则进,当退则退,因而才能够避免文种那样的杀身之祸。苏东坡对此发表评论:"春秋以来,用舍进退,未有如范蠡之全者也。"范蠡之所以采取这种功成身退的措施,是因为他看到了当时的社会现象的一种规律性:"飞鸟尽,良弓藏;狡兔死,走狗烹"。当然,由于历史条件的限制,他还不可能透过现象看清它的本质。勾践之所以过河拆桥,不能简单地归结于他的个人品德,更不是因为他长了一副长脖子尖嘴巴,而是由当时的社会制度和他的阶级本质决定的。在当时的历史条件下,君主和幕僚之间,是一种人身依附关系,也是一种彼此利用的关系。具有自知之明的君主,知道自己的谋略不足以应付错综复杂的斗争,"智不备于一人,谋必参诸群士"。尤其是在创业阶段或处境危难的时候,都会程度不同地礼贤下士,虚心听取幕僚的意见。幕僚人才则希望依靠有作为的君主,谋取个人的名利,施展自己的才能。但是,这种关系能够维持到何种程度,则以是否有利于君主的统治为准则。为幕僚者,最忌功高震主。勾践在会稽兵败"十年生聚"的时候,能够比较虚心地采纳范蠡、文种等人的意见,甚至宣称要和他们"共执越国之政";而一旦大功告成,认为不再需要幕僚的帮助,甚至认为幕僚成为自己权位的威胁,就毫不犹豫地进行排斥和迫害。所以,在当时的社会历史条件下,范蠡的做法,实际上是一种明智的选择。

　　"不知范蠡乘舟后,更有功臣继横无?"(唐代诗人胡曾《泳史诗》)范蠡的结局开辟了一条可供选择的道路,给后人留下了一个值得深思的问题。

孙　膑

　　孙膑是战国中期战功卓著的齐国齐威王的军师幕僚,他继承和发展了孙武的军事思想,在军事理论和实践上都达到了相当高的水平,他所创造的"三驷之法"开军事运筹学之先河,"围魏救赵"和"减灶诱敌"的战法至今仍被视为克敌制胜的范例,是在中国军事史上占有重要地位的军事理论家和军事谋略家,为古今中外的军事家所称颂。

　　孙膑是齐国人,"生于阿、鄄之间"(今山东荷泽鄄城一带),是孙武的后世子孙,主要活动在齐威王和齐宣王在位的年代(大约在公元前356至319年)。早年曾与庞涓同学兵法,学习成绩超过庞涓。当时齐魏两国正为争霸中原而进行

激烈斗争。庞涓自知能力比不上孙膑,深恐齐国任用孙膑为将,就秘密地邀请孙膑去魏国。孙膑到达魏国以后,庞涓又担心魏惠王重用孙膑,施用阴谋诡计捏造罪名陷害孙膑,"断其两足而黥之"。这是中国古代的两种刑罚:膑刑,即去掉膝盖骨或砍断双足;黥刑(又称墨刑),即用刀在额颊刻字,涂黑。这样,孙膑就成为"刑余之人",并因此得名叫孙膑。庞涓企图用这种办法,使孙膑埋没民间。但是,孙膑身虽残而志益坚,设法见到出使魏国的齐国使臣。齐国使臣认为孙膑是不可多得的奇才,就把孙膑藏在车里带回齐国。从此以后,孙膑就在齐国度过了他一生中最为光彩的年代。

孙膑的主要军事活动是:因创"三驷之法"而被齐威王任命为军师,协助田忌打了两个胜仗,写了一部军事理论著作。

(1)"三驷之法"。孙膑返回齐国以后,深得齐国贵族的赏识,是将军田忌的常客。当时齐国贵族中流行一种"驰逐重射"(即以重金做赌注的赛马)比赛,孙膑看到参加比赛的马有上中下三等,同等马的奔跑速度相差不悬殊,比赛的办法是三场两胜。于是就对田忌说:"您下次比赛时下大注,我一定让您取胜。"田忌听信了孙膑的话,以千金做赌注与齐威王和诸公子比赛。比赛开始之前,孙膑向田忌建议:你用下等马和他们的上等马比赛,用上等马和他们的中等马比赛,用中等马和他们的下等马比赛。田忌照着孙膑的办法安排比赛,结果一负两胜,赢得千金财物。后人把孙膑的方法运用于指导战争,称为"三驷之法"。通过这件事,田忌意识到孙膑是足智多谋的人才,把他推荐给齐威王。齐威王此时正在谋求称霸中原,迫切需要人才,立即接见孙膑,同他讨论兵法。据山东临沂银雀山汉墓出土的孙膑兵法残简记载,孙膑和他们讨论了从战争观到带兵、作战的各种问题。齐威王认为孙膑是难得的将才,就任命孙膑为军师。从此以后,孙膑参与齐国统治集团的战略决策,以善于用兵闻名于诸侯。

(2)"围魏救赵"。发生在公元前353年的齐魏桂陵之战,是齐魏争霸中原的关键性一战。当时,"战国七雄"当中,以魏国最为强大,但是四面受敌(西受秦国侵扰,东受齐国进攻,中和赵、韩二国互相攻伐),国力疲乏。魏惠王为摆脱困境,采取联络韩、秦、齐三国,集中力量攻打赵国的策略。魏惠王原计划先进攻赵国北方的中山国,以威胁赵国都城邯郸。庞涓建议直接攻打邯郸,认为中山国"远于魏而近于赵,与其远征,不如近割"。公元前354年,魏惠王任命庞涓为将,率兵八万从大梁出发进攻赵国,包围了邯郸。赵成侯无力突破包围,于是派人向齐国求救。齐威王与诸大臣谋议对策,否定了齐相邹忌"不救"的主张,肯定了大夫段干明"缓援"的策略。一年之后,魏军久攻邯郸不下,疲惫不堪。齐威王看到时机已经成熟,决定发兵救赵。齐威王原准备任命孙膑为将,孙膑辞谢说:"刑余之人,不宜为将。"齐威王于是任命田忌为将,孙膑为军师,让孙膑坐在车子里为战争出谋划策。

在确定作战方略时,田忌主张直接进军邯郸,与赵军内外夹击魏军,从而解救邯郸之围。孙膑分析当时形势,认为魏国的精锐部队已经出国作战,国内仅留下老弱残兵防守,如果齐军迅速向魏国都城大梁(今开封市)发动进攻,占领它的交通要道,袭击魏国空虚的后方,魏军一定会放弃对赵国的进攻而回师自救。这样,就可一举两得,既可以解救赵国,又可以挫败魏军。他说:"譬如,理乱麻不能生拉硬扯,排解斗殴不能自己卷进去,而要切中要害,避实击虚,造成一种迫使敌人就范的态势,这样就可以使局势自行缓解。"因此,他建议采取"批亢捣虚""疾走大梁""围魏救赵"的战略方针。为保证这一方针的实施,孙膑又建议采取一系列措施,来迷惑和调动敌人。首先是"南攻平陵"。平陵是魏国东部军事重地,易守难攻,而且齐国有被魏军切断粮道的危险,孙膑故意采取这一措施,就是要造成齐将指挥无能的假象。齐军接近平陵时,又将主力部队隐蔽起来,只派一部分兵力向平陵发动进攻,受到魏军反击,立即败退下来,造成齐军怯战的假象。接着,派出一部分战车和步兵"四驰梁郊",佯攻大梁,从而激怒庞涓,诱使庞涓急速回师,并将主力埋伏在魏军必经之地桂陵(今山东菏泽东北)。田忌依计而行。庞涓果然中计,尽撤邯郸之围,昼夜兼程挥师南下,在桂陵受到齐军突然袭击,仓促应战,遭到惨败。桂陵之战的结局证明了"围魏救赵"策略的正确性,显示了孙膑卓越的谋略思想和指挥艺术。

(3)"减灶诱敌"。桂陵之战以后,魏国先后受到韩、秦等国的进攻,连年用兵,"士民疲弱,国家空虚"。为摆脱这种内外交困的处境,魏惠王采取联络赵、秦,打击韩国的策略,在公元前340年发动对韩国的战争。韩国弱小,急忙向齐国求救。

是不是救韩?如何救韩?齐国君臣在决策过程中进行了一场争论。邹忌主张不救,田忌主张早救,孙膑既不赞成不救,也不同意早救,却主张缓救。他认为,如果韩魏两国的军队都没有遭到损伤,齐国就出兵救韩,就意味着齐国代韩国承受魏国的进攻,实际上是听从韩国的指挥;如果不救,魏国消灭韩国之后,必然进攻齐国。所以,不如缓救,"阴结韩之亲,而晚承魏之敝"。这样,就能够"受重利而得尊名"。齐威王接受了孙膑的意见,又一次任命田忌为将、孙膑为军师,带领军队救韩。

齐军进入魏国境内,直接向大梁进击。魏惠王赶快撤回攻韩魏军,以太子申为上将军、庞涓为将,起全国之兵迎击齐军,打算与齐军决一死战。

孙膑看见魏军气势汹汹,意在决战,建议采用示怯佯退、诱敌深入的战法。他说:魏军向来勇猛彪悍,轻视齐军,我们就要因势利导,佯装怯战,诱敌深入,相机取胜。他们利用魏太子申"不习于兵",庞涓骄傲自负和急于求胜的弱点,采用减灶诱敌的战法。齐军与魏军刚接触就掉头后退,第一天造十万人做饭的锅灶,第二天造五万人做饭的锅灶,第三天做三万人用饭的锅灶。庞涓看到齐军逐日减灶,认为齐军果然怯战,高兴地说:"我早就知道齐军怯战。他们进入魏国才三天,士卒逃亡的就超过一半了!"因此,丢下辎重和步兵,率领精锐部队,日夜兼程追赶。孙膑计算魏军行程,判断当天夜里可以到达马陵(今山东鄄城东北)。马陵道路狭窄,地势险要,树木茂盛,有利于军队埋伏。孙膑出生于阿、鄄之间,很了解这一带的地形。他选择这一地形,命令一万名善于射箭的士兵埋伏在道路两旁,看到魏军燃起的火光就万箭齐发。还剥去路边一棵大树的皮,露出白色的

将相卷

树干,上写"庞涓死于此树下"。庞涓果然在黑夜到达马陵,隐约看到路旁树干上有字,就叫士兵点火照明。没等庞涓看完树上的字,齐军就万箭齐发。魏军大乱,相互失去联络。庞涓看到大势已去,"自知智穷兵败",于是自杀身亡。临死以前,他还愤恨不已地说:"居然让这小子成名了!"("遂成竖子成名")齐军乘胜追击,全歼魏军,俘虏了魏太子申。从此以后,魏国一蹶不振。"诸侯东面朝齐"。孙膑在马陵之战中所用的战法,直捣大梁以诱骗魏军回师,减灶示怯以诱骗魏军追击,马陵设伏以造成全歼魏军的条件,是一全套环环相扣的谋略,是战争上因势利导、克敌制胜的典范。

孙膑的军事理论著作在孙膑在世时即已成书,开始流传。据《史记》和《孙膑兵法》记载,齐威王曾经"问兵法"于孙膑,马陵之战之后,孙膑的兵法就流传于世。流传到汉代的《孙膑兵法》,称做《齐孙子》,有八十九篇,附图四卷。东汉以后在流传过程中散失。直到1972年,孙膑兵法残简才在山东省临沂银雀山西汉墓葬中出土,可惜残缺不全,能够辨认的约有一万一千字,整理成三十篇。但是,从现存残简也能看出,孙膑兵法和孙武兵法一脉相承,当时就合称做"孙氏之道"。孙膑兵法不仅继承了孙武的思想,而且有所进步有所创造,某些论述较之《孙子兵法》更加深刻(例如有关战争规律的论述)、更加丰富(例如有关阵法和战法的论述)。《孙膑兵法》和《孙子兵法》同样是中国古代军事理论的珍贵遗产,正越来越受到人们重视和研究。

孙膑军事谋略思想的显著特点和优点与孙武一样,是客观规律性和主观能动性的有机统一,而在有些方面更加丰富和深化,尤其是他的"贵势""知道"和"用法"思想。闪耀着朴素的唯物论和辩证法光辉,是他军事思想中的精华部分。

"贵势",即注重研究战争形势,把它看作决定谋略的客观基础。孙膑认为,战争是交战双方物质力量和精神力量的较量,因此特别重视人在战争中的能动作用,重视政治因素和精神因素的作用。他强调,进行战争,一方面要"有委",就是要有足够的物质基础,"富国"才是"强兵之急者"(最紧要的);另一方面要"有义",就是要有正当的理由,得到民众的支持。他认为,"义者,兵之首也""天地之间,莫贵于人"。他列举决定战争成败的因素,指出"恒胜"和"恒不胜"的条件有五个:将帅得到君主的信任,能够全权指挥作战则胜,将帅受到君主的牵制,行动不得自由则不胜("得主专制胜""御将不胜");了解战争的规律则胜,不了解战争的规律就不胜("知道胜""不知道不胜");得到人民的拥护则胜,得不到人民的拥护就不胜("得众胜""不得众不胜");将帅团结就胜,将帅不团结就不胜("左右和胜""乖将不胜");了解敌情、地形就胜,不侦察敌情就不胜("量敌计险胜""不用间不胜")。因此可以看出,孙膑认为,战争的胜负,不但决定于交战双方实力的强弱,而且决定于能否得到人民的支持,还决定于战争指导者是否了解战争的规律。所以,他说:"善战者因其势而利导之。"(见《资治通鉴》卷二)也就是说,善于指导战争的人,必须把他的决策与谋略建立在对战争客观形势分析的基础之上。

"知道",就是熟悉战争的运动规律。它是孙膑谋略思想中贯彻始终的一条红线。《孙膑兵法》三十篇中,有十三篇直接论述"知道"与"用法",即认识和利

用战争规律的重要性和方法论。当然,孙膑对于"道"的论述还不太严密,有时指规律,有时指原则,有时兼指二者,但是多数是指规律。他认为,战争的规律就像自然界的规律("天地之理")一样,是客观存在的,又是可以被认识的,凡是有形的事物都是可认识的,可以认识的事物没有不可被制服的("有形之徒,莫不可名;有名之徒,莫不可胜")。所谓"知道",依据孙膑的解释,即"上知天之道,下知地之理,内得民之心,外知敌之情,阵则知八阵之经,见胜而战,弗见则净"。认识和掌握战争规律才可预见战争的发展趋势,"先知胜不胜""见敌之所长,则知其所短;见敌之所不足,则知其所有余""见胜如见日月"。认识和掌握战争规律才可以促使形势向着有利于我、不利于敌的方向发展,"有功于未战之前""不失可有之功于已战之后""如以水胜火"那样有把握。孙膑认为,决定战争成败的客观因素不是静止不变的,而是可以相互转化的,例如积和疏(集中和分散)、盈和虚、疾和徐、众和寡、逸和劳都是能够"相为变"的,所以"富未居安也,贫未居危也,众未居胜也,少未居败也"。转化的条件,即认识和利用它发展变化的客观规律。"决胜负安危者,道也"。所以,要保障国家的安全,扩大君主的权威,保卫民众的生命,就必须懂得战争规律。("夫安万乘国,广万乘王,全万乘之民命者,唯知道")不懂得战争规律率兵打仗,只能靠碰运气侥幸取胜。因此,孙膑多次强调,"知道,胜""不知道,不胜"。

"用法",即掌握克敌制胜的战法。孙膑认为,战争中情况的变化是没有穷尽的,适应各种情况的战法也是无穷无尽的。"形胜之变,与天地相敝而不穷,形胜,以楚越之竹书之不足"。在《孙膑兵法》里,总结当时的实战经验,论述了对付五种敌军,应付十种情况的战法和十种阵法的性能与运用方法。在《通典》收录的孙膑佚文中,系统论述了骑兵战法。这些论述,比前人的论述更加具体和丰富。尤其值得注意的是孙膑强调"攻心"和"士气"在战争中的地位。他说:"凡伐国之道,攻心为上,务先服其心。"(见《通典》卷161《孙膑兵法》的《延气篇》)系统论述了激励士气、鼓舞斗志的重要性和五种基本做法。这一点,是对前人军事理论的飞跃性发展。至于他创造的"三驷之法",用局部小败换取全局大胜,与现代军事运筹学的原理基本相同,至今仍保持着旺盛的生命力。

商　鞅

商君,是卫国国君公室庶出的公子,名鞅,姓公孙氏,他的祖先本来姓姬。

卫鞅从小就爱好刑名之学,在魏相公叔座家中任中庶子。公叔座知道他贤能,还未来得及推荐,恰遇公叔座病了,魏惠王亲自前去探病,说:"公叔的病万一有意外的话,这个国家该怎么办呢?"公叔座说:"我的中庶子公孙鞅,虽然年轻,但有奇才,希望大王把国家大事让他来处理。"惠王沉默不答。惠王将离开,公叔座摒退众人,说:"大王如果不重用卫鞅,那就一定要杀了他,不要让他离开魏

国。"惠王答应后离开了。公叔座就召来卫鞅,谢罪说:"今天大王问我谁可以为国相,我推荐了你,从大王的神色中看,他没有答应我的推荐。我当时按先君后臣的原则,因此对惠王说假如不用卫鞅,就杀了他。惠王答应了。你赶快离开,否则将被擒。"卫鞅说:"惠王既然不听你的话任用我,又怎么会因你的话来杀我呢?"终于没有逃走。惠王回去后,对他的左右说:"公叔座病得太厉害了,真可悲啊,他想让我把国家大事交给公孙鞅,难道不荒谬吗?"

公叔座死后,公孙鞅听说秦孝公下令在国内征求贤能的人,准备重振秦穆公的业绩,向东收复被侵占的土地,于是就向西进入秦国,通过秦孝公的宠臣景监而求见秦孝公。

秦孝公见到卫鞅,与他谈论事情很久,秦孝公时不时地打瞌睡,听不进去。卫鞅走后孝公对景监发怒说:"你的客人是个狂妄的人,怎么能够任用呢?"景监也因此责备卫鞅,卫鞅说:"我与秦孝公说帝道,但他的心志并不开悟。"过了五天,秦孝公再次要求见卫鞅。卫鞅再次见到孝公,谈的时间更久,还是未中孝公的心意。卫鞅走后孝公再次责备景监,景监也因此责备卫鞅。卫鞅说:"我与孝公说王道,而未中他的心意,请让孝公再次见我。"卫鞅再次见孝公,孝公认为他说得对,但没有任用他。卫鞅退后,孝公对景监说:"你的客人很好,可以与他谈论事情。"卫鞅说:"我与孝公说霸道,孝公内心里是想实施霸道的。他肯定会再次见我,这我是知道的。"卫鞅又一次见到了孝公,孝公与他谈话,不知不觉地把膝盖挪到了席前,谈了好几天,都不觉厌倦。景监说:"你是用什么说中国君的心意的?国君现在高兴得很。"卫鞅说:"我与国君说帝王之道,并拿尧舜禹三代的例子来说明,然而国君说:'太久远了,我不能等。况且贤明的君主,都是在他身还在时就扬名天下,怎么能默默地等待几十上百年后才成帝王之业呢?'所以我就与国君谈强国之术,国君对此十分高兴。但这样就很难与殷周的德行相比了。"

秦孝公任用卫鞅后,卫鞅想变法,秦孝公怕天下的人非议自己。卫鞅说:"行为疑虑不会干出有名的事,处事疑虑不可能成功。况且那种超出常人的行为,本来就是世人所不赞同的;有独到见解的计谋,必为平庸的人所诋毁。愚笨的人对已经做成功的事也不明白,聪明人则在事情还未萌发时就已预见到。老百姓不能在事情刚开始时就与他们一起谋划,但是可与他们一起享受成功的快乐。讲求高尚道德的人不去迎合世俗,成就大功业的人不与众人一起商量。所以圣人假如能使国家强盛,就可以不效法旧的制度;只要能够对老百姓有利,就可以不循旧礼。"秦孝公说:"对。"甘龙说:"不对。圣人是不变易民俗来实施教化的,智者不会通过变法来治理国家。顺着已有的民俗实施教化,不费力气而自然成功;根据原有的法律来治国,官吏们很熟悉,百姓们也能安心。"卫鞅说:"甘龙所说的,是世俗之言。普通人安于已有的习俗,学者们沉溺于自己听说的道理。这两种人去做官、守法是可以的,但不可以跟他们谈论法律之外的其它东西。三代的礼不同,但都称王天下,五伯的法律不同,但他们都称霸天下。聪明的人制定法度,愚笨的人受法度制约;贤能的人更改礼俗,不贤能的人为礼俗所拘。"杜挚说:

"不能带来百倍的利益，不去变法；不能带来十倍的功用，就不改制器物。效法古代的制度不会有过失，遵循已有的礼俗不会走上歪道。"卫鞅说："治理国家不只用一种方法，对国家有便利的，就不必效法古制。所以汤武不遵循古制而称王天下，夏殷不更改礼俗而灭亡。反对古制的不应被否定，遵循旧礼俗的也不值得称赞。"孝公说："对。"任命卫鞅为左庶长，终于定下了变法的命令。

新法规定老百姓十家为"什"，五家为"伍"，一家违法，九家告发，否则就都有罪。不告发奸恶的人受腰斩之刑，告发奸恶的人能获得与砍下敌人的首级一样的赏赐，藏匿奸恶的要受到与投降敌人一样的惩罚。百姓家有两位男丁以上却不分开居住的，加倍收他们的赋税。立有战功的，各按其功劳大小享受爵禄；为了私利斗殴的，各按情节轻重决定刑罚的轻重。致力于自己的职业，因为耕种纺织而奉献粟帛多的，免除他们的徭役。从事工商业及懒惰而贫困的人，全部编为官府的奴婢。即使是宗室之人，没有军功的，也不得列入贵族名册。明确尊卑爵禄的秩序等级，各按等级占有土地、房屋，家臣与侍妾的衣服也按等级而有不同。有功劳的人就显达、荣耀，没有功劳的人即使很富有也没有什么光彩。

法令已经拟就，但还未公布，恐怕老百姓不信新法，于是就在国都市场的南门竖起一根三丈长的木头，招募老百姓，只要有人能把它搬到北门，就给他十金。老百姓都觉很奇怪，没有人敢上前去搬。于是又说："谁能搬到北门就给他五十金。"终于有一个人前来搬运，就给了他五十金。借此表明说话算数。之后才颁布法令。

法令在民间实行了一年，到国都来说新法令不方便的老百姓数以千计。此时太子触犯了新法。卫鞅说："新法所以不能很好地实行，是因为在上位的人触犯它。"将依法处置太子。太子，是国君的继承人，不可对他施刑，就对他的太傅公子虔施刑，他的老师公孙贾也受脸部刺字之刑。第二天，秦国人都按法令行事了。新法实行了十年，秦国老百姓都十分高兴，路上掉的东西没有人捡，山中没有盗贼，家家富裕，人人自足。老百姓勇敢地为国而战，不敢私下斗殴，乡村城镇都得到了大治。秦国当初那些说法令不便的人有的也来说法令方便了，卫鞅说："这些都是扰乱教化的人。"把他们全部迁到边境城镇。从此以后老百姓再也不敢议论法令。

于是任命卫鞅为大良造，带兵包围了魏国的安邑，并打败了那里的魏兵。

过了三年，在咸阳建筑门阙、宫廷，把秦都从雍迁到了咸阳。而且下令禁止老百姓父子兄弟在同一室中居住。又把小的乡村聚集在一起，成为县，设置县令、县丞，共有三十一个县。挖掉原来的田塍疆界作为田，而且公平赋税。统一了度量衡。

过了四年，公子虔又犯了法，处以割鼻之刑。

过了五年，秦国老百姓十分富强，周天子把祭神的肉赐给秦孝公，诸侯都来庆贺。

第二年，齐国在马陵打败了魏兵，并俘虏魏国的太子申，杀掉了魏将军庞涓。又过了一年，卫鞅对秦孝公说："秦国与魏国之间，就好比一个人患有腹心之病，

不是魏国兼并了秦国，就是秦国兼并了魏国。为什么呢？魏国处于山岭险要的西边，在安邑建都，与秦国隔河为界，而山东边的利益它单独拥有。有利时可以向西侵略秦国，不利时可以向东扩展土地。现在因为国君圣贤，秦国赖以强盛。而魏国去年大败于齐国，诸侯都背叛它，可以乘这个时候讨伐魏国。魏国抵挡不了秦国的进攻，必定往东迁徙。一旦魏国东迁，秦国就可以占据险固的黄河、崤山，向东控制诸侯，这是帝王的大业。"孝公认为很对，便派卫鞅带兵攻打魏国。魏国派公子卬带兵截击秦军。两军对峙，卫鞅写信给魏公子卬说："我当初与公子关系很好，现在各为两国的将领，不忍心互相攻击，可以与公子会面，结盟，痛饮一场后罢兵，以使秦、魏两国相安。"魏公子卬认为这样做很好。等到会盟结束，大家一起饮酒，而卫鞅布置的埋伏的甲士袭击并俘虏了魏公子卬，乘机攻打魏军，全歼魏军后回到秦国。

魏惠王因为自己的军队多次被齐国、秦国打败，国内十分空虚，国力一天天削弱，十分害怕，就派使者把黄河以西的土地割让给秦国以求和。魏国于是离开安邑，迁都到了大梁。魏惠王说："我十分悔恨当初不听公孙座之言。"卫鞅打败魏军回国后，秦国把於、商的十五个城邑封给他，并封号为商君。

商君在秦国为相十年，宗室贵戚中怨恨他的人很多。赵良见到商君，商君说："我所以能见你，是因为孟兰皋，现在我请与你结交，可以吗？"赵良说："我不敢冀此希望。孔丘说过：'推举贤能的人，会使上位者上进，聚集不贤的小人，能使君王后退。'我是那种不贤的人，所以不敢从命。我听说：'不是他的位子却占有它，叫作贪位，不是他的名而居为己有，叫作贪名。'我如果听从了你的好意，则恐怕我就是贪位贪名了。所以不敢从命。"商君说："对我治理秦国，你不高兴吗？"赵良说："听取别人的意见叫作聪，对内反省自己称为明，能克制自己的称为强，虞舜说过：'自我谦卑是很高尚的。'你不如按虞舜的话去行事，不用再问我了。"商君说："当初秦国行戎狄之教，父子之间没有区别，同居一室。现在我更改了这种习俗，男女之间实行分别，大造门阙，把秦国治理得与鲁国、卫国的习俗一样。你看我治理秦国，与五羖大夫百里奚相比，谁更贤明？"赵良说："一千只羊的皮，比不上一只狐狸的腋毛；一千个人在那里附和，不如一个人直言相争。周武王因为有直言相争之人而兴旺，殷纣王因为群臣不敢异言而灭亡。假如你不否定周武王的话，我请求整天直言而不受罚，可以吗？"商君说："曾经有人说过，挂在嘴上的话好比是花，真心话则好比果实，苦口良言好比是药，甜言蜜语是疾患。你果真能够整天与我直言相对，这就好比是给我吃药。我将服事你，你又何必推辞呢？"赵良说："五羖大夫百里奚，是楚国的地位卑贱之人，听说秦穆公贤能，希望能见他。他想去秦国，但是没有路费，就把自己卖给秦国的客人，穿着破旧的衣服为人喂牛。过了一年秦穆公知道了这件事，就把他从为人喂牛的贱役中提拔起来，让他位居百官之上，秦国没有人怨恨他。他在秦国为相六七年，向东攻打郑国，三次为晋国立国君，一次拯救楚国的危难。在国内实施教化，使巴人前来纳贡；施德于诸侯，四面八方的戎族前来归顺。五羖大夫在秦国为相时，劳累了不坐车，天热时不张伞盖，在国中行走，不用车骑跟随，也不手持武器，因此他

的功名载于府库的史册中，他的德行施惠于后世。五羖大夫死时，秦国的男男女女都流了眼泪，儿童们不唱歌谣，春米的人不吆喝用杵。这就是五羖大夫的德行。现在你见到秦王，是因为宠臣景监做的主，这就不是成名的办法。你在秦国为相不考虑老百姓的疾苦，而去大造门阙，这不是成就功业的办法。让太子的师傅受刑、刺面，用严酷的刑法伤害百姓，这是积聚怨愤暗藏祸患。你的教化民众的政策比国君的命令还要苛刻，民众对你的命令的遵从比对国君命令的遵从还要快捷。现在你又违背情理建立权威，这不是实施教化的办法。你又效仿国君面向南而自称寡人，天天惩罚秦国的贵公子。《诗》中说：'你看那老鼠都讲究体貌，人却不讲礼仪；人如果不讲礼仪，为什么不赶快去死。'从《诗》中看，你这样做不是长寿的办法。公子虔闭门不出已有八年了，你又杀了祝懂而对公孙贾施以刺面的刑罚。《诗》中说：'得人心的人兴旺，失人心的人崩溃。'上面所说的这几件事，都不是得人心之举。你出门的时候，身后跟随的车数以十计，随从的车中都带着武器，身强力壮的人坐在车右，持矛操戟的人随车而行。这几件东西有一件不具备，你就决不外出。《书》中说：'依仗道德的人昌盛，依仗武力的人灭亡。'你面临危险就好比是早晨的露水，还想能够延年益寿吗？那么你为什么不归还封你的十五个城邑，到乡野去灌溉田园，劝秦王重用那些隐居岩穴的人，敬养老人，存恤孤儿，尊敬父兄，表彰有功的人，尊崇有德的人，这样才能得以苟安。你还想贪图商、於的富贵，留意秦国的政教，积蓄老百姓对你的怨恨，那么一旦秦王去世，秦国想要收捕你的人，难道还少吗？你的灭亡在举步之间就会到来。"商君没有听从他的劝告。

五个月后秦孝公死，太子即位。公子虔等人诬告商君想谋反，就派官吏逮捕商君。商君逃到函谷关下，要住旅店，店主人不知道他是商君，说："根据商君之法，不验证客人是谁就留住，是要犯法的。"商君叹道："唉，制定法律的弊病，竟至于此！"离开秦国，到了魏国，魏国人恨他欺骗公子卬而击败魏军，不接受他。商君想去别的国家，魏国人说："商君，是秦国的罪犯。秦国强大而秦国的罪犯到了魏国，不把他送回去，是不妥的。"就把他送回了秦国。商君既然再次回到秦国，就跑到他自己的封地商邑，带着他的部属发兵向北攻打郑国。秦国派兵攻打商君，把他杀死在郑国的黾池。秦惠王车裂商君之尸示众，说："不要像商君一样反叛！"于是灭了商君全家。

太史公说："商君，是天生的禀性刻薄之人。考察他当初用帝王之术劝说秦孝公，其中夹杂浮夸之说，并不是他的真心话。况且是通过宠臣的推举。等到他被重用，施刑于公子虔，欺骗魏公子卬，不听赵良的劝告，从中也足以看清商君的缺少恩义。我曾经读过商君的《开塞》《耕战》篇，发现其思想与他的行事差不多。最终他在秦国背上叛逆之名，实在是有原因的！"

鬼谷子

　　鬼谷子是个很神秘的人物,战国中期的纵横家鼻祖,有说是齐国人,也有说是楚国人,也有说根本无此人,众说纷纭,莫衷一是。传说鬼谷子姓五,名之利,也有说姓刘名务滋,隐居于颍川(今河南禹县)阳城(今河南省登封县东南告成镇)的鬼谷,因自号"鬼谷子"。鬼谷先生在山中总结斗争经验,潜心治学,并教生授徒,传播政治斗争权术和游说技术,是张仪、苏秦纵横术的教授者。

　　鬼谷先生的纵横家理论,主要保存在《鬼谷子》中。

　　《鬼谷子》,传为鬼谷先生所作,今存三卷十五篇,计七千九百余字,可分为两部分:

　　卷上《捭阖第一》《反应第二》《内揵第三》《抵巇第四》,卷中《飞钳第五》《忤合第六》《揣篇第七》《摩篇第八》《权篇第九》《谋篇第十》《决篇第十一》《符言第十二》为第一部分,主要讲纵横术中的预测术、说辩术、决策术及其哲学原理;卷下《本经阴符七术》《持枢》《中经》为第二部分,主要讲纵横术的练养方法和人际相处、相争的权术。

　　由于《鬼谷子》不见录于《汉书·艺文志》,而首次被《隋书·经籍志》著录,故自隋代起,关于《鬼谷子》的真伪即作者和产生年代问题便产生了争论。《隋书·经籍志·子部·纵横家》载:

　　"鬼谷子三卷,皇甫谧注。鬼谷子,周世隐于鬼谷。"

　　其言当时流传的《鬼谷子》三卷为战国时隐于鬼谷的那位鬼谷先生所作。《隋书·经籍志》同时著录乐壹注《鬼谷子》三卷《史记(苏秦列传)正义》曰:

　　"《七录》有苏秦书,乐壹注云:秦欲神秘其道,故假名鬼谷。"

　　似言《鬼谷子》即刘向《七录》所著录,而被班固《汉书·艺文志》所收录的《苏子》,实为苏秦所作。苏秦欲神其术,神其书,故将己作托名于鬼谷先生。至《旧唐书·经籍志》,则直接著录为"《鬼谷子》三卷,苏秦撰"。近人顾实等亦有此论,他在《重考古今伪书考》中说:

　　"《鬼谷子》十四篇,本当在《汉志》之《苏子》三十一篇中。盖《苏子》为总名,而《鬼谷子》其别目也……故后世《苏子》书亡,而《鬼谷子》犹以别行而存也。"

　　时至明代,又生出两种新说,杨慎曰:

　　"今案'鬼谷'即'鬼容'者,又字相似而误也。高似孙《子略》但谓《艺文志》无《鬼谷子》,何其轻于立论乎!"

　　其言《鬼谷子》即《汉书·艺文志·兵阴阳家》所著录之《鬼容区》,因字形相似而误书。此论一出,即遭明人胡应麟驳斥,其《四部正讹(中)》曰:

　　"案鬼臾区黄帝之臣,《汉艺文志·兵阴阳家》有《鬼容区》三篇,与《风后》《力牧》连类,说者谓即'鬼臾区',以'臾''容'声相近,是矣。而杨以为'鬼谷',则

164

'区'字安顿何所乎?"

在驳斥杨慎之说的同时,胡应麟提出了"伪造说",其《四部正讹(中)》又曰:

"《鬼谷子》,《汉志》绝无其书,文体亦不类战国,皇甫温序传之。案《汉志·纵横家》,有《苏秦》三十一篇、《张仪》十篇,《隋经籍志》已亡。盖东汉人本二书之言,荟萃为此;或即说手所成而托名鬼谷,若'子虚''亡是'云耳。"清人姚际恒、近人钱穆皆从是说而补充发挥之。

其上之"苏秦假托""即《鬼容区》""东汉或六朝人伪造"诸说,均无实据,多系猜想推测,我们看一下《鬼谷子》的产生、流传即可明白。

战国中期,鬼谷先生在泰山南山脚下鬼谷中教生授徒,张仪、苏秦等曾先后从其学习纵横术。鬼谷先生要教徒授课,理应有著之竹帛的讲习课本。清代大文献学家章学诚曾说:"孔孟以前,未尝传其书。至战国,而守师传之道废,通其学者,述旧闻而著之竹帛焉。"退一步说,即使鬼谷先生没有课本,而凭记忆口授,那么其从学弟子亦应将其所传、所授记录下来。弟子录记老师口授的学习方式,自孔子开创私学时起就奠定下来了。《汉书·艺文志》曰:

"《论语》者,孔子应答弟子、时人及弟子相与言而接闻于夫子之语也。当时弟子各有所记。夫子既卒,门人相与辑而论纂,故谓之《论语》。"

联系《论语·卫灵公》所主"子张问行",孔子答后"子张书诸绅"之事,《汉志》之言信然。既然春秋末年的从学弟子们如此珍视老师的教言而千方百计记录下来,那么在书写条件大为进步的战国中期,弟子们记录先生讲授的课业便是情理中之事了。

孟子与鬼谷先生时代相近,都生活在战国中期。据唐人林慎思《续孟子书》所言,《孟子》七篇,非轲自著,乃弟子共记其言。韩愈亦言:"孟轲之书,非轲自著。轲既没,其徒万章、公孙丑相与记轲所言焉。"鬼谷先生教授弟子,约与孟子同时。其授课与弟子听课、录记课业等情况大概与孟子及弟子们相类。所以说,《鬼谷子》当在战国中期即有著之竹帛的本子存在,而在其后不久便广为流传开来。其流传,大概与苏秦有关。

苏秦既是鬼谷先生的收山弟子,也是鬼谷先生的高足,《论衡·答佞》记时人传言鬼谷先生以"令我泣出"之方式考试弟子是否可毕业出山时说"苏秦下说,鬼谷先生泣下沾襟。张仪不若苏秦。"苏秦对鬼谷先生的课业最为精通,对纵横术大概下过一番苦功夫,所以能取得如此效果。那么其所录记鬼谷先生之课业当为最详最精。苏秦出山后,自周至燕,得燕王相知,去燕至齐为燕"治交""破弊齐而为燕",说齐王取宋,致使五国联军伐齐,在齐为燕攻破时,被车裂于市。"既死,其事大泄",其在齐之财产、书籍等大概也被抄没入官,其苦苦研读、不断修补之鬼谷先生讲授笔录也因之在齐流传,而部分地被稷下学士辑录在齐之政治、经济、军事论文集《管子》中。今《管子》之《九守》篇与《鬼谷子》之《符言》篇相较,其九段文字中,字句完全一致的段落有一("主问"段);字句基本一致,仅几个虚词有异的段落有一("主明"段);两篇互有脱误,但意思相同、字句基本一致的段落有六("主位""主赏""主因""主周""主恭""主名"段);字句基本一致,但因关键词

有讹脱而致意思有异的段落有一（"主听"段），我们却可追寻出讹脱的轨迹。

由此可以看出，战国中期，至迟在公元前284年苏秦死前，《鬼谷子》已有著之竹帛的书卷存在。苏秦死后，《鬼谷子》流传于世，被更多的人士研读、摘录。所以说，《鬼谷子》或者曾经苏秦记录、整理、补充过，但其著作权仍应属其师鬼谷先生。

今传之《邓析子》之《中文》篇，其字句与《鬼谷子》之《符言》篇亦多相似。邓析是春秋末年人，是先秦名辩家的开山祖。《汉书·艺文志·名家》著录有《邓析》二篇。但今传本之《邓析子》，今人研究多认为是战国后期的"辩者"辑录整理成书的，故其中录有《鬼谷子》中的篇章。

战国末，秦、汉人整理载籍，辑录、摘引、化用自己所欣赏的作品，这在当时是习以为常的正常现象。《吕氏春秋》《淮南子》之成书如此，司马迁写《史记》亦如此，《汉书·儒林传》谓"迁书载《尧典》《禹贡》《洪范》《微子》《金滕》诸篇"，刘知几《史通·六家》亦曰司马迁"兼其所载，多聚旧记，时采杂言"，而于董仲舒之"三策"、贾谊之《政事书》《过秦论》全文辑录。此时风中，《虞氏春秋》之成书亦如此。据《史记·平原君虞卿列传》言，"游说之士"虞卿，先说赵孝成王而为"赵上卿"，后失势"困于梁""不得意，乃著书，上采《春秋》，下观近世，曰《节》《义》《称》《号》《揣》《摩》《政》《谋》凡八篇，以刺讥国家得失，世传之曰《虞氏春秋》。"其《揣》《摩》《谋》三篇与今《鬼谷子》中三篇同名，或原从鬼谷先生弟子学纵横说辩术而记其学，抑或《鬼谷子》书在社会上流传后因喜爱而逐录于著述中。

秦始皇焚书禁百家言，鬼谷先生之学说亦掩而不彰。汉惠帝四年（前191年）三月除挟书律，诸子之书渐渐复出。淮南王刘安纠集天下道学之士，齐地学子、方士归附其门下，鬼谷先生之学首先在淮南再度流传，而被部分地采入《淮南子》中。《淮南子·泛论训》曰："忤而后合，谓之知权。""圣人之言，先忤而后合。"而《鬼谷子·忤合》曰："古之善背向者，乃协四海，包诸侯，忤合之而化转之，然后以之求合。"文意相同。又，《淮南子·说山训》曰："介虫之动以固，贞虫之动以毒蛰。"而《鬼谷子·权》曰："故介虫之捍也，必以坚厚；螫虫之动也，必以毒螫。"表现出明显的承接关系。

司马迁父子为太史令，遍观国家典藏以成"通古今之变"的《史记》，其《太史公自序》有曰，"故曰：圣人不朽，时变是守。虚者，通之常也；因者，君之纲也。"司马贞《史记索隐》曰："此出《鬼谷子》，迁引之以成其章，故称'故曰'也。"今按此司马谈所引，正与今传本《鬼谷子》之《持枢》所论"天道、人君之大纲"相类。又，班固于《汉书·司马迁传》引此文时改"圣人不朽"为"圣人不巧"，王念孙曰："'巧'，古读若'粮'，正与'守'为韵。"抑或此"巧"字乃班固据当时传世之《鬼谷子》校正。

大概在汉武帝初年，《鬼谷子》之书、苏秦张仪之言等纵横家学说在社会上已相当流行，故丞相卫馆曾上疏建议武帝罢"苏秦、张仪之言"。但《鬼谷子》的流传并没有因此而绝止，刘向领命整理古代典籍，十分欣赏《鬼谷子》而将其文摘入自己的《说苑》中。其《善说》篇有曰，"《鬼谷子》曰：'人之不善而能骄之者，难矣。说之不行，言之不从者，其辩之不明也。既明而不行者，持之不固也。既固而不

行者,未中其心之所善也。辩之明之,持之固之,又中其人之所善,其言神而珍,白而分,如此而说不行者,天下未尝闻也。'此之谓善说。"

如此大段征引,未有其书所依而弗能为。除此之外,刘向还在《说苑》中化用《鬼谷子》文意,发挥《鬼谷子》思想以成句段。据初步比较统计,其《臣术》篇化用《鬼谷子》者有四段文字,其《权谋》篇化用《鬼谷子》者有五段文字,其《说丛》篇化用《鬼谷子》者有二段文字。据曾巩言,《说苑》本是刘向"采传记、百家所载行事之迹以为此书"的,所以书中或摘引、或化用《鬼谷子》文句。

西汉末年,扬雄作《法言》,其《重黎》卷记曰:

"或问蒯通抵韩信,不能下,又狂之。曰:方遭信闭,如其抵。曰:蠾可抵乎?曰:贤者司礼,小人司利,况附键乎?"

此词句、文意与《鬼谷子·抵蠾》所论有不少相同、相通处。

东汉大经学家郑玄注《周礼·春官·典同》"凡声……微声韽"曰:

"微,谓其形微小也。韽,读为'飞钳涅暗'之暗。鹤声小不成也。"

贾公彦疏曰:

"云'韽读为飞钳涅暗之暗'者,谓《鬼谷子》有《飞钳》《揣》《摩》之篇,皆言从横辩说之术。飞钳者,言察是非语,飞而钳持之。揣摩者,云揣人主之情,而摩近之。'韽声小不成'者,飞钳涅暗,使之不语。此钟声韽,亦是声小不成也。"

由贾疏可见,郑玄是化用《鬼谷子》篇章之言来注《周礼》的。

所以说,自战国后期至东汉末年,《鬼谷子》的流传一直延续不绝,东汉人是不会再去伪造一本已经在流传着的古书的,胡应麟的"东汉人本二书之言,荟萃为此"的论说失考。而杨慎说《鬼谷子》即《汉志》之《鬼容区》,亦轻于立论。《鬼容区》在《汉志》中属"兵阴阳家",班固论此类著述之内容曰"顺时而发,推刑德,随斗击,因五胜,假鬼神而为助者也",显然与讲游说、揣摩、政治勾斗等纵横权术的《鬼谷子》大相异样。

魏晋南北朝时期,《鬼谷子》的流传亦有脉络可考。三国吴人杨泉作《物理论》,其《口铭》篇乃融《鬼谷子·捭阖》而成。如《口铭》篇曰:"存亡之机,开阖之术,口与心谋,安危之源。"而《捭阖》篇曰:"观阴阳之开阖以命物,知存亡之门户……口者,心之门户也;心者,神之主也。"《口铭》篇曰:"枢机之发,荣辱随焉。"而《捭阖》篇曰:"故言长生、安乐、富贵、尊荣、显名、爱好、财利、得意、喜欲为阳,曰始。故言死亡、忧患、贫贱、苦辱、弃损、亡利、失意。有害、刑戮、诛罚为阴,曰终……阴阳相求,由捭阖也。此天地阴阳之道,而说人之法也。为万事之先,是谓圆方之门户。"表现出承接关系。另外,《物理论》言"指南车见《鬼谷子》",而今本《鬼谷子·谋》曰:"故郑人之取玉也,必载司南之车,为其不惑也。"由此可见,杨泉是读过《鬼谷子》并对此书甚为熟悉的。

西晋人皇甫谧博览群书,患风痹症后仍手不释卷,废寝而忘食,被时人谓之"收淫"。曾上表向晋武帝借书,武帝赐书一车。因其对《鬼谷子》精读潜研,多有得获,故曾对《鬼谷子》做过注释,并制序言一篇。《隋书·经籍志》曰:

"《鬼谷子》三卷,皇甫劲注。鬼谷子,周世隐于鬼谷。"

胡应麟《四部正讹》曰："《鬼谷子》……皇甫劝序传之。""序"即作《序》，"传"指注释。马总《意林》曾录《鬼谷子序》曰："周时有豪士隐鬼谷，自号鬼谷先生。"李善注《文选·郭景纯游仙诗》亦引："《鬼谷子序》曰：周时有豪士隐于鬼谷者，自号鬼谷子。"其所言之《鬼谷子序》，或即"皇甫滥序传之"之"序"。

西晋诗人左思，早年追随贾溢。贾溢被诛后，他无意仕途，而专意于典籍，博览群书，制成《三部赋》，皇甫谧曾为之作《序》。其《蜀都赋》曰："剧谈戏论，扼腕抵掌。"刘良注曰："剧，甚也。《鬼谷先生书》有《抵戏篇》。"刘良则以为其二语化用《鬼谷子》词句。

东晋人葛洪弃官至洛阳后，广求异书，其《抱朴子·遐览》录从师所见方道之书205种660卷，其中有《鬼谷经》一卷。而其《抱朴子·应嘲》记其答客嘲问时有曰：

"老子，无为者也；鬼谷，终隐者也；而著其书，咸论世务。何必身居其位，然后乃言其事乎？"

客讥其"高尚勿用，身不服事，而著君道臣节之书"时，葛洪便抬出老子、鬼谷子隐身无为而著书论世的故事来比况、辩解。《老子》书在东晋时广为流传，而《鬼谷子》书在其时亦为当世所公认，葛洪才好用来比况自辩。否则，他举伪书、西晋人所造之书来比况，不更为攻击者增添了口实吗？

东晋诗人陶渊明，字元亮。一说名潜，字渊明。其厌倦了官场的黑暗与奉迎，退隐田园，忙时种田，闲时读书赋诗自娱。今存《鬼谷子·持枢》"谓春生、夏长、秋收、冬藏，天之正也；不可干而逆之。逆之者，虽成必败"，注中有云：

"元亮曰：'含气之类，顺之必悦，逆之必怒，况天为万物之尊而逆之乎？'"

近人俞樾因此而认为陶渊明注过《鬼谷子》。

时至南北朝，《鬼谷子》仍流传不衰。刘宋人裴骃注《史记·苏秦列传》"期年以出揣摩"时曰："《鬼谷子》有《揣》《摩》篇也。"其显系见过《鬼谷子》书。萧梁人刘勰于《文心雕龙·论说》中论战国辩士时说：

"暨战国争雄，辩士云涌；纵横参谋，长短角势；《转丸》骋其巧辞，《飞钳》伏其精术；一人之辩，重于九鼎之宝；三寸之舌，强于百万之师；六印磊落以佩，五都隐赈而封。"

《转丸》原为《鬼谷子》这一篇，在《符言》之下。台湾地区学者赵铁寒谓其亡于齐末梁初至唐尹知章世之间。《飞钳》为今传本《鬼谷子》之第五篇。另据《意林·篇目序》，梁人庾仲容《子略》中曾录有《鬼谷子》文句。据唐长孙无忌《鬼谷子序》言，萧梁人陶弘景曾注过《鬼谷子》三卷。

可见在魏晋南北朝时，《鬼谷子》已在社会上广泛流传，文人研读之已为平常现象。某些人在反复研读的基础上为之注释，开《鬼谷子》研究之始。由此可知，胡应麟的"皇甫谧手成而托名鬼谷"之论是错误的。

由于《鬼谷子》的广泛流传和文人研读的影响，唐太宗十五年（公元641年）于志宁等领命修梁、陈、北齐、周、隋之《五代史志》时，将《鬼谷子》著录于《经籍志》中，收有皇甫谧、乐壹两种注本。其后，《旧唐书·经籍志》《新唐书·艺文志》

168

《宋史·艺文志》《崇文总目》《中兴书目》《郡斋读书志》《直斋书录解题》《通志·艺文略》《文献通考·经籍考》《绛云楼书目》《述古堂书目》《孙氏祠堂书目》《清史稿·艺文志》等目录书籍或著录、或评介此书。隋唐起,有隋人乐壹,唐人尹知章,明人归有光、高金体,清人秦恩复,近人俞樾等注释、评点过《鬼谷子》,而明清以迄近代,刊刻《鬼谷子》者计有二十余家。还有,唐人长孙无忌有《鬼谷子序》,元冀有《鬼谷子指要》,柳宗元有《鬼谷子辩》,宋人欧阳修有《鬼谷子序》,元人宋濂有《鬼谷子辩》,清人周广业有《鬼谷子跋》,卢文绍有《鬼谷子跋》,阮元有《鬼谷子跋》等对《鬼谷子》和鬼谷先生进行研究评说。唐代、宋代关于《鬼谷子》的作用和价值,明代关于《鬼谷子》的作者和真伪都产生过多人参加的大讨论和大辩论。这些,都从不同的侧面说明了《鬼谷子》书和纵横家学说在我国历史上的影响之大。

苏 秦

　　苏秦,是东周洛阳人。他往东去齐国求师,并向鬼谷先生学习。

　　在外游历了几年,苏秦十分困窘而回家。他的兄长、弟弟、嫂子、妹妹、妻妾私下里都笑话他,说:"周朝人的习俗,是经营产业,从事工商,以谋取十分之二的利益为目标。现在你放弃本来应该做的事而从事凭借口舌为业。遇到困难,这不是应该的吗?"

　　苏秦听到后,感到十分惭愧,暗自伤心,于是闭门不出,拿出他所藏之书,通览一遍,说:"一个读书人已经埋头苦读,仍不能凭此获取尊荣之位,即使书读多了又有什么用?"于是他找到一本周书《阴符》,埋头而读。过了一年,有了不少心得,说:"用它可以去游说当今世上的国君了。"他请求向周显王游说,周显王身边的人向来对苏秦很熟悉,都看不起他,不信任他。

　　苏秦就向西到了秦国。当时秦孝公已死。苏秦对秦惠王说:"秦国是一个四面天险的国家,背靠华山,渭河绕境,东边有函谷关、黄河,西面有汉中,南面有巴蜀,北面有代郡和马邑,这真是天府之国。凭借秦国士兵和百姓的众多,兵法的普及教化,可以吞并天下,称帝而治理所有的土地人民。"秦惠王说:"羽翼还未丰满时,就不可以高飞;国家的大政方针还未清明,就不可以去兼并别的国家。"当时刚刚诛杀商鞅,对论辩之士很痛恨,所以不用苏秦。

　　苏秦于是向东到了赵国。当时赵肃侯任命他的弟弟成为相,号为奉阳君。奉阳君不喜欢苏秦。

　　离开赵国后又到了燕国,过了一年多才得以见到燕国国君。苏秦对燕文侯说:

　　"燕国的东面有朝鲜、辽东,北面有羌胡、楼烦,西面有云中、九原,南面有滹

沱、易水，土地方圆二千余里，战士几十万，战车六百辆，战马六千匹，粮食可支撑好几年。南部有丰饶的碣石、雁门，北部可收获枣和栗，老百姓即使不耕作，光是枣和栗的收入就足够了。这是人们所说的天然府库。国内平安无事，看不见覆灭的军队和被杀的将领，这方面没有一个国家比得过燕国的。大王知道这是为什么吗？燕国之所以没有战事，是因为有赵国挡在它的南面。秦国和赵国之间打过五次仗，秦国胜了两次，赵国胜了三次，秦国和赵国都受到了损害，而大王却以一个完整的燕国在背后制约着它们，这就是燕国没有遭到别国入侵的原因。况且秦国要打燕国的话，要逾越云中、九原，要经过代和上谷，里程过几千里，即使得到了燕国的城池，秦国也无法守住。秦国不能危害燕国的道理也很明显了。现在赵国要攻打燕国，发出号令，不到十天而数十万赵军就可以在东垣驻扎。渡过滹沱河，跨涉过易水，不到四五天就可以到达燕国的国都。所以说假如秦国攻打燕国，是战于千里之外；赵国攻打燕国，是战于百里之内。对百里内的忧患不加考虑而看重千里之外的忧患，没有比这更错误的计谋，所以希望大王与赵国亲善，天下各国连为一体，那么燕国就一定没有忧患了。"

燕文侯说："你的话是对的，但是我们的国家很小，西边为强大的赵国胁迫，南边靠近齐国，齐国和赵国都是强国。你如一定要以合纵之策来使燕国安定，我可以把国家托付给你。"

于是出资给苏秦配置车马金帛，让他去赵国。当时奉阳君已死，苏秦就乘机对赵肃侯说：

"天下的卿相臣子以及普通的老百姓，都推崇贤明君主的行事尚义，很久以来都一直愿意恭听你的教诲，在你面前坦陈自己的忠心。虽然如此，然而因为奉阳君心怀妒忌而你又不亲自管事，所以宾客和游说之士都不敢在你面前尽情表白。现在奉阳君已经去世，国君你现在再次与士人百姓相亲近，所以我才敢把我的愚蠢的考虑说给你听。

"我私下里替国君考虑，最好不如让百姓安宁、国家太平，而且不要让百姓有事。安民的根本，在于选择外交。选择外交得当则百姓安定，选择外交不得当则老百姓终身不安。请跟你说一下赵国的外患：把齐国和秦国都作为敌人则老百姓不得安宁，依靠秦国攻打齐国则老百姓不得安宁，依靠齐国攻打秦国则老百姓不得安宁。所以谋算别人的君主，攻打别人的国家，常常苦于说出与别人断绝交往的话，希望国君千万不要把这样的话轻易说出口。请为你辨别白与黑，这与分别阴和阳的不同是一样的。你如果确实能听我的话，那么燕国必会送上盛产毛毡、皮裘、狗和马的土地，齐国必会送上盛产鱼盐的海域，楚国必会送上盛产橘柚的果园，韩国、魏国、中山国都可以送上可资汤沐的供奉，而你的贵戚父兄都可以被封侯。割取别国的土地，垄断所有的利益，这是春秋五霸依靠歼灭别人的军队、擒获别人的将军而追求的；让贵戚封侯，这是商汤和周武王流放甚至杀掉以前的君主所争取的。现在国君你却拱手而这两样都能取得，这是我替你期望的。

"现在大王如果与秦国相交，那么秦国必然会乘机削弱韩国、魏国；与齐国相

交,那么齐国必然会乘机削弱楚国、魏国。魏国被削弱,就会割让黄河之外的土地,韩国被削弱则必定会奉献宜阳。宜阳一旦被割让给秦国,那么通往上郡的道路就断绝了;黄河之外一割让,那么道路就会不通;楚国被削弱了,赵国就没有了外援。这三种策略,不可不深思熟虑。

"如果秦国攻下轵道,那么南阳就危险了;如果秦国劫取韩国,包围周朝,那么赵国就要亲自拿起武器来战斗;如果秦国占据卫国获取卷城,那么齐国必会向秦国朝贡称臣。如果秦国的欲望已在山东之地取得满足,就一定会发兵攻打赵国。秦国的甲兵渡过黄河,越过漳水,占据番吾,那么秦赵两国之兵就一定会在邯郸城下决战。这是我替国君你担心的。

"在当今这个时候,山东之地所建的国家没有一个比赵国强大。赵国占地方圆两千余里,甲兵数十万,战车千辆,战马万匹,粮食可供维持好几年。西边有常山,南边有黄河、漳水,东边有清河,北边有燕国。燕国本来就是弱国,不值得害怕。在天下各国中秦国最担心的莫过于赵国,然而秦国却不敢发兵攻打赵国,这是为什么呢?害怕韩国、魏国乘机谋取它的后方。这样韩国、魏国就是赵国在南边的屏障。秦国攻打韩国、魏国,没有什么名山大川阻挡,可以渐渐蚕食它们,直到逼近它们的国都为止,韩国和魏国不能抵挡秦国,就必会向秦国称臣。秦国如果没有了韩国、魏国的后顾之忧,那么祸患就会降临到赵国头上。这是我为国君你所担心的。

"我听说尧没有什么部属,舜没有咫尺之地,他们却都拥有天下;禹没有百人的聚居地,而在诸侯中称王;商汤、周武王的战士不过三千人,战车不过三百辆,士卒不过三万人,却最终成为天子。这实在是因为他们掌握了其中的道。所以贤明的君主对外能预料敌人的强弱,对内能知道自己的士卒是否贤能,不等两军相对而胜败存亡的玄机早已在心中形成,难道能被众人之言所掩蔽而去糊里糊涂地下决断吗?

"我私下里用天下的地图来衡量局势,诸侯各国的土地多于秦国五倍,料想诸侯各国的士卒会多于秦国十倍。六个国家结成一体,合力向西而攻击秦国,秦国必然失败。可现在却向西服事秦国,向秦国称臣。打败别人与被别人打败,称别人为臣与向人称臣,这两者之间的差距岂可同日而语?

"那些主张连横的人,都想把诸侯国的土地割让给秦国。如果秦国成就了霸业,就会高筑台榭,装饰宫室,听竽瑟音乐,前面有楼台、宫阙、高大的车马,后面有苗条姣好的美女,国家遭受了秦国的祸患也不替它们分忧。那些主张连横的人日夜以秦国的权势恐吓各诸侯国,希望各国割地给秦国,所以望大王对此一定要深思熟虑。

"我听说贤明的君主善于排除疑难,摒去谗言,使流言蜚语无法传播,堵塞臣下结党营私的门路,所以那些尊重明主、为明主谋划扩地强兵之道的谋臣才能在明主面前剖露忠心。我私下里来替大王谋划,不如让韩、魏、齐、楚、燕、赵六国结盟,共同对付秦国。让天下的将领在洹水聚会,交换人质,杀白马而结盟,立盟约

说：'假如秦国攻打楚国，齐国、魏国都要派精锐之师来助战，韩国负责断绝秦国的粮道，赵国军队渡过黄河、漳水，燕国守住常山的北面。假如秦国攻打韩国、魏国，那么楚国就断秦国的后路，齐国派出精锐之师前去帮助，赵国的部队渡过黄河、漳水，燕国守住云中。假如秦国攻打齐国，那么楚国就断绝秦国的后路，韩国守住城皋，魏国堵住秦国的道路，赵国渡过黄河、漳水及博关，燕国派出精锐之师前去帮助。假如秦国攻打燕国，那么赵国就守住常山，楚国驻军武关，齐国军队渡过渤海，韩国、魏国都派出精锐之师前去帮助。假如秦国攻打赵国，那么韩国就驻军宜阳，楚国驻军武关，魏国驻军河外，齐国军队渡过清河，燕国派出精锐之师前去帮助。诸侯国中若有哪一国不守盟约，就出动五个国家的军队前往讨伐。'六个国家合纵结盟，共同对付秦国，那么秦国的军队就一定不敢出函谷关来侵害山东的各国了。这样就可以成就霸王的业绩了。"

赵王说："我年纪轻，继位的时间短，不曾听说过关于国家社稷的长远计划。现在你有志于保全天下，安定诸侯，我将恭敬地让整个国家听从你。"于是准备了一百辆装饰豪华的车子，千镒黄金，一百双白璧，一千束锦绣，让苏秦去邀约各诸侯国。

当时周朝天子赐给秦惠王祭祀文王、武王的祭肉，秦惠王派犀首攻打魏国，擒住了魏国的将领龙贾，夺取了魏国的雕阴，并且准备向东出兵。苏秦害怕秦国加兵于赵国，便激怒张仪，使他投奔秦国。

于是苏秦又劝说韩宣（惠）王说：

"韩国北面有坚固的巩、城皋，西边有要塞宜阳、商阪，东边有宛、穰、洧水，南边有陉山，占地方圆九百余里，军队几十万，天下各国的强弓劲弩都出自韩国。谿子、少府时力、距来等劲弩，都可以射出六百步之外。韩国的士卒蹬足而射，可以连续不断地发射上百次，远的能射破他的胸膛，近的能穿透他的心窝。韩国士兵用的剑和戟都出产于冥山、棠溪、墨阳、合赙、邓师、宛冯、龙渊、太阿，它们都在陆地上能斩断牛马，在水中能截杀鹄雁，与敌作战时，能击穿坚固的盔甲和铁制的战衣，另外，皮制的护臂和盾牌，样样都有。凭着韩国士卒的勇敢，披挂上坚固的铠甲，脚蹬劲弩，身带利剑，一个人可以抵挡一百人，这是不言而喻的。韩国有这么强的实力，大王你又很贤明，却去向西服事秦国，拱手称臣，使国家蒙受羞辱，被天下人所笑，没有比这更大的事了。所以希望大王你好好地加以考虑。

"大王你服事秦国，秦国一定会索取宜阳、成皋。现在把这两地给了它，明年它又会来要求割地。这时候给它吧，已无可给之土地；不给吧，前面的就白给了，而且还会带来祸患。况且大王你的土地有限而秦国的贪求无限，以有限之地去迎合无限的贪求，这就是所谓的买来怨仇，结下祸患，未经战争而国土已被削夺了。我听俗谚说：'宁为鸡口，无为牛后。'现在向西拱手向秦称臣，与做牛后有什么区别呢？以大王你的贤明，又拥有强大的韩国军队，却博得了'牛后'之名，我私下里都替大王感到害羞。"

于是韩王勃然变色，挥动手臂，圆睁双目，手按着剑，仰天叹息说："我虽然不肖,但一定不会去服事秦国。现在你以赵王的教导来启示我,我恭敬地让我的国家听从你。"

苏秦又去向魏襄王游说:

"大王你治下的土地,南边有鸿沟、陈、汝南、许、郾、昆阳、召陵、舞阳、新都、新郪,东边有淮、颍、煮枣、无胥,西边有长城的边界,北边有河外、卷、衍、酸枣,土地方圆千里。地名虽然小,但田舍房屋极多,以致连放牧的地方都没有。国中人口之众,车马之多,日夜运行不断,轰轰隆隆,好像三军之众在行动。我私下里估量大王你的国家不在楚国之下,然而那些主张连横的人却想引诱大王你与强大的如狼似虎的秦国相交,来侵略天下,等到魏国终于遭受秦国的祸患时,他们又不来过问了。依靠强大的秦国的势力来对内胁迫自己的国君,没有比这更大的罪过了。魏国,是天下的强国;大王你也是天下的贤明之王。现在却有意向西去服事秦国,称自己为秦国在东方的藩国,为它构筑帝宫,接受秦国的礼仪制度,春秋二季向秦国贡奉祭祀,我私下里替大王感到可耻。

"我听说越王勾践用三千疲惫的士卒去打仗,战胜并擒住了吴王夫差;周武王用三千士兵,三百辆革车,却在牧野制住了纣王。难道他们凭借的是士卒众多吗,实在是因为他们能奋发自己的威势。现在我私下里听说大王你的军队,有武士二十万,苍头军二十万,冲锋陷阵的精锐二十万,勤杂兵十万,战车六百辆,战马五千匹。这些已远远超过了越王勾践和周武王,现在却反而要听从群臣的劝说去向秦国称臣。服事秦国就必然要割让自己的土地以示诚意,这样,仗还未打国家就已削弱了。凡是群臣中说要服事秦国的,都是奸人,而不是忠臣。作为人臣,割让自己君主的土地以求得向外交好,偷偷获得一时之功而不考虑它的后果,让公家受损而私己获利,外面依仗强大的秦国的势力而对内胁迫自己的君主,以求得割地给秦国,希望大王你好好地考虑一下。

"《周书》说:'当草木细小时不斩断它,等到它蔓延不断时怎么办?当树木毫厘大小时不砍掉它,等它长大了就得用大刀阔斧。'开始时考虑不周到,以后就会有大的祸患,到那时候又怎么办呢?大王你如果确实能听从我说的话,让六国合纵结盟,专心合力一意,那么就一定不会有强秦的祸患。所以敝国的赵王派我来献上愚笨的计策,奉上明确的盟约,一切都听从大王你的诏令。"

魏王说:"我这个人不肖,不曾听到过明白的教示。现在你用赵王的诏令前来昭示,我恭敬地让我的国家听从你。"

于是苏秦又向东去向齐宣王游说:

"齐国南边有泰山,东边有琅邪山,西边有清河,北边有渤海,这就是所谓的四面皆有要塞之国。齐国的土地方圆二千余里,军队数十万,堆积的粮食像山丘一样。三军精良,其力量好像五国的军队,进攻时快如弓矢,作战时威如雷霆,撤退时散如风雨。即使有军事行动,亦未曾远离泰山,越过清河,渡过渤海。临淄一地有七万户人家,我私下里估算,每户不少于三个男子,三七就有二十一万男子,不用从偏远的县中征发,临淄一地的士卒就有二十一万了。临淄很富且殷

实，当地的百姓都吹竽鼓瑟，弹琴击筑，斗鸡走狗，下棋踢球。在临淄的路上，车轮相碰，人的肩膀互相挨擦，衣襟连在一起，可成帷帐，举起衣袖，可成布幕，众人挥抹汗珠，像下雨一样，家家殷实，人人富足，志气高昂。以大王你的贤明和齐国的强大，天下没有一个国家可与相比，现在却要向西去服事秦国，我私下里替大王你感到羞耻。

"韩国、魏国之所以十分害怕秦国，是因为它们与秦国接壤。一旦出兵攻伐，不用十天，胜败存亡的趋势就定了。假如韩国、魏国战胜了秦国，它们自己也会损兵一半，这样就无法再守住自己的国家；假如韩、魏两国打败了，那么亡国的结果就会紧随而来。这就是为什么韩国、魏国把与秦国打仗看得很重，而把向秦称臣看得很轻的原因。现在秦国攻打齐国则不是这样。秦国要背靠韩国和魏国，通过魏国的阳晋之道，穿过亢父的险要，战车不能并驾，战马不能并行，一百个人守住险要，一千个人都不能通过。秦国要深入齐国之地，就要像狼一样回顾，害怕韩国、魏国谋袭它的后边。所以秦国一定会恐惧疑惑，虚张声势，虽骄横夸矜，但不敢冒进，那么秦国不能危害齐国就是很明显的了。

"不细细地去预料秦国对齐国无可奈何，而想向西去服事秦国，这是群臣之计的过失之处。现在没有了向秦国称臣的名而有了强大的齐国这一事实，因此我希望大王你对此要稍加留意谋划。"

齐王说："我这个人不聪敏，齐国地处偏远，面临大海，是个交通不便的东方国家，不曾听到过有关的点滴教诲，现在你以赵王的诏令相昭示，我恭敬地让我的国家听从你。"

苏秦于是往西南去向楚威王游说：

"楚国，是天下的强国；大王你，是天下的贤明之王。楚国西边有黔中、巫郡，东边有夏州、海阳，南边有洞庭、苍梧，北边有陉塞、郇阳，土地方圆五千里，军队百万，战车千辆，战马万匹，积存的粮食可吃十年。这是成为霸王的资本。凭借楚国的强大与大王你的贤明，天下没有一个国家能比得上。现在却想向西服事秦国，那么诸侯国中没有一个国家敢不向西在章台下朝拜秦王了。

"没有比楚国更让秦国担忧的了，楚国强大而秦国削弱，秦国强大则楚国削弱，两国无法同时并存。所以我替大王你考虑，不如与别的国家合纵结盟以孤立秦国。大王你如果不与别的国家合纵结盟，秦国一定会派出两支部队，一支出武关，一支下黔中，这样，楚国的鄢、郢就震动了。

"我听说要在事情还没有乱时就开始治理，要在事情还没有时就开始做。等祸患已经来了再去忧愁，那就来不及了。所以希望大王早作谋划。

"大王你如果确实能听我的话，我请让山东的国家四时均向你奉献物品，以接受大王的英明诏令，把社稷国家都委托给你，同时训练士兵，听侯大王的调遣。如果大王你确实能用我的愚笨的计策，那么韩、魏、齐、燕、赵国的美妙音乐和美女必然会充实你的后宫，燕、代地方出产的骆驼良马一定会充实你的马厩。所以合纵成功则楚国称王，连横成功则秦国称帝。现在放弃了可称霸王的功业，而去

受那服事人的名声,我私下里替大王认为不可取。

"秦国,是一个像虎狼一样凶狠的国家,它有吞并天下的野心。秦国,也是天下各国的仇敌。主张连横的人都想割诸侯各国的土地去服事秦国,这是一些奉养仇敌的人。作为人臣,割让他的君主的土地而对外交结强大的像虎狼一样凶狠的秦国,从而侵害天下,等到自己的国家最终遭受秦国的祸患,他却又不管不顾了。对外依仗强大的秦国的威势来对内胁迫自己的君主,以求得割地给秦国,没有比这更大逆不忠的了。所以合纵结盟则诸侯国割让土地以服事楚国,连横则楚国割地以服事秦国,这两种方略相距甚远,大王你准备采纳哪一种呢?所以敝国的赵王派我献出愚笨之计,奉上明确的盟约,听从大王的诏令。"

楚王说:"我的国家西面与秦国接壤,秦国有侵占巴蜀、吞并汉中的野心。秦国,是像虎狼一样凶狠的国家,不可与它结盟。而韩国、魏国迫于秦国的威胁,也不可与它们深加谋划,与它们深加谋划就怕有反逆之人到了秦国,谋划之事还未发动而国家已面临危机了。我自己预料楚国与秦国相抗,没有胜算;在内与群臣相谋,并不靠得住。我睡不安,吃不香,心旌摇晃,无所着落。现在你想合天下为一,收拢诸侯,保存危亡的国家,我谨以整个国家听从你。"

于是六国合纵结盟并同心合力。苏秦担任了合纵盟约的盟长,同时成为六国的宰相。

苏秦北上回报赵王,经过洛阳,随行有大量的车骑辎重,诸侯各国派使者送行的很多,人们怀疑是王者出行。周显王听说后很害怕,命人清扫道路,并派人到郊外犒劳。苏秦的兄弟、妻子、嫂子都斜着眼不敢仰视,俯伏在地上侍候他饮食。苏秦笑着对他的嫂嫂说:"为何以前那么倨傲而现在这么恭敬?"他的嫂嫂匍匐在地,把脸贴在地上,谢罪说:"因为看到小叔你现在地位高、财富多。"苏秦喟叹道:"同样是一个人,富贵了亲戚就害怕他,贫贱了亲戚就轻视他,何况是一般的人呢?况且假如当初我在洛阳城边有二项田,我怎么能像现在这样佩挂六国的相印呢?"于是拿出千金分赏给他的亲戚和朋友。

起初,苏秦到燕国时,向人借了一百钱做路费,等到他富贵了,便以一百金偿还他。苏秦报答了所有曾经对他有恩的人。跟从他的人中有一个人却独独未获报答,于是就前去跟苏秦说,苏秦回答道:"我没有忘记你。你与我一起到燕国,在易水边你多次要离开我。当时我正困窘,所以深深地怨恨你,把你放在最后,不过你现在可以得赏赐了。"

苏秦让六国合纵结盟后,回到赵国,赵肃侯封他为武安君,于是把合纵的盟约书投送给秦国。秦国有十五年不敢窥视函谷关外的国家。

后来秦国派犀首欺骗齐国和魏国,与它们一起攻打赵国,想借此毁坏合纵盟约。齐国和魏国攻打赵国,赵王便责备苏秦。苏秦很害怕,请求出使燕国,一定要报复齐国。苏秦离开赵国以后,合纵的盟约就瓦解了。

秦惠王把他的女儿嫁给燕国的太子。这一年,燕文侯死,太子即位,这就是燕易王。燕易王初即位时,齐宣王趁燕文侯死攻打燕国,占领了十座城池。燕易

王对苏秦说:"过去你到燕国,先王资助你见赵王,才使六国合纵结盟。现在齐国先攻打赵国,再攻燕国,因为你的缘故而使我们被天下人讥笑,你能为燕国收回被侵占的土地吗?"苏秦十分惭愧,说:"请让我替大王你去夺回来。"

苏秦见到齐王,拜了两拜,低下头向齐王表示庆贺,抬起头又向齐王表示哀悼。齐王说:"庆贺之后为什么这么快就表示哀悼呢?"苏秦说:"我听说饥饿的人所以不吃乌喙这种东西,是因为知道它虽可暂时充腹但实际上与饿死一样可怕。现在燕国虽然弱小,但燕王是秦王的小女婿。大王你以占领它十座城池为利,却与强大的秦国长期结下了仇怨。现在让弱小的燕国为领头雁冲锋陷阵而强大的秦国躲在它的后面,以此招集天下的精兵,这与饥饿的人吃乌喙是一样的。"齐王变了脸色,忧愁地说:"这怎么办呢?"苏秦说:"我听说古代善于处理事情的人,能把祸转为福,把失败转为成功。大王你如果确实能听从我的计策的话,就把这十座城池归还燕国。燕国无缘无故地得回了十座城池,必然很高兴;秦王知道了因为自己的缘故而使齐国把十座城池归还燕国,也一定会很高兴。这就是所谓的放弃仇恨而得到像磐石一般牢固的友谊。这样,燕国、秦国都服事齐国,那么大王你号令天下,没有人敢不听。这就是大王你以虚假的言辞依附秦国,凭着十座城池取得天下,这是霸王的功业。"齐王说:"很对。"于是把十座城池归还了燕国。

有人诋毁苏秦说:"这是个左右摇摆、卖国、反复无常的人,他将会作乱。"苏秦害怕获罪,回到了燕国,而燕王不再给他封官。苏秦见到燕王,说:"我是东周的贱人,并没有丝毫功劳,大王你却亲自在庙堂上礼拜我。现在我为大王退了齐国军队而且得到了十座城池,应该对我更加亲近。现在我回来了而大王你不给我封官,一定有人在你面前中伤我,说我不讲信义。我不讲信义,是大王你的福气。我听说忠和信,是为了自己;积极进取,是为了别人。况且我劝说齐王,也不曾欺骗他。我在东周抛弃了老母亲,本来就是要放弃为自己而求进取。假如现在有人像曾参一样孝,像伯夷一样廉洁,像尾生一样守信实,有这样的三个人一起来服事大王,你觉得怎么样?"燕王说:"这样就心满意足了。"苏秦说:"像曾参一样孝,按理是不会离开他的亲人在外面住一个晚上的,大王你又怎么能让他步行千里前来服事弱小的燕国中处于危难的大王呢?像伯夷一样廉洁,坚持不做孤竹君的继承人,不肯做周武王的臣子,不愿接受封侯而饿死在首阳山下。这样廉洁的人,大王你又怎么能让他步行千里而到齐国去为别人争取利益呢?像尾生一样守信,与一女子相约在桥下相会,该女子没有来,洪水淹到了他,他也不离开,结果抱着桥柱而死。这样守信的人,大王你又怎么能让他步行千里去退齐国的强兵呢?我可以说是因为忠诚和守信才得罪在上位的人的。"燕王说:"你不忠诚,也不守信,难道有因为忠诚守信而得罪人的吗?"苏秦说:"不对。我听说有人远出做官而他的妻子与人私通,这个做官的人将要回家,与他妻子私通的人很担忧,他的妻子说:'不用担心,我已经准备好了毒药酒在等待他。'过了三天,他果然回家了,他的妻子让他的妾把毒药酒捧给他。他的妾想说酒里面有毒药,但怕这样一来女主人就会赶她走;想要不说,又怕毒死了男主人。于是她假装跌倒,

把酒洒在了地上。男主人大怒,打了她五十鞭。所以这位妾一跌倒洒了酒,既保全了男主人,又保全了女主人,却不能避免被鞭打,这怎么能说忠成守信没有罪呢?我的过失,不幸与此相似!"燕王说:"你仍然做你原来的官。"并更加厚待他。

燕易王的母亲,是燕文侯的夫人,她与苏秦私通。燕王知道了这件事,却更加厚待苏秦。苏秦害怕被杀,就对燕王说:"我住在燕国不能加重燕国的地位,住在齐国则一定能使燕国的地位加重。"燕王说:"一切按你想做的去做。"于是苏秦假装得罪了燕国而跑到齐国,齐宣王任他为客卿。

齐宣王死,齐湣王即位,苏秦劝说湣王厚葬宣王以表明自己孝顺,高筑宫室、扩大苑囿以表明自己志得意满,他想借此破败齐国而有利于燕国。燕易王死,燕哙继立为王。此后齐国有很多大夫与苏秦争宠,并派人刺杀苏秦,没有刺死,苏秦带着致命伤逃脱。齐王派人捉刺客,没有捉到。苏秦将死时,对齐王说:"我就要死了,把我车裂以后示众,说'苏秦为了燕国在齐国作乱',这样刺杀我的人一定能抓到。"于是按苏秦的话去做,而刺杀苏秦的人果然自动站了出来,齐王就把他杀了。燕国人听到此事后说:"齐国这样为苏秦报仇,太过分了!"

张　仪

张仪,是魏国人。张仪起初与苏秦一起都拜鬼谷先生为师,学习游说之术,苏秦自认为自己的水平不及张仪。

张仪学习结束后,就去向诸侯们游说。他曾经跟从楚相饮酒,饮完酒后,楚相发现丢了一块璧,他的门人认为是张仪偷的,说:"张仪贫穷,品行不好,一定是他偷了相君的璧。"于是一起把张仪抓了起来,拷打了数百下,张仪不承认,只好释放了他。张仪的妻子说:"唉!你要是不读书,不去从事游说之业,怎么会遭受此等侮辱呢?"张仪对他的妻子说:"看看我的舌头还在不在?"他的妻子笑道:"舌头当然在。"张仪说:"这就够了。"

苏秦已经说服了赵王,从而使诸侯国相互缔约,合纵相亲,然而害怕秦国攻打诸侯国,使盟约失败,心中琢磨没有适合出使秦国的人,于是派人暗中劝张仪说:"你起初时与苏秦友善,现在苏秦已经有了权力,你为什么不去找他,以求实现你的志向?"张仪于是到了赵国,请求拜谒苏秦。苏秦于是告诫门下之人不要替他通报,又让他几天不准离开。然后苏秦才见张仪,让张仪坐在堂下,赐给他仆人侍妾吃的食物。并且多次责备张仪说:"凭你的才能,却自己让自己困窘到这种地步,我难道不能一说就让你富贵吗?只是你不值得任用。"把他辞了出去。张仪来的时候,自认为与苏秦是老相识,能求得好处,没想到反而受侮辱,很愤怒,考虑到诸侯国中没有一个可以奉事的,只有秦国能让赵国吃苦头,于是就到了秦国。

苏秦然后告诉他的门客说："张仪，是天下的贤能之士，我比不上他。现在我侥幸先被任用，但是能够掌握秦国权柄的，只有张仪。但是张仪很穷，没有机会去进见秦王。我怕他安于蝇头小利而不去实现自己的志向，所以把他招来，并且侮辱他，以激励他的意志。你替我暗中照顾他。"于是告诉赵王，准备了金币车马，派人暗中跟随张仪，与他同住一个旅店，慢慢接近他，送给他车马金钱，张仪想用什么，就取来给他，但不告诉他是谁提供的。张仪就有机会见到了秦惠王。秦惠王把他当作客卿，与他一起谋划讨伐诸侯。

苏秦的门客于是就告辞了。张仪说："依靠了你我才得以显达，刚要报答你的恩德，为什么你就要离开呢？"门客说："不是我了解你，了解你的是苏秦先生。苏秦先生担心秦国攻打赵国，从而破坏了合纵之约，认为除你之外没有人能掌握秦国的权柄，所以故意激怒你，派我暗中给你资助，这都是苏秦先生的计谋。现在你已被重用，请让我回去报告。"张仪说："唉，这都是我所知道的手段，我却不能想到，我确实是比不上苏秦先生！我现在又是刚被任用，怎么能去谋取赵国呢？替我感谢苏秦先生，在苏秦先生在赵国当政时，我敢说什么呢？况且有苏秦先生在，我即使想这么做，又哪里能做得到呢？"张仪在秦国任相以后，写文声讨楚相说："当初我跟你饮酒，我没有偷你的璧，你却让人打我。现在你好好地守住你的国家，我将要来劫掠你的城池！"

苴和蜀两国互相攻打，它们都分别向秦国求救。秦惠王想发兵攻打蜀国，觉得道路险狭，难以到达，这时韩国又来侵犯秦国。秦惠王想先攻打韩国，再打蜀国，又怕出师不利；想先攻打蜀国吧，又怕韩国乘机袭击秦国。犹豫不决。关于这个问题，司马错与张仪在秦惠王面前发生了争执，司马错主张先攻打蜀国，张仪说："不如先攻打韩国。"秦惠王说："请说说你的理由。"

张仪说："与魏国相亲，与楚国交好，进兵三川，堵住什谷的路口，封锁屯留的道路。魏国截断韩国南阳的交通，楚国兵临韩国的南郑，秦国攻打新城、宜阳，兵临周都城郊，声讨周王的罪过，再侵入楚国、魏国的土地。周王自己知道无力挽救这个危难，必然会献出九鼎宝器。至此秦国拥有九鼎，掌握着地图户籍，以天子的命令来号令天下，天下没有人敢不听，这是称王的大业。而现在这个蜀国，地处西边偏僻之地，而且不开化，劳师动众去攻打它而不能扬名，占领了它的土地也没有什么好处。我听说争名是在朝堂上，争利是在市场上。现在三川、周朝廷，是天下的朝堂和市场，大王不去争夺，却在争夺偏僻的不开化之地，这样就离称王的大业越来越远了。"

司马错说："不对。我听说，要想使国家富裕一定要扩展它的土地，要想使军队强大一定要使老百姓富裕，要想称王一定要广施恩德。这三样资本具备了自然就能称王。现在大王国土狭小而百姓贫穷，所以我希望先从容易的事做起。蜀国，是西部的偏僻小国，却是戎狄的首领，国内有类似夏桀、商纣时的混乱。秦国去攻打它，就好比是驱使豺狼去追逐羊群。占领了它的土地足以扩大国土，获取它的财富足以使百姓富足，并用来整顿军队，我军不受损伤而对方就已驯服了。攻克了这样一个国家而天下人不认为我们残暴，占尽了西方的利益而天下人不认为我们贪婪，我们的这一举动既得名又得实，而且还有禁止残暴制止动乱的美名。现在去攻打韩国，劫持天子，这样名声很坏，而且未必能获取什么利益，又有了不义的名声，以此去攻打天下人不想攻打的国家，就很危险了。我请求说明其中的原因：周，是天下诸侯各国的宗室，而且与齐、韩两国关系密切。周自己知道要失去九鼎，韩国自己知道要丢掉三川，这两国就将会并力合谋，借助齐、赵两国的力量而求得与楚、魏两国和解，假如它们把鼎送给楚国，把土地送给魏国，大王你也不能制止。这就是我所说的危险。不如攻打蜀国来得圆满。”

秦惠王说："你说得很对，我听从你的意见。"于是起兵攻打蜀国。十月，攻占了蜀国，并平定了它，把蜀王贬号为侯，派陈庄到蜀任相。蜀国归属秦国以后，秦国更加强大、富裕，因此轻视诸侯各国。

秦惠王十年，派公子华和张仪围困蒲阳，并降服了它。张仪趁机劝秦惠王把蒲阳送给魏国，并让公子繇到魏国做人质。张仪于是对魏王说："秦王待魏国不薄，魏国不可以不懂礼节。"魏国于是贡献上郡、少梁，以答谢秦惠王。惠王于是任命张仪为相，把少梁更名为夏阳。

张仪在秦国为相四年，拥立秦惠王。过了一年，他任秦国的将领，夺取了陕州，构筑了上郡要塞。

此后两年，张仪被派去啮桑与齐、楚两国的宰相相会。从东边回来后张仪被免去了相位，于是在魏国任相，目的是为了帮助秦国，他想让魏国先服事秦国，然后诸侯各国都仿效魏国。但是魏王不肯听从张仪。秦王很愤怒，攻取了魏国的曲沃、平周，而且私下里更厚待张仪。张仪感到很惭愧，又无法报答。张仪在魏国呆了四年后魏襄王死，哀王继位。张仪又劝说哀王服事秦国，哀王不听。于是张仪暗地里让秦国攻打魏国。魏国与秦国作战，失败。

第二年，齐国又在观津打败了魏国。秦国又想攻打魏国，先打败了韩申差的军队，斩杀八万人，诸侯各国都很惊恐。张仪又趁机劝说魏王："魏国国土方圆不足千里，士兵不到三十万，四边都是平地，诸侯各国从四面而来，就像车轮的辐条向车轴中心汇聚一样，没有名山大川可以阻挡它们，从郑到大梁二百多里路，车子奔跑，人行走，不怎么费劲就到了。魏国南面与楚国交界，西面与韩国交界，北面与赵国交界，东面与齐国交界，士兵守卫四方，防守边防堡垒的军队就不下十万。从魏国的地势来看，本来就是一个战场。魏国南面与楚国结交而不与齐国结交，则齐国就会从东面发动进攻；东面与齐国结交而不与赵国结交，赵国就会从北面发动进攻；不与韩国结交，韩国就会从西面发动进攻；不与楚国相亲，楚国就会从南面发动进攻。这就是所谓的四分五裂的境地。

"况且诸侯国中提倡合纵的人，目的是想安定国家尊重君主壮大军队并借此扬名。现在主张合纵的人合一天下，诸侯各国相约为兄弟，杀白马在洹水上结盟，以示坚守盟约。然而亲兄弟虽是同一父母所生，尚且要争夺钱财，因而想依靠苏秦留下的欺诈、虚伪、反复无常的计谋，它肯定不能成功，这是很显然的。

将相卷

"大王不服事秦国,秦国就会出兵攻打河外,占领卷、衍、燕、酸枣,劫掠卫国夺取阳晋,这样,赵国就不能南下,赵国不能南下魏国就不能北上,魏国不能北上那么联合对付秦国的路子就断绝了,联合对付秦国的路一断,那么大王的国家想不危险是不可能的。秦国折服了韩国而攻打魏国,韩国害怕秦国,秦国与韩国就会合而为一,那么魏国立刻就会灭亡。这是我替大王担心的。

"替大王着想,不如服事秦国。服事秦国那么楚国、韩国一定不敢动;没有了对楚国、韩国的担心,那么大王你即使高枕而睡,国家也不会有什么忧患。

"况且秦国最想削弱的国家是楚国,而能削弱楚国的国家不如魏国。楚国名义上虽然又富裕又强大实质上是很空虚的;它的士卒虽多,但动不动就逃跑,不能坚持作战。出动魏国的军队向南攻打楚国,一定能战胜它。割占楚国的地方来壮大魏国,损害楚国以服事秦国,转移祸患以安定国家,这是大好之事。大王如果不听我的话,秦国将出动军队向东攻伐,到那时即使想服事秦国,也不可能了。

"况且那些提倡合纵的人大多话说得动听但很少有可以信赖的,他们游说一个诸侯国就可以达到封侯的目的,所以天下的游说之士没有人不日夜扼着手腕、瞪着眼睛、咬牙切齿地说合纵的好处,以向君主游说。君主赞赏他们的言辞,受他们的游说的诱惑,怎么能不迷惑呢。

"我听说,把羽毛堆积起来,可以沉船,把很轻的东西聚集在一起,可以压断车轴,众口一辞可以改变铁一样的事实,把毁谤积聚起来,可以杀死一个人。所以希望大王谨慎地确定计策,同时也希望让我离开魏国。"

魏哀王于是背叛了合纵盟约而听从了张仪与秦国结交。张仪回到秦国,恢复了相位。三年后魏国又背叛秦国加入合纵同盟。秦国于是攻打魏国,占领了曲沃。第二年,魏国又服事秦国。

秦国想攻打齐国,齐国与楚国结交,于是张仪前去辅佐楚国。楚怀王听说张仪来了,空出上等的住房并亲自安排他住宿,说:"楚国是偏僻鄙陋的国家,先生有什么要教导我吗?"

张仪对楚王说:"大王如果确实能听我的话,就封闭关塞,与齐国断绝盟约,我请求献上商、於一带的六百里土地,派秦国的女子做服事大王你的侍妾,秦楚两国之间互相娶妇嫁女,永为兄弟之邦。这样向北可以削弱齐国,向西对秦国有好处,没有比这更好的计策了。"楚王十分高兴,同意了张仪的建议。群臣都来祝贺,只有陈轸一个人表示哀伤。楚王愤怒地说:"我不动用军队就得地六百里,群臣都来表示祝贺,只有你在那儿哀伤,这是为什么?"陈轸回答说:"不是这样。依我看来,商、於之地不可能得到,而齐国和秦国会结交,齐、秦两国一结交,楚国的祸患就到了。"楚王说:"这么说有什么根据?"陈轸回答说:"秦国所以看重楚国,是因为有齐国。现在关闭关塞与齐国绝交,楚国就孤立了。秦国怎么会贪图一个孤立的国家,而送给它商、於六百里土地呢?张仪回到秦国,一定会背弃大王,这是向北与齐国绝交,而西边生出了秦国的祸患,齐秦两国的军队一定会同时前

来。好好为大王计议,不如暗地里与齐国结交而表面上与它绝交,派人跟随张仪。假如秦国给了我们土地,到那时与各国绝交也不晚;假如秦国不给我们土地,那就暗合我们的计谋了。"楚王说:"希望你闭口不要再说,你就等着我得到土地吧。"于是把相印授给了张仪,并厚赠他。关闭关塞,与齐国绝交,派一位将军跟随张仪去秦国。

张仪回到了秦国,假装没有抓住车绳,从车上摔了下来,有三个月不上朝。楚王听说后,说:"张仪是不是觉得我与齐国绝交还不够狠?"便派勇士到宋国,借用宋国的符信,北上去骂齐王。齐王大怒,躬身服事秦国。秦国与齐国一结交,张仪就上朝,对楚国的使者说:"我有受封的邑地六里,情愿把它献给大王。"楚国的使者说:"我奉楚王之命,是商於的六百里土地,不曾听说是六里土地。"使者回去报告楚王,楚王大怒,发兵攻打秦国。陈轸说:"我可以说话吗?攻打秦国不如割地反赠秦国,与它合兵一起攻打齐国,这是我们割让土地给秦国,而从齐国获得补偿,这样,大王的国家还可以保存。"楚王不听,终于发兵,派将军屈丐领兵攻打秦国。秦国与齐国一起攻打楚国,斩首八万级,杀死屈丐,并取得了丹阳、汉中之地。楚国又再次发兵袭击秦国,到了蓝田,两军大战,楚军大败,于是楚国只好割让两座城池向秦国求和。

秦国想要楚国的黔中之地,想用武关外的土地与楚国交换。楚王说:"我不愿意交换土地,只希望得到张仪,而白白奉献黔中之地。"秦王想把张仪给楚王,只是不忍心说。张仪于是主动请求去楚国。秦惠王说:"那楚王恨你负约没有把商、於之地给他,他要置你于死地才甘心。"张仪说:"秦国强大,楚国弱小,我与靳尚交好,靳尚服事楚王的夫人郑袖,郑袖的话,楚王无不听从。况且我是奉大王你的命令出使楚国,楚国怎么敢杀我呢。假如杀了我而使秦国得到了黔中之地,这也是我的最大心愿。"于是出使楚国。楚怀王等张仪来了就囚禁了他,并且要杀了他。靳尚对郑袖说:"你也知道你将受楚王轻视吗?"郑袖问:"为什么?"靳尚说:"秦王很爱惜张仪,不想把他送给楚国,现在想把上庸之地六个县赠给楚国,把秦国的美女送给楚王,派宫中擅长歌唱的人做楚王的媵妾。楚王看重土地,又尊奉秦国,这样秦国美女的地位一定会很尊贵,而夫人你就必会受到排斥。所以不如劝说楚王放了张仪。"于是郑袖日夜对怀王说:"作为人臣,都是各为其主办事。现在土地还未给秦国,秦国就派张仪来了,说明它对大王很尊重。大王还未还礼就杀了张仪,秦国必会大怒而攻打楚国。我请求把我们母子都送到江南,不愿被秦国像鱼肉一样宰割。"怀王开始后悔,就赦免了张仪,像以前一样厚待他。

张仪被放出来后,还未离开楚国,听说苏秦死了,就对楚王说:"秦国占有天下一半的土地,军队可与四个国家相抗衡,地势险要,有河水环绕,四面有坚固的要塞。勇猛的将士有百余万,战车千辆,战马万匹,堆积的粮食像山一样。法令十分严明,士卒们都安乐地面对困难和死亡,君主贤明而且严厉,将领们智勇双全,即使不出兵,也可席卷常山天险,从而截断天下的脊梁,天下后臣服的国家一定先灭亡。况且主张合纵的人,无异于驱赶羊群去攻打猛虎,羊不是老虎的对

手,这是很明显的。现在大王不与猛虎结交而与群羊结交,我私下里认为大王的计策是错误的。

"现在天下的强国,不是秦国就是楚国,不是楚国就是秦国,两国互相争斗,势不两立。大王不与秦国结交,秦国起兵占据宜阳,这样,韩国的上郡之地就被阻断。秦兵攻下河东,占领成皋,韩国必然称臣,魏国也会根据形势而采取行动。秦国攻打楚国的西面,韩国、魏国攻打楚国的北面,国家怎么能够不危险呢?

"况且主张合纵的人是把一群弱国聚集起来去进攻最强的国家,不估量敌手而轻易地去作战,国家贫困而又多次动用军队,这是使国家危亡的策略。我听说,兵力不如对方就不要与它挑战,积聚的粮食不如对方就不要与它打持久战。主张合纵的人用虚伪、矫饰的言词,让君主重视气节,只说合纵的好处而不说它的害处,终于招来秦国的祸患,又来不及去制止了。所以希望大王你细加考虑。

"秦国西面有巴蜀,用大船装载粮食,从汶山出发,沿江而下,到楚国三千余里地。两船相并装载士卒,每两艘船可以装五十人和三个月的粮食,从水路而行,一天可走三百多里,里数虽然很多,然而不用花费牛马的力气,不到十天就可到达捍关。捍关震动,则楚国国境东边的城池都进入守备状态,黔中、巫郡也就不是大王你所能控制的了。秦国军队出武关,向南进行攻伐,那么楚国北面地方的交通就断绝了。秦兵攻打楚国,在三月之内就可使楚国面临危境,而楚国等待诸侯国前来救助,却需要半年多的时间,这就势必来不及了。而且依靠弱小国家的救援,而忘记了强大的秦国将会带来的祸患,这就是我所以替大王担忧的。

"大王曾经与吴国人打仗,五仗中胜了三仗,然而军队差不多打光了;在新城勉力坚守,那里幸存下来的百姓也够苦的了。我听说功劳大的人容易招来危险,而老百姓穷了就会怨恨统治者。守着容易招来危险的功业而与强大的秦国对抗,我私下里都替大王感到危险。

"秦国之所以十五年不兵出函谷关去进攻齐国、赵国,那是因为它在暗中策划,有合一天下的野心。楚国曾经与秦国发生冲突,在汉中进行战争,楚国没有取得胜利,列居侯位的和有执圭爵位的有七十多人死于这次战争,楚国于是丢掉了汉中。楚王大怒,起兵袭击秦国,在蓝田展开决战。这就是所谓的两只老虎互相搏杀。秦国、楚国互相都受到很大损伤而韩、魏国就可以在后面以完整的国力来加以制服,没有比这更危险的计策了。希望大王好好考虑。

"秦国出兵攻取卫国的阳晋,就好比扼住了天下的心脏地带。这时候大王发动所有的军队攻打宋国,用不了几个月宋国就可攻取,攻取宋国后再向东用兵,那么泗水边上的十二个诸侯国都将为大王所有。

"天下人中要求诸侯各国合纵结盟并坚守盟约的是苏秦,苏秦被封为武安君,任燕相,但很快就私下里与燕王谋伐攻破齐国并瓜分它的土地;假装有罪而逃奔到齐国,齐王接受了他并让他任相位;过了两年齐王觉察了他的阴谋,于是大怒,在都市车裂苏秦。就凭一个狡诈虚伪的苏秦,就想来经营天下,让诸侯各国联合,它注定不能成功,这是很显然的。

"现在秦国与楚国交界，本来就是地形上亲近的国家。大王如果确实能听从我，我请求让秦国的太子前来楚国做人质，楚国的太子前往秦国为人质，请让秦国的女子做大王的侍妾，献上有万户人家的大都市以供大王汤沐之用，秦楚两国永为兄弟之国，一辈子互不攻伐。我认为没有比这更好的计策了。"

当时楚王既已得到了张仪，但又不愿把黔中之地献给秦国，于是就想同意张仪。屈原说："上次大王被张仪欺骗，张仪既然来了，我以为大王必会烹杀他；现在纵使不忍心杀他，却也不能听信他的邪说。"怀王说："答允张仪而保留了黔中之地，这是很有利的事。不能许诺后又反悔。"所以终于答允了张仪，而与秦国结交。

张仪离开楚国，于是到了韩国，向韩王游说："韩国所处之地地势险恶，人民大多住在山上，所出产的五谷，不是菽就是麦，老百姓吃的也大多是豆子饭、豆子汤。一年没有收成，老百姓就觉得糟糠都是好东西。所占土地不超过九百里，没有可以吃上两年的粮食储备。料想大王的士卒，全部加起来不超过三十万，而且还包括勤杂兵和搬运工在内。除了防守驿亭边塞的人，能够调动的部队不过二十万而已。秦国则有军队百余万，战车千辆，战马万匹，那些勇猛跳跃、奋不顾身、持戟直闯敌阵的人，不可胜数。秦国战马精良，士兵众多，那些一跃而达三寻的马，数不胜数。山东各国的士兵都身披甲胄参加战斗，秦兵则可以脱甲光身而冲向敌人，左手提着人头，右手挟着生擒的俘虏。秦兵与山东各国的士兵，就像是勇士孟贲与胆小鬼相比一样；秦国的巨大威力压下来，就像乌获对付婴儿一样。战争中用孟贲、乌获一样的勇士来攻打不驯服的弱国，就好像把千钧的重物压在鸟蛋上一样，一定无法幸存。

"群臣与诸侯不想想自己的国土这么少，却去听从主张合纵的人的甜言蜜语，勾结起来互相掩饰，都奋然说'听从我的计策可以称霸天下'。不顾国家的长远利益而听从一时之说，诒误君主，没有比这更厉害的了。

"大王如果不服事秦国，秦国出兵占据宜阳，截断韩国的上地，向东攻取成皋、荥阳，那么鸿台的宫室、桑林的苑囿就不再为大王所有。堵塞了成皋，截断了上地的交通，那么大王的国家就被分割了。先服事秦国，则国家安定；不服事秦国，国家就危险了。制造了祸端却想求得福报，计策浅陋而结下很深的怨仇，背逆秦国而归顺楚国，即使想不灭亡，也是做不到的。

"所以为大王着想，不如服事秦国。秦国最希望的事是削弱楚国，而能使楚国削弱的不如韩国。并不是因为韩国比楚国强大，而是因为地势的缘故。现在大王向西服事秦国而攻打楚国，秦王一定高兴。攻击楚国而占领它的土地，转嫁祸患而使秦国高兴，没有比这更好的计策了。"

韩王听从了张仪的计策。张仪回秦国报告，秦惠王封了张仪五个城邑，封号武信君。派张仪向东劝说齐湣王："天下没有比齐国更强大的国家，朝中大臣都是父兄关系，百姓众多，而且富足安乐。然而替大王谋划的人，都是只顾眼前的一时之说，而不顾将来百世的利益。主张合纵的人劝说大王，一定会说：'齐国西

将相卷

面有强大的赵国,南面有韩国与魏国。齐国,是背靠大海的国家,土地辽阔,百姓众多,军队强大,士卒勇敢,即使有一百个秦国,对齐国也将无可奈何。'大王认为这种说法很好却不去想想其中的实质内容。主张合纵的人勾结成党,没有人认为合纵好的。我听说,齐国与鲁国打了三仗,三次都是鲁国胜了,但鲁国却面临危险,灭亡也随之而来,虽然名义上是战胜了,实则上却亡了国,这是为什么呢?那是因为齐国大而鲁国小。现在秦国与齐国相比,与齐国和鲁国相比一样。秦国与赵国在黄河、漳水间作战,打了两次,赵国两次战胜了秦国;两国在番吾城下交战,打了两次,赵国又赢了。这四次战争下来,赵国死亡的士卒达数十万,却仅仅保住了都城邯郸,虽然有了战胜的名声,但国家已经残破了。这是为什么呢?因为秦国强而赵国弱。

"现在秦国和楚国之间互相嫁娶,成了兄弟之国。韩国向秦国奉献了宜阳,魏国献上了河外;赵国到渑池向秦王朝拜,割让河间之地以服事秦国。大王如果不服事秦国,秦国就会驱使韩国、魏国攻打齐国南边的土地,发动赵国的全部军队渡过清河,直指北关,那么临淄、即墨就不再为大王所有。齐国一旦被进攻,即使想要服事秦国,也做不到了。所以希望大王好好地想一想。"

齐王说:"齐国所处之地偏僻鄙陋,僻居在东海边上,未曾听说过对国家有长远利益的计策。"于是听从了张仪的建议。

张仪离开齐国,向西对赵王游说:"敝国的秦王派使臣向大王献上愚笨的计策。大王收拢天下各国以对抗秦国,使秦国的军队十五年不敢出函谷关。大王的威势盛行于山东各国,使敝国恐惧畏伏,所以只好整治军队,秣马厉兵,训练战车战马,练习骑马射击,致力于耕作,积聚粮食,守住国家的四面边境,无论居住还是外出,都忧愁害怕,不敢轻举妄动,只是怕大王你存心指摘我们的过失。

"现在凭着大王的力量,秦国已经攻取巴蜀,吞并汉中,包围了东西两周,搬迁了九鼎,守住了白马要津。秦国虽然地处僻远,但是心怀仇恨愤怒已经很久了。现在秦国有凋敝的军队,驻扎在渑池,想渡过黄河、越过漳水,占据番吾,进军邯郸,想在甲子日与赵军会战,以仿效武王伐纣的故事,所以恭敬地派使臣先告诉你。

"大王之所以相信合纵之策是因为依靠苏秦。苏秦迷惑诸侯各国,颠倒是非,想反齐国,结果自己在都市被车裂。天下不可合一,这已经十分明显了。现在楚国与秦国结为兄弟之国,而韩国、魏国已成为秦国东边的藩属臣国,齐国献上了鱼盐之地,这相当于砍断了赵国的右臂。一个人断了右臂而与人搏斗,失去了党羽而孤独地居住,想求得平安,怎么可能呢?

"现在秦国派遣三位将军:其中一位领军堵塞午道,告诉齐国让他出兵渡过清河,驻军于邯郸的东面;一位将军领兵驻扎成皋,驱使韩、魏两国的军队驻军河外;一位将军领军驻扎渑池。联合四个国家的力量攻打赵国,赵国被攻破后,一定会四分赵国的土地。所以不敢隐匿实情,先把这个情况告诉你。我私下里替大王设计,不如与秦王在渑池相会,见面时口头约定,请求秦王按兵不动。希望

大王早日决定对策。”

赵王说："先王在时，奉阳君把持权势，欺骗先王，独断专行，我跟随师傅学习，不参与国家大事的谋划。先王弃群臣而去时，我年纪还小，继位的时间不长，心里本来也是很疑虑的，认为采取合纵之策，不服事秦国，不符合国家的长远利益。于是就想改变原来的想法，割让土地向秦国谢罪以服事秦国。刚刚想准备车辆前往，恰巧听到了使者的明确诏示。"赵王于是答应了张仪，张仪就离开了赵国。

张仪往北到了燕国，对燕昭王说："大王最亲近的不如赵国。过去赵襄子曾经把她的姐姐嫁给代王，并想吞并代，与代王相约在句注山的要塞相会。又令工匠制作了一个金斗，打柄打得很长，使它可以用来打人。与代王一起喝酒时，暗暗对厨师说：'喝酒正酣时，上一道热羹，然后把金斗反过来击杀他。'于是当大家喝酒喝得正畅快时，捧来了热羹，厨师上来盛汤，于是反转金斗击打代王，杀了他，代王的脑浆流了一地。赵襄子的姐姐听说后，便磨尖了发簪自杀了，所以至今有山名摩笄山。代王之死，天下没有人不知道的。

"赵王狼戾，不讲亲情，大王是明明看到了的，还认为赵王值得亲近吗？赵国曾经发兵攻打燕国，围住燕国国都并胁迫大王，大王只好割让了十座城池以示谢罪。现在赵王已到渑池向秦王朝拜，献上河间之地并服事秦国。假如现在大王不服事秦国，秦国出兵云中、九原，驱使赵国的军队攻打燕国，那么易水、长城就不再为大王所有了。

"况且现在赵国对秦国来说就好比秦国的一个郡县一样，不敢轻易地兴兵与秦国交战。现在大王服事秦国，秦王一定高兴，赵国一定不敢轻举妄动，这样，燕国西面有强大的秦国的支援，而南面没有了齐国、赵国的祸患，所以希望大王好好地考虑。"

燕王说："我像处于偏僻之地的蛮夷一样，虽然是个大男子，决断事情却像婴儿一样，无法采纳正确的计策。现在幸好有你教我，我请求向西服事秦国，献上恒山脚下的五座城池。"

燕王听从了张仪，张仪回到秦国报告，还没有到咸阳而秦惠王死，秦武王继位。武王在做太子时就不喜欢张仪，等到他继了位，群臣中有许多人向他毁谤张仪："张仪这个人不守信，反复无常，以卖国来求得地位。秦国如果一定要再次用他的话，恐怕被天下人讥笑。"诸侯各国听说张仪与武王有隔阂，都背叛了连横，而恢复原来的合纵政策。

秦武王元年，群臣日夜不断地诽谤张仪，而齐国又派人责备张仪。张仪害怕被杀，于是对秦武王说："我有愚笨的计策，希望献给大王。"武王问："什么计策？"张仪回答说："替秦国考虑，必须东方各国有大的变化，然后大王才能占领更多的地方。现在听说齐王很憎恨我。我在什么地方，齐国一定会起兵攻打什么地方。所以我请求让我到魏国，齐国一定会起兵攻打魏国。魏、齐两国军队在城下作战，谁都无法抽身，大王就可以趁机攻打韩国，进入三川，兵出函谷关，但不要攻

185

伐,逼临周都,周天子一定会献出国家祭器。然后大王就可以挟持天子,掌握天下的舆图户籍,这是称王的功业。"秦王认为他说得对,就准备了三十辆革车,让张仪去魏国。齐国果然出兵攻魏国。魏哀王很害怕,张仪说:"大王不要担心,请让我去退齐兵。"于是派他的门客冯喜到楚国,作为楚国的使者到齐国,对齐王说:"大王很憎恨张仪,虽然如此,但是大王让张仪托身于秦国,已经很厚待他了!"齐王说:"我憎恨张仪,张仪所在之地,我一定会派兵前去攻打,这怎么说是使张仪有托身之处呢?"冯喜回答说:"这确实是大王使张仪有托身之处。张仪离开秦国时,本来就与秦王相约:'替大王考虑,必须东方各国有大的变化,然后大王才能占领更多的地方。现在齐王很憎恨我,我在什么地方,齐国一定会起兵攻打什么地方。所以我请求让我到魏国,齐国一定会起兵攻打魏国。魏、齐两国军队在城下作战,谁都无法抽身,大王就可以趁机攻打韩国,进入三川,兵出函谷关,但不要攻伐,逼临周都,周天子一定会献出国家祭器。然后大王就可以挟持天子,掌握天下的舆图户籍,这是称王的功业。'秦王认为他说得对,所以准备了三十辆革车让他到了魏国。现在张仪进入魏国,大王果然派兵攻打,这是大王内耗国力而外面与结交的国家互相攻伐,广树敌人而使自己的国家受到威胁,却让张仪取得了秦王的信任。这就是我所说的使张仪有了托身之处。"齐王说:"你说得对。"就派人撤了兵。

张仪在魏国做了一年宰相,死于魏国。

中华名人百传

■ 何国山 主编

第二卷

吉林大学出版社

目　　录

将相卷

廉　颇 ··· (187)

蔺相如 ··· (191)

范　雎 ··· (194)

蒙　恬 ··· (201)

李　斯 ··· (204)

萧　何 ··· (212)

陈　平 ··· (215)

张　良 ··· (220)

韩　信 ··· (226)

李　广 ··· (233)

鲁　肃 ··· (236)

诸葛亮 ··· (239)

陆　逊 ··· (247)

长孙无忌 ··· (249)

房玄龄 ··· (252)

魏　征 ··· (254)

杜如晦 ··· (259)

薛仁贵 ··· (261)

狄仁杰 ··· (263)

寇　准 ··· (268)

范仲淹 ··· (273)

司马光 ··· (277)

王安石 ··· (279)

岳　飞 ··· (282)

耶律楚材 ………………………………………………………… （292）

戚继光 …………………………………………………………… （298）

林则徐 …………………………………………………………… （311）

曾国藩 …………………………………………………………… （320）

革命家卷

陈　胜 …………………………………………………………… （331）

黄　巢 …………………………………………………………… （334）

李自成 …………………………………………………………… （339）

洪秀全 …………………………………………………………… （351）

孙中山 …………………………………………………………… （364）

中华名人百传

将 相 卷

廉 颇

　　廉颇是赵国的良将。赵惠文王十六年,廉颇担任赵国的将领去攻打齐国,大败齐国的军队,攻取了阳晋城,被任命为上卿,以勇气闻名于诸侯各国。蔺相如,也是赵国人,是赵国宦官长缪贤的家臣。

　　赵惠文王的时候,得到楚国的和氏璧。秦昭王听说以后,派人送信给赵王,表示愿意用十五座城池换取和氏璧。赵王与大将军廉颇等大臣们商议:如把和氏璧给秦国,秦国的城池恐怕不可能得到,白白被欺骗;如不给吧,就怕秦军来攻打。对策没有确定,想寻找一个能够派去答复秦国的使者,也没有找到。宦官长缪贤说:"我的家臣蔺相如可以出使。"赵王问:"你凭什么知道呢?"缪贤回答说:"我曾经有罪,私下计划想逃亡到燕国去,我的家臣蔺相如劝止我,说:'你怎么知道燕王能接受你呢?'我告诉他说:'我曾经跟随大王和燕王在边境上会见,燕王私下握着我的手,说愿结交做朋友。我因此了解他,所以想投奔他。'蔺相如对我说:'赵国强大而燕国弱小,而你又被赵王宠幸,所以燕王想与你结交。如今你是从赵国逃跑到燕国去,燕国害怕赵国,燕王势必不敢收留你,而会把你捆绑起来送回赵国。你不如袒露上身,伏在刑具上,向君王请罪,也许侥幸可以免罪。'我听了他的劝告,大王也开恩赦免了我。我私下认为这个人是个勇士,有智谋,应该可以出使。"于是赵王召见蔺相如,问他说:"秦王用十五座城池来请求换取我的璧,可不可以给他?"蔺相如说:"秦国强,赵国弱,不能不答应。"赵王说:"秦王拿了我的璧,不给我城池,怎么办?"蔺相如说:"秦国用城池要求换璧,而赵国不答应,赵国理亏。赵国给了璧,而秦国不给赵国城池,秦国理亏。比较这两个对策,宁可答应它,让秦国背负理亏的责任。"赵王说:"谁可以出使呢?"蔺相如说:"大王如果真没有人,我愿意捧着璧出使秦国。城池归了赵国,璧就留在秦国;城池不归赵国,我保证把璧完完整整地带回赵国。"赵王于是就派遣蔺相如捧着璧向西到秦国去。

　　秦王坐在章台接见蔺相如,蔺相如捧着璧献给秦王。秦王十分高兴,把璧递给身边的美人和侍从人员观赏,左右侍从都高呼万岁。蔺相如看出秦王没有诚意把城池给赵国,就走上前说:"璧上有瑕疵,请让我指给大王看。"秦王把璧交给他,蔺相如便拿着璧,后退几步站定,靠着殿柱,怒发冲冠,对秦王说:"大王想得到这块璧,派人送信给赵王。赵王召集全体大臣商议,都说'秦国贪婪,依仗着自己

强大,想用空话骗取璧,答应给我们的城池恐怕不可能得到'。大家商议不打算把璧给秦国。我认为平民百姓之间的交往,还不肯相互欺骗,何况大国呢?况且因为一块璧的缘故,惹得强大的秦国不高兴,这不合适。因此赵王就斋戒了五天,派我捧着璧,他在朝堂上拜呈国书。为什么这样做呢?是尊重大国的威望,表示敬意。今天我来到贵国,大王只在一般的宫殿里接见我,礼节非常倨傲;拿到了璧,又传递给美人,来戏弄我。我看大王没有诚意把城池给赵王,所以我又收回了璧。大王一定要逼迫我,我的头今天就跟璧一起粉碎在柱下!"蔺相如握着璧,斜视殿柱,想用它撞击殿柱。秦王怕他撞破璧,就连忙道歉,再三请求不要撞碎璧,并召来管图籍的官员察看地图,指着从这里起到那里止的十五座城池划给赵国。蔺相如估计秦王只不过是假装要给赵国城池,实际上不可能得到,就对秦王说:"和氏璧,是天下共传的宝玉,赵王害怕,不敢不奉献。赵王送璧的时候,曾经斋戒五天,现在大王也应该斋戒五天,在朝堂上设九宾大典,我才敢献上璧。"秦王估量这件事,终究不能强夺,就答应斋戒五天,安置蔺相如住在广成宾馆。蔺相如估计秦王虽然答应斋戒,但一定会违背诺言,不肯给与城池,便让他的随从穿着粗布衣,怀揣着璧,从小路逃走,把璧送回赵国。

秦王斋戒五天后,就在朝堂上设九宾大礼,延请赵国使者蔺相如。蔺相如来到,对秦王说:"秦国从穆公以来已经有二十多个国君,不曾有切实信守盟约的。我实在是害怕被大王欺骗而辜负赵国,所以派人拿着璧回去,已经从小路到达赵国了。不过秦国强大,赵国弱小,大王派一个使者到赵国,赵国立刻会捧着璧来。现在凭着秦国这样强大,先割让十五座城池给赵国,赵国难道敢留下璧而得罪大王吗?我知道欺骗大王的罪应当处死,我愿意下汤锅受烹煮之刑,只是希望大王与群臣好好计议这件事。"秦王与大臣们面面相觑,发声惊叹。左右的人员准备把蔺相如拉下去,秦王于是说:"今天杀了蔺相如,终究不能得到璧,反而断绝了秦、赵两国的友好关系,不如趁机优厚地款待他,让他回赵国,赵王哪里会因为一块璧的缘故而欺骗秦国呢?"终于在朝廷上会见蔺相如,完成接见典礼后,让他回国去。

蔺相如回国后,赵王认为他是个贤能的大夫,出使别国能不受辱,任命相如为上大夫。秦国并没有把城池给赵国,赵国也终究不给秦国璧。

这以后秦国攻打赵国,攻占了石城。第二年,又进攻赵国,杀死了两万人。

秦王派遣使者告诉赵王,想与赵王在西河外渑池进行友好会见。赵王害怕秦国,想不去。廉颇、蔺相如计议说:"大王不去,是表示赵国既软弱又胆小。"赵王于是起程,蔺相如随行。廉颇送到边境上,跟赵王告别说:"大王这次前去,估计行程时间到会见礼节完毕,来回不会超过三十天。三十天不回来,就请允许拥立太子为王,来断绝秦国的幻想。"赵王答应,就跟秦王在渑池会见。秦王喝酒喝到畅快的时候,说:"我私下里听说赵王爱好音乐,请弹奏瑟吧!"赵王弹起了瑟。秦国御史走上前来记录道:"某年某月某日,秦王跟赵王一起喝酒,命令赵王弹瑟。"蔺相如走上前说:"赵王私下里听说秦王擅长演奏秦地的乐曲,请允许我献上盆缻,以此互相娱乐。"秦王愤怒,不答应。于是蔺相如捧着缻走上前,并跪请

秦王敲缻。秦王不肯。蔺相如说："五步之内,蔺相如请求能用颈血溅在大王身上!"秦王的左右侍从要杀蔺相如,蔺相如瞪着双眼呵叱,侍从们都溃散退走。于是秦王很不高兴,为他敲了一下缻。蔺相如回头招呼赵国御史写道:"某年某月某日,秦王为赵王击缻。"秦国的大臣们说:"请用赵国的十五座城池给秦王做寿礼。"蔺相如也说:"请用秦国的咸阳城给赵王做寿礼。"秦王一直到酒宴结束,始终不能胜过赵国。赵国也出动大批军队来防备秦国,秦国终于不敢轻举妄动。

会见结束回国后,因为蔺相如功劳大,任命他为上卿,官位在廉颇之上。廉颇说:"我担任赵国的将军,有攻城野战的大功,而蔺相如只不过凭着口舌立了点功劳,可是职位在我之上,而且蔺相如本是地位低贱的人,我感到羞耻,不能忍受官居他的下面。"并扬言说:"我碰见蔺相如,一定要侮辱他。"蔺相如听说后,不肯跟廉颇会面。相如每逢上朝的时候,常常借口有病,不想跟廉颇争位次。过了不久,蔺相如外出,望见了廉颇,蔺相如连忙掉转车头躲避。这时,蔺相如的门客们一齐进言说:"我们之所以离开亲人来服事你,只因仰慕你的高义。如今你和廉颇同朝为官,廉将军口出恶言,可你畏惧、躲避他,害怕得太过分了。况且普通人都对此感到羞耻,何况身为将相的人呢?我等不才,请允许我们告辞。"蔺相如再三劝阻他们,说:"你们看廉将军和秦王相比哪一个更强?"门客们回答说:"廉颇不如秦王。"蔺相如说:"像秦王那样的威势,我敢在朝堂上大声呵斥他,羞辱他的大臣们,相如虽然愚笨无能,难道独独会害怕廉将军吗?但是我考虑到,强大的秦国之所以不敢进兵侵犯赵国,只是由于有我们两人在。现在如果两虎互相争斗,势必不能共生存。我这样做的缘故,是因为把国家的急难放在前面,而把私人的仇怨放在后面。"廉颇听说后,就袒露着肩膀,背上荆条,由宾客领路到蔺相如门前请罪。他说:"我这个浅薄卑贱的人,不知道将军胸怀宽阔到这种程度。"两人终于相互和好,结成了生死不渝的朋友。

这一年,廉颇向东攻打齐国,打败了齐国的一支军队。过了两年,廉颇又攻打魏国的几邑,攻克了它。三年后,廉颇攻打魏国的防陵、安阳,攻克了它们。四年后,蔺相如率军攻打齐国,一直到达平邑才停止前进。第二年,赵奢在阏与城下打败了秦军。

赵奢是赵国的田部吏。他在征收租税时,平原君家不肯交租,赵奢依法办理这事件,杀了平原君家九个管事的人。平原君发怒,准备杀赵奢。赵奢于是说道:"你在赵国是贵公子,今天纵容你家不奉公,那么法令就会削弱,法令削弱那么国家就会衰弱;国家衰弱那么各诸侯国就会来侵犯,各诸侯国来侵犯,赵国就不能存在了,你怎么还能得到这样的富足呢?凭着你这样高贵的地位,能够奉公守法,那么上下就会公平,上下公平,国家就强盛,国家强盛,赵国的统治就稳固,而你作为贵戚,难道会被天下人轻视吗?"平原君认为赵奢贤能,向赵王推荐。赵王任用他管理全国赋税。此后国家赋税特别公平,人民富裕,国库充足。

秦国攻打韩国,军队驻扎在阏与。赵王召来廉颇询问说:"能不能去救?"廉颇回答道:"路途遥远、险峻、狭窄,很难救援。"赵王又召乐乘来问这件事,乐乘的回答和廉颇说的一样。赵王又召见并询问赵奢。赵奢回答说:"这条道路遥远、

中华名人百传

将相卷

险峻、狭窄,正好像两只老鼠在洞里争斗,将领勇敢的能取得胜利。"赵王便命令赵奢为将,前往援救。

军队离开邯郸三十里,赵奢向全军下令说:"有因为军事进谏的,处死刑。"秦军驻扎在武安以西,擂鼓呐喊,整训军队,把武安的屋瓦都震动了。赵军中有一名军候建议急速援救武安,赵奢立即斩杀了他。赵奢坚守壁垒,停留了二十八天不出动,而且又增筑壁垒。秦军的间谍潜入赵军的驻地,赵奢用很好的饭食款待后送他离去。间谍把这些情况报告秦军将领,秦将很高兴,说:"离开国家三十里军队就停下不前进,而且忙于增筑壁垒,看来阏与不是赵国的土地了。"赵奢送走秦军的间谍以后,就下令全军卷起铠甲武器,快步向阏与进发,两天一夜到达了目的地,命令擅长射箭的人在离阏与五十里的地方驻扎下来。营垒筑成后,秦军听到了这个情报,军队倾巢而来。有位叫许历的军士请求为军事进言,赵奢说:"让他进来。"许历说:"秦军没想到赵军到达了这里,他们的来势很猛,将军一定要集结加重自己的兵阵来对付他们。不然的话,一定会失败。"赵奢说:"我愿意接受建议。"许历说:"请按军令诛杀我。"赵奢说:"等回到邯郸以后再说。"许历又请求进谏,说:"先占据北山的就能胜利,后到的失败。"赵奢答应了,立即发兵一万占领北山。秦军后到,要争夺山头而无法成功,赵奢发兵攻打,大败秦军。秦军撤围逃走,于是解除了阏与之围,回国。

赵惠文王赐封赵奢为马服君,让许历担任国尉。赵奢从此跟廉颇、蔺相如官位相当。

四年以后,赵惠文王去世,儿子孝成王继位。赵孝成王七年,秦军与赵军在长平对峙,这时赵奢已经死了,蔺相如也病得很重,赵王派遣廉颇带兵攻打秦军,秦军多次打败赵军,赵军坚守壁垒不出战。秦军多次挑战,廉颇也不理睬。赵王听信了秦国的反间计。秦国的间谍说:"秦国害怕的,就只怕马服君赵奢的儿子赵括担任将军。"赵王于是用赵括为将,替代廉颇。蔺相如说:"大王凭传闻使用赵括,像是用胶粘住瑟上的弦柱来弹瑟一样啊。赵括只会读他父亲留下的兵书,不能随机应变。"赵王不听,仍然任命赵括为将领。

赵括从小学习兵法,谈论起用兵来,认为天下没有人能比得上他。赵括曾经跟他父亲谈论兵事,赵奢不能难倒他,但并不认为他行。赵括的母亲问赵奢其中的缘故,赵奢说:"战争,是要死人的事,而括说得太轻易了。假如赵国不用括当将领倒也罢了,如果一定用他当将领,使赵军大败的必定是括。"等到赵括将要出发时,他的母亲上书给赵王,说:"赵括不适合当将领。"赵王说:"为什么?"回答说:"当初我服事他父亲,那时他父亲正当大将,亲自捧着食物饮料所招待的客人有数十人,所结交的朋友有数百人,大王和王族所赏赐的东西,全部给了军吏和士大夫,从接受命令的那天起,就不过问家里的事。如今赵括刚一当上将军,就朝东坐着接见部下,军吏没有敢抬头看他的。大王赏赐的金帛,拿回收藏在家里,而且天天留意买有利可图的田地房屋。大王认为这哪里比得上他父亲?父亲、儿子的想法不同,希望大王不要委派他。"赵王说:"你放心吧,我已经决定了。"赵括的母亲于是说:"大王终究要委派他,假如有不称职的事,希望不要让我

受株连吧?"赵王答应了。

　　赵括替代廉颇以后,全部更改了军令,撤换了军官。秦国大将白起听说,就派遣奇兵,假装失败逃跑,而截断赵军的运粮道路,把赵军分离成两部分。赵军军心涣散,四十多天里,全军饥饿,赵括派出精锐部队,亲自带领跟秦军搏斗。秦军射死了赵括。赵括的军队大败,几十万大军便投降了秦军,秦军把他们全部活埋了。赵军前后阵亡的军队共有四十五万。第二年,秦军就包围了邯郸,达一年多,邯郸差点被攻破。依靠楚、魏等国的救援,才解除了邯郸的围困。赵王因为赵括母亲有言在先,终于没有杀她。

　　自从邯郸解围后五年,燕王采用栗腹的计谋,说:"赵国的壮丁都死于长平之役,他们的孤儿没有长大。"便起兵攻打赵国。赵国派廉颇为将军,反击,在鄗地大败燕军,杀了栗腹,趁势包围燕国。燕国割让五座城池求和,赵国才答应讲和。赵王把尉文邑封给廉颇,封号为信平君,兼行相国的职权。

　　廉颇从长平免职回来,失去权势的时候,原来的门客都离去了。等到再被任用为大将,门客又都来了。廉颇说:"宾客们退去吧!"门客说:"唉! 你怎么明白得这么晚啊? 现在天下人是以买卖之道交朋友,你有权势,我们就跟随你;你没有权势,我们就离开。这本是很自然的道理呀,有什么可怨恨的呢?"过了六年,赵王派廉颇攻打魏国的繁阳,占领了它。

　　赵孝成王去世,儿子悼襄王继位,派乐乘代替廉颇。廉颇愤怒,攻击乐乘,乐乘逃跑。廉颇便投奔到魏国的大梁。第二年,赵国就用李牧为将攻打燕国,攻克了武遂、方城。

　　廉颇在大梁住了很久,魏国并不信任重用他。赵国因为多次被秦军围困,赵王想重新得到廉颇,廉颇也想再次被赵国任用。赵王派遣使者去考察廉颇还可不可以任用,廉颇的仇人郭开给使者很多金钱,让他毁谤廉颇。赵国使者见到廉颇后,廉颇特意在他面前一餐吃了一斗米的饭、十斤肉,还披甲上马,表示自己还可以用。赵国使者回来向赵王报告说:"廉将军虽然老了,但饭量还很好,可是与我坐在一起,一会儿就去拉了三次屎。"赵王认为廉颇老了,就不征召他。

　　楚国听说廉颇在魏国,秘密派人去迎接他。廉颇担任楚将后,没有建立战功,说:"我想指挥赵国的军队。"廉颇最后死在寿春。

蔺相如

　　蔺相如,战国时期赵国人,生卒年月无考。他因为赵惠文王出使秦国,"完璧归赵";"渑池之会"使赵惠文工免受秦王之辱,从而功盖赵国,深得赵惠文王信赖,被拜为上卿,成为赵国贤能的宰相。他一生的智慧和业绩已演变成为历史典故和成语,为后人所赞美和传颂。

　　蔺相如出身贫贱,原在赵国一个叫缪贤的大宦官家里当舍人,属于没有正式

官衔的家臣。但他经纶满腹,智慧过人,曾经为其主人缪贤出主意渡过难关,因此很受缪贤的器重。缪贤正如其名,是一个贤良的宦官,他以国家利益为重,在赵国危难之时,向赵惠文王举荐了具有真知灼见的家臣蔺相如。

赵惠文王时,赵国得到了楚国一块价值连城的"和氏璧"。这件事被秦昭王知道了,他就派出使臣带了一封信给赵王,提出愿以秦的十五座城换取"和氏璧"。不过,秦昭王的出价并不是真心的,他既想白白得到这个传世珍宝,又想以此为借口,试探一下赵国,以达进一步侵略之目的。

赵惠文王看出了秦昭王的图谋,就召集大将军廉颇等诸大臣商量对策。计议结果认为:如果同意秦昭王的要求,把璧送去,恐怕秦不会真正让出十五座城,白受欺辱;如不同意吧,秦国肯定借口出兵来打。因为想不出一个好的计策,所以想派个人出使秦国,但谁也不愿去。

正在为难之时,宦官令缪贤对赵王说:"臣舍人蔺相如可使。"赵王听后反问:"你怎么知道他能担当这样的重任而愿意出使?"缪贤对曰:"臣有一次获罪,怕惩罚,想偷偷地逃出赵国,投奔燕王。是蔺相如阻止了我。他说:'你怎么知道燕王肯接受你呢?'我告诉他说:'我曾经跟随赵王一起在国境上友好约会,燕王曾私自握住我的手,表示要与我结友相交,根据这一点,我想去投奔他。'可是,相如却对我说:'那是因为赵国强,燕国弱,而你又被赵王宠信,所以燕王想交结你。现在你犯罪,逃出赵国,投奔燕国。燕国害怕得罪赵国,势必不敢留你,还要把你抓起来送归赵国。我劝你还不如自己脱下衣服,背着斧头去向赵王请罪,这或许还能得到赦免呢。'我听从了他的计策,并果然得到大王您的赦免。由此,我认定相如是一个勇敢的志士,而且很有智谋,适合担当这次出使的任务。"

赵惠文王是个开明的君主,他听完缪贤的话,非常高兴,立即召见蔺相如,当面问计考察。赵王问:"秦王以十五座城请易寡人璧,可予否?"相如答曰:"秦强而赵弱,不可不许。"赵王曰:"取吾璧,不予我城,奈何?"相如曰:"秦以城求璧而赵不许,曲(无理)在赵,赵予璧而秦不予赵城,曲在秦,均之二策,宁许以负秦曲。"赵王又问:"有谁可以出使秦国?"蔺相如自告奋勇地说:"大王如果实在找不到别的人,我愿意带着玉璧出使秦国。保证只有赵王得到城池才把璧留给秦;秦国不给城池,我请你相信我一定做到完璧归赵。"赵惠文王听后十分钦佩,欣然同意让蔺相如带着璧出使秦国。

赵惠文王十六年(前283年),蔺相如受命出使秦国。秦昭王很傲慢,他恃强凌弱,不把赵国派来的使臣看在眼里。他故意不按接见使节的常规在宫廷里接待蔺相如,而是在一个游乐的地方——章台上会见,而且两边还坐着歌舞女,态度极不严肃。蔺相如看在眼里,气在心中。但又无可奈何,只好先将玉璧呈递给秦王。不想秦王接过璧后,视若儿戏,随手把玉璧交给美女们传看,并哈哈大笑,左右则高呼万岁。相如等了好一会儿,秦昭王仍只字不提交城的事。相如心里明白了,秦王根本无意交城,当即心生一计,趋步上前对秦王说:"玉璧有瑕疵,请让我指点给大王看。"秦昭王不知是计,即把璧递给相如。相如接过璧,快步退到台柱旁边,气愤之极,怒发冲冠,对秦王说:"大王欲得璧,使人发书至赵王,赵王悉召群臣议，皆曰：'秦贪，负其强，以空言求璧，偿城恐不可得。'议不欲予秦璧。臣以为布衣之交尚不相欺，况大国乎！且以一璧之故，逆强秦之欢，不可。于是赵王乃斋戒五日，使臣奉璧，拜送书于庭。何者？严大国之威以修敬也。今臣至，大王见臣列观（普通地方），礼节甚倨（傲慢）：得璧，传之美人，以戏弄臣。臣观大王无意偿赵王城邑，故臣复取璧。大王必欲急臣，臣头今与璧俱碎于柱矣！"并以目视柱，表示立即要碰过去。

蔺相如在傲慢的秦昭王面前，敢于义正词严地斥责秦王的无理行为，正义和勇气是一方面，而更为重要的方面却在于他对秦国的地位和秦昭王的心理有着正确的分析：其一，秦王的确想得到和氏璧；其二，秦此时是战国七雄中的最强国，野心勃勃，很想称霸，但又怕各国联合起来抗击它，所以它在用武的同时，还要以假修好、假信义装点门面，以笼络各国，达到各个击破的目的。

果然，秦昭王被蔺相如突如其来的举动和大义凛然的言辞震住了，他怕蔺相如与璧同归于尽，赶忙改变态度，和颜悦色地请相如不要那样，并立即让掌图籍的官拿来地图，装模作样地在地图上指指点点，划出了十五座城给予赵国。蔺相如心里明白，这是秦昭王为了得璧玩弄的又一个欺诈花招，地图上划给赵，实际是不会给赵的。蔺相如为了稳住秦王，不把事情弄糟，于是不直言点破，而是换了一种策略。他对秦王说："和氏璧，天下之共传宝也。赵王恐，不敢不献。赵王送璧时，斋戒五日，今大王亦应斋戒五日，设九宾于廷（朝廷正殿），臣乃敢上璧。"秦王思虑了半天，不敢强夺，无可奈何，只得答应相如的要求，并把相如安置到设备高级的广成宾馆住下。

蔺相如预料到秦王虽答应斋戒，但他在和氏璧到手后，一定会推翻约定，不交城池给赵王。因此悄悄地派跟随来的手下人，穿着麻布短衫，打扮成秦国平民，怀里藏着和氏璧，从小路上逃回赵国去了。

秦昭王恃强傲慢而自负，所以，他料不到蔺相如的才智。于是他乖乖地斋戒了五日，并以极其隆重的仪式，设九宾于宫廷正殿，请蔺相如上殿献璧，满以为自己将要如愿以偿。结果又落了一场空。

蔺相如气宇轩昂地来到秦王宫殿，他不是来献璧，而是严正地对秦昭王说："秦自穆公以来二十余君，未尝有坚明约束者也。臣诚恐见欺于王（怕受你的骗）而负赵，故令人持璧归，间至（此时已到）赵矣。"为了缓和一下气氛，他又把话锋转了一下说："而且，秦国强大，赵国弱小，大王你只须派个人出使赵国一说，赵国会立即奉送璧来的。现今秦国很强大，如果你先割让十五座城给赵国，赵王哪敢留下和氏璧而得罪大王你呢？"接着蔺相如又视死如归地说："我知道我欺骗了大王你，其罪当诛，请你把我放在油锅里煎死吧！不过，请大王与群臣们好好地讨论计议一下我说的话，再做出决定！"秦昭王十分难堪，与群臣们面面相觑，哭笑不得。有人提出把相如抓起来治罪。秦王叹息而制止说："今杀相如，终不能得璧也，而绝秦赵之欢，不如因而厚遇之，使归赵。赵王岂以一璧之故欺秦邪！"遂隆重地接见了相如，按外交礼节送相如返赵。秦昭王虽贪而傲慢，但仍不失为英明。蔺相如智高一筹，勇冠秦廷，终于不辱使命，"完璧归赵"。

由于蔺相如的智慧和才华,秦昭王没有得到稀世珍宝"和氏璧",但他的侵略野心不死,时隔不久,就发兵侵占了赵国好几座城池。

赵惠文王二十年(前279年),秦昭王玩弄花招,派出使臣到赵国送信,提出愿与赵王在渑池(今河南渑池西)修好相会。赵惠文王害怕秦国,打算不去。蔺相如和廉颇都献计说:"大王如果不去,表示赵国软弱而胆怯。"赵王采纳了他们的意见,并决定让蔺相如同去渑池与秦昭王会见。行前,蔺相如与廉颇等人做了充分准备,在边境设了重兵,以防秦国突然袭击和变故。廉颇又送赵王与蔺相如到边境,对赵王诀别说:"大王此去路程加相会礼节等,最多三十天。如果过了三十日还不回,就请立太子为王,以断绝秦的希望。"赵王表示同意。于是带着蔺相如等随臣到渑池与秦昭王相会。

会间,在一次酒席宴上,秦昭王想借着酒兴污辱赵惠文王,他说:"寡人窃闻赵王好音,请奏瑟。"作为一国之王,在会盟的宴席上为另一国王操琴作乐,显然是很不光彩的。可是赵王因怕秦强,竟忍辱鼓瑟。此时,秦王让事前安排好的史官上前记录:"某年月日,秦王与赵王会饮,令赵王鼓瑟。"请求变成了命令,这显然是秦王想凌辱对方来炫耀自己在外交上的胜利。站在赵王身边的蔺相如看出秦王的用意,便采取以其人之道还治其人之身的策略,毅然上前对秦王说:"赵王窃闻秦王善为秦声,请奉盆缻秦王,以相娱乐。"秦王不仅不干,而且大发脾气。相如毫不退让,马上拿起一只盛酒的瓦盆(即缻,秦地民间也以此做乐器)跪在秦王跟前,定要秦王击打,秦王不肯打。相如说:"五步之内,相如请得以颈血溅大王矣!"此时,秦王的左右将士拔出刀来,想杀相如,相如不仅毫无惧色,而且瞪大眼睛,怒叱众人,把这帮人竟吓得倒退。在此情况下,秦王无法,只好很不乐意地用筷子击打了一下盆缻。蔺相如立即召唤赵国的御史记下:"某年月日,秦王为赵王击缻。"此时,秦国的大臣又蛮横地提出:"请以赵十五城为秦王寿。"蔺相如亦不示弱,针锋相对地说:"请以秦之咸阳(秦的国都,今陕西咸阳市)为赵王寿。"双方相持不让,直到酒席结束,秦王也没争到赵王的什么便宜。因为赵在军事上亦做了充分准备,所以秦也不敢有别的举动。

在这场双方实力不等的面对面的外交斗争中,蔺相如是以其超人的机警灵活和大无畏的献身精神,折服秦王及其臣属,为赵惠文王在渑池之会中,不受强秦之辱,取得了一次以弱胜强的外交上的大胜利。

范　睢

范睢是魏国人,字叔。他在各诸侯国中游说,想服事魏王,但因为家里贫穷,无法养活自己,就先服事魏国中大夫须贾。

须贾替魏昭王出使到齐国,范睢随从。他们在齐国停留了几个月,未能完成使命。齐襄王听说范睢能言善辩,就派人赏赐范睢十斤黄金以及牛肉、酒,范睢

推辞说不敢接受。须贾知道了这件事，十分生气，以为范雎把魏国的秘密告诉了齐国，所以才能得到这些礼物，他让范雎接受齐王的牛肉、酒，退还黄金。回国以后，须贾内心怨恨范雎，把这件事告诉了魏国的宰相。魏国的宰相是魏国的一位公子，叫魏齐。魏齐十分生气，让家臣鞭打范雎，打断了肋骨，打落了牙齿。范雎假装死了，门人就用草席把他卷起来，抛弃在厕所里。宾客中有人喝醉了，轮流把尿撒在范雎身上，故意侮辱他来警告后人，使他们不敢乱说。范雎从草席中对看守的人说："你能救我出来，我一定重重地答谢你。"看守的人就请求把草席里的死人扔到外面。魏齐喝醉了，说："可以。"范雎得以脱身。后来魏齐反悔，又叫人寻找他。魏国人郑安平听说了这件事，就带着范雎逃跑，隐藏起来，范雎改名换姓叫作张禄。

正当这个时候，秦昭王派遣谒者王稽出使到魏国。郑安平就乔装成兵卒，侍候王稽。王稽问："魏国有可以跟我一起西去的贤能的人吗？"郑安平说："我同乡中有位张禄先生，想见你，谈论天下大事。这个人有仇人，不敢白天来见你。"王稽说："夜里你跟他一道来。"郑安平夜里跟张禄去见王稽。话没有说完，王稽知道范雎贤能，对他说："请先生在三亭冈的南面等我。"两人私下约定以后便离开了。

王稽告别魏国回国，经过约定的地点就用车子载着范雎到秦国。到了湖关的时候，看到有车马从西边来。范雎说："那边来的人是谁？"王稽说："是秦国宰相穰侯到东部巡视县邑。"范雎说："我听说穰侯独揽秦国的大权，讨厌接纳各国的说客，这个人恐怕要侮辱我，我宁可暂且藏匿在车子里。"过了一会，穰侯果然来到，他慰劳王稽，便停下车来说："关东有什么变化？"王稽说："没有。"穰侯又对王稽说："你该不会跟诸侯国的说客一起来吧？他们毫无作用，只会扰乱别人的国家罢了。"王稽说："不敢。"穰侯很快就别去。范雎说："我听说穰侯是个有智谋的人，只是对事物反应慢，刚才他怀疑车子里有人，却忘记搜索了。"于是范雎下车步行，说："他一定会后悔的。"走了十几里，穰侯果然派骑兵回头搜查车子，见没客人，才作罢。王稽就和范雎进入咸阳。

王稽向秦王报告出使情况以后，趁机说："魏国有位张禄先生，是天下能言善辩的人。他说'秦王的国家比重叠堆积的鸡蛋还危险，能够任用我就安全，可是这不能用书面传达'，所以我用车子载他回来。"秦王不相信，让他住下来，给他吃粗劣的饭菜。范雎待命一年多。

当这个时候，秦昭王已登位三十六年。秦国向南攻占了楚国的鄢和郢都，楚怀王在秦国被幽禁身亡。秦国向东打败了齐国，齐湣王曾经称帝，后来去掉帝号。秦国多次困扰三晋之国。秦昭王厌恶天下的说客，不相信他们。穰侯和华阳君是秦昭王母亲宣太后的弟弟；而泾阳君和高陵君都是秦昭王的同母弟弟。穰侯当宰相，其余三人轮流当将领，都有封地，因为太后的缘故，私人的财产比王室还多。到了穰侯担任秦国将领的时候，将要越过韩国、魏国去攻打齐国的纲寿，想以此来扩大他在陶的封地。范雎就上书说：

"我听说英明的君主这样确立政策，有功劳的人不能不奖赏，有才能的人不

能不当官,功劳大的人,他的俸禄多,功劳多的人,他的爵位高;能够治理众人的人,他当的官就大。所以没有才能的人不敢担任官职,有才能的人也不会埋没。假如认为我的话是对的,希望你实行它,以便更有利于你的政治;如果认为我的话是不对的,久留我也没有用。俗话说:'昏庸的君主奖赏他所喜爱的人,而惩罚他所厌恶的人;英明的君主却不是这样,奖赏一定落在有功劳的人身上,而刑罚一定判给有罪的人。'如今我的胸部无法抵当砧板之类的刑具,而腰部无法对付斧钺,难道敢用没把握的事情来让大王尝试吗?即使你认为我是卑贱的人而轻视侮辱我,难道就不重视任用我的人对大王是义无反顾的吗?

"而且我听说周朝有砥砨,宋国有结绿,魏国有县藜,楚国有和璞,这四种宝玉都是土里所生长的,又被名匠错过,却成为天下有名的宝贝。这样,那么圣明的大王所遗弃的人,难道无法有利于国家吗?

"我听说善于使家庭富裕的是向国家索取,善于使国家富裕的是向诸侯索取。天下有英明的君主,那么诸侯就不能擅自富裕,为什么呢?因为这样他们就会篡夺权势。高明的医生知道病人的死活,而圣明的君主明白事情的成败,有利的就去做,有害的就抛弃它,没把握的就少尝试它,即使舜和禹复活,也不能改变。深刻的话,我不敢写在书面上,那些浅薄的话,又不值得大王听取。我想,是不是因为我愚蠢而不符合大王的心意呢?还是因为推荐我的人地位卑贱而大王不能任用我呢?如果不是这样的话,我希望大王稍微赏赐游览观光的空闲,让我能见到大王一面。如果我说了一句没用的话,请对我处以死刑。"

当时秦昭王非常高兴,就向王稽致谢,派人用传车去召见范雎。

于是范雎才能够在离宫和秦昭王见面。范雎假装不知道内宫的长巷而进入里面,秦昭王来了,宦官很生气,要驱逐他,说:"秦王到!"范雎装糊涂地说:"秦国哪来的王?秦国只有太后和穰侯罢了。"想以此激怒昭王。昭王一到,听到他和宦官争论,就邀请他进宫,致歉说:"我早就应当亲自接受你的教导了,但碰上义渠的事情紧急,我得早晚亲自请示太后;如今义渠的事情完毕了,我才能来接受教导。我自觉糊涂愚笨,让我恭敬地行宾主的礼节。"范雎推让。这一天,看到范雎被接见的情形的大臣们,没有不肃然改变脸色的。

秦王屏退左右的人,宫里空无别人。秦王长跪着请问:"先生有什么好的指教我?"范雎说:"嗯嗯。"过了一会,秦王又长跪着请问:"先生有什么好的指教我?"范雎说:"嗯嗯。"一连三次都是这样子。秦王长跪着说:"先生始终不肯指教我吗?"范雎说:"不敢这样的。我听说从前吕尚遇到周文王的时候,以渔翁的身份在渭水边钓鱼。之所以这样子,是因为当时关系还很疏远。当周文王与他谈论之后就任用他做太师,用车子载他一起回去,这是因为他们谈话已很深入。所以周文王就得力于吕尚,而终于称王天下。假如当初周文王疏远吕尚而不跟他深刻地交谈,这样周文王就没有具备当天子的美德,而周文王和周武王也就无法成就他们的王业。如今我是一个旅居外地的臣子,和大王关系疏远,但我所希望陈述的都是匡扶国君的事,我处在别人骨肉之亲的中间,希望报效我的忠诚,但不知大王的心意。这就是为什么大王三次发问我却不敢回答的原因。我并不是有所畏惧而不敢说话。我知道今天在你面前说话，明天就会被杀，但我不敢回避。大王如果听从我的话，即使我被处死也不值得我担心，即使我被流放也不值得我忧虑，用漆涂身，变成癞子，披头散发，变成疯子，我也不认为是羞耻。况且像五帝这样的圣明也得死，三王这样的仁义也得死，五霸这样的贤能也得死，乌获、任鄙这样的有力量也得死，成荆、孟贲、王庆忌、夏育这样的勇敢也得死。死亡，是人们一定不能避免的。处在必然如此的形势之中，只要稍微对秦国有补益，这就是我最大的希望，我又担心什么呢！伍子胥用袋子装着逃出了昭关，夜晚行走，白天藏匿，走到陵水的时候，没有东西吃，只好用膝盖匍匐行走，袒露上身叩头，鼓起肚皮吹篪，在吴国的市井里讨饭，终于复兴吴国，使阖闾成为霸主。假如我能像伍子胥一样竭尽智谋，把我幽禁起来，一辈子不再相见，但是我的主张实行了，我又忧虑什么？箕子、接舆用漆涂身，变成癞子，披头散发，变成疯子，对他们的君主没有好处。假如我能够和箕子一样地行动，可以对自己认为贤明的君主有补益，这是我最大的光荣，我有什么可羞耻的？我所害怕的，只是害怕我死了以后，天下人看到我竭尽忠诚反被处死，便因此闭口裹足，没有人愿意投向秦国罢了。你上畏惧太后的威严，下被奸臣的媚态所迷惑，居住在深宫之中，离不开保姆之手，终身受迷惑，无法明辨奸邪。大则国家被覆灭，小则自身因此孤立危险，这是我所恐惧的啊。至于困辱的事情，死亡的忧患，我是不会畏惧的。我死了而秦国安定，这样我死了比活着还好。"秦王长跪着说："先生这是什么话呢！秦国处于僻远之地，我愚蠢没有才能，幸蒙先生折辱自己来到这里，这是上天让我打扰先生来保存先王的宗庙。我能够向先生领教，这是因为上天宠幸先王，而不抛弃他的遗孤。先生怎能像这样说话！事情不论大小，上自太后，下至大臣，希望先生都拿来教导我，不要怀疑我呀。"范雎向秦王拜，秦王也回拜。

范雎说："大王的国家，四周有牢固的要塞，北面有甘泉、谷口，南面有泾河和渭水环绕，右面有陇山、蜀山，左面有函谷关、商阪，勇士百万，战车千辆，有利时就出兵进攻，不利时就退兵防守，这能称得上是王者的领地。人民对于私斗胆怯，但对于为国作战就勇敢，这能称得上是王者的人民。大王同时兼有这两方面的条件。凭借秦国士兵的勇敢，车马的众多，去对付诸侯国，就好比驱使韩国的大狗去搏击跛脚的兔子一样，称霸称王的大业可以实现，但群臣没有谁能称职。到现在闭关十五年了，不敢用兵向山东各国窥测，这是因为穰侯为秦国谋事不够忠诚，而大王的计谋也有失误的地方。"秦王长跪着说："我希望听到我的计谋失误的地方。"

但秦王左右有很多偷听的人，范雎害怕，不敢说到国内的事情，首先说到国外的事情，以便观察秦王的反应。他于是上前说："穰侯越过韩国、魏国去攻打齐国的纲邑、寿邑这不是好计。出兵少就不能损伤齐国，出兵多就对秦国不利。我心想大王的计划是，希望少出兵却让韩国、魏国的士兵全部出动，那就不合道义了。现在发现盟国之间并不亲密，却要越过别人的国境去攻打另一个国家，行吗？这在计策上太疏忽了。再说从前齐湣王向南攻打楚国，打败了楚军，杀死了楚将，又开辟土地千里，可是最终齐国连尺寸的土地也得不到，难道齐国不想得

将相卷

到土地吗，是形势不能让它占有。各诸侯国看到齐国疲惫，君臣之间不和睦，就起兵攻打齐国，把齐国打得大败。齐国士兵受到侮辱，军队受到挫折，就都责怪他们的国王，说：'是谁出这个主意的呢？'齐王说：'是文子出的主意。'大臣于是作乱，文子被迫走。因此齐国之所以大败，是因为它攻打楚国反而壮大了韩国、魏国。这就是所谓借兵器给贼，送粮食给盗。大王不如结交远邦而进攻近邻国家，得到寸土就是大王的寸土，得到尺地也是大王的尺地。现在放弃这近邻，却去进攻远方的国家，不也荒谬吗？再说从前中山国土地方圆五百里，赵国单独吞并了它，功成名就而且利益跟着而来，天下没有谁能损害它。现在韩国和魏国地处中原并且是天下的枢纽之地，大王如果想称霸，一定要亲近中原地区的国家，成为天下的枢纽，以威胁楚国、赵国。楚国强盛，就让赵国归附；赵国强盛，就让楚国归附。楚国、赵国都来归附，齐国一定畏惧了。齐国一畏惧，必然用谦卑的言词、厚重的礼物来服事秦国。齐国归附了，韩国、魏国就可趁机收服了。"昭王说："我想亲近魏国已经很久了，但魏国是个多变的国家，我无法亲近它。请问该怎么亲近魏国？"范雎回答说："大王用谦卑的言词、厚重的礼物去事奉它；不行的话，就割让土地去贿赂它；再不行的话，就出兵去征伐它。"秦王说："我恭敬地听命。"秦王于是任命范雎做客卿，谋划军事。终于听取范雎的计谋，派遣五大夫绾攻伐魏国，攻取了怀城。两年后，攻取了邢丘。

客卿范雎又劝说秦昭王道："秦国、韩国的地形，互相交错着，好像刺绣一样。韩国的存在对秦国来说，好像树木有蛀虫，人患有心腹的疾病一样。天下没有变化也就罢了，天下如果有变化，那成为秦国祸患的还有哪一个比韩国更大的呢？大王不如收服韩国。"昭王说："我本来就想收服韩国，但韩国不听从，对它该怎么办？"范雎回答说："韩国怎能不听从呢？大王出兵攻打荥阳，那么巩邑和成皋的道路就不通了；向北切断太行山的通道，那么上党的军队就不能南下。大王一起兵攻打荥阳，那么韩国就会被分割为三。韩国眼看必然灭亡，怎能不听从呢？如果韩国听从了，那么称霸的大业就可以考虑了。"秦王说："好。"就派遣使者到韩国去。

范雎日益受到秦王亲近，又时时进言，被任用几年了，便找机会游说秦王道："我住在山东时，只听说齐国有田文，没听说齐国有齐王；只听说秦国有太后、穰侯、华阳君、高陵君、泾阳君，没听说秦国有秦王。独揽国家大权才叫作王，能够左右利害的才叫作王，能掌握死生的威势的才叫作王。现在太后独断专行，不顾及大王；穰侯出使国外，不报告大王；华阳君、泾阳君等人判处刑罚毫无顾忌；高陵君任免官吏不向大王请示。四种权贵具备，而国家不危亡的，是未曾有过的事。在这四种权贵之下，就是所谓没有国王。既然这样，那么国家大权怎能不旁落，政令怎能由大王发出呢？我听说善于治理国家的人，就是对内巩固自己的威信，对外看重自己的权力。穰侯的使者挟持大王的威权，对各诸侯国发号施令，在天下缔结盟约，派兵征伐敌国，没有谁敢不听从。战争胜利，攻有所得，那么利益就归于陶，国家疲弊就归罪于各诸侯国；战争失败就跟百姓结下怨仇，而灾祸归于国家。有诗说'果实太多就会压折树枝，压折树枝就会伤害树的主干；扩大

198

了都城就会危害它的国家,尊崇了它的臣子就会使它的君主卑微'。崔杼、淖齿掌管齐国的时候,射伤齐王的大腿,抽掉齐王的筋,把他悬挂在庙堂的横梁上,很快就死了。李兑掌管赵国的时候,把赵武灵王囚禁在沙丘,百天后就饿死了。现在我听说秦太后和穰侯当权,高陵君、华阳君和泾阳君辅佐他们,终究会取代秦王,这些也是淖齿、李兑一类的人。再说夏、商、周三代之所以灭亡,就是因为君主把政权完全授予臣下,自己放任喝酒,骑马打猎。他们所授权的人,嫉妒贤能,役使下属,蒙蔽主上,以便达到他们的个人目的,他们不替君主着想,而君主又不能觉悟,所以丧失了国家。现在从一般官吏到各大官吏,下到大王左右的侍从,没有不是相国的人。眼看大王在朝廷很孤立,我私下替大王害怕,恐怕千秋万代以后,统治秦国的不是大王的子孙了。"秦昭王听了这话大为恐惧,说:"对。"于是废掉太后,把穰侯、高陵君、华阳君和泾阳君驱逐到关外。秦王就任命范雎做宰相,收回穰侯的相印,让他回到陶县去,于是让县官提供车子和牛马以便他搬家。车辆有一千多。到了关口,关上的官吏检查他的宝物,发现宝器珍品比王室还多。

秦昭王把应城封给范雎,号称应侯。这个时候,是秦昭王四十一年。

范雎担任秦国的宰相以后,秦国人称他为张禄,但魏国人不知道,以为范雎已经死去很久了。魏国听说秦国将向东攻伐韩国、魏国,就派须贾到秦国。范雎听说后,就秘密出发,穿着破衣,偷偷地到宾馆,会见须贾。须贾一见到他就惊奇地说:"范叔原来平安无事啊!"范雎说:"是的。"须贾笑着说:"范叔是来游说秦国的吗?"范雎说:"不是。我以前得罪了魏国的宰相,所以逃亡到这里,怎敢来游说呢!"须贾说:"现在范叔做什么事?"范雎说:"我做人家的佣工。"须贾心里哀怜他,就留他跟自己吃喝,说道:"范叔竟贫寒到这种地步!"就拿出自己的一件厚绸袍子来送给他。须贾趁机问道:"秦国宰相张先生,你了解他吗?我听说他受秦王宠幸,天下的事情都由宰相决定。现在我的事情的成败在于张先生。你小子可有朋友熟悉宰相吗?"范雎:"我的主人与他熟悉。就是我也能够谒见他,我愿意替你引见张先生。"须贾说:"我的马病了,车轴断了,如果没有四匹马拉的大车,我就决不出门。"范雎说:"我愿意替你向我的主人借四匹马拉的大车。"

范雎回去带来四匹马拉的大车,自己替须贾驾车,进入秦国宰相府。相府里的人望见了,有认识他的都回避躲开。须贾觉得奇怪。到了宰相住所门口,范雎对须贾说:"你等着我,我替你先进去向宰相通报。"须贾在门口等着,停车很久,问看门的人说:"范叔还不出来,为什么呢?"看门的人说:"这里没有范叔。"须贾说:"就是刚才同我一道坐车进来的那个人。"看门的人说:"那是我们的宰相张先生。"须贾大吃一惊,自己知道受骗了,就袒露上身,用膝盖跪着走,通过看门的人请罪。于是范雎坐在华丽的帷幕中,侍从的人很多,接见须贾。须贾磕头,声称死罪,说:"我没想到你能凭自己达到青云之上,我不敢再读天下的书,不敢再参与天下的事情。我须贾犯了该烹煮的死罪,请求独自到蛮夷地区,是死是活,唯你之命是从。"范雎说:"你的罪过有多少?"须贾说:"拔下我的头发连接起来,还没有我的罪长。"范雎说:"你的罪状有三条。从前楚昭王的时候,申包胥替楚国

击退了吴军,楚王把荆地五千户封赏给他,包胥辞谢不肯接受,因为他祖宗的坟墓在荆地。如今我范雎的祖宗坟墓也在魏国,你从前以为我对齐国有外心,因而在魏齐面前说我的坏话,这是你的第一条罪状。当时魏齐让我在厕所里遭受侮辱,你不制止,这是第二条罪状。又在醉后往我身上撒尿,你怎么能忍心呢!这是第三条罪状。然而之所以免你死,是因为送我一件厚绸袍子还有恋恋不舍的老朋友的情意,所以我放过你。"须贾就谢恩离去。范雎进宫向昭王报告了这件事,然后让须贾回国。

须贾向范雎辞别,范雎大摆筵席,把各国使者都请来,与他们一起坐在堂上,酒菜非常丰盛。而让须贾坐在堂下,把一盆喂马的料豆放在他面前,让两个受过黥刑的囚徒夹着他,像喂马一样地让他吃。范雎数落他说:"替我告诉魏王,赶快拿魏齐的头来,不然的话,我将要血洗大梁。"须贾回去,把这些话告诉了魏齐。魏齐恐惧,逃跑到赵国,躲藏在平原君家里。

范雎担任宰相以后,王稽对范雎说:"不能预料的事情有三种,无可奈何的也有三种。君王一旦去世,这是事情不能预知的第一种情况。你突然死去,这是事情不能预知的第二种情况。我突然死去,这是事情不能预知的第三种情况。君王一旦去世,你尽管因我没被君王重用而对我感到抱歉,也无可奈何。你突然死去,你尽管因还没报答我而对我感到抱歉,也无可奈何。我突然死去,你尽管没能及时推荐我而对我感到抱歉,也无可奈何。"范雎听后闷闷不乐,就进宫对秦昭王道:"如果不是王稽忠诚,就没有谁能把我接纳到函谷关;如果不是大王贤明圣哲,就没有谁能重视我。现在我的官职达到了宰相,爵位排在列侯,王稽的官职还停留在谒者,这不是他接纳我的本意。"秦昭王召见王稽,任命他做河东郡守,三年之内不用上报当地情况。又任用郑安平做将军。范雎于是散发家里的财物,都用来报答自己困苦时曾给他施舍的人。对于一饭之恩的人一定报答,对于瞪他一眼的怨仇也一定报复。

范雎在秦国担任宰相两年,秦昭王四十二年,向东攻伐韩国的少曲、高平,占领了它们。

秦昭王听说魏齐在平原君家里,一定要替范雎报仇,就假心假意地写了一封友好的信送给平原君说:"我听说你高义,希望同你结成平民般的朋友,如有幸得到你访问我,我愿意同你做十天的长饮。"平原君害怕秦国,又认为信中所说有道理,就进入秦国见秦昭王。昭王同平原君喝了几天酒,昭王对平原君说:"从前周文王得到吕尚,称他为太公,齐桓公得到管夷吾,称他为仲父,现在范先生也是我的叔父。范先生的仇人在你的家里,希望你派人回去拿他的头来,否则的话,我不让你出关。"平原君说:"显贵以后结交朋友,是为了防备卑贱的时候;富裕以后结交朋友,是为了防备贫穷的时候。魏齐是我赵胜的朋友,就是在我家里,我也不会交出来,何况现在又不在我家里。"秦昭王就写信给赵王说:"大王的弟弟在秦国,范先生的仇人魏齐在平原君家里。大王派人马上拿魏齐的头来;否则的话,我就起兵攻打赵国,不让大王的弟弟出关。"赵孝成王就出兵包围平原君的家,情况危急,魏齐连夜逃出去,去见赵国的宰相虞卿。虞卿估计终究不能说服

赵王,就解下自己的相印,同魏齐一道抄小路逃跑。考虑到各诸侯国中没有一个能够马上抵达的,就又跑回大梁,想通过信陵君而逃到楚国。信陵君听说这件事,害怕秦国,犹豫着不肯接见,他说:"虞卿是怎样的人呢?"当时候赢在旁边,说:"人本来不容易了解,了解人也是不容易的。虞卿穿着草鞋,打着长柄笠,第一次见赵王,赵王赐他一双白璧,一百镒黄金;第二次见面,赵王任命他做上卿;第三次见面,赵王终于授给他相印,封他为万户侯。在这个时候,天下人争着想了解他。魏齐在穷困的时候过访虞卿,虞卿不敢以爵位俸禄为重,解下相印,放弃万户侯而秘密外逃。他急士人之难而来归附公子,公子却说'是怎样的人'。人本来不容易了解,了解人也是不容易的!"信陵君非常惭愧,驾车到野外迎接他们。魏齐听说信陵君开始时对要见他感到为难,愤怒地割颈自杀了。赵王听说这件事,终于割下魏齐的头送给秦国。秦昭王于是释放平原君回赵国。

昭王四十三年,秦国进攻韩国的汾陉,攻占了它,于是在黄河边的广武山上筑城。

五年以后,昭王采用应侯的计谋,用反间计蒙骗赵国,赵国因为这个缘故,派马服君赵奢的儿子赵括代替廉颇担任将军。秦军在长平把赵军打得大败,于是包围了邯郸。不久,应侯同武安君白起有嫌隙,进谗言而杀了白起,任用郑安平,让他领兵进攻赵国。郑安平被赵军包围,危急之下,只好带着两万人投降了赵军。应侯跪在草垫上请罪。依照秦国的法律,举荐了人而被举荐的人如果犯了罪,分别根据被举荐人的罪状给他们定罪。这样应侯的罪就应当收捕三族。秦昭王恐怕伤了应侯的心,就下令全国:"有敢谈论郑安平之事的,就按郑安平的罪给他定罪。"而且赏赐相国应侯的食物日益丰厚,以便顺应他的心意。两年后,王稽担任河东郡守,因为跟别的诸侯国勾结,犯法被处死。因而应侯一天比一天懊丧。

昭王坐朝时唉声叹气,应侯上前说:"我听说'君主有忧愁,臣子感到耻辱;君主受耻辱,臣子应当去死'。现在大王在朝中发愁,我请求给我定罪。"昭王说:"我听说楚国的铁剑锋利,但乐工伶人却笨拙。乐工伶人笨拙那么国君的谋略就深远。用深远的谋略统率勇敢的士兵,我恐怕楚国要图谋秦国。事情如果不在平时做好准备,就不能应付突然的事变。现在武安君已经死去,而郑安平等人叛变,国内没有良将,外面敌国很多。我因此忧愁。"秦昭王想以此激励应侯。应侯恐惧,想不出办法来。蔡泽听说这件事,就到秦国去了。

蒙 恬

蒙恬,他的祖先是齐国人。蒙恬的祖父蒙骜,从齐国来到秦国服事秦昭王,官至上卿。秦庄襄王元年,蒙骜担任秦国将领,攻打韩国,攻取了成皋、荥阳,设置了三川郡。庄襄王二年,蒙骜进攻赵国,夺取了三十七座城池。秦始皇三年,

蒙骜攻打韩国，夺取了十三座城池。秦始皇五年，蒙骜攻打魏国，夺取了二十座城池，设置了东郡。秦始皇七年，蒙骜去世。蒙骜的儿子叫蒙武，蒙武的儿子叫蒙恬。蒙恬曾经学习过刑法，担任狱官，掌管狱讼的文书。秦始皇二十三年，蒙武担任秦国的副将，跟王翦一起攻打楚国，大败楚军，杀死了楚将项燕。秦始皇二十四年，蒙武攻打楚国，俘虏了楚王。蒙恬的弟弟名叫蒙毅。

秦始皇二十六年，蒙恬由于家世关系，得以担任秦军的将领，攻打齐国，大败齐军，被任命为内史。秦兼并天下以后，便派遣蒙恬率领三十万大军，北上驱逐戎狄，收复黄河以南的土地；修筑长城，根据地势，用来控制险要的关塞，西起临洮，东到辽东，绵延一万多里；于是渡过黄河，占据阳山，逶迤向北延伸；蒙恬领兵宿营在野外十多年，驻守在上郡。这时蒙恬的声威震慑匈奴，秦始皇非常尊重宠信蒙氏，信任他，夸奖他贤能。并因而亲近蒙毅，使他官位直到上卿，外出时陪着皇帝同乘一辆车，在朝时侍奉在皇帝左右。蒙恬处理外务，蒙毅在朝内谋划，称为忠信大臣。因此，其他将相没有谁敢和他们相争。

赵高是赵国王族中较远的亲属。赵高兄弟几个人，都是生长在宦官家庭，他的母亲曾受过刑罚，世世代代地位卑贱。秦始皇听说赵高有能力，精通刑狱法律，便选拔他担任中车府令。赵高就私下服事公子胡亥，教他学习判案。赵高曾犯大罪，秦始皇命令蒙毅依法惩治他。蒙毅不敢违背法律，依法判处赵高死刑，开除他的宦官籍。秦始皇认为赵高办事认真，就赦免了他，恢复了他的官爵。

秦始皇想游历天下，取道九原郡，直达甘泉宫，便派蒙恬开路，从九原郡到甘泉宫，辟山填谷，长达一千八百里。可惜道路未能完成。秦始皇三十七年冬，启程游会稽，沿海边而上，向北去琅邪。途中秦始皇生病了，便派蒙毅回去祈祷山川神灵，蒙毅还没有回返。秦始皇到达沙丘就病死了，但不公开消息，大臣们都不知道。这时丞相李斯、公子胡亥、中车府令赵高经常陪侍在始皇身边。赵高一向很得胡亥的宠信，想要拥立胡亥继承皇位，又怨恨蒙毅依法惩办他而没有救助他，因而有贼心，就与丞相李斯、公子胡亥暗中谋划，拥立胡亥为太子。太子确立以后，就派遣使者用罪名让公子扶苏和蒙恬自杀。扶苏死后，蒙恬心有怀疑，就再次请求诏令。使者把蒙恬交给狱吏，派人接替了蒙恬。胡亥用李斯的家臣担任护军。使者回来汇报，胡亥听说扶苏已经死了，就想释放蒙恬。赵高唯恐蒙氏兄弟再次显贵而掌权，怨恨他们不已。

蒙毅回来后，赵高从替胡亥尽忠出发，想趁机消灭蒙氏兄弟，就对胡亥说："我听说先帝想选用贤能确立太子已经很久了，蒙毅却谏阻说'不可以'。明知道你贤明而拖延不立你为太子，就是不忠而且欺骗先帝。按照我的想法，不如杀了他。"胡亥听了赵高的话，就把蒙毅囚禁在代地。以前已经把蒙恬囚禁在阳周。秦始皇的灵柩运到咸阳，安葬完毕，太子胡亥登位为二世皇帝，而赵高最获亲信，日夜中伤诽谤蒙氏兄弟，搜罗他们的罪过，检举弹劾他们。

子婴进谏说："我听说以前赵王迁杀死他的贤臣李牧而任用颜聚，燕王喜暗中用荆轲的计谋，而违背与秦国的盟约，齐王建杀死他的前代忠臣，而用后胜的建议。这三位君主，都是因为各自改变了原来的规定，导致国家灭亡，而且祸及

自身。如今蒙氏兄弟，是秦朝的大臣、谋士，而君王想一并抛弃他们，我私下认为不行。我听说轻率考虑问题的人不能治理国家，单凭一个人的智慧不能保全君位。诛杀忠臣而任用没有德行节操的人，这样内使群臣互不信任，外使战士的斗志涣散。我私下里以为不行。"

胡亥不听，派遣御史曲宫乘驿车前往代地，命令蒙毅说："先主想要立太子，而你却非难他。如今丞相认为你不忠诚，罪及你的家族。我不忍心，只赐你一死，这也算很幸运了。你自己考虑这件事吧！"蒙毅回答说："如果说我不能得到先帝的赏识，那么我从年轻时就做官，顺从先帝的意旨，直到先帝去世，可称得上能了解先帝的心意吧。如果说我不知道太子的才能，那么唯独太子跟从先帝，周游天下，宠幸远远超过各位公子，我也没有什么怀疑啊。先帝选立太子，是考虑多年的结果，我有什么话敢劝谏，有什么计策敢谋划！我不敢用假话来逃避死罪，只是因为我牵累到先帝的名誉而感到羞愧，希望大夫加以考虑。使我死得明白。况且顺理成全，是理上所推重的；严刑诛杀，是道义所唾弃的。从前秦穆公杀死三位贤臣，判处百里奚以莫须有的罪名，所以谥号为"缪"。秦昭襄王杀死武安君白起，楚平王杀死伍奢，吴王夫差杀死伍子胥。这四位君主，都是大错特错，而且天下人都非议他们，认为这几位君王是不贤明的，并因此而载入诸侯国的史册，所以说'用道义治国不杀害无罪的臣民，而刑罚也不加在无辜者的身上'。希望大夫留意！"使者知道胡亥的心意，不听蒙毅的话，就杀死了他。

二世皇帝又派遣使者到阳周，命令蒙恬说："你的过错很多，而你的弟弟蒙毅有大罪，依法牵连到内史。"蒙恬说："从我的祖先，直到子孙，在秦国建立功业、树立信誉已经三代了。如今我统领三十万大军，虽然身遭囚禁，但我的势力足以背叛。然而我之所以自知必死还遵守道义，是因为不敢玷辱祖先的教诲，而且不忘先帝之德。从前周成王刚登位的时候，还没有离开襁褓，周公姬旦背着他上朝，终于平定了天下。等到成王有病很危急的时候，周公姬旦自己剪下指甲来投入黄河，说：'君王年幼无知，是我姬旦管事。如果有罪殃，由我姬旦承受那祸患。'于是把话记录下来，收藏在档案库里。这可说是守信了。到了周成王能够治理国家时，有奸臣说：'周公旦早就想要作乱了。大王如果不加防备，必定会出大事。'成王就十分愤怒，周公旦逃奔到楚国。成王到档案库察看，看到了周公姬旦投指甲入黄河时的记录，就流着眼泪说：'谁说周公旦要作乱呢！'他杀掉了进谗言的人，而让周公旦回来。所以《周书》上说'一定要反复考察'。如今我蒙氏宗族，世代没有二心，而事情结果竟然这样，这一定是因为乱臣倒行逆施，凌驾王室之上的结果。周成王虽然有过失但能补救，终于使国家昌盛；夏桀杀死关龙逢，商纣杀死王子比干而不后悔，终于身死国亡。所以我认为过失可以挽救，听从劝谏可以觉醒。反复地审察，是上古圣人的方法。我谏而死，希望陛下能为百姓考虑应该走的道路。"使者说："我受诏令来对将军执法，不敢把将军的话告诉皇上。"蒙恬长长地叹息说："我对上天有什么罪，就这样平白无故地去死吗？"过了一会，他慢慢地说："我蒙恬的罪过，确实就该死了。从临洮连接到辽东，筑城墙，挖壕沟，长达一万多里，这中间难道能不切断地脉吗？这就是我的罪过。"于是服

将相卷

毒药自杀了。

李　斯

　　李斯,楚国上蔡人。年轻时在郡中做小吏,他见公家厕所中的老鼠吃着不洁之物,人、犬走近时,多次现出惊恐的样子。李斯进到粮仓中,观察仓中的老鼠,这些老鼠吃着积存的粮食,住在大房子里,没有人、犬打扰的忧虑。于是李斯叹息说:"人的好与坏如同老鼠啊,在于把自己放到什么环境中罢了!"

　　于是向荀卿学习帝王之术。学成后,考虑到楚王不值得效力,而六国都弱,没有可以建功的国家,打算西行入秦。李斯向荀卿辞别说:"我听说遇到时机不可懈怠,如今正是争夺天下之时,游说之士掌握着事态发展。现在秦王要吞并天下,称帝统治,这正是不得志者奔忙之时和游说之士的好时光。身处卑贱地位而不考虑改变的人,这是禽鹿见肉而不想吃,长着人的面孔光能走路罢了。所以耻辱没有比卑贱更大的,悲哀没有比穷困更甚的。长期处在卑贱之位,困苦之地,批评世事厌恶利益,自认为追求的是与世无争,这不是士的情怀。所以我将西行游说秦王了。"

　　到了秦国,正值庄襄王死,李斯就谋求做了秦的国相文信侯吕不韦的舍人。吕不韦对他有好感,任命他为郎(侍卫)。李斯因此有机会进言,他向秦王分析说:"普通人,是因为离开了他的机会。成就大功的人,在于利用破绽和事端而残忍行事。过去秦穆公的霸业,终究没能向东吞并六国,什么原因?那是由于诸侯还很多,周朝的国运还没衰落,所以五霸迭起轮番尊奉周王室。自秦孝公以来,周王室衰微,诸侯相互兼并,函谷关以东只有六国,秦国乘胜征服六国诸侯,已经六代了。现在诸侯服秦国,如同郡县。凭秦国的强大,大王的贤明,如灶上除尘垢,完全能灭掉诸侯,成就帝业,使天下统一,这是万世难逢的时机。现在如果懈怠不加紧利用,诸侯重新强大,相聚合纵,那时即使有黄帝那样贤明,也不能兼并了。"秦王于是任命李斯为长史,听从他的计策,暗中派遣谋士带着黄金珠玉去游说诸侯。诸侯名士能够用财物拉拢的,便厚赠勾结他;不归附的,用利剑刺杀他。离间诸侯君臣的计策奏效后,秦王就派他的良将随后到来。秦王任命李斯为客卿。

　　恰值韩国人郑国来秦国做间谍,目标是修筑灌溉水渠,修成后被发觉。秦国的宗室大臣对秦王说:"诸侯的人来侍奉秦国的,大都是为各自的主人在秦国游说,离间秦国罢了,请求驱逐所有的外客。"李斯也在驱逐的计划中。李斯于是上书道:

　　"臣听说俗吏倡议驱逐客卿,我自认为这是不恰当的。从前穆公寻求人才,在西方的戎地获取了由余,在东方的宛地得到百里奚,从宋国迎来了蹇叔,从晋国到来了丕豹和公孙支。这五人,不出生在秦国,而穆公使用他们,吞并二十个国家,于是称霸西戎。孝公用商鞅变法,移风易俗,人民得以繁衍,国家得以富强,百姓乐于效力,诸侯亲近畏服,战胜楚、魏的军队,获得千里土地。直到今天,国家仍然安定强盛。惠王采用了张仪的计谋,攻下三川之地,向西并吞巴、蜀两地,北部收服上郡,南部攻取汉中,包围东夷各部,控制鄢和郢,向东占据成皋险关,割取了肥沃的土地,于是瓦解了六国的合纵联盟,使它们争着向西服事秦国,功业一直影响到今天。昭王得到范雎,罢免了穰侯,驱逐了华阳君,加强了王室权力,杜塞了权贵私门,不断蚕食诸侯各国,使秦国成就了帝业。这四位君王,都是依靠客卿的功劳。由此看来,客卿有什么对不起秦国的呢!假使这四位君王拒绝客卿而不接纳,疏远贤士而不加任用,那么国家就没有富足的实惠,而秦国也没有强大的名声了。

"现在陛下得到了昆山的美玉,拥有随侯的明珠、卞和的宝玉,垂挂着明月珠,佩带着太阿剑,骑着千里马,竖着翠凤旗,立着灵鼓。这几件宝物,没有一件是秦国出产的,而陛下却喜欢它们,为什么呢?如果一定要秦国出产的才好,那么夜光珠璧就不能用来装饰朝廷,犀角象牙的器物就不能拿来欣赏玩乐,郑国、卫国的美女就不能住在后宫,駃騠等骏马也不该养在马棚里,江南出产的黄金白锡就不能使用,西蜀出产的丹青也不能做颜料了。如果用来装饰后宫、充做姬妾、使人赏心悦目的都一定要出产在秦国才行,那么,宛珠装饰的簪子、嵌着玑珠的耳坠、绸帛制成的衣服、锦绣制成的饰物,就不会进献到面前,而且随世俗而美化的娇艳窈窕的赵国女子也就不会侍立在两侧了。只有敲击着水瓶,叩打着瓦罐,弹着竹筝,拍着大腿,呜呜地歌唱,来快活耳目的,才是地道的秦国音乐;而《郑声》《卫声》《桑间》《韶乐》《虞乐》《武舞》《象舞》等,都是别国的音乐。现在舍弃了敲击水瓶瓦罐而亲近《郑声》《卫声》,撤除弹竹筝而采取《韶乐》《虞乐》,像这样做是为什么呢?使眼前快意,适合观赏罢了!现在用人却不是这样。不问是非,不论曲直,不是秦国人就让他离开,是客卿的就驱逐他。这样做就是看重女色、音乐、珍珠、宝玉,而轻视人民。这不是用来统一天下、制服诸侯的策略。

"我听说土地广阔粮食就充足,国家广大人口就众多,军队强盛士兵就勇敢。因此泰山不排斥土壤,所以能成就它的高大;河海不拣择细小的水流,所以能成就它的深广;帝王不抛弃民众,所以能显扬他的恩德。因此土地不论东西南北,人民不分本国别国,一年四季充实美满,鬼神就会降下幸福,这是五帝三王无敌于天下的原因。现在大王却要抛弃人民,让他们去资助敌国,排斥宾客而让他们去服事诸侯,使得天下的贤士退缩而不敢去西方,止步不再进入秦国,这就是所谓的'借兵器给敌人,送粮食给盗贼'啊。

"物品不是秦国出产的,但值得珍贵的很多;士人不是在秦国生长的,但愿意效忠秦国的也很多。如今却要驱逐宾客去资助敌国,损害人民去加强仇敌,使得国内空虚而外部又与诸侯各国结怨,这样要求国家没有危险,是不可能的。"

秦王于是废除驱逐客卿的命令,恢复了李斯的官职,终于采用了他的计谋。李斯的官职提升到廷尉。经过二十多年,秦终于吞并天下,尊奉国君为皇帝,任用李斯做丞相。又拆毁各郡县的城墙,销毁兵器,表示不再使用。使秦朝的土地

一尺也不分封，不立宗室子弟为王，不封功臣为诸侯，使以后没有攻战的祸患。

秦始皇三十四年，在咸阳宫摆设酒宴，博士仆射周青臣等人颂扬始皇的威德。齐国人淳于越进谏说："我听说殷代、周代的王位继承了一千多年，他们分封宗室子弟和功臣，作为自己的辅佐。现在陛下拥有天下，而宗族子弟却只是平民。一旦出了像田常、六卿这类祸患，没有辅佐的力量，将靠什么来拯救呢？办事不借鉴古代的经验，而能维持长久的，我没有听说过。现在周青臣等人又当面阿谀奉承，助长陛下的过失，他们并不是忠臣。"

秦始皇把这个奏议交给丞相李斯处理。李斯认为他的说法很荒谬，就指斥他言辞中的错失，上书说：

"古时候天下分散混乱，不能统一，因此诸侯同时并立，人们说话都是借古讽今，矫饰虚言来搅乱事实。人人都以为自己的学说最好，并用来否定朝廷建立的法令制度。现在陛下已经统一天下，分辨了黑白，确立皇帝一人之尊，可是各家学说却一起非议朝廷的法令制度，听说朝廷的法令一颁布，就各自根据自己的一套学说来议论它，在家里就在心里发泄不满，在官府外就街谈巷议。以非议君主来扬名，以志趣不同为高明，率领群众来制造诽谤。这种情况如果不禁止，那么君主的威势就会从上下降，而党羽就会在下面形成。这种情况只有禁止才好。我请求，凡是民间有收藏《诗》《书》、诸子百家著作的，都要清除、烧毁。从命令下达起满三十天还没销毁的，受黥刑，并充当筑城的劳役。不用销毁的是医药、占卜和种植之类的书籍。如果有想学习法令的人，可以拜官吏为师。"

始皇认可了李斯的奏议。没收烧毁了《诗》《书》和诸子百家的著作，以使百姓愚昧无知，使天下不能再借古非今。修明法度，制定律令，都是从秦始皇开始的。统一文字，修筑离宫别馆，遍及全国。第二年，始皇又巡视天下，对外平定了四方异族，李斯都是有功劳的。

李斯的大儿子李由担任三川郡的郡守，几个儿子都娶了秦公主，女儿们也都嫁给秦贵族的公子。三川郡守李由请假回咸阳，李斯在家里摆酒宴，百官们都前往祝贺，门前的车马数以千计。李斯不禁喟叹说："唉！我曾听荀卿说'事物忌讳太过分'。我李斯原是上蔡的一个平民，街道里的普通百姓，皇帝不知道我愚笨，才把我提拔到这个地位。当今做为臣子的，地位没有处在我之上的，可以说是达到富贵的极点了。事物发展到了极点，就必然衰败下来，我不知道将来的吉凶及归宿在哪里呢！"

秦始皇三十七年十月，始皇出游到会稽山，沿海而上，往北到达琅琊山。丞相李斯、中车府令赵高兼掌符玺令的事务，都随从皇帝出巡。始皇有二十多个儿子，长子扶苏因为屡次直言劝谏皇上，始皇就派他去上郡监督军队，蒙恬担任将军。小儿子胡亥最得始皇的宠爱，他请求跟随出巡，始皇答应了他。其余的儿子都没能随从。

这年七月，始皇到达沙丘，病得很厉害，让赵高写信给公子扶苏说："把兵权交给蒙恬，到咸阳参加丧礼然后安葬。"信已封好，还没有交给使者，始皇就去世了。书信和玺印都在赵高那儿，只有公子胡亥、丞相李斯、赵高以及始皇所宠幸

的宦官五六个人知道始皇去世了,其余群臣都不知道。李斯认为皇帝在外面去世,没有正式确定太子,所以封锁消息。把始皇的尸体安放辒辌车中,百官上奏政事和进献食物都像原来一样,宦官们就从辒辌车里批准百官所上奏的政事。

赵高于是扣留了始皇给扶苏的玺印和书信,而对公子胡亥说:"皇上逝世,没有诏令封立诸公子中谁为王,而只给了长子扶苏一封信。等长子到来,就会立为皇帝,而你却连尺寸封地都没有,对此该怎么办?"胡亥说:"本来是这样嘛! 我听说,贤明的君王最了解他的臣子,贤明的父亲最了解他的儿子。父皇临终时,不封赐他的儿子们,有什么好说的呢!"赵高说:"不是这样。当今天下的大权,生死存亡都在于你与我和丞相李斯手中,希望你能考虑。况且让别人向自己称臣和自己向别人称臣,控制别人和被别人控制,难道可以同日而语吗?"胡亥说:"废弃长兄而拥立弟弟,这是不义;不遵奉父亲的遗诏而怕死,这是不孝;才能浅薄,勉强依靠别人来成功,这是无能。这三种行为都是违背道德的,天下人心不会服,自身危险,国家也会灭亡。"赵高说:"我听说商汤、周武王杀死了他们的君王,天下都认为合理,不能算是不忠。卫君杀死了他的父亲,而卫国人称颂他的功德,孔子还记载了这件事,因此这样做不算是不孝。做大事的人不拘泥小节,行大德不谦让。乡里的风俗习惯,和百官的工作也各不相同。因此只顾细节而遗忘大体,日后必定有祸害;犹豫不决以后必定后悔。果断并敢于去做,鬼神都会逃避,后来必能成功。希望你就这样去做。"胡亥喟然叹道:"现在皇上刚去世,还没有发丧,丧礼还没有结束,怎好拿这件事去要求丞相呢!"赵高说:"时间啊时间,短暂得来不及谋算! 就像携带干粮骑着快马赶路一样,唯恐耽误了时机!"

胡亥已经同意了赵高的意见,赵高就说:"不跟丞相一起谋划,恐怕事情不会成功,我请求替你去与丞相一起谋划。"赵高就去对丞相李斯说:"皇上临终的时候,给长子一封信,叫他到咸阳参加丧礼,并立他为皇位的继承人。可是信还没有发出,皇上已经去世了,这事还没有别人知道。给长子的信和玺印都在胡亥那儿,确定太子的事,就在你和我赵高的口中。事情怎么办?"李斯说:"怎么能说出这种亡国的话呢! 这不是我们做人臣的所应该议论的!"赵高说:"你自己估量一下,你的才能与蒙恬相比怎么样? 你与蒙恬相比谁的功劳高? 深谋远虑而不失误与蒙恬相比怎么样? 不被天下人怨恨与蒙恬相比怎么样? 跟长子扶苏有故交又深得信任与蒙恬相比怎么样?"李斯说:"这五项我都比不上蒙恬,而你干吗要对我责备得这么深刻呢?"赵高说:"我本来只是宦官这样的仆役,侥幸因为娴熟狱法文书而进入秦朝宫廷,管事已有二十多年,还没见到被秦王罢免的丞相或功臣,有把封爵传到第二代的,最终都是被诛杀而死。皇帝的二十多个儿子,都是你所了解的。长子扶苏刚强勇敢,对人信任,善于鼓励士兵,他继位的话,必定任用蒙恬当丞相,你就终究不可能带着通侯的印绶回到家乡,这是很明显的。我接受皇上的诏令教育胡亥,让他学习法令已好几年了,没见过他有什么过失。胡亥仁慈忠厚,轻财重士,内心明白但不善于言辞,竭尽礼仪敬重贤士,秦国的公子中没有能比得上他的,可用他做皇位继承人。希望你考虑以后决定这件事。"李斯说:"你还是回去干该干的事去吧! 我李斯遵奉皇帝的遗诏,听从天命,还有什么

可考虑决定的呢?"赵高说:"安全可以转为危险,危险可以转为安全,安全和危险都没有确定,怎么能算聪明人呢?"李斯说:"我李斯原是上蔡街道里的平民,皇上之所以提拔我为丞相,封为通侯,让我的子孙都得到尊贵的地位和丰厚的俸禄,是因为要把国家存亡安危的重担交托给我。我怎么能辜负呢!忠臣只有不避死才差不多,孝子不勤劳就会危害自身,做人臣的只是各守本分的职责罢了。你不要再说了,否则就将会使我李斯蒙受罪过。"赵高说:"我听说圣人处世变动无常,能够顺应变化而顺从时势,看到事物的苗头,就能知道事物的根本,看到事物的指向,就能知道事物的归宿。事物本来就是这样的,哪能有固定不变的法则呢!当今天下的权力和命运都掌握在胡亥手中,我赵高能揣摩出胡亥的心意!况且由外部来制服内部就是作乱,从下面控制上面就是叛贼。所以秋霜一降,花草就凋落,春暖冰解水流动,万物就生长,这是必然结果。你为什么迟迟不能明白呢?"李斯说:"我听说晋国变换太子,结果三代政局不安;齐桓公兄弟争夺王位,身死后被杀戮;殷纣王杀死自己的亲戚,不听劝谏,国家变成废墟,终于使国家灭亡。这三件事都是违背天理的,弄得国破家亡,宗庙没有人祭祀。我李斯是人,怎么能参与这样的阴谋!"赵高说:"上下同心协力,就可以长久;内外一致,事情就不会有差错。你听从了我的计策,就永远可以得到封侯,世世代代封爵。而且你也必定有王子乔、赤松子那样的长寿,像孔子、墨子那样的智慧。如果你放弃这个机会而不肯去干,就连你的子孙都会遭受祸殃。我实在替你心寒。聪明人是能因祸而得福的,你打算如何处置呢?"李斯于是仰天长叹,流着泪叹息说:"唉!我偏偏遭遇这样的乱世,既然不能以死效忠,又向哪里去寄托我的生命呢!"于是李斯听从了赵高的计谋。赵高就报告胡亥说:"我奉太子你的命令去通知丞相李斯,丞相李斯岂敢不奉命!"

于是李斯就与他们一起谋划,假称受了始皇给丞相的遗诏,立胡亥为太子。另外伪造了一封始皇给长子扶苏的信说:"我巡视天下,向各处名山的神灵祈祷以求延长寿命。现在扶苏和蒙恬带领着几十万大军驻守边境,已有十多年了,不能继续拓展国土,士兵伤亡却很多,没有点滴功劳,反而屡次上书直言诽谤我的所作所为,因为不能解除监兵职务回来做太子,就日夜怨恨。扶苏做儿子不孝顺,现在赐剑让你自杀!将军蒙恬与扶苏一起在外,不能纠正扶苏的过失,应该知道他的阴谋。蒙恬做人臣不忠,赐死,把军队交给副将军王离。"封好书信并加盖上皇帝的玺印,派遣胡亥的门客送信到上郡交给扶苏。

使者到达后,扶苏拆开信一看,就哭泣起来,他走进内室要自杀。蒙恬劝止扶苏说:"陛下在外巡视,没有确立太子,派我率领三十万大军驻守边境,派公子任监军,这是天下的重任。如今派了一个使者来,你就要自杀,你怎知这不是诡计呢?请你再请示一下,然后自杀也不迟!"使者一再催促他。扶苏为人仁厚,对蒙恬说:"父亲令儿子自杀,那还要再请示什么呢!"立即自杀了。蒙恬不肯自杀,使者就把他交给狱官,囚禁在阳周。

使者回来报告,胡亥、李斯、赵高都很高兴。到了咸阳,就给始皇发丧,太子胡亥即位成为二世皇帝。任命赵高做郎中令。赵高经常在宫中侍奉皇帝,掌握朝中大权。

二世皇帝闲居无事,就把赵高叫来商议事情,对他说:"人生活在世间,就像六马所驾的车子飞奔过缝隙一样短暂。我既然已经统治天下了,想要充分满足耳目的爱好,穷尽心里所喜爱的乐趣,而又使宗庙安定,百姓悦乐,永远享有天下,直到我寿命终止。我的想法行吗?"赵高说:"这是贤明的君主所能做到的,但昏乱的君主却是严禁的。请让我说吧,我不敢逃避刀斧的杀戮,但希望陛下稍加留意。那沙丘的密谋,诸位公子和朝中的大臣都有所怀疑,但公子们都是陛下兄长,大臣又是先帝所任命的。现在陛下刚刚登位,他们这班人心里总是不服气,恐怕会发生变乱。况且蒙恬已经死了,而蒙毅还在外带兵,我总是心惊胆战,唯恐不得好下场。陛下怎能享受这种快乐呢?"二世皇帝说:"对此该怎么办呢?"赵高说:"用严峻的法令,苛刻的刑罚,让有罪的人互相牵连受诛,甚至收捕整个家族。诛灭大臣,疏远皇族骨肉之亲;让贫穷的人富裕起来,使卑贱的人高贵起来。把先帝所任命的大臣全部开除,另外任用陛下所亲信的人,同他们接近。这样他们就会从内心感激并归附陛下。祸害清除了,奸谋杜绝了,群臣中没有谁不承受你的恩泽,蒙受你的厚德,这样陛下就可高枕无忧,纵情享乐了。没有比这更好的计策了!"二世皇帝认为赵高的话很对,就重新制定法律。于是只要群臣和公子们有罪,二世皇帝就把他们交给赵高,令赵高审讯法办他们。赵高诛杀了大臣蒙毅等人,十二个公子在咸阳市被杀死,十位公主在杜县被分尸,他们的财产都收归国家。受牵连的人数不胜数。

公子高想逃亡,又害怕连累家族,就上书说:"先帝健在时,我进入宫廷先帝就赐给我食物,出宫的时候就赐给我乘车。先帝内库里的衣服,我得到过赏赐;先帝马房里的宝马,我也得到过赏赐。我本该陪同先帝死去,却没有做到。这是我作为儿子不孝顺,作为臣子不忠诚,不忠不孝的人,没有面目活在世上,我请求陪同先帝死去,希望能安葬在骊山脚下。请求皇上哀怜我。"接到上书,胡亥非常高兴,召来赵高,给他看公子高的上书,说:"这可以说是情急无奈吧?"赵高说:"做人臣的连担心死亡都来不及,哪里还有心思图谋叛乱呢!"胡亥同意了公子高的请求,赏赐十万钱作为安葬的费用。

法令诛罚一天比一天严厉苛刻,群臣人人自危,想要叛乱的人很多。二世皇帝又建造了阿房宫,修筑直道、驰道,租税越来越重,兵役和徭役没完没了。因此来自楚的边兵陈胜、吴广等人就起来造反,起义从山东发生,英雄豪杰群起响应,各自立为侯王,反叛秦朝,一直进军到鸿门才撤退。

李斯屡次请求给机会进谏,二世皇帝都没有允许。

李斯的儿子李由担任三川郡守,群盗吴广等人向西攻略土地,过往之处无法禁止。章邯击败吴广等人的军队以后,使者相继去三川查办,并讥诮责备李斯身居三公的地位,为什么竟让盗寇如此猖獗。李斯害怕,但看重爵位俸禄,不知道该怎么办才好。就奉迎二世的心意,想求得宽容。

上书禀奏后,二世皇帝很高兴。从此施行督察责罚更加严厉。向人民收税最重的,被认为是贤明的官吏。受刑的人在路上络绎不绝,死尸每天堆积在街市

上。杀人多的被认为是忠臣。二世皇帝说:"像这样才可以说是能实行督察责任了。"

当初,赵高担任郎中令,杀害的人和报私仇的事很多,恐怕大臣们在入朝奏事时揭露自己,就劝二世皇帝说:"天子之所以尊贵,只是由于群臣光能听到他的声音,而不能见到他的容貌,所以称为'朕'。而且陛下年纪很轻,未必什么事情都懂,现在坐在朝廷上,如果对惩罚或奖赏有处理不当的地方,就会被大臣们看出短处,那就不能向天下人显示你的英明了。况且陛下拱手深居宫中,跟我以及侍奉陛下的几个熟悉法令的人等待大臣们把事情呈奏上来,然后再权衡办理。这样,大臣们就不敢再上奏那些疑惑人的事情,天下的人就都会称你是圣主了。"二世皇帝采纳了赵高的意见,就不坐在朝廷上接见大臣,而深居宫中。赵高常常侍候左右执政,政事都由赵高决定。

赵高听说李斯有话要对皇帝说,就去见丞相说:"关东地区盗贼很多,现在皇上却加紧增派劳役修建阿房宫,搜集狗马等没有用处的玩物。我想要谏阻,因为地位卑贱。这其实是你的事,你为什么不进谏呢?"李斯说:"本来呀,我早就想说了。可是现在皇上不坐在朝廷上,皇上住在深宫里,我有话要说,但无法传达。想要进见,又没机会。"赵高对他说:"你如果真要进谏的话,请允许我趁皇帝有空的时候告诉你。"

于是赵高就趁二世皇帝正在欢宴娱乐,宫中美女在面前侍候的时候派人告诉丞相说:"皇上正有空闲,你可以来禀奏事情。"丞相于是来宫门求见,这样一连三次。二世皇帝发怒说:"我平常有很多空闲的日子,丞相不来;我正在私宴娱乐的时候,丞相就来请示事情。丞相是瞧不起我呢?还是故意难为我呢?"赵高趁机说:"这样就危险了!沙丘的计谋,丞相参与了。现在陛下已经立为皇帝,可是丞相地位并没有提高,内心也希望能够割地封王。而且陛下不问我,我也不敢说。丞相的长子李由担任三川郡守,楚地盗贼陈胜等人都是丞相邻县的人,所以楚地盗贼公开横行,经过三川郡的时候,李由只是守城,却不肯出击。我赵高听说他们之间互相有文书往来,因为还没有得到那确切情况,所以不敢来告知陛下。而且丞相处在宫外,权势比陛下还重。"二世皇帝认为赵高说得很对。他想要惩办丞相,又恐赵高所说不确,于是就派人去调查三川郡守李由和盗贼勾结的情况。李斯听到了这个消息。

这时,二世皇帝在甘泉宫,正在观赏摔跤和杂戏的表演。李斯不能见到二世皇帝,就上书揭露赵高的短处说:"我听说,臣子如果怀疑国君,没有不危害国家的;妻妾怀疑丈夫,没有不危害家庭的。现在有的大臣在皇上身旁独揽赏罚大权,与陛下没有两样,这就非常不好。从前司城子罕当宋国的宰相,亲自执行刑罚,以确立自己的威信,一年之后就篡夺了王位。田常当齐简公的臣子,爵位在国内没有谁能和他匹敌,私人财富和公家相等,他行惠施德,下得百姓之心,上得群臣之心,暗中窃取了齐国的政权,在庭院里杀死了宰予,又在朝堂上杀害了齐简公,终于取得了齐国。这是天下都清楚知道的事情。现在赵高有奸邪的心志,叛逆的行为,就像子罕当宋国的宰相时一样;赵高私人的财富,也像田常在齐国

那样。赵高兼有田常和子罕的叛逆之道，而且窃夺了陛下的威信，他的野心就像韩玘当韩王安的宰相一样。陛下如果不想对策，我恐怕他会叛乱。"

二世皇帝说："为什么呢？赵高原本是宦官，却不因为安逸而随心所欲，也不因为危难就改变忠心。他行为廉洁一心向善，自从到这里以来，因为忠诚而得到提拔，因为守信而保有禄位。我确实认为他贤良，而你却怀疑他，为什么呢？而且我年轻时就失去了父亲，没有什么见识，不懂得治理百姓，而你又老了，恐怕就要与天下无缘了。我不把国家托付给赵高，又该给谁呢？而且赵高为人精明廉洁、年富力强，下能了解民情，上能合我心意。你不要怀疑。"李斯说："不是这样。赵高本只是个卑贱的人，不懂得事理，贪欲无厌，求利不停，地位权势，仅次于皇上，他欲望无穷，我所以说危险。"二世皇帝已信任赵高，恐怕李斯杀死他，就私下把这些话告诉了赵高。赵高说："丞相所担心的只有我赵高，我死后，丞相就要干田常所干的事了。"于是二世皇帝说："就把李斯交给郎中令吧！"

赵高审讯李斯。李斯被拘捕捆绑，关在监狱里，仰天叹息着说："唉，可悲啊！无道的君主，怎么能为他出谋划策呢！以前夏桀杀死关龙逢，商纣杀死王子比干，吴王夫差杀死伍子胥。这三个臣子，难道不忠吗？然而都不免一死，身虽死了，可是他们所忠的人不对，如今我的智慧比不上他们三人，而二世皇帝的昏庸无道又超过夏桀、商纣和夫差，我因尽忠而被杀死，死得其所了。况且二世治理天下，难道不是乱来吗！不久以前杀死自己的兄弟而自立为皇帝。杀害忠臣，尊宠卑贱的人，修建阿房宫，向天下横征暴敛。我并不是没有劝谏，而是他不肯听从我。大凡古代圣明的君王，饮食有节制，车马器用有限数，宫殿居室有限度，下令举办事情，增加费用却不能有利于人民的，一律禁止，所以能长治久安。现在二世的行为逆于兄弟伦常，不考虑后患；诛杀忠臣，不顾忌灾殃；大规模地建造宫室，向天下加重赋税，不爱惜钱财。这三件事已经做出来了，可是天下人都不会服从。现在反叛的人，已经占据天下一半的土地，可是二世心里还不觉悟，而用赵高为辅佐，我必定会看到贼寇攻进咸阳城，麋鹿将在朝廷游荡了。"

于是二世皇帝就派赵高审理丞相李斯的案件，定罪名，责问李斯和他的儿子李由谋反的情况，逮捕了李斯所有的宗族和宾客。赵高审讯李斯，拷打了他一千多下，李斯忍受不了疼痛，只好屈打成招。李斯之所以不自杀，是因为自认为能言善辩，有功劳，确实没有谋反的动机，希望能够有机会上书自我辩解，希望二世皇帝醒悟而赦免他。李斯将奏书递交以后，赵高叫狱官弃置不上奏。赵高说："囚犯怎能上书！"

赵高指使他的党羽分为十几批，假扮作御史、谒者、侍中等官员，轮流去审讯李斯。李斯改成用实情对答，赵高总是派人再拷打他。后来二世皇帝派人向李斯验证口供，李斯以为又同前几次一样，终于不敢改变口供，表示服罪。赵高把判决呈递上去，二世皇帝高兴地说："没有赵君，我几乎被丞相出卖了。"等到二世皇帝派去调查三川郡守的使者到达三川时，项梁已经杀死了李由。使者回来时，又正值李斯被交给狱官看管，赵高就伪造了李由谋反的罪状。

秦二世二年七月，李斯被判受五刑，在咸阳市上腰斩。李斯走出监狱，跟他

将相卷

的次子一同被押解，回头对他的次子说："我想和你再牵着黄狗，一同出上蔡东门去追逐狡兔，还能办得到吗！"父子两人就相对痛哭。三族的人都被诛杀。

萧　何

相国萧何，是沛县丰邑人。因为在通晓法律方面无人能比，担任沛县功曹掾。

高祖为平民时，萧何多次凭借自己的职权保护高祖。高祖做了亭长后，萧何也经常帮助他。高祖以吏的身份去咸阳服差事，县吏都资助他三百钱，唯独萧何资助五百钱。

秦朝的御史到郡中监督检查政事时，与萧何共事，萧何往往把事情办得有条有理。因此萧何得以担任泗水郡的卒史，政绩考核名列第一。秦朝的御史想回朝进言征召萧何，萧何坚决请求留下，才没被调走。

等到高祖起事做了沛公，萧何经常以丞的身份督办事务，沛公到了咸阳，各位将领都争相跑到储藏金帛财物的府库去瓜分钱财，唯独萧何先进秦宫收取丞相和御史府的律令图书封藏起来。沛公被封为汉王，以萧何为丞相。项王和诸侯在咸阳大肆烧杀劫掠一番，然后离去。汉王之所以能够详尽地了解天下各地的要塞，户口的多少，财力物力的强弱分布，百姓的疾苦，是因为萧何得到了秦朝全部的文书图册和档案资料。萧何还向汉王推了韩信，汉王拜韩信为大将军。这件事在《淮阴侯列传》中有详细记载。

汉王率兵东进，平定三秦，萧何以丞相的身份留守和收抚巴蜀，征收赋税，安抚百姓，让他们为军队供应粮草。汉二年，汉王和诸侯攻打楚军，萧何留守关中，侍奉太子，治所设在栎阳。制定法令条规，建立宗庙、社稷、宫室、县邑，每件事总是要奏报汉王，汉王同意，准许他施行；即使来不及上奏，总是酌情处理，等汉王回来再向他报告。在关中管理户籍人口，征收粮饷物资，通过水陆运输，送到前方。汉王多次丧失军队而逃跑，萧何经常征发关中的士卒，往往能够补足军队的缺额。汉王因此专门委托萧何全权处理关中的一切事务。

汉三年，汉王和项羽在京、索之间对峙，汉王多次派人去慰劳丞相。鲍生对丞相说："汉王风餐露宿，却多次派人来慰劳您，这是因为对您有疑心。为您考虑，不如把您的子孙兄弟能够打仗的人全部派到前线军中去，这样汉王必定会更加信任您。"于是萧何听从了他的计策，汉王大为高兴。

汉五年，已经杀了项羽，平定了天下，按功劳进行封赏。群臣争功，以至一年多时间功劳大小还没确定下来，高祖认为萧何功劳最大，封他为酂侯，所赐的食邑最多。功臣们都说："臣等身披坚甲手执锐器，多的身经一百多次战斗，少的也经历过几十次战斗，攻城略地，功劳大小各有区别。如今萧何从未有过汗马之劳，只是舞文弄墨、口头议论，没有参加过战斗，却反而在我们之上，这是为什

212

么?"高祖说:"诸位知道打猎吗?"群臣说:"知道"。高祖又说:"知道猎狗吗?"群臣说:"知道。"高帝说:"大凡打猎,追杀野兽兔子的是狗,而发现野兽的踪迹、指出野兽所在地方的则是猎人。如今诸位只能捕获走兽而已,功劳如同猎狗。至于萧何,发现踪迹,指示所在,功劳如同猎人。况且诸位只是自己一个人追随我,多的也只有两三人。如今萧何整个宗族几十个人都追随我,功劳不可忘记。"群臣都不敢再说什么。

列侯全部受封完毕,等到奏请排位次时,大家都说:"平阳侯曹参身负七十处伤,攻城夺地,功劳最多,应该排第一。"高祖已经力排功臣之议,多封了萧何土地,等到排位次时还没有理由再次反驳功臣,但内心是想让萧何排第一。关内侯鄂君进言说:"群臣的建议都不对。曹参虽然有野战夺地的功劳,但这只是一时的事情。皇上和楚军相持五年,经常丧失军队兵众,只身逃亡有好多次了。然而萧何常常从关中派出士卒补充前线的缺额,这并非皇上诏令他这么做的,却多次在皇上困乏绝望的时候把几万名士卒派到了前线。汉、楚在荥阳对峙了好几年,军中没有现成的粮食,萧何从关中漕运粮食,供应军队食用,从来不曾缺乏过。陛下虽然多次丢掉山东地区,但萧何却始终保全着关中以等待陛下,这是千秋万世的功劳。如今即使缺了上百个曹参这样的人,对汉室又有什么缺损呢?汉室得到他未必就能靠他来保全,为什么要让一时的功劳凌驾于万世的功劳之上呢!萧何应当排在第一,曹参排第二。"高祖说:"好"。于是就让萧何排在第一,恩准他带剑穿鞋上殿,上朝时不必按常礼小步快走。

高祖说:"我听说推荐贤人的人应该受上赏。萧何功劳虽大,有了鄂君才得以显明。"于是依据鄂君原来受封的关内侯的食邑,再加封他为安平侯。这一天,全部封赏了萧何父子兄弟共十多人,都拥有食邑。于是为萧何加封食邑二千户,因为高祖从前到咸阳服差事时,萧何比别人多资助了二百钱。

汉十一年,陈豨反叛,高祖亲自率领军队到达邯郸。还没有平定叛乱,淮阴侯又在关中谋反,吕后采用萧何的计策,诛杀了淮阴侯,事情记载在《淮阴侯列传》中。高祖已经听到淮阴侯被诛杀的消息,就派使臣拜丞相萧何为相国,加封食邑五千户,命令用五百名士卒和一名都尉做相国的卫队。众人都来祝贺,唯独召平前来哀吊。召平,是原先秦朝的东陵侯。秦朝灭亡后,沦为平民,在长安城东种瓜,种出来的瓜很鲜美,所以民间俗称"东陵瓜",这是根据召平的封号而得名的。召平对萧相国说:"灾祸从此开始了。皇上风吹日晒在外地征战,而你留守在关中,并未蒙受矢石的危险,皇上反而增加你的封邑并为你配备卫队,这是因为现今淮阴侯刚在京师谋反,对你起了疑心。配备卫队保护你,并不是为了尊宠你。希望你推辞封赏不要接受,把所有家财捐给军事需用,那么皇上心里就会高兴。"相国听从了他的计策,高祖于是大为高兴。

汉十二年秋天,黥布反叛,皇上亲自率军讨伐他,多次派使臣询问相国在干什么。相国因为皇上在外统率军队,就安抚和勉励百姓,把自己的全部家产捐做军费,跟讨伐陈豨时一样。有个门客劝相国说:"你离灭族不远了。你位居相国,功劳第一,还可以再往上增加吗?可是你刚进关中,就深得百姓人心,至今已经

十多年了,百姓都亲附你,你还经常孜孜不倦地去获取百姓的拥戴。皇上之所以多次派人询问你在干什么,是害怕你震动关中。如今你为什么不多买田地,用低价赊欠来玷污自己的名声?这样皇上才会安心。"于是相国听从了他的计策,皇上这才大为高兴。

皇上平定了黥布的叛乱,撤军回朝,百姓拦路上书,指控相国用低价强行夺买百姓的田地、房宅,价值高达几千万。皇上回到京师,相国前来谒见。皇上笑道:"相国就是这样利民的吗!"把老百姓的上书都交给相国,说:"你自己向百姓谢罪吧。"相国趁机为百姓请求说:"长安土地狭窄,上林苑中有很多空地,都废弃着,希望让百姓能够进去耕种,留下禾杆供禽兽食用。"皇上大怒说:"相国接受了商人的许多财物,就为他们求取我的上林苑。"于是把相国交给廷尉,用枷锁拘禁了他。几天后,王卫尉侍奉高祖,上前问道:"相国犯了什么大罪,陛下要如此严厉地拘禁他?"皇上说:"我听说李斯做秦朝皇帝的丞相,有成绩都归功于主上,有罪过都自己承担。如今相国大肆收受奸商的金钱而为老百姓求取我的上林苑,以此向百姓讨好,所以拘禁他治罪。"王卫尉说:"身负职责如果有利于百姓就为他们请求,这确实是宰相应该做的事情,陛下怎么竟怀疑相国接受了商人的钱财呢!再说陛下和楚对抗了好几年,陈豨、黥布反叛,陛下都亲自率军前去镇压,在这些时候,相国留守关中,一摇脚那么函谷关以西就不归陛下所有了。相国不在这些时候谋取利益,如今才贪图商人的钱财吗?况且秦朝皇帝因为听不到自己的过错才亡了天下,李斯分担过错的行为,又有什么值得效法的呢?陛下为什么怀疑宰相到如此浅薄的地步呢?"高祖听了闷闷不乐。当天,派使臣手持符节赦免释放了相国。相国年老,素来恭谨,入见高祖,光着脚前来谢罪。高祖说:"相国休要如此!相国为百姓请求上林苑,我不答应,我不过是桀、纣式的君主,而相国则是贤相。所以我拘禁了相国,是想让天下的百姓知道我的过失。"

萧何与曹参素来互相瞧不起。等到萧何生病,孝惠帝亲临探视相国的病情,因而问道:"您如果百年以后,谁可以代替您呢?"萧何回答说:"了解臣下莫过于君主。"孝惠帝说:"曹参怎么样?"萧何叩头说:"皇帝得到最好的人选了!我死无遗憾了!"

萧何购置田宅必定是在穷困偏僻的地方,家里从不修建高大的围墙,说:"后代子孙如果贤能,就学习我的节俭;如果不贤,也不要被权势之家夺去。"

孝惠帝二年,相国萧何去世,谥号为文终侯。

他的后代子孙因为犯罪而失掉侯爵封号的有四代,每次断绝了继承人时,天子总是重新寻找萧何的后代,续封为酂侯,功臣都没法跟他相比。

陈　平

　　丞相陈平，是阳武县户牖乡人。小时候家里贫困，爱好读书，有三十亩田地，只跟哥哥陈伯住在一起。陈伯一直耕种田地，听任陈平外出游学。陈平长得身材高大，相貌英俊漂亮。有人对陈平说："你家里很穷，究竟吃了什么东西而长得这么胖？"他的嫂嫂嫉恨陈平不顾家庭，不从事生产，就说："也不过就吃些糟糠而已。有这样的小叔子，不如没有。"陈伯听说后，就赶走妻子，把她休了。

　　等到陈平长大成人，可以娶媳妇了，富户人家没有谁愿意把女儿嫁给他，而娶贫家女子做媳妇陈平又觉得羞耻。过了很久，户牖有个富人叫张负，张负的孙女五次嫁人，而每次丈夫都早早死了，没有人敢娶她。陈平却想得到她。乡里有丧事，陈平因为家贫，到丧家帮忙，早去晚归十分卖力。张负在丧家看到了他，特别看中魁梧英俊的陈平，陈平也因为这个缘故很晚才离开。张负尾随陈平来到他家里，他家就在靠着外城墙的偏僻小巷里，用破席当门，但门外却有很多贵人停车留下的车轨痕迹。张负回到家里，对他的儿子张仲说："我想把孙女许配给陈平。"张仲说："陈平家里很穷，又不从事生产劳动，全县的人都嘲笑他的所作所为，为何偏偏要把女儿嫁给他呢？"张负说："哪有像陈平这样相貌堂堂的人会久居贫贱的呢？"最后还是把孙女嫁给了陈平。因为陈平家里穷，就借给他钱做聘礼，又给他置办酒席的钱以便让他娶妻过门。张负告诫他的孙女说："不要因为陈平家里贫穷的缘故，就不恭谨地侍奉他们。侍奉哥哥陈伯要像侍奉父亲一样，侍奉嫂嫂要像侍奉母亲一样。"陈平娶了张家的女儿后，资财日益富饶，交游的范围越来越广。

　　乡里祭祀社神，陈平做了主刀分祭肉的人，分配祭肉时非常均匀。乡中父老们说："很好，陈家的孩子分配祭肉很公平！"陈平说："唉呀，如果让我陈平治理国家，我也会像分祭肉一样公平！"

　　陈涉起兵在陈县称王，派周市攻取平定魏地，立魏咎为魏王，在临济与秦军互相交战。陈平在此以前就已经辞别哥哥陈伯，跟其他少年一起到临济去侍奉魏王咎。魏王任命他为太仆。向魏王进言，魏王不听从；有人谗毁他，陈平就逃走了。

　　过了很久，项羽攻城略地到达黄河边上，陈平前去归附他，跟随他入关灭秦，赐给陈平卿的爵位。项羽东去在彭城称霸王的时候，汉王回师平定三秦，向东进军，殷王背叛楚国。项羽于是封陈平为信武君，率领魏咎在楚国的宾客前往，攻打并降服殷王而后返回。项王派项悍拜陈平为都尉，赐给他黄金二十镒。没过多久，汉王攻占殷国。项王大怒，将要诛杀平定殷国的将吏。陈平害怕被杀，于是封存好项王所赐的黄金和官印，派人归还项王，而陈平只身走小路带剑而逃。渡黄河的时候，船夫看他是个魁梧的美男子，又是一个人独行，就怀疑他是

将相卷

中华名人百传

逃亡的将领，腰中应该藏有金玉宝器，目光紧盯着他，想杀掉陈平。陈平害怕，就解开衣服赤身露体帮船夫撑船。船夫知道他一无所有，这才打消了杀他的念头。

陈平就到修武投降了汉军，通过魏无知求见汉王，汉王召他进去相见。当时万石君石奋担任汉王的中涓，接受陈平谒见，引他进去拜见汉王。陈平等七个人都进去拜见汉王，汉王赐给他们食物。汉王说："吃完后，就到客舍去休息吧。"陈平说："我是为大事而来的，所要说的话不能超过今天。"于是汉王跟他交谈并且很喜欢他，问道："你在楚国的时候官居何职？"陈平说："做都尉。"汉王当天就拜陈平为都尉，让他为汉王陪乘，并负责监护军队。将领们为之哗然，说："大王今天得到一个楚国的逃兵，还不知道他的本领大小，就立即与他同乘一辆车，并且反而让他监护军中的老将！"汉王听到后，对陈平更加宠信。于是陈平跟随汉王向东讨伐项王。到达彭城，被楚军打败。率军撤回，沿途收聚散兵到达荥阳，任命陈平为亚将，隶属于韩王信，驻军广武。

绛侯、灌婴等人都诋毁陈平说："陈平虽是个魁梧的美男子，但也不过像帽子上的饰玉罢了，内中未必有什么本领。我们听说陈平在家的时候，跟他的嫂子私通；侍奉魏王没被容纳，就逃去投靠楚王；投靠楚王后又不合意，就又逃来归附汉王。如今大王赐给他高官，让他监护军队。我们听说陈平接受诸将的贿赂，给钱多的就得到美差，给钱少的就得到苦差。陈平，是个反复无常的乱臣，希望大王明察。"汉王怀疑陈平，召来并责备魏无知。魏无知说："我所讲的，是他的才能；陛下所问的，是他的品行。如今即使有尾生、孝己的德行，但却无补于战争的胜负，陛下哪有闲功夫用他们吗？目前楚汉相互对峙，我推荐擅长奇谋妙计的人才，只考虑他的计谋是否真的有利于国家。况且跟嫂子通奸、贪爱钱财就值得怀疑吗？"汉王召来陈平责备说："先生侍奉魏王不相合，就投奔楚国，现在又背弃楚国前来追随我，讲信义的人难道都是这样三心二意的吗？"陈平说："我侍奉魏王，魏王不能采纳我的计策，所以离开他去侍奉项王，项王不能信任人，他所信任和喜爱的，不是项氏宗族就是妻子的兄弟，虽然有奇才也不能任用，我于是离开了楚王。听说汉王能够任用人才，所以归附大王。我两手空空而来，不接受钱财就没有资金费用。如果我的计谋有可以采纳的，就希望大王采用；如果没有可采纳的，钱财都还在，请允许我封存好送交官府，并请大王准许我带着这把骨头离去。"汉王于是向他道歉，给了他许多赏赐，任命他为护军中尉，监护所有的将领。各位将领这才不敢再说什么。

此后，楚军发动猛攻，截断汉军的粮道，把汉王包围在荥阳城。过了很长时间，汉王十分忧虑，请求割让荥阳以西地区跟楚军讲和，项王不答应。汉王对陈平说："天下纷扰混乱，什么时候能够安定呢？"陈平说："项王的为人，恭敬而爱人，清廉守节、喜好礼义的士人大都归附于他。至于论功行赏，授予爵位和封邑，项王却非常吝啬，士人也因此不再归附他。如今大王傲慢而不讲礼仪，清廉守节的士人不来归附；但是大王能够把爵位封邑慷慨地送给别人，那些品行顽劣、贪利无耻的人士也大多来投汉王。如果能够去掉双方的短处，吸收双方的长处，天下在挥手之间就可以平定了。然而大王却恣意侮辱别人，不能得到清廉守节的

士人。但是楚国也有可以扰乱的地方,项王的忠诚刚正的臣子如亚父范增、钟离眛、龙且、周殷等辈,不过几人而已。大王如果能拿出几万斤黄金,施用反间计,离间楚国君臣,使他们互生疑心,项王为人猜忌多疑,听信谗言,必定使楚国内部互相残杀。汉王趁机发兵攻打,就一定能打败楚军。"汉王认为有道理,于是拿出四万斤黄金交给陈平,让他任意支用,不过问他的支出情况。

陈平用大量金钱在楚军内部开展反间工作以后,散布流言说钟离眛等将领为项王领兵征战,功劳很大,然而始终不能得到封地而称王,想跟汉王联合,消灭项氏而瓜分楚地。项羽果然产生怀疑,不再信任钟离眛等人。项王已经怀疑钟离眛等人,就派使者到汉军那里探听情况。汉王准备了最高规格的菜肴,让人端进来。看到是楚王的使者,就假装惊讶地说:"我以为是亚父的使者,原来是项王的使者!"又让人把菜肴端走,换上一些粗劣的食物给楚王的使者吃。楚王的使者回去,把情况详细报告了项王。项王果然对亚父范增大生疑心。范增想迅疾攻下荥阳城,项王不信任他,没肯答应。范增听说项王怀疑自己,就愤怒地说:"天下事大局已定,君王好自为之!我请求带着这把老骨头退休回家!"范增回归,还没到达彭城,就因为背上的毒疮发作而死了。陈平于是趁夜派二千名女子从荥阳城东门出城,楚军就去攻打她们,陈平就和汉王从荥阳城西门连夜逃了出去。于是回到关中,收拾残兵再次东进。

第二年,淮阴侯攻破齐国,自立为齐王,派使者报告汉王。汉王大怒,破口大骂,陈平暗中踩了踩汉王的脚。汉王也醒悟过来,于是很好地招待齐王的使者,终于派张良去册立韩信为齐王,把户牖分封给陈平。汉王采用陈平的奇计妙策,终于灭了楚国。陈平曾经以护军中尉的身份跟随汉王平定了燕王臧荼的叛乱。

汉六年,有人上书告楚王韩信谋反。高帝询问各位将领,众将说:"赶快发兵活埋这小子算了。"高帝沉默不语。又问陈平,陈平一再推辞,说:"各位将领怎么说的?"高帝就把将领们的话全都告诉了他。陈平说:"这人上书说韩信谋反,还有别人知道吗?"高帝说:"没有。"陈平说:"韩信知道吗?"高帝说:"不知道。"陈平说:"陛下的精锐部队与楚王的军队相比谁的强?"高帝:"比不上他的军队。"陈平说:"陛下的将领用兵打仗有能超过韩信的吗?"高帝说:"没人比得上他。"陈平说:"如今军队不如楚兵精锐,将领的才能也不能跟韩信相比,却发兵攻打他,这是促使他发兵作乱,我私下为陛下感到危险。"高帝说:"怎么办呢?"陈平说:"古代天子巡视天下,会合诸侯。南方有云梦泽,陛下只需出去假装巡游云梦,在陈县会合诸侯。陈县,在楚国的西部边界,韩信听说天子以友好的态度外出巡游,势必会认为无事而到郊外迎接陛下。等拜见的时候,陛下乘机逮捕他,这只不过是一个力士就能办到的事情。"高帝认为有道理,于是派出使者告诉诸侯到陈县相会,说:"我将南下到云梦巡游。"高帝于是随即出行。还没有到达陈县,楚王韩信果然到郊外的路上迎接。高帝预先埋伏好武士,见韩信到来,就立即把他抓住捆绑起来,装在后车里面。韩信喊道:"天下已经平定,我本来就应当被烹杀!"高帝回头对韩信说:"你闭嘴。你谋反,已经很明显了!"武士把韩信反绑起来。于是在陈县会见诸侯,彻底平定了楚地。高帝回到洛阳,赦免了韩信,重新让他做

淮阴侯,而与功臣们剖符确定封地。

于是和陈平剖符,世世代代不断绝封号,封他为户牖侯。陈平推辞说:"这不是我的功劳。"高帝说:"我采用先生的计谋,克敌制胜,不是你的功劳又是谁的?"陈平说:"如果不是魏无知,我怎么可能得到进用?"高帝说:"像你这样,可以说不忘本了。"于是又赏赐魏无知。第二年,以护军中尉的身份跟随高帝在代地攻打反叛的韩王信。仓猝间来到平城,被匈奴包围,七天没吃上饭。高帝采用陈平的奇计,派人去见单于阏氏,包围因此得以解除。高帝脱身出来后,对陈平的计策加以保密,世间无人知道。

高帝向南经过曲逆,登上城楼,看到城中的房屋十分宽大,说:"好壮观的县城啊!我巡行天下,只见过洛阳跟这个县一样。"回头问御史说:"曲逆的户口有多少?"回答说:"起初秦朝的时候有三万多户,其间多次发生战乱,许多人逃亡躲藏,如今现存五千户。"于是就诏令御史,改封陈平为曲逆侯,全县都给他做食邑,取消以前所封的食邑户牖乡。

此后陈平曾经以护军中尉的身份跟随高帝平定陈豨和黥布的叛乱。一共出过六次奇计,每次都增赐封邑,一共六次增赐封邑。有的奇计非常秘密,世间没人知晓。

高帝平定黥布的叛军后归来,伤病得很厉害,缓缓回到长安。燕王卢绾反叛,高帝派樊哙以相国的身份率兵攻打叛军。出发后,有人进谗言诋毁樊哙。高帝发怒说:"樊哙见我生病,就希望我死。"采用陈平的计谋,把绛侯周勃召到床前接受诏令,说:"陈平速乘传车载上周勃取代樊哙统率军队,陈平到达军中就立即将樊哙斩首!"二人受诏以后,急驰传车,还没到达军营,路上商议说:"樊哙一是高帝的老朋友,功劳很大,而且又是吕后的妹妹吕媭的丈夫,和高帝有亲戚关系并且地位显贵,高帝因为愤怒的缘故,想杀了他,恐怕将会后悔。宁可把他囚禁起来交给高帝,让高帝自己诛杀他。"没有到达军中,就建立盟坛,用天子的符节召见樊哙。樊哙接受诏令,立即被反绑起来装上囚车。传递押送到长安,而让绛侯周勃代替他统率军队,平定燕国反叛的各县。

陈平在路上听说高帝驾崩,害怕吕媭进谗言而使吕后发怒,就急驰传车先行。路上遇到使者诏令陈平和灌婴驻守荥阳。陈平接受诏令,立刻又急驰来到宫中,哭得很悲哀,就在高帝灵前向吕后奏报出使的事情。吕太后哀怜他,说:"你很辛苦,可以出去休息了。"陈平害怕谗言加身,因此坚决请求在宫中宿卫。太后于是任命他为郎中令,说:"辅佐教导孝惠帝。"此后吕媭的谗言才未能得逞。樊哙被押到长安,就赦免并恢复了他的爵位和封邑。

孝惠帝六年,相国曹参去世,任命安国侯王陵为右丞相,陈平为左丞相。

王陵,原来是沛县人,当初是县里的豪强。高祖微贱的时候,把王陵当兄长一样侍奉。王陵没什么文化,经常意气用事,喜欢直言。等到高祖在沛县起兵,进入咸阳,王陵也亲自聚集几千名党徒,驻在南阳,不肯跟从沛公。等到汉王回师攻打项羽的时候,王陵才率军归附汉王。项羽把王陵的母亲弄来安置在军营中,王陵的使者到来,项羽就让王陵的母亲面向东坐,想以此招降王陵。王陵的母亲私自送别使者，哭着说："替老妇我告诉王陵，要恭谨地侍奉汉王。汉王，是忠厚的长者，不要因为老妇我的缘故，而怀有二心。老妇我以死送别使者。"于是伏剑而死。项王大怒，烹煮王陵的母亲。王陵终于跟从汉王平定天下。因为他跟雍齿关系很好，而雍齿，是高帝的仇人，而且王陵本来无意跟从高帝，因为这些缘故而被晚封，封为安国侯。

安国侯担任右丞相后，过了两年，孝惠帝驾崩。吕后想立吕氏家族的人为王，询问王陵，王陵说："不行。"询问陈平，陈平说："行。"吕太后发怒，就假装把王陵提升为皇帝的太傅，实际上不重用王陵。王陵愤怒，称病辞职，闭门不出，最终也没有上朝拜见皇帝，七年后去世。

罢免了王陵右丞相之职，吕后就提升陈平为右丞相，以辟阳侯审食其为左丞相。左丞相不参与国家大事，常在宫中处理平常所发生的事情。

审食其也是沛县人。汉王在彭城战败，向西退逃，楚王抓来太上皇、吕后做人质，审食其以家臣的身份侍奉吕后。此后跟随汉王打败项羽，被封为侯，受到吕太后的宠信。等到担任丞相，住在宫中，百官都要通过他决断政事。

吕媭往常因为陈平以前为高帝谋划逮捕樊哙，多次进谗言说："陈平做丞相从不治理政事，整天喝美酒，玩弄妇女。"陈平听说后，饮酒作乐日甚一日。吕太后听说后，暗自高兴。当着吕媭的面对陈平说："俗话说'小孩和妇女的话不能信'，只看你对我如何了。不要害怕吕媭说你的坏话。"

吕太后立吕氏家族的人为王，陈平假装听从。等到吕太后去世，陈平与太尉周勃合谋，最终诛灭了吕氏家族，拥立孝文皇帝，陈平是这件事情的主谋。审食其被罢免丞相职务。

孝文帝即位，认为太尉周勃亲自率军诛灭吕氏，功劳最大；陈平想把尊位谦让给周勃，就称病引退。孝文帝刚刚即位，觉得陈平病得很奇怪，就去询问。陈平说："高祖的时候，周勃的功劳不如我陈平。到了诛灭吕氏家族，我的功劳也不如周勃。愿意把右丞相的职位让给周勃。"于是孝文帝就任命周勃为右丞相，位居第一；陈平调任左丞相，位居第二。赐给陈平黄金一千斤，增加封邑三千户。

没过多久，孝文皇帝已经更熟悉国家大事了，上朝时问右丞相周勃说："天下每年判决的案件有多少？"周勃谢罪说："不知道。"又问："天下每年的钱粮收支是多少？"周勃又谢罪说不知道，紧张得汗流浃背，羞愧得不能答话。于是文帝又询问左丞相陈平。陈平说："有专门负责的人。"文帝说："谁是专门负责的人？"陈平说："陛下如果问判决案件的事，就询问廷尉；问钱粮方面的事，就询问治粟内史。"文帝说："如果各项事务都有主管的人，那么你负责的是什么事呢？"陈平谢罪说："主管大臣官员。陛下不知道我才智低下，让我勉强居于宰相职位。宰相，对上辅佐天子调理阴阳，顺应四时，对下抚育万物适时生长，对外镇抚四夷和诸侯，对内亲附百姓，使公卿大夫都能胜任各自所担负的职责。"孝文帝于是称赞。右丞相周勃大为惭愧，出来后责问陈平说："你平时为什么不教我应对！"陈平笑道："你身居丞相职位，不知道丞相的职责吗？况且陛下如果问起长安城中的盗贼数目，你也想强行回答吗？"于是绛侯周勃知道自己的才能远不如陈平。没过

多久,周勃称病请求免除他的丞相职务,陈平成为左、右合一的丞相。

孝文帝二年,丞相陈平去世,谥号为献侯。儿子共侯买继承侯位。共侯买在位两年去世,儿子简侯恢继承侯位。恢在位二十三年去世,儿子何继承侯位。何即位二十三年,犯了强夺他人妻子的罪行,被处以死刑,封国被废除。

当初陈平说:"我多用阴谋诡计,这是道家所禁止的。我的后代如果被废黜,也就完了,最终不能再兴起,因为我多用阴谋诡计,造成的祸患太深了。"此后他的曾孙陈掌凭借和卫氏的亲戚关系,希望能够接续陈氏原来的封号,然而最终没能实现。

张 良

留侯张良,他的祖先是韩国人。祖父开地,做过韩昭侯、宣惠王、襄哀王的丞相。父亲平,做过釐王、悼惠王的丞相。悼惠王二十三年,平去世。平去世后二十年,秦国灭了韩国。张良因为年少,没做过韩国的官。韩国被灭亡后,张良有家僮三百人,弟弟死了也不厚葬,却拿出全部家财寻求刺客去刺杀秦王,为韩国报仇,这是因为他的祖父、父亲做过五代韩王的丞相。

张良曾经在淮阳学习礼制,在东方拜见仓海君,得到一个大力士,为他打制了一只重达一百二十斤的铁锤。秦始皇到东方巡游,张良和刺客在博浪沙中埋伏袭击秦始皇,误中了一辆副车。秦始皇大怒,在全国大肆搜捕,缉拿刺客十分急迫,因为张良的缘故。张良于是改名换姓,逃到下邳躲藏起来。

张良曾有一次闲暇时在下邳桥上从容漫步,有位老翁,穿着粗布短衣,走到张良身边,故意把鞋掉到桥下,回过头来对张良说:"小子,下去替我把鞋捡上来!"张良很惊讶,想揍他,因为他年纪大了,就强忍住气,下去把鞋捡了上来。老翁又说:"替我穿上鞋!"张良已经为他捡了鞋,就跪下给他穿鞋。老翁伸出脚让他把鞋穿好,笑着离去。张良大为吃惊,目光注视着老翁离去。老翁走出去一里多地,又返回来,说:"你这小子可以教导了。五天后的拂晓,和我在这里相会。"张良感到很奇怪,就跪下说:"是。"五天后的拂晓,张良前往。老翁已经先到了。生气地说:"跟老人约会,却反而迟到,这是为什么?"于是离去,说:"五天后早点来相会。"五天后的鸡鸣时分,张良前往。老翁又先到了那里,又生气地说:"迟到,为什么?"于是离去,说:"五天后再早点来。"过了五天,张良没到半夜就去了。过了一会儿,老翁也来了,高兴地说:"应该这样。"就拿出一本书,说:"读了这本书就可以做帝王的老师了。十年后你会发迹,十三年后你小子到济北来见我,谷城山下的黄石就是我。"于是离去,没说别的,从此再也没有见到这个老翁。天亮后看那本书,原来是《太公兵法》。张良因此觉得此书非同寻常,就经常研习诵读它。

张良住在下邳,行侠仗义。项伯曾经杀了人,跟随张良躲藏起来。

十年以后，陈涉等人起兵反秦，张良也聚集了一百多名青年壮士。景驹自立为楚假王，驻在留县。张良想去投靠他，路上遇到沛公。沛公率领几千人，在下邳以西攻取土地。张良于是归属沛公。沛公任命张良为厩将。张良多次用《太公兵法》向沛公献策，沛公十分欣赏，经常采纳他的计策。张良为别人讲说兵法内容时，别人都不能领会。张良说："沛公大概是天授睿智。"所以就追随沛公，不去见景驹。

等到沛公到达薛地，见到项梁。项梁拥立楚怀王。张良于是劝说项梁道："您已经拥立了楚王，而韩国的公子横阳君韩成很贤明，可以立他为王，以增加同盟者。"项梁派张良找到韩成，立他为韩王。任命张良为韩王的司徒，和韩王率领一千多人向西攻取韩地，夺得几座城邑，秦军立刻又夺了回去，韩军在颍川一带往来游击作战。

沛公从洛阳南出轘辕山的时候，张良率兵跟随沛公，攻占韩地的十几座城邑，打败了杨熊的军队。沛公于是让韩王成在阳翟留守，和张良一起南下，攻克宛城，向西进入武关，沛公想用二万人的兵力攻打秦朝峣关下的军队，张良劝他说："秦军还很强大，不可轻视。我听说峣关的守将是屠夫的儿子，这种市侩很容易用利益去打动他。希望沛公暂且留在军营，派人先去，准备好五万人的粮饷，在各个山头多张挂一些旗帜，作为疑兵，命令郦食其带上贵重宝物去收买秦将。"秦将果然反叛，想跟沛公联合向西袭击咸阳。沛公想答应他，张良说："这只是秦军的将领想反叛罢了，恐怕秦军的士卒不肯听从。不听从就一定有危险，不如趁秦军懈怠进攻他们。"沛公于是率军攻打秦军，大败秦军。追击逃敌直至蓝田，再次交战，秦军终于彻底溃败。于是到达咸阳，秦王子婴投降了沛公。

沛公进入秦朝的宫殿，里面的宫室帷帐、狗马珍宝和美女数以千计，沛公内心想留在宫中居住。樊哙劝谏沛公出宫居住，沛公不答应。张良说："因为秦朝暴虐无道，所以沛公才能到达这里。大凡为天下铲除暴秦，应当以朴素为本。如今刚刚进入秦国，就安享快乐，这就是所谓的'助桀为虐'。再说'忠言逆耳利于行，良药苦口利于病'，希望沛公听从樊哙的意见。"沛公于是回师驻扎在霸上。

项羽到达鸿门下，想攻打沛公，项伯于是乘夜急驰进入沛公的军营，私下会见张良，想让张良跟他一起离开。张良说："我为韩王护送沛公，如今事情紧急，逃走不符合道义。"于是把情况都告诉沛公。沛公大为惊慌，说："这该如何是好？"张良说："沛公确实想背叛项羽吗？"沛公说："有个卑鄙小人教唆我把守函谷关不要让诸侯进来，这样就可以全部占有秦国的土地而称王，所以听了他的话。"张良说："沛公你自己估计能够击退项羽吗？"沛公沉默了很长时间，说："确实还不能。如今该怎么办呢？"张良于是坚决邀请项伯会见沛公。项伯与沛公相见。沛公敬酒为项伯祝寿，而且跟他结为亲家。让项伯向项羽详细说明沛公不敢背叛他，之所以把守函谷关，是为了防备其他盗贼。等到沛公见了项羽之后，两人和解，这些事记载在《项羽本纪》中。

汉元年正月，沛公被封为汉王，在巴蜀地区称王。汉王赐给张良黄金一百镒，珍珠二斗，张良把这些东西全部送给了项伯。汉王也因此让张良厚赠项伯，

让项伯为他求取汉中之地。项王就答应了,于是得到了汉中之地。汉王前往封国,张良送行到褒中,汉王让张良返回韩国。张良因而劝说汉王道:"大王何不烧断所经过的栈道,向天下表示没有返回的想法,以便稳住项王的心意。"于是让张良返回。行进途中,烧断了栈道。

张良到了韩国,韩王成因为派张良跟随汉王的缘故,项王不让韩成去封国,让他跟自己一起东归。张良劝说项王道:"汉王烧断了栈道,没有回来的想法了。"于是把齐王田荣反叛的事情向项王作书面汇报。项王从此不再担心西面的汉国,而是发兵向北攻打齐国。

项王最终不肯让韩王前往封国,于是把他贬为侯,又在彭城杀了他。张良逃亡,抄小路去归附汉王。汉王也已经回师平定了三秦地区。又封张良为成信侯,跟随汉王向东攻打楚军。到达彭城,汉王兵败而归。来到下邑,汉王下马靠着马鞍说:"我想舍弃山东地区作为封赏,谁能与我共建功业呢?"张良进言说:"九江王黥布,是楚国的猛将,跟项王有矛盾;彭越和齐王田荣在梁地背叛楚国:这两个人可以赶紧加以利用。汉王的将领唯独韩信可以托付大事,独当一面。如果想捐出山东地区,就捐送给这三个人,那么就不愁打败楚国了。"汉王于是派遣随何去游说九江王黥布,并且派人与彭越联络。等到魏王豹反叛,派韩信率兵去讨伐他,乘机攻占了燕、代、齐、赵等国。然而最终打败楚国,都是这三个人出的力。

张良体弱多病,未曾独自领兵作战,一直作为谋臣,时时跟随汉王。

汉三年,项羽把汉王迅速包围在荥阳,汉王恐惧忧虑,和郦食其商议削弱楚国的势力。郦食其说:"从前商汤诛灭夏桀,把夏朝的后代封在杞国。武王诛灭殷纣,把殷朝的后代封在宋国。如今秦朝丧失德行,背弃道义,侵伐诸侯的国家,消灭六国的后代,使他们没有立锥之地。陛下如果真能重新扶立六国的后代,让他们全都接受陛下的封印,这样它们的君臣百姓一定都会感激陛下的恩德,无不仰慕陛下的大仁大义,甘愿做陛下的臣子。德义推行以后,陛下就可以南面称霸,楚王必定整齐衣襟前来朝拜。"汉王说:"很好。赶快去刻印,先生就带着它启程吧。"

郦食其还没有出发,张良从外地回来拜见汉王。汉王正在用餐,说:"子房到我面前来!有个客人为我策划了削弱楚国势力的计谋。"就把郦食其的话都告诉了他,说:"子房认为怎么样?"张良说:"是谁为陛下策划了这样的计谋?陛下的大事要完了。"汉王说:"为什么呢?"张良回答说:"我请求借大王面前的筷子为大王筹划一下。"就说道:"从前商汤讨伐夏桀而把夏朝的后代封在杞国,这是因为估计能够置夏桀于死地。如今陛下能够置项羽于死地吗?"汉王说:"不能。"张良说:"这是不可以那样做的第一个原因。武王讨伐殷纣而把殷朝的后代封在宋国,这是因为估计能够得到殷纣的头颅。如今陛下能够得到项羽的人头吗?"汉王说:"不能。"张良说:"这是不可以那样做的第二个原因。武王进入殷朝的都城,表彰商容居住的里苍,释放被囚禁的箕子,修整比干的坟墓。如今陛下能够修整圣人的坟墓,表彰贤人的里苍,在智者的门前向他们致敬吗?"汉王说:"不能。"张良说:"这是不可以那样做的第三个原因。发放钜桥的粟粮,散发鹿台的

钱财,以赐给贫穷的百姓。如今陛下能够散发库府的钱粮来赐给贫民吗?"汉王说:"不能。"张良说:"这是不可以那样做的第四个原因。灭了殷朝后,武王把兵车改为乘车,把兵器倒过来放着,蒙上虎皮,以表示天下不再有战争之祸。如今陛下能够偃武修文,不再用兵吗?"汉王说:"不能。"张良说:"这是不可以那样做的第五个原因。周武王把战马放到华山南面牧养,以示不再使用战马。如今陛下能够让战马休息而不再使用吗?"汉王说:"不能。"张良说:"这是不可以那样做的第六个原因。周武王把牛放牧到桃林的北边,以示不再运输粮草物资。如今陛下能够放牧牛群而不再运输粮草物资吗?"汉王说:"不能。"张良说:"这是不可以那样做的第七个原因。况且天下的游士离开他们的亲戚,舍弃他们的祖坟,告别他们的故友,追随陛下到处奔走,只是日夜盼望得到一小块封地。如今要是恢复六国,封立韩、魏、燕、赵、齐、楚的后代,天下的游士就会各自回去侍奉他们的君主,陪伴他们的亲人,返回他们的旧友和祖坟所在的家乡,这样陛下跟谁一起打天下呢?这是不可以那样做的第八个原因。再说现在楚国无敌于天下,被封立的六国后代会重新屈服于楚国而追随其后,陛下怎么可能使他们臣服呢?如果采用了那个客人的计谋,陛下就大势已去了。"汉王饭也吃不下了,吐出口中的食物,骂道:"这个愚蠢的腐儒,几乎坏了老子的大事!"下令赶紧销毁那些封印。

汉四年,韩信攻破齐国后想自立为齐王,汉王发怒。张良劝说汉王,汉王就派张良授给韩信齐王印信,事情载在《淮阴侯列传》中。

这年秋天,汉王追击楚军来到阳夏南边,战斗失利后坚守固陵,诸侯不守盟约逾期不至,张良劝说汉王,汉王采用了他的计策,诸侯们都来了。事情记载在《项羽本纪》中。

汉六年正月,封赏功臣。张良未曾有过战功,高帝说:"运筹帷幄之中,决胜千里之外,这是子房的功劳。让他自行选择齐国的三万户作为食邑。"张良说:"当初我在下邳起事,与皇上在留县相会,这是上天把我送给陛下。陛下采用我的计策,侥幸地偶然料中,我希望把我封在留县就可以了,不敢承受三万户的封邑。"于是封张良为留侯,和萧何等人一起受封。

皇上已经封赏了二十多位大功臣,其余的人日夜争功,因此无法确定功劳大小,没能举行封赏。皇上在洛阳南宫,从阁道上看到各位将领经常坐在沙地上互相议论。皇上说:"这帮人在说什么呢?"留侯说:"陛下不知道吗?这是在商议谋反。"皇上说:"天下已经归附安定,为什么要谋反呢?"留侯说:"陛下以平民的身份起兵,靠着这些人得了天下;如今陛下做了天子,而封赏的人都是萧何、曹参等关系亲密的故旧好友,而诛杀的都是平时所痛恨的人。如今军吏计算功劳,即使是把整个天下拿出来也封不过来,这些人担心陛下不能全部封赏,又害怕被怀疑平生的过错而被诛杀,所以就聚在一起图谋造反。"皇上于是忧虑地说:"该怎么办呢?"留侯说:"皇上平生所憎恨的人,而且群臣也都知道的,谁最厉害?"皇上说:"雍齿尚和我有宿怨,曾经多次困窘和侮辱我。我想杀了他,因为他功劳大,所以不忍心。"留侯说:"如今赶快先封赏雍齿给群臣看,群臣看到连雍齿都受到封赏,那么人人都会坚信自己必定受封了。"于是皇上就摆设酒宴,封雍齿为什方

侯,并且火速催促丞相、御史确定功劳大小以便进行封赏。群臣喝完酒后,都高兴地说:"雍齿尚且被封为侯,我们这些人就用不着担忧了。"

刘敬劝说高帝说:"请在关中定都。"皇上犹疑不决。左右大臣都是山东地区的人,大都劝高帝定都洛阳,说:"洛阳东有成皋,西有殽山、渑池,背靠黄河,面向伊水、洛水,它的坚固也是可依恃了。"留侯说:"洛阳虽有这些险困,但它的腹地狭小,不过几百里,土地贫瘠,四面受敌,这里不是用武之地。关中左有殽山、函谷关,右有陇、蜀山地,肥沃的原野广阔千里,南边有巴蜀地区的丰饶物产,北边有利于放牧的草原,依恃三面的险要地形而固守,只在东面一个方向控制诸侯。如果诸侯安定,就可以用黄河、渭水转运天下的粮食,向西供给京师;如果诸侯叛乱,就可以顺流而下,足以供给军队粮草。这就是人们所说的金城千里、天府之国,刘敬的意见是对的。"于是高帝当天就起驾,向西定都关中。

留侯跟随高祖进入关中。留侯生性多病,就学习导引辟谷的养生方法,一年多时间闭门不出。

皇上想废掉太子,改立戚夫人的儿子赵王如意。大臣中有很多人进谏劝阻,都没能改变高祖的决心。吕后很恐惧,不知道该怎么办。有人对吕后说:"留侯擅长谋划计策,皇上对他很信任。"吕后于是派建成侯吕泽去胁迫留侯,说:"你一直是皇上的谋臣,如今皇上想改立太子,你怎么能高枕无忧呢?"留侯说:"当初皇上多次陷于危险的困境之中,侥幸而采用了我的计策。如今天下安定,因为自身偏爱而想改立太子,这是至亲骨肉之间的事,即使我们一百多个人劝谏又有什么用呢。"吕泽强迫要求说:"为我谋划计策。"留侯说:"这件事难以用口舌去争辩。但是皇上有过不能招致的人,这样的人天下有四位。这四个人都已经年老了,都认为皇上傲慢轻侮,所以逃进山里隐藏起来,坚守道义,不肯做汉朝的臣民。但是皇上很敬重这四个人,现在如果你真能不吝惜金玉财帛,让太子写信,言辞谦恭,备好座车,进而派能言善辩之士前去恳请,应该会来的。来了以后,要把他们奉若上宾,让他们时常跟随太子上朝,让皇上看到他们,皇上看到后一定会感到惊异而询问他们。问清楚后,皇上就知道这四个人是贤者,那么对太子将是一大帮助。"于是吕后让吕泽派人带着太子的书信,用谦恭的言辞和丰厚的礼物,迎请这四个人。四个人来到长安,客居在建成侯家里。

汉十一年,黥布发动叛乱,皇上患病,想让太子率领军队,前去讨伐叛军。这四个人互相商议说:"我们来京师的目的,就是要保全太子。如果太子率军前去平叛,那么事情就危险了。"于是劝建成侯说:"太子率军打仗,有功劳那么地位也不会超出太子;如果无功而还,那么从此就将遭受灾祸了。况且和太子一起出征的各位将领,都是曾经跟皇上一起平定天下的猛将,如今派太子率领他们,这跟让羊率领狼没什么两样,都不肯为太子卖力,太子肯定不可能建立战功。我们都听说'母亲被宠爱,儿子就会经常被抱',如今戚夫人日夜侍奉皇上,赵王如意常常被抱在皇上面前,皇上说'终归不能让不成器的儿子位居爱子之上',很明显,赵王如意一定会取代太子的地位了。你为什么不赶紧请吕后找机会向皇上哭着说:'黥布,是天下的猛将,善于用兵,如今各位将领都是陛下以前的同代人,却让

太子率领这些人，这跟让羊率领狼没什么两样，不肯为太子所用，况且让黥布知道了，就会大张旗鼓地向西进军，皇上虽然生病，勉强乘坐辎车，躺着让人护理，各位将领就不敢不尽力。皇上虽然劳苦，但为了妻子儿子还是要勉为其难。"于是吕泽连夜去见吕后，吕后找到机会在皇上面前哭诉，所说的话都是这四个人的意见。皇上说："我想这小子本来就派不上用场，还是老子自己去吧！"于是皇上亲自率军东进，群臣留守，都送到霸上。留侯有病在身，亲自勉强起来，送到曲邮，拜见皇上说："我应该跟随，只是病得厉害。楚国人骁勇敏捷，希望皇上不要跟楚国人争夺一时的高低。"趁机劝谏皇上说："请任命太子为将军，监守关中的军队。"皇上说："子房虽然有病在身，请勉强卧床辅佐太子。"这时叔孙通做太傅，留侯履行少傅的职责。

　　汉十二年，皇上打败黥布的叛军，从前线归来，病得更加厉害，越发想改立太子。留侯劝谏，皇上不听，留侯就称病不再理事。太傅叔孙通引用古今事例劝说皇上，以死力保太子。皇上假装答应他，但还是想改立太子。等到宴会时，设置酒席，太子在旁边侍奉皇上。有四个人跟从太子，年纪都有八十多岁，胡须和眉毛雪白，衣冠服饰十分奇特。皇上觉得很奇怪。问道："他们是什么人？"四个人上前回答，各自说出自己的姓名，叫作东园公、角里先生、绮里秀、夏黄公。皇上于是大惊，说："我寻求诸位好几年，诸位总是逃避我，如今诸位为什么会自动跟我儿子交游呢？"四个人都说："陛下轻视士人，喜欢谩骂，我们信守道义不愿受辱，所以害怕得逃亡隐藏起来。我们私下听说太子为人仁厚孝顺，态度恭敬，爱慕士人，天下人没有不伸长颈脖愿为太子效死的，所以我们来了。"皇上说："麻烦诸位始终如一地调教和保护太子吧。"

　　四个人向皇上祝福完毕，就快步离开了。皇上目送他们离去。召来戚夫人指着四个人说："我想换太子，可是那四个人辅佐他，太子的羽翼已经丰满，难以更换了。吕后真是你的主人了。"戚夫人哭泣，皇上说："为我跳段楚舞，我为你唱楚歌。"歌唱道："鸿鹄高飞，展翅千里。羽翼已成，横跨四海。横跨四海，能奈他何！虽有短箭，还有何用！"连唱了好几遍，戚夫人叹息流泪，皇上起身离去，酒宴作罢。最终没有改立太子，本是留侯召来这四个人发挥了作用。

　　留侯跟随皇上攻打代地，在马邑城下出了个奇计，又建议拜萧何为相国，和高帝在一起从容讨论了许多天下之事，但都跟天下存亡没有太大关系，所以没有记载。留侯于是宣称说："我家世代担任韩国的丞相，等到韩国被灭，我不吝惜万金的资财，为韩国向强暴的秦国复仇，天下为之震动。如今凭借三寸不烂之舌成为帝王的军师，封邑万户，位列诸侯，这是平民所能达到的极点，对于我张良来说已经满足了。我希望抛弃人间的俗事，想追随赤松子四处遨游。"于是学习辟谷的方法，行气导引以便使自己身体轻灵。正逢高帝驾崩，吕后感激留侯的功德，就强迫他进食，说："人生在世，就像白驹过隙一样短暂，何必使自己苦到这种地步呢！"留侯不得已，勉强听从，进用食物。

　　过了八年，留侯去世，谥号为文成侯，儿子不疑继承侯位。

　　子房当初在下邳桥上遇见的那个送给他《太公兵法》的老翁，十三年后他随

高帝经过济北，果然看到谷城山下那块黄石，就取回来当做最珍贵的宝物加以祭祀。留侯去世，把黄石同他一起下葬。后人每次上坟以及在伏日、腊日祭祀留侯时，一并祭祀黄石。

留侯不疑，在孝文帝五年因犯了不敬的罪过，被取消封国。

韩 信

淮阴侯韩信，是淮阴人。当初他还是平民的时候，贫穷而又没有好的品行，不能被推选去做官，又不会做买卖谋生，经常投靠人家混饭吃，人们大都厌恶他。他多次投靠下乡县南昌亭亭长家食宿，一连几个月，亭长的妻子讨厌他，于是清早做好饭，就在卧房里把饭吃掉。到了吃饭的时候，韩信去了，不给他准备饭食。韩信也知道她的用意，很恼怒，竟然跟他们断绝关系，不再去了。

韩信在城下钓鱼，有很多妇女在漂洗丝纱。有位老大娘看见韩信饿了，就拿饭给韩信吃，一直到漂洗完毕，几十天都给他饭吃。韩信高兴，对那老大娘说："我一定会重重地报答你老人家。"老大娘生气地说："男子汉不能自己养活自己，我是可怜你才给你饭吃，难道是希望报答吗！"

淮阴屠户中有个年轻人侮辱韩信，说："你虽然个子高大，喜欢佩带刀剑，内心却是胆怯的。"当众侮辱他说："韩信如果不怕死，就刺我；怕死，就从我胯下爬过去。"当时韩信仔细地打量他以后，就俯身从他胯下爬了过去。满街的人都讥笑韩信，认为他胆怯。

等到项梁渡过淮水的时候，韩信带着剑去投奔他，在项梁的麾下，默默无闻。项梁失败后，韩信又隶属项羽，项羽任他为郎中。他多次献策以求项羽重用，项羽都不采纳。汉王入蜀时，韩信逃离楚军而归附汉王，仍然默默无闻。担任连敖之职时，犯法当斩，同案的十三个人都已经被斩，轮到韩信，韩信就抬头仰视，恰好看见滕公，就说："汉王不想统一天下吗？为什么要斩杀壮士！"滕公听了他的话，很惊奇，又见他相貌威武，就放了他不斩。和韩信交谈，很喜欢他。把他推荐给汉王，汉王就任命韩信为治粟都尉，但汉王还没有看出他有什么特长。

韩信多次跟萧何交谈，萧何惊奇于他的才能。到达南郑，将领们半路逃跑的有好几十人，韩信考虑萧何等人已多次向汉王推荐自己，汉王并不重用，就逃跑了。萧何听说韩信跑了，来不及将情况报告汉王，就亲自去追赶他。有人向汉王报告说："丞相萧何逃跑了。"汉王大怒，就如同失去了左右手。过了一两天，萧何来拜见汉王，汉王又生气又高兴，骂萧何说："你逃跑，是为什么？"萧何说："我不敢逃跑，我是去追逃跑的人。"汉王说："你去追的人是谁？"萧何说："是韩信。"汉王又骂道："将领们逃跑的数以十计，你不去追；追韩信，是骗我。"萧何说："其他将领都容易得到，至于像韩信这样的人，天下人中没有第二个。大王如果只想长期在汉中称王，就没有地方用得着韩信；如果一定想要争夺天下，除了韩信，就再

也没有和你商量大事的人了。就看大王怎样决策了。"汉王说:"我当然也想向东方发展啊,怎么能够长期郁郁不乐地留在这里呢?"萧何说:"大王如果一定想向东推进,能够任用韩信,韩信就会留下来;不能任用,韩信终究要跑的。"汉王说:"我看在你的情面上,用他做将领。"萧何说:"即使让他做将领,韩信也一定不会留下来的。"汉王说:"用他做大将。"萧何说:"好得很!"于是汉王就要召见韩信并任命他。萧何说:"大王向来傲慢,不讲礼节,如今任命大将就像呼唤小孩子似的,这就是韩信之所以要离去的原因。大王如果一定想任用他,就选择吉日,先行斋戒,在广场上设置高坛,举行完备的仪式,那样才行啊。"汉王同意了。将领们都很高兴,人人都以为自己能被任命为大将。等到任命大将时,竟然是韩信,全军很惊奇。

八月,汉王起兵东出陈仓,平定了三秦。汉二年,出函谷关,收服了魏地和河南一带,韩王、殷王都投降。于是联合齐国、赵国共同攻打楚军。四月,到达彭城,汉兵战败溃散而回。韩信又收编士兵跟汉王在荥阳相会,在京县、索亭之间打败了楚军,因此楚军始终不能西进。

汉军在彭城败退以后,塞王司马欣、翟王董翳逃离汉军,投降了楚军,齐国和赵国也背叛汉王与楚国讲和。六月,魏王豹请假回去探望母亲的病,一到封国,立即封锁了黄河西岸临晋关,反对汉王,与楚国订约讲和。汉王派郦食其劝说魏豹,没有成功。这年八月,任韩信做左丞相,攻打魏国。魏王在蒲坂驻扎重兵,封锁临晋关。韩信就增设疑兵,陈列船只,摆出要在临晋渡河的样子,却暗中率领军队从夏阳用木盆渡河,袭击安邑。魏王魏豹大惊,领兵迎击韩信。韩信就俘虏了魏豹,平定了魏国后改为河东郡。汉王派遣张耳和韩信一起,带兵东进,向北攻打赵国和代国。这年闰九月,打败了代军,在阏与擒获了夏说。当韩信占领魏国,打败代国的时候,汉王就派人来调走他的精兵,开赴荥阳抗拒楚兵。

韩信和张耳带着几万部队,想要向东占领井陉关,攻打赵国。赵王和成安君陈余听说汉军将要袭击他们,就把兵力聚集在井陉口,号称二十万。广武君李左车劝成安君说:"听说汉将韩信渡过西河,俘虏了魏王,擒获了夏说,新近在阏与血战,如今又用张耳辅佐,商议想攻下赵国,这是乘胜离国远征,他的锋芒不可抵挡。我曾听说'从千里之外运送军粮,士兵就会面有饥色;临时取柴草然后做饭,军队就不可能经常吃饱'。如今井陉的道路,战车不能并列行进,战马不能并排而行,行军几百里,军粮势必落在队伍的后面。希望你借给我精兵三万人,从小路去拦截他们的军需物资。你就深挖战壕,高筑营垒,坚守营地,不要跟他们交战。他们向前无法战斗,后退无法撤兵,我用奇兵断绝他们的后路,使他们在野外掠夺不到什么东西,不到十天,韩信和张耳两位将领的头颅,就可以送到将军的帐前了。希望你考虑我的计策。否则,我们必定会被他俩擒获。"成安君是一个儒生,常常声称正义的军队,不用阴谋诡计,他说:"我听说兵书上说十倍于敌的兵力,就包围它,兵力比敌人多一倍,就和它交战。如今韩信的兵力号称几万,其实不过几千。他们跋涉千里来袭击我们,也已经精疲力竭了。现在像这样的情况我还退避不攻,以后有大敌来临,怎能战胜他们!那么诸侯会认为我们胆

怯,就会轻易地来攻打我们。"成安君不听从广武君的计策。广武君的计策就没有被采用。

韩信派人偷偷侦察,知道广武君的计策没有被采用,侦探回来报告,韩信十分高兴,才敢带领军队勇往直前。在距离井陉口不到三十里的地方,停下来宿营。半夜里传令出发,挑选轻装骑兵两千人,每人拿着一面红旗,抄小路上山隐蔽起来观察赵军,并告诫说:"赵军看见我们逃跑,必定倾巢出动来追逐我们,你们就快速冲进赵军营中,拔去赵军的旗帜,插上汉军的红旗。"又让副将们传令开饭,说:"今天攻破赵军以后大会餐!"将领们都不相信,假装答应说:"好。"韩信对军官说:"赵军已经先占领了有利的地形安营,而且他们没有看到我军主将的旗鼓,就不会出来攻打我们的先头部队,怕我们到了险要的地方就回来。"韩信就派一万人先出发,背向着河水排开阵势。赵军看到了都大笑起来。天亮时,韩信树立主将的旗鼓,敲着鼓经过井陉口,赵军敞开营垒,迎击汉军,两军混战了很久。于是韩信、张耳假装抛弃了旗鼓,逃到水边的军阵之中。水边的部队,敞开营门,让他们进入阵地,又进行激战。赵军果然倾巢出动,争夺汉军的旗鼓,并追逐韩信、张耳。韩信和张耳进入水边的军阵以后,全军都拼死作战,无法打败。韩信派出的两千轻装骑兵,都等候赵军倾巢而出追逐利益,这时就冲入赵军营垒,把赵军的旗帜全部拔去,竖起了两千面汉军的红旗。赵军已经不能取胜,也无法俘虏韩信等人,想返回营中,但营垒中却全是汉军的红旗,因而大为惊恐,以为汉军已经擒获赵王的所有将领了,士兵就纷纷逃跑,赵将尽管斩杀他们,也不能禁止。这时候汉军前后夹攻,大胜赵军,在泜水边斩杀成安君,擒获了赵王赵歇。

韩信于是命令军中不要杀死广武君,有能活捉他的奖赏千金。这时,有人捆绑着广武君送到韩信的军帐前,韩信就解开他身上的绳索,请他向东坐下,自己向西对坐着,像对待老师一样礼敬他。

将领们呈献首级和俘虏之后都向韩信称贺,于是问韩信说:"按照兵法,应当右边和背后靠山陵,前方和左边靠水,这一次将军反而让我们背水列阵,并且说'打败赵军再大会餐',我们都不信服。然而竟然打了胜仗,这是什么战术呢?"韩信说:"这些都在兵法上,只是诸位没有留意罢了! 兵法上不是说'陷之死地而后生,置之亡地而后存'吗? 况且我韩信并没有得到训练有素并听从调遣的将士,这就是所说的'驱赶市民去作战',在这种形势之下,只有把军队安排在死地,使人人都为自己作战;如果让他们处在可以逃生的地方,大家都逃跑了,难道还能让他们听使唤吗!"将领们都信服地说:"好,这不是我们所能比得上的。"

于是韩信问广武君说:"我想向北攻打燕国,向东攻打齐国,怎样才能成功?"广武君回答说:"现在替将军着想,不如按兵不动,镇守赵国,安抚赵国的遗孤,使百里之内,每天有牛肉和美酒送来,以宴请军官,慰劳士兵。向北移军靠近燕国,然后派说客送信到燕国,向燕国显示你的优势,燕国一定不敢不听从。燕国顺从以后,派说客向东去劝告齐国,齐国一定闻风而降服。即使有聪明人,也不知道怎样替齐国打算了。这样,那么天下的大事就都可以图谋了。用兵本来就有先虚张声势,然后付诸实际行动的,指的正是这种情况。"韩信说:"好。"听从广武君

的计策，派使者出使燕国，燕国人一听，立刻就降。于是派人报告汉王，并且请求立张耳为赵王，来镇抚赵国。汉王答应了，就立张耳为赵王。

楚国多次派奇兵渡过黄河去攻打赵国，赵王张耳和韩信来来回回地救援赵国，趁行军时平定了赵国的城邑，出兵去援助汉王。楚军正在荥阳加紧围困汉王，汉王从南面突围，到了宛县和叶县一带，收编黥布以后，逃到成皋，楚军又加紧围攻他。六月，汉王逃出成皋，向东渡过黄河，单独跟滕公一起，投奔到张耳驻军的修武。到达修武，就住在客馆中。第二天早晨，自称是汉王的使者，奔进赵军的营垒。张耳和韩信还没起床，汉王就在他们的卧室里夺取了他们的印符，用来指挥和召令将领们，重新调整了他们的职务。韩信和张耳起床以后，才知道汉王来了，大为吃惊。汉王夺取了两人的军队，就命令张耳防守赵地，任韩信为相国，收编还没有出发的赵国士兵去攻打齐国。

韩信带领军队向东出发，还没有渡过平原津，听说汉王的使臣郦食其已经说服了齐国，韩信就想停止进兵。范阳的说客蒯通劝韩信说："将军奉命攻打齐国，而汉王只不过派遣密使说服了齐王，难道有诏令要将军停止前进吗？凭什么能不前进呢！况且郦食其只是一个游说之士，乘车到处摇动三寸不烂之舌，降服了齐国七十多个城池；而将军率领着几万大军，一年多才攻下赵国的五十多个城池，为将几年，反而比不上一个小小儒生的功劳吗？"韩信认为蒯通说得对，听从了他的计策，于是领兵渡过黄河。齐国已经接受了郦食其的劝说，就挽留郦食其纵情饮酒，撤除了对付汉军的防御。韩信乘机袭击了齐国历下的驻军，于是到达临淄。齐王田广认为郦食其出卖了自己，就烹杀了他，然后逃往高密，派使者到楚国请求援救。韩信平定临淄以后，就向东追赶田广到高密县的西部。楚王也派龙且带领兵马，号称二十万，来救齐国。

齐王田广和楚将龙且合军与韩信作战，还未交锋。有人劝龙且说："汉军远离本土，一定拼死作战，其锋芒不可抵挡。齐、楚两军，在自己的土地上作战，士兵失败后容易溃散。不如高筑壁垒，叫齐王派他的亲信大臣去招抚那些已经沦陷的城池。沦陷城池里的人听说自己的国王还在，楚兵又来救援，一定会反叛汉军。汉军在离家两千里以外的地方客居，齐国的城池又都背叛他们，这样势必没有办法得到粮食，可以不战就使他们投降。"龙且说："我向来了解韩信的为人，容易对付他。况且救援齐国，不交战就使他投降，那我有什么功劳？现在交战后胜了他，齐国的一半土地可以归我所有，为什么不出战？"于是出战，跟韩信隔着潍水列阵。韩信就连夜派人做了一万多个袋子，装满沙子，堵住潍水的上游，带领一半军队渡河，袭击龙且，假装战败，往回逃跑。龙且果然高兴地说："我本来就知道韩信胆怯。"于是领兵渡潍水追击韩信。韩信派人挖开堵水的沙袋，河水倾泻而来。龙且的军队大半没有渡过去，韩信立即猛烈攻击，杀死了龙且。龙且在潍水东岸的军队溃散逃跑，齐王田广也逃亡了。韩信追赶败兵到城阳，把楚军的士兵全部俘虏了。

汉四年，韩信就降服和平定了整个齐国。他派人对汉王说："齐国是个虚伪狡诈、变化多端、反复无常的国家，南面接近楚国，如果不设置一个代理国王来镇

守它，齐国的局势就无法稳定。我希望当代理国王，这样有利于局势。"当时，楚军正在荥阳加紧围困汉王。韩信的使者到达后，打开他送来的信一看，汉王勃然大怒，骂道："我被围困在这里，日夜盼望你来帮助我，你却要自立为王！"张良、陈平暗中踩汉王的脚，并贴近他的耳边小声说："汉军正处于不利的时候，难道能阻止韩信称王吗？不如乘机立他为王，好好地对待他，让他自己设法镇守。否则，恐怕要发生变乱。"汉王也明白了，接着又骂道："大丈夫平定了诸侯，就要做真王，为什么要做假的呢！"于是派遣张良前去立韩信为齐王，征调他的部队攻打楚军。

　　楚国已经损失了龙且，项王恐慌，派盱眙人武涉去劝说齐王韩信："天下人都苦于秦朝很久了，因而同心协力攻打秦国。秦国已经被打败了，按功劳大小分割土地，各自分得土地而称王，以让士兵得到休息。如今汉王又兴兵东进，侵犯别人所分的土地，掠夺别人的封地，已经打败了三秦，又带兵出函谷关，收编诸侯的军队来向东攻打楚国，他的意图是不吞并天下就不罢休。他这样不知满足，也太过分了。况且汉王不可信任，他落在项王手里好几次了，项王可怜他而让他活下来。但他一旦脱身，就违背誓约，又来攻打项王，他的不可信赖就是这样。如今你虽然自以为跟汉王是深交，替他尽力用兵，但最终会被他擒拿的。你之所以能苟延残喘到今天，是因为项王还活着。当前汉王和楚王的成败之事，关键就在你了。你向右投靠，就是汉王胜利，向左投靠，就是项王胜利。如果项王今天被消灭，就会接着来收拾你了。你和项王有交情，为什么不反叛汉国而跟楚国联合，三分天下而称王呢？现在放弃了这个机会，而一定要投靠汉王，去攻打楚王，那么作为一个聪明人，就应该是这样吗？"韩信谢绝说："我奉侍项王，官不过是个郎中，职位不过是个持戟的卫士，言不听，计不从，所以才背叛楚王而投靠汉王。汉王授给我上将军的印符，交给我几万人马；脱衣服给我穿，分食物给我吃，对我言听计从，所以我才能有今天这个样子。人家对我这样亲近和信任，我背叛他是不好的，即使死了我也不会改变主意！希望你替我向项王致歉。"

　　武涉离开以后，齐国人蒯通知道天下胜负的关键在于韩信，想用奇策来打动他，就用看相人的身份游说韩信道："看你的面相，只不过封侯，且还有危险，不安全。看你的背相，显贵而不可言……当今刘、项两王的命运，就悬在你的手上，你替汉王出力，那么汉王胜利，替楚王出力，那么楚王胜利。我希望推心置腹、披肝沥胆，奉献愚计，唯恐你不能采纳。如果确实能听从我的计谋，那么不如双方都让他们一起存在下去，跟他们三分天下，鼎足而立，这种形势谁都不敢先动手。凭着你的贤圣，拥有众多的人马，占据着强大的齐国，有燕国和赵国服从，出兵到刘、项双方力量空虚的地方，来牵制他们的后方，顺应百姓的愿望，向西为百姓请命，那么天下百姓就会纷纷响应你了，谁敢不听从！分割大国削弱强国，来分封诸侯，诸侯封立以后，天下就会信服听从你，并归德于齐国，你据守齐国的故土，拥有胶河、泗水一带的土地，用恩德来安抚诸侯，恭谨谦让，那么天下的君主就会相继前来朝拜齐国。听说，苍天赐与的好处，不接受反而会受到惩罚；时机到了不采取行动反而要遭祸殃。你现在虽居臣子之位，却有震主之功，名高天下，所

以很危险。希望你仔细考虑。"韩信犹豫，不忍心背叛汉王，又自认为功劳很多，汉王终究不会夺去自己的齐国，于是谢绝了蒯通。蒯通的劝说不被采纳，后来就假装疯狂而做了巫师。

汉王被围困在固陵的时候，采用张良的计策，征召齐王韩信，韩信就带兵到垓下会师。项羽被打败以后，汉高祖突然袭击，夺去了齐王韩信的兵权。汉五年正月，改封齐王韩信为楚王，定都于下邳。韩信到了他的封国，召见曾经给他饭吃的漂洗纱的老大娘，送给她千金。还召见下乡县南昌亭的亭长，给他一百钱，说："你是个小人，做好事有始无终。"又召见曾经侮辱过自己、叫从他胯下爬过去的那个年轻人，任命他做楚国的中尉。韩信告诉各位将相说："这是位壮士。当初他侮辱我的时候，我难道不能杀死他吗？但杀他不能成名，所以忍受，才有了今天。"

项王手下的一员逃亡将领钟离眜，家住伊庐县，一向跟韩信友好。项王死后，他就投奔了韩信。汉王怨恨钟离眜，听说他在楚国，就叫楚国逮捕他。韩信刚到楚国时，巡视各县邑，进出都列兵保卫。汉六年，有人上书告发楚王韩信谋反。汉高帝采用陈平的计策，天子外出巡视会见诸侯，南方有个云梦泽，派使臣通告各诸侯到陈县集会，说："我将要游云梦泽。"其实是要袭击韩信，韩信却不知道。汉高祖将到楚国时，韩信想发兵反叛，但自己心里想没有罪过，就要朝见皇上，又怕被擒获。有人劝韩信说："你杀了钟离眜去见皇上，皇上一定高兴，没有后患。"韩信召见钟离眜来商议这件事。钟离眜说："汉王之所以不来攻取楚国，是因为有我钟离眜在你这儿。如果要逮捕我去向汉王献媚，我今天死，你也会紧跟着灭亡。"于是骂韩信说："你不是一个厚道的人！"终于自杀了。韩信拿着钟离眜的头，到陈县朝拜汉高祖。皇上命令武士捆绑韩信，放在后面的车上。韩信说道："果真像人家所说'狡猾的兔子死了，猎狗就遭烹杀；高飞的鸟没有了，好的弓箭就被收藏；敌国破灭，谋臣死亡'，天下已经平定，我本来就该烹杀！"皇上说："有人告发你谋反。"于是给韩信戴上刑具。到了洛阳，又赦免了韩信的罪，任他为淮阴侯。

韩信知道汉王害怕和嫉妒自己的才能，常常借口生病不朝见，也不随从。韩信从此日夜怨恨，经常在家闷闷不乐，耻于跟周勃、灌婴一辈人处在同等地位。韩信曾经拜访樊哙将军，樊哙常常跪拜迎送，口称臣子，说："大王竟肯光临臣下！"韩信出门时，笑着说："我这一生，竟然和樊哙等人为伍！"

皇上曾经跟韩信闲谈各位将领的才能高下，认为他们各有差别。皇上问："像我能带多少兵？"韩信说："陛下不过能带十万兵。"皇上问："对你来说怎么样？"韩信说："我是带兵越多越好。"皇上笑着说："带兵越多越好，为什么被我擒获？"韩信说："陛下不善于带兵，却善于驾驭将领，这就是韩信之所以被陛下擒获的原因。况且陛下的能力是上天赐予的，不是人力所做得到的。"

陈豨被任命为巨鹿郡守，向淮阴侯辞行。淮阴侯拉着他的手，让左右的人回避，同他在院子里散步，仰天叹息说："可以跟你说话吗？我有话想跟你说。"陈豨说道："一切听将军的吩咐。"淮阴侯说："你的所治之地，是天下精兵聚集之处；而

你又是陛下亲信宠爱的臣子。如果有人说你反叛，陛下必定不相信；再有人来告你造反，陛下就会开始怀疑；第三次来人告你造反，陛下必定会大怒而自己带兵讨伐。到时我替你从内起兵呼应，天下就可以图谋了。"陈豨一向了解韩信的才能，很相信他，说："恭敬领教！"汉十年，陈豨果真反叛。皇上亲自带兵前往讨伐。韩信有病，没有随从出征。他暗中派人到陈豨的住所说："只管发兵，我会在这里帮助你。"韩信就跟家臣们谋划，乘黑夜假传诏令，赦免各官府里的囚徒和奴隶，想要领着这批人去袭击吕后和太子。部署妥当以后，等待陈豨回报。韩信的家臣得罪了韩信，韩信把他囚禁起来，想杀死他。家臣的弟弟就上告，向吕后告发韩信准备反叛的情况。吕后想召见韩信，怕韩信的党羽不肯就范，就跟萧相国商议，让人假称是从皇上处来，说陈豨已经被捉住杀了，列侯、群臣都要去称贺。萧相国欺骗韩信说："你尽管有病，也得勉强进宫称贺。"韩信一进宫，吕后就命令武士捆绑韩信，在长乐宫的钟室中，把他杀了。韩信正要被斩首的时候，说："我后悔没有采纳蒯通的计策，竟被妇人小子所欺骗，难道不是天意吗！"于是韩信一家三族都被诛杀。

汉高祖从讨伐陈豨的军队中回来，到了京城，见韩信已死，又高兴又怜惜，问道："韩信死时说了什么话？"吕后说："韩信说后悔没有采用蒯通的计策。"汉高祖说："蒯通是齐国的说客。"于是诏令齐国逮捕蒯通。蒯通捉来后，皇上说："你曾教淮阴侯谋反吗？"蒯通回答说："是的，我本来这样教他。小子不采纳我的计策，所以如今自取灭亡。假如那小子采纳了我的计策，陛下怎么能灭他的族呢？"皇上愤怒地说："烹杀他！"蒯通说道："啊，烹杀我太冤枉！"皇上说："你教韩信谋反，有什么冤枉？"蒯通回答说："秦朝纲纪已废，山东大乱，异姓诸侯纷纷起来，英雄俊杰像乌鸦一样聚集。秦王失去了他的君位，天下共同追逐他，因此才高足捷的人先得到他。盗跖的狗对着尧吠叫，并不是尧不仁，狗叫是由于他不是它的主人。当时，我只知道有韩信，不知道有陛下。况且天下精英，手持利器，想像陛下一样成就事业的人很多，只不过能力不行罢了，你能够全部烹杀他们吗？"高祖说："放了他吧！"于是赦免了蒯通的罪行。

太史公说：我去淮阴，淮阴人对我说，韩信即使是平民的时候，他的志向也和众人不同。他母亲死的时候，穷得无法埋葬，然而他却四处寻找高而宽敞的坟地，让坟地旁边能安置一万户人家。我看了他母亲的坟墓，的确是这样子。假如韩信能够学道，学会谦让，不炫耀自己的功劳，不矜夸自己的才能，那就差不多了，他对汉朝的功勋，就可以跟周公、召公、姜太公这些人相比，享用后世的祭祀。可是他不这样做，而在天下已经安定的时候，去图谋叛乱，他的宗族被诛灭，不也是应该的吗！"

李 广

　　将军李广,陇西郡成纪县人。他的先祖叫李信,秦朝时任将军,就是追获了燕太子丹的那位将军。他的家原来在槐里县,后来迁到成纪。李广家世代传习射箭之术。文帝十四年(公元前166年),匈奴人大举入侵萧关,李广以良家子弟的身份参军抗击匈奴,因为他善于骑射,斩杀俘获敌人很多,(所以)被任为汉中郎。李广的堂弟李蔡,也被任为中郎。二人又都任武骑常侍,年俸八百石。李广曾随从(皇帝)出行,常有冲锋陷阵、突破险阻,以及格杀猛兽的表现,文帝说:"可惜啊! 你没遇到时机,如果让你正赶上高祖的时代,封个万户侯那还在话下吗!"

　　到景帝即位后,李广任陇西都尉,又改任骑郎将。吴、楚七国叛乱时,李广任骁骑都尉,随从太尉周亚夫反击吴、楚叛军,夺取了敌人的军旗,在昌邑城下立功扬名。(可是)由于梁孝王私自把将军印授给李广,回朝后,(朝廷)没有(对他)进行封赏。调他任上谷太守,匈奴每天都来交战。典属国公孙昆邪对皇上哭着说:"李广的才气,天下无双,他自己仗恃有本领,屡次和敌人正面作战,恐怕会失去这员良将。"于是又调他任上郡太守。以后李广转任边境各郡太守,又调任上郡太守。他曾任陇西、北地、雁门、代郡、云中等太守,都以奋力作战而出名。

　　匈奴大举入侵上郡,天子派来一名宦官跟随李广学习军事,抗击匈奴。这位宦官带领几十名骑兵,纵马驰骋,遇到三个匈奴人,就与他们交战,三个匈奴人回身放箭,射伤了宦官,几乎杀光了他的那些骑兵。宦官逃回到李广那里,李广说:"这一定是匈奴的射雕能手。"李广于是就带上一百名骑兵前去追赶那三个匈奴人。那三个人没有马,徒步前行。走了几十里,李广命令他的骑兵左右散开,两翼包抄。他亲自去射杀那三个人,射死了两个,活捉了一个,果然是匈奴的射雕手。把他捆绑上马之后,远远望见几千名匈奴骑兵。他们看到李广,以为是诱敌之骑兵,都很吃惊,跑上山去摆好了阵势。李广的百名骑兵也都大为惊恐,想回马飞奔逃跑。李广说:"我们离开大军几十里,现在这样,凭我们这一百名骑兵逃跑,匈奴就要来追击射杀,我们会立刻被杀光的。现在我们停留不走,匈奴一定以为我们是大军来诱敌的,必定不敢攻击我们。"李广向骑兵下令:"前进!"骑兵向前进发,到了离匈奴阵地还有大约二里的地方,停下来,下令说:"全体下马解下马鞍!"骑兵们说:"敌人那么多,并且又离得近,如果有了紧急情况,怎么办?"李广说:"那些敌人原以为我们会逃跑,现在我们都解下马鞍表示不逃,这样就能使他们更坚定地相信我们是诱敌之兵。"于是匈奴骑兵终于不敢来攻击。有一名骑白马的匈奴将领出阵来监护他的士兵,李广立即上马和十几名骑兵一起奔驰,射死了那骑白马的匈奴将领,之后又回到自己的骑兵队里,解下马鞍,让士兵们都放开马,随便躺卧。这时正值日暮黄昏,匈奴军队始终觉得奇怪,不敢进攻。到了半夜,匈奴兵又以为汉朝有伏兵在附近,想趁夜偷袭他们,因而匈奴就领兵

撤离了。第二天早晨,李广才回到他的大军营中,大军不知道李广的去向,所以无法随后接应。

过了好几年,景帝去世,武帝即位。左右近臣都认为李广是名将,于是李广由上郡太守调任未央宫的禁卫军长官,程不识也来任长乐宫的禁卫军长官。程不识和李广从前都任边郡太守并兼管军队驻防。到出兵攻打匈奴的时候,李广行军没有严格的队列和阵势,靠近水丰草茂的地方驻扎军队,停宿驻留的地方人人自便,晚上也不打更自卫,幕府简化各种文书簿册,但他远远地布置了哨兵,不曾遭到过危险。程不识对队伍的编制、行军队列、驻营阵势等要求很严格,夜里打更,文书军吏处理考绩等公文簿册要到天明,军队得不到休息,但也不曾遇到危险。程不识说:"李广治兵简便易行,然而敌人如果突然进犯他,他就无法阻挡了。而他的士卒倒也安逸快乐,都甘心为他拼死。我的军队虽然军务纷繁忙乱,但是敌人也不敢侵犯我。"那时汉朝边郡的李广、程不识都是名将,但是匈奴人害怕李广的谋略,士兵也大多愿意跟随李广而以跟随程不识为苦。程不识在景帝时由于屡次直言进谏被封为太中大夫,为人清廉,谨守朝廷文书法令。

后来,汉朝用马邑城引诱单于,派大军在马邑两旁的山谷中埋伏,李广任骁骑将军,受护军将军韩安国统领节制。当时单于发觉了汉军的计谋,就逃跑了。汉军没有成功。四年以后,李广由卫尉被任命为将军,出雁门关进攻匈奴。匈奴兵多,打败了李广的军队,并生擒了李广。单于平时就听说李广很有才能,下令说:"俘获李广一定要活着送来。"匈奴骑兵俘虏了李广,当时李广受伤生病,就把李广放在两匹马中间,用绳编成网兜让李广躺在里面。走了十多里,李广假装死去,斜眼看到他旁边的一个匈奴少年骑着一匹好马,李广突然一纵身跳上匈奴少年的马,趁势把少年推下去,夺了他的弓,打马向南飞驰数十里,重又遇到他的残部,于是带领他们进入关塞。匈奴追捕的骑兵几百名来追赶他,李广一边逃一边拿起匈奴少年的弓射杀追来的骑兵,因此才能逃脱。于是回到汉朝京城,朝廷把李广交给执法官吏。执法官判决李广损失伤亡众多,他自己又被敌人活捉,应该斩首,(李广)用钱物赎了死罪,削职为民。

转眼间,李广在家已闲居数年,李广家和已故颍阴侯灌婴的孙子灌强一起隐居在兰田,常到南山中打猎。曾在一天夜里带着一名骑兵外出,跟别人一起在田野间饮酒。回来时走到霸陵亭,霸陵尉喝醉了,大声喝斥,禁止李广通行。李广的随从说:"这是前任李将军。"亭尉说:"现任将军尚且不许通行,何况是前任呢!"便扣留了李广,让他停宿在霸陵亭下。没过多久,匈奴入侵杀死辽西太守,打败了韩安国将军,韩将军迁调右北平。于是天子就召见李广,任他为右北平太守。李广便请求派霸陵尉一起赴任,到了军中就把他杀了。

李广驻守右北平,匈奴听说后,称他为"汉朝的飞将军",躲避他好几年,不敢入侵右北平。

李广外出打猎,看见草丛里的一块石头,以为是老虎就向它射去,射中了,箭头都射进去了,过去一看,原来是石头。接着重新再射,始终不能再射进石头了。李广驻守过各郡,听说有老虎,常常亲自去射杀它。到驻守右北平时,一次射虎,

老虎跳起来咬伤李广,李广也终于射死了老虎。

李广为官清廉,得到赏赐就分给他的部下,饮食总与士兵在一起。李广一生到死,做二千石俸禄的官共四十多年,家中没有多余的财物,始终也不谈及家产方面的事。李广身材高大,两臂如猿,他善于射箭也是天赋,即便是他的子孙或外人向他学习,也没人能赶上他。李广语言迟钝,说话不多,与别人在一起就在地上画军阵,然后比射箭,按射程的远近疏密来决定罚谁喝酒。他专门以射箭为消遣,一直到死。李广带兵,遇到缺粮断水的地方,见到水,士兵还没有完全喝到水,李广不去靠近水;士兵还没有完全吃上饭,李广一口饭也不尝。李广对士兵宽厚和缓不苛刻,士兵因此爱戴他,乐于为他所用。李广射箭的方法是,看见敌人逼近,如果不在数十步之内,估计射不中,就不发射。只要一发射,敌人立即随弓弦之声倒地。因此他领兵有几次被困受辱,射猛兽也曾被猛兽所伤。

没过多久,石建死了,于是皇上召见李广,让他接替石建任郎中令。元朔六年(公元前 123 年)李广又被任为后将军,跟随大将军卫青的军队从定襄出塞,征伐匈奴。许多将领因斩杀敌人首级符合规定数额,立功被封侯,而李广的军队却没有战功。过了两年,李广以郎中令官职率领四千骑兵从右北平出塞,博望侯张骞率领一万骑兵与李广一同出征,分行两条路。行军约几百里,匈奴左贤王率领四万骑兵包围了李广,李广的士兵都很害怕,李广就派他的儿子李敢骑马往匈奴军中奔驰。李敢独自和几十名骑兵直穿匈奴骑兵阵,又从其左右两翼冲杀出来返回阵营,向李广报告说:“匈奴敌兵很容易对付啊!”士兵们这才安心。李广布成圆形兵阵,面向外,匈奴猛攻,箭如雨下。汉兵死了一半多,箭也快用光了。李广就命令士兵拉满弓,不要放箭,而李广亲自用大黄弩弓射匈奴的副将,杀死了好几个,匈奴军才渐渐散开。这时天色已晚,军吏士兵都面无人色,可是李广却神态自若,更加注意整顿军队,军中从此都很佩服他的勇敢。第二天,又去奋力作战,博望侯的军队也赶到了,匈奴军才退去。汉军非常疲惫,所以也不能去追击。当时李广军几乎全军覆没,只好收兵回朝。按汉朝法律,博望侯行军迟缓,延误限期,应处死刑,用钱赎罪,降为平民。李广功过相抵,没有封赏。

当初,李广的堂弟李蔡和李广一起侍奉文帝。到景帝时,李蔡累积功劳已得到年俸二千石的官位。武帝时,做到代国的国相。元朔五年(公元前 124 年)被任为轻车将军,跟随大将军卫青攻打匈奴右贤王有功,达到斩杀敌人首级的规定数额,被封为乐安侯。元狩二年(公元前 121 年)间,取代公孙弘任丞相。李蔡的才干在下等之中,声名比李广差得很远,然而李广得不到封爵和封地,官位没超过九卿,可是李蔡却被封为列侯,官位达到三公。李广属下的军官和士兵们,也有人得到了侯爵之封。李广曾和星象家王朔私下闲谈说:“自从汉朝攻打匈奴以来,我没有一次不参加。可是各部队校尉以下的军官,才能还不如中等人,然而由于攻打匈奴有军功被封侯的有几十人。我李广不算比别人差,但是没有一点功劳用来得到封地,这是什么原因呢?难道是我的骨相就不该封侯吗?还是本来就命该如此呢?”王朔说:“将军自己回想一下,难道曾经有过值得悔恨的事吗?”李广说:“我曾当过陇西太守,羌人曾经反叛,我诱骗他们投降,投降的有八

将相卷

235

百多人,我用欺诈手段在同一天把他们都杀了。直到今天我最大的悔恨只有这件事。"王朔说:"能使人受祸的事,没有比杀死已投降的人更大的了,这也就是将军不能封侯的原因。"

又过了两年,大将军卫青、骠骑将军霍去病率军大举出征匈奴,李广几次亲自请求随行。天子认为他已年老,没有答应;好久才准许他前去,让他任前将军。这一年是元狩四年(公元前119年)。

李广已随大将军卫青出征匈奴,出边塞以后,卫青捉到敌兵,知道了单于住的地方,就自己带领精兵去追逐单于,而命令李广和右将军的队伍合并,从东路出击。东路有些迂回绕远,而且大军走在水草缺少的地方,势必不能并队行进。李广就亲自请求说:"我的职务是前将军,如今大将军却命令我改从东路出兵,况且我从少年时就与匈奴作战,到今天才得到一次与单于对敌的机会,我愿做前锋,先和单于决一死战。"大将军卫青曾暗中受到皇上的警告,认为李广年老,命运不好,不要让他与单于对敌,恐怕不能实现俘获单于的愿望。那时公孙敖刚刚丢掉了侯爵,任中将军,随从大将军出征,大将军也想让公孙敖跟自己一起与单于对敌,故意把前将军李广调开。李广当时也知道内情,所以坚决要求大将军收回调令。大将军不答应他的请求,命令长史写文书发到李广的幕府,并对他说:"赶快到右将军部队中去,照文书上写的办。"李广不向大将军告辞就起程了,心中非常恼怒地前往军部,领兵与右将军赵食其合兵后从东路出发。军队没有向导,有时迷失道路,结果落在大将军之后。大将军与单于交战,单于逃跑了,卫青没有战果只好回兵。大将军向南行渡过沙漠,遇到了前将军和右将军。李广谒见大将军之后,回到自己军中。大将军派长史带着干粮和酒送给李广,顺便向李广和赵食其询问迷失道路的情况,卫青要给天子上书报告详细的军情。李广没有回答。大将军派长史急切责令李广幕府的人员前去受审对质。李广说:"校尉们没有罪,是我自己迷失道路,我现在亲自到大将军幕府去受审对质。"

到了大将军幕府,李广对他的部下说:"我从少年起与匈奴打过大小七十多仗,如今有幸跟随大将军出征同单于军队交战,可是大将军又调我的部队去走迂回绕远的路,偏又迷失道路,难道不是天意吗?况且我已六十多岁了,毕竟不能再受那些刀笔吏的侮辱。"于是就拔刀自刎了。李广军中的所有将士都为之痛哭。百姓听到这个消息,不论认识的不认识的,也不论老的少的都为李广落泪。

鲁　肃

　　鲁肃(公元172年—217年),字子敬,临淮东城(今安徽定远东南)人,出身大地主。家中富裕,却好施与。汉末天下大乱,鲁肃不治家事,却学击剑骑射,结交豪杰。并卖掉田产,大散财货,赈济穷人,深得乡邻的欢心。招聚一些年轻人,给他们衣食,往来山中射猎,偷偷组织队伍,讲武习兵。当时,周瑜驻军居巢(今

安徽巢县），有一次率数百人路过鲁肃家，要求他资助军粮。鲁肃家有两个大仓库，每个仓里屯米三千斛。他指着其中一个大仓库，全部送给周瑜。周瑜深知他是个奇才，二人遂成为好友。周瑜后来向孙权推荐鲁肃说："肃才宜佐时，当广求其比，以成功业，不可令去也。"

鲁肃是孙权领导集团中仅次于周瑜的重要谋臣，体貌魁梧雄壮，少有大志，好为奇计。孙权和陆逊在一起评论鲁肃时说，周公瑾把鲁子敬推荐给我，与我交谈天下大事，纵论建立帝王之业的战略，真是一件快事。当曹操率数十万大军向我进攻时，唯独鲁肃力排众议，提出联刘抗曹战略。鲁肃的计谋策略，比昔日的张仪、苏秦更胜一筹。《三国志》评论鲁肃的谋略建树时，说他"建独断之明，出众人之表，实奇才也。"

孙权与鲁肃会见，二人谈得很投机。孙权宾客退去，鲁肃也告辞。而孙权却单独把鲁肃叫回来，与之秘密商议建立帝业的大事，他说："如今汉朝政权衰微，四方混战，我继承父兄余业，很想像春秋战国时齐桓公、晋文公那样建立霸业，君既惠顾，该怎样辅佐我呢？"鲁肃回答说："从前汉高祖刘邦本想拥立义帝，但没有实现，原因是项羽反对。现在的曹操，就像从前的项羽。在这种情况下，你怎么能效法齐桓公、晋文公成为霸主呢？依我之见，汉王朝是不可能复兴了，而曹操也不可能一下子被打败。为您谋划，自己也无什么可忧虑的，为什么？因曹操在北方无暇南顾。我们则可以先消灭黄祖，再进攻荆州的刘表，将长江上下据为己有，然后称帝王，图天下，建立汉高祖那样的帝业。"孙权很高兴鲁肃的战略构想，更加看重鲁肃。

不久刘表病死，鲁肃进言孙权："原来刘表统治的荆、楚（今湖北、湖南两省之地）与我们相接，水流顺北，外带江汉，内阻山陵，有金城之固，沃野万里，士民殷富，如果占据过来，就可以成为帝业基础。如今，刘表已死，他的两个儿子素不和睦，军中诸将，也各怀异志。另外，刘备本是天下枭雄，他和曹操是对头，他寄寓刘表，为刘表忌妒而不被重用。现在，如果刘备与刘表的两个儿子同心协力，上下团结，我们则应和他们结成联盟，共同抵抗曹操。如果他们内部分裂，我们又可以利用他们的矛盾，并吞他们，以成大事。请你派我去凭吊刘表，慰问刘表二子，并慰劳他们军中将领，同时说服刘备安抚刘表部众，和我们同心一意，共同对抗曹操。刘备肯定会接受我们的建议，则天下可定也。如果我们不快去，曹操肯定会先下手了。"鲁肃这一联刘抗曹的战略构想，是建立在对当时各种政治力量深刻认识基础上的。曹操拥兵百万，实力雄厚，吴的实力确实不能与之争强。只有成鼎足之势，才能发展自己的力量，免遭曹操吞并。而后，在天下变动时，乘机图谋进取，问鼎中原，建帝王之业。因此，孙权对鲁肃的谋略很赞同，派他去荆州。

鲁肃到达夏口（今湖北汉口）时，果然曹操已领兵昼夜兼程进攻荆州，刘表次子刘琼已投降曹操。而刘备正惶惶然向南逃跑准备过江。鲁肃直接到当阳长坂（今湖北当阳境内）去会见刘备，说明孙权意图（实际是鲁肃的谋略），陈述江东仍有强大实力，劝说刘备与东吴合作，共同对抗曹操。刘备很高兴这一战略构想，

将相卷

随同鲁肃到了夏口，开始联吴抗曹谋略的实施。

曹操占领襄阳后，日夜兼程，又占领南郡（今湖北省江陵），并有东进之意。孙权大惊，连忙和部属商议对策。诸将都说应该欢迎曹操，实际上是要投降曹操，唯独鲁肃一言不发，孙权知道鲁肃的意思，拉着他的手说："卿欲何言？"鲁肃说："刚才众人那些意见，都只能误您的大事，无法和这些人讨论大业。我鲁肃可以归降曹操，而你却不能。为什么这样说呢？我鲁肃迎曹，他会让我返回故里，给我一个官职，按名分，起码也不低于从事（参谋官），乘牛车，跟随有吏卒（随从），交结士大夫，步步高升，将来可以当上州长，郡长。而您迎曹，他怎么安排你呢？希望你早下决心，不要采纳他们的建议。"孙权叹息说："诸将之建议，让我非常失望。您的明智的分析，正和我的想法相同，这是上天让你来帮助我呀。"由于鲁肃的谋略，才最终有孙刘联军的赤壁大胜，确立了三国鼎立之势。

赤壁之战，实际上是曹、刘、孙争夺战略要地荆州的战争。赤壁之战后，曹操被迫撤出江陵。公元210年，刘备为了立足以图发展，亲自到京口见孙权，请求都督荆州并借荆州南郡。在是否借荆州的问题上，鲁肃的谋略更比他人高明。周瑜极力反对，他说："刘备是个枭雄，而且有关羽、张飞等熊虎之将辅佐，必然不会长久甘为他人所用。应当将他软禁起来，为他大筑宫室，用美女消磨他的意志，把他同关羽、张飞分隔开来。然后挟制他，攻占他的地方，大事可成。如果现在再把土地借给他，使他们聚在一起，就好比蛟龙得云雨，终究不会困于水池之中。"吕范等人也劝孙权扣留刘备。只有鲁肃主张把荆州借给刘备，说："曹操力最强大，是一个劲敌。目前我们刚占领荆州，恩信未洽，民心不一。把荆州借给刘备，使他安抚民心，又给曹操多树一个敌，使他在荆州为我们抵挡曹操，这是上策。"孙权采纳了鲁肃建议。曹操听说孙权借荆州给刘备的消息时，正在执笔书写文件，惊得半晌无言，手中的笔也掉在地上。可见，借荆州给刘备，既可分散曹操兵力，又可继续联合刘备抗拒曹操，在战略上，对曹是极大的不利。

任何谋略，都是为了一定的目的、一定的利益服务的。鲁肃在辅佐孙权的过程中，其基本的战略是造成鼎足之势，稳住阵脚，观天下之变，待机发展。赤壁战后，鲁肃之所以力主借荆州给刘备，出发点仍然是为了造成大三角格局的总战略，借刘备之力，分曹操之势，使孙权立于不败之地。这个战略构想成为孙权终于在公元229年登上皇帝宝座的指导性长久性谋略。

鲁肃于建安22年去世，享年46岁。《吴书》说：鲁肃为人严谨，生活节俭；治军有方，令行禁止，虽在军中，手不释卷；又善谈论，思路开阔，有过人之明。东吴将领中，除周瑜之外，没人超过他。他一直坚持三分天下的战略谋划，并促成三国鼎立局面的形成。

诸葛亮

诸葛亮（公元181年—234年），琅琊阳都（今山东沂南县南）人。三国时期蜀汉政治家和军事家。著作有《诸葛亮集》。

青少年时期

诸葛亮出生在一个官僚地主家庭。远祖诸葛丰在西汉元帝时曾做过司隶校尉（监察官，职务同于州刺史）。父亲诸葛珪曾做过太山郡都丞（郡守的助手）。诸葛亮兄弟三人，哥哥叫诸葛瑾，弟弟叫诸葛均，另外还有两个姐姐。诸葛亮幼小时，母亲章氏病故，父亲娶了继母照顾孩子。诸葛亮七岁时父亲也猝然离世。从此，诸葛亮兄弟成了孤儿，全靠叔父诸葛玄抚养长大。

当时，正处于东汉末年，政治腐败，外戚宦官专权，群雄割据，战乱不已。诸葛亮的故乡也遭到了曹操军队的血洗屠杀。

家境的清贫，加上连年的战乱，使诸葛亮兄弟受尽了磨难。诸葛瑾离开家乡，避饥到江东，投奔孙权。诸葛玄带着诸葛亮兄弟投奔扬州军阀袁术。袁术派诸葛玄担任豫章郡（今江西南昌）太守。后来袁术病死，东汉朝廷派朱皓到豫章当太守。诸葛玄带着诸葛亮兄弟，到荆州投奔他的老友——荆州牧刘表。诸葛亮十七岁那年，诸葛玄病故于荆州。长期的流浪生活中，诸葛亮看到了民田荒芜、白骨遍野、满目疮痍的惨景。特别是叔父的丢官和去世，使他精神上受到了很大的打击。他开始观察社会，思索自己的前途，摸索自己的生活道路。

诸葛亮带着诸葛均迁居到襄阳附近的隆中隐居下来，一面耕种，一面读书。他爱读兵法和先秦法家著作，反复阅读《申子》《韩非子》等著作，用心研究各种学派的观点和主张，他读书时，注意弄通弄懂各种学说的基本观点，联系当时的社会斗争的形势，深刻领会实质。

诸葛亮还常常高声背诵《梁公吟》，这首诗是为悼念曾为齐景公立功，但后因得罪了景婴就遭到谗言中伤而先后自杀的三勇士孙接、田开疆、古治子而作的。诸葛亮吟这首诗，流露出自己愿隐居，不愿谋官求职的情绪和愿为贤明有德的君主效劳，不肯造成政治上失足的决心。

诸葛亮经常和石广元、徐庶、孟公威、崔州平、庞统等有才华的年轻人交往，切磋学问，议论国事，成了挚友。他还经常找当时颇有声望的大名士庞德公、司马徽、黄承彦等请教。在接触过程中庞德公等人也了解了诸葛亮的为人、才能和抱负，认为他的学识非同凡响。庞德公称他为"卧龙"，认为他前途不可估量。

诸葛亮选妻也与众不同。他在青年时代不仅仪表堂堂，文才也很出众，乡里

将相卷

有很多人说媒提亲，大多都是容貌非凡的女子。但他娶妻重德才，选了一位黄头发，黑皮肤，长得丑陋，但勤劳俭朴，有才能的河南名士黄承彦的女儿为妻。诸葛亮与黄氏结婚后，夫妻相互尊重，始终如一。黄氏对诸葛亮体贴入微，治家有方，成了他的贤内助。

诸葛亮在隆中度过了十个春秋。超凡的个人才华，知己的师友和和睦的家庭，为诸葛亮后来的飞黄腾达创造了条件。

辅佐先主刘备

诸葛亮在隆中期间，东汉形势发生了很大变化。各地的割据势力连年作战，拥地称雄，经过十多年的混战，曹操先后削平董卓、袁术、袁绍、吕布之流，占据了北方；孙权继承父兄的基业占据了江东；刘表占据了荆州地区，当时刘备（汉景帝儿子中山靖王刘胜的后代，涿郡涿县人）势单力薄，先后投靠过曹操、袁绍、刘表，一直过着寄人篱下的生活。但是，他并不甘心做别人的附庸，一心想独立发展自己的势力。为此，他到处礼贤下士，招揽人才。

刘备在襄阳时，当地的名士司马徽向他举荐过诸葛亮。后来又从自己器重的谋士徐庶那里知道诸葛亮是杰出的人才，决定到隆中拜访诸葛亮，但都没遇上他。那时，刘备已是四十七岁，是征战多年的老将军，而诸葛亮只是二十七岁的青年书生，论地位、论年龄相差很大，可是刘备为了找理想的助手，曾三次去茅庐拜访诸葛亮。诸葛亮被刘备的真诚所感动，在自己的茅庐接待了他，并且把自己长期深思熟虑的统一天下的谋略说了出来。

诸葛亮指出，自从董卓伐乱以来，豪杰纷起，割据州郡的不可胜计。曹操与袁绍相比，名望低、兵力少，但结果打败了袁绍，以弱胜强。可见这不只是由于天时，也在于人的智谋。现在曹操已拥有百万人马，而且借天子名义发号施令，称霸中原，这就不能和他争锋。而孙权占据江东，那里地势险固，民心归附，有一批人才为他效力，所以应该同他联合，共同抗曹。荆州、益州地区地势险要，土地肥沃，是天府之国。占据者刘表、刘璋在军事上比较软弱，应征服他们，夺取荆州、益州，建立根据地。此后延揽天下英雄鼎立一方，改革政治，发展生产，积蓄经济实力，安抚西南民族，稳定后方，一旦时机成熟，则兵分两路，成钳形攻势夹击中原，北伐曹操，夺取中原。击溃曹操以后，江东必然势单力薄，归服于蜀汉，就可以完成统一天下的大业。

诸葛亮的一席宏阔之论，透彻分析了汉末局势，明确指出了敌、我、友的战略思想，并且从建立根据地到内政、军事、经济、地理、外交以及北伐中原的一整套战略方针，都提出了周密而明确的蓝图。两人谈得十分投机，相见恨晚。刘备为有如此理想的助手而深感欣慰，他恳请诸葛亮出山，帮自己打天下，诸葛亮慨然应允。

诸葛亮在危难之际辅佐势单力薄的刘备，主要原因是：一、诸葛亮正统观念

很深,以"兴微继绝"作为自己的奋斗目标,这正和刘备以兴复汉室的奋斗目标一致。二、刘备三顾茅庐请诸葛亮,诸葛亮被他的诚意所感动。三、刘备雄才大略,折而不挠,正是诸葛亮心中渴望的明主。因此,诸葛亮结束隆中的"隐居生活",正式踏上政治舞台,以图实现自己的理想。

诸葛亮随刘备来到新野。当时刘备手下只有几千人的军队,诸葛亮建议,要那些没有户籍的游户进行登记,从中选兵。刘备采纳了诸葛亮的建议,清理游户。没有多久,刘备的军队扩大到几万人。

诸葛亮的各方面才能,很快在实践中显示出来。刘备器重诸葛亮,对一切军国机密大事,都和他商量决断,两人"情好日密"。刘备说:"诸葛亮是很有才能的人,我有了他,就好比鱼得到了水一样。"

当时,刘备屈居在荆州牧刘表之下,处境很艰难。刘表坐守江汉,懦弱无能,不但不能应付复杂的局势,而且统治集团内部也发生了矛盾。主要是在争夺继承权的问题上,他的两个儿子,长子刘琦和次子刘琮互不相让。按惯例,长子刘琦是刘表的合法继承人。可是刘琮的妻子是刘表后妻蔡氏的侄女,刘表听妻子之言,"爱少子琮,不悦于琦。"刘琦感到一筹莫展,曾几次求计于诸葛亮。每次诸葛亮都有意离开,不表明自己的态度。可是刘琦把诸葛亮请到自己的花园里,上了楼阁,屏退左右,又令他们将通上楼阁的扶梯撤掉。刘琦诚恳地对诸葛亮说:"现在我们上不着天,下不着地,言出于口,入于吾耳,没有第三者知道。"诸葛亮答道:"君不见申生居内而危,重耳在外而安吗?"诸葛亮引征这两个颇有寓意的历史典故示意刘琦走为上策,离开襄阳,免遭杀身之祸。刘琦适逢江夏太守黄祖被孙权杀死,他请命出任江夏太守,屯驻夏口(今湖北武汉市),寻机发展个人的势力,这也为刘备夺取荆州准备了一支外援力量。

公元 208 年 7 月,曹操统率二十万大军南征刘表。刘表病卒,刘琮抢先自立为荆州牧。刘琮被曹操的声势吓破了胆,惊惶之余,遣使投降,也不通知刘备。曹军至宛,大军压境,移驻樊城的刘备方得知消息,已处被动局面,慌忙率军南撤,准备退保军事要地江陵。当刘备退到襄阳,诸葛亮等劝刘备打刘琮,夺取荆州兵马,抵抗曹操,但刘备不忍下手。刘备离开襄阳时,十多万老百姓跟着南撤,一天只能走几十里路。曹操得知,刘备若抢先占据江陵则对他威胁很大,便率五千轻兵,以一天行三百里的速度追赶:曹军在当阳长坂追上刘军,刘备军队被打败,仓惶南逃。由于通向江陵的路已被曹军截断,只得改道汉津,途中与由水路赶来的关羽会合,又得到江夏太守刘琦的接应,刘备一行便随同刘琦一起退到夏口。喘息未定,曹操收编了刘琮的军队,气势更盛,准备东下,刘备失势,危在旦夕。当此之时,诸葛亮出使东吴,促成孙、刘联盟,扭转了局势。

当时,曹军一方面集中水陆两军,扩充战船,沿江东下;一面派人向孙权下战书,扬言自己有水陆军八十万,要与孙权在江东决一胜负。战书传到东吴,朝廷上下震惊,孙权在柴桑举棋不定。诸葛亮与东吴使者鲁肃来到柴桑,求见孙权。孙权原来想隔山观虎相斗,以求自身安平。因此,诸葛亮开诚布公地指出,在海内大乱的情况下,曹操已灭掉了不少对手,几乎占据了整个北方,又占据荆州,威

中华名人百传

将相卷

震四海。刘豫州（指刘备）无力挡其兵锋，溃逃下来，希望将军根据自己的力量，采取相应对策。在这紧要关头，将军还举棋不定，大祸可就要临头了。诸葛亮的激将法，激起了孙权的不满。孙权听过之后，反唇相讥："苟如君言，刘豫州何不事曹乎？"对孙权的有意讥讽，诸葛亮答道："田横只是齐国的一个壮士，苟且守义不辱，何况刘豫州是汉家王室的后代，英才盖世，天下士人仰慕，就像江河归大海一样。即使大事不能成功，此乃天意，哪能屈辱拜在曹操脚下呢？"孙权勃然大怒说："我不能以江东之地和十万兵众受制于人。"为了保住自己的地盘和势力，孙权决定打这场存亡攸关的大战。但是，孙权对战争的前途还是顾虑重重。诸葛亮着重分析了曹操的弱点，明确阐明了联合抗曹必胜的前景。首先，曹军虽然人多，但远道而来，长途跋涉，很是疲惫，战斗力削弱。其次，曹军是北方人，不习惯水上作战。第三，荆州民众归附曹操，是迫于兵势，并非心服，曹军扬言八十万，实为二十多万，如果孙权能派遣猛将，锐兵数万，"与豫州协助同力"，发挥我军之长，攻敌之短，定胜曹军。一旦曹操兵败，退回北方，东吴和刘备势力增强，三分天下，鼎足而立的局面就可以形成。诸葛亮的分析和预测，增强了孙权建立"孙刘联盟"共同抗曹的信心。

公元208年11月，孙刘联军（共五万多人）在赤壁迎战曹军。曹军兵败，撤至乌林，双方隔江而峙，准备再战。曹军已很疲劳，加上水土不服，屡发疫病。曹军也多不习水性，受不了江上风浪长时间颠簸，精神不振，影响了战斗力。曹操于是下令将船只用铁索连结在一起，以减少船身的摇晃。

曹军铁索连船的弱点被周瑜的部将黄盖发现。周瑜一面派黄盖诈降，迷惑曹军，一面派十艘大船，装满浸着油液的干柴枯草，乘机火烧了曹军连环船及岸上曹营。曹军大乱，溃不成军，死伤很多。曹操带领残兵败将，匆忙从陆路经华容道向江陵逃去，留下曹仁、徐晃守江陵，乐进守襄阳，自己回归北方，此后再也无力大举南顾了。赤壁之战以孙、刘联军的胜利和曹军的失败而告终。

赤壁之战是我国历史上以少胜多、以弱胜强的著名战役，为三国鼎立奠定了基础。赤壁之战胜利的基础是"孙刘联盟"。诸葛亮在成败的关键时刻，出使柴桑，正确分析形势，把握有利时机，说服孙权，促成孙刘联盟，为赤壁大战的胜利立下了头功。

赤壁大战以后，刘备势力大增，领兵进击武陵、长沙、桂阳、零陵四郡。江南四郡不战而降，刘备乘机占据了荆州南部的大片土地。刘备争取刘表在当地的旧部，推荐刘琦为荆州刺史。不久，刘琦病死，郡下诸臣推举刘备为荆州牧。刘备领兵屯驻油口（今湖北公安南），封诸葛亮为军师中部将（类似总参谋长），并委派他督理零陵、桂阳、长沙三郡。诸葛亮注意安定三郡的社会秩序，"调其赋税，以充军实"。为了确保前线军需，诸葛亮住在水陆交通便利的临烝（今湖南衡阳市）。这期间，他遇见了在襄阳时的好友庞统，并把他推荐给刘备。刘备见庞统，谈论时事，被他的才识计谋所折服，委以重任。

公元210年，孙权听从周瑜的建议，致意刘备与他合取益州。但巴蜀之地是刘备早有意夺取的宝地，当然不容孙权插手，便托词加以拒绝。孙权不听，派水

军屯驻夏口。刘备派关羽在江陵,张飞在秭归,诸葛亮据南部,刘备自己屯驻屏陵,在沿江一带严加设防,使孙权无法过境讨伐,只得忍气罢军。

公元 211 年,曹操在西北击败马超、韩遂占据关中地区,并扬言要进攻汉中的张鲁,这对益州形成威胁。益州牧刘璋派法正请刘备入蜀,代为抵御曹军并讨代张鲁。法正到荆州后,立即拜见刘备,并劝刘备立刻消灭刘璋,占据益州。刘备让诸葛亮、关羽、赵云、张飞留守荆州,自己以庞统为军师攻打益州。一路夺关掠地,进到洛城(今四川广汉),庞统率军攻城,为流矢所中身亡,时年三十六岁。正值进军益州的决战时刻,军师阵亡,刘备急令诸葛亮、赵云、张飞率部西下,入川助战,留关羽守荆州。临行前,诸葛亮再三嘱咐关羽,指出荆州是川蜀门户,北可拒曹操,东可合孙权,千万不可疏忽大意。

公元 214 年,刘备进围成都,刘璋投降,刘备占益州,自称益州牧,命诸葛亮为军师,协揽军政事务。诸葛亮全力以赴协助刘备治理巴蜀,刘备势力大增。

公元 217 年,刘备率军北进汉中,与曹操作战达两年之久,终于以黄忠斩夏侯渊,刘备占汉中而结束战事,刘备自立为汉中王。

公元 219 年,关羽按刘备、诸葛亮的部署,发动襄樊战役。一举占领襄阳,把曹仁围困在樊城,大将于禁投降,庞德被斩首,一时"威震华夏"。曹操一面派兵救援,一面派使者劝说孙权袭击关羽后方,并答应割江南地区分给孙权。孙权于是派吕蒙偷袭东陵。关羽大惊,不顾诸葛亮当年的嘱咐,率军南返,回军途中,被孙权派兵包围,而后被擒杀,于是孙权占据了荆州各郡县。

公元 220 年,曹操病故,儿子曹丕称帝,建立魏国。公元 221 年四月,诸葛亮劝说刘备即位,建蜀汉国,以争取政治上的主动。刘备在成都称帝,立刘禅为皇太子,以诸葛亮为丞相。称帝三个月后,即领兵伐吴,为关羽报仇,诸葛亮、赵云苦谏无济于事。

公元 222 年,蜀军在猇亭扎营。吴将陆逊率五万军队迎敌,他采取诱敌深入,后发制人的方针,命吴军后撤至猇亭,并坚守不战。过了七八个月,待蜀军疲敝后,乘机发兵,采用火攻,连破蜀军四十余营,把刘备打得溃不成军,元气大伤。刘备率残部逃回白帝城(今四川奉节)。刘备心情苦闷,加上年老和过度劳累而一病不起。

公元 223 年二月,刘备病危,派人赴成都,诏诸葛亮到白帝城,安排后事。刘备说:"君才十倍曹丕,必能安国,终成大业。若嗣子刘禅可辅,辅之;如其不才,君可自取。"诸葛亮表示"臣一定竭尽全力,忠心辅佐幼主,直至付出自己的生命。"同年四月,刘备病死,刘禅继位,封诸葛亮为武乡侯,兼任益州牧。从此,诸葛亮全面担负了治理蜀汉的重任。

辅佐刘禅

刘备死后，刘禅即位，建宁豪强雍闿、牂牁太守朱褒、越巂郡太守高定等先后起兵造反，企图割地自立，还煽动少数民族首领孟获乘机反叛。一时间，南中地区狼烟滚滚。魏文帝曹丕乘蜀汉元气大伤，内部不稳定，给诸葛亮施加压力，要他屈从曹魏。东吴的孙权继续推行反蜀政策，支持蜀汉内部的割据势力。诸葛亮面临复杂而艰巨的政治、军事局面。

诸葛亮纵观天下风云变化，根据蜀汉的国力与兵力，制定了正确的外交路线和治国方针，以确保主动，共御强敌。诸葛亮写《正义》一文，表明了自己抗曹的坚定立场，增强大臣抗曹的决心。同时，派尚书邓芝出使东吴，重申孙刘结盟的重要意义。邓芝见到孙权，明确提出了对联合抗曹的看法，他说，三国鼎立，刘、孙是弱小者，如联合"共为唇齿，进可并兼天下，退可鼎足而立"；若不联合，曹魏与吴国只能保持属臣关系，吴国就会丧失独立，最后被吞并。孙权认为有理，即派张盟回访蜀汉，使吴蜀联盟的关系再度确立。根据当时的国力，诸葛亮暂对南中叛乱采取抚而不讨的政策，发展生产，休养生息，恢复国力。

公元 225 年三月，诸葛亮亲率大军南征平叛。他采取了"攻心为上，攻城为下；心战为上，兵战为下"的策略平定了南中之乱。在平定南中之乱中"七擒孟获"，充分显示了诸葛亮的聪明才智。

平定南中叛乱后，诸葛亮加紧训练兵马，准备北伐。公元 226 年，魏文帝曹丕病死，其子曹睿即位，诸葛亮抓住这个有利时机，第二年春，亲自出兵，北驻汉中，伺机进击曹魏。

临行前，诸葛亮给刘禅上了《出师表》阐明了自己的政治主张，并希望蜀汉能够贯彻执行。关于北伐的目的，诸葛亮认为，抗击曹魏，平定中原，铲除奸雄，复兴汉室，归还旧部。关于执法方面，诸葛亮强调，赏罚分明，一视同仁。关于用人方面，诸葛亮主张，"亲贤臣远小人，"信任和重用贤才。诸葛亮还规劝刘禅要开张圣听，用心考虑治国之道，把国家治理好。《出师表》集中反映了诸葛亮决心统一中原的政治主张和豁然开明的进步思想，抒发了他的忧国尽忠之情。

公元 228 年，诸葛亮出兵北伐，他采取声东击西的战术，派赵云领一支人马进箕谷准备攻打郿城，由于攻打祁山的蜀军戒阵整齐，作风顽强，出其不意地一举占领了祁山。祁山以北原曹魏所属的天水、南安、安足等郡相继叛魏响应蜀军。蜀军前锋马谡在街亭与曹魏大将张郃相遇。他自认为熟读兵书，深通兵法，骄傲轻敌，一意孤行，不遵守诸葛亮的战略布置，致使街亭失守。

街亭失守，箕谷失利，战局对蜀军不利。诸葛亮感到蜀军不宜再打下去，便率余部退回汉中，不久，天水、南安、安定三郡又归附曹魏。诸葛亮的第一次北伐，以失败而告终。

第一次北伐失败之后，诸葛亮认真总结经验教训。为了严肃法纪，做到赏罚

分明，他忍痛处死了违犯军令、导致战争失败的马谡。赵云因作战失利，也由镇东将军贬为镇军将军。为嘉奖在街亭之战中多次规劝马谡，并带领所部一千人收拾马谡败散的士卒回汉的王平，任命他为讨寇将军，并封他为亭侯。诸葛亮还认为，自己"对下属不够深入了解，遇事考虑不周"，故请求刘禅降职三级，以示惩罚。公元229年，诸葛亮第二次北伐，他领兵攻打武都、阳平取得胜利，留下部分将士守郡，自己领兵回汉中。诸葛亮夺取二郡有功，刘禅下诏恢复他的丞相官职。

诸葛亮为再次出兵北伐，进行了充分准备并设计制作了木牛流马以运送军粮，还改进和制作了弩，为当时第一流兵器。

在第四次北伐中，诸葛亮大败司马懿，但因李严督运粮草不济，派人假传圣旨让诸葛亮退军，结果使蜀军失去了消灭魏军主力的大好时机。

经过几年的连战，蜀汉的人力、物力损失很大，诸葛亮"休士劝农""教兵讲武"，整顿内政，准备条件。经过三年准备，公元234年二月，诸葛亮第五次北伐。在五丈原，蜀魏双方对峙了一百多天。八月间，诸葛亮因积劳成疾，一病不起，病逝于五丈原军中。他临死前不仅对国家政事有明确安排，还为蜀兵撤退做了周密部署。杨仪按诸葛亮的遗嘱秘不发丧，组织蜀军撤退。司马懿闻讯率军追赶，蜀军倒旗，布成阵势，杀向魏军。司马懿大惊，以为又中了诸葛亮的计，赶紧下令收兵，魏军竞相逃命，自相践踏，死者无数，司马懿逃回本寨。当司马懿得到诸葛亮确切死讯时，蜀军已从容撤入谷口。

蜀军从五丈原撤走后，司马懿到蜀军营地观看，只见营寨坚实牢固，军垒井然有序，不禁赞叹道："诸葛亮是天下奇才也。"

诸葛亮的五次北伐，不仅消弱了曹魏的实力，而且战略战术上又创造了新的打法。他抓住有利战机主动出战，把战争引向敌区，掌握战争的主动权，改变被动挨打的局面，取得了"以攻为守"的效果。

治国方略

诸葛亮在短暂而不平凡的一生中，辅佐刘备父子治蜀显示了他非凡的治国才能。他把选拔人才看作是国家兴亡大事。他反复强调"治国之道务在举贤"。

诸葛亮之"贤"的标准是一方面要有"才能"，另一方面要忠于汉室。

在实践中，诸葛亮认真总结了选拔人才的经验，提出七条"知人"之道：一、提出是非问题，观察志向；二、提出难题，观察应变能力；三、请其出谋划策，观察他的见识；四、观察他的勇敢；五、观察他酒后所显本色；六、观察他是否廉洁；七、观察他是否守信用。

诸葛亮还十分重视发展教育，他劝张爽、尹默、谯周等人从事教育。蜀汉还建立了国家最高学府——太学，主要学习儒家经典，培养封建统治阶级的各方面人才。

中华名人百传

将相卷

　　诸葛亮在执政过程中，深感民乱始于政乱，即始于豪强官僚的专横自恣。诸葛亮提出"先理强"，消弱、限制、打击豪强的不法行为，厉行法治，他制定了《法检》《法令》《军令》《蜀科》等法令条例，并颁布施行。

　　在执法过程中，诸葛亮注意把"威之以法"和"服罪输情"结合起来，给人以出路和希望。将李严废职为民后，仍留李严之子李丰为官，后李严听到诸葛亮去世的消息后，也发病死去。

　　他还注意把刑法和教化结合起来，三令五申各种法律条令，努力做到人人皆知。为了"劝诫""训后"蜀国的官员将士，诸葛亮明确指出善恶和办事的标准。由于诸葛亮的严格执法逐步稳定了蜀汉的秩序。

　　为了迅速恢复生产，诸葛亮推行"务农殖谷、闭关息民"的政策。要求各地官吏重视农业，要求士兵用农闲时间参加生产，减轻农民负担。

　　他还重视水利建设，在都江堰设置"堰官"，精心管理，还组织人力，在成都市西北郊的柏河上修了一条九里长堤，人们称之为"诸葛堤"。

　　他还实行盐铁官营政策，设置"司盐校尉"等官职，负责管理盐铁生产和兵、农器的制造。鼓励种桑养蚕织锦，使蜀锦生产有了很大的发展。

　　诸葛亮平时反对奢侈浪费，提倡节俭，主张丰盛之年注重储备，以防灾荒。

　　他发展生产的一系列措施，使贫弱的蜀汉地区出了"田畴开辟，仓廪充实，器械坚利，蓄积丰饶"的繁荣景象。为巩固蜀汉的统治打下了物质基础。

　　诸葛亮生在割据势力征伐的年代，所以他十分重视军队的建设。他认为治理好军队是保护国家，巩固政权的大计。

　　诸葛亮指出，一个将领率领百万之众，做到行动一致，服从命令，必须靠法律制度。他要求"使法量功，不自度"，定出"爵不可以无功取"的原则。他还重视士兵们在战争中的作用。他明文规定"不从教令立法"，对轻军、慢军、盗军、欺军、背军、误军的违犯者斩，这样使士卒懂得用兵之道，不轻易违犯禁令。

　　诸葛亮不仅严格训练和教化士卒，还注意对将领的教育。他写了《将苑》一文，人称是他的为将之道。他要求将领们做到"五善四欲"，即"善知敌人形势，善知进退之道，善知国之虚实，善知天时人事，善知山川险阻"；"战欲夺，谋欲密，众欲静，心欲一"。

　　他还十分重视军队训练。认为："军无习练，百不当一，习而用之，一可当百"。诸葛亮总结历史上的作战经验，根据敌情、地形的不同情况加以改进，制定了一种军队操练和作战法叫"八阵法"，他用"八阵法""教兵讲武"，把军队编成不同的作战单位，各部互相配合，临敌制变，机动灵活，随时掌握进退主动权，以战胜敌人。诸葛亮对军队的行军作战，屯驻之法都有严格的规定，布置得有条有理，连他的对手司马懿也十分赞叹。

　　诸葛亮在治国、治军过程中提出的原则方针，对后世也产生了深远的影响。

　　纵观诸葛亮的一生，他运筹帷幄的风采，宁静淡泊的气度，谦虚务实的作风，"鞠躬尽瘁"的献身精神，百折不挠的意志，体现了中华民族优秀的传统精神和品格，难怪历代"端推诸葛亮是全人"，说他是中华民族智慧的化身、忠贞的典型。

陆　逊

　　陆逊(公元 183 年—245 年)本名议,字伯言,吴郡吴县华亭(今上海市郊嘉定县)人。少年时父母双亡,寄养在叔祖庐江(今安徽庐江)太守陆康家中。自幼刻苦读书,聪敏好学,立志做定国安邦的豪杰。青年时,得到东吴孙权的赏识,21岁时任孙权幕僚,孙权以其兄策之女配陆逊,是孙权重要的谋臣。

　　1. 虚张声势,智取费栈。陆逊从青年时起就具有军事家的谋略才华。孙权经常与他一起讨论天下大事。陆逊建议说:"如今天下,英雄并起,豺狼窥视,克敌制胜,称雄天下,兵力太少可不顶用。可目前土匪草寇横行作恶,占山掠地,不除这种心腹之患,就无法集中精力向外扩张,对付外敌。因此,应先派兵,镇压山寇,取其精锐扩充军队。"孙权采纳陆逊建议,任命他为右部督,率兵讨伐丹杨(今安徽省宣城)一带土匪头子费栈。

　　孙权所以采纳陆逊之计,是由于在这之前,陆逊在出任海昌令时就曾经几次征服草寇。海昌县连年干旱,陆逊开仓分谷以赈贫民,鼓励百姓积极从事农副业,当地百姓蒙其恩德,都很信赖他。吴会稽、丹杨等处,常有草寇出没,残害百姓,多少年没有人能擒拿得了。陆逊率兵,深入险要,征服会稽山贼大胜潘临,征其部众二千余人。邵阳草寇首领尤突作乱,也是他去征讨。费栈与以前的草寇不同,他接受曹操的印绶,人多势众,对陆逊的征讨不放在眼里。陆逊并不与费栈直接对阵,而是采取以智取胜的对策。趁夜潜入山谷间,分布鼓角,四面同时鼓噪呐喊。费栈不知虚实,分兵应战,陆逊便乘敌之乱,打得费栈措手不及,迅速攻破敌军,陆逊把其强壮者数万人征为士卒,弱者让他们从事农耕。多年的匪寇之患一下子扫除,所到之处盗贼肃清,部队也得到了扩充。

　　2. 假痴不癫,智赚荆州。荆州是刘备与孙权的必争之地。建安二十四年(公元 219 年),吕蒙假装称病回到建业(今江苏南京)。陆逊前去拜会,说:"关羽此人骄矜骁勇,目空一切。刚刚夺取襄樊,更加意骄志逸。他正忙于北进,没有顾及于我。过去他顾虑的只有将军您,现在听说您病回建业,必定更加松懈防备。假如乘机出其不意,肯定可以拿下荆州。"孙权问吕蒙谁可以代替他,吕蒙说:"陆逊虽年轻,然城府很深,才干超群,看他统观全局谋虑大事的能力,肯定可以担此大任。并且,目前他还没有大的名声,关羽不会重视他。假若派他去,应该让他把真实意图隐藏起来,暗中观察形势,然后可克荆州。"于是孙权拜陆逊为偏将军右部督代替吕蒙驻守陆口,完成收复荆州的计划。

　　陆逊一到陆口,立即修书一封,派使者带上名马、异锦、酒礼等礼物,赴樊城见关羽。其时,关羽正养箭伤,忽报:"江东陆口守将吕蒙病危,孙权取回调理,拜陆逊为将,代吕蒙守陆口。今逊差人资书具礼,特来拜见。"关公召入,指着来使说道:"仲谋见识短浅,用此孺子为将!"来使伏地告曰:"陆将军呈书备礼,一来与

将相卷

君侯作贺,二来求两家和好。幸乞笑留。"关羽拆开信,信上言词极其恭谨。信中说:"看到您不久前率军出征,纪律严明,小举而大克,功绩巍巍!如今敌国败北,更有利于我们的同盟,听说您的功名,即修书备礼,想步您威名,共同维护王纲。近来,主上任用不才,西来陆口,倾慕您的名望,想望双方共商和好之策。"又说:"您捉了魏将于禁,闻名通途。众皆为之欣叹,认为将军您的功勋足可长世永存,就是昔之晋文公在城濮之战中的指挥,淮阴侯韩信攻拔赵国的谋略,恐怕也不过如此。听说,魏将徐晃率少数骑兵前来,窥视将军。曹操是个很狡猾的人,在愤怒的时候会孤注一掷,恐怕会悄悄增兵,以逞其解救樊城之心。尽管魏军败绩,但仍然有很强的战斗力。并且,往往胜利之后,会败于轻敌。古人用兵之要,胜利之后更加警惕,还望将军广为方计,以取得最后全胜。在下是一介书生,浅陋迟钝,辱没此任,但欣喜的是有您这样威德天下的邻居,也就禁不住喜悦,把自己心里话全说了出来,即使不合将军之策,也算在下一点心意吧。"关羽看完信,仰面大笑。心意大安,更复何疑。

使者回见陆逊说:"关公欣喜,无复有忧江东之意。"逊大喜,秘密派人探得关公果然撤荆州之兵大半赴樊城听调,只待箭疮痊痊可,便欲进兵。陆逊把关公虚实形状查实,把夺取荆州的计划报告给孙权。孙权立即选精锐部队,直取荆州。

夺取荆州之后,孙权嘉奖陆逊功德,拜为右护军,镇西将军,进封娄侯。《三十六计》中第二十七计假痴不癫说:"宁伪作不知不为;不伪作假知妄为。静不露机,云雷屯也。"意思是宁可装着糊涂而不行动,不可假装知道而轻举妄动。在沉着中不露一点机密,像云雷未发时那样沉静。古代谋略家因此谋胜敌者例多,陆逊受陆口之任后,采取的正是这一谋略。

3.诱敌深入,后发制人,火烧连营七百里。关羽大意失荆州,吴国扼住了蜀汉向长江中游的咽喉,使刘备北伐中原的计划破产,蜀国东部失去屏障。刘备决心为关羽报仇并夺回荆州。魏文帝黄初三年(公元222年)初,刘备亲率大军十万,出三峡,入吴境。孙权求和不成,不得不任命陆逊为大都督,统兵应战。这就是历史上著名的"夷陵之战"。刘备急于决战,进至猇亭(今湖北省宜都北),接连七百里,前后四十营寨,昼则旌旗蔽日,夜则火光耀天。陆逊认为,蜀军士气正盛,并且据高固守险要之地,不能很快攻破。万一失利,就会影响大局。必须慎重谋划,观蜀军之变,待机破敌。刘备人多势众,假若在平原旷野,吴军早已有被驱逐的危险。好在刘备沿山进军,兵力展不开,仅能在山林岩石中间,使蜀军自己精疲力尽。于是,吴军可以慢慢发现蜀军空隙,攻其弱点,以奇计胜之。吴军众将不解,认为陆逊惧怕蜀军,都心怀愤恨。吴、蜀军从一月相持到六月,未曾接战。

刘备求战不得,心中焦躁。便派吴班带数千人在平地立营,想以这种方法引诱吴军出战。吴军将领见蜀军兵少,又立营平地,均想出击。可是陆逊看了之后说:"前面山谷中,隐隐有杀气,其下必然伏兵,平地设此弱兵,以诱我耳,姑且观望,不可出击。"众将听了,都认为他是懦弱。刘备知道他的诱敌之计被识破,只好把八千伏兵从山谷中撤走。陆逊对部将说:"我之所以不听你们的建议去攻吴

班，是我猜想刘备一定有什么奇谋妙计。"接着陆逊上书孙权说："夷陵是军事要地，是东吴重要关口。这地方尽管容易攻取，也容易失守，一旦失守，不只是丢一个郡的问题，就连荆州也难保住。如今我们争夺这个地方，必须一举成功，才可一劳永逸，永不再失。开始时，我顾虑刘备水陆大军同时进攻，那么，我们势必要分兵抵抗。如今，他不用水军，只用陆军，又在七百里之内，处处结营，兵力分散，看来，刘备的布置，不会有什么变化了。这就请您高枕无忧，不用为刘备大举进攻而挂念了。"

到了夏天，陆逊准备向汉军发起进攻。吴军将领都认为不可，说："进攻刘备，应在他们初来之时，现在，他们已深入吴境五六百里，两军相待已七八个月，所有险阻要地，都有重兵坚守了，这才进攻，不会有好结果的。"陆逊却说："刘备是很狡猾的人，经历的事很多，经验丰富。当他大军初来时，考虑问题必定专心精细，那时是不能轻易去攻击他的。如今时间久了，他们欲战不能，又没有空子可钻，士兵已很疲惫，士气低落，又想不出打败我们的计划，所以，谋胜蜀军，正在今日。"为了探知蜀军实力，他先派不太强的将领率少数兵力，试探性进攻刘备的一个营地，结果失败了。将领们都埋怨说："这不是白白送死吗！"陆逊却高兴地说："我已有了破敌之计了！"遂命令每个人拿把茅草，悄悄接近蜀军营地，顺风放火，火攻蜀军。蜀军营地大都设在山林中，一旦着火，迅速蔓延开来。蜀军大乱。陆逊乘势率全军将士猛攻，连破四十多营，刘备带领残兵败将，连夜逃回白帝城（今四川奉节东）。这一战，蜀军伤亡惨重，土崩瓦解，舟船、器械与水陆军用物资几乎全部丧失，蜀军尸体塞满长江水面。刘备惭愧地说："让我遭受被陆逊打败的耻辱，岂不是天意吗？"却不知道检讨自己的过失。

吴国陆逊面对劲敌，采取积极防御战略，大胆退却五六百里，把难以展开兵力的峡谷山地让给蜀军，使蜀军颠簸在崇山峻岭之中。在江南、江北转来转去，半年之久才脱出峡谷，士卒疲惫，戒备松弛，可吴军却静观敌变，后发制人，取得了战略主动权，取得了战役的全部胜利，创造了历史上著名的以弱胜强的战例。毛泽东对陆逊的这次战役中采取的诱敌深入、后发制人、以逸待劳、敌疲我打的谋略也曾给予了充分肯定。

长孙无忌

长孙无忌（公元？—659年），字辅机，河南洛阳人，唐太宗长孙皇后之兄。隋末李渊进入关中攻克长安后，他投奔李世民，被授为渭北道行军参军，随从秦王李世民进行统一之战，因功被擢升为比部郎中、上党县公。武德九年（公元626年），他积极策动"玄武门之变"，助李世民夺取帝位。以元勋和皇亲地位，历任尚书右仆射、司空、司徒等职，封赵国公。贞观十七年（公元643年），他积极主张立晋王李治为皇太子。李治（高宗）即位后，他任太尉、同中书门下三品。后因

反对高宗立武则天为皇后，被放逐于黔州，自缢而死。长孙无忌是唐初重要的政治家和谋略家，对唐初的政治稳定起了一定作用。

秦王李世民在灭隋及统一中国的战争中功勋卓著，显示了很高的战略智慧和才能，深受唐朝文臣武将的崇敬和拥戴。这对皇太子、唐高祖李渊的长子李建成来说是一个很大的威胁。李建成担心其二弟李世民会夺取其皇位继承权，因而在其四弟齐王李元吉的怂恿下想谋害李世民。武德九年（公元 626 年）一天夜间，李建成请李世民喝酒，将其灌醉使之吐血，险些丧命。李渊知道后责备李建成不该让不会喝酒的李世民夜间喝这么多酒。他也知道几个儿子不和，因而想让李世民离开长安，到洛阳出任陕东道大行台。李建成、李元吉怕李世民离开长安不好控制，便劝说李渊放弃了原来的想法。他们还不断在李渊面前说李世民的坏话，使李渊信以为真，想对李世民治罪。

李世民和兄弟、父子之间的矛盾斗争情况，秦王府上下都清楚，感到很忧虑。李世民的亲信大臣房玄龄私下对长孙无忌说："现在太子、齐王与秦王之间的嫌隙已很深，一旦发生祸乱，不仅秦王肝脑涂地，实际上也是社稷之忧。不如劝秦王像周公诛管叔、蔡叔那样杀掉太子和齐王，以安定国家。"长孙无忌也有同样的想法。他感到李世民兄弟的斗争已进入关键时刻，斗争结局关系到社稷的存亡。因此，他立即找李世民讲了他们的想法，劝其当机立断发动事变。但李世民还有些疑虑。不久，李世民得到消息说，李元吉想在昆明池将他杀死。他遂召集长孙无忌等商议对策。长孙无忌再次劝告李世民先下手，并说："如果你不听劝告，我将离你而去，不能侍候大王矣！"李世民率长孙无忌等，埋伏于李建成、李元吉进宫谒见李渊必经之地玄武门（宫城北门）。李建成、李元吉刚进门，发觉有变，急忙拨马欲回东宫（太子宫）；李世民指挥追击，并张弓射死李建成，随后尉迟敬德又射死李元吉。东宫及齐王府的卫戍将士见李建成、李元吉已死，遂溃散。李渊只好接受事实，并于当年八月九日让李世民继承了皇位。

突厥是我国北方的古老民族，隋朝时开始强大起来，后因内部不和，分为东西两部。东突厥颉利可汗即位后更加骄傲，屡次侵扰唐朝北部边境。武德七年八月，突厥军侵抵豳州（今甘肃宁县）城西，大有直取长安之势。李世民用反间计使突厥请和而退。由于突厥连年侵扰，李渊一度打算迁都，因李世民力谏乃止。武德九年七月，颉利趁"玄武门之变"，率十万大军南侵，至八月十八日兵临长安城下渭水便桥地区。颉利派心腹执失思力进入长安探听虚实。执失思力恫吓刚上台的李世民说，颉利可汗率兵百万而至。李世民毫不惧怕，拘留了执失思力，并亲率六骑至长安城北，隔渭水与颉利对话，责其负约。接着唐军陆续赶来，"旌甲蔽野"；颉利"有惧色"，遂与唐约和结盟而退。不久，东突厥遭雪灾，深数尺，牲畜多冻饿而死，百姓亦冻馁。颉利用度不给，重敛诸部，因此诸部多叛。唐朝一些大臣建议发兵进攻东突厥。李世民就此询问左仆射萧瑀认为："兼弱攻昧，讨之便。"长孙无忌认为："虏不犯塞而弃信劳民，非王者之师"，应"按甲存信"。当时，李世民称帝不久，各地又逢大旱。如果再大规模用兵，对唐朝的经济恢复和政治稳定会有不利影响。所以，李世民同意了长孙无忌的意见，没有匆忙对东突

厥用兵,而是到贞观三年(公元629年)十一月唐朝度过灾荒、经济好转且政治稳定之后,才发兵攻灭突厥。

长孙无忌与李世民原是布衣之交,后因其妹成了皇后,他对李世民又有"佐命之功",所以受到李世民特殊的礼遇,先是升迁他为吏部尚书,旋即任命他为右仆射(宰相)。有人忌妒他权宠过盛,他也"自惧满盈,固求逊位",于是请他的妹妹长孙皇后向李世民请求。李世民只好于贞观二年正月免除了长孙无忌右仆射官职,授开府仪同三司。李世民对长孙无忌说:"朕与卿洞然无疑,若各怀所闻而不言,则君臣之意有不通。"同时诏示群臣称:"朕子幼,无忌于我有大功,视之犹子也。疏间亲、新间旧之所谓不顺,朕无取焉。"贞观七年(公元633年)十一月,李世民又授长孙无忌为司空。长孙无忌再三辞让,说:"臣以外戚位三公,恐天下谓陛下为私。"李世民不许,说:"朕任官择人,惟才是与。苟或不才,虽亲不用。如其有才,虽仇不弃。今日所举,非私亲也。"贞观十一年(公元637年)六月,李世民又诏封有功之臣为"刺史",可世袭。长孙无忌被封为赵州刺史,又坚辞不受,故意刺激李世民说:"臣披荆棘事陛下,令海内宁一,奈何弃之处州,与迁徙何异!"李世民说"割地以封臣,古今通义,意欲公子后嗣辅朕子孙,共传永久,而公等乃复发言怨望,朕岂强公等以茅土邪!"遂停封"刺史"。后又进位长孙无忌为司徒。李世民对长孙无忌的评价是:"善避嫌疑,应对机敏,求于古人,未有其比;总兵攻战,非所善也。"

贞观十七年(公元643年),唐皇族内部连续发生三起企图抢班夺权的事件:李世民的儿子、齐王李祐"性轻躁",他舅舅阳弘智对他说:"你们兄弟很多,陛下千秋万岁之后,宜得壮士以自卫。"李祐听从这一建议,私下招募了许多敢死之士。李世民得知后责备祐。李祐不听,还私下设上柱国、开府等官,并开库行赏,驱民入城,缮甲兵楼堞,将齐州搞成独立王国。李世民只好下令讨伐,将李祐抓回长安赐死。李世民立的太子李承乾是喜声色犬马、爱袭狎众小的花花公子。在他叔叔汉王李元昌的支持下,李承乾整天吃喝玩乐,并说:"我为天子,极情纵欲,有谏者辄杀之,不过杀数万人,众自完矣。"李世民的另一个儿子李泰多才多艺,"潜有夺嫡之志",以重金收买一些大臣,劝说李世民立李泰为太子。李承乾怕被李泰挤下太子地位,于是上表告李泰的罪状。李世民诏捕李泰,不获。李承乾遂派人暗杀李泰,并在李元昌劝说下准备谋反。这时正赶上李祐谋反事发。审理此案牵连出李承乾谋反案,李世民下决心将李承乾贬为庶人。废除太子后,李世民召集长孙无忌、房玄龄、李治、褚遂良到宫内,说:"我三子一弟所为如是,我心诚无聊赖!"说罢投于床,抽佩刀欲自刺,褚遂良将其刀夺下。长孙无忌等问李世民有什么想法。李世民说:"我欲立晋王李治为太子。"长孙无忌立即说:"谨奉诏。有异议者,臣请斩之!"李世民对李治说:"汝舅许汝矣,宜拜谢。"又说:"公等已同我意,未知外议如何?"长孙无忌等说:"晋王仁孝,天下属心久矣。乞陛下试召问百官。"李世民召文武六品以上官员到太极宫,宣布立晋王李治为太子。众官皆呼:"晋王仁教,当为嗣。"李世民很高兴,遂任命长孙无忌为太子太师、房玄龄为太傅、萧瑀为太保。长孙无忌又肩负起了培养皇太子李治的责任。

中华名人百传

将相卷

长孙无忌保举李治当上太子,培养李治当了皇帝。永徽六年(公元656年),唐高宗李治欲立武则天为皇后,长孙无忌固言不可。李治密以宝器锦帛十余车赐长孙无忌,并亲临其家,求其赞同。武则天的亲信许敬宗也多次劝说长孙无忌。长孙无忌均厉色拒绝。李治不顾别人反对,决定立武则天为后。武则天由此痛恨长孙无忌。显庆四年(公元659年)许敬宗诬告长孙无忌谋反。李治不做调查即相信此谎言,决定将长孙无忌流放到黔州,后又派人至黔州逼长孙无忌自缢而死。

房玄龄

　　房玄龄(公元579年—648年),字乔,齐州临淄(今属山东淄博市)人,自幼聪敏,博览群书,有惊人的洞察力。在隋初,一般人根据当时的太平景象,认为隋朝政权将会长期稳定,而他从隋帝"无功德"、诳骗百姓且皇族内部互相倾轧等情况得出结论:隋朝灭亡"可翘足而待"。他十八岁时被推举为进士,授羽骑尉;后任隰城尉。唐兵进关中,他归顺李世民,任秦王府记室参军,协助李世民统一中国,取得帝位。贞观元年(公元627年)任中书令,后任尚书左仆射,监修国史,并受诏重撰《晋书》,受封梁国公。他是唐初著名的政治家和谋略家,与杜如晦、魏征等同是李世民的重要助手。

　　隋炀帝即位后滥用民力,挥霍无度,驱使千百万农民建东都,修西苑,开运河,掘长堑,筑长城,通驰道。又数游江都和巡边,沿途各地常有几十万人迎送,极其奢华。还多次征讨高句丽,人力物力耗损巨大,使"耕稼失时,田畴多荒",水旱灾害不断。短短几年,隋朝经济凋敝,民不聊生,各种矛盾激化,农民起义此伏彼起。一些隋朝官吏也拥兵自重,伺机取隋而代之。义宁元年(公元617年)五月,太原留守李渊在长子李建成、次子李世民等辅佐下起兵反隋,挥师南下,沿汾水进军关中。

　　在李世民所部进抵渭水以北时,房玄龄从隰城(今山西汾阳西)赶来投靠李世民,当上了记室参军。随后,在唐军入据关中、建立唐朝及李世民挥军取河陇、北救晋阳、东定中原、攻取河北等统一战争中,房玄龄均"罄竭心力,知无不为",给秦王李世民出谋划策。作战中,唐军每歼灭一部敌军,别人争着寻求珍宝之物,房玄龄则总是先收揽各种人才,安置在幕府之中。发现有谋臣猛将,他便想方设法与之结交。因此,那些谋臣猛将均愿为李世民"尽其死力"。在用人问题上,他还常给李世民出主意。例如,杜如晦原是秦王府兵曹参军,不久迁陕州长史。房玄龄说:"杜如晦,王佐人才。大王欲经营四方,非如晦不可。"李世民接受了这一建议,将杜如晦又调回秦王府。后来,杜如晦与房玄龄一起,跟从李世民东征西讨,参谋帷幄。"玄龄善谋,如晦能断",二人配合默契,同心辅佐李世民,为唐朝统一中国立下巨大功勋。

李渊于武德元年(公元618年)五月称帝后,封长子李建成为太子、次子李世民为秦王、四子李元吉为齐王。李建成忌妒李世民的才华和功绩,在李元吉的怂恿策动下,欲谋害李世民。李世民早已看出了他们的阴谋,因此派他的亲信行台工部尚书温大雅和车骑将军张亮出镇东都洛阳,以备一旦有变即东出洛阳。武德九年(公元626年)的一天,李建成夜召李世民饮酒,将其灌醉。李世民"暴心痛、吐血数升"。李渊得知后斥李建成说:"秦王素不能饮,自今无得复夜饮。"并对李世民说:"首建大谋,削平海内,皆汝之功。吾欲立汝为嗣,汝固辞;且建成年长,为嗣日久,吾不忍夺也。观汝兄弟似不相容,同处京邑,必有纷竞,当迁汝还行台,居阳,自陕以东皆主之。"李建成得知此消息后与李元吉合谋认为,让李世民去洛阳等于放虎归山,"不可复制",不如将其留在长安,"取之易矣"。因此,他们说服李渊放弃了原来的意见,仍留李世民在长安。后来,李建成、李元吉在后宫"日夜谮诉世民于上"。李渊竟然相信了,想给李世民治罪,但由于大臣反对而未得逞。李元吉密请杀李世民,李渊没有同意。

对李世民兄弟之间的尖锐矛盾情况,秦王府上下都知晓,但一时无计可施。秦王府考功郎中房玄龄对比部郎中长孙无忌私下说:"现在太子、齐王与秦王之间的嫌隙已很深,一旦发生祸机,不仅是秦王肝脑涂地,实际上也是社稷之忧。不如劝秦王像周公诛管叔、蔡叔那样杀掉太子和齐王,以安定家国。存亡之机,间不容发,正在今日!"长孙无忌赞同此议,因而进言李世民。李世民还有些疑惑,即召房玄龄谋划。房玄龄说:"大王功盖天地,当承大业。现在你们兄弟之间的忧危关系,正是你除掉太子和齐王的天赐良机,愿大王勿疑。"此后,房玄龄又与长孙无忌,杜如晦等一起多次劝李世民杀李建成和李元吉。李世民又征询了其他僚属的意见,才下定决心于武德九年六月四日发动"玄武门(长安皇宫北门)之变",射杀李建成、李元吉。当年八月九日,李世民接替李渊当上了皇帝,论功行赏,以房玄龄、长孙无忌、杜如晦、尉迟敬德、侯君集五人为第一,封房玄龄为梁国公。

房玄龄于贞观三年(公元628年)当上了左仆射(宰相)。他处理政事尽心尽力,"惟恐一物失所";他"用法宽平",深受李世民信任。因此,李世民诏令他主持制定唐朝律令。他研究前朝的律令后认为:"旧法规定:兄弟分家各居时,有人受封,另外的兄弟不相及;而有人谋反,则另外的兄弟皆连坐死。孙子可以因袭祖父的官爵;而祖父犯罪,孙子则被流放。这些都不符合情理。"他主持制定的唐律共五百条,立刑名二十等,其中笞刑五等,自十至于五十;杖刑五等,自六十至一百;徒刑五等,自一年至三年;流(放)刑三等,自千里至于三千里;死刑二等,绞刑和斩首。这部唐律比隋律减死刑九十二条,减流刑七十一条,那些削繁去害、变重为轻的条目,多不胜记。他还主持制定唐令一千五百九十条;又统一规定了枷(械颈刑具)、杻(械手刑具)、钳(金属夹具)、鏁(锁具)、杖、笞等刑具的长短宽窄;还删节唐朝建立以来的皇帝诏令,定留七百条,颁布执行。房玄龄的法制思想与李世民是相同的,所以他主持制定的律令,得到李世民的首肯。

房玄龄崇尚儒学,所以极力推崇孔子。李渊当皇帝时,国学之中的庙堂以周

公为先圣,孔子配飨。房玄龄等建议停祭周公,以孔子为先圣,颜回配飨。李世民诏令执行。在房玄龄等倡导下,唐朝大收天下儒士,根据他们的学识,分别予以录用;还扩大各类学校招生。李世民多次亲自到国学听祭酒、博士讲授儒学。四方儒士纷纷负书而至长安。吐蕃、高昌、高句丽、新罗等少数民族酋长也派子弟进长安入学。国学之内学生"几至万人""儒学之兴,古昔未有"。唐初形成这种教育兴旺的局面,是与房玄龄积极倡导分不开的。

　　唐太宗李世民晚年好大喜功,滥用民力。贞观十七年(公元643年),朝鲜半岛上的高句丽和百济联兵进攻亲唐朝的新罗。贞观十年(公元645年),李世民不听劝谏,下诏征讨高句丽,分水陆两军进兵,水军由张亮率领,共四万余人、战舰五百余艘,陆路由李勣率领,近十万人。唐军进攻高句丽受到顽强抵抗,损兵折将,不得不于当年十月撤兵。后来,李世民又改用轮番攻扰的办法,试图先疲惫高句丽后大举进攻,结果也没有得到多少好处,反而激起邻国的不满,国内人民怨声载道。

　　房玄龄对李世民不恤民力征讨高句丽早就有不同意见,但由于李世民独断专行丢掉了善于纳谏的好作风,且猜忌大臣,动辄杀人,所以他也不敢进谏。贞观二十二年(公元648年),房玄龄病情已十分严重,他对儿子们说:"吾受主上厚恩,今天下无事,唯东征未已,群臣莫敢谏,吾知而不言,死有余责。"于是,他抱病上表称:"老子曰'知足不辱,知止不殆。'陛下功名威德亦可足矣,拓地开疆亦可止矣。且陛下每次一重犯,必令三复五奏,进素膳,止音乐,(那是因为)重人命也。今驱无罪之士卒,委之锋刃之下,使肝脑涂地,独不足悯乎!向使(如果)高句丽违失臣节,诛之可也;侵扰百姓,灭之可也;他日能为中国患,除之可也。今无此三条而坐烦中国,内为前代雪耻(李世民东征高句丽时称:"辽东本中国之地,隋氏四出师而不利,朕今东征,欲为中国报子弟之仇。")。外为新罗报仇,岂非所存者小,所损者大乎!愿陛下许高句丽自新,焚凌波之船,罢应募之众,自然华、夷庆赖,远肃迩安。"李世民见此表奏很受感动,说:"彼病笃如此,尚能忧我国家。"因此,他亲往房玄龄府上,"握手与决,悲不自胜"。房玄龄去世后,李世民赐他为太尉、并州都督,谥名文昭。

魏　征

　　魏征,字玄成,公元(580—643年)。唐朝馆陶(今河北馆陶)人。少时孤贫,曾出家为道士。隋末参加瓦岗起义军,后降唐。又为窦建德所俘,任起居舍人。建德兵败,再次入唐,任为太子洗马。"玄武之变"后,唐太宗重其才干和谋略,擢升为谏议大夫,又升秘书监、侍中等职,封郑国公。死后谥号"文贞",陪葬昭陵,太宗亲制碑文,并为书石。当年图形凌烟阁。

　　魏征一生,为人正直,为官清正,善言能文,政绩卓著,是唐代著名的政治家、

史学家和谏臣。他才华横溢,胆略过人,足智多谋,敢作敢为,经常为国家利益和百姓的安居乐业,敢于向唐太宗犯颜直谏,而毫不顾及个人的身家利害。因此,他称得上我国历史上不可多得的品格高尚的谋略家。

作为谋略家的魏征,他的谋略思想与他的为人、为政一样,都始终贯穿着正直、正派和正道,出谋为国,献策利民,不以狡诈用事,不以权术害人,不以诡计利已,更不以阴谋误国。所以《旧唐书》对他的评价是:"臣尝阅魏公故事,与文皇(太宗)讨论政术,往复应对,凡数十万言。其匡过弼违,能近取譬,博约连类,皆前代诤臣之不至者。其实根于道义,发为律度,身正而心劲,上不负时主,下不阿权臣,中不侪亲族,外不为朋党,不以逢时改节,不以图位卖忠。所载章疏四篇,可为万代王者法。""智者尽言,国家之利。郑公(魏征)达节,才周经济。太宗用之,子孙长世。"

据史记载,魏征家虽贫苦,但他自小好读书,多所通涉,落拓有大志,尤属意纵横之说。可见他是一个有抱负、有作为,城府颇深的人。但他处于乱世,在较长一段时间内,怀才不遇。隋朝末年,魏征投奔瓦岗起义军李密,任典书记。他曾向李密进献十策,但李密弃之而不用。后来王世充攻打李密,魏征又向李密的长史郑颋献术,指出李密虽取得一些胜利,但将士死伤过多,而且府库不足,对有功的人不能行赏,因此,士兵怠惰厌战。在这种情况下,"未若深沟高垒,临日持久,不过旬月,敌人粮尽,可不战而退,迫而击之,取胜之道。"郑颋不仅不纳,反而讽刺其为"此老生之常谈耳!"魏征气愤地说:"此乃奇谋深策,何谓常谈?"因而拂衣而去。结果李密被王世充打败。

李密兵败后,魏征随之降唐。到京师后,因久不见用,自请安辑山东,乃被授为黎阳(今河南浚县东北)秘书丞。此时,徐世勣(即后来的李勣,唐太宗开国功臣,名将)还没有投唐,拥兵一隅,正在犹豫观望之中,与李密暗中勾结。魏征深知徐世勣是一员名将,为了使英雄有用武之地,便主动修书劝说徐世勣降唐。他在书中分析形势,明辨是非,说理透彻,言词恳切,指出"今公处必争之地,乘宜速之机,更事迟疑,坐观成败,恐凶狡之辈,先人生心,则公之事去矣。"徐世勣得书后,立即决计投唐。魏征此举,为李唐取胜,立了大功。

不久,窦建德军攻陷了黎阳,魏征被俘,因其才,被用为起居舍人。后来,建德兵败,魏征再次入唐。太子李建成闻其有才,向高祖李渊请求,将魏征任为太子洗马,尊其为师,盛礼相待。魏征感其情,亦戮力辅助。

"玄武之变"前,魏征见秦王李世民的势力越来越大,有危及太子的迹象,曾多次劝李建成早日图之。但李建成优柔寡断,不予采纳,终招杀身之祸。"玄武之变"后,李世民立即派人召见魏征,质问他说:"你为什么要离间我兄弟之间的关系?"在场的人都为魏征捏一把汗,而魏征却毫无惧色,举止自若地答道:"皇太子若从征言,必无今日之祸。"太宗毕竟是个明主,素来器重魏征的才华和谋略,今亲见其如此刚直不阿,更加钦佩他,不但不咎其罪,反加礼遇,遂收入门下,任命他为詹事主簿。

唐太宗即位不久,便擢拜魏征为谏议大夫,封巨鹿县男,让其出使安辑河北,

并许其便宜从事，意即遇事可以自己决断，不必先报。当魏征上任途经磁州（今河北磁县）时，遇到州县官兵正押送前太子李建成的东宫千牛（官名）李志安、齐王护军李思行至京城。可是，出发之前，他已知太宗下诏前东宫、齐府的左右官仆，统统赦免，不予追问。而地方官为什么要把二李押送京城？他心中生疑，莫非太宗又收回成命，改变主意了。他是个以国为重的人，认为政出无信，将不利于国。于是他向同行的副使李桐客献策："我们受命之时，朝廷曾下旨对前东宫、齐府的人一概赦免不问。可是现在地方当局却把李思行等人抓起来，这样人们还能相信朝廷吗？此乃差之毫厘，失之千里。且公家之利，知无不为，宁可虑身，不可废国家大计。""古者，大夫出疆，苟利社稷，专之可也。况今日之行，许以便宜从事，主上既以国士见待，安可不以国士报之乎？"于是他便释放了李思行等人。太宗得知后，十分高兴，赞誉魏征有经国之才。不久便提拔为尚书左丞，留在朝中，视为心腹，经常引入内室，询问治国之道。魏征遇到了励精图治的明主，满腹才华有了用武之地，也就竭尽心智为之献计献策，做到知无不言。唐太宗曾经赞赏说："卿（指魏征）所陈谏，前后二百余事，非卿至诚奉国，何能若是？"

贞观之初，战乱初止，百姓思安，国家当定，可是，有人却奏报太宗，说岭南（今湖南、广东、广西部分地域）酋长冯盎叛唐。太宗听后十分恼怒，立即要发兵征讨。魏征分析了当时的形势，以为不可轻信冒动。忙向太宗进谏说："天下初定，创伤还未恢复，而且战争之后，病疫正在蔓延。冯盎也不像以前那样略地州县，称王称霸，如今四海都已平定，他还能闹多大的事？况且，还没有事实说明他反叛。当此之时，应当从德政关怀他，表明大唐是明理讲义的。冯盎惧怕唐的强盛，自然会来降服。"太宗采其言，派人去劝说慰谕冯盎。冯盎果然派其子入朝表示称臣。事后，太宗钦佩魏征谋远计，高兴赞誉说："征一言，贤于十万众。"

贞观二年（628年），唐太宗与魏征议论历史上各朝帝王的兴衰。太宗问魏征："怎么算是明君，怎么才是暗君？"魏征回答说"君之所以明者，兼听也；其所以暗者，偏信也。梁武帝偏信朱异而侯景举兵向阙，竟不得知也。隋炀帝偏信虞世基，而诸贼攻城剽邑，亦不得知也。是故人君兼听纳下，则贵臣不得壅蔽，而下情必得上通也。"太宗采纳了他的意见，广开言路，广泛听取各种意见，择善而从，使唐初政治开明，百业兴旺，出现了历史上著名的贞观盛世。

贞观前期，太宗励精图治，经常召集文武大臣议政论事，献计出策。贞观六年（632年），有一次，太宗与群臣讨论治国问题，他向大臣们说："天子者，有道则人推而为主，无道则人弃而不用，诚可畏也。"魏征立即向他献策说："自古失国之主，皆为居安忘危，处治忘乱，所以不能长久。今陛下富有四海，内外清宴，能留心治道，常临深覆薄，国家历数，自然灵长。臣又闻古语云：'君，舟也；人，水也。水能载舟，亦能覆舟。'陛下以为可畏，诚如圣旨。"魏征引"载舟履舟"之古训，其目的是要唐太宗不要忘记抚恤老百姓，不然的话，老百姓是会选择的。

"守成难""居安思危"，是魏征治国安民谋略思想的基点。因此，在他向唐太宗的进言中，几乎都贯穿着这一基本精神。贞观五年（公元631年），魏征在一次朝议时说："今天下虽太平，臣等犹未以为喜，惟愿陛下居安思危，孜孜不怠耳！"

贞观十二年(公元638年)唐太宗问侍臣:"创业与守成孰难?"房玄龄说:"草创之初,与群雄并起角力而后臣之,创业难矣!"魏征则说:"自古帝王莫不得之于艰难,失之于安逸,守成难矣!"太宗说:"玄龄与吾共取天下,出百死,得一生,故知创业之难。征与吾共安天下,常恐骄奢生于富贵,祸乱生于所忽,故知守成之难。然创业之难既已往矣;守成之难方当与诸公慎之。"唐太宗的评价亦不失为明主!

贞观十四年(公元640年)魏征再一次向唐太宗进谏说:"臣闻之,战胜易,守胜难。陛下深思远虑,安不忘危,功业既彰,德教复给,恒以此为政,宗社无由倾败矣。"贞观十五年(公元641年),当太宗问侍臣守天下难易时,魏征答:"甚难。"太宗说:"任贤能,受谏诤即可,何谓为难?"魏征说:"观自古帝王,在于忧危之间,则任贤受谏,及至安乐,必怀宽怠,言事者惟令兢惧,日陵月替,以至危亡。圣人所以居安思危,正为此也。安而能惧,岂不为难?"

唐太宗即位不久,思想上还没有从战争上转过弯来。下诏遣使点兵,扩充军队。可是由于隋炀帝的穷兵黩武和隋末的战乱,此时全国符合征兵年龄的男丁已经很少。尚书右仆射封德彝为了完成任务,奏报太宗把征召年龄扩大到中(规定只点丁男)男,太宗表示同意。诏敕草出后,几次送给魏征看,他都不肯签署。太宗非常生气,责备魏征太固执了。而魏征却冷静地对太宗说:"军队在指挥得当,不在于多。陛下只需选健壮者入伍,养精兵,加强训练,便可无敌于天下,不必征老弱者来充虚数。"接着,魏征又以此为题批评唐太宗开始失信人民。太宗惊讶地说:"朕何为失信?"魏征即把太宗几件失信于民的事实说了出来,太宗听后十分信服,并对自己的过失有了感悟,同意不点中男,还因此赏赐魏征金瓮一个。

贞观二年(公元628年),太宗选妃,看中了隋通事舍人郑仁基之女有殊色,即诏聘为充华(九嫔之一)。不久,魏征得知此女已许嫁给一个姓陆的人,便立即向太宗进谏:"自古有道之主,以百姓之心为心,故君处台榭,则欲民有栋宇之安;食膏粱,则欲民无饥寒之患;顾嫔御,则欲民有室家之欢。此人主之常道也。今郑氏之女,久已许人,陛下娶之不疑,无所顾问,播之四海,岂为民父母之道乎?"魏征言词严厉,说理透彻,太宗听后非常佩服,严厉地责备了自己,并立即叫人将此女送还给原夫。

唐太宗登基后,在成绩面前难免自傲,享乐思想也随之滋长。魏征既忠诚于太宗,又一心为国为民,所以敢冒死,以自己的谋略和智慧,不断地给太宗敲警钟。太宗亦不失为明君,纳谏如流,知过能改。有一次,唐太宗问魏征:"朕政事何如往年?"魏征毫不隐晦地说:"你的威望和德行,比贞观之初差远了;人民也远不像以前那样信服你了。"太宗说:"远方畏威慕德,故来服;若其不逮,何以致之?"魏征说:"陛下以前以未治为忧患,因此行德政、讲道义日新月异;今天以治为安,自满起来,故做得比以前差多了。"太宗说:"今所为,犹往年也,何以异?"魏征答:"陛下贞观之初,恐人不谏,常导之使言,中间悦而从之。今则不然,虽勉从之,犹有难色。所以异也。"并例举了许多事实给太宗听。太宗自悟,表扬魏征说:"非公不能及此,人苦不自知耳!"

贞观四年（公元 630 年），魏征有感于皇宫中生活过于奢华，便向太宗进谏说："陛下本怜百姓，每节己以顺人。隋炀帝志在无厌，唯好奢侈，所司每有供奉营造，小不称意，则有峻罚严刑。上之所好，下必有甚，竟为无限，遂至灭亡。"太宗深为所感，说："非公，朕安得闻此言？"

贞观十年（公元 636），唐太宗宠信魏王李泰，有人却向太宗献谗言，说三品以上大臣大多轻视李泰。太宗为之震怒，立即把三品以上的官都召到朝堂，训斥大骂一顿。连房玄龄也莫名其妙，吓得汗流浃背，连连拜谢开恩。魏征却不畏所怒，郑重地奏说："臣窃计为当今群臣，必无敢轻魏王者。三品以上皆公卿，陛下所尊礼，若纪纲大坏，因无不论；圣明在上，魏王必无顿辱群臣之理。隋文帝骄其诸子，使多行无礼，卒皆夷灭，又足取法乎！"太宗听完后，冷静下来，并反怒为喜，赞扬说："理到之语，不得不服。朕以私爱忘公义，具者之忿，自谓不疑，及闻征言，方知理屈。"

贞观十一年（公元 637 年），唐太宗命人于洛阳建飞山宫。魏征上疏说："炀帝恃其富强，不虑后患，穷奢极欲，使百姓穷困，以致身死人手，社稷为虚。陛下拨乱反正，宜思隋之所以失，我之所以得，撤其峻宇，安于卑宫；若因基而增广，袭旧而加饰，此则以乱易乱，殃咎必至，难得易失，可不念哉！"同年五月，魏征又向太宗进谏说："陛下欲善之志不及于昔时，闻过必改少亏曩日，谴伐积多，威怒微厉，乃知贵不期骄，富不期侈，非虚言也……夫鉴行莫如止水，鉴败莫如忘国。伏愿取鉴于隋，去奢从约，亲忠远佞，以当今之无事，行畴昔之恭俭，则尽善尽美，固无得而称焉。"

魏征分别于贞观十一年和十三年向唐太宗晋奉两本奏疏，前者劝太宗慎守其业，后者则是全面批评太宗的过失。两者都渗透着魏征德政节俭和勤勉的治国富民的谋略思想。他在"人主十思"里说："人主善始者多，克终者寡，岂取之易而守之难乎？盖以殷忧则竭诚以尽下，安逸则骄恣而轻物；尽下则胡、越同心，轻物则六亲离德，虽震之于威怒，亦皆貌从而心不服故也。人主诚能可见欲则思知足，将兴善则思知止，处高位则思谦降，临满盈则思挹损，迁逸乐则思撙节，在宴安则思后患，防壅蔽则思延纳，疾谗邪则思正己，行爵赏则思因喜而僭，施刑罚则思因怒而滥，兼是十思，而选贤任能，固可以无为而治，又何必劳神苦体以代百司之任哉！"

在"十不克终"里，魏征尖锐地批评唐太宗说："贞观之初，无为无欲，今则搜求奇珍异物；贞观之初，爱惜民力，今则营造不息；贞观之初损己以利人，今则纵欲而劳人；贞观之初亲君子远小人，今则亲小人远君子；贞观之初崇尚简朴，今则崇尚奢靡；贞观之初无畋猎之好，今则以驰骋为乐；贞观之初待下有礼，今则上下疏远；贞观之初专心治道，今则无事兴兵；贞观之初救荒及时，今则不恤百姓。"对于魏征的冒犯直言，英明的唐太宗能虚心接受，他反复研读，列于屏障，朝夕诵之。还命人录于史司，以传后世。克终，即为克之慎终。

魏征官至宰相，到死都为太宗信任恩宠，但他为官清廉，毫不以权谋私。他位居一品，但住宅连个正寝（正堂）都没有，直至贞观十七年（643 年）他病重时，太宗去看望，觉得实在过意不去，命工匠于五天之内为其修建了正寝。临终时，唐太宗流着眼泪问他还有什么遗言和要求，魏征说："嫠不恤纬，而忧宗周之亡。"此语引自《左传》。嫠，寡妇。纬，棉线。意即忧国忘家。临死之时，他想的还是国家，而毫不念及个人身家，真不愧为忠良之臣！

魏征死后，太宗从他的居室书函里找到一份尚未送的草表，写着："天下之事，有善有恶，任善人则国安，用恶人则国乱。公卿之内，情有爱憎，憎者唯见其恶，爱者唯见其善。爱憎之间，所宜祥慎，若爱而知其恶，憎而知其善，去邪勿疑，任贤勿贰，可以兴矣。"唐太宗将其在朝廷上诵读后，要公卿侍臣，书之于笏，以魏征为榜样，以国为重，敢于进谏。

魏征的谋略思想匡扶了唐太宗，造就了初唐的安定和繁荣。所以，太宗对他的评价很高，常在临朝时对侍臣说："夫以铜为镜，可以正衣冠；以古为镜，可以知兴替；以人为镜，可以明得失。朕常保此三镜，以防己过。今魏征殂逝，遂亡一镜矣！"

魏征的为人和谋略，足可为万代之镜！

杜如晦

杜如晦(公元585年—630年)，字克明，京兆杜陵(今陕西西安东南)人。少年时聪悟好学，隋朝吏部侍郎高孝基认为其"有应变之才，当为栋梁之用"。隋大业中，补滏阳尉，不久即弃官归里。李渊父子进入长安后，杜如晦到秦王府任兵曹参军。后除天策府从事中郎，兼文学馆学士。李世民发动"玄武门之变"即位后，他因功迁拜太子左庶子，不久升任兵部尚书，进封蔡国公，实封一千三百户。贞观二年(公元628年)，以本官检校侍中，摄吏部尚书，总监东宫兵马事。贞观三年，代长孙无忌为尚书右仆射，兼职吏部选事，与房玄龄共掌朝政，当时的台阁规模及典章制度等，均为二人所定，甚获当时之誉，唐代称贤相，首推房、杜。杜如晦是唐太宗李世民的重要谋臣。在唐统一中国的作战中、在"玄武门事变"及贞观之初的政坛上，他都为李世民做过重要谋划，深受李世民的信赖。贞观三年，杜如晦因病辞职，李世民频遣使慰问。翌年，杜如晦临终前，李世民亲临其宅探视。杜如晦死后，李世民说："朕与如晦，君臣义重。不幸奄从物化(突然死化)，追念勋旧，痛悼于怀。"

杜如晦刚当上秦王府兵曹参军，就显示出超群的才华。不久朝廷欲调杜如晦任陕州总管府长史。秦王李世民感到秦王府的英才外迁实在可惜，便问计于房玄龄。房玄龄说："秦王府的僚佐外迁者虽然很多，但盖不足惜。杜如晦聪明识达，是王佐之才。若大王守藩端拱(保持现状不求进取)，则此人无所用之。若大王必欲经营四方，非此人不可。"李世民闻言大惊，说："尔不言，几失此人矣！"因而他奏请唐高祖李渊，仍然将杜如晦留在秦王府中任职。在唐统一战争中，杜

如晦跟从李世民，西平陇右的薛举、薛仁杲和河西的李轨，北救晋阳，击破刘武周；东定中原，消灭盘踞洛阳的隋残余势力王世充和窦建德领导的河北义军；攻取河北，镇压窦建德旧部刘黑闼领导的义军；南灭在江陵（今湖北江陵）称帝的萧梁后裔萧铣；平定在丹阳（今江苏南京）称帝并统治江淮一带的辅公祏。在历次作战中，他都"参谋帷幄""决断如流"，深为秦王府诸僚属所折服。秦王府改称天策府时，他作为重要僚属"从事中郎"受到画像表彰，并名列榜首。画像上的赞语是："建平文雅，体有烈光。怀忠履义，身立名扬。"

李世民在建立唐朝和统一中国的过程中屡建功勋，在朝野威望日隆。这引起了皇太子、李世民之兄李建成的不安和嫉恨。李建成在其四弟李元吉的怂恿和支持下，欲加害李世民，他们认为，在秦府中最可怕的僚佐，就是房玄龄和杜如晦。如果将这两个人从秦王府赶走，李世民的智囊团就会极大地削弱。因此，他们在高祖李渊面前尽说房、杜的坏话，李渊遂免了房、杜的职务。在被免职之前，杜如晦与房玄龄就已看出李世民与李建成、李元吉的矛盾不可调和，认为：如果让李建成等先动手，那实在是"社稷之忧"。他们劝李世民，在这国家存亡"间不容发"之际，应果断地杀掉李建成、李元吉。而李世民当时认为，"骨肉相残，古今大恶"。他想等李建成发难后再"以义讨之"。杜如晦等固请先发制人，李世民不从。稍后，李世民决心先采取行动除掉李建成。杜如晦及房玄龄赶紧乔装打扮，著道士服潜入李世民住所，与长孙无忌、尉迟恭等一起，具体谋划了发动"玄武门之变"的有关事宜。这次谋划非常细致，准备工作很周到，一举获得成功。杜如晦因功升左庶子，与长孙无忌官阶相同，在房玄龄（任右庶子）之上，不久又迁兵部尚书，权倾一时。

太宗李世民即位之后革新政治，主要依靠的是杜如晦和房玄龄。李世民每与房玄龄谋事，必说："非如晦不能决"。即杜如晦参与决策时，最终是用房玄龄的谋略。可见他们两人配合是很默契的，当时称"玄龄善谋，如晦能断"。房玄龄、杜如晦"同心循国"，在贞观二年（公元628年），太宗对房玄龄、杜如晦说："公等为仆射，当助朕忧劳，广开耳目，求访贤哲。"协助太宗寻求、考察贤达的官员，是房、杜的主要任务。翌年，杜如晦又兼任吏部选事，负责官员的选拔、勋封、考课。太宗对杜如晦说："常见吏部选人，只听其言词、观其刀笔，不全面看其行为。所选之人，数年之后恶迹始彰，虽加弄戮，而百姓已受其害。如何可获善人？"杜如晦说："两汉时都是从乡间民间选拔人才，由州郡向朝廷推举，然后由朝廷任用。所以当时出现了很多人才。现在每年选集数千人，而这些人厚貌饰词，不可知悉，吏部选司只是配其阶品而已。现在选拔官员的办法实在不精当，所以不能得才。"太宗认为杜如晦的分析很有道理，遂令以汉时法令推举贤才。杜如晦选拔人才的眼光，房玄龄很佩服，常自谓不如。杜如晦身体不好，贞观三年十二月辞任，翌年病故。

薛仁贵

薛仁贵,绛州龙门人,少年时家庭贫贱,以种田为业。他准备改葬已去世的父母,妻子柳氏说:"有超群才能的人,关键是要遇到好的机会才能发展。现在天子亲自出征辽东,选求猛将,这是难得的时机,你何不图求功名使自己显赫?然后富贵还乡,再改葬也不晚。"薛仁贵就去见将军张士贵应募。

到了安地,刚好郎将刘君昂被贼军包围,薛仁贵飞速赶去救他,斩了贼军将领,将其首级系在马鞍上,贼军都畏服了,由此出名。唐王朝军队进攻安地城,高句丽莫离支派将领高延寿等率领二十万士兵抵抗,倚山扎营,太宗命各将分别攻击他。薛仁贵自恃勇猛,想立奇功,就穿了白色衣服以显得突出,提了戟,腰挂两张弓,大呼飞驰而出,所向披靡;军队借势追击,贼军奔散溃败。天子望见,派使者立即赶去询问:"先锋中穿白衣服的人是谁?"回答说:"薛仁贵。"天子召见,很感叹诧异,赐给他黄金绢帛,奴婢马匹等不少东西,授官游击将军、云泉府果毅都尉,令他长值班北门。回军后,天子对他说:"朕的旧将都已年老,想提拔勇猛的人在外统兵,没有一个像你那样的,朕不高兴得到辽东,而高兴得到你这位勇将。"升为右领军中郎将。

高宗到万年宫,突然山洪暴发,夜晚,水很快冲到玄武门,宿卫战士都已散走,薛仁贵说:"当天子危急的时候,怎么可以怕死?"于是登门大声呼喊,以叫醒宫内的人,天子急忙出来登上高处。不一会儿水已进入天子睡处,天子说:"有赖于你我才免于一死,我现在才开始知道身边还有忠臣。"把御马赐给了他。

苏定方讨伐突厥沙钵罗可汗贺鲁,薛仁贵上疏说:"臣听说师出无名,事情肯定不成功;证明了他们是盗贼,敌人才可心服。现今泥熟不事奉贺鲁,被他打败,贺鲁像对奴隶那样捆绑其妻子儿女,王师如果有从贺鲁部落转而得到他们家口的,应该都还给他们,并加以优厚赏赐,使百姓知道贺鲁的暴虐和陛下的至高仁德。"皇帝采纳了这个意见,就遣还他们的家属,泥熟请求随军作战,以死效忠。

显庆二年,诏命薛仁贵作为程名振的副职用武力经营辽东,在贵端城打败高句丽军,斩首三千级。次年,与梁建方、契苾何力与高句丽大将温沙多门遭遇,在横山大战,薛仁贵单身骑马驰入阵中,向敌人射箭,所射之人都应弦而倒。在石城又发生战斗,敌人中有个善于射箭的人,射杀官军十多人,薛仁贵大怒,单骑突入阵中击贼,贼军弓矢都被打得不能发挥作用,于是活捉了那个射箭的敌兵。不久与辛文陵一起在黑山大败契丹,俘获他们的王阿卜固献送到东都洛阳。拜官左武卫将军,封河东县男。

诏命薛仁贵作为郑仁泰的副职担任铁勒道行军总管。将要出发,在内殿设宴,天子说:"古代善于射箭的人可以射穿铠甲上七层金属叶片,卿试着用五层甲片来射看看。"薛仁贵一射就穿透了,天子大惊,拿出更加坚固的铠甲赐给他。当

将相卷

时九姓铁勒的部落联盟共有十多万人，他们派出骁勇的骑兵几十人来挑战，薛仁贵连发三矢，射杀三人，于是铁勒震动害怕，都来投降。薛仁贵怕有后患，把他们都坑杀了。转而讨伐沙漠北部地区的剩余部众，擒获伪叶护兄弟三人归来。军中有歌谣唱道："将军三箭定天山，壮士长歌入汉关。"九姓从此衰落。

铁勒中有思结、多览葛等部，先保天山，等郑仁泰的大军到达后，因惧怕而投降，郑仁泰没有接受，掳掠他们的家属以赏给军队将士，贼军相率逃去。有侦察骑兵来报告："贼虏军用物资和牲畜满山遍野，可以去夺取。"郑仁泰挑选一万四千名骑兵卸掉铠甲飞驰而去，穿过大沙漠，到仙萼河，不见贼虏，粮食吃完，只好回军，由于饥饿，出现人吃人的现象，等到入塞内，剩下的士兵只有二十分之一。薛仁贵也娶所降部落中人为妾，并多受贿赂，被有关官吏弹劾上奏，因有功劳而得到原谅。

乾封初年，高句丽泉男生要求依附唐朝，朝廷派将军庞同善、高侃前往慰问接纳，但他的弟弟泉男建率领国内的人抗拒内附，朝廷派薛仁贵率军队援助护送庞同善。到了新城，夜晚被敌军袭击，薛仁贵击败他们，斩敌数百人。庞同善进驻金山，败北的敌军不敢向前，泉男生乘胜前进，薛仁贵攻击敌军把他们分割成为两部分，敌军随即溃败，斩敌兵五万，攻下南苏、木底、苍岩三城，于是与泉男生军会合。天子亲写诏书慰劳勉励。薛仁贵依仗士气，领兵二千进攻扶余城，其他将领以兵少作为理由来劝阻，薛仁贵说："兵在于运用得好，不在于人多。"他身先士卒，碰到贼军就打败他们，杀万余人，攻下了扶余城，接着沿着海扩张地盘，与李勣军会合。扶余投降后，其他四十个城也相继来降，威震辽海地区。朝廷下诏命薛仁贵率兵两万名与刘仁轨镇守平壤，拜官本卫大将军，封平阳郡公，检校安东都护，移治所到新城。薛仁贵抚慰存活孤寡老人，检查制止盗贼，根据才能任命官职，褒奖推崇有气节讲义气的人，高句丽士大夫和民众都高兴得忘记了国家的灭亡。

咸亨元年，吐蕃入侵，命薛仁贵为逻娑道行军大总管，率将军阿史那道真、郭待封出兵攻击他们，以支援吐谷浑。郭待封曾任鄯城镇守，与薛仁贵地位相等，这时，耻于在他的领导下，因而常常违背指挥调度。起初，军队驻屯在大非川，将要进军去乌海，薛仁贵说："乌海地势险要而且湿热易病，我们进入死亡地带，可说是危险的道路，然而快速则有成功可能，迟缓则要失败。现今大非岭很宽平，可设置二座营垒，把军用物资都放在里面，留一万人守卫它，我用加倍的速度对不整齐的贼军发起突然袭击，就能消灭他们了。"于是轻装，到河口，遇贼军，打败了他们，多所杀戮和掠夺，获得牛羊以万计数。进军到乌海城，以等待后面部队的支援。郭待封起初不服从，率领有军用物资的部队跟在薛仁贵军后前进，吐蕃率领二十万军队围剿追击，粮草都用光了，待封驻守。仁贵退兵到大非川。吐蕃增加兵力共四十万来进攻，唐军大败。薛仁贵与吐蕃将领论钦陵约定讲和，才得回军，而吐谷浑终于亡于吐蕃。薛仁贵叹道："今年是庚午年，岁星运行到降娄范围，位居西方，太岁所在，是为凶方，故不应有事于西方，邓艾死于蜀的原因也在于此，我知道必然会失败。"皇帝有诏书下来，原谅他免去死罪，但除去官职，成为

平民。

不久，高句丽剩余的部众反叛，薛仁贵又被起用为难林道总管。再次因事被贬到象州，碰到大赦才回来。皇帝想起他的功劳，召见他说："过去在九成宫，没有你，我就要成为鱼了。前些日子消灭九姓，破高句丽，你的功劳居多。有人说从前在乌海城下你放纵敌人不出去，以致作战失利，这是朕所以怨恨和怀疑你的原因。现今辽西不安宁，瓜州、沙州道路断绝不通，你怎么能够高枕无忧而不为朕指挥作战呢？"于是拜官瓜州刺史、右领军卫将军、检校代州都督，率兵在云州出击突厥族的元珍。突厥人问："唐将军是谁？"答曰："薛仁贵。"突厥人说："我听说将军已流放到象州死了，哪里还能再生？"薛仁贵脱下头盔让他们看，突厥人相视失色，下马四面围着下拜，然后渐渐离去。薛仁贵乘机进攻，大败他们，斩首万级，获得人口三万，牛马也相当此数。

永淳二年去世，享年七十岁。赠官左骁卫大将军、幽州都督，官府给以车，护送棺材回家乡。

狄仁杰

狄仁杰（公元630年—700年），字怀英，并州太原（今山西太原市）人。出身官宦家庭，祖狄孝绪，贞观年间任过尚书左丞，父狄知逊，曾任夔州长史。狄仁杰自幼好学，明经及第而入仕途。先任参军、法曹等地方官，后因为官正直，才华出众，被唐高宗赏识，擢升入朝为官，历任大理丞、侍御史、工部侍郎、尚书左丞、都督、侍中、中书令（宰相职）等。死后赠文昌右相，谥号"文惠"，赠司空，追封梁国公。

狄仁杰是武则天称帝时期的著名宰相，唐代杰出的政治家之一。他智慧过人，才华出众，为官刚正，遇事果断，敢作敢为，且多谋划，出计为民，建策为国。他献策能服智慧聪颖、权谋超群的武则天，堪称为中国历史上一位杰出的谋略家。

狄仁杰有奇才。但他的才华是经过自己的努力取得的。有三个小故事足以说明。其一，专心攻读。仁杰幼年时读书非常专心，亦很聪慧。有一次，他家有个门人犯了公案，县吏到他家调查了解，家里的人都殷勤地出去迎接，唯仁杰坚坐读书，不闻不接。县吏责备他无礼，仁杰回答说："书卷中的圣人甚多，我都忙不过应对，哪里还有空闲顾及偶然到来的俗吏，你又何必责怪我呢！"说得县吏哑口无言。其二，基层磨练。仁杰明经及第后，在地方上任不起眼的小官时间很长，但他毫无怨言，刚直用事，磨练自己。还曾遭人诬陷而坐牢。好在工部尚书阎立本明察秋毫，在审讯中不仅查明了他的冤情，还发现他是一个很有才能的人，赞他说："仲尼称观过知仁，君可谓沧海遗珠矣。"于是荐授他为并州都督府法曹。其时，仁杰家住河阳（今河南孟县），在赴任路过太行山时，因怀念家人，伫立

山头良久，对左右人说："吾亲所居，在此云下。""白云亲舍"这一成语由此而出，并成了游子们万古思亲的名言！其三，义感同僚。狄仁杰在并州任法曹时，同僚郑崇质接到命令出使边远绝域，此时其老母病，急需照顾。仁杰知其难，便主动向上司蔺仁基请求代郑出使。蔺当时正与司马李孝廉闹矛盾，见狄仁杰如此讲义气，自愧自己不如，乃主动找李谈和，他向李说了狄的义举后，感叹说："吾等岂独无愧耶？"于是两人相好如初。

仪凤元年（公元 676 年），由于狄仁杰长期任职基层，政绩显著，被唐高宗任命为大理丞，是为六品的审判官，此时狄仁杰已四十七岁了。他到任之后，以其刚正不阿和卓越的才华，办案理狱，深得百姓的拥戴和高宗的赞叹。史载，他曾在一年之内断积案一万七千件，没有一个冤枉而申诉的。他执法严整，连皇帝交办的案件也要按法而行，决不徇私。

仪凤元年九月，左卫大将军权善才，误砍了昭陵一棵柏树，按律应处以免职，但高宗要狄判斩，狄再次面奏说罪不当死。高宗火了，变脸说："善才斫陵上树，是使我不孝，必须杀之。"侍臣们都催狄仁杰赶快去执行。但狄毫不惧怕，他知道高宗是个心肠软，重德礼，能听善言的人，于是以其渊博的学识，论古比今连讽带捧，决心用自己的智慧说服高宗不要枉法。他说："臣闻逆龙鳞，忤人主，自古以为难，臣愚以为不然。居桀、纣时则难，尧、舜时则易。臣今幸逢尧、舜，不惧比干之诛。昔汉文（帝）时有盗高庙玉环，张释之廷争，罪止弃市（停止处死弃尸街头）。魏文（帝）将徙其人，辛毗引裾而谏，亦见纳用。且明主可以理夺，忠臣不可威惧。今陛下不纳臣言，瞑目之后，羞见释之、辛毗于地下。……岂有犯非极刑，即令赐死！法既无常，则万姓何所措其手足！……今陛下以昭陵一株柏杀一将军，千载之后，谓陛下何主？此臣所以不敢奉旨杀善才，陷陛下于不道。"高宗越听越觉得是理，非常佩服仁杰的忠智，立即免去善才的死罪。数日后，擢升狄仁杰为侍御史。

还有一件事，亦令高宗对狄仁杰的才华深表钦佩。有一次，高宗出幸汾阳宫（今山西静乐县），以狄仁杰为随使，途经妒女祠，就要遭到大风雷电之灾。因此，并州长史李冲玄决定派数万民工另辟一条御道。狄仁杰深知这是妖言惑众，胡说八道。如果另开道路要浪费很多民力财力，还要耽误时间，于是他制止李冲玄说："天子之行，千乘万骑，风伯清尘，雨师洒道，何妒女之害耶？"并照常通过。高宗知道了这件事，赞叹说："真大丈夫也！"

弘道元年（公元 683 年）十二月，高宗病故，武则天把准备即位的太子李显贬出京城，让不中用的儿子李旦当傀儡皇帝，自己以太后身份，临朝称制，揽权掌政。这时侯，狄仁杰出任宁州（今甘肃宁县）刺史。宁州是少数民族与汉族杂居的地区，民族关系复杂，狄仁杰采取一视同仁的政策，做和睦团结工作，深得各族人民拥护，称他为狄使君，为其树立了德政碑，狄仁杰因政绩显著开始受到武则天的注意。

垂拱四年（公元 688 年）武则天任命狄仁杰出任豫州刺史。任内在处理原越王李贞（唐太宗子）兵变的善后事宜上与宰相张光辅发生矛盾。一是如何处理被

迫跟随叛乱的六七百人及其连坐家属五千多人。张光辅认为都是叛逆者，统统杀掉。狄仁杰则认为他们是"诖误者"，是被迫胁从的，主张"缓其狱"。他为了把真实情况报给武则天，又不给张光辅等人留下为逆人申理的把柄，采取了上密表的办法。他在密表里说："臣欲显奏，似为逆人申理；知而不言，恐乖陛下存恤之旨。表成复毁，意不能定。此辈皆非本心，伏望哀其诖误。"武则天部分接受了他的意见，将这批人改判发配丰州（今内蒙河套西北）。二是张光辅是平李贞叛乱的元帅，自恃有功，纵将士抢掠百姓，要求狄仁杰多给俸禄给养，狄不同意。光辅怒道："州将轻元帅耶？"狄仁杰不买他的账，对曰："乱河南者，一越土贞耳。今一贞死而万贞生。"光辅质其何意。仁杰慷慨陈词说："明公董戎三十万，平一乱臣，不戢兵铮，纵其暴横，无罪之人，肝脑涂地，此非万贞何耶？……公奈何纵邀功之人，杀归降之众，但恐冤声腾沸，上彻于天。如得尚方斩马剑加于君颈，虽死如归。"张光辅理屈不能对，但怀恨在心。还朝奏狄仁杰不逊，被贬官复州（今湖北酒阳）刺史。

其实，武则天对狄仁杰处理豫州的政策是赞许的，她出于权宜之计暂时贬狄仁杰的官。天授元年（690 年），武则天登基称帝，狄仁杰即被任为宰相。当武则天告诉他："你在豫州时，办了许多好事。可是有人谗毁你，你想知道谗毁你的人吗？"狄仁杰很聪明，他高风亮节地回答说："陛下以臣为过，臣当改之；陛下明臣无过，臣之幸也。臣不知谮者，并为善友，臣请不知。"武则天感叹狄是一个奇异的人。

长寿元年（公元 692 年）正月，武承嗣（则天之侄儿）怨恨狄仁杰刚直，指使人诬告其谋反。武则天半信半疑把案子交由来俊臣审理，但吩咐一定要查明真相，不准动刑。

来俊臣是历史上著名的酷吏，是搞逼供的专家，他并不按武则天说的做，而是按他残酷的用刑和诱供的办法逼狄供认谋反罪。这后面自然有武承嗣的支持。

狄仁杰对来俊臣的为人了如指掌，决定以智谋对付他。来俊臣诱骗他说："凡罪犯初审认罪的一律不处死刑。"狄仁杰明知是圈套，但他好汉不吃眼前亏，将计就计，痛快地认罪说："大周革命，万物唯新，唐朝旧臣，甘从诛戮。反是实。"来俊臣没有料到狄仁杰这样容易上当，竟然招供，心中高兴，以为可结案交差，只等处死狄仁杰的时间了。于是将狄送回监中，放松了管束。狄仁杰利用看守不备，在被头上手写了申冤状，正寻思着怎样带出去，恰巧判官王德寿来找他，想诱骗狄在供词中牵连陷害自己的仇敌杨执柔，因为杨曾是狄的部下。狄灵机一动，以苦肉之计，不仅没做出伤天害理之事，反而骗得王为他捎出了申诉状。狄的申诉状很快到了武则天手上，她立即责问来俊臣为什么要用刑诱供，来当即否认，并说他对狄照顾得很好。武则天要派人去调查，来着了慌，马上让手下人注意安排好狄的衣饰吃住，并要王德寿伪造了一份狄的"谢死表"，上报武则天。武则天感到事有蹊跷，乃亲自召见狄仁杰。她问狄仁杰为什么要承认谋反。狄说："那时，我如果不承认，早被他们屈打死了。"武又问为什么写"谢死表"。狄感到惊

将相卷

奇,回答说:"臣无此表"。武让侍者拿出来看,细辨是别人代写的。于是立即放出了狄仁杰。狄终于以智谋免死,但被贬官为彭泽令。

延载三年(公元696年)五月,营州(今辽宁锦州一带)地区的契丹族,因不堪边吏的虐待,起兵反抗,进军关内,围幽州(今北京市西),威逼冀州(今河北冀县、衡水地区),河北为之震动。在此危难之际,武则天起用狄仁杰为魏州(今河北大名)刺史。狄仁杰到任后,以其高深的谋划,果断地改变了前任刺史因害怕契丹人寇,尽驱百姓入城,死守防御的错误政策,而是让老百姓统统归田,加强农业生产,富民足库。他认为贼兵尚远,不能惊慌失措而误了生产;即便寇来,自当用兵当之,也不能只靠驱赶老百姓。由于他的富民防寇政策对头,契丹不敢入侵,并逐渐兵败退走。老百姓歌颂狄的功德,争相为之立碑纪念。不久,狄就被武则天召为兰台侍郎,加银青光禄大夫,兼纳言,是为宰相。

狄仁杰为相后,政绩卓著,为武则天的统治出了许多好主意,其基本策略是和睦边陲,富民强国。为此,他曾上疏劝武则天不要迁老百姓到不毛的疏勒(今新疆疏勒地区)征伐戍边,指出穷兵黩武不是"固本安人之术",主张委任少数民族有威望的首领治理当地,宁边安内,"则国家有继绝之美,荒外无转输之役",省军费于远方,并甲兵于塞上,则恒、代(今山西大同、代县一带)之镇重,而边州之备实矣"。但他对边防的镇守也是非常重视的,其策略是:"但当敕边兵谨守备,蓄锐以待敌,待其自至,然后击之,此李牧所以制匈奴也。当今所要者,莫若令边城警守备,远斥候,聚军实,蓄威武。以逸待劳,则战士力倍;以主御客,则我得其便;坚壁清野,则寇无所得"。接着他又建议武则天"废安东(今辽宁及朝鲜部分地区),复高氏为君长,停江南之转输,慰河北之劳弊,数年之后,可以安人富国"。

在赵、定(今河北赵县、定县地区)等州遭突厥入侵骚扰时,狄仁杰亲任元帅驱逐,接着又任安抚大使,负责处置河朔(今河北、山西一带)的善后工作。在突厥入侵时,当地不少人随从骚扰官府;突厥退后害怕受诛,逃匿在外,朝廷不少大臣主张严加追究,予以镇压。狄仁杰上疏表示不同意,并提出了自己的远见卓识,主张采取宽大政策,胁从不问,既往不咎,他详细地分析了当地人的性格和受胁迫的原因之后,指出"人犹水也,壅之则为泉,疏之则为川,通塞随流,岂有常性。……今以负罪之伍,必不在家,露宿草行,潜窜山泽。赦之则出,不赦则狂……臣闻恃大国者不可以小道,理事广者不可以细分。人主恢弘,不拘常法,罪之则家情恐惧,恕之则反侧自安。在太原河曲诸州,一无所问。"武则天接受了他的高策,结果当地逃亡者很快回归,民心安定,官道畅通,百姓乐业。

狄仁杰的怀柔招抚策略,不仅稳定了内地人民,而且对周边的各少数民族也产生了深远的影响。他在平定契丹、突厥等少数民族的入侵之后,对投降和俘虏的头面人物和将领,力劝武则天排除众议,不计前罪,不予处死,还委以官职,对将功赎罪的,和汉族一样,赠赏封爵。结果许多少数民族的首领和酋长,纷纷投唐归化,如李楷固、骆务整原都是契丹的首领,曾带兵侵唐,败后投降,狄奏请委以重任,两人后都立了战功,提升为大将军,李楷固还封爵燕国公。唐代是我国历史上各民族交融和大团结的典型时期。狄仁杰主张和执行的民族和睦政策是

起了重要作用的。

狄仁杰为相后的政绩和所作所为表明，他对武则天称帝和执行的政策是拥护的，因此对她也是忠心的。但作为一个有远见的政治家，他却看到了武则天之后的问题。这一点他要比武则天头脑更清醒。他知道，在封建社会女人当皇帝是大逆不道的，只能是偶然现象。武则天之后谁来当皇帝是个关系国家命运的大问题。狄仁杰出于忧国忧民和正统思想，认定只有让李氏后代来继任，国家才能安定。而这个想法他又无法与武则天直说，因为武则天在继承人的问题上始终是犹豫不定的。因此，他只能以自己高超的谋略加以实现。历史证明，他的谋略和努力是成功的，李唐的恢复和唐之中兴，狄仁杰是有大功劳的。

其一，以治国方略影响武则天。武则天以女人之身夺取皇位实在不易，因此，她在执政的初期，实行的是高压政策。狄仁杰为相后，推行的是缓和政策，并以此影响武则天变暴政滥杀为开明政治，去酷吏而用贤才；在内政建设上他主张发展生产，富足百姓，保持社会安定；他反对奢侈浪费和迷信鬼神，曾力主拆除过多的祠庙和劝谏武则天停建大佛像，节省国库数万两；在边防外交上他反对穷兵黩武，主张和睦相处，加强防御。这一系列的正确方针，使多谋而高傲的武则天对他亦深为信服，称他为"国老"，在他死后感叹"朝堂空矣！"

其二，劝武则天放权。大概是怕被人揽权打倒，武则天称帝后权力高度集中，连太学生请假也亲自审批。狄仁杰任宰相后，力劝武则天放权，这既为武则天减轻了负担，也为开明政治和后继问题做了准备。他对武则天说："作为一国之主，管住有关生杀的大事就行了，至于一般的事情，应让有关部门去处理。若什么事都想管，光是太学生就上千人，你连诏书都发不过来。"武则天接受了他的意见，逐步放权，各司其责，再也不事无巨细都要她一人说了算。

其三，力复李显为太子，这是狄仁杰复唐谋略的核心。为此，他做了最大的努力，想了许多办法。一是利用二张。二张指的是张易之、张昌宗两亲兄弟，此二人都是武则天宠信的面首，因色荣升，贵震天下。武承嗣想当太子，以图帝位，不断接近收买二张；狄仁杰也看到二张的重要性，决心以计让他们为自己服务。狄是当朝一品宰相，二张是暴发户，他们害怕武则天死后日子难过，故想请教狄为其出"自安之术"。狄对他们说，唯一的办法是敦促武恢复李显为太子，将来即位，你们是功臣，自然就安全了。二张果然采纳，也劝武则天恢复李显为太子。二是以自己与武则天的良好关系，注意观察武则天的意向。当武则天流露出为继承人而担忧时，他不像别的大臣那样，单刀直入要武马上复立李显，引起武则天反感，而是采取回诱法，说李显在外如何改错行德政，还很想念她等，以逐渐勾起她母子骨肉之情。有一次，武则天以极其不安的心情向大臣们说她做了一个梦，梦见一只美丽的鹦鹉，两个翅膀全被折断了，要大臣们为其圆梦。在场的人都沉默无对。狄仁杰见是良机，解释说："臣以为那只大而美丽的鹦鹉，就是陛下自己，因为陛下姓武。"武则天常以鹦鹉比拟自己，所以对狄的解说额首点头。狄仁杰接着说："两翅，就是陛下的两个儿子呀！现在他们都处于被囚禁的地位，这就是两翅折断的意思。没有翅膀的鹦鹉不能飞翔，陛下起用二子，鹦鹉也就能借

助翅膀飞翔了。"武则天沉思不语,大臣们跟着也劝武则天快立李显为太子。在众议纷纷的情况下,武则天于圣历元年(698年)悄悄地把李显从庐陵接回宫中,有意立其为储君,但决心尚未下定。狄仁杰得知情况后,立即面奏武则天,他慷慨激昂、涕泪俱下地陈述了一个国家需要立一个有威望的储君,人民才能乐业,社会才能安定。说得武则天连连点头,也动了真情,立即表态说:"还卿储君",并叫出李显与狄相见。狄马上跪地叩谢,又建议武以隆礼公开迎立李显为太子,武则天下诏而行。三是为了巩固李显的地位,在一次反击突厥入侵的平乱事件中,狄仁杰建议由太子李显为元帅,他为副元帅。在狄的谋划指挥下平乱成绩显著,太子的威望也因此大增。

其四,荐用良臣。狄仁杰明白,要想恢复李氏天下,巩固唐朝政权,必须要有一大批有才干的将相辅佐。因此在他当了侍中和中书令之后,不断向武则天举荐名臣良将。著名的有张柬之、桓彦范、敬晖、塞环贞、姚崇、李楷固、骆务整等,其中尤其以张柬之最为重要。一次,武则天要狄推荐一位有将相之才的"好汉",狄就向她推荐了年过七十的荆州长史张柬之,说他有宰相之才,"必尽节于国"。过了一段时间,武则天又要狄推荐高才。狄说:"臣推荐张柬之了呀?"武说:"我已升他为司马。"狄说:"我推荐的是宰相,不是一般的司马。"武还是没有听从,但调升张柬之入朝为秋官侍郎。

就是这位狄仁杰两次举荐为相的张柬之,在狄死后的第四年,终于以八十高龄当上了宰相,并为首发动了史书称为"五王之变"的宫廷政变,逼迫武则天让位下台,把李显扶上了帝位,李唐江山得到恢复和巩固发展,在历史上起了促进的作用。

寇　准

宋朝名相寇准(公元961—1023年),字平仲,华州下邽(今陕西渭南)人。其祖父寇延良,颇有才学,因遭唐末战乱,终生布衣。其父寇相,善书画,能诗文,后晋开运年间中进士第。寇准辅佐宋太宗、宋真宗两朝,以刚毅清正之风垂范后世,以拯时救世之才报效国家,是一位洞察密机、善断大事的良相。

寇准由于受书香门第的熏陶,自幼天资聪颖,好学上进。十九岁时就赴京应试,一举中第,开始了他几十年的政治生涯。

寇准性格正直、诚实。当时宋太宗殿试取人,常常到殿前平台上看着应试者提问,对年纪轻的人,常常不屑一顾。因此,有人让寇准增报年龄,他回答说:"我正准备踏上仕途,怎么能欺骗皇上呢?"他在任知县期间,对属下衙役要求严格,不准他们横行乡里,搜刮民财,鱼肉百姓,严格按照朝廷的明文规定征收赋税和徭役。为了防止属下不法之徒巧立名目,额外增收,以饱私囊,他令人把县中应当纳税、服役者的姓名、住址等项,写在纸上,张贴在城门中,公布于众。老百姓

见寇准执法公正,为政清廉,体察民情,爱民如子,都深受感动。凡是应该缴纳赋税者,无不如数按时送交,从不拖延时日。

由于寇准为官期间政绩突出,有利于宋王朝政权的巩固,故受到宋太宗的信赖,连连升迁。当时,恰逢太宗下诏,让百官上书直言进谏,讨论国家大事。有一次,众卿都建议与辽国讲和,而寇准却大胆直言,反对讲和,并据理陈词,力排众议。宋太宗见寇准胆识过人,才干超群,因此对他尤为器重,拜寇准为枢密院直学士。还有一次寇准上朝奏事,因说话不合太宗心意,太宗大怒而起,欲退朝回宫。此时寇准并未因太宗发怒而罢谏,相反,却上前扯住太宗的衣角,让太宗坐下来,继续听他直言陈述,直到太宗同意他的意见,当即决断之后,才肯罢休。寇准这种为国计民生之大事,敢于在威怒之下的皇帝面前,不怕丢官,挽衣强谏的精神,与唐朝名相魏征不相上下。所以,当太宗息怒之后,仔细想来,寇准能如此忠勇直谏,实属难得,对他颇为赞许。太宗对近臣说道:"朕得寇准,犹如唐太宗得魏征一样。"

在两次废立太子的重大事件中,寇准充分显示了他的足智多谋和善断大事的品质。一次是废楚王赵元佐太子。元佐是宋太宗的长子,由于营救太宗之弟赵廷美没有成功,得了心病,行为变得粗暴残忍。身边的人稍有过失,他就用残酷的刑罚处死。太宗多次训诫他,始终未见好转。重阳节那天,太宗在宫中设宴,元佐因病刚愈没有让他参加。到了半夜,为了发泄愤意,元佐竟把妻妾关闭起来,纵火焚烧宫室。太宗因此大怒,意欲废掉元佐,另立太子。当时寇准在邦州做通判,太宗召见他问道:"你试着为朕决断一件事情,太子的所作所为太无王法了,日后必定有夏桀、商纣一样的行为,朕想废掉他,但东宫拥有兵甲,恐怕因此会闹出大乱子。此事如何是好?请您替我筹划一个万全之策。"寇准说:"请陛下找个机会,命太子代您主持某项典礼,他左右人员必定随行,然后陛下派人往东宫仔细搜查,果真有不法的事情,等太子回来拿给他看,把他废除。到时候只要一个太监的力量就够了。"太宗接受了寇准的计策,趁太子外出,派人从他的宫中果然搜出了许多刑具,有剜眼睛的、抽筋条的、割舌头的等等。在大量物证面前,元佐只好低头认罪,于是就顺理成章地被废黜了,没有发生任何风波。另一次是立襄王元侃,那是淳化五年(公元994年)的事。当时太宗已近暮年,为立太子事心烦意乱,坐卧不安,加上身患脚疾,疼痛难忍,真可谓心力交瘁,苦不堪言。此前,有冯拯等人上疏,请求早立太子,太宗盛怒之下,把他们都贬到岭南去了。此后,再也没有人敢提及立太子的事。但太宗毕竟年事已高,立太子继承皇位想回避也回避不了。此时的太宗,亟需一个情投意合的人与他为伴,向他一吐衷肠,以求得心理平衡,并共同谋划另立太子之事。太宗想起了被他贬到青州的寇准,想起了他直言进谏、为国尽忠的种种好处,不免有所悔悟,怀念之情油然而生。于是下诏书召寇准回京。当太宗闻报寇准上殿进见时,便急忙宣入。待寇准参拜已毕,太宗先让他看看自己的脚病,随后赐坐,并问寇准:"爱卿为什么来得这样迟缓?"寇准回答:"臣不见您的诏书召还,是不敢擅回京师的。"太宗对寇准的回答并不介意,只想尽快听到寇准关于确立太子的意见,便马上转换话题。

将相卷

中华名人百传

他问寇准道："爱卿看我这些儿子当中,谁可以继承皇位呢?"寇准此时虽然心中有个人选,但不知太宗心中倾向于哪一个,因此不便直接回答太宗的问题。于是他只给太宗提出一个选立太子的原则。寇准回道："陛下为天下人选择君主,与妇人、宦官商量,是不行的;与近臣商量,也不行;只要陛下您自己选择能符合天下人所期望的人,就可以了。"太宗听罢,低头思之良久,然后屏退左右,对寇准说:"你看襄王元侃可以吗?"其实寇准心中所想的也是襄王元侃,于是连忙说道:"知子莫如父。陛下既然认为可以,愿您当即决定。"立太子的事,君臣二人就这样决定了,太宗从此了却了一桩心事。

至道元年(公元995年)八月,宋太宗正式立襄王元侃为皇太子。当太子到宗庙参拜行礼回来,京城人民夹道观看,欢呼雀跃,有人说:"真是个少年天子!"太宗得知后,心中甚是不悦,说道:"人心一下子都归了太子,那将把我摆在什么地位呢?"寇准怕太宗改变主意,便急中生智,立刻再拜并祝贺说:"太子众望所归,是陛下的决策英明,是国家百姓的洪福。"太宗听寇准如此一说,觉得自己在臣民心中的地位仍居于太子之上,便马上高兴起来。又入后宫,把此事说给皇后、嫔妃知晓,后宫的人又都出来庆贺。太宗乘兴命人摆宴,与寇准共饮,待醉方休。寇准主张执法公正,断案如鉴,反对徇情枉法,以权谋私。宋太宗淳化二年(公元991年)春,大旱无雨,又闹蝗灾,加上前一年火、蝗、旱三灾并发,所以引起了太宗的注意。他召集近臣进殿,询问他们处理朝政是否有不当之处,因而触怒了上天,大臣们都说这是天意如此,我朝朝政并没有什么错处。然而寇准却回答说:"《尚书·洪范》说,天人之间,互相感应,如影随形,如响随声;现在出现了大旱之灾,证明我朝施用刑罚有不公平的地方。"太宗听后不悦,转身退入宫中。过了一会,太宗又召见寇准,问他什么事情处理不公平。寇准说:"请召中书省与枢密院二府大臣前来,我就说。"于是太宗下诏,召二府大臣进入内宫。寇准说道:"前不久,祖吉、王淮皆因违法受贿而被治罪。但祖吉贪赃少却被杀了,而王淮因为是参知政事王沔的弟弟,虽然侵吞自己主管的国家财物多至千万,反而只受杖刑,又官复原职,难道这不是不公平吗?"太宗问王沔,此事是否如寇准所说,王沔无可辩驳,只好叩头谢罪。太宗又狠狠地斥责了王沔。

景德元年(公元1004年)七月,宋真宗任寇准为宰相。同年九月,辽军有小股游骑侵犯宋边境,作战稍有不利,就急忙引军退却,似无大举进兵与宋军交战之意。寇准接到此一军情报告,料定此为辽国兴兵南下大举侵犯的前兆,故立刻上奏真宗说:"辽军此举是想麻痹我们。我们应当加紧训练部队,任命将帅,并且要选派精锐部队占据军事要地,以防辽军大举进犯。"在寇准的建议下,宋军调兵遣将,严阵以待。

果然不出寇准所料,同年十一月,辽军大举南下。辽国萧太后、圣宗耶律隆绪御驾亲征,大将萧达揽率军二十万直进中原,军情十分危急,宋廷惊慌失措。一个晚上竟有探马飞报五封军情机密文书送达相府,而身为朝廷重臣的寇准却十分镇定,他对紧急军情文书连拆也不拆,照常饮酒,谈笑如常。第二天,有人将此事奏报真宗,真宗大惊,责问寇准为何如此?寇准回答说:"陛下想了结此事,

不出五天定见分晓。"真宗问寇准有何退兵良策。寇准提出要真宗御驾亲赴澶州（今河南濮阳）坐镇，这样必能克敌制胜。他认为皇帝大驾亲征，宋军必定团结和睦，士气高昂，军威振奋，而敌人自然会闻风落荒而逃。否则，宋军人心涣散，敌人乘胜而入，大宋天下难得太平。朝内群臣见寇准提出要真宗御驾亲征，感到事情重大，也怕随驾前往，因此个个胆战心惊，纷纷准备退朝，以免皇帝怪罪。寇准见群臣如此畏缩退却，心中甚是不悦，便严辞厉声制止。真宗皇帝也感到十分为难，想要回到内宫，然后再议决此事。寇准一看真宗皇帝有不愿亲征之意，一旦回宫，这件事就难办了。就对真宗说："陛下一进去，群臣就再难见到您，那就要误大事了。请您不要回宫。"真宗在寇准的强谏之下，万般无奈，只好同意讨论是否亲征事宜。

当时朝廷大臣对御驾亲征一事意见不一。寇准和毕士安等人，力谏真宗亲自率军征辽；而参知政事王钦若、大臣陈尧叟等人，则力劝真宗南迁避乱。王钦若是江南人，他主张真宗南迁金陵；陈尧叟是四川人，他力劝真宗驾幸成都。真宗一时拿不定主意，问寇准怎么办？寇准心知王钦若、陈尧叟都在为自己打算，他假装不知道，说："谁个为陛下筹划如此下策，其罪当斩。陛下神明英武，将臣团结和睦，如果大驾亲征，敌人自然闻风丧胆。即使不亲征，我们出奇兵来挫败他们的阴谋，或者坚守来疲劳他们的士兵，持劳逸之势，我们也能稳操胜券。为什么要抛弃宗庙、社稷，去金陵、成都？"寇准这一番话义正词严，合情合理，真宗亲征的主意才决定下来。

同年十二月，真宗亲率大军行至澶州南城，当时辽军气势正盛，众人都请真宗住下，以观察敌我形势，然后再决定进止。而寇准则坚决请求真宗继续前进。他说："陛下如果不过黄河，则人心更加恐惧不安，不能壮我军威以压住敌人的气焰，乃至取得最后的胜利。况且，现在我军有王超率领的精锐部队驻扎中山，扼杀咽喉要地；又有李继隆、石保吉分别领兵于两侧布成大阵，控制左右要冲；再加上各方援军陆续抵达，陛下为何还生疑虑而不敢前进呢？"寇准见自己陈说利害、促驾前行势单力薄，故退下找殿前都指挥使高琼商量。寇准问高琼说："太尉深受国恩，今日何以报效国家？"高琼回答："我是军人，愿以死殉国。"寇准很高兴，便把自己的想法说给高琼听，然后两人一起去见真宗。寇准说："陛下对我的话不以为然，何不问问武将高琼的意见？"高琼立刻抬头上奏说："寇准的意见是对的，望陛下采纳。"寇准不等真宗开口，又对高琼说："机不可失，应催促皇帝马上出发。"高琼便命卫士备好车辇，于是真宗渡过了黄河，来到了澶州北城的门楼之上。远远地宋军望见帝辇的华盖，无不欢呼雀跃，军威大振，其声音数十里之外都能听见，而辽兵听到宋军的欢呼声，个个面面相觑，惊愕不已。

真宗到澶州后，委托寇准全权处理军务大事。寇准治军号令严明、处事果断、指挥有素，士卒既畏惧又心悦诚服。不久，辽军数千骑逼近城下，寇准命令士卒出击，斩杀活捉了一大半，扭转了被动局面。后来，辽军统帅萧挞凛亲临战场督战，宋军威虎军头张瑰守用床子弩，一箭射中挞凛前额，挞凛中箭身亡，辽兵只好退去。宋真宗回到行宫，留寇准在北城之上坐镇指挥。过些时候，派人去看寇

准在干什么，但见寇准正在饮酒、下棋，歌声、戏谑声、欢呼声，不绝于耳。真宗得知后，高兴地对左右说："寇准如此从容镇定，我还有什么值得忧虑的呢？"

辽国损兵折将，损失惨重，无力再战；太后只好派使前来澶州，请求罢兵议和。辽国提出要宋朝把关南的土地让给它。宋真宗说："辽国使臣所说割地一事，毫无道理。若只索要金银玉帛，对朝廷大体倒无甚伤害。"但寇准却不愿给辽国金银玉帛，而且还提出要辽国向宋朝称臣，并献上幽、蓟二州的土地。他向真宗献策说："只有这样，才可保边境百年无事，否则数十年之后，戎狄又起贪心了。"真宗急于求和，对寇准说："数十年后自然有守土尽责之人，我不忍心百姓生灵涂炭，姑且按辽国提出的要求讲和算了。"并立即派曹利用前往辽方谈判。真宗对曹利用说："实在不得已，就是百万钱也行。"寇准得知此消息后，召曹利用到帷幄之中，对他吩咐道："虽有圣旨，但你答应辽国如超过三十万，我就砍你的头。"曹利用到了辽国，最终以白银十万两、丝绢二十万匹为代价与辽方达成和约而还。辽国派遣阁门使丁振带着盟誓条约来宋，以兄礼事奉宋真宗，引军回北方去了。这一次，寇准虽然未能彻底改变宋朝给辽国输送金银玉帛的结局，但却保住了宋朝的北方领土，并且使经济损失控制在一定的限度之内。

澶州之战，宋军大胜辽军，首功当归寇准。宋真宗对他特别厚爱，寇准也十分得意。但王钦若因当初请驾南迁一事，当众遭到寇准痛斥，故对寇准怀恨在心，总想借机谗言陷害寇准。一天，真宗召见群臣，寇准未等散朝先走一步，真宗目送着他离去，久久地看着他的背影。王钦若一看时机已到，便乘机进言说："陛下如此尊敬寇准，那您看他是不是匡扶社稷之臣呢？"真宗说："当然是了。"王钦若说："澶州一战，陛下不以为耻，反而还把它当成寇准的功劳，这是为什么呢？"真宗不觉愕然惊诧，忙问其中缘故。王钦若说："城下之盟，《春秋》以为奇耻大辱，而陛下为万乘之主，与虏订盟于城下，还有比这更耻辱的事吗？"真宗怅然不乐。王钦若又进谗言说："陛下知道赌博吗？博者赌钱非输光不可，常常倾其所有以作抵押，这就叫'孤注一掷'。陛下您成了寇准的'孤注'了，这是很危险的呀！"真宗听了无耻小人的谗言，逐渐疏远寇准，罢了他的宰相之职，降为刑部尚书，外任陕州去了。

寇准，作为一名忠臣良将，才华出众，刚直果决，他有勇有谋，能为国家效力，有胆有识，能为百姓造福，堪称国家股肱之臣。但他终于没有逃脱忠臣遭谗、良辅被贬的厄运。除了遭王钦若的谗言，被贬陕州外，他又被自己的门下参知政事丁谓谗毁，连连被贬，最后死于雷州。丁谓起初对寇准十分恭谨，有一次，寇准在中书省吃饭，胡须沾上了汤羹，丁谓看到后，赶紧站起来给他轻轻擦拂，寇准笑着说："参政，国之大臣，乃为官长拂须邪！"丁谓甚为惭恨。后来，寇准对宋真宗说："丁谓是个谗佞之人，不可以让他辅佐少主。"宋真宗听纳了。此事本来别人都不知道，但寇准自己有一次喝醉了酒泄漏了出去，让丁谓听到了，于是丁谓竭力罗织罪名，挑拨是非，不断向皇帝进谗言，必欲置之死地而后快。结果，寇准被罢相后，又相继三黜，再不得复起。

寇准于贫病交加、心情抑郁中去世后，宋仁宗调任他为衡州司马的诏书才下

到雷州贬所,可惜寇准再难从命赴任。其妻宋氏请求将寇准尸骨归葬洛阳,宋仁宗准奏。在寇准灵车北归洛阳的路上,沿途官府百姓都设祭哭拜,并在路旁遍插竹枝,上面悬挂着纸钱。一个月之后,插在路旁的竹枝上都生出新笋,百姓纷纷议论,寇公之死,感天动地,插竹生笋,乃是寇公高风亮节感化上天所致。为此,百姓又为寇公修祠筑庙,并年年按时祭奠。

范仲淹

"先天下之忧而忧,后天下之乐而乐",这是北宋著名的政治家和军事家、卓越的文学家和教育家范仲淹在千古名篇《岳阳楼记》中的两句光彩照人的名句。这两句名句已成了"中国精神"的一个组成部分,是中华文明史上闪灼异彩的极为宝贵的精神财富。朱熹称范仲淹是有史以来天地间的第一流人物!

范仲淹,字希文,苏州吴县(今江苏吴县)(公元 989—1052 年)人。他是唐朝宰相范履冰的后代,其父范墉,曾任宁武军节度使掌书记。范仲淹两岁时父亲就去世了,他随母亲改嫁,过着贫寒孤苦的生活。少年时的范仲淹尽管家境贫寒,但胸有大志,学习刻苦,他常到离家不远的鳢泉寺僧房寄宿,晨曦之间,便讽诵诗文。他苦读不懈的精神,给人留下了深刻的印象:每晚煮两合(一升的五分之一)粟米粥,次日用刀划为四块,早晚各取两块,拌几根腌菜,调半盂醋汁,吃完继续读书。他昼夜不停地刻苦学习,读书十分疲乏时,就用冷水浇脸。三年过去了,这里的存书已不能满足他的需要,他就徒步游学,来到当时颇有名气的天府书院(今河南商丘县)。范仲淹十分珍惜这里的学习环境,从春至夏,经秋历冬,连岁苦读。凌晨舞一通剑,夜半和衣而眠,别人看花赏月,他在六经中寻乐。一次,当朝皇帝宋真宗路过,大家争相前趋观望,而范仲淹却闭门不出,坐诵如旧。一位同学怪他错过了良机,他却回答:"日后再见,未必为晚!"有人看他终年吃粥,生活清苦,给他送来美食。他竟一口不尝,听任佳肴发霉变质,直到人家怪罪起来,他才长揖致歉,从容说明:"我已安于过喝粥的生活,一旦享受美餐,日后怕吃不得苦。"

"功夫不负苦心人"。数年之后,范仲淹对儒家经典早已滚瓜烂熟,大中祥符七年(公元 1014 年)秋和八年春,他通过科举考试,中榜成为进士,从此,开始了他近四十年的政治生涯。在崇政殿参加御试时,第一次看见了年近五旬的真宗皇帝。

天禧五年(公元 1021 年),范仲淹任泰州海陵西溪镇(今江苏东台县附近)盐仓监官。他很快发现,当地年久失修的海堤已坍圮不堪,不仅盐场亭灶失去屏障,而且广阔的农田民宅也屡遭海涛威胁。遇上大海潮汐,甚至水淹泰州城下,成千上万灾民流离失所,官府盐产与租赋均蒙受损失。为此,他上书给江淮漕运张纶,痛陈海堤利害,建议在通州、泰州、楚州、海州(今连云港至长江口北岸)沿

将相卷

海，重修一道坚固的捍海堤堰。张纶慨然批准了这项浩大的工程，并奏请朝廷调范仲淹做兴化县令，全面负责治堰。工程开始不久，数万民夫却遇上了夹雪的暴风和大海潮，吞噬了一百多民工。在挫折面前，部分官员认为是天意，主张取缔原议，彻底停工。事情报到京都，朝臣们也踌躇不定。而范仲淹则临危不惧，镇定自若。尽管其他官员张惶失措，兵民纷纷惊避，而范仲淹在风急浪高中屹立不动。在他的影响下，官员情绪渐渐稳定，治堰工程全面复工。不久，一条绵延数十里的长堤便横亘在黄海滩头。盐场和农田生产及百姓的生命财产从此有了保障。往年因受灾而流浪外地的百姓，又扶老携幼返回家园。人们感激范仲淹的功绩，都把捍海长堤叫作"范公坝"，不少灾民竟跟着他姓了"范"。

景祐元年（公元 1034 年），范仲淹任苏州知州，苏州发大水，民田不能耕种，他带领百姓疏凿了五条河渠，导引太湖水流入大海，解除了苏南水患，又为民造了福。

范仲淹是位博学之士，他通晓《六经》，长于《易经》，学习经学的人大多向他请教求正是非，他手持经典为他们讲解，不知疲倦。每当他激动地谈论起天下大事时，就奋不顾身。从四面八方前来专意向他求教问业的人络绎不绝，范仲淹热诚接待这些迢迢而来的学者，他甚至拿出自己的俸禄供养前来求学的四方游士，而自己的几个孩子要轮换穿一件好衣服才能出门，他却处之泰然。有一次，有位游学乞讨的孙秀才，前来拜谒他，范仲淹即刻送给他一千文钱。过了一年，孙秀才又来了，范仲淹一边送钱给他，一边问他为何匆匆乞讨，不坐下来静心读书。孙秀才悲戚地说："家有老母，难以赡养；若每天有一百文的固定收入，便足够使用。"范仲淹对他说："听语气，你不像乞客。待我帮你在本校找个职事，让你一月得三千文，去供养老人，这样你能安心治学吗？"孙秀才大喜拜命，从此，跟着范仲淹攻读《春秋》。第二年，范仲淹离开南京，孙秀才也辞去职事。十年之后，朝野上下传诵着有位德高望重的学者，在泰山广聚生徒，教授《春秋》，姓孙名复。就连山东著名的祖徐先生石介，也师事于他。这位学者，便是当年那位孙秀才。范仲淹感慨地说："贫困实在是一种可怕的灾难。倘若孙复一直乞讨到老，这杰出的人才岂不湮没沉沦！从海陵到高邮，从苏州到邠州（今陕西彬县），范仲淹每到一处，总是首先兴学聘师，关心教育。后来做到宰相时，下令所有的州县一律办学。而经他指教和影响过的许多人，往往都各有所成。当时士大夫间注意矫正世风，严以律己，崇尚品德节操，也是范仲淹首先倡导的。

早在范仲淹因母去世服丧期间，晏殊听说范仲淹的名声，召请他到府学任职，范仲淹就上书朝廷，请求选择郡守，举荐县令，斥逐游散懒惰之人，裁汰冗员和不守本分的人，慎重选举官员和慰抚将帅，这封上书长达万余字。至服丧期满，晏殊推荐他荣升为秘阁校理——负责皇室图书典籍的校勘和整理，实际上属于皇上的文学侍从。这就使他有机会经常见到皇帝。耳闻目睹朝廷机密，此乃飞黄腾达的极好机遇。但范仲淹一旦了解到朝廷的某些内幕，便大胆介入了上层社会险恶的政治斗争。他发现仁宗皇帝年已二十，但朝中各项军政大事，全凭六十开外的刘太后把持，而且听说这年冬至那天，太后要让仁宗同百官一起，在前殿给她叩头庆寿。范仲淹认为,家礼与国礼不能混淆,损害君主尊严的事,应予制止。于是他奏上章疏,批评说:"在内宫事奉亲长,自当有家人礼仪,但在朝廷上天子和百官站在一起,朝南礼拜太后,不可成为后世的礼法。"范仲淹的奏疏,使晏殊极为恐慌。他匆匆把范仲淹叫去,责备他不该如此轻狂。可是,素来敬重晏殊的范仲淹此次却寸步不让,沉脸抗辩:"我正为受了你的举荐才常怕不能尽职,让你替我难堪,不料今天因正直的议论而获罪于您!"一席话,使得晏殊无言以对。回到家中,范仲淹索性再上一章干脆要求刘太后撤帘罢政,朝廷始终保持缄默,却降下诏令,贬范仲淹离京,调任河中府通判。秘阁的僚友们送他到城外,大家举酒饯别说:"范君此行,极为光耀啊!"

当时朝廷为建造太一宫和洪福院,在陕西征购木材,范仲淹说:"昭应宫、寿宁宫毁于火灾,上天的惩戒刚过去不久,如今又大兴土木,破费百姓财产,这不是顺乎人心、合乎天意的事情。应该停止修建寺观,减少平常年份征购木材的数量。"又说:"受到恩宠的人多由皇宫里直接降敕授官,这不是太平治世的政策。"三年过后,刘太后去世,仁宗皇帝把范仲淹召回京师,派他专门做评论朝事的言官——右司谏。这时上疏议论国事的臣僚们大多揭露章献太后听政时的事情,范仲淹说:"太后接受先帝遗命,调理保护陛下十几年。应该遮掩她的细小过错,以成全太后的德誉。"仁宗因此诏谕朝廷内外,不要每次都谈论太后听政时的情形。当初,章献太后曾下遗诏以皇太妃杨氏为皇太后,参与政策的制定和讨论军国大事。范仲淹说:"太后,是皇帝母亲的称号,自古以来没有因保育皇帝有功而代皇帝立太后的。如今一位太后去世,又立一位太后,天下人恐怕要怀疑陛下一天也离不开母后的扶助了。"这时,干旱和蝗灾正蔓延山东半岛和淮河、长江流域,范仲淹请求朝廷赶快派遣使臣往灾区巡视,可是一时没有得到回答,他便当面质问仁宗:"如果宫廷之中半日停食,陛下该当如何?"仁宗悚然惭悟,便派范仲淹去赈灾安抚。范仲淹所到之处开仓赈济灾民,并且禁止灾区百姓过分的祭祀活动,奏请朝廷免除了折役茶、丁口盐钱。他归来时,还带回了几把灾民充饥的野菜,送给了仁宗和后苑宫眷。

这时的宰相吕夷简,当初靠讨好刘太后起家,太后一死,他又赶忙说太后坏话。他的狡诈行径,被仁宗的郭皇后揭穿,宰相职务一度被罢免。但此人根深蒂固,不久又重登相位,借仁宗的家庭纠纷,企图废掉郭皇后,并禁止百官参议此事。范仲淹率领谏官、御史径趋垂拱殿,求见仁宗面。他们伏阁呼请多时,无人理睬,司门官又将殿门砰然掩闭。范仲淹等人手执铜环,叩击金扉,隔门高声质问:"皇后被废,为何不听台谏入言!"眼看无济于事,准备第二天早朝之后,留下百官,当众与吕相争论。不料次日凌晨,范仲淹刚到待漏院,忽听降诏传呼,贬他远至江外,并催促即刻离京。此次到城郊送别者已为数不多,但仍有人举酒赞许说:"范君此行,愈觉光耀!"

过了几年,范仲淹由睦州移知苏州,因治水有功,又被调回京师,并获得天章阁待制的荣衔,做了开封知府。当时,吕夷简仍执掌朝政,他广开后门,滥用私人,使朝政腐败不堪。范仲淹根据调查绘制了一张"百官图",在景祐三年(公元

将相卷

1036 年)呈给仁宗。他指着图中开列的众官调升情况,对吕夷简用人提出尖锐抨击。吕也不示弱,反讥范仲淹迂腐。范仲淹便连上四章,论斥吕夷简狡诈,吕更诬蔑范仲淹勾结朋党,离间君臣。毕竟吕夷简老谋深算,善于利用君主之势而最终取胜,范仲淹被剥夺待制衔,第三次被贬,差点死于岭南。这次到都门外送行的更寥寥无几,但正直的王质抱病载酒前来送行,并称许"范君此行,尤为光耀!"范仲淹笑着说:"仲淹前后已经'三光'了,下次如再送我,请备一只羊,作为祭品吧!"范仲淹刚直不阿,置个人于度外的品格,由此可见一斑。

范仲淹是个富有谋略的军事家和政治家。在边关危急时,他以 52 岁的高龄挂帅出征。经过亲临前线视察,他发现宋军官兵、战阵、后勤及防御工事等诸多弊端,如不改革军阵体制,并采取严密战略防御措施,实难扭转战局。范仲淹的战略防御并非单独或消极的防守措施,他初至延州,便全面检阅军旅,实行认真的裁汰和改编,他从士兵和低级军官中提拔了一批猛将,在当地居民间选录了不少民兵,又开展了严格的军事训练,取缔了按军阶低高先后出阵作战的机械临阵体制,改为根据敌情灵活出兵的应变战术。他还采纳建议,构筑堡寨,加强城防。对沿边少数民族居民则诚心团结,慷慨优遇,严立赏罚公约。他号令清楚,爱护士兵,对前来归附的各部落,都能诚恳接纳,信任不疑。他的上述措施,渐渐地在边疆立起了一道坚固的屏障,使当时西夏人相戒说:"小范老子胸中有数万甲兵。"因而再也不敢轻易来侵犯。

庆历三、四年(公元 1043—1044 年)间,亟待稳固政权的仁宗皇帝,多次询问当世急需办理的大事,范仲淹退朝回家,冥思苦想,奏了十件:一是严明官吏升降制度;二是抑制侥幸;三是严密贡举制度;四是选择地方长官;五是均公田;六是重视农桑生产;七是整治军备;八是落实朝廷的恩泽和信义;九是慎重发布朝廷命令;十是减轻徭役。这就是历史上著名的"庆历新政"。短短几个月间,政治局面焕然一新:官僚机构开始精简;以往凭家势做官的子弟,受到重重限制;昔日单凭资历晋升的官僚,增加了调查业绩品德等手续;有特殊才干的人员,得到破格提拔;科举中,突出了实用议论文的考核;全国普遍办起了学校。

范仲淹在宦海多年,深谋远虑,经验丰富,对有些问题的处理自有他的独到之处。例如,宋仁宗皇祐二年,吴中农业欠收,发生了大饥荒。当时范仲淹在浙西做官,他向富户募捐,积极储备粮食,采取了一系列救灾措施。与此同时,他还鼓励老百姓赛龙舟,提倡寺庙兴土木,让公家修建仓库官舍,每天役使佣工数千人。有人由此弹劾范仲淹不体恤民间疾苦,游宴作乐,劳民伤财,皇帝也因此下诏怪罪他。而范仲淹认为,凡准备出游的人,必定行资充足,游览的是一个人,但依靠他活命的可能是几个人、几十个人,他用事实向皇帝递上奏折说,他之所以这样做,其目的正是为了发掘余财,使贫困百姓得到好处,让那些以卖苦力为生的人,都能从公私两家获得温饱,不致饿死、冻死而暴尸于沟壑。又如,北宋时,大盗张海将要经过高邮,知军晁仲约估量自己的兵力不足以抵抗,就通知郡内的富户,可以拿出金帛和酒肉去迎接犒劳张海他们。此事传开后,皇帝很生气,富弼提议杀了晁仲约。范仲淹说:"凡郡县的武装足以作战,遇到盗匪不抵抗,反贿

赂他们,这是国法所不允许而必须杀头的。可是现在高邮既无兵力,又无武器,况且老百姓的想法是能凑些财物免于杀掠也就高兴了。在这种情况下,如果将晁仲约杀了,是不合乎国法本意的。"宋仁宗听后,就将晁仲约释放了。富弼不高兴地说:"正要行使法纪,而你却多方阻挠,这怎么能够整饬众人呢?"范仲淹私下里告诉富弼说:"自太祖皇帝以来,从未轻率处死过臣子,这是桩好事,为什么要随便破坏它呢?那样下去的话,将来对臣子的处罚越来越严厉,恐怕连我们也未能保全了。"富弼听后,很不以为然。等到后来二人出任外职,富弼自河北返朝,到了商都,却不许入城,他也搞不清皇帝是何居心,整夜惶惶不安,绕床叹息道:"范仲淹有先见之明,真是圣人啊!"

司马光

一群儿童在一起嬉戏,突然一个小孩不小心掉进了盛满水的大缸里,那孩子遭到灭顶之灾,在场的其他孩子吓坏了,哭喊着四散奔逃。唯独一个小孩不慌不忙,从地上拣起一块石头,向大缸砸去,缸被砸了一个大洞,水流了一地,掉进缸里的小孩得救了。这是一则脍炙人口的故事。这个急中生智,用石头砸缸救人的孩子就是司马光,后来他成了北宋的宰相,是历史上著名的政治家、思想家和史学家。他有自己独特的为政谋略。

司马光(公元104—1086年),其父司马池,官拜四品,曾任北宋中央政权中的天章阁待制等要务。他教育司马光要为人正直,不说假话。一次,年幼的司马光不会剥核桃,别人问他核桃是否是自己剥的,他说是。正好司马池听见了,他大骂儿子说谎。此事对司马光教育很大,从此,他立志终生不说假话,而且说到做到,被人传为佳话,成为效法的榜样。有这样一件事:司马光叫人去卖掉自家的一匹马,他嘱咐卖马的一定要给买主说清楚,"此马夏月有肺病",不要欺骗别人。卖马的听了暗自发笑,认为司马光老实到近乎愚蠢的程度。还有一次,司马光为村民讲学,村民提出了一个问题,司马光老老实实承认,自己没有考虑过这个问题,不能解答,以后研究清楚了再来回答你们。因此,司马光被人称为"司马君实",意思是称赞他一生忠诚老实,不做口是心非的事。不过他自己倒喜欢叫"迂叟",意思是他自己老实忠厚到了近乎"迂"的程度。

司马光的父亲不仅要求他如何为人,更要求他读书求知。从六岁开始,司马光便在父亲指点下,熟读文史。他不是神童,也不是天才,缺乏王安石那种过目不忘的聪敏和才气。他的博学多才,主要来自勤奋好学和惊人的刻苦精神。他睡觉用的枕头是一段圆木,叫"警枕"。圆木容易动,使人睡不稳。只要圆木一动,司马光就惊醒,立即起床挑灯夜读。正是这种精神,使司马光从小就博览群书。学力超群,功底扎实,为他日后治学和参政打下了坚实的基础。

司马光一生光明磊落,以清贫而不贪不奢为荣,并且希望这种家风能传至后

代。他在给独子司马康的训示中，就曾严格要求儿子应俭朴，不做亏心事。

司马光一生，著述极为丰富，令后人倾倒。除现存的《温国文正司马公文集》八十卷外，还有《涑水纪闻》三十二卷，《稽古录》二十卷，《通鉴节要》六十卷等等。如果加上由他主编的不朽传世之作、长达二百九十四卷的编年体中国通史《资治通鉴》，那么，他的著述之丰，真可谓前无古人了。

司马光的治学精神是极为感人的：为了修书，他常常拒不见客；为了修书，他"日力不足，继之以夜"，每天挑灯夜读，黎明即起。他看书之多，后人为之叹绝。他实事求是的严肃治学的精神，为人楷模。据说仅编写《资治通鉴》的草稿，就堆满了两间房子。司马光正是靠这种可贵的精神与坚强的毅力，才使《资治通鉴》于元丰七年（公元 1084 年）终于问世。这时，司马光已经到了烈士暮年，虽然壮心未已，但已力不从心了。不过，他对把毕生精力"尽于此书"无怨无悔，欣慰自己"虽委骨九泉，志愿永毕矣"！

根据宋朝规定，四品官可录用自己的儿子，故司马光从十五岁起就被录取为官。不过他不满足于这种"恩荫"，不想靠父亲的官位来庇护，他有自己的抱负。为此，他在二十岁时参加了科举考试，并荣获进士甲科的荣耀，从此才真正开始了自己的政治生涯。他以刚正不阿的性格，从北宋的内政外交，到社会道德，提出了许多批评和建议。他对当时朝廷麻木不仁，不思进取，得过且过，反而以歌舞升平来掩盖成堆问题的坏风气极为不满。他反对北宋中期的因循苟且，弊病丛生，力主改革朝政。他主张以仁义礼信来治国治民，对百姓施行"仁政"。

司马光的"仁政"思想，集中表现在他"兴教化，修政治，养百姓，利万物"的政治主张里。所谓"兴教化"，就是加强思想道德教育，改变社会风气。司马光认为，文化教育是国家大事，应该抓紧抓好。如果天下百姓思想不一致，就不可能同心同德，社会就不安定，政治基础就会动摇。因此，他十分注重学校教育，注重良好社会风气的形成。他认为百姓反抗朝廷，发生暴动，责任不在百姓，而在于统治者，是各级官吏官逼民反，而不是要选用好人才，修改好政策法令，严明法纪。司马光反对冗官成灾，因循守旧，无所事事的恶劣风气，主张精兵简政，打破门第出身、论资排辈的用人制度，以实际才德，越级提拔各种专门人才。所谓"养百姓"，就是要宽待百姓，主要是农民，不要过分剥削、压迫他们。在司马光看来，农民是衣食父母，如果不让他们休养生息，不但农民活不下去，国家也将贫穷衰亡。他在反对向农民增加税收的同时，极力劝谏统治者，上至皇帝，下至县吏，不要挥霍无度。面对着受饥挨饿，"民多菜色"的灾民，他怒不可遏，甚至拍案而起，坚决要求朝廷节省开支，罢宴罢赐，他自己则带头将皇帝恩赐的钱物交给公用。北宋农民由于为国家无偿劳动的徭役负担太重，以致流离失所，司马光力主减轻农民的劳役负担，要求皇帝做深刻反省，想办法让百姓生活得好一些，以转灾为福。这种为民请命的胆识和气概，在当时十分难能可贵。为了"养百姓"，他还主张裁改兵员，还兵于农，让士卒回到农业生产上去，以减轻国家的军费负担。所谓"利万物"就是有利于物质生产。司马光不是一个清谈家或空想家，注重实际，他认为，不发展生产，不增加社会物质财富，要国强民富就是一句空话。他明确

中华名人百传

地说过，农业是国家根本，而当时的一些政策法令，已经对农业生产的发展起阻碍作用了。因此，他一针见血地批评"害农者政也"。他建议"为今之术，劝农莫如重谷，重谷莫如'平籴'"（"平籴"，宋初叫"常平仓"，即在丰收年景，政府以高价大量购买粮食；在灾害歉收之年，政府则以低价将粮食卖给农民。这是一种行之有效的重农政策），以避免丰收时"谷贱伤农"或者青黄不接时"谷贵害家"的弊端。

还有一点值得提及的是，司马光对我国少数民族及其政权的立场和态度。尽管由于历史的局限性，司马光无法摆脱汉族中心观和中原王朝正统观的影响，但他承认契丹族、党项族等当时的少数民族可以有自己的独立和自由，提出"交邻以信"的口号，这是应该予以肯定的。

司马光仕途并非一帆风顺，他曾两度为京官，两度被贬任地方官。在他67岁高龄的时候，因神宗驾崩，高太后坚持要让司马光出山任相，他又勉为其难地走进了政治的漩涡。尽管对他来说已力不从心，但忠诚可嘉的司马光接受了朝野之望，以惊人的毅力，日夜操劳，真正做到了鞠躬尽瘁，死而后已。在他去世后，万人空巷地前去送葬，这是对他的最高褒奖。但是，他上台不久，不分青红皂白，废除了他的前任王安石所推行的全部改革措施，不是留其精华，去除弊端，而是像倒洗澡水时把孩子也一起倒掉了，这是司马光的悲剧所在。

王安石

宋代政治家著名改革家王安石，字介甫，号半山，抚州临川（今江西抚州）人。其父王益，行都官员外郎。王安石少年时喜好读书，一过目终身不忘。他文思敏捷，落笔如飞，初看好像漫不经心，完成后竟是一篇精彩奇妙、令人赞叹的好文章。他的诗词清新高峻，散文雄健峭拔，政论简洁有力，是有名的"唐宋八大家"之一。他的朋友曾巩把他的文章给欧阳修看，欧阳修为他播扬美誉。后来，王安石考中进士，名列上等，任签书淮南判官。到职后的王安石还是勤奋好学，通宵不寐，常常稍作假寐，来不及梳洗就去官府上班。三年的任期满了，他又来到京师听候新的任命。正当王安石高中进士和任签判期间，范仲淹提任副相。在宋仁宗的动员下，上了"陈十事疏"，发动庆历新政，锐意改革，刷新吏治，但新政很快失败了。此次王安石重临皇城，看到了依然是弊政处处，不像范仲淹在《岳阳楼记》中写的政通人和，百废俱兴的样子。王安石对时政异常发愁，他不想按一般官场惯例在京谋求翰林院等接近中枢、易受赏识的官职，以求得到较快升迁的机会，而立志到地方上去考察时弊，寻求改革之道，以充实他的治国良策。于是，庆历七年（公元1047年），他又离开京师，风尘仆仆，来到东海之滨的鄞县（今浙江宁波）当知县去了。

在鄞县为官期间，他看到这块滨海地方，虽然环境很好，但百姓贫困潦倒，一

种父母官的责任心驱使他无暇休息，立即组织人对农田水利建设受破坏的情况进行考察，对官员豪绅鱼肉百姓、横行乡里的状况进行调查，并向上级官员条陈了东南百姓饥馑的状况。他要从改变县吏脱离民生实际的弊病做起，在摸清基本情况后立即兴利除弊。他动员百姓不分男女老少投入水利工程的修治、川渠河港的疏导、堤坝坡堰的兴筑中。蓄水泄洪兼顾，以谋求旱涝两利，提高农业生产的收益。考虑到当地渔民春汛出海捕鱼而青黄不接的困难，王安石决定以常平储粮，低息贷出，以解渔荒。他把官谷贷给百姓，秋后百姓加些利息偿还，使官谷中的存谷能够陈谷换新粮，百姓也感到方便。在劝课农桑的同时，王安石还兴办学校，劝民入。三年治鄞的结果，取得了修复农田水利，缓解灾情，发展生产，百姓生活有所提高的业绩。这是王安石进行社会改革的初步尝试。

皇祐三年（公元1051），王安石被任命为舒州（今安徽中部）通判。是年四月，两朝元老宰相文彦博向朝廷举荐王安石，说他淡泊名利，请求越级提拔，企图以此来遏制为名利而奔走的竞争风气。但王安石以祖母年老、先臣未葬、弟妹当嫁、家贫口重难住京师四条理由而拒绝。欧阳修推荐他任谏官，他也辞谢了。在王安石看来，时机尚未成熟，宁愿在下面继续摸索改革之道，这是他一再推辞晋升的重要原因。

王安石生活的时代是北宋中期，当时国家面临着两个重大问题：一是由于连年战争造成的巨大军费和行政开支，使朝廷面临着严重的财政危机；二是日趋严重的土地兼并和农民生产、生活状况的不断恶化，随之而带来的阶级矛盾的激化。为了矫正世事，改变传统风俗，王安石曾满怀激愤地向宋仁宗上万言书，认为："如今天下的财力一天比一天困难穷乏，风俗一天比一天衰落败坏，症结在于不知道规律，不效法先王政令。效法先王政令，在于效法先王政令的精神。只要效法先王政令的精神，我们所进行的更改变革，既不至于惊扰天下人的视听，也不至引起天下人的喧哗，也就必然合乎先王的政令了。依靠天下的人力物力来生产天下的财富，征收天下的财富来供给天下的费用，自古代以来的太平治世，不曾因为财富不足而造成国家的忧患。忧患在于治理财政没有符合它的规律。居官任职的人才不足，城乡又缺乏可以使用的人才，国家的重托，疆域的保持，陛下能够长久依靠天赐的幸运为常法，而没有一旦发生忧患的考虑吗？我希望陛下能明察朝中苟且因循的弊病，以期符合当前世事的变化。我所说的，流于颓靡风俗的人是不会讲的，而议论国家大事的人又认为这是不近事理的陈词滥调。"为了改变国家的财政经济状况，王安石曾提出了治理国家经济秩序的整套方案。概括起来：一是实现富国强兵的关键在于"善于理财"。他认为，一切弊端并非产生于财富的不足，而产生于"治财无其道"。如果理财有方，就可以做到民不加赋而国用自足。二是发展农业生产是解除国家财政危机的根本途径。宋朝所以形成积贫积弱的国势，根源不在于"支"大于"收"，而是生产太少。如果只知"节流"，不知"开源"，就好比关起门来与自己的儿子做生意一样，虽尽得儿子之财，但"犹不富也"。因此，所谓"理财之道"，是以发展农业生产，从自然界中索取更多的财富为核心的。三是国家必须采取有效措施抑制兼并。这种措施不是以传

统的政治手段进行直接抑制而是通过财政征课或其它经济方式间接地予以抑制。

王安石的见解,深得宋神宗的赏识和赞许。一次,神宗皇帝召见王安石问他治国方略,王安石回答说:"首先要选择推行政策的方法。"神宗问道:"唐太宗怎么样?"他答说:"陛下应当效法尧、舜,何必要效法唐太宗呢?尧、舜之道,极其简明而不繁杂,扼要而不迂阔,容易而不繁难。但是后世学者不能通晓,才以为高不可及。"神宗说:"你这可说是以难为之事要求我了,我自顾微末之身,恐怕无法与你的这番好意相称。你尽可以尽心尽意地辅佐我,希望共同成就这一目标。"

熙宁二年(公元1069),王安石出任参知政事(副相),开始了他的改革大业。首先他新建了一个财政改革机构——制置三司条例司,接着农田水利、青苗、均输、保甲、免役、市易、保马、方田等一系列改革措施相继问世。实施农田水利法,奖励各地兴修水利和开垦荒地,以促进农业生产的发展;颁布青苗法,在农村青黄不接时按农户的贫富程度对农民进行低利放贷;实行均输法,改无偿运送上贡物资为有偿运送,以减轻各地尤其是江南地区运送贡品的烦难;实施保甲法,把乡村人口编入户籍簿,两名男丁取一人,十家为一保,保丁都发给弓弩,教他们战斗阵法;推行免役法,过去承担各种差役的民户不再服役,而按户等高下负担雇佣役夫的费用,并对一向不负担徭役的官僚大地主征收助役钱;实行市易法,在京师设常平市易司,经营收购商品和赊购商品业务,以打击商人资本的投机活动;实行保马法,凡是五路义勇保甲愿意养马的,每户养一匹,用牧马兼现有的马匹给他们喂养,或是官府给买马的钱,让他们自行购买,每年检查一次马的肥瘦程度,死亡或生病的要补偿;推行方田均税法,依据土地肥瘠程度分土地为五等,进行大单位面积的土地丈量,以平均土地税的负担。王安石变法在改善北宋中央财政状况方面取得了明显的效果,但由于种种原因,变法在减轻农民负担,抑制豪强兼并方面却收效甚微。

王安石的议论高深新奇,善于用辩论驳难,用旁征博引来维护自己的学说。为了推行他的变法主张,他全然不顾在朝百官的反对意见,辩论起来动辄数百言,众人不能使他屈服。他甚至说:"天变不足以畏惧,祖宗不足以效法,人们的议论不足以忧虑顾忌。"为了扫除变法道路上的障碍,他不惜把反对他变法的朝廷内外老人几乎罢黜殆尽。由于旧党的反对,王安石推行的变法迭遭责难,遇到许多阻力,直至熙宁七年被罢相,第二年复相,九年再罢相,最后退居江宁(今江苏南京)。元丰八年(公元1085年)三月,宋神宗病逝,宋哲宗即位,司马光执政,王安石推行的新法几乎全被排斥。元祐元年(公元1086年)三月,当王安石听到自己为上户谋、为富国谋的免役法也被罢去的消息时,忧思如涌。同年四月,这位咤叱风云的改革家与世长辞了。

将相卷

岳 飞

岳飞(1103—1142年)，字鹏举，河南汤阴县人，是我国古代军事家，伟大的民族英雄。

1103年(宋徽宗崇宁二年)岳飞出生于一个贫苦的农民家庭，少时勤奋好学，以沙为纸，点禾为灯，苦读史书兵法。又崇尚武艺，曾拜周侗为师学习箭法，跟名枪手陈广学过枪法。北宋末年，由于朝廷的腐败无能，中原地区经常遭受北方少数民族的侵扰。岳飞目睹了家乡惨遭蹂躏、人民流离失所的悲惨景象，遂志愿从军。

宋徽宗宣和四年(1122年)秋季的一天，校场上旗帜招展，枪戟闪耀。得知真定府兼真定府路安抚使刘韐，正在检阅新近招募来的"敢死队"壮士。岳飞射箭，能左右开弓，百发百中；使枪棒则刚劲有力，变化无穷。每演一术，每演一技都引起将校们的一阵阵喝彩。演武完毕，刘韐进一步考问岳飞的攻防之术，岳飞也对答如流，颇有真知灼见。在行伍之间发现了岳飞这样的人才，刘韐心里自然十分高兴，当下就决定破格擢用，指定岳飞当了"敢死队"的小队长。

岳飞自幼受历史故事和民间传说的影响，非常景仰三国时期关羽、张飞那样叱咤风云的英雄，憧憬着能做出一番轰轰烈烈的事业，将来以名垂青史。所以应募从军以后，更是尽心竭力，希望早日建立功勋。哪知就在这一年的冬天，他父亲因积劳成疾，一病不起。按照当时的礼教，父母亡故儿子必须守孝三年。岳飞只得怀着悲痛的心情辞别刘韐，回到汤阴故里奔丧，世事变幻犹如白云苍狗，岳飞在家守孝期间，整个战争形势发生了急剧的变化。

十月，东、西两路金兵会合，再次渡河，兵临汴京城下。赵桓情急，派人缒城而出，送蜡丸密书前往相州任命其九弟康王赵构为天下兵马大元帅，宗泽、汪伯彦为副元帅，命令他们收集兵马，火速救援。赵构接到密旨后，即在相州建立天下兵马大元帅府，由大夫刘浩负责招募义士，收编溃军，准备出师勤王。

这时，岳飞已守孝期满。眼看河东、河北的大好河山为女真族所侵占，他的一腔热血又沸腾起来。他决心重投军旅，但又放心不下白发苍苍的老母。母亲姚氏是位深明大义的老人，她看出了儿子的心事，便勉励他重返疆场，杀敌报国。她要岳飞跪在堂中，脱去衣衫，亲手在儿子背上刺了"精忠报国"四个字，并告诫说："母亲给你刺上这四个字，好叫你时刻省悟，你要赤心报国，临死不惧、至死不屈。"岳飞含着泪水，牢记母亲的教诲，迅速投奔相州大元帅府效力。腊月初，岳飞赶到相州刘浩帐前求见。刘浩询问了岳飞的经历，知道他"已先负敢死之名"，又嘉其杀敌报国的壮志，便将他留在自己率领的部队中，让他当了一名偏校。部队刚刚组建，马上就要出师勤王，开赴汴京。

赵构的大元帅府所辖部队，分为前军、后军、中军、左军、右军五个部分，前军

统制即由刘浩担任,岳飞也就成了前军中的一员。腊月十四日,刘浩率领前军从相州出发,其余各军依次跟进。岳飞奉刘浩的将令,带了一支数百人的骑兵小队,在大军的最前面执行侦察任务。从相州进军大名府,须经魏县的李固渡。这里是斡离不渡河的前沿阵地,金兵构筑有坚固的营寨。岳飞带了骑兵前往侦察,在离李固渡不远的侍御林地方与敌人接触,取得了首战胜利。不久,在踏冰河时,又与敌兵遭遇,他一马当先,力杀敌之枭将。骑兵们顿时精神倍增,人人争先,在岳飞的指挥下,像铁流一般向敌军掩杀过去。岳飞两战皆捷,虽然规模不大,斩获不多,但初露锋芒,既显示了他的机智勇敢,又为大队人马渡河北进扫除了障碍。

十六日,赵构等率领的兵马到达大名府。

天下兵马大元帅府戒备森严,赵构召集的"议行军所向"的高级军事会议,正在紧张地进行。最后决定:由宗泽率领新近编成的一万多人马去救援汴京,会后,宗泽仍以刘浩所部为前锋,星夜驰援。途中,岳飞等与金兵时有接触,连获胜捷。宗泽的人马正全力挺进时,却传来了不幸的消息,早在闰十一月汴京已经陷落,徽、钦二帝和皇室男女老幼均被俘虏。面对如此严峻的形势,赵构却三令五申,要宗泽"审观形势,料度彼己"。这样,宗泽的军队只能在南华一带孤军与金兵苦战,虽屡获小胜,终无法扭转整个战局。

靖康二年(1127年)五月初一,赵构在应天府(今河南商丘县)即位,是为高宗,改元建炎。赵构刚登帝位,迫于朝廷一片要求抗金复仇的强烈呼声,不得不起用在保卫汴京之役中坚持正确意见而被罢官的名将李纲,由他担任宰相。此时,女真贵族已将汴京洗劫一空,押解赵佶、赵桓等北返。李纲立即任命宗泽为开封府知府兼东京留守,张所为河北招抚使,傅亮为河东经制副使,责成他们收复沦陷的州府,加强对忠义民兵的统一领导,将河北河东经营为抗金的前进基地。赵构起用李纲等主战派各将,只不过是装点门面,故作姿态,实际上他宠信的依然是黄潜善、汪伯彦等投降派佞臣。在他即位之前,为了削弱宗泽的抗金力量,已任命原河间府知府黄潜善为副元帅,并将宗泽麾下最有战斗力的刘浩所部数千精锐人马,划归黄潜善指挥;即位之后,他又采纳黄、汪避战南迁以图苟安的主张。他对女真贵族屈膝退让的主意,已经拿定了。

岳飞作为刘浩前军中的一员偏将,自从改隶黄潜善之后,因主帅一味畏敌怯战,闻风而逃,数月以来,眼睁睁地看着大片疆土沦丧,千万百姓遭殃,心中愤懑极了。他在军营终日心事重重,忧国忧民的烈焰煎熬着他,报国无路的痛苦啮噬着他。当皇帝"巡幸"维扬(扬州)等地的风声愈传愈真,恢复故土与拯救百姓的希望愈来愈渺茫的时候,他再也沉默不下去了!尽管他并不了解朝廷的内幕,官场的等级森严又不会容许他那样一个小小偏校评议时政,他还是要披肝沥胆,上书直言,一吐慷慨不平之音。建炎元年(1127年)六七月间,岳飞终于向赵构"上书论事",规谏皇帝撤消"巡幸"诏令,恳请回驾汴都,亲率六军,誓师北伐,以期迎还二圣,恢复中原;对黄、汪等人的希图苟安、不思进取,也有所指责。然而他的耿耿丹心,竟换得"小臣越职,非所宜言"八字批语,并被革除了军职、军籍。

岳飞被逐出军营以后，虽是"孑然一身，狼狈羁旅"，但爱国之志弥坚。他听说因力主抗金而"名满河朔"的张所正在河北西路招募民兵义士，多方收揽英才，便立即赶去投效。

张所是一位知人善任的主将，他得到岳飞这样有胆识、有谋略的军事人才，感到非常欣慰，决定予以破格提拔，让他"以白身借补修武郎"，继而又把他升为统领。岳飞深感知遇之恩，更加兢兢业业，从不敢稍有懈怠。很快，张所又让他借补从七品武经郎，升他为统制，将他分在智勇双全、战功卓著的都统制王彦手下，希望他为抗金发挥更大作用。

张所接受朝廷的重任后，在短期内募集了七千人马，又大胆擢用王彦、岳飞等将领，很想在抗金斗争中，建立较大的功绩。想不到赵构的抗金只是一种姿态，其实一心想将政权南迁。同时黄潜善、汪伯彦等人又诋毁李纲及其荐举的张所、傅亮等主战派的抗金将领。张所在受到群小掣肘的情况下，仍毅然决定由都统王彦统率那七千装备低劣的人马强渡黄河，去收复被女真贵族占领的卫（今河南淇县）、怀（今河南沁阳）、今河南洛浚县三州，以消除金兵对东京开封府和西京河南府（今河南洛阳市）的威胁。这时，南宋朝廷中主战派和投降派的斗争，已发展到势不两立的地步。殿中侍御张浚在黄、汪的示意下，上疏论奏李纲所谓十几项"罪状"。赵构认为拿到了把柄，便武断地罢免才做了75天宰相的李纲，并且将张所贬谪到岭南。张所在经荆湖南路时，不幸被土匪杀害。

张所虽然被害，他所组建的军队依然存在。王彦、岳飞怀着悲愤的心情，决定遵循张所原定的作战计划，进军卫州。是年九月下旬，岳飞、张翼、白安民等十一位将领，在都统制王彦的指挥下渡黄河，向卫州新乡县的金兵发起猛烈攻击。岳飞冒着矢石，走马杀死敌方的大将，激战竟日，宋军终于生擒金军千户阿里李，大败万户完颜索，收复了新乡，取得了渡河以来的第一次大捷。

女真贵族的军事首脑得到前线溃败的战报，急忙从各地抽调人马，准备与宋军决战。女真大兵云集新乡，王彦、岳飞等不足七千人马被数万强敌所包围，内缺粮饷，外无援兵，形势十分危急。岳飞虽几次出击，获得小胜，但仍无济于事。王彦、岳飞毅然决定率领全军分路突围，他们凭着顽强的斗志，浴血奋战，终于脱离了险境。损失过半的几路兵马逐渐会聚到一处，共商对策。王彦和岳飞虽然都主张继续抗金，但王彦持重，岳飞激进，意见发生了分歧。岳飞误以为王彦畏敌怯战，一气之下，竟率领自己的部属自成一军，离开了王彦。

岳飞将部队带到太行山区，转战数月，备尝艰苦。王彦则收聚残部七八百人边战边走，退守山林，作坚持抗金的打算。为了表示抗金的决心，这支部队的全体将士都面刺"赤心报国、誓杀金贼"八字。随着力量的壮大，"八字军"威名日益远播。这时，东京留守宗泽正在开封加固城防，招兵整军，积极筹划光复大计。宗泽在李纲罢官后，成为抗金的中心人物，威信极高，也深得王彦的敬重。按照宗泽的部署，王彦将"八字军"布防于黄河沿岸。宗泽向赵构奏陈此事，竭力推荐王彦出任河北、河南制置使，得到了赵构的"恩准"。

再说岳飞，他尽管少年气盛，但深明事理、知错必改。他在孤军奋斗中听到

"八字军"声威大震,并已渡河接受宗泽统一指挥的消息后,决定亲自去见王彦,负荆请罪。岳飞的到来使王彦既感意外,又感到难以处置。斟酌再三后,对岳飞说:"按照军法本当将你问斩的,然而你自归请罪又的确很有胆量,现在正当国家用人之际,我怎么能杀你以解私怨呢?"于是禀报宗泽,请他做出最后决定。

宗泽亲自传岳飞来问话,通过交谈,他了解到岳飞确实是一个忠心报国,颇具将才的人,违反军纪也是出于抗金心切,于是赦免了岳飞,把他留在自己的军营中听候差遣。建炎元年(1127 年)十二月,女真贵族再次兵临黄河北岸,同时大举进攻胙城(今河南延津县与汲县之间)和孟州(今河南孟县)的汜水关。宗泽任命岳飞为"踏白使",率骑兵五百,在前军去汜水关执行武装侦察任务,并相机抗击进犯之敌。岳飞不负众望,不仅圆满地完成侦察任务,而且灵活机动地消灭了敌人,凯旋而归。宗泽根据岳飞的战功,正式任命他为都统。其后,岳飞又多次奏捷,不久被提升为统制。

汜水关一战,岳飞虽然给金兵以沉重打击,但并未能阻遏女真贵族的进犯势头。金兵分东、中、西三路,再次发起猛烈的攻势。建炎二年(1128 年)春,中路粘罕和东路兀术两路大军进逼汴京,来势十分凶猛。宗泽坐镇汴京,从容应敌,汴京虽四面受到强敌的频繁攻击,都始终岿然不动。岳飞在宗泽的直接指挥下,在渭州之战、胙城之战、黑龙潭之战、龙女庙之战中,每出必捷,从而愈来愈受宗泽器重。

宗泽逝世后,岳飞负责守护北宋皇陵。建炎二年(1128 年)秋,辽东的金兵进犯汜水关,侍卫步军司长官考虑:万一汜水关有失,西京必然危在旦夕。因此,命令岳飞统领所部两千人马,前往抵敌。岳飞的人马刚刚进驻汜水关,金兵就发起了进攻,岳飞决定出奇制胜,他张弓搭箭将敌之骁将射死马下。岳飞趁金兵惊慌之际,迅速指挥人马杀入敌阵。接着又奉命屯兵竹芦渡,与敌对峙。岳飞又采用疑兵之计,在敌人草木皆兵,大乱阵脚之时,以迅雷不及掩耳之势发起冲击,再次大获全胜。接替宗泽担任东京留守的是杜充,此人虽然胆小如鼠,但与岳飞是同乡,因此,岳飞仍然得到器重。为了换取东京的一时平安,杜充决定掘开黄河河堤,杜充决河后,粘罕所率的金兵受阻,掉头向东,经山东等地大举南下。金兵渡淮河后进攻扬州,赵构弃城逃跑,逃到杭州后,恼羞成怒,罢免了黄潜善、汪伯彦两人的相位。杜充更是惶惶不可终日,便以参加"勤王义军"为借口,带领陈淬、岳飞等将领渡淮南下。不久,女真贵族兵马在四太子兀术的统率下,再度大举南侵。杜充怯懦无能,致使江防全面崩溃。金兵渡过长江,围攻建康,杜充可耻地投降了。岳飞对杜充的消极抗金十分不满,早在杜充准备南撤时,他就提过不同意见。如今杜充投敌,岳飞终于摆脱了羁绊,他在马家渡与金兵激战后,率领本部人马,退屯建康城东的钟山山麓,作短暂休整。

岳飞离开建康以后,孤军转战,一边行军一边相机攻击金兵。

女真兵马大批南下,后方空虚。江北的民众奋起抗争,兀术的战线拉得太长,兵力分散,日益感到力不从心,于建炎四年(1130 年)春天,被迫放弃占领的江南各州县,引兵北还。北撤途中,在韩世忠所部袭击下,被困黄天荡达 48 天之

久，韩世忠激战黄天荡，其夫人梁红玉擂鼓助军威，将士奋勇杀敌，兀术几乎无路可走，后由奸细引路，才逃出建康。岳飞所部经过休整，已兵强马壮，四月下旬岳飞得到情报，说兀术将部队撤到离建康不远的地方。接着又侦悉金兵洗劫建康、捕捉居民，于是率兵西指，在建康城西北十五里的静安追上敌人，拦腰予以猛击。此时，原建康府通判钱需，也率领乡军侧面杀来。金兵腹背受敌，溃不成军，岳飞见战机已到，又亲自指挥骑兵三百，步兵二千冲下牛头山，在建康城南门外再次重创敌军，兀术率领残部向龙湾方向逃遁，岳飞急追，复败金兵于新城，俘敌甚众，缴获器械无数。兀术及其残兵败将闻风丧胆，狼狈北逃，岳飞收复了江南重镇建康。

建康之役后，岳家军威名远播，初建奇勋的岳飞也开始受到人们的尊敬。

赵构即位以来，在军事上节节败退，在政治上年年乞降，像接受岳飞押解建康大捷的战俘的美事，他做梦都没想到。岳飞到达越州以后，赵构龙颜大悦，立即召见岳飞。听完岳飞的奏禀，赵构对这位年仅二十七岁的年轻将领深感欣慰。赵构最担心的是，女真兵马再次渡江南侵，因此想物色一名骁将镇守饶州（今江西波阳县），以确保江南东、西两路。岳飞认为要抵御金兵南侵，最重要的是守淮，只要牢牢地守住两淮地区，江南东、西两路便可高枕无忧。因此，他请求增派重兵守淮，以"拱护腹心"。

长期战乱后的暂时和平里，游寇、军贼应运而生，他们滋扰百姓，无恶不作，牵制了宋廷不少师旅。游寇李成乘金兵北撤，占据了江淮六七个州郡，并进一步窜扰江南。绍兴元年（1131年）正月，宋廷传旨命令岳飞出师讨伐李成。岳飞接到诏令后，即率部赴洪州（今江西南昌市）。岳家军抵达洪州时，江州已陷入马进之手。李成手下马进、邵友两寇骄狂不可一世，及至洪州见城内守备松弛，更是忘乎所以。江淮路招讨使张俊要岳飞迅速出击。岳家军素以英勇善战著称，大军一出，势如破竹。马进逃至筠州（今江西高安县），背水布阵，扼守险要。官兵几路夹攻下，游寇仓皇逃遁。岳家军赶在马进之前在朱家山设伏，歼游寇大部。筠州、兴国、江州均告收复。后又挥戈北渡，追剿残寇。李成不甘失败，垂死挣扎。张俊派岳飞、杨沂中等各路人马发起强攻，游寇全线溃败，马进等头目被杀，李成逃跑，这支游寇所盘踞的州县尽为官军收复。

六月，张俊、岳飞移军鄂州。原占据咸宁一带的另一股游寇张用深畏岳家军，避往他地。张俊派岳飞带兵前往招降，岳飞晓以利害，张用慑于岳家军神威，率所部五万余人投降。岳飞兵不血刃就彻底瓦解了这股游寇。征讨李成和招降张用，岳飞功居第一，被升为神武右副军的统制；后又擢升为神武副军统制，驻守洪州。江西曹成等游寇流窜到荆湖南北两路，威胁江西，枢密院下诏通知岳飞前往讨伐曹成。岳家军抵达湖南时，曹成已转移，岳飞跟踪追击，直到贺州的莫邪关。岳飞令前军统制张宪率部攻关，张宪和手下猛士郭进抢登关隘，杀死守关贼军头目，岳家军一鼓作气，夺关入湘。由于岳飞前军第五正将韩顺夫守关失误，被贼将杨再兴袭击成功。岳飞又命前军统制张宪和后军统制王经率军攻击，经过激战，贼众死伤数万，曹成、杨再兴逃向桂岭县。岳飞挥兵追击，大败曹成于蓬岭,活捉杨再兴。岳飞对杨再兴晓以大义,使之大受感动,从此杨再兴便成了岳家军中一员忠诚得力战将。后来,岳飞在韩世忠协助下,终于荡平曹成的寇众。

朝廷因此给予岳飞很大荣誉,但岳飞朝夕思虑的都是如何抗击金兵和伪齐,以期"复归故国"。绍兴二年(1132年),女真贵族暂时没有对南宋采取军事行动;张俊、岳飞又荡平了游寇,局势比较稳定,赵构这时才回銮临安。女真族豢养的奸细秦桧受指派潜回宋廷后,自诩可以担任宋金议和的重任,因而受到一向畏敌如虎的赵构重视,以至青云直上,被委以宰相重任。赵构和他那一批主张议和的亲信佞臣纵情声色,过着纸醉金迷的生活。岳飞屯戍江州,整军练武、严饬军纪、积聚力量,以期报君仇雪国耻。绍兴四年(1134年)春,岳飞上疏朝廷,强调指出襄阳六郡形势险要,是恢复中原的基地,请求批准兴师北伐。这时,正巧牛皋、董先随参知政事赵鼎到临安,牛皋等均向赵构陈述"伪齐必灭之理,中原可复之计"。五月初宋廷诏令岳飞为镇南军承宣使,收复襄阳六郡。

岳飞接到命令后,立即打起皇帝亲赐"精忠岳飞"的大旗,火速从鄂州渡江向北进发。岳家军兵临郢州城下,岳飞两次向伪齐知郢州荆超发出通牒,劝他主动投降。荆超自恃骁悍武勇而拒降,岳飞亲自率众攻城,将士在主帅的指挥下英勇冲杀,一举破城。岳飞又兵分两路,自己率主力攻襄阳,张宪、徐庆率其所部攻随州。伪齐驻守襄阳的是岳飞手下败将李成,他听说岳家军来,吓得弃城而去。张宪、徐庆在牛皋的协助下也攻下随州,岳家军连克郢州、襄阳、随州三城,震动了女真贵族和伪齐刘豫。金、伪合兵,由刘合孛堇和李成指挥,要与岳家军决一死战。岳飞采用分兵合击之术,使金伪联军全线崩溃,刘合孛堇只身败逃,伪将高仲退守邓州。岳飞指挥大军乘胜追杀,破邓州活捉高仲。

岳家军破邓州后,又分兵疾进,在短短的两个月时间内,就连克襄阳等六州府,战必胜,攻必克,可谓赵构即位以来的空前壮举。赵构特颁发制词表彰岳飞,并提升他为清远军节度使。襄阳六郡收复后,岳飞率大军回鄂州,计划把鄂州建成岳家军大本营,把襄汉建成抗金北伐的前沿阵地,以便一旦时机成熟,就可西出兵川陕,东进取两淮,南护长江中游,北直捣河洛,以恢复中原。现在,他的宿愿初步得到实现。

襄汉六郡收复后,岳飞擢升了官职,岳家军的威望也进一步提高。此时,宋廷正为湖南一带以杨太为首的起义军伤透脑筋,于是便命令岳家军前往镇压。绍兴四年(1134年)八月下旬,岳飞奉命率所辖军马开赴湖南,"措画讨捕"杨太、黄诚。

讨平义军后,岳飞采纳了黄纵的意见,一方面安置民众,分给土地,让他们各安其所,示之以德;另一方面又举行盛大的阅兵,示之以威。这样,岳家军北伐的后顾之忧总算得以彻底解除。岳飞一举瓦解了湖湘义军,使南宋小朝廷欢欣鼓舞。赵构特地发了一道很长的诏书,以表彰岳家军的这一新功劳,并特授岳飞为检校少保,进封开国公。然而,对岳飞来说,他多年梦寐以求的并不是高官厚禄,而是誓师北伐,喋血沙场,"迎二圣还次京师,取故地再上版籍。"岳飞上疏表达了自己的宏愿,其他主战派大臣也纷纷提出这样的建议,可赵构仍无动于衷。他一

直记得秦桧南归后对他说的话,如果二帝还朝,他将何以自处?但他也不得不屈从公论,诏之说:"腹心之患既除,进取之图可议。"

岳飞奉诏后,积极筹划北伐中原大计。

岳飞的大军出动后,以张俊为首的主战大臣们便竭力鼓励赵构移驾建康,以鼓舞士气。赵构刚出宫门便得悉岳飞大军旗开得胜,等赵构离开临安时,岳飞的大将牛皋又攻克唐州,活捉唐州守将,并挥师东进,横扫颖昌府,杀得伪齐兵马溃不成军。岳家军在收复虢州后,又向西力拔上洛、商洛、洛南等县城,席卷了商州全境。在行军途中,岳飞鼓励士兵,不仅要恢复中原,还要直捣幽燕:"直捣黄龙府,与诸君痛饮耳!"然而岳飞的雄心壮志并没有得以实现。岳家军在虢、洛地区取得军事上的巨大胜利后,数万大军的供应十分困难。岳飞在深入分析岳家军孤军深入的危险性后,不得不做出撤军的决定。绍兴六年(1136年)九月中旬,岳飞率部班师。

岳飞回到了鄂州的官署。虢、洛之役功败垂成,岳飞心中积满了愤懑;连日的秋雨更使他郁郁寡欢。

这时,金、伪又卷土重来,袭击北方岳飞曾收复的失地。商洛、襄阳、信阳等地纷纷告急,岳飞怒不可遏,一面奏报朝廷,一面带病率军过江迎战。董先同牛皋、李建等率领的先头部队在唐州等地大败敌军。同岳飞会合后,乘胜追击,攻打蔡州(今河南汝南)。守蔡州城的刘复、李成等人集聚了伪齐几乎全部精锐部队。由于蔡州城壁坚固、壕水深阔、防御工事做得好,岳飞又考虑到自己的兵力及补给的困难,决定撤兵,在撤兵途中,又设计歼灭李成数百追兵。岳家军在杀死敌军一万余人,俘虏几千人及缴获大量物资后,安然南撤,回到鄂州。岳飞因进军陈蔡所建功勋,由检校少保晋升为太尉,部将董先、牛皋、王贵等也得到晋升。

绍兴七年(1137年)春,岳飞在数次接到朝廷命他"前来行在奏事"的省札后,兼程赶往平江府,接受赵构的召见。到达建康后,赵构在"寝阁"单独召见了岳飞。岳飞陈述了对国势军情的看法,巧妙地表达了自己的远大理想。

当他知道赵构已不再存北伐之意时,只好默退。岳飞回到庐山后,请求解除兵权,留在庐山为母亲守孝,军务暂托张宪代理。后经朝廷及大臣多方坚持才复出鄂州军营。而这时,因为朝廷任命吕祉为淮西军的宣抚判官,王德为都统治,统制官郦琼对王德升为都统制不满便举兵叛变,劫持吕祉,连四万人马投降了伪齐。所以淮上的一切布置成了泡影,淮西一带也就暴露在伪齐军事威胁之下。岳飞得到淮西兵变的消息,立即上疏表示愿率军进屯淮甸,拱卫建康行朝。赵构对岳飞的请求仍是置之不理。

淮西兵变,朝野大哗,张俊不得不辞去宰相和都督的职务。赵构起用赵鼎担任宰相,秦桧仍然留在朝廷中,并担任重要职务,这就使投降派渐占上风。这时,宋金对立形势又发生重大变化。金太宗死后,完颜亶继承帝位,而军事首脑粘罕逐渐失势死去。粘罕一死,伪齐刘豫失去靠山,面临被废黜之险。金趁刘豫借郦琼叛降出兵攻宋之机,诱俘刘豫之子,后又将刘豫捕获,正式取消伪齐。于是伪

齐文臣武将纷纷反正、率众归附南京，其中大部投奔岳家军。金廷根据这一形势，采用"以和议佐攻战"的策略，向宋廷呼吁和谈。

绍兴九年（1139 年），女真贵族的内部主战派和主和派间矛盾激化，以兀术为首的主战派政变后，诛杀了执掌金廷主要大权的挞懒、宗磐等人。兀术便领行台尚书省事、都元帅，独揽了军政大权，完全改变了军事和外交政策。

次年五月，女真贵族悍然撕毁和议，又一次对南宋发动全面进攻。兀术为元帅，兵分四路。宋廷刚派往东、西、南三京及河南、陕西各州郡的守臣，逃的逃、降的降，屯积在那些地方的大批物资也成了金的战利品。以王彦当年八字军为主力部队的刘锜在金兵强大的攻势面前，固守着顺昌城（今安徽阜阳），战况紧急。岳飞在接到赵构御札之后，他一面火速遣发前军统制张宪、游奕军统治姚政等带领一支人马去支援刘锜，一面抓紧部署全面反攻的计划。

不久，张宪的前军攻下蔡州，牛皋在京西路连克鲁山等县城，统领官孙显也在蔡州和淮宁府之间打败金兵。

岳飞决定先派能征惯战的张宪去攻打由金将韩常把守的通往汴京的孔道颖昌府。张宪攻下颖昌府后，乘胜又攻下了陈州。中军统制王贵的部将也接连攻下了郑州和西京洛阳。中原战场节节胜利时，韩世忠在苏北，张俊在安徽以及西北的官兵都给来犯的金兵沉重的打击，金军很快失去了优势。岳飞下定决心继续北进，他一面火速筹集舟楫，准备将大军渡过黄河；一面联络太行忠义人马，命令两河豪杰即刻举起大旗，截断金兵退路。

收复颖昌府以后，岳飞将大本营移至颖昌府东南的郾城，继续调遣各路将领分别攻取永安军、河南府等州县。不料正在这时，新进至宿州、亳州的张俊大军，以及原保卫顺昌的刘锜大军，均收到朝廷"兵不可轻动，宜且班师"的密旨。张俊首先下令班师；刘锜也不得不命令部分人马陆续撤回镇江，自己暂时留在顺昌，不敢违旨北进。这样，中路的岳家军就陷入孤立无援的境地。岳家军收复的失地越多，兵力就越分散。兀术侦察到岳家军在郾城的大本营兵马不多，便集中几路精锐人马，取捷径包围了郾城，妄图一举摧毁岳家军的指挥中枢。

七月八日，兀术以及龙虎大王、盖天大王等所率的一万五千余骑兵，进至郾城以北二十里的地方。岳飞得到探报，立即亲自率领亲卫部队背嵬军等，前往迎击。两军对垒，金军衣甲鲜明、旗帜错杂，兀术身披白袍骑着甲马，往来驰骋指挥调度。数千名重铠全装的铁塔兵列于阵后，准备策应前军；阵前左右两翼是铁骑拐子马，准备随时冲锋陷阵。岳飞吸取刘锜顺昌之战的经验，早就做好了充分准备，将士们各持麻扎刀、提刀和大斧等利器严阵以待。一场敌众我寡的战斗开始了。岳飞命令爱子岳云先率一支骑兵去闯敌阵，他对岳云说："你一定要战胜敌人，如不拼命向前，军法处置！"岳云接受命令后，立即挥舞双锤冲向敌阵，锐不可当。岳家军的骑兵个个以一当十，拼命厮杀。兀术看到形势对自己不利，赶紧发动拐子马的铁塔兵出阵，顿时千军万马仿佛潮水一般涌来。滚滚的黄尘夹着战鼓声、马蹄声、厮杀声，如暴风骤雨，攻势十分凌厉。岳飞带领四十骑稳立阵前岿然不动，等到敌军离阵前只有一箭之地时，岳家军左右开弓，箭无虚发，敌军人仰

马翻,顿时乱了阵脚。岳家军将士看到统帅亲自出马杀敌,勇气倍增、奋勇突进,和敌人展开白刃肉搏。按岳飞事先布置的巧妙战术,步兵舞动扎刀和提刀专砍敌军的马足;骑兵则专门对付骑在马上的敌人,先用长枪挑去敌人的头盔,然后用大斧砍掉敌人的脑袋。马上马下密切配合,不到一个时辰已杀得敌人横尸遍野。

金兵全线崩溃。这时杨再兴单枪匹马闪电般闯入敌阵,打算活捉金兀术。他左冲右突,如入无人之境,但四处找遍皆不见兀术的行踪,只杀死了数百名敌军,自己也负伤累累回到本阵。隔了一天岳家军又于郾城北五里店痛击金兵,杀其重要将领阿李朵孛堇等。郾城大败后,金兀术没有死心,他把残部集结在临颍县休整,准备养精蓄锐之后,再和岳飞一决死战。七月十三日,杨再兴带领着三百名骑兵巡逻到临颍以南的小商桥时,敌军大队突然掩袭过来,杨再兴等奋勇杀死敌军万户撒儿孛堇以下官兵两千余人。由于众寡悬殊,杨再兴和部将王兰、高林等最后被敌军重重包围,敌军万箭齐发,杨再兴等三百将士大多壮烈牺牲。岳飞得到杨再兴等人牺牲的消息,非常悲痛,他立即命令张宪率领背嵬、游奕诸军人马,前往临颍为杨再兴等死难将士复仇。大将张宪不负众望,于当天下午赶到那里,一鼓作气,把金兵杀得血流成河。

兀术重新集结镇国大王等三万多人马,疯狂地向临颍城扑来,打算与岳家军主力决战,扼守颍昌府的主将王贵统率着游奕军英勇抗击,二十二岁的年轻虎将岳云带领背嵬军,大开城门出来迎战。从早晨杀到中午,整整半天。人,成了血人;马,成了血马。岳云与背嵬军没有退却半步。可是占有明显优势的敌人却愈来愈多,城中的守将董先、胡清见双方相持不下,双双带领人马出城协助作战。战斗在继续进行,岳家军有进无退,愈战愈勇,金兵的气焰渐渐被压了下去。金兵的统军上将军夏金吾和千户五人被杀死,渤海汉儿王杨寿、女真汉儿都提点、千户张来孙等大小首领七十余人被俘,兀术的攻势终于彻底瓦解。这次颍州府大决战岳家军虽然牺牲相当大,但终于取得了最后的胜利。"撼山易,撼岳家军难!"女真贵族经过这次惨败之后,得出了这样一个结论。捷报传到郾城岳家军大本营,上上下下无不欢欣鼓舞。岳飞振奋地对部将们说:"直捣黄龙府,我与诸君痛饮耳!"

岳飞曾多次发出请求朝廷"速赐指挥、令诸路大军火速并进"的奏章,但却杳无音讯。尽管他早已知道,如果得不到后援自己孤军深入,一定会困难重重,但他还是下定决心,一定要勇往直前,进军汴京。十二年前宗泽临终时的"过河,过河"的呼声在激励着他;十一年前被迫跟随杜充撤离旧京时的惨痛历史在鞭策着他。如今大军推进到汴京外围,他怎能半途而废呢?哪知就在岳家军浴血奋战、汴京指日可下的关键时刻,赵构却命度旨官用金字牌传来了"措置班师"的诏令。岳飞悲愤填膺,肝肠欲裂。牛皋等部将也顿足捶胸,议论纷纷。岳飞按捺不住,当下又写了一道奏章,再陈敌我大势。他以为这样再三陈述利害,定能改变朝廷的主意。然而一道道"择利班师""措置班师"的诏令却随一块又一块朱漆金字牌接踵而至。同时,杨沂中、刘锜等部已经奉旨撤回,粮草已经断绝等消息报来,岳飞不得不连夜召集诸大将举行紧急会议，商议进退大计。

将领们虽然和岳飞有同样的心情，但是又不得不考虑到面临的处境，唯一的出路就是只有忍痛班师了！岳飞悲愤到了极点，他沉痛地对部将说道："咱们这一走，十年的艰苦经营，就要毁于一旦了！收复的州郡又将白白地送给敌人！社稷江山，难以中兴，难以恢复了！"七月十二日凌晨岳飞率领百战百胜的岳家军，黯然离开曾经浴血奋战的前线。百姓们知道事已无法挽回，扶老携幼纷纷赶来，聚集道旁，失声痛哭。岳飞决定再留驻五天，让百姓收拾停当，随同大军南撤襄汉。

岳家军南撤了，只有梁兴、李宝等忠义民兵仍然在敌后坚持斗争，继续给予敌人以有力的打击。

害怕大将久握兵权而难以驾驭，始终是赵构的一块心病。岳飞、韩世忠等对宋金议和总是极力反对，这更是奸相秦桧的一块心病。这样，昏君奸相便在削夺兵权问题上合谋起来。不久，岳飞和韩世忠被解除了兵权。

岳飞返回庐山旧居赋闲。朝廷上阻梗和议的最大障碍已除，赵构和秦桧等便进一步出卖主权、土地和人民。他们派魏良臣和王公亮为"禀议使"，向兀术陈述赵构和秦桧议定的投降条件：以淮水中流作为宋金的分界线；淮水以北的唐、邓两州，全部割让给金；每年向金纳贡银二十万两、绢二十五万匹，等等。经两大臣的再三叩头哀求，兀术才勉强诺许。

昏君得到兀术的允降后，欣喜若狂，立即以"臣"自居，写了一封坚决投降的"誓表"，答应割让土地、交纳岁币。还委派何铸和曹勋为正副专使去兀术军营朝拜。由于兀术曾提出过一定要杀岳飞方可言和的先决条件，因此在昏君奸相的这场丧权辱国的大出卖活动中，一个置岳飞于死地的罪恶勾当，即将付诸实施。

为了置岳飞于死地，秦桧等人千方百计进一步罗织岳飞的罪状。结果岳飞岳云父子及部将张宪被捕入狱，受尽各种折磨。

岳飞的冤狱震动了朝野。百姓们一批又一批涌向大理寺要求释放岳飞。朝廷上的一些正义之士也纷纷上书，为岳飞仗义执言。韩世忠虽已罢去枢密使官职，仍前往质问秦桧，要定岳飞罪，究竟有何证据？秦桧含糊其词地说，岳飞给张宪的书信，内容虽不清楚，但这样的事情，"莫须有"。韩世忠气愤地对秦桧说："相公，你这'莫须有'三字，怎么能使天下人心服呢？"

这年十一月，宋廷终于和金签订了辱国丧权的"盟书"。

岳飞的案子，由于朝野的反对，一直拖延未决。时间推移，不觉到了腊月二十九，眼看新的一年就要来临。秦桧一个人闷闷不乐地坐在书房里，手里拿着刚吃剩下的柑子皮，下意识地用指甲在上面来回划个不停。杀岳飞吧，没有证据，民情汹汹，难以平服；不杀岳飞吧，金方又不答应，万一金兀术借口翻脸，那更不得了！正在这时，他的老婆告诉他说："你做事真太不果断！你岂不知道，捉虎容易放虎难啊！"秦桧在王氏的提示下，恍然大悟，立即写了一张纸条，命亲信送到大理寺。万俟卨等匆匆上书，奏请将岳飞处以斩刑，张宪处以绞刑，岳云处以徒刑。

赵构接到奏章,当时提朱笔批道:"岳飞特赐死,张宪、岳云并依军法施行。杨沂中监斩。"临刑前,万俟卨等最后一次提审岳飞,企图逼岳飞在他们炮制的"供状"上画押。岳飞知道自己面临最后时刻,却视死如归,昂然转身来,取过笔,在供状上写了八个大字:

　　　天日昭昭!天日昭昭!

除夕之夜,北风呼啸,漫天大雪。

屡建奇勋、年仅三十九岁的岳飞,终于被逼喝下了赵构"御赐"的毒酒!张宪、岳云被押赴市曹斩首示众!英雄们的满腔热血,没有洒在长城内外,没有洒在万里沙场,却洒在临安西湖,洒在昏君、奸臣、银烛华筵、庆贺升平的歌舞声中!

岳飞被杀害了,屈辱的和约订立了,然而英雄们的浩然正气是压不倒的,广大人民的抗金浪潮是挡不住的,河东、河北的忠义将士,仍然纵马太行,挥鞭燕云,披荆斩棘,前仆后继……

12世纪20年代,东北地区女真族的奴隶主统治集团消灭了北宋王朝,占领了淮水以北的广大土地,给封建文明高度发展的中原地区,带来了残酷的民族压迫和落后的生产方式。因此抗金斗争是争取统一,反对分裂,争取进步,反对倒退的正义行动。所以岳飞的抗金斗争赢得了广大人民的支持,岳飞本人也赢得了广大人民的爱戴!

由于受历史的局限,岳飞的一生是为腐朽的南宋王朝"尽忠"的一生,正像他在诗中所言:"男儿立志扶王室,圣主专征灭虏酋"。他坚决抗金,为收复中原鞠躬尽瘁,壮志未酬身先死的悲剧一生使人们慨叹、深思;他的爱国精神和高风亮节永远为后世敬仰。

耶律楚材

耶律楚材,字晋卿,辽朝东丹王耶律突欲的八世孙。父亲耶律履,因学问品行出众得以奉事金世宗,特别受到亲近和信任,去世时官至尚书右丞。

楚材三岁时父亲去世,母亲杨氏教他读书。长大后,博览群书,兼通天文、地理、律历、术数以及佛、道、医、卜等学问,下笔写文章,好像早就作好似的。金朝制度,宰相之子可以按惯例通过考试担任尚书省属官。耶律楚材想参加进士科考试,章宗诏令按原有的制度办。考官用几个疑难案件进行提问,当时一起参加考试的有十七个人,唯独楚材的回答特别好,于是被征召为尚书省属官。此后又担任过开州同知。

贞祐二年,金宣宗迁都汴梁,完颜福兴行尚书省事,留守燕京,征召耶律楚材为左右司员外郎。元太祖成吉思汗攻取燕京,听说楚材的名字,于是召见他。耶律楚材身高八尺,胡须漂亮,声音宏亮,太祖很看重他,说:"辽和金是世代的仇敌,我为你报仇雪恨。"楚材回答说:"我的父亲和祖父都曾委身奉事金朝,既然做

了金朝的臣民,怎敢仇恨自己的君主呢?"太祖很敬重他这番话,把他安排在自己身边,于是称呼楚材为"吾图撒合里"而不叫他的名字,"吾图撒合里"在蒙语中意思是胡须很长的人。

己卯年夏六月,太祖向西讨伐回回国。祭旗的那一天,雪下了有三尺厚,太祖心中疑惑,耶律楚材说:"盛夏季节出现水气,这是战胜敌人的预兆。"庚辰年冬天,雷声很大,太祖又问他,他回答说:"回回国王将死在野外。"以后这些话都应验了。西夏人常八斤,因为善于制造弓箭,得到太祖的赏识,所以经常自夸道:"国家正在兴兵打仗,耶律楚材这个书生有什么用!"楚材说:"造弓尚且要用弓匠,取天下的人怎能不用治理天下的工匠呢?"太祖听到后十分高兴,越来越信任和重用他。西域懂得历法的人上奏说五月十五日晚将出现月蚀。楚材说:"不对。"果然没有出现月蚀。第二年十月,耶律楚材说将有月蚀,西域人说没有,到时间果然月蚀八分。壬午年八月,彗星出现在西方,楚材说:"女真将改换皇帝了。"第二年,金宣宗果然去世。太祖每次出师征讨,必定要让耶律楚材占卜吉凶,太祖自己也炙烧羊胛骨,判断天意和人事是否相符。曾指着楚材对太宗说:"这个人是上天赐给我家的。以后军国大事都要交给他处理。"

丙戌年冬天,跟随太祖攻克灵武,将领们都争着掠取女子金帛,唯独耶律楚材专门收集失落的书籍和大黄等药材。不久士兵们染上疫病,用大黄一治就好了。太祖亲自经营西方的疆土,来不及制定有关制度,州郡长官,任意生杀,甚至把老百姓的妻子儿女强迫变为奴隶,掠夺财物,兼并土地。燕蓟留后长官石抹咸得卜尤其贪婪暴虐,杀人满市。楚材听说后流下眼泪,随即向太祖上奏,请求向各州郡发布禁令,如果没有皇帝的圣旨,不得随便向百姓征税调役,囚犯应处死刑的必须上报,违反者处以死罪,于是贪暴的风气有所收敛。燕京一带有许多厉害的盗贼,光天化日之下就拉着牛车到富人家索取财物,不给就杀人。当时睿宗拖雷以皇子的身份监理国事,听说这些情况,便派遣宫中使臣和耶律楚材一起前去严厉查办。楚材查问到盗贼的姓名,都是留后长官的亲属和有权势人家的子弟,遂将他们全部逮捕入狱。盗贼的家人贿赂宫中使臣,使臣企图拖延处理,楚材向他讲明这样做将带来的后果,使臣惧怕,听从了耶律楚材的意见。定案后,在集市上处死十六人,燕京的百姓才安定下来。

己丑年秋天,太宗将要即位,宗室皇亲都聚集在一起,讨论还没有做出决定。当时睿宗拖雷是太宗窝阔台的亲弟弟,所以耶律楚材对睿宗说:"这是宗庙社稷的大事,应该尽早确定。"睿宗说:"事情还没有准备好,另外选个日子怎么样?"楚材说:"过了今天就没有吉日了。"于是确定下来,耶律楚材建立礼仪制度,进而对亲王察合台说:"亲王虽然是兄长,但地位则是臣子,按礼节应当跪拜皇帝。您跪拜了,那么就没人敢不拜了。"察合台很赞同他的意见。等到太宗即位,察合台率领全体皇族成员和大臣们在宫帐下跪拜。礼毕退下,察合台手抚着耶律楚材说:"您真是安邦定国的大臣啊!"蒙古国君臣间有跪拜之礼从这时候开始。当时因朝会迟到应处死刑的人很多,楚材上奏道:"陛下刚刚即位,应该赦免他们。"太宗听从了他的意见。

将相卷

中原刚刚平定,老百姓误犯法律的人很多,而国家法令中没有赦免的说法。耶律楚材请求对他们宽大处理,众人都认为不切实际,唯独楚材严肃地向皇帝建议。皇帝发布诏令,凡是庚寅年正月初一以前犯的事情都不予追究。他还拟订了十八项应办的事情,建议颁行天下。大致是:"州郡要设置长官以管理百姓,设置万户以统率军队,使文、武双方势均力敌,以防止骄横的作风。中原地区,是国家财赋的来源,应该保护和照顾这里的百姓,州县如果没有上司的命令,胆敢擅自课征赋税的要判罪。借贷官府财物做买卖的,也要判罪。蒙古、回鹘、河西等地的人,种地不交税的处以死刑。负责管理的官员自己盗窃官府财物的也要处死。凡是犯死罪的,要将理由上奏朝廷等待批复,然后行刑。各地上贡和进献礼物,为害不小,必须严禁。"太宗全部同意,只有禁止贡献礼物这件事不答应,说:"那些自愿贡献的,应该允许。"楚材说:"腐败的祸端,必然从这里开始。"太宗说:"凡是你奏请的事情,我没有一件不答应,你难道不能顺从我一件事吗?"

太祖在世的时候,每年都要用兵西域,没有时间来经营治理中原,很多官吏都聚敛财物为自己打算,家中财物多得不得了,而官府却没有什么储备。近臣别迭等人说:"汉人对国家没什么用处,可以把他们的土地全部空出来做牧场。"耶律楚材说:"陛下即将向南征伐,军需物资要有来源,如果能均衡地确定中原地区的田税、商税以及盐、酒、铁冶和山林河湖等业的赋税,每年可以得到五十万两白银、八万匹绢帛和四十多万石粟子,足以供给军队需要,怎能说没什么用处呢?"太宗说:"你为我试着办。"于是奏请设立燕京等十路征收课税使,凡正、副长官都任用读书人,如陈时可、赵昉等都是宽厚长者、天下第一流的人物,属官都用金朝尚书省六部的原班人员。辛卯年秋天,太宗来到云中,十路都送来储存粮食的簿册和黄金、绢帛,陈列在庭院中,太宗笑着对楚材说:"你没有离开过我的身边,却能使国家经费充裕,南方金国还有像你这样的大臣吗?"楚材回答说:"在那里的人都比我贤明能干,我没什么本事,所以才留在燕京,为陛下所用。"太宗赞赏他的谦虚,赐酒给他。当即任命他为中书令,事无大小,都要先跟他通报商议。

耶律楚材上奏:"凡是地方州郡应该让行政长官专门管理民事,万户统管军政,凡是地方所掌管的征收赋税的事务,权贵不能干预。"又推荐镇海、粘合二人,与他共同工作,权贵都不服气。咸得卜因为过去跟耶律楚材有仇,尤其忌恨他,在宗王面前诬陷道:"耶律中书令专门任用自己的亲信故旧,必定怀有叛逆之心,应该奏请皇帝杀掉他。"宗王派人告诉皇帝,太宗觉察到这是诬陷,就斥责了来人,把他打发回去。接着有人控告咸得卜有犯法行为,太宗命楚材审理此事,耶律楚材上奏说:"此人骄傲自大,因而容易招来别人的攻击。现在正要对南方用兵,以后再作处理也不晚。"太宗私下对侍臣说:"楚材不计较私仇,真是宽厚长者,你们应当效法他。"宫中显贵可思不花奏请召募采金银的役夫以及到西域种田、栽葡萄的人户,太宗下令从西京宣德迁移一万多户来充当。楚材说:"先帝遗诏中说,山后的百姓质朴,和蒙古人没有区别,遇到危难时可以利用,不应轻易迁移他们。如今即将征讨河南,请不要分散山后百姓,以便在这次军事行动中使用他们。"太宗同意了他的请求。

壬辰年春天,太宗南下征讨,将要渡黄河,诏令逃难的百姓,前来投降的可以免死。有人说:"这些人危急的时候就投降,没事的时候就逃走,只对敌人有好处,不能宽大处理。"耶律楚材请求制作几百面旗子,发给投降的难民,让他们返回乡里,很多人因此得以保全性命。按照蒙古传统的制度,凡是攻打城池,敌人用弓箭和石块袭击的,就是违抗命令,攻克之后,必定将城中军民全部杀死。汴梁将要攻下,大将速不台派人来说:"金人抗拒了很长时间,我军死伤很多,汴梁攻克之日,应该屠城。"耶律楚材急忙进去上奏道:"将士们辛苦了几十年,想要得到的不过是土地和人民。得到了土地而失去了人民,又有什么用呢?"太宗犹豫不决,楚材又说:"能工巧匠,富裕人家,都集中在这里,如果将他们全部杀死,将会一无所获。"太宗接受了他的意见,下诏只处罚完颜氏一族,其余都不追究。当时因躲避打仗而住在汴梁的有一百四十七万人。

耶律楚材又请求派人进城,寻求孔子的后代,找到孔子的五十一代孙孔元措,奏请由他继承"衍圣公"的封号,将孔林、孔庙的土地交付给他,命令他收集金朝的太常礼乐生。又征召著名的儒生梁陟、王万庆、赵著等人,让他们将《九经》译成口语,讲给太子听。又率领大臣们的子孙,拿着经书讲解其中的含义,使他们知道圣人的学说。在燕京设置编修所,在平阳设置经籍所,从此文明教化开始兴盛。

当时河南地区刚刚攻下,俘虏很多,蒙古军返回,俘虏逃跑的有十之七八。皇帝下令:凡是收留和资助逃亡者的,处死全家,同村邻里也要连坐。因此,逃亡者没有人敢收留,大多饿死在路上。耶律楚材平心静气地对太宗说:"河南已经平定,这里的百姓都是陛下的儿女,还会走到哪里去呢!何必因为一个俘虏,而使几十个上百个人牵连受死呢?"太宗醒悟,下诏解除了这个禁令。金朝灭亡后,只有秦、巩等二十多个州很久没有投降,楚材上奏道:"过去我们的百姓逃避罪罚,有的集中在这些地方,所以拼死抵抗,如果答应不杀他们,将不攻自破。"赦免死罪的诏令一下,这些城池都投降了。

甲午年,讨论将中原百姓登记编户,大臣忽都虎等人建议以成年男子为征税对象。耶律楚材说:"不行。成年男子逃走,那么赋税就征收不到了,应当以户为征收对象。"争论多次,终于确定以户为征收对象。当时将相大臣获得的俘虏,往往寄存在地方州郡,楚材利用登记户口的机会,下令将俘虏全部登记为平民,凡是隐藏私占的处以死刑。

乙未年,朝廷讨论将四处征伐没有归附的地方,假如派遣回回人征讨江南,汉人征讨西域,那么就能有效地控制他们,耶律楚材说:"不行。中原和西域相距遥远,还没有到达敌人的边境,就已经人马疲乏了,加上水土不服,容易生传染病,应该各从其便。"皇帝接受了他的意见。

丙申年春天,宗王们大聚会,太宗亲自拿起酒杯赐给耶律楚材说:"我之所以推心置腹地任用你,是因为先帝的命令。没有你,中原地区就没有今天。我之所以能够高枕无忧,都是因为你的努力。"西域各国以及宋朝、高句丽的使者前来朝见,说的话大多不可信,太宗指着耶律楚材对他们说:"你们国家有这样的人才

吗?"使者们都老实地说道:"没有。他简直是神人啊!"太宗说:"你们只有这句话不假,我也觉得你们国中一定没有这样的人才。"有个叫于元的人奏请发行纸币,耶律楚材说:"金章宗时开始推行纸币,与铜钱同时使用,官府以发行纸币来谋利,不愿意回收,称为'老钞',甚至一万贯纸币只能买一张饼。致使百姓穷困,国家经费短缺,应该引以为戒。现在印制纸币,不能超过一万锭。"朝廷接受了他的意见。

秋七月,忽都虎送来了户口簿,太宗打算分割州县赏赐给亲王、功臣。耶律楚材说:"分割土地和人民,容易发生冲突和纠纷。不如多赐给他们金帛财物。"太宗说:"已经答应了,怎么办呢?"楚材说:"如果朝廷设置官吏,征收上交给诸王功臣的赋税,到年底分给他们,不让他们自行征收,这样就可以了。"太宗同意他的想法,于是确定全国的赋税,每两户出丝一斤,以供国家使用;五户合出丝一斤,作为诸王和功臣封地的收入。地税:中等田每亩交二升半,上等田交三升,下等田交二升,水田每亩交五升;商税征收三十分之一;盐价,白银一两可买四十斤。正常的赋税额确定后,朝廷讨论认为征收太轻,楚材说:"赋税从轻,仍会产生贪污的弊端,以后将会有人以增加国家收入为升官的途径,那样的话现在的赋税额就已经够重的了。"

当时工匠制造物品,随意浪费官府的物资,十之八九被他们私自占有,耶律楚材请求全部加以考核,建立起固定的制度。当时侍臣脱欢奏请在天下没有出嫁的女子中挑选美女,诏令已经颁发,耶律楚材拦住不执行,太宗大怒。楚材进谏道:"以前挑选了二十八个美女,已经足够用来使唤。现在又要挑选,我担心骚扰百姓,正想再向陛下汇报。"太宗过了好一会儿才说:"可以取消这件事。"又打算征收民间的母马,楚材说:"耕种养蚕的地方,不出产马,现在如果推行收马之法,以后必定成为百姓的祸害。"太宗又接受了他的意见。

丁酉年,耶律楚材上奏说:"制造器具必须用好的工匠,要保持国家已取得的成就必须任用儒臣。儒臣的事业,不进行几十年的积累,是难以成功的。"太宗说:"果真是这样的话,可以让这些人做官。"楚材说:"请加以考试选拔。"于是命令宣德州宣课使刘中到各郡去主持考试,分为经义、词赋、论三个科目,被俘为奴的读书人,也让他们参加考试,主人隐藏不让他们应试的处以死刑。共选拔了四千零三十名读书人,免去奴隶身份的占四分之一。

以前,州郡官吏中有很多人借商人的银钱来偿还欠官府的债务,利息累计为本钱的好几倍,称为"羊羔儿利",甚至妻子儿女都被变卖为奴隶,还是还不清。耶律楚材上奏,下令利息与本钱相等后不许再增加,永远成为固定的制度,民间所欠的债务,由官府代为偿还。直至统一度量衡、颁发符印、建立钞法、制定统一的贸易法规、设置邮政系统、明确驿站的使用凭证,各种政务大致齐备,百姓稍微能够休养生息。

有两个道士争当道长,彼此都聚集了一批党羽,其中一个道士诬陷对手党羽中的两个人是逃兵,勾结宫中侍从和通事杨惟忠,将那两人抓起来残酷杀死。耶律楚材将杨惟忠拘留审问,宫中侍从却说楚材违反朝廷制度,太宗发怒,逮捕楚

材。随即又很后悔，下令释放他。楚材不肯松绑，对太宗说："我身为宰相，关系到国家大政。陛下开始时下令逮捕我，是因为我有罪，应当在百官面前公开宣布我的罪行不可饶恕。现在释放我，是因为我无罪，怎么能这样随便翻来覆去，像戏弄小孩一样呢？如果国家有大事，也能这样干吗？"众人吓得脸色都变了。太宗说："我虽然是皇帝，难道就没有错误的举动吗？"于是好言安慰了他一番。楚材乘机陈述了十条处理当今时务的措施，这十条措施是：信赏罚，正名分，给俸禄，官功臣，考殿最，均科差，选工匠，务农桑，定土贡，制漕运。都切合当今时务，太宗全部同意施行。

太原路转运使吕振、副使刘子振，因为贪污而获罪。太宗责备耶律楚材说："你讲过孔子的教导可行，读书人是好人，为什么还有这种人？"楚材答道："君主、父亲教导臣属、子女，也不想让他们去做不讲道义的事情。三纲五常是圣人的教导，管理国家的人没有不遵循的，好比是天上有太阳和月亮一样。怎能因为一个人的过失，而使得万世经常奉行的学说单单在我们这个朝代被废止呢？"太宗的恼怒这才缓解。

富人刘忽笃马、涉猎发丁和刘廷玉等人用银一百四十万两承包天下赋税，楚材说："这些都是贪图财利的家伙，欺骗朝廷坑害百姓，为害很大。"奏请皇帝取消这种做法。他经常说："兴一利不如除一弊，多一事不如少一事。任尚以为班超的话平淡无奇，但是千年之后，自有定论。以后遭到谴责的人，才知道我的话不假。"太宗素来喜欢喝酒，每天与大臣们开怀畅饮，楚材多次劝阻，太宗不听，于是就拿着酒槽的铁口对太宗说："酒能够使东西腐烂，铁尚且如此，何况是人的五脏呢？"太宗醒悟，对近臣说道："你们这些人爱护君王，为国忧虑的心意，难道能得上吾图撒合里吗？"于是赐给他金帛财物，下令侍从们每天进酒以三盏为限。

自从庚寅年确定征税规则，到甲午年平定河南，税额每年都有增加，到戊戌年征收的白银达一百一十万两。有个翻译名叫安天合，讨好镇海，率先招引奥都剌合蛮包买赋税，又增加到二百二十万两白银。耶律楚材极力争辩劝阻，以至于声色俱厉，一边说一边哭。太宗说："你想打架呀？"又说："你想为百姓哭泣吗？姑且让他们试着做做再说。"楚材无法阻止，于是叹息道："百姓困穷，将从此开始了！"

耶律楚材曾与宗王一起吃饭，喝醉后躺在车中，太宗在原野上看见了，直接来到他的营盘里，登上车用手推他。楚材睡得正香，正为别人打扰自己而恼怒，忽然睁开眼睛一看，才知道是皇帝来了，慌忙起身谢罪，太宗说："有酒一个人喝醉，不想跟我一起快活快活吗？"笑着走了。楚材来不及穿戴好衣冠，赶紧骑马前往皇帝的行宫，太宗为他摆开酒席，尽兴而罢。

耶律楚材主持政务很长时间，把得到的俸禄分给自己的亲族，从来没有徇私情让他们做官。行省刘敏严肃认真地向他提起此事，楚材说："使亲族和睦的道理，只应是用财物资助他们。我不能为了照顾私人感情而让他们去做官违法。"

辛丑年二月三日，太宗病危，医生说脉搏已经不动了。皇后不知所措，把耶律楚材召来询问，楚材回答说："现在任用的官员不合适，出卖官职，打官司要贿

赂，囚禁无辜的人很多。古人一句好话就可以使火星退到原来的位置，我请求赦免天下的囚徒。"皇后想立即去做，楚材说："没有皇帝的命令不行。"过了一会，太宗稍微苏醒过来，于是上奏请求赦免囚犯，太宗已不能说话，点头表示同意。当天夜里，医生测到脉搏重新跳动，正好是宣读赦免令的时候，第二天病就好了。冬十一月四日，太宗将出去打猎，楚材用太乙数来推算，赶紧说不能打猎，左右侍从们都说："不骑马射箭，没有什么找乐的方法。"打猎五天，太宗在行营中去世。皇后乃马真氏行使皇帝权力，重用和信任奸邪之人，政务都被搞乱。奥都剌合蛮因为包买赋税而执掌大权，朝廷里的人都害怕他、依附他。楚材当面斥责，在朝廷中争辩，说别人不敢说的话，人们都为他担心。

癸卯年五月，耶律楚材上奏说："将有惊扰发生，但最后会没事的。"没过多久，朝廷用兵，事情仓猝发生，群情纷扰，皇后于是下令将靠得住的人武装起来，甚至想向西迁移以躲避面临的危机。楚材说："朝廷是天下的根本，根本一旦动摇，天下将会动乱。"过了几天就安定下来。皇后将盖有皇帝大印的空白纸张交给奥都剌合蛮，让他自行填写办事。楚材说："天下是先皇帝的天下。朝廷自有法律规章，现在要搅乱，我不敢遵从命令。"这件事因而中止。又有旨令说："凡是奥都剌合蛮提出的建议，令史如果不记录下来，就砍断他的手。"楚材说："国家的典章制度，先帝都托付给老臣我来维护，跟令史有什么关系呢？事情如果合理，自然应当奉命执行，如果不可行，是不能照办的，我死都不怕，何况是断手呢！"皇后很不高兴。楚材仍然争辩不已，并大声说："老臣我奉事太祖、太宗三十多年，没有辜负国家，皇后又怎么能没有罪名而处死我呢！"皇后虽然恨他，也因为他是先朝的有功旧臣，对他既尊敬又畏惧。

甲辰年夏五月，耶律楚材死在官位上，终年五十五岁。皇后哀悼，赠赐非常丰厚。后来有人诬陷楚材，说他当宰相时间很长，天下进贡的赋税有一半都落到他的家中。皇后命令侍从大臣麻里扎前去查看，只有十几张琴、阮以及几千卷古今书画、金石和遗文。至顺元年，赠官号为经国议制寅亮佐运功臣、太师、上柱国，追封为广宁王，谥号"文正"。有两个儿子，耶律铉和耶律铸。

戚继光

戚继光（1528—1587 年），字元敬，号南塘，晚号孟诸，山东蓬莱人，著名的爱国将领，民族英雄，杰出的军事家。

戚继光出身于将门之家。他的六世祖戚详从军 30 年，最后战死沙场，是明朝的有功之臣。朱元璋追念戚详开国有功，授予他儿子戚斌为明威将军，子孙后代得世袭登州卫指挥佥事。

自戚斌到登州任职后，戚家就在山东登州定居下来。戚斌的儿子戚珪、孙子戚谏，都继承祖业成为武将。戚谏，是戚继光的祖父。戚继光的父亲是戚景通。

那个时候,已到了明朝中叶,大明江山,东有倭寇犯境,北有蒙古鞑靼部的侵扰,尤其是倭寇之患,给沿海百姓带来了深重的灾难。

戚继光的父亲戚景通是一个有强烈爱国心的将领。由于他的军事才能,曾被提任为都指挥,负责山东沿海备倭军事,为抗倭卫国呕心沥血。后来,又被调任保定都指挥使等职。

戚景通不但勤奋好学,文武全才,而且耿直正派,从不趋炎附势。他48岁那年,被提升为江南运粮把总。上任伊始,即取消漕运中的某些陋规,招致许多人不满。一次,他押运粮食进太仓,因为拒绝向仓官贿赂而被诬为"账目不清"。按照当时的法律,至少要受降级处分。其部属张千户同情他的处境,托人转交给他300两银子,以便打通关节。他谢绝了张千户的好意。最后事情的真相虽然弄清了,可还是丢掉了运粮把总的职务,回到了登州卫所。

戚景通中年时生有一个女儿,直到他56岁那年,才有戚继光出生。戚景通白头得子,当然是钟爱异常。他教导儿子读书、写字、练习武艺,还经常给他讲一些保国安民的为人处世的道理。他告诉儿子:"一个武将必须有全身报国的志向,打起仗来要有身先士卒的勇猛精神。"幼小的戚继光,把父亲的教诲牢牢记在心上。也常常用泥巴砌成墙,堆瓦砾为营垒,削竹剪纸做旗帜,布成阵势,和一群小朋友演练"假想战争",在战争中他充当指挥,率领着他的"士兵"们冲杀。看得大人们啧啧称赞:"真是将门出虎子啊!"

嘉靖十四年(1535年)戚景通奉命调入京师,任禁军中神机营的副将。这一年戚继光8岁,他跟随父亲到了北京。北京那坚固的城墙,森严的防卫,无不给少年时代的戚继光留下深刻的印象。

戚继光10岁时,亲生母亲王氏不幸病故。

转年,戚景通辞去职事,一意埋头写作有关边事论著,自从他卸了公职,家里经济状况更加一年不如一年了。嫡母张氏忧虑地说:"家里苦于没钱,今后怎么办呢?"父亲却指着戚继光说:"这不就是我们最大的财富么!"

嘉靖二十三年(1544年)夏天,戚景通得了重病。为了趁自己还活着的时候给儿子安排好前程,便让戚继光迅即到京城办理袭职手续。临别,又拉着儿子的手谆谆告诫,勉励他精忠报国,努力做人,并盼他一路平安。

年仅17岁的戚继光,带着父亲的嘱托,匆匆踏上了去京师的大道。

没想到,戚继光向父亲的拜别,竟成了父子的永诀!就在他去京城办理袭职手续的日子里——当年秋天的一个阴风呼号的夜晚,戚景通溘然长逝了。

戚继光担任登州卫指挥佥事以后,仍然坚持读书习武。他的老师梁玠老先生被他的求学精神所感动,便主动提出了到戚继光家中教他读书。在老师的悉心指教下,戚继光文韬武略,更加精熟。戚继光深深敬爱自己的老师,一直到后来成为名将,仍念念不忘老师对他的教导。

嘉靖二十五年(1546年),19岁的戚继光正式分工管理本卫所的屯田事务。他为官清廉,竭力整顿屯政,使屯田事务为之一新,一些正直的官员都对他投以赞叹的目光。

嘉靖二十七年(1548年)，戚继光第一次离家远征，他率领卫士卒远戍蓟州。他安排了家事，怀着满腔热忱，踏上了北上的征程。

那时，北部的蒙古贵族政权势力强大，不仅侵扰河北、山西、陕西，而且威胁北京。为了加强防卫，补充长城一线兵力的不足，朝廷便调集山东、河南等地的官军轮番前往边关戍防。

就从这一年起，每年春季，戚继光都要奉命到蓟州戍守，前后一共五年，这一经历，使他熟悉了边疆的形势，更增强了他保卫祖国的责任心。

戚继光把保卫疆土，报效国家当作武臣的天职。他一面戍边，一面调查蓟州一带的防务情况。他把自己的见解写成《备俺答策》，上奏朝廷。当政的大臣虽然没有采纳他的献策，但对策文中显示出的军事才能都感到惊奇。

戚继光的志向是远大的。他以为，靠自己的努力和拼搏担当官职，才合本愿。于是他决意走考取武举的道路。22岁那年他以普通人的身份参加了山东乡试，结果以武艺出众中了武举。第二年秋天，赴北京参加会试。

这一年为农历庚戌年，戚继光正巧碰上了一场战争：东蒙古鞑靼的统治者俺答率大队人马进犯大同，大同守将仇鸾是权臣严嵩的干儿子，他竟用重金贿赂俺答，叫俺答绕过大同从别处进攻。于是俺答从古北口突破长城之后，一路烧杀抢掠，直逼北京城下，京师处于危难之中。这一事件，历史上称做"庚戌之变"。

"庚戌之变"来得太突然，明政府的兵将缺乏战斗力，难以抵挡。仓促间从民间招集了四万义军，并且1000名到京城参加会试的武举，也被派上用场。戚继光被任命为督防九门的总旗牌官，负责传递将令。他怀着一颗爱国之心，多次上书，呈献御敌方略，他提出的十几条措施，都是克敌取胜的切实良法，引起兵部的重视。兵部不但予以采纳，还奏请朝廷刊布出来，供将士学习，用以退敌致胜。

由于戚继光的品德出众，才华横溢，被人们誉为"国士""将才"。嘉靖三十二年(1553年)夏天，戚继光被明朝政府擢升为主备山东防倭军事的都指挥佥事，统辖三营二十五卫所将士，扼守海防，抗御倭寇。他那"封侯非我愿，但愿海波平"的宏伟愿望就要实现了。

戚继光是在倭患猖狂至极而军事防务日趋虚弱的严峻形势下，担负起山东备倭重任的。就在那一年，一批倭寇又在江、浙一带导演了令人惨不忍睹的一幕。

嘉靖二十六年(1547年)七月，朝廷曾派朱纨巡抚浙江。朱纨整顿海防，肃清与倭寇勾结的奸民，赶走了倭寇。那些与倭寇有勾结的官僚指使京官，联合起来攻击诬陷朱纨……结果朱纨被关进监狱，服毒自杀。自此，倭寇也愈加肆无忌惮了。后来，虽然明军几次进剿倭寇，也多是疲于奔命，收效甚微。

嘉靖三十一年(1552年)，有一股倭寇在靖海卫(今山东省文登县南120里)登陆，严重威胁着山东沿海一带。

戚继光的防御地区地形复杂，区域辽阔。防线的后面就是人烟稠密、物产丰富的山东腹地，防守这样一片广阔而又重要的地区，对于一个刚刚26岁的年轻人来说，任务是十分艰巨而繁重的。更何况他的敌手又是些非常狡诈、疯狂而又

飘忽无定的倭寇！

他在巡视了全线海防后得出这样的结论：卫所年久失修，残破不堪；军队缺乏训练，纪律松弛。

接着，戚继光大力修缮卫所，整顿屯田，训练部队，山东沿海一带的防务巩固了。但他并不满足于眼前的成绩，他深知这不过是自己一生事业的起点。他把个人的前途与御倭事业紧紧联系在一起。他一方面努力加强山东的海防，作为东南地区明军抗击倭寇的声援；另一方面，他也为那里的倭寇久久不能平定而着急、焦虑。

此时的浙江御倭形势又发生了新的变化。倭寇以"五峰船主"王直为魁首，又一次大规模地窜犯浙江沿海州县。明政府急调曾在"庚戌之变"中立过功的王忬，巡视浙江和福建的沿海防务。形势并无多大好转。遂又派左佥都御史李天宠代替王忬巡抚浙江；又派南京兵部尚书张经为总督大臣，全面负责东南各省的御倭事宜。张经以为两江一带狼土兵骁勇善战，奏请朝廷调来剿倭。

可是，这批狼土兵还未入浙，明政府却派工部左侍郎赵文华到浙江祭海神来了。

赵文华是严嵩的干儿子。他把东南的倭祸看作是升官发财的良机，向皇上奏说，来到松江祭海，并督察沿海御倭军务。

赵文华一到浙江，便作威作福，专事聚敛。张经和李天宠不肯奉承赵文华，只有浙江按察使胡宗宪，嫉妒张经，又企图讨好严嵩，尽力巴结赵文华。赵文华也对胡宗宪分外赏识。由于严嵩、赵文华等人的陷害，张经和李天宠被朝廷斩首了。胡宗宪谄附赵文华，又结纳了严嵩，被提升为总督，由他全面负责御倭军务。但是，胡宗宪畏倭如虎，并不真正同倭寇作战，致使浙江的御倭形势更加紧张而混乱。

就是在这一年的秋天，28岁的戚继光被调往浙江御倭前线。这是戚继光生活中的一个重大变化，是他平倭建奇功的开端。

戚继光初到浙江时，担任都同佥事，管理屯田事务。不久，这位青年将领的军事才能便显露出来。一年后，他被任命为参将，镇守倭寇经常出没的宁波、绍兴和台州三府！

戚继光到任后不久，得悉有倭寇800多人流窜到慈溪，一直打到了龙山所。龙山所能否安然无事，与省城杭州的安全息息相关。刚刚上任的戚继光，人生地不熟，也披挂上马，与参将卢镗等几员将领带着所属官兵，投入了在龙山所的战斗。

三路倭寇群龙无首，乱了阵脚，仓皇逃命。戚继光带领明军官兵，扑向倭寇，把倭寇杀得丢盔弃甲，狼狈不堪。

这场战斗结束后不到一个月，戚继光又得到倭寇再度侵犯龙山所的消息。

这一回，来犯的倭寇的人数比上次还多。浙江巡抚亲自督率浙江总兵官俞大猷，台州知府谭纶和宁、绍、台参将戚继光等，各率所部将士出战。戚继光率领将士奋勇杀敌，三战三捷。倭寇遭到了沉重的打击，便乘夜幕降临的机会，迅速

撤退。戚继光率领队伍，乘胜追击。在缙云又大败倭寇，倭寇继续败退。在桐岭，戚继光与俞大猷的部队会合，倭寇仗着对地形熟悉，将队伍散开，翻山越岭从小路逃窜。

俞大猷、谭纶和戚继光三路人马汇集一起。他们都为这一仗没能痛歼倭寇而遗憾，但又都为三人相识，并肩剿倭而高兴。在这刀光剑影的抗倭战场上，三位抗倭爱国将领一见如故，结下了亲密的战斗友谊。

嘉靖三十七年（1558年）春，舟山岛的西端，杀声惊天，战火熊熊，震撼人心的岑港之战在这里打响了。

倭寇为防止官军进攻，依仗这里的险峻地势，严加防守，异常猖狂，根本不把明军放在眼里。而且还以岑港为巢穴，四出劫掠。

在这种形势下，胡宗宪调动所部兵马，分四路水陆并进，合力向岑港进剿。戚继光担任了左路军主将。他料定此战之险恶，临出发前，把家事拜托夫人，尔后跨上战马，率兵而去。

战斗打响了。倭寇居高临下，据险死守。明军朝上仰攻，伤亡很大。加之又有新倭乘"春汛"渡海而来，与原来的倭寇会合，这就更增加了明军进攻的难度。

五月间，海上又有大批倭寇从台州登陆。戚继光不得不率兵支援台州。行到半路，倭寇又转犯温州。戚继光又率部星夜兼程，直指温州，在温州乐清的瓯江北岸与倭寇相遇。戚继光率部冲上前去，与倭寇激战。经过五次交战，终于大败倭寇，解救了被倭寇掳获的数百个百姓。

随后戚继光又在乐清的盘石卫、白塔等地打了几个胜仗，剿灭了那里的倭寇，并沿瓯江一带布置了长达十多里的防线，一面防守倭寇的进攻，一面征集舟船，准备兵分水陆两路追击倭寇。

戚继光亲率陆路将士，沿江进剿，途中不断消灭小股倭匪。五月的一天，戚继光水陆两路部队都追上了倭寇，随即向他们发起全面进攻。可倭寇以一艘又大又坚固的福船作掩护，沿江向下游逃去。明军紧追不舍，追到小崎山下，戚继光拍马飞奔上一座土丘，拈弓搭箭，射死了福船上的舵手。福船失去了舵手，在江面上打起转来。福船上的倭酋发现船停滞不前，便准备亲自把舵。这时戚继光又射出一箭，正中倭酋。这时水上的明军已包围上来，放火、射箭、刀砍枪刺，杀得倭寇欲逃无路。倭寇的福船毁了，小船也没能逃走，被明军左冲右荡，打得七零八落。

戚继光并不满足已取得的战果，继续在台州、温州一带配合谭纶打击倭寇的有生力量，倭寇纷纷挂帆向大海逃去。台州、温州一带暂时解除了威胁。可是，胡宗宪不仅隐瞒戚继光等人的功劳不报，反而还把岑港久攻不下的责任推到戚继光、俞大猷等人身上。朝廷不问青红皂白，下诏革去俞大猷的总兵和戚继光的参将之职，限他们一个月内攻下岑港，否则问罪。

在这些是非不分、曲直不辨的当权者面前，戚继光只是苦笑和长叹。可是他并不在乎，更不去辩解。父亲的教诲他不会忘记，誓死报国的誓言他更不会忘记，他不会因此而沉沦。只要保卫国土，为国为民，他永远不遗余力，永远义无

反顾!

俞大猷也是这么想的。当不当总兵无所谓,只要还能带兵打仗,还能参加御倭战斗,他就感到快慰。

两位爱国将领顶着屈辱,以"戴罪之身",仍然指挥部下人马,拼命地攻打岑港。日子一天天过去,战斗也越来越激烈。戚继光身先士卒,奋勇当先。他的眼睛布满了血丝,嗓子也喊哑了,身上几处受伤。但他只顾冲锋杀敌,别的什么也不顾了。在明军的凌厉攻势下,倭寇终于支持不住了,转移到了一个叫柯梅的海岛上。

如果乘胜追击,完全有可能全歼逃跑的倭寇,可是胡宗宪并不派兵向柯梅进剿。结果倭寇得以休整,又暗造大船,逃往福建,继续为寇作乱。然而,当朝廷要追究他的纵敌之罪时,他又把罪过一古脑儿地扣在了俞大猷身上,诬陷俞大猷"纵寇南奔,播害闽广"。俞大猷蒙受不白之冤,被捕入狱,后又发配大同边境,立功"赎罪"。

戚继光的遭遇比俞大猷稍好一些。因为岑港被攻克,所以戚继光的罪名被取消,官职也就恢复了。

嘉靖三十八年(1558年)春夏之交,数以千计的倭寇进犯台州、温州等地。这时,谭纶已升任浙江按察副使,而台州正是戚继光的防地。两位以御倭为己任的将领,再一次合作,共同御敌。

谭纶和戚继光经过分析和谋划,一致认为:射人先射马,擒贼先擒王。要有效地歼灭敌人,必须以重兵攻取倭寇的老巢,于是他们把主攻目标定在桃渚。五月十一日领兵从宁波出发,五月下旬逼近桃渚。这座小城已被倭寇围攻了一个多月,但仍未得手。

桃渚位于台州海门卫东北五十里处,它三面环山,一面临海,地势险要。倭寇想攻下桃渚,筑起一个易守难攻又便于逃跑的巢穴。

当绣有"戚"字的大旗在桃渚附近一出现,倭寇立即向附近的葛埠转移,妄图凭藉地势加以固守。

戚继光率军追到葛埠,发现这里原来也是一个倭巢。戚继光亲自率军正面猛烈进攻,同时安排一队士兵从后面的峭壁上摸进倭寨,内外合击,打败了倭寇。残余的倭寇趁黑夜下雨逃走。

桃渚之围已解,但台州南面直到温州地界的倭寇依然猖獗。戚继光来不及休息,又迅速带着部队南下与谭纶会师,商讨下一步的军事行动。

海门是一座卫所,在台州府东南90里,离大海一里左右,卫北就是灵江的入海口海门港。这里三面临水,横扼灵江,军事地位十分重要。戚继光刚到海门,便接到报告,说有3000名倭寇正从栅浦方向窜来。戚继光想到自己的士兵刚打完仗即行军到此,需要休息,便把守城的任务交给海门守将。

晚上,下起了大雨。海门守将和部下的士兵一贯懈怠,各自找个角落打起了瞌睡。倭寇趁此机会偷偷爬上了城墙,幸好发现得及时,才未酿成大祸。戚继光警觉中听见警报,知道情况有变,来不及披挂铠甲,双手执剑,冲出营来。一面挥

303

剑刺敌,一面急令士兵和敌人拼杀。倭寇偷袭没有成功,返身奔逃。

以后一连几天大雨不停,明军无法出击,倭寇也不能远走。戚继光与谭纶一起分析后,便派出士兵冒雨在新河中打下两排木桩,以防倭寇从河上逃走。果然,倭寇被大雨困得又饿又冷,企图沿河而下,出海逃跑。结果被木桩堵住,只好上岸构筑工事,负隅顽抗。戚继光追到新河卫所,等到雨过天晴,设下埋伏,然后派兵佯装押运粮草引诱倭寇出来。倭寇果真中计进入埋伏,被一举消灭了大半,仅余残存的一千多人向温州的东清窜去。

倭寇逃到南湾,占据了海岸高山,妄图凭险固守;又劫掠了几十艘渔船,准备万一抵挡不住时,就登船逃出海去。

戚继光观察了地形,认为消灭敌人最有利的地方是在海岸边,因而在那里埋伏了精兵。其余的兵分两路,前后夹击,把倭寇赶入埋伏圈,一举歼灭。

前不久戚继光的弟弟戚继美投军而成为他部队中的一员。戚继美也练就了一身好武艺,可戚继光并没给他个什么官。这时,戚继光一面做周密的作战部署,一面命人把戚继美请来,和他一起讨论这场战斗的战略战术,鼓励他奋力杀敌,为国立功!

进攻时刻到了。戚继光亲率将士,从正面发起冲锋。倭寇凭借山高坡陡的优势,疯狂迎战。在连攻几次都不得手的情况下,戚继光和弟弟戚继美各自瞄准一个倭寇头目放箭。"嗖""嗖"两声,两名倭寇头目随即倒地毙命。这时后山包抄袭击的明军占领了山头,一齐呼啸冲锋,打得倭寇支持不住,向海边溃退,向停在海边的渔船冲去。可还没靠近渔船,就遭到明军伏兵的包围痛歼。混乱中,多数倭寇被赶入海中淹死,有的倭寇缴械投降,只有200多人漏网向东清一带溃逃。戚继光一面派兵堵截入海的去路;自己亲率主力追击,终于把这200多名倭寇全部剿灭。

在这以后,戚继光又会合其他各路的明军,消灭了宁海一带的倭寇,并将温州一带的倭寇驱逐出海。浙江的局势暂时得到了稳定。

戚继光的声名传扬开了。明军将领,包括胡宗宪在内,也不得不对他刮目相看;倭寇只要听到戚继光的名字,个个不寒而栗。

嘉靖三十八年(1559年)九月,戚继光再一次向胡宗宪提出了招募士兵严加训练的建议。这一主张得到谭纶的支持。此时胡宗宪也想利用抗倭将士的业绩为自己脸上贴金,于是采纳了戚继光的建议,并命令义乌县令赵大河协助戚继光,共同办好这件事。

应募的人越来越多,戚继光根据出身、履历、体格、武术等各个方面,进行严格的挑选。在很短的时间里,一支四千多人的新的军队建立起来了。

在招募编造士兵中,戚继光发现,赵大河办事认真,对全县的人口户籍又很熟,就请求胡宗宪任命赵大河兼任监军。

戚继光把新兵带到了绍兴,开始了紧张的训练。

戚继光还根据江南多山多水的地理条件和倭寇的作战特点,将古兵法与御倭实践相结合,创造了一种有名的"鸳鸯阵"。

戚继光除了以步兵为主力,还建立了水师。他按照海防的需要,修造了各式各样的战船。分大小三种,互相配合使用。自从有了水师,明军打击倭寇就更威猛了。

经过两个多月的训练,这支新军就成为一支纪律严明、武艺精湛、以一当百的御倭劲旅。以后,人们就把这支百战百胜的军队叫作戚家军。

嘉靖三十九年(1560年)春,戚继光担任了独当一面的台州、金华、严州(今建德)等处地方参将。经过一年的努力,浙江的防务大大增强。

转年四五月间,倭寇又大举进犯浙江,倭寇人数达一两万人,倭船总数达几百艘。倭寇的中心攻击目标是台州,行动时却声东击西。首先窜扰宁海。戚继光经过全面分析后,识破了这一阴谋,将计就计,布下天罗地网:一面防守台州;同时派水师到宁海外洋伏击;自己率主力直趋宁海。此时又得报有大股倭寇在桃渚、新河等地登陆。经过分析比较,戚继光仍带主力进剿宁海的倭寇,并且堵住桃渚倭寇的深入;另派部将率军去救援新河。五天后,侵犯新河的倭寇被明军打得大败,残倭逃往乐清;而窜扰宁海的倭寇,更不是戚继光的对手。双方在龙山一带展开激战,倭寇被打得落花流水。倭寇败逃,窜到了雁门岭。戚继光带领将士一鼓作气,一直追将过去,打得倭寇抱头逃窜。

当戚家军大败倭寇于雁门岭时,流窜于桃渚的倭寇,趁机向台州府城攻击。台州的城墙多处被雨水冲坏,还未及修补,形势十分危急。戚继光立即下令:疾奔台州府城救援!戚家军不顾饥饿和疲劳,赶往台州城。在距台州仅二里的小镇花街,戚家军与倭寇遭遇了。双方排开阵容,正面交锋。

交战中,一名倭酋左手执矛,右手操刀,耀武扬威,跳上前来向明军挑战。戚家军中一矿夫出身的勇士朱珏挥舞着一柄浑铁锐,直入敌阵,一锐击折倭酋长矛,再一锐打脱倭酋弯刀,杀死了这名倭酋;接着又一连劈倒七个敌人。戚家军刹时士气大振,个个奋勇争先,勇杀倭寇。

倭寇受到重创,改变队形再战。戚继光早已成竹在胸,指挥旗鼓,变化阵势,杀得倭寇溃不成军。倭寇眼见大势已去,赶紧抛出抢来的金银细软,引诱戚家军抢拾,好趁机返身回杀。可是,戚家军纪律严明,没有一个中倭寇的诡计,继续追杀不停,追到江边,全歼败寇。戚家军获倭寇的刀、枪、弓、箭等战利品650多件,救出被掳的男女百姓5000多人。

流动于浙江的倭寇,气焰仍然很嚣张。就在花街之战后的第四天,又有一股倭寇窜到台州府城东北的大田。台州再次遭受到严重的威胁。

戚继光得到消息时,身边只有1500名将士。他对即将投入的战斗做了周密的准备,并在临行前召开了誓师会。戚继光和监军赵大河分别登台讲话,勉励大家杀敌保民。将士们十分感动,个个摩拳擦掌,准备与倭寇决一死战。

戚家军开到大田,与倭寇对峙了三天,没有交锋。倭寇既不能战,又不能攻城,只得从小路逃遁。戚继光早已料定,率兵在半道设下埋伏。倭寇排成单列,拉着长达二十来里的队伍向前进发。等贼兵过去了一半,戚家军突然发起冲锋,截断贼兵队伍,以"鸳鸯阵"为队列,诛杀拼搏。杀得倭寇弃甲曳戈而逃,死伤不

计其数。戚家军又从倭寇手里夺回被掳的百姓 1000 多人。

一部分败寇逃上一座小山，妄图负隅顽抗。戚家军四面围攻，打得倭寇站不住脚，仓惶夺路而逃。有一部分倭寇投降，顽抗到底的倭寇又逃上一座大山，戚家军紧追不舍。倭寇无法立足，又奔向上界岭，上界岭陡峻如柱，只有一条小路可以攀登。倭寇狼狈逃命，堕入坑堑谷底，死伤大半，少数残寇逃到白水洋，被戚家军全部歼灭。

当戚家军凯旋台州府城时，台州百姓出城列队欢迎，纷纷颂扬戚家军的功绩。

戚继光取得台州大捷后，没有丝毫松懈，率领部队继续剿杀倭寇。

五月十七日，他又得情报：先前侵犯宁海被击溃的倭寇，聚集了三千人，带着所掠财物和男女百姓，乘坐十几艘大船，欲出海逃跑，但中途因水师堵截，已登岸筑垒。

戚继光率部冒雨向宁海进发。这天黎明，戚家军悄然向倭寇逼进，摸到倭寇营边，突然杀入。倭寇做梦也想不到远在台州的戚家军会突然杀到。刚一交手，就溃败四散，争相逃命。正当倭寇被迫乘船逃命时，忽然刮起了飓风，把这些作恶多端的家伙全都掀到海底去了。

一个多月的战斗，使侵犯台州的倭寇遭到歼灭性的重创。同一时期，明军总兵官卢镗、参将牛天赐等将士，也分别在宁波、温州一带，和倭寇交战十多次，取得了重大的胜利。

就在这一年秋天，戚继光升任都指挥使，负起了更重大的海防责任。不久，他又增募义乌民兵 2000 人。

第二年，即嘉靖四十一年(1562 年)春，戚家军又在温州七战七捷，全歼窜扰倭寇。浙江的海防日渐巩固，倭寇再也不敢大规模侵犯浙江沿海了。

台州之捷前后，戚继光总结多年来在浙江沿海抗击倭寇的经验，写成一部重要的军事著作——《纪效新书》。

正当戚继光率领部下在浙江平倭建奇功的时候，福建的倭患又日甚一日地严重起来。福建沿海，北起福宁，南至泉州、漳州，绵延千里，几乎无地无倭船，无地无倭窟。而当地的明军，却忍看老百姓遭受倭寇烧杀抢掠，大多不敢出战。

在这种岌岌可危的形势下，福建巡抚游震得只得上疏朝廷，请求派浙江能将提重兵援助。朝廷接受了游震得的请求。嘉靖四十一年(1562 年)七月，胡宗宪命戚继光为上将，率本部正兵 6000 人，另以督府中军都戴冲霄率部 1600 人协助，往援福建。

戚家军从温州出发，由海道抵达平阳，再自平阳取旱道入闽。八月初，到达福建宁德县，与福建巡抚游震得会合。

戚继光制定了御倭战略：先征横屿，再破牛田，最后歼灭林墩的残寇。

为了攻占横屿，戚继光决定采取"削枝弱干"的办法，先招降胁从，拿下张湾，剪去倭寇羽翼，再直捣贼巢。戚家军兵进张湾。一进村即张贴招抚告示，分化敌军。几天工夫，就有 2000 多人脱离了倭寇，向明军投诚。张湾安抚定了，横屿也

就孤立了。戚继光决定不用水师,只用步兵涉海迎敌,全歼岛上的倭寇。

他命令虎将王如龙率领两支兵马,扼守海滩,截杀漏网之敌,其余将士排成"鸳鸯阵"队伍,把草束铺在泥滩上,随着"咚咚"的鼓声,匍匐前行,草束不断从后队传向前队,就这样一步步逼近横屿。

戚家军前锋一登上横屿,立即以"鸳鸯阵"为单位展开,占领了滩头。队伍过去将近一半,戚继光也和将士们一起涉过泥滩。他一到滩头,就下令将军旗展开。倭寇们见了目瞪口呆,他们万万没想到戚家军会出现在横屿!

硝烟弥漫在横屿的上空,杀声和鼓声淹没了海涛的砰訇。戚家军在岛上搜索追杀,将倭寇全数剿灭。从步兵过滩到大获全胜,历时不到三个时辰。这是戚家军入闽后的第一个大胜利,铲掉第一个倭寇大巢穴。

第二天,戚家军率军回到宁德,作短暂的休整。

戚继光与戚家军将士在宁德刚刚度过中秋节,转天一早便离开宁都向下一个目标——牛田开拔。

牛田在福清县城东南30里,离海很近,是倭寇在福建的最大巢穴。

戚继光到达福清后,为了打好这一仗,与各路明军将领一起歃血盟誓,同心戮力杀敌。然后,他把兵马分成三路,自己亲率主力先进攻杞店;以此震慑其他据点的倭寇,使他们不敢妄动,然后,再乘胜直捣牛田。

农历八月底的一个夜里,没有一点月光。戚家军神不知鬼不觉地从锦屏山出发,飞快奔袭杞店,将倭巢团团包围起来。倭寇毫无戒备,从梦中惊醒,还没明白怎么回事,便已做了刀下鬼。没一刻工夫,杞店的倭寇就被全部歼灭。

战斗结束,不过三更时分,戚继光把队伍带回锦屏山,还没入睡,就得知有一股倭寇正向锦屏山而来。戚继光料定倭寇必定是来偷营,便设下埋伏,等待倭寇来袭。五更时分,倭寇果然前来偷营,骑兵在前,步兵在后,一共有700多人。等到他们冲进营帐,才知中了埋伏,正要退却,已被戚家军团团围住。戚家军如饿虎扑羊一般冲向倭寇,杀得倭寇死的死,降的降。

戚家军越战越勇,乘胜出兵,直捣牛田倭窟。倭寇仗着人多势众,列阵抵挡。戚继光将兵马分三路包抄进攻,倭寇抵挡不住,来不及退回大寨,向新塘方向逃跑。

经过牛田之战,倭寇的凶焰大受打击,福清县内暂时得到了安宁。戚家军凯旋福清城,福建巡抚游震得亲自带领欢迎的人群,出城迎接。戚家军的威名,从此在福建广泛地传扬开来。在倭寇当中,戚继光得了个"戚老虎"的称号。

戚家军只在福清稍作休整,便南下林墩,开始了新的战斗。

戚家军自福清急行军70里,在离林墩30里处,戚继光命金科等将领率1600人,提前赶往宁海桥设伏,配合大军夹攻林墩之敌。

第二天,戚家军偃旗息鼓,开进兴化府城。戚继光暗命士兵准备好粮草器械,而表面绝口不谈打仗的事儿。当天半夜里悄悄整队向林墩进发。但是,戚家军却未料到向导是个通敌的奸细,故意把戚家军引上一条泥泞险隘的小路。二十里路,到天明才到,已被倭寇察觉,破坏了进入林墩巢穴必经的小桥。

中华名人百传

将相卷

有利时机已经丧失,眼下是进还是退?戚继光考虑到退却以后再攻更难,便毅然下达了冲锋的命令。

战斗开始了,倭寇集中兵力,死守桥头。由于地形不利,戚家军接连三次冲锋,都没能得手,进攻一再失利。一时阵势动摇,几百人纷纷后退,在此关头,戚继光不得不严肃军纪,杀了十几个逃兵,然后身先士卒,涉水冲过河去。士兵受到鼓舞,无不奋勇向前。这时,先前埋伏的那支部队也从背后直捣倭巢。倭寇腹背受敌,终于溃退,缩回巢中。

林墩倭巢水道纵横,巷路曲折,既不能使用火铳,又施展不开兵器。戚家军将士变化阵列,与倭寇短兵相接,白刃往返。倭寇大败,相互践踏,有1000多人落水淹死。余下从大路逃走。戚继光率军追杀,将最后一股倭寇歼灭在一家大窑坊里。林墩之战,戚家军虽有损失,但取得了大捷。

戚继先率军入闽,转战千里,连战连捷,但本身也有一定的伤亡,为了准备明年春天同倭寇继续作战,戚继光于十一月初率部回浙江休整,补充兵力。

倭寇趁戚家军回浙,又在福建沿海结巢,大肆活动,甚至公然攻打兴化、福清等州府县城。

兴化失守,朝廷深为不安,不久便罢免了福建巡抚游震得,起用谭纶为福建巡抚,全面负责福建御倭军事;并且提升宿将俞大猷为福建总兵官;命令戚继光率军入闽,协力剿倭。

戚家军开到兴化府城的东南,戚继光立即亲至平海卫前线观察形势。第二天,与谭纶、俞大猷和刘显一起制定了作战计划,决定次日深夜至后天清晨发起总攻。由戚家军担任中路军;刘显军为左翼,俞大猷军为右翼,成犄角之势,分道进击。

四月二十日深夜,戚继光军逼近平海卫。拂晓时分,总攻信号发出。戚继光率将士杀将出去,向倭寇猛攻。这时,倭寇以骑兵为前锋作疯狂反扑。戚继光命令以火铳射击倭寇。顿时,倭寇的骑兵被火铳打得四散而逃。打乱了倭寇的阵式,戚家军随即以"鸳鸯阵"上前,与倭寇短兵相接。见到"鸳鸯阵",倭寇知道遇到的强敌是戚家军,顿时胆寒心惊,只顾逃命。戚继光、俞大猷、刘显三军合围,猛攻倭寇。

剩下少数倭寇逃回巢内,被明军围住,四面放火烧死。太阳升上半空时,战斗已胜利结束。这一仗,明军共斩倭寇2400多人,救回被掳百姓3000多人。

明军收复平海卫的消息传到北京,朝廷特别重视,特地为此举行了一次隆重的告谢郊庙的典礼。

戚家军二次入闽,已有两个月的光景。为了最终平定倭患,戚继光决定将所部一万多人分成两班轮换,一班回浙江休整,一班驻防备战。

十月间,倭寇新的攻势开始了。可是,原以为可以饱掠一番的倭寇,遭到了戚家军的迎头痛击。倭寇损兵折将,感到小股人马与明军作战已无法得逞,便变分散为集中,于十一月上旬,纠聚了二万多人马,猛烈围攻兴化府西面的仙游县城。

鉴于围攻仙游的倭寇有二万之众,又分别在县城四门之处筑垒扎驻。戚家军仅一万左右,力量相差悬殊,戚继光决定:集中兵力,合攻围敌之南垒;同时发兵两支,分别进攻敌东西二垒,以作牵制之师;待南垒得胜后,再实施合攻。又派兵一支屯扎铁山,设疑兵以牵制北垒之倭。

二十五日,各路大军分道出发。恰好那天大雨滂沱,没被倭寇发现行动。次日清晨,漫天浓雾,伸手不见五指。戚家军乘雾潜行,逼近倭寇营垒。此时,倭寇也正利用浓雾实施攻城,结阵迎战。这时中右路兵赶到,倭寇抵挡不住,被砍死四五百人,余寇匆忙逃往东营。

东门是仙游通往福州大路,集中了倭寇的精锐,而且多设埋伏,所以戚家军打得十分艰苦,牺牲了一队右奇兵才攻破了倭寇的东营。西门外的倭寇起先还同戚家军左奇兵拒战。不一会儿,听说南营被破,吓得心惊魄散,不敢迎战,往北逃回,企图与北营倭寇会合,同戚家军决一死战。戚继光亲率大营正兵,奋力攻杀,大败倭寇,捣毁了敌人的北营。

倭寇全线溃败,丢下无数尸体,狼狈逃窜。被围50天之久的仙游城,终于解围。戚家军吹着胜利的号角,列队入城,受到仙游人民最热烈的欢迎。

仙游之捷,戚家军共歼灭倭寇二千多人,救出被俘男女三千多名。它是戚继光抗倭史中的一个范例,充分体现了戚继光的军事指挥才能和戚家军的英勇善战。

倭寇在仙游惨败后,尚有一万多人向南逃窜。戚家军寻踪穷追,沿途追杀,历经同安、漳浦,乃至福建最南端与广东接壤的诏安。到这时,福建境内的倭患基本平息了。

广东原来就有倭寇的窜扰,但不算严重。戚继光在浙江、福建御倭取得全面胜利后,广东倭患相对加剧。

嘉靖四十四年(1565年)春,戚继光会合一年前调任广东总兵官的俞大猷、共同进剿广东倭寇。戚家军水陆并进,大败倭寇于梅岭。倭寇逃到闽广交界海中的南澳岛。当年秋天,戚家军与俞大猷军会合后将其歼灭。以后,仍不断有小股倭寇来犯,均被戚家军一网打尽。直到隆庆元年(1567年)三月,再无倭寇猖狂入侵浙江、福建、广东等省。

长期为害于中国东南沿海的倭患,经过人民群众几十年的艰苦斗争,特别是戚继光以及俞大猷等领导爱国军民的努力奋战,终于解除了。

戚继光参加抗倭战争,建立御倭功业,都是在嘉靖年间。就在他彻底平定倭患之后,嘉靖皇帝朱厚熜也一命归西了。

嘉靖皇帝死后,隆庆皇帝朱载垕即位。朱载垕上台的当年,俺答又一次进犯山西,鞑靼的左翼也入寇北京的北方门户蓟州,北方形势危急。朝廷调戚继光到北方练兵,同时调谭纶总督蓟(州)辽(东)保(定)军务,与戚继光共同负责蓟门边防。

俞大猷得知戚继光北调,十分高兴,当即写信鼓励他说:"大丈夫在世,如果要想同千古豪杰一比高下,最适宜的地方,莫过于西北。祝愿你努力报效国家,

创立名传千古的伟大功业!"这感情真挚的话语,实际上也正表达了戚继光的一片雄心。

隆庆元年(1567年)冬,戚继光告别了曾经并肩浴血奋战的戚家军将士,策马北上京师。来到京师不久,他便向朝廷上《请兵破虏四事疏》。结果,隆庆皇帝竟将《请兵破虏四事疏》置之不理,任命戚继光担任神机营副将,统率那老大的京营。

隆庆二年(1568年)夏天,由于新任蓟辽保总督谭纶的竭力推荐,明政府才下令戚继光总理蓟州、昌平、辽东、保定军务,节制四镇,权力和总督相当。可戚继光练兵等一系列的建议还是无法立即付诸实行,他只好把精力用在训练现有士兵和加强防务这两件事上。

隆庆三年(1569年)春夏,戚继光开始了艰巨的修筑空心敌台和加固长城城墙的工作。他一边指挥士兵筑敌台修城墙,一边调兵遣将,巩固边防。到隆庆五年(1571年)秋,经过将士们的艰苦努力,从山海关到镇边(今昌平县西)约二千里长的长城线上,一千多座雄伟的空心敌台修筑完成了。敌台完工后,戚继光在每座敌台上配置了固定的台军,并写成《哨守条约》,令各台官兵学习。同时规定了传烽火之法,如有敌情,传烽为号。为了便于记忆,他又把各种敌情信号编成通俗顺口的《传烽歌》,让守军背诵记熟。

由于戚继光的苦心经营,蓟州长城防线的防御力量大大增强,并逐步达到了能战能守的要求。

在戚继光镇守蓟州期间,明朝的政局出现了一段相对的稳定。在这个期间,戚继光又完成了他的又一部极有价值的军事著作——《练兵实纪》,并以此为教本,分别训练各营将士。在攻守战器方面,戚继光又发明了自犯钢轮火等新式武器。自犯钢轮火是世界上最早的地雷,它与石炮组合起来使用,埋在敌军出没的地方,只要敌骑踏中机关,钢轮立即转动,打擦火石,迸射火星,引爆炸药。

戚继光丰富的军事理论、精辟的战略战术和先进的武器装备,为有效地战胜敌人提供了有力的保证。

东北地区的蒙古大封建主董狐狸和他的侄子长昂不时骚扰边境,与明军发生冲突。明神宗万历元年(1573年)春,董狐狸和长昂率领大队骑兵逼临长城的喜峰口,引诱明军出战,然后寻机进行截击。

戚继光早在四年前,就与董狐狸、长昂交过手。那时,这股鞑靼骑兵窜扰蓟镇,戚继光率兵把他们打跑了。这一次,戚继光经过了10万大军的实战演习,更是成竹在胸,派兵出击。董狐狸和长昂见大队人马压来,顿时慌了神,交战不多时,便败下阵来,落荒而逃了。

当年夏天,董狐狸和长昂兵分两路再一次南犯,又被戚继光打得大败。董狐狸自知不是明军对手,只得请求归顺。

不料到了万历三年,董狐狸与其弟长秃率部合股南犯。戚继光率兵从榆林关和董家关出塞迎击,将敌军杀得大败,并活捉了长秃。董狐狸和长昂不得不率领亲族前来投降,戚继光受降后,释放了长秃。董狐狸、长昂也当即归还了以前

掳去的哨兵、居民和马匹,保证以后不再进犯明朝。

万历七年(1579年)冬,又发生了躲靼左翼图门汗大规模进犯辽东的军情。戚继光率兵援辽,在狗儿河、万河墩等处,大败敌军。由于援辽有功,明政府又给戚继光加封了太子少保的头衔。

戚继光每每想到边塞平静,京师安全,也总是感到无限欣慰。

戚继光坐镇蓟州16年,使中国北部的游牧部族不敢南犯,蓟州全境人民安居乐业。

他之所以能取得这样的成绩,也是与当朝首辅大臣张居正等人的支持分不开的。

万历十年(1582年),内阁首辅张居正逝世。他死后,一些奸臣纷纷向戚继光开火,甚至上疏要求把他调往南边。万历十一年(1583年)春,戚继光被调到广东任职。这年他刚好56岁。作为一位镇守边关的元帅,正好是有为的年纪。

到了广东,局势平静,英雄无用武之地。当年,戚继光就向朝廷请求引退,没有得到批准。两年后,因旧病复发,再次上疏,明廷才批准了他辞职回家养病的要求,万历十三年(1585年)冬,58岁的戚继光回到家乡登州。

回到老家,戚继光向他的五个儿子讲述了自己生平的经历,以此教育他们。

戚继光晚年的家庭生活很不幸。由于他的元配妻子王氏同他反目带走了他多年的俸禄积蓄;又因修立祭祖的家庙和捐助修蓬莱阁等地方公益用去了不少钱,结果,他的家境又回复到父亲去世前那么困难,以致他生了重病都没钱医治。

万历十五年(1587年)初秋,戚氏家庙建成。戚继光作了一篇2000字的祭文,向祖先叙述自己一生的经历。这篇祭文等于是他一生的总结,也可以说是他的遗嘱。就在当年的农历十二月二十八日深夜,年仅花甲的戚继光突然病重,就在黎明前与世长辞了。

戚继光一生所创立的丰功伟绩,永垂中华民族抵抗外来侵略的光荣史册;他那高尚的爱国精神和伟大的民族气节,永远激励着中国人民!

林则徐

林则徐(1785—1850年),中国近代伟大爱国主义者,杰出的政治家、进步思想家、诗人。福建侯官人(今福州市)。

1785年8月30日子夜,林则徐出生在福建省侯官(今福州)左营司巷一个穷秀才家中,传说,他降生时,恰好当时出名爱才的福建巡抚徐嗣曾正鸣锣打鼓从他家门口经过,其父林宾日希望儿子将来能像徐嗣曾一样出类拔萃,飞黄腾达,故而以"则徐"为名,以"元抚"为字。由此表明了这个名字中寄托着他父亲对他的极大期望,希望他将来前程远大、位居高官、大有作为、名垂青史。

林宾日自则徐幼时就开始启蒙教育,希望他走学而优则仕的道路。少年时,

林则徐就显示出才华,有一次,书院的老师带学童游城郊鼓山的绝顶峰,以"山""海"二字为题,让学童们各作一副十言联句。当其他学童还在静思时,林则徐已经第一个吟成了"海到无边天作岸,山登绝顶我为峰。"老师非常惊讶,这个孩子不仅才思敏捷,而且胸怀大志,小小年纪就如此有气魄!13岁他就考上秀才,到福建有名的鳌峰书院读书,主持书院的郑光第也是一位守正刚直、不肯向权贵屈膝的学者,特别注重引导学生学以致用,讲求经世之学。林则徐则刻苦读书,尤其爱读民生利病的书籍,甚至典衣买书。在这种环境的熏陶下,他立下了经世济民的志向。

20岁他考中举人,27岁成了进士,他终于登上了封建时代多少士子追求羡慕的仕途。"山登绝顶我为峰",他少年时代憧憬的志向似乎可以实现了,但仕途并不像希望的那样坦直。几年后的白莲教起义、天理教起义暴露了社会矛盾已经激化,但一班士大夫还陶醉在"国泰民安"之中,官吏贪污成风。奉行"多叩头,少说话"的处世原则,有才能的人不得重用,林则徐在京七八年,基本都属文教方面的职务。1820年,他36岁才补上江南道监察御史,后又任嘉湖兵备道。在任期间,他揭发过一些地方要员任用官员和治理河道时不负责任的问题。他注意农田水利建设,雷厉风行地禁赌,然而仅有的小作为,便遭同僚的冷落猜忌。不到一年他便借口父病危重,挂印离任了,他的朋友陈寿祺劝他要以苍生百姓为己任,应继续为官、拯贫除弊,为朝廷栋梁。

他后来在一首诗中表示:"廉吏不可为……廉吏不可为而为之!"他决心在"不可为廉吏"的环境中做一个廉吏。1822年,他复任后,由于以往"官声颇好",得到道光帝的信任,由浙江盐运史升至主持一省司法的江苏按察使,后又任主管财赋的江宁布政使。一直升到江苏巡抚、两江总督。十多年中,青云直上,已进入最高统治层,成为封疆大吏。但他仍没忘记"苍生系危",也一直坚持"弗逐流奔波"。林则徐先后主持疏浚三江、淮河筑堤、黄河防修工程,他不顾自己重病在身,奔波于工地,修河的民工都不相信这是一位三品大员。主管江苏盐政漕务时,他力图兴利除弊,进行一些"利国利民"的改革,而最受百姓称赞的是他几次赈灾的政绩。

百姓中传说着这样一个故事。当时户部尚书潘世恩恰因父亲去世在家守孝。林则徐访知他家存米万余石(100多万斤)就登门请他开仓赈民。这位潘大人却极为掩盖,说"我家粮仓都是空的"。林则徐听了,微微一笑,说:"那好吧!既然食仓全空,那正好借我存放救灾粮吧。"马上命令把潘大人家所有粮仓贴上封条,加盖官印,尚书家的仆人还想阻拦,林则徐说:"潘大人当面说空仓,官府不过借用一下,有什么要紧的哪?"那些仆人也不再说什么。第二天林则徐就把仓库中存的米统统散发,接济灾民。这位潘大人也无可奈何。

尽管林则徐精明干练,力图改变积贫积弱的局面,但却无力改变整个统治集团的腐朽。多年为官,他遇到许多贪赃枉法、徇私舞弊的事情。每当听到这类事情,他都勃然大怒,认为这些贪官污吏,土豪劣绅,"无一可恕"。为了克制自己,保持冷静,他亲手写了"制怒"二字悬挂在大堂上,这两个字,生动显示了他嫉恶

如仇、清廉刚正的性格。

1837 年他接任湖广总督后最忧虑的就是鸦片流毒问题了,他在湖广地区开展禁烟,查缉烟贩,取缔烟馆,收缴烟土、烟具。并在他的总督行辕门前广场上,把缴来的烟土、烟具用大火焚毁了。他发布禁烟告示,配制戒烟丸,劝令吸食者戒毒,且很有效果。有一天,他乘轿出门,一位妇人在路旁叩头,诉说她丈夫儿子多年吸毒成瘾,搞得人不像人,家不像家,现在听了林大人的话,吃了药已经断瘾,身体也强壮了,说着连称"谢谢林大人!"他非常感动和高兴。可见百姓是拥护禁烟的,只要法令严明,宽猛相济,烟毒即可扫。但是,皇上能否接受他的意见呢?

他不知道,就在这一天,圣旨已下。他将肩负国家的重任、民族的使命,迎接一场影响中国百余年历史的重大斗争。

14 天后,11 月 23 日,林则徐接到令他进京的圣旨。他立即进行有关禁烟问题的资料准备,命人将各省关于禁烟问题的奏章,一件件审查,分析归纳各种意见。凡有可以采用的观点、建议,都抄录出来。不同意见,另外单列供他研究。11 月 27 日,他启程北上。

12 月 26 日,林则徐抵京。他没有想到,满朝文武也没想到,他竟受到道光帝前所未有的破格待遇和"恩宠"表示。从 27 日起,连续 8 天每天召见。12 月 31 日道光帝第五次召见后,一道重要的谕旨下达了:"颁给钦差大臣林则徐,驰驿前往广东查办海口事件,所有该省水师兼归其节制。"

林则徐进入了他一生最重要的时刻,也进入了一个由他担任主角的重大历史事件。

1839 年 1 月 8 日,林则徐告别师友,离京南下。几十年官场生活,他对官场的劣风积弊非常了解,大官出京,那些打前站的后随的家丁差役往往狐假虎威,一路上敲诈勒索;而沿途的地方官,也借此机会拍马逢迎,每到一处都大摆宴席。所以出京后立即从京郊良乡发出传牌,通知沿途官府:本大臣此行"并未随带官吏、借事书吏,惟项马一弁,跟丁六名,厨丁小夫共三名,俱亲随行走,并无前站后站之人,如有借名影射,立即拿究。如果其中有人勒索就应扭送禀告,哪个官员敢私自送礼也一定向朝廷揭发。所雇马夫、轿夫的用费,均已自行发给,不许在各站索取丝毫,该州县亦不必另雇轿夫迎接。"途中所有住宿公馆"只用家常便饭",不必备整桌宴席,都不得以燕窝烧烤以节糜费。"

他一生中,始终保持了这种廉洁的作风。

1 月 21 日,朝廷派钦差大臣赴粤查禁鸦片的消息传到广州,邓廷桢等禁烟派和广州百姓大为振奋,而中外鸦片走私集团却极为震恐。2 月 24 日,林则徐在此赴粤途中就下了一道密令,开列了几十名走私鸦片包括勾结烟贩通同走私的官府差役、武弁等重要人犯名单,令广东布政司、按察司派员改装便服,出其不意地秘密拘拿审讯。大规模的缉捕开始了。缉毒兵丁日夜逐户搜查,先后捕拘吸毒、贩毒人犯 2000 多名,英国的鸦片贩子也看到了自己的末日。2 月 26 日广州当局又在十三行商馆前对一批贩毒犯处以绞刑,外国烟商恼羞成怒,竟从广场

旗杆上降下本国国旗，表示抗议。

中国人民与西方鸦片侵略者之间禁烟和反禁烟斗争，已接近短兵相接了。在这种紧迫时刻，广州文武官员和百姓们怎能不急切盼望钦差大臣早日到粤，指挥这场战役呢？

可是令人疑惑的是，一连六七天，不见钦差大人有何动静。林则徐在邓廷桢等陪同下住进钦差行辕——越华书院后，第二天就在行辕门口挂出两道告示，一道宣布，除文武官员因公禀谒者立时接见外，其余随从人员、文案书吏不许擅离左右，不准借故外出。另一道宣布，民间告状的，除实因事关海口禁烟者应收阅核批外，其他与海口事件无关的，一律不准受理，不许混行投递。何时收呈，等几天再出牌告示。而出入行辕的，除邓廷桢、关天培等官员外，还有一些普通士绅、举人、翻译、华侨，甚至教徒等等。

钦差大人究竟打算作何举动？广州百姓怀着期待注视着，中外烟商也惴惴不安地注视着。

第八天——3月18日，突然，一道令下，传十三行行首到行辕听讯！

犹如一道晴空霹雳，十三行行商顿觉灾祸临头。

十三行，是清政府特许的经营对外贸易的十三家商行，垄断了茶叶、丝绸交易和大宗贸易。他们既有外贸特权，也是官府与外商交涉的中间人，负有承保外洋船货应交税饷、财礼并向外商传达官府政令和管理外国商船人员的义务，实为官商性质。其中为首的是怡和行的伍绍荣、广利行的卢继光。但这十三行早已和外国商人共同勾结、包庇、保护鸦片走私，反而成了外商的代理人。因此，听到钦差大人传讯，个个心惊胆战。

行辕大堂上，气氛庄严紧张。十三行行商战战兢兢，跪见公差。只见邓廷桢、怡和两旁分坐，林则徐端居中央，神色严峻，面带怒震。起初，一些行商还心存幻想，以为林大人未尽知底细，不料林则徐一连串厉声训斥，如一声声轰雷在他们头上做响。

他当场谕令十三行商回去"立即逐一据实供明，以凭按律核办"。

行商们连连叩头求恕，老奸巨滑的总商伍绍荣还想使出惯用伎俩，狠心陈告"愿为家资报效"，妄图以"捐赠"家产行巨贿求免。他万没想到，林则徐听后勃然大怒，起身厉喝："本大人不要钱，要你的脑袋。"

伍绍荣惊呆了，他一向深信官府都奉行"千里做官是为钱"的哲学，眼前却挺立着一位不要钱的大人。

传讯十三行官商，一方面是先内后外，切责行商罪状，切断外国鸦片贩子的内应；另一方面通过他们传谕外商。他当堂颁布两道谕令，一道谕行商责令外商呈缴烟土，查明何人名下缴出多少箱，总共多少，呈官验明毁化，不许丝毫藏匿。另一道直接谕令各国商人将趸船所有鸦片尽数缴出。为了杜绝鸦片，林则徐下令各国商人出具由英、汉两种文字写成的合同具结即保证书，具结上当须声明"嗣后来船永不夹带鸦片，如有带来，一经查出，货尽没官，人即正法，情甘服罪"。也就是说，外商在这一具结上签字画押后，如再贩烟，不仅全部鸦片和货物统统

没收,而且要处以死刑。

林则徐在谕令中,以斩钉截铁的语言宣布:

> 若鸦片一日未绝,本大臣一日不回,誓与此事相始终,断无中止之理!

这掷地有声的铿锵誓言,大义凛然、正气凌云。它表明了林则徐禁烟绝鸦片的坚定决心和忠贞爱国的崇高品质,也表达了中国人民反鸦片侵略的坚强意志!

当天,十三行行商匆匆赶到商馆公所,通过翻译向外商宣布了林则徐的谕令。限3天内禀复。随后,粤海关监督豫坤发出告示,暂停发给外商离粤去澳门的通行牌照,外商们走不掉了。

气氛一下子紧张起来,鸦片贩子们感到他们碰上了一个与以前的官员不同的严厉而坚决的钦差大臣。但资产阶级的本性决定他们是不会俯首低头的,一场斗智、斗力的较量开始了。

尽管风声紧急,但一些外国鸦片贩子还是不如数报缴鸦片烟土,企图以送钱、送物贿赂,过后就一切如旧了。

但他们失算了,当天晚上,十三行行商急忙赶回商馆,向外商传下林则徐口谕,如果不马上答应呈缴鸦片,明早10点,林大人将亲自到十三行馆采取措施,与鸦片贩子勾结的首要一二人要就地正法。

这一下鸦片贩子们惊呆了。当晚10点,外商召开集体特别会议,一部分行商动摇了,但英商横加阻挠。最后勉强凑足1073箱鸦片呈缴,仍试图蒙混过关。同时使用惯用一招——恐吓,向钦差大臣表示"严重抗议"。

林则徐对鸦片贩子的动态掌握得非常清楚,最后由邓廷桢出面驳回外商"呈报",又下令:传讯颠地!

英国人颠地,从事向中国走私鸦片的罪恶勾当已经二十余年了。靠这种谋财害命的交易,从一个资本甚微的商人变成有数十万英磅的巨富,仅次于另一个大烟贩,号称"铁头老鼠"的查顿。在广州建立颠地洋行,作为他走私的据点和落脚地,并请人教他汉语,收集中国情报,不仅自己销售还包揽其他烟馆的销售,成为鸦片贩子的魁首。他囤积的鸦片最多,所以抗拒也最顽固。接到传讯令后,竟要钦差大臣颁给他亲笔护照,并保证24小时回来。但都被林则徐断然拒绝,他仍借口拖延。

这时另一个侵略分子出场了,他就是英国驻华商务监督义律。这个15岁就加入英国海军长期从事对外殖民事业,曾在南美洲管理奴隶的英国贵族,是一个狂妄、凶恶的殖民主义者。当他在澳门看到林则徐责令英商缴烟的谕帖抄本后,立即命令所有停泊在洋面的英国船只,挂出英国国旗,开到香港,由正停泊在香港海面的英国炮舰保护和调度,"准备抵抗中国政府的任何攻击"。他这种行动分明是在挑起战争,却反诬中国正义的禁烟运动,但至少这也是战争迫切和不可避免的前奏,他从澳门赶往广州,企图带引全体英商"撤退"。

24日黄昏,义律乘"路易莎"号舰抵达广州。一上岸就直奔颠地商馆,带领鸦片贩子逃走,但广州人民早有防范。义律、颠地和外商们只好逃到十三行

315

公所。

当天晚上，林则徐接到报告，立即果断采取紧急措施，下令封舱、围馆。

遵照钦差大臣的命令，对停靠在黄浦江港口的所有外国货船暂时全部封舱，一切货物的装卸都不准进行，一切贸易都暂时停业。外国商船像一具具死尸浮在珠江上。

遵照钦差大人命令，各色工匠不准备接受洋人雇用，沿江所有船号不再给洋人运货送人，所有房子不再租给洋人居住。鸦片贩子已经使自己处在与中国人民为敌的地位。

同时水师兵勇封锁江面，所有洋人舢板不准靠近商船，不许与船上人私相交结，鸦片贩子与船上的联系被切断了。当晚 9 时，十三洋行商馆中所有买办、管店、工役、厨师及其他被雇华工全部撤出。

遵照钦差大臣命令，一艘艘满载水勇的巡逻船，据守商馆周围水道，断绝洋人水上去路；一队队兵丁，守卫在通往商馆的各街道口，不准洋人出入。

与此同时，林则徐仍令伍绍荣等行商传谕必须遵照前谕，呈缴鸦片，具结保证，警告外商，如再违抗，将清台永远封港，中断贸易。

27 日早，义律召集外商，宣布"责令在广州的所有女王陛下的臣民，为了效忠女王政府将他们各自掌管的鸦片即行缴出，以便转交中国政府，并将从事鸦片贸易的英国船只置于本人指挥之下，再速将各自手中英国人所有的鸦片开具清单，签章呈阅……"

28 日，义律禀报迟船鸦片总数为 20283 箱，价值 6 万英镑。林则徐经核查，认为大体符合实际数量，立即派人送去 200 号牛羊和食物，以示犒赏。

第一仗，中国人赢了。

虎门销烟

鸦片贩子被逼交出呈报存烟数吨，只是初战告捷。迫使他们交出全部鸦片，还要经历一番艰巨的斗争。

义律和这些鸦片贩子不是真的屈服了，在义律通知鸦片商开出清单呈报的同时，他已经设下了一个圈套，酝酿着一个用心更为险恶的阴谋，他特意表明他是"以大不列颠女王陛下政府的名义并代表政府"讲话的，并强调"特别需要明了的是：英商财产的证明以及照本通知乐于缴纳的一切英国人的鸦片价值，将由女王陛下政府随后规定的原则和办法、予以决定。"本来，中国鸦片的禁止只是针对贩毒的不法英商，并不是针对英国政府的。林则徐一再声称是禁鸦片，并不断而且欢迎与各国的正常贸易。义律的命令，不仅暴露了"不列颠女王陛下政府"实际是这伙鸦片走私商的代表，他们的利益是一致和紧密关联的而且是一条诡计。把林则徐为维护民族利益、民族尊严的禁烟运动同不法商贩的抗拒破坏活动之间的矛盾斗争，扩大为中英两国政府之间的冲突，为挑起侵略战争制造借口。鸦

片贩子们对此心领神会，这样一来"中国人已经陷入他们直接针对英王负责的圈套中"，所以才答应呈报烟数，还当场凑齐2万美元，寄给已经逃回英国的头号鸦片贩查顿，作为他争取英国政府支持的活动费。随后，义律又致书英国外交大臣帕麦斯顿，凶相毕露地提议"要对中国以迅速而沉重地打击，事先连一个字的照会都不给""以西方国家对这个帝国所从来没有过的最强有力的方式进行武力行动的第一回合"。

有此阴谋，义律的第一手是逃出广州。他声称，由于他本人和本国商人"皆受固禁如凶"在外洋的趸船"恐不肯顺从缴出"甚至扬帆而去，所以他要求首先迅速撤防，让买办、工人回来照常备办米食，允许舢板在各洋面来往。

经过封舱、围馆的较量，林则徐对对手已经有了了解，他识破义律"借口支吾""另生他计"的阴谋。知道一旦撤防，他们就可以翻脸不认账。于是立即驳回义律的要求，并提出和义律相对的命令"先缴烟，后撤防"。并在生活方面放宽限制，供应食物和用水。宽严结合，逼其就范。

4月3日，林则徐制定公布了《收缴趸船烟土章程》。

4月9日，第一批趸船到达。第二天林则徐、邓廷桢等前往虎门，亲自布置调度收烟事务。12日，他们在虎门外收缴烟土，同时，林则徐也没有放松对义律一伙人的警惕。在此期间收到的一系列报告表明，鸦片贩子还在玩弄伎俩、竭力逃缴烟土，甚至继续对抗；有的烟商在澳门洋楼售卖鸦片。几艘外国船因零丁洋有兵舰巡查，就窜到其他洋面散泊。实际上义律一直参与遥控指挥。4月20日，鸦片已缴到近一半，林则徐本来已准备准许舢板放行时，又接到密报，参逊通知义律，趸船早已进入沙角口外，但是要等看到洋人放出来，才缴烟，否则就停缴。这显然是要以此为要挟，林则徐再次警告义律，趸船一到，必须立即缴烟，我方也准舢板往来。如果再要花招，就不收烟土了。烟土不缴，洋人被控商馆时间就越长。侵略者无计可施，义律只好通知参逊传令趸船驶入沙角缴烟。沙角海口顿时呈现出一派官兵民丁收缴烟土的欢腾景象。

随着缴烟的顺利进行，林则徐也按原定计划，批准商馆撤围，舢板通行，开舱贸易。除将颠地等16名大鸦片贩子暂留商馆外，其余外商都予以放行。5月中旬，趸船鸦片基本交齐，总数比义律原报数字还超出一千多袋。5月23日，颠地等16名鸦片贩子遵令交出"永不夹带鸦片"的具结后，驱逐出境。24日，义律带着在广州的全体英商，灰溜溜地撤到澳门。缴烟斗争，又一次以英国侵略者的失败而告终。

1839年6月3日，中外瞩目的虎门销烟开始了！

虎门寨山脚中央，搭起一座礼台，三面围上绣着麒麟的帐幔，台上铺着红地毯。礼台上空，一条黄绫长幡，上书"钦差大臣奉旨查办广东海口事务大臣节制和陆各营总督印堂林"，在风中如长龙翻卷。山前山后，扎满绿营兵哨，挤满来看销烟的群众。午后二时许，销烟正式开始。一群赤脚的工人，站在销烟池上的木板上，先撒下盐块，然后把鸦片烟劈成四瓣，抛入水中浸泡数时，再把一担担烧透的石灰倒下，用铁锄、木耙翻戳。顿时，烟池内沸腾起来。第一天销烟170箱。

从 6 月 3 日到 6 月 23 日,虎门销烟历时 20 天,共销毁鸦片 237 万多斤,它粉碎了鸦片贩子残存的迷梦,也洗刷了贪官污吏给中国带来的耻辱,向世界宣告了中国查禁鸦片的坚定意志,是中国人民反鸦片侵略的一个重大胜利,也是林则徐一件历史性的功绩。

虎门销烟的消息传到英国,朝野震动,纷纷叫嚣要对中国发动侵略战争。1840 年 1 月 16 日,英国维多利亚女王在国会发表演说,声称:"我们已经并将继续对中国禁止鸦片贸易这一深为影响我国臣民利益和我国荣誉的事件,予以最严重的注意"。所谓"最严重的注意",国会议员都心领神会,即准备发动侵华战争。

其实,侵华的决定早已做出。1839 年 10 月 1 日,即中英舰船在九龙交战之后,穿鼻战斗之前,英国内阁会议已秘密决定"派遣一支舰队到中国海去""对人类三分之一的主人作战"。随后制定对华作战计划,远征军在 1840 年 3 月到达中国海面,封锁广州与北京之间的海上通道。海军司令开刻百河,向北京递交提出英国政府要求的信件,战争行动将继续到清政府答应英国的一切要求为止。

这一场战争的性质是一场殖民侵略战争。1840 年 6 月 22 日,蓄谋已久的英国侵华战争即鸦片战争终于爆发了。

林则徐率领广东军民早已严阵以待。

其实林则徐接到密报后,就制定了"以守为战"的方针,立足于守,以逸待劳。首先加强各海口、内河、山梁要隘的防御工事,并在炮台上配备"西洋大铜炮、精制之生铁大炮",加强远攻火力。并设暗桩、仿制炮舰,积极训练兵勇。

当时,中国沿海七省中,只有广东和邓廷桢所在的福建做了抗战的准备。

林则徐另一方面充分利用民力,号召沿海人民"群相集议,购置器械,聚合丁壮,以便自卫",并鼓励民众杀敌。

因为林则徐防港甚严,全面封锁珠江的战争计划未能实现。但 8 月份突然收到浙江定海失陷的通报,却使林则徐大吃一惊,因为他在禁烟时就向沿海各省发出咨文,建议严加防范,而他们却置若罔闻,最终被英国乘虚而入,侵入中华领土。

定海失陷后,广东海面的英军也猖獗起来了。8 月 19 日,关闸一战中国水师失利,矾口石洋之战却使英舰大肆逃窜。

定海失陷后,道光帝吓坏了。8 月中旬英舰又进泊天津港口大沽口,道光帝更加恐慌。于是就把罪责全部推到林则徐身上。9 月 20 日林则徐收到"谕旨交部严加议处,来京听候部议"的公文,他还没来得及赴京,又接到谕旨:以"误国病民,办理不善"罪,将林则徐、邓廷桢革职。接替他的是新任钦差大臣、两江总督琦善。

"谁知群蛇一螫手,平地掀起风波恶!"

有坚舰利炮的西方侵略者没能打败林则徐反而屡次败在他手下。他,却被屈服于侵略者的中国封建统治者和顽固派打倒了。

不,他还没倒下。

琦善到达广州后，全面撤防，裁减兵船，遣散水勇，听凭英军派船探测内河河道。对英人听之任之，林则徐看到这些心如刀绞，但他沉默地注视着。

因英军要求过分，并以武力威胁，道光帝以为赔款，平平英国人的气就行了，没想到英人如此奢求，所以态度立转，又谕令林则徐、邓廷桢得以复出"协办夷务"了。

1841年2月26日，英国向虎门发起总攻，水师提督关天培率各炮台奋起反击，战至最后关天培以身殉职。

当时林则徐彻夜未眠，老泪纵横。关天培和战士们的形象，始终浮现在他眼前。

林则徐坚决抗敌，决定亲自出资雇用壮勇保卫广州；他把眷属送出广州。把雇用的水勇列成一队，自己表示，"决不临难苟免"，誓与民众共守。

但调到广州的参赞杨芳却是昏庸腐朽，不做边战准备，5月林则徐被派到浙江任职，1841年5月广州主持军务的奕山面对英军的攻势竟吓得魂不附体，签订《广州和约》答应了英军全部条件。

但奕山为掩盖自己的过失和罪行，竟把失败的原因推到林则徐头上，说林则徐办理广东防务"殊未妥协，深负委任"。于是道光帝把林则徐"从重发配伊犁，效力赎罪"。

一位反抗英国侵略的英雄，竟被流放了。

"苟利国家生死以，岂因祸福避趋之"。

从1841年7月14日离开镇海军营，到1842年12月10日抵达伊犁惠远城，林则徐在赴戍的路上走了一年半。在新疆，他作为一个遣戍流放的罪臣，生活了3年。告别了硝烟弥漫的前线，告别了一路上一处处的朋友，最后告别了所有的亲人，他孑然一身、孤独地走去，孤独地活下去。始终陪伴着他的，也许只有诗。

林则徐也是位诗人。他的《云左山房诗钞》和其它留下来的诗共650首。这些诗中大多是揭露社会弊端，讽刺时政，同情百姓困苦的，但对自己的遭遇却显出难能的旷达。贯穿在这些诗里的主题"苟利国家生死以，岂因祸福避趋之"——只要对国家有利，我可以献出一切，生为国生死为国死。

1845年12月4日正在哈密查勘塔尔纳沁垦地的林则徐，接到2个月前下的谕旨：命林则徐回来以"四五品京堂候补""衔恩正对轮台月，照见征袍老泪倾"，刚强的林则徐却再也抑制不住滚滚热泪了。

几十年勤劳政事，尤其是流放生涯，已使他"力疲心瘁"，1849年秋，他不得不请假回乡养病，得准后，于1850年2月回到福州。

多年为官，位至重臣，但他一直清廉自守，没有置下多少田产房屋，不过也足够他过一种闲适的庄园生活了。然而回乡不久，他又投入一场反对英国侵略者的斗争。

不过，这场反英战争还没结束，林则徐又被起用，担负新的使命了。

这时，一场后来席卷中国南方大地的伟大农民革命风暴，正从广西境内兴

起。洪秀全、冯云山领导的天地会农民，相继在广西各州县暴动，队伍纷纷向桂平县金田村集结。

1850年11月1日，林则徐接到谕旨，再度被任命为钦差大臣，要求直接从福州出发，驰赴广西，11月16日赶到潮阳时，"忽患重病，吐泻不止"。22日逝世于普宁。

林则徐从考中进士到66岁逝世，四十年的宦海生涯中，所竭力支撑的是一座腐朽不堪，即将倾颓的封建统治大厦。但是在那污秽不堪的官场中，他一生始终保持了正直、廉洁；在残酷的封建剥削如虎狼般吞噬千百万劳动人民时，他同情百姓的遭遇，尽可能减轻百姓的负担，使百姓获得暂时的喘息和生存。在普遍的政治腐败中，他艰难地进行了一些政治改革，即使远赴边疆时也致力于生产的发展，这是十分难能可贵的。而他一生最大的功绩是在轰轰烈烈的禁烟运动和反对英国侵略的运动中，为保住中国的独立地位，为中华民族的生存自立，对侵略者、投降者进行了不屈不挠的斗争，并且充分显示了他的政治才能，为了抵抗侵略，为了冲破传统的封建成见，大胆地探求对于中国人陌生的外部世界的知识，迈出了近代先进中国人向西方寻求真理的第一步。而他为了国家，为了民族，将个人安危置于度外的献身精神，更将为后人所景仰。林则徐不愧为坚决维护民族利益的爱国者和具有远见卓识的政治家。

曾国藩

曾国藩(1811—1872年)，湖南湘乡人。

曾国藩的祖父名玉屏，字星冈。他"早岁失学，壮而引为深耻"。耻什么？就是缺少名望。因此他把希望寄托在后代，决心让后代发奋读书，遵循封建时代由科举而做官的正途。

曾国藩的父亲名麟书，字竹亭，自幼读书。他十几岁始应童子试，一连考了十七场，到四十三岁两鬓已经斑白，才补了县学生员，成为一名老秀才。

国藩五岁开始在家塾随父亲读书。在曾麟书的督责下，曾国藩九岁时就读完了"五经"开始学作八股文。1826年，他十六岁，去应长沙府试，名列第七，1834年，二十四岁，肄业于岳麓书院。是年他参加乡试，中第三十六名举人，年底，入都参加会试。

曾国藩在北京连续两次参加会试落第。1838年，再入都会试，中第三十八名进士。因为成绩优良，便选入翰林院的庶常馆深造，当了庶吉士。

1840年，曾国藩以庶常馆散馆授检讨而登入仕途。这是他的生活、思想的一个转折。以前，他把全部的精力投入制艺，以图科举；此后，直到组织镇压农民起义的反动武装，首尾十年，曾国藩潜心于诗文古辞、宋明理学，把自己修养成为

封建社会最后一个理学家。

曾国藩踏上仕途的那一年——1840 年,英国发动侵略中国的鸦片战争,中国战败。1842 年 8 月,清政府被迫签订丧权辱国的《南京条约》。长期闭锁的大门被打开了,中国社会从此一步步向半殖民地半封建社会滑行。

从 1842 到 1852 的十年中,曾国藩过着安闲的京官生活。他担任过翰林院侍讲、侍读,国史馆协修。这些官职地位不低,但没有实权,也无事可做,正像曾国藩给他父亲信上说的,不过是"储才养望之地"而已。又担任过礼部、工部右侍郎等职,实际生活情况与在翰林院差不多。

可是,这个时期,中国社会由外国资本主义侵略引起的深刻变化,酝酿着、展开着激烈的阶级斗争。

鸦片战争大量的战费支出,战争失败后巨额的赔款,都加在人民头上。五口通商,关税协定,外国商品自由地、日益增多地向中国倾销,鸦片输入也逐年激增,这一切使得白银哗哗地外流。人民的负担越来越沉重,而官僚地主,更趁火打劫,贪婪地兼并土地,人民越来越活不下去了,只能铤而走险,起来向统治者斗争。

1851 年 1 月 11 日,洪秀全举起了起义大旗,这就是近代中国历史上伟大的太平天国运动。

太平天国的连战连胜,使得清廷胆战心惊。当时兼署兵部左侍郎的曾国藩,考核了清代的兵制和现状,在 4 月上了一篇洋洋洒洒的《议汰兵疏》。汰兵的目的,在于建立一支可以镇压农民起义的反动军队。可见,曾国藩日后建立湘军,不是偶然的。

1853 年初,太平军兵临湖北省会武昌城下,咸丰皇帝吓得丧魂失魄。他一面派向荣帮办军务,率兵驰赴武昌,妄图解围;一面于 1853 年 1 月 8 日,命令在籍侍郎曾国藩,督办湖南团练。

曾国藩到长沙后,就以罗泽南、王鑫等人的"湘勇"为基本力量,抽调各县练勇,成立一个大团。从此,曾国藩直接掌握了这支武装力量,这也就是最初的湘军。

曾国藩仿照戚家军编制的成法,将罗泽南、王鑫率领的一千余湘军,分左、中、右三"营",每营 360 人。营下设"哨",哨下设"队"。

第二年(1853 年)冬天,曾国藩募水、陆两军,每营改为 500 人:"营官亲兵 60 名,亲兵什长 6 名,分立前、后、左、右 4 哨,哨官 4 员,哨长 4 名,护勇 20 名,什长 32 名,正勇 336 名,伙勇 42 名。一营共 500 人。营官一员,哨官一员在外。"

这样的以营为单位的编制,从此就成为湘军的定制了。后来,在营官之外,虽增设分统、统领、大帅三级,但以营为基础的制度,始终未变。

至于湘军将领,更是由曾国藩自己亲自挑选。他选择将领的标准是:第一要才堪治兵,第二要不怕死,第三要不计名利,第四要耐受辛苦。

湘军的统帅将领,不是曾国藩的至亲好友,就是故吏门生。湘军领导与被领导的关系,就是以封建的乡谊、戚谊、师友为纽带连结着的。据统计,湘军帮办、营官以上共183个,籍贯可考者149个,其中湘南籍124人,占83%。

整个湘军,有严密的封建宗法组织。上一级对下级实行封建家长的统治,下一级听从上一级指挥,最后听命于曾国藩一人。曾国藩也处处树立个人的威信。他用高官收买将领,用厚饷收买兵勇。更重要的是,他采取种种方式,把封建的伦理纲常思想渗透到湘军官勇的灵魂中。湘军的组织和训练,为后来一切军阀所师。曾国藩也就成为近代中国军阀的祖师爷。

1854年2月25日,曾国藩亲率水陆大军齐集湘潭,水陆两军,兼程北上,妄图一举消灭进入湖南的太平军。

曾国藩颇懂得舆论的重要性。他在出师的时候,发布了宣言书《讨粤匪檄》,这是针对太平天国的革命号召和革命实践而发。

曾国藩出师了。可是,这仗如何打呢?他还在观察、思索。

曾国藩出师时,太平军水师已据有长江天险,战船密布,桅樯如林;陆军则席卷皖、赣、鄂三省,数千里连营结寨,战鼓如雷,这等气势,远非湘军可比。曾国藩知道,速战速决万难取胜,便采取了"以主待客"即以逸待劳、以静制动的战略。在太平军进攻时,便避其锐气,等太平军气尽力疲时,便发动攻势。

太平军的西征部队虽然来势甚猛,但是战线太长,孤军深入,后援部队不继,不得不暂时撤出湖南,只留下少数部队在两湖牵制湘军。

太平军主动撤出湖南,曾国藩喜出望外,连忙从长沙进驻岳州,准备进援武昌。

正当曾国藩做着攻占武汉的美梦时,太平军石贞祥、林绍璋部经过半个月的休整,调动后援部队,再度进入湖南,向湘军发动全面进攻。太平军考虑到湘军全部结集在长沙,主力尚未受到致命打击,如采取攻坚,部队伤亡可能较大,就决定围而不攻,困死敌人。由林绍璋率编师从陆路绕过长沙,疾趋南下,4月24日攻克湘军老巢湘潭,随即又攻占株州绿口,对长沙形成包围圈。

长沙四面被围,曾国藩腹背受敌,外无救兵,内缺粮草,时间一久,可能困死城内。老奸巨滑的曾国藩岂看不到这形势?他决定破釜沉舟,冲出包围。于是分兵两路:一路以塔齐布、褚汝航为首,率领水陆大军南攻湘潭,自己则亲率一支人马北攻靖港。曾国藩企图将太平军截成两段,断绝湘潭太平军的退路,然后分别击破。

4月28日清晨,曾国藩率领的一支部队进入距靖港20里的白沙洲,即命水师顺流而下,直攻靖港。太平军一见湘军水师,立即发炮射击。湘军水师哨船首先中炮起火,后面的船乱成一片,纷纷落帆逃窜,这时南风陡发,逆水行舟,十分困难,只能用人力牵绳逃跑。太平军一面以小队人马袭击牵缆的湘军,一面出动二百只小划船,顺风纵火,袭击敌船。湘军水师不是被俘,便是被烧。这时曾国

藩亲率陆军正驻在白沙洲,听说水师失利,急命陆军全线出击,企图牵制太平军,挽救水师被全部歼灭的命运。谁知陆军得知水师失利,军心已乱,与太平军一触即溃,争逃活命,抢渡浮桥,桥被挤塌,溺死者无数。曾国藩眼看几年来的心血,平生的指望,转瞬之间化为乌有,他既羞愤又沮丧,当着众人,几次投水自杀,被众人拉上船,连夜逃回长沙。但从湘潭传来消息:塔齐布部在湘潭击败了太平军。曾国藩大喜,靖港之战虽然惨败,但在湘潭获胜,在皇帝面前总有个交代。

靖港之战使得曾国藩辛苦经营一年之久的水师几乎全部覆没,陆军也受到严重打击。

1854年6月26日,太平军发动锐利攻势,第二次攻克了武昌。咸丰帝焦急异常,命令曾国藩率湘军"迅速东下,力捣武汉贼巢"。曾国藩经过几个月的整编修敕,"规模重整,军容复壮"。他接受上次失败的教训,先扑向岳州。岳州太平军统帅是曾天养,虽年近花甲,但作战骁勇异常,机智多谋,曾天养探知曾国藩将集中优势兵力向太平军发动全面反扑,考虑到在湖内的太平军力量远比不上湘军,不能硬拼,因此于7月25日主动撤出岳州,驻屯城陵矶,扼险防守,以逸待劳,迎击敌人。8月8日,曾国藩进驻岳州,他自恃兵多,立即命褚汝航、陈辉龙率水师主力进攻城陵矶。但湘军水师又被击溃,褚汝航、陈辉龙被击毙。曾国藩驻在对岸岳州,他眼睁睁地看着湘军战船纷纷起火,洞庭湖上火光冲天,水勇跳水逃命,但陆军"隔港不能飞越",无可奈何。这一仗,数月来补充的水师,又"损失将半"。8月11日,曾天养乘胜率军从城陵矶登岸,打算扼险扎营,曾国藩水师虽败,但陆军实力强大,他看曾天养立脚未稳,便趁机急令塔齐布从陆路进攻,以挽救颓势。曾天养仓促迎战,英勇牺牲。太平军由韦俊、石镇仑率领,组织几次反攻,都被曾国藩击退,最后只好撤出湖南。曾国藩全军进逼武汉,太平军统帅石凤魁弃城逃跑,太平军在汉水中尚有战船千余艘。曾国藩见有机可乘,立即命湘军采取火攻,焚毁了被封锁在汉水中的太平军全部战船。长江上游的太平军水师也全部被消灭。曾国藩得以占领武汉,控制了长江上游,实现了他战略的第一步。

1854年10月28日,曾国藩从武汉出发进行东征,直扑田家镇。田家镇是取九江、进安徽的门户,于是东王杨秀清急遣燕王秦日纲至田家镇指挥鄂赣战场。由于敌我力量悬殊,而湘军新胜,锐气正盛,秦日纲采取守势。曾国藩到达前线,首先指挥水师用猛烈的炮火击败了太平军水营,夺取了蕲州。随即集中陆军塔齐布、罗泽南两部夺取南岸险要的半壁山,控制江面,砍断了系在山崖的横江铁索和竹缆。太平军被压缩至田家镇。12月2日清晨,湘军发动全面进攻,太平军战败。

太平军因在田家镇失利,故放弃了湖北,南岸军队退守江西九江、湖口,北岸军队撤至安徽宿松、太湖一带,形势危急。洪秀全派翼王石达开赴江西指挥西征战事。1855年1月2日,曾国藩率水师大队抵达九江城下。湘军水陆两军对九

将相卷

江太平军形成了包围之势。太平军的九江守将，是连曾国藩也不能不称为"坚守不屈"的林启容。林启容在九江城下一带，掘壕如川，严密防备，任湘军猛攻，坚守不出。曾国藩屡攻不克，焦躁异常。他将所部一分为二，留下塔齐布、周凤山率陆军主力继续围攻九江，命胡林翼、罗泽南率领陆军会同自己亲率的水师主力越九江，直逼距九江五十里的湖口。尽管湘军对湖口一连数日用洋炮猛烈攻击，石达开仍命令太平军坚壁高垒，深守不出。同时捕捉战机，给曾国藩以有力的反击。日子一天天地过去了，曾国藩的陆军、水师胶着于九江湖口之间，足足有一个半月。曾国藩本是孤军深入，时间一久，粮饷供给也渐渐不济了。他焦躁异常，决心不惜一切代价，命水师冲进鄱阳湖，直抵南昌，与江西巡抚陈启迈取得联系。1月23日，曾国藩集中水师主力和部分陆军向湖口的太平军发动猛烈进攻。太平军迎战一阵，就撤走湖口的水卡守兵，曾国藩以为太平军抵挡不住败阵下去。他稍事休整便于1月29日出动全部轻便战船，冲入湖内，而把长龙、快蟹等大型战船留在湖外。石达开见曾国藩水师中计进入湖内，立即命令太平军建卡筑垒，堵塞湖口，切断曾国藩的内外水师。当天晚上，太平军的几十艘轻便战船，突然袭击停泊在湖口外的湘军长龙、快蟹，石达开击破湘军水师，便集中兵力沿江面西上，进驻九江对岸的小池口，和在城内的林启容的守军内外夹击湘军塔齐布、周凤山所部，曾国藩还没有想出对策，太平军突然又发起了新的袭击，2月11日半夜，曾国藩湖内水师被歼，曾国藩溜下舢板得以逃命。2月16日，驻安徽太湖、宿松一带的太平军在秦日纲、韦俊、陈玉成的率领下，向曾国藩的北路援军，湖广总督杨霈部发动猛烈攻击，杨霈"一溃再溃，直奔八百里而后止"。

曾国藩的三路攻势全部瓦解，太平军乘胜追击。北岸秦日纲、陈玉成部克复广济、蕲州、黄州，直入湖北境内。2月23日第四次克复汉阳。韦俊则由田家镇渡江克兴国、通山、咸宁等地。4月3日第三次攻克武昌，重新控制了九江到武昌数百里江面。曾国藩苦战几个月所占领的土地，全部复归太平军所有。

1856年4月，太平军西征军打垮江北大营，克复浦口、扬州；6月，又与天京城内守军内外夹攻，击溃江南大营；威胁天京三年之久的军事压力，得到了解除。太平军乘胜追击，攻占了安徽、江西、鄂东和江苏的大部分地区，重新挖掘从镇江到武昌长江沿岸的大部分城镇的防御工事。坐困南昌的曾国藩如瓮中之鳖，伸手可擒。可是，正在这时，天京发生一场夺权斗争，太平军领导集团发生了公开分裂。杨秀清、韦昌辉均被杀死，石达开又率领太平军精锐20万人脱离洪秀全，太平天国实力受到重大损失，各个战场的攻势完全停滞。曾国藩不仅获得了喘息时机，并且得以聚集兵力乘机重新向太平天国湖北、江西、安徽三个主要战场发动猛烈进攻，取得重大胜利。

太平天国自石达开率主力出走后，江西战场完全崩解。1858年5月，湘军精锐李续宾部用地雷攻陷九江，太平军守将林启容和全军将士一万七千余人全部英勇牺牲。太平军在江西的重要城市瑞州、临江、抚州等地或孤守无援，或内

部叛变,均先后陷入湘军之手。9月,太平军在江西的军需供应基地吉安,也被湘军占领。九江陷落,守卫天京的门户安庆,便完全暴露在湘军的进攻面前。曾国藩踌躇满志,一面命多隆阿、鲍超部向安庆挺进,一面命李续宾部进入皖北,先后攻陷潜山、桐城、舒城等地,前锋直抵三河。

形势非常危急,太平军面临着覆灭的危险。正在这时,太平军青年将领陈玉成、李秀成等挽救了危局。

1859年,陈玉成、李秀成率军第二次大破江北大营,清军全部溃败。11月,陈玉成率部神速地包围三河李续宾部,李秀成也从江南率军来助,太平军三河守兵从城内冲出,三面夹击,李续宾和曾国藩的弟弟曾国华同被击毙,所部湘军精锐六千余人全部被歼。太平军解除了江北清军对天京的包围,可是天京仍受着江南大营的威胁。1860年5月,李秀成与陈玉成率部再次击溃江南大营,开始向江苏、浙江省进军,清朝财政收入受到严重影响。咸丰皇帝感到更大威胁的是,江南的嫡系部队被太平军消灭殆尽,再也无力抵抗住太平军的攻势。他不得不把目光再转向唯一能抵抗太平军的曾国藩。1860年6月8日,皇帝谕加曾国藩尚书衔,署理两江总督,命他统带各军"兼程前进",救援苏、常。

1860年8月,曾国藩调兵遣将,集中水陆军八万余人,向安庆发动一场猛烈攻势。安庆告急,陈玉成首先从浙江率军回援。湘军以逸待劳,兵多势众,陈玉成初战失利。太平军各路将领齐集天京商议,最后决定由李秀成、陈玉成率南北两部大军,沿长江而上,合取武汉,吸引湘军,以解安庆之围。

1860年9月底,陈玉成率主力从天京出发,10月,沿长江北岸经安徽向湖北挺进。1861年3月到达离汉口只有160里的黄州。安庆之战是双方的决战,太平军和湘军都全力以赴,安庆城内的太平军虽不多,却是死力固守。曾国藩进攻了近一年,安庆固若金汤,强力不动。1861年4月陈玉成回攻武汉未成,而安庆告急,便从湖北急速率军东下,冲破湘军重围,进抵集贤关,在菱湖南北岸连夜筑垒18座,包围了曾国荃军。并与安庆守将叶芸来频频夹击,打得曾国荃招架不住。曾国藩迅速抽调各地湘军精锐,对陈玉成形成反包围。

干王洪仁玕对安庆的得失,是有深刻认识的。他认为:"此城实为天京之锁阳。"因此也从天京率军来援,又包围了多隆阿、鲍超部。这样,在安庆战场,双方军队犬牙交错,互相围困,层层作战,不可开交。

这时,李秀成为保存实力,对安庆之战袖手旁观。陈玉成虽然英勇,但是同湘军多次作战,弹尽粮缺,战士疲惫;洪仁玕部的战斗力本来较弱,经过二十余天艰苦战斗,败退下来。1861年9月5日,太平军坚守了9年的安庆被曾国荃攻陷。

安庆战败,陈玉成部精锐丧失,败退寿州,为叛徒出卖,英勇牺牲。太平天国西线战场完全崩溃,天京失去屏障。曾国藩于是集中兵力向天京推进,完成了合围天京的战略。

将相卷

1861年10月9日慈禧发动政变,垂帘听政,改年号为"同治"。

慈禧上台后仅12天,就任命曾国藩统辖苏、皖、赣、浙四省军务,所有四省巡抚、提督、总兵以下悉归节制。两个月后,又加协办大学士衔,表示对曾国藩更大的信任。

曾国藩大权在握,乘机对辖区进行整顿,扩充自己的势力,曾国藩的湘系势力不仅占有长江中下游,而且也伸展到西南内地。从此,曾国藩的湘系集团,便一跃而成为地主阶级当权势力中最大的实力派。曾国藩还统一了财权,积极开辟财源,筹集军饷;曾国藩还利用"洋人助剿及采买运津";还提出造炮制船。

曾国藩自认为政治、经济、军事的力量蓄积得差不多了,1862年,分兵十路向太平天国发动大规模进攻。

攻陷天京

曾国藩把十路军部署停当,从1862年开始,向太平天国发动全面的进攻。

形势越来越严重,太平军中一些不坚定分子动摇了,当了叛徒。1863年12月,苏州守将纳王郜永宽等叛变,刺杀慕王淹绍尧,将城池献给李鸿章。1864年3月,杭州守将听王孙炳文等弃城而逃,准备投降。至此,苏、浙两省除了几个孤立的城市之外,全部陷入曾国藩之手。

从1862年5月到1864年6月,曾国荃围困天京整整两年。由于太平天国军民奋勇抵抗,湘军损失近万人,天京仍然没被攻破。清廷十分焦急,一连下了六道"上谕"命李鸿章率洋枪队协助曾国荃围攻天京。可是,曾国藩不乐意。他把李鸿章、左宗棠部署在外围扫除障碍,而命曾国荃直取天京,本是想让胞弟曾国荃夺取首功,现又岂肯让人分占?何况,传说天京城里,"金银如海,百货充盈"。这块口中肥肉,又岂能让人分食?但是公然违旨拒绝李鸿章来援又不行,于是推说天京久攻不克,不在用兵不力,而在粮饷不足。李鸿章率部增援,是有所企求,惟饷银一项,无力照顾,对不起,敬请自带,李鸿章不明白老师的真意,也就托故不来了。

清廷一再催逼,曾国藩再攻不下天京,前程难保。于是,命曾国荃不惜任何代价,加紧猛攻。这时,天京外围,北方的浦口,南方的苏、常、杭均已失守,天京犹如大海中的孤岛,粮食断绝,外援不继。洪秀全不幸又于6月初亡故,人心愈发惶惶不安。7月19日,曾国荃部用地雷轰塌龙脖子附近城墙,湘军像潮水一般从缺口涌入城内。太平军虽然英勇地做最后抵抗,但是以数千孤军拒数万之众,毕竟是力量相差悬殊。太平天国建都11年的天京,终于陷于曾国藩之手。论功行赏,曾国藩赏加太子太保衔,赐一等侯爵,世袭罔替,赏戴双眼花翎。曾国荃赏加太子太保衔,赐封一等伯爵。其他湘军水陆将领130余人,均各有封赏。

这些人都成了湖南的豪绅大地主。

革命被镇压下去了,封建统治集团内部的矛盾又尖锐起来。封建统治集团本来是勾心斗角,各人只顾往上爬的。大敌当前,还可暂求一致;大敌一除,利害冲突便明朗化和尖锐化了。早在 1863 年,曾国藩与沈葆桢由于争夺江西厘金,曾闹得势同水火;与左宗棠为争夺战功,彼此揭露对方虚报战绩,断绝了音信。天京被攻破后,金陵财富大部被曾氏兄弟独占,分赃不均,湘军旧部更是不满。多隆阿、杨岳斌、彭玉麟、鲍超等,曾纷纷借口告退,左宗棠、沈葆桢等也乘机攻击曾氏兄弟独吞赃物。湘军内部形成火并局面。曾国藩为安慰部下,不得不假装遣责曾国荃"老饕名遍天下",命他称病辞职回湘,以缓和矛盾,并表示自己的清廉。

曾氏兄弟和湘系集团之间的矛盾,没有彻底解决,清朝贵族对曾国藩的猜忌也没有彻底消除,就在曾国藩攻陷天京不久,蒙古科尔沁亲王僧格林沁,便特派江宁将军富明阿,以查阅南京旗营为名,密探他的行动。曾国藩深深懂得历史上"狡兔死,走狗烹;飞鸟尽,良弓藏"的故事。现在由于他镇压了太平天国革命,虽然博得一致赞赏,被誉为"中兴名臣",安知自己不会落得汉朝韩信明朝胡惟庸、兰玉等一样的下场!未克天京时,曾国藩给曾国荃的信中便提到:"处大位大权,而兼享大名,自古曾有几人能善其末路者?总须设法将权位二字,推让少许,减去几成,则晚节渐渐可以收场耳。"

曾国藩的湘军,经过历年不断补充,到攻陷天京时,又从 1.8 万人增至 12 万人。这支军队在中后期打仗,靠放纵他们劫掠财物取胜。他们拿下一城,洗劫一城。不仅湘军将领个个成为豪绅,就湘军士兵也都抢满了口袋。他们有了钱,急于还家,再不肯卖命。湘军的战斗力大大减弱,再也维持不下去了,曾国藩为了减少清廷疑忌,以免招致杀身灭族之祸,于是,在湘军军心涣散、失去战斗力的时候,主动向朝廷提出,将湘军逐步遣散;并且在南京建旗兵营,请北京闲散旗兵南下驻防。他以此表示对清廷的耿耿忠心,保住自己的荣华富贵。

太平天国的主力虽然被曾国藩击败,但是在淮河两岸活动了多年的捻军,与太平军余部结合在一起,向清军展开了新的斗争。清廷派僧格林沁前往镇压,结果遭到毁灭性的打击。

僧军被歼,清廷大为惊恐。清廷本想靠这支自己直接掌握的军队来镇压捻军,借以压抑一下曾国藩等汉族地主武装势力,可是惨败了。捻军的势力越来越大,如乘胜北上,即将威胁直隶京畿。清廷不得已于 1865 年 5 月 23 日,又一次向曾国藩下令:

著即前赴山东一带,督兵剿贼。两江总督著李鸿章暂行署理。

这时,曾国藩的湘军大部已裁撤,"剿捻"的主力,只能依靠李鸿章的淮军。在镇压太平军中建立的淮军,实际上已脱离了曾国藩的控制,成了李鸿章的私有部队,清廷以代理两江总督为交换条件,才使李鸿章交出部分淮军,由曾国藩直

接指挥,但暗中仍经常掣肘。为了防备捻军突然袭击畿辅,曾国藩部署李鸿章派出淮军主力潘鼎新带领所部淮勇十营,由上海赴天津。曾国藩怕驻扎在济宁的陈国瑞"孤军受敌,再有挫失",命淮军刘铭传部从天津先赴济宁,与陈国瑞"会商进北",如捻军"竟渡河北,则该提督一军,应由东阿、平阳一带渡黄,于东昌境内迎剿"。

一切安排就绪。6月15日,曾国藩把两江总督的大印交给李鸿章,18日离开金陵,奔赴"剿捻"前线。

但淮军不是湘军,曾国藩调度指挥处处感到棘手,加上李鸿章兄弟处处掣肘,致使曾国藩在"剿捻"战场上四处失利。

曾国藩的"剿捻"连连失败,"谤议盈路",屡遭清廷的严词指责,他感到"惭惧",于是三次请求"开缺""以散员留营效力",向清廷称病请求"开缺钦差大臣"职务,改由李鸿章担当剿捻重任。此时,清廷也深知只有换马易人,才能尽速把捻军起义镇压下去,也就很爽快地颁谕曾国藩在营调理一月,病愈后进京陛见,钦差大臣关防暂由李鸿章署理。曾国藩看到清廷政府如此态度,心中感到既惭愧又害怕,不得不思索起自己未来的出路。他左思右想,很是为难。要么回籍,要么驻京,但这两处都不是长久之计。摸透了曾国藩心思的李鸿章早已看破了这一点,于是上奏清廷要求曾国藩务必回任两江总督,并称如果曾国藩不回任,在前线"剿捻"的湘、淮各军军饷银秣的供应就很难得到保障。1866年12月12日,清廷只得谕令曾国藩回两江总督本任,实援李鸿章的钦差大臣,专办"剿捻"事宜。

1867年1月24日,曾国藩接两江总督篆,然后"总甚悒悒"地回到两江总督任所。

曾国藩于1869年12月17日离开金陵,翌年1月25日到达北京,第二天清早便入朝。慈禧太后于养心殿召见他,并赐准可以在紫禁城骑马,这也是一种特殊的荣誉。慈禧太后破格任用曾国藩,曾国藩也感激慈禧太后特大之恩。曾国藩陛见慈禧太后,这还是头一次。接着,一连三天,曾国藩都被召见奏对。曾国藩镇压太平天国的赫赫战功,"誉"满朝野。文武官员莫不"想望丰采",第三天,"退朝之际,千官属目焉"。不消说,这位外表谦抑的伪君子,内心不免感到飘飘然。过了一月,就是新年。2月26日,同治帝于乾清宫赐宴群臣,倭仁领满大学士尚书西向坐,曾国藩领汉大学士东向坐。宴前、宴后都奏乐三阕。这时的曾国藩,更是享尽了人间的"尊荣"。

曾国藩1852年出京,还只顶着一个侍郎的空衔,18年后的1870年回京,已经是一等侯爵、大学士、封疆大吏了。他在京都,又是拜访故交,又是接见新知,好不忙碌!但偷得闲暇之时,也还不忘逛琉璃厂书肆。一直到了3月2日,才启程赴保定府,10日接受直隶总督大印。

还在两江总督任上,曾国藩的身体已日见衰弱。到保定接任不多久,他又强

作精神,去固安巡视河堤工程,再顺流而下,至天津府勘盐政,检阅洋枪、洋炮队。

4月,他的眼病恶化,左眼终于失明,5月间,又患眩晕的疾病,不得已请假一月调理,到期未愈,续假一月,就在这时,发生了天津教案。

天津教案的起因,也是教堂"迷拐幼孩",虐杀婴儿。

6月间,"仁慈堂"内三四十名婴孩死去,并发生了拐骗人的事:外地人张栓、李拐肩上背着口袋,携带两个幼童,于是被捕至官里。经审讯,供认口袋所藏药物,是迷拐幼孩用的,番银是教堂给他们的酬报。天津府县于是将张李两人处决。

不久,又是一个叫武兰珍的拐骗犯,被捉至官里。武兰珍供称,他是受教堂门丁王三指使,每迷拐一人,得酬五枚银洋。

6月21日,天津道台周家勋、知府张光藻、知县刘杰,押解拐骗犯武兰珍到天主堂查验。愤怒的群众围集教堂前,听候音讯。有人耐不住火,抛掷砖石砸教堂窗户;有人闯到法国领事馆问罪。

法国领事丰大业得悉这些情况后,要求办理外交的三口通商大臣崇厚,派兵弹压;并亲往崇厚衙门质问。他气势汹汹,破口骂人,还向天津知县刘杰开枪。群众怒不可遏,打死丰大业,焚毁天主堂"仁慈堂"、法国洋行和领事馆,同时,又拆毁英国教堂4所,美国教堂2所,打死教士20人。

天津教案报至北京,清廷深知事态严重。6月25日,派直隶总督曾国藩到天津查办。6月28日,又决定以崇厚为钦差大臣,专程赴法国道歉。

曾国藩那时患"眩晕之病""右目无光",正在保定总督府休养。他先派道员博多、宏武等赴天津,详讯办理。在朝廷的一再催促下,他于7月4日离开保定,8月到达天津。

曾国藩在来天津之前,就与崇厚互通消息,商讨对策。他在给崇厚的信中表示,"有祸同当,有谤同分。"他怕人民有"浮动",还将驻扎保定的刘铭军3000人,调来弹压。

曾国藩亲自处理过扬州教案,也知道他的家乡湖南以及江西、四川发生的教案。这次来津前后,他从道、府、县以及抓来的"主犯"等各方面明明了解到,这次教案的发生是外国领事、传教士以及教民长期欺压百姓的结果,"曲在洋人"。只要稍具爱国心,就应该痛斥和揭露洋教士和外国领事横蛮的侵略行径,维护民族的尊严、伸张正义,但曾国藩却说,"天主教系劝人为善""其初意亦与育婴堂、养济院略同,专以收恤穷民为主,每年所费银两甚巨"。在这个思想指导下,决定了他处理天津案的方针,是"严拿凶手""弹压士民",以"雪洋人之冤"。

天津教案除了惩凶之外,还赔偿法国白银共46.5万两,赔偿英国白银2500两,美国白银4785两,沙俄白银3万两。喧嚣一时的天津教案,终于了结。

曾国藩这样处理教案,遭到全国人民的愤怒声讨,连他在北京湖南会馆夸功的匾额,也被砸得粉碎。清廷为了平息民怨,在6月底给曾国藩下命令说:"此后

如洋人仍有要挟恫吓之语,曾国藩务当力持正论,据理驳斥,庶可折敌而张国威。"

天津教案,是曾国藩一生所办的最后一件辱国残民的大事。这事尚未完全结束,清廷为了缓和矛盾,于 8 月 29 日下令调曾国藩回任两江总督。他在处理了一些未了事务,并入都陛见之后,于 11 月 14 日在江宁接总督印篆。

曾国藩再度回到两江,形势又有了变化。这时李鸿章在前线镇压捻军已近尾声,不久便基本结束。江宁的夫子庙前,秦淮河上,早已是灯红酒绿,笙歌通宵达旦,点缀着"升平"了。

曾国藩多年来办理洋务,深感人才的缺乏。还在直隶总督任上,江苏巡抚丁日昌在天津跟他合办教案时,他们便多次商量,"拟选聪颖幼童,适赴泰西各国书院,学习军政、船政、步算,制造诸书"。那时,一则忙于办理教案,搞得焦头烂额,无暇他顾,再则直隶又无规模大的工厂,还不亟需这等人才的重要,他们议论议论就罢了,但已认识到造就人才的重要。现在回到两江,江南制造总局又归他管辖,很自然有倭仁遗疏的邸抄。他们早读了这遗疏,便交口称誉说:"要不是出自倭文瑞公的手笔,哪能抒写出心窝里的话啊!"很自然地,他们又回忆起了昔年在京师时师友论学的情景。如今师友们差不多都已零落,不免相对叹息,黯然神伤。

大约是由于过多的伤感,他的血压升高,3 月 2 日,可能是中风,右足麻木,再过三天,舌头也开始僵硬,不便言语了。经医治,似乎见好。但又不过几天,3 月 10 日下午,他的儿子曾纪泽扶他去花园散步,忽然呼叫足麻,扶回书房,不过半日就断气了。时年 62 岁。

革命家卷

陈　胜

　　陈胜，是阳城人，字涉。吴广，是阳夏人，字叔。陈涉年轻的时候，曾经和别人一起被雇佣耕地，有一次停止耕作来到田埂上，惆怅忿恨已经很长时间了，说："如果将来富贵了，互相都不要忘记。"其他受雇佣的人笑着回答说："你是受雇替人耕地的人，怎么可能富贵呢？"陈涉叹息道："唉！燕子、麻雀怎么会知道鸿鹄的志向呢！"

　　秦二世元年七月，征发住在闾巷左边的贫民去戍守渔阳，九百人驻扎在大泽乡。陈胜、吴广都在这次征发的行列中，担任屯长。正赶上天降大雨，道路不通，估计已经误了期限。超过规定的期限，按照法律都要斩首。陈胜、吴广于是谋划说："如今逃亡也是死，造反也是死，同样是死，为国家大事而死可以吗？"陈胜说："天下人苦于秦朝的暴政已经很久了。我听说二世是秦始皇的小儿子，不应该即位，应该即位的是公子扶苏。扶苏因为多次向始皇进谏的缘故，被始皇派到外地领兵。如今有人听说他并没有罪，二世却把他杀了。老百姓大多听说过他的贤能，还不知道他已经死了。项燕是楚国的将军，多次立有战功，爱护士兵，楚国人都爱戴他。有的人认为他已经死了，有的人认为他逃亡了。现在如果我们这些人假冒公子扶苏、项燕之名，倡导天下人起义，应该有很多人响应。"吴广认为很对，于是就去占卜。占卜的人知道他们的意图，说："你们的事情都能办成，可以建功立业。不过你们向鬼神问过吉凶吗？"陈胜、吴广很高兴，琢磨出向鬼神问吉凶的含义，说："这是教我们先在众人中树立威信。"于是用丹砂在帛上写了"陈胜王"三个字，塞进别人用网捕捞的鱼肚里。士卒买鱼煮了吃，得到鱼肚里的帛书，本来就感到奇怪了。又暗中让吴广到驻地旁边树丛里的祠庙去，夜间点燃篝火，模仿狐狸的声音呼叫说："大楚要兴起，陈胜要称王。"戍卒们夜里都很惊恐。第二天清晨，戍卒中间议论纷纷，都用手指着、用目光注视着陈胜。

　　吴广一向爱护别人，戍卒中多数人都愿为他所用。负责押送的将尉喝醉了，吴广故意多次扬言要逃走，惹得将尉发怒，让他侮辱自己，以此来激怒众人。将尉果然用鞭子抽打吴广。就在将尉要拔剑的时候，吴广跃起，夺剑杀了将尉。陈胜配合他，一并杀死了两个都尉。召集下属号令说："诸位遇上大雨，已经误了规定的期限，误了期限按法律要被杀头。即使不杀头，戍边而死的本来就达十分之

331

六七。况且大丈夫不死便罢,死就要扬名天下,王侯将相难道是天生的种吗!"属下都说:"遵命。"于是假称公子扶苏、项燕,以顺从百姓的愿望。袒露右臂,号称大楚。设台盟誓,用将尉的头颅祭祀。陈胜自任将军,吴广做都尉,攻占大泽乡,接着攻打蕲县。攻下蕲县后,就命令符离人葛婴率兵攻打蕲县以东地区。攻打铚、酂、苦、柘、谯等地,都攻下了。一路上招收兵马,等到达陈县时,已经拥有兵车六七百辆,骑兵一千多人,步兵几万人。攻打陈县,那里的郡守、县令都不在,只有守丞在谯门内和起义军作战。抵挡不住起义军的攻势,守丞战死,于是进占陈县。几天后,下令召集三老、豪杰都来会商大计。三老、豪杰们都说:"将军身披坚甲,手执锐器,讨伐无道,诛灭暴秦,恢复建立楚国政权,论功应该称王。"陈涉于是自立为王,国号为"张楚"。

在这个时候,各郡县苦于秦朝官吏暴虐统治的人,都惩办各自地区的官吏,杀掉他们来响应陈涉。于是任命吴广为假王,督率各位将领向西攻打荥阳。命令陈县人武臣、张耳、陈余攻取赵地,命令汝阴人邓宗攻取九江郡。在这个时候,楚地义军聚集达几千人的,多得数不清。

葛婴到达东城,拥立襄强为楚王。葛婴后来听说陈胜已经称王,就杀了襄强,回来报告。到了陈县,陈王就杀了葛婴。陈王命令魏人周市向北攻取魏地。吴广围攻荥阳。李由担任三川郡守,驻守荥阳,吴广没能攻下。陈王征召国内的豪杰商议对策,任命上蔡人房君蔡赐为上柱国。

周文,是陈县的贤人,曾经为项燕的军队占卜望日,侍奉过春申君,自称熟习军事,陈王授给他将军的印信,让他向西攻打秦王朝。一路上招收兵马到达函谷关,已经拥有兵车一千辆,步兵几十万人,到达戏亭,在那里驻扎下来。秦王朝命令少府章邯赦免在郦山服役的刑徒以及奴婢所生的儿子,全部调动起来去抗击楚国的大军,把楚军全打败了。周文战败,逃出函谷关,停留驻扎在曹阳两三个月。章邯追来又一次打败他们,周文又逃到渑池,在那里驻守了十多天。章邯发起攻击,大败楚军。周文刎颈自杀,军队于是不能作战。

武臣到达邯郸,自立为赵王,陈余为大将军,张耳、召骚为左右丞相。陈王大怒,逮捕关押了武臣等人的家属,准备杀了他们。柱国蔡赐说:"秦朝还没有灭亡就诛杀赵王将相的家属,这等于是又产生一个秦朝。不如顺水推舟,封立他们。"陈王于是派遣使者去向赵王祝贺,同时把武臣等人的家属迁移到宫中扣押起来,封张耳的儿子张敖为成都君,催促赵军火速进军函谷关。赵王的将相互相商议说:"大王在赵地称王,不符合楚国的本意。楚国灭了秦朝以后,一定会用军队进攻赵国。眼下的计策不如不向西进兵,而是派人向北攻取燕地以扩充自己的地盘。这样赵国在南边据有黄河天险,在北面拥有燕、代地区,楚国即使灭了秦朝,也不敢收拾赵国。如果楚国胜不了秦朝,一定会重视赵国。赵国趁着秦朝疲弊,可以得志于天下。"赵王认为很对,因而不向西进兵,而是派遣以前的上谷郡卒史韩广率兵向北攻取燕地。

燕国原来的贵族豪杰对韩广说："楚国已经有了国王,赵国也已经自立为王。燕国虽小,但也是拥有万乘兵车的国家,希望将军自立为燕王。"韩广说："我的母亲在赵国,不可以。"燕人说："赵国眼下正在西面忧患秦朝,在南面忧虑楚国,他的力量无法阻止我们。况且以楚国的强大,尚且不敢加害赵王将相的家属,赵国怎么唯独敢加害将军的家属呢!"韩广认为有道理,于是自立为燕王。过了几个月,赵国把燕王的母亲和家属送到了燕国。

在这个时候,各位将领攻城略地的,多得数不清。周市向北攻取土地到达狄县,狄县人田儋杀了狄县县令,自立为齐王,据守齐地反叛,进攻周市。周市的军队溃散,退回魏地,想立魏王的后代原来的宁陵君咎为魏王。当时咎在陈王那里,无法回到魏地。魏地已经平定,当地人想共同拥立周市为魏王,周市不肯。使者在周市和陈王之间往返了五次,陈王才立宁陵君咎为魏王,送他回国,周市最终担任魏国的丞相。

将军田臧等人互相商议说："周章的军队已经被打败了,秦军早晚就会到来,我们围攻荥阳久攻不下,秦军一到,我军必然大败。不如留下少量部队,足以围住荥阳,调动全部精锐部队迎击秦军。如今假王骄横,不懂用兵打仗,无法跟他商议,不杀掉他,恐怕会坏了大事。"于是一起假托陈王的命令杀了吴广,把他的头颅献给陈王。陈王派遣使者赐给田臧楚国令尹的印信,任命他为上将军。田臧于是派将领李归等人围住荥阳城,自己率领精锐部队向西在敖仓迎击秦军。与秦军交战,田臧战死,部队溃散。章邯进兵在荥阳城下攻打李归等人,打败了他们,李归等人战死。

阳城人邓说率兵驻扎在郏县,章邯另外派遣一支部队打败了他,邓说军队溃散,逃到陈县。铚县人伍徐率兵驻扎在许县,章邯打败了他,伍徐的军队都溃败逃到陈县。陈王诛杀了邓说。

陈王刚即位的时候,陵县人秦嘉、铚县人董缗、符离人朱鸡石、取虑人郑布、徐县人丁疾等都单独起兵,率军把东海郡守庆围困在郯城。陈王听说后,就派武平君畔担任将军,前去督率郯城下的义军。秦嘉不接受命令,自立为大司马,讨厌归属于武平君。他告诉军吏们说："武平君年少,不懂得用兵打仗,别听他的!"进而假借陈王的命令杀了武平君畔。

章邯打败伍徐后,进攻陈县,上柱国房君蔡赐战死。章邯又进兵攻打陈县以西张贺的军队。陈王亲自出城督战,军队被打败,张贺战死。

十二月,陈王来到汝阴,又回到下城父,他的车夫庄贾杀了他向秦军投降。陈王被葬在砀县,谥号为隐王。

陈王从前的侍臣将军吕臣组建苍头军,在新阳起兵,攻下了陈县,杀了庄贾,重新以陈县为楚国都城。

当初,陈王来到陈县,命令铚县人宋留率兵平定南阳,进军武关。宋留攻取南阳后,听说陈王已死,南阳又被秦军夺去。宋留不能进入武关,于是向东来到

中华名人百传

革命家卷

新蔡，遇上秦军，宋留率军向秦军投降。秦军把宋留押解到咸阳，将他车裂示众。

秦嘉等人听说陈王战败逃走，就立景驹为楚王，率军到达方与，想在定陶城下进攻秦军。派公孙庆出使会见齐王，准备和他联合共同进军。齐王说："听说陈王战败，生死不明，楚国怎么能不请示就自己立王呢！"公孙庆说："齐国不请示楚国而自立为王，楚国凭什么要请示齐国才能立王呢！况且楚国首先起事，理当号令天下。"田儋诛杀了公孙庆。

秦军左右校尉再次攻打陈县，攻占了它。吕臣将军败走，重新收聚兵马。在鄱阳为盗的当阳君黥布和他兵合一处，再次进攻秦军左右校尉，在青波打败他们，重新以陈县为楚国都城。恰逢项梁拥立楚怀王的孙子心为楚王。

陈胜称王共六个月。称王后，以陈县为都城。曾经和他一起受雇耕地的旧友听说后，来到陈县，敲着宫门说："我要见陈涉。"宫门令要把他捆绑起来。他们反复为自己申辩，这才放了他们，但不肯为他们通报。陈王出宫时，他们拦路呼喊"陈涉"。陈王听到后，就召见他，坐着车一起回宫，看到宫殿房屋和帷帐后，客人说："夥颐！陈涉称了王，宫殿真是又大又深啊！"楚人把多说成夥，所以在天下流传开来，"夥涉为王"这句话，就是从陈涉开始的。客人进进出出，越来越随便放肆，讲起陈王以前的事情。有人对陈王说："这个客人愚昧无知，专门胡言乱语，这样会有损你的威望。"陈涉就把客人斩杀了。那些陈王的故旧都纷纷离去，从此没人亲近陈王了。陈王任命朱房为中正，胡武为司过，负责督察群臣。各位将领攻城略地，回来复命，稍有不符合命令的，就抓起来治罪，以苛刻细密来显示对陈王的忠诚。对于他们所不喜欢的人，也不交由官员审理，就擅自加以惩治。陈王却对他们非常信任。各位将领因此不亲附陈王，这是陈王失败的原因。

陈胜虽已死去，但他所封立、派遣的王侯将相最终灭了秦朝，这是由于陈胜首先起义反秦的缘故。高祖时在砀县为陈涉安置了三十户为他守墓，至今都按时宰杀牲畜进行祭祀。

黄　巢

黄巢（？—884年），曹州冤句人，唐末农民起义军领袖。

唐朝末年，由于宦官专权，藩镇割据，常年混战不休，社会生产遭到严重的破坏，人民灾难十分深重。但地主阶级掠夺土地，压榨百姓，却有增无减。他们倚仗官府的支持，竞相巧立名目，霸占农民田产，封禁大小山谷。他们占有越来越多的土地，却只出很轻的赋税和徭役，而把各种沉重的负担都转嫁到广大农民身上，社会上发生了严重的贫富不均的现象。广大农民吃不饱，穿不暖，许多人被冻死、饿死。即使发生天灾，官府地主也照样催租逼税。人民实在无法忍受，于

是纷纷拿起武器进行反抗,阶级矛盾空前尖锐。就在这个时候,黄巢发动了起义,并且很快成了起义军的著名领袖。

黄巢出身于贩卖私盐的家庭,起义前以贩卖私盐为生。因为贩卖私盐有损于官府的利益,所以在当时是非法的,经常遭到官府的追捕,而一旦私贩盐者被官军捉住,就要进行生死搏斗。黄巢在这种环境中锻炼成长,练就了一身好武艺,并且识文认字,博览群书,能文能武,所以很受人们的尊敬,在家乡的伙伴中尤其有威信。他曾几次赴长安,参加科举考试,但都落第。因此,他对朝廷一直不满,到长安参加考试时,又亲眼目睹了统治阶级的种种罪恶与荒淫的生活,更增加了新的仇恨,于是下决心要推翻唐朝的反动统治。

874 年,濮州人王仙芝、尚君长等人领导三千多饥饿的群众,在濮阳首举义旗,向唐王朝宣战。王仙芝自号"天补均平大将军兼海内诸豪都统",起义军攻州掠县,发展很快。快速攻占了曹州、濮阳等地。

黄巢和王仙芝早就是朋友,听到王仙芝起兵反唐的消息后,他便和族兄黄存、侄子黄揆、黄思邺,外甥林言等 8 人,聚集数千民众在冤句响应。

王仙芝起义后,唐朝统治者为扑灭这股起义烈火,以宋威为诸军招讨使,集结重兵,北从郓州,西从汴州、滑州、陈州、许州,南从扬州三面夹攻,对起义军形成围剿态势。宋威率唐军主力在沂州寻找义军决战,妄图把起义军扼杀在摇篮里。强敌压境,黄巢深感义军与唐朝官军在曹、濮二州周旋极为不利。当时,"山东大饥",义军补给困难,而且曹州和濮州地势平坦,利于进攻而不利于防守。唐军重兵围剿,义军虽有运动歼敌的特长,但却难以发挥。于是,他们随机应变,把部队化整为零,迅速转向沂蒙山区,进行外线作战。

义军的突然消失,宋威失去攻击目标,如在梦中,竟向唐僖宗报告说,义军已被消灭,随即遣散各路唐军,宋威自己也率军返回青州。唐朝廷闻报后,弹冠相庆,以为从此可以高枕无忧了。但就在长安开庆祝会的三天后,州县奏报,王仙芝、黄巢尚在攻州掠县,唐朝统治者这才如梦初醒。

唐朝统治阶级对义军的围剿没有奏效,就妄图用诱降的办法来分化和消灭起义军。他们偷偷地与王仙芝见了面,先约定"罢兵",而后设酒宴、许官职,劝王仙芝投降。他们还派人连夜把"左神策军押牙兼监察御史"的官职委任状送到蕲州。王仙芝看了十分高兴,竟准备接受。黄巢和起义军的其他将士,对这种投降行为异常愤怒,他还当众质问王仙芝,他越说越气,还狠狠地揍了王仙芝一拳,把王仙芝打得鼻青脸肿。广大义军将士也都同声斥骂,怒不可遏。王仙芝知道自己再坚持下去是不会有好结果的,于是承认了自己的错误行动,并答应同大家一起继续战斗。

粉碎敌人的诱降阴谋以后,起义军兵分两路,一路由王仙芝率领,进入河南、淮南、汝南地区;一路由黄巢率领,北上山东济南、曲阜一带活动。唐朝统治者一面调兵遣将镇压义军,一面又继续对王仙芝诱降。王仙芝在高官厚禄的引诱下,

再次发生动摇。876年7月,王仙芝率军攻下江陵,又派部将徐唐莒攻下洪州。王仙芝上表朝廷,要讨一个节度使的官职,朝廷不答应,派神策统军使宋威出任荆南节度使,讨伐王仙芝,大宦官杨复光任监军。杨复光派叛官吴彦宏通知王仙芝,朝廷要免他的罪责,另给他官职,王仙芝同意了,接连派尚君长、蔡温球、楚彦威去京师请罪,并求恩赐官职。可宋威怕杨复光立功,把尚君长等人都抓起来送到京师,皇帝下诏押送到狗脊岭处斩。王仙芝等知悉后,异常气愤,于是出动全部精锐进攻官军,宋威大败,余众被杨复光收编。朝廷另派宰相王铎代宋威为招讨使,讨伐王仙芝。878年8月,王铎收复亳州,王仙芝也在黄梅被俘,被官军杀害,他的首级被送往京师献功。

王仙芝战败之前,尚君长之弟尚让由于他的哥哥奉使被杀,率领部众脱离了王仙芝进入嵖岈山,黄巢、黄揆兄弟8人也率领几千人入山合伙。一个多月后,这支队伍扩大到好几万人,直逼汝州,大有入关之势。

黄巢率领义军在几十万唐军的围追堵截中宛如游龙,进退自如。他们以高速流动作战的方式,在敌强我弱的形势下,避实就虚,以歼灭敌人有生力量为目标,同时不断壮大自己的队伍。在义军攻下汝州后,接着又剽掠关东,官军多次来讨战,都被打败。这时,义军的队伍已发展到10万人。尚让和其他几位首领共推黄巢为王,号称"冲天大将军"。

义军在黄巢的统率下连克许多州县,迅猛地逼近东都洛阳。唐军加强了洛阳的防线,但江淮防御却因此出现空虚。黄巢乘虚向南进军,开始了踏遍大半个中国的万里长征。

"军国大计,仰于江淮。"江南历来是唐朝财政命脉。义军挥师南下,就像一把尖刀插入敌人的心脏,既给唐军以有力的打击,又可以使义军获得充实的战争补给。而且江南人民负担沉重,人心思反,唐朝守备薄弱,给义军发挥流动作战的方针以广阔的天地。为了实现大军的南征,黄巢针对当时唐军三路军队组成长江防线企图阻止义军南下的的部署,组织了几次大踏步的运动战。

878年3月,黄巢率起义军从濮州出发,沿鲁豫交界处插入河南中部,兵锋直指东都洛阳。唐廷急令曾元裕前往增援。曾军北上,正中黄巢的调虎离山之计,使唐军长江防线出现了缺口,为义军南下打开了通道。黄巢于是率义军乘虚而入,直奔江淮,渡过长江天险,横扫江西全境,陈兵宣州。

这时,镇海节度使高骈上表请求让他来对付黄巢,朝廷同意了,并加封高骈为都统,阻止义军南下。黄巢为甩开高骈的追歼,南渡淮河,向高骈假降。高骈派部将张璘带兵到天长镇去受降,黄巢把张璘抓起来杀了,带来的兵也被改造。接着黄巢率义军南下湖湘,转战浙东,攻下越州,然后沿仙霞岭开辟了长达700里地的山路,出敌不意,进军福州,当高骈的军队在江西兜了几个圈子后赶到浙东时,被义军开辟的山路惊呆了,再也没有翻山追击义军的勇气,义军进入福建后,如入无人之境,纵横江南。12月,义军攻下福州。经过几个月的休整,于879

336

年春继续南进,5月攻下南方重镇广州,又分兵取桂林,控制了整个岭南地区。这次南征,充分显示了农民战争的巨大威力,展示了人民的无穷力量。

义军在广州停留了两个月,因为水土不服等原因,部队里流行严重的传染病。从春天一直闹到夏季,战士病死了十之三四。大家劝黄巢,与其坐以待毙,不如北上以图大业。黄巢不得已,只好以"义军百万都统"的名义,在广州张贴文告,揭露朝廷的黑暗腐朽。879年10月,他们从广州出发,沿湘江进入湖南,连克永、衡二州,又在唐州全歼唐军。880年,继续北上越过五岭,从湖湘挺进到江浙,进逼广陵,高骈闭城自守,其它小城镇都望风而降。是年9月,黄巢大军渡淮北上。11月11日,攻克洛阳。黄巢继续西进攻占陕州、虢州,然后又率军西进,直逼潼关。

义军逼进潼关,长安统治集团一片慌乱,有的主张南下逃往四川,有的主张派兵守住潼关。后来确定,派张承范、王师会督御林军与齐克让率军共同把守。

通往潼关的除大道外,尚有一条平时为收税而禁止行人的小路,称为"禁谷",谷中灌林藤萝,茂密如织,杂草丛生,漫没路径。唐军以为义军绝不敢贸然走禁谷,因此只把守潼关,而不在禁谷设防,黄巢正好利用了敌人的这个弱点,派尚让、林言率先头部队从禁谷开进来,转过去和黄巢的大军夹攻潼关。攻城那天,60万义军兵临城下,白旗蔽野,遮天盖地。当黄巢骑马来到阵前,全军欢声雷动,威震山河,唐军被吓得胆战心惊。义军来到关楼下,守城的唐军赶忙放箭,等箭放空后,一筹莫展,黄巢急令义军攻城,这时张承范才想起禁谷未守。急令王师会率800弓箭手去守禁谷。王师会刚到禁谷口,尚让、林言已从谷中杀出,800唐军一触即溃。尚让、林言率军从关后猛攻,与关前黄巢里外呼应。不一会儿潼关上空浓烟滚滚,关楼被义军放火烧着,唐军纷纷弃城逃生去了。

唐朝官军全线崩溃,博野军脱离指挥,自动逃回长安,把西市抢劫焚烧一空。12月3日晚,僖宗逃出开远门向南奔往骆谷,诸王、百官陆续跟上逃命,观军容使田令孜和王若俦收拾残兵败将保驾。4日,黄巢大军挺进昭应,宰相卢携自杀,来不及逃命的文武百官,在金吾大将军张直方的率领下来到灞上归降黄巢。5日,黄巢率军进入长安城,受到百姓的夹道欢迎,义军南征北战,历时1年零1个月,终于实现了"冲天香阵透长安,满城尽带黄金甲"的誓愿。

881年1月16日,黄巢在长安含元殿正式即皇位,建国号大齐,改元金统,并登上丹凤楼宣读赦书。但是大齐政权建立以后,没有乘胜追击李唐王朝的残余,给了他们以喘息和卷土重来的机会。

6月,邠宁朱玫的部队驻进兴平,忠武军节度使的部队3000人进驻武功,这一年内各节度使的部队从四方汇合到长安周围。12月,唐朝宰相王铎率领荆襄部队也从僖宗留驻的成都赶来,郑畋帐下小校窦玫骁勇无敌,常在夜晚带着上百余敢死队员进入长安,放火焚烧城门,斩取首级,然后回营,把黄巢的部队弄得异常紧张。

当时京城中的百姓都逃到山寨中结寨自保,连年不得耕种,黄巢的部队坐守空城,征收不到租税粮食,城里粮食昂贵,一斤米涨到三十千文钱。朝廷官员多往来同、华二州,有的以卖饼为生,找到机会便逃往河中。唐朝宰相崔沆、豆卢瑑没来得及跟随僖宗出逃,躲到自己的别墅里,看到到处搜索得很紧,就偷跑出来躲进永宁里张直方的家中,其他朝廷官员认为张直方很有势力,也都去投靠他。当黄巢获悉后,他便派兵围攻张直方家,将张直方家满门抄斩,崔沆等几百人也被杀死。从此,黄巢等人也变得严酷起来,动辄满门杀绝。黄巢又派人到前宰相驸马都尉于琮家里去传命召见。但于琮说自己是唐王朝之人,不能辅佐黄家创业,来人一生气,当场下令将其处死。

882年,王处存会合忠武军的部队打败尚让,乘胜进入长安,受到长安百姓的热烈欢迎。黄巢率领大军撤离城外。王处存不作防备,当夜被黄巢回军袭击,唐朝官军大败。黄巢知道百姓曾欢迎官军后,极为忿怒,于是下令洗城,城中的成年男子几乎被杀尽,血流成河,黄巢的威信一下子全没了。

882年9月,黄巢的同州刺史朱温投降王重荣。11月,李克用率领代北兵马,从夏阳渡过黄河,进驻沙苑,第二年正月,李克用在沙苑打败黄揆,进驻乾坑。2月,黄巢的将领林言、赵章、尚让领兵十万救华州,李克用联合河中、易定、忠武的部队在梁田坡迎战,大败林言等人,俘虏、斩杀好几万人,乘胜进攻华州,挖堑树栅围困州城。当时李克用的骑兵还在渭北,他派部将薛志勤、康君立每夜潜入长安,焚烧集聚的物资,斩其首级回营。不久,黄揆撤离华州,官军进入州城。4月8日,李克用联合忠武骑将庞从和黄巢在渭南决战,三战三捷,黄巢义军大败。10日晚,黄巢大军分头撤离长安城,翌日凌晨,李克用率军进入光泰门,收复京师。黄巢义军通过蓝田、七盘路进入关东。天下兵马都监押大宦官杨复光发捷报到成都向僖宗告捷。

5月,黄巢的先锋孟楷攻打蔡州,唐节度使秦宗权率兵迎击,被孟楷打败,孟楷猛烈攻城,秦宗权就向黄巢称臣。黄巢和秦宗权合兵进攻陈、许,靠停溵水扎营,陈州刺史赵犨迎击,打败了黄巢军先锋,擒斩孟楷。黄巢一向宠信孟楷,得知消息后大为悲痛,全军围攻陈州,在州北面营建营垒,仿造长安宫阙的形式,号称"八仙营"。自此,唐、邓、许、汝、郑等数十州都遭受兵火。黄巢围陈州百日,百姓无从耕种,人人饥饿得靠倒在墙壁上。

884年2月,太原的李克用又率领太行山西诸军从蒲、陕南渡黄河,会同关东各节度使兵马进援陈州赵犨。3月,各节度使的兵马齐集陈州。4月,官军在太康大败黄巢,俘虏斩杀上万人,攻下4个营垒,又在西华打败黄邺,攻下营垒。5月,天降大雷雨,平地水深三尺,黄巢军营垒崩溃,只好分头撤离,到尉氏会合,进逼中牟。翌日又在汴水北面筑营,这天又下了大雷雨,田沟里满是积水,黄巢分兵进攻汴州,李克用率兵从郑州袭击,大败黄巢军,擒获义军将领李用、杨景,黄巢率残部东走胙城、冤句,官军追击,黄巢却无力防守,将领李谠、杨能、霍存、

葛从周、张归厚、张归霸各自率领所部投降大梁的朱全忠,尚让率领部下万人投奔徐州的时溥。没有叛离的兵将也互相猜疑,在营里动武火拼,剩下上千人在夜里各自逃散。李克用又赶到济阳才收兵回太原。

黄巢余部分散在兖、郓二州交界处,黄巢进入泰山。驻徐州的感化军节度使时溥派部将张友和归降的尚让部众入山搜捕。884 年 6 月 15 日,张友等人在狼虎谷追上黄巢,17 日,抓获黄巢的部将、外甥、其弟黄邺、黄揆等人,还押了他的妻儿一并送往徐州。这月,黄巢军队全部被消灭。轰轰烈烈、历时 10 年、聚众百万、行程数万里的农民革命最后不幸失败了。

黄巢领导的农民革命战争,是我国历史上一次重大的农民革命战争。起义军在 10 年时间里,转战 13 个省区,横扫了大半个中国,占领了唐朝东西两京,建立了大齐农民政权。在此以前,唐朝中央政权还有能力维持,只是经过农民军给此政权及其直属武装力量以毁灭性的打击后,全国各地包括长安周围的节度使才纷纷脱离中央而独立,唐政权也终于被从农民军中分化出来的以朱温为首的地方武装集团所取代。这次起义军虽然失败了,但它的历史意义是深远的。首先,在政治上,沉重地打击了唐朝的黑暗腐朽统治,提出了具有反封建性质的平均主义思想,产生了推动历史前进的积极作用。其次在作战指挥上,运用流动作战方式,避实就虚,扬长避短,以弱胜强,逐渐掌握了战争的主动权。其三,在策略上,利用敌人的矛盾和弱点,孤立打击敌人,不断壮大自己,所有这些都与黄巢的杰出的领导分不开。黄巢这位农民阶级的军事活动家,为我国古代军事史增添了光辉的篇章。

李自成

苦难的家境

1606 年(明万历三十四年)8 月 21 日,李自成出生于陕西米脂县李家村的一个贫苦农民家庭,祖辈十世务农。李自成的祖父李海,父亲李守忠都是勤劳淳朴的农民,和其他中国农民一样,只求平平安安,使家族生存延续下去。

李自成出生后不久,李守忠也因负担不起沉重的驿役而破产,只好把李自成送到寺庙当和尚,以便他不至于忍饥挨饿。

李自成的童年,是在贫困和苦难中渡过的。年幼的李自成在寺院里像所有小和尚一样,每天念经、扫院子、擦祭器等,生活虽然清苦,却还安定。

万历年中后期,土地兼并严重。皇室官僚占有大量土地,而广大人民却无立

锥之地。阶级矛盾日益尖锐,农民起义在酝酿之中。年少的李自成离开寺院后,迫于生计,为同乡大户姬氏放羊。一次,因饥饿过度,偷了主人家的一只羊,被地主发现,打得皮开肉绽,浑身是血。贫穷和压力,磨练了他的性格和毅力。13岁时,母亲因操劳过度去世了,小自成悲痛地向乡亲们宣布:"大丈夫当横行天下,自成自立。如果墨守成规,死守父业,非大丈夫也!"从此,更名自成,向现实挑战。

天启三年(1632),李自成的父亲李守忠在贫困中死去,失去父亲的痛苦,再一次加深了他对现实的不满。他更加沉默寡言了,无家无业的生活,把他彻底推上独闯天下的道路。

李自成21岁时,由于生活所迫,不得不应募到银川驿站当马夫。当时马夫社会地位低下,而且非常辛苦。但好胜心极强的他,不怕吃苦。一种努力改变生活现状的愿望时刻激励着他,他每天除了奔波于驿道外,还拜那些懂武艺的马夫为师,练就了一身骑马射箭的好功夫。由于他在寺院里念过书,精通文字,这与一字不识的马夫相比,更显示出了他的远见和顾全大局。加上他讲义气,乐于助人,慷慨大度,颇受众马夫的爱戴。

崇祯三年(1630)四月,为解决财政日窘的问题,在全国范围内大幅度裁减驿站经费,用于军事开销。无数靠驿站为生的马夫们,在这次大规模的驿站裁减中失业了,生活失去了保障,李自成也未能幸免。

在银川驿站当马夫时,他骑死了一匹驿马,为了偿还给官府,他只好向艾举人家借高利贷。李自成失业后,艾举人加紧催逼到期的高利贷。李自成连吃饭都无保障,哪里有钱还债?可唯利是图的艾举人哪管他的死活,再加上对自成的深孚众望很不满意,这次正好借机打击他。他先派人把李自成痛打一顿,接着带上沉重的枷锁,罚他在烈日下站着,不给吃也不给喝。李自成饥渴交迫,也不开口向艾举人求情,驿站的穷兄弟哪能忍心自成活受煎熬。早就看不惯艾举人横行乡里的百姓也深深同情李自成,不忍心他这么白白死去!于是人群骚动,大家纷纷冲上前去,赶走艾家狗腿子,砸碎枷锁,簇拥着李自成躲进郊外的树林。这一消息传到米脂县城,官府立刻组织人马平定暴乱。但当他们来到茂密的林子边便不敢再向前了。双方对峙了好久,在林子里的人民,饥寒交迫,与其坐着等死,还不如与狗官拼个你死我活!于是在自成的率领下,斩木为兵,揭竿为旗,冲出树林,无能的官府看到百姓从林里冲出来,大惊失色,丢盔弃甲,纷纷逃走。百姓捡起武器,一鼓作气,乘势占领县城。饥民、马夫成群结队,加入到起义的洪流中。一夜之间,集结了上千人的队伍。天亮后,背井离乡的人们早已集结在李自成的周围。李自成率领苦难的农民军,冲出县城,左冲右杀,转战在米脂,起义队伍不断扩大。适逢"不沾泥"张存孟正在米脂、绥德、青涧三地发动饥民起义,李自成率众投到他的麾下,从此踏上了反抗压迫的革命征程,汇入明末农民起义的伟大洪流中。后来,张存孟变节投降,李自成率部投奔高迎祥,成为高迎祥手下的一员"闯将"。

陕北农民起义爆发后,各地起义的烽火已成燎原之势。经过几年奋战,各地农民起义军逐步发展为李自成、张献忠、罗汝才、马守仁等十几支较大的主力军。风起云涌的反抗,引起了统治者的恐慌。崇祯皇帝调兵遣将,派陕西三边总督杨鹤镇压义军。杨鹤针对起义军队伍的组织松散、眼光狭隘、缺乏战斗力的弱点,采取剿抚兼施,以抚为主的策略,以瓦解起义军内部。但并未得到皇上的大力支持,日益觉醒的农民并没有上当,多次给明军以打击。招抚之策失败后,崇祯皇帝一怒之下,把杨鹤革职查办。同时,改任洪承畴为总督。洪承畴一改杨鹤剿抚兼施,以抚为主的策略,对起义军血腥镇压。用阴谋手段,瓦解了起义军中势力最强的王嘉胤。王嘉胤在阴谋中丧身,左丞"紫金梁"王自用带领余众与山西境内各路义军会合,重振声威。在晋的各路农民军推王自用为盟主,集聚起包括老回回、八金刚、闯王、闯将(李自成)、八大王(张献忠)、扫地王、闯塌天、破甲锥、邢红狼、乱世王、混天王、显道神、乡里人、活地草等36营大军,20余万众,同明军展开激烈战斗。崇祯四年(1631年),官军和农民军开始大规模作战。

李自成部素以英勇顽强、机智果断、纪律严明、战斗力强而著称,崇祯五年(1632年)十二月,李自成与闯王高迎祥兵分两路,开始了他自率一营、独立作战的战斗生涯。

独立作战后,他就成功地攻克辽州城,解除了明军对"紫金梁"王自用的围剿。然后又挥兵进逼河南,迫使朝廷急调昌平镇副总兵左良玉率二千多官兵前往怀庆。李自成同八金刚、过天星等由河南向山西进攻,于十二月二十五日一举攻克辽州城,使正在围追紫金梁的张宗衡大为震惊。不得不放弃对王自用的追剿,急走辽城应援,以全疆土。面对强大的敌军,李自成为摆脱敌军追击,率众出城,再度挥师河南。这次战役,意义深远,不但打乱了明军的追剿计划,而且使紫金梁部得以安全转移,同时也壮大了36营农民军的声势。

崇祯六年(1633年)正月,李自成率领部下越过太行山,进入河南南部,渐逼明都。明廷急忙调兵遣将,围剿义军。五月,左良玉兵分二路从东南,总兵曹文诏兵分二路从西北,向农民军发动进攻,农民军腹背受敌。左良玉与邓玘部联合进攻势力最强的王自用,王自用不幸中箭身亡。正在群龙无首之际,36营农民军召开会议,推举闯王高迎祥为盟主,王自用部下二万多人,都归到李自成麾下。李自成的队伍进一步壮大了。

随着起义军队伍的壮大,明政府的堵截也在不断升级,但高迎祥、李自成等已不是往日的他们了。几年的作战实践已把他们锻炼成临危不惧的农民军领袖了。他们仔细分析了敌情,决定针对王朴、杨进朝等贪功近利的心理,先谎称接受招安,麻痹他们,然后出其不意地发动进攻。王、杨果然中计,停止进攻。恰好天赐良机,天寒地冻,农民军迅速而成功地渡过了黄河,到达渑池的野猪鼻。明军袁大权部猝不及防,很快全军覆灭,这就是有名的"渑池渡",它标志着农民起

义的斗争水平达到了新阶段。

突破黄河天险后，农民军驰骋于中原大地，仅仅一个月内，足迹遍及豫西各县和湖广、安徽等地，成为明廷的心腹大患。为此，崇祯七年明政府特设五省总督，总掌秦、晋、楚、川、豫五省军务，由原任延绥巡抚陈奇瑜充任。

为掩护大部队安全转移，李自成担起了阻挡明军追剿农民军主力的重任。

然而祸不单行，在大敌压境的危急时刻，天又淅淅沥沥地下起雨来，李自成率领部队艰难地行进在汉中蜿蜒泥泞的山路上。不幸在从紫阳退走兴安途中，误入兴安附近的车箱峡。前后两边的出口全被明军堵截，三万多农民军陷入绝境。面对兄弟们忍饥挨饿的痛苦景象，李自成心中非常难过。于是不顾疲劳，连夜与李过、顾恩君等谋士商量脱逃对策，决定以诈降手段摆脱困难。

六月下旬，明军和义军达成招安协议：由陈奇瑜以1∶100的比例向农民军加派"安插官"，监视义军，同时，一切粮草给养都由沿途地方政府供应。于是三万多义军顺顺当当地走出了险恶的汉中栈道。一路上众将领和陈奇瑜及其部下称兄道弟，把酒醑饮，换马而骑，俨然一伍中人。暗地里休整了队伍，配齐了马匹，恢复了元气。终于，一天夜里，李自成一声令下，各路义军重举义旗，把明军清除出义军。继而，攻破永寿、灵台等七县，和洛阳来的农民军会合，使义军声威震动整个关中。一心想请功的陈奇瑜如梦方醒，吓得胆战心惊。崇祯七年（1634年）十一月，陈奇瑜革职查办，洪承畴继任五省总督，负责山西、陕西、四川、湖广、河南军务。

车箱峡奇迹般的脱险，增强了李自成的威望，使他成为当时知名度很高的农民将领。

崇祯七年（1634年）冬，闯王高迎祥等72营移师河南，这是继崇祯六年"渑池渡"之后，农民军大部队第二次入豫。一路旌旗蔽空，战马嘶鸣，浩浩荡荡，气势恢宏。

消息传到京师，朝中震动。朱由检接受兵部尚书张凤翼等人的建议，紧急调遣各处兵马7.2万人，凑足饷银93万两，交给洪承畴统一指挥、调配，令他火速带兵出关，统领各路抚镇，限令他在六月之内平定局势。洪承畴不敢怠慢，马不停蹄地调兵遣将，从崇祯八年（1635年）正月开始，部署围攻义军。

面对明军的强大攻势，各路义军将领在荥阳召开大会，商讨解围对策。会上，李自成提出的"分兵定所向"的作战方案被大家采纳，随后农民军开始分头行动。

东向的农民军主力一路由张献忠等人率领，一路由闯王及李自成率领，进入安徽——明王朝王室"龙兴"之地。

正月十五日凌晨，农民军在张献忠、扫地王、太平王、闯王及李自成的分头带领下，杀入凤阳城，杀死留守张国相，阵斩知府颜容喧。又冲向皇陵和龙兴寺，放火把这两地烧为灰烬。坟以人显，庙以人贵。冲天的火光似在向天下宣告：农民

军已公开同明王朝决裂,斗争的矛头已指向最高统治者了。

起义军烧毁皇陵的消息传到京城,崇祯帝气得咬牙切齿,更加疯狂地镇压农民军。为此抽调边军,由祖宽率领南下助剿。在皇帝眼里,"外患"远不及"内忧"威胁大,农民军成了他的心腹大患。

洪承畴更是如坐针毡,忙着从各地调遣军队,农民军同明军在秦西展开一系列决战,先后攻克了马川、宁州。消息传到明军大营,总督洪承畴忧心忡忡,不知如何是好。正当他犹豫不定时,骄横无比、气势汹汹的武将曹文诏闯进大帐,请求同西面义军决一死战。洪承畴正愁无人出战,兴奋地拍着曹文诏的肩膀说:"剿灭这股劲敌,非将军莫属。我正愁找不到人前去策应救援。将军请立即出征,我会给你做后援的!"曹文诏得令后,带上3000部卒,直扑宁州。

李自成等听说曹文诏率军前来的消息,个个摩拳擦掌,恨不得一下把这个十恶不赦的刽子手砸成肉饼,为死难的弟兄报仇。但李自成并没因此而大意,而是制订了更为详细周密的作战计划。采取诱敌深入的作战方针,杀得曹军伤亡惨重。自高自大的曹文诏看大势已去,拔刀自刎了。

这场漂亮的围歼,使农民军的士气大为高涨,主将李自成的威名震慑了整个汉中;而明军则士气大落,总督洪承畴闻讯拍案痛哭,后悔不该让曹文诏出战,整个统治阶层也为曹的阵亡而震惊。

自渑池渡之后,高迎祥部是十三家中实力最强的一家,被明政府视为眼中钉,肉中刺,急切想除掉他。五月间,新任陕西巡抚孙传庭到达陕西,和洪承畴分担防务。孙传庭充当了围剿高迎祥部的主力。一场以高迎祥部为主要目标的反动围剿开始了。

七月十五日,高迎祥部向西安进军,和孙传庭在黑峪相遇。当时天下大雨,道路泥泞,义军连日作战,人困马乏,闯王高迎祥又生病,不能指挥作战。明军用火攻把义军逼出山谷,义军失去了地理优势。更为不幸的是,这支久经考验的队伍,在关键时刻出现了叛徒,出卖了高迎祥。这位名声卓著的农民军领袖被明王朝杀害了。

高迎祥的牺牲给农民军以沉重打击,各路义军陷入群龙无首的境地。李自成这位英勇善战的"闯将",从起义的那天起,一直保持着农民本色,待人处世和善、谦逊,在众将领中人缘极好。一次又一次的考验,磨练了他的意志,在战争中学会了战争。因此,被众将领一致推举为"闯王"。得人心者得天下,李自成赢得"闯王"的称号,更赢得了老八队的人心。

崇祯十年(1637年),陕西、宁夏、甘肃、河南、湖广、安徽、四川等处燃起了起义烽火,革命浪潮一浪高过一浪。

面对起义军强大声势,明王朝也加紧了镇压的步伐。崇祯帝朱由检用特旨起用正丁忧(旧称官员遭父母之丧为"丁忧")在家的大总督杨嗣昌任兵部尚书,统领军务,五省总督卢象升任宣大总督,五省总督一职由王家桢代理。杨嗣昌狡

黠多谋,善于揣摩皇帝之意。上任后,提出了"安内方可攘外""攘外必先安内"的策略。

为实现"安内",杨嗣昌详细制定了"四正六隅十面张网"的围剿计划,准备四面出击,调动全部兵力镇压农民军。为了筹备军饷,崇祯帝加重了赋税,本来就不堪重负的农民纷纷破产。为了生存,纷纷加入到起义的洪流中。

杨嗣昌踌躇满志。他认为在人、财、物齐全的情况下,加上这样周密的计划,定能将农民军一网打尽。杨的计划很快就获得了皇上的批准。与此同时,李自成组成九部联军,共17营,数十万人,兵分几路,浩浩荡荡开赴四川。四川巡抚吓得一再向朝廷告急,请求派兵增援。

李自成的九部联军的气势震动了朝廷。杨嗣昌见围剿计划尚未实施而川北防线已被攻破,气得暴跳如雷。旋即把从四川各地调集的六七万川兵布置在成都阆中一线,在东南面阻挡农民军向川东、川南发展,又调延绥总兵王洪、宁夏总兵祖大弼部进驻汉中、徽州等地,准备在联军出川时予以阻截。最后,令曾在陕西战场同李自成打过多年交道的洪承畴火速由陕入川,追踪李自成联军主力,力争将其剿杀在四川。

李自成及联军众将见官军云集四川,只好向北突破,冲出杨嗣昌布下的防线,打回陕西。崇祯十一年(1638年)正月,九部联军在回陕路上,与前来镇压农民军的左光先、曹变蛟部相遇于梓潼,激战两天两夜,九部联军迎战失利,但实力并未受太大损失。梓潼战后,他们改变行进方向,由川入陕,返回根据地。

李自成率九部联军大规模转战四川,进而又顺利返回陕西,逃脱了杨嗣昌在四川的防线。但李自成尚不知道,一个严峻的形势正悄然摆在他面前:陕西虽是根据地,但早被杨嗣昌划入"四正"之中,他们正伺机以待,随时准备截堵义军。李自成及其部下正处在这层层包围之中。更让他始料未及的是,农民军内部已出现了投降的迹象。

张献忠是豫楚15家中实力最强的。刘国能投降后,他的态度暧昧,守城不战,使豫、楚农民军势力大减,给李自成及其联军造成很大压力。李自成面临自起义以来最严峻的考验。

崇祯十一年(1638年)二月,杨嗣昌下达的"三月平贼"的命令已到了最后期限,洪承畴咬住李自成联军不放,一直从四川追到陕西。为分散敌军主力,九部联军分兵四路出击。为补充农民军战马,李自成率高迎恩等二万余人向西进军,过长城、出塞外。洪承畴率左光先、曹变蛟一路尾随。在出塞路上,双方频频发生战斗,李自成的兵马损失极大。

三月初,李自成补充战马突然还师入塞。四月十日夜,李自成与他300人的小部队到达甘肃马坞,稍微休息后又起程。刚走出四五十里,左光先部也到了马坞,李自成处境危急。幸运的是,左光先却命令部队在马坞休整一天后才起程,李自成才得以脱险。

洪承畴听说左光先让李自成逃跑了，气得大骂左光先无能。在洪承畴眼中，李自成比其他将领难对付得多。但这并未引起杨嗣昌等人的注意，他们把注意力投向了人马众多的张献忠。

李自成在马坞侥幸脱险的同时，张献忠接受了明朝的"招抚"，把降明的义军将士名单交给朝廷，以示归降。

继他之后，顺义王罗汝才、混天王等纷纷各向熊文灿投降。一时间，轰轰烈烈的起义进入低潮。

李自成部几乎陷入了孤军奋战的境地。为了打开局面，李自成决定重返河南。洪承畴得此消息，重新制定了围剿方案。他们料定由陕入豫必过潼关，便在潼关附近设下伏兵。当李自成率部下到达潼关时，他们便将义军团团围住，与义军展开血腥厮杀。李自成率部奋起突围，但由于敌军势众，经过几昼夜的血战，数万名义军战士壮烈牺牲。激战中，李自成同妻女失散。他只带刘宗敏、李过等十八骑冲出重围，转移到陕西东部山区。这次失败，是他起义以来受到的最严重的一次挫折。

从崇祯十一年到十三年秋，李自成率领不足千人的队伍，隐姓埋名，以老八队名义，活动在陕西、湖广、四川三省交界的大山里。在艰难的环境中，白天带领战士练兵，晚上读书，总结起义斗争的经验教训，以待重举义旗，实现心中的理想。

当李自成兵败蛰伏深山后，明降暗不降的张献忠、罗汝才部表面上天天吃喝玩乐，暗中却密切注视明军动向，派出坐探打探敌情，杨的密谋很快被他查出，五月初八，张献忠先发制人，在谷城再次举起义旗。得知消息的罗汝才也重举义旗响应张献忠。深山中的李自成听到张、罗起义的消息后欣喜万分，立即带一千人左右的队伍，星夜兼程，赶赴张、罗二部所在的竹山。

七月，左良玉率明军深入房县镇压张、罗，大败而归。张献忠重新起义和左良玉大败的消息传到京城，崇祯帝暴跳如雷，不由分说把五省军务总理熊文灿革职查办，把他最信任的杨嗣昌推上"剿贼"前线，命杨以"礼部兼兵部尚书、东阁大学士"官衔就任督师，并赐尚方宝剑以节制各省兵马，任凭赐剑斩杀，不必上报。

崇祯十二年底，杨嗣昌为集中力量对付张献忠，派冷冰道人姚宗中劝罗汝才部归顺。李自成坚决反对，但并未被罗汝才接纳。于是他率领部下转移到鱼腹山隐蔽起来。李自成的坚定行为，给杨嗣昌留下了深刻的印象，他宣称"闯将李自成在内则不抚"。正如李自成所料，杨嗣昌对罗汝才的招抚，不过是缓兵之计。当围剿张献忠取得成效后，立即对罗汝才部改抚为剿。罗汝才这时才意识到上当了，杀了冷冰道人，与明军激战。几经转战后，同张献忠部会师。九月，二部义军强渡达河，进入四川，彻底摆脱了杨嗣昌的围剿。

当李自成率部北上时，杨嗣昌再三叮嘱陕西抚按，要尽力将李自成剿灭。然而，杨的计划又一次落空，当李自成挫败了他的一次又一次的残酷围剿后，终于

迎来了新的革命高潮。

张献忠、罗汝才重新联合后，由于制定了正确的作战方针，很快将杨嗣昌的主力吸引过去，同时杨将左良玉部队调到东西夹击张、罗联军，这给李自成的突围创造了极为有利的条件。李自成抓住有利战机，进军河南。

河南是明朝的心腹之地，皇亲国戚多封于此，明神宗朱翊钧也把他的爱子福王朱常洵封于洛阳。这些皇亲国戚到处巧取豪夺，福王更是大肆搜刮，河南人民生活在水深火热之中。

起义军一路上杀富济贫、为民除害，深深感动了河南人民。特别是严明的军纪，更是让他们赞不绝口，河南饥民被鼓动起来了。他们把李自成的义军看成是真正的保护者，由衷地欢迎和支持义军。许多年轻人纷纷携带大刀、长矛毅然加入农民军。

从此，"李闯王"的称呼被人们广为接受和传播，李闯王的声威震动全国。各路起事的义军纷纷归附到李自成旗下。短短时间内，李自成部由千人迅速发展到十几万人，而且武器齐全，俨然一支正规军队，李自成率领队伍迅速向河南腹地推进，把各处义军连成一片，形成一股势不可挡的烈火，烧向腐朽的明王朝。

随着斗争形势的高涨，地主阶级内部也开始分化，一些失意的地主阶级知识分子，看到农民军的所作所为，开始相信，跟上李闯王的队伍，一定能实现他们在明政府时不能实现的政治抱负。如牛金星、宋献策等，他们在制定规章制度，建立政权等方面给李自成帮助很大。特别是河南杞县人李信，史学家郭沫若对此人评价很高，"势力的转变固然由于多数饥民的参加，而作风的转变在各种史籍上认为由于一位杞县举人李信的参加"（《甲申三百年祭》）。

李信投奔李自成后，改名李岩，以示与过去决裂。知音相见，惺惺相惜。二人在帐营中通宵达旦地畅谈，共同商讨救国救民之策。在李岩等人的帮助下，李自成在作风上发生了很大变化。

首先明确了"据河洛，取天下"的斗争方向。以河南为根据地，进而扩大范围，推翻明王朝，建立新政权。这对受农民意识、文化素质影响的李自成来说，是以前没有想到过的。可以说在李岩等知识分子的帮助下，更坚定了他做一个解救天下贫困百姓的"好皇帝"的决心。其次，针对河南及全国土地集中，赋税沉重的社会现实，李自成采纳李岩的建议，实施"均田免粮"政策。"均田免粮"的实施，调动了广大农民反封建的积极性，使李自成赢得了更多农民的拥护。

崇祯十三年后，闯王及其军队在作风上发生了很大变化。他们从过去的"开仓济贫""平买平卖"到"均田免粮"。每到一处，都受到贫苦农民的热烈欢迎，老百姓"执香迎导""远近若狂"。

崇祯十三年底，李自成先后攻克宜阳、永宁、新县等，对洛阳形成包围之势。当时，李自成的形势很好。一是张献忠、罗汝才把杨嗣昌的主力牵制在四川、湖广地区，河南明军实力相对较弱；二是李自成已攻克洛阳周围十来个州县，洛阳

陷于孤立之中；三是洛阳城内，人心涣散，军队战斗力不强。

在准确断定形势后，崇祯十四年（1641年）正月十九日，李自成率数十万大军围攻洛阳城。起义军由北门攻城，守城士兵及一些中下级军官毫无斗志，纷纷投降。农民军像潮水般涌进城内，百姓夹道欢呼，到二十一日凌晨，义军控制了洛阳全城。福王朱常洵及其官僚全部被活擒。福王一改往日威风，吓得面如死灰，连求饶命。李自成看着这位庸王，怒斥道："身为亲王，富甲天下，却在大灾之时，趁机剥夺，死有余辜。"命左右打40大板后处死。

李自成攻克洛阳，宣告了明末农民战争新时期的开始。此后不到一月之内，张献忠、罗汝才部又攻克湖北襄阳城，杀死襄王朱翊铭及明官四十余人，取襄阳政府官银15万两赈济饥民。

洛阳、襄阳之战，揭开了中原大战的序幕。杨嗣昌得知二王被杀，自觉愧对皇帝，畏罪自杀，这又一次沉重地打击了崇祯帝。为消灭义军，朱由检任命陕西三边总督丁启睿继任督师、傅宗龙接任陕西三边总督。

崇祯十四、十五年间，李自成、张献忠、罗汝才等互相配合，取得中原战场一系列的胜利。

崇祯十四年二月，李自成率部由洛阳偷袭开封，由于周王朱恭枵据死守城，闯王负伤只好撤围，但攻下了洛阳至开封之间几十个州县。七月，罗汝才因与张献忠有矛盾，便率部投奔李自成，使闯王部一跃成为起义军中实力最强的一支。九月四日，李、罗联军同傅宗龙、杨文岳的部队在项城相遇。六日，李自成用诱敌深入的方式，大败明军。主帅傅宗龙进退无路，只好派人向贺人龙、李国奇求救，而贺李两人逃之夭夭，气得傅宗龙大骂。最后在弹尽粮绝之后被俘，判处死刑。明军关中精锐，尽没于项城。

项城之役，使农民军声威大振。李自成乘胜进攻，连克黄河以南四十多个州县。十二月二十四日，义军再攻开封，虽未成功，却使崇祯帝大为恐慌。

三月，拥有20万人的小袁营义军与李、罗联军会合。四月二十三日，李自成率领百万雄师，第三次攻打开封。

李自成三围开封之后，改变策略，实行包围战，控制通往开封的所有交通要道，断绝城内守军与外面的联系。困兽犹斗，围困之时，朱恭枵等人仍拒绝投降，不顾一切地与人民为敌。九月十五日，派人扒开黄河大堤，滔滔洪水淹没了开封，而他们却乘船逃跑了。

开封被淹，更加深了老百姓对朱明王朝的仇恨。军民努力奋战，终于攻下了开封，扼住了明政府的咽喉。在两三个月内，李自成率百万义军以破竹之势占领了黄河以南五府35个州县，取得了中原大战的全面胜利。

自接受李岩"据河洛，取天下"的建议后，一改过去流动作战的方针，每占领一地，就建立政权，实现"取天下"的第一步。"据河洛"使河南基本控制在农民军手中。

汝宁大捷后,李自成率部乘胜进军,在襄阳百姓支持下,一举攻克襄阳城。随后,为减轻农民负担,发布了《剿兵安民檄》。

这篇慷慨激昂的檄文,痛斥了明朝的黑暗腐朽,为号召楚地百姓积极参加起义起了重要作用。也为在襄阳建立农民政权,做了舆论准备。

崇祯十六年(1643年)二月,李自成在襄阳城中营造房屋,取名倡义府,改襄阳为襄京。建立了第一个农民政权,并在设官建制方面做了初步尝试。同时,选拔人材,开农民政权开科取士之先河。建立政权后,在短时间内,控制了河南、湖北广大地区。

然而,通往成功的路上,往往充满了艰难和曲折,特别是残酷的阶级斗争。就在李自成着手建立政权的同时,内部发生了两件大事:罗汝才被杀,袁时中叛乱。

因为罗汝才自起义后,多次同明军谈判,有时甚至还接受了朝廷的招安。这对深受内奸所害的李自成来说,不免起了疑心。于是设下"鸿门宴",邀请贺一龙、罗汝才等"吃酒"。罗汝才发现其中有诈,借故谢绝。李自成杀掉贺一龙后,前往罗汝才营中杀掉了他。这在义军中引起了混乱,经李自成百般安抚才稳定下来。

两个月后,刚投奔闯王一年的"小袁营"袁时中,真的投降了明军,杀死了许多农民军将士,激起了李自成的极大愤慨,他疾驰袁的驻地,处死袁时中,并收服他的部下,平息了叛乱。

崇祯十六年六月,张献忠部也在武昌城建立政权。听到张献忠建立政权的消息后,李自成非常高兴,立即派人到武昌祝贺。两个政权很快达成协议:为推翻明朝各自要发挥实力,在独立作战的同时互相支援。

八月初一,孙传庭纠集十万明军,气势汹汹地扑向农民军。李自成听到明军出关的消息,为加强河南防务,亲自坐镇河南。根据敌情,制定诱敌深入的作战方针,孙传庭一心想早日剿灭义军,只顾往前冲,向河南进军,沿途攻下了许多城池。九月,打到汝州,钻入了李自成的包围圈,战败自杀未遂,被残兵拥回潼关。明军最后一支主力部队全部被歼,从此明军无力作战,只好坐以待毙。

李自成"据河洛"后,便同众谋士商议"取天下"的计划,经过认真商讨,采用了顾君恩的方案:"先定关中,为元帅桑梓之邦,秦都百二山河""建国立业""然后占领西北三边"。

为实现"取天下",十月初,李自成率部浩浩荡荡向西挺进。初六攻破潼关,怙恶不悛的刽子手孙传庭在激战中阵亡,结束了他罪恶的一生。

崇祯十六年十一月初四,李自成率军回到家乡,祭奠了祖坟,拜访了家乡父老乡亲。命侄儿李过把原来的真武始祖庙改修成行宫,李自成率众弟兄在行宫捧圣楼内拜祭天地。

崇祯十六年年底,李自成率军毫不费力地夺取了陕西三边各个重镇。稳固

了后方,控制了湖北、河南、西北数省的广大地区,建国立业时机已成熟。

崇祯十七年正月初一,李自成在西安建国,正式定国号为大顺,改元永昌。李自成由大元帅改称顺王,造甲申历,定是年为永昌元年,并铸永昌币。

李自成建立大顺国,标志着明末农民战争进入彻底推翻朱明王朝的关键时期。

崇祯十七年(1644 年)正月,李自成开始进攻北京。

严明的纪律、迅速而有效的宣传,使许多城池不攻自破,不少官宦开门迎降,举国上下纷纷归附。

崇祯帝听到李自成进京的消息,心里哀叹大势已去,但还想做垂死挣扎。调吴三桂进京,利用他的精锐部队抵御农民军。他心中很明白,一旦把吴三桂五万精兵调走,山海关以外的土地就拱手交给清军了,但大顺军逼近京城,皇上都做不成了,还管什么江山、百姓。

三月十七日,农民军大部队已来到北京城下,开始了对北京的围攻。开始,农民军试图让崇祯帝投降,以和平方式解放北京。但执迷不悟的崇祯帝还在等待吴三桂前来救驾,刘宗敏大怒,率兵占领外城。朱由检张惶失措,恼羞成怒,在宫中大开杀戒,亲手杀掉了长女安乐公主及幼女昭仁公主。之后带着太监王承恩爬上煤山,举目四望,城外烽火连天,紫禁城内乱成一团,宫娥太监四处乱逃。……崇祯帝这时才深感绝望,明白大势已去,一声长叹之后,吊死在煤山一棵树上。腐朽的明王朝终于走到了尽头。

三月十九日上午,大顺军在北京城的百姓的欢呼声中,迈着胜利的步伐开进城内。

正午时分,李自成在刘宗敏、牛金星等文武百官的陪同下,一身与将士同样的装束,在夹道群众的欢呼声中,由德胜门进入北京城。紫禁城内,李自成以宽容的胸怀,安抚幼小的皇太子及宫中人。两天后,人们在煤山找到崇祯帝的尸体。面对这位亡国之君的遗体,李自成百感交集,派人把他的尸体运到昌平县明十三陵,将他同周后的遗骸葬于思陵。

欢迎"大顺永昌皇帝"的热潮一过,京城上下都在关注着李自成及其新政权的作为。眼下的北京城,经过战火的洗礼,社会秩序动荡不安,人们正常生活尚未恢复,还有大明王朝遗留下来的反动势力……要顺利处理好这一切,是很困难的,但又必须处理好。为此李自成和他的部下不遗余力,采取了一系列有效措施给古老皇城注入生机,社会风气为之一新。

李自成领导的大顺政权,在短期内,稳定了社会秩序,清理了朝廷旧部,健全了地方政权,并着手解决北方军事问题……这些充分显示了新生农民政权的活力与生机。尽管这只不过是历史长河的一瞬间,但其影响是深远的。

大顺军以摧枯拉朽之势,在短期内攻下了北京,使不少将领滋长了骄傲自满和麻痹轻敌思想。其实,当时大顺政权面临的形势也是严峻的。明朝虽被推翻,

江南却还有 50 万明军残余,伺机进攻北京;山海关外,满清贵族觊觎中原大地;那些归顺的明朝将官,并非真心归顺。而这些并未引起李自成及绝大多数将领的重视。他们沉醉在胜利的喜悦中,整日里忙于搜刮赃款,严刑杀人,吃喝享乐。只有李岩头脑清醒,他把大顺政权中的种种弊病上疏李自成,但并未引起李自成的重视。李岩无奈,只好利用自己的职权着手解决一些问题。他经常微服私访体恤民情,在一定程度上缓和了由刘宗敏等将领酷刑迫饷激化了的社会矛盾。但他的所作所为,遭到了众将的嫉妒、仇恨,成为受排挤的对象。

一系列的根本性错误,导致了李自成农民政权在经济、政治、军事等各方面的举措失当,危机四伏。

吴三桂所统宁远边军乃明朝的一支劲旅,但李自成只派一明降将唐通去同吴三桂接触,实在太轻率了。其实,若不是念及老父吴襄、爱妾陈圆圆及众多家属尚留滞京师,恐怕吴三桂不会爽快地归顺。在吴三桂行至京城的路上,听到一位从京城里逃出的家人说,老太爷吴襄被刘宗敏抓到原来田弘遇宅第,遭到严刑拷打,家中银两全被掠走,陈娘娘(陈圆圆)被刘宗敏抢走,至今情况不明。吴三桂一听,暴跳如雷,误以为被李自成骗到北京,然后剥夺军权与家财,他一怒之下,率兵折回山海关,向唐通发动进攻,占领关城。唐通兵败后,带兵驻于关城西北,并向京城告急。

李自成获悉此消息后,大为震惊,立即纠正刘宗敏的错误做法。派人安慰吴襄及其家人,放出陈圆圆,同时召开军事会议,商讨挽救方式及出征问题。在出征问题上,各路将领意见不一,以为山海关地小,不必兴师动众,都不愿带兵出征。李自成只好亲率大军前往山海关平叛。

四月二十三日,李自成、刘宗敏率六万大顺军匆匆赶往山海关。当时吴三桂手下不足五万,仅占山海关一隅,无法同大顺军抗衡。为了保全自己,吴三桂不顾民族大义,想与清军合作,进攻北京。但清廷摄政王多尔衮绝口不提合作,而要他以降清作为清出兵的条件,吴三桂竟然答应了。

四月二十二日,吴军和清兵在山海关一片石夹击大顺军,刘宗敏负伤,败回北京。退回北京后,面对强大的敌军,疏于防备的李自成想不出一个退敌的妙策,只好做出痛苦的选择:退出北京城。

就在李自成满怀沉痛的心情撤离北京四天以后,清军在多尔衮等人率领下,由吴三桂引导,开进北京城。

农民军在军事上的失利,使那些假意归顺的明朝官员大喜过望。他们乘机向农民军发动进攻,纷纷叛乱。尤以那些窃据大顺地方政权重要职务的明朝官僚的反叛,给农民军的打击最沉重。为了平定局势,李岩、李牟兄弟请求前往河南平叛。一向与李氏兄弟有隙的牛金星借此向李自成进谗言,说李岩有谋反之意。可悲的是,李自成信以为真,杀掉李氏兄弟。刘宗敏看到擅杀二员大将,一气之下率部离开李自成前往河南,直到两个月后,李自成对清兵全面反击时,才

回到李自成部下,担任主帅。

元月,李自成与清兵孤军奋战,且战且退,在相对稳定的近半年内,大顺政权采取一些缓和矛盾的措施,努力稳定大顺政权的统治。七月李自成到达平阳后,重新布置兵力,对清军展开全面进攻。

九月,满清贵族在北方的统治日趋稳定,以为征服全国时机已经成熟,便决定大兴兵事,一路向西摧毁大顺政权,一路南下,灭掉南明小朝廷。十月中旬,清军西进受阻,迫使多尔衮改变计划,暂缓对南明王朝用兵,派多铎前往增援先救怀庆,后取潼关,继而与阿济格部夹攻西安。二十日,农民军和多铎部队在潼关20里外摆下战场。二十九日,潼关战役开始,农民军损失极大。直到转年正月,陕西陷落已成定局,李自成才率部向河南转移,

1645年三月,李自成部在河南停留近三个月后,转战湖北。两军先后交战八次,农民军均遭失败。丞相牛金星逃跑,大将刘宗敏、军师宋献策及李自成的二位叔父均遭杀害。李自成不得不率大顺军转头西向。

五月四日,李自成部进入湖北通城县境,途经九宫山时,忽遭地主武装袭击,李自成几经苦战不能突围,不幸壮烈牺牲,年仅39岁。

李自成,这位中华民族历史上杰出的农民革命领袖,把他短暂的一生,都无私奉献给了反对阶级压迫和满清贵族的革命事业。他领导的农民战争席卷了大半个中国,坚持斗争长达15年之久。在中国农民革命斗争史上,第一次提出了"均田免粮"的战斗口号和纲领,反映了广大农民的利益和要求。他为彻底摧毁明末地主阶级的腐朽统治,进行了艰苦卓绝的斗争。他那不畏强暴、敢于反抗、不屈不挠、百折不回、顽强奋斗的可贵品质,在中国历史上写下了最辉煌的一页。

洪秀全

1814年1月11日,广东花县城北不远的福源水,一个普通农民洪镜扬家里,一个男婴呱呱坠地。这便是日后蜚声中外,叱咤风云的太平天国起义"天王"洪秀全。

1819年,洪秀全进了村里的私塾读书,他聪明异常,记忆力很强,而且对学习孜孜以求,成绩优异,塾师把他作为特殊学生加以培养。很快,他的才学受当时业师、家族和村民的交口盛赞,认为他将来获取功名会易如反掌。老父对此幼子也备加宠爱。

1828年,洪秀全因家庭经济不支而被迫中途辍学,在家务农,人们无不为之叹息。第二年,恰好一同窗好友因其文学优良,特邀其外出伴读,一年为期,洪秀全当即应允。自此,他的学业有了更大长进。回家后,洪秀全即被村人聘为村塾

教师。

在任塾师期间,洪秀全热情、踏实地投入到这种启蒙性质的教育中。他对学生要求严格,但从不打骂学生。村人对他的工作深加赞许,十分满意。

在教书的同时,洪秀全还进一步加强了自身的学习。在此期间,他广泛涉猎了古代的许多著作。对于历史、地理、文集、笔记及各种稗官野史、故事传说,他也多有翻阅,具有了较渊博的知识。

1828 年和 1836 年,他两次赴广州应试,均是名落孙山。他心里很不服气,1837 年,第三次赴广州应试。在这次考试期间,他第一次接触到了西方基督教,得到了一套《劝世良言》,这与他日后的革命活动有着密切关系。

度过几年清淡的生活后,洪秀全功名之热念又死灰复燃。1843 年,他第四次赴广州应试仍然落第在家。一次又一次的失败,反倒促成了他一生的转变。在返乡途中,他在舟中吟诗一首:

> 龙潜海角恐惊天,
>
> 暂且偷闲跃在渊。
>
> 等诗风云齐聚会,
>
> 飞腾六合定乾坤。

这是一首政治倾向非常鲜明、战斗性很强的诗。

回到家中,洪秀全怒火中烧,谩骂之声不绝,大叫:等我自己来开科取天下之士吧!从此,便断了科举功名之念,并萌发了反清思想。

洪秀全从《劝世良言》中得到启示,并反其道而用之,把一个侵略的上帝改造成一个革命的上帝,并以这个上帝观念作为发动和组织广大农民参加革命的思想武器。这是洪秀全思想和太平天国运动的一大特色。

洪秀全从《劝世良言》中得到启示后,认为应该亲受洗礼。于是根据《劝世良言》所说,自行灌水于顶上,以示"洗除罪恶,去旧从新"。他最早的行动,就是将家中所供的孔子等牌位除去,以表示独崇上帝之信仰。当时,他的宗教信念只是信赖基督耶稣赎罪,悔过从善,恪守天条,等等。

不久,洪秀全的族弟洪仁玕和表弟冯云山受其影响,受了洗礼。1843 年 7 月的一天,三人同到村外一条叫石角潭的小河中洗净全身。冯云山、洪仁玕都是有志青年,科场屡次失意,与洪秀全有着共同的遭遇和思想基础。冯云山博学多才,是日后与洪秀全同谋反清革命并辅佐其开基的第一功臣。在冯云山、洪仁玕之后,洪秀全的家人,都受感化,一一信服,接受洗礼。

1844 年,洪秀全等一直在积极传教,但他们的思想与行动同传统的世俗格格不入。这年春节,庆祝灯节时,他们以妖魔恶道大违新教而拒绝了族长写吉祥诗文对联的要求。族长大怒,当即训斥了一番,并写了几句诗张贴在村子里,对他们大加非难。

洪秀全、洪仁玕毫不示弱,他们针锋相对,也写了一首"回敬"。

自从这次公开冲突之后,两边的成见越来越深,水火不容。1844年春节后开学那天,洪秀全当着学生的面取下孔子牌位并摔在地下,学生们一哄而散。这件事如同一声惊雷,使许多人大为震惊。洪秀全因此而失业,且遭到村中许多人的围攻。

洪秀全因不能在本乡立足,遂与冯云山、冯瑞嵩等决定"云游天下",外出传教。

1844年4月初,他们一行几人,从花县出发,先后到了广州、顺德、南海等地,但逗留时间较短,收获甚微。因家境贫寒,几人一路十分艰苦。一个多月后,传教活动并未取得什么成效。这时,只有冯云山深知洪秀全的理想和抱负,以及坚强的意志。于是冯云山果断地决定随同洪秀全遍游天下,甘苦同心。在这极为困难时刻,冯云山的肺腑之言使洪秀全在精神上得到莫大慰藉。

洪秀全、冯云山到了广东、广西、湖南交界的瑶族聚居地八排,后来,又到了蔡江。在蔡江,洪、冯两人认真总结了广东传教失败的教训在于广东沿海十分仇视洋人,而且宗教后面隐藏的政治内容,也未在宣传中提及,因此未能号召群众。

洪秀全和冯云山过了贺江,进入广西,又经过半个多月,终于到达了洪秀全外祖父王氏家族所在地广西贵县赐谷村。赐谷村一带村民多是由广东迁来的客家人,言语相通,习俗相近,于是洪、冯开始在此宣教。当地群众把洪秀全等人的传教活动称为"拜会"。拜会是把许多人召集起来,先集体跪拜,然后再听宣传。这种形式以后得到了广泛推行。

冯云山在赐谷村与洪秀全分手后东行,本来要回广东,不料途中巧遇平素所熟识的几名工人,于是他边走边向他们讲道,众人信服。后来,冯云山听从了工人们的劝告来到了桂平县新墟寻找进行革命活动的机会。

1845年2月间,冯云山进入了从新墟往西约40里的紫荆山区。为了生计,冯云山深入到劳动人民中间,一起劳动,一同休息,同这里的劳动群众感情逐渐深厚,在群众中有了很高的威望。1846年,冯云山被大冲村富户曾玉珍聘为专馆席教书。

冯云山真正开始宣传工作,建立拜上帝会组织,是在他到曾家以后开始的。授课之余,云山集中精力从事布道,常于夜间穿山越岭到各村落讲道。山民信服的越来越多,工作得以迅速开展。在此期间,冯云山结识了杨秀清和萧朝贵。

结识杨、萧之后,冯云山深入到烧炭工人中开展活动,进行发动和组织。他们很团结,意志坚定,是拜上帝会的中坚力量。到1847年8月,紫荆山拜上帝会众已达3000多人,并日益增多,成为拜上帝会在广西活动的中心地区。

1844年11月,洪秀全回到广东花县,并取得了村人的谅解,借担任塾师之名,他从事革命理论的创制。

1845年至1847年,洪秀全先后写了文章、诗歌等50多篇。其中能集中体现洪秀全革命思想的有长歌《原道救世歌》、论文《原道醒世训》和《原道觉世训》。

革命家卷

　　1847年春，洪秀全理论著述已经大体完成，便到美国南方浸信会派往广州的罗孝全牧师处听讲教理，研究圣经，借此来获得更多基督教的知识而便利宣传，成就将来的大事业。然而就在罗孝全准备收洪秀全为徒时，洪秀全受奸人中伤，罗孝全误以为洪秀全是贪利之徒而放弃了收徒之念。洪秀全颇感无聊，过了一段时间，告辞而去。

　　洪秀全决意第二次入桂，希望与冯云山聚会而推进革命的大事业。1847年7月21日起洪秀全经过长途跋涉，备历艰危，于8月20日左右抵达赐谷村。当他闻听云山的消息后，喜出望外，稍事休息，便直奔紫荆山。

　　8月27日，洪秀全等抵达紫荆山大冲，两位分别三年之久的故友重逢，当时心情可想而知，尤其让洪秀全意想不到的是，此时的拜上帝会已成为极有系统的组织，基本会员已达3000人以上，创建大业，实现夙志，指日可待，洪秀全感到无限欣慰。

　　另外，使洪秀全感到惊奇的是，在几千名会员中，不论男女老幼，都知道有一位神父是上帝派到人间，和穷苦人站在一起，专门同妖魔鬼怪作对的"洪先生"。原来，冯云山十分敬重洪秀全，认为他无论是气魄、才识、胆略，还是坚毅不拔的革命志向，都无愧于一个杰出领袖所具有的素质。因此，从各方面维护洪秀全的威望，实际上就是造成了一种政治向心力。

　　他们以紫荆山拜上帝会为总会所在地，着手制定有关的章程、制度、纪律以及各种宗教仪式。为扩大影响，他们还赶写了大量通俗宣传品，效果非常好。他们还在各地设立分会组织，出现了空前活跃的局面。

　　为了进一步扩大拜上帝会的影响，发展革命势力，洪秀全、冯云山领导会众到处拆邪神毁偶像。其中影响最大的一次要算捣毁甘王庙神像。

　　为了壮大革命力量，扩大基地，洪秀全再次去贵县发动群众。

　　洪秀全这次在贵县的重点主要是龙山矿区。这里有1000多名银矿工人，生活十分艰苦，具有强烈的反抗性。他这次到龙山，结识了矿山领袖秦日纲，并在此建立起拜上帝会的基层组织。

　　洪秀全在龙山活动期间，还结识了石达开。石达开家里还比较富裕，有不少田地，他自己也兼做生意，但常受当地有权势豪绅的欺凌和压榨。

　　在洪秀全的帮助下，石达开表现出了杰出的组织才能，活动开展得很有声势。他到处树旗招人马，成为这一带拜上帝会的主要领导和负责人。

　　有了秦日纲和石达开的领导，贵县地区的革命力量日益壮大。到1849年，贵县和紫荆山区联成一片。当时，萧朝贵和石达开之间进行频繁接触，积极开展革命斗争。

　　拜上帝会的活动使当地地主阶级非常恐慌，革命势力与反动势力之间公开的政治斗争是不可避免的。

　　最先代表反动势力与拜上帝会为敌的，是地主豪绅王作新，冯云山拆了王作

新父亲倡建的雷庙。王作新气得七窍生烟,要捉冯云山到官府告他谋反。

当冯云山入狱,洪秀全回粤营救之时,紫荆山会众群龙无首,人心不稳。王作新又采取内外夹攻的方法,阴谋瓦解组织,会众祈祷时,忽有人不省人事,全身出汗,装作神灵附体,反对耶稣,引人离道。拜上帝会处境十分困难,处于危急关头。

面对这种情况,杨秀清识穿了敌人的险恶用心,将计就计。1848 年 4 月 6 日,在一次规模较大的拜会时,他第一次宣布天父下凡附体,传言会众,安定了会众的情绪。后来在太平天国颁行的官书《天情道理书》记杨秀清传言之事,肯定了他当时的功绩。

这时,由于杨秀清代天父传言,在紫荆山的会众中取得了极高的威望。因此,对他的传言采取什么态度,已不是杨秀清个人的问题,事关革命大局,不能草率从事。于是冯云山在紫荆山只停留一两天,就急于寻洪秀全商讨大计。

冯云山离开紫荆山不久,又发生了萧朝贵代天兄传言之事。洪秀全回到紫荆山,听说此事,十分惊愕,因此又东返花县与云山聚首商议。

洪、冯二人这次留居家乡期间,充分研究、多次讨论了杨、萧二人传言的问题。他全面考虑后,最后决定:尊奉上帝为天父,耶稣是天兄,洪秀全是天父第二子,冯云山是天父第三子,杨秀清为第四子,萧朝贵是天父第五子。后来又以韦昌辉为天父第六子,石达开为天父第七子。

经过排位次,杨、萧在洪、冯之下,在组织上被洪、冯领导。但矛盾本身并未解决,因为杨萧既是被洪、冯领导,又握有传言大权,这是洪、冯当时忧虑的问题。为了防患于未然,后来洪秀全还把胞妹宣娇嫁给萧朝贵。

从 1849 年秋季起,洪秀全的主要精力投入到了起义的准备工作当中。

1850 年底,集中到金田的会众已达一万多人。会众聚集金田后,按军事编制组织起来。以军为基本单位,首领称军师。军师以下分师帅、旅帅、座长、两司马、伍长、圣兵,一军合计 13156 人。

1850 年,广西天地会运动和农民起义风起云涌,清政府却一无所知。直到京官袁甲三等参劾郑祖琛"欺饰弥缝",举朝震惊,但仍不知有个拜上帝会在图谋革命。

1851 年 1 月 11 日,洪秀全 38 岁生日这天,在广西桂平金田村正式宣布起义,气势磅礴的太平天国农民战争终于爆发了。

起义后,建号太平天国,军队称为太平军。洪秀全非常注意军事纪律,颁布了简明军纪五条:一、遵条命;二、别男行女行;三、秋毫莫犯;四、公心和傩;五、同心合力,不得临阵退缩。这是当时对太平军军纪的原则规定,执行也十分认真、严格。有一首歌谣可以说明这一点:"洪杨到,百姓笑,白发公公放鞭炮,三岁孩童扶马鞍,乡里大歌吹号角。"

1851 年 3 月 23 日,洪秀全在武宣东乡登极称天王。杨秀清为左辅臣将军,

领中军主将;萧朝贵为右弼正军师,领前军主将;冯云山为前导副军师,领后军主将;韦昌辉为后护义副军帅,领右军主将;石达开为左军主将。全军天王统率。

9月25日,太平军采用声东击西之计一举攻克了永安城,歼灭敌人官佐兵勇近千名。永安州是太平天国攻占的第一座城市。

10月1日,洪秀全抵达永安城,受到人们的夹道欢迎。在永安城里,洪秀全、冯云山根据形势的需要,开始了国家体制的建设。

1851年12月17日,天王洪秀全发布封王诏令,封杨秀清为东王,萧朝贵为西王,冯云山为南王,韦昌辉为北王,石达开为翼王,规定自西王以下均受东王节制。接着又封秦日纲为天官正丞相,胡以晄为春官正丞相。这样,中央政权建立起来了。

为了保证革命战争的胜利发展,太平天国刊行了《太平条规》,具体规定了定营行营应遵守的条令,使太平军制度更加完善。

太平军在永安驻扎的半年时间里,清军陆续开到并包围了永安,城中物资也比较缺乏。1852年4月4日,洪秀全发布了突围令,号召"男将女将尽持刀""同心放胆同杀妖"。杨秀清进行了周密部署,并用了空城计。

这一仗,太平军歼敌5000人,四个总兵,一齐丧命。

1852年4月9日,太平军乘胜北攻桂林。久攻不克后遂于5月19日一举攻占全州,并随即北上。当时太平军的中军指挥部以及老弱妇孺、辎重等,均在水路,沿湘江北进。当行抵蓑衣渡时,遭到了清军江忠源部的伏击。1852年6月10日,太平军南王冯云山不幸在伏击中受伤而死。这对太平天国是一个无法弥补的巨大损失。

1852年6月中旬,太平军进入道州城,进行整编,扩充队伍,制造武器。

这期间,经洪秀全批准,以杨秀清、萧朝贵的名义发布了《奉天讨胡檄布四方谕》《奉天诛妖救世安民谕》《救一切上帝子女中国人民谕》等三篇檄文,揭露了清王朝的黑暗统治,号召人民奋起斗争。太平军到处焚烧官府、衙门、粮册、田契和债券,镇压与打击官僚、豪绅、地主,受到广大人民群众的热烈拥护和支持,队伍发展很快。

7月下旬,太平军连克江华、永明、宁远、蓝儿等州县,队伍发展到约10万人,其中有不少挖煤工人加入,正式组成土营。

9月11日,太平军一部抵达长沙。在攻城战中,西王萧朝贵不幸中炮身负重伤,牺牲于军营,这是继冯云山之后太平天国又一次无法弥补的巨大损失。久攻不下,太平军撤围长沙,乘夜甩掉敌人,经宁乡克益阳。

益阳江面的几千只民船户热烈欢迎太平军,纷纷入伍。太平军如虎添翼,横渡洞庭湖直指岳阳。

太平军浩浩荡荡扬帆而至,在几万群众的协助下,湖北巡抚常大淳塞在洞庭湖口的石头船全部被清除。把守岳州的提督博勒武恭见势不妙,连夜逃遁,不知

下落。12月13日,太平军不费一弹便占领了岳州城,缴获了大批武器弹药。当时岳州的5000多民船,船户与纤夫参加了太平军。从此,太平军组成了一支强大的水师,为日后顺长江而下胜利进军奠定了基础。

太平军从岳州水陆两路挺进湖北,12月23日,进抵武昌城下,他仍采用先易后难的战术,对武汉三镇各个击破。24日下午,太平军占领汉阳;29日,又一举攻克汉口。1853年1月12日黎明,一声巨响,武昌门城墙被轰塌二十多丈,太平军呐喊着潮水般涌入,占领了武昌,这是太平军攻占的第一座省城。

1853年2月9日,洪秀全在武昌阅马场鸣炮誓师,沿江东下,进军南京。3月19日凌晨,地道中火药轰然爆响,炸塌城墙;太平军乘势拥入。钦差大臣陆建瀛被击毙。20日,太平军占领南京。

1853年3月29日,天王洪秀全进入南京城,设立天王府,改南京为天京,建为都城。从此与清王对峙十几年之久。

清王朝为了扼杀革命政权,调兵遣将,包围天京。一直尾随太平军而来的钦差大臣向荣率清军1.7万余人,在城东孝陵卫成立"江南大营",另一个钦差琦善率各省马步各军约万人到达扬州,成立"江北大营"。两大营遥相呼应,直接威胁天京。

咸丰帝时刻想吃掉太平军,他命令南北各省在籍官绅举办团练,对抗太平军。曾国藩的湘军就是当时突出的一支军阀武装,这也是中国近代史上第一支军阀武装。1854年3月,湘军水陆两军练成,共1.7万多人。从此,曾国藩和他的湘军,就成为清王朝的重要支柱和太平天国的凶恶敌人。

定都天京后,太平天国为巩固革命政权,发展大好形势,除在天京及其周围战略重镇严密设防外,1853年5月又开始北伐和西征,对清王朝进行大规模的主动出击。

北伐的总目标是直捣清王朝的老巢北京。

1853年5月8日,李开芳、林凤祥率军一万多人从扬州誓师出发,经安徽北上。吉文元、朱锡锟等相继分路率兵北上,与李开芳、林凤祥部于亳州等会合,进入河南。6月,北伐军克复归德,由泛水、巩县间渡过黄河,进围怀庆。

北伐军在怀庆攻城未克,遂于9月1日撤围,从太行山小路挺进山西,折而向东,连克数城,9月29日攻占直隶,河南交界的要隘临洺关,插入清王朝的心脏地带直隶。咸丰下令将直隶总督讷尔经额革职,命胜保为钦差大臣。

10月,北伐军连克沙河、任县赵州等,进占深州,前锋迫近保定,北京震动,咸丰帝已成惊弓之鸟,做好逃往热河行宫之准备。

北伐军正面进军受阻,于是乘虚东进,前锋进逼天津。10月底,北伐军派了一支精兵向天津城发动攻击。当时城内防务空虚,文武官员惶恐万分,在小梢直口决运河水,北伐军受阻。此时追兵陆续赶到天津,北伐军缺衣缺粮,陷入困境。1854年2月初,北伐军主动南撤,3月占据阜城战斗了一个多月,吉文元英勇牺

革命家卷

性。5月初,北伐军冲出重围,据守东光县连镇。李开芳分兵南下接应援兵,却不知援军已败,被困在山东高唐州。从此,北伐军被分隔包围,处境更加困难。

林凤祥率军与敌人血战,坚持到1855年3月连镇失守。突围中林凤祥受伤被俘,在北京遭受"寸磔"的惨刑。李开芳率众在冯官屯突围没有成功,5月31日遇害。北伐就此悲壮地失败了。

与北伐同时,太平军派兵西征。西征的战略目的,在于夺取安庆、九江、武昌这三大军事据点,控制上游,屏障天京,发展在南中国的势力。

西征军在湖北战场取得辉煌战果之后,分兵进入湖南,遇到了曾国藩湘军的顽抗,1854年4月,曾国藩进犯岳州失败,逃回长沙。太平军乘胜追击,攻占靖港和湘潭,准备南北夹击长沙。4月28日,曾国藩为解除长沙北面之威胁,亲率湘军进犯靖港,遭到痛击。湘军水师大败。

此役,湘军损失惨重。曾国藩沮丧至极,投水寻死,被其随从捞起。然而这时太平军在湘潭战斗中失利,伤亡很大。太平军被迫放弃钳制长沙以消灭湘军之计划。

1854年7月,湘军重新出动,攻陷岳州。10月,太平军退出武汉。1855年1月,湘军进逼九江。曾国藩嚣张至极,叫嚷要"肃清江西,直捣金陵"。

面对这种局势,太平天国领导人决定首先集中力量打击西线湘军。1855年1月,以石达开为统帅,率太平军西援,1月底,太平军引诱一部分敌军进入鄱阳湖,然后把湖口卡死,把敌军分为内湖与外江两段,各个歼灭。湘军大败,溃逃到九江。罗大纲率军猛追,夺曾国藩的座船。曾国藩又一次自杀未遂,逃往南昌,太平军乘胜西进,收复武汉。

在江西大捷的同时,太平军乘西征的余威一举攻克江北、江南大营。江苏巡抚吉尔杭阿自杀。向荣率残兵败将逃至丹阳毙命。

太平天国经过三年多激烈的军事斗争,在长江中下游取得了重大胜利,北方的北伐虽然失败,但影响很大。

1856年上半年,太平天国在军事上达到了鼎盛时期。

太平天国仍然是一次农民战争。农民阶级不是新的生产力的代表者,不能建立一个符合社会发展规律的新的社会制度。因而太平天国仍不可避免地带有封建性,而且这种封建性随着形势的发展而越来越浓厚。

定都天京后,天王与诸王都在追求名利地位和享乐生活。当将士们在沙场与清军浴血奋战的时候,天王洪秀全却在动用上万军民,拆毁大批民房。他僻处深宫,严重脱离群众,脱离实际。修东王府也是如此。至于冠履服饰,仪卫舆马等,都极其奢华。天王乘64人抬的大轿,东王乘48人抬的大桥。东王每次出行都役使一千数百人,宛如民间迎神赛会。进入天京后,太平天国领袖们在生活上已严重腐化。

定都天京后,太平天国领导人之间的关系逐渐疏远,各自结成宗派集团,互

相间展开争权夺利的斗争。东王杨秀清居功自傲,独断专横,威风张扬。他上欺天王,下压诸王与其他将领。他建立了庞大的东府集团,负责处理太平天国所有军政要务。他随意杖责和处死太平军将士,甚至连北王、燕王等高级领导人都挨过他的棍杖。杨秀清甚至不把天王放在眼里,多次借假天父下凡"传言",要杖责天王。韦昌辉、秦日纲、石达开等由于受杨秀清的压抑,也对杨大为不满。太平天国领导人之间这种争权夺利的斗争愈演愈烈,终于公开分裂,酿成天京一场大悲剧。

洪、杨矛盾的激化是天京事变的导火线。1856年,杨秀清权势欲恶性膨胀,竟假借天父下凡逼洪秀全封他为"万岁"。洪秀全一面答应于9月杨秀清生日时加封,一面立即下密诏,命韦昌辉、石达开回天京勤王。于是,发生了天京事变。

韦昌辉接到天王密诏后,认为这是个千载难逢的良机,立即率3000余人,于9月1日赶回天京,对东王府发动突然袭击。除东王全家老小外,东王府4000人全部遇难。当时天京城的卫戍部队近3万人,均是杨秀清的部属,立即对韦部进行攻击。韦部死伤甚众,这时,秦日纲从东线率军赶到,与韦昌辉组成联军。双方转入相持状态。

洪、杨之间的矛盾是由于"逼封"而激化的,只牵涉杨秀清个人。但韦昌辉大动杀机,这使洪秀全看出了韦昌辉的险恶用心。洪、韦矛盾转化为主要矛盾。洪秀全降诏,令其受鞭刑。韦昌辉诡诈多端,与秦日纲策划了一个重大阴谋,东王部下5000多人不知有诈,遵命前往观看韦昌辉受刑。他们在被骗放下武器之后,突然遭韦部围攻、屠杀。此后,韦昌辉以更大规模屠杀异己。一时,天京城内腥风血雨,成了恐怖的世界。

9月中旬,石达开从武昌赶回天京,责备韦昌辉不该滥杀。韦昌辉为独揽大权,又要杀石达开。石达开闻讯后,连夜逃走,但他的一家老小全部遇害。韦昌辉得知石达开逃走后,立即派秦日纲率军追击。秦日纲听到天京附从韦昌辉的人越来越少,方知事情不妙,开始醒悟。他率追兵转移目标。去攻打长江南岸的清军,想以此来博得石达开的谅解。

韦昌辉的血腥屠杀与专擅横暴,激起了天京广大军民的公愤。韦昌辉众叛亲离,十分孤立。洪秀全下诏"诛韦",以应将士们的要求。没有经过大规模的战斗,就于11月初杀死了韦昌辉及其心腹,并将其首级解往宁国石达开军营,迎石达开回京辅政。

1856年11月底,石达开回到天京。由于石达开文武双全,又起兵靖难,在太平天国军民中享有较高的威望。在全朝文武的保荐下,洪秀全加封他为"电师通军主将义王",命他提理政务。但是,洪秀全对石达开也深存疑忌,不授实权,并同时起用他自己的两个兄弟来牵制石达开。于是,石达开被迫在1857年5月率部出走,单独行动。一路上,他到处张贴布告,表白自己对太平天国革命事业的一片忠心。他得到许多人的同情,跟随他行动的有太平军精锐部队二十多万

人。这一分裂行动,使太平军的兵力大大分散和削弱。

对石达开的出走,洪秀全后来也意识到自己的过失,曾在1858年多次派人请石达开回朝,但石达开未从大局考虑,没有听从。

石达开率军从安庆出发,屡战不利,引起部分将士不满。1861年,吉庆元等60多名将领率所部万里班师回京,被授予"扶朝天军"的光荣称号。

这时,石达开众叛亲离,准备隐居,但清政府不放过他,到处悬赏捉拿。无奈,他只得重拉队伍。在大渡河边,他陷入清军重围之中,部众7000余人粮尽弹绝。走投无路之下,石达开希望以牺牲自己来解救其部下。但清兵在他放下武器走进清营时,便发起围攻,将他的余部屠杀尽净。石达开本人也被押往成都凌迟处死。他在刑场上神色坦然,表现了英雄气概。

天京事变给太平天国带来了无可挽回的损失。事变之后,高、中级文武官员损失殆尽。在石达开出走大约一年左右的时间里,太平天国始终未能形成一个有效的领导核心,中央政府的工作一片混乱。

天京事变,使广大群众对太平天国革命事业产生了忧虑,对其理论也产生了怀疑。石达开出走和韦昌辉大屠杀也使太平军战斗力大为削弱。

与此同时,清政府重建了江南、江北两大营,天京东南屏蔽也尽失,天京十分危急。在西线,军事形势更加恶化。至1858年5月时,天京上游三大据点仅安庆一处,危在旦夕。

在太平天国革命遭受严重挫折的紧要关头,洪秀全并没有被吓倒,他采取了一系列措施,扭转危局。

针对天京事变后军中无将的情况,天王提拔了陈玉成、李秀成、李世贤、杨辅清等一批青年将领。

1859年,洪仁玕到天京后,天王欣喜异常,备加重用。5月,洪仁玕被封为干王,总理朝政。6月,封陈玉成为英王。12月,封李秀成忠王。这样,太平天国后期的领导核心便形成了。

在军事上,太平军主动出击,扭转战局。8月,在洪秀全的领导下,陈玉成、李秀成等召集各路将领,在安徽枞阳召开了一次著名的军事会议,研究如何打破清军对天京的包围,决定联合作战,先破江北大营。当时这一带的几支清军,以胜保的马队最称剽悍。打垮这支马队,是这次战役胜利的关键,9月25日,陈玉成率部进攻,并将马队诱进预设的刀牌手阵地,专砍马腿。转眼间,敌人阵脚大乱,几千骑兵就被全歼。9月26日,陈、李率部在小店一举击溃了江南大营援军冯子材部。陈玉成正面猛攻都兴阿军,李秀成包抄江北大营后路,两面夹击,一举踏平了江北大营。

继这次战役后,又取得了著名的三河大捷。三河战役的胜利,解除了安徽战场的危机,给曾国藩的湘军以重创,暂时稳定了西部战局。

太平天国在军事上有了转机的时候,洪仁玕根据自己的学识和对太平天国

占领区域情况的了解,提出了一个带有资本主义色彩的改革,建议实施《资政新篇》。

《资政新篇》经洪秀全认真批阅后颁行,但由于当时缺乏一定的历史条件和阶级基础,未能付诸实施。

洪仁玕受命后,面临的形势仍很严重。洪仁玕决定采用"围魏救赵"的策略。

1860 年 1 月,洪仁玕命陈玉成虚攻安庆、庐州一带,掩护李秀成、李世贤大军杀进湖州、杭州,并做好参加天京解围战的准备。

李秀成、李世贤率军进逼浙江引来了数万清兵。两人随即撤出杭州,与陈玉成、李辅清等分兵五路向天京挺进。

5 月 2 日,天京破围战正式打响。各路太平军势如破竹,不仅解除了清军三年来对天京的长围,而且缴获大批武器弹药与存银。

天京解围后,洪秀全批准了洪仁玕提出的先东进、后西上的战略。

1860 年 5 月 15 日,李秀成、李世贤、杨辅清等率大军东征,连克丹阳、常州、无锡。在一个多月的时间里,太平军就攻占了苏南 20 多个州县,便以苏州为首府,建立苏福省。

与此同时,陈玉成率另一支大军由宜兴进入浙江,以摧枯拉朽之势,攻占于潜、临安、余杭等地,逼近杭州。至 12 月,浙江的大部分地区为太平军所有。

江浙根据地的开辟,使太平军在军事上有了很大的回旋余地,而且为太平天国后期提供了大量的人力物力。

但是,当太平军乘胜直指上海时,却遭到了外国侵略军的粗暴干涉。8 月 18 日,李秀成率轻兵 3000 进攻上海城,遭到英、美、法侵略军的扫射,太平军遭到重大伤亡,只得退兵。

1860 年 9 月,太平天国决定第二次西征,会攻武汉以解安庆之围。陈玉成、李秀成两路大军分别西上。陈玉成沿长江北岸,由皖北进入湖北;李秀成从长江南岸经江西进入湖北。约定 1861 年 4 月于武汉会师。

1861 年,陈玉成攻下离武汉只有 150 里的黄州,但尚未听到李秀成南路军的消息。李秀成留部将赖文光驻守黄州,自己率军于 4 月下旬回皖,谋解安庆之围。

李秀成留恋江浙,对西征战略计划消极对抗,迟迟不发兵。发兵后,又多处招兵买马,以致到达武汉前沿时,已贻误会师日期两个月。这时李秀成所部已发展到 50 万人,若与赖文光合击武汉,必可取胜,但他不顾战略全局,撤兵下取浙江。安庆从此孤立难守。

陈玉成由鄂挥师赶回皖北,立即投入保卫安庆的战斗。但多次进攻,均未解围。1861 年 9 月 5 日,清军轰塌西门城墙,叶芸来及 1.6 万太平军全部壮烈牺牲。安庆失守后,形势急转直下,太平天国处于危殆的局面。

安庆失守后,陈玉成和洪仁玕遭到革职处分,陈玉成退守庐州,仍积极整饬

军务,积蓄力量,准备向北方发展,以便将来重振皖北战局。1862年2月,陈玉成在庐州被清军包围。多次反围攻没有奏效,陈玉成率部向北突围,与在寿州的苗沛霖联系。陈玉成并不知晓苗沛霖已经投向清兵,被苗沛霖诱捕,在敌人面前,陈玉成大义凛然,厉声喝道:"大丈夫死则死耳,何饶舌也!"1862年6月4日,在押往北京的途中,陈玉成被杀害,年仅26岁。陈玉成的牺牲,是后期太平天国的重大损失。

1861年11月,清王朝宫廷内部发生了一次政变。叶赫那拉氏慈禧太后和纽祜禄氏慈安太后一起"垂帘听政",而实权在慈禧太后手中。从此,开始了她近半个世纪的黑暗统治。这就是有名的"辛酉政变"。

辛酉政变后,清政府求助于外国军队来镇压太平天国。1862年2月宣布对东南地方官"借师助剿""不为遥制",并表示对洋兵"必须酬谢",于是,以"辛酉政变"为契机,中外反动势力公开结合起来了。

慈禧太后等清朝最高统治者,对外依靠侵略者的帮助,对内则注意调整与曾国藩集团的关系。因为曾国藩掌握着唯一能对抗太平军的军事力量。1861年11月,任命曾统辖江、浙、皖、赣四省军务,两月后除钦差头衔外,又加太子少保衔,授协办大学士。曾国藩及其亲信左宗棠、李鸿章等人,都是"借师助剿"的积极拥护者。他们成为联合军队"会剿"太平军的主持人。

1862年初,曾国藩部署分三路向太平天国进犯:一路以其弟曾国荃率湘军从安庆沿江而下,一路以李鸿章淮军开赴上海,以上海为基地配合外国干涉军夺取苏南;一路以左宗棠率湘军一部联合外国侵略军,专任浙江军事。

1862年1月,李秀成派慕王谭绍光等兵分五路,由苏杭进攻上海。当前锋直逼吴淞,法军悍然向太平军开炮阻击。2月,中外反动势力在上海成立"中外会防公所"。华尔的"洋枪队"改称"常胜军",扩编至5000人。

2月,华尔向浦东一带的高桥太平军阵地进攻。太平军打伤了"常胜军"副统领齐文,但自己也在炽热炮火下受到损失。

4月,英、法、俄与"常胜军"组成的侵略联军会同清军,向沪西的太平军进攻。太平军虽在七宝等几处阵地失利,但在罗家港一役中狠揍侵略者。司令官何伯被打伤。

5月17日,英、法侵略军和华尔的"常胜军",配合李鸿章的"淮军",进犯奉贤南桥镇,太平军与敌人展开了肉搏。法国海军司令卜罗德被击毙。经过反复争夺,侵略军付出重大的代价才攻下南桥镇。

李秀成在苏州闻讯侵略军的猖狂,即率精锐开赴前线。从5月中旬开始,太平军大举反攻。太仓一战,歼敌5000人,缴获大批洋枪洋炮。六月初,在青浦,活捉"常胜军"第二号头目法尔思德,收复县城。正当李秀成指日可攻下上海时,湘军围攻天京甚急。在洪秀全的严令下,李秀成率师回援,第三次进攻上海功败垂成。

自太平军主力撤出上海后,中外反革命武装做了一番调整。淮军得到洋枪炮的武装,人数也大加扩充。从1863年起,李鸿章统一指挥淮军与"常胜军",从上海向西进犯。

1863年1月,常熟守将骆国忠叛变投敌,献出城池。9月,敌人包围苏州。在谭绍光指挥下,太平军将敌人打得惨败。但是,在敌人的诱降下,郜永宽等叛徒刺杀了谭绍光,献城投降。苏州太平军两万多人惨遭屠杀。

1864年3月21日,"常胜军"进攻金坛,遭到反击,伤痕累累。"常胜军"继任统领戈登受伤,几乎毙命。

太平军在1864年4月的常州保卫战中,更英勇悲壮。太平军在护王陈坤书率领下抗击十倍以上的敌军。5月,淮军、"常胜军"倾巢出动,才攻破了常州城。城破后,太平军与敌展开巷战,直至最后一人。

常州陷落后,苏南战场最后瓦解。

1862年4月,英国侵略者为配合左宗棠的湘军对浙江的进犯,蛮横地威胁驻宁波的太平军。5月10日,清军水师伙同英法炮击宁波城。太平军奋勇抵抗,激战5小时,击毙法国舰队司令耿尼,打伤英舰长克拉基和郝斯汉。直至戴王黄呈忠、首王范汝增受重伤后,太平军才被迫撤退。

1862年9月的慈溪战役中,太平军击毙了"常胜军"头目华尔,侵略者大为沮丧。

1863年1、2月间,太平军在绍兴屡败反革命中法混合军"常捷军"的统领勒伯勒东,继任统领塔提夫也丧了命。

1864年3月,左宗棠勾结德克碑的"常捷军"攻陷了杭州。太平军向湖州转移。至此,除湖州等少数据点外,浙江被中外反动军队夺去。

此后,太平天国处境更加危急。

1862年9月中旬,李秀成率13王统兵20万人,从苏州分两路向曾国荃大营逼进。当时包围天京的湘军人数不足10万,又值瘟疫流行,从兵力上大大不及太平军。于是曾国藩下令"缩营自保",凭借深沟高垒,坚守顽抗。太平军与敌人恶战46天,始终未能击破湘军的营垒。

这次战役,由于时间仓促,太平军缺乏必要的准备,面临严重的困难。20万大军缺少粮食,又值严冬将至,无棉衣御寒。洪秀全深居宫中,不了解外情,处事急躁、主观。滥封王爵造成的分散主义恶果在这次战役中也明显地表现出来,削弱了战斗力。

久战不胜,李秀成退兵,洪秀全命他渡江北征。太平军进入安徽后,因各种原因,直到1863年6月才逐渐稳定下来。

1864年春,湘军攻陷天保城,逼近太平门与神策门。这时城内粮食即将告罄。李秀成本想将老弱放出城,但又不敢直言奏请天王批准,天王降诏说:"合城俱食甜露,可以养生。"甜露即野菜,天王自己带头吃,不久就病倒了。1864年6

月 3 日,天王病逝,享年 51 岁。此后,天京城危在旦夕。

洪秀全逝世之后,1864 年 7 月初,地保城失守,7 月 19 日,天京城最后陷落。10 月上旬幼天王和洪仁玕等在石城被俘,幼天王殉国,时年 16 岁。

李秀成在混战中与幼主失散,不幸被歹人发现,被俘。李秀成在他写的《自述》中总结了太平天国的经验教训,留下了许多宝贵的史料。但其中的"收齐十要"却向敌人建议收降大江南北的太平军余部,留下了他一生最大的污点。

天京陷落,标志着太平天国失败。但大江南北尚有数十万太平军余部,仍然与敌人进行着英勇的战斗,一直到 19 世纪 60 年代末期。

由洪秀全酝酿、发动与领导的震惊中外的太平天国农民战争,限于当时的历史条件,没有先进阶级的领导,因而悲壮地失败了。但是,它以疾风暴雨之势,雷霆万钧之力,纵横驰骋 18 个省,先后攻克 600 余座城市,建立了与清王朝对峙达 14 年之久的政权,沉重打击了中国封建统治者和外国资本主义侵略者,在中华民族的历史上写下了光辉的不朽的一页。作为中华民族优秀儿女的代表,洪秀全的名字在史册上熠熠闪光。

孙中山

孙中山(1866—1925 年),名文,字逸仙,中国近代资产阶级民主革命家,伟大的革命先行者,中华民国的创始人。

孙中山是广东香山县(今中山县)人。1866 年 11 月 12 日(清同治五年十月初六),出生于香山县翠亨村一个贫苦的农民家庭。孙中山幼年时,家境非常穷困,全家 6 口人住在村边一间简陋的泥砖屋里。他没有鞋子穿,经常赤脚走路;平日很难吃上米饭,以番薯为主要食粮。到孙中山 3 岁那年,15 岁的哥哥孙眉到邻村一程姓家里当长工。后来由于受不了东家的欺压,17 岁时又远渡重洋,跑到遥远的檀香山另谋生计。他开始在一家菜园里当工人,不久转到一个农牧场做雇工,后来开垦荒地,经营畜牧业,在 19 世纪 70 年代后逐渐发展成为一个华侨资本家。

1879 年 6 月,13 岁的孙中山随母亲一道出洋,远航到檀香山他哥哥那里。

从 1879 年至 1892 年,孙中山接受西方资本主义教育,共 13 年。这期间,虽然处于在黑暗中探索,然而作为一个积极向西方学习,探索救国真理的青年,他却学到了不少自然科学知识,也接触了资产阶级一些社会政治学说,加上当时国内外人民反帝反封建斗争的生动事实所给他的积极影响,这对于孙中山的资产阶级民主革命思想的形成起了重要作用。这些资产阶级革命的天赋人权理论,以及资产阶级的政治制度深刻地影响着孙中山以后的革命生涯。

1892 年 7 月,26 岁的孙中山以最优异的成绩结束了他的学习生活。是年秋至第二年春,他先后在澳门和广州两地,开设中西药局和东西药局,开业行医,打算用听诊器和手术刀来造福人民。

但是,当时帝国主义对中国的侵略有增无已,清朝政府的黑暗统治日甚一日,国土沦丧和哀鸿遍野的情景,使他不安于做一个普通的医生,而是日益关心国家民族的安危。他上书清政府里掌握军、政、外交大权的直隶总督兼北洋通商大臣李鸿章,希望能推行自己改革时政的主张。1894 年 1 至 2 月间,孙中山特地跑回家乡翠亨村,闭门埋头十多天,奋笔疾书,草拟了 8000 余字的《上李鸿章书》。

李鸿章借口军务繁忙,对上书未加理睬,拒绝接见他们,对信中的主张也不予采纳。

孙中山试图通过上书请愿来促使清政府奋起的活动失败了。于是,他毅然转向了用武力推翻清政府的民主革命道路。

1894 年 7 月,甲午中日战争爆发。在这次战争中,中国的一些爱国官兵英勇作战,宁死不屈。但清政府腐败无能,不敢坚决抵抗,使战争遭到惨重失败,引起全国震动,人民激愤。孙中山再一次深切感到只有武力才是解救中国危机的唯一出路。

1894 年秋,孙中山怀着革命的远大抱负,再度赴檀香山,联络华侨,宣传革命思想,进行组织革命的活动,为策动反清革命做准备。

同年 11 月 24 日,孙中山在此创设了兴中会,规定以“振兴中华,维持国体”为宗旨,有二十多名关怀祖国命运的人举起右手跟他他向天宣誓,参加组织。在入会誓词中,明确提出了“驱除鞑虏,恢复中华,创立合众政府”的革命主张。第一次向中国人民提出推翻帝国主义走狗清朝政府,建立一个以美利坚合众国为模式的民主共和政体的理想。这是中国历史上第一个资产阶级民主革命纲领,是孙中山的民族主义和民权主义思想的初步萌芽。

随后,孙中山又到广州建立兴中会组织,先后加入者达数百人。不久,他就同大家商议发动起义,筹划袭取广州。正在这个时候,清政府于 1895 年 4 月与日本签定了割地赔偿的《马关条约》,日本侵占了台湾和澎湖列岛,勒索了 2 亿多两白银的赔偿;还允许日本资本家直接来中国开办工厂。全国人民闻讯,无不痛心疾首,义愤填膺。

为发动起义,孙中山辛勤奔走,在广州设立“农学会”作为掩护起义的机关,又在香港同兴中会领导成员多次开会,议论起义计划和起义后的具体政策。孙中山亲自担任军务,并率陆皓东等在广州主持起义事宜,命杨衢云、黄咏商等留香港负责后勤工作。经过几个月的积极活动,他们购买了 600 支新式手枪,联络和组织好了队伍,并规定了参加起义者用红布缠臂做标志,以“除暴安民”为口号。但由于谋事不密,加上有人告密,事先被清政府察觉,结果,这次起义尚未正

式发动就被查获破坏了。这是孙中山领导的第一次武装起义,起义虽遭失败,但烈士们的鲜血却为中国近代的民主革命史谱写下了壮烈的首页,清王朝的丧钟因此而敲响,革命先行者孙中山也开始为人所注目。

广州起义失败后,孙中山被迫东渡日本,孙中山到日本后,联络华侨,在1895年11月组建了兴中会横滨分会。不久他又前往欧洲,在伦敦住了一年多时间。

在伦敦,他四处探索革命道路,他的社会经济观点——民生主义,就是在这时开始形成的。

由于当时欧洲没有中国留学生,华侨也少,因此孙中山不愿久留远离祖国的欧洲,旷废时日。于是他就在1897年8月离开伦敦,经加拿大重到日本,就近谋划中国的革命。

从1896年到1900年间,英、美、俄、德等帝国主义掀起瓜分中国的狂潮,中华民族陷入了日益严重的危机。孙中山面对着祖国灾难的日益深重,决定再举义旗。

同一年夏季,当北方义和团运动全面展开,帝国主义八国联军攻陷北京,祖国存亡已处在关键时刻,孙中山认为再次发动武装起义的时机已到,便决定加紧策划起义,以挽危局。10月15日,郑士良等奉孙中山之命,率领三合会的人员600人,发动了惠州起义。

但在清军优势兵力围攻下,弹尽援绝,被迫解散,惠州起义失败。这之后,孙中山化名"吴仲",于1900年11月离开台湾,流亡海外。从1901年到1904年,他远涉重洋为革命四处奔走。

当时,继兴中会之后,国内各地陆续涌现出一些资产阶级、小资产阶级革命团体。其中比较突出的有1904年2月黄兴、宋教仁等领导的以两湖留日学生为中心的"华兴会";7月湖北知识青年曹亚伯、刘静庵等在武昌成立的科学补习所;冬季蔡元培、章炳麟等领导的以江浙一带知识分子为主的"光复会";1905年上半年湖北创立的"日知会"等。

1905年7月30日,在东京召开的组建统一政党筹备会上,成员们确定这个革命政党的名称为"中国同盟会",通过了孙中山提出的"驱除鞑虏,恢复中华,创立民国,平均地权"16个字的政治纲领,把它作为同盟会的宗旨。最后,孙中山领导大家进行加盟宣誓仪式,加盟书明确规定入会的人必须为实现上述16字宗旨而奋斗到底。

同盟会是中国近代史上第一个政党组织,它的成立标志着资产阶级民主革命的广泛联合,使全国革命从此有了一个领导核心,开始了一个"新纪元",从而使中国民主革命向前跨进了一大步,促进了全国革命高潮的到来。正像后来孙中山所说:"从此中国革命风潮一日千丈,其进步之速,有出人意表者矣。"

1905年11月,孙中山在《民报》发刊词中,对他的16字纲领做了进一步归

纳概括,首次公开提出了民族、民权、民生三民主义的革命号召,鲜明地举起了三民主义的旗帜。

革命运动的前进不是一帆风顺的。保皇派就是革命前进道路上的一个大拦路虎,孙中山不得不与保皇党徒发生激烈的斗争和交锋。

以康有为、梁启超为代表的保皇派,原是19世纪末年的维新派。戊戌变法失败后,在20世纪初,他们仍念念不忘他们的"圣上",站在历史潮流的对立面,坚持改良主义道路,维护卖国的清王朝,反对暴力革命,日益成为民主革命潮流荡涤的对象。

面对这股时代逆流,孙中山高举民主革命的旗帜,坚决地和保皇派开展了一场激烈的大论战。

这次论战的内容,涉及的范围很广,归纳起来,主要是环绕着三个方面。是"保皇"还是"革命"? 是维护清政府,行君主立宪,还是打倒它,新创民主共和国? 是维护还是改变封建土地所有制? 在这一系列问题上,革命派和保皇派都是针锋相对的。孙中山和革命派对问题的回答是明确的,同盟会的16字纲领就是具体答案。

孙中山领导革命派对保皇派进行的这一场政治大搏斗的论战,广泛地传播了革命民主主义,有力地促进了民主革命的高潮的到来。

1911年5月以后,粤汉、川汉铁路沿线各省,特别是四川省,又爆发了反对清政府拍卖铁路主权给帝国主义的大规模的保路风潮,进一步敲响了清王朝的丧钟。

1911年10月10日,震撼中外的武昌起义(时是我国旧历辛亥年,所以又叫辛亥革命)爆发了。武昌起义爆发的时候,孙中山正在美国的科罗拉多州辛劳地宣传革命,筹集资金。10月12日,他在丹佛城看到革命军占领武昌的新闻,喜慰异常,本想由太平洋回国,亲自指挥革命战争,"以快生平之志",但他考虑到革命党即将碰到的外交、财政方面的困难,尤其担心帝国主义的干涉,当时的主要工作不在"疆场之上",而在"樽俎之间",应该周旋于各国办理外交,以断绝清政府的外援。所以,他要黄兴赶赴汉口主持军事,自己则暂留国外,致力于外交活动。孙中山先从美国跑到英国,又从英国跑到法国,积极奔走活动。呼吁各国政府、金融界支持革命政府,争取他们的同情和帮助,而不要再同清廷发生关系。

11月25日,孙中山在经历了16年的海外生活和艰苦斗争之后,回到祖国,到达了上海。

孙中山从遥远的海外归来,使资产阶级革命派的声势大振,围绕总统人选问题展开的纷争戛然停息。许多团体都纷纷致电南京各省代表团,要求选举孙中山为大总统,"以救国民",表示这是"兆众一志,全体欢迎"。同盟会上层领导人黄兴等,更是一致同意由孙中山任总统。12月29日,独立的17省代表会议在南京召开,筹组中央临时政府,孙中山以绝对多数票当选为中国第一任临时大

总统。

1912年元旦，孙中山在到处张灯结彩和"共和万岁"的欢呼声中，由上海到了南京，并于晚10时在一个陈设简陋的新总统府里庄严宣誓就任大总统职。孙中山在就职誓词中，表示要为"倾覆满州专制政府，巩固中华民国，图谋民生幸福"而奋斗，并表示"专制政府既倒，国内无变乱，民国卓立于世界，为列邦所共认，斯时文当解临时总统之职"。当时，发布了《临时大总统宣言书》，宣布中华民国成立。接着，通电各省废除阴历，改用阳历，并以临时大总统就职的1月1日作为民国建元的开始。

1月3日，在南京成立了中华民国临时政府，是中国历史上第一个资产阶级共和国政府。它的成立是孙中山领导人民多年奋斗的结果，是中国近代史上具有重大意义的历史事件。同年2月12日，清朝皇帝溥仪在全国革命的怒涛中，被迫下诏退位。专制、卖国的清帝国，终于被推翻，自秦始皇以来绵延2133年的君主制度也就最后结束了。从此，打开了民主共和的大门，在世界的东方升起了第一面民主共和国的旗帜。古老的中国开始了历史的新纪元。

在世界东方诞生了崭新的共和国，和深受人民爱戴和敬仰的好总统，很自然地要遭到内外敌人的仇视和反对。在帝国主义的大力扶持下，大卖国贼袁世凯夺取了辛亥革命的胜利果实。1912年4月1日，孙中山被迫辞去临时大总统职务，将政权交给了反动的封建买办势力的代表袁世凯。南京临时政府不幸夭折。

孙中山辞去临时大总统职务后，并没有意识到自己的失败，相反，还认为他所领导的革命已经取得了很大的胜利。

孙中山在解职后的第三天，即4月3日，就兴致勃勃地周游各省，进行有关民生主义的宣传活动。同时，他号召军民团结，万众一心，建设新民国，使人民解除痛苦，得到幸福。

同年4月中旬，孙中山在武昌各界民众露天大会的讲演中，还建议建造长江大桥或凿通隧道，使武汉三镇连成一片。他越来越认为，振兴中国的唯一出路是发展实业，而由于"交通是实业之母，铁路又为交通之母"。因此他决定首先就要抓交通建设，特别是要从修筑铁路入手，来实现社会革命的愿望。

随后，孙中山担任了铁道协会会长，还接受了袁世凯授给的督办全国铁路的任命。他表示要在10年之中，修筑铁路20万里，"使中国全境，四通八达"，成为世界上一等强国，不再受帝国主义的欺侮和宰割。

此外，孙中山还主张发展作为工业主干的钢铁业和制造业。为了促进经济建设，他提倡多办学校，培养大量的人才。为了学习外国的建设经验，他在1913年初又亲赴日本考察工业建设情况，并拟争取日本在经济和技术上给予支持和帮助。他还想依靠西方国家的投资，发展实业，振兴中国。为此，又在上海与英国宝林公司签订了广州至重庆铁路的借款合同。

孙中山致力于国家建设的这些活动，反映了他为祖国富强而斗争的强烈愿

望。但由于他对社会政治现实缺乏正确的认识，当政权掌握在反动的袁世凯手中的时期，他放弃政治，专心致志地从事建设事业的善良愿望，不可能得到任何支持，更不可能实现，其结果只能是事与愿违。可是，孙中山的这些努力，也在一定程度上推动了当时实业的兴办。辛亥革命后中国一度涌现的兴办实业的热潮，是与孙中山的积极提倡和支持分不开的。

孙中山一心为建设国家着想，舍弃了党派利益，不大过问同盟会的活动。掌握南方革命军军权的黄兴也认为南北既已统一，没有必要再保留大批军队，便于同年6月自动撤消自己担任的南京留守职务，强行遣散南京临时政府的军队，表示诚心拥护袁世凯。与此同时，以宋教仁为首的部分同盟会会员热衷于实现政党政治和责任内阁，借以钳制袁世凯，在中国实现资产阶级民主政治。为此，他们征得党魁、也是政党政治赞同者孙中山和黄兴的同意，以原同盟会为主干，联合统一共和党、国民公党等几个中间党派，在北京组建成一个能左右当时政局的大政党，即国民党。这个新建的国民党，将同盟会党纲中的革命部分放弃殆尽，并且滥收党员，把许多投机政客、封建官僚以及向来与革命为敌的立宪派分子拉进国民党，从而失去同盟会的战斗作用。

袁世凯窃国以后，就进一步投靠帝国主义，打击革命力量，实行个人独裁，加强反动官僚机构，制定反动法令，把革命党人从政府里排挤掉。1913年3月，他指使特务在上海车站刺杀了国民党代理理事长宋教仁，这就是轰动当时的"宋案"。接着，他又向英、法、德、日、俄五国银行团签订了2500万英磅的"善后"大借款，以扩充反动军队，准备对国民党用兵。这样，袁世凯这个大阴谋家、大卖国贼的狰狞面目就彻底暴露了。

宋教仁的被害，激起了全国人民的无比愤慨，也促使很多革命党人从"议会政治"或"实业救国"的幻梦中惊醒过来。孙中山则是最早破除幻想中的一人。当时孙中山正在日本考察访问，闻讯大惊，立即赶回上海，及时召集国民党的一些骨干开会，商讨对策。那时袁世凯实即"宋案"主犯的真相已经大白于天下，孙中山从这个血的教训中"始翻然悟彼奸人，非恒情可测"，认为"非去袁不可"，断然主张立即兴师讨伐。他提出用先发制人的办法，组织南方各省的讨袁军，共同讨贼。但是，黄兴和大部分与会者则对武装讨袁缺乏信心，坚持要通过法律程序，主张"法律解决"；还有一些人软弱退让，迟疑不决。

这样，在帝国主义和北洋军的猖狂进攻下，"二次革命"不到两个月就完全失败了。

"二次革命"失败后，孙中山被迫再一次逃亡日本。同年11月，袁世凯悍然下令解散国民党、革命党，使他们在国内已无法进行合法活动，一时无力再举义旗。战败亡命的革命党人，多避居日本东京，处境十分困窘，反袁惨败给他们心理上罩上了一层厚厚的阴云。

孙中山为了夺取胜利，又开始了新的艰苦的斗争历程。他对"二次革命"的

革命家卷

中华名人百传

失败进行了反思和总结。鉴于国民党的复杂、涣散、没有战斗力，孙中山召集流亡东京的部分革命党人，交流经验、检讨得失。他认为，继续开展革命的首要一着，就是要建立一个比国民党纯洁的、有信仰、有纪律的新党，而后才能重振旗鼓进行革命。经过半年多的积极筹划，建立新党的工作基本完成。1914 年 7 月，他另行组成的中华革命党在东京成立，并被选为总理。

中华革命党组成后，孙中山着重抓武装斗争的工作，要用武力打倒袁世凯。他们一次接连一次地点燃起反袁的烽火，不折不挠地进行坚决的艰苦奋斗，到 1915 年 10 月以后，反袁的武装斗争更进入高潮，他们起到了当时反袁斗争的先锋作用，唤醒了人们为冲破袁世凯黑暗专制统治而起来斗争。不过，在这些反袁的实际行动中，也只是由少数人物先进行军事冒险，没有发动广大人民群众参加，没有什么大的成效，所组织的一些小规模的反袁武装斗争，都接二连三地相继失败了。

来之不易的辛亥革命的果实，竟落入专权卖国的袁世凯这个奸人的手中，中华革命党所组织的反袁武装斗争，又相继惨遭失败，使流亡日本的孙中山深受打击，备尝艰辛，再度陷入危难逆境之中。一种很少有过的孤独感，像阴云一样笼罩在他的心头。正处在这非常危难和孤独的时刻，一位年轻美貌又聪慧绝人的姑娘走进了孙中山的生活。她就是中国 20 世纪的伟大女性宋庆龄。

孙中山在与宋庆龄结婚后，他便更紧张地投入到了反对袁世凯复辟的斗争当中。

1915 年 12 月，袁世凯公然宣布恢复君主制度，自称为"皇帝"，还恬不知耻地说什么"民之所欲，天必从之"。接着，他便在中南海居仁堂接受文武百官的朝贺，大封群臣，并把"中华民国"的空招牌一脚踢开，公然改称"中华帝国"。

但是，历史的潮流是不可抗拒的。凡属倒退行为，结果都和主持者原来的愿望相反。当袁世凯和他的爪牙们，正在忙着筹备"登基"大典的时候，愤怒的全国国民讨袁浪潮也兴起了。孙中山先后发表了《讨袁宣言》和《第二次讨袁宣言》等，痛斥袁世凯"背弃前盟、暴行帝制"，号召全国人民起来进行反袁斗争，粉碎复辟帝制。他领导的中华革命党在各地部署起义，坚决地讨伐袁世凯。

"无可奈何花落去"，仅做了 83 天皇帝，袁世凯就在全国的讨袁声中被迫取消帝制；接着又在众叛亲离、楚歌四起的亿万人民唾骂声中，于 1916 年 6 月结束了他可耻的一生，孙中山"誓殄元凶"的志愿终于实现了。

袁世凯死后，帝国主义又各自支持一部分军阀充当自己的代言人，中国出现了极端混乱的局面。北洋系统的军阀分裂成皖系、直系、奉系等许多派系，同时，各省、各地区涌现出大大小小的地方军，分别投靠不同的帝国主义国家，各霸一方，互相我争你夺，"中华民国"被搞得乌七八糟。因此，捍卫共和国的斗争并没有结束。

先是美帝国主义支持非北洋派出身的黎元洪继任总统，由日本帝国主义的

走狗、皖系军阀段祺瑞充当国务总理,掌握北京政府的实权。

为了捍卫共和民主,孙中山发起了"护法"斗争,但由于孙中山自己没有武装力量,于是打算借助西南军阀的实力,来进行武装斗争,以保卫民主政治。然而,西南军阀起来反段斗争的目的不是为了共和,而是扩展自己的实力范围,他们企图借助孙中山作为沽名钓誉的招牌,借以扩大声势。所以,他们根本不支持军政府,不但不支持孙中山的革命主张,反而和北方军阀妥协。在军阀的相互勾结中,孙中山领导的第一次护法运动失败,护法运动的失败,使孙中山感到非常悲愤和痛苦。他看到辛亥革命以后,只是"去一满洲专制,转生出无数强盗之专制,其为毒之烈,较前尤甚。于是民愈不聊生矣"!

1918年6月孙中山离粤回到上海时,"护法"军政府在桂系军阀把持下,虽已无护法之实,但广东这块地方却被他们盘踞着。孙中山一心要在中国建立民主政治,为了继续"护法"反对北洋军阀的罪恶统治,便决定首先摧垮桂系军阀,夺取和巩固广东这块民主革命的根据地,进而完成民主革命事业。这一次,孙中山把打倒桂系的希望寄托在他亲手培植起来的"援闽"粤军身上。这支有2万多人的军队的总司令陈炯明,也是他任命的。孙中山期望这支军队能打开一个局面,为他撑腰争气。

1920年10月,在孙中山的督促下,陈炯明率领的粤军攻克广州,驱逐了盘踞广东的桂系军阀陆荣廷等。同年11月,孙中山在广东等军民的欢迎声中重返广州主持政局。孙中山这时已认识到光举"护法"旗帜"断断不能解决根本问题",不可能真正地实现民主共和。他根据国内外的要求,决定建立正式政府,并用武力打倒军阀,"削平叛乱",统一全国。因此,1921年4月,他第二次在广东建立政权时,便组织了中华民国正式政府。随即被国会非常会议选举为非常大总统,于5月5日宣誓就职,撤消了军政府。

当时,孙中山的主要具体目标是兴师北伐,打倒军阀,统一全国,以便实现民主共和。为了这一目的,就必须首先消灭在广西的桂系残余势力,以免它为患广东,成为北伐的后顾之忧。于是他组织了讨伐桂系军阀的西征,用了三个多月时间,平定了广西,统一了两广。随后,非常国会通过了孙中山提出的北伐案。同年11月,孙中山在桂林建立北伐大本营,准备率领北伐军由桂入湘,进行北伐。

但是,就在这时,广东内部却发生了陈炯明的反革命武装叛乱。孙中山逃离总统府,转登永丰舰,他率领海军各舰坚定勇敢地讨伐叛军,随舰队移动于珠江上56天,在硝烟弥漫的盛暑中鏖战。后因北伐军回归援救受挫,讨陈已无法支撑,迫不得已,于8月9日离开广州,再赴上海。他领导的二次护法运动又告失败。

二十多年来,孙中山从事民主革命运动,一再遭受失败。第一次护法运动时,中国旧民主主义革命事业已临近终结,孙中山走投无路,处于苦恼和彷徨之中。应该走什么道路?下一步应该怎么办呢?他还找不到正确的答案。当孙中

中华名人百传

革命家卷

371

山苦苦寻求新出路的时候,1917 年俄国十月革命的胜利,惊醒了中国的先进分子,也使孙中山异常兴奋。

在十月革命的影响和鼓舞下,1919 年 5 月 4 日,我国爆发了震惊中外的"五四"爱国运动,它以中国人民彻底反封建的新姿态,显示着中国人民的新觉醒。孙中山敏锐地发现这个运动具有不同于辛亥革命的新特点,更有力地启迪、鼓舞和推动着孙中山往前迈进的步伐。

当孙中山在"五四"运动后重新奋起的时候,马克思列宁主义和中国工人运动实际相结合的过程已经开始。在此基础上,1921 年 7 月 1 日,诞生了中国共产党。中国共产党的成立,使中国革命得到了坚强的和正确的组织者和领导者。从此,中国革命的面貌焕然一新。有组织的工农革命运动,在中国共产党的领导下兴起了。这些崭新的事物,更给了孙中山以震动和深刻的影响,随着革命形势的发展和孙中山在斗争实践中一再遭受挫折,这种影响愈来愈大。特别是 1922 年由于陈炯明叛乱使孙中山遭受更大的失败时,共产国际和中国共产党分别向孙中山伸出了友谊之手,促使他觉醒到要依靠共产党和工农群众的力量才能进行革命,从而以高度热情迎接十月革命的曙光和中国共产党这支新生的力量。孙中山又迈开了继续前进的脚步。

1922 年 8 月,孙中山从广州回到上海后,中国共产党代表李大钊和孙中山进行多次交谈,讨论了"振兴国民党以便进而振兴中国"的种种问题,谈得很契合。

孙中山认真思考和虚心接受了共产国际和中国共产党的建议,决心联合共产党、改组国民党,实行国共合作的政策。从 1922 年 9 月到 12 月,孙中山在上海三次召集讨论改组国民党的会议,成立改组工作的机构。

1923 年元旦,孙中山发表了以改组国民党为主要内容的《中国国民党宣言》,表示支持工人运动,强调今后革命须依靠民众力量,提出革命事业应"由民众发之,亦由民众成之"。并且开始接受中国共产党反帝的某些主张。第一次提出了修改不平等条约的纲领。从这里可以看出,孙中山的思想正由于接受中国共产党人对他的影响而发生明显的变化。与此同时,新任苏联驻华全权大使越飞到上海与孙中山直接谈判,于 1 月 26 日鉴订了著名的《孙文越飞宣言》,这是孙中山联俄政策的重要文件。

1924 年 1 月 20 日,以改组为中心内容的国民党第一次全国代表大会,冲破重重阻碍,终于在广州胜利召开。共产党人李大钊、谭平山、瞿秋白、林伯渠、毛泽东等出席了大会。在代表总数 196 人中,共产党人占了 20%,在章程宣言和宣传审查委员会中,都有共产党员在其中发挥积极作用。

大会通过了著名的《中国国民党第一次全国代表大会宣言》,确定了民主革命的纲领,以打倒帝国主义,打倒军阀作为奋斗的目标。并决定欢迎农民、工人参加国民党,"相与为不断之努力,以促进国民革命运动之进行"。同时还通过了

新的国民党党纲和改组国民党使之革命化办法等重要决议,产生了包括李大钊、瞿秋白、毛泽东等共产党人参加的国民党中央执行委员会。会后,各省、市的国民党部大部分也以共产党员和国民党左派为骨干进行了改组。

这次大会,确定了联俄、联共、扶助农工三大政策,并规定了一系列包括废除不平等条约在内的内外政策。由于新三民主义和中国共产党在民主革命时期的纲领基本相同,因而被接受为国共两党合作的共同纲领。它在随即兴起的中国民主革命高潮中,成为一面"胜利的革命的旗帜"。

孙中山亲自主持的这次大会的胜利召开,标志着首次国共合作的正式形成。

第一次国共合作建立后,孙中山创立了中国历史上第一所革命军事学校——黄埔军校,建立了国民革命武装,随之掀起了中国革命的新高潮。

国民党改组后不久,中国革命运动就出现了高涨的形势。工农群众运动在各地共产党人的组织、推动下,从一度处于低潮转向高涨。1924 年 7 月,中国共产党领导了广州方面数千工人反对英帝国主义的政治罢工,坚持斗争了一个多月,取得了胜利,并推动了广州工团军的成立。这次罢工斗争,轰动了广州和香港。同时,农民运动也积极开展起来,从 1924 年到 1925 年 5 月,广东省有 22 个县成立了农会组织,有组织的农民在 21 万人以上。工人运动和农民运动的蓬勃发展,进一步推动了孙中山的进步。

为了巩固广东这块革命运动的根据地,孙中山在 1924 年春召开了军事会议,决定讨伐盘踞在东江一带的军阀陈炯明,肃清这股残敌。

后来,孙中山又一次坚决反帝反封建,平定了商团叛乱。广州商团,原本是广东商人为自卫而组织的武装,后来成了英帝国主义、国民党右派和乡村地主勾结在一起的一支反革命别动队。它共有 6000 人,10 个团。在中国共产党和国民党左派的全力支持下,孙中山一举平定了这次叛乱,粉碎了英帝国主义及其走狗的颠覆阴谋,也向帝国主义显示了广州革命政权的决心和力量,使国民革命的主要根据地得以巩固下来。孙中山对此十分欢悦,更增长了他对革命事业必胜的信心。

1924 年 11 月 13 日,孙中山偕宋庆龄乘"永丰"舰离粤北上。这时,孙中山有了中国共产党和广大革命群众的支持,革命坚定性进一步加强。在当时局势问题上,他主张对内赶快召集有各界人民团体,反对吴、曹的各军及政党参加的国民会议,结束军阀统治,解决中国的统一和建设问题;对外废除一切不平等条约,反对帝国主义的侵略。

在孙中山北上途中,北京政局又发生了变化,冯玉祥受到排斥,力量薄弱,段祺瑞在奉系军阀张作霖支持下再次夺取了北京政权,旧的反动统治去了,新的反动统治又产生了。孙中山面对段祺瑞要"外崇国信"和召开"善后会议"的活动,完全和他的反帝爱国主张背道而驰时,极为愤慨。

由于多年艰辛地从事革命工作,孙中山积劳成疾,已患有肝癌。他在北上途

中一路长途跋涉，极为辛苦，又加上对段祺瑞倒行逆施的气愤，病情迅速恶化，到天津后便病倒了。

1924 年 12 月 31 日，孙中山带着重病离开天津抵达北京，受到各界 200 余团体约 3 万多群众的夹道欢迎。他在向欢迎群众散发的《入京宣言》中严正指出："兄弟此来，不是为争地位，不是为争权利，是为与诸君救国的。"

1925 年 3 月 12 日 9 时 25 分，孙中山这位一代伟人，终于医治无效，一病不起，在北京东城区铁狮子胡同 5 号住处溘然长逝，终年 59 岁。

孙中山将永远受到中国人民的崇敬和怀念，他和他的业绩也将永远记在人民的心中。

中华名人百传

何国山 主编

第三卷

吉林大学出版社

目　　录

革命家卷

黄　兴 ....（375）

思想家卷

老　子 ....（387）

孔　子 ....（388）

孙　子 ....（400）

孟　子 ....（400）

荀　子 ....（402）

韩非子 ....（405）

董仲舒 ....（407）

玄　奘 ....（414）

朱　熹 ....（421）

李　贽 ....（439）

黄宗羲 ....（444）

顾炎武 ....（453）

康有为 ....（462）

梁启超 ....（474）

科学技术卷

蔡　伦 ....（488）

张　衡 ....（492）

华　佗 ....（497）

祖冲之………………………………………………………（504）

孙思邈………………………………………………………（514）

郭守敬………………………………………………………（516）

李时珍………………………………………………………（522）

徐光启………………………………………………………（527）

李四光………………………………………………………（535）

革命家卷

黄　兴

黄兴(1874—1916年),字克强,湖南善化人(即今长沙),著名的民主战士,辛亥革命的领导人之一。

少年时代的黄兴即心怀为国为民贡献自己力量的远大抱负。有他自己所写的一幅对联为证:"古人却向书中见,男子要为天下奇。"

黄兴有兄弟姊妹四人,他排行第五。5 岁时,他开始跟父亲读书,学习《论语》、唐诗、宋词等,为他以后写诗打下基础。8 岁时,他到冯塘乡萧举人开设的私塾读书,后又到新喜山庄周笠樵开设的书馆就读,黄兴在这时打下扎实的古文基础。14 岁时,黄兴退学自读。

15 岁时,黄兴自立了生活规则三条:"一、行动必须严守时刻。二、说话必须说到做到。三、读书须分主次,纵使事忙,主要者不得一日荒旷。"黄兴的远祖曾留下遗书,训诫子孙世代不事清朝,黄兴受其影响,因而自立规则,奉行终身。

黄兴出生于富有革命传统之地,自小便从老辈人口中听说太平天国英勇作战的事迹。后来,他又自读了一些关于太平天国革命的书籍。对其成功与失败之处都做了分析。

黄兴自幼便习武,跟随浏阳拳师李永球学习乌家拳,单手能举 200 斤,这身武艺在他后来的革命生涯中多次救过他的命。

1891 年,黄兴与同县女子廖淡如成婚,婚后又进入长沙城南书院读书。22 岁时,黄兴参加县试,在 1000 人参加的大考中,黄兴考入 34 名,被录取县学为诸生(即秀才)。这次考试,黄兴是应母亲的要求,并非为求取功名,不久,他转入武昌两湖书院去学习新的知识,放弃了向上爬的良好机会。

两湖书院是张之洞创办的新式书院,从湖北、湖南两省选拔优秀青年学生入院,其条件是相当严格的。

黄兴在这样一个极好的环境中努力学习,取得了突出的成绩,尤以文论和诗词见长。其文论洋洋洒洒,其诗词深郁沉雄,其书法漂亮清俊,甚至被誉为"文似东坡,字工北魏"。在校期间,他参加过 12 次考试,6 次名列第一。

1902 年,黄兴到东京弘文学院师范速成科学习,这是一所专门为中国留学生开设的学校,主要补习日语及普通知识。黄兴是当年两湖书院派送弘文学院的学生中唯一湖南籍学生,其余 30 人均为湖北籍学生。

1902年11月24日,黄兴与蔡锷、杨笃生、樊锥等人,以吸取西学,唤醒国人为宗旨,创办了《游学译编》,这是黄兴到日本后所做的第一件有意义之事。《游学译编》是中国最早以翻译为主的杂志之一,其内容分为学术、教育、军事、实业、理财、内政、外交、历史、地理、时论、新闻、小说等12个栏目,广泛介绍西学。黄兴担任了杂志的教育栏译员,他翻译了日本教育家山田邦彦的《学校行政法论》,刊登在杂志的第二、三两期上,向国内输入了军国民教育思想。

《游学译编》共发行了12期,由于其内容丰富多彩,曾受到日学界的好评。黄兴于是又再接再厉,与蔡锷、张孝准、杨笃生等湖南留日学生,组织了"湖南编译社",大量翻译西方和日本的社会政治学说,推进了中国早期的翻译事业。

1903年,沙俄在中国东北制造事端,拒不退出义和团时期强占的城镇和军事重地,引起中国人民的极大愤慨,于是"拒俄运动"狂飙突起。

困难当头,黄兴等对祖国投入了极大的关注。4月29日,留日学界500余人在东京召开大会,同申愤慨之情,决心成立"抗俄义勇队"。并选出队长,积极操练,准备投入北洋军队,对俄作战。黄兴等150人签名加入"拒俄义勇队"。不久,"拒俄义勇队"改名为学生军,他们每天在大森林秘密集合,进行实弹射击,黄兴担任教练。5月,清政府得知学生军消息,请求日本政府加以解散。于是学生军改称"军国民教育会",宣称"养成尚武精神,实行爱国主义",带有强烈的反满色彩。黄兴担任了该会的"运动员",其任务是回国策动革命。5月31时,黄兴受"军国民教育会"的派遣,回国负责策动湖北、湖南、江苏一带反清革命,结束了他的留学生涯。

1903年6月黄兴抵达上海,为方便日后活动,改名为兴,字克强。黄兴回到武昌后,随即在各处发表演说,抨击清政府的内政外交,虽遭到保守派的围攻,但他的演说也令听众大为叹服。宋教仁听了后深为感动,他私访黄兴,两人结为莫逆之交。黄兴的讲演激怒了湖广总督张之洞,他责令捉拿黄兴。

黄兴在武昌不能立足,于是回到故乡长沙。他随身带着大量进步书籍,如邹容的《革命军》,陈天华的《猛回头》等,散发到军队和学校之中。

1903年11月4日,是黄兴29岁生日。宋教仁、陈天华、周震麟、刘揆一等人,以祝寿为名在长沙保甲局巷彭渊洵家集会,商量成立华兴会。他们决定先成立华兴公司,以开采湖南矿产为名,掩护华兴会的活动。华兴会提出"同心扑满,当面算清"的口号,旨在扑灭满清。1904年2月15日,华兴会召开正式成立大会,参加的人有一百多,黄兴当选为会长,刘揆一为副会长,华兴会的成立,标志着湖南的革命运动步入了有组织的发展阶段。

华兴会一成立,就立即担负起组织群众,发动起义的重任。

湖南具有相当浓厚的进步气息,大批革命志士隐匿于军队和学校之中,且地还有以"反清复明"为宗旨的哥老会,只要适当引导,很容易让他们走上革命道路。

哥老会是清代活跃在长江流域,特别是四川、湖北、湖南等地的民间组织,首领称为"龙头",其中有一个重要的首领名叫马福益,他是湖南湘潭人。

1904年初春一个雪夜,黄兴和马福益在湘潭茶园铺矿山的一个岩洞里会面,选择这样一个秘密地点会面当然是为了避开朝廷耳目。黄兴与马福益一见如故,二人畅所欲言,开怀大饮,最后双方约定:在11月6日慈禧过生日,湖南文武百官举行庆典之时起义,预先埋炸药炸死群臣,再趁势进攻。计议已定,黄兴大感畅快,他口吟了一句"结义凭杯酒,驱胡等割鸡",充满英雄豪气。

1904年9月,受黄兴之派,陈天华、刘揆一两人赶到浏阳,趁当地大型集市日授与马福益少将委任状,并发给长枪20支、手枪40支,马40匹,让他们候机起事。

由于哥老会活动频繁,引起清政府怀疑,他们抓住一名成员,苦刑逼出了起义机密,长沙官府立刻下令捉拿黄兴。黄兴一度与官府差役相撞,由于他应变快,才免遭被捕。他虽免于被捕,却遭差役的围困,差役让他找出黄兴(他先谎称自己是黄兴的同事)。黄兴被迫躲入明德学堂总理龙湛霖家,他自己暂时安全了,可其他的革命同事还在敌人的眼皮底下,时时有可能被捕。因为他将起义的计划书及华兴会员名册藏于一个箱子放在长沙中学的一个房间里。后来,幸得龙湛霖的儿子龙绂瑞相助才将箱子取回来,黄兴马上烧掉了箱中的所有文件,并将其中的小水晶图章赠与龙绂瑞作纪念。

黄兴在龙家逗留了一段时间,最后不得不秘密出逃,他坐龙家大轿出门,到海边化装成海关人员,逃到上海。

在上海,黄兴寄居在英租界的余庆里。不久,华兴会其他成员也相继脱险,来到上海,黄兴在寓所召集了杨笃生、陈天华、张继、苏鹏等十几位同志,重商起义。他认为湖南起义虽败,可各种基础却都存在,仍然能够发动起义,他在余庆里设置了秘密革命机关,并派仇鳌等三人回湖南发动革命。

1904年11月,上海发生万福华刺杀事件。万福华是合肥人,生性豪爽,参加过长沙起义,他在南京组织暗杀团,准备刺杀清朝大臣。被刺者王之春,1903年曾在广西借法军镇压广西会党,引起公愤。万福华认为王之春是安徽人的败类,必欲除之而后快。但由于操之过急,反而失败被捕,被关进英租界巡捕房。

第二天,革命党人章士钊去探视万福华,以同党而被捕。审讯中,章不慎说出了黄兴的住址。巡捕立刻前往,逮捕了在住所的苏鹏、章陶严、周素锃等及正赶回余庆里的黄兴、郭人漳等人。

黄兴在狱中坦然处之,开审时也从容对答,不以为然,表现出的豪爽之气令同党人折服。黄兴也在官府被捕之列,只因他原来的满面胡须已被剃去,所以未被认出。一同被捕的郭人漳是湘军名将郭松林的幼子,与上海袁树勋有姻娅之宜,这次到上海是为采办食品书籍,因此纯属误捕。官府问明真相后,郭人漳即被释放,黄兴、张继等一同被捕的也放出来。后来,朝廷知误放了黄兴,再次通缉他。黄兴不得已与刘揆一避走日本。

1905年,国内革命形势急剧发展,各种革命团体相继建立,其中著名的有孙中山领导的兴中会,黄兴设立的华兴会以及蔡元培等领导的光复会。革命的迅速发展需要有统一的领导组织。

是年7月，孙中山到达日本，与黄兴首次会晤，他们的相见是极富情趣的。他们的介绍人是宫崎寅藏，孙中山通过宫崎知道了黄兴，后来在中国餐馆凤乐园会见了黄兴、张继等人。这是一次具有历史意义的会晤。

1905年7月30日，孙中山、黄兴两人联合发起了同盟会筹备会，这次会议在东京赤板区枪町三番黑龙会首领内田良平的住所召开。参加会议的有华兴会、兴中会、光复会及留日学生中的革命积极分子和日本有关人士共70多人，孙中山作演说，提议将分散的革命力量集结起来，共同反清，得到全体成员的赞成。会议中，孙中山被推举为主席，经过几番讨论，决定定会名为"中国同盟会"，以"驱除鞑虏，恢复中华，创立民国，平均地权"为宗旨。

1905年8月20日，中国同盟会召开正式成立大会，会上黄兴宣读了由他和陈天华一同撰写的《中国同盟会章程》草案。后经黄兴提议，选举孙中山为中国同盟会总理。

中国同盟会仿西方三权分立制设执行部、评议部、司法部三个机构。执行部的权力最为重要，由黄兴任庶务总干事，即相当于副总理。总理不在时，由他处理同盟会大事，代行总理职权。同盟会以孙中山提出的民族、民权、民生的三民主义为政治纲领，它的成立标志着中国旧民主主义革命的开始。

中国同盟会刚一成立，就积极展开各种活动，主要是组织建设、宣传舆论、策划起义三个方面。

同盟会要开张，100多人显然不够，因此其首要任务是发展会员，扩大组织。然后才能言及其他。

黄兴作为同盟会的副总理，始终为同盟会的发展壮大尽忠尽职，可谓呕心沥血。他先在东京吸取秋瑾、王用宾、阎锡山、姚宏业等44人入会，随即他和孙中山一起为建立各省分会共同努力。他们安排在各省的留学生中分别推举一人为分会长，主持入会主盟事务，然后返回各省，建立分会。同盟会势力迅速扩大起来，这和黄兴的积极努力是分不开的。

黄兴还吸收一批军事骨干，组成"丈夫团"，由留日学生中学习军事的李根源、李烈钧、程潜、黄郛、方声涛等23人组成，规定每人应具有"富贵不能淫，贫贱不能移，威武不能屈"的品格。"丈夫团"在后来的革命中发挥了重要的作用。

同盟会的宣传工具是机关报《民报》，其前身是华兴会所创办的《二十世纪之支那》，由黄兴建议作为同盟会机关报，后改为《民报》。他们积极宣传革命，与保皇派展开了激烈论战，最终大获全胜。《民报》曾因日本政府干涉而停刊14个月，后又于1910年1月1日复刊，它前后共发行了26期，为同盟会做了积极的宣传，有力地播扬了革命思想。

1906年底至1907年初，孙中山、黄兴等在东京商讨《中国同盟会革命方略》，以指导革命进行，在论及中华民国国旗时，黄兴与孙中山发生了第一次冲突。孙中山建议采用青天白日旗，这个旗设计于1895年，曾在1900年惠州起义中用过，孙中山认为这面旗凝聚着先驱者的鲜血，不可不用；而黄兴则建议用井字旗，象征平均地权。与会者还有其他建议，均不合孙中山之意。但不论分歧如

何大,终究不是原则问题,黄兴曾打算退会,但同盟会本来较松散,且出现了一些分裂的苗头,如果他先退,必然引起全会的分裂,于革命不利。于是黄兴毅然决定让步,同意采用青天白日旗。后来,他在给胡汉民的信中写道:"名不必自我成,功不必自我立,其次亦功成而不居。"表现出他的广博胸襟。

国旗之争刚过,1907年6、7月间,同盟会内部又出现"倒孙风波",此次风波由1903年起义经费用途事宜而起,直到孙中山惠州起义失败,《民报》主编章太炎对孙中山尤为不满。后来东京一部分会员要求罢去孙中山总理之职,由黄兴担任。"倒孙风波"发生之初,黄兴、孙中山均不在东京,刘揆一代行总理之职,他极力抵制章太炎等人的倒孙活动,但独力难当,只好告知黄兴。黄兴知后,立即复函,其中有这样的字句:"革命为党众生死问题,而非个人名位问题。孙总理德高望重,诸君如求革命得有成功,乞勿误会,而倾心拥护,且免陷兴于不义。"黄兴以鲜明的态度拒任总理,竭力拥护孙中山,平息了这次风波。

1909年,黄兴以自己的地位与声望,遏止了以陶成章为首发起的第二次"倒孙风波",维护了孙中山的地位,使同盟会免于分裂。

1907年至1908年,同盟会开始进行大规模的武装起义活动。孙中山、黄兴选择了中国南部地区作为起义地点,以安南(今越南)河内为起义总机关。他们共发动六次起义,黄兴参加了其中的四次:防城起义,镇南关起义,钦、廉、上思起义,河口起义。每次都亲临前线指挥。

同盟会在中国南部地区共发动的六次起义,虽然全部以失败告终,但却令清政府大为头痛。1908年5月,清政府重金悬赏通缉黄兴、胡汉民、汪精卫、田桐、刘揆一、谭人凤等人,这批在战斗中成长起来的革命党人临危不惧,他们以实际行动为以后的战斗提供了借鉴与帮助。

经过南部起义,革命党渐趋成熟,他们认识到起义仅依靠会党是不行的,因此,他们将重点依靠力量转向新军。新军是清政府1894年后建立起来的一支新式军队,它拥有大量高文化素质的中下级军官,并且装备精良。

1909年11月,同盟会南方支部在香港建立,胡汉民任部长,倪映典为运动新军总主任。南方支部积极联络附近新军准备在广州起义。

1910年1月,南方支部电邀黄兴、谭人凤、赵声到香港领导起义。黄兴等本决定于2月24日发动起义,由于9日广州新军与警察发生冲突,事情闹大,倪映典担心起义泄密,宣布提前起义。12日,新军各营纷纷起应,集合3000余人,倪映典被推为司令,夺取枪械匆匆举事。战斗中,倪映典不幸中弹牺牲,义军一无首领,二无弹药,被迫撤退。13日,清军围剿义军,义军被俘100多人,其余向各地散退。

这次起义因年月干支关系被称为庚戌广州起义,新军成为反抗清廷的重要力量。

3月28日,孙中山致信黄兴,商讨再次起义之事。黄兴认为还可以利用未被解散新军及清军中同情革命的士兵进行起义,但以新军为主要力量。

6月10日,黄兴化名李经田,到日本与孙中山会晤,重商起义事宜。11月

中华名人百传

革命家卷

13日,同盟会在南洋召开商讨起义的大会,孙中山、黄兴、赵声、胡汉民及南洋和国内东南各省代表均到会。会议决定,以广州为起义地点,新军为主力发动起义。先选500名革命党组织敢死队,攻占两广总督衙门和广东水师提督衙门;黄兴率一队出击广东,入湖南,再攻湖北;赵声率一队出广西,攻南京;最后,长江流域共同响应,会师北伐。

会后,赵声准备到广州联络新军,黄兴、胡汉民等到南洋筹款。

1911年1月,黄兴鼓动南洋及新加坡、泰国等地华侨为起义捐款。许多华侨都竭力援助。

4月23日,黄兴来到广州,亲临指挥。赵声因广州熟人太多,不易露面,留在香港等黄兴的消息。黄兴动身当天留下绝笔书:"本日驰赴阵地,誓身先士卒,努力杀贼,书此以当绝笔。"书后盖上"铲除世界一切障碍之使者""灭此朝食"两枚印章,慷慨赴难之气,浸透纸背。当晚,黄兴在广州越华街小东营五号设立总指挥部。

起义即将爆发,但急电称日本、安南的军火4月27日才能到香港,黄兴又将起义推迟一天,决定军火一到,当天起义。

起义一再变动,而清方已有风闻。每天侦骑四出,严密查访。

4月25日,张鸣岐(两广总督)和广东水师提督李准,突然下令缴去驻在城外的新军的全部枪械。

面对风云的突变,黄兴接受大家的意见决定起义改期进行。

但又传来新消息:李准从顺德方面调来广州镇压革命的巡防营中有自己的同志。哨管温带雄托人带话,将率部响应起义。这个消息又重新点燃了黄兴和一些革命党人的起义热情。四川志士喻培伦乃炸弹制造专家,曾为此失去左手。他在闻起义推迟时立即与林文找黄兴质问:"你们全体难道不如我这个残废人吗?"林文也慨然道:"余辈求杀敌耳。革命党之血,可以灌溉于无穷,事业成败无足深计。"黄兴面对众多同盟精英,以喻、林之言为然,重又做出决定,起义如期举行。并表示誓死一战的决心:"余人可迈步出五羊城,唯我克强一人必死于此。"4月26日,又与广州的同志研究了新的路线,并决定,所有参加起义人员都臂缠白布为号。

当时,已抵广州的同志仅二三百人。以数百勇士与全城官兵相抗,注定是一场殊死的战斗,不少勇士抱着拼死一战的信念,留下感人的遗书。这些给亲人的信件,发自肺腑,出乎至情,催人泪下。

4月27日,起义指挥所小东营已布置成办喜事的样子,各方同志纷纷来此集中。下午4时,黄兴发表起义演说号召勇士们奋力杀敌,并分发枪支弹药。

5时30分,黄兴率队乔装改扮出发,消灭衙门卫队后继续奋勇向前。正在吃晚饭的金振邦见状丢下筷子就跑,衙内吓得立即关紧大门。黄兴、喻培伦、熊克武、但矛辛等炸开大门涌入院内,高呼"活捉张鸣岐!"此时,张鸣岐正在与其党羽商议应付起义之事,听到枪声,慌忙逃走至水师提督行台,立即用电话通知各军赶来增援,并悬赏杀害起义军。

黄兴等找不到张鸣岐，便放火烧署，但不伤害无辜人员。冲出衙门后，迎面碰上李准的大队清兵，林文误以为有自己的同志，毫无防备，结果被击中头部，当即牺牲。黄兴、刘元栋等五人也同时中弹。突围后，黄兴将队伍分为三路：四川、福建及南洋同志往攻督练公所；徐维扬率花县同志攻打北小门；黄兴自带方声洞、朱执信等出南大门，去接应同意起义的防营弟兄。

进攻督练公所的队伍，在途中遇清兵堵截，便绕道攻龙王庙。直战至半夜，枪弹打尽。喻培伦负伤被捕。改攻小北门的一路也与清军遭遇。徐维扬急将队伍一分为二。一支由徐满凌率领，且战且走。清军无法取胜，便放火烧衙，勇士被火封住，不得突围，大部牺牲。徐满凌也负伤被捕。另一队由徐维扬自率，攻水师提督行台，由于敌援军开到，徐在高塘火车站被捕。

黄兴行至双门底后，即遇到他们所要接应的巡防营。但温带雄未臂缠白布，黑夜中不辨敌我便开火，导致两败俱伤，其中方声洞中弹牺牲。事后，黄兴出南大门到了女同志徐宗汉所在的河南机关。

这次起义，除黄兴一部及顺德会党按计划发难外，其余各部均未行动。新军的武装已被没收。赵声、宋教仁、胡汉民、吴永珊等率队从香港赶到广州时，起义已经失败，只好撤回。

起义失败后，张鸣岐、李准下令闭城搜捕三天，凡属没辫子的，身穿黄军衣的及来路不明的人，一律格杀勿论。林觉民就义时，神色不改。李义南就义时，昂然走向刑场，对行刑士兵说："清弹从口下！"张口饮弹而死。

事后，广州革命党人潘达徽收殓尸骨遗骸，买下白云山麓一块空地营葬，改名黄花岗。黄花岗起义，是同盟会历史上最悲壮的一幕。孙中山说："是役也，碧血横飞，浩气四塞，草木为之含悲，风云因而变色。全国久蛰之人心，乃大兴奋。怨愤所积，如怒涛排壑，不可遏抑。不半载而武昌之大命以成，则斯役之价值可与武昌革命之役并寿。"黄兴填《蝶恋花》词云：

转眼黄花着发处，为嘱西风，暂把香笼住。待酿满枝清艳露，和风吹上无情墓。

回首羊城三月暮，血肉纷飞，气壮吞狂虏。事败垂成源鼠子，英雄地下长无语。

中华民国建立后，孙中山为七十二烈士墓亲题："浩气长存"四字。黄兴挽联一幅："七十二健儿酣战春云湛碧血；四百兆国子愁着秋雨温黄花。"表示对战死英杰们的深切怀念。

组织暗杀

1911年4月29日，黄兴乘夜轮返回香港。船上有许多参加起义的同志，大家装作互不认识。徐宗汉站在黄兴身边为他掩护伤势，抵香港后又为他做割指手术，并以妻子的名义签字。彼此患难与共，二人结为夫妻。

黄兴在养伤期间,内心极不平静,每想起死难烈士,痛苦万分。发誓要为死难的烈士和老友们复仇。

开始时,他想一人暗杀一二满清大员,不牵累别人。孙中山等极力劝阻,告他不可"轻生偾事,致碍大局"。黄兴决定从事有组织的暗杀。1911年夏,在孙中山支持下,在香港组织了"东方暗杀团"。其中重要成员有卓文、周之贞、黄悲汉、徐宗汉以及徐的亲属李应生、李讳基两兄弟。

黄兴是个出色的革命家。他赞成暗杀,但不主张靠暗杀解决问题。他多次表示:"革命与暗杀二者相辅而行,其收效至丰且速。"在组织两次暗杀的同时,仍积极筹划新的武装起义。

1911年6月17日,黄兴与胡汉民联名写信给加拿大及各国同盟会员,请他们继续在华侨中筹款,以支持新的起义。8月下旬,四川保路运动风起云涌,黄兴预计新的革命高潮即将到来,便派周震麟回湖南布置军事。周抵长沙后,秘密召开了多次会议,商定当年夏历十二月起义,配合武昌方面。

10月10日,武昌起义提前爆发。黄兴一面密电通知孙中山,一面投入保卫首义区的战斗。

10月23日,黄兴从香港抵达上海,与宋教仁等人研究了江浙、上海独立和光复南京等要事后,次日启程赴武昌。

黄兴等人经过一番周折,于28日到达武昌。此时起义军已坚持了18天,占领了武昌、汉阳。汉口方面正在激战。百姓听到黄兴已到,纷纷燃放爆竹,军民同声欢呼。

黄兴了解汉口的形势后,慨然表示愿去前线督战。黎元洪大喜,叫人连夜赶制两面一丈二尺长的"黄"字帅旗,借以鼓舞军心,震慑敌胆。

11月13日,秋风飒飒,武昌阅马场将坛中央树起的"战时总司令黄"大旗迎风招展。湖北军政府各机关、部队、各团体代表,列队肃立。

黎元洪首先登坛讲话,介绍黄兴经历,号召:"凡我将士,均应听其指挥调遣。"语毕全场一片欢声雷动。

黄兴接过黎元洪交给的印信、委任状、令箭,发表演说。经过连日苦战,他虽面目黧黑,但气宇昂扬威武。

从10月18日至11月27日之战,史称"阳夏战争"。这是辛亥革命中黄兴指挥的规模最大的一场战争,最终造成清朝统治的崩溃,虽败犹荣。就连北洋军阀头子袁世凯事后也不得不承认:阳夏之战,黄克强先生虽败犹荣。

1911年12月1日,黄兴抵达上海,准备在此组织力量北伐,实现政治统一的目标。抵沪后,许多同志都来向他道贺。这时,上海及其邻省都已独立。陈其美兼任沪军都督,程德全任江苏都督,汤寿潜任浙江都督。他们一面组织江浙联军会攻南京,一面联合浙江、江苏等七个独立地区组成"各省都督府代表联合会"。其主要任务是商讨成立中央政权。11月30日,各省代表在汉口开会,通过了《临时政府组织大纲》。12月2日又决议:临时政府设于南京。12月4日选举黄兴为暂定大元帅,负责组织临时政府;选举黎元洪为暂定副元帅、兼任鄂军

都督,留驻武昌。

12月5日,上海召开欢迎大典,请黄兴就任。黄兴一再推辞,让黎元洪担任大元帅,副元帅别选。他自己的志愿是:"领兵北伐,誓捣黄龙。以还我大汉河山而后已。"并推举孙中山为大元帅。最后由于形势紧迫,黄兴同意暂时担任大元帅职,作为孙中山回国前的一种权宜之计。

在武汉的各省代表得此消息,一致反对黄兴任大元帅。黄兴认为这样不利于对清作战,便再次提出辞职。12月17日,各省代表改选黎元洪为大元帅,暂驻武昌;黄兴为副元帅,代行大元帅职权。

12月18日,南北议和开始。袁世凯代表和南方民军代表经过商论,达成停战和召开国民会议之协议。此后,还有一种由南方代表廖宇春和北方代表顾忠琛进行的秘密的实质性谈判。会谈中,廖提出四项条款:一、优待皇室。二、组织共和政体,先举袁世凯为临时大总统。三、优待满汉两方面之将士,并不负战时害敌之责任。四、开临时国会,恢复各省秩序。经黄兴同意并修改后,双方签订五项草约。黄兴修订的主要内容为:一、明确提出要"确定共和政体"。二、将举袁世凯为大总统一条,改为"先推覆清政府者为大总统"。这一改动有两个重要含义,第一,可以促袁尽快倒戈。第二,不能指准谁当大总统,也就为比袁更合适的人选预留了余地。而后,袁加快了逼宫步伐。在他授意下,段祺瑞等50名北洋将领联名通电,要求清廷"明降谕旨"宣示中外,立定共和政体,开始逼迫清帝退位。

黄兴虽然着意争取袁世凯反正,但并不把全部希望寄托于此。他认为,不向北方施加军事压力,共和难以实现。12月7日,他致电广东都督胡汉民,请他立即调兵来上海会合,准备北伐。而后,又与镇江都督林述庆、革命军第一军军长柏文蔚商议北伐事宜,决定先收复黄河以南地区,后派兵秘密北上,扰乱清军后方,以夺取河南、山东等地。

12月22日,黄兴应南京方面革命军代表邀请,准备赴南京组织临时政府。后又决定留沪等孙中山归来。据黄兴身边的李书诚后来回忆:"黄先生本拟早日启程赴南京就职,并已商请张謇向上海日商三井洋行借款三十万元做到南京后军政费的开支。但在预定启程赴南京的先一天晚上,黄先生忽向我说:'顷接孙中山先生来电,他已启程回国,不久可到上海。孙中山先生是同盟会的总理,他未回国时我可代表同盟会;现在他已在回国途中,我若不等他到沪,抢先一步到南京就职,将使他感到不快,并使党内同志发生猜疑。太平天国起初节节胜利,发展很快,但因几个领袖互争权利,终致失败。我们要引为鉴戒。肯自我牺牲的人才能从事革命,革命同志最要紧的是团结一致,就必须不计较个人权利,互相推让。'我听了黄先生这一番话,感到他人格的伟大,感到他对革命事业的忠诚纯洁,深为佩服。"

1911年12月25日,孙中山结束他在海外长达16年的流亡生活,回到上海,组建临时政府。29日,17个省的代表在南京选举临时大总统,每省一票,孙中山以16票当选。

1912 年 1 月 1 日,孙中山宣誓就职,宣布中华民国成立。1 月 3 日,组成南京临时政府,设立九个部,黄兴任陆军总长。

在南京临时政府中,黄兴是"军事全权集于一身,虽无内阁之名,实各部领袖也"。

1912 年 2 月 12 日,在全国各省独立和袁世凯逼宫的情况下,清朝皇帝宣布退位。按照南京临时政府与袁世凯方面达成的有关协议,孙中山于清帝退位后即向南京临时参议院咨请辞职,并推荐袁世凯继任。2 月 15 日,袁为临时总统。

袁世凯任临时大总统后,任命唐绍仪为国务总理,并接收南京临时政府移交的权力并组织内阁。

袁世凯虽志满意得,但他明白自己的地位并未完全稳固,遂一再请在国人心中有巨大影响的孙中山、黄兴赴京,试图给人造成团结精诚的假象。

孙中山与黄兴多次拒绝袁的邀请,但为了调和唐绍仪、陆徵祥内阁倒台后日趋激化的南北矛盾。8 月 2 日他们复电袁世凯,同意北上。

在北京,黄兴与孙中山一道,多次与袁进行秘密会谈,出席各界人士举行的欢迎会,但在主要问题上他们都被袁世凯的花言巧语所蒙骗,轻信他维护民主共和的谎言。孙中山说:"今日之中国,唯有交项城处理。"黄兴也说:"袁总统经营国事,不辞劳怨","实为今日第一人物。"9 月 25 日袁抛出一个欺骗舆论的"八大政纲"也未能被孙黄二人识破。这只因他们对和平建设的一片炽烈之情,误信了袁,也麻痹了革命党人对袁的认识。

黄兴会晤袁世凯后,抱有一种功成身退的心理,1912 年 10 月 23 日,他从上海乘船返湘,回到了阔别 8 年的故里。

家乡父老以极隆重的礼仪,欢迎这位革命元勋的回归。10 月 31 日,船抵长沙,湖南都督谭延闿率军政要员在码头迎接,鸣礼炮 21 响。接着长沙第一女子师范附属小学的学生唱专为欢迎黄兴而准备的歌:"凉秋时节黄花黄,大好英雄返故乡。一年缔造共和国,洞庭衡岳生荣光。"

为表彰黄兴于辛亥革命中做出的巨大贡献,在他抵达前,长沙人士将最热闹的波子街、小西门分别称为黄兴街、黄兴门。后来黄兴不愿居功请求恢复旧称。

黄兴回乡,为实践发展社会的宿愿,先后与杨度等发起湖南五金矿业股份有限公司,与谭延闿等发起洞庭制革股份有限公司,与龙璋等发起中华汽船有限公司,为振兴家乡尽力。

黄兴在故乡受到万人崇拜,人们争着瞻仰他的殊荣。这是他最后一次省亲。

黄兴勋业彪炳从不居功,他也深明大义,为国家可与袁世凯会晤,但在私人方面拒绝袁给他的恩赐。他先后拒绝陆军上将之勋。乃至于将勋章送至其家,他也予以送回。只留下同带来的两匹英国种枣骝玉点马。他对其子说明其意:"因为将来还要我打仗。"这说明当时黄兴对袁世凯的野心还是有所警惕的。

1912 年 8 月 25 日,为同倾向于袁世凯的共和党相抗衡,实现政党政治、组织委任内阁的目标,经过黄兴、孙中山、宋教仁的多方努力,同盟会组建国民党,使共和党、国民共进会、国民公党合而为一。孙中山、黄兴、宋教仁等九人当选为

国民党理事。孙中山当选理事长。由于他的推辞,宋教仁代理事长并主持党务。

国民党迅速成为国会第一大党,形势对袁世凯十分不利。

袁世凯便欲收买宋教仁,但宋不为高官厚禄所动,袁便起暗杀宋教仁之心。

宋教仁被刺的枪声,惊醒了革命党,他们已知袁世凯举起了屠刀。3 月 25 日,孙中山从日本急急赶回上海,连夜在黄兴寓所召开国民党重要干部会议,商量对付袁世凯的办法。

会上,孙中山主张立即起兵讨袁,但黄兴认为袁刺宋已经证据确凿,只要把这些证据公布天下,定可引起全国公愤,用法律手段赶袁下台。同时革命党控制的军队有限,大多数革命党的军事领导人,尚未做好讨袁思想准备,武力讨袁时机还不成熟。如轻易开战则国家重陷战争的悲惨境地。黄兴的看法,代表了当时党内人的普遍心理,孙中山也就转而同意黄兴的主张。

黄兴怀着对死难战友的满腔悲愤,全力以赴投入宋案的法律解决程序当中。

在黄兴力求通过法律形式解决宋案时,袁世凯阴谋妄图一举消灭革命党的地方实力,罢免李烈钧、胡汉民、柏文蔚三位国民党都督职务,革命党被迫起兵。

1913 年 7 月 12 日,李烈钧通电全国发布讨袁檄文并首先起义。7 月 13 日,江西会议推举李烈钧为讨袁军总司令。“二次革命”终于打响。

随后各省相继在江苏独立后独立,黄兴又派人前往河南联络起义首领白朗,加入反袁斗争。这是一支绿林好汉的军队,直到各省讨袁军被镇压,白朗仍转战南北,自称“讨袁军”,1914 年 8 月,白朗兵败阵亡。

“二次革命”由于各种原因终遭失败。袁世凯下令缉拿黄兴和其他革命党人。宣布“不论生擒、击毙,一律重赏”。

1913 年 8 月 4 日,黄兴前往日本,再次开始了他的流亡生活。

由于日本政府答应北洋政府不准黄兴在日留居的请求,黄兴不得不化名。在三井物产公司的帮助下,他在下关市外找了一幢别墅。后在日政界要人犬养毅等的多方周旋下,日本政府取消了对黄兴入境的禁令,并允许其他国民党人暂居日本,但对他们行动进行监视。8 月 27 日,黄兴抵达东京,在那里住了较长一段时间。

在此期间孙中山与黄兴因“二次革命”失败原因的研究发生分歧,后又因形势的看法发生分歧。孙中山批评黄兴起初没有即日发动起义,延误时机,后来孙中山认为应在二年内再发动第三次革命。而黄兴仍认为应暂缓发动革命战争,待人民认清袁之真面目再发动革命。

1913 年,“激进派”代表孙中山重新组党——中华革命党。“缓进派”代表黄兴为团结计并不重新组党,但也不屈从孙中山的观点,后来决定赴美游历。

黄兴受到旅美华侨热烈欢迎。黄兴在美国各地,做了多场演说,内容都是揭露袁世凯的罪行。号召华侨支持孙中山正在进行的反袁活动,呼吁美国政府支持中国革命。但却绝口不谈自己为革命所做的贡献。

有一个美国人林百克采访黄兴,要为他写传记,但寄来的是一份用打字机打成的长篇文件,内容是呼吁美国政府和人民支持中国民主政体,反对袁世凯专制

独裁，而无一字涉及他个人的勋业和生活。

1914年8月，黄兴加入一个新的革命团体——欧事研究会。这也是反袁而又不被其发觉又不与孙中山发生误会的团体。这其中大多数人系黄兴旧部，称"黄派军人"，黄兴实际是他们的精神领袖。

1915年1月18日，日本当局向袁世凯提出意在灭亡中国的"二十一条"。5月9日，袁世凯接受修正案，面对此种情况，黄兴等17人通电全国，公开与袁宣战，改变缓进主张。

当年9月，蔡锷在黄兴旧属、蔡锷同窗、日本士官学校第三期毕业生张孝准帮助下秘密离开北京，又乘船到日本。后来蔡锷又在张孝准帮助下离开日本，辗转进入云南，发动护国战争。

护国战争打响后，黄兴人在美国，但一直与国内反袁的军事领袖、政界人士和社会名流保持密切的联系。1916年7月6日，黄兴回国，结束长达三年的流亡生活。

1916年10月10日，黄兴旧病复发，大口吐血，昏厥过去。10月31日，黄兴骨血管破裂，溘然长逝，年仅42岁。

而此时，袁世凯已在全国人民的一片唾骂声中死去，黎元洪继任总统，宣布恢复被袁取消的《临时约法》，国民党已恢复活动。时势为黄兴提供了一个重现身手的大好时机。

但是革命伟人黄兴却离开了人间。然而，他的功勋不会被遗忘，他的精神和品德更将长留人间！

思想家卷

老 子

老子是楚国苦县厉乡曲仁里人，姓李，名耳，字聃，是周朝掌管藏书的史官。

孔子到了周都，准备向老子问礼。老子说："你所说的人，他的人与骨头都已经腐朽了，只有他的言论尚存。况且作为一个君子，当时机成熟时就出而为仕，当时机不成熟时就随遇而安。我听说，会做生意的商人，常把货物藏得很严密，仿佛什么也没有；有盛德的君子，看他的容貌，则仿佛是一个愚钝的人。去掉你身上的骄气与过多的欲望，把你的不必要的姿态容色与过多的志向都去掉，这些对你的身体都没有什么好处。我所能告诉你的，也就是这些。"

孔子离去后，对他的弟子说："鸟，我知道它能飞翔；鱼，我知道它能在水中游动；兽，我知道它能奔跑。能奔跑的兽我可以用网去捕捉它，能游的鱼我可以用钓线去钓它，能飞的鸟我可以用箭去射它。至于龙，我就不知道了，它是不是能乘风云而上天？我今日见到老子，感觉他就像龙一样。"

老子修道与德，他的学问以隐居修养、追求无名为主。他在周都住了很久，见到周朝已衰，就离开了周都。老子到了函谷关，函谷关令尹喜说："先生就要隐居去了，请尽力为我写一部书吧。"于是老子就写成一部书，书分上下篇，说的都是关于道与德的，共五千多字，之后就离开了，不知所终。

有人说：老子也是楚国人，写书十五篇，专门阐发道家思想，他与孔子处于同一时代。

老子大概活了一百六十多岁，也有人说是二百多岁，那是因为他修道而获得长寿。

从孔子死后129年，史书上记载周太史儋见秦献公，说："起初秦与周是合在一起的，五百年后分离，分离七十年后有霸王出现。"有人说太史儋就是老子，有人说不是，世上没有人知道哪种说法对。但有一点可以确定：老子，是一位隐居的君子。

老子的儿子名叫宗，宗是魏国的将军，分封在段干。宗的儿子名注，注的儿子名宫，宫的玄孙名叫假。假在汉孝文帝时为官。而假的儿子解担任过胶西王卬的太傅，因此安家于齐地。

世上崇尚老子之学的人一般都排斥儒学，崇尚儒学的人则排斥老子之学。"道不同者不相为谋"，难道就是指这个而言吗？老子崇尚无为，一切顺其自然，主张清静，则一切自归其正位。

孔 子

孔子出生在鲁国的昌平乡陬邑。他的祖先是宋国人，名叫孔防叔。防叔生了伯夏，伯夏生了叔梁纥。叔梁纥与姓颜的女子野合而生下了孔子，是在尼丘山向神灵祈祷后才得孔子的。鲁襄公二十二年，孔子出生。生下来的时候头顶中间下凹，所以起名叫丘，字仲尼，姓孔。

孔丘刚出生不久叔梁纥就去世了，葬在防山。防山在鲁国东部，因此孔子无法确知他父亲的墓在哪里，是母亲对他隐瞒了这件事。孔子小时候做游戏，常常摆设俎豆等祭器，模仿祭祀时的礼仪动作。孔子的母亲去世后，就把灵柩暂时停放在五父衢的路旁，大概是出于慎重而没有马上埋葬。陬邑人輓父的母亲告诉了孔子他父亲的墓地，然后他才把母亲的灵柩运往防山和父亲合葬在一起。

孔子腰间还系着孝带，季氏设宴款待名士，孔子前往赴宴，阳虎拒斥他说："季氏款待的是名士，不敢让你参加。"孔子于是退出。

孔子十七岁的时候，鲁国大夫孟釐子病危，告诫他的嗣子懿子说："孔丘，是圣人的后代，祖先在宋国败落。他的先祖弗父何当初本来是宋国的继承人，让位给弟弟厉公。等到正考父时，辅佐戴公、武公、宣公，三次受命一次比一次恭敬，所以鼎上的铭文说：'第一次受命时曲身而受，第二次受命时弯腰而受，第三次受命时俯身而受，走路时靠着墙跟走，也没有人敢侮辱我。用这个鼎煮面糊，煮稀粥，以此糊口度日。'他的恭谨节俭到了这种程度。我听说圣人的后代，虽然不一定当国执政，但必定会有显达的人出现。现在孔丘年少而喜好礼仪，大概就是要显达的人吧？我马上就要死了，你一定要拜他为师。"等到孟釐子去世之后，懿子和鲁人南宫敬叔就去向孔子学礼。这一年，季武子去世，平子继位。

孔子家境贫寒而且地位低贱。等到成年后，孔子曾经做过季氏的门下小吏，负责管理仓库，出纳钱粮计算得清楚准确；又当过管理牧场的小吏，牲畜繁殖得很好。于是被提升为管理营建的司空。不久离开鲁国，在齐国受到排斥，在宋国、卫国遭到驱逐，在陈国、蔡国之间遭受围困，于是又返回鲁国。孔子身高九尺六寸，人们都叫他"长人"，觉得他跟常人不同。因为鲁国再次善待他，所以他返回鲁国。

鲁人南宫敬叔对鲁君说："请让我和孔子一起到周去。"鲁君给了他一辆车，两匹马，一个僮仆，随他出发到周去学礼，据说见到了老子。告别离去时，老子送他说："我听说富贵的人送别时赠送财物，仁德的人送别时赠送言辞。我不能够富贵，就盗用仁德之人的名号，用言辞为你送行，这些言辞是说：'聪明洞察的人常常靠近死亡，这是因为他喜欢非议别人。博学善辩、见识广大的人常常危及自身，这是因为他喜欢揭发别人的罪恶。做子女的不应该只想到自己，应该一心想着父母，做臣子的不能够只顾及自己，而应该一心想着君主。'"孔子从周室返回鲁国，门下的弟子渐渐多了起来。

这个时候，晋平公荒淫无道，六卿专权，攻打东方的诸侯；楚灵王军力强大，侵犯中原各国；齐国是个大国而靠近鲁国。鲁国弱小，依附楚国就会惹恼晋国；依附晋国那么楚国就会前来讨伐；侍奉齐国如果不周到，齐军就会侵犯鲁国。

鲁昭公二十年，孔子大约已经三十岁了。齐景公和晏婴来到鲁国，景公问孔子说："从前秦穆公国家弱小而且地处偏僻，为什么能够称霸呢？"孔子回答说："秦国，国家虽小，但志向远大；地方虽然偏僻，但施政却很公正。您亲自推举用五张羊皮赎回来的百里奚，封给他大夫的爵位，把他从拘禁中解救出来，跟他交谈了三天，就让他主持国政。凭借这些而奋发进取，即使称王也是可以的，称霸还小了些。"景公听了很高兴。

孔子三十五岁时，季平子和郈昭伯因为斗鸡的缘故得罪了鲁昭公，昭公率军攻打季平子，季平子和孟氏、叔孙氏三家共同攻打昭公，昭公的军队战败，逃到齐国，齐国把昭公安置在乾侯。此后不久，鲁国发生内乱。孔子来到齐国，做了高昭子的家臣，想通过高昭子接近齐景公。孔子和齐国的乐官谈论音乐，听到《韶》乐，就学习起来，三个月尝不出肉味，齐国人都称赞他。

齐景公向孔子询问为政之道，孔子说："国君要像个国君，臣子要像个臣子，父亲要像个父亲，儿子要像个儿子。"景公说："好啊！真要是国君不像国君，臣子不像臣子，父亲不像父亲，儿子不像儿子，即使有很多粮食，我怎么能吃得着呢？"另一天又向孔子询问为政之道，孔子说："为政的要点在于节省财力。"景公听了很高兴，打算把尼溪的田地封给孔子。晏婴劝阻说："儒者圆滑善辩，不能用法来约束他们；高傲而且自以为是，很难把他们作为臣下来驾驭；推重丧事，竭尽哀伤之能事，不惜破产来追求厚葬，不能使这种做法成为风气；到处游说求取官禄，不能让他们治理国家。自从大圣大贤去世以后，周室已经衰微，礼乐制度残缺毁坏也有很长时间了。如今孔子过分讲究仪容服饰，制定繁琐的上朝下朝的礼仪，刻意追求举止行走合乎规矩，这些繁文缛节让几代人都学不完，一辈子也弄不清楚。国君想用这些东西来改变齐国的风俗，这不是引导百姓的好办法。"此后景公只是很有礼貌地接见孔子，不再向他询问礼仪的事情。有一天，景公劝留孔子说："给你季氏那样高的待遇，我做不到。"就用上下卿之间的礼节来对待孔子。齐国的大夫想害孔子，孔子听说了，齐景公说："我老了，不能任用你了。"孔子于是离开齐国，回到鲁国。

孔子四十二岁时，鲁昭公在乾侯去世，定公继位。定公继位后的第五年夏天，季平子去世，桓子继承了他的职位。季桓子挖井时得到一个陶罐，里面有个像羊的东西，去问孔子，并且说"得到一只狗"。孔子说："据我所知，是羊。我听说，山林中的怪物是夔和罔阆，水中的怪物是龙和罔象，土中的怪物是不雌不雄的坟羊。"

吴国讨伐越国，摧毁了越国都城会稽，得到一节骨头，长度就占满了一车。吴国派使者问孔子："什么骨头最大？"孔子说："大禹把群神召集到会稽山，防风氏来晚了，大禹就杀了他，暴尸示众，他的骨头一节就占满一车，这就是最大的骨

389 ☯

头了。"吴国使者问:"谁是神呢?"孔子说:"山川的神灵能够兴云致雨造福天下,负责监守山川并按时祭祀的就是神,守卫社稷的是公侯,都隶属于王者。"吴国使者说:"防风氏的职守是什么?"孔子说:"汪罔氏的首领监守封山、禺山,是釐姓。在虞、夏、商时期叫汪罔,在周代叫长翟,现在叫做大人。"吴国使者问:"人的身高是多少?"孔子说:"僬侥氏身高三尺,是最矮的。高的不超过三丈,算是最高的。"于是吴国使者说:"真是了不起的圣人啊!"

季桓子有个名叫仲梁怀的宠臣,和阳虎有嫌隙。阳虎想驱逐仲梁怀,公山不狃阻止了他。这年秋天,仲梁怀更加骄横放肆,阳虎把他抓了起来。季桓子发怒,阳虎就把季桓子也囚禁起来,跟他订立盟约后才释放了他。阳虎从此更加轻视季氏。季氏也超越本分凌驾于鲁国公室之上,他的家臣掌管国家大权,所以鲁国从大夫以下都不守本分,背离了常道。所以孔子不愿意做官,退回来研究整理《诗》《书》《礼》《乐》,弟子越来越多,直至很远的地方,都有人前来向他求教。

定公八年,公山不狃失宠于季氏,利用阳虎作乱,想废掉三桓的嫡嗣,改立他们的庶子中平时得阳虎喜欢的人,于是抓住了季桓子。桓子用计骗他,得以逃脱。定公九年,阳虎作乱失败,逃到齐国。这时孔子五十岁。

公山不狃凭借费邑反叛季氏,派人来召孔子。孔子探索因循守礼的治国之道已经很久了,却抑郁无处施展,没有人能任用他,不由说道:"当初周文王、周武王在丰、镐兴起而统治天下,如今费邑虽小,或许与丰、镐也差不多吧!"想应召前往。子路不高兴,劝阻孔子。孔子说:"他们召我去,难道能让我白跑一趟吗?如果任用我,我就可以在东方推行周朝的礼乐制度啦!"然而最终也没有去成。

这以后定公任命孔子为中都的长官,到任一年,四方官吏都效法他。由中都的长官升为司空,又由司空升为大司寇。

定公十年春天,与齐国讲和。夏天,齐国大夫黎鉏对齐景公说:"鲁国重用孔丘,势必危及齐国。"于是派使者告诉鲁君举行友好会盟,在夹谷相会。鲁定公打算不做任何戒备就乘车前往。孔子兼理会盟事宜,说:"我听说办理文事一定要有武备,办理武事一定要有文备。古代诸侯出国,一定要配齐文武官员随从。请带上左右司马一起前往。"定公说:"好。"就带了左右司马随行。与齐侯在夹谷相会,修建了会盟的坛台,设有三级台阶,先以简略的礼节相见,然后拱手揖让登上台阶。双方馈赠应酬的仪式结束后,齐国的主管官员快步上前请示道:"请演奏四方各族的舞乐。"景公说:"好。"于是齐国的乐队以旌旗为先导,头插羽毛,身披皮衣,手持矛、戟、剑、楯等兵器,鼓噪喧闹而至。孔子快步行进,一步一阶向台上走,还没登上最后一级台阶,就举起袖子一挥,说道:"我们两国国君举行友好相会,为什么在这里演奏夷狄的舞乐!请命令有司让他们下去!"有关官员让他们下去,他们不走,左右看着晏婴和景公的眼色。景公心中惭愧,挥手让他们下去。过了一会儿,齐国的主管官员快步上前请示道:"请演奏宫中的乐曲。"景公说:"好。"于是齐国的戏谑艺人和侏儒边舞边唱走上台来。孔子快步前行,一步一个台阶往上走,还没跨上最后一级台阶,就说:"百姓迷惑戏弄诸侯,论罪当斩!请命令有司执行!"有关官员依法将他们处以腰斩之刑,这些人顿时手足异处。

景公畏惧震动,知道在道义上不如鲁国,回国后大为恐慌,对他的大臣们说:"鲁国的大臣用君子之道辅佐自己的国君,而你们却用夷狄之道教我,使我得罪了鲁国国君,这该怎么办呢?"有关官员上前回答说:"君子有过就用实际行动道歉认错,小人有过就用花言巧语道歉认错。国君如果痛悔,就用实际行动道歉认错。"于是齐侯就把侵占的郓、汶阳、龟阴的土地归还给鲁国,以示道歉。

定公十三年夏,孔子对定公说:"大臣不得收藏兵器,大夫的封邑不得营建长三百丈的城墙。"就派仲由去当季氏的家宰,准备毁掉季孙、孟孙、叔孙三家封邑的城墙。于是叔孙氏先把郈邑的城墙拆毁了。季孙氏将要拆毁费邑的城墙,公山不狃、叔孙辄率领费邑的人袭击鲁国。定公和季孙、孟孙、叔孙三人进入季氏的住宅,登上季孙武子的高台。费邑人进攻他们,没能打进去,但已经逼近定公的台侧,孔子命令申句须、乐颀下台反击费邑人,费邑人败退。鲁国人乘胜追击,在姑蔑打败了他们。公山不狃和叔孙辄二人逃往齐国,于是拆了费邑的城墙。将要拆毁成城,公敛处父对孟孙说:"拆毁了成城,齐国人必定会进逼到我们的北门。况且成城是孟氏的屏障,没有成城也就没有孟氏了。我将不会拆毁它。"十二月,定公围攻成城,没能攻下。

定公十四年,孔子五十六岁,由大司寇代理丞相职务,面有喜色。弟子说:"听说君子在祸难来临时不畏惧,大福到来时不喜形于色。"孔子说:"有这样的话。但不是还说'乐在身居高位而能礼贤下士'吗?"于是诛杀了扰乱国政的鲁国大夫少正卯。参与国政三个月,贩卖猪羊的人不敢哄抬物价;男女行人在路上都分开行走;掉在路上的东西没有人去捡;四方旅客来到鲁国城邑,不用向官员求情行贿,都能得到很好的照顾,满意而去。

齐国人听说后很害怕,说:"孔子主持政事一定能够使鲁国称霸,如果称霸,我国离鲁国最近,我们就会先被吞并了。何不送给鲁国一些土地呢?"黎鉏说:"请先试着阻止它;阻止不成,就送给它土地,这也不算晚。"于是从齐国国内挑选了八十名美丽的女子,都穿上华丽的衣服并且会跳《康乐》之舞,再加上身有花纹的马三十驷,全都送给鲁君,把女乐和纹马都安置在鲁国都城南边的高门外。季桓子穿着便服再三前去观看,打算接受这些礼物,就告诉鲁君外出巡游,整天去观赏齐国赠送的美女和纹马,政事也懈怠下来。子路说:"先生可以离开鲁国了。"孔子说:"鲁国现在就要举行郊祭,如果按礼法把祭肉分给大夫,那么我们还可以留下来。"季桓子终于接受了齐国送来的美女,连续三天不过问政务;郊祭后,又没有把祭肉分给大夫们。孔子于是离开鲁国,在屯地留宿过夜。师己前来送行,说:"先生并没有罪。"孔子说:"我唱歌可以吗?"于是唱道:"那些女人的口,可以把大臣赶走;如果亲近那些女人,就可以使人国破身亡。悠闲啊悠闲啊,我只有这样度过岁月!"师己返回,季桓子说:"孔子说了些什么?"师己据实报告。季桓子长叹一声说:"先生怪罪我是因为我接受了齐国那群女子的缘故啊!"

孔子于是来到卫国,住在子路的妻兄颜浊邹家里。卫灵公问孔子:"在鲁国得到的俸禄是多少?"孔子回答说:"俸禄是粟米六万小斗。"卫国人也给他粟米六万小斗。过了不久,有人在卫灵公面前诋毁孔子。灵公派公孙余暇监视孔子的

出入。孔子担心在这里获罪,住了十个月,就离开了卫国。

孔子将要去陈国,经过匡城,弟子颜渊赶车,用马鞭指着一处城墙说:"从前我进这个城,就是从那个缺口进去的。"匡地人听到后,以为是鲁国的阳虎。阳虎曾经残害过匡地人,匡地人于是就围困了孔子。孔子的长相跟阳虎相似,所以被困了整整五天。颜渊后来才赶到,孔子说:"我以为你死了。"颜渊说:"先生健在,我颜回怎么敢死呢!"匡地人围捕孔子越来越急迫,弟子们都很害怕。孔子说:"周文王死后,周朝的礼乐制度不是就在这里吗?上天如果要毁掉这种制度,就不会让我们这些后死的人认识这种制度并且承担维护它的责任。上天既然不想毁掉这种制度,那么匡地人又能把我怎么样呢?"孔子派随从到卫国宁武子那里做家臣,然后才得以脱身离去。

孔子离开匡地就到了蒲地。过了一个多月,返回卫国,住在蘧伯玉家里。卫灵公有个名叫南子的夫人,派人对孔子说:"四方各国的君子不受侮辱而想跟我们国君结为兄弟关系的,必定要来见我们夫人。我们夫人愿意见你。"孔子先是婉言推辞,后来不得已只好去见她。南子在细葛布帷帐中等待,孔子进门,向北跪拜行礼。南子在帷帐中回拜答礼,身上的环佩玉饰撞击出清脆的响声。孔子说:"我本来不愿见她,既然见了,就要按礼仪行事。"子路仍不高兴。孔子起誓说:"假如我做得不对,上天一定厌弃我!上天一定厌弃我!"他们在卫国住了一个多月,卫灵公和夫人南子同坐一辆车,宦官雍渠陪侍在右侧,出了宫门,让孔子乘坐第二辆车跟随,大摇大摆地从街市经过。孔子说:"我没见过喜好德行就像喜好美色一样的人。"于是感到厌恶,离开卫国,到曹国去。这一年,鲁定公去世。

孔子离开曹国来到宋国,和弟子们在大树下演习礼仪。宋国的司马桓魋想杀孔子,就把大树砍了。孔子只好离去。弟子说:"可以快点走了。"孔子说:"上天赋予我传播德行的使命,桓魋能把我怎么样?"

孔子到了郑国,和弟子们走散了,孔子独自站在外城的东门。郑国有人对子贡说:"东门那里有个人,他的额头像尧,脖子像皋陶,肩膀像子产,然而从腰部以下比禹短三寸,狼狈得像一只丧家之犬。"子贡据实告诉孔子。孔子高兴地笑道:"那人形容我的相貌,这无关紧要。但他说我像一只丧家之犬,真是这样呵!真是这样呵!"

孔子来到陈国,住在司城贞子家里。过了一年多,吴王夫差讨伐陈国,夺取三座城邑而后离去。赵鞅攻打朝歌。楚国围攻蔡国,蔡把都城迁到靠近吴国的地方。吴王在会稽打败越王勾践。

有一只隼落在陈国宫廷死了,鸟身被楛木做的箭贯穿,箭头是用石头做的,箭长一尺八寸。陈湣公派使者询问孔子。孔子说:"隼是从很远的地方飞来的,这是肃慎人的箭。从前周武王攻灭商纣后,沟通了跟九夷百蛮的联系,让他们各自进贡地方特产,让他们不要忘记自己的职责和义务。于是肃慎人进贡用楛木做箭杆、用石做箭头的箭,长一尺八寸。先王为了显示他臣服远方的盛德,就把肃慎箭分给长女太姬,把她嫁给虞胡公,并把虞胡公封在陈国。把珍宝玉器分赐给同姓诸侯,表示亲上加亲;把远方的贡品分赐给异姓诸侯,让他们不忘记服从

王命。所以把肃慎箭分赐给陈国。"陈湣公就派人试着到旧府库中去查找,果然找到了这种箭。

孔子在陈国住了三年,正逢晋、楚争霸,轮番讨伐陈国,加上吴国侵犯陈国,陈国经常受到侵略。孔子说:"回去吧!回去吧!我们这批人中有些弟子志向远大,只是行事有些疏阔,他们有进取心,没有忘记自己的初衷。"于是孔子离开陈国。

经过蒲地,正遇上公孙氏凭借蒲地发动叛乱,蒲地人扣留了孔子。弟子中有个叫公良孺的,带了自己的五辆车跟随孔子。他身材高大,为人贤能,勇敢有力,对孔子说:"我以前跟随先生在匡地遇险,现在又在这里遇到危难,这是命中注定的。我和先生一再遭遇危难,宁愿搏斗而死。"他跟蒲地人拚命搏斗。蒲地人害怕,对孔子说:"如果你们不去卫国,我就放你们出去。"孔子和蒲地人订立了盟约,蒲地人放孔子他们从东门出去。孔子于是前去卫国。子贡说:"怎么可以违背盟约呢?"孔子说:"盟约是在被胁迫的情况下订立的,神灵不会认可。"

卫灵公听说孔子来了,十分高兴,亲自到郊外迎接,问孔子:"可以讨伐蒲地吗?"孔子回答说:"可以。"灵公说:"我的大夫们认为不可以。如今蒲地是卫国抵御晋、楚的屏障,用卫国来讨伐它,恐怕不可以吧?"孔子说:"蒲地的男子有誓死效忠卫国的信念,妇女有保卫西河这块土地的愿望。我们所要讨伐的,不过是四五个叛乱的头目。"灵公说:"好的。"但是并没有去讨伐蒲地的叛乱。

卫灵公年迈,懒得处理政务,又不任用孔子。孔子慨叹说:"如果有人任用我,一年就可以扭转局面,三年就能大见成效。"孔子于是离开卫国。

佛肸担任中牟的长官。赵简子攻打范氏和中行氏,讨伐中牟。佛肸反叛赵简子,派人去召孔子。孔子想去。子路说:"我从先生那里听说,'亲自做坏事的人,君子不到他那里去'。如今佛肸亲自占据中牟发动叛乱,先生却想到他那里去,这是为什么?"孔子说:"有过这样的话。但我不也说过坚硬的东西,是磨不薄的;不也说过洁白的东西,是染不黑的。我难道是葫芦吗?怎么能只是挂着而不给人吃呢?"

孔子击磬,有个人背着草筐从门前经过,说:"有心思啊,所以才击磬!叮叮当当地敲着,没有人能赏识自己,那就算了吧!"

孔子向乐师襄子学习弹琴,一连十天都没有学习新的内容。师襄子说:"可以学习新曲了。"孔子说:"我已经熟习曲子了,但还没有掌握弹奏的要领。"过了一阵子,师襄子说:"你已经掌握了弹奏的技法要领,可以学习新曲了。"孔子说:"我还没有领会乐曲的意蕴。"又过了一阵子,师襄子说:"你已经领悟了乐曲的意蕴,可以学习新曲了。"孔子说:"我还没有体会出作曲者是个什么样的人。"又过了一段时间,孔子肃穆深思,心旷神怡,显现出视野宽广、志向高远的神情,说"我体会出作者是什么样的人了,这个肤色黝黑,身材高大,目光明亮而远大,好像统治四方诸侯的王者,如果不是周文王谁能够这样呢!"师襄子离开座位向孔子再拜说道:"我的老师好像说过,这首曲子名叫《文王操》。"

孔子既然得不到卫国的任用,就打算向西去见赵简子。到达黄河边上,听到

窦鸣犊、舜华被杀的消息，对着黄河叹息说："壮美啊黄河水，浩荡而盛大！我不能渡过黄河，也是命中注定的吧！"子贡快步上前问道："敢问这话是什么意思？"孔子说："窦鸣犊、舜华，是晋国贤能的大夫。赵简子没有得志的时候，靠着这两个人然后才得以掌握政权，等到他得志以后，竟然杀了他们来执掌政权。我听说，剖腹取胎，杀害幼兽，麒麟就不会到郊外来；把池塘水排干了捉鱼，蛟龙就不肯调和阴阳；倾覆鸟巢毁坏了鸟卵，凤凰就不愿飞翔起舞。为什么呢？君子忌讳作害他的同类。鸟兽对于不义的行为还知道躲避，更何况我孔丘呢！"于是回到家乡陬邑休养，创作《陬操》来哀悼窦鸣犊、舜华这两位贤能的大夫。然后又返回卫国，住在蘧伯玉家里。

有一天，灵公向他询问用兵打仗的事，孔子说："祭祀方面的事情我倒是听说过，打仗的事情没有学过。"第二天，灵公和孔子交谈，看到飞行的雁阵，就抬头仰望，注意力不在孔子身上。孔子于是离开卫国，再次来到陈国。

夏天，卫灵公去世，他的孙子辄继位，这就是卫出公。六月，赵鞅把卫灵公的太子蒯聩送到戚邑。阳虎让太子身穿孝服，让另外八个人披麻戴孝，假装从卫国前来迎接太子，哭着想回到卫国，因为卫国人阻挡，所以就住在戚邑。冬天，蔡国把都城迁到州来。这一年是鲁哀公三年，孔子已经六十岁了。齐国帮助卫国围攻戚邑，因为卫国太子蒯聩在那里的缘故。

夏天，鲁桓公、釐公的庙发生火灾，南宫敬叔前去救火。孔子在陈国，听到失火的消息，说："火灾一定是在桓公、釐公的庙吧？"随后证实果然如此。

秋天，季桓子生病，坐着辇车看到鲁城，长叹一声说："从前这个国家几乎兴盛起来，因为我得罪了孔子，所以没能兴盛起来。"转过头来对他的继承人康子说："我如果死了，你一定会当鲁国的国相；你当了鲁相后，一定要把孔子召回来。"几天后，季桓子去世，季康子继承了他的职位。葬完桓子后，季康子想召回孔子。公之鱼说："从前我们的先君桓子没能善始善终地任用他，最后被天下诸侯耻笑。现在又任用他，如果还是半途而废，这样就会再次被诸侯耻笑。"季康子说："那么召谁合适呢？"公之鱼说："一定要召冉求。"于是派人去召冉求。冉求将要前往。孔子说："鲁国召唤冉求，不是小用，而是要重用他。"这天，孔子说："回去吧！回去吧！我们这批人中的一些弟子志向很大，只是行事疏阔了些，他们很有文采，我不知道该怎样指导他们。"子贡知道孔子想回鲁国，送冉求时，就叮嘱他说："如果你被重用，一定要设法把孔子请回去。"

冉求离去以后第二年，孔子从陈国移居到蔡国。蔡昭公将要去吴国，因为吴王召见他。在此以前昭公欺骗他的大臣把都城迁到州来，这次又要应召前往，大夫们害怕再次迁都，公孙翩就在路上射死了昭公。楚国侵犯蔡国。秋天，齐景公去世。

第二年，孔子从蔡国前往叶地。叶公询问治政的道理，孔子说："治政在于招来远方的贤人，使近处的人归服。"另一天，叶公向子路询问孔子的为人，子路没有回答。孔子听说后，说："子路（仲由），你为什么不回答说'孔子这个人，学习道德不知疲倦，教导别人不知厌烦，发愤时忘记吃饭，快乐时忘记忧愁，不知道衰老

将要到来,如此而已'。"

　　孔子离开叶地,回到蔡国。遇见长沮、桀溺两人一起在田里耕作,孔子认为他们是隐士,就派子路去打听渡口在哪里。长沮说:"那个在车上拉着缰绳的人是谁?"子路说:"是孔丘。"长沮说:"是鲁国的孔丘吗?"子路说:"是的。"长沮说:"那他应该知道渡口在哪里了。"桀溺问子路说:"你是谁?"子路说:"我是仲由。"桀溺说:"你,就是孔丘的门徒吗?"子路说:"是的。"桀溺说:"天下到处都是动荡不安,谁又能改变这种局面呢? 再说与其跟着躲避暴君乱臣的人四处奔波,还不如跟从躲避乱世而隐居的人呢!"一边说一边照样不停地干活。子路把他们的话告诉孔子,孔子怅然地说:"我们不能跟山林里的鸟兽为伍。要是天下太平的话,我也用不着为改变目前的世道而到处奔波操劳了。"

　　有一天,子路正在行走,遇到一个扛着除草工具的老农,说:"你看见我的老师了吗?"老农说:"你们这些人四体不勤,五谷不分,谁是你的老师我怎么知道。"说完拄着拐杖除起草来。子路把这事告诉了孔子,孔子说:"这是位隐士啊。"再去找时,老农已经走了。

　　孔子移居蔡国后的第三年,吴国讨伐陈国。楚国救援陈国,军队驻扎在城父。听说孔子住在陈、蔡之间,楚国就派人去聘请孔子。孔子准备前去答谢,陈、蔡两国的大夫谋划说:"孔子是个贤人,他所讥讽的都能切中诸侯的弊端。如今久居陈、蔡之间,大夫们的所作所为都不合孔子的意思。现在的楚国,是个大国,前来聘请孔子。如果孔子受到楚国的重用,那么陈、蔡两国掌权的大夫就危险了。"于是就一起派遣服劳役的徒众把孔子围困在野外。孔子无法前往,粮食又断绝,随从的弟子生病,个个无精打采。孔子却仍然不停地给他们讲学诵诗、弹琴唱歌。子路面带怒色来见孔子说:"君子也有窘困的时候吗?"孔子说:"君子面对窘困仍能坚守节操,小人遇到窘困就会什么事都干得出来。"

　　子贡气得脸色都变了,孔子说:"赐啊,你认为我是博学多识的人吗?"子贡说:"是的。难道不是吗?"孔子说:"不是的。我只是用一种基本原则来贯穿所有的知识。"

　　孔子知道弟子们心中恼怒,就召来子路问道:"《诗》中讲'不是犀牛也不是老虎,却在旷野上徘徊'。难道我的学说不对吗? 我们为什么会落到这种境地呢?"子路说:"想必是我们的仁德不够吧? 所以别人不相信我们。想必是我们的智谋还不够吧? 所以人家不放我们走。"孔子说:"有这样的道理吗! 仲由,假如有仁德的人必定受人信任,哪会有伯夷、叔齐饿死在首阳山呢? 如果有智谋的人必定能畅行无阻,怎么会有比干被剖心呢?"

　　子路出来,子贡进去见孔子。孔子说:"赐啊,《诗》中说'不是犀牛也不是老虎,却在旷野中徘徊'。难道我的学说不对吗? 我们为什么会落到这种境地呢?"子贡说:"因为先生的学说太博大了,所以天下诸侯没有哪个能容纳先生的。先生何不稍微降低迁就一点呢?"孔子说:"赐啊,好的农夫虽然善于播种庄稼,但却不能保证一定有收获,能工巧匠制造的器具也未必能使所有人都称心。君子能够研究并提出自己的学说,能用一定的方法规范社会,按照一定的次序管理国家,

但不一定能被社会容纳。如今你不勤修自己的学说，却想降低标准、迁就别人以希求别人容纳。赐啊，你的志向不远大啊！"

子贡出来，颜回进去见孔子。孔子说："回啊，《诗》中说'不是犀牛也不是老虎，却在旷野中徘徊'。难道我的学说不对吗？我们为什么会落到这种境地？"颜回说："先生的学说极其博大，所以天下诸侯都不能容纳。尽管如此，先生还是坚持不懈地推行自己的学说，不被容纳又有什么关系呢？正因为不被流俗所容纳，所以才显示出不苟且、不迁就的君子风范。不能研修和完善自己的学说，这才是我们的耻辱。博大精深的学说已经非常完备却不被采用，这是国家统治者的耻辱。不被容纳又有什么关系呢？不被容纳，更能显示出不随流俗的君子风范！"孔子高兴地笑道："是这样啊，颜家的孩子！要是你有很多财产，我愿意做你的管家。"

于是派子贡前往楚国。楚昭王派军队迎接孔子，然后才得以脱身。

昭王打算把有户籍登记的七百里土地封给孔子。楚国的令尹子西说："大王派往诸侯国的使者有像子贡这样的吗？"楚王说："没有。"子西问："大王的辅相有像颜回这样的吗？"楚王说："没有。"子西又问："大王的将领有像子路这样的吗？"楚王说："没有。"子西又问："大王的主管官员有像宰予这样的吗？"楚王说："没有。"子西说："楚国的祖先受封于周朝，爵号只是子男，封地只有五十里。如今孔丘论述三皇五帝的治国之法，阐明周公、召公辅助周天子的功业，大王如果采用这些主张，那么楚国又怎能保证世世代代统治方圆几千里的土地呢？想当年文王在丰，武王在镐，从统治百里土地的君长最终称王天下。如今孔丘要是拥有封地，再加上贤能弟子的辅佐，这对楚国来讲不是好事。"昭王于是作罢。这年秋天，楚昭王在城父去世。

楚国装疯的贤士接舆唱着歌从孔子旁边经过，说："凤凰啊凤凰啊，你的德行为什么如此不受重视！过去的已经无法挽回，但未来的还可以补救！算了算了，如今从政的人都很危险啊！"孔子下车，想跟他交谈，他快步而去，孔子没能跟他交谈。

于是孔子从楚国返回卫国。这一年，孔子六十三岁，正是鲁哀公六年。

第二年，吴国和鲁国在缯会盟，吴国向鲁国索要一百套祭祀用的牲畜。吴国太宰伯嚭召见季康子。季康子派子贡前往，然后吴国才放弃了无礼要求。

孔子说："鲁、卫两国的政事，就像兄弟一样相似。"当时，卫君辄的父亲蒯聩不能继位，在外地流亡，诸侯对此多次指责。而孔子的很多弟子都在卫国做官，卫君想让孔子执掌政事。子路说："卫君等着让先生执政，先生将从哪里先入手呢？"孔子说："一定要先正名分。"子路说："有这样的吗？先生太迂阔了！有什么可正的呢？"孔子说："鲁莽啊，仲由！名分不正，说话就不顺理；说话不顺理，事情就办不成；事情办不成，礼乐制度就不可能兴盛；礼乐制度不能兴盛，刑罚就不能公平准确；刑罚不能公平准确，那么老百姓就会手足无措。君子办事一定要合乎名分，说出来的话一定要切实可行。君子对于自己所说的话，必须毫不苟且才行。"

又过了一年，冉有为季氏统率军队，与齐军在郎地作战，打败了齐军。季康子说："先生的军事才能，是学来的呢？还是天生的呢？"冉有说："是从孔子那里学来的。"季康子说："孔子是怎么样的人呢？"冉有回答说："孔子办事情有正当的名分，然后才向百姓传播，即使是在鬼神面前进行验证也没什么遗憾的。如果让孔子像我一样去打仗，即使封给他千社，他也不会动心的。"季康子说："我想召他回来，可以吗？"冉有回答说："如果想召他回来，就不能让小人从中阻碍他，这样才可以。"这时卫国的孔文子想要攻打太叔，向孔子请教计策。孔子推辞说不知道，回去后就吩咐备车离开卫国，说："鸟能选择树木栖息，树木怎么能选择鸟呢？"孔文子竭力挽留他。正逢季康子派遣公华、公宾、公林，带着厚礼前来迎接孔子，孔子于是返回鲁国。

孔子离开鲁国共计十四年才返回鲁国。

鲁哀公询问为政之道，孔子回答说："治理政事的重点在于选择大臣。"季康子询问为政之道，孔子说："推举正直的人，摈弃心术不正的人，这样心术不正的人也会转变为正直的人。"季康子忧虑盗贼，孔子说："如果你自己没有贪欲，那么即使是给予奖赏也不会去偷盗。"然而鲁国最终没能重用孔子，孔子也不请求做官。

孔子的时期，周室衰微，礼乐废坏，《诗》《书》残缺不全。孔子追溯夏、商、周三代的礼仪制度，重新编次《书传》，上起唐尧、虞舜之际，下至秦穆公时期，按顺序排列史事，说："夏朝的礼制我还能讲述，只是杞国没有足够的文献资料来证实这些制度。殷朝的礼制我还能讲述，只是宋国没有留下足以证明这些制度的文献资料。如果文献充足的话，那么我就能很充分地证实这些制度了。"他考察了夏、殷以来礼制增减的情况后，说："从那以后即使经过了一百代，礼制增减的情况也是可以知道的，因为不外乎文彩和质朴的相互交替。周朝借鉴夏、殷两朝的礼制而确定自己的礼仪制度，真是丰富多彩啊。我遵从周朝的礼制。"所以《书传》《礼记》都是出自孔子的编定。

孔子对鲁国的乐官太师说："音乐的规律应该是可以通晓的。刚开始演奏时，要协调五音，接下来节奏必须和谐，声音必须清晰，做到循环紧凑、连续不断，这样整首乐曲才能完成。我从卫国返回鲁国，然后才订正了诗乐，使《雅》《颂》都能和原来的曲调相配。"

古代留传下来的《诗》有三千多篇，到了孔子，删去重复的部分，选取可以用于礼义教化的篇章。上采自殷代的始祖契、周代的始祖后稷，中间述说殷、周两代的盛世，下至周幽王、周厉王时期的政治缺失，起始于叙述男女夫妇感情和家庭关系的诗篇，所以说："《关雎》是《风》的首篇，《鹿鸣》是《小雅》的首篇，《文王》是《大雅》的首篇，《清庙》是《颂》的首篇"。三百零五篇诗孔子都配上乐曲歌唱，以求符合《韶》《武》《雅》《颂》等乐舞的音调。礼乐制度从此才得以称述，使得王道完备，六艺齐全。

孔子晚年喜好《易》经，对《彖》《系》《象》《说卦》《文言》等篇都详加叙说。他研读《易》的时候，把串联竹简的皮绳磨断了三次，说："再让我多活几年，如果真

能这样,我对《易》的文辞和义理就能充分掌握了。"

孔子用《诗》《书》《礼》《乐》作为教学内容,弟子大约有三千人,精通六艺的有七十二人。像颜浊邹之类多方面受过孔子教诲但没有登堂入室的弟子也很多。

孔子注重从四个方面教育弟子:学问、行为、忠恕、信义。要求弟子严格执行四种禁律:不揣测,不武断,不固执,不自以为是。要求慎重对待的事情是:斋戒、战争、疾病。孔子很少谈利,即使谈利也是和命运、仁德联系起来论述的。孔子授教时,不到弟子实在弄不懂而发急时,不去启发开导他。如果弟子还不能做到举一反三,就不继续讲授新的内容。

孔子在自己家乡时,谦恭温厚得像个不善言谈的人。在宗庙祭祀和朝廷议政时,却言辞通达明辨,但又很恭谨小心。上朝时,和上大夫交谈,态度中正自然;和下大夫交谈,态度和乐轻松。进入国君的宫门时,低头弯腰态度恭敬;快到国君面前时,小步快行,态度端谨。国君命他接待宾客时,表情庄重认真。国君有令召唤他时,不等车驾备好就先出发了。

鱼不新鲜,肉已变质,或者切割得不端正,孔子都不吃。席位没有摆正,就不入坐。在有丧事的人旁边吃饭,从来不吃饱。

在这一天里哭过,就不再唱歌。看见穿丧服的人和盲人,即使是小孩,也会为之动容。

孔子说:"三人同行,其中一定有可以做我老师的"。"不修明德行,不讲求学业,听到正义的事情而不能去学习,不能改正缺点错误,这些都是我忧虑的"。请人唱歌时,如果唱得好,就请他再唱,然后自己也跟着他一起唱。

孔子不谈论怪异、暴力、悖乱和鬼神之类的事情。

子贡说:"先生在文献典章方面成就卓著,我们是知道的。先生讲论天道和人生命运的深奥见解,我们就不能听到了。"颜渊慨叹说:"对先生的学问越仰慕,就越觉得无比崇高;对先生的学问越钻研,越是觉得坚实深厚。看到它就在眼前,忽然间又转到身后了。先生善于循序渐进地诱导人,用文献典籍丰富我的知识和见闻,用礼仪道德规范我的言论和行为,使我想停止学习都不可能。我已经竭尽了自己的才智和心力,好像有所收获,但先生的学问却依然高不可及。虽然我想追随上去,却总也无法达到那样的境界。"达巷党人说:"孔子真伟大啊!博学多才而不专一名家。"孔子听了这话说道:"我要专于什么呢?是专于赶车呢?还是专于射箭呢?我还是专于驾车吧。"子牢说:"先生讲'因为没被任用,所以才有空闲学了许多技艺'。"

鲁哀公十四年春天,在大野之地打猎。叔孙氏的车夫鉏商猎获了一头异兽,认为不吉利。孔子看了说:"这是麒麟。"于是将它拿走了。孔子说:"河图洛书不再出现,我的命就快完啦!"

颜渊去世,孔子说:"这是老天要亡我啊!"等到在西面打猎看到麒麟,说:"我的学说到头了!"长叹一声说道:"没有人能理解我了!"子贡说:"为什么没有人理解先生呢?"孔子说:"我不抱怨上天,也不怪罪别人,下学人事而上达天理,知道我的大概只有上天了!"

孔子说："不降低自己的志向，不辱没自己的人格，伯夷、叔齐就是这种人啊！"又说"柳下惠、少连降低了自己的志向，辱没了自己的人格"。又说"虞仲、夷逸隐居纵言，行为合于清高纯洁，自我废弃合于权变。""我就和他们不同了，既没有绝对的可以，也没有绝对的不可以"。

孔子说："不行呵！不行呵！君子就怕死后不能流芳百世。我的学说和主张行不通了，我靠什么来名传后世呢？"于是根据鲁国的历史记录写了《春秋》一书，上起鲁隐公，下至鲁哀公十四年，记载了鲁国的十二位国君。以鲁国的历史文献为依据，尊奉周室为正统，同时借鉴殷代的旧制，上推并继承三代的法统。文辞简约而蕴意广博。所以吴、楚的国君自称为王，而《春秋》却贬称他们为"子"；践土会盟实际上是晋君召周天子去的，而《春秋》则隐讳地说"天子周王巡狩来到河阳"。以此类推，用来矫正当时的非礼和悖逆行为。这种褒贬的原则和大义，如果后代有英明的君王加以倡导推广，使《春秋》的义法通行天下，那么天下的乱臣贼子就会感到恐惧了。

孔子任官审案期间，文辞上如果有可以跟别人商议的地方，绝不独自决断。至于写作《春秋》，那么该写就写，该删就删，连子夏等人都不能插手插嘴。弟子们学习《春秋》，孔子说："后世人知道我孔丘的是因为《春秋》，而怪罪我孔丘的也是因为《春秋》。"

第二年，子路死在卫国。孔子患病，子贡请求拜见。孔子正拄着拐杖在门前悠闲散步，说："赐，你怎么来得这样晚啊？"孔子继而叹息，口中唱道："泰山就要崩塌了！梁柱就要折断了！哲人就要凋谢了！"不由地落下了眼泪。对子贡说："天下失去常道已经很久了，没有人能遵循我的主张。夏人死后棺木停放在东面的台阶，周人死后棺木停放在西面的台阶，殷人死后棺木停放在厅堂的两柱之间。昨天傍晚我梦见自己坐在两柱之间受人祭奠，我本来就是殷人呵。"七天后，孔子去世。

孔子享年七十三岁，于鲁哀公十六年四月己丑日去世。

哀公的悼辞说："苍天太不公平，不肯留下这位老人，使他丢下我一个人在位，孤零零的我伤痛不已。啊！多么悲痛！尼父，我顾不得用礼法约束自己了！"子贡说："国君大概不能终老于鲁国了吧！先生的话说：'礼法丧失就会昏乱，名分丧失就会产生过失。丧失意志就会昏乱，失去所宜就会产生过失。'生前不能重用他，死后才来悼念他，这不符合礼法。身为诸侯，却自称'余一人'，这不符合名分。"

孔子葬在鲁城北面的泗水岸边，弟子们都服丧三年。三年尽丧完毕，相互告别而去，痛哭一场，各位弟子又再一次尽哀；有的人又留了下来。只有子贡在墓旁搭了一间小屋，守墓共六年，然后才离去。弟子们和鲁国人前去在墓地旁安家定居的有一百多家，因此把这个地方命名为"孔里"。鲁国世代相传每年按时到孔子墓地供奉祭祀，而儒生们也在孔子墓地讲习礼仪，举行乡饮、大射等仪式。孔子的墓地占地达一顷。以前孔子所居住的堂屋以及弟子们居住的内室，后来就地改成圣庙，收藏孔子生前用过的衣冠、琴、车和书简，直到汉代二百多年没有

中华名人百传

思想家卷

废绝。高祖皇帝经过鲁地，用太牢的祭品祭祀孔子。诸侯卿相一到任，常常先去拜谒孔子墓，然后才就职处理政务。

孙 子

　　孙子名武，是齐国人，因懂兵法受吴王阖庐接见。阖庐说："你写的十三篇兵法，我都已看过了，可以试一下用它来操演军队吗？"回答说："可以。"阖庐问："用它来操练女子也可以吗？"回答说："可以。"于是就让孙子来试。清点宫中的美女，共一百八十名。孙子把她们分为两队，任命阖庐的两名宠姬为队长，让她们都持戟，命令她们说："你们知道你们自己的心、左右手及背吗？"女子们说："知道。"孙子说："向前，就是看心所对的方向；向左转，就是朝左手的方向转动；向右转，就是向右手所在的方向转动；向后转，就是向后背的方向转动。"女子们说："行。"接着孙子就宣布了军法，设置了斧钺，并再三申明军法。接着，就击鼓让女子们向右转，女子们都大笑起来。孙子说："军法不明，命令不熟，这是将的过错。"于是又再三申明军法，击鼓让她们左转，女子们又大笑。孙子说："军法不明，命令不熟，过错在将；法令既明而不依法令行事，这就是士卒的过错。"于是就要斩左右两队的队长。吴王正在台上观看，看到真的要斩自己的爱姬，十分惊慌，派使者下令说："我已知道将军能用兵了。我如果没有这二姬，饭都吃不香，请不要斩她们。"孙子说："我既然已经受命为将，那么，将在军中，国君的命令有的可以不听。"就斩了两位队长以示众，另选了两个人为队长。接着又击鼓，女子们左转、右转、向前走、向后转、跪倒、起立都符合规矩法令，再无一个人敢出声。于是孙子派使者报告吴王："军队已经整齐，大王可以下来观看，只要是大王所想要的，即使让她们赴汤蹈火都可以。"吴王说："请将军停止训练，回去休息吧，我不愿意再看下去。"孙子说："大王只喜欢兵法中的言论，而不喜欢兵法的实际运用。"

　　从此阖庐知道孙武能用兵，最终任他为将。吴国向西击破强大的楚国，占领了楚国的郢都；向北威震齐国、晋国，使吴国在诸侯中名声大振，孙子是有很大功劳的。

孟 子

　　孟柯，鲁国邹人，跟从子思的门徒学习。精通学业以后，游说并服事齐宣王，但是宣王没有重用他。孟柯到了梁国，梁惠王认为他的话没有用，认为是见识辽阔而不合实际的需要。在当时，秦国重用商鞅，使国家富强，军队强大；楚国、魏

国重用吴起，战胜强敌，削弱敌人；齐威王、齐宣王重用孙膑、田忌等人，使诸侯国向东朝拜齐国。天下各国正致力于合纵或连横之策，以擅长攻伐为贤能，而孟轲却去介绍唐、虞以及夏商周三代的德政，所以他所到之处，其观点都不合实际。于是只好回国与万章等人论述《诗》《书》，阐述孔子的思想，并写做了《孟子》七篇。他的后继者有邹子等人。

齐国有三位邹子。第一位叫邹忌，利用弹琴求见齐威王，于是得以参与国政，被封为成侯并拜受相印，他在孟子之前。

第二位叫邹衍，他比孟子晚。邹衍看到掌握国家大权的人更加荒淫奢侈，不能重视道德，像要求自己《大雅》中所说的那样来修身，并向百姓们推广。于是他深入地考察万物的阴阳变化之理而创造怪异而迂阔的变化之学，著有《终始》《大圣》等篇共十多万字。其中的语言广大而不合常理，一定要先在具体的小事上加以验证，而后再推广到大的事情上，以至于无限。先论述当今，然后上溯到黄帝，运用的都是学者们共同认可的材料，从历世的盛衰中，考察与吉凶有关的制度，再往前推，一直到天地还未诞生，一切都处于混沌不可探究的时候为止。在书中他首先罗列了中国的名山大川，深谷禽兽，水土上的出产，珍贵的物类，并以此类推，一直到海外异域人们看不到的东西。又称自从天地分别以来，五德根据五行的变化而流转，不同的时代都由五德中的一德来统治，两者合若符契。认为儒者所说的中国，只是天下的八十一分之一。中国的名字叫赤县神州。赤县神州内本身有九州，也即禹所排列的九州，但这不是他所说的州的数目。在中国以外与赤县神州一样的州东方又有九个，这才是所谓的九州。在那里有小海环绕，人民禽兽互相间都不能相通，就好像在一个区域中，这才是一个州。在这九个州之外，有大海环绕，这才是天地的边际。书中的学问都属于上述所说的一类。然而它的宗旨，一定归结到仁义节俭在君臣上下及六亲身上的施行，只是开头有点不着边际。那些王公大人初次见到他的学说，都很惊讶并愿意仿效，但最终无法去实施。

于是邹子在齐国受到重视。邹子去魏国，梁惠王到城郊去迎接他，行宾主之礼。他到赵国，平原君侧身躬行并为他拭席。到燕国，燕昭王拿着扫帚清扫道路并亲自开道，还请求让自己以他的弟子的身份接受学问，专门修建了碣石宫，亲自前往拜他为师。他著有《主运》篇。他游历诸侯时受到如此的尊敬礼遇，岂是孔子在陈、蔡游说时因饥饿而面有菜色，孟子在齐、魏遭受困厄所能比的！所以周武王以仁义为旗号而攻伐纣王并因而称王，而伯夷却宁受饥饿而不吃周朝的粮食；卫灵公问孔子如何用兵布阵，而孔子不予回答；梁惠王计划攻打赵国，孟轲却称颂当年周太王离开邹的故事。这些难道是有意去奉承世俗并与之苟合吗！拿着方形的榫头想放入圆孔中，这怎么可能呢？有人说：伊尹背着鼎来劝勉商汤，商汤因而称王；百里奚原来在车下喂牛，而秦穆公重用他，因而称霸，这都是先迎合，然后再把他们引导到大道上。邹衍的言论虽然不合常规，但是否也有像百里奚喂牛、伊尹背负鼎那样的用意呢？

从邹衍及齐国的稷下先生，如淳于髡、慎到、环渊、接子、田骈、邹奭等人，都写书谈论国家治乱的学问,并以此去求见诸侯国的国君,怎么能说得完呢!

　　淳于髡,齐国人。他见闻广博,记忆力强,学业上不专主一说。他在劝谏游说时,钦慕晏婴这个人,但是注重奉承别人并察颜观色。有一个门客把淳于髡推荐给梁惠王,惠王摒退左右之人,单独见他两次,淳于髡始终不发一言。梁惠王觉得很奇怪,责备那个门客说:"你称道淳于髡先生,说管仲、晏婴都比不上他,等他见到了我,我却并没有什么收获。难道是因为我这个人不值得他说吗?究竟是什么缘故呢?"门客把梁惠王的话告诉了淳于髡。淳于髡说:"本来嘛,我第一次见到惠王,他想着驱马围猎之事;第二次见到惠王,他在想着音乐。所以我就默不作声。"门客把这些话全部告诉了梁惠王,惠王十分惊讶,说:"啊,淳于先生真是一个圣人!第一次淳于先生来时,有人献给我好马,而我还来不及去看,恰遇先生来了。第二次先生来时,有人献来歌伎,而我还来不及欣赏,也恰巧碰上先生来。我虽然摒退了左右之人,但心里还在想着马和歌伎,确实如此。"后来淳于髡来见,一连谈了三天三夜,都不知疲倦。惠王想任他以卿相之位,淳于髡却推辞了。于是惠王送给他一辆四匹马拉的车,成捆的丝帛及璧,还有黄金百镒。淳于髡一辈子都没有去当官。

　　慎到,赵国人;田骈、接子,是齐国人;环渊,楚国人。他们都学习黄帝、老子关于道德的学问,并阐发、说明他们的主旨。所以慎到著有十二论,环渊著有上下篇,而田骈、接子都有所论述。

　　邹奭,是齐国的第三位邹子,他采纳了不少邹衍的学说来写书。

　　当时齐王赞赏他们,自从淳于髡以下,都任命为列大夫,替他们在宽阔的大道边建房,都是门户高大的大房子,并尊重、宠信他们。以此招揽天下诸侯各国的宾客,显示齐国能招致天下的贤能之士。

荀　子

　　荀子(约前313—前228年)又称荀卿,战国后期赵国(今河北省和山西省南部)人,其政治、学术活动大约在公元前298年(周赧王十七年)到公元前238年(秦王政九年)之间。

　　荀子一生处在历史大变动的战国后期。他的思想顺应当时的历史的潮流,主张天下统一。"天下为一"是荀子最重要的政治主张。这一点,他继承了儒家的民本思想。他先后到过齐,秦、楚、赵等国。当时的齐国稷下,是学者云集、百家争鸣的著名场所。他首先到了齐国,想说服齐湣王实行王道政治,争取统一天下。并且指出,如果不以王道治国,就有被吞并的危险。但当时齐湣王居功自傲,根本听不进不合己的劝谏。他只得离开齐国。果然不出荀子所料,齐湣王不久被燕国打败,身死国危(见《史记·孟子·荀卿列传》)。他每到一个国家,就反复宣传这个政治主张,渴望早日实现天下统一的局面,劝谏各国国君,为统一天

下做出自己的努力。

　　怎样才能实现天下统一,四海一家的政治局面呢? 荀子主张礼法并重,尚贤使能,平政爱民。荀子自诩为儒家真正继承者,因此,他很重礼义,认为礼于治国,就如同称量轻重用的称,校准曲直的绳墨,刻画方圆的规矩。但是,在强调礼制的同时,荀子又主张重法,他说:“隆礼至法,则国有常”(《荀子·君道》)。如果只以礼治国而不用法,或执法不严,赏不当功,罚不当罪,国家就会混乱。“教而诛,则奸民不惩”(《荀子·富国》)。他不同意只讲法治而不讲礼治、德治。李斯曾经对他说过,秦国兵强海内,威行诸侯,并不是靠仁义得来的。荀子说,秦国四世强盛,最有希望统一天下,但从长远利益看,仍有严重缺陷,这种缺陷就是不用儒家礼治、德治(《荀子议兵·强国》)。他建议秦国不要只凭武力争城夺地,也要实行道德信义,即所谓“益地不如益信”(《荀子·强国》)。荀子从战国时期诸侯国强而变弱,兴而复亡的历史悲剧中悟出了“兼并易能,唯坚凝之难的道理”(《荀子·强国》),即攻城夺地易,巩固统治难。所以,荀子提出治理国家,不能只重法,更要重礼治、德治,要礼法兼用的主张。在几千年的中国封建社会,这种政治主张为许多帝王所推崇,对封建国家的建立和巩固起到很重要的作用。秦国靠自己的强盛统一了天下,但很快就灭亡了。当年秦国宰相李斯如果听从老师荀子的主张,不光使用武力,也同时重视礼治、德治,秦国统一天下后的历史,也许该是另一种写法了。

　　(1)外不避仇,内不阿亲

　　荀子主张,治理国家,统一天下,就要任人唯贤,任人唯能,不能一人有罪株连三族,一人为官百世承袭。他认为,株连三族,可能把德高望重者同时株连;先辈贤能,子孙也许行如桀纣。

　　(2)水则载舟,水则覆舟

　　荀子认为,为了巩固政治统治,君王应该处理好与老百姓的关系。他把君和民的关系比作舟和水的关系,“君者,舟也;庶人者,水也。水则载舟,水则覆舟”(《荀子·王制》)。君主如果不处理好和民众的关系,就不能统一天下,也不能长期治理天下,就会处于惊涛骇浪之中,把封建统治之舟掀翻到愤怒的民众之海里。他主张“足国之通,节用裕民,而善藏其余”(《荀子·富国》),希望统治者不能对人民压迫过重,要给一点生路,让他们能活下去,并且安于接受统治。甚至认为:“天之生民,非为君也;天之立君,以为民也”(《荀子·大略》),这种思想,认识到了民众的力量;这个问题,对维持封建秩序有着非常重要的作用。在中国历史上,“水可载舟亦能覆舟”成为许多封建帝王警诫自己的通言。

　　荀子是战国后期杰出的政治理论家和著名的唯物主义哲学家,他的学说吸取了先秦各家思想学说之成果,曾多次被稷下学者推为领袖,在人品和理论上都深负众望。

　　(3)用兵攻战之本,在乎于民

　　这是荀子把自己以民为本的社会历史观和社会经济联系起来,从社会政治的高度看待军事斗争,得出的一个重要的军事观点。他认为用兵打仗最重要的

是争取民心，使民众团结一致。这就好比射箭，如果弓和箭不能很好地协调，即使像善射的羿那样的射手，也不会射中目标；马匹调教不好，即使是善驾车的夸父也不能赶车远行；士民百姓不能亲密团结，商汤王、周武王也不可能夺取天下。因此，他认为，从国家战略的角度来看，对那些善于军事斗争的人而言军事建设的最高要求就在于安抚团结人民。他认为，民心向背是战争胜负和国家安危的决定性因素。"爱民者强，不爱民者弱"，"民齐者强，民不齐者弱"（《荀子·议兵》）。因此，要取得战争胜利，首要的工作在于使人民团结一致。

（4）强本而节用，则天下不能贫

荀子的治国谋略，总是从总体上把握国家政治、经济与军事的关系。也可以说，这是一种在当时历史条件下对综合国力的追求。他认为，国家经济的富强是军事力量强大的基础。主张发展农业，发展经济，农业是国家财力的基础，国家应致力农业，积累资财，开源节流，使国家富足起来。"明主谨养其和，节其流，开其源，而时斟酌焉。"（《荀子·富国》）作为统治者，不能好大喜功，贪污腐败，官吏太多，人民养不起，国家就会贫。"上好功则国贫，上好利则国贫，士大夫众则国贫，……无制数度量则国贫。"（《荀子·富国》）并且指出，人民的富足是国家富足的根本，"下贫则上贫，下富则上富。"（《荀子·富国》）在国家人民富足的基础上，才有可能建立强大的军队。只有"辟田野，实仓廪，便备用，上下一心，三军同力"，才有可能"杀其军，取其将，若拔麦"。（《荀子·富国》）荀子认识到，如果不从根本上，即从发展农业生产上入手，就会使国家财源枯竭；如果人民困苦而财货都集中于官府，就会导致国家危亡。"亡国富筐箧，实府库。筐箧以富，府库以实，而百姓贫；夫是谓上溢而下漏，入则不可，出不可以伐，则倾覆灭亡也，故我聚之以亡，敌得之以强。聚敛者，招寇、肥敌、亡国、危身之道也。"（《荀子·王道》）为了国家的安全，为了建立强大的军队，就必须首先发展经济，使人民富足。

（5）建王者之兵，选天下之将

荀子认为，能为国家保驾护航的军队首先是"王者之兵"，其次是和齐之兵，再次是盗寇之兵。王者之兵是仁义之兵。这种军队，因统治者的政策符合民心，百姓拥护，所以百将一心，三军同力，纪律严明，战斗力强。这种军队，投入战斗如利剑长刃，任何敌人都能迎刃而破，是天下无敌的军队。和齐之兵，使军民之间、军队内部也比较团结，像齐桓公、晋文公、楚庄王的军队那样，注重礼义教化，虽不如王者之兵，但战斗力也算比较强的，国家可以用这支军队称霸一时。盗寇之兵是那种随便招募，为钱财和私利而聚集起的雇佣军队，他们不会热爱国家，忠于上级，也不会出死力参战，因而战斗力弱，有时胜，有时败，靠不住。他认为，靠金钱让士兵杀敌，不可能买来真正的勇敢精神，这种军队在弱手面前可以，遇到强手就会如鸟兽散。一个国家为了长治久安，必须建立王者之兵。有了王者之兵，还要选天下之将。天下之将，要能多思，有谋略，善于权衡利弊，驾驭全局。不怕丢官，不怕杀头，不急于求胜而忘败，不会见利忘害，不会对部下耍威，对外轻慢无礼。这样的将帅，在谋略上，在办事上，在尊重地方政府官吏上，在爱民和爱兵上，在警惕敌人上，都不马虎。国家富强，人民富足，有了王者之兵，天下之

将，国家就可长治久安。

韩非子

　　韩非是韩国的贵族子弟，爱好刑名法术之学，但仍以黄老之学为本。韩非说话结巴，不擅言辞，但擅长写书。他与李斯一起师事荀子，李斯认为自己的水平不如韩非。

　　韩非见韩国日益削弱，屡次写信劝谏韩王，韩王都不予理睬。于是韩非痛恨国君治国不严明从事法制，凭借权势以统御臣下，追求富国强兵而不任用贤能之人，反而让那些浮夸之人位居有实际功劳的人之上。他认为儒学之士是用文字来扰乱法令，而那些豪侠之士则是凭借武力来违反禁令。国家和平时就宠用有名望的人，危难时就重用穿甲胄的武士，现在所供养的并非有用的人，而用的又不是所供养的人。他悲叹廉直之人受那些奸邪、枉法之人的排斥，考察历史上的得失变化，因此作《孤愤》《五蠹》《内外储》《说林》《说难》，共十多万字。

　　然而韩非知道游说之艰难，因此作《说难》一文，对此说得很详备，但他自己最终死于秦国，自身不能幸免于难。

　　《说难》中说：

　　"大凡游说的困难，不在于把我知道的向对方游说，不在于我的言辞是否能充分表达我的意图，更不在于我是否敢于直言而陈，尽己之意。游说的困难，在于如何知道自己游说对象的心意，如何用我的话去打动他。

　　如果所游说的对象追求的是名声远扬，而你却跟他说追求厚利，这就显得你气节低下，遭遇卑贱，因此他就会把你远远抛在一边。如果游说的对象追求的是厚利，而你却跟他说要追求名声远扬，那么就显得你无心于事，不切实际，因此肯定不会被接纳。如果所游说的对象实际追求的是厚利，而表面上却显得是为追求名声，而你跟他说如何才能使名声远扬，那么他就会表面上接受你而实际上是疏远你。如果你跟他说追求厚利，则他实际上采用了你的话但表面上却会抛弃你。对此是不能不知道的。

　　事情往往因为保密而获得成功，因讲话泄密而失败。并不一定是你有意泄密，而是因为谈及你想保密之事时，常常会无意泄露，这样你就会很危险。权贵之人有错失，而游说的人却一味推崇善行，以此来指责他的过失，这样你也会很危险。假如对方对你的恩泽不厚，而你与他说话时显出极相知的样子，那么如果你说的得以实行并且获得成功，对方并不会看重你，如果你说的不能实行并且因此还带来了失败，对方就会怀疑你，这样你也会很危险。权贵之人有了好的计谋，并且想以此作为自己的功劳，而游说的人也知道了这一计谋，这样你也会很危险。如果对方明示做一件事情，而实际做的却是另一件事情，而游说之人又知道了这一真相，这时你也会很危险。对方肯定不做的事你努力迫使他去做，对方

不愿意停下来的事情你偏要去制止它,这样你也很危险。所以说:如果你和对方议论大人物,他会认为你是在挑拨离间;如果你和他议论小人物,他会认为你是在拨弄权术。谈论他所喜爱的东西,他会认为你是要取悦于他而对他有所求;谈论他所憎恨的东西,他会认为你是在试探他。如果你言辞简略,则对方会因无法理解而屈辱你;滔滔不绝,旁征博引,对方又会认为你夸夸其谈、冗长乏味。顺着事情的本来面目陈述自己的观点,对方会认为你是因为怯懦而不敢尽言;如果你考虑事情很多,则又会说你是浅陋而傲慢。这些游说的难处,不可不知道。

游说的关键,在于知道粉饰游说对象所敬重的事物,而掩盖他认为是丑恶的事情。他自以为得意的计谋,就不要用他的失误来穷究他;他自认为是勇敢的决断,就不要用他的敌人来激怒他;他自以为自己很有力量,就不要用他的难处来阻止他。在规劝对方说别人在不同的事上与他有相同的计谋,或称誉对方别人与他有相同的行为时,要用言辞来粉饰,而不要伤害他。如有人犯有和他一样的过失,就可以明确地掩饰这种过失。当至忠之心丝毫不违逆对方,你的言辞也丝毫不受对方排斥时,才可以施展你的雄辩和机智。这就是使对方亲近不疑的方法,也是游说之道的难处。等到历时已久,对方对你的恩泽已很深厚,周遍了,即使与之深谋远虑对方也不会怀疑你了,即使与他激烈争论他也不会责怪你了,就可以明确地与他陈述利害关系以促成他的成功,直截了当地剖析是非来粉饰他的形象,像这样互相扶持,游说才算真正成功了。

伊尹曾为厨师,百里奚曾为俘虏,他们都因此被国君信用。这两个人都是圣人,却仍免不了要劳役自身,而且处世如此卑污,但这并不是智能之士所行之道。

宋国有个富人,因天下雨,屋墙坏了。他的儿子说:"不把坏墙补好的话,恐怕会有盗贼来。"他的邻居的父亲也这么说。到了晚上,果然丢了许多财物。这一家因为信任自己的儿子因而怀疑是邻居的父亲干的。过去郑武公想讨伐胡国,于是先把自己的女儿嫁给胡国国君做妻子,于是问群臣道:"我想兴兵打仗,打谁好呢?"关其思说:"可以打胡国。"郑武公就杀了关其思,说:"胡国,是我们的兄弟之国,你说要打胡国,究竟是为什么?"胡国的国君听说此事后,以为郑国与自己和睦因而对郑国丝毫未加防备。郑国趁机袭击胡国,并灭了它。上述这两个说话的人,他们了解的都是正确的,但重者被杀头,轻者遭人怀疑。这不是说了解事情很困难,而是如何处置自己了解的事情很困难。

以前弥子瑕受到卫国国君的宠爱。根据卫国的法令,偷偷驾乘国君车子的人要砍掉手足。不久弥子瑕的母亲病了,有人听说后,连夜把这个消息告诉弥子瑕,弥子瑕便假传国君的号令,驾乘国君的车子而出。国君听说此事后,称赞说:"真孝啊,因为母亲的缘故竟敢犯被砍手足的罪!"在与国君游果园时,弥子瑕吃到一只很甜的桃子,便把这吃过的桃子让给国君吃。国君说:"弥子瑕是真心爱我啊,他忘掉了自己的口腹之欲而想着我。"等到弥子瑕年老色衰,国君不再怎么宠爱他,他又得罪了国君,国君就说:"弥子瑕曾经假传命令,偷乘我的车,而且还让我吃他已吃过的桃子。"所以弥子瑕的行为与当初一样并没有什么变化,而以前曾认为是好的行为到后来却因此获罪,那是因为国君的爱憎发生了很大的变化。所以当他见爱于国君时,他所做的一切就都是对的,而且还会因此更受国君的宠爱;当他被国君憎恨时,那么你所做的一切都不对,而他也会更疏远你。所以劝谏游说之人,不可以不考察国君的爱憎态度而盲目游说。

龙这种动物,你可以戏侮它并且骑它,但它的喉下有一尺左右的逆鳞,如果有人去触犯它,它就一定会伤人。君主也有逆鳞,游说之人能够做到不触犯君主之逆鳞,那就可以说很高明了。”

有人把韩非的书传到了秦国。秦王见到《孤愤》《五蠹》等篇,说:“唉呀,如果我能与此人相见并与他交往,死也无憾了!”李斯说:“这是韩非所写的书。”秦国于是加紧攻打韩国。韩王起初并不信用韩非,等到危急关头,才派韩非出使秦国。秦王很高兴,但也没有信用他。李斯、姚贾便想害他,诋毁说:“韩非,是韩国的贵族子弟,现在大王想吞并诸侯之国,韩非终究不会为秦国服务而要为韩国服务,这是人之常情。现在大王并不用他,让他在秦国久留而最终又送他回韩国,这是自己遗留祸患。还不如给他加上罪名把他杀了。”秦王赞同这样做,便叫下面的官吏惩办韩非。李斯派人给韩非送去毒药,让他自杀。韩非想亲自对秦王陈述,却无法见到他。秦王后来后悔了,便派人去赦免韩非,但这时韩非已经死了。

董仲舒

董仲舒(约公元前179年—公元前104年),西汉时人,中国历史上著名的哲学家、思想家和经学大师,广川人。

群儒之冠

董仲舒约生于公元前179年,今河北省景县的一个大地主的家庭。在他出生后的十几年,汉王朝废除了秦朝私藏诗书灭门的法令。一些地主阶级的知识分子,为了追求功名利禄,于是又埋头钻研先秦的诸子学说,进而形成一时的风尚。董仲舒家有大量藏书,因此他从小就潜心钻研儒家学说。他学习十分刻苦专心,而且一直保持这种精神。当时他书房的外面有一个非常精致的园子,他三年在屋里读书,竟然没有进过一回园子。对于经常骑的马,他也分不清雌雄。他对经书的钻研已到了一种如痴如醉的地步。在学习期间,他阅读了大批经传著作,而且对《公羊春秋》下了很大的功夫。他博览了先秦诸子的著作之后,便潜心钻研儒家学说,还在二十几岁的时候,他已成为对《春秋》深有研究的学者。

他还十分重视对阴阳学说和神仙方术的研究。他和当时谈神论鬼、宣扬炼丹益寿的著名方士李少君很有交情。两人时常在一起谈论神仙方术,甚至装神

弄鬼。也就是在这时,他的唯心主义神学体系开始逐渐形成。

由于董仲舒的刻苦钻研精神,渊博的知识和对《春秋》的深入研究,到他三十岁左右时,也就是到公元前149年左右,他已成为当时当地有名的学者。但他并没有因此而步入仕途,而是开始了他的教书生涯。当时的人们把他称为"汉代的孔子",而且当时的读书人也把他当作尊敬的师长看待。于是他招收了大批学生,宣扬儒家经典,开始传播他的思想,在他教育子弟时,他说,学者应该能说出仁义的道理,而且知道仁义的分门别类。在他的说教和影响下,很多人成为儒家思想的信奉者,而且把仁义纲常的思想贯穿于自身的行动之中。

董仲舒讲学的派头十足,他的讲堂里挂了一幅帷幔,他在里面讲课,学生则在外面听,大部分学生都是"只闻其声,未见其人",有的时候,他还让自己的得意门生吕步舒等向其他学生讲课。这样,很多人跟他学了许多年,却很少听他直接讲课,甚至根本没有跟他见过面,尽管如此,还是有许多人来听他讲学,他的学说思想也因此广为传播。

由于董仲舒广招门生,宣扬他的学说,他的声誉日益扩大,甚至影响到封建社会的最高统治者——皇帝。汉景帝时,他做了博士,这虽不是一个政治性的职位,但却使他步入统治阶级的最顶层,这为他以后用自己的学说来影响皇帝打下了基础。自此以后,他不再是只招收门生的大学者,还是为封建统治者提供思想基础的学者了。

但是,汉景帝时社会安定,还处于汉初的休养生息政策实施的阶段。当时的景帝仍然崇尚"无为而治"的黄老思想,不愿意做太多的改变。因此,董仲舒的儒家学说并没有得到皇帝的重视。虽然做了博士,但仍无事可做,所以,他并没有放弃教书,仍是以大部分精力继续从事研究和讲学。

到他近四十岁的时候,他的思想体系已经形成。从此,他开始完善和推行自己的思想。他援引阴阳家之言来解说《春秋》,为天人感应论开拓了新土,使《春秋》成为天人感应的神学经典。同时,他还形成了系统的世界观和自然观,他把天称为"道之大原",即有神圣性的上帝般的事物,而自然万物都是作为天的有目的安排而存在的。他认为真正的圣人应该向天学习,顺从上天的安排,天的高兴和愤怒都会通过人世间的某件事表现出来。他还形成了一套五行论,认为五行是天意的安排,而且还给五行进行了时空配置,即所谓木居左,金居右,火居前,水居后,土居中央。他还认为五行相生相克,并且研究了五行相生的道德意义。

这时的董仲舒,不仅有了一定的政治地位,而且有了自己的政治理想。他认为治理国家的最好办法是使富人能够显示自己的尊贵而又不骄奢,穷人能养活自己又不为之担心。做什么事都按这一个标准,这样便能做到上下相安无事。他还认为,要实现这样的理想,关键是巩固汉王朝的大一统的局面。而为了保持政治法纪的大一统,首先必须是思想上的统一。这便成了他以后的"罢黜百家"的思想的出发点。同时,他认为大一统还需要有强有力的中央集权,因此他极力推崇中央集权的政治代表人物——皇帝。这也是他以后政治主张的中心。

就在他的思想进一步成熟之时,西汉王朝也在发生着深刻的变化。公元前

154年,汉景帝削平了"七国之乱",巩固中央集权统治。公元前140年,汉武帝刘彻继位,这时西汉王朝对内削平了诸侯藩王,国家实力也达到了高峰。对外,有必要而且也能够对北方少数民族匈奴的侵扰予以还击。封建统治者正处于上升时期,他们希望"有为",需要有比"无为而治"的黄老思想更适合的旗帜。而儒术一贯主张一统、仁义、五伦,显然是最佳的选择,董仲舒作为当时的"群儒之首",又具有相当的政治地位和与皇帝接触的机会,自然首倡统治者与儒术结合。同时,历史的发展的趋势已提出了要求,定将把董仲舒推到历史的前沿,使他踏上了他一生中的顶峰。

君王的"智囊"

在董仲舒39岁那年,汉武帝登基。汉武帝刘彻,是我国历史上一位杰出的地主阶级政治家,他既有雄才大略,又比较能接受别人的意见。汉武帝想外御匈奴,内削诸侯,进一步巩固中央集权制度,因此迫切需要适合的理论和思想基础。于是,他刚一即位,就下令群臣选出"贤良有才干的饱学之士",把他们召集起来,由他亲自考试,他以皇帝的名义提出问题,让那些"贤良"们回答。

满腹经纶的董仲舒在考试中脱颖而出,得到汉武帝的欣赏。在有他参加的那次考试中,汉武帝策问说,他所经常考虑的是那些具有纲领性的,他所要知道的是那些贯穿一切事物的广泛的体系。这是一个总问题,另外他还提出了三个分问题,即他迫切想要"贤良"们为他的皇权统治找到根据,并且从理论上回答自然的一些规律。

皇帝所问的恰好是董仲舒曾经深入研究过的问题,他在回答汉武帝提问的奏章更是把自然的发展变化和上天的意志合为一体,把皇权统治和天的意志结合起来,他在奏章的一开头就说上天总是将自己的意志体现于人世间。

随后,他又把儒家的一套重复了一遍,并提出了自己的主张。他在回答汉武帝的三个分问题时,又提出自己对刑罚的看法。他在奏章中援引《尚书》、周公和孔子的话说明天意支持德政的观点,并说之所以灾异起而德政废,是因为刑罚的问题,他说:"刑罚不适度,就会产生怨气;邪气聚积在下层人当中,怨恨则积蓄在上层之间,这样就会导致上下不和,不和就会产生变乱,这就是灾异发生的原因。"董仲舒并没有写到这里就停止了,而是又大肆宣扬了一番儒家思想,然后又用阴阳之说来解释德和刑的关系,他提出:"阳为德,阴为刑;刑主杀而德主生……终阳以成岁为名,此天意也。王者循天意以从事,故任德教而不任刑。刑者不可以治世,犹阴主不可以任以成岁也。"

在这个基础之上,他还进一步提出了自己的一系列主张。这些对汉武帝产生了深远的影响。他建议说:"作为一国之君,先正自己的思想行为,然后再来纠正朝廷诸官的行为,做到上行下效……"只有这样,才不会有邪气和奸佞,才能风调雨顺,万民安居乐业,五谷丰登,天地丰润,四海之内闻盛德而皆来称臣。他还

建议汉武帝广设学堂，用儒家思想来教化万民，使人民知道礼节行止，这样就不会犯上作乱。随后，他又以自己的眼光回顾了汉朝以前的历史，说明周代兴盛是因为教化，秦朝败亡是因为暴政。而汉王朝继秦朝的天下，就如同得到朽木粪墙一样，显然须要好好治理。于是，他又一次向汉武帝表明，要想大治天下，实现他的政治理想，必须首先从思想上改变，使全国上下在思想上达到统一，这才有大一统的希望。

汉武帝看到董仲舒的对策，感到十分惊奇，他异常高兴，他终于发现了最适合自己的思想基础。他对董仲舒十分满意，十分欣赏他的才干。

然而，由于汉初以来推崇黄老学说，推行"无为"的政策。而且当时，太皇太后——汉文帝的皇后窦氏还没有去世，她十分喜欢黄老学说，而且坚持黄老之学，汉武帝为了逾越这一障碍，于是就这个问题第二次策问，要贤良们再对策。在这次策问中，他提出了古代帝王的"劳"与"逸"的问题，"奢"与"俭"的问题，还有"质朴"和"雕凿"的问题。他说："有人说美玉不用雕凿，又有人说仁德要用文来修饰才完美，两者岂不相矛盾吗？"他要臣下回答为什么这两种说法相异，实质上他提出了一个非常现实的问题，"有为而治"和"无为而治"到底哪一个更正确。

董仲舒又写了一篇近两千字的对策，在策对中，他进一步阐述了自己的政治观点。然而在字里行间，无处不充溢着孔孟的儒家思想。这一篇文章更详细、更系统地提出了为君之道和治理天下的方法，对汉武帝产生了更加深远的影响。在文章中，董仲舒叙述了自尧以来，一直到周文王的几位君王的所作所为，得出结论说："由此看来，帝王治国的道理是一致的，然而之所以有'劳'和'逸'之分，主要是因为他们所处的时代不同的缘故。"这实际上是回答了汉武帝有关"劳"和"逸"的问题。君王的"劳"和"逸"是因为时境的变化。对于"奢"和"俭"的问题，他引用孔子的话回答说："所以孔子说：'奢则不逊，俭则固。'"用以说明"俭"是自古治国的一项重要原则，对国家的兴亡有着深远的意义。

随后，董仲舒又用大量篇幅向汉武帝建议实行有为的政策。他认为历史上有为的帝王能做到"有为而治"的话，便天下升平；相反，如果做不到的话，便会天下大乱。而能做到有为的帝王，正是与儒家的主张相符合的；不能做到的帝王，如秦朝"师申商之法，行韩非之说，憎帝王之道，以贪狼为俗，非有文德以权训于下也。"所以才"刑者甚众，死者相望，而奸不息，俗化使然也。"由此，他建议汉武帝"因用所闻，设诚于内而致行之，则三王何异哉！"他还引用曾子的话说，希望汉武帝尊崇适合于他自己的思想，并做出相应的行动，自然可以成为与前代贤明圣主相并肩了。

接着，董仲舒顺承他在头一次奏章中的提议，建议汉武帝兴办太学，选派明师，宣传和发扬儒家的思想学说。而且还建议汉武帝改革吏制，让诸侯、郡守和其他高级官员每年选两人推荐给皇帝，选得好的官员有赏，惩罚选择了坏人的官员。这样，天下的贤士都可以被发现，授之以官而用其才。做到量体裁衣，用人唯贤。

董仲舒的两次"对策"逐渐深入而明确地提出了尊儒兴教，德刑并施的主张，

赢得了汉武帝的充分信任。不久以后,汉武帝又进行了第三次策问,这次策问主要是关于天人感应的问题。

这一次,他又写了一篇很长的文章,不但宣扬了天人感应,还进一步阐述了自己的政治主张。尤其突出的是,他在奏章中明确地摆出了"罢黜百家,独尊儒术"的观点:"《春秋》大一统者,天地之常经,古今之通谊也。今师异道,人异论,百家殊方,指意不同,是以上亡以持一统,法制数变,下不知所守,臣愚认为诸不在六艺之科孔子之术者,皆绝其道,勿使并进,邪辟之说灭息,然后统纪可一而法度明,民知所从矣。"这篇文章还说道:"善言天意,必有征古人;善言古者,必有验于今。"他认为,天是万物的祖先,所以包涵了一切而没有看到丝毫遗漏。天为了调和万物才创造了日月风雨,同时又通过阴阳寒暑形成万事万物的发展。然后他又引经据典地说:"故圣人法天而立道,亦博爱而亡私,布德施仁义厚之,设谊立礼以导之。"在这里,他从天道引发人事,同时也表明了自己对圣人的看法,他认为圣人是无私的、仁义的和讲究礼仪道德的。

接着,他又建议汉武帝把"为君之道"和天联系起来,并明明白白地说出"天人之论"的话来,他进而论述把天之春与君之仁,天之夏与君之德,天之霸与君之刑并列起来,作为天人一致的象征,同时又向汉武帝提出了威恩并施的建议。

在三次对策中,董仲舒既回答了皇帝的提问,又提出了自己的建议,但他并未就此搁笔,紧接着他又写了一些文章,极力赞美儒家思想。他把《春秋》作为儒术的象征提了出来,而且还把它提高到上察天道,下察人事的神圣地位。然后,他又表达了独尊儒术的主张,他说凡是《春秋》反对的和厌恶的东西,就是灾害和怪异的根源,都是圣人应该反对的。文章的另一部分,大都是强调他自己的观点和论史察今。然而他在其中所总结的"罢黜百家,独尊儒术"的观点,得到了汉武帝的认同,汉武帝由此施行了一系列措施,对当时的社会和历史的发展起了重大的作用。

坎坷的仕途

董仲舒与汉武帝之间的一问一答,十分投机,通过"天人三策",董仲舒促成汉武帝进行了"罢黜百家,独尊儒术"的改革,而他自己则被汉武帝封为"江都相"。

四十多岁的董仲舒离开了当了几年的"博士"之位,前去江都做江都王刘易的国相。此后的10年,董仲舒的主要经历是为官治国,但并未提出多少新的思想和学说。

江都王刘易,是汉武帝的兄长。他一贯骄横,争勇好胜,而且他还有很大的野心。他称赞董仲舒像春秋时的管仲一样,有辅佐王霸之材。也就是说,他希望董仲舒像管仲辅佐齐桓公那样,帮助自己成就王霸之业。然而董仲舒只是个鸿儒,在政治上却没有什么野心。他一直循规蹈矩,用仁义礼乐的一套东西来扶持

中华名人百传

思想家卷

符合正道的东西。刘易也就很少提起这件事,而是对董仲舒敬重有加。

董仲舒在相任上很有成绩,对刘易也能进谏不诲。

尽管董仲舒在大事上很有思想,但他并不是一名杰出的政治家。他当了九年江都相,出色的措施不多。相反,他还以《春秋》为依据,经常推演阴阳的运行,搞一些祈雨求神之类的事,然而没有什么成效。

可是,董仲舒仍然热衷于他的那一套神学,不久,他为此而招来了杀身大祸,吃了大苦头。最后虽没有被杀,却被贬为中大夫,失去了江都相的职位。公元前135年,辽东郡的祭祀汉高祖的高庙和长陵县的汉高祖陵园——高园先后发生了大火灾。董仲舒因此在家中起草了一道奏章,说这次灾变是因为上天发怒,谴告人间的"杀骨肉大臣"。还没来得及奏上,中大夫主父偃去拜见董仲舒,看到了这篇文章。主父偃一向妒忌董仲舒的才干,于是把奏章偷走,并呈献给汉武帝。汉武帝看了非常生气,他立即召集群儒,把文章给他们看。董仲舒的弟子吕步舒不知是自己的老师所作,而大加贬斥,认为不过是一派胡言。汉武帝大为恼火,把董仲舒交官问罪,甚至要将他处死。

幸亏他从青年时代就有美誉,名声很大,再加上吕步舒等人为他极力求情。汉武帝怒气平息之后,也觉得杀掉这个"群儒之首"有点可惜,于是下诏赦免他的过错。董仲舒经过这次教训,再也不敢谈论灾异之类的事了。

这次事件之后,董仲舒又教了十年的《春秋公羊》。十年后,丞相公孙弘推荐他担任胶西王刘瑞的国相。实际上,公孙弘和董仲舒一样研究《春秋》,但他始终比不上董仲舒,而且公孙弘迎合世俗,奉承当权者,董仲舒认为他好阿谀奉承,有点看不起他,为此,公孙弘对董仲舒忌恨在心。他为了剪除自己的对手,于是推荐董仲舒为胶西相,想借胶西王之手杀掉董仲舒。

胶西王刘瑞也是刘彻的兄长,他比江都王刘易更加骄狂,曾经杀害过不少臣子。董仲舒无可奈何,只好硬着头皮去上任,这时董仲舒已有五十岁。当胶西王听说他是当代大儒,对他还比较客气。自公元前125年上任那天起,他在前次教训和自己年老的情况下,成天唯唯诺诺,只求尽职尽责,但求无过。

在胶西的几年里,他还是颇有政绩的。他以身作则,廉洁下属,推行教令,人民都安居乐业。尽管刘瑞十分骄横,他有时也能上疏谏争。不过他始终担心自己待久了会对自己不利,公元前121年,58岁的他便称病辞去了胶西相的职务,从此结束了他的坎坷仕途生涯。

归家著书

董仲舒辞去胶西相位之后,便回到家里埋头著书立说,从不问家居杂事,也不置产业。这时他已六十余岁了,可他竟然还和少年时代一样,从来不去园子中看一看。

尽管董仲舒离开了朝廷,但汉武帝并没有忘记他。每次朝廷讨论重大问题,

朝廷仍派遣廷尉张汤和其他使者到董仲舒家里征询他的意见。董仲舒总是详细解答,而且回答得有根有据,头头是道。

在家里,他总结了自己五十余年治学的心得体会,加上对《春秋公羊》等的研究,写成了十七卷八十二篇《春秋繁露》。他仍继续从事对《春秋》微言大义的研究,从《春秋》的某些语言做出很神秘而又实有所指的注解。这就是汉代兴盛的"今文经学"的初期,他写了许多有关"今文经学"的文章。所谓今文经学是指用秦汉以来流行的隶书写的解释《春秋》的文章,首先作这种文章的就是董仲舒。

除了研究这类经学的文章以外,他还整理了各次上疏的文章和其它一些议论性的文字,据史书记载,他一共写了123篇这类文章,然而到现在,大部分已经遗失,流传下来的只有十多万字。

董仲舒并没有把自己写的书命名为《春秋繁露》。相传他成书之前,梦见有龙入怀,于是创做了这本书,这当然只是传说。然而他写了好几十篇文章,分别叫《闻举》《玉杯》《蕃露》《清明》《竹林》等,却没有把他们编撰成书。一般认为是后人辑录编纂而成的。因为这些文章是一部连贯的儒学之书,于是给它们冠名为《春秋繁露》。

《春秋繁露》大致上体现了董仲舒的思想。然而他在书中掺杂了不少关于神学的内容,从头至尾都贯彻着他的神学观。他还强调了天的至高无上。在《五行相生》篇中,他又重复了自己关于阴刑阳德的说法。

他从儒家思想出发,在书中表达了"仁义"的改良主张。在《仁义法》篇中,他解释"仁义"为"爱人""克己"。在《制度》篇中,他还指出土地兼并是社会等级破坏、农民贫困作乱的原因,还主张废除奴婢制。在《身之养重于义》中,他说以"利""养体",是人之天性,因此要用"礼"来防范老百姓,引导百姓如何取利。

他还把"天人感应"的思想融进了文章中,他说王者能起参天地的巨大作用,广大"民""众"也能影响上天。更重要的是,他把"四权"和"三纲五常"在书中做了归纳,在《基义》中用天地、阴阳之道论证了三纲,他说君为臣纲、父为子纲、夫为妻纲是上天的意志。

在《春秋繁露》中,他还阐述了"三统说"。三统从黑统开始,经历白统到赤统,又复归黑统,他认为这就是历史的发展规律。

在书中,他进一步总结了他的"性三品说",在《深察名号》中,他认为每个人身上都有仁贪二气。就如同天有阴阳二道一样,君主和圣人的出现就是为了教民为善。在《实践》篇中,他把人性分为三等,在《竹林》篇中说人的节情、化性、正命最终都依赖于圣人和天意。

公元前121年,他已归家十几年,这期间汉朝达到鼎盛。他尽管在家中著书立说,养病在家,但仍十分关心朝政大事,甚至他75岁时,还积极写奏章给汉武帝,坚决反对盐和铁官营的政策,认为这样加重了人民的负担。

公元前104年,在他写完最后一篇奏章后不久,他便因病去世,他被葬于西汉京师长安的西郊。有一次汉武帝经过那儿,为了表彰董仲舒为汉王朝的效劳尽忠,表达自己的哀思,他特地下马致意,因此,董仲舒的墓地,又被称为"下马陵"。

中华名人百传

思想家卷

董仲舒的影响

　　董仲舒的一生，走过了 75 个春秋。从一位杰出的学者到皇帝的智囊，从当相治国到归家著书立说，他主要是作为一名思想家度过其一生的。他的廉洁正直，刻苦钻研的精神，得到了后人的赞美、推崇。西汉称他是超过伊尹、管仲、姜子牙的相国大材，东汉王充称他是孔子的继承人。此后司马光、二程、朱熹等极力推崇他。元代把他请入"圣庙"受祭，明代封他为"先儒"，给他盖上了"董子庙"。

　　而司马迁和王充则批判了他的神学唯心主义。唐代柳宗元说他的神学完全是巫婆瞎子的胡说，"诳乱后代。"南宋叶适批判他的思想为无用的虚言。

　　他主张大一统，罢黜百家，对当时的社会产生了深远的影响；他首倡独尊儒术，"三纲五常"，对后代的历史发展产生了巨大的作用。他的哲学思想，有一些可取之处，在当时也有适应历史发展的要求，他的神学是统一于他的哲学之中的。但他以神学为目的，甚至搞一些装神弄鬼之事，实不足取，不过，这并不妨碍他作为一个伟大的思想家，促进了中国历史的发展。

　　他在公元前 140 年提出的独尊儒术，使儒家思想逐渐与统治阶级结合而成为中国几千年的正统思想。

　　他的哲学思想和政治主张，对当时上升阶段的封建社会的统一和巩固，是具有一定积极意义的。但是，他那以天人感应为核心的神学唯心主义体系，是有很大的欺骗性的。此后风靡于西汉的"谶纬之学"，把儒学推到极端荒谬的地步，追根溯源，就在董仲舒身上。

　　董仲舒的思想促进了中国历史的发展，同时也给中国人套上了一具精神枷锁，禁锢了人们的思想。

玄　奘

　　玄奘（公元 607—664 年），俗姓陈，名祎，法名玄奘，后又被称为唐僧，是我国历史上著名的旅行家、翻译家、佛教哲学理论家。

佛门千里驹

　　公元 607 年，玄奘出生于洛州缑氏县陈堡谷的一个陈姓家庭里。祖父陈康，因为学识渊博，在北齐担任过国子博士，父亲陈慧，曾任江陵县令。其父精通儒

家经典,风度儒雅。隋末政治腐败,他便隐居乡里,边耕边读,朝廷几次请他去做官,他都以有病推辞不就,广为当时的人民赞扬。陈慧生了四男一女,玄奘是最小的。玄奘自小就表现出了超群的智慧。八岁时,父亲坐在凳子上给他讲解《孝经》,当讲到"曾子避席"时,他忽然整理好自己的衣服,恭敬地站了起来,父亲感到很奇怪,问他干什么? 他回答说:"曾子听到老师的教诲,就立即避席,现在我听父亲的教诲、训导,又怎么能安坐不动呢?"父亲听了很高兴,知道他以后必定能成大器,亲友也夸奖他,说他以后前程无可限量。以后他通读经典,爱古尚贤,不是正经的书不看,不是圣哲的行为不学,不和别的儿童混在一起,不去喧闹的场所,即使大树上的钟鼓震响,街坊里巷里百戏喧闹,男女聚集,他还是连门都不出。而且从小就懂得如何体察侍奉父母。

　　玄奘所处的隋朝,佛教相当盛行,全国各地寺院林立,为了逃避赋税和徭役的负担,许多人都出家为僧。玄奘的二哥陈素,早年就已在洛阳净土寺出家,他看到弟弟聪明好学,可以教授佛经,于是带他到道场,教他诵习佛经。公元619年,朝廷又下令在洛阳剃度二十七名僧侣。当时学业优良、参加预选的有几百人。当时玄奘只有十三岁,因为年纪不大,没有列在预选之列,他便站在公衙门边。当时被委派主持此事的大理少卿郑善果善于识别人才,他看到玄奘气宇不凡,他便问了玄奘几个问题,对小玄奘的回答,郑善果十分满意,而且对他的志向也极为赞赏。又见他气度相貌不凡,因此破格录取了他,说他定能成为飞升云霄、普济天下的佛门大器。

　　玄奘出家以后,和二哥陈素同住在净土寺。进寺院后,他开始发愤学习佛典。当时寺里有景法师讲授《涅槃经》,他伏案捧读,废寝忘食。又向严法师学《摄大乘法》,更为喜欢。听过一遍之后,他就能掌握要旨,听第二遍后,就可以完全理解。大家感到惊异,就让他升座复述,他的语调抑扬顿挫,剖析流畅自然,与老师讲的毫无出入。他的嘉名美誉,从此播扬。京师洛阳在隋朝时是个人才荟萃的地方。隋炀帝在此建有四大道场,招徕天下名僧。到了隋朝末年,繁华的洛阳变成了一片废墟。为了寻求学问,玄奘对他的二哥说:"这里虽是父母之乡,但是已丧乱至此,怎能坐而待毙? 我听说唐王已率晋阳之众,据有长安,天下依归如归父母。我愿意和你一起去投靠。"公元618年,玄奘和他的二哥一起来到了长安。但这时的李唐王朝正忙于东讨西征,长安甚至连讲席都没有设。唐初,四川地处西南,又据有长江之险,战火还没有波及,两京名僧高士大都流落四川,四川也因此佛教大盛。玄奘又和哥哥商议,二人应该到四川求学,二哥听从了他的建议。两人于是经子午谷南下,从长安到了成都。他们在成都住了三年。在这三年里,在名师的指导下,玄奘兄弟二人学业进步很快,已经精通了佛教的主要典籍。但玄奘并不满足,又想到京城求问最高深的学问,但因受唐廷条令的约束,又遭到二哥的阻拦,没有如愿。于是玄奘便毅然独自与商人结伴,乘船穿三峡,沿江而下,来到荆州天皇寺。当地的僧侣名士都知道玄奘的大名,现在玄奘亲临,大家纷纷请他讲经。他于是给他们讲《摄论》《毗昙》,从夏天讲到冬天,各讲了三遍。当时汉王李环是李唐宗室,德高望重,坐镇荆州,他得知玄奘来到的

思想家卷

消息,十分高兴,亲自去拜见。在玄奘开始讲经的那一天,他率领属下官员和懂得佛理的僧侣,都来观看。当时听讲的人提出种种问题,他答疑解难,提问的人没有不辞穷心服的。其中真正领会要旨的人,更是为之感动得流泪,汉王也极为称赏,施舍的东西堆积如山,玄奘却一件也不肯要。

半年之后,他又由荆州北上,遍游大江南北,遍访高僧名流,最后又辗转来到长安,就学于法常、僧辩两位大师。这时的玄奘已誉满京邑,成为长安的名人。两位大师将他推评为"佛门千里驹"。

西游天竺

玄奘青少年时期遍游大江南北,遍访名寺高僧。广泛地吸收了各家的学说,但经过多年的刻苦研究,他感到各家学说对佛典的解释不尽一致,而且已经翻译成汉文的典籍也不能很好地表达原意。为了解决这些疑难,玄奘决心前往印度取经,但是贞观初年正是唐朝和突厥关系最紧张的时候,唐太宗正准备全面出击突厥,严禁人们出国,玄奘向唐政府申请出国,固此未获批准。但他并没有因此而灰心,公元627年,他混在难民中,西出长安,从此开始了闻名中外的万里孤征。

在海上交通没有充分发展起来之前,我国与西方各国之间的政治、经济、文化交流主要是通过横贯欧亚大陆的丝绸之路进行的。唐朝的丝绸之路从敦煌往西可以分为三道:北道由敦煌至哈密,向北越过天山,沿天山北部,西至吉木莎尔,由此往西,直抵南俄草原,由北道也可以在锡尔河南下,经过河中地区到达天竺。中道由敦煌至吐鲁番,沿塔克拉玛干沙漠北缘西经库车、喀什等地,越过葱岭,到达中亚。南道则由敦煌至且末,沿塔克拉玛干沙漠南缘,经由于阗等地,向西翻过克什米尔到达印度。在这条路上有渺无人烟的沙漠,有鸟兽罕至的雪山,有出没无常的强盗,异常艰险。但是,困难虽大,玄奘决心更大,他发誓不入天竺,决不东归。

他先到兰州,后又抵达甘肃河西走廊的重要城市凉州。这时大唐基业初创,疆界尚未拓展到远方,朝廷严禁百姓出境入蕃,当时凉州都督李大亮,已收到这个禁令,因此防范特别严。李大亮听到报告后,马上把玄奘找来,逼他返回长安。

当地有个慧威法师,是河西地区的佛教领袖。此人聪明睿智,很看重玄奘的言词哲理,知道他一心求法,十分高兴,于是秘遣两个弟子慧琳和道整护送玄奘西行。从此他们不敢公开露面,往往白天躲藏,夜晚赶路。这样到达瓜州,瓜州刺史独孤达知道玄奘到来,十分高兴,热情地招待他。玄奘又向人探询西去的路程,但别人告诉他要西去还必须经过大唐的玉门关和五座烽火台才能走出大唐国境。他听后极其忧愁,一时无计可施。在默默地停了一个多月后,他将慧威法师的两个弟子打发回去。这时李大亮得知他仍在西行,便令沿途州县,边防哨兵严防捉拿,在这种气氛下,他只得昼伏夜行,到了玉门关。玉门关往西,有唐朝边

416

军守卫,五座烽火台首尾相连,每台相距百里,除了烽火台附近的一点泉水外,中间根本没有水草,无法通行。在玄奘到达之前,驻扎烽火台上的唐军已经得到捉拿玄奘的命令。当他在烽火台下取水时,被唐军捉住了。幸亏有位笃信佛教的小军官相助,唐玄奘才摆脱了边防的捉拿,进入浩无人烟的莫贺延碛。

莫贺延碛,东西八百里,上无飞鸟,下无走兽,道路的标志只有饥渴而死的人骨残骸。往来的商旅、僧人都视莫贺延碛为死亡之地。玄奘只身一人,环顾四野,黄沙漫漫,只有一匹孤零零的老马与自己相伴。他走了不久,就不幸迷路。在饮水时,又不慎将盛水的皮囊打翻,水全部泼在地上,这时的玄奘,茫然四顾,不见人迹鸟兽,夜间鬼火飘舞,像星星一样明亮,白天狂风夹着沙石,如急雨一样吹来。在这种绝望的情况下,他只得返回,但回走了十多里后,他自思我当初发愿,若不到印度,决不东归一步,如今怎么来到这里? 宁向西而死,决不东归而生。于是又拨转马头,继续向西北前进,经历了四夜五天,他滴水未沾,口干舌燥,几乎倒毙。这样又走了近十里,马忽然走上了岔道,拉都拉不回来。走了几里路以后,他忽然看到几亩青草,玄奘下马让马吃饱,在离开草地十来步远的时候,他找到了一个小池,池水甘美清澈。这样,玄奘才保住了性命,经过如此九死一生,他终于走出了这片沙漠,到达新疆哈密。

这时的玉门关以西,都属于西突厥的管辖范围,玄奘要往印度,首先必须到天山西北部的王庭,得到突厥王的允许和支持。所以他准备取北道。但是他西行取经的消息,早已传遍了西域,当时的吐鲁番国王派专人在伊吾迎接玄奘,一定要请他到高昌,盛情难却,他只好改走中道,先到了高昌。他受到了高昌王的殷勤接待。高昌王执意要他留在高昌,主持高昌的寺院。为了表示自己西行求法的决心,他以绝食明志。高昌王终于被他矢志不移的精神感动,在自己母亲面前与玄奘结为兄弟,请玄奘回来一定要到高昌住三年。玄奘答应了高昌王的要求,又踏上了西征的旅途。高昌王热情地为他准备行装,还有黄金一百两,银钱三万,绫、绢五百匹,作为他来往二十年的旅费,另外他又给西突厥可汗写了一封信,请他命令西方各国给玄奘提供方便。为了使玄奘顺利到达,高昌王还给沿途的龟兹等二十四国的国王写了信,附带给西突厥可汗和沿途各国的礼物,派殿中侍御史欢倍和二十五个士役护送玄奘。玄奘对高昌王的一片盛情非常感激,他上书致谢。出发那天,高昌王和诸僧侣、大臣、百姓等倾城出动送到城西,高昌王抱住玄奘痛哭,僧俗都深为悲切,告别的哭声,响彻郊外。高昌王令妃子和百姓等先回城,自己与各位高僧骑马送出几十里才返回。

从高昌出发后,玄奘度银山,经焉者,到龟兹。又从龟兹过姑墨转而北越凌山,凌山四季积雪,山峰险峻,气候严寒,终日飞雪。玄奘一行席冰而卧,悬釜而炊,历尽艰辛,七天后翻过凌山。随行的人当中,冻饿而死的人将近一半,牛马冻死的就更多了。翻过凌山,就到了热海,沿热海往西北走,他在素叶城碰上了西突厥可汗。可汗非常热情地接待了他,并派懂得各国语言的人作为玄奘的翻译,又派人护送玄奘,玄奘由西突厥南下,到达河中地区,经过铁门关,渡过阿姆河,越过兴都库什山,到达北天竺境内。玄奘万里孤征,历经一百一十个大大小小的

国家,最后终于到达了他向往已久的佛教圣地——天竺。

播誉天竺

当时的印度寺院星罗棋布,学者云集,正处在佛教全盛时期。

玄奘到达著名的佛教"犍陀罗艺术"的发展地犍陀罗国,之后又来到小乘佛教的发源地克什米尔。在这里学习了两年,他又沿恒河到达摩揭陀国的夜罗磔迦寺。寺中有通晓三藏的僧侣几十人,听到玄奘到来,都出来迎接。从这里再南行一百多里到达菩提树,树周围环绕着砖墙,高峻牢固,东西长,南北稍窄。正门向东对着尼罗禅河,南门接着大花池,西门地势险要,北门通向一所大寺院,围墙内圣迹连接,或是精舍,或是塔,都是各国君王、大臣、富豪、长者追慕圣者之迹所营建的。正中间有金刚座,菩提树干呈黄白色,树叶青绿光润,秋冬不凋,只有在如来涅槃之日,树叶子一下子都凋落,过了一夜后又复生如初。每年到这一天,各国国王与群臣一起来到树下,用乳汁浇灌清洗,点灯散花,收起落叶才离开。玄奘来到这里,礼拜了菩提树和慈氏菩萨作佛成道时的像,瞻仰后,五体投地,悲哀惧恼,感伤叹息,说:"佛成道时,我不知漂泊沦落在哪里,而今只剩有佛像的时候,我才到来,想我的业障是多么深重。"说着热泪盈眶。当时正值众僧解夏,远近来到这里的有许多人,观者无不为之呜咽。

到第十天,那烂陀寺僧众派遣四位高僧前来迎接,玄奘便立即与他们前往。那烂陀寺是当时印度的学术文化中心,聚积着一批最优秀的学者,不但保存大量大、小乘佛教经典,而且有许多天文、地理、医药典籍。那烂陀寺有僧众一万多人,每天有一百多个讲座,僧众研究的内容有佛教的大、小乘经典,因明学,声明学等,甚至婆罗门教的《吠陀经》,以及民方、术数都有人研究。主持该寺的戒贤法师已经近一百岁,备受人们尊敬,被称为"正法藏",是印度佛学的权威。

他到达那烂陀寺时,一千多人手执幢盖、华香夹道欢迎。玄奘拜戒贤法师为师,受到极高的礼遇。不但供给十分充足,而且寺院里专门派一侍者,一婆罗门,还免去了他的各种杂事,出入可以乘象舆。

玄奘在王舍城观礼圣迹后,返回那烂陀寺,开始请戒贤讲《瑜珈论》。在那烂陀寺他听讲《瑜珈》三遍,《顺正理》一遍,《星扬》《对法》各一遍,《因明》《声明》《集量》等论各两遍。《中》《百》二论各三遍。其余《俱舍》《婆娑》《六足》《阿毗昙》等已经在迦湿弥罗等国听过,在这里只阅读解决疑难而已。玄奘在这里还兼学印度的语言文字。玄奘这样钻研诸部经论并学习梵语,经过五年的学习,他已是那烂陀寺通五十部经论的十人之一,但他并不就此满足,又辞别戒贤,到印度各地游学,之后又回到那烂陀寺。这时,他的学问已达到炉火纯青的地步,这时戒贤要派玄奘为大家讲解《摄大乘论》《唯识决择论》。当时高僧师子光已为寺众讲解《中论》《百论》,阐发其中要旨,攻击《瑜珈》理论,认为弄懂的人对此不能融会贯通,反说是有所矛盾。这只是传法者的过失,它和教法本身无关。玄奘为师子光

的见解狭隘感到可惜,几次前去辩难,师子光回答不了,因此跟他学习的人渐渐离他而去,转而归附到玄奘门下。玄奘为了调和贯通两家学说,使他们不相违背。于是撰写了《会守论》三个颂,完成后,呈送给戒贤以及众僧审阅,无不称好,并立即宣传颁行,师子光感到羞愧,到菩提寺找了自己的一位同学旃陀罗僧诃来与玄奘辩论,想让他给自己雪耻。此人来到后,因惮于玄奘的威名而不敢开口说话,也不敢向他诘难,他因此获得更高的声誉,经过几次与学者的辩论,他的学问得到了公认。

后来,戒日王专门为玄奘在曲女城召开了一次学术辩论大会。到场的人有几千,来自各国的高僧,也来参加集会,这样连续经过了十八天,没有人能站出来辩难,玄奘终于取得了胜利。戒日王对玄奘益发器重,施舍给他金钱一万枚,银钱三万枚和上等细棉被布衣一百件,十八国国王也都施舍珍宝,玄奘却丝毫不取,戒日王叫侍臣装饰了一头大象,张起幢盖,请玄奘乘坐,叫贵臣随丛保卫,到大众中进行告唱,以表示玄奘所主张的教义无人能驳倒,还遵照印度的惯例,凡是在辩中取胜的都如此,玄奘谦让不就,戒日王坚持让他乘坐,并说这是旧规,不宜违反。对此,大家十分高兴,争着为他送上各类美称:如"大乘天""解脱天",而且还向玄奘烧香散花敬礼。

从此,玄奘声名卓著,名誉天竺。

名垂青史

转眼,到了公元 642 年,玄奘离开祖国已有十五年。他不时地思念着祖国,思念着亲人。达摩王愿意为他造一百所寺院,条件是要他留在印度,那烂陀寺的僧众也苦苦挽留他。但他归心似箭,婉言谢绝了他们的请求,毅然踏上归程。回来时,玄奘取道南道,翻越克什米尔,直抵于阗。在于阗,玄奘因为以前渡河时失落了部分经文,到这里后,又派人到龟兹、疏勒国去求访。再加上于阗王盛情挽留,他因此未能即刻回国,于是他便写了表文叫一个随同商队到长安的高昌少年带去,向朝廷陈述自己当年前去天竺国求法,现在已回到于阗,他在表中说:"玄奘当初考虑到佛教兴于西域,佛教虽传入中国,而且也传来了一些经本,但大乘要旨尚有欠缺,常立志访求,不顾身命。于是于贞观三年四月,冒犯法令,私往天竺。从长安神京出发,到达王舍新城,中间经过五万多里,游历学习了十七年。如今已从钵罗耶伽国经过迦毕试境,跨越葱岭,穿过波迦罗川回国,到了于阗。因为所乘坐的大象已淹死,所带的经书又多,又没有马匹,因此只好暂时停留,不能马上谒见皇上,只能引颈远望,心中十分急切。现谨派高昌俗人以玄智随商旅奉表先奏陛下。"

此后,玄奘给于阗僧侣讲解《瑜珈》《对法》《俱舍》《摄大乘法》,日夜讲说,依次讲完这四论。王相僧俗都皈依佛门,每天来听的有上千人。这样过了七八个月,派去的人返回来了。太宗皇帝敕派使臣前往迎接慰勉。说:"听说法师去异

419

域求法,现在归来,我十分高兴,希望你前来和我相见,外国僧人,如果懂得梵语和经义,也全部带来,我已下令到于阗等处,命令各国护送法师,人力、马匹应不缺少,还命令敦煌官吏去流沙迎接,叫鄯善派人去沮沫迎接。"玄奘接到敕令后,立即起程回国,于阗王为他饯行,资送极为丰厚。

这样,玄奘于公元645年顺利抵达长安,受到了隆重的欢迎。回国之后,他便住在长安弘福寺,潜心进行翻译工作,把梵语经文翻译成汉语。

玄奘从天竺带回佛经六百七十五部,直到他664年去世,这19年间,他一直翻译不辍。总共译出经论七十五部,一千三百三十五卷,一千三百多万字。玄奘的翻译不仅数量浩繁,而且力求既忠于原文,又通俗易懂,在我国的翻译史上开创了一个新的时期。他的经论被交付雍、洛、并、兖、相、式、扬、凉、益九州辗转流通,让天下臣民都来听过去所没有听过的道理。唐太宗李世民原先已答应为新译的经论作序,但由于国务繁忙,无暇考虑,这时玄奘再次呈请,太宗方才动笔,很快写成,名曰《大唐三藏圣教序》,共七百八十一字,由太宗亲自书写,并下令置于众经之首。太宗坐在庆福殿里,百官侍卫,请玄奘就坐,叫弘文馆学士上官仪将御制序文向百官宣读,其文词华美,对玄奘大加称扬。玄奘得到序文后,上表言谢,太宗看后,又作书相答。

玄奘还将印度失传已久的《大乘起信论》和我国古代哲学名著《老子》由中文译成梵文,流传于印度,为中印文化交流做出了卓越的贡献。尤其是玄奘翻译的因明学(形式逻辑)著作,大大地推动了我国逻辑学的发展。玄奘与鸠摩罗什、真谛、不空,被誉为我国历史上的四大翻译家。

玄奘崇奉印度大乘有宗的佛教哲学,他忠实地把这一派的学说介绍到中国,从而创立了中国佛教的法相宗,成为唐朝前期极其显赫的佛教宗派。这一外来思想当然是唯心主义的东西,但在当时也多少增添了些哲学思维的活力,对唐代的佛教的发展起了推动作用。

玄奘回国以后,由他口述,弟子辩机记录而成的《大唐西域记》十二卷,详细生动地记载了玄奘的亲身经历和得自传闻的近一百三十个国家的历史、地理、民族、宗教等各方面的情况,这些记载对研究中亚、南亚各国的历史,尤其是对研究印度的历史起了重要的作用。根据《大唐西域记》的记载,考古工作者发掘出了王舍城、鹿野苑、阿旃陀、那烂陀等重要遗址。《大唐西域记》还被译成多种文字,在国际上广为流传。另外,由玄奘的弟子慧立、彦悰所著的《大慈恩寺三藏法师传》十卷,详细记载了玄奘一生的主要活动,被梁启超推许为"古今所有名人谱传中,价值应推第一。"《大唐西域记》以地域为主,《大慈恩寺三藏法师传》以人为主,被当今学者称为研究唐代中西交通及中亚、印度历史、民族、语言、宗教的"双璧"。而且它们对我国的文学产生了很大影响,在其基础上产生了饮誉中外的小说《西游记》。

由于积劳成疾,玄奘在公元664年二月初五,溘然长逝,消息传开,为他送葬的有一百多万人,住在墓旁的人有三万多。收藏玄奘法师顶骨的石函,现今仍保存在南京历史博物馆中,供人们凭吊瞻仰。

朱 熹

朱熹(1130—约1200年),字元晦,晚年自称晦庵,南宋徽州婺源(今江西婺源)人,伟大的思想家、理想家、哲学家。

数年求学

大凡有杰出成就和重大影响的人物,常是有以下两点:一、丰富的想象力;二、不富裕的生活。朱熹出身于较为清贫的小官吏家庭,从小好学深思,这无疑是他一生成就的重要渊源。

金兵大举南侵,攻占了杭州城,大烧大抢之后,趾高气扬地北撤了,留下一座满目疮痍的杭州城。这一年是宋高宗建炎四年(1130年),九月十五日午时,朱熹出生于福建南剑州的尤溪县。

南剑州是理学创始人程颢的得意门生杨时的故乡。神宗元丰四年,杨时到北方从学于程颢,学成返乡时,程颢目送他,感叹道:"我的学说传到南方去了!"杨时晚年一直在故乡讲学,使南剑州成为二程理学的传播中心,弟子达千人之多。朱熹的父亲朱松曾从师于杨时的学生罗从彦,因此也倾慕二程的理学,并和当时的理学家们交往甚密。朱熹5岁时,父亲送他去上学,并为此做了一首诗说:尔去事斋居,操持好在初。故乡无厚业,旧箧有残书。夜寝灯迟天,晨兴发早梳。诗囊应令满,酒盏固宜疏……成家主赖汝,逝此莫踌躇。

在读书期间,朱熹听人说到天地无边的道理,引起他的思考,他后来自述说:

某(我)五六岁,便烦恼道:天地四边之外是什么事物?见人说四方无边,其思量也须有个尽处。如这壁相似,壁后也须有什么物事。某时思量得几乎成病,到而今也不知道那壁后是何物。

天地有边还是无边,这是宋代理学家们喜欢思考的问题。朱熹为这事"思量得几乎成病",天真的孩子竟然深沉得如同一个哲学家,这固然与父辈们的熏陶有关,但主要还是朱熹天生就喜欢深思冥想,具有丰富的想象力。

朱熹不仅好思,而且好学。他在《寿母生朝》诗中说自己幼年的勤学:

"家贫儿痴但深藏,五年不出门庭荒。"生动地反映了朱熹从小就埋头学习儒家的著作。8岁时读《孝经》,他读后在书上题字说:"不若是,非人也。"当孩子们在沙地上玩耍嬉戏时,他却独自一人在沙地上画来画去,旁人一看,原来画的是《周易》八卦的图像。9岁时读《孟子》,当读到"圣人与我同类者"一句时,朱熹高兴得难以形容,从此,朱熹把当圣人当作自己毕生追求的目标。

14岁时,父亲朱松病危,把家事托付给崇安人刘子羽。朱松死后,朱熹和母

亲一起从建州城南迁到崇安五夫里居住。从此，朱熹就住在崇安，受学于胡宪、刘勉之、刘子羽。他们四人都是信仰二程学说的理学家。朱熹深受他们的影响，既热衷于程学，对佛学亦有浓厚的兴趣。他和崇安的和尚道谦、圆悟等往来密切。晚唐以来，禅宗有一个著名"话头"即"枸子有佛性"，就是说不仅人有佛性，枸子也有佛性。朱熹对这句话不太理解，就曾请教过道谦。朱熹的兴趣曾一度专注于佛学，不过就他的一生来说，他是无所不学的，举凡禅、道、文章、楚辞、诗、兵法等等，他样样都学，而且他还认为，在这多门学科之中，以儒家的经典《论语》《孟子》为"学者所急"，要精读熟读，要彻底弄懂圣贤的原意，这才是最重要的功夫。

由于胡宪和二刘的精心指点，朱熹的学业进步很快，他18岁那年，参加福州地方的"乡贡"考试，他的三篇文章都是谈论朝廷的大事。考后主考官蔡兹认为朱熹"这个人日后必非常人"。第二年朱熹又考进士，三年后被派往泉州同安县任主簿。同安县学在北宋英宗时曾留下一柜官书，年长日久，大多都残损了。朱熹加以整理，并搜罗扩充，建立了经史馆。他经常和县学的学生们讲说"修己治人之道"，"修己"就是修养个人的道德；"治人"就是要治理老百姓。朱熹要学生们不只注意科举考试，而且要了解"正心诚意"的重要性，由此进入"圣贤之域"。朱熹认为"礼是正风俗"、"防祸乱"的根本，因此他参考《礼仪》《周礼》《唐开元礼》《绍兴祀今》等资料，画出了一套礼器、仪仗和服装设计，以备祭孔子时使用。

绍兴二十六年七月，朱熹同安县主簿任期已满，接任的人还没有到位，他就把家眷和行李搬回崇安，到武夷山研究学问和讲学去了。这时他除了继续就学于胡宪外，又以弟子的礼节请教他父亲的好友，介绍他向当时的理学大师李侗学习。

在此之前，朱熹曾去延平见过李侗一面。李侗是程颐的再传弟子。他主张一个人修身养性，要"静坐清心"，"体认天理"。李侗这套静坐功夫，完全来源于佛学，不过他自己不承认罢了。因此这次和李侗见面，李侗不赞成朱熹学禅，他还告诉朱熹："儒家的道理没有多少玄妙的，你只在日常生活的待人处世中认真体会，就能明白。"对于李侗的批评，朱熹当时并不心服，但是在后来的同安任上，经过四年的反复思考，才觉得李侗的话有道理。

绍兴二十八年（1158年），朱熹再次去延平见李侗，这回朱熹就对李侗的一套方法感兴趣了。第二年春天，朱熹校定程门学者谢良佐的语录，这是他整理北宋理学家语录的开始。八月经宰相陈康伯的推荐，南宋朝廷召朱熹赴杭州。但朝中有人反对，要求"柳奔竞"。所谓"奔竞"，就是现在的"走后门"。朱熹听说以后，上了一道奏章，自称"素有心气之疾"，要求推迟入朝的期限。

绍兴三十年，朱熹正始受学于李侗。李侗对朱熹的教诲，主要是要他"只看圣贤言语"。这样，朱熹就把禅学暂时放下，只读"圣人书"，越读越觉得"圣贤言语"有味道，李侗的话也听起来有道理，讲得也较缜密，再看佛学，也觉得漏洞不少了。此后，朱熹就着力于以儒学为主体来建构他的哲学体系。但是他并没有抛弃佛学，而是将其消化、吸收进自己的体系中去了。经过数年的求教，朱熹对

李侗的道德文章深为佩服，他称赞李侗说："他天性坚强，气节豪迈，有很深的道德修养，这种修养从他的脸上都可以看出来，他的表情温和但是说话严肃，一举一动都庄重从容，日常生活中并事事都有一定之规"。在接触中，李侗也发现朱熹是一个人才，他非常满意这个学生，给他取了一个字，叫元晦，意思是树木的元气藏在根里，春天都会开满花朵；人的元气隐藏在身体里，卓越的德性使人内心充实。希望他成为一个劲气内敛，道德内蓄的人。在写《罗博文书》中，他喜悦地夸耀道："我这个学生学习非常努力，信仰儒家的仁义学说，是我们这类人中少有的。晚年有他和我一起商讨疑难问题，深感欣慰。"他觉得，自己的学说后继有人了。后来的事证明，李侗的眼力不错，他的这个学生不仅继承了他的学说，而且大大超过了他。

抗战赈灾

32岁的朱熹，满怀着"齐家—治国—平天下"的政治抱负，渴望在政治上崭露头角。在孝宗即位，抗金声浪高涨之时，他连上三札，提出建议三项：一是讲求"格物致知"之学，二是罢黜和议，三是举贤任能。在这一时期中，他一再尖锐地反对议和，并看到了"六军万姓"的人心背向，这是朱熹一生中最光彩的时期。

绍兴三十一年秋，金主完颜亮动员千万军队，分四路大举南侵，志在一举灭宋。消息传来，南宋皇帝赵构惊恐万状，准备解散后宫百官，浮海避敌。由于右丞相何康伯坚决谏阻，他才暂留临安观望。他起用中书舍人虞允文率兵抗战。虞允文整顿军队，激励士气，一举击溃了准备渡江的金兵，其它地方的宋军也取得了大胜利。不久金主完颜亮在扬州被部将杀死，南宋趁机收复大片失地。

当这些消息传到延平时，朱熹抑制不住心头的兴奋，欣然提笔，赋诗七首，题为《闻二十八日之报，喜而成诗》其一曰：

"胡马无端莫四驰，汉字原有中兴朝。旗裘喋血淮山寺，天命人心合自知。"

他激动得好像看到了：中原父老箪食壶浆，慰劳宋军；东南西北，捷报频传。

但朱熹并未被眼前的胜利冲昏头脑，在感情激动驰骋之后，他冷静下来，认为从目前总的国力来看，还是敌强我弱。所以，他给当时负责军事的大臣知枢密院事黄祖舜写了一封信，认为完颜之死不过是老天保佑，既不是谋臣的奇策良谋，也不是"群帅攻城野战之功"，虽然金兵北遁，但要想进兵中原，亦非易事，所以要先厚蓄国力，使"根本固而不动摇"，他说："今天朝廷上谁能力好此事呢？只有以前被排挤的一两位大臣……"朱熹所说的一两位大臣，主要指南宋主战派重臣张俊。张俊绍兴四年任宰相，因重用岳飞、韩世忠等人遭秦桧排挤。朱熹在信中希望朝廷给张俊以抗金大任。但赵构只求苟安，抗金的胜利，反而成为赵构和秦桧向金国屈降的进献礼，这就不能不激起正直大臣和全国人民的强烈愤慨，在全国一片反议和、主抗战声中，赵构退位，孝宗即位。孝宗贬退秦桧党人，任用张俊为江淮东西路宣抚使，加封少傅卫国公，统帅兵马，并给岳飞平反。八月七日

中华名人百传

思想家卷

朱熹向孝宗上了一道奏章,提出建议三项,这便是开头所录用的那三项。

隆兴元年三月,孝宗要召见朱熹,但朱熹上表推辞了。随后,朱熹写信向李侗求教,李侗在信中认为,中国衰弱的根源是道德不振,人"义利不分",要使中国强盛,必须发扬道德。十月,孝宗下诏催促,朱熹应诏赶到杭州。这时由于宋兵出师不利,一年前的抗战热潮已不复存在了。十月,朝廷又派王之望到金国议和,妥协气氛又在朝廷上弥漫了。

朱熹仍然强烈反对议和,十一月六日,他受诏到重拱殿奏事,连上三道奏章,慷慨陈词。第一,再次强调"格物致知"之道,说一年来之所以没有收到"平治之效",其主要原因就是没有格物致知之道。第二,他指责派人议和是失计,他说君父的仇恨是不共戴天的仇恨。不战就不能复仇,不守就不能制胜。第三,他认为抗敌制胜之道的根本"不在乎威强,而在乎德业;其任(责任)不在乎边境,而在乎朝廷"。建议孝宗接纳直言,斥退邪佞,堵塞后门,巩固根本。当朱熹朗读第一道奏折时,孝宗表情温和,时而答话;当朗读第二第三道奏章时,孝宗就默不作声了。这次召见后,朱熹这个纯粹的议官被任命为武学博士,但还不能立即上任,要等到官职有空额时才能上任。因此,他向朝廷要了一个管理南岳庙的祠职。

这时,宋朝议和大使回朝,传达了金朝苛刻的议和条件。孝宗在气愤之余,再度倾向抗战。朱熹为抗金大计,亲自去见过张俊一次,提出北伐中原的具体想法。他建议:分兵进攻关陕、淮北等地,吸引金兵主力;然后密选精兵数万,直捣山东;同时号召中原豪杰响应宋兵。但张俊告诉朱熹,他只受命主持一个方面,没有这么大的权力。后来朱熹又见张俊的儿子,要他转告张俊,决不能跟汤思退合作。然后就离开杭州回福建崇安去了。

隆兴二年,李侗病逝,朱熹赶往延平沉痛祭悼。这年,孝宗抗战的决心再度动摇,他从前线召回张俊,罢免相位。八月张俊病死。九月二十日,朱熹专程赶往豫章,在灵船上痛悼张俊。他在船上同张俊之子张栻相处三天,对张栻印象很好,认为他"其名质甚敏,学问甚正。"后来两人经常通信,共同研究理学。张俊死后,主和派汤思退大肆逮捕主战派官员,外通金国,使宋军大败。对此,朱熹十分痛心,他在《答柯国材书》中说:如今国家大事竟被议和败坏了。今年金人大举入侵,而我们对付敌人的策略是从里到外、从头到尾,一切的弊病,比去年我上奏章时厉害了。怎么办呢!怎么办呢?

十二月,宋金签订"隆兴和议"。综观这个"和议",宋室皇帝仍要比金主矮一头,钱财仍年年要交。对此朱熹痛心万分,他在《与陈侍郎书》中说:假如今天的力量不足以报复,是臣子万代都要报复而不能忘记的,现在应暂作防御的安排,积蓄仇恨以待时机。

乾道元年四月,在朝廷催促下,朱熹到杭州就任武学博士,教学生学习兵马武艺。由于宰相主和,朱熹看到无法实现自己的政治抱负,就仍然请求辞职,在回乡之前,他再次猛烈抨击议和。他希望吏部侍郎陈俊卿以"格(纠正)君之非"为己任,使皇帝免于过失。

这年六月,崇安人魏元履编订《戊午谠议》一书(谠:正直的),这本书收了胡

铨、张阐的主战言论。朱熹在序言中说:如果一定要以人数的多少作为胜负,那么士大夫中赞同议和的人虽多,又怎么比得上六军和万民的人数多呢!朱熹能从"六军万民"中看到人心向背表明他看到人民力量。

这一时期,是朱熹一生最光彩的时期。

乾道三年秋,福建崇安发大水,朝廷派朱熹视察灾情,并和县令商讨如何救济百姓。朱熹用了整整10天,走遍了崇安所有山谷。经过这次视察,他深切地感受到:如今的官僚们,对百姓漠不关心,实在难和他们共事。由于水灾导致饥荒,随后又爆发农民大起义。为此,朱熹和县令劝富户拿出粮食,赈救百姓。这还不够,朱熹还请朝廷发放"粟矢百斛"(三万升)赈济灾民。他认为不能过分剥削农民,否则会激起农民起义。他主张建立"社仓"来解决农民因青黄不接而造成的缺粮问题。乾道七年,朱熹在五夫里建"五夫社仓",以后又在福建建阳和浙江金华等地推广。他还把"社仓法"和王安石的"青苗法"加以比较,认为社仓法比青苗法还优越。

淳熙五年,朱熹被任命为"知(治理)南康军",第二年三月到任。他一到南康就贴出榜文,提出:第一,本地土瘠民穷,役多税重,从而使"民力日困,无复安土乐生之心,"希望凡是了解弊病根源的,老百姓都详细说出来。第二,请士人、乡民父老每年集合,教导子弟,让他们"修其孝悌忠信之行,入以事其父兄,出以事其长上,敦厚亲族,和睦乡里,有无相通,患难相恤。"第三,请乡里父老推选子弟,入学读书。

朱熹治郡,不仅宣扬教化,实行德治,也注意实行法治,维护社会治安。对于"奸豪侵暴细民,挠洁害政者",一律严加惩处。在他快要离任那一年,有一大户人家的少爷"跃马于市",踩伤了一个小孩。他下令把这个少爷抓起来,第二天,在淮楼下打板子示众。有一熟人劝他:"这是大家的少爷。何苦要羞辱他呢?"朱熹答道:"这是人命关天的大事,难道可以纵容吗?"

这年,南康军遭受了灾荒,朱熹发布《劝喻救荒文》,劝"上户有力之家,切须存恤接济本家地客,务乞有粮。"也劝百姓不要背井离乡,不要闹事。他又再次上书,一方面要求减免税金,另一方面,请求朝廷拨钱粮修筑长江河堤,让灾民做工求食。这样既解决了灾民的吃饭问题,也解决了长江后堤多年失修的问题,实在是为国为民做了一件大好事。

淳熙七年,朱熹上奏折,提出"恤民""省赋",他说:"在国家大事中,没有什么比爱护百姓更为重要了;而爱护百姓就要落实到减免赋税,减少赋税要落实到严格治军。"(这里的"军"不是军队,而是宋代一种地方行政单位,上文南康军的"军"也是这个意思。)淳熙八年,浙东饥荒,宰相王淮推举朱熹到浙东视察灾情。朱熹当天就单车上路了。到达浙东以后,他巡行境内,一车一马,不带随从,所之处人们都来不及知道,郡县的官吏们都敬畏这种作风。他以私访的办法了解民情,以至废寝忘食。这样,他搞清了一些贪官污吏的罪行。上报朝廷,要求依法处决。

对于隐瞒灾情、谎报政绩、横征暴敛的衢州官吏李峰、张大声等,朱熹也给予

弹劾。衡州遭受大水以后，人民饥寒交迫，而张、李二人不仅隐瞒灾情，而且"一味差人下县，督责财赋急如星火。"朱熹认为，对于这种虎狼官吏，也要撤其职位，给予惩处。绍熙四年十二月，朝廷任命朱熹为潭州荆湖南路安抚使。他到任后，常常微服私访街市。当时有些不法之徒，常勾结军兵欺压百姓，到处为非作歹。朱熹得知这些情况后，立即在城市张贴告示："如有前项违法之人，折罪监纳。"

朱熹在湖南期间，重视人才，举荐良吏。他认为要治理好国家，一方面要"正君心"，希望帝王端正、约束自己；另一方面，要有待于"众贤之助"。因此，他非常注意物色人才，一旦发现，就向朝廷推荐。当时在推荐人才方面也存在着徇私的弊病，但朱熹对官吏的推荐和人才的推举是很严肃的。当时朱熹有个亲戚请求推荐，朱熹说："向别人推荐他，也必须是贤人方行。他虽然是我的亲戚，但只是我家乡一个平庸之辈，没有什么值得称赞的真才实学，我不为他写推荐信。"他还向光宗皇帝表示：如果以后发现他的举荐不实，他甘愿受"谬举"的责罚。朱熹这种多方选择人才而又不徇私情的做法，是难能可贵的。

讲学述著

朱熹在青年时代就很有名气。32岁时聚徒讲学、著书立说，在长达40年的岁月中，他的主要精力都放在著述和讲学上，创办书院27所，门生达几千人，并留下浩繁的著作70余部共460多卷。就教育史上的地位来说，他是孔子以后最著名的教育家；就流传后世的著作来说，在我国的漫长历史中，也是很少有人能与之伦比的。

朱熹在当南康军地方官时，修复了著名的白鹿洞书院，并制定了一整套规章制度，这对后代的教育、特别是书院式教育产生了重要影响。

白鹿洞书院历史悠久，宋初成为全国四大著名书院之一，来就学的学生常达百人之多。但当朱熹知南康军时，由于长期失修，无人管理，已是荒凉破败。为了振兴教育事业，培养人才，并宣传自己倡导的理学，朱熹对修复白鹿书院做了周详考虑和全面安排。书院修复以后，朱熹领着他的宾客、助手以及书院师生们行祭孔之礼；请求皇帝为书院写匾额并颁发儒家的的经典书籍，要求江西各地的学校好好保管这些书。又置办田产以供学者衣食之用。朱熹每逢休假时就到书院去，回答学生们的问题，孜孜不倦。

朱熹认为，书院的自然环境无疑对学生的学习、思想和品德修养都有很大的影响。白鹿洞书院位置清静优越，是个幽居讲学、著书立说的好地方。在书院讲学时，先生诲人不倦，学生学而不厌，休息时，师生们徜徉在书院的青山碧水之中，形成一派宁静和谐的教学气氛。

在这期间，朱熹主持制定了《白鹿洞书院学规》。

淳熙八年，朱熹请当时另一位著名的哲学家陆九渊到书院讲学。陆九渊所讲的内容是《论语》中"君子喻于义，小人喻于利"两句。朱熹对陆的讲演很满意，

把陆的讲稿刻在石碑上作为纪念,让学生时时对照,检查自己。朱熹对不同学派、不同观点的人,不仅不排斥,而且还主动邀请讲学。

淳熙十年,朱熹回到福建崇安,在武夷山五曲大隐屏峰下建成"武夷精舍",朱熹在这里聚徒讲学。朱熹在武夷精舍的教育活动对后人也影响很大,清代的《武夷山志》说:朱熹开创了紫阳书院,很多儒学大师都聚集在他身边,良好的学风代代相传。从元朝、明朝直到现在,著名学者大多到此来讲学,因而此山的名气从此居天下第一了。

绍熙元年,朱熹任福建漳州知州,他于政事之余,时常到学校去,教育引导学生。他所撰写的影响深远的《四书章句集注》一书就是在这年刊刻发行的。五年,朱熹任湖南潭州知州,修复了岳麓书院。该书院亦为我国古代四大书院之一,建于北宋,南宋时遭战火破坏。这次修复,不仅恢复了原貌,还有所扩建,并请张浚之子张栻主持教事。

早在乾道三年(1167年)八九月时,朱熹专程拜访张栻并在书院讲学。朱熹在讲台上手书了"忠孝廉节"四个大字,此后,这个讲台就被命名为"忠孝廉节台"。此外,朱熹还为岳麓山各风景名胜命名题字。

朱熹在繁忙的政务之余,常来书院教导学生。他白天处理政务,夜晚和学生们讲论学问,随问而答,全无倦色。他常用现实生活中的道理启发学生,教导他们不要看不起身边的小事而去空想不切实际的大事,他言辞恳切,听者常常为之感动。朱熹把他制定的《白鹿洞书院学规》作为岳麓书院教规。

这年8月,经宰相赵汝愚推荐,朝廷任命朱熹为焕章阁待制兼侍讲,他赶到京城去上任,为皇帝讲授《大学》。40天后,被更职。朱熹回到福建孝亭,不久建成"竹林精舍"(后改称沧州精舍),在这里继续从事教学和著述。

精舍建成时,朱熹为表示对先贤的虔诚,率领学生们到燕居庙学行"释菜"之礼(古代入学时祭祀老师的典礼),以奉告精舍建成。朱熹平时也按规矩奉祀先贤。每天早晨,精舍弟子先穿戴整齐到影堂击板,等候朱熹出来,厅堂里摆着贡品,初一供酒果,十五献茶。朱熹开门走出后,就升堂领着弟子们按顺序拜香,两拜而退,然后登楼拜圣像。行完礼后,朱熹回到书院端坐,受学生拜揖,再喝汤茶,稍坐片刻。在这个时间内,学生提出要请教的问题,朱熹解答后,各自回到书桌。

沧州精舍大致沿用《白鹿洞书院学规》。五教之意是:"父子有亲,君臣有义,夫妇有别,长幼有序,朋友有信";教学的顺序是:"博学之,审问之,慎思之,明辨之,笃行之",学说体现了朱熹的全部教育思想。

朱熹在沧州精舍根据不同教学对象的特点,采取灵活多样的教学方式。

一、个别教学与升堂讲授相结合。精舍学生程度高,一般不用长篇讲授的方式,通常采用个别回答方式。有时也对少数学生进行漫谈式的讲论。

二、指导研究生式的教学方法。朱熹很多学生有独立思考和研究问题的能力。在漳州上任时,陈淳登门拜朱熹为师,朱熹授以"根源"(天理、天命)两字,其中包含的所有义理,都必须独自一探究其根源。陈按朱的指导,潜心钻研,多方

寻求例证,学成,编为《问卷》一书,10年后再到建阳孝亭拜访老师。此时,朱熹已卧病在床,请入室内询问学习情况。这是先生出课题,学生独立进行研究,做出成果,最后先生检查研究成果,再指出继续研究方向,这种方法类似于今天的导师指导研究生的教学方法。

三、教师带头,师生共同研究的方法。朱熹曾同贤徒蔡元定、蔡沈、董干等人共同研究《易学启蒙》《楚辞》《参同契》《尚书》等古典名著。

朱熹在沧州精舍,对宋朝的科举制度进行了尖锐的批评。宋朝由于政治腐败,科举制度也有很多弊病。朱熹说:"太学真个无益",对于国家的教化没有什么益处。并指出考试的主管部门好出偏题,企图以此难倒考生;学生所写的文章多是轻浮,不够明白、踏实。因此,朱熹有一批很有才华的学生毅然抛弃了科举的功名,隐居山林,专事著述。他们的行动体现了朱熹及其弟子们的反科举精神。

沧州精舍是朱熹私人创办的学校,继承了前代私立学校教学与议政相结合的传统。朱熹在孝亭讲学,汇集了一大批文人儒士,常常谈论时政,或在教学中评议时政,习以为常。朱熹针对当时法治弛缓的状况,指出治国应当以严为本,用宽来辅助。应该做到有令则行,有禁则止。朱熹和他的学生经常抨击时政,使当局大为头疼,以致朱熹在孝亭逝世将要出殡时,朝廷怕他的朋友和学生们送葬时妄说时政得失,命令地方官严加禁止、防范。上饶州官因此奉命阻止了一批儒生,使他们不能如期赶到建阳孝亭送葬。沧州精舍是朱熹讲学的最后一所书院。在师生长期的共同活动中,继承儒学传统的教养,经受时代风云的激荡。朱熹在8年的教学实践中,总结出一整套教学的原则和方法,并形成精舍独有的精神风气,其中虽有不少过时的东西,但也有不少合理的精华,值得我们今天借鉴发扬。

朱熹的教育目的是"明人伦",在这个教育目的指导下,应该培养什么样的人呢?朱熹在《经筵讲义》中写道:

古代的圣明君主创建了学校,用来教育天下的人。要通过教育去掉他们先天的性格上的弱点和后天的因各种欲望而导致的缺点,恢复他们本来的人性,从而完满地实践人伦。

他认为有一种"圣人",这种人能洞察一切,德才兼备,而且不用教育就能达到这种境界。这其实是不可能的。其次是"贤人",这种人可以通过教育成为圣人。再次是"成人",也就是"主人",也就是没有缺点的完人。这种人是通过修养、实践礼乐道德形成的。其实质和贤人没有什么区别。

朱熹认为有钱不等于有德,他还认为,世上很多事情坏在"懒"与"私"。他说"某常说天下事,所以终做不成者,只是坏于懒与私而已"。

朱熹最反对把人培养为"乡愿"式的善于奉迎的人。他欣赏"狂狷"式的耿直忠贞之士,尽管他们有时比较偏激,又不善于掩饰自己的高傲。他认为"狂狷"者经过教育培养可成为国家的栋梁。他又说:"乡愿者是没有骨气的人,他们在这里奉承一些人,在那里又拍一些人的马屁,看人眼色行事,整天小心翼翼,惟恐得罪了人。"他骂他们是"德之贼"。朱熹根据学生的年龄心理特点,主张把教育分

成小学、大学两个阶段。小学阶段是基础,要从儿童时期进行。他认为小学教育的好坏,不仅关系到大学教育,而且关系到培养什么人的问题。如果在小学就打下一个"圣贤"的模坯,那么大学只要在这上面加加工,增长一些"知见"就可以了;反之,小学模坯打不好,再由大学填补,那就很难了。朱熹专门为儿童写了一编《童蒙须知》,对儿童日常生活中应遵守的道德规范、举止细节,做了详细规定。

在《童蒙须知》中,朱熹从五个方面对儿童提出要求。

第一,要衣帽整洁。他说儿童"要身体端正,衣帽、鞋袜都洁净整齐,否则就显得不庄重,就会被人看不起"。

第二,说话不要着急,不能大声喧哗、随便开玩笑。父兄、长辈教导自己时,要低头聆听,不能擅发议论。如果长辈的话有错,要先忍一忍,过一段时间后再慢慢陈述、分辩;在朋友之间也应该这样。知道别人的错误,不要立即声张,应私下指出,让其改正。走路要稳稳当当,不能一路飞跑、连蹦带跳。

第三,要注意环境卫生,经常打扫房间,桌椅板凳都要洁净。文具笔墨和各种用品,不仅要安放整齐,而且要有一定的地方。

第四,读书写字,身体要端正。要做到"三到",即"眼到、心到、口到"。

第五,日常生活中应注意一些小事,例如要早起晚睡,不去危险地方等等。

对于《童蒙须知》,我们应从两方面看。一方面,这是封建道德规范的具体化,这些细微而繁琐的条条框框,约束了少年儿童的一言一行、一举一动,例如走路时连蹦带跳,这是儿童的天性,在这里也严加约束,这样就束缚了他们的性格,进而束缚了他们的思想和热情,在此后八百多年的封建社会中起很大的消极作用。另一方面,它有不少要求少年儿童养成良好的生活习惯和正确学习态度的内容,这是值得我们借鉴的。

大学则是小学的扩充和深入。大学主要是教育学生如何去深究儒家经典和自身修养,学习"修身、齐家、治国、平天下"的道理。朱熹认为,15 岁以后是读大学时期。大学教育的目的是培养"待朝适用"的人才,也就是培养为朝廷尽力的知识分子。

朱熹主张教学要采取商讨式而不是灌注式。让学生多实践,教师的作用只是一个引路人。遇到疑难问题,教师和学生可以共同商量。朱熹还主张"因材施教",人的能力有大小,教育的任务就是根据"材"的不同,施用不同的教育方法,从而使各种人都能成才,这就是"各因其长而教之者也"。

从"学"的方面说,朱熹很讲究读书的方法。他的读书思想可概括为六句话:循序渐进,熟读精思,虚心体会,联系自己,加紧努力,郑重认真。读书要一本本地读,一本书之内,要一篇一篇地读,一定要领会它的意思。他把读书比喻为"吃饭""嚼得烂方可咽下,然后有补"。读书要理解透彻,才能有益。

朱熹还认为,读书必须与自己的生活实际相联系,即"切己体察",才能真正理解。他说:"读书须要切己体察,不可只当文字看,不可只在书上寻求道理,还要反过来结合自己的生活经验进行研究、体会。现在很多人读书,不切己体察,只在纸上看,当时读懂了就行了,这样能真正理解吗?"

朱熹对"学"还有独到见解。他认为"学不只是读书,做各种事情也是学"。这样他把"学"从书本上推广到社会实践的各个领域,克服了儒家长期以来只重书本轻实践的倾向。而且,无论读书还是写字,都要"思",也就是说要多动脑子。如果学而不思,就会方向不明,没有主见。他把学与思的关系比喻为射箭,只考虑射箭的要领,没有弓箭不行;光有弓箭,不考虑如何射准,也不行。两者结合才能学好射箭。

在朱熹浩繁的著作中,对后世影响最大的要算《四书章句集注》了。所谓《四书章句集注》就是《大学章句》《中庸章句》《论语章句》《孟子章句》四部合成的一部书。为什么说它是对后世影响最大的一部书呢?因为它统治了我国封建社会后期思想界、教育界达七百年之久。在朱熹去世一百年以后,元仁宗延祐年间,元朝恢复了科举考试,下诏规定用朱熹的《四书集注》作为考试内容。从此,学校要求里不但要熟背《四书》正文,也要熟记朱熹的注解。科举考试要以《四书集注》作为立论的根据。其影响之深远,是我国封建社会后期任何一部书都无法比拟的。朱熹对《四书集注》倾注了毕生精力。10岁时,就在父亲教诲下,"励志圣贤之学",奋发努力,每天认真研读《大学》《中庸》《论语》《孟子》,从不间断把圣人当成自己的楷模。34岁时,就写成了《论孟要义》和《论语训蒙口义》,10年后又写下《语孟精义》。在三部书的基础上,朱熹才写成《论语集注》和《孟子集注》。在撰写《大学章句》和《中庸章句》时,也是"一年之内,改了数遍,"直到60岁时才写成。

朱熹为什么要在《四书集注》中倾注那么多心血呢?这是因为,在朱熹以前,科举考试的主要内容是《五经》,即《诗》《书》《礼》《易》《春秋》。这些经典卷卷浩繁,字句艰涩难懂,人们读起来,本来很吃力;而历代解释这些经典的著作更是浩如烟海,无穷无尽,人们就是一辈子也读不完这些书,难怪后人有"皓首穷经"的感叹了。如此浩繁而艰涩难懂的经典怎么有利于宣扬封建伦理道德呢?再有,《五经》中的大部分经典在封建社会以前形成,它们的内容大多与封建道德无关,即使从汉代以来的历代儒生们硬把他们和封建道德扯在一起,毕竟牵强附会,漏洞百出。更有甚者,《孟子》中竟然有这种话"民为贵,社稷次之,君为轻","君之视臣如土芥,则臣视君如寇仇。"对于这些不利于封建统治的话,不作重新解释怎么行呢?

那么,是不是《五经》就不用读呢?不是。朱熹认为,《五经》还是要读,但当务之急还是要先读《四书》。因为《四书》是直接的孔孟之道,更便于宣扬封建道德。朱熹把《四书》和《五经》的关系作为一个形象的比喻,他说:"《语》《孟》《大学》《中庸》是熟饭,看其它《经》是打禾为饭"。读《五经》就像打米做饭,缓不济急;而《四书》却是熟饭,马上就可以拿来吃。正因为如此,朱熹才不惜倾注一生的精力,兢兢业业地做出《四书集注》这锅应急的"熟饭"来,以解救统治思想的危机。

朱熹之"理"

朱熹是一流的哲学家,虽然他的哲学思想中有某些消极的东西,但毕竟博大精深。清代学者黄百家这样评价朱熹的哲学思想:"至广大,极精微,综罗百代。"正因为如此,朱熹的哲学思想才在中国历史上产生极其深远的影响。

这个世界的本源是什么? 不同的哲学派别有不同的回答。朱熹认为世界的本源是"理"。这个"理"是什么东西呢? 朱熹说:"比如有一把椅子,有4只脚,可以坐,这就是椅子的'理'。如果去掉一只脚,就不能坐了,这就失去椅子的'理'了。"朱熹认为,世界上一切事物都有"理"。他说"竹椅有竹椅的理,一草一木、一鸟一兽,事事物物,都有他们一定的理。"

朱熹所说的事事物物都有"理",就是说事事物物都有它们的规律,他说:"比如阴阳五行,错综复杂,却又有条绪,这就是理。"这里所说的阴阳五行,就是指万物;所说的"条绪"就是事物运动、变化所遵循的秩序,也就是规律。朱熹认为,"理"还具有另外的意义,他说:理就是仁义理智。全天下的事没有一件没有理。臣侍奉君就有"忠"理,子侍奉父就有"孝"理。天的理,不过是"是"与"非"两方面。朱熹的"理"又叫"道",朱熹说:"道,是古今都要遵守的理,比如父亲的慈爱,儿子的孝顺,君主的仁德,大臣的忠诚,这是一个公共的道理。"

这里所说的"公共的道理"也就是人人必须遵守的道理。可见朱熹所说的"理",又是约束人们行为的伦理,是人人都要遵守的准则。

其实,规律和伦理不是一回事,不能把他们等同起来。规律就是客观事物本来就具有的,它是不以人的意志为转移的。规律既不由人创造,也不能由人加以改变和消灭。但伦理就不是这样。伦理不是客观事物本来就有的,它是根据人们的意志制定出来的。不同时代、不同阶级、不同民族就有不同的伦理。

朱熹认为,天是个最为广大,无所不包的东西,它从来都这样不停地运转着;它之所以这样,一定有个主宰者。

这个主宰者,朱熹认为就是那个被立于天、地、人之外的"理"。

这就是,主宰着丰富多彩而又有规律的世界的最高力量是"理",人们所说的"上帝"是"理"的化身。朱熹认为,在天空之上,并没有一个像人一样的上帝在那里吩咐这个,安排那个。《诗经》和《尚书》中所说的"帝"就是"理"的别名。在这里,朱熹明确否定了有人身的上帝。不过他又说:

"广阔深远的天空,周流运转不停。如今说天上有个人在那里批判罪恶,当然不行,但是说完全没有一种主宰力量更不行。天地是最广大的,孕育万物,一刻不停,这明明是有个像人那样的力量主宰着。"

朱熹认为,这个不是人又像人的主宰力量就是"理"。宋朝的哲学家们常常就天地是有心还是无心问题进行争论。在这一条件中,朱熹虽然有时也说天地有心,但在实质上还是倾向于无心论。他说:天地的心不能说是不灵,但不能像

人那样思考问题。"理"也是没有情意，没有计划，不能做事的。朱熹认为，"天地之心"不能像人一样思考和有情意，这就明确地否定了有神论和上帝创世说，有助于无神论思想的发展。

在人类认识世界的过程中，最早出现的总是有人身的上帝，然后逐渐出现无人身的上帝。我国商周时代的上帝是有人身的。随着人们对自然世界认识的发展，有人身的上帝难以被人们相信，统治者逐渐用天来代替上帝。我们知道封建时代的皇帝是人间至高无上的统治者，几乎没有任何人能约束他们的行为。一些大臣只能用有意志的"天"去约束他、吓唬他，让他改变某些行为。朱熹也曾用自然灾害来警戒皇帝。乾道六年夏天，发生了旱灾，朱熹立即上书，指出这是皇帝自私、宰相专权、陈谏失职以及皇帝亲小人、疏远贤臣所造成的。当然这种用"天"来吓唬封建最高统治者的作用是有限的。

朱熹生活的时代，由于人们对自然界认识的进一步发展，"天"的意志和感情难于被有识之士接受，于是就出现没有形迹、没有情意、没有思维的一种精神力量——理。朱熹的"理"虽然没有人身，却可以发怒。他认为天能够对行善的人降下各种福禄，对作恶的人降下各种祸殃。这里的天就是有意志有情感的天。他还认为，水旱灾害、气候异常、山崩地震，都是天对人，主要是对皇帝的谴责。对此，皇帝必须修养道德，纠正错误，才能使"上帝鬼神，收还威怒"，变灾为祥。然而，这到底是朱熹真正信奉的哲学观点呢？还是为了达到某种政治目的而采取的权宜之计？这就不好判定了。

在鬼神问题上，朱熹有时否定有人身、有意志的鬼神，有时又承认有人身的鬼神。佛教宣扬"神不灭"，认为人虽然死了，但精神魂魄仍存在，可以自由往来，可以转世投生，成为另外一个人。朱熹认为鬼魂并不是"如今泥塑的鬼神之类"，只是一种"气"。他举例说："当风雨雷电刚刚发生的时候，这就是神，等到风停雨过，雷电止息，这就是鬼，地上的神只不过是万物发生、山河生云之类的现象。"

在这些地方，朱熹接近了无神论。但是，在祭祀这件事上，他又承认了鬼神的存在。他说："虽然一生一世终归要消散，但也不能都散尽，所以祭祀时，祖宗的"气"就会有感而来。世代离自己远的祖宗，由于祭祀者是他的子孙，他们的气是相通的，所以也会有感而来。这就是说，虽然人死了，但"气"还没有散尽，因此，可以通过祭祀，以子孙之气"感通"先祖之气，就可以呼召来他们的气聚集在家里。人死了，精神消灭，知觉功能也随着消失，这是无神论的观点；人死了，精神还存在，知觉功能也存在，这是有神论的观点。"

宗法世系是中国封建社会的基础，因此祭祀祖先也成了中国封建社会一件大事，忽视不得。从皇帝到庶民，无不如此。如果彻底否定了鬼神的存在，就等于否定了祭礼祖宗，从而否定了宗法世系；否定了人能够与天地"感通"，就等于否定了皇帝祭祀天地的活动，从而否定了皇帝是老天爷的儿子这一不容动摇的信念。这样一来，就无异于否定了中国封建社会，这对于强调忠、孝的朱熹来说是绝对做不到的。但朱熹毕竟是一位哲学家，对于把那些鬼神形容得像真人一样活灵活现的迷信，就不留情面地斥为"胡说"。这反映了朱熹身上不可避免的时代的局限和他内心的矛盾。

理学追求的目标是领悟万事之理，从而成为圣人。在如何领悟万事之理上，理学有"渐修"和"顿悟"两种观点。渐修，指的是长期的学习和个人修养。顿悟，指的是一下子突然明白。程颐曾经向往过"言下即悟"的境界，就是通过一两次谈话，甚至一两句警语就能成为圣人，上面这两种观点都起源于佛学。

朱熹是反对顿悟说的，他指责这种方法使人颠狂糊涂，放弃学习，是"今日学者之大病"。朱熹主张，人的道德修养和知识学习只能"铢积寸累"，一点点地积累，一步步地向前。他认为，不经过广泛的学习，就想得到什么根本的道理，那是办不到的。他说："学者要学习各种知识，然后把这样的知识四面凑合起来，才能从中发现根本的道理。不广泛地学习各种知识，只想得到什么根本的道理，那只是空想。"朱熹主张广泛地学习知识，他说："上边是天，下边是地，中间有许多日月星辰、山河草木、人物禽兽，在这许许多多事物中各自都有个道理，所谓学习，就是要通过对这些事物的研究，弄明白其中的道理。"朱熹还认为，不仅要广泛地学习，还要深入地学习，他说："对某一事物，我们弄明白了它的一层意思，就会发现里面又有一层意思。学习就是一层一层地不断地学，最终会有极尽的时候。"这是说，人对事物的认识，一层一层地不断深入，最后有"极尽"的时候。人的认识不断深入，这是对的；但说人的认识有"极尽"的时候，在我们今天看来是不妥当的。列宁说："认识是思维对客体的永远的、没有止境的接近"，是没有穷尽的。

朱熹认为，世界上一切事物的存在、运动、变化都是因为有一种独立于天、地、人之外的精神力量，这种思想，在现代哲学上被称为客观唯心主义思想。在朱熹时代还盛行着一种主观唯心主义思想，这种思想的代表人物是陆九渊。

陆九渊曾用简明的话概括他的思想。他说："宇宙就是我的心，我的心就是宇宙"，在陆九渊看来，人的主观意识"心"主管天下万事万物，万事万物统统是"心"的产物。朱熹和陆九渊就如何获得真知的问题进行了一场哲学思想的辩论。这就是中国哲学史上有名的"鹅湖之会"。淳熙二年四月，吕祖谦从浙江来访朱熹。到崇安后，吕就住在朱熹的寒泉精舍中，和朱熹共同研究二程的著作，选取语录622条，编成一部《近思录》作为理学的入门书。十天后，吕祖谦回浙，陆九渊和其兄陆九龄等人应邀来鹅湖聚会共同讨论理学中的问题。

在讨论会上，陆九渊曾写过一首诗批评朱熹的学说支离繁琐。朱熹很不高兴，于是散会，各自休息。接着又辩论几天，朱熹主张要广泛地学习，一点一滴地积累，才能获得真知。陆家兄弟却主张要发掘出人心中本来就有的灵感，然后再让这种灵感发扬光大，去印证天下万物。朱熹认为陆九渊顿悟式教育过于简约，而陆九渊却认为朱熹渐修式教育过于繁琐，双方意见很不一致。结果这次辩论，谁也没有说服谁。朱熹和陆九渊虽各坚持自己的信仰和学说，互不让步，但这并不妨碍他们之间的友情和互教。

"存天理；灭人欲"是朱熹提出的一个著名政治主张，这是他客观唯心主义哲学思想在社会生活领域中的重要体现。什么是天理呢？朱熹认为，天理就是君仁、臣忠、父慈、子孝、夫唱妇随等封建社会伦理，它们都是天赋于人的，是本来就

应当如此的,是永远不变的。什么是人欲呢?人欲就是人的耳、目、鼻、口、四肢的欲望,比如耳对于音乐,眼对于美色,鼻对于芳香,嘴对于美味,四肢对于安逸等。朱熹又称这些欲望为"物欲"或"私欲"。他说:"比如夏天应穿葛衣,冬天应穿裘衣,渴了要喝水,饿了要吃饭,这是理所应当的。但是葛衣一定要精细的,食物一定要精美的,这就是人欲了。"有人问他:"饮食这类事,什么算是天理,什么算是人欲?"朱熹说:"吃饭喝水,这是天理,要求美味,这是人欲。"

朱熹对天理人欲还有另外一种解释,他说:"对同一件事,正确的做法就是天理,错误的做法就是人欲。"比如:视、听、音、动这是人们的共同行为,对不合礼的就不看、不听、不说、不做,这就是天理,反过来就是人欲。

一言、一语、一动、一坐、一立、一饮、一食,都有是非。是的就是天理;非的,就是人欲。合乎礼的就是天理,不合礼就是人欲。这就是说,天理就是封建的等级制度和行为规范——礼。

朱熹说,如果人想穿得美一点,吃得好一点,就是人欲。那么统治阶级穿得好,吃得美,这算不算是人欲呢?朱熹对天理人欲的后一种解释就回答不了这个问题。他说合乎"礼"的就是天理,不是人欲、私欲。封建社会的"礼"对统治阶级中各阶层的享受都有规定,如果你的物质享受合乎"礼"的规定,那么,即使你穿得多么漂亮,吃得多么精美,也是合于天理的。朱熹"存天理,灭人欲"理论的产生,有它深刻的时代背景。

宋王朝建立在唐末农民大起义和五代的分裂割据之后。在长期的割据局面中,那些贵族、官僚、军阀们,完全抛弃了礼义廉耻,儒家长期标榜的"忠义"扫地。在这种情况下,迫使那些关心封建社会命运的人不得不进行思考。朱熹"存天理,灭人欲"理论就这样经过近二百年的思想理论酝酿之后,适应着时代的需要,应运而生了。他之所以提出这个主张,是为了让整个社会的人都安于各自的社会地位,从而使社会维持在一个稳定的状态上。对于广大农民,要让他们安于贫苦的生活,不要犯上作乱;对于统治阶级,也要让他们把物质享受纳入"礼"的框架中去。这个"礼"是一套繁琐而严格的等级制度,每个人都要按各自等级的规定获得物质利益,不能超越。对于封建社会的最高统治者皇帝,朱熹也同样要求他"存天理,灭人欲。"他要求皇帝不要纵欲,不要淫逸,即使有一个企图越"礼"的念头,也要谨慎地检查意见,严肃地克服它。然而"存天理,灭人欲"的信条并不能遏制农民的反抗,当农民生活极端困苦,活不下去的时候,就会揭竿而起,爆发起义。朱熹以后近七百年的历史就证明了这一点。不过,这个信条确实遏制了统治阶级内部犯上作乱的篡弑行为。在我国历史上,从汉朝一直到隋唐五代,统治阶级内部的篡逆、禅代屡屡发生;臣杀君、子杀父、弟杀兄的事层出不穷。南北朝时的宋朝皇帝刘昱,竟然被他的大臣、仆从们割下头来,像扔皮球一样扔到领军府的院子里。朱熹"存天理,灭人欲"理论产生以后,不仅没有了弑君、篡逆,就连冠冕堂皇的"禅代"也看不到了。

博大学问

　　在很多人眼里，朱熹这位理学家大概是一个表情单调、生活枯燥的老儒生。其实，朱熹不仅博览群书，深研经典，而且兴趣横逸，所学不拘一格。他不仅是一位一流的哲学家、教育家，而且对经学、史学、文学、佛教、道教、音乐、书法、绘画乃至自然科学、阴阳卜筮，几乎无所不学，无所不通，其成就斐然，令人叹为观止。

　　凡是看过《三国演义》的人，都认为曹操是一个大奸臣，无恶不作。但在《三国志》里面，曹操却是一位胸怀大度、叱咤风云的英雄，并被尊称为皇帝；而把刘备、孙权只当作两个割据政权的首领。一直到北宋，司马光作《资治通鉴》，还以魏为正统皇帝，把蜀、吴当割据政权。

　　什么是"正统"呢？古人认为，凡有正当的继承系统和继承理由的政权、皇帝或思想、学说都算是"正统"。那么，又是谁最早把刘备做正统皇帝，而把曹操做奸臣呢？这个人就是朱熹。

　　朱熹也是一位著名的历史学家，他在历史学方面发表了许多不同凡响的论著。他曾把司马光的《资治通鉴》改编为《资治通鉴纲目》，主要原因就是《资治通鉴》没有把正统思想放在突出地位，这不利于只有半壁江山的南宋王朝。所以朱熹对《资治通鉴》批评最多的是三国对峙时期的历史，没有突出刘家的正统地位。朱熹大力提倡"正统"的目的在于发扬抗金的决心，振奋民族志气，从而扭转南宋朝廷人心士气委靡不振，边境战备松松垮垮的危机。后来罗贯中创作小说《三国演义》，奉刘备为正统正是来源于朱熹的思想。

　　朱熹认为，评价一个历史人物，不仅要看到他做事的动机，尤其要看到他为社会做过什么事。他主张在学习历史时，一定要独立思考，破除迷信。对于那些明显不合情理的历史记载要敢于怀疑，这是因为古人有时把传闻当作真正的历史。朱熹很佩服汉朝的大历史学家司马迁，他说司马迁"才能高，见解高。"但他对《史记》中的某些记载仍敢怀疑。例如《史记》里记载：战国末期，秦国在长平坑杀了赵军40万，朱熹认为这是不可信的，其中必有失实之处。他说："长平坑杀40万人，这是司马迁说过头了，不可信。赵国打了败仗是有的，但是赵国兵将都是身经百战之士。难道40万大军肯束手受死吗？这记载是绝不可信的。"又如史书记载唐太宗李世民杀了哥哥李建成、弟弟李元吉之后，他的父亲李渊（当时还是皇帝）目睹惨祸，却还心安理得地去泛舟作乐，朱熹认为此事不可信，他说："一件如此重大的事情，兄弟相杀如此残酷，做父亲的怎么能如此安然无事呢？其中一定有不可相信的地方。"这种独立思考，不迷信古人的精神，对一位历史学家来说是很可贵的。

　　朱熹从他的理学伦理出发，评价历史人物一直以"忠孝节义"为标准。他认为："人生活在天地之间，用来做人的标准不过是忠、孝两字，这是天下重要的道德，不能一刻忽视它。"但是朱熹没有因此就不顾历史人物的功绩而做纯道德评

中华名人百传

思想家卷

价。例如，他对本朝皇帝的评价就没有被"忠"的伦理所束缚。他对本朝的皇帝大多持批评态度，即使被人颂扬为仁德之君的仁宗皇帝，他也敢于批评，他说："仁宗皇帝立志使国家富强，又不满足于小康局面想要有政治上的壮举。但是他天性仁慈，不会用人，官员突然升迁又突然降职，所以他始终没有做成一件大事。"

对于毫无政治才能的徽宗、钦宗二帝，朱熹十分鄙视，认为他们"没有一项政治措施是对的。"指责徽宗在对金国的外交大事上不讲信义，"先与金主阿骨打盟誓，双方都不许接受对方的叛降者。在这件事情上连金人都能遵守信义。而我们却违约失信，给了金人进攻我们的借口。"指责钦宗正邪不辨、软弱无能，"对于臣下的善恶正邪，辨别不分明，又没有刚强果敢的手段。"对事实的尊重使朱熹突破了自己的政治伦理思想，使他成为一位有成就的历史学家。

美国的科学家 R. A. 尤里达说："现今的科学大厦不是西方独有的成果和财产，也不仅仅是亚里士多德、欧几里德、哥白尼和牛顿的财产，其中也有老子、邹衍、沈括和朱熹的功劳。"

的确，朱熹在中国科学史上也应占有一席之地。在宋代，我国自然科学的发展出现了新的高峰，火药、指南针、活字印刷三大发明，都产生于宋代。北宋时进行了五次大规模的恒星位置观测。后来董裳利用这些资料绘成星图，现仍保存在苏州石刻天文图中。朱熹博览群书，对自然科学做过比较广泛和深入的探讨。他对古代医学经典《黄帝内经》、张衡的《灵宪》以及历代天文地理知识，都有广泛的涉猎；对沈括的《梦溪笔谈》和张载的《正蒙》钻研尤深。他在自然科学上的卓越见解主要集中在地质学和天文学上。

朱熹在地质学方面有一个重要的见解，就是根据高山有螺蚌壳化石的现象，推断此山远古应是海域，从而发现地质变迁、沧海桑田的科学原理，他说："我曾经在高山上见过螺蚌壳，有的长在石头里，这些石头就是以前的泥土。螺蚌生长在海、河的泥沙中，如今却在高山的石头里，这说明高处可以变成低处，低处可以变成高处。天地哪能一成不变呢？现在登上高山眺望群山，都呈波浪的形状，这是水的冲击使它们这样。"

朱熹根据地球上海域可变成高山，泥土可以变成坚石的现象，得出"天地哪能一成不变"的结论；他还指出，这些巨大变化"都是自然而然，非有安排也。"这就是说，天地是处于不断的运动变化之中，天地之间没有一成不变的事物，而且这些变化是自然运动造成的，并不是什么先天的"理"造成的，这就突破了他客观唯心主义哲学体系。近代地质学家章鸿钊评论说："这种思想虽不完全精确，却是地质学萌芽应有的观念。"他又说："中国最重利用厚生（指利用自然使生活富裕），唐、宋时人已颇是纯粹的地质观念，朱子的思考尤为敏锐。故所语往往颇中肯。"这就给朱熹的自然科学思想很高的评价。在天体学方面，朱熹持月体常圆无缺之说，他说："月球本是浑圆无缺的，只是常受日光的部分是亮的。初三四是日在下照，月亮的西边部分是亮的，人在地上看，只看到月的左弦光。十五天的太阳在地下，它的光从地的四边射出，月受到日光才亮。月亮本身没有圆缺，只

是人们看到它有圆缺。"

在这里，朱熹有三个很有价值的思想。第一，他认为月球本身是常圆不缺的，人有时看到它缺了，那是因为受光状况不同造成的。第二，月球本身并不发光，是"受日光"后才有了光辉。第三，他认为日既可在地上的空中，又可在地下（地球的那一面）的空中，已经初步认识到星球运转的道理。朱熹在讲学中，不仅仅是社会科学，而且常常涉及自然科学，如天体学、地理学、动物学、植物学、医学等。朱熹自己还很喜欢科学试验，据《宋史》卷48记载，朱熹家里曾收藏一套"浑仪"，这是北宋时苏颂发明的一套靠水力转动而形成的一个齿轮系统的天文仪器。朱熹曾利用这套浑仪"颇考水运制度"，致力于恢复苏颂的水力运转装置。他还曾用木板制造过一幅"华夷地图"，把地形的凹凸情况刻在木板上，这些都体现了朱熹的科学实践精神。

按照宋代理学家的风气，做学问必须在儒家的经典范围内，对于其它知识则一概视为杂学，都要弃而不问，即使是文学、史学这样和儒学较近的学科，也被视为旁杂之学，所以理学家被控有拘束枯燥之嫌。朱熹则不然，他力主博通、兴趣横逸，他的学问几乎无所不包。朱熹深通乐律，自己也善弹琴。当时有许多道士的琴都弹得很好，朱熹乐于和他们往来。曾经有个姓周的道士带着琴去拜访朱熹，正赶上朱熹服丧未满，按照当时的丧礼，是不能听音乐的。朱熹很遗憾，事后说："我一看他的相貌，一听他的言谈，就知道他对于琴艺有很高的造诣。"未听琴声，只凭察言观色，就知道对方的琴艺，如果朱熹没有很高的琴艺是绝对办不到的。

朱熹曾谦虚地说过自己如何学琴，他说："我曾经学过弹琴，开始时只是乱弹，以为学会了再依照规则弹，其实不是这样，以后我始终没有学好。"

朱熹《文集》卷66有《琴律说》，专谈琴律，上自司马迁的《史记》，下至沈括的《梦溪笔谈》，博古考今，分别雅俗；《文集》卷63《元吴士文》一文，从论琴艺进而论乐律，全文长达三千余字，可见他对琴艺、乐理的精深。

朱熹在书法上也颇有造诣。他对书法的喜好，是与他父亲的熏陶分不开的。他父亲朱松从小酷爱王安石奏稿的手迹。朱熹对这篇奏稿的书法爱不释手，大加赞叹，他说："我特别喜爱末尾的那三行字，语气凌厉，笔势上下飞舞，还能从中看出他那跨越古今，旋转宇宙的气概。"

能从一个人的书法中看出他的胸怀、气度，可见朱熹书法造诣之深。

朱熹有不少手稿遗墨流传至今，其中最著名的是他的手笔《归去来辞》。明人晏宁对这篇书法推崇备至，他说："颇具笔势遒劲，天机逸发，如拔藤配木（喻苍劲古朴），云舒雾敛（喻舒展洒脱）当为公平生所书第一帖。"

又有墨迹《易经·系辞》，由他的学生蔡元定刻碑于湖南常德，真迹已流于日本。今人杨震方评论说："字大五六寸，用笔豪劲，精彩四射，与流传的朱熹书法风格不同。"

《大学感问》手稿、《论语集注·颜渊》注稿及《致表举程允夫函》，均系行书，其笔势清俊遒劲，变化多姿，笔走龙蛇，一气呵成，丝断意连，情趣无限。

泉州开元寺上匾上书写的"正气"二字，是楷书，笔势雄健，沉厚阔大；南平西林寺匾上的"鸢飞鱼跃"四字，虽是楷书，但字体圆润活泼，正像鹰飞鱼跃一样。

朱熹还是一位书法评论家，他评论米芾的书法说："米老的书法就像天马脱缰，追风逐电，不能用驱驰的节奏来限制它，其要点是挥洒痛快，我的这一卷尤为奔放飘逸。"

朱熹还酷爱古代钟鼎上铸刻的古文字和历代石刻文字。由于小时候他家里生活不富裕，买不起这类拓本，只有一部欧阳修编的《集古录》，朱熹常常把它拿出来，把欣赏书里的古文字当乐趣，看得入迷时，仿佛手摸到钟鼎和石刻上真的古文字一样。过后，又遗憾自己由于贫穷，居住偏远而得不到古文字的拓本，有时甚至整天睡不好吃不香。27岁那年，他任同安主簿期满，到了泉州，得到一部赵明诚的《金石录》，爱不释手。这时，加上父亲的收藏和自己收集的拓本、横幅已经有几十种，都是有价值的古文字。朱熹把它们悬挂在房屋的四壁上，无论是坐、卧、踱步，都不离眼前，对古文字简直入了迷。

朱熹在绘画上也有很高造诣，明朝人朱继儒说朱熹的画深得吴道子笔法。吴道子是我国唐代著名的大画家，能深得他笔法的人，其绘画技艺想必是很高的。1974年在福建省建政城关豪栋街一个社员家里发现一块刻有朱熹自画像的石碑，上面刻有"对镜写真题"（词）的自警的文字。写真，就是我们今天绘画所说的写生。据考证，这幅自画像画于光宗绍熙元年正月，当时朱熹已经60岁了。这幅自画像是半身像，线条流畅，结构合理，人物表情详和，年龄也和当时的朱熹相当。朱熹晚年时，同乡人造聚星亭，要在照壁上画东汉时的贤人荀淑和陈军的故事。朱熹因为年纪大了，不能亲自动笔，所以写信给朋友巩仲主，希望他能为自己找一个擅画的高手来。这时的朱熹虽不能亲自动笔，却在信中详细阐述了自己对这幅画的构思和布局的看法，他说："这幅画如果分成两部分，那么前一部分应画陈军坐着牛车在路上，他的儿子等陪同前来。后一部分应画荀淑的儿子荀靖在门前迎接，然后是荀淑与客人对坐、饮酒，他的七个儿子在一旁侍候。荀靖本来在门外迎客，客人入席之后，他就不应该在门外站着，也要画他侍立在父亲身边。两部分之间，又应当再画些山石树木来分隔。如果只画作一部分，那么就画陈军乘车来到门前，荀靖在门外迎客，他的七个兄弟扶持、跟随着父亲荀淑来到庭院中，荀淑的孙子荀或也跟在后面。"对一幅人物众多、布局复杂的绘画能有如此精当的构思，也可以间接地反映朱熹的绘画技艺和修养。

朱熹还酷爱旅游，他一生喜爱山水泉林、古迹名刹，他的足迹遍于闽、浙、赣、湘等名山胜景，并有很多题诗留存。民国时的《福建通志》说他自称紫阳，虽然衣食常常不足，但是天性活泼，常常把自己的情怀寄托在山水风景之中。南康的庐山，潭州的衡山，建州的武夷，福州的石鼓、鸟后山，他都去游览过。朱熹早年在任泉州同安主簿期间，曾和傅安道游览南安县九日山金鸡峰，他们上登险峰，下泛轻舟，玩得兴起时，朱熹不禁迎风高呼："真痛快啊！"满满斟上一杯酒，手敲船桨唱起了《楚辞》中的《九章》，声调高昂，溪中的鱼也随着跳跃，栖息的鸟惊起飞鸣。这时的朱熹完全是一个豪情满怀，生气勃勃的青年，哪有一丝理学家的枯

燥呢？

朱熹38岁那年，在学生厄念德、林用中陪同下，8月初由崇安启程前往湖南岳麓书院去拜访主持者张栻。顺便游览南岳衡山。8月到达长沙，在书院住了3个月，然后与张栻同游衡山。11月7日，他们从长沙出发，4天之中，经方广岩，登上封，攀祝融，到达衡山顶峰。他们在山上住了3天，朱熹的兴致极高，曾经赋诗以抒性。

三月山行风饶林，天寒岁暮客愁深。

心期已误梅花笔，急雪无端更满襟。

朱熹一生或游或讲学，虽几次出仕，却时时寄情山水，不慕名利，使古往今来多少文人学士，思慕景仰，尊称他为朱子。

纵观朱子一生，出仕就要安邦定国；著述就要流传千古，可谓是一个人格比较健全的一代大师。

李 贽

李贽，号卓吾，又号宏甫，福建泉州南安人。生于明嘉靖六年（1527年），死于明万历三十年（1602年），享年七十六岁。

李贽七十岁那年在给朋友的信中说：

"我性本柔顺，学贵忍辱，故欲杀则走就刀，欲打则走就拳，欲骂则走而就嘴，只知进就，不知退去……是以堂堂之阵，正正之旗，日与世交战而不败者，正兵在我故也。正兵法度森严，无隙可乘，谁敢邀堂堂而击正正，以取灭亡之祸欤！"

这一段文字，可以看作是李贽一生与封建传统势力作坚决斗争的一个总结，不仅表明了他在封建势力面前勇敢战斗的精神，而且也反映了他对自己所进行的这场斗争的信心。他坚信自己是"堂堂之阵，正正之旗"，是"正兵在我"，所以他就充满勇气去进行斗争。我们综观李贽的一生，可以说，他的确终生都在探索，终生都在与封建压迫和封建传统思想做顽强的斗争。

李贽的远祖从事过商业活动，有的还远航海外，做过"通事官"（翻译）。其先世信仰也极为复杂，既有伊斯兰信徒，又有佛教徒。在其家族中，还有不少与别的民族乃至外国人通婚之举。到李贽的父亲却以教书为业，家中生活并不宽裕，因此，李贽"自弱冠糊口四方，靡日不逐时事奔走。"由于特殊的家世，广泛的社会接触，使他在青少年时期，就对一些问题产生了不同流俗的看法。他在十二岁那年写的《老农老圃论》里，就对孔子反对樊迟学农产生了不满。后来，"稍长，复愦愦，读传注不省，不能契朱夫子深心。"对孔子和朱熹的思想表示了反感。他还说："余自幼倔强难化，不信学，不信道，不信仙、释。故见道人则恶，见僧则恶，见道学先生则尤恶。"说明他的"异端"思想从青年时期已经滋生萌芽了。

嘉靖三十一年（1552年），他二十六岁时，考中了福建省乡试举人。通过这次考试，他看出了科举制度的虚伪，说："此直戏耳！但剽窃得滥目足矣，主司岂一一能通孔圣精蕴者耶？因取时文尖新可爱玩者，日诵数篇，临场得五百。题旨下，但作缮写誊录生，即高中矣！"李贽通过自己的亲身体验得出的这个结论，真是对神圣的科举制度的深刻揭露，也是对那些在科举路上往上爬的理学之徒的辛辣嘲讽。

嘉靖三十五年（1556年），三十岁，他开始做官。先任河南辉县教谕，共五年。三十四岁，升任南京国子监博士。不数月，他因父亲去世回家守孝。这时恰值倭寇骚扰我国东南沿海，泉州也受到倭寇的包围，他回到家里，顾不上守孝，就"墨衰率其弟若侄，昼夜登陴击柝，为城守备"，参加了保卫泉州的战斗。

三年服满后，他携眷到了北京，补北京国子监博士。不久他祖父死，为了奔丧，把家移至河南辉县，然后请假回籍，又是三年。他离辉县时，买了几亩地让妻女耕种度日。谁知又遇旱灾，加上当地官吏"假借河漕名色，尽撤泉源入漕，不许留半滴沟浍间"。结果，造成了辉县的大荒，李贽买的几亩地，只收到几斛稗子，两个女儿因病饿相继死去。幸亏他的朋友邓石阳来赈济，拿出自己的俸银二两，并写信给朋友募得一些银两，给了李贽的妻子。李贽的妻子用这笔钱一半买米，一半买棉花，纺纱织布，度过了三年的灾荒。

嘉靖四十五年（1566年），李贽四十一岁，由泉州回到辉县。同时，又把家从辉县迁回北京，补了个礼部司务。这是一个穷官，所谓"司务之穷，穷于国子"。但李贽认为"穷莫穷于不闻道"，"吾闻京师人士所都，盖将访而学焉"。他抱着求学的目的，在北京住了下来，一直到隆庆四年（1570年），李贽四十五岁，前后共五年。这个时期，他接触了王阳明学派，并推重王阳明、王畿为"得道真人不死"，说他们与"真佛、真仙同"，表现出对二王学说的信崇。这时张居正已经是礼部尚书，兼武英殿大学士，为当时的三内阁之一（其余二人是徐阶和高拱）。李贽与张居正虽然没有直接来往与接触，但他对张居正是很崇拜的，他曾说："江陵（指张居正）宰相之杰也。"表现出对张居正政治改革的支持。

隆庆四年（1570年），李贽改任南京刑部员外郎，直到万历五年（157年），共七年。李贽在南京时期，与学者焦竑朝夕过从，还与泰州学派的赵贞吉（大洲）、罗汝芳（近溪）、耿定理等相往来。这时他还认识了王畿，后来又拜王艮的儿子王襞为师。从他与这些人物的交往中，我们可以看到李贽思想是受到泰州学派的影响的，他自己的思想体系也在这一时期开始趋于成熟。这时他还认识了后来成为理学代表人物的耿定向，耿定向是耿定理的哥哥，焦竑的老师。耿定理和焦竑一直是李贽的终生好友，思想比较一致，而耿定向却是后来李贽进行长期反传统思想、反理学教条的主要斗争对象之一。李贽研究佛经也是从这时期开始的，他说："五十以后，大衰欲死，因得友朋劝诲，翻阅贝经。幸于生死之原，窥见斑点。"李贽想从佛学探求人生之理，表现了他对儒学的疑惑，实际上，佛学也成了李贽后来批判儒学及传统思想的一个武器。当然，佛学的唯心主义对李贽也产生了较深影响。

万历五年（1577年），李贽五十一岁，出任云南姚安府知府。在任三年，法令清简，很得人民的好评。三年期满，他坚决辞官，从此结束了二十多年的官场生活。

李贽从三十岁出任河南辉县教谕，到五十四岁辞去云南姚安府知府，二十余年的官场生涯，使李贽经受了不少磨难与波折，使他逐步认识到封建统治集团的腐败，认识到封建理学家的丑恶面目。他后来总结这一段生活说：

"余唯以不受管束之故，受此磨难，一生坎坷，将大地为墨，难尽写也。为县博士，即与县令、提学触；为太学博士，即与祭酒、司业触；如秦，如陈，如潘，如吕，不一而足矣。司礼曹务，即与高尚书、殷尚书、王侍郎、万侍郎尽触也。……最苦者，为员外郎不得尚书谢、大理卿董并汪意。……又最苦而遇尚书赵。赵于道学有名，孰知道学益有名而我之触益又甚也。最后为郡守，即与巡抚王触，与守道骆触。……此予平生之大略也。"

李贽三十多年来处处与上司抵触的事实，实质上反映了他一贯与封建压迫和封建传统思想以及理学家们斗争的情况。在这种长期斗争中，他体会到："大概读书食禄之家，意见皆同，以余所见质之，不以为狂，则以为可杀也。"李贽与封建压迫、封建传统思想和理学家的这种斗争，愈到后来愈加激烈。

李贽在云南辞官后，并没有回故乡泉州，而先是住在黄安耿定理家。

李贽客居黄安不久，就开始了与耿定向的思想冲突。耿定向是湖北黄安的大官僚地主，这时他由察院左佥都御史升任左副都御史协理院事，后来又升任刑部左侍郎。同时他又是当时理学的代表人物，平时喜欢讲学，以儒教正统自居，喜欢吹嘘自己的"不容己"精神。但是事实上他却是一个虚伪的假道学，满脑子的升官发财、自私自利，却满嘴的仁义道德。万历七年（1579年），统治者杖杀何心隐，本来耿定向是有力量可以援救他的，却因为怕得罪当权者，坐视何心隐被杀害而不顾。后来又因为李贽反对用虚伪的理学教条教育耿家子弟，与耿定向直接发生了冲突。万历十三年（1585年），耿定理死，李贽在耿家无法再住下去，就于第二年移居于麻城龙潭湖的芝佛院，并将妻女送回福建。龙潭是一个十分幽僻的地方，平时除了几位至交外，很少有人来往。李贽在这里一直住了十多年，这十多年，是他的思想成熟，同时也是他反对封建压迫、反对封建传统思想和反对封建理学斗争的高潮时期。

李贽一离开黄安，就痛快淋漓地写信揭露了耿定向的假道学面孔，指出，耿定向之流"种种日用，皆为自己身家计虑，无一厘为人谋者。及乎开口谈学，便说尔为自己，我为他人；尔为自私，我欲利他；我怜东家之饥矣，又思西家之寒难可忍也；某等肯上门教人矣，是孔、孟之志也；某等不肯会人，是自私自利之徒也。……以此而观，所讲者未必公之所行，所行者又公之所不讲。"并揭露他们"实多恶也，而专谈志仁无恶；实偏私所好也，而专谈泛爱博爱；实执定己见也，而专谈不可自是"。李贽用匕首一样的语言，剥落了耿定向的假道学面孔，揭露了他"言不顾行，行不顾言"的虚伪的两面派真面目。作为刑部侍郎的耿定向，掌有生杀之权。李贽面对这样的统治者，敢于反复与他论辩，多次揭露他的虚伪面目，而

且言辞毫不假借,可见他确是有不怕死的战斗精神。

李贽流离麻城时期,还落了发,以"异端"自居。李贽落发,是否是真正皈依了佛教?事实并非如此。李贽自己曾多次讲到他落发的事,汪可受在《卓吾老子墓碑》中记载:

> 老子(指李贽)曰:"吾宁有意剃落耶?去夏头热,吾手搔白发,中蒸蒸出死人气,秒不可当。偶见侍者方剃落,使试除之,除而快焉,遂以为常。"复以手拂须曰:"此物不碍,故得存耳。"

这是他落发的第一个原因。他落发的另一个原因,也如李贽自己所说:

> "其所以落发者,则因家中闲杂人等时时望我归去,又时时不远千里来迫我,以俗事强我,故我剃发以示不归,俗事亦决不肯与理也。又此间无见识人多以异端目我,故我遂为异端以成彼竖子之名。兼此数者,陡然去发,非其心也。"

他的朋友刘东星也说李贽"虽弃发,盖有为也"。综合上面这些材料,再结合李贽虽落发而又留胡须,虽出家而又食肉,身居佛堂而又挂孔子像,挂孔子像而又批孔批儒,从这种种思想与行径来看,李贽的落发,与其说是为了出世,皈依佛教,还不如说是为了入世,进行反封建理学的斗争。李贽何尝是谨守佛教戒律的虔诚僧徒?这不过是李贽探索人生的一种方式。实际上,李贽弃官以后隐居龙湖的十多年间,并不是出世的佛教徒或隐士,而是在紧张而艰苦地探索、著述和斗争。尤其是《焚书》和《藏书》的写作,更鲜明地反映了他的这种人生追求。

万历十八年(1590年),李贽六十四岁,他的《焚书》在麻城刻成。他在《自序》中说:"一曰《焚书》,则答知己书问,所言颇切近世学者膏肓,既中其痼疾,则必欲杀我矣,故欲焚之,言当焚而弃之,不可留也。"又说:"夫欲焚者,谓其逆人之耳也;欲刻者,谓其入人之心也。逆耳者必杀,是可惧也。然余年六十四矣,倘入人之心,则知我者或庶几乎!余幸其庶几也,故刻之。"这就表明,李贽已经预料到,《焚书》的出版,必将引起封建统治者对他的迫害,但他还是以无所畏惧的态度,将《焚书》刻印了。在《焚书》里,他公布了与耿定向论战的七封信,把耿定向的伪道学面目揭露无遗,同时还尖锐地揭露了当时那些讲理学者的丑恶嘴脸,并进一步把批判的矛头指向儒家学派的祖师孔子及其所谓"经典"。如《童心说》,指出"六经"、《论语》、《孟子》,不但不是"万世之至论",而且是"道学之口实,假人之渊薮"。李贽对孔子及儒家"经典"的批判,在长期的封建社会中,可算是空前激烈的,不但在当时产生了振聋发聩的作用,对后世也产生了深远影响。

由于《焚书》具有对封建统治者强烈的揭露和批判的性质,以耿定向为代表的封建理学家和黄、麻地区的官吏士绅,纠集了一批流氓打手,趁李贽出游之机,对李贽进行辱骂驱逐,并用造谣诬蔑的手段,对他进行种种迫害。

万历二十四年(1596年),李贽准备去山西,湖北巡道御史史旌贤却发出要法治他的警告。面对反动势力的威胁,李贽从容镇定而坚强。他在给朋友的信中说:"窃谓史道欲以法治我则可,欲以此吓我他去则不可。夫有罪之人,坏法乱治,案法而究,诛之可也。我若告饶,即不成李卓老矣。若吓之去,是以坏法之人

而移之使毒害于他方也，则其不仁甚矣！他方之人士与麻城奚择焉？故我可杀不可去，我头可断而我身不可辱，是为的论，非难明者。"在李贽的斗争下，统治者的阴谋终于没有得逞。

此时，李贽应丁忧家居的吏部右侍郎刘东星之邀，到山西上党做客。在这里他完成了《明灯道古录》。万历二十五年（1597 年），又应大同巡抚梅国极之约，由上党到了大同，在这里他完成了《孙子参同》。而后他又到了北京。万历二十六年（1598 年），李贽在焦竑的陪同下，由北京乘船顺运河南下，到了南京。在南京期间，李贽曾三次会见意大利人利玛窦，并写下了《赠利西泰》诗一首，成为中西交流史上一件有意义的事。

万历二十七年（1599 年），李贽的《藏书》在南京刻成。李贽自述他写作《藏书》时的情况说：

> "山中寂寞无侣，时时取史册披阅，得与其人会观，亦自快乐，非谓有志于博学宏词科也。尝谓载籍所称，不但赫然可纪述于后者是大圣人；纵遗臭万年，绝无足录，其精神巧思亦能令人心美。况真正圣贤，不免被人细摘；或以浮名传颂，而其实索然。自古至今多少冤屈，谁与辨雪！故读史时真如与百千万人作对敌，一经对垒，自然献俘授首，殊有绝致，未易告语。"

李贽正是抱着"与百千万人作对敌"，为古人辨雪的战斗精神，从事《藏书》的著述的。李贽要和谁战斗？怎样为古人辨雪？他在《藏书·世纪列传总目前论》中，明确提出反对"以孔夫子之定本行罚赏"，并公开申明，要"颠倒千万世之是非"。李贽正是抱着反对"以孔子之是非为是非"的明确目的写《藏书》的。《藏书》是一部巨大的历史著作，它"起自春秋，迄于宋元"，"人更八百，简帙亦繁"。在这部"系千百年是非"的六十八卷巨著里，李贽一反封建统治阶级所提倡的儒家的传统观点，对不少历史人物做了翻案文章。正如李贽自己所说：《藏书》"其是非堪为前人出气"，"凡昔人之所忻艳以为贤者，予多以为假，多以为迂腐不才而不切于用。其所鄙者、弃者、唾且骂者，余皆以为可托国、托家而托身也。其是非大戾昔人如此。"

万历二十八年（1600 年），李贽又回到麻城龙湖，"著书谈道，听者日众"，以致"喧阗郡邑"，引起极大反响。因此，也引起封建卫道士们的仇视，再一次对他进行迫害。他们以"异端惑世""宣淫"等罪名，拆毁了李贽居住的芝佛院。李贽不得已暂时避到商城黄蘗山中。

万历二十九年（1601 年），李贽在曾任御史因抗疏神宗而被削职为民的马经纶陪同下，到了通州（今北京市通州），住在马经纶家。在这里，他除了不时会见一些求学问道者外，就集中精力修改已经刻印的《易因》，并最后定名为《九正易因》。这是李贽的最后一部著作，其中有些地方表现了李贽的形而上学思想，甚至杂有占筮的神学谬论。但很多解释也阐明、发挥了《周易》的朴素唯物论和朴素辩证法因素，并多有反传统思想的论述。

万历三十年（1601 年），李贽已经七十六岁，但是封建统治者仍在加紧对他的攻击与迫害。二月，礼科给事中张问达上书神宗，攻击李贽"壮岁为官，晚年削

发,近又刻《藏书》《焚书》《卓吾大德》等书,流行海内,惑乱人心。……以秦始皇为千古一帝,以孔子之是非为不足据。狂诞悖戾,未易枚举。大都刺谬不经,不可不毁者也",要求"檄行通州地方官,将李贽解发原籍治罪。仍檄行两畿各省,将贽刊行诸书,并搜检其家未刊者,尽行烧毁,毋令贻祸乱于后,世道幸甚"。张问达的书一上,神宗朱翊钧便亲自下令逮捕李贽:"李贽敢倡乱道,惑世诬民,便令厂卫五城严拿治罪。其书籍已刊未刊者,令所在官司,尽搜烧毁,不许存留。如有党徒曲庇私藏,该科及各有司,访参奏来,并治罪。"李贽就是在这种"敢倡乱道,惑世诬民"的罪名下,被封建统治者逮捕入狱了。在狱中,李贽不屈于封建反动势力的压迫.忍受着严重的疾病痛苦,读书作诗自如,最后终于自刎而死,表现出与封统治者斗争到底的精神,走完了他的悲剧人生。

李贽对于死,是早有准备的,也就是说对于统治阶级对他的迫害是早有认识的。他曾对汪可受说:"得荣死诏狱(皇帝亲自下令逮捕审问的案件),可以成就此生。……那时名满天下,快活,快活!"他在与焦竑的信中说:"闻有欲杀我者,得兄分剖乃止,此自感德。……与其不得朋友而死,则牢狱之死,战场之死,固甘如饴也,兄何必救我也? 死犹闻侠骨之香,死犹有烈士之名,岂龙湖之死所可比耶!"他在七十二岁那年写的《老人行叙》里说:"虽曰《老人行》,而实则穷途哭也。……百世之下,倘有见是书而出涕者,坚其志无忧群魔,强其骨无惧患害,始终不惑,圣域立跻,如肇法师所谓'将头临白刃,一似斩春风',吾夫子所谓'有杀身以成仁'者,则所著之书犹能感通于百世之下,未可知也!"

"坚其志无忧群魔,强其骨无惧患害",这是李贽一生的自我写照。尽管李贽的思想比较复杂,有主观唯心主义的东西,也有朴素唯物主义的思想;强烈地反对封建理学,思想里也仍然有儒家传统的影响,如此等等。但是,就他的思想行为的主要方面看,我们不能不承认,他确实是当时反对封建压迫、反对封建传统思想、反对封建理学的不屈的斗士。李贽的一生,是探索的一生,是战斗的一生,正因为此,也构成了他悲剧的一生。

黄宗羲

黄宗羲(1610—1695 年)字太冲,号南雷,又号梨洲,学者称南雷先生或梨洲先生。浙江省余姚县人。我国明清之际的伟大爱国主义思想家,开一代风气的学术宗师。

痛锥阉党　伸张正义

黄宗羲于明神宗(朱翊钧)万历三十八年八月初八(1610 年 9 月 24 日)出生

于浙江余姚县通德乡南雷里黄竹浦（今余姚市明伟乡浦口村）的一个官宦家庭。

他的出世，给这个家庭带来了喜气，这是因为，他是长子，而且临降生时，他的母亲梦见了麒麟，麒麟是我们民族传说中的神兽，象征吉祥幸福。于是，全家亲昵地把他叫做"麟儿"。

然而，他遭逢的却是一个"天崩地解"的乱世，一生"濒于死者十"，大半辈子都是在血雨腥风、刀光剑影中熬过来的，这对于他，是幸，还是不幸呢？

他出生时，明王朝已进入了"日薄西山，气息奄奄"的没落时期，政治极其腐败，阶级矛盾和民族矛盾空前尖锐——农民大起义的风暴正在酝酿之中；北方的满族政权日益强大，虎视眈眈地觊觎着大明的江山，国势危如累卵。明政权中，以皇帝、宦官、王公、勋戚、权臣为代表的大地主集团，已经成为统治阶级内部最腐朽最反动的势力。他们疯狂地兼并土地，加重赋税徭役，迫使大量农民流离失所。同时，他们自身又争权夺利，势同水火。政治的腐败，最集中地体现在宦官专政上。

阉党的黑暗统治，不仅激起了人民的强烈反抗，也引起统治阶级内部正直人士的不满，东林党人就奋起与阉党展开了斗争，写下了明末气贯长虹的正气篇。

东林党是中小地主阶级的政治代表。万历三十三年（1605），被革职的吏部郎中顾宪成与好友高攀龙、钱一本、薛敷教、史孟麟等人，在故乡无锡东门外的东林书院讲学，其实是利用存在了数百年的书院形式，作为进行活动的基地，形成一股势力，因而被称做"东林党"。他们在讲学中"往往讽议朝政，裁量人物"，以批评时事，改革政治，振兴国家为己任。这正如顾宪成为东林书院撰写的一副对联所说的：

　　风声、雨声、读书声，声声入耳，
　　家事、国事、天下事，事事关心。

这个时候，他们"讽议朝政"的矛头，自然首先指向阉党。

黄宗羲的父亲黄尊素是一位东林党人，但遭到阉党的迫害，死时才43岁，父亲的无辜惨死，使黄宗羲受到很深的刺激。他悲愤欲绝，每到深夜读书毕，总要痛哭失声。从此，他对暗无天日、灭绝人性的封建专制制度有了痛切的感受，思想中深深地埋下了批判的种子。在京城的几年中，耳濡目染的东林先辈们正气磅礴、大义凛然的形象，时刻在鼓舞着他，他以自己是一个东林后裔而自豪，暗暗下决心，要亲手刺杀仇人，为父亲和蒙难的东林先辈们报仇，为世人伸张正义。

父亲殉难后，作为长子的黄宗羲，上要赡养年事已高的祖父和守寡的母亲，下要承担教育未成年的弟弟的责任。生活的担子，对于年仅十七八岁的他来说，未免过于沉重了。但是他没有畏缩，而是更加刻苦自砺，等待着报仇雪恨的机会。

时机终于来到了。天启七年（1627年），昏庸的熹宗病死了，由他的弟弟朱由检继位，这就是明朝的最后一个皇帝思宗，第二年改年号崇祯。崇祯皇帝在继位前，就已经对阉党的跋扈十分不满，继位后便立即着手惩治阉党。崇祯元年（1628年）春天，当黄宗羲获悉惩治宦官的消息后，便毫不迟疑地奔赴北京，为父

亲讼冤。他早就定做了一把长长的铁锥,把它磨砺得锋利无比。一年多来,报仇的念头日夜煎熬着他,他把全部仇恨都凝聚在这把铁锥上,他的心在呼喊着:"以血还血!"

到了京城,得知魏忠贤已经畏罪自杀,东林党人的冤案正在昭雪,死难者得到"赠官三品"的褒奖,家属也受到优厚的抚恤。但黄宗羲并不就此满足,他上书皇帝,请求依法严惩这些败类。崇祯皇帝下旨责成刑部速加审理。

五月,刑部开庭审讯许显纯和崔应元。黄宗羲以原告的身份出庭对证,在会审时,他在刑部大堂上奋锥再显神威。案子审理完毕,黄宗羲约同遇难的东林党人的子弟们,在诏狱的大门口设祭追悼他们的父兄,哭声如雷。

秋天,黄宗羲护送父亲的灵柩南归。

一个年仅19岁的年轻人,做出了这样惊天地、泣鬼神的壮举,不仅京城为之震撼,而且名扬天下,人们称他"姚江黄孝子"。返回故乡后,四方名士纷纷来黄竹浦拜访他,和他结为朋友。

东林党人在斗争中表现出来的不畏强权、舍生取义的高风亮节,也深为人们所称道。黄宗羲在他的文章中,多次提到东林党,做出很高的评价,他说:"熹宗之时,龟鼎将移,其以血肉撑拒,没虞渊而取坠日者,东林也。"他赞美东林"一堂师友,冷风热血,洗涤乾坤"。他也正是以东林党人为榜样,表现出一往无前的英雄气概,他报私仇,泄公愤,伸张正义,为世所瞩目,虽然是初露头角,但已经显得身手不凡,胆识过人了。

遵父遗命　求学绍兴

崇祯二年(1629年),黄宗羲在家办完父亲的丧事后,便开始了他的求学生涯。

少年时代的黄宗羲就聪颖异常,读书的兴趣很广博,经史子籍、野史、笔记、小说、戏曲都很喜爱,唯独对禁锢人们思想的科举的一套深恶痛绝。他父亲的思路比较开通,虽然科举是读书人的唯一出路,也不很强求他。在被阉党逮捕时,黄尊素嘱咐儿子说:"不要再记时文了,读书人应精通历史,你把书架上的那部《献征录》(即《明实录》)认真读一下。"黄宗羲遵照父亲的教导,制订一个先通历史,然后归宿于诸经(儒家经典)的治学计划,他每天天刚亮就起床,孜孜不倦地研读史籍,直到深夜鸡叫头遍才休息,几年的功夫,他历览了明代十三朝的实录和二十一史,对本朝和古代的历史烂熟于心。然后,他又潜心于儒家的经典著作,以探究治国平天下的道理。

黄尊素给儿子留下一份非常丰厚的遗产——图书。几年后,黄宗羲遍读这些藏书,还感到不能满足。于是,他开始走访江南著名的藏书家,先后到过钮氏的世学楼和祁氏的谈生堂、江苏常熟钱氏的绛云楼、南京黄氏的千顷斋。在那里,他如鱼得水,一头扎进了书的海洋,尽情地吮吸着知识的乳汁,单是千顷斋一

处,六万卷藏书被他"翻阅殆遍"。这些藏书家,很看重他的学识,请他校订古籍、编辑目录等。此外,只要打听到有好书,他就立刻去寻访、收购。

读书、购书、藏书,成了黄宗羲人生的一大乐趣,到老不衰。就这样,他读到了许多一般人见不到的书,为他以后思想和学术的发展奠定了厚实的基础。

黄尊素生前经常向儿子说起的"砥砺性命之友"刘宗周,对他的道德学问赞不绝口,希望儿子有一天能成为他的学生。刘宗周(1578—1645年)是明末的大哲学家,因讲学于蕺山,学者称他"蕺山先生"。他的学说以"慎独"为核心,讲学的目的,是希望在这个"天地晦冥,人心天息"的末世中,唤醒人们的道德良知。

崇祯二年,刘宗周正闲居在家,黄宗羲来到绍兴,正式拜他为师。

自宋以来,浙江一带经济、文化的发展一直居全国的首位。不仅人才辈出,藏书也居全国之冠,古城绍兴素有"人文渊薮"的美誉。在绍兴求学期间,黄宗羲结交了一批同窗好友,其中有些人,例如刘应期、王毓蓍、叶敦良、祝渊等,都是有志气、有抱负的热血青年。他们在一起切磋学问,砥砺道德。

黄宗羲坚持师说,但却不受师说的限制,富于独创精神,又善于广泛吸收,取各家之长来丰富自己。例如,他对精于天文历数和音乐的大学者黄道周——福建漳海人,当时与刘宗周齐名,黄宗羲对他们推崇备至,说"漳海之学如武库,无所不备。"

黄宗羲的天赋,加上超人的勤奋,使他的学业突飞猛进,20岁出头,就以博学精研为世所重。不仅青年人奉他为楷模,就连那些年高望重的大学者也对他格外垂青,比如经学专家何天玉和史学专家钱谦益,都邀请他一起探讨学问,把藏书和资料全部拿出来供他使用。

黄宗羲并不自满,他知道要成就大事业,单凭书本知识是不够的。学的知识必须能用,这就需要了解社会,增长阅历。

不久,他离开刘宗周,频繁往来于南京、苏州、常熟、安庆、杭州、绍兴等地,求师访友,广结同志。

这段时间的求学经历,对黄宗羲后来的发展是有决定性作用的——为学术研究奠定了坚实的基础,初步形成了学以致用、实事求是的学风,并且进一步磨砺了他的品格,同时,还建立了广泛的社会关系,也为他以后从事政治活动拓宽了道路。

结社南京　再斗阉孽

崇祯皇帝继位后,给了阉党一次沉重的打击。但是,作为一个盘根错节的庞大政治集团,不可能一下子就被彻底推毁;何况崇祯皇帝打击阉党,多半出于个人的利害,并没有从实质上认识到宦官专政对国家的危害。他生性多疑,刚愎自用,而且为人苛刻寡恩。继位不久,便对大臣们不放心起来,百般猜疑,于是渐渐又走上他的先辈们的老路——倚重阉党,大搞特务势力。这样一来,原先漏网而

隐蔽起来的魏阉余党，弹冠相庆，妄图死灰复燃。

那个曾经把魏忠贤叫做干爹的无耻小人阮大铖，此时格外活跃。

复社是明末继东林党之后的又一个具有进步倾向的文人社团，被人们称为"小东林"。在复社的东林子弟中，那些天启蒙难烈士的后裔对阉党余孽的活动尤其敏感，早就准备好做第二次斗争。崇祯九年(1636年)，由魏大中的儿子魏学濂发起，在南京的桃叶渡大会同难兄弟，高攀龙、缪昌期、左光斗、顾大章等人的儿子都出席了。黄宗羲也参加了，并在会上慷慨陈词。这次聚会，实际上成了对阮大铖的声讨会。

崇祯十一年(1638年)，复社成员148人聚集南京，联名张贴《南都防乱公揭》，把跟阉党余孽的斗争推向高潮。他们推举顾宪成的孙子顾杲代表东林子弟，黄宗羲代表天启诸孤，共同名列《揭》首，实际上的主持者则是周镳，《揭》文由吴应箕起草。《公揭》严正谴责阮大铖天启年间"献策魏孽，倾残善类"的罪行，揭露他现在妄图翻案的狼子野心。《揭》文号召大家"戮力同心"，防止阉孽作乱再次危害国家。

在这次斗争中，黄宗羲又是一马当先，再一次显示了他的政治热情和斗争精神。

崇祯十五年(1642年)，黄宗羲33岁，他到北京应礼部会试，结果名落孙山。大学士周延儒很器重他，打算推荐他为中书舍人。黄宗羲看见时势艰危，内外交困，朝政腐败到了极点，已经回天无术了，便力辞不就，黯然南归。

阮逆肆虐　死里逃生

腐朽不堪的明王朝，终于在农民大起义的暴风骤雨中寿终正寝。崇祯十七年(1664年)三月，李自成领导的农民起义军攻占北京，崇祯皇帝在煤山上吊自杀。四月，驻守山海关的明将吴三桂投降清政权，引清兵入关，打败了农民军，李自成退出了北京。九月，清王朝定都北京。

四月，黄宗羲跟随刘宗周到杭州，与明朝遗臣章正宸(吏科给事中)、朱大典(兵部右侍郎)、熊汝霖(吏科给事中)商议"召募义旅"的事。五月，原南京兵部尚书史可法等议立潞王朱常淓为监国，不料却被原凤阳总督马士英抢先一步，他伙同诚意伯刘孔昭、太监韩赞周等，勾结武将刘泽清、黄得功等在南京拥立了福王朱由崧为监国，不久称帝，年号弘光。弘光帝下诏起用刘宗周、章正宸等人，黄宗羲随他们一起到了南京。

清军入关后，对汉族人民施行了圈地、剃发和屠杀等民族高压政策，激起了汉族人民的强烈反抗，抗清的义帜插遍大江南北，用鲜血写下无数可歌可泣的壮烈诗篇。

在人民的抗清斗争中，弘光政权并没有起到组织和领导人民的作用。这个政权一开始就显示出不可救药的腐朽性。拥立福王的马士英集团，是一个贪赃

枉法、蝇营狗苟的乌合之众。掌权之后，他们根本不去考虑怎样收复失地，救民于水火，而是集中全力争夺权力，排斥异己。

阮大铖这个时候成了马士英集团的主要谋士，清世祖(爱新觉罗·福临)顺治元年(1644 年)的八月，阮大铖见时机成熟，便着手对复社进行他蓄谋已久的报复。他施展阉党故伎，编造黑名单正续《蝗蝻录》和《蝇蝻录》，把东林党人叫做"蝗"，把复社人叫做"蝻"，附合他们的人叫做"蝇蝻"，扬言要把列名《南都防乱公揭》的复社人士像蝗虫蚊蝇一样"一网杀之"。到了顺治二年(1645 年)五月，清军攻陷南京，马、阮之流争相逃命，黄宗羲他们才得以乘乱脱身，幸免于死。

黄宗羲逃回浙东，在海边躲避了一段时间，不久就回到故乡。

在充满民族矛盾的时代，他将在血与火中迎接更加严峻的考验。

毁家倡义　勇赴国难

顺治二年(1645 年)六月下旬的一天，黄宗羲顶着夏天炎炎的烈日，匆匆向绍兴城奔去。

坏消息接二连三传来，苏州沦陷！常州沦陷！杭州沦陷！余姚城里人心惶惶。黄宗羲回到家中不久，天天坐立不安，忽然有人带信说刘宗周决心绝食殉国，生命已经垂危。他便不顾一切要去见恩师一面。

跟十六年前到绍兴时心情完全不一样了。那次是投奔名师，求学问道，心里充满兴奋和希望，而这回却是赶去诀别，悲愤交集，痛彻肺腑。

弘光政权建立后，起用刘宗周为左都御史。这位年近古稀的老人，锐气不减当年，一上任就上书朱由崧，希望他率师亲征，以振作天下忠义之气，自然这不会得到这个傀儡皇帝的理睬。后来他感到在弘光朝廷已经不可能有所作为了，便愤然辞职还乡。他在南京只呆了两个月。顺治二年五月清军攻破南京。六月十五日中午，刘宗周正准备吃饭，忽然传来杭州失守的消息，他立即推案大哭说："现在应该是我结束生命的时候了！"于是开始卧床绝食。清军占领余姚，统帅博洛捎信劝他投降，他连信都不拆，闰六月初八这天，刘宗周停止了呼吸。

黄宗羲捧读老师临终前写下的诗，泣不成声。诗中写道："留此旬日死，可存匡济意。决此一朝死，了我平生事。慨慷与从容，何难亦何易！"老师的舍生取义、从容赴死的精神，深深震撼了黄宗羲的心灵，他决心要以老师为榜样，慷慨赴国难。

清军攻陷杭州后，很快占领了整个浙西，随即挥师东进。闰六月，故明官员熊汝霖、孙嘉绩(九江剑事)首先在余姚举起义旗，很快，绍兴的章正宸、郑遵谦，宁波的钱肃乐(刑部员外郎)，慈溪的沈宸荃以及浙东各县蜂起响应。抗清的烈火一下燃遍了浙东大地。

黄宗羲早就做好了赴国难的准备，一听到余姚起事的消息，立刻和两个弟弟把家产变卖了，招募义士，在故乡黄竹浦举行起义。乡民数百人加入义军，这支

队伍被称做"世忠营"。

黄宗羲率世忠营加入了当时浙江抗清力量的鲁王政权,他向鲁王表示要像唐肃宗时的李泌那样以一个平民的身份参预军事,不当官。但鲁王不同意,任命他为兵部职方主事,后来又提升为监察御史。仍兼职方主事,并颁行他所撰的《监国鲁元年大统历》。

从此,黄宗羲开始了他一生中最艰难的岁月,动乱的生活长达十年。

山中海上　百折不回

鲁王政权的军事力量,以原严州(今浙江建德)总兵方国安部和原定海总兵王之仁部为主体。顺治二年七月,鲁王赐兵部尚书张国维尚方宝剑,督师钱塘江山,调集方国安、王之仁、郑遵谦等部,曾多次击退清军,收复了富阳、子潜(今浙江临安县西)等失地。

但是,令人振奋的形势只是昙花一现,

这年的十一月,断送弘光政权的权奸马士英、阮大铖潜入鲁王政权,施展挑拨离间的伎俩,闹得义军内部四分五裂。鲁王政权后期,大权掌握在张名振手中。张名振抗清的意志非常坚定,但心胸狭隘,不能与人同舟共济。黄宗羲手中没有兵权,鲁王授他的官职虽贵为四品,不过有名无实,终日无所事事。后来,黄宗羲回到家中,与四明山及海上抗清武装有往来,继续抗清。

顺治八年(1651年)七月,清政府调动大量兵力进逼舟山。八月,清军乘大雾渡海大举进攻舟山。张名振等率6000士兵和当地人民一起坚守城池,血战十日,城破,全军战士,无一人投降。

顺治九年(1652年)正月,张名振、张煌言护鲁王再次入闽,先后入驻厦门和金门。顺治十年(1653年)三月,鲁王自去监国名号,浙江政权至此结束。鲁王余部并归郑成功,继续抗清。

由于黄宗羲是鲁王政权中的要人,又是抗清的积极分子,清政府一直悬赏缉拿他。鲁王政权崩溃后,他仍在暗中进行反清活动,更成了清政府追捕的要犯。他不得不隐姓埋名,在绍兴、杭州等地辗转躲藏,"无年不避,避不一地",有时甚至要露宿深山野地,常常要忍受饥寒的煎熬,家人也受尽连累。即使这样,黄宗羲也没有向敌人妥协,一心期待着义旗重举的一天。

顺治十六年(1659年)夏,郑成功、张煌言率部攻入长江,直逼南京城下。这时,黄宗羲正在杭州,听到消息后,他十分振奋,跃跃欲试。但不久,郑、张兵败引退,黄宗羲带着全家避居四明山北麓的化安山龙虎山堂,过着"数间茅屋尽从容,一半书斋一半农"的隐居生活。直到南明政权永历政权覆灭,郑成功东渡台湾,恢复明朝的希望全都破灭,他才于顺治十八年(1661年)奉母返回故居。这年他51岁。

黄宗羲的壮年时代,都是在刀光剑影、血雨腥风中度过的。战斗、逃亡,山

中、海上，备尝艰辛，历尽劫难。但他矢志不移，百折不回。"身滨十死不言危"，性格刚强，充满乐观精神。

他是一个正气浩然的民族英雄，一个真正的战士。

著作讲学　夕照辉煌

政局动荡，战争频仍，国破家亡，浪迹萍踪，整整 20 年，黄宗羲没有过过安宁的日子。但是，"锋镝牢囚取次过，依然不废我弦歌"，他并没有抛荒自己的学业。颠沛流离之际，戎马倥偬之中，稍有闲暇或读书，或著述，成绩斐然。从顺治四年（1647 年）到十八年（1661 年）间，他以惊人的毅力写下大量著作，如记录南明王朝历史的实录，史学价值极高，还有《春秋日食历》《授时历故》《新推交食法》《西洋历法假如》《回回历法假如》《勾股图说》《开方命算》《测圆要义》《割圆八线解》等天文、历法和数学方面的著作。

回到故乡定居下来，黄宗羲已经是一个饱经风霜的老人了，"江山千古留残照，草木三春有杜鹃"，他满怀着国破家亡的痛楚和壮志未酬的遗恨，把劫后的余生全部投入到著述和讲学中去，成了足不出乡里而声名满天下的一代儒宗。

康熙六年（1667 年），黄宗羲辞掉了梅花阁的事情，前往绍兴讲学。他怀着对老师刘宗周的无限景仰之情，来到这个曾经受益匪浅的故地。他首先想到的是怎样弘扬老师的学术思想，以报答老师的教育之恩。一到绍兴，他就找到了当年的同窗好友姜希辙，他俩决定携手合作，把老师创办的证人书院恢复起来。书院重建后，浙东学子踊跃投学。他学识渊博，气节铮铮，而且教学有方，特别是他思想比较解放，富于活力，对年轻人具有很大的吸引力。因此他名声远扬，以致"大江南北，从者骈集"。此后，他又在宁波、海宁等地创办讲会，开展学术活动。康熙七年（1668 年），他的学生陈赤衷联络十余人在宁波创立讲经会，他们穷搜宋元以来的专注，讨论得失，务以经史为归宿，力求实事求是。这符合黄宗羲所提倡的学会，所以得到了他的称赞，这也反映了浙东学风在黄宗羲的影响下所发生的变化。其他学者也闻风而起，纷纷创建书院，浙东各地，讲学之风大盛，一时人才辈出，群星灿烂。

黄宗羲一方面大张旗鼓地宣讲刘宗周的学术主张，一方面又全力以赴地整理、刊行刘宗周的遗著，不久，在浙东形成了一个"王阳明—刘宗周—黄宗羲"系统的学术流派。

从康熙七年起，黄宗羲开始编选《明文案》，他批阅明人文集千家之多，广泛搜集明代散失的文史篇章，旨在保存史料。这是一部多达数百卷的文史总集，搜辑佚文并进行校阅，是一个极其浩大的工程。他夜以继日地辛勤工作，历时八年，到康熙十四年（1675 年）始大功告成。后来他又把这部书扩为四百八十二卷，约 400 余万字，在他逝世前不久才完稿，正式定名为《明文海》，它被《四库全书总目提要》称做"一代文章之渊薮"。

康熙十二年(1673年),是黄宗羲母亲的八十寿辰。这时,移居河南辉县的著名学者孙奇逢(与黄宗羲、李颙称为"明末三大儒")给他寄来所著《理学宗传》一书,作为贺礼。黄宗羲对这书很欣赏,对他以后编著《明儒学案》很有启发。康熙十五年(1676年),他着手撰写《明儒学案》这部划时代著作。这年二月,黄宗羲再渡钱塘江,北抵海宁,应知县许三礼的邀请主海昌(即海宁)讲席。黄宗羲在海宁的学生,学有成就的不少,有"海昌十五高弟"之称,其中查慎行、陈訏等成了著名的学者。此后,黄宗羲一直往返于余姚、海宁间,主持海宁讲席达五年之久。

黄宗羲在他的最后30年中,通过讲学,培养了许多人才。直接拜他为师的人多至百余,聆听过他讲学的人不计其数。他的门生中,有几位对清代的学术做出重大的贡献。

康熙十七年(1678年),清政府议修《明史》,特开博学鸿儒科,以延揽天下名儒。叶方蔼又利用身为经筵讲官之使,将黄宗羲推荐给康熙皇帝,但黄宗羲执意不出,不过,他本着"一国可灭,史不可灭"的宗旨,表示同意把有关明代历史的著作抄送进京。

从康熙十九年起,黄宗羲开始整理自己的文稿,选取其中一部分付梓,取名《南雷文案》。以后几年中,他虽然已年过古稀,但仍不辞劳苦地往来于苏州、昆山、杭州、绍兴、宁波之间,探望故友,访求古籍,显示出过人的精力。晚年,他经常到曾经一起战斗过的亡友墓前凭吊,追怀往事,发出"昔时游侣今何在,一睹陈踪便泫然"的慨叹,还为他们写传记、碑文,像张煌言、熊汝霖、王翊这些民族英雄,他在文章中追叙他们的光辉业绩和崇高人格,不仅感情真挚,且史料价值很高,成了研究南明历史的重要文献。

康熙二十七年,他再次将旧刻的文集加以删削改定,以《南雷文定》为名重行刊刻。次年元旦,他以80岁高龄再登姚江书院的讲坛。80岁以后,他很少出门了,但"四方人士,乞铭问序,质疑考道者,踵接于门",他简直成了当时学术界的百科全书了,康熙三十年(1691年),他已经82岁了,还雄心勃勃地登了黄山。第二年,他身患重病,险些死去。病中,从京中传来《明儒学案》将在北方刊行的喜讯,他精神大振,在病榻上向儿子百家口授了《明儒学案》的序言。

黄宗羲临终前,向家人仔细交代了身后之事。他说:"我死后,第二天就送到墓穴里埋掉,穿平时的衣服,一被一褥,放在石床上,不用棺材,不做佛事,也不搞什么七七(死后四十九天内逢七祭奠),凡是鼓吹挂纸幡、烧纸钱之类的过场,一概免掉。"他还不放心,写下《梨洲末命》一篇,再加叮嘱:墓穴中"不可用纸块钱串毫入之。"家人以后祭扫时"不可杀羊",来吊唁的亲友所赠银两纸烛一概谢绝,好朋友如果能在墓上种五株梅树,则感激不尽,他一反中国人厚葬的习俗,大胆地破除陈腐的传统观念,最后一次表现了这位伟大思想家的非凡胆识和宽阔胸襟。

康熙三十四年七月初三(1695年8月12月),黄宗羲逝世,终年86岁,家人遵照他的遗嘱。不用棺材,仅以一被一褥及平时所穿衣服,把他安葬在余姚城东南二十余里化安山他父亲的墓侧。

顾炎武

顾炎武(1613—1682年)是我国明清之际开一代学术风气的杰出学者,很有民族气节的爱国思想家。

顾炎武生于1613年。他的亲祖父顾绍芳,父亲同应,母亲何氏,这时就住在毗邻的"北宅"。顾绍芳、绍芾是兄弟,但绍芾的儿子同吉早死,于是把顾同应的次子顾炎武过给已死的同吉为子,承接顾绍芾家的香火。

顾炎武从襁褓时就为嗣母所抚育,母子感情甚深。他从嗣母身上得到如同亲生母亲那样的母爱,受她的影响也很深。嗣母的言行举止,都在他幼小的心灵里留下深刻的印象,而嗣母的勤劳、刻苦、好学、自律的品德则成为他终生效法的榜样。王氏还给他讲本朝忠臣烈士的故事,鼓励他要有气节,要有作为。

另一位对顾炎武进行启蒙教育的"家庭教师"是他的嗣祖父顾绍芾。顾绍芾一生只是个监生,无权无势,也没有显赫的地位,然而却有几分才气,爱写诗、书法,且十分关心社会状况。早年曾随其父到各地熟悉风土人情和政界内幕,也算得上是一个见多识广的人。不过,他最感兴趣并最有研究的还是史学和地理学。因此,在他的影响和严格要求下,顾炎武从9岁起,就开始系统地阅读我国古代历史书籍,如《史记》《左传》《战国策》《国语》《资治通鉴》等等。

从7岁起,顾炎武被送进私塾,一直学到13岁,其间嗣母、嗣祖父对他的管教从未中断、放松。以后,顾炎武注重经国济世的实学,在学术上勇于探索,一生始终关心国家大事和民族命运,为人耿直,能吃苦耐劳。这些都和两位亲人早年对他的教育分不开。

1626年,顾炎武已是14岁的少年,嗣祖父依据"纳谷寄学"的成例,使顾炎武成为县官学的一名"庠生",在昆山县城求学。从此,顾家便多了一个秀才,家人十分兴奋,人们也很羡慕他。

原来顾家也曾是"江东望族"。顾炎武的高祖、曾祖、祖父三辈人中,曾出过四个进士并在明正德、嘉靖、万历三朝做过地方或中央的官员。但后来家道竟衰败下来,尤其是到了他父亲顾同应,则只在乡试中得了个副榜。政治上无权势,经济上也就每况愈下,到崇祯年间,顾家已出现左支右纳的窘况,只得把800亩田地典出去。因此顾家要重振家业,顾炎武要光宗耀祖,实现自己的抱负,便只有走读书做官的"正途",即要参加科举考试。

进入县学成为一名"生员",这是科举路上的第一步,接下来还要经过"乡试""会试""殿试",中了进士才可以做官。而以科举求取功名利禄,对于刚入学的顾炎武并非没有吸引力,入学之初,他便登记名字为"继绅",字忠清,为了在每年一次的"岁考"中取得好成绩,他也曾刻苦攻读,有两次是名列一等,成绩优秀。

不过,顾炎武在"乡试"中的运气不好,十三年的光阴转瞬即逝,顾炎武依旧

是秀才一身。多少宝贵的时间和精力，就消磨在毫无意义的科场蹉跎之中。

顾炎武是一个思路敏捷，不惯于读死书的人。因此，为应付科举考试的学习，并不能使他满足。幸好，他的同学中蠹书虫不多，而他还交上了几个与自己心气相投的朋友。与他最要好的朋友是他的同窗归庄，二人年龄相当。归庄的曾祖父归有光，世称震川先生，是明代著名的散文家。归庄的家境比较清贫，其父以教书卖文为生。归庄性情豪迈，能诗善画，又十分关心国事，和顾炎武一见如故，结成终身的莫逆之交。

顾炎武的朋友，还有比他小两岁的叔父顾兰服，小七岁的吴其沆及他的外甥徐履枕。他与朋友在一起，不仅互相勉励、切磋学问，还经常议论国事，批评时政。由于他们性情都耿直狷介，不肯随俗浮世，竟被人称为"归奇顾怪"。对于时人的讽刺、挖苦，顾炎武晚年曾做如下的解释："归奇顾怪，一时之选。"就是说，当年那些追名慕利，与世俗浮沉的人以为我们的言行奇怪，哪里知道像我们这样的年轻人，才称得上那个时代的优秀人才。

当时对社会现状越来越不满、不安，也不愿把自己的才能埋没在科举制度桎梏下的知识分子们，表现出强烈的社会参与意识，形成了一种结社的风气。如应社、几社、读书社等之类的政治或学术团体应时而生。崇祯二年（1629年），张溥、吴韬、吴应箕等会集远近士子于吴江，创立复社。次年又利用南京乡试的机会，广为招徕，复社队伍逐渐壮大。这一年，17岁的顾炎武、归庄也赴南京应乡试，就在秋天，也加入了复社。

复社是一个富有政治性质的学术团体，参加复社的人，大多是对明末政治黑暗、腐败表示不满，怀有改良思想的知识分子。他们经常集会，论学谈文之外，往往议论国事，越来越表现出强烈的政治热情。

自从参加复社后，顾炎武接触到许多江南俊杰，听到许多从书本上学不到的知识和信息，也获得与人切磋、交换有关学术或社会问题见解的机会。同时，通过活动也结识了一些志同道合的朋友。

就在这些年里，国事是一年一个样。崇祯初年，张献忠、李自成先后参加农民起义军，他们的大名和绰号"八大王""闯王"越来越频繁地出现于告急的官方文书中。大大小小的无数支农民起义队伍，此起彼伏，像一根根绳索套在明王朝的脖子上，越收越紧，明王朝所剩下的日子已经不多了。与此同时，关外清军的马蹄声也越来越迫近北京城。

就在这多事之秋，已经27岁的顾炎武又一次为取得举人资格而参加乡试，仍然是名落孙山。科场受挫使他很难受，但他不为落第而苦恼，他悔恨的是自己把宝贵的光阴浪费在一无所获的科举上了，他深刻地认识到了科举制度的危害。

顾炎武既然已认识到科举制度的害处，便放弃科场应举之事。为此他耐心说服对科场很抱希望的亲人，并告诉他们自己的打算，以求得他们的谅解和支持。顾炎武所讲的道理是，国家多灾多难，不是读经的儒生所能解决的。他的打算是，要在"事关民生国命"的"实学"上下功夫。从此，顾炎武便把全副精力用到挽救社会危机的探索上。

当时,他既重视对社会现实的了解、研究,也认真地从书籍中找历史的借鉴。他从了解国情入手,以便找到造成明末社会积弊的根源以及解决的途径。

正在顾炎武潜心这项研究工作,并已获得成效时,腐败的明王朝灭亡了,战火烧到江南。顾家大院内人心惶惶,再也不能安静读书写作。

1644年三月十九日,李自成领导的农民起义军终于攻入北京,崇祯皇帝上吊自杀,临死之前,还幻想着儿子能够复辟,结果他死后第二天中午,李自成便在北京老百姓的欢迎中进城了,并张弓搭箭朝承天门上的门匾射去一箭,至此,"奉天承运"的大明王朝灭亡了。

就在李自成统率的大顺军欢呼胜利之时,十余万清军已逼近山海关。驻守山海关的明总兵吴三桂投降清军,李自成权衡敌我力量后主动放弃北京,主力西撤。五月二日,清军入京。就这样,历史上完成了明亡清兴的转变过程。

正当清军和大顺军在北方厮杀不已时,在南京,明朝的一些将领和官僚为了收拾起半壁河山,拥立福王朱由崧做皇帝,年号弘光,这就是第一个南明政权。弘光王朝建立起来以后,就把自己放在与清王朝对立的位置上,而且面临着清王朝即将开始的对全中国的军事征服行动。起初,江南的有志之士对南明政权期望很大,希望他不仅能够抗击清军的南下,而且能够收复沦陷的故土。

听到南明政权成立的消息,顾炎武感到很振奋,但他更期望参加实际斗争,为国家民族做出自己的贡献。1645年,顾炎武被福王政权任命为兵部司务,他并不嫌官小,只认为这是自己为国家尽力的好机会。可是,到南京后不久,残酷的现实使他大失所望。福王朱由崧政治上毫无作为,生活上荒淫透顶。弘光王朝的政权由马士英、阮大铖执掌,他们都是奸诈、阴险的贪官污吏,与福王狼狈为奸,苟且偷安。他们置国家民族的安危于不顾,只热衷于结党营私,争权夺利,甚至排挤和打击爱国将领史可法等人。复仇既成空话,出师更是无期。怀着一腔报国热情赶到南京的顾炎武,得到的只是冷遇和白眼,他的主张更无人受理,政治抱负不得施展,只得愤愤而归。

就在这时候,南京的形势更加危急了。1645年,清军在摧毁李自成的大顺政权后,便调集他的精锐部队向福王政权发起了猛烈进攻。这样,弘光王朝维持不到一年的时间就覆灭了。

清军对江南人民的血腥屠杀,激起了顾炎武强烈的民族仇恨。他敬仰史可法等人的英勇献身精神,坚定了誓死不屈服的意志。同时,他也相信,江南人民有着不畏强暴的精神,抗清斗争将继续进行下去,他在诗中写道:"勾践栖山中,国人能致死。叹息思古人,存亡自今始。"

江南人民确实没有屈服,他们纷纷奋起武装反抗。顾炎武过去在复社的熟人、朋友,都先后参加到抗清义军的行列之中,在各地组织义军。当时还在路上的顾炎武顾不得回家,便毅然投笔从戎,在苏州参加了抗清武装斗争。

各路义军制定了统一的军事计划,他们打算趁清军初占江南,立脚未稳,先奇袭苏州,切断南京与杭州之间清兵的联系,然后从宜兴、溧水奔袭南京,太湖义军则进攻杭州,使清军的前锋部队不能回师救援。攻占南京后,立即重建明朝政

权,进而发动和领导全国各地的抗清斗争。

六月十日,陈子龙等人在松江发动起义。松江义军担负着袭击苏州的任务。义军英勇作战,再加上市民的积极配合,给清军以沉重的打击。但因后续部队的来迟,援军在途中被清军所阻。再加上敌众我寡,松江起义失败。

前后仅一个多月时间,各地义军便先后被击溃。抗清义军失败的原因是由于当时没能形成一支有力的领导力量。

松江起义失败后,顾炎武和归庄等只好退回昆山,但他们还是斗志不减。

是年闰六月,清军在击灭福王政权并镇压了大部分的反清起义后,重新颁布剃发令,强迫汉族人民像满族一样剃发留辫。

闰六月十三日,降清而当上昆山知县的阎茂才发布告示,限五天剃发完,"迟则死"。昆山县城顿时群情激愤,冲进县衙门,揪出县令乱刀杀死,放火烧掉县衙门。逃亡外地的原县令杨永言闻讯后,立即召募了数百名士兵赶回昆山,协助组织举义事务。顾炎武的好友归庄、吴其沆也参加了起义。自十五日宣布起义后,昆山县的群众积极准备迎击来犯的清军。他们修缮城墙,打造兵器,储备粮草,并让老弱妇孺出城避难。他们决心为捍卫民族尊严,与清军决战。

七月二日,清军开始攻城,昆山百姓同仇敌忾,顽强抵抗。归庄、吴其沆等都直接参加战斗。顾炎武此时同嗣母住在离昆山县城四十里的常熟乡下,每天晚上,他都和邻居陈梅"露坐水边树下,……遥闻火炮,"另据时人所载,顾炎武曾参加昆山起义,负责征集粮食、传送檄文等工作。他的夫人王氏还为义军战士缝补衣服。

清军一连攻了四天,也没拿下昆山。老百姓们奋起反抗,清兵死伤很重。七月五日,清将李成栋亲自督战,还调来大炮轰城。右城、左城先后被清军攻破。义军和百姓与清兵展开激烈的巷战。顾炎武的好友吴其沆也英勇牺牲。清兵入城后,屠城三日,昆山5万户口中,2.4万余口被杀。顾炎武的两个弟弟也遭杀害,他的生母何氏被清军砍断右臂。清兵还强迫昆山百姓剃发。归庄觉得"苟活不如死",于是以僧装亡命,号普明头陀。

紧接着,清军于七月十三日攻下常熟县城,消息传来,顾炎武的嗣母绝食而死以抗议清军的暴行。临终前,她告诫顾炎武,不要忘记眼前的这一切事情,更不要做清朝的官。这一连串事件决定了顾炎武此后坚定不移的反清立场和态度,

南明福王政权灭亡后,江南的抗清斗争依然是此起彼伏,如火如荼。1645年,明太祖的第十世孙鲁王和第九世孙唐王分别建立政权,控制了江南一些地方。但是,这两个政权由于政治腐败,内部不和,只坚持了一年便为清军所扑灭,或难以维持下去了。1646年12月,瞿式耜、丁魁楚等又拥立明神宗万历之孙朱由榔,在广东肇庆建立起南明的最后一个政权——永历小朝廷,活跃在东南沿海一带。

也就在1645年到1654年的十年里,顾炎武一直流亡于大江南北。他蓄发明志,表示对清廷的反抗。他还隐名埋姓,来往于两淮、苏杭之间,联络有志之

士,进行抗清斗争。顺治四年(1647年),震惊江南的吴胜兆反正一案,其中就留下了顾炎武的踪迹。这一年,清松江总兵吴胜兆与海上抗清武装联络,图谋起义反清,四月,事情泄露,顾炎武的好友,抗清志士陈子龙、顾咸正及二子等四十余人相继死难。就在出事之初,顾炎武还和顾咸正商讨如何出逃的计划。

顾炎武虽幸免于难,但他听说,那个一直想置他于死地的昆山劣绅叶方恒,自降顺清朝后,与清朝官府打得火热。这个欺压人民,横行乡里的家伙,这时正在千方百计搜集顾炎武反清的"罪证",并不断向官府告发,官府已注意起顾炎武的言行举止。为了不引起敌人的注意,顾炎武只好剃去头发,装扮成行商,继续往来于大江南北及太湖洞庭山一带,广泛结交,认识了许多好友,这些人都是坚持反清人士。其中,顾炎武在江北淮安结识的张绍与顾炎武的交情维持了很长时间。顾炎武55岁时出版《音学五书》,张绍曾帮他查阅《说文》《玉篇》等参考书,还在文字和内容上做了一些增补、修改工作。顾炎武很看重他的意见。

就在这一时期,他还同归庄一起在苏州加入了惊隐诗社。他们经常在一起吟诗寄兴,抒发国家遭变的隐痛,商讨与国家和民族的前途有关的大事。

1654年春天,顾炎武来到南京,在钟山脚下"典得山南半亩居"。此时,郑成功起兵海上,张名振、张煌言的抗清部队从长江上行,一直打到镇江,使南京城受到威胁,这时,顾炎武按捺不住自己对抗清部队取得胜利而兴奋的心情,因而成为清政府严加追查的重要嫌疑对象。

1655年春,正当顾炎武为如何摆脱清廷对他的猜疑而煞费苦心之时,老家昆山传来更坏的消息,有人要告他与海上的反清义军或强盗有联系。一旦罪名属实,不仅自己要掉脑袋,还要祸及亲朋好友。扬言要告发他的竟是顾家的家奴世仆陆恩。他受劣绅叶方恒的唆使,势利的他便叛离顾家。顾炎武得知后,赶回昆山来,暗中约来朋友,决定除掉陆恩这个祸害。叶方恒听说此事后,借题发挥,想置顾炎武于死地。他一面派人窥伺顾炎武的行踪,一面让陆恩的女婿向官府告发,还买通昆山县官府,图谋判处顾炎武重刑。

顾炎武落入叶方恒布下的罗网,被绑架、囚禁于叶的家奴家中。叶方恒对他严刑拷打,企图逼迫顾炎武自杀偿命。顾炎武的处境实在险恶!他的好友归庄等人四处设法营救顾炎武。

归庄救友心切,决定求助于正在清朝做大官的钱谦益。钱谦益早年曾是江南文坛的领袖,算得上一代名士,但自从丧失民族气节后,反清志士都不愿与他交往,为挽回声名,有时暗地里也表示不忘故国,愿帮一点小忙,且他和叶方恒是世交,是能帮这个忙的,但他要顾炎武承认是他的门下弟子。归庄等便自作主张,代顾炎武写了个门生帖子。顾炎武知道后,坚决表示不同意,并贴告示到大街上,表明门生帖子之事与他无关。幸好营救顾炎武的路泽溥、路泽浓二兄弟通过松江府守备的帮忙,才使他得以轻判。

1656年春,顾炎武从松江出狱,回到昆山,后到南京。在南京他又一次遭到叶方恒的暗算,并差点丧命,在昆山的故宅也被叶方恒洗劫一空。家庭环境的险恶,叶方恒接二连三的迫害,这家难与外侮交相逼迫的处境,使顾炎武无法再在

家乡立足了。

　　故乡已难容身，江南的反清斗争也转入低潮，永历王朝退守西南地区，南明最后一个皇帝朱由榔又懦弱寡断、昏庸腐朽，大权旁落宦官权臣手里，小王朝内部矛盾重重，已无光复旧国的希望。

　　1657年春，45岁的顾炎武变卖了昆山的全部家产，向老友归庄等人依依惜别后只身弃家北去，开始此后二十年辗转流徙的游历生涯，经过长途跋涉，他到山东莱州府住了下来。

　　在莱州住了一段时间后，顾炎武来到济南，会见了隐居的反清志士徐夜，帮助徐夜修订山东地方通志。在济南的一个很偶然的机会，顾炎武还认识了张尔岐，张尔岐对《仪礼》很有研究，为人正直勇敢，也曾秘密从事反清活动。在山东，他还结交了考据学家刘孔怀和长期研究《左传》、著成长达160卷的《绎史》人称"马三代"的马骕。同这些学者的交游，开阔了顾炎武的学术视野，使他在经学、史学、文字音韵学等方面都得益匪浅。此外，顾炎武还和当地复社方面的人士建立联系。

　　1658年，他由鲁东至泰安，登泰山，赴兖州，到曲阜拜谒孔庙，去邹县谒周公庙、孔子庙。他亲自到鲁西南了解农民起义军榆林军的事迹，然后在章丘县桑家庄典买了一些土地，建立一个小小的庄园，并以此为据点，频繁往来于河北、山东、江苏、浙江之间。

　　1659年夏天，顾炎武在山东听说郑成功、张煌言带领义军打到江南，立即兴冲冲地启程南下。当时，郑成功所率17万水陆大军，自崇明岛登陆后，攻势凌厉，沿江而上，一路有如破竹。在一连串胜利的鼓舞下，广大的江南、皖南地区，再一次燃起抗清的烈火，人民群众欢呼雀跃，纷纷来附，反清斗争的形势很好，遗憾的是郑成功被胜利冲昏头脑，骄傲轻敌，竟屯兵南京城下两个多月，不仅坐失战机，还被敌人奇袭而全军溃败。

　　郑成功兵败以后，顾炎武随即怅然北归。此时僻处西南一隅的永历朝廷只是在作垂死挣扎了。顾炎武终于看清楚，南明政权气数已尽，断无恢复之望了。从全国来看，反清斗争很难取胜，而且也没有以前的那种势头了。因此顾炎武决定，为了避开官府的耳目和社会的烦扰，只有去比较边远的地方了。顾炎武说到做到，自此以后直到他逝世，除了49岁曾经回过一次江南外，他确实再也不曾回过故乡。

　　1662年（康熙元年），顾炎武已是50岁。这年春天，他从山东来到北京，又去昌平谒陵，以表达自己对故国的怀念。

　　是年初夏，顾炎武开始了西北之行。在此后的几年里，他不断转移，甚至很少在一个地方停留3个月以上。随他跋涉的有两匹马、两匹骡子，驮着沉甸甸的书籍。他的大部分旅费，不是靠亲友接济，就是沿途做点小买卖。顾炎武的这种旅行的艰难困苦可想而知。

　　1663年，顾炎武到了山西太原，住在当地著名学者傅山的农庄。傅庄主学识渊博，是一位思想家、文学家、画家和书法家，还擅长医道，热心为人治病。但

他有个怪癖,对南方学者抱有偏见,连宋代大文学家欧阳修、曾巩的文章都不愿读。不过,傅山和顾炎武这个江南学者却一见如故,相处得很好。

通过傅山的介绍,顾炎武结识了山西有声望的学者李因笃等人。李因笃之父为复社成员,他本人也曾在长江中游一带参加反清秘密活动。当时正在山西某知府家塾执教。顾李二人虽在年龄上有差距,却是关系密切的忘年之交。

在华阴和长安,顾炎武还先后见到了当地的学者王弘撰和李颙,在谈书论人中与他们结下了深厚的友谊。

在长途跋涉和不断的迁徙中,顾炎武还抓紧时间整理和总结他多年进行的研究成果,更加专心于自己的著述,继续在学术研究的道路上不辞艰辛地跋涉着。就在这一年,他在山西全面整理了从27岁起所辛勤编写的文稿,把已收集到的四十多册有关经济和地理方面的资料,以《天下郡国利病书》和《肇域志》为名,分别归类编辑成书。而他潜心钻研达二十多年的古代音韵学专著《音学五书》,在认真听取征集朋友们的意见、反复修改之后,也接近完成了。此后,他开始了生平最主要的著作《日知录》的撰写。

随着1662年1月永历皇帝被俘,最后一个南明政权宣告瓦解,到1664年,轰轰烈烈的反清斗争进入尾声,清王朝的统治从此逐渐稳定下来。但为了彻底清除反清思想,强化封建统治秩序,实行专制主义思想统治,清王朝大兴“文字狱”,以某些著作或文章中有反清字句和思想为借口,大肆捕杀文人和无辜百姓。

1663年,正当顾炎武还在山西临汾一带漫游时,清政府制造了震惊朝野、影响深远的庄氏明史案。顾炎武的两个好友吴炎和潘柽章也在这件案子中遇难。噩耗传来,顾炎武悲愤难抑,提笔展纸写成《汾州祭吴炎、潘柽章二节士》,凭吊惨遭不幸的朋友。诗中既有对亡者的沉痛哀悼惋惜,更有对清廷摧残人才、草菅人命罪行的控诉和声讨。顾炎武意犹未尽,又写了此类主题的《书吴潘二子事一文》。他还让潘柽章的弟弟北上避害,并打破自己不收门生的定例,将其收为弟子。对于死难烈士的遗嘱,顾炎武和他的朋友们总是尽心尽力给予安抚和帮助。

1664年初顾炎武再回山东,在章丘县大桑家庄购置了一份田产,打算在这里休整,过一段比较安定的生活。殊不知,横祸飞来,1668年他也被卷进清廷所制造的山东莱州黄培诗狱中,因他置买田产的户主想把他的这些田产再侵吞过来,便诬告顾炎武为已审理三年有“悖逆”思想的《忠节录》编者,且案子被弄到了奉旨审理的地步,官府发文到昆山追捕顾炎武。

当时顾炎武正在北京,消息传来,他又惊又气。朋友们劝他远走避祸,但他不愿事态扩大和牵连亲友,决定立即赶往济南,去和诬告人公堂对质。三月初即抵达济南,在德州时他便很果断地把一些很可能被人捕风捉影、招惹是非的信札烧掉,并预先建立狱内外的联系渠道。

顾炎武一到济南就被关进监狱,官府根本不听他的申辩。就这样,他在狱中过了半年多非人的生活。各地的朋友得知他入狱的消息,千方百计加以营救。李因笃闻讯,从山西日夜不停地赶到济南,到狱中探望顾炎武,并为他筹集资金。后来,终于弄清楚顾炎武和《忠节录》并没有关系。当年十月,顾炎武获释出狱。

在经历这样的磨难后,顾炎武对文字狱带给读书人的种种不幸和痛苦,有了更深刻的体会。但他并没有被清廷的刑具、牢狱所吓倒,面对迫害,仍表示自己的决心:"禀性特刚方,临难讵可改","永言矢一心,不变同山河。"

同时,由于莱州之狱所受到的诬陷与迫害,他认为山东跟江南一样,人心惟危,风气日益败坏,于是他改变原先长居山东的计划。

顾炎武出狱后,曾因小妹家的几个外甥盛情邀请,而于康熙十年(1671年)、十一年、十二年、十五年几次入京。其次,这几个外甥都先后经科举高中,做了清朝大官。这三位外甥年幼之时,家境并不太好,顾炎武曾解囊扶持,现在当上了大官自然要回报往日之情。另外,他们也有个人的打算。清初发生的文字狱,往往株连甚广,他们担心这位一贯反清的舅舅,在外边惹出大祸,牵连上自己。因此,他们把舅舅接来同住,既尽了孝心,也可减少他与外人的接触往来,少生许多麻烦。

顾炎武出狱之初,很感激外甥的关照和帮助,同时也想借此摆脱官府暗探、鹰犬对他的监视和注意,在高墙大院里过安宁日子。可不久他就体会到,在外甥家这样的环境中,他根本得不到安宁,尤其是心灵上的安宁。他看不惯官场中的黑暗,更厌恶那种阿谀逢迎等官僚作风。顾炎武谢绝了外甥们的挽留,于1677年带着继子顾衍生,绕道山东,到山西、陕西去了。

实际上,顾炎武从1657年开始就过着游历生活,一直到他病故。正是这种行万里路、读万卷书的特殊生活方式,给中国历史造就出一位杰出的思想家和学者。正是不辞辛劳的万里跋涉和沿途所进行的艰苦细致的实地考察,使顾炎武读社会、自然这本书比别人读得好。因此,他对中国的社会、民情、历史有着更实在、更深刻的认识和体会。

1673年,61岁的顾炎武得知归庄去世的消息,不禁悲从中来,泣不成声,也就是这一年十一月,发生清初有名的"三藩之乱"。所谓三藩,是指清初分封的三个藩王:平西王吴三桂、平南王尚可喜、靖南王耿精忠。这些降清的明将,曾为清军竭力效劳,充当镇压农民起义军和反对抗清力量的急先锋,从而得到保存和扩大实力的机会。此后因为他们的野心和割据势力的发展,严重威胁着清朝的统一。1673年,康熙帝借同意尚可喜撤藩之机,下达撤藩令,立即引起吴三桂等人的反对,并起兵反叛。经过大臣们的激烈争论后,康熙帝断然决定派兵平乱。

次年春天,顾炎武怀着前途莫测,对形势变化发展还要观望一下的复杂心情离京径往山西。当他单人匹马走过华北大地,耳闻目睹北方人民人心思定,社会经济的恢复、发展更需要一个比较安定的社会环境时,他决定不把自己与吴三桂这样的野心家联结在一起。不仅如此,此后他还对三藩之乱给一些地方的经济、人民生命财产造成的破坏,进行了揭露和抨击。由此看来,顾炎武的思想境界又比以前进了一步。他在始终不改变反清立场的同时,已开始摆脱狭隘民族主义思想的局限。因此,在权衡一个行动的是非和利害得失时,他能够从整个国家和中华民族的利益考虑问题了。

1675年,顾炎武来到山西祁县,拜访了当地学者、反清志士戴廷栻。戴家的

丹枫阁，是当时具有反清思想的士大夫们聚会的地方。戴廷栻常在此处接待各地的反清志士，他很钦佩顾炎武的节操和学问，不仅接待了他，还特意为他在祁县地方盖了一幢书屋。这样，顾炎武便把他近二十年来在各地游历时随身携带的书卷，都收藏在这幢书屋之中。第二年，顾炎武在北京读到了江南著名学者黄宗羲的《明夷待访录》，对黄宗羲在这本书中所提出的对社会问题的见解大为欣赏，以为如能将书中的主张付诸实践，"百王之敝可以复起，而三代之盛可以徐还也"。他致信给黄宗羲，鼓励他终有实现自己政治理想的那一天。他还以"穷则变，变则通，通则久"的哲理，说明社会终究要实现变革的规律，预言"圣人复起"的美好未来一定会到来。在信中，顾炎武还对自己的生活、工作做了一个小结。他指出在经历了长时间的颠沛流离的亡命生活后，他有着丰富的社会经历和知识积累，因此应该在研究"经世致用"方面有所建树和创造。

不过，来自清廷的干扰却没有停止。这种干扰，主要表现为对顾炎武的拉拢上。

其一，清甘肃提督张勇欲拉拢顾炎武，使顾炎武等一批文人为己所用，遭到顾炎武的断然拒绝。这说明他对于清王朝的文化专制和大兴文字狱的做法，仍保持有高度的警觉。

其二，清朝随着政权的巩固，为了缓和清初以来汉族士大夫的敌对情绪，在三年举行一次的正科考试外，又增加了"博学鸿科""经学特科"等特殊的办法来收揽人心。在这些考试中，有些有名望的参试者均被录取，以后又都被授以翰林院的官职，这是清朝的得意之作，曾被称为"得人极盛"。然而，顾炎武以不惜一死的态度拒绝他人的推荐应试和修书聘请，使清政府的笼络手段又一次未能得逞。

顾炎武还对李因笃在这个问题上所表现出来缺乏原则的态度表示不满和愤慨。顾炎武的态度对朋友产生了一定影响，他的老友傅山和王弘撰也未参加考试。为了摆脱清廷的纠缠，顾炎武从此不再入京。这时，戴廷栻之子偷了顾炎武的500两白银去捐官，弄得大家都不愉快，顾炎武不能再住在戴家。1679年，他决定由山西向西行，定居于陕西华阴县。

顾炎武来到陕西华阴县后，正好在王弘撰家附近购得堡中书屋一所，打算在此定居下来，度过晚年。当然，移居关中，顾炎武还有更深一层的打算，关中地区，形势险要，自古就是文人荟萃之地，也是兵家必争之地，而且这里的民情纯得多。这里的知识分子也比较重视实学，不尚虚浮。他们关心国家大事，有良好的历史传统。由此可见，顾炎武依然胸怀大志，积极奋进，并没有逃避现实，只求苟全性命的隐逸思想。

其间，他觉得"筋力之未倦"，又到河南等地游历了一趟，结交了"一二好学之士"。返回陕西家中后，经常和王弘撰往来。尽管顾炎武壮志不减，但毕竟已届垂暮之年，老而无子，仅有一养子作伴，生活多有难处。这个时候，他的外甥徐乾学早已显贵一时，几次写信给他，表示愿意在昆山买园置宅，接他返乡养老。但是，顾炎武都婉言谢绝了。这是因为他有着国破家亡的痛苦回忆，他的故国之思,至死未泯。

由于顾炎武对中国历史有较深的研究,又有在全国各地实地考察的经历,使他洞悉了社会存在的各种弊病及其产生的原因。他把自己对社会的了解和认识,分别写进了《日知录》《钱粮论》《郡县论》和《生员论》等政论文章中。

在《郡县论》的 9 篇论文里,顾炎武充分肯定了秦始皇废除封王建侯之制、创立中央集权的郡县制的历史进步作用。他在文中主张对现行的郡县制度进行改革。针对"郡县之矢,其专在上"的问题,他提出的办法是:中央放权,应让地方政权有自己的财权、用人权,即不搞"独治",要实行"群治"。围绕这个基本思想,顾炎武提出了以增强地方权为目的改革方案。尽管这套方案存在着很大的局限性,但在这些主张中,始终贯穿着顾炎武对国家、民族的强烈的关注之情。这毕竟是一种立足于革除弊端、要求进行改革的进步思想,在中国政治思想史上是一份很珍贵的精神遗产。

长期流亡不定的生活,使年近 70 岁的顾炎武身体日渐衰弱。1681 年,顾炎武为了躲避甘肃提督及其儿子大理寺卿张又南的纠缠,又由华阴来到山西曲沃。由于旅途劳顿,不幸身患重病。

顾炎武一病就是三个多月,受疾病的折磨,他显得老态龙钟,身体和精力都大大不如以前了。但是这位老人心中的热情却没有减退。他也知道,自己所剩的日子不多了,要抓紧时间多做一点事情。1682 年 1 月 8 日,他觉得身体好了一些,便骑马外出会见朋友,办点事情。但是,他不曾想到自己连上马的力气也没有了,头一晕,跌倒在地。这一折腾,又使他旧病复发。

1682 年(康熙二十一年)一月九日凌晨,我国历史上的这位杰出学者和卓越的思想家终于与世长辞,悄悄离开了人世,享年 70 岁。

康有为

康有为(1858—1927 年),原名祖诒,字广厦,号长素,又号更生,广东南海人,是中国近代改良主义维新运动的代表人物,杰出的思想家、教育家和爱国主义者。

1858 年 3 月 19 日,康有为出生于广东南海县。

康有为的祖上不论是从军习武成了武官,或是科举致仕成了文官,抑或从事实业当了商人,有一点却是基本相同的:那就是许多人终其一生都未曾离开读书治学。

对少年康有为影响较大的是其祖父康赞修。康赞修是清朝举人,为人正直,是那个时代的一位优秀的教育工作者。康有为 8 岁开始,就常在祖父身边读书。11 岁的康有为在其父去世后便与祖父一起相依为命。少年康有为才思敏捷,聪明好学,他孜孜不倦地攻读经典、博览群书。康有为还从祖父的藏书里,第一次

看到了《海国图志》《瀛环志略》等一批介绍各国历史地理的书籍，读到了利玛窦、艾儒略、徐光启等人的编著、译著。这些译著为康有为打开了一扇通往西方文明的窗口，对他以后向西方学习、推行变法维新起了重要作用。随祖父到广州时，这个百业兴旺，商贾云集，带有初期资本主义风貌的都市令康有为感到新鲜和惊奇，对他产生了很大的吸引力。

　　由于康有为厌倦八股文，所以到 18 岁时，他在科举方面屡试屡败。他内心感到十分愤懑，决心要寻求名师，发奋苦读。1876 年他离开已年届古稀的祖父，到离家不远的九江镇礼山草堂，拜朱次琦为师。礼山草堂里，康有为三年便对先秦到唐代的文、史、哲都进行了系统的研究。这三年苦读，使康有为奠定了深厚的旧学基础，"经世致用"的学用一致思想更对康有为产生了很大影响。但这三年苦读并未使康有为找到解决国弱民困的答案。1878 年，他终于离开礼山草堂投身人海中，继续寻找自己的理想和出路。

　　1879 年春，康有为到了家乡附近的西樵山。在风景如画、安逸宁静的白云洞里，康有为心里却一点也不平静。有一天，住在广州的翰林院编修张鼎华到西樵山来游览。他在青山绿水间发现了一个年轻人，只见他时而歌，时而狂笑，时而大哭。张鼎华上前和他对话，但未谈上几句就争论起来。张鼎华被这个奇特、浮躁、近乎疯狂的青年人所吸引。回到广州后，他逢人便讲在西樵山上的所遇。不久，这个人的狂态，便在广州流传开了，这个人便是康有为。康有为得知西樵山上所见的竟是闻名京华的张鼎华后，便修书一封，从此两人建立起忘年之交。张鼎华身为朝廷大员，熟悉朝政和许多掌故、现实。康有为在那里与张促膝长谈，眼界大开，特别是当时知识界正在酝酿的维新思想，更是令之震动。张鼎华是康有为在苦闷求索中，给他指点出路的启蒙老师，使康有为在朦胧中看到了个人命运和国家前途的出路所在。康有为后来也承认，他的思想变化是从这个时候开始的。

　　书本上的西方政治、经济、社会风貌、文化科技等描述已经满足不了康有为的需要，他迫切地期望考察一下西方世界的实况。限于经济实力，1879 年他决心到广州附近的香港进行实地考察。在香港的短暂停留的日子里，他意外地遇见了一位同乡陈焕鸣。陈焕鸣曾在日本国公使馆任翻译，精英文，通日文，家里有大量日文书籍。经陈焕鸣的介绍，康有为如饥似渴地选购、学习有关西方世界的翻译书籍。三年后，康有为在去京赶考的路途中，又在上海做了短暂的停留和考察。他进一步地了解到西方人对社会的治理确有一套可以借鉴的办法，另一方面又深感国权丧失的耻辱。强烈的时代感、民族的责任感，推动着年轻的康有为去寻求国家和民族的出路。

　　康有为一方面努力向西方求真理，一方面开始向封建正统的习俗展开攻势，不断地破旧立新。首先他反对缠足，并且先从自己家里做起，进一步在社会上创建"不裹足会"，这是他破旧立新思想的一次实践。1895 年康有为在广州成立的粤中"不裹足会"是中国近代史上第一个反对女性裹足的民间团体。在它的影响下，全国上下纷纷开展了不裹足运动。同年，全国性的"不裹足会"在上海成

立,掀起了反缠足运动的高潮。

从1883年到1885年,中法战争总共延续了三年,影响遍及南方几省。在三年的战争中,虽然刘永福的黑旗军曾多次打败法军,虽然冯子材在镇南关也取得了辉煌的胜利,法军在台湾淡水和浙江镇海都遭到坚决抵抗,但是腐败的清政府却下令"乘胜即收"。结果法国侵略者在战争失利的情况下,却在谈判桌上得逞,获得了在中国建筑铁路等大批特权,清政府虽胜犹败。中法战争期间,广大同胞、海外华侨积极支持抗法战争,全民族的爱国热情高涨,然而这场结局奇怪的战争,震惊了无数爱国之人的心灵,引起了很多有识之士的反思,包括康有为在内的先进国民开始认真思考救国救民的途径。帝国主义侵略者的蛮横,清朝政府的无能,举国上下的爱国热情,广大军民的英勇抗敌,尤其是马尾水师覆没的悲剧促使康有为进一步思考变法维新的道路。

1888年12月,康有为第一次直接给清政府的最高统治者皇帝"上书",提出了变法维新的最初设想。康有为是豁出了性命给皇帝"上书"的。因为在那个等级森严的封建社会里,一个尚未取得一定功名的普通读书人给至高无上的皇帝写信,而且妄谈国家大事,这件事本身就是违反等级制度的,康有为甚至可以因此而获罪。康有为的这份《上清帝第一书》,虽然得到少数开明官吏的赞同和支持,却终因大多数旧官吏的反对而未能送到皇帝手中,但其中的内容,特别是维新主张却吸引了当时北京的开明人士。这份"上书"因而被广泛传抄,使康有为名声大噪。第一次"上书"虽然受到了挫折,但康有为表示他决不灰心,还要继续干。他相信,只要实行变法维新,中国就定能富强起来。

为了科举考试,康有为曾几次到北京。1888年,他应张鼎华之邀,也赶上顺天乡试。第一次到了北京,住在专供南海到北京的应试者食宿的南海会馆。康有为在会馆的这段时间里,并没有闭门苦读,相反,他却是利用这个机会,直接了解京都的朝政,广泛结交进步人士和开明官吏,向他们宣传自己的变法维新主张。在北京的日日夜夜、所见所闻,像一团火似的在康有为心中燃烧。他那颗爱国之心使自己再也无法保持沉默,他不计个人荣辱成败,不顾自己地位低下,决心直接向清政府的权力中心宣传自己的变法设想。他先后给皇帝器重的军机大臣潘祖阴、吏部尚书徐桐以及皇帝的老师翁同龢写信,为国家命运、民族危亡而大声奔走疾呼。这些书信在北京引起了很大震动,由于在信中对这些大臣有所指责,使"京师哗然",被斥责为"狂生"。

在北京这段时间里的所见所闻,特别是经历了《上清帝第一书》的挫折后,政治上的失意使血气方刚的康有为陷入深深的苦闷之中。当时,康有为的朋友沈曾植、黄绍箕曾经劝阻他不要介入政治,不要鼓吹变法,还是老老实实做学问。康有为虽然对他们的好意不以为然,但现实的黑暗、理想的受挫,迫使他暂时跳出政治的是非之地,重新回到书本中寻求寄托。在北京居住的一年多时间里,他对清王朝的黑暗和昏庸看得越来越清楚,几乎是完全失望了。于是,他带着大量碑刻拓本和书籍,在1889年9月11日离开北京。临行前,他给北京的好朋友沈曾植写了一封洋洋数千字的长信,倾吐了自己一生的遭遇和抱负,表示他仍然念

念不忘维新变法救国。

康有为1889年秋回到广东后定居广州。政治理想和抱负的挫折促使他冷静地思考，为什么变法思想会遭到这么多人的反对而不能为人所接受呢？他翻来覆去地想，终于，他认为，这与朝廷培养人的教育制度和教育方法有关。只有培养出一批具有远见卓识的人才，才能进行维新变法，从而拯救国家民族于危难之中。于是，他决心在广州兴办教育。1890年，广州学海堂的高材生陈千秋慕名拜访康有为。第一次见面，康有为便以热情坦率、滔滔不绝的谈话折服了陈千秋。如同平静的水里丢进一块石头，陈千秋的思想上激起了层层波涛，他被康有为的渊博知识、大胆思考和爱国热情所感动，于是，陈千秋便成了康有为的第一名学生。紧接着，对康有为慕名已久的梁启超经陈千秋的引见，也拜康有为为师。此后，广州地区闻名而来求师受业、投身康门的青年人先后有二十余人。康有为在广州长兴里邝氏祠正式开办学舍。最初叫长兴学堂，后来几经变迁，才叫万木草堂。广州是一个文化教育事业比较发达的重要商埠，但与新办的长兴学舍相比，一些历史悠久、实力雄厚的大书院，如广雅书院、粤秀书院则显得因教学内容和方法陈旧而暮气沉沉。康有为公开声明，长兴学舍要讲授对现实有意义的学问，其办学方针是"经世致用"。所以在长兴学舍里是一群朝气蓬勃的学生，康有为不仅教他们读书做学问，还教学生唱歌跳舞，带领学生上体育课。这些新颖的教学方法，生动活跃的教学环境和气氛，在广州知识界引起了很大的轰动。一些封建卫道士们，纷纷攻击，尤使他们不能容忍的是，康有为居然在课堂上借着讲授中外历史和中国传统哲学之机，大肆宣扬他的维新变法政治主张。长兴学舍招收学生的标准主要是看学生是否具有开拓性思想，能否接受变法主张，而不是看学生的门第、原有学问的深浅、年龄的大小等，所以在康有为的学生里，最大的比他大30岁，最小的只有十六七岁。长兴学舍的入学考试方法也十分特殊。他不是采取通常的命题作文，而是通过个别谈话来决定录取与否。他的个别谈话也很少出题目，而是古今中外，海阔天空地看似漫无边际地交流，但是，正是通过这种方式，他既摸清了学生的知识结构和阅历，又摸清了学生的思路和对变法维新的看法。康有为的这种新式教育，尽管吓退了不少慕名前来拜师的人，但是却吸引了大批的思想先进的青年，其中不少人都成为支持他维新变法的骨干分子，例如梁启超就是其中的一个。

梁启超长期追随康有为从事维新变法运动，人们往往把师生二人并称为"康梁"。梁启超是广东新会人，12岁考取秀才，17岁中举，被称为"神童"。他18岁时拜康有为为师，两人虽然在科举功名上不齐名，梁启超已经是名正言顺的举人，而康有为还只是一个低举人一级的"荫生"，但两人却都是世俗的叛逆者。康有为并不因为这个原因就不敢接收这个学生为弟子，梁启超也没因此而动摇对康有为学问和思想人品的敬仰。

自此以后，梁启超就成了康有为的得力助手，他任万木草堂的学生后，协助康有为完成了著名的《新学伪经考》《孔子改制考》等的编纂工作。有时，在康有为离开万木草堂时，梁启超也代他讲课。

1891年,康有为在广州写成了《新学伪经考》,当年就有4种版本在社会上广为流传。这本书从表面上看,似乎是在讨论"古文经学"和"今文经学"的传统学术上的学派之争,但是书中不仅批判了"古文经学"派的主要人物刘歆篡改孔子著作,伪造古文典籍的种种行为,而且指出其目的是企图从学术上为封建王朝争权夺利服务。康有为利用西方进化史观,特别是社会达尔文思潮,联系中国实际,企图以此动摇封建正统观念,为变法维新运动奠定理论基础。

这本书在清政府内引起了一连串的风波。1894年,一个中层官吏余联沅上书皇帝,认为《新学伪经考》公然号召青年人去反对传统思想,许多人已受到煽动,这对大清是不利的。于是这年8月4日,两广总督李瀚章接到命令,要他查明上报。李瀚章不懂学术,于是就叫一名精通学术的地方官吏李滋然去调查。李滋然接受一个好朋友劝他为广东珍惜人才的劝告,巧妙写成了一篇调查报告,避免了一场新的文字狱。

一波未平,又起一波。《新学伪经考》的风波未平,康有为在梁启超等的协助下,又开始撰写《孔子改制考》。此书21卷,31万字,是康有为从1891年开始,用了近8年时间才完成的巨著。这本书与《新学伪经考》相比,针对性更强,政治色彩更浓了。表面上,这本书似乎是在论述孔子的学术观点和学术地位,实际上则是借孔子的口,用孔子之名来宣传维新变法的理论主张。他是想说明改良思想自古有之,借"大圣人"孔子更容易举动人心,为社会各阶层所广泛接受。他在书中将西方的进化论思想融到"托古改制"的主张中去,冲破了长期因循守旧、闭关自守的社会意识形态。嗅觉灵敏的清政府在这本书出版不久即下令毁版,禁止发行。保守派骂康有为这本书是"无父无君",要求将作者处死;洋务派张之洞则写了一篇《劝学篇》,企图抵消《孔子改制考》的影响;甚至一些比较开明的人士如陈宝箴等也上书要求查禁。但是这本书对具有维新思想的人却有很大吸引力,它还是在社会上悄悄流传。

《新学伪经考》和《孔子改制考》为变法维新奠定了理论基础,确立了康有为在中国近代维新运动中的领导地位。

《马关条约》签订的消息传来,举国震惊。宝岛台湾沦为日本属地,中国的殖民地化进一步加深。台湾人民听到割让日本的消息后,奔走相告,哭声惊天动地,他们日夜聚集在几大城市的中心市场,悲愤欲绝,并立即"鸣锣罢市",以此来抗击清政府的卖国行径。在北京的台湾籍举人罗秀惠等"垂泪而请命",请求清廷不要割让台湾。康有为决定利用这爱国热情高涨的机会,发动一次大规模的请愿活动。

1895年5月初,康有为联合了18省的1300余名举人在松筠庵谏草堂集会。他花了一天两夜起草了近两万字的《上今上皇帝书》。这份上皇帝书上签名的也都是赶考的举人,所以人们把这次上书也称为"公车上书"。汉代时,各地举人进京应试,都是用"公家"的马车送去,"公车"就成了举人进京应试的代称。

"公车上书"首先向清政府提出了"割地之事小,亡国之事大"的警告。康有为针对割地一款,指出这将失去民心,受到民众反对,列强也会得寸进尺,后果不堪设想。关于拒绝交换《马关条约》文本，康有为要求皇帝下令，鼓动全国"天下之气"，充分发动人民大众；他请求下令惩罚主张议和、丧权辱国的大臣将帅。要求下决心迁都西安，选用强将，购置先进武器，与敌人周旋到底。为此，他还提出了富国之法，养民之法，教民之法等具体建议。此外，康有为还具体建议皇帝，仿效西方议会制，设立"议郎"。"公车上书"实际上已经把康有为的变法维新主张描绘出一幅具体的蓝图。

戊戌变法之前，康有为曾经两次到广西讲学、旅游。广西地处祖国西南边陲，民风淳朴。但长期以来由于交通不便，信息闭塞，使得这一带十分落后。

1894年12月，康有为第一次到广西。他游览桂林和漓江后在桂林景风阁讲学。虽然有不少地方守旧派攻击和嘲笑他，但仍有不少人前来听讲，人们称他"康圣人"。这一次时间不长，康有为便离开了。

1897年2月，这时的康有为已经有了进士身份，又因"公车上书"而声名大震，所以广西官吏都对他另眼相看。很快，他便打开局面，推进了南方三省爱国志士的联合。

不久，康有为在桂林筹备成立了一个"以尊孔教救中国为宗旨的"圣学会。圣学会尊孔读经，学习西方，禁止裹足等，推行变法维新思想，圣学会得到了广西最高官吏蔡希邠的支持，很快打开局面。

在康有为桂林之行的鼓动和影响之下，广西旧式书院不得不改教一点新学；在创办《广仁报》之后，广西又先后出版了《官话报》《广西新报》等。特别是在这过程中，培育了一批具有爱国维新思想的广西新一代知识分子，后来这些人中间有相当一部分成为维新运动的积极推动者，乃至辛亥革命的重要骨干。

1895年夏秋之间，"公车上书"虽然失败了，但康有为等人却在北京、朝廷内外出了名。他就利用这个声望和机遇，通过各种形式筹集资金，酝酿成立强学会。虽然由皇帝的亲信文廷式出面，但强学会的主要组织者和实际领导者却是康有为。在强学会正式宣告成立之前，这一年的8月，由康有为一手创办，梁启超、麦孟华为主要办报人的《万国公报》也在北京创刊了。《万国公报》宣传维新变法，定期分送北京的上层官吏和士大夫，在他们中间引起很大反响。

1895年11月中旬，北京强学会正式宣告成立。这是中国近代史上第一个维新运动的学会。在具体情况下，为实际需要或遮人耳目，改换各种称呼，又叫译书局，或是强学书局、强学局等。成立时列名的会员有：康有为、梁启超、麦孟华、陈炽、张孝谦、杨锐、文廷式、沈曾植、李家鼎、袁世凯、徐世昌、汪大燮等，还包括光绪的老师翁同龢、英国传教士李提摩太等，共计数十人。北京强学会的成立，标志着比较开明的"帝党"和维新派的初次联合，在变法维新的旗帜下结成一定形式的同盟。梁启超认为，强学会的性质，实际上是兼有学校和政党合一的双重性。

正因为北京强学会的成员大都是清政府的上层人士，甚至包括一些很有势力的朝臣，所以各具动机，许多大大小小的官员纷纷表示支持或参加强学会，并捐款赞助。如两江总督张之洞捐银五千两。但当卖国贼李鸿章想加入时，强学

会坚决拒绝了。

另一方面，康有为离京南下后，多方奔走，取得了张之洞的支持并于12月间成立了上海强学会，与北京强学会形成呼应局面。

强学会和康有为的变法维新活动遭到了守旧势力的攻击。他们称"宁可亡国，不可变法"。说强学会是"私立会党""贩卖西学"，要求查禁。就这样，北京、上海的强学会被封建势力绞杀了，但他们的影响，已经显示出维新运动开始进入聚集力量，特别是动员封建上层人物支持和参加的新阶段，它的成立标志近代维新运动的一个转折点。

在当时的清政府里，有"帝党"与"后党"之说。"帝党"是支持光绪帝的上层官吏们，"后党"则是听命于慈禧太后一派的官员。"帝党"中有一名重要的大臣，就是曾任户部尚书兼军机大臣的翁同龢。他不仅身居高位，而且曾是皇帝的老师，因而在朝廷中很有地位和影响，是宰相角色。在维新运动中，翁同龢比较支持康有为的爱国变法主张，和康有为结下了深厚的情谊。

康、翁的初次相识，是在康有为的第三次上书之后。1895年5月，康有为的第三次上书经过层层阻拦，由都察院送到了皇帝手中。在这封上书中，康有为提出以西方的一套改良封建制度。光绪帝十分感兴趣，下令再抄录三份，其中一份呈给慈禧太后。不久，他便颁布了《举人才诏》，还要地方政府修铁路、开矿山，发展民族工业。这说明，光绪皇帝已经受到康有为变法思想的影响了，而这个变化过程，翁同龢无疑起到了十分重要的作用。

1895年底，强学会创立时，翁同龢以实际行动参加强学会，是对维新运动的有力支持。1897年冬天，德军侵占胶州湾之际，康有为的第五次重申变法、抵制外侮的上书由于工部尚书淞湘扣压而未能上呈。康有为在深感失望之际，同时也关心万木草堂和学生们，决定离开北京南下。然而当行李已经装上车准备启程的12月12日，翁同龢一大早赶到南海会馆，他拉住康有为的手，请他留下来，不要离开北京，并且告诉他，他已经向光绪推荐，请皇上召见，皇上很有可能要召见和重用，这个时候千万不可离开北京。于是，康有为就留了下来。

1898年1月24日，康有为走进了总理衙门西花厅。参加这次问话的是李鸿章、翁同龢、荣禄、廖寿恒、张荫恒五人。这五人分别掌管着清政府的内政、外交和军事大权，既有"后党"顽固派，也有"帝党"支持维新的重臣。这次西花厅召见，实际上是在戊戌变法前夕，"帝党"和"后党"之间的一次直接交锋。问话的气氛颇似鸿门宴。

荣禄强烈反对变法，首先发难。问话一开始，他就先发制人提出：祖宗传下之法不可改变。康有为针锋相对，有理有据，他反驳说："祖宗之法是治理祖宗留下来的国家的，现在祖宗留下之国都保不住了，还死守祖宗之法毫无意义。总理衙门也并非祖宗留下的制度呀！制度要考虑现实的需要，祖宗之法也不是完全不能改变的。"

廖寿恒其实还对变法维新的具体内容不甚了解，他很有兴趣地问："变法应如何着手？"康有为简洁明快地回答："从改变国家法律和制度开始。"

李鸿章一听说此言，十分恼火，马上挑衅地质问："照你所说，难道这六部应当撤消，祖宗传下来的规章都要废弃吗？"康有为据理相争，他从世界全球的眼光阐述自己的主张。他利用这个难得的机会，将内心酝酿已久的具体变法内容全部托出。这场以康有为陈述为主的问话进行了三个多小时。有些顽固官僚听不下去，却又碍于皇帝之命，只好找借口离开西花厅。

西花厅问话的详情，翁同龢第二天就对皇上做了详细报告，光绪皇帝准备亲自召见康有为。但是奕䜣听到消息后，又出来阻拦，他认为要叫康有为拿出书面材料，若确有可取之处，再来召见也不迟。光绪帝只好照办，但他同时通知总理衙门的大臣，今后凡是康有为的书面材料，不得阻挠和积压，一定要在当天给他。这无疑是给维新派打开了一扇直通皇帝的门户。

维新派和光绪皇帝之间的沟通信息的渠道贯通了，双方的关系也进一步密切起来。西花厅问话很快传遍京城内外，康有为在朝廷内外的地位和影响进一步扩大。"帝党""后党"和维新派三个方面，已经从暗争走向明斗，从聚集力量走向横向联合。一场不可避免的变法和反对变法的斗争迫在眉睫。

西花厅的问话使康有为了解到光绪皇帝的态度，他觉得变法的前途还是光明的。他一方面继续在上层官吏中展开联络和宣传，另一方面决心还要通过创建会社来聚集维新派力量，为变法做准备。

1898年初，他在北京组织成立了广东旅京人士组成的粤学会。在此策动和影响之下，林旭等成立了闽学会，杨锐等成立了蜀学会，杨深秀等人成立了陕学会。一时间湖南、浙江、江西、云南等省旅京人士也各自成立了地方色彩的学会，京城里会社林立，十会活跃。

这年春天，正值会试，各地举人齐聚京城，康有为决定再次开展变法活动。鉴于"公车上书"失败的教训，他决定成立一个以爱国为宗旨的会社。恰好江南道监察御史李盛铎也透露了类似打算，于是由康有为和李盛铎为发起人，组织成立了保国会。

保国会已经初步具有政党的性质和模式，它是近代维新运动中影响较大的爱国政治团体。

保国会以爱国和救国为口号的活动，以及它所造成的社会影响，使顽固派们十分惊慌和仇恨，他们对康有为和保国会百般诬蔑、群起攻之。

然而，当不少大臣状告保国会时，光绪帝却说："这个会要保国，是一件大好事，有什么可以查办的？"他还把上书攻击康有为的御史文悌革职罢官，斥责要求驱逐康有为的礼部尚书许应骙。

保国会从成立到解散前后，如果没有光绪帝多方保护，康有为恐怕早就被顽固派置于死地了，变法维新运动也可能因此而夭折。尽管有光绪皇帝的支持，但在顽固派的重重压力之下，保国会在举行了三次代表大会之后就无形解散了。然而，这也说明了一点，那就是光绪皇帝从保国会这件事开始，已经明显地在保护和支持维新派，下决心要实行变法维新了。这是一个很重要的转折。

1898年1月29日，即西花厅"问话"后的第五天，应光绪皇帝之命，康有为

中华名人百传

思想家卷

写了给皇帝的第六次上书。为"统筹全局",在这份书面材料里,康有为提出了变法的"大誓群臣以定国是""立对策以征贤才""开制度局而定宪法"等具体办法。他还指出世界上许多国家被列强所吞并,其根本原因就是在于这些国家守旧落后,以致被动挨打,甚至于亡国。中国要摆脱受人宰割的局面就必须以近邻日本为榜样,实行改革。康有为的这些主张,后来成为指导百日维新运动的变法纲领。

1898年6月11日,光绪皇帝颁布"明定国是"诏书。这是光绪皇帝以国家元首的名义,正式宣布把学习西方、推行变法维新作为基本国策。

6月16日,光绪帝决定打破祖传的皇帝不得亲自召见四品以下官员的规定,在颐和园勤政殿召见康有为。

光绪亲自走到勤政殿门口等候康有为。康有为见到光绪皇帝后,赶紧跪下口称"南海小臣叩见皇上",光绪把他轻轻扶起,先询问了康有为祖先几代的情况,以及他本人的身世经历,接着,谈话就转入如何变法问题。康有为将西花厅问话的想法复述了一遍。他讲得头头是道,光绪听得津津有味。

不知不觉,过了两个多小时,康有为走出勤政殿,就被官员们围住问长问短。在他们的记忆中,光绪帝接见臣子,从来没有这么长时间的先例。

消息不胫而走。"朝野议论,无处不谈康有为",从此,康有为被推到近代维新运动的前列,成为清朝政府新旧两派势力争论的一个最关键人物。

光绪在接见康有为的当天就下令,让康有为在总理衙门任职。后来又特别允许康有为可以直接给他呈递奏折,不必由别的部门和官员转送。

光绪发布"明定国是"诏书后,在"百日维新"的103天里,连续下达五六十道各种实行变法的诏书:如废科举、设京师大学堂、建译书局、设工农商局等等,涉及到教育、经济、商业、政治、军队各方面。

然而,清王朝的官员们都明白,朝中大权是操纵在幕后的慈禧太后手中的。因此,诏书虽然下达了几十道,也取得了一定成效,带来某些新气象,但是那些老奸巨滑的朝中大臣和地方大官却并未认真对待诏书。他们都在观望等待着幕后的慈禧太后表态。

光绪皇帝和维新派在"百日维新"开始后,就深感势单力薄。掌管全国军权的军机处和统率北洋三军的直隶总督是朝廷和地方的两个关键的部门,但都操纵在"后党"之手。为了改变这种局面,光绪下令把维新派的杨锐、刘光第、林旭、谭嗣同等破格提为四品官员,到军机处任职,并参预推行新政。军机处的部分权力开始由维新派控制。这四个人中,林旭是康有为的弟子,谭嗣同也是弟子辈的,他们几乎每天都到南海会馆与康有为商议变法事宜。

当朝廷上下因维新变法而沸沸扬扬的时候,身居颐和园的慈禧太后也没有闲着。她在不动声色地插手朝政,调兵遣将:如下令把大臣翁同龢遣送回乡,另派荣禄出任直隶总督,明令满朝文武官员,今后遇有大事都要向她上奏折,推翻了不在其位,不谋其政的祖先规矩,直接插手国家大事。她还决定9月间要跟光绪皇帝一起到天津去检阅北洋三军,想借助军方力量,胁迫光绪皇帝让位,另立

新皇。

9月13日,光绪皇帝觉察到自己处境危险,皇位不保,给康有为下了一道秘谕,让他们秘密筹划,设法相救。面对这种形势,康有为冥思苦索,提出了四点应急对策:第一,仿效日本,成立参谋部,统一指挥,以应付急变;第二,1898年为维新元年,以向天下表明变法决心;第三,召见袁世凯(当时他正统率陆军),封官许愿,把他争取过来;第四,借外出巡视名义,迁都上海,一切从头开始。

然而事与愿违,光绪皇帝破例两次连续召见袁世凯,封官许愿,却未能把这个奸诈的政客拉过来。袁世凯是个投机分子,虽然他有幸被召见,并被许愿封官,但他深知大权仍在太后手中。所以他采取了两面派手法,表面同意发兵救驾,暗地里却把维新派夜访的情况告诉了荣禄。

康有为得知谭嗣同拜访袁世凯的情况后,知道此人并不可靠。第二天上午,他便去找英、日公使,请求他们面劝慈禧太后,以救助光绪皇帝,但没有结果。

一时间京城内外,朝廷上下,已经是山雨欲来风满楼。光绪为保存维新派力量,以图东山再起,希望康有为离京保命,在外地扩大影响,使太后在废帝问题上有所顾忌。光绪冒着很大危险,秘召康有为,并特地发布一道正式命令,派康有为去上海,主办上海《时务报》。光绪对康有为寄托着厚望。

9月20日拂晓时分,康有为悄悄地离开了北京南下。

在"百日维新"期间,以康有为为代表的维新志士,曾经有一个捕杀慈禧,彻底扫除变法维新障碍的计划。近年来从日本外务省旧档案中发现的材料证明,康有为通过一个叫毕永年的安排捕杀任务,但终于因为袁世凯的不合作而流产。

谭嗣同夜访袁世凯的情况被袁世凯出卖给荣禄,荣禄连夜禀告慈禧太后。

第二天一早,慈禧太后走进光绪皇帝的寝宫,破口斥骂。在慈禧的威逼之下,光绪皇帝违心地下令捉拿康有为等人,查抄南海会馆,抓走康有为的弟弟康广仁以及他的几名弟子。

慈禧太后即借此发动了宫廷政变。她下令,因皇帝有病,由她来临朝训政,这就是所谓的垂帘听政。她同时下令调兵进京,关闭京门,封锁交通。从此,光绪皇帝变成一个空有皇帝名称的囚徒。

这时,谭嗣同和梁启超得知南海会馆被抄的消息后,谭嗣同劝说梁启超到日本公使馆找伊藤博文,请他想办法救康先生。过了几天,谭嗣同见没有什么动静,便在日本公使馆找到梁启超,劝说他想办法到日本去。他说,如果大家都被捕杀,中国的维新事业便会中断;但如果没有人去牺牲,又无法报答圣恩。现在康先生生死不明,牺牲和延续两个重担,就由我们来分别承担吧。他拒绝了日本公使馆的劝说,他说:"世界各国的变革,都是流了血才取得成功的,中国还没有人为变法而流血,现在就由我开头吧。"

过了几天,谭嗣同就被捕了。

御史杨深秀,敢于冒天下之大不韪,上疏朝廷,责问为什么要废光绪帝,同时还公开反对太后听政。所以,他很快被捕。

1898年9月28日,史称"戊戌六君子"的谭嗣同、杨深秀、杨锐、林旭、康广

仁、刘光第在北京宣武门菜市口被处死。

至此，曾经席卷中国的轰轰烈烈的"百日维新"以失败告终。

前面提到，9月20日凌晨，康有为便悄悄离开了北京。这时，慈禧太后尚未正式宣布垂帘听政，因而他顺利地乘火车到达天津，傍晚便登上英商太古公司的重庆轮船，在21日上午从海路驶向上海。

就在康有为登船时，北京城里已是一片恐怖景象了。慈禧下令地方官府捉拿康有为，并诬陷他想用毒药丸谋害光绪皇帝。听说康有为上了重庆号去上海，马上下令北洋水师派快艇追赶。飞鹰号快艇原本速度是重庆号的一倍，但飞鹰号行到中途，管带刘冠雄突然说快艇没有煤了，只好中途折回。

这时，康有为并不知道北京所发生的一切，经过烟台时，他还游览市容，在海滩上拾海石。其时，电报已到烟台，不巧这位官员公务出差，带走了电报密码本，留守官员无法译出电报内容。

康有为的重庆号还未到上海，清政府捕杀康有为的密令已经传到了上海。驻上海的长官蔡钧，复制了大量照片，准备等康有为一登上码头便立即逮捕，另一方面又和上海的英国代理领事白利南交涉，要求以酬金2000元来换取检查所有从天津开来的英国轮船，但遭到拒绝，不过同意由他们派两个人上船代为查询。

两江总督刘坤一也下令，悬赏3000元捉拿康有为，一张捕杀康有为的大网已经在上海全面展开。

白利南事先收到了以英国传教士身份在北京活动的李提摩太的电报，请求他设法营救康有为。在征得英国政府同意后，派人在吴淞口截住了重庆号。找到康有为后，拿出照片问道："你是康有为，你在北京是不是杀过人？"康有为十分惊讶地回答说："我怎么会杀人！你问得真奇怪。"接康有为的英国人濮业德立即拿出从蔡钧那里抄来的慈禧太后的密令，上面写着："康有为进丸毒弑大清皇帝，着即行就地正法。钦此。"

康有为以为光绪皇帝已经遇害，急得泪如雨下。他边哭边说："我受大清皇帝恩典，推行变法维新，天下皆知，我怎么可能杀害皇帝？"

濮兰德告诉康有为："我是领事派来的，我们知道你是一个忠臣，不可能干这种事，也知道你一向主张联英抗俄，所以特来救你。"

康有为以为大势已去，维新派纷纷遭到捕杀，光绪皇帝生死不明，自己也是前途茫茫，他写好遗书，交给仆人收藏。然后随濮兰德换乘另一艘轮船巴拉勒特号，并立即拍电报，告知广州家人和万木草堂的学生，叫他们去澳门避难。

当天下午，重庆号到达上海码头，清政府扑了个空，要求白利南交出康有为，也被拒绝了。

9月27日，巴拉勒特号在英国军舰的护航下，从吴淞口驶往香港。

康有为终于逃出虎口。

1899年7月间，康有为流亡到加拿大。他与当地华侨成立了"保救大清光绪皇帝会"，加拿大当地称"中国维新会"，保皇会以"忠君救国"为号召，以拥护光

绪复辟为目的,一时得到许多华侨支持,形成一股很大势力。康有为派他的弟子到全世界二百多个城市展开活动,在各地陆续建立了11个总会,103个支会,会员多达一百余万人。总会设在澳门和香港,最初以《知新报》和《清议报》为阵地进行宣传。

康有为亲自写了《爱国歌》《爱国短歌》《保皇会歌五章》教给华侨学唱。这些既充分反映出他的爱国主义情感,也表现了他至死不渝的忠君思想。

保皇会还在美国成立军事学校,训练新式军队,人数达到数千人,颇有声势。由于有华侨的资助,保皇会在温哥华建立总会后,俨然像一个流亡政府的雏形。

1900年2月14日,清政府以10万两银悬赏康有为和梁启超,但这丝毫没有影响保皇会的活动。

创建保皇会,是康有为从维新派走向保皇派的重要标志。

保皇会随着时间的推移,开始在重要骨干分子中出现了不同的思想动向。1899年下半年,在日本的梁启超等13人草拟了一份长达数千字的《上南海先生书》,向康有为表达了他们的不同政见。自此,维新派的志士里同情和支持反清的越来越多,康有为采取分散和威胁断绝师生关系的办法也未能济事,随着孙中山革命势力的逐渐强大,有革命倾向的保皇会成员越来越多。当时,对康有为保皇思想打击最猛烈的,是具有革命思想的章太炎。他在1903年5月写了《驳康有为论革命书》,批判了康有为"满汉不分、君民同治"的观点,全文气势磅礴,高屋建瓴,在思想界影响极大。

为了挽救自己的命运,清王朝在一片反对声中不得不假惺惺地于1906年9月1日表示要"预备立宪"。康有为大为兴奋,误以为东山再起之时已到,把保皇会改名为国民宪政会,以配合清王朝"预备立宪"的声明。不幸的是,康有为刚刚盼到一点君主立宪的希望,1908年11月14日光绪帝就死了。这对康有为是一个很大的打击。悲痛之余,他把攻击的矛头指向袁世凯,要求清政府杀掉袁世凯。

1911年,孙中山领导的资产阶级革命派发动的辛亥革命,推翻了清朝封建统治。这时,康有为已经没有皇帝可以"立宪"了,但他仍然顽固地反对民主革命,提出了"虚君共和"的口号,甚至十分荒唐地主张,要让孔子的后代子孙充当中国的立宪"君主"。

辛亥革命后,袁世凯窃据权位,曾电约康有为回国"主持名教"。康有为坚决拒绝,并积极支持反袁运动。但他的反袁只是反对袁世凯当皇帝,对恢复清帝却依然一往情深,除成立孔教会外,最突出的是参加张勋复辟。

早在1916年,康有为就试探性地问过张勋对复辟前皇帝的意愿,张勋未作理睬。1917年6月,张勋认为时机已到,带领辫子兵进京,叩见溥仪皇帝,妄图复辟。他秘密电告康有为,请他火速进京商议。康有为欣喜若狂,化装成老农,从上海赶到北京,与张勋密谈后,躲进法源寺。7月1日,张勋复辟,康有为被赏赐"头品顶戴"并被封为具有国家顾问性质的弼德院副院长。

张勋的复辟梦只做了12天,就宣告破灭。政权落到了北洋军阀段祺瑞手

思想家卷

中。段祺瑞、张勋本是一丘之貉，所以对张勋并未大加追究，倒是"通缉"了几个参与者，其中就有康有为。在全国一片谴责声中，他们把"复辟"责任推到了没有实力和后台的康有为身上。康有为只好躲进北京的美国公使馆，五个月不敢出门。

康有为因积极参加了这场闹剧，声望大落。在他的门生弟子中，反对他的也有不少，如梁启超等则是反对张勋复辟的主要成员。在康有为去世后，他在《公祭南海先生》文中仍表示"复辟之役，世多以此为师诟病，虽我小子，亦不敢曲从而漫应。"

康有为生命的最后 7 年，主要居住在上海、杭州、青岛等地，其中以上海为主。晚年的康有为广泛结交文友，其中画家徐悲鸿、刘海粟都是他的"拜门弟子"，篆刻家吴昌硕、教育家蔡元培，也是他家里的座上客。

康有为晚年热衷修建亭楼园林，沉湎于湖光山色，而且游览河山的热情不减，足迹遍及几十个城市。

康有为在 1926 年创办了上海天游学院，这是他一生第三次，也是最后一次办学。但情况已经远非昔比，学生寥若晨星，在上海也没产生什么影响。

晚年康有为虽然念念不忘"皇恩"，与皇帝保持着密切关系，但他依然怀着一腔爱国热情。"五四"运动爆发时，他非常同情、支持学生，发出《请诛国贼救学生电》，谴责曹汝霖、章宗祥等人的卖国行为，呼吁各界支援学生。他还打电报给日本朋友，请他转告日本政府从山东"退出"，归还铁路等。这当然是不可能实现的，但康有为始终如一的爱国精神，却令人感动。

1927 年 3 月 21 日，这位中国近代历史上的著名人物，病逝于青岛寓所，时年 69 岁。

梁启超

梁启超(1873—1929 年)，广东新会人，字卓如，号任公。近代著名的资产阶级启蒙思想家、政治活动家、宣传家、教育家、史学家和文学家。

清同治十二年正月二十六日，即公元 1873 年 2 月 23 日，梁启超出生于广东省新会县熊子乡茶坑村。

梁启超出生的熊子乡内共有五个村庄，以其茶坑村为最大。村东有山名熊子山，山上有塔叫凌云塔，又称龙子塔。塔为七层，建于明代，至今完好，通体砖砌，垩以紫色，挺拔劲秀，状如铁笔，俗称文笔塔。乡间故老相传，有了这座文笔塔，才出了梁启超这样一位学贯中西的大手笔。

凌云塔是梁启超少年时期常游之地。登上塔顶，凭栏四眺，视野开阔，风景如画。南望一水接天，即为崖门出海口。梁氏先世自宋末由福州迁南雄，明末由南雄迁至新会，两遭亡国之痛，两次南逃之民，而且皆由异族入侵所致，举族数百

年栖于山谷，且耕且读，不问世事，如桃源中人，除梁启超的祖父混上个小小的教谕之外，没有人做过清朝的官。他的祖父虽然不一定有明确的种族思想，但这种历史的积淀常浮现于胸中，传播于子孙。梁启超自小受着潜移默化的影响。这是他与康有为的不同之处。康家累世做着清朝的大官，其伯族国器曾任广西巡抚，所以革命排满之意识无由发生。梁启超则一度倾向于排满革命，并最终与康有为分道而行，盖早种因于此。

故乡影响于梁启超的还有一个更为重要的方面。这里地处县城近郊，离广州亦不远，距江门尤近。江门早在明代已成集市。后来葡人占我澳门，江门的海外贸易进一步发展，而到英占香港之后，更成为与省港鼎足而立的大市场了。

这里也是中国民族资本主义近代工业孕育发展较早的地区。但是，中国的资本主义一出世就受到帝国主义和封建主义的双重压迫。这些地方的许多民族工业都因无力与洋货竞争，不久就被扼杀在摇篮中了。

看在眼里，印在心上，这些不能不引起热爱祖国、思想敏锐的少年梁启超的深思。

当然，对梁启超影响最直接、最深刻的还是他的家庭。他的祖父、父母的言传身教，对他的一生性格和学业的养成，起着决定性的作用。

梁启超的祖父中秀才以前半耕半读，中秀才以后，买了十几亩田，随即均分给他的三个儿子。到启超父亲时，经济状况在乡间属于中等。他也是半耕半读，在启超中举人以前，家中的几亩田由他父亲自耕。启超幼年，甚至中了秀才以后，除读书外，也要参加劳动，有时偷懒，便会遭到父亲的训斥。按当时风气，中了秀才，即可在乡间坐馆教书，多不必下田。惟耕读人家，则以劳作为美德，借以保持其淳朴家风。

启超的母亲赵氏，其祖父是举人，幼承家学，颇通文墨，出嫁后以贤孝名于乡里。她最不允许犯的错误是撒谎，启超曾在《我之为童子时》一文中说自己撒谎后，"被我母翻伏在膝前，力鞭十数。"

小启超在祖父、父母的耳提面命、言传身教下长大，在学业上取得了惊人的成就。三四岁开始读"四书"，5岁以后父亲教他中国略史，读完"五经"，7岁学作文，11岁考中秀才。梁启超7岁前即读完四书、五经，除了要有过目成诵的速度和记忆力外，还要有超人的理解力，真可谓神童之尤。11岁能考上秀才，也是科举时代罕见的事。

梁启超12岁学于广州之吕拔湖先生；13岁学于佛山陈梅坪先生；14岁学于广州之石星巢先生，肄业于学海堂。三位先生虽非一流学者，但于汉学很有根柢，梁启超从他们那里学了不少东西。15岁入学海堂为正班生，同时又为菊坡、粤秀、粤华之院外生。

当时广州有五个大书院，为一省之最高学府。它们是：学海堂、菊坡精舍、粤秀书院、粤华书院、广雅书院。五大书院梁启超一下子就进了四个，可见其求知欲之强烈，以及精力之旺盛。其实广雅书院也曾打算去，因其制度规定地方长官来院时，全体学生须在门前站班迎接，故不入。此又可见，一种叛逆精神已经在

中华名人百传

思想家卷

这位超常少年的心中暗暗地发芽滋长。

学海堂的三年苦读，使梁启超由一个"不知天地间于帖拓外更有所谓学问"的"神童"秀才，变为一名饱读经史子集、精通训诂词章的青年学者。他虽已有弃帖拓之志，但在那个"科举取仕"的时代，为前途和衣食计，他还不能脱离父、祖辈辛苦奔走过来的那条老路。1889年，16岁的梁启超参加了广东乡试，中第八名举人。

当时的主考官是贵州人李端棻，副考官是福建的王仁堪，二人都非常赏识梁启超的才学，许为大器。李端棻想把堂妹李蕙仙许配给他，王仁堪也有女待嫁，想招他做女婿。李先开口，请王做媒，王只好把自己的想法吞回肚里去。媒人的使命起初似乎并不顺利。李家是贵州望族，李端棻时为礼部侍郎，官高位显，梁启超的父亲认为自己是寒素之家，辞不敢受。这位李侍郎开明坦率地传话说："予固知启超寒士，但此子终大池中物，飞黄腾达，直指顾问事。予第物色人才，勿以贫富介意。"不久，梁李终结良缘。

中举后第二年，梁启超赴京会试，但这次却没有考中进士，不过这在他的生活道路上反而起了积极的作用，成为他一生中的第一个转折点。他在《三十自述》中说：下第归，适上海，从坊间购得《瀛环志略》读之，始知有五大洲各国，且见上海制造局译出西书若干种，心好之，以无力不能购也。"《瀛环志略》是曾任福建巡抚的徐继畬编著的一本介绍世界各国历史、地理概况的书。与魏源的《海国图志》同为中国近代较早传播世界知识的专著。梁启超接触了这些当时堪称新鲜的学问，从而使他逐渐地由一个满脑子"旧学"的青年举子，转化为一心探求"新学"的革新志士。这也为他后来接受康有为的学说，成为维新健将，打下了基础。

8月，梁启超自京归来，陈千秋兴奋地向他讲了拜师经过，梁启超本来就求学若渴，岂肯放过这个机会？于是立刻在陈千秋陪同下往谒康有为。这次会见长达14小时，梁启超经历了一场惊心动魄的思想撞击，如梦方醒，决然以举人之尊，拜倒在比他低一个等级的荫生门下，从而走上了经世致用，救国维新的道路。

在陈梁的带动下，徐勤等青年志士亦闻风来投，1891年春，康有为正式开设学堂，名曰长兴学舍，又称万木草堂。韩文举、曹泰、麦孟华、王觉任、龙泽厚、陈和泽等先后联袂入学，可谓人才济济，后来多成为维新运动的骨干力量。

在万木草堂，梁启超全面接受了康有为的变法维新，并较多地接触到当时社会上尚未普遍流行的西方资本主义的社会科学和自然科学知识。他在万木草堂学习了四年，为他以后的政治和学术活动打下了坚实的基础。

1892年夏，梁启超偕李夫人从北京完婚南归，乡居读书，于国学书籍而外，更购江南制造局所译之书，驻外使节日记，以及英人傅兰雅所辑之《格致汇编》等。1893年冬讲学于东莞。据康有为之《长兴学记》改编成《读书分月课程》，以训门人。其余时间仍在万木草堂。

1894年春梁启超偕夫人入京。他在给朋友的信中说："此行本不为会试，颇思假此名号作汗漫游，以略求天下之人才。"因此，与京国名士，多所往还。七月，中日甲午战争爆发，北京风声鹤唳，于是他送李夫人回贵州老家，自己则与一帮年轻朋友讨论学问、治算学、地理、历史等。又眼见日寇逼国门,战火延中土,亡国之祸,迫在眉睫,而统治集团仍醉生梦死。启超等四处奔走,呼吁当权者采取措施,以御外侮。怎奈人微言轻,无人肯听,牢骚发过仍无事可为。乃于十月复回广东。

1895 年是中国近代史上有历史转折意义的一年,也是梁启超生活中至关重要的一年,从这一年起,他结束了求学生涯,正式走上社会,在风雷激荡的社会变革舞台上扮演起重要角色。

这一年 3 月,康有为率弟子梁启超等入京会试,但启超落榜。据说会试总裁徐桐,深恶康有为之学说,预诫说,广东试卷有才气者必为康有为,一律弃置勿取。副总裁李文田得梁启超卷,大赏之,但以为是康有为之作,故只得抑而不录。而康有为顺利通过,被赐进士出身。不过,这时候功名对他们来说已经并不重要了,他们已经全身心地投入到一场伟大的政治风暴之中。

他们此行于 4 月抵京,正当马关条约签订之时,议定中国割让辽东半岛、台湾及澎湖诸岛与日本,并赔款二万万两。消息传来,举国大哗,会试举子,义愤满怀,无不引为奇耻大辱。康有为创议上书拒之,梁启超乃日夜奔走,号召联名上书论国事。广东、湖南于 4 月 22 日联名先上,各省从之;台湾举人,垂涕而请命,莫不哀之。康有为见士气可用,便约请 18 省举人 1200 余名集会。康有为发表了激昂的演讲,大家公推康有为起草上书,康有为一昼二夜草万言书,大意凡三事:一曰拒和,二曰迁都,三曰变法,而其宗旨则以变法为归。由梁启超、麦孟华分头誊清,于 5 月 2 日呈送朝廷。这就是震动朝野的"公车上书。"清制,凡举人进京赶考,称为在"公车",举人上皇帝的请愿书,则称为"公车上书。"但不能直接上达,须由都察院转奏。这次上书,都察院以"既已用宝,无法挽回"为由,拒绝代奏。这次活动,名义严正,声势浩大,它标志着资产阶级维新运动已经由思想酝酿转变为实际的社会政治运动,并且一开始就显示了巨大的舆论力量,引起社会各方面的重视,获得了广泛的同情和支持。

通过这次活动,康有为、梁启超也总结了经验、教训,认为要想打开局面,须从制造舆论和组织团体两方面入手。于是,经过一番筹备,乃于 8 月 17 日创刊《万国公报》,由梁启超、麦孟华主持,每日发表数百字短文宣传维新变法思想。后因与上海英美传教士团体广学会的机关刊物重名,便改名为《中外纪闻》,作为强学会的机关报,以梁启超、汪大燮为主笔。

在《万国公报》的宣传下和康梁的鼓动下,强学会于 11 月正式成立,基本会员有康有为、梁启超、陈炽、杨锐、文廷式、王鹏运、沈曾植、袁世凯等二十余人,帝国大僚翁同龢、孙家鼐等亦参加活动,公推户部郎中军机处章京陈炽为会长,梁启超为书记员,驻会办事。

强学会是维新派建立的第一个政治团体,以号召救亡图存,宣传变法图强为宗旨。该会每 10 日聚会一次,讨论时局,筹划变法。一些封疆大吏也受此维新思潮的感染,纷纷列名参加,捐款赞助。如湖广总督张之洞,两江总督刘坤一,直隶总督王文韶各捐款 5000 两。李鸿章表示愿捐 2000 两,并申请入会,但他刚签

署了《马关条约》，被认为是卖国贼，因而被拒绝。李鸿章恼羞成怒，唆使他的儿女亲家御史杨崇伊上书，弹劾强学会"植党营私"，攻击《中外纪闻》"贩卖西学"，请求查禁。1896年1月20日，强学会终被禁封。梁启超个人的服饰书籍也被没收，他本人也流浪于萧寺中数月。但他并没灰心，不久，他被召往上海创办《时务报》，从而登上更加广阔的历史政治舞台。

开办之初，人手缺乏，梁启超拳打脚踢，独立支撑，为建立和巩固这块阵地做了极大的努力。他曾回忆说："计当时一人所任之事，自去年以来，分七八人始乃任之。"

《时务报》为旬刊，共出69期。创办之初即有明确的宗旨："广译五洲事，详录各省新政，博搜交涉要案，俾阅者周知全球大势，熟悉本国近状"，以"开民智而雪国耻"。梁启超则以极大的精力宣传变法理论，著一长篇文章《变法通议》，全文分13章，连载43期，系统地阐述了他的变法主张，成为资产阶级维新派的纲领性文件。

在《变法通议》和这以后一系列文章中，面对帝国主义疯狂侵略和清政府的日益腐败所造成的民族危机，他大声疾呼亡国危险！呼唤人们改弦更张，变法自强，奋起御侮，救亡图存。如他在《南学会叙》中说：

敌无日不可以来，国无日不可以亡。数年以后，乡井不知谁氏之藩，眷属不知谁氏之奴，血肉不知谁之俎，魂魄不知谁氏之鬼。

这些感情激越，声泪俱下的文字，产生了广泛的社会影响，对沉睡的中国起了一种振聋发聩的作用，他宣传的"凡在天地间者莫不变"的公理，凌厉地批判了"天不变道亦不变"的顽固理论，在中国近代第一次思想解放的浪潮中，立下了不可磨灭的功勋。

梁启超声名鹊起，《时务报》也风靡海内外，数月之间，发行量上升到12000余份，为中国有报以来所未有，举国趋之，如饮狂泉。《时务报》后，澳门《知新报》继之，尔后一年间，沿海各都会骤然兴起十余家，大致悉仿《时务报》。

梁启超和《时务报》，在资产阶级维新运动的舆论准备阶段做了开路的先锋。作为维新运动的领袖，"康、梁"并称，也正起于此时。

1898年1月22日，侵占胶州湾的德国侵略军破坏即墨县文庙里的孔子塑像，将其四体损坏，并挖去双眼。康有为、梁启超等闻讯后，也立即抓住时机，发动了第二次公车上书。尖锐地指出，外国侵略者毁坏先圣先贤之像，实际上是毁灭中国人的爱国心。强烈要求清政府向德政府提出抗议，查办罪犯。他们还将这份公启登诸报端，并以公开信的形式在社会上广为散发，联络各省爱国举子。在此前后，签名者近2000人次。史称第二次公车上书。这次上书虽以维护孔教为号召，但在当时对激发人民反抗侵略的爱国热情，起了巨大作用，也为迎来"百日维新"打下了一定的思想基础。

5月，梁启超联合举人百余名上书，请废八股取士之制。都察院和总理衙门都不肯代奏。当时会试举人集于北京者将及万人，皆与八股性命相依，闻此举，恨启超如不共戴天。但历史的潮流毕竟不可抗拒。"百日维新"时期，康有为蒙

召见,力言废科举事,退后,又进草数折,光绪帝遂两下谕旨,令乡会试和童生岁科试皆废八股改试策论。这在当时,不能不算是五十年间的一件大事。

所谓百日维新,是从 6 月 11 日算起,从这一天光绪皇帝颁布了"明定国是"诏书,正式开始变法,到 9 月 21 日政变发生,共 103 天。关于这一伟大的历史事件,有关各书多有详细记载,此不赘述。仅记几件与梁启超有关的事,以及他政变后出走的经过。

7 月 3 日,梁启超亦被召见。君臣谈论了倡新学、译西书、兴学校等问题。光绪皇帝对他的才学和见识大加赞赏,赐他六品衔,办理译书局事务。7 月中旬,梁启超上书,历陈译书局开办情形,并呈进已经拟就的译书章程十条,同时以统筹全局、请增经费、请拨开办费三事为请,均蒙批准。8 月底,又上一书,请设立编译学堂,并请毕业生徒准于学生出身、书籍报纸准免纳税,亦蒙照准。梁启超以微员所开之学校,而请学生之出身,实为四千年之创举。

在此期间,梁启超协助康有为奔走策划,出力甚多,"百日维新"期间各大臣关于变法的奏章,几乎全是康、梁代写的。皇帝的上谕则依据这些奏章,甚至连词句也都取材于康有为进呈各书的按语。

但是有名无实的光绪皇帝斗不过老谋深算的慈禧太后,无职无权的维新派斗不过根深蒂固的顽固派。9 月 21 日政变发生,不数日,这场表面上轰轰烈烈的维新运动便浸没在凄凄惨惨的血泊之中了。康有为已事先出京,梁启超也在日本人的帮助下逃往日本。这时的谭嗣同尚未被捕,但他已下定决心以流血牺牲自己以唤醒国人的改良救国之心,所以为之捐躯。

当地华侨给了梁启超巨大的支持,他们很快集资筹建了一个报馆给他,这就是著名的《清议报》。此报创刊于 1898 年 12 月 23 日,离政变发生才三个月。关于办报目的,梁启超在《清议报叙例》中说:"为国民之耳目,作维新之喉舌。"《清议报》出满 100 期,到 1901 年 11 月 11 日停刊。在这三年里,梁启超发表了:《论变法必自平满汉之界始》《尊皇论》《爱国论》《少年中国说》等三十余篇政论文章,《戊戌政变记》《中国近十年史论》等专著,《饮冰室自由书》《汗漫录》等专栏作品。这些作品,在"主持清议"的旗帜下,猛烈地攻击慈禧、荣禄主持下的黑暗朝政,称他们为"逆后贼臣",同时也卖力鼓吹"尊皇",力主归政。此外还大声疾呼宣传救亡,并且帮助读者了解世界大势和帝国主义列强的对华政策,深刻指出中华民族面对的严重局势。进一步宣传"民权"思想,抨击专制,提倡爱国精神。在"开发民智"的旗帜下,多方面介绍并鼓吹西方资产阶级的各种思想观念,包括独立与合群、自由与制裁、自信与虚心、破坏与成立等资产阶级的社会道德规范。帮助广大知识青年打开了眼界,起了巨大的启蒙作用。

这时的梁启超,一边办报,一边学习。报上的宣传,其实就是他学习之所得。他早已看到,日本人自明治维新后学习西方取得了很大成绩,西方典籍的精萃也大多被日本人翻译过来,所以他把通过日本人的译述学习西方理论视为一条捷径。戊戌政变后,他进一步认识到,中国"为十九世纪世界大风潮势力所冲激、所驱遣",既无可逃,亦无可避,只有学为国人,学为世界人,才能适应这个大风潮,

使中国人于进步之途，获得自立于世界民族之林的资格。

简单地说，支配梁启超一生学行的有两大思想主流。戊戌之前，主要是三世之义，接受于康有为，要旨在于从固定已有的传统文化思想中求变。戊戌后抵日，读书问学，渐感旧说不敷所用，因而益求助于西学、西理。他发现民权、自由、进化之说实为西方富强之由的三大支柱，便广泛地宣传介绍。他自己也常以孟德斯鸠、达尔文、卢梭自命，决心担起开启民智、促进改革的责任，终于成为一代卓有影响的资产阶级启蒙思想家和宣传家。

梁启超思想之变异，也受到孙中山等革命派的影响。为完成推翻清政府的革命大业，孙中山曾希望争取维新派，以图壮大力量，因而主动进行联络。康有为妄自尊大，梁启超却颇为积极，在抵日初期，与孙中山等多所往还，并在思想和行动上受到很大影响。

抵日后，经犬养毅撮合，1899年5、6月间，梁启超与孙中山、陈少白在早稻田犬养毅寓所第一次会晤。三人讨论合作方法颇详，天明始散。此次会晤，本也约康有为参加，康借口身奉清帝衣带诏，不便与革命党往还而未参与。不久之后，中山先生等一行至康寓拜谒。陈少白痛言满清政府种种腐败，非推翻改造无以救中国，请康改弦易辙，共同实行革命大业。康答道："今上圣明，必有复辟一日。余受恩深重，无论如何不能忘记，惟有鞠躬尽瘁，力谋起兵勤王，脱其禁锢瀛台之厄。"梁启超却颇违师意，继续与孙中山来往，二人常大谈革命，讨论的问题也日益深入。

梁启超与孙中山往还日密，渐渐赞成革命。其同学韩文举、张智若、梁子刚等主张尤形激烈。于是有孙、康两派合并之计划，拟推孙中山为会长，而梁副之。梁启超毕竟还有些怕老师，便问孙中山："如此则将置康先生于何地？"孙中山答："弟子为会长，为师者，地位岂不更尊。"梁启超悦服。

这年7月，梁启超组织了一个12人的团体，叫做"江岛之盟"，结盟的原因，一方面是受了孙中山革命思想的影响，另一方面，也许有壮大己派声势，以为分庭抗礼之资本的用意在内。但无论如何，江岛之盟是为"猖狂言革"而设，则是明显的。

1899年夏秋间，康有为离开日本，梁启超便公开与革命派交往起来，江岛之盟的一批人也与革命党每星期至少聚谈两三次，言论也非常激烈，都是革命排满的论调。一时孙康合作之声浪起，轰传于东京横滨之间。为了摆脱康的羁绊，梁启超联合同窗好友13人致书康有为，请其息影林泉。书去后，各地康徒为之哗然，指此13人为逆徒，呼之曰"十三太保"。

是时，梁启超的革命意识非常浓厚。他不让《清议报》刊登保皇会文字，相反地却发表了一系列的《自由书》和攻击清廷的文章，《清议报》深受读者欢迎，据说只有一位女读者读后捧报大哭，说是太糟蹋她了，其人即为慈禧。于是悬赏十万金，购康梁之人头，又续命刘学询赍数十万金至日，必得任公而甘心，并以毁灭《清议报》为其最后目的。刘学询遂利用日本浪人，放火烧了报馆。梁启超以避至东京得免。

此时的梁启超已不用带有康门印记的"任庵"为号，而改曰"任公"，大有脱离

南海阵营的趋势。他还与孙中山合办了一种杂志，名《中国秘史》，出版了两期，专言宋明亡国与洪杨遗事。1899年8月，他又在东京主办高等大同学校，一时有革命思想的青年都被吸引过来，如林圭、李群、范源濂以及过去在湖南时务学堂的学生蔡锷、周宠业、唐才常、蔡钟浩等，都辗转赶来同他相聚。横滨大同学校有激进思想的学生，如冯自由、郑贯一、郑云汉、张汝智等，也都转来追随任公。此外，唐才常、章太炎等亦由梁启超的介绍，分别与孙中山先生相识。他们经常聚会谈论革命大业，并且吸引了不少留学生参加，甚至北洋官费生如黎科、金邦平、郑葆丞等，也不顾一切，前来与任公、中山先生们相会，大胆畅言革命。

以上种种迹象表明，梁启超渡日初期，的确受到孙中山等革命派很大的影响，不仅表现在思想上，而且表现在行动上。这时的梁启超，与其说是维新派，不如说是革命派。在当时一些青年的心目中，他的影响力和号召力不亚于孙中山。如果没有康有为从中作梗，并强令他离日赴檀香山办保皇会，其发展正不知何所终极。

革命的热情在梁启超胸中躁动，他看着旧中国的一切都不顺眼。他恨不得将整个世界都翻转过来。所以，在1899年到1902年间，他接连提出政治革命、文界革命、道德革命、史学革命、诗界革命、小说界革命等口号。在政治方面，梁启超虽然曾经赞成排满共和，但公开宣传的主要还是君主立宪，虽然也属资产阶级革命范畴，也有一定的进步意义，但在当时中国的情况下，毕竟迂缓难行，终于落在时代主潮之后。道德革命和教育革命远非朝夕可见成效。只有文学革命取得了巨大的成功，口碑载道，信而有征。

"文界革命"的口号最早见诸文字是在1899年。梁启超倡导文界革命，一方面要求文章的内容适应时代的需要，一方面要求文章的形式雄放隽快，平易畅达。

梁启超新文体的特点，正如他自己在《清代学术概论》中所总结的："启超夙不喜桐城派古文，幼年为文，学晚汉魏晋，颇尚矜练。至是自解放，务为平易畅达，时杂以俚语、韵语以及外国语法，纵笔所至不检束，学者竞效之，号'新文体'。然其文条理明晰，笔锋常带情感，对读者别有一种魔力焉"。"至是"，是指至《新民丛报》和《新小说》杂志之时，因为新文体在《新民丛报》时期发展到顶峰，且流行于社会，故又称"新民体"。

由于梁氏新文体的推广和普及，影响和改变了整整一代文风。吴其昌在《梁启超》中说："就文体改革的功绩论，经梁氏十六年来的洗涤与扫荡，新文体的体制、风格，乃完全确立。国民阅读的程度一日千里，而收到神州文字革命成功之果了。"

1889年，也是在《夏威夷游记》中，梁启超鲜明地指出："中国非有诗界革命，则诗运殆将绝！"因为"诗之境界，被千余年来鹦鹉名士占尽矣，虽有佳章佳句，一读之，似在某集中曾相见者，是最可恨也！"这是方兴的资产阶级新文学对垂死的封建主义的旧文学的庄严宣判。

"诗界革命"作为文学运动，策源于北京菜市口附近相邻的三条小胡同。夏曾佑、梁启超、谭嗣同三人住在这里，衡宇望咫尺，他们几乎天天见面，在一起谈

新学,作新诗。不过起初的所谓新诗,只是"捃扯新名词以自表异","非常在一块的人不懂"。直到梁启超在《夏威夷游记》中公开提出"诗界革命"的口号,并对这一段活动进行了总结,提出"第一要新意境,第二要新语句,而又需以古人之风格入之,然后成其为诗"的新主张,诗界革命才进入一个新阶段。同时他在《清议报》上开辟《诗文辞随录》,发表新派诗,后来又在《新民丛报》上连载《饮冰室诗话》,标榜新派诗人,奉黄遵宪等为旗手,从而把诗界革命推向新的高潮。

梁启超本人不以诗名,作品也不算多。但他早期的诗词自有一种踔厉风发、清新郁勃之气,表现了新兴资产阶级的进取精神和以天下为己任的博大胸怀,有强烈的时代感,亦可自成一家。他的诗词在风格和形式上也纵横恣肆,雄健豪迈,形式多样,不拘一格,有时直接以散文句法入诗,说理同抒情相结合是充分发挥了他的个性。

小说的崛起是近代文学发展到高潮阶段的一个重要特点,也是晚清文学革命的重要成就之一。中国的小说起源甚早,且有许多古典名著,但在文学观念上却不被视为文学正宗。1902 年,梁启超在新创刊的《新小说》杂志第 1 号上发表《论小说与群治之关系》,认为"小说有不可思议"的"支配人道"之力,所以,欲攻良群治,必自小说界革命始。这改变了以往鄙薄小说的观念,而且鼓舞了一大批作者自觉地从事创作和翻译,从而促成了晚清小说的空前繁荣和普及。梁启超的小说界革命论,强调小说与社会政治的关系,实际上提出了文艺为资产阶级政治服务的主张。在当时,是带有革命性的观点,能够适应时代的要求。

梁启超倡导的文学革命,具有深刻的社会根源和广泛的群众基础,符合社会与文学发展的客观规律。它是资产阶级革命时代的产物,是资产阶级革命的一个组成部分。实际上,这场资产阶级文学革命比政治革命取得了更大的成功。

晚清文学革命运动的意义还在于它给"五四"运动前夕的新文化运动以直接之影响,或者说为新文化运动开辟了道路,成为由古代文学到现代文学的过渡桥梁。

1899 年底,正当梁启超与孙中山等革命派人士打得火热,讨论两党合作,并拟起草章程时,他在万木草堂的同学,思想较为保守的徐勤向康有为告变,说梁启超"渐入'行者'圈套,非速设法解救不可"。康有为前此接到"十三太保"要求他"息影林泉"的信,已经怒不可遏,现在更以为梁启超简直是造反了,立即勒令他速去檀香山办理保皇会事务。梁启超毕竟是个受传统文化熏渍很深的人,师命难违,不得不离日赴美。

在这一阶段的两派斗争中,梁启超扮演了一个两头受气的悲剧角色。屈从康有为,固然不能得到孙中山的谅解;倾向孙中山,又受到康有为的责骂和同学中一些人的攻击,内心常在矛盾和痛苦之中。

就梁启超个人方面而言,未尝不是真心言革,直到 1903 年上半年以前,他仍然保持着一种革命的情绪。他在《清议报》《新民丛报》等上发表的文章,攻满洲、讨专制、批孔教、输西学,倡言民权、自由,鼓吹暗杀、破坏,激发了人们的革命情绪,成为最终推翻清朝政府的一种间接的助力。

1902 年,康有为发起成立保教会,梁启超著《保教非所以尊孔论》驳之,"以

其名为开新,实则保守,煽思想之奴性而滋益之也。"康有为来信指斥,说各地保教之会方兴,梁启超实"摧其萌蘖"。梁启超于四月的信中指出:"各地建孔庙、办庆诞,无益于事,徒为虚文,浪费金钱而已。"还说:"我写的文章,常有人以为是先生你的意思,我想辨别之,但这种事可能经常发生,也辨别不过来","故以为莫如先生作文发先生之宗旨,以之登于报中,则人之见者,亦可知先生非如后辈者流,好为急激之言矣。"这简直是在将老师的军了。

1903 年春,梁启超应美洲保皇会之邀,赴美洲游历。康有为对他近来所办之事多不满意,"误会"日深,函责益多。3 月 18 日,梁启超在给徐勤的信中表示:"长者此函责我各事,我皆敬受矣。惟言革事,则至今未改也。""弟深信中国之万不能不革命。"

但是,梁启超的确善变。这封信后仅过了不到四个月,他在 6 月 27 日给蒋观云的信中说:"中国之亡,不亡于顽固,而亡于新党,悲夫!……然弟数月来,惩新党梦乱腐败之状,乃益不敢复倡革义矣。"原来前不久,发生了上海"苏报案",邹容、章炳麟等入狱,有传言谓系吴稚晖告密。因此,梁启超认为新党腐败,不足以成事。及至年底从美洲回到日本,乃彻底转变为排斥革命。

梁启超自游新大陆归来之后,决心舍去革命之论,但没有找到一条新的救国之路,所以心情很彷徨。这种寂寞与失落之情,维持了相当长的时间,致使他百事散置,连《新民丛报》也停刊半年有余。黄遵宪经常给他以开解,并于逝世前给梁一项具体行动方案:"吾以为当避其名而行其实。其宗旨曰阴谋,曰柔道;其方法曰潜移,曰缓进;其权术曰得尺得寸,曰远交近攻。"

梁启超接受了黄氏之教,采行"避革命之名,行革命之实"的策略,作为后日运筹的大计方针。他与端方、肃王的交往,不无阴谋;组织政闻社,谋入内地运动,不能不说是柔道;开国会,开咨议局,不能不说是潜移、缓进;联络各省人士,与革命对抗,不能不说是远交近攻。总之,尽管他与革命派在当时各不相容,但对于革命事业的成功,梁启超在另一途径上也起了间接赞助之劳。

所谓另一途径,总名之曰立宪运动,进行方法大体是:组织政党,加强宣传,联络朝野人士,发起请愿活动。

梁启超早有组党的想法,经过筹备,1901 年 10 月 17 日于日本东京成立了政闻社。他在《政闻社宣言》中标明四条政纲:一是实行国会制度,建设责任政府;二是厘定法律,巩固司法权之独立;三是确立地方自治;四是慎重外交,保持对等之权利。但实际上他们当时所能进行的活动,仅限于请求清政府早开国会和发动地方自治运动而已。政闻社受到革命派和清政府两方面的反对。成立大会上被革命派捣乱了会场,清政府更于 1908 年 8 月 13 日明令取缔。

政闻社被查禁后,梁启超又与孙洪伊、徐伟苏等密组宪友会,组织地方力量,于 1910 年发动一次比一次激烈的三次请愿活动。第三次更是有清政府如再不允所请,不迅速召开国会的话,则他们将提倡革命的言外之意。这惹怒了清廷,立下明谕,勒令代表们出京还里。

梁启超在报上的宣传论调也有所变化。由向政府请愿立宪,到公开号召推翻政府。迫于大势,清廷宣布预备于宣统五年立宪,梁启超识破骗局,愤忧预言:

"将来世界字典上绝无复以'宣统五年'四字连成之名词者。"

果然，不久便爆发了辛亥革命，宣统仅三年而止。立宪派的主张和活动虽然遭到革命派的反对，但这纯属资产阶级内部的论争。他们都是醉心于资本主义的人。立宪派的请愿揭穿了清廷伪立宪的阴谋，把国人以至自己都逼上了支持革命的道路。他们对辛亥革命的酝酿、发动，在客观上有很大的影响。而且，立宪派在一定意义上也参加了辛亥革命。武昌起义的导火线是四川的保路运动，而保路运动正是立宪派发动并领导的。武昌起义后各省宣布独立，也绝大部分是由立宪派和地方上的绅商官僚发动的，最后迫使清帝退位。

武昌首义，清廷震骇，乃起用袁世凯组阁，以图与革命军对抗。袁内阁曾欲委梁启超为法部副大臣，梁未就任，但仍幻想着清廷能行宪政，便潜赴大连，与驻滦州之二十镇统制张绍曾联络。致电政府，谓宪法须由议院制度，不久事败离职。另有一位吴禄贞，被命为山西巡抚，亦与梁启超联络，不久被刺身亡。梁启超失去依托目标，便悄然返日。

当袁世凯就任民国总统，张君劢致函梁启超，有谓"袁黎二派，均非能建设今后之国家者，虽合无益。然长处超然之地，又势所不能。惟有择其比较适于建设者，则不如联袁。数年之后，我们可以造成一大党，为建设事业之中坚，袁亦将听命于我。望先生归来大给合之。"这正是梁启超的梦想。于是他于 1912 年 10 月回国，不久加入共和党。

1913 年 5 月，他又鼓动共和、民主、统一三党合并，改称进步党，以黎元洪为理事长，梁启超等九人为理事。

起初在国会议员中以国民党为多数，三党合并后恰可势均力敌。待宋教仁遇刺，国民党发动二次革命，参加革命之国会议员有数十人被除名，进步党势力反盛。1913 年 9 月，袁世凯请熊希龄出组进步党内阁，熊则请梁启超出山相助。但梁启超在袁、熊争权的妥协之下，只屈就司法总长之席。

梁启超等人在当时确实是想干一番事业的，但是代表封建大地主阶级利益的袁世凯不会欢迎他们这样做，他关心的不是国计民生，而是个人永久的权力。进步党内阁不过是他对抗国民党和巩固个人权力的工具。梁启超等人也想利用甚至控制袁世凯，但他们既无枪杆，又无地盘，对袁无任何威慑之力。袁世凯则欲取欲夺，游刃有余。为了保持同袁世凯的关系，他们反而不得不屈从，逢君之恶。当然他们并不甘心为走狗，及至发现不能合作下去时，熊希龄便于 1914 年初辞总理职，梁启超亦辞司法总长。"政党政治"的美梦再次破灭了。

梁启超辞总长职后，曾就任币制局总裁，并在货币改革上做了一些具体的整顿之事，但仍因得不到袁政府的支持而不得不下台了事。在护国之役前后，他曾反省自己同袁的合作，承认自己"当时很有点痴心妄想，想带着袁世凯上政治轨道，为国家做些建设。""虽然我自信没有做坏事，多少总不免被人利用我做坏事。"

梁启超这些带检讨意味的话，不失其政治家的风度，同时也证明他与袁世凯毕竟不是一丘之貉。袁露帝制思想以后，他便毅然决然地投身到反袁护国斗争中去了。

当时全国均已在袁世凯控制之下,唯一可以利用的,就是蔡锷在云南、贵州的旧部。于是商定,梁启超留津赶写文章,堂堂正正进行反对,蔡锷返京,秘密活动,派人赴云贵联络。

梁启超昼夜奋笔,赶写了一篇万余字的大文,题曰《异哉所谓国体问题者》。这篇文章对袁世凯还是抱着规劝的态度,但反对复辟帝制的旗帜是异常鲜明的。袁世凯闻探此事,便派人持十万元银票和十万元礼品去见他,劝他不要把文章发表,梁启超当即拒绝,并将其文抄了一份让其人带回袁世凯,来人垂头丧气地回去了。第二天,袁世凯又派人来感叹说:"君亡命已十余年,此中况味,亦既饱尝,何必更自苦?"梁启超一笑说:"余宁乐此,不愿活于此浊恶空气中。"很快,该文在梁自办刊物《大中华》上刊登,举国震动。其时袁方欲收揽人心,不肯兴大狱,梁又住在天津租界内,袁世凯恨之入骨也没办法。

云南之事需蔡锷主持,其时蔡锷偶感风寒,引发喉疾,迁延多时,日益恶化,乃借机向袁世凯请假,到天津休养治疗。出京后,11月底他从医院潜往梁家,易装偷行,经香港辗转到了云南。蔡锷出发后10天,梁启超也偷至大连,12月18日抵上海,19日蔡锷也达云南省城。

在此期间,12月10日国民大会投票,全体同意君主立宪,拥袁世凯为皇帝。21日下令于明年元旦即位,改元洪宪。

然而蔡锷的反袁计划却遇到一点困难。都督唐继尧认为小不能敌大,观望不前。梁启超在上海接到蔡锷一封电报后再无消息,正好有一位在冯国璋的将军府里供事的朋友到上海来,便托他把密码电报发到云南去。这封电报既用密码,又是用南京政府的一等印电发出,云南方面以为梁启超已到南京并取得支持,唐继尧也再不好借口拒绝出兵了。25日下午,蔡锷当众宣读这份电文,轰轰烈烈的护国之役于1915年12月25日正式打响了。

但云南宣布起义后的三个多月,除贵州以外,没有一省响应。蔡锷率领的护国军,原计划直捣重庆,不料走到叙州就被敌军堵截。与十万精锐之师相周旋的三千余饥疲之众,幸赖蔡锷的军事才能和用感人的精神力量鼓舞士兵,才得以维持局面。

梁启超在上海也非常着急,原预计最可能响应的第三省广西,也不见动静。梁启超便写了一封很沉痛的信给广西都督陆荣廷。陆表示愿独立,但要梁亲往主持。怎样到达广西?当时成了严重问题。其时袁皇帝"捕拿梁启超应当地正法"的上谕,早已通行各省,经广东到广西是不行的。后来设法取得日本驻沪武官青木中将的帮助,从越南偷渡入桂,一路上,梁启超吃了不少苦头,于3月26日抵南宁。他在香港时,已派汤觉顿等先行入桂,陆荣廷知梁确已出发后,便于3月15日宣布独立。

广西问题解决之后,再进一步便是广东问题。那时广东将军是龙济光,袁封他做亲王,手下又都是帝制党人。但因大势所迫,龙济光渐渐拿出模棱态度,与已宣布独立的广西方面联系,请求派人去商量。汤觉顿自愿请行,与龙济光会谈一日一夜,龙于4月9日发出独立的通电。但第二天就变卦,将汤觉顿等人杀害,史称"海珠事变"。

广西方面得着凶报，人人痛愤，便举兵从梧州顺流而下，到肇庆，受到镇实使李耀汉的欢迎，便与龙济光在肇庆一带对峙。这时孙中山也回到上海，他手下的健将陈炯明在惠州起兵反袁，龙济光见腹背受敌，才惊慌起来，派人前来谢罪。军中人人知道龙不可靠，决心讨伐之。梁启超也想为自己的得力助手报仇，但考虑到恐袁坐收渔人之利，于是决定忍着仇恨，冒死犯险，亲自到广州去见龙济光。众人皆劝阻不了。

到了广州，梁启超直抵龙之总部。龙济光吓了一跳，梁启超苦口婆心地劝谈了十几个钟头，还好，龙济光像是心悦诚服的样子。第二天晚上，他召集许多军官，名为梁启超开欢迎会，实则好似鸿门宴，到会的几十人，个个挎枪带剑，如狼似虎，一位大将名叫胡计萱的，在那里大发议论，起首骂广东民军，最后连护国军也骂上了，鼓着眼睛盯着梁启超，像又要动手的样子。梁启超起初一言不发，过了二十几分钟，便拍案而起，意气横厉，声如雷鸣地进行驳斥和演说。一个多钟头后，在座的人莫不被其气势震住，反动气焰被压下去了，那位胡会萱也悄悄地跑了。有些人受了他的感动，散席后过来同他握手致歉。自那一晚后，广东的独立便确定下来了。

此后，浙江、陕西、四川、湖南陆续独立，蔡锷之围也就不解自解了。在举国一致的声讨下，袁世凯于 6 月 5 日忧急而死。南北妥协，军务院于 7 月 14 日宣告撤销。梁启超这段反袁护国的历史也就宣告结束了。

反袁斗争的胜利，是普天同愤以及各方面共同努力的结果。但无可否认，梁启超作为其中的一个关键人物，起了别人所不能代替的关键作用，有着突出贡献。

本来，护国之役结束后，继任大总统黎元洪多次请梁启超北上任职，梁则连电婉辞，可见他没有忘记与蔡锷定下的"决不在朝"的约言。那么这次为何要就任段内阁的财政总长呢？他曾在《民国初年之币制改革》一文中说："洪宪以后，我不想再入政界，不过当时一来段芝泉组阁，不得不与之合作，二来见机会太好了，本人确有野心来顿理财政，所以去干财政总长。"但是由于军阀们的破坏，他的计划又一次落空，无可作为。这位上任不足四个月的财政总长，于 11 月 15 日黯然辞职，并从此远离政界。

退出政界的梁启超，于 1918 年初即筹划赴欧洲游历，但年底始成行。其时欧战结束，协约国在巴黎召开和会，中国派陆征祥等五代表参加，聘梁启超为特使。这样，和游便成了公出。他亦确想为国家出力，申正义之主张。行前，11 月 17 日，他在申报上发表《为请求列席和平会议敬告我支部》。并先后发表几次演说，望酝酿中的国际联合会成为维护世界和平的组织。

梁启超到巴黎时，和平会议已经开幕一个月了。他们本来抱着"公理战胜强权"的幻想，希望借参战国的地位，为国家争回一部分权利。但是所见的却只是列强争夺胜利果实，瓜分殖民地的卑鄙交易。和会产生的"凡尔赛和约"，规定将德国前在山东的权利交给日本。消息传来，举国震惊。梁启超一方面在巴黎利用社交场合向世界呼吁，一方面向国内连续发电警告政府，要求命令代表勿使签字。后来山东问题移至华盛顿会议解决，山东终于归还中国，不签字乃见其效。

1920 年春梁启超从欧洲归国,从此进入了一个以著述讲学为主要内容的新时期。

作为一个学术流派的代表人物,梁启超 20 年代后登上讲坛,著书立说,声华益茂,留下了一大批值得后人珍视的著作。

1920 年,蒋方震著《欧洲文艺复兴时代史》,请梁启超作序。孰料下笔不能自休,一写即成数万言,篇幅几与原书相等,只好独立出来,单独出版,这就是著名的《清代学术概论》。1923 年冬,梁启超在清华讲《中国学术史》,搜辑讲稿,编为《中国近三百年学术史》,次年出版,为《清代学术概论》之姊妹篇。二书对于探索 17 至 19 世纪的中国思想学术史,至今仍有不可代替的参考价值和史料价值。

1920 年回国后,梁启超开始集中地系统地研读佛经,并围绕佛学这个专题,先后写了三十几万字的文章,不乏有创见的观点和有价值的考辨。1920—1921 年期间,他还集中研究过墨子,1921 年,脱稿《墨子学案》一书,对墨子给以很高的评价,在许多观点上有超越前人的真知灼见。

梁启超对于中国历史的兴趣是相当广泛的。他曾有志编写一部大型综合的《中国通史》,虽有种种原因而未成,却也写下几十万字的有关文章。他还立志编著一部包罗万象的《中国文化史》,只可惜天不假年,仅留下一份草拟的全书目录。

他不仅致力于实际历史问题的研究,而且重视史学理论的建树。早在 20 世纪初,梁启超就写了《中国史叙论》《新史学》等著作。1921 年,他在南开大学讲《中国历史研究法》,第二年将讲义整理出版。1926 年又出版了《中国历史研究法补编》,这两部书是梁启超历史理论的代表作,也是中国近代资产阶级的史学理论经典。

在这一时期内,梁启超进行了一些纯文学的理论和实际研究,并留下一批可贵的成果。梁启超之讲学、著述,不仅以全心为之,而且以全力为之,刻苦勤勉,无时或怠。晚年多病还常带病登堂,或至呕血。

1927 年以便血病到协和医院求治,医生首谓病灶在牙,尽拔其牙;继谓病灶在肾,又割去一肾,从此委顿,精力大减。至 1928 年下半年,病益加剧,然仍不肯休息,卧病榻犹著《辛稼轩年谱》以自遣。1929 年 1 月 19 日他因病溘然长逝,享年 56 岁。

梁启超曾有一句名言:"战士死于沙场,学者死于讲席",他真的做到了。他的这种孜孜不倦、埋头苦求、艰苦卓绝、自强不息的治学精神,真可以垂范后世了。

科学技术卷

蔡　伦

蔡伦(公元 62 年—121 年),字敬仲,湖南耒阳人。他对我国古代科学技术"四大发明"之一的造纸术有着巨大贡献,被纸工奉为造纸鼻祖、"纸神"。

入宫辛酸泪

在人们的心目中,蔡伦的名字是与造纸联系在一起的,这是个值得中华民族骄傲的名字。但有谁会想到蔡伦的身前身后,有几多风雨,几多辛酸……

蔡伦出生在湖南耒阳县的一个贫苦家庭,自小就家境贫寒,全家常常为衣食发愁。

小蔡伦非常好学,但由于家庭条件所迫,无法读书。他处处留意生活中的新奇现象,有什么不懂的就非要弄个明白才肯罢休。蔡伦聪明伶俐,好动脑筋,所以心灵手巧。

蔡伦十三岁那年,家乡来了皇宫里的人征选宦官。

在古代,宦官的来源主要有两种。一种是从民间征选,不是实在没有出路的话,谁也不愿去应征;另一种来源是受宫刑的罪人。古时宫刑是对重罪犯的刑罚之一,属"五刑"之一。

这样,年仅十三岁的蔡伦因家境贫寒,不得不走了应宦这条路,被送入宫中,开始了他悲剧性的一生。

在封建社会,宦官是一个特殊的阶层。宦官在皇室内廷服务,要侍候皇帝、皇后和皇帝的嫔妃以及其他皇室成员的饮食起居。要进内廷,必须先要"去势",即受宫刑(又称腐刑,就是割去生殖器)。由于这些人不能生育,不能传宗接代,被认为辱没祖宗,有违自然。尽管他们接近皇室,生活优越,并且其中不乏握有大权的人,但仍为时人所不齿,称他们为"宦竖"。

受过宫刑的人不但肉体上受害,心灵上也受到极大的摧残。曾受宫刑的《史记》作者司马迁在给他的朋友任安的书信中曾描述了这种心态。

他说:"没有比污辱祖先更丑陋的行为了,没有比宫刑更耻辱的了。受过宫刑的人,是无法和君子相提并论的。这种认识已经不是一代,其根源是很远很远

的。过去,卫灵公和宦官雍渠与孔子同坐在一辆车子上,孔子觉得很耻辱,就离开了卫国,到了陈国;商鞅因宦官景监的引见而得官,贤臣赵良为之寒心⋯⋯这些事情说明,自古以来都是鄙视宦官的⋯⋯我因出言不慎而遭此大祸,被乡亲、同僚所耻笑,污辱还是十分严重。因此我愁肠一日九回,在家则恍恍惚惚若有所失,出外则往往不知到了何处,每当想到这种耻辱,没有一次不汗流浃背,浸透衣衫⋯⋯"

司马迁所描写的这些痛苦,还只是因为别人的鄙视而在精神上感受到的痛苦。在人自身,受宫刑的则导致内分泌失调,产生生理上与心理上的变态。

蔡伦没有留下描绘自己痛苦心态的文字,但从《后汉书·蔡伦传》中隐约透露出他的内心同样很痛苦。他"闭门绝宾",不与人往来;"暴体田野"以在自然中袒露自己的躯体,这些都可以说是由宫刑带来的痛苦所引起的心灵扭曲所致。但这些还只是蔡伦一生悲剧中的一个方面。

书写困境

身在宫廷,使蔡伦得以了解汉帝国在科学、文化、对外交流等多方面所取得的辉煌成就。对这些成就的了解,更使他深感必须冲破书写的困境。

最初的汉字是怎么书写的呢? 最初的汉字不是写,而是刻在龟甲和兽骨上的,即我们今天所说的甲骨文。

在龟甲和兽骨上刻写当然很费力气,速度自然相当缓慢,为了省些力气,加快速度,刻字的人往往刻得是那个意思就得了,在当时当地的人们是可以理解的,可是时过境迁,人们往往不知道是什么意思。我们现在对出土的甲骨文有很大一部分不能辨别,也有这方面的原因。在当时龟甲和兽骨的来源可能比现在多些,但依当时的条件,得到它们也并不容易。龟甲和兽骨的表面积也有限,不能承载大量信息。把大量的龟甲兽骨编集在一起不发生混乱几乎不可能;重量大,形状不规则,工作量大。所以,在龟甲和兽骨上刻字只是用来记录卜辞和皇家世系,并非用来传播文化。另一个最初记载汉字的方式是将字铸在青铜器钟上,这就是现在说的钟铭文。这样做代价很昂贵,非王侯不能,而且根本就不利传播,这只用在国家法律、基本体制等的记录上,这样的青铜器是国家权力的象征,夏禹时做九鼎,后传至周,这九鼎就属此类。到周朝衰败时,抗命的诸侯派使臣问周王这些如何处理,意思是要取代周王的地位,所以"问鼎"成了觊觎王位的代名词,到今天演化成我们把打算独占鳌头,夺得桂冠的企图称为"问鼎"。

钟铭文用来记录国家或王侯家族的重大事件,除此之外没有其他用途。钟铭文的篇幅都很短,没有长篇巨制。

除在钟鼎上铸字,古时还在兵符上铸字。帝王遣将调兵,以兵符为证,兵符以金属铸成,上面有字,分为两半,一半在军中,一半在朝廷。帝王派将领去指挥军队,将手中的一半给他,他拿这一半与军中的一半相合,就取得了指挥权。战

国时，秦兵攻打赵国，包围了赵国的都城邯郸，赵国向魏国求救。魏公子信陵君欲救赵国，但魏国带兵的将领按兵不动，信陵君无奈，要带领自己的门客去战场以死相拼。城门守门人给他出主意，让他通过王妃偷出在王宫的另一半兵符。后来信陵君用偷出的兵符骗取了调兵权，发兵解了邯郸之围。

到了秦汉，记录皇帝的重大活动采用了另一种形式，刻文字于碑，如秦始皇出行，封禅泰山，就刻碑以示纪念。

把汉字作为传播文化的一种最主要的记录方法，是把字刻写在竹简和木牍——竹片和木片上，我们至今留下"文牍"一词，就从木牍而来。后来我国的丝织技术充分发展起来，出现了写在缣帛上的"帛书"，秦始皇焚书坑儒，后人作诗讽之：

> 竹帛烟消帝业虚，关河空锁祖龙居。
>
> 坑灰未冷山东乱，刘项原来不读书。

诗中的"竹帛"就是指竹简和帛书。

在竹简、木牍上记录文字，也是一件浩大的工程，这种记录也是刻上去的。而且，为了长久保存，大竹简上刻字后，还必须用火烤出水分，使青竹片变黄，叫做"煞青"。我们今天写文章定稿称之为"煞青"，就是从这里演化而来。竹简、木牍刻完之后，要用绳一片片串起来，称为"册"，每片竹简或木牍的容量很有限，所以一篇文章往往要用很多竹简木牍。这种"书"用麻绳、丝绳或牛皮绳串起来，每串叫一"册"或者一"卷"。从"册"字的字形可以看出，这个字就是两片木片被串在一起，而卷则是说可卷成一卷。现在大部头的作品分册或卷，就是从那里来的。不过那时一卷书的容量可远远抵不上现在的一卷，没多少字的文章，往往要分好多卷。竹简用绳串，看多了磨损厉害或日久天长绳子断了，竹片就散乱不堪，几部不同的书堆在一起，一旦散开便难以整理，这也是简书的一个不便之处。

用缣帛当然比竹简木牍方便多了，便于书写、携带和保存，比现在的纸还结实，但这种书写材料过于昂贵，除了王侯之家和中上等地主们，一般人都用不起。

由于书写材料的问题不能解决，大大地妨碍了文化知识的传播，阻滞了社会文化的进步和发展。汉朝是一个经济和文化获得巨大发展的朝代，竹简和木牍当然满足不了记录和传播文化知识的需要，于是获得一种便利耐用而价钱便宜的书写材料迫在眉睫，全社会都在呼唤着这种新材料的诞生。

蔡伦就是为满足社会的这种要求而发明了纸。造纸术的发明和推广，使得蔡伦的名字进入科学巨人之列。那些在他身前身后出现的科学文化巨人们的成就，都因他的发展而得以广泛传播。

蔡伦和纸

"有志者事竟成。"蔡伦从民间总结了制作雏形纸的零散经验，加上自己创造性的劳动，发明了一套系统的、具有重大生产和实用价值的造纸技术，为纸的推

广使用奠定了基础。蔡伦利用自己的地位,借助汉王朝中央集权政府的力量,使纸张得以在全国推广。这样,蔡伦终于以自己的才智,为冲破书写的困境做出了非凡的贡献。

传说蔡伦在宫中任尚文令的时候,有一天,邓太后派人送给他一包新鲜的荔枝。原来地方上每年都要向宫中进献新鲜果品,邓太后因为蔡伦平日辛苦勤勉,对他格外恩赐。蔡伦拿着荔枝注视良久,忽然问来人:"送果品的人是否还在宫中?"来人摇摇头。于是蔡伦派人日夜兼程追回了进贡的人。这是一位白发苍苍的老人,看到皇宫中的使者,心里不知是祸是福,但到了这个时候也身不由己,只好跟着进宫。出乎老人意料的是这时朝廷官吏待他为嘉宾,问了他很多他家乡的情况,最后还问到了包果品的"絮纸",这是一种自然成型的丝质薄纸。面对如此和蔼的官吏,老人当然把制作絮纸的情况全盘道出,还把他的女儿带到宫中,让她给蔡伦看如何炮制出"絮纸"。蔡伦由此受到启发,经过多次实验,发明了沿用至今的造纸术,终于造出了"蔡侯纸"。

在我国,养蚕制丝的历史很悠久,中国曾被称为"丝绸之国"。相传首创养蚕制丝的是黄帝的妃子嫘祖。这说明养蚕制丝自中华民族进入农耕文化时就开始了。蚕吐丝成茧后质量高的蚕茧经沸水煮后抽丝,用来纺织。质量差的用来制丝棉。方法是把蚕茧放在透水容器中,浸泡在水里反复捶打,将茧打烂使丝连成片状,再置于篾席上放在阴凉的地方晾干,每日用清水漂淋,使丝色更白,五六天后晾干揭下,就制成了丝棉,做寒衣的填充物。《孟子·梁惠王》中孟轲曾描绘他的理想王国,其中说到五十者可以衣帛食肉,所谓"衣帛就是穿丝棉做的衣服。前面所说的制丝棉的方法为漂絮法。制丝棉的工匠们,从竹席上取下要成絮的丝棉后,发现在竹席上还有薄薄的一层敝绵,这层纤维干燥揭下后,可以用来书写,这就成了最初的"纸"。

在我国,种植和使用麻类植物的历史与养蚕制丝同样久远。这可以追溯到远古的传说和《诗经》中的描写。

在棉花未传入我国的一段时期内,达官贵人、王侯富家穿的是丝织品,而普通百姓穿的布衣则是麻制成的,冬衣内的填充物也是麻。麻用来做纺织的材料的是其茎皮纤维,把这种植物茎皮加工成可供纺织的纤维,需要将它放在池塘中沤制,池塘中的水是流动的,麻浸在池塘中,日照使水温上升,池中真菌繁殖起来,真菌以麻中的果胶等为营养,把它们吸收,剩下的就成了为可供纺织的纤维缕,这就是"沤麻"。

受漂絮沤麻的启发,在前人经验的基础上,蔡伦决心造出一种新的可以方便书写的纸来。经过反复实践,他选用破布、废旧麻类、破鱼网、树皮等为原料,使造纸原料造价降低,料源充足。在造纸工艺方面,他发明了使用挫、揭、抄的生产工艺,对原料处理,除了加强淘洗、切碎、沤泡等环节外,还增加了用石灰进行碱液烹煮的过程,使植物纤维分解速度加快,分解更均匀更细致,从而提高了纸的生产效率和纸张的质量。公元 105 年,蔡伦把自己造出的纸呈献给汉和帝,汉和帝很赞许他的才能,下令推广他的造纸法。

自从蔡伦发明纸后，纸便渐渐深入到社会生活的各个领域。官府的文书使用了纸张，便于传阅和向民众告示，使官府行使职能的方式大大简化了；审理案件使用了纸张，使得记录全面、准确，便于保存；纸张的运用还促成官府对文件收发、账目收支等方面管理手段的改变。这一切使得官府的办事效率提高，管理手段加强，职能被强化。在民间，纸深入到经济生活中，租佃、买卖、雇佣、借贷等活动，广泛运用了纸张。

纸张对文化发展和社会生活所产生的影响是无法估价的。总之，如果没有纸张作为书写材料，汉朝后中华民族在文化科学等领域的发展是无法想象的，印刷术的发明也不能产生，而中华文明的发展规模恐怕也要大打折扣。纸张作为书写材料的出现，大大推动了中华民族文明史的进程。

不仅如此，若干年后，纸与我们民族发明的印刷术、指南针、火药一起走出国门，传到中世纪的欧洲，在那里石破天惊，敲响了欧洲封建社会的丧钟，使欧洲继罗马时代之后，站在又一个新的历史高峰上。纸对整个人类的文明产生了深远的影响。

张　衡

张衡（公元78年—139年），字平之，南阳西鄂（今河南省南阳县石桥镇）人。因晚年曾当过三年河间相，前人又称他为河间相。张衡是我国古代一位杰出的文化巨人，他为天文学、地震学、机械制造业的发展做出了卓越的贡献，成为大科学家。他又是一位才华横溢的文学家，写了不少诗和赋，在我国文学发展史上有很高的地位。更令人钦佩的是，他还是东汉四大画家之一，在我国古代绘画史上有很重要的地位。为了纪念他，1956年政府拨款重修了张衡墓和平子读书台，在张衡墓前树立了一块石碑，上面有已故中国科学院院长郭沫若的题词：如此全面发展之人物，在世界史上亦属罕见。万视千龄，令人景仰。

张衡，东汉章帝建初三年（公元78年）诞生在河南南阳郡西鄂县石桥镇（今河南南阳县城北50里）。

张衡小时候，天资聪慧，勤奋好学，很会写文章，得到了乡邻的赞许。因先人去世较早，失去了靠祖荫入仕的条件，张衡只有靠自己的勤奋努力，才能改变贫困的家境。所以他刻苦学习，锲而不舍，"如川之逝，不舍昼夜"。

张衡的学习方法和所走的道路与众不同，独具特点。张衡年轻时，游学盛行。仕宦人家的子弟六七岁便开始入学，掌握一定的基础知识以后，就出外投奔名师进一步攻读。而张衡到了十六七岁时，才告别了家人，只身出外游学。当时洛阳是政治、经济、文化的中心，急于仕进的读书人，都愿意到那里学习。在洛阳经郡太守的推荐成为博士子弟以后，才能进太学受业。太学是当时的最高学府，仕子在那里学习一年后，通过太学官的考试便可被任命为小官。以张衡的才学

和其祖父的功德而论，他当可被推荐为博士子弟，但张衡十分重视在实践中学习，提高自己的能力，因此并未直接去洛阳，而去三辅地区考察了三年。

张衡在三辅地区考察期间，走遍了广阔的渭河平原，登览太华、终南山等名山的风景，考察了当地的民情风俗，特别是长安的宫廷建筑，引起了他的极大兴趣，他观察得更为仔细。通过游览，张衡积累了大量的文学素材，为日后的文学创作打下了坚实的基础。

张衡游完三辅后，经过灞桥，于永元七年（公元95年）来到骊山。在骊山停留的时候，他写了一篇《温泉赋》，这是他流传至今的最早的文学作品。张衡在两三年的考察旅途中提笔作赋，随时把自己的感受写下来，以锻炼自己的文思，提高观察能力、思维能力。

张衡常说："一物不知，实以为耻。"他来到洛阳以后，因未经过县、郡政府之推荐，不能进太学学习。张衡抓紧分秒光阴到处拜谒名师。

张衡在洛阳的五六年修业期间，博览群书、丰富自己的知识。当时太学的学生们学习"五经"（指诗、书、礼、易、春秋）、"六艺"（礼、乐、射、御、书、数），毕业时每人也不过通一经一艺，但张衡已经达到了"通五经、贯六艺"的地步。张衡还学习了天文、地理、气象、历算等方面的知识。他的好友崔瑗评说张衡："焉所不学，亦何不师，盈科而进，成章乃达；一物不知，实以为耻，闻一善言，不胜其喜。"

在艰苦的学习生活中，张衡培养了自己的独立见解。他观察处理一些事情都有自己的主见，而且信念坚定，不易受其它因素的干扰。当时张衡学习刻苦，成绩优异，赢得了南阳郡守的察举。接着官府争相请他出任官职，一条进入仕途的坦荡大道已为他铺平。无权无势的读书人欲得察举和征辟极为不易，非有超凡出众、被社会公认的品德和才学不可。谁被察举或被征辟，被视为莫大的荣幸。但是出乎人们的意料，张衡在京都没有去当什么"孝廉"，也没有奔走于官宦门庭以求个一官半职。他在京城里仍然如饥似渴地学习，把全部心血倾注在学习上，继续拓宽知识面。

当时扬雄所著《太玄经》已经问世，该书是仿《易经》的体裁而写的，道理艰深，文字难懂，学者们很少有敢于问津的。张衡如醉如痴，夜以继日批读《太玄经》，不断为扬雄的深刻哲理而赞叹不已。在《太玄经》中，既有唯物主义的东西，也有唯心主义的东西，即论形而上学的一面，亦言及辩证法思想。扬雄明确告诫人们，必须按照东西的本来面目认识自然，而不应该对客观自然随意增加或减少。他还指出，事物不是固定不变的，而是有发展、有变化的。《太玄经》中这种唯物主义思想倾向对张衡的科学研究产生了很大影响。

游学三辅以后，张衡已是才华出众，颇有名望的学者。他不但是可与班固相提并论的大赋家，而且又是"中世阴阳"之宗，精通天文、地理、历算、绘画等，几乎无所不知、无所不晓，被人们称为"南阳道人"。此后，他便开始在各方面表现出了自己的才能。

科学技术卷

中华名人百传

文学创作

张衡的创作活动是始于文学作品。

永元十二年（公元 100 年），张衡出任南阳主簿的第一年，写了一首五言诗《同声歌》。诗中张衡以妾自比，以君比鲍德，抒发了他能担任鲍德主簿的兴奋心情，并表达了帮助鲍德处理好郡政的决心。张衡的《同声歌》在我国五言诗的发展上占有重要的地位。它汲取了民间文学乐府诗歌的营养，寓有通俗文学的气息，在内容和形式上都很成熟，对后世的文学发展颇有影响。

除《同声歌》之外，张衡还写出了《定情赋》（公元 99 年）、《扇赋》（公元 101 年）等作品，可惜均未流传下来，我们只能从别人著作的引文中看到一鳞半爪。《定情赋》的失传使我们无法了解张衡的婚姻状况，只好扼腕长叹了。

使张衡在文学史上一举成名的是他在南阳主簿时完成的不朽之作《二京赋》，开始著于公元 97 年，完成于公元 107 年，长达整十年之久。

《二京赋》由《西京赋》和《东京赋》两篇构成，二者长达万言，浑然天成。《西京赋》中详细描写了西京的繁华，皇帝生活的豪奢以及民间的新东西，如都市商贾、使士、辩士的活动以及杂技和角触百戏的演出场面等，描述得都十分突出。《二京赋》的另一个特点是，在叙述中引入议论说理，发表作者的思想倾向。

继《二京赋》之后，张衡又写了《南都赋》，在这篇赋中，他满怀着对家乡的无限热爱之情，歌颂了南阳美丽的景象，描绘了南阳发达的经济建设。

阳嘉第二年（公元 133 年），汉顺帝欣赏张衡的才华，任命张衡为侍中。

张衡不怕权势，不同流合污的行为，使宦官们很恼火，他们极为排斥张衡，不断向皇帝耳旁吹风，诬陷张衡。永和元年（公元 136 年），顺帝听信谗言，决定调张衡为河间相。对此张衡极为不满，写了《怒篇》发泄了自己心中的怨恨。

张衡担任河间相以后，"治威严，整法廉"，捉拿惩办了一批豪强奸党，他还清理冤狱释放无辜，受到当地百姓的称颂。

《四愁诗》是张衡写于永和二年（公元 137 年）的诗，在我国诗歌史上占有重要的地位。它表达了张衡那郁闷的心情，内容上不同于以前诗人们的著作，在形式上也做了大胆的创新，采用了七言的形式，增强了诗的表现力，是我国最早的七言诗。张衡在我国七言诗的发展上有开山之功。

《四愁诗》之后，张衡还写出了《髑髅赋》《冢赋》和《归田赋》等。其中《归田赋》是一篇抒情小赋，表现了作者在宦官专权、朝政日非的情况下，退隐到田园后的生活乐趣。《归田赋》中张衡用清新的语言描写了自然景物，也抒发了自己归田后的恬淡安适心情，情与景十分和谐，语言中颇有并偶成份。所有这些在赋的发展史上是一个转机。自张衡以后，东汉的抒情小赋不断发展，对魏晋朝代抒情赋的发展产生了重大影响。因此，张衡是一位承前启后的赋家，为我国古代文学发展做出了突出贡献。

科学发明

张衡不仅在文学创作方面取得了成就,而且在科学研究方面也取得了辉煌的成就。永初二年(公元108年),由于鲍德政绩卓著,被朝廷调至京城,升为大司农。

元初二年(公元115年),汉安帝听说张衡在天文理论方面有很深的造诣,就任命他为太史令,使张衡成为掌管"天时、星历"的主任官员。此官职使张衡有了用武之地,他颇为满意。

张衡接任太史令以后,立即来到座落在洛阳平昌山南的灵台。灵台就是当时的天文台,张衡登上了灵台顶端,仰观天象。他发现,观天象的仪器太陈旧,年久失修,不堪应用。他决定重新修造观天象的仪器。他精心设计和研制的浑天仪,很形象地体现了浑天说的概貌。

浑天仪的制造惊动了京都的学者,他们纷纷来到太史令府邸,参观张衡的杰作,但对它能否准确地表示天象表示怀疑,有一位学者问张衡:"你能否用浑天仪演示天象让我们看看!"张衡说:"可以,天黑以后,你们分成两组,一组在屋里看着浑天仪,不断向外面报告仪器上所表示的天象情况;一组在屋外观察星空,看是否和屋里仪器的演示情况相符。"学者们很高兴,按照张衡的部署安排就绪。夜幕降临,晴朗的天空中出现了繁星。不一会儿,屋里的人向外面报告说:"月亮正在升起。"屋外的人也看到东南方向升起一弯明月。接着屋里的人又不断报告:"某星已经升起,某星已到中天,某星转入地下……"皆与屋外看到的实际天象相符。试验结束,屋内外的学者纷纷向张衡表示祝贺,称赞道:"真是巧夺天工的伟大发明。"张衡也十分珍惜浑天仪,他说:"叫我躺在这个浑天仪下面研究一生,我也愿意。"

元初五年(公元118年),张衡冲破了当时神学、谶纬的迷雾,继承和发展了前人的唯物主义哲学思想,写出了闻名于世的天文学著作《灵宪》。在《灵宪》中张衡描述了天体演化进程,不断探讨了行星运动的规律,在缜密观测的基础上找到了行星运动的快慢与影响行星运动的中心体之间的关系,明确地提出,行星的快慢决定于距离天的远近。当时尚未发现行星都是围绕太阳转的规律的情况下,提出上述看法,不能不说是一个具有远见卓识的发现。

此外,张衡在《灵宪》中对日蚀的产生做了科学解释。他明确提出,月亮本身是不发光的,月亮的光是太阳光的反照。地球挡住了太阳的光辉,月亮也就看不见了,这就发生了月蚀。同时他还观测出太阳和月亮的角直径。周天360°的1/736是29°44′这与现在的科学根据已经非常接近了。张衡第一次用科学的方法,解释了月蚀形成的原因。

张衡站在唯物主义的立场,坚持对图谶迷信的批判。阳嘉元年(公元132年),张衡写了《论举贡疏》,尖锐地抨击了招收学生要考试图谶的做法。公元

133 年,他又上书《驳图谶疏》,请求皇帝用行政命令的方法禁绝图谶。张衡在当时极力反对谶纬,表现了科学家的大无畏的革新精神,因为在那个年代谶纬得到统治阶级的支持,为封建统治阶级说教,反对谶纬是要遭杀身之祸的。当时汉顺帝比较开明,他虽然没有下行政命令禁绝图谶,但觉得张衡写的《驳图谶疏》所言有理,他尤其欣赏张衡敢于直言进谏的精神,所以非但没有处罚张衡,反而提升他为侍中。

张衡不仅在天文方面有重大贡献,而且在机械制造业方面表现出非凡的才能。安帝建光五年(公元 121 年),张衡担任过公车司马令(九卿之一,卫尉手下秩禄六百名的小官)。官虽不大,但管的事很多很杂。他刚任公车司马令不久,安帝下令要制造指南车,在没有任何资料的情况下,张衡苦苦思索,从南阳郡守杜诗水排的齿轮系统得到了启发,制造了指南车和记里鼓车。

张衡制造的指南车是两轮小车,车上高高地站着一个雕刻精制的木人,不论车子朝什么方向走,木人的手始终指向南方。

张衡制造的记里鼓车是一辆两层套马车,上层中间有一面大鼓,鼓旁有两个木头人,手里握着鼓棒摆出挥棒欲敲的架势。下层中间挂一口铜钟,钟两旁站着手握钟锤的两个木人,车子每行一里,上层的木头人就自动击敲一次,车子每行至十里,上层的木头人就自动敲钟一下。建光三年(公元 124 年),安帝去泰山祭奠时用了张衡制造的指南车和记里鼓车,重扬了皇威。

张衡居住过的房子里有一张宽大的桌子,上面摆着一件东西。这个东西是用青铜铸造的,圆圆的,像一个大酒坛子。坛子的周围镶着八条龙,按照东、南、西、北、东北、东南、西北、西南八个方向排列着。龙嘴里都含着一粒小铜球,对准龙头的嘴巴下面,蹲着八个昂头张着大嘴的铜蛤蟆。这就是张衡发明的世界上第一架测定地震的仪器——地动仪。在哪儿发生地震,对准那个方向的龙嘴就会张开,龙嘴里的铜球就落在铜蛤蟆的嘴里,告诉人们那个方向发生了地震。张衡的地动仪是阳嘉元年(公元 132 年)发明的,比世界其它国家的同类仪器早一千七百多年。阳嘉二年(公元 133 年)四月,京都发生了地震,地动仪准确测到了。地动仪制造 6 年以后(公元 138 年)的一天,地动仪头向西北方向的一条龙吐出了铜丸,而人们却丝毫没感觉地震。于是,本来一些对张衡制造的地动仪持怀疑态度的学者,嘲笑地动仪是"屠龙之技",不相信地动仪会有那么灵验。张衡自己也有些焦虑不安了。直到过了五天,忽见从洛阳西门外跑来一个骑着快马的信使,直奔记史的太史府,向太史府投了一份报告。报告中写道:"五天前,陇西地区发生了地震。"在事实面前,大家才信服了地动仪的准确性。张衡的地动仪的发明,使我国开始了用仪器远距离观测和记录地震的历史。

张衡制造地动仪的同时,还研制了一架测定风向的仪器——候风仪。可惜的是对这种仪器的制造过程和形状历史上没有文字记载,后人无法了解。

张衡从事科学研究多年,制造了巧夺天工的浑天仪、自动测量行程的记里鼓车、指明方向的指南车、报知震向的地动仪、辨别风向的候风仪,确立了自己在世界上的文学、地震学、机械制造业等方面的显赫地位。

张衡的确是罕见的全面发展的人物,他在所从事的文学、科研等方面都有重大的创作和发明,在绘画方面也有很深的功底,表现了非凡的才能。

据史书记载,张衡特别喜欢画怪兽。《太平广记》中有这样一段记载:在张衡家乡附近薄山的一个水潭里,有一种怪兽,名叫骇神,它头像人,身子像豕,状貌非常丑陋,鬼见了它都害怕。骇神经常爬上水边的石头上玩耍。有一天,张衡带着纸和笔来到水潭边想画怪兽。但是,张衡刚拿出笔来开始绘画,怪兽就急忙跳进水中无影无踪了,他等了好长时间怪兽都不出来。张衡回到家里问了别人,才知道骇神最怕人们把它的形态画下来,所以一见有人画它,它就急忙跳进水中躲了起来。于是第二次张衡空手来到了水潭边,恰逢怪兽正在玩耍。他两手相拱,不动身子,暗暗地用脚趾在地上画下了骇神。从此,人们把那个水潭叫画兽潭。

张衡还有不少绘画作品,如他根据自己对地理科学的研究情况曾画过一幅地形图,标画了全国主要山川的地理位置,还形象地展现了各地的地理风貌。这幅画不仅在地理学上有重要价值,同时作为一幅艺术珍品,在中国绘画史上也占有重要地位。因此,张衡也成为东汉时期我国四大画家中居首位的大画家。

到了老年,张衡极不满意当时宦官与外戚激烈争斗的腐败政局,无意继续从政。大约永和三年(公元138年),张衡正式上书顺帝表达了辞官归乡的想法,但未获准,反被召至京城升任尚书。早已看透时世,对官场心灰意冷的张衡,虽然赴洛阳复命,但无法再振作起来。他上任不久就卧床不起,次年卒于任所。一代文化巨人就这样满怀忧愁,过早地离开了人间。

但是,中华儿女们没有忘记他,他们世世代代怀念他、纪念他。张衡归葬于家乡南阳西鄂的郊水,历代文人学者经常到这里瞻仰他的墓。明朝嘉靖年间,一个名叫周任的人又重修了张衡墓。1955年我国发行了纪念张衡的邮票。1956年政府拨款重修了张衡墓和平子读书台。墓前种着苍松翠柏,四周筑有砖砌的甬道和围墙,两旁竖着一块上有牌楼保护的墓碑,显得古老,肃静而肃穆。

世界人民也没有忘记他,1970年,国际上以张衡的名字命名了月球背面的一个环形山。1977年又将太阳系中一个编号为1802的行星命名为张衡星。张衡的名字与全球同在,与人类同在,与宇宙同在。

华　佗

华佗(公元141—208年),别名旉,字元化,沛国谯(今安徽省亳县)人,是东汉末年和三国时期的一位杰出医学家。

华佗从小才智过人。他七岁时拜一位姓蔡的医生为师,因蔡医生医术高明,拜他为师的人很多。蔡医生想找个智力强的孩子为徒,于是对前来拜师的孩子进行测验,他让华佗既不用梯子,也不用爬上去,采下桑树最高枝条上的叶子,华佗用一根绳子,在绳子上系着一块小石头,往那最高的枝条上一抛,套在那个枝

条上，他一拽绳子，那根枝就被压了下来，一伸手就把桑叶采下来。这时院子里的两只山羊在打架，人们又拉又推也拉不开，蔡医生让华佗去劝架，华佗捡了一把绿油油的草，扔给两只正好打累了的羊，山羊又饿又渴，顾不得打架，各自跑去吃草了。蔡医生很喜欢聪明伶俐的华佗，就收他为徒弟。此后华佗一方面跟着师傅临床实践，积累经验，另一方面认真研究《神农本草经》《难经》等医学著作，研究医理，终于成为"神医"。

华佗是我国医学史上的外科"鼻祖"。他谙熟外科技术，有丰富的人体解剖知识，对人体的骨骼、血脉、内脏器官的大小、位置、容量及其生理功能等均有深切的了解。

在《三国演义》一书中有一段罗贯中讲述关云长"刮骨疗毒"的故事。蜀国大将关羽在镇守襄阳（今湖北襄阳）时，被魏兵射中右臂。右臂中了毒箭，青肿不能运动。他们派人请华佗医治。华佗看过云长的伤口后说："我有一法，最好在僻静的地方立一个木柱，木柱上面钉个稍环，然后将受伤的手臂置于环中，用绳子捆住，再用布蒙住病人的头。所以这样做，是担心你怕疼，不能忍受。然后便用刀在箭伤处刮掉病毒，方能痊愈，解除痛苦。"关羽听完后说："我不怕疼，不必用柱环。"华佗用刀割开关羽右臂中箭处，直至于骨，此时骨上已进毒，颜色都变了。华佗用刀刮骨，清理骨上的毒，悉悉有声。关云长一面"刮骨疗毒"，一面笑谈自若地下棋饮酒。华佗把箭毒刮净，敷上药，缝好伤口，贴膏药，治好了关羽的右臂。此故事不见于史书，但一直在民间传为佳话。

由此可见，华佗无疑是一位擅长于外科手术的出色的外科专家。

华佗在外科手术实践中，经常目睹治疗时患者所承受的巨大痛苦。为了解决手术时麻醉问题，他认真总结和探索了前人的经验。当时的汉朝药物学著作《神农本草经》中记载"莨菪子……多食人狂志"。莨菪子的主要成份是莨菪碱，具有镇痛麻醉作用。还提及羊踯躅，亦称闹羊花，因羊吃了踯躅不前而得名。华佗反复研究这些医书，发现中药还可以起麻醉作用。经过反复实验，华佗发明了一种可能以曼陀罗为原料的麻醉剂，叫"麻沸散"。

华佗在日常生活中还仔细观察了人醉酒时进入沉睡的状态，了解到酒有活血舒筋的功能，故采用了以酒服"麻沸散"的服药法，以达到全身麻醉的目的。《后汉书》中《华佗传》记载："乃今先以酒服麻沸散"，病人就"醉无所觉"，此时动手术。由此可知，酒服麻沸散，明显提高了麻醉效果。

华佗运用全身麻醉法进行外科手术治疗的方法，不仅在中国医学上是首创的，而且在世界外科手术史上也是遥遥领先的。

华佗发明了麻醉剂，但是采用外科手术治疗方法是非常谨慎的。他看病时，先行诊断，然后对症下药。只对那些针灸吃药均不见效的病才动手术。手术时先让病人用酒服麻沸散，然后等病人麻醉无知觉时，开始做手术。

有一次，两个男人抬着一位病人，急匆匆地找华佗就医。病人捂着肚子，激烈挣扎，说痛得实在厉害难忍。华佗立即诊断，确诊患者染上急性阑尾炎。他迅速为患者扎针又服下几粒药丸。经过扎针服药，病人疼痛有所缓解。但片刻后，又剧烈疼痛起来。华佗说："扎针服药都无效，只能做剖腹手术了。"华佗给病人用酒服麻沸散，准备做手术。不久，病人进入麻醉状态，不再呼痛，安静地躺着。华佗见麻药已起作用，便开始做剖腹手术。只见里面全是浓血，腥臭冲鼻，原来阑尾早已溃烂。华佗首先清除浓血和污物，接着割去阑尾，又用药水洗净患部，然后把腹部缝合，敷上解毒生肌的药膏。由于麻沸散的作用，在手术时病人一直处于沉睡状态，丝毫没有痛苦，使得手术顺利进行。过了四五天创口开始愈合，一个月后患者恢复健康，开始劳动了。还有一次，一位病人腹痛十余日之久，接着眉毛脱落。家人请华佗诊治。华佗诊脉后，确诊为脾病，须手术治疗。经病人同意后，华佗给他酒服麻沸散，不多久，患者便昏昏如醉，处于麻醉状态。此时华佗剖腹切除了已溃烂的脾，缝好了伤口再涂了些生肌收敛的药膏。手术后让病人服一些汤药，过百许日病就痊愈了。

华佗主张"治未病"的预防思想，反对单纯的药物治疗，提倡锻炼身体，防治疾病的体育疗法。

早在春秋战国时期，我国已有以呼吸运动为主要环节的"导引"法（类似气功、太极拳等），已经相当普遍，还出现了一些专门从事气功的养生家，他们在总结"熊经""鸟伸"等具体操练姿态的基础上，创造了"五禽戏"体操。到了汉代，导引疗法有了更大发展。华佗在认真研究前人的体育保健疗法之后，创造了"五禽之戏"体操。

"五禽之戏"是以肢体运动为主，配合呼吸运动和自我推拿，是一种运动与医疗相结合的保健疗法。

"五禽之戏"是模仿五种禽兽的运动创造的。比如虎戏就模仿老虎扑动前肢的动作，借以活动锻炼前肢的运动；鹿戏是模仿鹿走时轻灵舒松和伸转头颈的动作，借以锻炼头颈部肌群和改善大脑的血液循环；熊戏是模仿熊的卧倒、伸屈和攀树悬挂的动作，借以锻炼身躯；猿戏是模仿猿的动作机灵，足部纵跳的动作，以锻炼身体下肢；鸟戏是模仿鸟展翅飞翔，以锻炼上肢和胸部的运动。这五种动作，使人的全身肌肉和关节轻松舒展，使人体的各个关节都得到了锻炼。

经过六年坚持"五禽之戏"疗法，华佗自己受益匪浅。他年过半百而容光红润，精力充沛，动作敏捷。

弟子们尊从华佗的嘱咐，学了"五禽之戏"，并坚持每天练习，都保持了身体的强壮。据史书记载，华佗的弟子吴普坚持做"五禽之戏"活了九十多岁，耳目聪明，齿牙完坚；弟子樊阿则活到一百多岁，身体健康。

据《史书》记载，华佗不仅善于做外科手术，而且还精通各门医术。

华佗善于诊断，断病如神。他借助察声望色，判断疾病，十分精确。有一天，华佗在盐渎一家酒店遇见几个人在饮酒。华佗仔细看了看其中一位名叫严昕的人说："你的身体不太好吧？"严昕很不高兴地说："我的身体很好！"华佗劝他说："我仔细观察了你的面部，看得出来你已患疾病，最好不要在这里多饮酒，赶快回家休息。"严昕半信半疑地离开酒店赶车回家。不出华佗所料，严昕在坐车回家的路上头眩坠车，回家后不久便死去了。

学技术卷

华佗的医术非常神妙，甚至还可以诊断出病的吉凶。有一次，军吏梅平得病，除名还家。他家居广陵，返途中住在一位亲属家休息。华佗视他的病后说："君早见我，可不至此。今疾已结，马上回去可得与家人相见，五日卒。"梅平听华佗的话，立即动身回家，回家后正如华佗所测，五日就卒，避免客逝。又一次县吏尹世若四肢酸懒，口干舌燥，不欲闻人声，小便不利。华佗说："试作热食，得汗则愈，不汗，后三日死。"县吏即做热食而不出汗，华佗说："脏气已绝于内，当啼泣而绝。"果然不出华佗所料。

华佗还可以预料病人死后的面容、颜色和行止举动。故督邮顿子献得病已愈，求华佗视脉，华佗告诉他："尚虚，本得复，勿为劳事，房事即死，临死，当吐舌数寸。"其妻闻讯病已除，从百里外来探视，留宿交合，过了三天发病去世。还有一次，一个名叫徐毅的病人，请华佗诊治。他说："昨天一位医生给我针灸骨管，此后，不停地咳嗽，想睡也睡不好。"华佗仔细诊完以后说："错刺了胃管，误伤了肝。"并告诉徐毅的家人说："以后徐毅的饮食还要天天减少，五日就不能救了。"果然如华佗所料，刚过五日，徐毅就过世了。

华佗对虚脱、发疹、神智不清、呼吸困难等病症，曾有过重要记述。这些记述是诊病预后的重要依据，至今仍有很重要的价值。

华佗还十分重视辨症施治，用望、闻、问、切等方法确诊后，疗法因病而异，对症下药，疗效显著。

有一次，两个人一起找华佗看病，一个叫倪寻，一个人叫李延。两个人都头痛发烧，病症相同。华佗诊脉后给倪寻开了泻药，给李延服了发散的药。当时有的人不解地问华佗："为什么李延和倪寻都得同样的病，却给他们开了不同的药？"华佗回答说："他们两人的病症虽然相像，但是致病的原因不同。诊断要分析病因，辨清症候。由于病因不同，相同的病可能产生不同的症候；反过来，不同的病也能产生相同的症候。所以，同病可以异治，异病也可以同治。倪寻是因吃得过多而发病，得了伤食病。李延是因为受寒而发热，得了外感。病的症状相同，但病源不同，不能服同样的药，所以给他们吃的是不同的药。"倪寻和李延服了华佗给他们的药，第二天病就好了。

华佗治病手段也很多，善用汤药、水疗、放血等方法。有一人长年头眩，抬不起头，看不见东西，长年忍受痛苦。华佗让他解衣，然后倒悬，头离地一二寸，用潮湿的布擦拭全身，候视诸脉，尽出五色。华佗的弟子用铍刀决脉，五色血尽出，待赤血出来时，便用膏摩被覆，使人周身出汗。以后给他服清热、利尿、祛痰的葶苈大血散，治好病人的病。又一位妇人，长年有病，世谓寒热注病。寒冬的十一月中旬，华佗让她坐在石槽中，用寒水汲灌百次。开始七八灌，患者冻得发抖欲死，灌水的人十分害怕，不敢继续灌。华佗令他一定要灌满数，灌满了八十灌，热气乃蒸出高二三尺。灌了一百灌以后，华佗燃火温床，让患者躺在床上，又给她盖上厚被，良久全身出汗，然后着粉，汗出散热便治愈了。华佗治病有时不开药方，不扎一针，亦能解除病人的痛苦。有一次一位太守得病，病人胸闷多日，多方医治无效，派人请华佗入府诊治。华佗望色诊脉后断定，太守淤血于腹中。这种

病只有在盛怒之下，才能解除胸中郁积。华佗找太守的儿子，把太守的病情及治疗方法悄悄告诉了他。当太守送重礼急于救治时，华佗索取大笔诊金，故意拖延时间，迟迟不开处方用药，此后只留给太守一封信就去了。华佗走了以后，太守打开信一看，信中多处数落他，还骂了几句。太守读后，大动肝火，怒发冲冠，即刻派人捉拿华佗，但因太守之子事先已知情，当即阻止，未得逞。见此情景，太守更加气愤，盛怒之下吐出了一滩黑血，黑血一出，他的胸闷也竟然好了。

　　华佗通晓各科医学，熟悉男女老幼疾病的特点，为当时众多的妇女儿童治愈了疑难病。有一次，一位姓李的人携妻来寻华佗治病。华佗诊脉检查那妇人的病后说："以诊脉情况来看，你的女人孕期受了伤，胎儿已经死了，现在死胎还没有下来。"姓李的人说："内人孕期确实受过伤，但死胎已经下来了。"说完，他就不以为然地带着妻子回家了。又过了几天，这位妇人的病情日趋恶化，又找华佗诊治。华佗再次仔细诊脉之后说："今天诊脉的结果还是和几天前诊断一样。原来怀了双胞胎，可能生第一个死胎时失血过多，第二个就没生下来。"于是华佗给那个妇人扎针又服了一剂汤药。过了一阵。妇人下肚开始疼痛，有欲产而不能下的感觉。华佗说："这是由于死胎已经枯硬，不能自己生下来。"华佗请了另一名妇人，告诉她采取助产的方法，让她给产妇按摩助产，果然取下一个死胎。还有一次，昔日陵相夫人妊娠六月，腹痛不安。华佗给她诊脉后说："胎已死。在左则男，在右则女。"华佗令人手摸胎所在。那位妇人说："胎在左。"于是，华佗给她服汤药攻下，果然取下男婴死胎。华佗的神通不止这一次。东阳陈叔山的小男孩，两岁得了疾，下痢经常先啼，因病所困，渐渐面黄肌瘦。华佗道："其母怀胎，阳气内养，乳中虚冷，儿得母寒，故令不时愈。"华佗给小孩子开了四物女宛丸，十日后治愈。

　　华佗针法高明，技巧纯熟，有所创新，他总是反复斟酌挑选最有效的穴位针刺，扎针不多，效果甚佳。一次一位老妇人捂着脸颊，急找华佗，说牙痛难忍。华佗仔细查看病人的口腔，见到牙龈红肿，确诊为风火牙（牙周炎）。他在病人的双手拇指与食指间的合谷穴按摩了一会，然后进行针刺。一面扎针，一面询问老人的感觉。只见老妇人皱眉道："有点胀痛和酸麻。"华佗见她已经有了针感，便将针捻了几下，这时老妇人说："酸麻得厉害，直向口反射。"华佗又将针捻转了几下，老妇人又连声叫道："连肩胛上也酸胀起来了。"华佗突然将针拔出，再问病人的感觉如何。老妇人捂了捂脸颊，将牙齿咀嚼了几下，高兴地说："牙不痛啦。"又一次，一人脚疼不能行走，坐车来找华佗看病，华佗说："已经针灸服药，不复须着脉。"华佗让他解衣，在脊柱两侧点了几十个穴位，相去一寸或五寸，纵斜不相当。据说这样灸各七壮，灸处夹背一寸，上下行，端直均调，就如引绳，灸伤口愈，就可以行走和跑动。后来人们把"夹背穴"称为"华佗穴"，当今广泛应用的新针疗法，取穴少，扎针深，刺激强等特点，可以说是华佗等人的针灸疗法的发展。

　　华佗治疗寄生虫的病案也是广为人知的。一次，广陵太守陈登胸闷烦躁，面赤不食，请华佗诊治。华佗诊脉后说："你的胃中有很多的虫子欲成肉疽。这都是由于你吃腥物的关系。"华佗立即做了二升汤药，分两次给他服。太守服完后

顷刻间，就吐出很多虫子来。这些虫子都是虫头赤色，且能活动。华佗看后说："此病后三期当发，遇到良医你就可以求治。"果然后来如华佗所料，按期复发，但因当时华佗不在此地，病人无法救治而过世了。《三国志•华佗传》中记载，有一次，华佗赶路，在路上遇见了一位咽喉阻塞吃不下东西而呻吟不止的病人。病人已经几天没吃东西，腹中饥饿，却又咽不下，全身无力。华佗连忙停车，仔细诊脉后说："你的病不重，只不过肚子里有条虫子罢了。你向路旁卖饼的人家那里要三两蒜汁，加上半碗酸醋，调和吃了就可以治好。"病人马上照办了，过不一会儿就吐出一条大虫，病就好了。他带着虫子去拜谢华佗。华佗家的墙壁上挂着同样的虫子十余条。原来华佗曾经治过不少这种咽寒病，那些虫子是病人治愈后送来向华佗表示敬佩和谢意的。

在长期的医疗实践中，华佗注意发现和收集在民间流传着的很多宝贵的医疗经验和方剂。华佗的很多妙方良药中不少是取自民间的。如华佗治疗寄生虫病时曾用过以蒜汁调醋疗法，就是其中一例。华佗还经常拜师问世，掌握药物的特点和性能。为此，他亲自上山采药，冒着生命危险尝试药性和药力。据此制定合理的配方成分和用量。如果遇到疑难问题就向老药农请教，加深自己对中药材的认识。有名的添青蘘散就是他虚心向老药农请教黄精的药物特点之后亲自配制的。这些民间土方土药，主要特点是取药方便，用法简易，疗效神速。

华佗还有一手"心识分铢，不假称量"的抓药技巧，伸手就可以准确地抓住规定的药量，目睹者无不叹为观止。

华佗毕生为民行医，关心民众疾苦，出诊不讲条件，不论是白天黑夜，还是酷暑严寒，随请随到。有时路上遇到病人，从不袖手旁观，想方设法，进行治疗。

华佗一生中曾遇到几次升官发财的机会，但是他从不贪图富贵，不图功名利禄，宁肯在民间清苦，而不愿当官坐享。公元189年至197年间，当时沛国（今江苏沛县一带）国相（高级行政长官）陈珪多次举荐华佗为孝廉。这是当时知识分子飞黄腾达的捷径，但均被他拒绝了。太尉黄琬（汉朝最高军事长官）两次征聘华佗为官，当自己的侍医，也被华佗谢绝了。

公元196年（汉献帝建安元年），曹操迎献帝至许县建都，从此逐渐统一了中国北部，成了北方实际上的最高统治者。曹操患有头风眩（可能是三叉神经痛），每次发作，头晕眼花，多次求医治疗未见效果，十分焦虑。曹操听人们说，华佗的医术超群，便派人请华佗为他治病。华佗看了他的病，采用了施针疗法。他在曹操背上的隔腧穴扎了一针，曹操的头就不痛了。曹操非常高兴。曹操长期忙于军事和政务，每天紧张处理各种事务，不能好好休息，因此头疼病时常发作。为了使头疼病得到及时的治疗，曹操强留华佗专门给他看病，不准离开许城。有一天，曹操询问华佗："我的头疼病能不能根治？"华佗思索了一下说："扎针治疗只能暂时解痛，如果要根治此病，必须切开头颅，进行手术治疗。"曹操听后怒气冲天，说："你竟胡说八道，人的脑袋岂能切开！"从此，曹操的头痛一发作，就让华佗针灸，但对他已经生疑了。

过去华佗一直在民间行医，现在被曹操强行留在许城，并且只为他一个人看

病,感到十分苦闷。日子长了,思乡心切,渴望回老家跟妻儿团聚。华佗便以"求药取方"为名,请求回家一次,曹操就给了他一个月的假期。

回到家里,华佗百感交集,他既然借故脱身就不想再返回许城。一个月的假期转瞬而逝,华佗假托妻子患病,写信请求曹操准予续假。此后他又多次写信续假,曹操见华佗有去无归,知道事情不妙,要他速回许城,并命令华佗家乡的地方官员督促华佗立即启程,华佗还是托故未返。曹操大怒,赶快派人查访,并告诉差人说:"如果他的妻子真有病,你就送他小豆四十斛,还可以延长假期,但是,如果华佗假病欺诈,就马上逮捕治罪。"差人到了华佗家里,见到他的妻子无病。就听从曹操的命令,将华佗押赴许城,曹操将他入狱。

华佗是个刚烈之性的人,秉性倔强,不为威武利诱所屈,很有骨气。遇到曹操这样自私无理的人,更不听曹操的劝告,不从曹操的意愿。对此,曹操盛怒,想杀害华佗,曹操的谋士荀彧十分敬佩华佗的才华,极力反对曹操杀害华佗。他向曹操求情说:"华佗的医术确是高超,他的死活关系到别人的生命,应该加以宽容,保全他的生命。"但是,曹操根本不听谋士的一再劝谏,于公元208年,下令杀害了华佗。自此,一代名医殒落了。

唐代刘禹锡在《华佗传》中写道:"以操之明略见几,然犹轻杀材能如是",批评曹操杀害华佗的唯我独尊、自私自利的行径。

华佗被杀害以后,曹操的爱子仓舒患病,病危时到处求医,但找不到良医,曹操不禁后悔地说:"吾悔杀华佗,令此儿强死也。"

华佗入狱后,开始为整理医疗经验著书立说。遇害以前,他把自己认真整理的三卷医书《青囊经》交给管理监狱的狱吏,说:"这部书可以救活许多人,你留着吧!"但是,狱吏十分害怕受株连,不敢接收。华佗面临此情,极度失望,长叹一声,向狱吏取火把三卷书都烧掉了。华佗没有留下医著,这是我国医学上的一大损失。

华佗的巨著失传,他的麻沸散也失传了,因此,他的麻沸散至今仍是一个谜。据说,中草药麻醉剂有两种处方:一种处方是由曼陀罗花一斤,生草乌、香白芷、当归、川芎各四钱,天南星一钱,共六种药组成。另一种是由羊踯躅三钱,茉莉花根一钱,当归三两,菖蒲等药组成。据考证,这些都不是华佗的原始处方。

近年来,我国外科医师和麻醉师们共同从事对全身麻醉的研究。他们从中医古籍里发掘出曼陀罗花等中药的麻醉效用,据此成功研究出中药麻醉全剂,使湮没已久的中药麻醉剂重放异彩。

华佗被害已经过了一千七百多年,但人民永远怀念和称颂他。现在的安徽亳县即华佗原来住的地方有华庄和华祖庙,在江苏省徐州市也有华祖庙和石砌华佗墓。还有墓碑,有石供桌和石兽等,现在坟冢和华祖庙等建筑尚存。在江苏省沛县也有华祖庙,庙门的两旁有幅长联。长联写道:"医能剖腹,实别开歧圣门庭,谁知狱吏庸才,致使遗书归一炬;士贵洁身,岂屑待奸雄左右,独憾史臣曲笔,反将厌事谤千秋。"

祖冲之

祖冲之(公元 429 年—500 年),今河北易县人,是我国南北朝的一位著名的科学家。

少年时期

南朝社会比较安定,农业和手工业都有显著的进步,经济和文化得到了迅速发展,从而推动了科学的前进。随着科学技术的发展,出现了一些著名的科学家,祖冲之就是其中较突出的一个。

"少壮不努力,老大徒伤悲。"在人的一生中,少年时代是打基础的时代,基础打不好,长大了就不会有出息。祖冲之从小就是个好学上进的孩子,在家庭的鼓励和影响下,他注意从书本里、实践中汲取知识,特别是天文、数学方面的知识,这为以后的科研打下了很好的基础。

公元 429 年,正是南朝第二个皇帝刘义隆当政的第二年,随着一声清脆的啼哭,祖家新添了一个眉清目秀的男孩。他,就是日后的大科学家祖冲之。祖冲之的祖上,世代都是读书人,而且担任一定官职,前几代人是为朝廷掌管历法的。就是出生在这样一个书香门第兼官宦人家,祖冲之选择了利用家庭的有利条件,勤奋学习,而不是依仗父辈们的权势和名声混日子。

祖冲之从小就爱动脑筋,遇到什么事,只要不明白,一定得打破沙锅——璺(问)到底。冲之和爷爷最好,问爷爷的问题也就最多。而爷爷呢,对这个问个不停的孩子倒也从不厌烦,有问必答。

小冲之有个嗜好,每天傍晚,吃完了饭,就坐在院子里看天空。那一望无际、宝石蓝色的天穹,那挂在上面皎洁的明月,那一闪一闪的星星,对他来说,是那样具有诱惑力。他常常幻想:我要是能上去和它们交个朋友,那该有多好啊!可是,在祖冲之那个年代,别说载人上天的卫星,就连飞机也还没发明哪!祖冲之只好把想对星星、月亮说的话,变成一个个的"为什么"交给爷爷了。

在一个初夏的夜晚,祖冲之又像往常一样,坐在院子里,睁大了眼睛找他的"老朋友"们,当他的目光落在北斗七星上时,惊讶了,咦?前些日子我注意它们时,它们组成的勺形,那勺把儿还朝东,今天那勺把儿怎么指向南了呢?想来想去,百思不得其解,难道这星星也像我们小孩一样,爱翻跟斗玩吗?不行,我得问爷爷去。想到这,他三步并作两步跑到屋里,见到爷爷就问:"爷爷,您说星星会翻跟斗吗?"

"傻孩子,怎么想起问这么个问题呀?"爷爷慈爱地摸着祖冲之的头,笑着问。

"爷爷,是这么回事:前些日子,我看北斗七星时,它的勺把儿是向东的,今天我发现它的勺把儿却指向南了,您说这是怎么回事啊?"祖冲之心急地一口气说了下来。

"噢,孩子,你这个问题提得很好,可爷爷只能给你回答一半。"

"爷爷,您知道多少,就先告诉我多少吧!"祖冲之热切地恳求着。

"好!"爷爷拿了把扇子,边扇边慢条斯理地讲了起来:"要回答你这个星星翻跟斗的问题,先得提到张衡老爷爷。""张衡是一个什么样的人啊?"祖冲之插嘴道。"张衡是我国东汉时期的人,离我们现在有三百多年了,他是一个大天文学家,为了研究星星是怎么运动的,他年复一年,日复一日,花了很大的力气去观测、计算、研究。他认为星星不但会运动,而且运动的速度还不一样,对星星运动的速度,他认为:'近天则迟,远天则速。'也就是说,星星运动的快与慢,和离天的距离远近有关系。"

"星星为什么会运动呢?"还没有等爷爷说完,祖冲之的问题又连珠炮似地接上了。

"这个问题现在还是个谜。孩子,你好好学吧!世上的谜很多,只有博学多思,才有希望解开它们。"

"嗯。"祖冲之若有所思地答应着。

"对了,冲之,爷爷还忘了告诉你关于北斗七星'翻跟斗'的规律呢。"

"什么规律?"祖冲之兴奋地问。

"有一个口诀,知道了以后,你可以试着用它来进行验证。"

"您快说呀!"祖冲之摇着爷爷的手,央求着。

"别着急,什么事都得有个来龙去脉。爷爷曾读过一本书,叫做《史记·历书》。那上面有一句话:'随斗柄所指,建十二月。'"

"那是什么意思啊?"祖冲之又问了。

"那是古人长期观测天象,找出的北斗七星在不同季节,指不同方向的规律。古书《鹖冠子》上说'斗柄东指,天下皆春;斗柄南指,天下皆夏;斗柄西指,天下皆秋;斗柄北指,天下皆冬。'"说到这,爷爷反问祖冲之,"孩子,听了这个口诀,你明白北斗星勺把儿转向是怎么回事了吗?"

小冲之点了点头:"爷爷,我明白了,现在我们刚经过春天,等到了夏天,勺把儿当然要从东边指向南边了。再过些日子到了秋天,它还会往西指呢,您说对吧?"

爷爷看着这个聪明好学的小孙子,满意地笑了。

除了"缠"着爷爷发问,在小朋友中间,他也是个有心人。只要有问题,就想尽办法解决。

由于爷爷的引导,祖冲之观天象的兴趣更大了。不久,他又发现,月亮有时大,有时小,有时还变黑。为这事,他问过周围的小朋友,可多数小朋友都不知道,有的说,那是因狗吃月亮所造成的。祖冲之听了将信将疑。只有一个小朋友念了他爸爸教给他的一首歌谣:"初一看不见,初二一根线,初三、初四镰刀月,初

七、初八月半边，一天更比一天胖，直到十五月团圆。十七、十八月迟出，廿二半夜见半圆，一天更比一天瘦，廿九、三十月难见。"祖冲之听了这个歌谣，就在心里暗暗地揣摩，既然月亮的大小有规律，那月亮变黑也肯定有规律，我一定要想办法找到它。

时光飞逝如电。那个整天嘴上挂着一串串"为什么"的小祖冲之，已经变成一个言语不多、视书如命的少年了。这时期，他就读于"国子学"。在这个学校里，祖冲之不像其他官家子弟一样不知道用功，白白浪费大好时光和良好的学习条件，而是以此机会大量地充实了自己的知识。在国子学中，他非常刻苦，采取了"边读、边问、边想"的方法。

青年成才

经过青年时期的不懈努力，祖冲之很快脱颖而出了，在天文历法、数学上，接二连三地取得令人瞠目结舌的成果。。

步入青年时期的祖冲之，英俊挺拔，衣着素雅，脸上常呈现出若有所思的神情。此时的他，已才学出众，在京城中也小有名气了。

祖冲之24岁那年，宋孝武帝刘骏当政。为了笼络人心，他花费脑筋想表现自己像其父一样爱惜人才，发展经济，安定社会。祖冲之就是在这种情况下被封为"华林学省"的士族的。华林学省确实是个好地方，里面园林优美，藏书丰富。但是，就是这样的一个好地方，却被那不学无术、胸无大志、靠关系混进来的学士弄得乌烟瘴气，一塌糊涂。但就是在这种环境下，祖冲之仍能洁身自好。尽管耳边常响起那些纨绔子弟们的鼓噪声、讽刺声，但他从来没有放松过自己对科学的执著追求。他深知人生苦短，学海无涯，现在不惜时如金，将来就会后悔莫及。

在华林学省里，祖冲之苦读了七八年，涉猎了多种学科的知识，从天文到地理，从数学到文学……只要有兴趣的，就要找来看一看。他坚信，学科之间是融会贯通的，并不是隔行如隔山。然而，在大量泛读的过程中，祖冲之仍然对天文有特殊的兴趣，并且他发现我们祖国的天文学一向就是相当发达的：周朝时期有关于流星、日食、月食的记载；战国时期有关于陨石、哈雷彗星的记载；五大行星的运行规律……看到祖先遗留下的丰富成果，祖冲之激动不已，并暗暗立志：一定要在前人的基础上，做出新的突破。为此，他不仅反复研读前人留下的资料，而且反复核对，思考前人结论的正确性，争取找到新的研究课题。

公元461年，祖冲之32岁。当时，有一个刺史叫刘子鸾，他听说祖冲之很有才学，就点名要祖冲之前往今江苏省镇江市去协助他工作。就这样，祖冲之不得不离开华林学省，在刘子鸾手下当了个从事史（帮州级长官出主意、办事的官）。后来随着刘的升职，祖冲之也跟着做了个掌管事务性的官。脱离了科研的环境，祖冲之整天事务繁忙，但祖冲之还是不懈地钻研天文学。公元462年，他终于发现前人何承天所修订的《元嘉历》中有三处大的疏漏，经过慎重考虑，他决定重新

修订一个新的历法。但改历法可是一件大事,摆在祖冲之面的道路可谓是困难重重。

经过认真推敲,祖冲之对《元嘉历》提出了三点修改意见。这三个意见是:1.改闰法,即在391年中插入144年闰年;2.引入"岁差"法,即冬至点每45年都要向西移动1度;3.应该在历法中加上"交点月"的内容。公元462年起,祖冲之开始着手编写新的历法《大明历》,在这部历法中,他除了对何承天的《元嘉历》进行了以上三点的修改外,还另加了两点。

《大明历》完成后,遭到了当时执掌朝政内务和机要的重要官员戴法兴的反对。为此,祖冲之同戴法兴等人进行了不屈不挠的斗争。

为了评判《大明历》的好坏,无知的皇帝刘骏从朝廷的官员里找了两个懂点行的人当朝进行答辩。

答辩的那一天当人到齐后,皇帝宣祖冲之上朝。祖冲之上来之后,面对满朝文武,不慌不忙,侃侃而谈,谈到了自己为改历想法的由来,谈到了自己改历法而做的努力,更谈到了新历法的好处。但正谈到兴头上,戴法兴马上站了出来,打断祖冲之的话,蛮横地说:"够了!我看《元嘉历》挺好,没什么改的必要!"对于戴法兴的反对,祖冲之早有准备,就同他唇枪舌剑起来。

戴法兴打断祖冲之的话后,又接着说:"我看太阳(实际是地球)的运动,有时快有时慢,是没有规律可循的,用什么法都一样。既然古人已经创造了'章岁法',且多少年我们都沿用了下来,并没有什么不合适,我看没必要改了!"

祖冲之听了微微一笑,反驳说:"太阳的运动的确是时快时慢,但据我多年的观测,它是有一定规律的,这是事实。"

"哼!我看你把自己当成神了吧!"戴法兴讽刺地说。

"我是一个再平凡不过的人。说起来,我有很多地方跟您比起来还差得远呢。但是,改'章岁法'并不是我一时心血来潮,这个想法是以我严密的推算和十多年实地观测为基础的,否则,我祖冲之就是有豹子胆,也不敢在朝廷上班门弄斧啊!"祖冲之理直气壮地反驳着。

"你放肆!"戴法兴急了,"历法都是古人留下来的,它代表着上天的意志,不是你小小的祖冲之说改就改得了的,我看你还是死了这条心吧!"

在这两个人争得不可开交的时候,皇帝坐在那儿一言不发。满朝文武也都噤若寒蝉。同情祖冲之的人暗暗地为他捏了一把汗,心想:祖冲之,你就先认输吧!好汉不吃眼前亏,改历事小,你今后的前途事大啊!你得罪了戴法兴,将来你的日子能好过吗?

祖冲之对于戴法兴的权势非常了解,知道他虽不是当朝皇帝,但掌握着国家的大权。得罪了戴法兴,那后果是多么严重,这一点,祖冲之是深知的。然而,追求真理的坚定信念,使他压倒了对权贵的惧怕。当辩论进行到剑拔弩张的时候,祖冲之仍然泰然自若,沉着应战。听完戴法兴的昏话后,祖冲之和颜悦色地又开口了:"大人,我早就听说过,您不但熟悉典章,而且遍读古历,今天能亲耳聆听您的高论,真是三生有幸。冲之虽然没您那样学富五车,但是,在天文学上我也花

费了十多年的功夫。如果说，我在这十年的努力都是一文不值，那么，您那种建立在主观判断上的理论就真的那么值钱吗？"祖冲之这番绵里藏针的话，说得戴法兴理屈词穷，只能从牙缝里挤出两个字："狂妄！"

祖冲之此时已全然不在乎这位权贵的恼怒，继续顺着自己的思路滔滔不绝地说："过去的古历确实有它好的地方，否则，它就不会存在这么长久。但是，您知道，任何事物都是有规律可循的，如果不去想办法寻找它们，既对不起祖先，也对不起后人。我想，您该不会愿意让子孙耻笑我们这辈人的无能吧？"

祖冲之这一番话说得在场的大臣纷纷点头，许多人竟在下面交头接耳议论上了。

戴法兴看到自己在众人面前遭到这样的驳斥，心中怒火升腾，暴跳如雷，大声吼道："不管你怎么吹嘘你的《大明历》，也别想让我服你，你的那一套，我就是通不过！"说罢拂袖而去。空气一下凝固了，人们面面相觑，一时间都不知该如何是好。

皇帝看到事情发展到这个地步，也不知所措，求救似地把眼睛转向剩下的一个主持答辩的官员巢尚之。巢尚之从心眼里欣赏祖冲之，欣赏他那种敢于坚持真理的精神，欣赏他不畏权势的骨气。更何况祖冲之的才学又是那么出众，答辩又是那么精彩！

见皇帝征求自己的意见，巢尚之便彬彬有礼地说："启禀皇上，臣以为祖冲之的《大明历》是有根有据的，而且，比起古人的历法来，确实有许多好处。那些好处祖冲之已说得很清楚了，我这里说的只是一个事实，那就是，在这次答辩之前，祖冲之已运用《大明历》计算过以往二十三年间的日月食发生情况，结果，每次计算结果都与实际情况相符合，难道这还不足以说明新历确有它的好处吗？冲之年轻力盛，言辞不免激烈，得罪了戴大人。但是，他想请您下令施行《大明历》，不也全是为国家好吗？"巢尚之说完这席话，站在一边的官员们纷纷称是，皇帝看到这种情况，心里也就默许了。但是，嘴里却说："今天的辩论先到这里，容朕回去再好好考虑考虑。祖冲之，你回去把驳戴大人的理由写出来，待朕看了再定。退朝！"

从皇宫回到家里，祖冲之激愤的心情久久难以平静，当晚奋笔疾书，写下了《辩戴法兴难新历》这篇有名的文章。在文章中，他用铁一般的事实驳斥了戴法兴这个顽固守旧分子无中生有的刁难。

这篇文章送达皇帝后，经过祖冲之的几番催促和以巢尚之为首的大臣们几番说服，最后，皇帝总算做出了决定。决定说：定于大明九年（公元465年），在改革年号的同时，改行《大明历》。

这一消息传来，祖冲之高兴得几乎要流出眼泪，自己这十年来风餐露宿的观测、研究总算没有白费，自己总算是做了点无愧于祖先、有利于后人的事，作为一个搞学问的人，除了这个还有什么奢望呢？

可是，好事多磨，正当祖冲之沉浸在胜利的喜悦之中，准备更加发奋，再创新的成果时，宋孝武帝突然病死，那时正是公元464年的5月，离《大明历》的实施还有一年的时间。宋孝武帝的尸骨未寒，一场争权夺位的恶战就在继承者们之间展开了。处于这一种局势，哪还有什么人顾得上过问改历的事呢？就这样，《大明历》被打入冷宫，直到18年后才又被人提起。那是齐武帝萧赜当政时期，他的儿子萧长懋看到《大明历》，觉得很有意思和道理，要求父王恩准实施。但建议提出不久，太子和齐武帝二人便相继去世，事情又被搁置下来。这年祖冲之已经51岁了。直到公元510年，由其儿子祖暅提议实行《大明历》，得到当朝皇帝萧衍的批准，这才得以实施。而此时，祖冲之已长眠于地下十余年了。

孝武帝刘骏死去，《大明历》的实施成了泡影，祖冲之该怎么办呢？通过《大明历》这场风波，祖冲之已看到朝廷对科学的不重视。他预感到，今后，如果自己还不改向，那么等待自己的将是更多的艰难险阻。自己才36岁，今后的路怎么走？祖冲之整天冥思苦想着。"不能就此一蹶不振，"祖冲之想到："不论前面是什么，我还是得走下去！"决心下定了，祖冲之又开始探索新的课题了。天文学的路暂时走不通了，那数学如何呢？于是，祖冲之决定先从了解数学史开始，再从中找研究方向。于是他整天苦心钻研，在浩如烟海的数学问题中，终于找到了一个突破口——圆周率问题。他发现，圆周率的精确与否，在实际应用中（主要是和圆有关的计算中）意义重大。

但是，要知道，祖冲之时代的人既没有计算尺，更没有计算机，连珠算、笔算都不会，计算圆周率这样的复杂问题，实在是难啊！

祖冲之在了解前代数学有关圆周率的记载后，他发觉三国末期大数学家刘徽的方法是可取的，但他给的圆周率值却不那么准确，为了证实自己推断的正确性，祖冲之开始了艰难、复杂的计算。然而，按当时的计算水平，得出正确的圆周率，其"工程量"是何等巨大啊！然而，凭着一种为科学献身的精神和毅力，祖冲之顽强地知难而进。他拿着小棍儿摆啊，摆啊，从屋里摆到屋外，反反复复，最后，终于算出当时世界上最精确的圆周率值π＝3.1416。当这一工程浩大的计算完成之后，祖冲之在畅快之余，又想到了一个新问题：怎样给这个值以更完美的表示。因为圆周率是一个无穷大的值，要想精确地表示，就得给它划一个范围，这在数学上被称为"上下限问题"。在我国，祖冲之是第一个使用"上下限"的数学概念的人。他用这个方法，给自己的圆周率划的范围是：3.1415927＞π＞3.1415926。用分值表示为355/113（密度）＞π＞22/7（约率）。这个数值比圆周率的实际值相对误差只有$\frac{9}{10^8}$，如果用它计算一个直径为10公里的圆周长，其结果比真值相差3毫米都不到了！实在是令人惊叹。

在这个世界上，真理的光辉有时会被遮盖，但却不会永远被遮盖。随着时间的推移，外国学者们不仅知道了祖冲之在求圆周率值上所做的伟大创造，而且还知道这一创造要比外国人最早的还要早一百多年！

为了纪念祖冲之为人类创造的非凡奇迹，日本数学家三上义夫建议，把π＝355/113叫作"祖率"。这个叫法在我国解放后，在全国已通用。

除了以上的数学成果，祖冲之在数学上还有两次贡献：一是，重新编正"新莽嘉量"的容积；二是，编写数学专著《缀术》。

《缀术》一书是祖冲之在求证圆周率过程中得出的副产品。共包括六卷，是我国历史上最重要的数学著作之一，其中大概包括精密值圆周率、三次方程解法和球形体积量法等。据史书记载，《缀术》一书深受唐政府的重视，并且在12世纪时，它还远渡重洋，传到日本和朝鲜，被两国政府定为教科书。

令人惋惜的是，这部博大精深的数学著作，这样一份珍贵的财富，因北宋中期的连年战争而散失了！

指南车的研制

宋顺帝刘准手下有个实权派人物叫萧道成。萧道成表面上对刘准毕恭毕敬，实际上每时每刻都做着"皇帝梦"。为了当皇帝，他在暗地里下足了功夫。一天，他听说古代的皇帝出门都得有一辆指南车开道，他想：我就要当皇帝了，没有一辆指南车怎么行呢？于是，开始四处找人为他做这种车。找了几个人都没试制成功，他更心急如焚。这时，他手下有人提到祖冲之，萧道成一了解，知道祖冲之果然是个能人，于是他就借种种名义建议皇帝把祖冲之调了来。调来之后，祖冲之就被封了个谒者仆射的官职。

到了京城之后，萧道成就是他的管理者，萧道成给他的第一件事就是制造指南车。接到这个工作后，祖冲之非常为难，为此大伤了一番脑筋。

其实，这个车也不是什么新发明。传说，在上万年以前，我们的祖先黄帝和南方的蚩尤部落打仗，蚩尤人善施妖术，打仗时常作大雾，用来迷惑对方。为了使自己的军队不迷失方向，黄帝派人造了一辆指南车。这个指南车的原理和指南针一样，车上装有一些机械齿轮类的东西，车上有一个站立姿式、伸开手臂的木头人。车启动后，不论车子怎么转，木头人的手臂始终指向南方。

以后，东汉的大科学家张衡，三国的大发明家马钧都尝试过制造指南车，可惜的是，它们先后都失传了。

到了东晋，由北方少数民族统治者打头，又兴起了制造指南车的"热"，主要是因为皇帝们都觉得，出门有个指南车开道，有气派、够威风。

据资料记载，公元349年，后赵统治者石虎曾下令解飞为他制造指南车。50年后，公元399年，后秦统治者姚兴也要手下人令狐生造过这种车。到了公元417年，东晋的大将刘裕率兵攻打后秦首都长安（今陕西省西安市），灭了后秦，刘裕的手下在众多的战利品中发现了指南车。尽管这辆车里面的零件已荡然无存，成了徒有虚表的废铁，但刘裕还是爱不释手，当宝贝似的把它运回了江南。

自此以后，那辆破指南车便成了皇室里面的"传家宝"了，每当皇帝出门，都要把它放在仪仗队的前面。为了让木头人能够转动，刘裕还专门派人藏在车箱里面，不断地拨弄那个木头人，就好像我们今天所看到的木偶戏一模一样了。

到了萧道成掌握实权后，他越看这辆破车越觉得败兴，三番五次地催促祖冲之快造。祖冲之对萧道成这种蛮横的态度非常反感，但是，他又舍不得放弃对这

种车的钻研。从小养成的钻研习惯使他越是遇到难题,就越是干得有劲。他并不把萧道成对自己如何放在心上,他心里只想着怎么攻克这个难关,为后人再留下点什么。

根据手头有限的资料,祖冲之推测,前几个指南车内部的机械都是木制的。木制机件至少有两个弱点,一是不耐磨,长期使用,齿轮互相摩擦就容易变形,而变形的齿轮又会引起整个机器运转失准;二是不结实。这也是前几辆指南车“早逝”的原因之一。想到这两层弱点,祖冲之决定在自己创造指南车中改用铜器部件。

决定了车所用的材料之后,接下来就是设计和组成零件。根据自己制造水碓磨的经验,他觉得,指南车的原理和水碓磨的原理有相似之处,这就是,它们都得巧妙地运用齿轮。

指南车的妙处就在于,不论车子的方向怎样变,车上的木头人的指向永远不变。怎样理解这一对变与不变的矛盾呢?关键就在于车中要有一组精密的齿轮。这组齿轮就要向右转时车子也要向右转,而反之,当车子向左转时,另一些齿轮就要向左转。这样,只要车子转变的角度与齿轮转动的角度相当,那么,和齿轮相连接的小木头人就会十分准确地指向南方了。

想清楚这个原理后,下一步就是制图了。因为当时没有一张指南车的构造图可以依照,祖冲之只好凭想象自己制造了。他画了一稿又一稿,最后总算拿出了令自己满意的草图。在这张图的剖视部分中显示,车箱的中央有一个大平轮,轮上竖着一个长轴,轴上连着那站在外面的木头人。大平轮左右装有一个小平轮,两个小平轮的外侧又各自连着一个小齿轮。

这样的设计法,用今天的术语说,就叫做差速齿轮原理。

从祖冲之的剖视图看,指南车的主机部分并不复杂,只有 5 个齿轮加一个长轴。但实际上,要想组装合适则并不那么简单。齿轮的大小,疏密要求十分精密,稍有差错就会影响整个车子的准确性。怎么样使齿轮安装合理呢?就靠精确的计算了。对于计算,祖冲之并不那么发怵,前面已经计算过圆周率那样大的工程,这回怎么说也要比那次轻松点了。他反复计算,直到确认每个齿轮的位置都合乎要求,才告罢休。

设计完毕,祖冲之又按设计图做了一个木制的模型。几经试验,那个木模型运转才算完全符合标准,祖冲之这才放下心来,马上请铜匠、木匠一起合作,自己亲手监督,不久,一辆精美的指南车就出现在皇家乐游苑中了。

真是无独有偶,在祖冲之试制指南车的同时,京城里有个叫索驭的也想尝试着做一辆。这个刚从北朝迁到南朝的男子很有勇气,听说萧道成正在找人做指南车,就自报家门,要求也做一辆。萧道成听说这个消息,心想,多一个人试制也没有什么害处。于是,他下令索驭也造一辆,到时候和祖冲之造的那辆一同比试比试。

没过多久,索驭也宣布自己的指南车大功告成。萧道成看两辆指南车都造好了,很是高兴,特选手下的两名大臣来担任测定裁判,他们是:王僧虔和刘休。

试车选在一个天气和煦的好日子,地点是皇家园林——乐游苑中。乐游苑平日里供皇室成员游玩,人迹稀少。这一天破例,一些商贾、书生、百生也被允许进来观看,一时间,花前、树下、水边、廊子里、假山上都聚满了人。开赛以前,人群中竟有人三个一群、五个一伙地为了谁能赢而争吵起来。

有的说:"我看索驭不那么简单,他敢向萧道成自告奋勇,说明他有两下子!您瞧他那胸有成竹的样子,多自信啊!"

有的说:"我还是更信服祖冲之,别看他不吭不响,我说他是茶壶里煮饺子——心里有数。你们还不知道吗?他早在三十多岁的时候就出名啦,天文、数学、机械制造,哪样他都挺行的。"

"您可不能凭着老眼光看人,我看,谁胜谁负,咱们还是等亲眼看了再说吧!"也有人插嘴道。

人群渐渐地安静下来了,正当人们翘首以待之际,从北边扬起了一阵尘土,两辆指南车一前一后,在四匹马的拖曳下跑过来了。从远处看,它们的外观几乎相同,但两辆车上的马的颜色却有不同,一辆是由两匹白马拉着,另一辆则由两匹枣红马拉着。

比赛开始了,随着裁判一声令下,由两匹枣红马拉的车先上场了,一上来就按裁判发出的口令表演起来。规定动作主要有,正常速度下的左转弯、右转弯和加速后的左右转弯等。这辆指南车做正常速度运行时,一切发挥正常,不管车怎么转,车上的木头人始终指向南方。看到这里,人群中发出了啧啧的赞叹声,裁判官也不禁微微点头表示赞赏。接着,加速转弯开始了,几个急转弯下来,木头人手臂的指向逐渐失准,由开始的不明显,到明显,弯转的越多,偏差也就越大。人们哗然了,纷纷失望地摇起头来,有人开始猜测这是谁的车。正在这时,裁判官大声宣布:"第一辆指南车试车完毕,制造人索驭,结果:不合格。"看到这情况,索驭心里很不是滋味,脸色铁青,而人群中仍然有人为他打气:"没关系,你的不行,祖冲之的那辆也未必合格,咱们一起等着瞧吧!"

祖冲之那辆指南车上场了。拉车的那两匹白马每匹脖子上还挂了个带红缨的响铃,一走三摇,发出欢快的声音。车子开始做规定动做了,正常速度转弯,平平稳稳,木头指南人工作正常。快速转弯,木头指南人动作协调,车向左,它向右;车朝右,它朝左。接着,又是几个急速转弯,木头人仍是指向准确,毫无差误。

最后,两位裁判官一致认为祖冲之的那辆指南车完全合格。当裁判官向观众宣布了评比结果之后,人群中又开始骚动起来了,有的为自己赛前的争论中站在祖冲之一边而自豪,有的跑上前去向祖冲之祝贺。此时此刻,祖冲之的心情自然也十分愉快。然而,多年搞研究受到的苦与乐的磨炼,使他具有一种与众不同的修养,这就是:胜不骄,败不馁。成功了,他从不得意忘形,因为那是多少失败换回的必然结果;失败了,他也绝不垂头丧气,因为那意味着自己的功夫还没到家。

在这成功的时候,祖冲之想想,倒还是挺佩服索驭敢于尝试的勇气。当他抬头看去,发现此时索驭正一个人孤独而又尴尬地站在自己造的车前发呆,祖冲之的心里也挺不是滋味,主动走上前去,对索驭说:"索先生,别泄气,我看,您的车只要稍加改进,就会很好的。今天我的车虽然赢了,但日后,您一定会有超出我的地方,既然干事,就不能怕失败。"索驭听了这番话,暗暗赞叹他的气度。可是想想自己在这多人面前丢了丑,仍是感到羞愧难当。一气之下,还是把他那辆指南车烧了。

晚年改行　成绩斐然

祖冲之的晚年,是在南齐统治风雨飘摇、民不聊生的情况下度过的。政治环境的恶化,年龄条件的改变等多种因素致使祖冲之决定改变研究方向。尽管学术上,从理科转向了文科;官职上,由文官变成了武官。但是,祖冲之仍然像年轻时那样奋斗着,无论是在科学的研究领域中,还是在武官的位置上,都做出了卓著的成绩,为自己的一生写下了完美而辉煌的篇章。

公元488年,祖冲之已到了花甲之年,回首往事,他是感到欣慰的,因为自己没有虚度光阴。自己走过的路尽管坎坎坷坷,但是,却丝毫没有偏离过年轻时定下的志向。天文学、数学、机械制造……总之,他在理科领域里已经留下了有益于社会人生的成果。

展望未来,自己仍有余力,还想在其它方面做点新的尝试。

当时,政治局势已不那么稳定,统治者之间你争我夺,打斗不断。政治腐败,经济凋敝,生灵涂炭。

看到这种状况,祖冲之一腔激奋,决定把自己的研究方向转到社会科学和文学方面,为的是能够更直接地为挽救自己国家的败势尽点力。

前面讲到过,祖冲之年轻时,曾在华林学省读了大量的书籍,其中也包括不少的文科经典著作,如《周易》《老子》《庄子》《孝经》《论语》等。祖冲之这时就以此为基础,分别为它们译义和注释,但是,译文或注解在不同的作者手中其水平的差别也很大。因为它是作者知识、才能和文笔的直接表现。祖冲之所释译的《周易》《老子》就发挥了他所具有的朴素的辩证法和唯物论的思想以及古为今用的治学态度;他所译义注释的《庄子》,就侧重于借对庄子的分析和批判来讽喻当时流行的"玄学";他所译义注释的《论语》,则根据当时的政治局势,来规劝士大夫们不要逃避现实。

祖冲之在文学上的突出的成绩就是写做了十卷小说《述异记》,这是一部写鬼怪的小说。写鬼怪以喻人间,这是在社会黑暗、言论不自由的情况下,人们惯用的手法。祖冲之写这本书时,很有可能也怀有一种讽刺当时黑暗统治,规劝当朝君主的意图。

这部书早已失传了,但是值得庆幸的是,在后人的一些著作中,我们还能看到它的一鳞半爪。比如,鲁迅编著的《古小说钩沉》一书中,就有祖冲之的《述异记》片断。

总之，晚年的祖冲之为了冲破当时社会的黑暗，几乎把自己的全部精力都用在了社会科学和文学上。如果说，他在晚年时期还做过点同理科有关的事，那就是研究"钟律"了。"钟律"是音乐上的术语。在我国古代，有"十二律"之说，"十二律"就是指构成音阶的 12 个音，又指选择构成音阶的各个音之间的规律。要想辨别这个规律，就少不了一种专门的工具"黄钟律管"。这种工具还有一个功能就是校正度量衡。据《南齐书》记载，祖冲之在这方面的造诣很高，在当时达到了无人比拟的程度。

祖冲之在研制"钟律"过程中，充分运用了他的数学知识，表现了他打破学科局限，而进入了边缘科学的卓越实践当中，这在世界历史上也是独一无二的。

公元 493 年，齐武帝萧赜死了，萧鸾继位，称齐明帝。他上台后，为了树立自己的绝对威信，又导致了一场大屠杀。在他当政的公元 494 年到 498 年之间，由于内乱不绝，外战又起，国家已是金玉其外，败絮其中了。到了公元 499 年，萧赜的儿子齐昏侯萧宝卷继位时，北朝的军队一举攻下了南齐重镇寿阳（今安徽省寿县），南齐王朝从此就开始一蹶不振，并开始逐渐走向衰亡。

祖冲之就是在这种危难的形势下，由原来的文职谒者仆射又兼任了武职的长水校尉。长水校尉是管理国内少数民族部落的部队将领。南北朝期间，战乱频繁，让祖冲之这个南朝人来做从北朝过来的少数民族军队的统领，其困难是可想而知的，更何况祖冲之既不是行伍出身，而且年纪又大（此时已近 70 岁）。然而，祖冲之此时考虑的并不是这些，他的想法只有一个：重整山河、富国强兵。为此，他不断地写些政治军事方面的论文，上书皇帝，希望他的建议能够得到采纳，并且付诸实施。在他自己著的《安边论》中，也提到了"开屯田，广农植"的观点，用以巩固边防，他希望以此来劝皇帝扭转南齐的败势。可惜的是，个人的力量毕竟有限，况且这时的南齐已是病入膏肓了，任什么力量也救治不了。

公元 500 年，祖冲之带着对祖国的一腔热情和一腔忧虑，在自己的武官位置上辞别人世，终年 72 岁。

一代伟人就这样流星般地逝去了，然而，人们在扼腕叹息之余，却又欣喜地发现，新的科学之星又升起来了。

孙思邈

孙思邈是京兆府华原人。七岁开始读书，一日能诵读千余字。二十岁左右，善谈庄子、老子及百家学说，同时喜欢佛学的经典。洛州总管独孤信见到他感叹地说："这是神童，只可惜他器量宏大，很难为一般人所任用。"周宣帝时，由于王室纷争，更迭频繁，思邈隐居于太白山中。隋文帝杨坚辅佐北周时，征聘思邈为国子博士，他以有病为由没有就任。至唐太宗李世民即位，召思邈到京城长安，见他 70 多岁的人容颜面貌十分年轻，太宗感慨地说："由此可知有德性的人真是

值得尊敬呀！羡门、子高、广成子，怎会是传说之言呢？"太宗要授予他官位，他恳切推辞，不肯接受。显庆四年（公元659年），唐高宗召见他，任命他为谏议大夫，又坚持不肯接受。

上元元年（公元675年），思邈称病请求回归故乡。高宗特赐良马和鄱阳公主故居令其居住。当时名人宋令文、孟诜、卢照邻等人都以师礼问学于他。他曾随皇帝避暑于九成宫，卢照邻留住他家。当时宅院庭前有一棵病梨树，照邻以病梨树为题作赋。赋的序中言："癸酉年，我因病住在长安城光德坊的官舍。老年人都说：'这是鄱阳公主的故居。过去公主尚未出嫁即去世，所以其府邑被废弃'。现在有孙思邈处士居住。思邈学问广博，通古博今，学尽星相医卜、调生养性之术，善谈道家正一学术，如古代道家庄子，精通佛学之理，恰如今之大居士维摩诘。他推算演绎天文、地理、历数等学问，有如洛下闳、安期先生一样。"照邻患有难以治愈的疾病，于是问思邈："名医能够治愈疾病，是什么道理呢？"思邈回答："我听说善于讲解天地四时变化的人，必须参照人体的理论；善于谈论人身生理病理的，也须依据天地运行的规律。天地有春夏秋冬四时和木火土金水五行变化，寒暑交替，循环运行。天地之气调和则降而为雨，怒则鼓荡为风，凝结则为霜雪，弥漫散布则为彩虹，这是大自然的一般规律。人体有四肢五脏，觉醒和睡眠，呼吸吐故纳新，水谷精华往来，循环流动而成为营卫之气，显露于外为神采和气色，发扬而为声音，这是人体的一般规律。阳气有形可察，阴气为精所化，自然界和人体的规律是相同的。如果阴阳失调，阳气蒸腾则生热症，阴气凝滞则生寒症，精气郁结则生瘿瘤赘肉，气虚下陷则生痈疽，气逆妄行则短气喘息，气血衰竭则憔悴枯槁。症候表现于面部，变化显露于形体，推而广之，用这个规律解释自然界也是相同的。因此木火土金水五星盈亏，日月星辰错行，日蚀月蚀，彗星流逝，都是自然界的危险征象。寒暑不能适应季节，是天地万物变化反常；石立土踊，是大自然的赘瘤；山崩地陷，是大自然的痈疽；狂风暴雨，是大自然的短气喘息；河川干涸断流，是大自然的憔悴枯槁。当人们患病时，高明的医师用药物、砭石、针刺予以疏导和治疗。当自然界出现反常时，圣人以高尚的道德和解，并辅以人事。因此形体有病可以治愈，天地有灾可以消除。"又说："治病用药要胆大，看症辨病要心细谨慎，知识要丰富，行为要端正。就如《诗经》说：'如同面临深渊，如同脚履薄冰'是小心的意思；'英勇无畏，出生入死保卫城池的勇士'是大胆的意思；'不因利欲而违礼，不因见义勇为而内疚'是行为端正的意思；'发现了事物的端倪，应立即起来行动，不得待终其日'说的是知识经验皆丰富的意思。"

思邈自称生于隋文帝开皇辛丑年（公元601年）仁寿元年，时年已九十三岁了。询问乡邻故里，都说他是数百岁的人了。他谈论起周、齐朝的事情，栩栩如生，就像亲眼所见，据此可见他已不止百岁了。然而他依然耳聪目明，神色面貌很精神，真可以称他为古代聪明博学有识的长生不老之人。

唐代初期，魏征等奉命编修齐、梁、陈、周、隋五代历史，恐怕有遗漏，曾多次拜访孙思邈。他口授介绍，有如亲眼目睹。东台侍郎孙处约带领他的五个儿子侹、儆、俊、佑、佺去拜见思邈，思邈说："俊将最先显贵；佑要到晚年发迹；佺的名

中华名人百传

科学技术卷

气最大，但他会因掌握兵权而祸及自身。"此后果然像他所预言的一样。太子詹事卢齐卿小时候向他请教人伦的事，思邈说："你五十年后将做官，我的孙子将为你的下属。你要自己保重。"后来齐卿成为徐州刺史，思邈的孙子孙溥果然是徐州萧县县丞。

永淳元年（公元 682 年）思邈逝世。他留下遗言令薄葬，墓中不要放随葬的器物，祭祀不用牛、羊、猪等。思邈死后一个多月，仍容貌颜色不变，举尸入棺，就像没有份量一般，当时人们都感到很奇怪。他生前曾自注《老子》《庄子》，编撰《千金方》三十卷流行于世。另撰有《福禄论》三卷、《摄生真录》及《枕中素书》《会三教论》各一卷。

郭守敬

郭守敬（公元 1231 年—1316 年），字若思，顺德邢台县人，元代杰出的天文学家，水利工程学家，在地理学、机械工程和数学等领域也很有成就。

聪颖少年

郭守敬的父母早逝，他是由祖父抚育长大的。他从小沉默寡言，不贪玩乐，闲暇时喜欢静静思考问题或观察大自然。他的祖父郭荣，学识渊博，爱好广泛，不但通晓五经，还精于数学、天文、历算等。此外，他的祖父交游也很广，与当时社会上的许多名人志士有密切往来，其中有一名叫刘秉忠的，是元代有名的学者和政治家，他对郭守敬的一生产生了很大的影响。

当郭守敬 10 岁的时候，刘秉忠因为父奔丧回到故乡邢台，在三年服丧期间，他和自己的一帮老朋友在磁州武安县的紫金山共同讲学论道，读书研经。郭荣把自己的孙子守敬也送到刘秉忠的门下，在刘秉忠的学生中，还有一个名叫王恂的少年，他比郭守敬小四五岁，后来曾多年与郭守敬共事，是我国历史上出类拔萃的数学家。郭守敬在刘秉忠的指导下，专心地学习了 3 年，为进一步从事科学研究打下了深厚的基础。

郭守敬从小就露出敏锐的观察力和超人的科学才能。"莲花漏"是北宋科学家燕肃在前代漏壶的基础上加以改进和发明创造的一种复杂计时仪器，由于北宋政府并不重视莲花漏的发明，因此燕肃自己奔走呼吁宣传莲花漏的优越性。他每到一地，就把莲花漏的图样刻在石头上，让群众了解其功能。到元朝建立时，经过多年的战乱，不用说莲花漏，就是有关莲花漏的图样也已极少见了。许多人对其构造和原理当然也就无从知晓了。大约在 1247 年左右，一个偶然的机会，郭守敬得到了一份《石本莲花漏图》，这份图引起了郭守敬极大的兴趣，他废

寝忘食,潜心钻研,终于弄清了莲花漏的结构及其工作原理,并照图复制了一台莲花漏:在一个不等高的木架上,装配有大小不等的两只水桶,按其位置的不同称匮上和匮下,一根接通这两只水桶的吸水管把水引到旁边的大壶里,并经常保持水的恒定流量。壶盖是一朵铜制的莲花,花心有一个小孔,用来安插可以上下滑动标有时刻的箭,箭的下端浮在水面上,随着壶中水位的上升,箭也就渐渐地上升,人们读箭上的时刻就可以知道具体时辰了。莲花漏所用的箭根据不同的季节和昼夜长短而制,共48支箭,可随24节气的变化调换使用,白天和黑夜各一支,这在当时确是一种比较先进和准确的报辰设备。少年郭守敬凭其聪明才智熟练掌握了莲花漏的制造方法和工作原理。

1250年,20岁的郭守敬,便担负了设计修复邢州石桥的重任。邢台城的北郊,有座石桥由于年久失修,再加上在战争中受到破坏,桥身陷入了淤泥中,没有人能指出它的所在位置。这给南来北往的人造成了很大的麻烦,而且严重地影响了当时的农业生产。邢州安抚使张耕和刘肃上任后,下令修复石桥,郭守敬奉命负责这项工程的设计和技术指导工作。郭守敬经过仔细的勘查,很快就制定出了修复的方案,根据他的设计,官府动用了400多个民工,仅用了40天的时间就挖出了石桥,疏浚了沟渠,修筑了堤塘,使河水畅通无阻,过往行人再也不用艰难地跋涉于泥潭之中或望河兴叹了。年轻的郭守敬所露出的科技才能获得了很多人的注意和赞扬。

初入仕途

1260年,元世祖忽必烈登基的第一年,他任命刘秉忠的密友张文谦为左丞兼大名路与彰德路宣抚司的宣抚使。张文谦一直很赏识郭守敬,因此他邀请当时年仅30岁的郭守敬一块儿赴任。郭守敬一面协助张文谦工作,实地考察了大名彰德地区河流水渠的分布,一面继续从事他所擅长的天文仪器研究工作。

1262年,张文谦向忽必烈推荐郭守敬,那时元世祖正在大张旗鼓地网罗各种人才,欲借助他们的帮助恢复生产,发展经济,然后统一中国。所以忽必烈很快便在开平府接见了郭守敬。郭守敬北上应召时,把刚铸好的一套莲花漏运到燕京,取名为"宝山漏",献给了忽必烈。这套计时器构造精巧,水流均匀,计量时间很准确,后来成为元代司天台的计时工具。

元政府最初任命郭守敬为提举诸路河渠,后升为都水少监乃至工部郎中,负责主管水利,他利用自己勘查的结果,针对当时农业生产的实际情况和经济发展的需要,向忽必烈呈交了六项治理河水发展灌溉运输的建议。这六建议的具体内容是:

一、引燕京西北玉泉水疏通已淤塞废弃的金代运河,从而沟通燕京到通州的水上粮运通道,这样一年可以节省运费六千万钱。如果再从通州南面的蔺榆河口蒙村呈直线距离开一条运河至构村,可以避免搁浅、淤浅、运绕和风浪等各种

不便。

二、把顺德城北的达活泉引进城中，然后分成三条河引出城东，这样可以灌溉邢台东部的田地。

三、邢州沣河东流至任城的一段，因河道失修，泥沙淤塞，水流淹没耕地1300多顷。如果修这段河道，不仅这一大片农田可以重新耕作，而且河流至小王村与滹沱河汇合后进入御河，这样船只就可以畅通无阻了。

四、在磁州东北滏水与漳水汇合处引出一支水，合其经滏阳、邯郸、洺州、永年过鸡泽注入沣河，这样可以灌溉良田3000多顷。

五、怀州、孟州境内的沁河虽然也浇灌一些田地，但利用率不高，且有漏堰现象。如能引沁河的余水东流，使它同丹河的余水汇合，再东至武陟县北入御河，那么可以灌溉良田2000顷。

六、在孟州西南，黄河北岸开一条渠，引河水北上，折向东流，经由新、旧孟州之间，再沿黄河左岸东下到温县重新入河。这样可灌溉田地3000多顷。

由于郭守敬的这些计划是在实地勘查的基础上制定出来的，因此，元世祖十分欣赏，并对左右文武大员们抒发感慨地说：如果人人都能像郭守敬一样认真负责的话，那么元代的天下将指日可待了。

1263年，34岁的郭守敬被提升为佩带银符的副河渠使，开始把自己治理河水的理论与计划付诸于实践。

致力治水

1264年，张文谦以中书左丞出任西夏中兴等路行省长官，郭守敬便又随张文谦赴任，投入了修复西夏沿河的工作。西夏原是党项人建立的割据政权，统治地区包括今宁夏大部和甘肃西北部，1227年，被蒙古所灭。1261年，蒙古政权在这一地区设西夏中兴等路行中书省，来掌握当地的行政事务。河套平原是西夏最重要的粮食基地，很早就开垦有许多以供灌溉的渠道。其中最大的有两条：一是唐来渠，长四百余里；一是汉延望，长二百五十余里。此外，在沿河地带的其它地方，还有正渠10条，大小支渠68条，这些水渠共灌溉良田90000多公顷，这为当地人民的生活带来了极大的便利，同时也促进了当地农业生产的繁荣发展。但是在元初，由于战乱连年，渠道失修，河床淤浅，水坝、水闸等全被破坏，再加上人口外流，使这一带的农业生产遭到严重的破坏。

为了治理西夏古渠，郭守敬采取了固旧图新的策略。首先，他集中力量疏浚了唐来、汉延等旧有渠道；其次，是设计建修许多水坝和水闸来控制和调节水量，发挥灌溉效益，在西夏行省郎中董文用的积极配合和西夏人民的大力支持下，不到一年时间，修复古渠的工作就得以圆满完成，河套平原上渠水丰满，稻香四溢，又呈现出一片勃勃生机。郭守敬去逝后，西夏人民十分怀念他的业绩，在当地修了一座生祠祭祀他。

郭守敬在西夏时还溯流而上,探寻黄河的源头。他是我国历史上探寻黄河源头的第一人。

1275 年,为了配合元军南下消灭南宋政权的行动,郭守敬又奉命踏勘黄淮平原,调查通航路线,相机建立水站。他在孟津以东沿黄河故道进行了艰苦的考察,凡经过的地区都绘了图,并附以文字说明。在这次实地勘探中,郭守敬第一次创造性地运用"海拔"这一重要的地理学和测量学的概念,以用来比较从大都到汴梁地区地势的高低,这是他为我国乃至世界人文科学做出的又一大贡献。经过认真地考查后,郭守敬规划出了中原地区的五条河渠干线:

一、自陵州到大名,那里有马颊河和卫河通运河;

二、自济州至沛县,再由沛县到吕梁,那里有山阳湖(昭阳湖)、运河及微山湖;

三、由东平至纲城;

四、由东平到清河,向北经黄河故道与御河相通;

五、从卫州通御河至东平,又自东平西南的梁山泊再通至御河。

郭守敬的上述筹划报告得到元世祖的赞同,于是元朝在西起卫州,中以东平为枢纽,东连鲁中和鲁南,南迄徐州、吕梁的黄河下游,北接运河直到杨村的广大地区建立了众多水驿。这在很大程度上便利了元朝中央政府的指挥联系和军粮运输,加快了元朝消灭南宋,最后统一全国的步伐。就在此后不久,郭守敬出任工部郎中,仍旧负责河工水利,但郭守敬把更多的精力投入到了研究历法,制造天文仪器方面。

全国统一以后,元朝每年要从江南征收大量的粮米,通过海运和河运两条运输道路运往全国政治、经济、文化中心——大都。但无论海运还是漕运,都不能直接进入北京,只能到达通州,然后必须用大量的车辆、牲畜和夫役才能运进城内,既费民力又不方便。公元 1262 年和 1266 年,郭守敬曾两次负责兴修大都至通州的运河,但都没有成功。1291 年,郭守敬又以太史令之职兼管都水监事务,全身心投入了兴修大都运粮河道的新计划,而这时他已是年逾 60 岁的老人了。

这次,他认真总结了前两次失败的经验教训,重新拟定方案。首先是寻找充足的水源。经过多次的实地考查,他发现了昌平县东南神山山脚的龙泉,水清量大,可以利用。此外,西山一带至石景山和南山到处都有泉水或暗流,这些也可以加以利用。但困难在于浮泉和大都之间有两道由沙河和清河所形成的河谷低地,其海拔比大都低几十米,水根本无法通过这片谷地而入大都。对于这一难题,郭守敬做出了前所未有的大胆计划。他不是把浮泉水径直引向东南,反而引向西行,再折向南流,沿西山东麓注入瓮山泊;又以瓮山泊接高梁河,然后把水引入大都蓄积于什刹海;然后由东南流出文明门,沿河有运粮河道径直东西,到通州高丽庄后注入白河,这样就同大运河衔接起来了。为了防止水流东西横流,他还在水道东岸修筑了一条长达 30 公里的堤堰,这就是北京历史上有名的"白浮堰"。由于大都的平均海拔高 20 米,因此,郭守敬在河道中设置了 20 座水闸和斗门,这样就可以运用自如地调节水位和控制流量,使粮船能够平稳行驶。

中华名人百传

科学技术卷

从1292年春到1293年秋,仅用一年半的工夫修的一条160里长的运河及其全部配套工程就竣工了,这就是著名的通惠河。通惠河的修建成功,不仅使元代的漕运粮食大为方便,而且也极大地促进了南北物资交流,有益于人民生活。通惠河的设计修成是郭守敬杰出的科学才干与丰富的创造力充分得以施展的结果。

科技奇才

元朝统一全国前,北方金政权统治下的广大地区使用重修的《大明历》,而南方农业地区则沿用《成天历》,这两种历法差别较大,而且经过多年的使用,误差累积也相当大,日、月食预测不准和农事活动的主要依据二十四节气推算错误的事屡屡发生。忽必烈登台后不久,下令设置太史院,王恂为太史令,郭守敬为同知太事院使,集全国各地的优秀天文学家和历法人员,开始改编新历的繁重工作。郭守敬认为"历之本,在于测验;而测验之器,莫先仪表。"于是他率领一大批能工巧匠先后制出了许多精密的天文仪器,其中最为后人推崇的是简仪、仰仪及圭表等。

我国早在三国时期就已发明了测定天体运行浑天仪,到唐宋已十分完美。但仍有许多缺点,测定时仍有一些不稳定,不准确,鉴于这些情况,郭守敬在浑天仪的基础上发明了简仪。他大胆革新,只保留了浑天仪三组圆环系统中的两个圆环系统,又把其中一组分立出来,改成另一个独立仪器,这样就扩大了观测范围,增强了实用性。郭守敬精心改制的这一仪器精确又简单,故此称之为"简仪"。而在欧洲,类似这样的仪器,直到18世纪才开始在英国使用。

仰仪是一件铜制中空半球形仪器,故取名"仰仪"。半球口沿上标有东西南北方位和十二时辰。里面以观测地的北极高度为中心,刻着纵横交错的赤道坐标网。口的中心用一横一纵两根竿子架着一块玑板,板心开着一个小孔,小的位置正好在半球面的球心上。太阳光通过小孔在半球里面形成一个倒影,这时人们根据赤道网就可以测定在天空中的位置。此外,通过仰仪还可以直接观察到日食、月食等天文现象。

圭表是我国最古老也最常用的测定二十四节气的仪表。表是直立的标竿,圭是从表的下端以水平位置伸向北方的尺。每当正午太阳光投射到表柱上,落在圭面上的表影就有长有短,人们根据表影的长度,就可以测定夏至、冬至等节气来临的时刻;还可以根据连续两次表影最长或最短的间隔时间,推算出一年的天数。旧圭表表影边缘不够清晰,影界不清,影长不准,用来测量长度的尺子只能计算到分。而且只能测日影,而不适于观测月亮和星辰的影长。为了避免上述现象,郭守敬设计了一种新的圭表,叫高表。高表的表柱由铜铸成,并且增高到三十六尺,这样就使阴影也相应地增长,按比例地推算各个节气的误差就可以大大减小。圭面上的刻度也增加了,能够直接量到厘,还可以估算至毫。为解决

表高影长圭面模糊的问题,他进行了两项改革:一是表柱上端加一横梁,由两条四尺高的龙托住,从梁心到圭面共四十尺,横梁的阴影就是表影的尽头。二是设计了一件辅器——景符,就是利用小孔成像的原理,使日光通过一个薄片上的小孔,再射到圭面,从而收到影界清晰的效果。他的这些发明与改造克服了唐宋以来圭表所存在的一些主要缺点。

正方案是专门用来校正东南西北方位的。这是一张方形的桌子,案面边长4尺,面积为16平方尺,厚一寸。离边半寸远处开有小水沟,以定水平。以案面的中心为圆心,分别以1寸、2寸、3寸、4寸……19寸为半径,在案上钻有同心圆。在第18个和19个圆之间又以原来的圆心为圆心再做三对圆。圆心为一小孔,插有测量日影的小表。小表的标准高度是1尺5寸,但可以根据需要酌情增减。根据从早到晚桌形在正文案上的投影轨迹可以判南北方向。正方案十分适用于野外工作。

郭守敬设计的窥几是一张6尺长、2尺宽、4尺高的几案,主要功能是配合圭表,测量恒星和月亮的影长,从而推算出地平高度。无影而得影长,这是窥几的一大特点。几面正中开有一条2寸宽的南北方向的缺口,旁边标有尺寸。将窥几安放到圭面上的适当位置,使几面至横梁中心的高度相差36寸,几面上装有两条窥眼。等到星星或月亮上中天时便开始观测,人在几下,从缺口中仰望星月,然后移动窥眼,使人的视线与横梁上下及星月各处处于同一直线。星星的光虽然不会投下表影,但两条窥眼上读数的中间值通过几面的尺寸线与下面对应的圭面尺度,通过一定的计算,就可以知道星月的高度及所需的地平高度了。

从1276年初,郭守敬设计和制造了许多天文仪,除上述提到的以外,还发明了殿漏灯、悬正仪、浑天象、丸表、立运仪、候极仪、日月食仪、星晷定时仪、玲珑仪等。很多仪器设计的科学性和使用的准确性,在当时都处于世界领先水平。郭守敬充分施展自己的才华,在水利、天文等科学领域中做出了前所未有的巨大贡献。

累累硕果

创造好各种天文仪之后,他便向元世祖呈奏,请求扩大观察范围,元世祖考虑到制定新的历法的需要,于是采纳了他的建议,令监侯官十四人分赴全国各地进行观察研究。郭守敬也亲自率领一批人马,从上都出发,中间经过大都、河南等地,最后到达广州,一路上进行了测验日影等多项科研活动。这次四海测验包括了遍及全国27个观测点,南北长10000多里,东西绵延5000里,其地域之广,规模之大,在我国历史上是空前的。

他充分利用自己研究的仪器,进行了一系列天文观测工作,取得了令人瞩目的光辉成就。其中关于黄赤大距的测定和二十八星宿距离的测定,具有特别重要的意义。我国自汉以来一直认为黄赤大距为24°,他经过推测出当这个度数为

二十三度九十分，即 23°33'5".3，现今的交角 23°31'58".5 相比较，误差仅有 1'6".8。这个精确的黄赤大距数据在当时世界上是屈指可数的。对二十八星宿距离的测定，自汉至宋有 5 次，一次比一次精确，郭守敬经过艰苦细致的观察，重新测定了二十八个数据，其绝对误差总和由原来的 4°32'缩小到 2°10'，精确度整整比原来提高了一倍。

1280 年春，一部当时世界最先进的历法——《授时历》宣告完成，它整整花了郭守敬 4 年多的时间。1281 年，元世祖便命全国一律实行《授时历》。《授时历》以 365.2425 天为一回归年的天数，这和地球绕太阳一周所经历的实际时间只差 26 秒，比现行公历早了整整 300 年，它废除了传统的"上元积年"的计算方法，采取实事求是的简易办法，以 1280 年冬至为推算各项天文数据的起点，这在我国历法上是一大进步。由于它所取朔望月、交点月和长度都很准确，加上它又掌握了较准确的日月运动轨道，采用了缜密的方法，因此它对日、月食的预测十分准确。《授时历》颁布以后，深受人们的欢迎，它还漂洋过海，受到朝鲜、日本等国的欢迎。

《授时历》制定以后，他又开始著书说，他先后编撰了《推步》七卷，《立成》二卷，《历议拟稿》三卷，《转神选择》三卷，《上中下三历注式》12 卷。1286 年，他升任太守令，把这些著作献给了元世祖。元世祖未过目就令收藏在翰林国史院。

在以后的岁月里，他仍勤奋耕耘，陆续写成了《时候笺注》三卷，《仪象法式》二卷，《二至晷影考》20 卷，《五星细行考》50 卷，《古今交食考》一卷，《新测二十八宿杂座诸星入宿去极》一卷，《新测无名诸星》一卷，《月离考》一卷。但他的这些著作都不幸佚失。

李时珍

李时珍（公元 1518 年—1593 年），字东璧，自号濒湖山人，湖北蕲春人。明代杰出的医学家、卓越的药物学家，被人们称为"医中之圣"。他的著作《本草纲目》被人们誉为"中国古代的百科全书""东方医学的巨典"。

李时珍的家庭是一个医学世家。祖父虽然是一位地位很低，走乡串户的"铃医"，但为人诚实厚道，人缘极好。父亲李言闻也以其高尚的医德，精湛的医术而名闻乡里，名望颇高。李言闻早年也想走科举致仕的道路，但一生仕途失意，直到晚年才被选为贡生。后来又被推荐为明朝太医院的吏目，做过皇家的宫廷医生，著有《四诊发明》《医学人脉法》《痘疹证治》《人参传》《蕲艾传》等医书，但大多失传。

李时珍虽然从小体弱多病，但非常聪明，深得父亲的喜爱。当时的社会，只有读书应考、科举取仕才是光宗耀祖，提高社会地位的大事。李言闻作为父亲，当然愿意让儿子取得功名，受社会重用，于是就决定让时珍的哥哥李果珍继承家

业，而叫时珍学习《三字经》《千字文》一类东西，准备将来科举取仕。可李时珍本人对那些枯燥的八股文并不喜欢，却对父亲的采药、种药和为人诊治疾病抱有浓厚的兴趣。他总是兴致勃勃地问这问那，对于幼子的强烈求知欲，李言闻还是乐意满足的。

明嘉靖十年（即公元1531年），李时珍中了秀才，这使他父亲从打心眼儿里高兴，因为从此，李时珍就可以进入官家的府、州、县学正式系统地读书了，这是考取举人、进士乃至状元的第一步。他早已把考取功名，光宗耀祖的希望全部寄托在李时珍的身上了，他怎能不高兴！

李时珍14岁那年中了秀才以后，便在父亲的敦促下，集中精力，认真练习八股文，积极为三年以后的乡试做准备。

时光易逝，三年的时间转眼便过去了。嘉靖十三年甲午（1534年），武昌城内三年一度的乡试又要开始了。

……

待到唱名张榜的时候，李时珍落选了，但他心情平静，不悲不喜，默默地离开了贡院。

他并没有马上返回家乡，因为武昌城内的书铺和药材市场吸引了他。他谦和、恭敬地向药农、药商请教了这些药物的生长习性、气味、主治疾病等内容，细致地做了笔记。最后，又从书铺里买了一部宋朝唐慎微编写的《证类本草》，才心满意足地回家了。

嘉靖十六年、十九年，李时珍两次去武昌乡试，结果还是名落孙山。

第二次落榜后，即1537年，李时珍年满20岁，他与吴氏女结为伉俪。吴氏夫人既勤劳又贤惠，是他日后成就大事的贤内助。

第三次落榜后，李时珍便与仕途决绝，全身心地投入他那艰苦而又漫长的医药科学实践和研究之中，直至成为一代大家。

在蕲州城里，有一座道教建筑叫"玄妙观"，在不举行宗教活动的日子里，便是李时珍和他的父亲为群众诊治疾病的诊所。

李时珍弃绝仕途以后，除了读书之外，便常常随同父亲一起，去玄妙观给乡亲们诊治疾病。由于李时珍天资聪颖，后天努力，再加上父亲的谆谆教诲和日积月累的学习与实践，他的医术进步很快。当时，李家父子的医名在当地享有很高声望。不管远近贫富，只要在这里求医治病，他们都一心一意为人诊治，大多能获得满意的疗效。有时，遇到贫穷无钱的病人，他们就把配好的药送给病人而不取报酬，有"千里就药于门，立活，不取值"的美誉。这里，我们不妨介绍一些他诊治疾病的经过，从中我们可以看出他学识的渊博，以及对医理、脉理和病原、药性的精微认识。

有一位六十多岁的老妇人得了大便泄泻的病，已经五年了。吃了油大一点的食品或瓜果梨桃什么的就肚子疼，而且腹泻又加重。医生给她用具有"调脾""升提""止泻"等作用的药物，吃了以后反而腹泻得更厉害。李时珍给她诊了脉，脉象沉滑，断定她的病因是"脾胃久伤，冷积凝滞"所造成，就给她使用了"温热通

下"的治疗方法，服用了 50 丸蜡匮巴豆丸，两天以后，病就好了。巴豆本来是一味具有强烈泻下作用的药物，正常人只要吃一点儿就会剧烈腹泻，可是这个腹泻五年的病人，为什么吃了巴豆以后，腹泻反而好了呢？这正是李时珍诊断准确和用药精当之处。因为巴豆是一种热性的药物，它能祛除冷凝结滞在肠道里的停积物，而这个病人正是由于肠道里的"冷积凝滞"才造成腹泻的，所以效果很理想。李时珍在这一病例后面的总结说，治病要勇于打破常规，不为常法所束缚，而关键在于诊断正确，用药恰当，所谓"妙在配合得宜，药病相对尔"。

李时珍有一个外甥叫柳乔，年轻的时候因为经常喝酒和性生活不节制得了病，下腹部和肛门前方的会阴部胀痛难忍，大便、小便都不通了，坐也坐不下，躺也躺不得，整天站着呻吟啼哭，已经七天七夜，当地医生曾给他用通利大小便的药，结果无效，这才去找李时珍。李时珍考虑他平日经常喝酒，性生活也不节制，而喝酒能生湿热，必是湿热壅塞了精道，病变部位是在膀胱之后、肛门之前的"二阴之间"，所以大小便都被阻隔而不能畅。李时珍开了一个药方，由川楝子、小茴香、穿山甲、牵牛子组成，用水煎服。喝了一服，症状减轻，喝至三服以后，胀痛也消失了，大小便于是也通利了。

有一个男子得了"血淋"，尿中带血，解小便时灼热疼痛，尿不了多少，可又总想尿，下腹部胀痛，十分痛苦。李时珍告诉他一个简便的方法，把鲜藕捣烂，绞取藕里的汁液，再用头发烧成灰（中药名称叫血余炭）调在藕汁里喝，喝了三天，病就好了。有一个人每到夜晚眼睛就疼痛，连带眼眶周围和前额部也疼，李时珍给他开了药方：夏枯草二两，香附二两，甘草四两，共同研成细末，每次用清茶冲服一钱半，喝了四五次就好了。有一个小孩吃饭不正常，却总喜欢吃蜡烛燃烧时候结的灯花，不让他吃就哭闹不安，李时珍知道这是他腹内有寄生虫造成的偏食症，就给他开了驱虫消积的药物，病就好了。

以上这些，都是李时珍治疗疾病的真实医案，这些内容都作为医疗经验记载在《本草纲目》一书中。

在长年的临床实践过程中，李时珍深切体会到，能否准确无误地使用药物是治病的关键，药物与病人的关系是最直接而又密切的，有时甚至关系着病人的生死存亡。由于用药不慎而出差错，甚至药物中毒而使病人死于非命的事情时有发生。因此，他对于历代的药物学著作都作过认真的研究和比较，细心研究药物的性味、功用主治、有毒无毒，对药物的形态鉴别，常常结合实际反复比较勘定。他发现，古代的药书对于有些药物的记载并非完全正确。医生用药用错了，也并不都是医生的过错，有的是药书上把药物的功用记载错了，而医生将错就错；有的是因为对形态相近而功用不同的药物鉴别不清，药店卖药时张冠李戴，拿错了药物。他想，药物用于病人，本来是为了治好疾病，如果用错了药，不是反而耽误病情、害了病人吗？况且，如果药用反了，或造成药物中毒，岂不酿成人命关天的大祸吗？于是，他萌生了重修一部药物学著作的念头，这也就是《本草纲目》孕育的开始。

就在李时珍决心重修《本草》之后不久，武昌城内的楚恭王朱英炌却要召他

入楚王府。

李时珍具有高超的医术,医名越来越大,不仅蕲州一带闻名,而且也传到了武昌。朱英㸌的一个儿子有一种非常难治的抽风病,常常突然发作,昏迷不醒,曾经很多医生诊治,都没有治好。朱英㸌对李时珍的医术也早有耳闻,于是就召他入府,一来为了能给儿子治病,二来有这样一个医术高明的大夫在府内,以后也更方便。

1555年,李时珍只身来到楚王府,担任奉祠所的奉祠正,主管祭祀,同时兼管良医所,负责诊治王府里的病人。入楚王府不久,李时珍就把朱英㸌儿子的抽风病治好了。但是,他的工作并不顺利,心情也不愉快。因为朱英㸌也是一个迷信仙道、酷爱炼丹的人,府内养了很多修仙炼丹的方士老道。李时珍对炼服丹药可以成仙不死迷信说法向来持否定态度,因此常常和方士、老道们发生争执。

有一次,楚王服用丹药后,浑身燥热,大渴难忍,头痛如劈,赶快把李时珍找来医治,李时珍给他服用了药物之后,症状缓解了,然后又告诉他,这是因为服用丹药所致。楚王将信将疑,李时珍便将古人服用丹药而致死的大量事实例举出来,希望能以此来说服楚王。

楚王听了李时珍的一番话,炼丹服食以求长生的想法开始有些动摇了,可是道士们眼看李时珍揭破了他们的老底,夺了他们的饭碗,怎能不觉得眼红而恨之入骨呢?于是便与李时珍发生了激烈的争论,他们托出了《神农本草经》《抱朴子》等古代书籍中有关于水银、朱砂、硫黄等久服可以成仙的记载,妄图以此将李时珍驳倒。李时珍毫不退却,认为万事万物的生、老、病、死有其共同规律,没有谁能抗拒得了。古人的许多书籍固然十分宝贵,但"尽信书,则不如无书"。李时珍有理有据,把道士们驳得一个个哑口无言。但从此之后,楚王府的道士们也更加痛恨李时珍了。

李时珍虽然在这次论争中获胜,但当时全国各地仙道之风正盛,因此终究是寡不敌众,一个人不能扭转这种风气,李时珍终于逐渐被楚王疏远了。但李时珍倒也乐得清静,有时间来为《本草纲目》积累资料,构思编写了。

武昌城内有一座蛇山,蛇山脚下有一座观音阁,阁内有个慧通和尚,颇好医学和本草。李时珍有空就常和慧通和尚切磋交流,谈论医药之理,从中获益不少。同时,还在观音阁为当地百姓诊治疾病,深得百姓爱戴。

1558年,皇宫里发布了一道命令,从地方的府、州、县各处举荐名医,召入太医院,以补充太医院的缺额。李时珍在武昌已经有很高的医名,同时与楚王朱英㸌也不大合得来,因此,他便被荐入太医院。

李时珍来到太医院之后,才发现皇宫里求仙炼丹的气氛比楚王府更浓,嘉靖皇帝几乎不理朝政,整天与道士们混在一起。

由于在太医院不被重用,李时珍自己也淡于功名利禄,不愿意在这种不研究学问的环境中糊涂度日,故此在太医院任职一年之后,便托病回家了。

李时珍回到家乡后,便把全身心的精力投放在编修《本草纲目》的事业上面。

科学技术卷

中华名人百传

1561 年,李时珍在他的家乡新修了一座别墅,作为自己学习和编书的处所,地址选在雨湖北岸的红花园。这里濒临雨湖,风景秀美,时珍便自号"濒湖山人"。别墅落成之后,李时珍给它起了个名号,叫做"莲所馆"。

李时珍自 44 岁开始,一直居住在莲所馆,在莲所馆的几十年间,是他从事医学创作的黄金时期。在这里,他不仅写出举世闻名的《本草纲目》,还著有大量的其他医学著作。《濒湖脉学》《奇经八脉考》《脉诀考证》《三焦濒》《命门考》《五脏图论》《濒湖医案》《濒湖集简方》等都是在这一时期写成的。

《本草纲目》写成之后,经过了 14 年时间,于万历二十一年(1593 年)由胡承龙第一次刻版的金陵本在南京正式出版发行,此时李时珍已去世了几个月。这本书的出版,最终实现了他生前"治身以治天下,书当与日月争光,寿国以寿万民,臣不与草木同朽"的愿望。

《本草纲目》所取得的成就是巨大的。从整体而言,它系统地整理了我国 16 世纪以前的本草知识,总结了我国有史以来的药物学成果,的确可以称得上是集中国药学之大成的著作。在药物分类上,它不但完全打破了《神农本草经》上、中、下三品分类的旧传统,而且大大改进了《证类本草》的分类方法,从而确立了一个我国古代药物学上最完善、最系统、最科学的新分类体系,比瑞典著名的植物分类学家林标在 1735 年出版的《自然系统》一书中提出的类似分类法早一百多年。在药性、药效方面,该书也有许多超出前人的新见解,书中科学地提出药性的发挥与人的体质强弱及个体差异有直接关系。同时,该书在药物的采集、鉴别、加工炮制、药性药理、栽培种植等方面,不但内容丰富,还有许多精辟的创见。在辨证本草的疑误方面,《本草纲目》的成就更是引人注目,它对历代本草中有关药物名称、生药形态、性味归经、功能主治等记载的错误,通过大量文献研究、实地考察、标本比较、药理、亲自尝试、亲手解剖等方法和手段进行订正,纠正了前人的许多错误。其它如补充药物的功能主治、肯定药物的疗效、增加药物的品种等,这些都是《本草纲目》的光辉成就所在,为后人用药开辟了很多新途径,提供了诸多借鉴。如果通检《本草纲目》一书,不难发现许多例证。

当然,《本草纲目》一书的光辉成就,并不单纯在药物学方面,他对祖国医学基础理论的充实,对中医临床治疗学的发展,对中国古代博物学的研究,乃至对传统文化遗产的保存方面,都做出了不朽的贡献。

《本草纲目》中除医药及博物学知识以外,还蕴藏着大量的人文科学内容,诸如历史、地理、语言、文字等等,故它的文献史料价值也是不可以忽视的。当然,《本草纲目》同任何其它著作一样,由于受到当时历史条件和科学水平的限制,也存在着一些错误或不科学的东西,但与它的伟大成就比较起来,就显得微不足道了。

李时珍和他的《本草纲目》,将作为我国科技史上的一座丰碑,永远值得我中华民族为之自豪!

徐光启

在上海市城南太卿坊(今上海市南市区乔家路)的一条巷子里,住着一户姓徐的人家,一家四口,男主人叫徐思诚,29岁;妻子钱氏,26岁;有个女儿十来岁;老母尹氏,58岁。徐思诚不当家,不主事,真正操心生计、操劳家务的是他的母亲尹氏。

1562年4月24日(农历三月二十一日)这一天,老太太又高兴又忙活,一大清早,一个男婴降生在徐家,这就是日后成为杰出科学家的徐光启。徐光启的诞生给这个陷入困顿的家庭带来喜悦和希望,徐思诚29岁得子,自然高兴;乐得合不上嘴的还是老祖母。这个新生儿相貌不凡,仿佛哭声都比别的孩子响亮、悦耳。俗话说:"老儿子,大孙子,老太太的命根子"。年近60的老奶奶对孙子能不特别钟爱吗?一家子仔细研究,反复推敲,最后老祖母一锤定音,给孩子起名"光启",期望他长大后是个人物,能为徐家光大门庭。

童年时代的徐光启,天赋聪颖,身体强壮,也很淘气。7岁那年,尽管家中生活艰难,还是千方百计设法送他去上学。在黄浦江边的龙华村有所村学,徐光启就在这里念书。自徐光启降生以后,家庭经济状况继续恶化,老祖母为穷困所迫,也为孙子前途着想,虽然六十多岁了,居然和儿媳一起一人一辆纺车,起早贪黑地纺纱织布,养家糊口,一家人含辛茹苦,日夜操劳。当徐光启年龄渐大,有了知识和思想以后,顽皮虽然依旧,却比富人家的孩子早懂事得多,由于受家庭的激励和影响,学习也就更加奋发向上了。

徐光启的父亲中年才开始"课农学圃",劳作之余,或肩肿腰酸时,喜欢到老农家串门聊天,请教种田知识;心情好时,会带着儿子一起去。在瓜藤架下,篱笆两旁或农家小院,看雏鸡争食,鹅鸭戏水,听老农诉说水旱蝗灾,忍饥挨饿的惨状;也听老农对父亲讲解耕耘、播种、施肥等方面的经验。他年纪虽小,有时也多少参加一些辅助性的农业劳动,在不知不觉中培养了他对农业生产的兴趣。徐光启一生比较接近并同情劳动人民,具有较丰富的社会经验,无疑同童年时代的生活经历和勤劳家庭的环境有密切的关系。贫困而又多彩的童年生活,养成和锻炼了他勇敢、好奇和坚毅不拔的性格,激励了他的求实精神,激发了他对科学研究的兴趣,为他后来一生的成就打下了良好的基础。

15岁以前,他一直在龙华寺村学读书,16岁他已不满足村塾先生教的课程,就到学问很好的黄体仁老师那里去学习。他"敏而好学",成绩优秀,黄老师非常钟爱他,并寄以厚望。1581年,他正好20岁,到金山卫参加县学考试。为了这次赶考,父亲买了布,给他缝制了新衣服;母亲替他准备了干粮,临行时年迈的奶奶扶着拐杖,送出大门口,为他拽拽衣襟,摁摁纽扣,颤颤巍巍地递给他一包零钱,千叮咛,万嘱咐,希望他榜上有名。赶考的童生,有的骑马,有的坐轿,还有书

僮挑着行李,徐光启自己挑着行李,步行前往考场。

皇天不负有心人,徐光启一举考中秀才,取得了最低等的功名和科举的资格。明代的秀才就是县学的生员,有一定的社会地位,在经济上也能得到官府的一点津贴,享受部分免粮免役的待遇。这可以多少减轻一些家庭的负担,更重要的是给了祖母和双亲精神上的莫大安慰。

徐光启在考上秀才的同年结了婚,第二年生了儿子徐骥,可谓双喜临门,使这个勤劳而贫穷的家庭很是高兴了一阵子。妻子吴氏是读书人家的女儿,又贤惠又能干。"操家有方,节俭自持",麻衣布裙,生活俭朴;又是心灵手巧的纺织能手。婆媳三人以自己的辛勤劳动换来一家人的衣食,这样贤慧的媳妇颇得公婆的欢心,更是徐光启事业上的贤内助。若干年后,徐光启以无限感激的心情说:"椎髻挽鹿车,政赖鸿妻。"可以说徐光启事业上的成就,也熔铸着他妻子的巨大贡献和牺牲。

寒窗穷经,进士及第,这是封建时代绝大多数出身寒门的知识分子梦寐以求的理想。徐光启唯一的出路,也只有在科场上求取功名。他20岁中秀才,可谓少年得志。然而从中秀才到举人,经历了16年,再中进士又熬了7年,前后23年。

1597年徐光启陪其学生赵公益一起北上参加顺天府的乡试去了。这已是他的第六次乡试,终于一举夺魁,一鸣惊人。他的老师焦竑慧眼识英才,把徐光启从落卷中一下子提到第一名。并由他推荐,徐光启的试卷被编入《读墨简练百篇》,一直被秀才们当作范文诵读。那时,对主考官称为座师,徐光启对其座师焦竑一直抱有知遇之恩,师生之间情谊深重,交往密切。徐光启在科举的坎坷艰险的道路上,总算成功地登上了第一个高峰。

1604年徐光启进了翰林院,开始了三年庶吉士的学习生活。从此他可以不再为生计而劳心,摒弃一切没有实用价值的杂学,专心致志地去学习研究他所酷爱的自然科学了。徐光启经常布衣徒步到利玛窦所住的宣武门天主教堂请教,他们几乎天天见面,谈话的内容除了天主教义,便是西方科学技术发展的情况。他向利玛窦学习的范围很广,诸如数学、天文历法、火器、水利,凡是利玛窦能教的、徐光启又认为有实用价值的,他都有浓厚的兴趣。

徐光启建议,既然已经印了不少有关宗教信仰和道德规范的书籍,现在就该印行一些有关西洋科学的书籍,引导人们做进一步的研究。在利玛窦的书架上,徐光启发现了《欧几里得原本》这本书。徐光启知道欧几里得是古希腊数学家,其著作集几何学之大成,被西方人誉为数学的经典,全书共十三卷。徐光启本就对数学有很深的研究,中国古典数学早已烂熟于心,他明确地认识到数学是一切科学技术的基础,因此他迫不及待地鼓动利玛窦尽快把这部西方数学名著译成中文,以供更多的中国人学习研究。

几经辩论、商讨后,利玛窦才勉强答应着手翻译科学著作。可是他主张先翻译天文历法书籍。而徐光启则认为:按照科学本身的要求,应该先译数学书籍,特别是欧几里得的那本书,"此书未译,其他书俱不可得论。"利玛窦终于被说服

决定先译《几何原本》。

1605 年冬或 1606 年初他们开始合作译书,酷暑严寒,风雨无阻,从未间断。这一年,徐光启 45 岁,利玛窦 55 岁。一个是已经贵为翰林的中国科学家,一个是须发皆白的洋人传教士。这位外国老人一会看书,一会讲解,有时停顿下来,对书沉思;这位中国中年学者,则面前铺着纸,手中拿着笔,聚精会神地听着,字斟句酌地写着。

一年之内三易其稿,终于用清晰而优美的中文将这部世界数学名著的前六卷,即平面几何部分翻译出来。1607 年,《几何原本》翻译的成功,不仅表现了徐光启对科学真理的渴望,而且表明了他独具慧眼的卓识。在他看来,中国传统数学偏重解决某些具体问题,而缺乏严密的系统的数学理论。《几何原本》所体现出来的那种逻辑推理的说服力和科学结构的严谨性,正好弥补了中国古代数学理论的不足。

《几何原本》的出版,是西方数学名著被译成中文的第一部书,也是我国科学史上第一部系统的几何学著作,它起了沟通中西文化的重要作用。从 17 世纪初到 19 世纪中期的 200 年间,成为许多人学习数学的启蒙读物。在清代,从数学大师梅文鼎到李善兰,几乎没有一个不受到它的深刻影响。在现代,中学几何课本,也是根据它改编的。徐光启曾因没有译完《几何原本》后九卷而深感遗憾。他在跋语中写道:"续成大业,未知何日? 未知何人?"直到 1857 年,才由李善兰和英国传教士伟烈亚力合作译成全书,完成徐光启未竞之业。

1607 年,徐光启的父亲在徐光启被任命为翰林院检讨后不久,便在北京病故。徐光启以天主教的仪式在北京举行丧礼后,扶柩南归,开始了他三年的守制生活。守制期间,他摒绝一切交往,埋头致力于科学研究。他运用《几何原本》的原理和方法,深入系统地研究了中国古代的数学,写成《测量法义》《测量异同》和《勾股义》三部著作。这项工作在中国是史无前例的,他把中国的数学科学向前推进了一大步。

徐光启回乡守丧的第二年六月,江南连日大雨,江湖泛滥,原野一片汪洋。农田淹没,稻谷无收;房屋倒塌,没有安身之处。水灾过后紧跟着就是饥荒、瘟疫、粮价上涨,死的死、亡的亡,活着的无衣无食,卖儿卖女,四处逃荒。上海县城的大街小巷,也挤满了沿街乞讨的难民。

徐光启是个基督徒,他信奉上帝的仁慈和博爱;但他更是一个责任心很强的政治家和忧国忧民的科学家。在籍守制的官吏一般是不过问政治的,徐光启却毅然给万历皇帝上了一道奏疏,建议拨款赈灾。

这些日子,徐光启在苦苦地思考一个问题:大灾之年不必说了,就是没有天灾,广大的贫苦农民不也是在死亡线上挣扎吗? 如何给他们一些帮助呢? 他当然看不出也不可能看出阶级压迫和剥削的本质,但他以科学家的敏锐曾做过如实的统计和入木三分的分析。最后他得出较为现实的办法,是寻找一种能帮助农民度荒的高产的粮食作物,平时可以填饱肚子,遇上灾害也不致于再发生刚刚长出四颗小牙的娃娃咬下妈妈奶头的惨事。正当徐光启心急如焚冥思苦想的时

候，从福建来了一位姓徐的客商，客商是他多年前的朋友。聊天时，客商见他面容憔悴忧心忡忡，就问他怎么回事，他倾吐了心事，客人为他的悲天悯人所感动，向他介绍了一种福建出产的高产作物。这种作物叫甘薯（红薯），是从海外传来的种，和当地原产的山薯茎叶相似。但甘薯的秧蔓匍匐在地上，它的块根圆而长，甜而香，适合山坡高岗栽种，不怕台风，不怕干旱，比稻麦的产量高出几倍，吃起来甜甜的，像蜜一样。徐光启听后很高兴，请求客人再来时，务必带一些秧来，他想在上海试种。

福建莆田的客商是个言而有信的热心人，果然第二年春天就带来了种薯和种秧。于是人们发现有一个身穿麻布孝衣的中年人，穿着坎肩，赤着双脚，挑着粪桶，拿着锄头，在双园忙得满头大汗。锄草、施肥、培土，有时还在地上记着什么。最初的实验并不一帆风顺，几次实验都失败了。乡亲们虽然钦佩他的精神，却也不免投来怀疑的目光，或者连连摇头。亲友也常劝他停止试验，说什么"橘生淮南则为橘，生于淮北则为枳"，水土不服再试验下去也是瞎子点灯白费蜡，徐光启却不气馁。后来，他想出了个办法，要蒲田客人买好薯秧后，秋天造一只木桶，把薯身栽在木桶里，开春后连桶带泥携来，再剪藤栽到地里。几经曲折和艰辛，终于试种成功。入夏，地里长满薯藤，油黑碧绿，地上像盖了一床翠绿的被子，甘薯在异乡的土壤里做着多子多福的梦。秋天到了，叶黄了蔓儿干了，地皮裂了，挖一棵一嘟噜，最大的有碗口那么粗，洗去泥咬一口又甜又脆，煮熟了，咬一口，有的干面，像栗子一样香甜；有的剥开皮，红红的瓤，如糖似蜜。一亩收数十石，比稻谷产量不知高多少倍。亲友邻里纷纷来徐家品尝，请求他介绍种植的经验。

徐光启对甘薯的评价极高，认为农家不可一年不种，除稻麦之外，在杂粮中甘薯应占第一位，是度荒最好的高产粮食作物，应在全国广大地区宣传推广。然而不可能挨家挨户地去劝说去介绍，于是他以当今翰林的身份，编写了一本通俗易懂的小册子——《甘薯疏》，总结了在上海试种的经验。在这本小书里，徐光启系统介绍了甘薯的栽种技术——种秧、时令、土宜、耕治、栽种、施肥、剪蔓等方法和注意事项。他还从甘薯的生长特点、性能、食用方法和副食利用等不同的角度，总结了甘薯的十二大优点。《甘薯疏》问世后不但在国内广泛流传，还传到日本、朝鲜等国，可惜后来在国内失传了。

他曾预言甘薯在黄河以北也大有发展前途。北方种甘薯，难的是留种，他认为倘在地窖里收藏薯种，比江南还方便。18世纪以后，黄河流域也普遍种植甘薯，如今则无论沂蒙山区，还是华北平原，到处都种有甘薯。

继《甘薯疏》之后，徐光启又写了《芜菁疏》。芜菁又名蔓菁，也有称它大头菜的。由于产量高，也是一种度荒的好东西，明代以前只限于北方种植，若在南方种植，不过二三年，块根就会变得白菜根那样小。徐光启离京时，特意带了些芜菁种子回乡，第一年试种，果然它的块根像白菜疙瘩那样小。第二年试种则更小。几经实验，仔细观察，终于找到了变小的症结。原来，芜菁在南方打籽时多在芒种以后，正逢梅雨季节，日照不足，加上温度低，湿度大，种籽不实。先天不

足、密植少粪，难怪长出来的蔓菁瘦小枯干了。徐光启几经曲折和艰辛，选育良种，适应时令，改进栽培技术，终于试种成功。芜菁的块根有小孩头那么大，被人称为大头菜。徐光启用他的科学实验，否定了前人的定论，证明不但南种可以北移，北种也可以南移。再一次表现了他反对墨守成规、勇于探索的精神。

1610年（万历三十八年）12月，徐光启守丧期满，回京复职。那时要求修改历法的呼声很高，他对修历也抱有极大的热情和希望，于是便全身心地投入修历的准备工作。但礼部关于修历的奏疏送上去以后，万历帝一直没有批复，修历的事也就不了了之。修历碰壁之后，徐光启的科研重点转移到水利学方面来，其间最大的收获是撰写出版了《泰西水法》一书。

《泰西水法》的问世对发展我国的农田水利事业做出了重要贡献，它成为我国中世纪最重要的一部有关农田水利科学的著作。

1613年春，由于魏忠贤阉党专权，徐光启被迫暂时中断了科学研究。秋天他请了病假，离开北京，到天津屯田去了。

数年来，北方各省旱灾惨重，"一岁灾，人相食"，他深深自责，感到愧对农民父老，平时没有尽到"劝农积粟"的责任。出于一个科学家的良心和高度责任感，他决心在天津搞出一点名堂来，即使是"摩顶放踵"也在所不惜。然而他的计划得不到官方和社会的支持，赤手空拳，徒有热心，只好凭个人之力从事农学研究了。天津屯田，重点是进行水稻的引种，首先碰到的问题是兴修水利。《泰西水法》是否实用，将面临一次生产实践的检验，他参考中西当时所有的用水之法，又经过实地勘测，认为天津的荒地可以开渠种稻，地势低而近河，可做岸备涝，水车防旱。他运用当时最新的水利工程技术，获得成功。

天津滨海，大都是盐碱地，在盐疙瘩上种稻关键是"蓄"和"泄"水的问题。灌溉的操作方法是灌田时先放淡水一遍，使其冒热气，把盐碱蒸发后，马上放掉这遍水，然后再换上新水，栽种就可无妨。

开始时，他用南方稻种，用的是干大粪，结果稻秧疯长，根大如斗，含胎不秀，竟至不收，因而失败了。徐光启分析失败的原因可能是：粪多力猛，新地不当粪力，南种土性不宜。试种失败迫使他进一步去研究土壤，施肥和种子三者的关系。第二年他改用麻糁做肥料，结果虽然身棵不大，可每亩收获了一石五斗，试种初步成功。失败与成功的经验教训，使他认识到因地施肥的重要性。对南北施肥异同的仔细观察，对各种施肥的效果，亲作试验，做出记录。

开荒种田，第一年是要赔本的，第二年如果没有收成，像徐光启那样没有多少资本的人就很难维持了。所以开始时他很慎重，只在生荒地上小面积试种水稻，而在江（海河）内的熟地上大面积种麦。1614年播种冬小麦，1615年喜获丰收。这时徐光启邀请和雇来劳动力，种麦800亩，忙时雇些临时工，他和他们四六分成，农庄建立起来了，生产和试验都上了轨道，他从老家请来一位叫陈大官的人，管理他的农庄，他自己则把更多的精力放在农业科学的各项研究上。他除了种麦、种稻、种豆，还在天津试养了春蚕。

从1613年秋末冬初到1617年7月徐光启奉职回京。他在天津屯田三年，

每日早出晚归，手不离锄，肩不离锹，不畏蚊虻的叮咬，不嫌肥料的恶臭，亲自参加田间的劳动。夏日的骄阳把他的皮肤晒得黑黑的，冬日的海风把他的手脚吹得裂口子，鲜血直流。白天，他走街串巷，访问老农；晚上博览古今农书，思考、比较、总结，把经验记在笔记本上。这一时期，他不仅积累了大量经验、资料，而且洒在荒滩上的汗水也变成了金灿灿的稻谷，屯田逐渐走上轨道。他原想回上海老家看看，因病未能成行，身体尚未康复，就接到复职的命令。万历四十四年（1616 年）五月，他结束了在天津屯田的生活，回到北京。确切地说，他只是暂时中断了津门屯田，不久他还会再来的。

正当他收拾行李准备回京复职的时候，南京教案发生了。6 月，南京礼部侍郎沈潅上疏要求驱逐外国传教士，上疏中特别提到，西洋传教士"妄为星官之说"，借大讲天文历法以惑众，不但市民百姓信教的很多，就是士大夫也有人信仰。要求将为首的传教士"依律究遣"，其余的"立限驱逐"。

万历皇帝对于驱逐外国传教士并不热心，沈潅却连续三次上疏，在礼部尚书兼东阁大学士方从哲的支持和授意下来了个"先斩后奏"。在南京拘捕了王丰肃等二十余名传教士，以他们是白莲教余党的罪名，请旨严办。1617 年 2 月 4 日，皇帝诏谕严治，将在南京的王丰肃和在北京的庞迪我、熊三拔等押解出境。据天主教方面的记载说，1616 年 8—9 月间，徐光启还在设法周旋的时候，方从哲给沈潅一封密信，指示他"不防先拿获监禁，然后再请旨治罪"。徐光启听到这个消息，马上给他儿子写信，说如果西洋传教士有逃到上海的，就收拾西堂给他们住。在北京，因为传教士龙华民未被指名，徐光启就把他藏匿起来了。第二年，沈潅去官，南京教案也就逐渐平息了。

庞迪我、熊三拔等被驱逐，死在澳门。徐光启翻译与研究西洋科技的计划，遭到挫折而暂停下来。不久被派往宁夏册封庆王，长途跋涉，往返四月，劳累过度，又受风寒，病倒了。他谢绝庆王的馈赠，违反惯例，在有些人眼里不可理喻，于是闲言四起，徐光启不堪忍受北京庸俗的空气，1617 年秋，他请了病假，再度回到天津屯田。

这次来津，他的农庄已初具规模，有陈大官等人代理经营，他不必过于操心。一面养病，一面总结屯田经验，研究的重点则是施肥问题。他把北京、天津、真定、济南、东昌、沂州、三吴、崇明、浙江、江西、福建、广东等地的经验加以总结，写成《粪壅规则》。这在鄙视体力劳动、过粪堆而掩鼻的士大夫看来，这本书恐怕都带臭味。然而，种田人却喜欢它，徐光启本来就是为盼望增产的农民写的书！徐光启的伟大之处也正在于此。比如，《粪壅规则》记载，天津海河边上的人说"灰上田惹碱"，又有人说，菜田施灰也不好。经过再三实验，果然是这样。草木灰带碱性，再把它施在盐碱地上，当然不妙。

这一次他在天津住了不到一年，1618 年 6 月因辽东前线吃紧，他奉旨回京。1621 年通州练兵失败，他第三次来天津屯田，他可称为半个天津老乡了。当人们咀嚼着香喷喷、油光光、亮晶晶的小站米干饭时，往往以崇敬的心情怀念他，讲述他在天津屯田的故事。

闲居著书

1621年(天启元年)，徐光启回上海休养，一住就是六七年。

这期间，以太监魏忠贤为首的阉党集团把持朝政，本来就已是腐败不堪的明王朝，此时更加乌烟瘴气，混乱至极了。

徐光启虽然把国家的命运和人民的疾苦时时挂在心头，然而阉党当道，报国无门。生无媚人之骨，不愿同流合污，只好在家闲住了。

政治上的失意，却使他有几年空闲时间利用在学术上，将数十年来对于农业科学研究心得加以整理，写成煌煌巨著《农政全书》。

《农政全书》原名《农书》或《种艺书》。全书60卷，50余万字，分12个门类，即《农本》3卷，《田制》2卷，《农事》6卷，《水利》9卷，《农器》4卷，《树花》6卷，《蚕桑》4卷，《蚕桑广类》2卷，《种植》4卷，《牧养》1卷，《制造（食品国中工）》1卷，《荒政》18卷。

《农政全书》具有三大特点：

1.把个人的研究成果和前人的经验融为一体。"杂采众家，兼出独见"，是本书最大特点之一。"杂采众家"包括两个方面，一方面是"农师耕夫"之言。徐光启从20岁开始就对农学发生了浓厚的兴趣，从南到北，行程万里，每到一处就访问"老农""老圃"，学习他们的生产经验和生产技术，并随手记录下来。年长日久，积累了丰富的资料。一方面是阅读和辑录古往今来的有关农学的书面资料，据统计，《农政全书》共引用225种文献，至于未注明征引来源的还不包括在内。可以说，它是当时中国农业科学遗产的总汇，集中了中国古代农书的全部精华。

2.《农政全书》与以往农书的一个最重要的区别在于，它是从国家政策的高度对农业生产的发展进行全面的考察和研究。它要解决"富国化民"的根本问题，寻求使国家富强的救世良方。着眼点是在"农政"，寄希望于通过行政力量，发展农业，提高产量，改善人民生活，增加朝廷的财政收入，实现富国强兵的根本目标。

3.徐光启力求用科学的方法，在详细占有资料的基础上，用试验的方法和统计的方法进行研究，力求找出自然规律，认识发展趋势，预告将来的变化。比如对蝗灾的研究，他搜集了史书上从春秋时代至明代万历以前所有关于蝗灾的记载，用历史统计方法，进行整理分析，获知蝗灾发生时间多在农历四五六月，从而得出蝗灾最盛行于春夏之间的规律。又通过对受灾地区的统计，提出蝗虫发源并生长于沼泽地带的论断。在方法论上也大大超过前人。

《农政全书》是徐光启长期实践和调查研究的结晶。他几乎倾注毕生的精力钻研农业科学。数十年如一日，广咨博询，考古证今，在上海的双园和天津的农庄，"躬执耒耜之器，亲尝草木之味"，通过试验来验证书本上的知识和老农介绍的经验，再加深入地研究，寻求规律、得出结论。实践出真知，《农政全书》既不是

道听途说，也不只是抄古书，它是徐光启切切实实的科研成果，是我国古典农业科学史最完备、最杰出的一部总结性的代表作。

由于某种原因，这部科学巨著在徐光启生前未能出版。在他逝世六年后，由陈子龙等人整理校刻问世，并题名《农政全书》。陈子龙等人对此书的贡献，功不可没。徐光启生前，此书尚未完全定稿，有一些内容重复而未及删定，有些略而不详未及增补。陈子龙等在整理过程中，删去了十分之三，增加了十分之二，使这部书臻于完美。

1633 年 11 月 8 日（崇祯六年十月初七日），在科学王国的夜空中，一颗璀璨的明星殒落了。一代杰出的科学家——徐光启，与世长辞，享年 72 岁。

这年春天，徐光启胃病发作，来势很猛，一连数天不能进食，喝水都会呕吐。他浑身疼痛，有时昏迷不醒。1628 年 8 月他奉旨来京，没带家眷，数年来，只有一位老仆人服侍他。72 岁高龄的老人虽然心力劳瘁，病体不支，仍然抱病工作。他自知苍天留给他的时间不多了，他与病魔搏斗的同时，必须争分夺秒地工作，把该做的和该交待清楚的事一一做完。从 9 月 11 日病倒至 11 月 8 日长眠，在不到两个月的时间里，他以惊人的毅力和顽强的精神完成了令人难以想象的工作。身倚病榻，伏枕执笔，继续修改和审批尚未进呈的 60 余卷历书。将入阁以来撰写的有关国家大事的奏疏稿辑成《纶扉奏草》；将有关现象，修历的疏稿辑成《清台奏草》。

徐光启去世后，人们整理他的遗物时，发现在简陋的住屋里，仅有一只陈旧的木箱。打开一看，里面是几件旧衣服和一两白银。此外只有大量的著作手稿和书籍了。翻开床上的褥子，已经破旧不堪。这就是一代杰出的科学家，当朝一品大员徐光启的物质生活和全部家私！

1634 年（崇祯七年）初，徐骥扶枢南归，暂厝于上海县城南门外双园别墅。1641 年，营葬于上海县城西门外十余里的土山湾西北，即现在徐家汇的徐光启墓地。1903 年（光绪二十九年）重加修葺，1957 年上海市人民政府又进行整修，1978 年辟为南丹公园，1983 年改名光启公园。墓地石坊上雕刻着一副对联：

治历明农百世师，经天纬地，

出将入相一个臣，奋武揆文。

这副对联对徐光启一生事业做了恰如其分的概括。

"盖棺之日，囊无余资"，他没有给他的子孙后代留下丰厚的物质财富，却给我们中华民族留下了珍贵而巨大的文化财富。

李四光

李四光（公元 1889 年—1971 年），湖北黄冈县人，原名李仲揆。

清贫家世

黄冈是历代州府所在地，又称黄州。它位于武汉东南，长江北岸，隔江与鄂城相望，是湖北"雄峙江浒"的一个重要门户。

19 世纪中叶，太平天国从广西崛起，如同海洋的波涛，迅速推进到长江流域，曾经三占武昌，四克汉口，六进黄冈。太平军英勇奋战的事迹和传播的反帝反封建的革命思想，给这里的人们留下了深刻的影响。

下张家湾在黄冈县城北 25 公里，是一个只有十几户人家的小村子。现今村子已经不存在，当地的人民公社在这里修起了一座水库，叫回龙水库。

就在这样的一块土地上，李四光开始了他的童年。

李四光出生的时候，祖父、祖母都已经是白发苍苍的老人了。李四光的祖父是蒙古族人，叫库里。他何时来此落户，已无从考证。库里通达汉文，曾在村里开设私塾为生。后来与一位汉族妇女结婚，生得一子，取名卓侯，字康爵，并且改姓李。

李卓侯从小随库里念书，长大后成了一位"穷秀才"。他继承父业，终身从事塾师职业。

李四光是李卓侯的次子，上有一兄，名伯涵。后来又添了两个弟弟，一个叫和叔，一个叫季寿；两个妹妹，一个叫希白，一个叫希贤。希贤刚生下四个月，就送给了一个远亲做女儿，改姓赵。李四光的生母姓龚，汉族，是一个朴实的乡村劳动妇女。她是李卓侯的后妻，耳濡目染，也认得几个字。

这个农村塾师家庭的主要财产，是两代辛苦积蓄下来的三亩地。但是，全家老的老，小的小，劳动力不足，就只好跟一位姓徐的搭伙耕种。由于人多田少，生活开支还得靠私塾学生的一点学费来贴补，但这笔收入也很微薄。李四光的母亲龚氏，经常绩麻纺线，赚点零钱，补贴家用。逢上好年成，还能过得去，一遇荒年，就有断粮断炊的危险。地里收不到多少东西，私塾里的学生也少了。不得已只好向地主借那"大加二"利的谷子，以渡饥荒。

李卓侯为人耿直，爱打抱不平。乡亲有为难的事，都愿找他商量。他还同黄冈革命党人吴贡三、殷子衡等来往较密切，并为吴贡三编写的《孔孟心肝》这本反清小册子润色文字。1906 年 12 月萍（乡）、浏（阳）、醴（陵）起义失败后，吴贡三等人被捕，李卓侯受到牵连，被迫逃到南京躲了一年多。事情过去，他才回乡继

续任教,直到 1923 年逝世。

家庭所受的种种苦楚,深深地埋在李四光幼小的心田里。正如他自己后来所说的:"每忆及先父母在世情况,则僵坐不欲出一言。人惊而问之,则支吾其词以告,实在所不忍言者矣。"

勤劳少年

李四光在农村生活了近 14 个年头。他勤奋好学,性情温和,并有一颗善良的心,经常受到家里和乡亲的赞扬。他从五六岁起,就帮着母亲打柴、推磨、扫地、提水……样样都做。在家庭教育和农村生活环境的影响下,李四光从小就养成了勤劳的习惯。一天没有柴烧,生米就煮不成熟饭,这一点,李四光从小就有体会的。

听祖父讲故事,是李四光幼年时期最喜欢的一件事情。这时的库里已病卧在床,但他十分宠爱这个孙儿。李四光最喜欢听祖父讲当地流行的太平军在黄冈的斗争事迹。每听过一遍,他就能把故事的情节记得清楚,还能有声有色地讲给别人听。

李四光五岁时,他的祖父病逝了。这一年,正是 1894 年,中日甲午战争爆发。就在这一年,李四光跟着一位陈二爹的老先生启蒙。一年后,转到父亲李卓侯执教的私塾去念书。

李四光读书很勤奋。每天早饭前,朗读和背诵书文,饭后听讲课,练毛笔字或作文写诗。晚间,同哥哥伯涵一起挑灯学习,直到深夜。有时李卓侯因事外出,学生们就吵闹起来,甚至用课桌搭戏台,但他从不参与。

李四光从小爱动脑筋,凡他遇到的不能理解的事物,他总要追根究底,直到得出满意的答案为止。在村边,有一块很大的石头。他们常在这儿玩,对于这块石头,李四光曾经产生过疑问:为什么周围没有这种石头,它是从哪里来的呢?他一直没有得到满意的解释。直到三十多年后的 1933 年,他在《扬子江流域之第四纪冰期》一文中还提到了这件事,认为它可能是一块冰川流行时从远方运来的巨大的砾石。这件事反映了李四光在少年时代已显露出他对探索大自然奥密的特殊兴趣。

李四光聪敏灵巧,对于农家的一些技术活学得很快。他还喜欢自己动手制作一些小玩具,他很喜欢做"船"。因为他听父亲讲过,甲午战争时,由于我们的船不如人家,结果吃了败仗,所以他想长大后去造船,争一口气。

农村的生活,使李四光同穷苦的农民建立了很深的感情。那是在他八九岁一个冬天的深夜,村里有一家失火,在嘈杂的人声中,李四光不见了,母亲急得到处找他。原来李四光从家里拿了一只木桶,跟着大人去救火了。当乡亲们把这家的一位老婆婆救出来的时候,李四光看见她在深夜的寒风中冻得直发抖,就赶紧跑回家去,要母亲找件衣服给老婆婆穿,老婆婆非常感激,乡亲们也都连声称赞。

进城求学

太平天国革命运动之后,清朝统治集团内部分化了一批主张中学为本,西学为用的洋务派。湖广总督张之洞是清末洋务派首领。他在湖北开矿办厂,振兴实业,同时设立新学堂,培养人才。这种新学堂,除继续教学生读经书外,还讲授一些科学知识。

省城开办新学堂的消息,很快传到了黄冈。有着强烈的求知欲望的李四光,向父母提出上学的要求。父亲李卓侯很支持他,马上向乡亲借路费,就在 1902 年冬天,李四光挑起行李,告别父母,前往省城武昌。

进了武昌城,李四光来到设在水陆街守备衙门内的湖北省学务处报名,准备参加入学考试。由于初到大城市,一时过于紧张,李四光在填写报名单时,误将姓名栏当成年龄栏,写了一个"十四"当他发觉写错了时,便将"十"字添成李"字,但四这名字不好听,正在为难时,抬头看见堂上挂着一块扁。"光被四表",他灵机一动,在"李四"后面加了一个"光"字。从此,李仲揆就又名李四光了。

湖北官办的新学堂,是从高等小学堂开始的,认为小学是培养人才之源。李四光经过考试,被录取到西路高等小学堂读书,入学学生全部寄宿,伙食、服装、用品等均由学校供给。为此,李四光全家都很高兴。

这个小学开设有修身、读经、中文、算术、历史、地理、格致、绘图、体操九门课程。每日上课六小时,其中读经占二小时,学期四年。李四光在这里学习非常用功,特别对西方科学知识很感兴趣,他如饥似渴地吸取着各科知识,学习成绩一直名列前茅。

留学日本

1904 年 7 月,李四光由于学习成绩优异,被破格选派到日本留学。湖北这批官费留日学生,一共九十名。其中,高等小学堂的学生,只有四所学校,而且每校只选一人。

要远涉重洋出国求学了,李四光回到黄冈向父母辞行后,便赶到上海同大家会合,乘轮船去日本。按照留学生监督的指定,李四光进了弘文学院普通科学习。这个学院,是专为中国留学生开设的一所普通中学。留学生初到日本,大都先在这里学习日本语言和初等数理化,三年毕业后,再进专门学校。当时全院有十多个班,分别以中国地名命名,每班约四五十人。

按照清政府学部规定,李四光在此期间每月可以领到月金三十三元的官费,但是每月的学费和膳宿费要交去二十五元,其它一切费用,都靠剩下的八元来开

支,生活是比较清苦的。当然,对李四光来说,由于他从小就习惯于过艰苦的生活,这点困难是可以克服的。

1907 年 7 月,李四光在弘文学院毕业以后,按照自己的志愿,考入大阪高等工业学校。

日本经过明治维新,向西方学习有成效,离中国又近,所以当时在日本的中国留学生很多。但是,入高等以上学校的却很少。学工、农、格致等各项实业专科的更是寥寥无几。产生这种情况的,一个主要原因是日本方面因中国留学生增加太多,各高等专门学校和大学限制中国留学生入学人数。例如,大阪高等工业学校每年仅吸收中国留学生十名,而当时等候进校的学生竟有千余人。李四光能被录取,是不容易的。

大阪高等工业学校,是 1899 年开办的,坐落在大阪北区玉江町。学校设有机械、应用化学、窑业、酿造、采矿冶金、造船、舶用机关和电气八个学科,修学年限均为三年。李四光从小立下了要为祖国学造船的志愿,所以他选择了舶用机关这一学科。

这一年的暑假,李四光回国探亲。这时,他家已迁到了距下张家湾约有三公里的香炉山。李四光一回到家里,全村立刻热闹起来。他兴奋地向父母和乡亲讲述自己在国外的见闻,还把带来的各种动物、植物、矿物和轮船的图片贴在墙上,大家都觉得新鲜。

李四光几年来学到了不少科学知识,回到家乡,首先感到村里吃的是门前塘里的水,很不卫生,他就想到了一个人工过滤的办法。他买来一口大缸一口小缸。在大缸的下端凿一孔,装一根竹管子,缸底放一层石子和一层沙子,然后盖一层白布,把挑来的塘水倒在大缸里,塘水经沙石层过滤,从竹管流入小缸内,混水变成了清水。乡亲们跑来看,都称赞这个办法好。

从这些小事中,我们可以看出,在李四光年轻的心灵里,已经孕育着要用学到的科学知识,为人民谋福利的意愿。

9 月初,李四光回到大阪高等工业学校。这时全校有学生 400 余人,舶用机关科一年级新生 19 人,李四光是班上唯一的外国留学生。这里所学的课程比弘文要繁重得多。第一学年有数学、物理学、无机化学、力学及材料强弱论、舶用机关、制图、英语等。第二学年增加了冶金学和造船学等,第三学年又增加了电气工学、水力学、工业经济等。由于李四光在国内只读了一年半的新学,到日本后的前三年,也是重补习日文,理科学得比较少,现在来到这样正规的高等工业学校,学习这么多的课程,这对他来说,是很不轻松的。但是,李四光采取了把主要精力集中到几门主课上去的办法,结果取得了较好的成绩。这时他的数学成绩还不太好,后来他到英国留学时,就对数学很下功夫,努力把成绩赶了上去。

加入同盟会

　　李四光在东京弘文学院上学的时候,正是资产阶级革命政党——中国同盟会诞生的前夕。以孙中山为代表的民主派所宣传的革命主张,在当时的留日学生中,影响一天比一天扩大。抨击清朝政府、鼓吹革命的书报杂志,如《湖北学生界》《新湖南》《江苏》……纷纷在东京出版。曾经名噪一时的康有为、梁启超,则因为他们那一套君主立宪的主张已经落后于时代的要求,在留日学生中的影响不断缩小,并为不少人斥为保皇党而抛弃掉了。

　　急于寻求新知识的李四光,此时除了学日文,准备进专门学校外,对祖国的革命也非常关注,他经常出入在留学生会馆赴集会、听演讲。

　　1904年12月,宋教仁来到弘文学院学习,李四光同他来往较多。宋教仁又介绍他结识了马君武。这使他受到了更多的民主革命思想的熏陶,开始走上了革命的道路。在当时的中国留学生中,围绕着剪不剪长辫子,竟然成为革命与不革命的一场关键。那些具有民主革命思想的人认为长辫子是民族压迫的象征,是一种耻辱,毅然把它剪掉了。而封建思想顽固的人,生怕丢了辫子,将来当不成官,见不得人,死死地护住它,不肯剪掉。李四光到东京不久,就决然把辫子剪掉了,表示自己站在革命的一边。

　　1905年7月,孙中山由法国来到东京,为适应革命形势发展的需要,从事筹组同盟会的工作,以联合所有革命的团体。

　　有一天,李四光正在吃晚饭,一位朋友走来低声告诉他,孙中山已经到了东京,决定明天在赤坂区开会。李四光听了非常高兴,感到能够有机会见到大家敬仰的孙中山,是很难得的。第二天,他们一起来到了赤坂区。当他们脱鞋入室时,看见已经有二三十人席地而坐。除孙中山以外,还有黄兴、宋教仁、刘道一、马君武等人。开会时,孙中山、黄兴等相继演说,提出革命团体联合起来,成立一个新的革命组织。经过讨论,大家都表示同意。并将组织的名称,定为"中国同盟会"。接受孙中山的主张,以"驱逐鞑虏,恢复中华,建立民国,平均地权"作为同盟会的宗旨。接着同盟会会员举行了宣誓仪式。在李四光宣誓完了之后,孙中山亲切地摸着李四光的头说:"努力向学,蔚为国用"。从此,年仅16岁的李四光,就成为孙中山在日本组建同盟会时的第一批年轻的会员。孙中山的勉励,对于李四光后来努力学习,立志为建设国家做出贡献,是有深远影响的。

　　8月20日下午,在东京赤坂区灵南坂本金弥子爵的宅邸,中国同盟会举行成立大会。到会的有一百多人,大会通过了同盟会《章程》,选举孙中山为总理,下设执行、评议、司法三部,公推了各部任职人员。并定东京为同盟会总部所在地。

　　李四光参加同盟会之前,虽然痛恨清朝政府的腐败和它所带来的民族灾难,迫切要求改变这个现状,但是,他的思想主要还是受了康有为、梁启超要求学习

西方、变法维新的影响,认为中国所缺的,主要是物质文明,即指那些轮船、火车之类的东西。到日本之后,他开始接受孙中山的资产阶级民主革命思想,认识到国家要富强,非从政治上先来个改变不可,而要实现这一点,康、梁的道路是行不通的,必须推翻清朝政府。至于用什么方法去推翻它,在一段时间里他是不明确的,甚至认为这方面的问题,应该由社会活动家去考虑,而他自己则应该在发展祖国的科学技术方面多做点工作。

同盟会总部在东京的成立,引起了清政府的恐慌,立即密托日本政府对革命党人"随时踪迹,窥其举动。"同时加强对中国留日学生的控制。为此,遭到了中国留日学生的普遍反对。路矿学堂首先罢课,弘文学院继之,两三天波及各校。陈天华愤而投海自杀,鼓励同志誓死救国。中国留日学生总会决定全体罢学回国,不在日本受辱求学。

当李四光准备同其他留日学生一起归国的时候,孙中山打来一个电报,不赞成留日学生全体回国,怕被清政府一网打尽。同时,日本政府在内外舆论的压力下,答应了中国留学生的多项条件,其中包括正式承认中国留日学生会馆的合法权利。1906年1月11日,中国留日学生开始复课。

1910年7月,李四光毕业回国。在武昌,他应聘在昙花林湖北中等工业学校任教,开始从事教学、研究工作。1911年10月10日晚上,武昌起义爆发。当时,李四光正在北京参加留学毕业生考试,成为"工科进士"。消息传到北京,李四光非常兴奋,立即与好友收拾行装南下。到武昌后不久,李四光被委任为湖北军政府理财部参议。武昌起义点燃的革命烈火,很快燃遍大江南北,长城内外。腐败的清朝政府终于土崩瓦解了。

1912年1月1日,南京临时政府成立,孙中山就任临时大总统,正式改国号为"中华民国",定1912年为民国元年,在古老的中国大地上树起了民主共和国的旗帜,宣告了两千多年的封建帝制在中国历史上的终结。这是孙中山领导的辛亥革命所建立的丰功伟绩。

不久,李四光又被委任为南京临时政府特派汉口建筑筹备委员。

孙中山担任临时大总统之后,认为兴办实业是"中国存亡的关键",并通电指示各省都督设立实业部。

1912年2月7日,湖北省政府投标公选部长,李四光得票最多,被选为实业总部长,时年23岁。

3月5日,根据南京临时政府内务部指示,将实业部改为实业司,李四光担任司长。

他于是四处奔走,日夜操劳,制定振兴实业的蓝图。

正当湖北各项实业开始出现生机的时候,由于领导辛亥革命的资产阶级的软弱性和革命的不彻底性,孙中山被迫辞去总统职务。南京临时政府仅存在三个月,就把政权拱手交给了北京的袁世凯。

李四光心情十分沉重。虽然他对袁世凯的面目还不可能有什么认识,但孙中山毕竟是他心目中的领袖,孙中山辞职了,今后中国的前途如何?他思想上未

免有些惆怅和担心。

1912 年 4 月 9 日,孙中山来到武昌,他在演说中解释说:"仆此次解职,外间颇谓仆功成身退,此实不然,身退诚有之,功成则未也。"12 日,李四光等前去探望孙中山,孙中山向他们讲述了社会革命的重要性,以及平均地权、兴办实业等政策问题。

袁世凯上台后,开始打击和排挤革命党人。在这种情况下,发展工业造福人类,建设新湖北的愿望已成幻想。1912 年 7 月,李四光数次提出辞职,终免此官。

李四光辞去湖北司长以后,内心非常苦闷,他眼看革命的果实落在了旧军阀手中,自己的理想没有实现,不知今后怎么办。当他得知不少革命党人公派出国学习的消息之后,认为自己现在"力量不够,造反不成,一肚子秽气,计算年龄不算太大,不如再读几年书,准备一份力量。"便当即向当时的政府提出了继续出国留学的要求。这时,黎元洪对付湖北革命党人的办法是:感到威胁太大的就杀,能拉过来的就收买,两者都不好办就送走。所以,李四光的愿望最后得以实现。

李四光等出国留学的人员尚未成行,就于 1913 年 3 月 20 日,突然发生了宋教仁在上海车站被刺的事件,全国震惊。面对袁世凯的毒手造成的血的教训,李四光进一步看清了袁世凯的反动面目。

3 月下旬,孙中山从日本回到上海,使李四光心中又有了一线希望。但是,孙中山兴兵讨袁的号召,真正响应者不多。孙中山发动的"二次革命",不到两个月就烟消云散了,后不得不又离开上海去日本。这让李四光非常失望。

7 月下旬,李四光怀着沉重的心情,同王世杰等人一道,坐船从武汉到上海,买好了出国船票。就这样,李四光第二次离开祖国,远涉重洋,去寻找"科学救国"的道路。

为国学习

李四光到达大不列颠帝国的首都,近代产业革命的发源地伦敦之后,先到中国驻英使馆留欧学生监督处报了到。这时,我国留英的学生中学理工科的较多,李四光按照自己的志愿,决定学习采矿。但是,他的英语不太熟练,数理化学科也还需要补习,因此,他决定先进预科。

英国的大学中,当时采矿方面的较为著名的有伯明翰大学,收费比剑桥、牛津等大学少一些,设施方面也不差,李四光就进了伯明翰大学。

在学校附近,李四光找到了一家公寓住下来,主人是一位英国老太太,待人非常热情。同时,住在这公寓的,还有一位中国留学生丁燮林,两人一见如故,相互帮助,相互照顾,非常亲密。他们还一起跟着房东老太太实习英语。李四光特别用功,还看了不少英国古典文学作品。不到一年,他的英语就说写自如了。后来,他还学了德语、法语。他在外文方面下的这番苦功,为他以后几年的学习,乃

至日后的科研活动,创造了有利条件。

1913 年 12 月 27 日,中国教育部颁发了《留欧官费学生规约》,规定留欧期间不得转学或改赴他国,未毕业前不得请假回国,违者停发官费。这样,李四光在伯明翰大学,一直读到毕业。

但较为平静的学习生活,时间并没有持续多久。1914 年 8 月,第一次世界大战爆发。英国的生产机构转为军事生产,物价开始上涨,生活用品日益短缺,买支蜡烛都十分困难。有的留学生,干脆停学回国,但李四光却节衣缩食,克服种种困难,把学习坚持下去。

李四光从预科转到采矿科,经过一年的学习,感到要采矿,离不开地质。因此,他决定转到理科学地质,从头学起。

李四光进了地质系之后,由一位包尔顿教授指导他学习。这位教授对他非常热心,李四光对他也很尊重,经常向他请教,得到不少的教益。

大战期间,英国许多大学由于收入减少,支出降不下来,只好靠增收学生的学费,才能维持。这时正好英国许多矿山,因为工人和技术人员征去当兵,缺乏劳动力,李四光便利用假期,跑到矿山,找些临时工作,赚点生活费,继续自己的学业,这也让他对矿工生活有了实际的体验,对这一带的地质情况也有了实地的了解。

1917 年 7 月,李四光通过了学士考试之后,利用暑期,查阅了一些地质资料,编出了一副中国若干地区的路况和线勘图送给包尔顿看。包尔顿看后,当即高兴地指出,如果能在这基础上再进一步做些工作,说明今天已认识到的程度,总结前人的工作,还要进一步提出今后研究的突破点,这将是很有意义的。包尔顿的话,激起了李四光强烈的责任感。他立即着手广泛收集当时的有关中国地质的科学文献,进行仔细的阅读,经过自己的思考,提出评价和见解,最后用英文写成长达 387 个打字页的论文,标题为《中国之地质》,并于 1918 年 5 月提交伯明翰大学地质系,6 月通过了答辩。

全篇论文分为地形、地质概况和经济地质三个部分。其中,以第二部分中的地层一章内容最为丰富,占整个论文的二分之一以上。在叙述每一时代的地层之后,都附有详细的化石表,注明每种化石出现的层次和地点。可以看出,李四光当时是把地层学研究作为最基础的工作,并且是下过一番苦功夫的。

由于这篇论文的提出,李四光被伯明翰大学授予自然科学硕士学位。

李四光学习期满之前,伯明翰有位老师愿为李四光介绍一份做地质工程师的工作,但他要为祖国找矿而婉言拒绝了。

李四光为了在回国之前再多获得一些广阔的实际地质知识,他到康尔锡矿工做了一段时间,随后又赴欧洲大陆做了一番地质考察,还登上了阿尔卑斯山,琳琅瑰丽的冰川地形,给他留下了深刻的印象。

中国人自己办地质事业是从 1912 年开始的。当时在南京临时政府实业部设立了地质科,由章鸿钊任科长。1913 年开始调查煤矿,1914 年因感人力不足,自己开办训练班。1916 年,招收的 30 名学员中,有 13 名毕业。其中有丁文江、

谢家荣等。就在这一班毕业生的基础上，成立了农商部地质调查所，由丁文江任所长。

1919 年，丁文江到欧洲考察，知道李四光是专学地质的，希望他回国教书。这虽与李四光的初愿不尽相符，但他还是同意了。不久，李四光接到北京大学校长蔡元培发来的聘书，请他回国担任北京大学地质系教授。

1920 年初，李四光到了伦敦。在这里会到了丁燮林、王世杰。他们两人也收到了北京大学的聘书。他们一道筹划回国的事。

教学和研究

春去夏来，天气逐渐转暖了，李四光和丁燮林、王世杰一行，从英伦起程，经巴黎、柏林、莫斯科、西伯利亚，于 1920 年 5 月回到北京，就任北京大学地质系教授，开始了他的教授生活。

北京大学自从 1917 年蔡元培来校任校长之后，仿效欧美，对校制进行了一番改革。主张各派学说"兼收并容"，把一座原以"中学为体西学为用"的改良主义的旧大学，改造成为提倡"民主与科学"的近代资产阶级的大学。

李四光到地质系后，主讲岩石和高等岩石学两门课程。加上实习，全周授课23 个小时。李四光讲课非常认真。讲课前，他总要参考大量书籍资料，编写提纲，准备挂图和实物标本等，一丝不苟。

他对学生们的要求很严格，特别注意基础知识和基本功的训练。从岩石的肉眼识别，到显微镜下的鉴定，以及进行全面的化学分析，他都要求学生能够掌握。

野外观测是地质工作的基础。李四光告诉学生们，自然现象一般都是很复杂的，一定要由近及远，由简入繁，按这样的程序工作。他常常带着学生到北京西山等地区进行实地教学。有时还不断提出问题，启发同学们的观察兴趣。地层层序，走向倾角，断裂亏位，他都要求大家实测，并记在观测本上。岩石、矿物、化石都要采集标本，注明地点。

但是，由于学校经费不足，地质系学生的野外实习受到了限制。当时地质系的房屋很少，设备也十分简单。上实习课时，三十多人合在一起，围着仅有的三架显微镜，拥挤不堪，学生们对此很不满意。李四光便几次找蔡元培校长，终于通过了"津贴地质旅行案"，同时实验经费也有所充实，地质系师生均感满意。

对于毕业青年学生的前途，李四光是十分关怀的，杨钟键于 1923 年在北京大学地质系毕业，准备去德国留学，他写信征求老师的意见，李四光感到当时中国还缺少研究古脊椎动物的专家，便建议他最好选择脊椎古生物，并为他介绍了导师。杨钟键学成归国后，毕生从事中国古脊椎动物化石的研究，成为我国最早在这方面做出了大量贡献，并在国内外赢得了很高声誉的科学家。

李四光来到地质系之后，依旧保持着严谨的治学精神。他一面教书，一面进

行着科学研究。他把备课、讲课、带学生学习当作实践的极好机会，不断地积累资料，不断地思考和研究问题。他一生中在地质学方面的主要贡献，如古生物科的鉴定方法、中国第四代冰川的发现和地质力学的创立，都是从这期间开始的。

李四光在进行这些项目的科学研究时，始终掌握从现象深入到本质，从结果追索到原因的治学方法，因此能不断地提出创造性的见解，并敢于向一些观点提出挑战。虽然不可避免地引起某些争论，但却也因此而受到国内外专家们的重视。

1921年春夏之交，李四光领着学生到河北邢台南的沙河县做野外的地质实习。一天，他带着学生，横穿沙河盆地时，望见远处有一座中等高度的孤独的小山，外貌圆满。当他走到近处时，发现地面上有一些奇怪的大石块。难道这是古冰川的遗迹？他立即进行系统而细致的观察，如果是冰川作用的堆积物，那就很可能在积物中找到冰川条痕石。结果他们果然发现了三组不同方向的非常清晰的擦痕。冰川遗迹的可能性更大了。

同年六七月间，李四光又到山西大同盆地，进行煤田地质调查。他发现一条东南方向延伸的山谷，长约数公里，这次，他一看就认定是冰川U谷，并在谷中找到不少带擦痕的大石块和卵石。

李四光把这两次观察到的现象作为一个重要的问题，写了一篇报道，题为《华北第四纪冰川作用的遗迹》。

第四纪冰川，是地球最新的一个地质年代内大部分地区多次发生的冰川活动总称。中国曾否有第四纪冰川，对研究我国第四纪地质和地貌是一个关键问题。对解决工程地质、水文地质等有关问题，也很重要。李四光在第四纪冰川问题上，第一次向外国地质学权威提出挑战。

许多外国地质地理学者名流，来中国考察，都认为：中国无第四纪冰川。

1922年5月26日，在中国地质学会第三次全体会员大会上，李四光做了《中国第四纪冰川作用的证据》的学术演讲，提出了中国曾经发生过第四纪冰川。证据就是太行山东麓及大同盆地发现的冰川作用的遗迹。

当时，瑞典地质学家安特生听了李四光的演讲，只是轻蔑一笑，态度非常冷淡。这使李四光感到颇为惊讶。安特生当时在中国地质界影响颇大，"顾问大人"不说话，本来很有兴趣的其他地质工作者，也就噤若寒蝉了。

但李四光并没有因此放弃对第四纪冰川的研究，只是当时他主要精力放在对蜓科动物化石的研究上了。经过五年多辛勤工作，他终于在1927年写下了《中国北部的蜓科》这一古生物学专著，他破天荒地提出了自己的分类法，在国际上博得很高声誉。至今，他的蜓科分类法在世界古生物学上仍被广泛应用。

1926年7月，广东国民革命军正式出师北伐，轰轰烈烈的北伐战争开始了。

1927年4月6日，李大钊被张作霖逮捕，28日在北京被杀害。1927年6月，张作霖自称大元帅，指派刘哲为教育总长。不久，北京九所国立大专学校被合并为京师大学校，北京大学也一度中断。

这时，北伐军经过"宁汉分裂"与"宁汉合流"，打击排挤了中国共产党，成立

了南京政府。

南京政府决定设立中央研究院。首先筹建的研究机构,有社会科学研究所,地质研究所和观象台等。这在有志于发展中国科学事业的先行者蔡元培、杨铨、李四光等人的心目中,都认为有一个合法的机构是用来进行科学研究工作的有利条件。

李四光离开北京南下,主持地质研究所的筹建工作。1928年1月,地质研究所成立,李四光担任所长,同时兼任北大地质系教授。

李四光在这里度过了二十多年的艰难岁月。

地质所很长一段时间没有固定的办公场所,每隔不久,他们便要扛起"地质研究所"的招牌在上海马路上转移。直到1933年秋,坐落在南京鸡鸣寺路的办公楼建成,地质所才算有了正式所址。

李四光在1921年首次报导华北地区发现第四纪冰川遗迹时,安特生的冷漠态度似乎是对李四光的一次挫折。其实,他们时常思考着第四纪冰川的问题。但是在李四光提出了那些非断层擦痕所能解释的条痕面后,安特生既不同意,又提不出其它合理的说法,这就使李四不能不感到失望。

但要找到更多的遗迹,的确又有很多难以克服的困难。有一次在去北戴河、秦皇岛的旅行中,李四光曾经看到一些类似冰川封丘的地形,但在附近并没有找到确定的冰川堆积,他的期望又一次落空了。

在一系列挫折、困难和失望的打击下,李四光的信心也不免开始动摇了。

时光流逝,十年过去了。虽然第四纪冰川问题的研究暂时陷入停顿状态,但是蜓科化石的创造性研究使他获得了国际的荣誉。海水进退和大陆山脉阵列的研究,表明他正在叩击地壳运动秘密的大门,酝酿着一门新的学科的出现。

1931年夏天,李四光以兼任教授的身份带学生到江西庐山实习,挺拔秀丽的庐山迎接了这位探寻地球秘密的科学家。

有一天,当他们登上含鄱岭向东眺望时,东西两侧各地的不平常的地形外貌一下子吸引了他。在这900米海拔以上的崇山峻岭之中,溪水日夜穿流,为什么谷底反而不深峻,而是这样平缓呢?而在谷底,又看到粘土中夹杂着许多大大小小的石块和砾石,表面上还隐约有冰川擦痕。

尤其是牯岭山谷的一块巨石,重约万斤,凌空平躺在另一块巨石上,从周围环境来看,它既不可能是山上崩落下来的,也不可能是人力搬放的。

李四光想,这里是不是可能发生过冰川呢?但暑假已到,来不及继续观察研究了。这年,"九一八"事变爆发,第二年,上海又爆发"一·二八"淞沪抗战。由于时局紧张,学校没有安排李四光野外教学任务,他就带着思考,同地质所的喻德渊等人,再次来到庐山考察。

李四光终于得出结论:

庐山在第四纪地质时期,至少经过两次冰期,冰期就是地质历史上发生大规模冰川的时期,两冰期之间因气候温暖,冰川消融退缩,称为间冰期。庐山还可能有过第三次冰期。他认为,中国第四纪冰川主要是山谷冰川。只有山谷冰川

中华名人百传

科学技术卷

特别发达的山区,才有山麓冰川的发生。这个意见,为以后第四纪冰川的研究工作指出了方向,找到了打开第一道门的钥匙。

1933年11月11日,北京地质学会第十次年会,李四光做了《扬子江流域之第四纪冰期》的学术演讲。但与会的地质界著名人士大都持怀疑态度。

1934年,由丁文江等筹集了一笔钱,邀请当时担任燕京大学地质系教授的英国地质学者巴尔德及德日进、诺林几位外国学者到庐山考察。在实地考察中,许多人对这里的奇特地形表示诧讶。但这场讨论和考察,由于对方固有的成见和缺乏探讨问题的态度,李四光仍没有得到任何结果。

1936年5月,李四光赴黄山考察,通过详细观察,认为山谷两侧岩壁的下部保存了几条平行排列的不同长度的冰磨条痕,方向一般都朝着山谷的下方微微倾斜,反映了冰层移动的方向——这是长江下游的某些地段确有第四纪冰川活动的证据。

1936年9月,李四光用英文写成《安徽黄山之第四纪冰川现象》一文,引起了中外学者们的注意,德国知名冰川学家费斯曼读了以后大为吃惊,两次跑到黄山去看冰川遗迹,连声说:"看到了,看到了。"认为"这是一个翻天覆地的发现"。他立即给德国的土壤冰川杂志写了文章。

李四光对中国第四纪冰川的贡献,第一次得到外国科学家的公开承认。但他仍不满足于已获得的资料,1936年8月第四次赴庐山,并且在芦林买了小房子,把全家搬了过来。

这次庐山考察得到的证据更多了。1937年他完成了《冰期之庐山》的原稿,全面系统地论述了庐山第四纪冰川遗迹,划分了冰期与间冰期。

1937年8月13日,日本侵略军在上海登陆之后,派飞机轮流轰炸南京。12月13日南京沦陷。1938年10月,广州、武汉失守,中央研究院也奉命随政府迁至内地。

李四光带着他的研究所在没有住房、天天防空、缺乏经费的困难处境中落户桂林。在抗战八年的艰难岁月里,李四光在桂林度过了将近七个春秋。当时的桂林,没有战火的骚扰,有一个相对平静的环境。

1945年1月11日,是蔡元培诞生纪念日,李四光继作《从地质学观点看中国山脉之形成》的学术讲演后,又出版了《地质力学之基础与方法》一书。这对建立地质力学这门学科具有里程碑的意义。

抗战胜利后,李四光从重庆回到了上海。他不愿意去地质研究所所在地的南京这个国民党严密控制的城市,往来于沪杭之间。他想要出国,而环顾世界,似乎也没有一个可让他的理论进一步得到发展的适当环境。

1948年初,李四光接到参加国际第十八届地质会议的通知。考虑了两天,他决定去英国。8月25日,因二战而延期七年的第十八届国际地质会议,在伦敦亚尔培大厦开幕了。

由于中国战场上人民军队的节节胜利,各国科学家都感到了中国正在发生翻天覆地的变化,以极大的敬意看着李四光。

李四光发表了《新华夏海的诞生》一文。他的论文语句精炼、逻辑严密,他叙述和论证了这个新华夏海的产生起源。他的用语丝毫没有越出地质科学的范围,但每一个听众都似乎听到了字里行间另一种火辣辣的深意:新华夏海的起源,即新华夏构造系的诞生,隐伏着一种强烈的含意——也就是象征着新中国的诞生。

国际地质会议闭幕之后,李四光和夫人许淑彬没有立即回国。他们在英国进行教学和研究,又逗留了一年。

国内正在进行解放战争,三大战役的胜利一个接一个。北平的解放,紧接着是在北平的和谈。谈判无成,渡江之战,三天后南京就解放了。

李四光的心早就飞回了祖国,虽然他还没有启程。

1949年10月1日,新中国——中华人民共和国举行了开国大典。"中国人民从此站起来了。"

李四光收听到开国大典的消息后,再也按捺不住了,便和夫人商量一定要早早赶回祖国,但回家的路途也是辗转复杂的。尽管这样,李四光还在归途中构思了一篇辉煌的学术论文,并于1951年发表。题目是《受了歪曲的亚洲大陆》。这是一篇地质力学的学术论文,但却饱含感情,特别在结尾处,他借用了地质的语言,表达了祝福新中国的热情,他纵论了地质时代中的世界地质发展形势,最后写道:"这样,我们的结论是,随着地球的旋转加快,亚洲站住了……"

1950年4月6日,李四光从深圳进入了祖国的怀抱,完成了从伦敦到广州9760海里的行程。

这是祖国!离开了两年,不!是两个时代。现在见到的已是解放了的新中国了。

踏入国门　肩负重托

中国共产党在开国之初,为建设理想的富强国家而体现的魄力和远见,使李四光感到可以为中华民族真正贡献自己一生的心血了。

他揭开了自己科学事业中崭新的一页。

踏入祖国的大门,李四光的心久久不能平静,他要为中华民族贡献力量的愿望终于实现了。

1950年5月6日,李四光和妻子许淑彬到了北京。这年他已60岁。

他们住在饭店四楼,推开西窗,便是金光灿烂的天安门城楼,可以看见北京美丽的景色。各种印象,新鲜而又庄严,使他目不暇接,感动不已。许多老朋友闻讯赶来,叙旧话新。

他没有想到,第二天下午4时,周恩来总理就亲自来看望他们了。总理满面笑容,英姿勃勃,大踏步走进房间,紧紧地握住李四光的手向他询问起来。一股暖流遍布他的全身。

　　李四光轻快地回答了总理对他旅途和健康的询问,尔后两人又纵论了国际局势。李四光发现,总理十分注意倾听他对西欧的现场感受。后来,总理在第二次政协会议上做了国际形势报告中还引用了李四光在这方面提的事实与观察。总理虚心与谦和的态度,引起李四光加倍的景仰之心。

　　这次到北京以前,李四光已经知道自己被任命为中国科学院副院长,当时他不太想承担这样高级的行政领导职务,他也认真考虑过国家的重托,担心自己力不从心,仍想回到南京,回到他的地质研究去从事地质研究工作。

　　但是,周恩来总理亲切地告诉他一个感人的情况:"在北京准备召开一个全国性的地质会议。地质会议等你等了五个月了。有人说:李四光不会回来啦,会议不要再延期了。我告诉他们:李四光是一定会回来的! 他现在还没到家,那我想,一定是路上发生困难了……"

　　总理继续说:"我们坚定地相信你会回来!"

　　巨大的暖流冲击着李四光的心房。他这时再次体会到:中国共产党人为了建设理想中的富强国家,在科学事业的准备方面,具有何等的魄力和远见啊。他马上站起来,向总理表示:"原来是这样啊,总理! 党叫我做什么工作,我就做什么工作。"

　　李四光的科学事业揭开了崭新的一页。

　　1949 年 10 月 19 日,中央人民政府宣布成立中国科学院,任命郭沫若为院长,李四光、陶孟和、竺可桢为副院长。

　　李四光在担任中科院副院长的同时,接受了周总理交给的组织全国地质工作者的任务,并担任了中华自然科学专门学会联合会主席,后又提任地质部部长,世界科学工作者协会执委会主席、中国科协主席以及全国政协副主席等职务。

　　1951 年 12 月 30 日,中国地质学会举行成立 30 周年的大会。理事长李四光做了《中国地质工作者在科学战线上做了一些什么》的报告。那天,天气很冷,漫天大雾,但会场上热气腾腾。李四光总结了我国地质界的 30 年经验和教训,最后指出:

　　地质学本来是西北欧和北美发展出来的一门科学。可是,西欧、北美是两块屡受张力作用而支离破碎的区域,那是不能够作为构造地质的基本事实的。

　　而在我国,这个困难并不存在。亚洲大陆的地质构造,从来是统一的。主要的部分完整、清楚。所以,我们要在自己的基础上,用我们自己的方法,解决我们自己的问题。

　　1953 年,飞雪过去,春天来临。雪融冰消的一天,毛泽东主席在中南海的一间客厅里接见李四光,总理也在座。

　　谈话中间,毛泽东关切地问李四光,我国天然石油的远景怎样?

　　李四光早在 1932 年就注意了这个问题。在 1933 年的《东亚构造格架》一文中,他已做出回答。因此,他乐观、肯定地说:"仅就新华夏体系而言,仅就石油而言,且不说其它的构造体系和其它资源,新华夏体系的沉降带,既生油,又储油。

这就可说明我国天然石油远景辉煌，我们地下的石油储量确是很大的。"

听到这里，周总理笑着说："我们的地质部长很乐观。我很拥护你。"

毛泽东主席也笑了。接着，他又做了关于地质和石油的一系列指示，李四光听得心潮澎湃。

毛泽东主席和周恩来总理当然知道，这些话是就我国石油的远景而言的。他们要知道的就是远景。远景问题明确了，就可以下决心、定计划，集中优势兵力来打大的歼灭战。

李四光用他的知识和智慧，描绘了我国石油、煤炭、金属、非金属等矿产资源开发的壮丽的远景。

李四光一生经历了一条漫长而曲折的道路，而在他进入古稀之年时，他才找到了"归宿"，参加中国共产党。正像他在支部大会上说的一样，他"像一个刚出生的婴儿，生命的新起点才开始。"他以70岁的高龄，继续奋斗在地质战线上。

李四光要求入党，是1957年正式提出来的，他向党表达自己的这个愿望，也经过一番严峻思索。

早在1951年，中国国民党革命委员会主席李济深先生曾向李四光提出，请他参加"民革"。后来，还有人请他参加"民盟"和"九三学社"，他都婉言谢绝了。他曾把这件事和自己的态度，向中国科学院党组织做了汇报。当时，李四光的心愿是想参加共产党，但就怕不够资格，所以不敢提出来。特别是对自己当初没有投入到革命队伍中去，内心非常惭愧，同时，他也觉得，自己离一个共产党员的标准还有很大一段距离，而在对党的事业的贡献上，自己也还没有做什么。一段时间，李四光只好把要求入党的想法深藏在心里。

尽管李四光平时严格要求自己，但是他还是没有勇气提出入党问题来。1957年1月他因患肾脏病，赴杭州疗养。3月的一天，他正在休息，突然听到外面有人说："周总理来了。"他还没来得及穿好衣服，周总理已经到了会客室门口。坐在沙发上后，总理首先问起李四光的身体和病情，后来，便问起了李四光对参加共产党的想法。李四光望着总理亲切、热情的目光，心中充满了幸福的激情。他向周总理诉说了自己要求参加共产党这个多年来的心愿，和为什么考虑多年而又没有提出来的原因。针对李四光的思想，周总理耐心地说："现在搞社会主义建设，很需要知识分子为党工作，你不要太爱面子嘛，可以和地质部党组织谈谈。"

周总理的这次谈话，使李四光增添了勇气。

1957年6月25日，李四光在《人民日报》发表了他读毛泽东同志《关于正确处理人民内部矛盾的问题》报告后的感想，题目是《党能领导科学工作》。

李四光首先认为："绝大多数科学家在科学工作要不要党的领导这个问题上的回答是肯定的，不同意见主要在领导方法上。"接着，他也尖锐地指出了当时在科学领导工作中存在的一些主要问题。

李四光最后说："一个世纪以来，尤其是几十年来的历史经验教训来说，只有共产党在中国的政治历史上出现以后，中国人民才找到了正确的领导，脱离了受

屈辱受压迫的生活,并且在全世界面前站起来了。在我们这样一个经济落后的大国,要迅速地富强起来,除了走社会主义道路之外,肯定是没有其它路可走了。"

1958年10月18日,李四光填写了入党志愿书。

12月2日,中共地质部办公厅第一支部召开支部大会,讨论了李四光的申请。李四光在会上做了两次发言。他分析了自己的人生历程,并说:"通过群众帮助和工作实践,我逐步地确定了工人阶级的世界观,从而初步学会了运用马克思列宁主义的观点、方法分析和处理一些问题,但是,我知道我的学习还很不够,缺点错误还很多,希望大家予以帮助。"

这是李四光倾吐心声的一次发言。

这就是一个曾抱定"科技救国",而在旧中国苦苦求索的科学家的真实的思想轨迹。

1958年12月29日,中共中央国家机关委员会正式批准接纳李四光为中共预备党员。从此,李四光又跨入了人生的一个新的高度。

1959年,是中华人民共和国成立十周年,也是李四光入党后的头一年。他曾对一位外国朋友说:"我个人能够生逢这样伟大的时代,我深深感到生活真有意义,生命值得珍惜。"

实现抱负　鞠躬尽瘁

在中华人民共和国建立以后,有这样的两件大事,成为我们中国人的骄傲。

过去的许多年间,我们中国曾经被称为"贫油国家",一切石油制品,都被称为"洋油"。但是20世纪60年代以后,中国人民把"贫油"的帽子扔到太平洋里去了。我们的祖国,不仅不再是贫油的国家,而且成为了石油输出国。

地震是人们最害怕的自然灾害之一,中国是世界上地震灾害较多的国家。长期以来,人们对地震充满了恐惧,又毫无办法。谁知道老天爷哪一天发怒呢?但是我国的地震工作者现在不仅有了预报地震的理论,还初步掌握了预报地震的方法。

人们在谈起这两件令人骄傲的事情的时候,都必然和李四光的名字紧密地联系起来。

李四光在研究地质构造和地壳运动的规律中,运用了力学观点,倡导了地质力学这门新兴的边缘学科。

科学发展史表明,一门自然科学在理论上的突破,往往与研究方法和手段的改进有密切的关系。

20世纪20年代到40年代,正当魏格纳的大陆漂移说受到攻击而几乎销声匿迹的时候,李四光把应用力学引入到地质学中,用力学观点研究地壳构造和地壳运动的规律,创立了地质力学这门新兴的边缘学科。他认为,地球上各种构造

现象都是地壳运动的产物。地壳在运动中必然有一种力在起作用，这种力一般称为地应力。岩石在地应力的作用下就会产生形变，留下波浪起伏的褶皱、纵横交错的断裂等各种构造形变。那么，反过来，依据构造形式的力学特征，就可以追索力的作用方式，进而探索地壳运动的方向和起源。

这种严密的逻辑方法，李四光称之为："反其道而行之"。也有人把它称为"反序法"。这套说法，克服了传统构造地质学那种孤立描述构造形态的偏向，发展了地质科学的认识论和方法论。

当然，地质力学的研究工作发展到理论化的程度，并把它作为一门地质科学的边缘学科来看待，完全是新中国成立以后的事情。《地质力学概论》的问世，就是一个标志。

20世纪40年代中期李四光出版《地质力学的基础与方法》一书，此书虽然也是总结性的文献，但仅仅是地质力学的一个雏型。

1951年发表《受了歪曲的亚洲大陆》。

1953年发表《地质构造的三重基本概念》。

1954年发表《旋卷构造与中国西北部大地构造体系及其它构造体系复合问题》。

1955年发表《地壳运动问题》。

1957年发表《莲花状构造》。

1959年发表《东西复杂构造带和南北构造带》。

它们大大丰富和发展了地质力学的内容。

1959年1月，李四光在青岛疗养时开始了《地质力学概论》的写作。

1962年初，李四光终于完成了这部重要著作。可以说，这是李四光四十年实践的经验的总结，是他在地质力学方面的代表作，也是地质力学研究史上的一个重要成果。

李四光在这本书中，第一次把已经认识了的构造体系，明确地分为三大类型：一是横亘东西的复杂构造带，即纬向构造体系；二是南北走向的构造带，即经向构造体系；三是各种扭动构造体系。他把"多字型"构造、"山字型"构造、"人字型"构造等，统统纳入扭动构造这一大类之中。这样，有关构造体系的认识，更加系统化了，就像生物学分类似的，有纲有目，有种有属。这一发展，也是其它大地构造学派的巨著中所缺乏的。

李四光所分的三大构造类型，不仅对我国和东亚濒太平洋地区的地质构造做了比较完整的描述，而且对于整个大陆构造和太平洋底部构造的基本特点也做了概略的阐述。

李四光尤其通过对构造体系各种类型、等级的划分，指出了某些重要矿产的分布规律以及找矿的方向，这对地下资源的勘探和开发，展示了科学的预见性。

1964年底，三届人大会议期间，在人民大会堂有一位工作人员对李四光说："请你到北京厅去一下。"李四光拉开门跨进北京厅时，发现毛泽东主席在坐，李四光以为是通知错了，就说："主席，对不起，我走错了门。"说罢欲转身出门。

这时，毛主席走过来，握住李四光的手说："你没有走错，就是我找你的。李老，你的太极拳打得不错啊！"

李四光暗自诧异，心想，太极拳我刚刚学，主席怎么一下子就知道了呢？于是回答说："我的身体不好，刚学会一点，太极拳打得还不好。"

主席温和地笑了，原来主席指的是根据地质力学理论的指引，在新华夏沉降带中找到了一系列油田。主席指的是地质部和石油部协同作战，以及石油工人开发了大庆油田的辉煌战绩。

"主席，这都是遵照您的指示做的啊！"李四光激情满怀地说。

关于中国石油资源的远景，在20世纪50年代以前，不少地质学家抱着悲观的看法。1915年至1917年，美孚石油公司克拉普和菲尔勒，率领一个钻井队，在陕北一带打了7口探井，花了300万美元，因收获不大走了。1922年，美国斯坦福大学教授布莱克威尔德来中国调查地质，回去写了《中国和西伯利亚的石油资源》一文，提出了"中国贫油"的论点。他的文章归纳了三个原因，大意是：中国的中新生代缺乏海相沉积，古生界又是不含油的类型，除西藏、西北某些地区外，各时代地层都遭受了强烈的褶皱裂以及火成岩的侵入，于是，他断言，中国东南部找到石油的可能性不大。西南部找到石油的可能性更是遥远，西北部不会成为一个重要的油田，东北地区不会有大量的石油。从此，"中国贫油论"就流传开来。

但是，李四光根据他对中国地质的深入研究，对"中国贫油论"一直持反对的态度。他早在1925年《燃料的问题》时就说：美孚的失败，并不能证明中国没有油田可办。中国西北方出油的希望最大。而且还有许多地方出油并非完全没有希望。1935年，李四光在英国讲学期间，又暗示在我国东部有可能找到石油。

石油是工业的血液，经济部门的领导同志，特别是中央领导同志，十分关心我国究竟有没有丰富的天然石油资源。

自从1953年年底，在第一个五年计划开始实施的第一个年头，毛泽东、周恩来等中央领导同志在把李四光请到中南海征询他对开发我国石油资源的看法后，党中央采纳了李四光的意见。石油地普查工作很快在全国开展起来。

1955年1月，地质部组成了新疆、柴达木、鄂尔多斯、四川、华北5个石油普查大队。

6月，决定组织松辽平原踏勘组。

1956年3月，地质部、石油部、中科院又联合成立了以李四光为主任的全国石油地质委员会。

在李四光和地质工作者的共同努力下，1955年，起步不久的全国石油地质工作就获得了丰收。到1958年，已在新疆、青海、四川、华北等地发现了几百个可能储油的构造。在达尔油砂山，冷湖等构造上探到了工业油流。

1955年7月，根据李四光部长的决定，派遣由孙殿卿带队的柴达木盆地石油地质调查小组，来到地质部632队大队部所在地格尔木。经过勘查和钻探，这一带果然打出了工业油流。建立了冷湖油田，为高原开发和巩固边防做出了

贡献。

1959年国庆节前夕,赴松辽地区进行地质普查的科技工作者,在表面地层覆盖,岩层露头少、缺乏油气苗显示的东北平原发现了储量丰富的大庆油田,实现了在我国东部找油的重大突破。

这是广大地质工作者和钻探工人根据李四光"新华夏构造体系沉降带"理论,深入松辽平原同心协力,艰苦奋战的成果。

1958年9月24日,石油部在黑龙江省肇州县高台子构造柞基三井,首次获得自喷工业油流。

9月26日,地质部在吉林省扶余县雅达红构造块二十七井,也获得工业油流,从而迎来了1966年大庆油田的大会战。

以后,又在华北平原打出了当时国内产量最高的油井,发现了油流和多层油砂,这些地方现在已成为胜利油田。

"中国贫油论"的帽子终于摘掉了。

李四光的地质学理论和根据这一理论在中国广大地区找到的大量的石油和天然气,为祖国社会主义建设事业做出了举世瞩目的贡献,得到了毛泽东、周恩来等领导人的充分肯定和嘉奖,受到全国各族人民的称颂。

我国是一个多地震的国家。地震现象较为普遍。大力开展地震预报和地震地质工作,是一项刻不容缓的重要任务。

李四光坚定地认为地震是可以预报的。1966年3月5日,河北邢台发生7级以上的强烈地震。3月22日下午,邢台地区又发生了一次强烈地震。在此期间,李四光由于动脉瘤等疾病,医生嘱咐他不能有过多或过重的体力活动,但他仍劝服众人而去了邢台。考察了地震引起的地表各种形变,还同科研人员一起谈话,探讨地震预报的途径,分析今后地震可能发展的趋势。

1969年7月18日,渤海发生地震以后,周恩来总理在国务院会议厅召集了有中国科学院、地质部等有关部门负责人的会议。在会上,他宣布中央决定成立地震工作领导小组,由李四光担任组长。李四光感到自己的担子更重了。

为了指导全国的地震工作,保卫京津地区的安全,他经常分析研究大量的观察资料,还多次爬山涉水,深入房山、延庆、密云、三河等地区,调查地震地质现象,视察地震地质工作。

这时,李四光已80高龄。而且动脉瘤随时都有破裂的危险,但他不顾个人的安危,把全部心血倾注在社会主义建设和亿万人民生命财产的安全上。直到他逝世的前一天,他还恳切地对医生说:"只要再给我半年时间,地震预报的探索工作,就会看到结果的。"看来,他对攻破"地震预报"难关,还是满怀信心的。

自从1965年动脉瘤确诊之后,到1971年这六年中间,李四光知道自己的生命不长了。但他总想能为科学事业的发展和伟大祖国的繁荣昌盛,多贡献一点力量。

直到1971年4月20日,他还会见了石油部六四一厂和国家计委地质局第二海洋石油地质考察队的负责人,不知疲倦地同他们谈渤海地质构造与找油的

关系。这是李四光最后一次同基层干部谈话。

4月24日,李四光的体温突然上升到38℃,住进北京医院。28日下午,北京医院约请了阜外医院的心血管专家给李四光会诊。他还叮嘱身边的工作人员,第二天清早一定要把全国地图集带到医院来。

可是,到29日8时30分,由于动脉瘤突然破裂,李四光休克了。尽管周总理立即派来了医务人员,但也没能挽救回这位科学家的生命。1971年4月29日11时,这位卓越的科学家与世长辞了。

5月2日下午,是个阴雨天,中共中央、人大常委会、国务院和中国科学院在八宝山公墓举行告别仪式,悼念李四光的逝世。

告别仪式由郭沫若院长主持,周恩来总理嘱咐李四光身边的工作人员,一定要把李四光的遗著整理出来。他对参加告别仪式的人群说:"我们一定要继承李四光同志的工作。"

一位卓越的科学家离开我们了!

千万个有为的科学家将在这块大地上成长!

中华名人百传

■ 何国山 主编

第四卷

吉林大学出版社

目　　录

文化艺术卷

屈　原 ……………………………………………（555）

司马迁 ……………………………………………（576）

司马相如 …………………………………………（582）

钟　繇 ……………………………………………（589）

王羲之 ……………………………………………（592）

陶　潜 ……………………………………………（596）

谢　朓 ……………………………………………（600）

庾　信 ……………………………………………（602）

李　白 ……………………………………………（606）

杜　甫 ……………………………………………（613）

白居易 ……………………………………………（619）

韩　愈 ……………………………………………（623）

柳宗元 ……………………………………………（630）

欧阳修 ……………………………………………（641）

苏　轼 ……………………………………………（646）

陆　游 ……………………………………………（657）

关汉卿 ……………………………………………（667）

曹雪芹 ……………………………………………（678）

鲁　迅 ……………………………………………（682）

奸佞卷

吕不韦 ·······································(704)

嫪　毐 ·······································(707)

赵　高 ·······································(709)

梁　冀 ·······································(715)

董　卓 ·······································(718)

许敬宗 ·······································(721)

李义府 ·······································(724)

李林甫 ·······································(726)

蔡　京 ·······································(730)

秦　桧 ·······································(733)

严　嵩 ·······································(737)

魏忠贤 ·······································(741)

马士英 ·······································(745)

文化艺术卷

屈　原

伟大的爱国诗人屈原（约公元前 340—公元前 277）名平，是楚国一个没落的贵族，著名的政治家、思想家、文学家。

仕途之旅

十多年的寒窗生涯使屈原满腹经纶，他过人的才华传到怀王耳中，怀王是一个庸懦无能的人，既不学无术，又贪图财货。但楚国毕竟是一个大国，战国又是七雄争霸的时代，怀王在享受的同时，还想保持楚国的大国尊严，使之胜过他国一筹。另外，当时各国诸侯出于和邻国竞争的需要，要延揽、招纳一些有才能的士子，为己所用。于是"爱贤""求贤"成为当时一种时尚。一个国君往往因此而得到好的名声，所以屈原的才名引起怀王的兴趣，派人把他召进宫里去了。

这是屈原首次进宫，心中不免有些紧张，但看上去还算得落落大方。宫中气象非凡，殿宇高大森严，怀王正襟危坐，头上戴着冕旒，武士和宫女侍立两旁，果然有几分威严。行礼赐坐之后，怀王用目光打量屈原，见他一表人才，心中欢喜，但又觉得他年纪太轻，未必有什么经国济世之才，只是有些虚名罢了。不过既然叫他来了，就和他聊聊作为消遣吧！

"听说你的学识很渊博，今天寡人想和你讨论国家大事，不知你可有这方面的知识？"

"但不知道大王要的是真货还是假货？"屈原没有正面回答，因为听出了一种轻蔑的味道，便反问道。

"此话怎讲？"怀王诧异道。

"大王可知我们楚国有个和氏璧的故事？"屈原没有正面回答，却提出了一个新的问题。

怀王最喜欢美玉，和氏璧就是一种无价之宝，现藏于宫中，他对和氏璧的来历却真的是一无所知。自然，为了个人的尊严，他不能说"我不知道"。而是采用了考一考的口气。

"那你说说看！"

于是屈原绘声绘色地讲了卞和如何发现美玉，如何上献又如何被砍断双足的故事。故事讲完，屈原顺势说道："大王，臣所担心的是，在这里进言会不会得到卞和的下场？"

怀王听着，偷偷望了这年轻人一眼，心想：他还挺厉害的，不过能讲个把故事，还说不上什么学问，于是他又继续考查了。

"年轻人，放心吧，凭我的心智，不会误解，更不会冤枉任何人，要知道，我们楚国的公族是了不起的。——那么你能告诉我关于公族的一些事吗？"

屈原一听，正好，自己本来想从这里说起。于是把声音略提高一点。

"大王，你说得太对了，我们楚国的公族确实了不起。我们的世族可追溯到古代的颛顼帝，以后经过祝融、吴回、陆终直到季连。到商末，季连的一个后代名叫鬻熊，博学有道，周文王、周武王都把他当老师侍奉，后来我们以熊为氏。周成王时，鬻熊的曾孙熊绎封于楚丘，为子爵诸侯，这就是我们的楚国。从那时起，历代君主带领百姓生产经营，国力越来越强盛。当年号称五霸之首的齐桓公，曾寻找借口来讨伐我们，结果被我国高昂的士气、坚固的城墙吓回去了。齐桓公之后，晋国一直称霸中原，我国庄王继位后，励精图治，国力日盛，终于在郑击败晋国的大将，一跃成为中原的霸主……"

屈原说得兴致勃勃，怀王也听得津津有味。尤其是对庄王称霸的故事感兴趣。于是他顾不得君主的尊严，急切地向屈原发问了。

"依你看来，我们楚国是怎样强盛起来的呢？"

屈原一听，这问题问得太好了，真是求之不得呢，良机莫失呀！

"那是因为我们先君懂得为君之道啊！"屈原朗朗答道。

"什么？ 为君之道？君主为一国之尊，有令则行，有禁必止，全国上下都要拥戴他，自古有为臣之道，为民之道，哪有什么为君之道？"怀王说起来振振有词，其实古训他一点也不知道。

"大王，照你这么说，那夏桀、商纣为什么失天下，成汤和文、武王为什么得天下呢？"

怀王沉吟不语，思索起来，屈原又抓住时机继续说道。

"夏桀、商纣荒淫暴虐，失去了民心，也就失去了天下；成汤、文武贤明仁惠，得到民心，也就得到了天下，这里不是有个为君之道吗？"

怀王听到"失天下"三字，心中不禁一惊；听到"得天下"三字，又不觉为之一震。心想：这里面真的还大有文章呢。对于这些帝王，怀王不能说一无所知，但由于终日沉湎于声色犬马之乐，没有心思去了解个究竟。今天被屈原的话引起了兴趣，很想知道，又不愿暴露自己的无知，便依然用居高临下的口气说："好，那你就把他们的事在这里说一说，寡人要看看你能知道多少。"

屈原于是把他们的逸闻趣事有声有色地讲了一遍。

夏桀本智勇过人，但被美女——妹喜弄得神魂颠倒，整天沉湎于女色，残害百姓，最后被成汤推翻了。纣王荒淫无度，不愿听逆耳之言，专门制作炮烙之刑来对付进谏的忠臣。并且在宠姬妲己的指使下，荼毒生灵，最后落得自焚身亡。

而圣君禹尧呢,爱民如子,法治清明,官吏办事大胆放心,百姓的生活安定幸福。自然就兴旺发达了。

怀王听了半天,似乎明白了一点什么,究竟是什么,他也说不清,但渐渐地他对屈原这个年轻人有些佩服了。

"先生,"他开始这样称呼屈原,"照这样说来,这有道无道是大不相同,其中莫非有些什么道理吗?"

"正是"。屈原觉得讲了半天故事,该讲点道理了,"君主来到世上,不是享乐的,而是来操劳的,他的劳苦要十倍于百姓。他也不是来居高临下的、作威作福的,而是来安抚、保护百姓的,这就是君道。有此君道的便受到百姓爱戴,便可以保有君主的尊位;无此君道,便会遭到百姓反对,便会失去天下、国家。做君主的要善于运用贤臣。周公在辅佐成王时,十分重视招纳天下贤才,只要是有才能的人,到他那里就会受到礼遇。他正在吃饭,听说贤才来了,便不等嚼完口中的食物,赶快出去迎接。他正在洗头时,听说贤士来了,来不及洗完,就暂时挽起发来起身相迎。有时接待活动频繁,吃一顿要吐上几次东西,洗一次头要挽几次发。在七年当中,周公以师礼相待的布衣之士有十二人,亲自到穷巷茅屋中去访问的有四十九人,经常给他进善言的有百余人。"

接着屈原又给怀王讲了商汤请伊尹、文王请姜子牙、武王请傅说以及齐桓公请管仲的故事。

怀王越听越觉得这个年轻人有学问,现在轮到他向屈原拱手说话了。

"先生,你说的这些古圣先贤,果然令人钦慕,可是,我们楚国有这样的君主吗?"

"怎么没有?"屈原反问道,"只是没人愿意继承他们的优良作风罢了。"

怀王听出屈原话里有话,要在过去,听到这种逆耳之言,早就火了。今天他倒觉得心平气和,还真有点古先王的遗风。这时屈原又侃侃谈起来。

"我国已故的贤王都有一颗仁人之心。比如庄王,他是风云一时的霸主。他在河上的战役中大胜晋军,取得辉煌的胜利。当时有人主张将晋人的尸体埋在一处,在上建一座巨大的建筑,叫做'京观',以夸耀楚国的武功。庄王不以为然道:'用兵作战的目的本来在于安民、和众,可是这一场战争,死的人成千上万,这些死的人都忠于君命,并没有过错,他们无罪而死,我看了心里很难过,怎么还拿他们的尸体来显示我们的威风呢?'于是在江岸边祷告了天地,班师回国了。"

"在对待臣下的态度方面,庄王还有一个十分有趣的故事——

一次,庄王赐群臣酒宴,从白天一直喝到晚上,在酒意正浓的时候,灯忽然灭了。一个美人觉得有人扯她的衣襟,知道这人不怀好意,便顺手一把抓住那人的帽带,一使劲扯了下来,大声喊道:'大王,有人不老实,趁着灯灭无光,扯臣妾的衣服,被臣妾拽断了那人的帽带。灯火来时,请大王检查一下谁的帽带断了,治他的不敬之罪。'在场的人们一听都吃了一惊,是谁这样胆大妄为? 这下准得掉脑袋了。大家一边这样想,一边不自觉地摸了摸自己的帽带。这时一个沉着的声音从黑暗中响起,庄王说话了:'今天是我赐众卿酒宴,君臣同乐,饮酒未免有

中华名人百传

文化艺术卷

些过量，才出现这一小小的失礼行为，我怎么能使我的臣子难堪呢？好，今天既然是大家陪寡人饮酒，就要饮个痛快，谁的帽带没断，那就是他没尽兴。'君臣一听，便纷纷扯断自己的帽带。这时候又拿来了灯，大家尽欢而散。两年之后，楚晋两国交兵，有一臣子始终不离庄王左右，奋力作战，保护庄王安全。庄王感到奇怪，问他道：'寡人从未施恩于你，你为什么舍生忘死来保护我？'那人躬身施礼道：'实不相瞒，臣就是两年前那天晚上被扯断帽带的人。为了大王的荫蔽之德，我就是肝脑涂地也难以报答。'大王，你看，庄王之所以能够得人心，和他能够宽宏大量，爱护臣下有关……"

怀王这时兴奋极了，只觉得和屈原相见恨晚，站起身来，走过去拉着他的手。

"这是上天把先生赐给寡人，从此我得到辅佐和老师。现在我就任命先生做我的左徒，一切国家大事，都要由你和寡人商量决定，一切政令都要你起草，你是我的大臣顾问，也是我的秘书。——既然你是新官，我先要放你几天假，首先是衣锦还乡，祭告祖宗；其次是问候父母，谢他们养育之恩；此外是夫妻团聚，糟糠之妻在家里侍亲教子，也是很辛苦的，你今天做了官，也让她高兴高兴。哈哈！"

消息传到伯庸耳中，自是欣喜万分。自己干了一辈子，如今年近花甲，仍是一个小官。想不到儿子年纪轻轻就担任要职，正想着，家人通报，屈原回来了。请安之后，问父亲有何训教。伯庸用满意的眼光看看儿子，然后说出事先想好的训诫之词。

"你平步青云，做了大官，有两件事不要忘记。第一，不可忘了祖宗。屈家和楚王同宗，要尽忠报国，勉力国事。第二，不可忘了百姓。君主也好，公卿也好，都要百姓的拥护，才能保持尊位，百姓如果反对你，作起乱来，你的一切荣华富贵就会化为乌有。"

"父亲说得极是。"屈原答道，"孩儿将永远把父亲的话铭记在心。——孩儿想今后以三个人为榜样。"

"哪三人？"

"就是孔子的三个弟子：颜渊、子路、子贡。"

"什么意思？你说说看。"

"家居要以颜渊为榜样。他住在小巷子里，每天用小竹筐吃饭，用瓢饮水。别人替他忧愁，他却充满快乐，他的特点就是：无欲。生活上要求非常低，很容易满足，这样才能专心致志地研究学问，成为最受推崇的孔门弟子。我们做官的人如果能像他那样无私无欲，就能不把个人的荣辱得失放在心上，而尽心尽意地去处理国家大事。"

"说得对，"伯庸点点头，"那么子路呢？"

"在朝要以子路为榜样。"

"孔子不是多次批评子路，甚至说他过于勇敢，没有什么可取之处吗？"

"是的，父亲。"屈原道，"可是，尽管孔子批评子路十分严厉，却对孟武伯说，子路可以在一个有一千辆兵车的国家里负责兵役和军政工作，这不是很器重他吗？后来他在卫国做官，临难不苟，以身殉职。做官不是应该有这种果敢精神和

坚定性吗?"

"好!"伯庸很欣赏儿子的见识,"那你再说说子贡吧。"

"出使他国要以子贡为榜样。"

"对。"伯庸赞成道,"子贡属于能言善辩之人,他和宰我在孔门弟子中同属能言善辩之列。"

等伯庸的话音一落,屈原又接着说下去。

"周敬王36年,齐国将伐鲁国,齐强鲁弱,大祸将要降临在鲁国的头上。为了救父母之邦,孔子派子贡去游说诸侯。子贡先到齐国,后到吴国,又到越国,最后去了晋国,凭着机敏和口才,以利害打动各国君臣,结果是,齐国被吴国所败,而鲁国则安然如堵,不战而胜。要是有了这样的大臣,国家不知要少受多少损失,百姓不知要免去多少灾难。您说是不是,父亲?"

望着那一双聪慧而深邃的眼睛,伯庸心想:这孩子的确是成熟了,可以担当大任了。接着父子二人又谈了一些杂事,屈原就告辞出来,准备明日一早回故乡去。

现在屈原面前已是彩云满天了,似乎建功立业就在今日。然而你可曾设想,这振兴国家的伟大事业,要在一个无知无识、不识时势、不知使命而只有一点虚荣心的君主支持下去完成,即使你有天大的才能,那是可能的吗?所以悲剧在喜气洋洋、兴冲冲中已经开始。

初露锋芒

这天屈原回到秭归,只见城门破烂不堪,心中已是狐疑,百姓们远远看到屈原的那些侍从们拿着武器,都仓皇地拉着孩子躲在家中,咣当咣当地把门闩起来,使屈原迷惑不解。等到认出是屈原时,禁不住叫了一声:"是屈原回来了!"于是咣当咣当,门一个个又打开了。先是探出脑袋,接着大人小孩,老老少少都跑了出来,争着看屈家公子荣归故里,一边看,一边议论,一边嬉笑,一时间满城沸腾,热热闹闹,像是过节。屈原回到家里,先拜见过母亲,问了安,接着又见过了妻子儿女。自然是合家欢乐,上下高兴。

前面说过,秭归城西和秦国交界,因此经常受秦兵袭扰,十几年前被屈原的"平寇队"重创一下,倒也消停了一阵。后来屈原读书去了,"平寇队"自行解散,秦兵又袭扰如故。县令报告上级,上级派一支军队驻扎在附近,每逢秦兵来,他们便去迎击。百姓们感激他们,每次战斗结束后,总是杀猪宰羊款待他们,临去还要送钱送物。想不到战争越来越频繁,百姓们老要招待这些当兵的,真是苦不堪言。后来在一次招待宴上,一个喝醉了的士兵不慎吐露了真相。原来近日频繁的战争只不过是演戏,而骗吃骗喝骗钱才是真。一天,这群当兵的又"演戏"归来,遭到识破真相的老百姓的冷遇。带兵的头目气急败坏,于是用又粗又长的木头撞击城门。这城门早已年久失修,哪里禁得起撞击,不消几下,便破裂在地。

士兵们蜂拥而入，以搜查通敌奸细为名，挨家抄掠，稍有抗拒者，非骂即打，弄得鸡飞狗跳墙，直闹到天亮，把全城洗劫一空，士兵们扛着"战利品"扬长而去。后来听说这带兵的头目因为"御敌有功，战果辉煌"而得到升迁。

屈原听说这种情况，满腔愤怒。假期满后，屈原在辞别家人回郢都的路上，便盘算着先向怀王汇报秭归的事，由此引起改革朝政的议论。可是他的计划未能付诸实践，因为怀王正做着霸主的美梦。屈原一到郢都，便被怀王派到六国去游说诸侯，联合对付秦国，而他自己便可当天国的"盟主"了。屈原出使的第一个国家就是东方大国——齐国。

当时齐国的国君是齐湣王，胸怀大志，以孟尝君为相，国力强盛，常想统一天下，南面称帝。听说屈原来齐，便和孟尝君商量如何接待。后来他们想出各种办法准备把屈原作弄一番，结果竟被屈原作弄了。齐王和孟尝君不能压倒屈原，只好收兵。齐王一改一贯的倨傲，拱手言道："大夫风尘仆仆来到敝国，一定有所指教。"

屈原道："不敢，外臣此次来贵国，只是想告诉大王一个消息。"

"什么消息？"

"听说秦王要称帝了。"

"哦？！"齐王听了不觉大吃一惊，但又佯作不在意的样子道，"让他去称帝吧，不就是改个名号吗？"

"事情恐怕没那么简单。"屈原紧追一步。

"称王也好，称帝也好，都是他自己的事，与我何干？"齐王还在那里装糊涂。

"所谓称帝就是自立为天子，是要各国向他称臣的。"屈原点破了他。

"那么，你们的怀王要首先去朝拜啰？"这齐王也是够厉害的。

"大王，你应了解我们楚人的性格。"屈原不屑地回答道，"当年你们的齐桓公以周天子的名义，率领各诸侯来我国兴师问罪的故事，结果怎样，大王是知道的。我们楚国人是硬骨头，威武不能屈其尊，困厄不能改其志。若要楚国向秦国称臣，除非太阳西起而东落。"

"我们齐人何尝不然，作为一个堂堂的东方大国，我们怎能俯首向秦称臣！"齐王激昂了，不过又由激昂转向沉吟，接着说："不过，俗话说'见怪不怪，其怪自败'。我只要不理他，不去多惹事，也就可以相安无事了。"

"大王，"屈原故意慢条斯理地说，"让我们来看看你的处境吧。你昼观歌舞，夜拥美姬，或围猎于渤海之滨，或饮宴于宫闱之内，多么逍遥！何等惬意！你似乎也不求人，也不惹人，可以长此自享其乐。可是西边的强邻秦国正虎视眈眈，东向而望。齐国若向他俯首称臣，那就永远做他的藩属，年年纳贡，岁岁朝觐，像仆妾一样地侍候他；若抗拒不予理睬，就将兵戈相见，大王若抵御不了秦兵，宗庙社稷必然毁于一旦。"

屈原一席话说得齐王大汗淋淋，面色蜡黄。

"先……生……，寡……人愿受教，不知先生有何良策？"齐王的声音颤抖了。为了表示对屈原的尊敬，也不称"大夫"而改称"先生"了。

屈原见时机已成熟，便命拿一把筷子来，从中取出一根。说道："大王请看！"说着两手一折，咔啪一声，筷子断为两截。然后抓起一把筷子，两手用力去折，只见那筷子纹丝不动，于是就此发表言论起来。

　　"大王，方今七国之中，秦国最强。在山东诸国中，齐楚国力号称强盛，也不能与之抗衡，更不用说韩、魏、燕、赵了。秦国久有并吞六国之心，统一天下之志。现在所以没有大举东进，是因为条件还未成熟，于是采取各个击破的这种'连横'策略，把六国一个个孤立起来，就像那一根根筷子一样，轻而易举地予以消灭。如果我们反其道而行之，六国紧紧抱成一团，就像那筷子合成一捆一样，秦国虽有虎狼之心，却咬我们不动。"

　　"先生所说虽然有理，可是这不仍是苏秦的合纵吗？"齐王说道。

　　"非也。"屈原道，"苏秦凭三寸不烂之舌，辗转于六国之间，名为帮助六国，实则为一己之富贵。他希望六国与秦抗衡，却不希望战胜秦国，因为只有秦国在，六国才愿用他为相，他才可得到富贵。试想，设若秦国不存在了，或者对六国没有威胁了，他对六国还有什么用？我来到齐国则是怀着一片真诚，是为齐楚，也是为山东六国的共同利益共商大计，没想到……"

　　"啊——先生！"齐王知道屈原余愤未息，赶紧拦住，转变话题，"照先生看来，六国的对秦政策有何弊端？"

　　"最主要的弊端是拿土地去贿赂秦国。"屈原一针见血地说，"秦国最强，但要尽取六国之地，要打多少仗，死多少人，损失多少财物呢？所以，他们往往虚张声势，做出要打的样子，实则按兵不动。六国被他吓怕了，赶快割地求和。今日割五城，明日割十城，然后换得一夕的安睡，等到睡醒一看，秦兵又来了。六国的土地有限，而秦人的欲壑难平，你越贿赂他，他越要侵伐你。就这样秦国越来越强大，六国越来越弱小。这好比抱薪救火，薪不尽，火不灭。"屈原一口气说下来，说得振振有辞。齐王一边听，一边不自觉地频频点头。

　　"先生，你所说的道理，可谓是千古高见。但是贿赂不可行，打又打不过，究竟如何是好呢？"齐王又提出了疑问。

　　"所以我说六国必须联合起来。有一个流行的说法，大王可曾听到？——'连横'成则秦国亡，'合纵'成则齐楚霸。"

　　"哈——说这话的人倒也聪明。不过，楚国离韩、魏不远，干什么不先和他们联合呢？"显然，齐王对屈原的来意仍有疑问，非要问个水落石出不可。

　　"大王，当今天下之势，秦国最强，齐楚最大。齐楚二国携手，就足以令秦人胆寒。其他四周力量薄弱，只好左顾右盼，见风使舵，没有齐楚的联合做后盾，他们怎敢与秦国对抗？这就是我首先访问贵国的原因。"

　　"好！"齐王击一下掌，表示下决心，"我祝贺先生此次外交任务的圆满成功。"

　　"这么说，大王同意联合了？"

　　"哈哈哈——"齐王大笑道，"自然是。"

　　于是，双方举杯，各自一饮而尽。次日，屈原起程回国了。

　　怀王听说屈原在齐国取得成功，心中大喜。命屈原稍事休息，继续出国访

问。其后,屈原便穿梭似地周旋于韩魏燕赵之间,说服各国君主,终于一致同意歃血定盟。

六国诸侯一致推举怀王为约长。怀王当上了约长,似乎觉得自己的霸主梦已成为现实,不禁有些飘飘然,只等着伐秦之役,一战成功,四海之内,宇宙之大,就可以唯我独尊了。至于这仗如何打,他心中是一点数也没有。可巧屈原因操劳过度病倒了,不能随怀王出征。六国军队如期集中在函谷关外,准备到期进攻,怀王虽为从约长,实际上各国军队并不听从他的指挥,而各行其事。秦国守将看到六国联军不过是一盘散沙,便大开关门,陈兵索战。各国都想保存自己的实力,谁也不肯向前,相持数日,被秦出奇兵断绝了联军粮食。结果,六国军队不战自乱,各自狼狈地逃回本国去了。这次战役给了怀王一个当头棒,使他的霸主梦刚刚做成就幻灭了。于是终日坐在宫中,闷闷不乐。

正与邪的较量

屈原病刚好一点,便进宫去谒见怀王,看到他无精打采的样子,心中已明白了八九分。怀王问起屈原的病,屈原道:"据大夫诊断,说是外感风寒所致,经过调治,已差不多好了。大夫说,今后要有抵御风寒的能力,非要身体内部强壮起来不可。"怀王听了好像明白了一点什么,也好像不明白。屈原决定把话题引入正道。他分析了联军之所以畏秦而不畏楚,同国力强盛有关,于是建议怀王像秦孝公那样实行改革,发展生产,奖励军功。

怀王被屈原一席话说得头脑发热,马上同意了屈原的改革计划。自此,朝中再不见屈原的身影,有人问起,怀王只说他在家中养病。屈原呢,则换了一身便服,骑了一匹马,带了一个仆人,到郢都内外,全国各地细心察访,并不惊动官府。每天回到住处,把所见所闻记录下来。

屈原在察访中,接触到社会的各个方面,耳闻目睹了许多奇闻异事,仿佛打开了一个包装精美而已腐烂的点心匣子,蛆虫乱爬,异味刺鼻。要抛弃他吧,这就是自己的祖国,要治理他吧,从何下手呢? 他的思绪仿佛大地上无数小溪,都在潺潺流动;他的感情犹如天空中的风云雷电在他胸中轰击震鸣。他知道改革朝政势在必行,百姓在受苦受难,国家正走向衰亡,力挽狂澜是他义不容辞的责任。然而怀王能支持他到底吗? 朝中的大臣会同他合作吗? 前途未卜呀! 不过屈原就是屈原,他昂起头来,去迎接一切挑战。

一年的察访结束了,屈原把察访所得奏明了怀王。但是怀王是个缺乏思考力的人,对于屈原所谈的社会现象,看不出隐藏的社会危机,他只想称霸或者称帝。由于没有明确的概念,明确的认识,也就不会有政治上的坚定性。把这样一个草包当政治后盾,对屈原来说,这是无可奈何的选择,然而这正是他的悲剧所在。

屈原奉命回府草拟新法纲要,一个巨大的光明在眼前升起,但他又担心:新

法的推行是一场斗争,这场斗争要靠怀王支持,而怀王到底会站在哪一边呢?眼前的光明会不会是海市蜃楼式的幻影?重重的疑虑终于没有阻挡住屈原的热情,他奋然向前了。

有正就有邪,几乎可以说这是人类社会的规律,历史不就是在正与邪的纠缠与对抗中向前发展的吗?邪因正而显其恶,正因邪而益彰其善,楚国的这一段历史便是明证。屈原的活动,一开始便引起一些人的警觉,他在微服察访的同时,也有人对他进行"察访"。

这一天,怀王要去打猎,南后郑袖推说头疼,没有随着前往,却把令尹子椒、大夫靳尚召进了寝宫。子椒身为令尹,却没有什么才干。屈原外交上的成功把怀王推上"从约长"的宝座,为楚国争得了荣誉,却引起了子椒的不满,因为屈原从此有很高的声望,作为令尹的他不禁黯然失色。靳尚是一个十足的小人,刁钻狡猾,爱财如命。自从他的好友张仪做了秦国的国相,黄金白银不停地给他送来。当然也请他帮助"敦睦"秦楚两国的关系,疏远齐国。而今很长一段时间没送东西来,靳尚心中明白,都是屈原教唆怀王联合六国讨伐秦国的原因。这样,屈原就成了他的眼中钉、肉中刺。南后郑袖,约三十六七岁,美而矫健。她既善于做出各种妖态,又心狠手毒,敢作敢为,很有些丈夫气概。三个人就这样走到一起来了。议题嘛,自然就是怎样对付屈原。他们三个人自然不是什么知心朋友,只不过是臭味相投罢了。三人好像三只刺猬,彼此想靠近一些,却又互相刺痛了。他们是矛盾的,但是共同利益——保权、保利,又使他们统一了。

"听大王说,"郑袖发话了,"屈原要实行什么新法,已经奉命起草去了。哼,过去吴起搞过这玩意儿,他还能翻出什么新花样来!——不过,我倒想看看,一定挺好玩的。"说着飞了靳尚一眼。

靳尚明白这个女人的心计,在心中压得越重,在口中说得越轻松。而且从她的眼神看来,明明是向他示意。

"是啊,会很有意思。"靳尚凑趣地补了一句,接着口气一转,"可是,要弄来怕不容易。"

"自然不容易。——可是,要猴子的能让猴子白翻跟头吗?"说着郑袖又飞了靳尚一眼。

靳尚有点美滋滋,飘飘然了。

"那好,让我试试吧。"他说。

几天之后,屈原府中来了一位不速之客——靳尚。屈原因为头天晚上工作很晚,此时尚未起床,仆人将靳尚让进书房,献茶,请他稍候。靳尚心中暗喜,这真是难得的机会。于是踱至案前,只见案头放着一堆竹简。稍一翻弄,《新法草案》四字赫然入目,便急忙翻阅,择其要者偷了几片,纳入袖中,对仆人说:"屈大夫工作辛苦,让他多休息一会儿,我改日再来。"然后匆匆地告辞出来,直奔南后寝宫。

郑袖和靳尚一起观看偷来的竹简。

——一切皇亲国戚,王公大臣,行为触犯法律者,与庶民同罪。

——里通外国、出卖国家利益者,诛连九族。

——利用权势袒护犯罪分子者,不论地位多高,一律与罪犯同罪。

——爵禄不得因袭,有功者晋爵,无功者免官。

这些条文不在一支竹简上,不成系统,但他们明显感到,它们是导向一个共同的目标——摧毁特权。为非作歹而有恃无恐的日子将要一去不复返了。

他们惊魂稍定,便制定对策。

第二天,怀王在南后宫中闲坐,怀王用赞许的口气说起屈原来。郑袖接口道:"是啊,外边都说他能干,说什么都是他干的,好像大王只是个傀儡。——后妃是不应干预朝政的,臣妾这样说不合适吧?"

"哦,有这等事?"怀王有些不悦,"不过,屈原是一个谦谦君子,忠君爱民是他的主张,别人不了解他,所以才有闲言。"

"我看也是。"狡猾的郑袖趁风转舵,只得另谋他路。后来,郑袖终于利用一次机会,把屈原请进她的寝宫,诬陷屈原调戏她。没有头脑的怀王把屈原赶了出去,并且一把火烧毁了屈原花了全部心血弄成的《新法》,南后之流暂时如愿以偿了。

这天,靳尚回到府中,见好友张仪差人送一封信来,拆开一看,是八句诗。

"绝处逢生,齐声称庆。除厄去难,原高水清。黄花满地,白云行空。万方来朝,两国连横。"

看了半天,诗意晦涩难解,猜测不透。忽然眼前一亮,发现这是一首藏头诗,原来是:"绝齐除原,黄白万两。"不觉大喜,再往下看,说是不久将来楚国,要请靳尚引见楚王。靳尚见有"黄白"货,自然全力以赴。从诗意来看,张仪要求有两条:一是要楚国和齐国绝交,二是要求把屈原赶出朝廷。第二件事已取得成功,就等着领赏;第一件嘛,还少不了郑袖,可是,怎么打动她呢? 走一步是一步,还是把屈原处置了再说。

靳尚去见怀王,怀王在那里闷闷不乐。自己一直信任和依靠的屈原怎该做出这种事呢? 屈原对自己的忠心是不容置疑的,有了他,自己才一度做了从约长;有了他,国家的政事才走上了轨道,有了目标。以后靠谁办事呢? 子椒吗? 老朽了,糊涂得很;靳尚吗? 鬼聪明得很,说起话来叫人听起来怪熨贴的,可是鬼头鬼脑的样子让人生厌。还有谁呢? 应对进退,跟着国王亦步亦趋,这样的人是有的,能干事的人却没有。由此他想到那天对屈原的态度是不是过分了? 说不定那里面有些没弄明白的呢? 总之,这时怀王心中有点乱。靳尚看到怀王愁眉不展,凭着他灵敏的嗅觉,怀王的心事也猜到个八九不离十。本来嘛,事情太离奇了,尽管郑袖当时的诬陷表现得天衣无缝,可是要说屈原一个顶天立地的汉子竟做出调戏王后的事,国人有谁能相信呢? 靳尚趁着怀王心神不定时,给怀王提了两条建议:一、屈原不再适合担任左徒之职,给他一个有职无权的官职——三闾大夫;二、他和南后之间的事不能张扬出去。靳尚毕竟不是一个简单人物,三言两语解除了怀王心中的烦恼。于是怀王立即下诏,改任屈原为三闾大夫,由靳尚暂摄左徒之职。

屈原那天被驱逐出宫,屈辱已极,回到府中,五内如焚,饮食不进,也不见人,关起门来,让满腔愤懑化作诗歌,从笔间流溢出来。保守势力本质是腐朽的,但在现实中却占有显著的地位,又互相勾结,盘根错节,要动摇它是不容易的。以屈原为代表的新兴势力毕竟太嫩了,太单薄了,刚要生成、聚藏起来的时候,就被一巴掌打了下去。屈原在外交上可以舌战齐王君臣,取得辉煌胜利,而在国内和郑袖、靳尚一伙人对垒时,却轻易被击败了,这其中的奥秘真值得探索。

忠心报国

不久,张仪悄悄来到楚国,他是带着使命来见怀王的,但是他名声不好。况且怀王率领诸侯伐秦之事虽已过了两三年了,秦楚到底还是敌国呢。所以他带来一大批礼物,来打通各个关节,然后再见怀王。他带来的礼物有三类:一类是送给子椒和靳尚的,无非是金银。第二类是送给郑袖的,这就不同了。他知道南后爱慕虚荣,喜欢华美的装饰,并且喜爱打猎。于是送一副巧匠编成的金丝软甲,一匹千里马,一双豹皮绣金的抓地虎小靴。送给怀王的礼物就更重了,就是将当年秦孝公从楚国夺来的六百里方圆的商於之地归还给楚国。张仪是一个政治掮客,他不是替秦国白送礼的,而是将本求利,他要求楚国和齐国绝交。齐楚的大国关系一断,六国的联合也就解体了,到那时,秦国可以各个击破,而不会受到联军抵抗,这就是张仪的战略使命。

张仪轻而易举地闯过了靳尚和子椒这一关。然后,由靳尚先暗中给郑袖送上礼单,请郑袖找一下方便的时间亲自到靳尚的家来看礼品,同时与张仪见面。

这天,张仪、郑袖、靳尚等人正在密谋,门上通报屈原来访。太意外了!陈列起来的礼物来不及收起,屈原已经在面前了,三个人不知所措。屈原向郑袖行了礼,又向靳尚拱了拱手,指着那个瘦削面颊的陌生人道:"这位自然是张仪先生了。"

"在下正是。不敢动问——"

"新任三闾大夫屈原,负责管理昭、屈、景三家贵族的事务。"靳尚介绍时,把"新任"二字加重说出。

张仪是机灵人,理解到其中变化,也知道来者不善,便对这个不速之客来个先发制人。

"真是清贵的官儿,先生何不去享清闲之乐呢?"

屈原听出了弦外之音,是嫌他搅了他们的事,便不客气地进行反击。

"树欲静而风不止啊,如今一阵风不是又把先生吹到我们楚国来了吗?看来先生是来做生意的,这笔生意还真不小啊。"

张仪见他一语道破,指出了要害,赶忙把话头岔开。

"听说屈先生是一位才子,诗写得很好。"

"张先生是奉秦王之命来的?"屈原不理睬他。

一句看似简单的问话问得张仪进退维谷。说是吧,如何不去见怀王,却在这里和南后、靳尚相会? 说不是吧,堂堂一个相国,却闯入敌国,作何勾当?

"当然——不是……"张仪结结巴巴。

"屈原先生不愧是知礼的君子,我们秦人粗鄙,改日定要专程拜访,向先生求救富国强兵之道。"张仪只好为自己解嘲,当然话的后一半自然包含着讽刺。

"不敢当。"屈原拱手道,"我有一事不明,先要请教先生。适才先生自称秦人,可是据我所知,先生乃是魏国公子,不称'魏'而称'秦',岂非数典忘祖? 此不解者一。先生既有富国强兵之术,不在魏国施展,又亲率秦师伐魏,宰割自己的父母之邦,于心何忍? 此不解者二。先生曾游说齐王,说是韩魏皆已降秦,齐若不肯事秦,秦将命韩魏攻齐之南境,赵兵渡河攻齐之临淄、即墨,秦兵乘势夺下,齐国之亡指日可待。接着先生又游说赵王,说韩魏已降秦,齐国虽然是大国,也已向秦割地求和,若赵不肯事秦,韩魏将从南边袭来,齐国将从东边攻起,秦国大兵也要自西而至,赵国将不旋踵而灭。请问先生,这其中可有一句实话? 堂堂相国,不以仁义取信诸侯,而行欺诈之术,此不可解者三……"

一席话说得张仪脸上红一阵,白一阵。忽然屈原家中小厮来报,说是夫人来了,屈原匆匆告别而去。这场舌战戛然而止。张仪虽然受了责难心中愤恨,却又不能不佩服屈原,那犀利的言语是多么的咄咄逼人! 可惜未遇明主,设若怀王肯用他的才能,秦国称帝的希望必将成为泡影,中原争霸还不知鹿死谁手呢?

第二天,靳尚奏明怀王说是张仪求见。怀王厌恶张仪的为人,但听说秦国要归还商於之地,便喜不自禁,立刻改了一个面孔和张仪说话。当张仪提到楚国和齐国断交时,他也想不出这对他有什么损失,几乎是白白得到一块土地,何乐而不为呢? 当即答应下来,命人将张仪送入馆驿,以国宾之礼相待。

群臣得知,都来称贺。朝堂之上其乐融融,忽然有一人自堂下拾级而上,口称"大王"。怀王定睛一看,原来是屈原,心有三分不快。

"大王",屈原躬身道,"臣以为此事可吊不可贺。"

怀王更不耐烦了。

"你让寡人联合山东六国伐秦,结果是损兵折将,一寸土地也没得到。如今寡人不费一兵一卒,可以坐得六百里之地为什么不可贺,反可吊?"

"大王,秦王主动派张仪来献地说明什么?"

"重视楚国呀,楚国是一个大国。"

"不仅如此,还因为楚国和齐国有良好的关系。一旦和齐国断绝了关系,楚国就孤立了,他还会看重你,还会割地给你吗? 张仪是个反复无常的小人,大王是知道的,如果和齐国断绝了友好关系,秦国又食言自肥、不肯割让土地,齐王一生气,联合秦来攻楚国,那我们楚国的宗庙社稷就要毁在旦夕。依臣之见,不如先遣一使者,随张仪去秦国接受土地,得到土地再和齐国断交也不晚。"

"可是",靳尚插嘴了,"不先和齐国绝交,秦国怎么给土地呢?"

怀王利欲熏心,心中早已痒痒得难以等待了,便不顾屈原的反对,派人和齐国绝交,同时派了一个叫逢丑文的将军随同张仪到秦国去了。张仪见事已做成,

要献给楚王的美女也就留做后用了。

且说张仪陪同逢丑文离开楚国,向秦国趱行。路上回忆起和屈原的一场舌战,不免心有余悸,自己虽然侥幸成功,乃是得力于怀王的糊涂和那帮吃里扒外的奸臣。怀王如果是一个中等的君主,有屈原这样的人辅佐,秦国哪里是楚国的对手?此次成功真是天助我也。俗话说惺惺惜惺惺,张仪对屈原不免产生一些同情。为他的怀才不遇,有志难伸感到惋惜。这样出类拔萃的人才,设若到了秦国,自己怕早已黯然失色。值得庆幸的是,他看出屈原十分固执,他是无论如何不会离开楚国的。

张仪、逢丑文等人一路行进,不一日便到了咸阳城下。那张仪今日同逢丑文在路上饮了几杯,好像有些醉意,眼睛也睁不开了,却待要进城门,只听得"哎唷"一声,张仪从车上跌了下来,侍从们过去搀扶,只见他紧锁双眉,咬牙切齿,叫苦不迭。逢丑文也下车来看问,张仪带着痛苦而抱歉的神情说:"对不起,我的腿摔坏了,请将军权到馆驿安歇。等贱恙稍愈,再陪将军一起面见我国君主。"

过了三天,逢丑文去见张仪,门上不肯传,说是相国腿伤未愈,不能见客。再过三天,又吃了闭门羹。如此数次,张仪只是不见。三个月过去了,逢丑文只得请人上书秦王,将张仪割地之事一一叙述明白。秦王回书一封,说是楚国同齐国还没彻底断绝关系,就匆忙要割土地,会不会上当呢?逢丑文赶快派人回去,把秦王的话奏明楚王。怀王急于得到秦国的土地便派一个勇士跑到齐楚边境将齐王大骂一顿。齐王怒急,要报复楚国,便派一使臣到秦国去,表示愿联合攻楚。张仪得知目的达到,便宣称病已痊愈,去上朝了。在朝门之外,遇到逢丑文正在那里徘徊,便下车上前去寒暄。

"将军看来对我国颇有好感,接受了土地还不肯回去。"张仪戏谑道。

"相国身有贵恙,秦王又不肯见我,叫我哪里去接受土地?!"逢丑文愤愤然。

"干什么要找秦王呢?这是我的六里之广的奉邑,自愿献于楚王,只要找我手下的人交割就行了。"

"什么?!"逢丑文不相信自己的耳朵。"来时我们大王交待得很清楚,是商於之地六百里,怎么一下子变成六里了?"

"那一定是楚王听错了,秦国土地都是百战所得,一尺一寸也不能随便让与他人,何况是六百里呢?"

逢丑文无可奈何,星夜疾驰,回到楚国,把前因后果,详细报于怀王。怀王听了,怒不可遏,拍案大骂,然而一切都晚了。怀王为了解恨,不顾屈原的反对,派十万大军进攻秦国,结果被秦国伏兵打得大败,还乘机夺去了楚国许多土地。

在焦头烂额之际,怀王又想到了屈原,于是召屈原进宫议事。

见面后,怀王先大骂了一通张仪,然后问屈原该怎么办。"大王,"屈原试探道,"只要对楚国有好处,臣愿效犬马之劳。不过现在要重新让齐国相信大王与他们交好的诚意,办法只有一个。"

"什么办法?"怀王急问。

"让世子横到齐国去做人质。"

怀王踌躇再三,终于同意让世子横随屈原到齐国。

齐湣王盛气接见了屈原。

"屈大夫,上次承蒙你的教诲,受益匪浅,这一次再有什么话要教导我吗?"齐王酸溜溜地说。

"我是来告诉大王一件事。"屈原沉着的回答出乎齐王的意料。

"哦?什么事?"

"楚王陷入了不利之地。"

"哈哈哈……"齐王大笑起来,"所以你才来和我讲友好。"

"齐国也正在陷入不利之地。"屈原接着说。齐王愕然,瞪大眼睛,不解地望着屈原。

"楚国被削弱了。楚国削弱一分,秦国增强十分,对齐国的威胁也增强十分。"

"此话怎讲?"

"秦国战败了楚国,别国望而生畏,韩、魏不都在争先恐后地朝秦吗?大王回想一下,近一个时期可有友好使者到齐国来?齐国被相对削弱而不自知呢,所以我说齐国处于不利之境。"

还真的被他说着了,往日齐王宫外车马盈门,外国使臣络绎不绝,如今门庭冷清多了,正不知是何缘故,听了屈原的话,心中豁然开朗。他明白,屈原此行的目的是说服他再次联合抗秦;他也明白,只有齐楚联合才能与秦国抗衡,可是受辱之事仍耿耿于怀。屈原见齐王沉吟不语,也猜透了八九分。

"大王明鉴,齐楚联合势在必行,合则两利,分则俱伤,只是大王心有芥蒂,是不是?"

"本来嘛,难道你们楚王愿同一个辱骂过他的人合作?"

"大王,唇亡齿寒,齐楚两国的关系唇齿相依,小有摩擦,在所难免。你们桓公率诸侯伐楚之事,我们还能永志不忘吗?君主的贤能在于明察时势,趋利避害,不逞一时之小愤,而图永久之计,不知大王以为然否?"

齐王眼亮了,气消了。同意与楚王再次合作,但是,有保证吗?他仍担心。于是屈原命人请世子横来见齐王,齐王见有人质在,还有什么话可说呢?

屈原为了挽救楚国,呕尽了心血,费尽了口舌。

正是在屈原艰难修复两国旧交之际,另一件大事在楚国发生了——张仪又来了。此人莫非吃了豹子胆?怀王正想生食其肉呢。原来他有三件护身法宝:其一,秦王派了一支劲旅,驻于秦楚边境,做出一个随时进攻的姿态。其二,他怀揣一张汉中地图,准备献于楚王。其三,又带了新选的十名美女。

怀王在张仪的诱骗下,进武关同秦王谈判,结果被秦王扣留,要楚国用土地换国君。古代"国不可一日无君",因此秦王这一招够狠毒的。但是屈原及时粉碎了秦王的阴谋,经过艰难谈判,从齐国迎回世子,立为楚国国王,即为顷襄王。这样,秦国的如意算盘彻底落空了。但这顷襄王也是一个糊涂虫,竟在靳尚等人的唆使下,将恩人兼重臣屈原放逐到南方。

抱恨投江

屈原一行经过艰难险阻到达陵阳。一日心中烦闷,到城中闲走,碰到一个老者在街头给人算卦,屈原也想问个吉凶。走上前一看,十分面热,原来是一名太卜,专替国君占卜的名叫詹尹,见了屈原,他赶紧起来拱手。

"屈大夫原来在这里,郢都的人都十分想念你,到处打听你的消息呢。"

屈原问起郢都的消息,詹尹只摇头说,顷襄王每天只和令尹子兰饮酒作乐,不问政事,听说秦人又割去了一些地方,百姓们都害怕得很,怕有一天郢都也要陷落。又说,他看到朝廷如此腐败,已经呈现亡国之象,所以他就告老来到这里,摆了一个卦摊,借此糊口。

屈原听了感叹不已,于是又想起自己的心事。

"先生,我心中有许多疑团,无法解决,敢请先生为我卜上一卦。"

詹尹拿出龟壳摆好蓍草,准备为屈原卜卦。

"大夫有何疑难之事,请讲。"

"先生",屈原用愤怒的口气道,"我应该勤勤恳恳,忠诚老实,还是敷衍塞责,应付了事? 我应该是非分明,直言不讳呢,还是阿谀奉承、苟且偷生? 我应该是和骏马并驾齐驱呢,还是像老牛车,慢慢腾腾? 究竟哪个是吉,哪个是凶? 哪些应该舍弃,哪些应该遵从? 人世间为什么这么浑浊,清白不分? 为什么铜钟被人打得稀烂,而瓦钵子响得雷鸣? 为什么那些嫉贤害能的人飞扬跋扈,而德高望重的人都埋没无名? ……"

一连串的问题问得詹尹目瞪口呆,不知从何回答。

"大夫,我很抱歉,你的问题我实在难以回答。我看你只有去问上天了,一切不都是天定的吗? 这样颠倒了的一切谁知他是怎样定下来的呢!"詹尹也愤愤然了。

屈原辞别詹尹,回到住处。第二天一早,他头戴切云冠,身佩陆离剑,向一座高山攀登,他真的去问天了,而高山之巅不是离天更近吗? 山顶到了,屈原,一个大胆的英雄,向神圣的上苍发出怀疑的质问。

"天上是不是真的有神灵? 如果有万能的神为什么对人间的疾苦不闻不问?"

……

屈原的声音震荡山岳,泉水为之呜咽,林鸟为之哀鸣,白云延伫,樵夫谛听。这声音中含着血,含着泪,惊天动地,但是唤不醒郢都中那帮庸人,他们依然在做着一场浑浑噩噩的痴梦。

不久,韩王仰慕屈原的高名,特派使者到南方来请屈原,结果被屈原婉言谢绝了,他依然要为楚国效力,因为他是楚人。

正在屈原思念楚国朝廷的时候,果然朝廷有人来了。这是怎么回事呢? 原

文化艺术卷

来屈原名气很大,他被放逐的消息很快在各国之间传开,动他脑筋的不止是韩国。别的不表,单说秦国。

"听说屈原被楚王放逐了,可有这事?"昭襄王问道。

"有的,大王。"有人回答。

"那我们要感谢楚王了,他替我们除掉了一个对头。"昭襄王讥讽道。

于是,群臣大笑,接着七嘴八舌议论开来。

"这样的才智之士岂能久居林下? 听说韩国曾派人去请,没请去呢。"

"保不住还有别的国家去请呢。"

"是呀,明珠投暗,土掩尘埋,怪可惜的。"有人发出了惜才的议论。

"何不请他到我们秦国来呢?"有人大胆地提议,同时看了一眼范雎,范雎是张仪以后秦国的相国。那人看了他一眼,是怕引起他的嫉妒。他却不动声色,若无其事,于是大家接着议论。

"可是,韩国他不肯去,秦国却肯来吗?他可对秦国是有成见的呀。"

这个问题一时把大家难住了。沉默了片刻有人想出了主意。

"楚王现在怕我们,就像耗子怕猫。我们只要让白起将军率领 10 万大军,开赴秦楚边境,做出进攻的姿态,同时派一使者面见楚王,告诉他:如果得不到屈原,就将攻取他十座城池,只怕他绳捆索绑也得把屈原弄来。"

"妙计!"秦王道。

"可是,如果到我国,他不肯效力怎么办? 再送他走吗?"又有人质疑了。

"送走? 杀掉!"直到这时范雎才说出四个字。

大家一下子都噤住了。过了片刻,一个人先点头道:"是呀。"接着第二个也点头称是,于是第三个,第四个……陆续都点头称是,秦王的神情也由惊愕变成赞许。用现在的新名词说,他们达成了共识。要知道,那时候,各国之间的力量是此起彼消的关系。像屈原这样的人才,如果为秦国所用,秦国的力量就会增长,山东六国的力量就会削弱。反之,屈原若被山东六国中的任一国所用,秦国的力量也相对削弱。范雎是谋士中的佼佼者,大家不能不佩服他的深谋远虑。

行动计划就像上面议论那样确定下来并付诸实施了。

秦国大夫郑安平奉命来到郢都,见了顷襄王,说明来意,楚王一口答应下来。在他看来,屈原不但一点用处也没有,而且放在身边,耳根聒噪;放逐远方,还常有人为他鸣不平,如今索性给了秦国,岂不是一劳永逸,从此清静无事了。至于秦要他干什么,管他呢! 所以,用不着秦国用刀兵相威胁,他立即令靳尚陪郑安平去找屈原。几经周折,终于在陵阳找到了。

这天,屈原门前来了三辆车子,随从人员加上卫士共有二十多个。村民听说从郢都来的个个喜形于色,以为屈原这次真的被召回做官,楚国又有希望了。有人通报进去,只见来者是靳尚和一个不认识的官人,从穿着看,似乎是秦国人。没等他想明白,靳尚先开口了。

"屈大夫,久违了。多年不见,你苍老了许多。"

"自然不能和你相比,你住在京城里养尊处优,是越活越年轻。——今天来

到这里，莫非我又有什么过失？"屈原说着，把他们让进家门。

"哪里话！我是向你道喜来的。"靳尚一边走一边说。

三人坐下来，仆人献茶。

靳尚看屈原那疑问的眼神，且不说明，用手一指。

"这位是秦国大夫郑安平——"

"在下是奉秦王之命专程来迎接先生的。"郑安平一躬身，接过话头。

"迎接我去秦国？天大的笑话！"屈原冷笑。

"先生大名谁人不知？我们大王正是慕先生大名，使我来迎接先生到秦国去做官，以便朝夕请教，先生万勿见疑。"郑安平做出十分诚恳的样子。

屈原觉得这里面定有诡计，须要提防。联想到韩国使臣来访之事，他似乎猜到什么，而又捉摸不定，只好随机应变。

"我这样的人不是秦国所需要的，而恰是秦国想除掉的。"

郑安平猛然一惊，心想：厉害啊，我得小心对付，不能露了马脚。

"秦国喜爱招贤纳士，这是天下公认的。先生这样的贤者，我们大王视若珍宝，爱惜还来不及呢。"

"靳尚大夫机灵得很，你们该请他到秦国做官嘛。"

"这个——靳尚大夫对我们自然是有用的。——不过——"

"不过他在楚国对你们更有用。"

屈原这一句话点中了要害，靳尚一时脸上红一阵，白一阵。

"先生真是善于诙谐，不过在下来是专程请先生的哟。"郑安平把话拉回去。

"对不起，我不能去，有劳大夫虚此一行了。"屈原直截了当地谢绝了。

"可是，为什么呢？"郑安平有点急了。

"第一，以楚国之大，容不下一个屈原，却要跑到秦国去谋生，岂不贻笑天下？第二，秦需要的是张仪、范雎之流的人物，那里没有屈原用武之地……"

"你们都是一样聪明饱学之士呀！"郑安平又插了一句。

"不一样。他们有的奔走四方，鼓舌如簧，或甜言蜜语，或危言耸听，诱骗诸侯，欺诈天下。有的稳坐国中，老谋深算，调兵遣将，远交近攻，这是我所深恶而痛绝的。我主张的是行仁义，爱人民，安天下，定社稷，和平相处，济弱抑强，也就是要达到天下大同的目的。孔子说：'道不同不相为谋。'我到了秦国，恐怕要天天吵架呢。"

郑安平碰了一个钉子，心中十分不悦，便立起身来。

"先生既是执意不肯赏光，在下只有回去复命，另换一种方法来请先生了。"说着拱手告辞，悻悻而去。

车铃声渐渐远了，消失了。

历史发展到战国时代，统一已是大势所趋，后代历史学家对这一点是肯定的。可是这种统一要靠兼并来实现，这就要打仗，要流血，要给百姓带来痛苦。儒家、墨家都反对战争，都主张各守疆界，息战保民，安国定邦，和平竞争，屈原所坚持的就是这条路线。事情已经过了两千年，如果不以成败定是非，那么哪种观

点更正确呢？

　　且说屈原送客人走后，觉得郑安平话里有话，为了安全起见，他收拾行李，到罗子国去了。

　　果然，没过几天，一队兵丁到陵阳来抓屈原，扑了个空，向村民打听，都说不知道，只好回去复命。事情渐渐松了，屈原也就在罗子国定居下来。

　　这罗子国乃是国中之国，它处在楚国境内，不过是方寸之地。因为它和楚王同宗，所以没被消灭，至今保持有自己的政治机构和主权。罗子国国君久慕屈原的贤名，今日一见，气度不凡，自然十分高兴，便拨给他一处精美的客舍，又派了几个仆人侍候，日日邀屈原打猎、饮宴，或对弈、闲谈，不觉又过了一年。

　　屈原是天生不能做隐士的，尽管在罗子国生活十分安适，可是他的心里一直安不下来。在这里是与世隔绝，生活像平静的古潭，一丝波纹也没有。但他知道，外面是波涛汹涌的世界，总有一天浪潮会波及这里，他要离开这里。到哪里？不知道。去郢都吗？那是不许可的。不过他要设法靠郢都近一点，以便打探一些消息。于是他告别罗子国君，沿江西上了。

　　屈原乘船过了洞庭湖，向西到了沧浪江畔一座庙中住下，第二天起来，正在洗脸，只见几个小伙子在门口探头探脑。屈原不知何故，想叫他们进来问明原委，他们一哄又散了。约摸有一顿饭的工夫，只听外面人声鼎沸，霎时，一群人端着鲜藕、捧着干鱼、咸蛋，由一位老者领着进庙来了。见了屈原，一齐跪倒，口称"老神仙。"屈原一时不知所措，赶快朗声道："各位乡亲请起，我不是神仙，是三闾大夫屈原。"大家一听都愣住了。领头的老者擦擦眼睛，仔细端详一阵，说道："屈大夫，你还活着？我们听说你被奸臣陷害，早已归天，我们都哭了三天三夜呢，莫非你又还魂了？"屈原向他解释道，自己是被流放，并没有死。然后又问他们何事大惊小怪。老者惴惴不安地说出下面这个事由。

　　原来这庙叫做南阳庙，曾经香火鼎盛，远近百姓都来这里荐香。庙中有几个庙祝，管着香火。有一天夜里，一个老庙祝起来解手，只听到殿中有人走动，只当是贼，心中害怕，不敢过去。第二天早上，和大家说了，到殿上一看，只见供果、斋饭全被吃光了，香烛被弄得狼藉满地。大家心中纳闷。到了晚上，不敢睡觉，屏息听着，忽然殿中又传出声音，几个老头蹑手蹑脚摸了过去，隔着窗棂往里一看，只见一只硕大的黑猴竟蹲坐在香案上吃供果，眼中放出两道青光。此处向来传说山上有黑猴精，见此光景，庙祝们以为是黑猴下山，个个魂飞魄散，各自逃命去了。这时附近各村传起了麻疹，都道是黑猴精作祟，日日盼望着有神仙来制服它。

　　误会就是这样产生的。屈原读书涉猎甚广，读过一些医书，便斟酌了一张方子，小孩们吃了，也都平安痊愈了。百姓们感激屈原，好吃好喝给他送来。有些老太太一死儿认定屈原是神仙，非要给他上香，弄得屈原啼笑皆非。屈原虽然写过《九歌》，只是迎合习俗，并有所寄托，实际上他不相信什么"怪力乱神"，他倒是觉得百姓需要帮助，而自己又无力整顿这个国家，为此，他感到不安。

　　且说这庙里由于什么黑猴精的传说，没有人再来上香，殿上没有供果，猴子

自然不来捣乱。庙祝们以为还是托屈原的福，变得平安了，便也陆续回来。渐渐地又有人来上供，屈原让庙祝夜里撤出供果，以杜绝野兽骚扰。后来庙里香火越来越盛，庙祝们找屈原商量，说是要招主持，请他出个主意。屈原以为招来的主持不仅要精明能干，还得道德高尚，大家自然同意。

榜文贴出之后，想不到报名者十分踊跃，最后报了整整 100 名。于是由屈原出题，进行考试，考查应聘者有关宗教、祭祀和礼仪等方面的知识。出人意料的是，除一人成绩稍差外，其余 99 人都成绩优秀。屈原觉得这里面有鬼，定是题目被泄露了。就说：庙里有田产，还需考查应聘者耕种方面的知识，便每人发了一百粒种子，要求秋后交来稻谷，以评定优劣。秋天到了，稻谷收获了，都陆续交来。其中 99 人都雇了人大筐大筐地挑来，只有一人捧来一个小大钵。屈原问他为什么只打这么一点粮食。那人说："你的种子只有三粒发芽，所以……"众人都嗤笑起来。笑声一落，屈原当即宣布此人中选。他说：主持神庙事务需要诚实的人，而他是诚实的。我发给每人 100 粒种子中，有 97 粒是煮熟的，凡是多交稻谷的，都是弄虚作假。事情办得如此聪明而漂亮，大家无不佩服。

一日，屈原在江边散步，想起了这件事，心中另有所感。100 人中有 99 人行骗，只有一人诚实，民风败坏到何种程度了！这是一个多么严重的教化问题。问题的根源在哪里？他想起了一个故事：齐景公喜欢让宫中妃嫔作男子装束，结果呢，京城中的女子都穿上了男子装。齐景公觉得这样男女不分，不像样子，于是下了一道诏令："如有女子再敢着男子装者，将撕裂其衣衫，扯断其衣带。"如此实行了一阵，有不少女子受到惩罚，可是照样还有女扮男装的。景公感到恼火又纳闷，便问晏婴是什么缘故。晏子说："主公禁止宫外的女子着男装，却专让宫内的女子着男装，这好比挂牛头卖马肉，诏令如何能生效呢？"景公于是传旨禁止宫中妃嫔着男装。过了不到一个月，京城中再也看不到女子着男装了。屈原由此自然而想起孟子的一句话："上有好者，下必有甚焉者矣。"如今朝廷上，王公大臣哪一个不是在玩弄骗术？无怪乎要世风日下了。

屈原正在沉思，忽然有人叫他，抬头一看，声音从江上传来，原来是一位渔父，正收了鱼网，向岸边划来。

"先生莫非三闾大夫吗？"

"在下正是。你是……？"

这时渔父已经跳上岸来，屈原用目打量，只见这人隆额阔口，紫色脸膛，须发灰白，虽是渔家打扮，却掩盖不住两眼射出的熠熠光彩。

"大人在朝时，在下曾任左史之职，官卑职小，不被注意，我辞官之后又过了许多年，大人自然不认识了。——可是大人为什么到这步田地呢？"

"唉！——"屈原长叹一声道，"众人皆浊，我独清净；众人皆醉，我独清醒，所以被放逐了。"

渔父看屈原时，只见他颜色憔悴，面容干枯，瘦骨嶙峋，当年的英俊气概连影儿也没有了。他知道屈原忧国忧民之心仍然耿耿于怀，便想劝他几句。

"大人，圣人处世是不拘泥死板的，既然世人皆浊，何不也随波逐流；众人皆

醉,何不也纵饮高歌?"

"这是什么话!"屈原有些生气,"我听人说,刚洗了头,要弹弹帽子上的灰尘;才洗完澡,要把衣服抖抖干净,哪能让干净的身子沾染上外界的污垢?我宁可跳进江心,葬身鱼腹,也不能让皎皎的洁白蒙上尘世的污秽。"

渔父觉得话不投机,便微笑拱手,上船去了。

渔父远去了。屈原望着他的背影道:"一个鸟巢从树上掉下来,其中的鸟卵还有完整的吗?国家如此,你能独自逍遥几天呢?何况,百姓都在受苦受难,你怎能忍心旁观呢?"

这位渔父也并非是一个与污浊的官场同流合污的俗人,不然,他何必要辞官做渔夫呢?不过,他采取明哲保身的态度,"邦有道则仕,邦无道则隐。"既然自己无能为力,就把心放开,落得一个自在。屈原不同,明知与世无补,却终日忧心忡忡,怎么也放不下,时刻为楚国担心。

屈原在这里又住了三年,后沿沅水西上,到了溆浦,这里属于楚国的黔中郡,怀王就是因为拒绝割让此郡才被囚死在秦国的。也正因为这样,屈原对这里有特殊的感情,所以不远千里,跋涉来到这里,要看看这里的风光,吊念怀王最后表现的慷慨之节。谁知不巧,来到这里,正是大旱,五谷不登,民有菜色。屈原住下以后,到处奔走,察看灾情。

一天,屈原走到一个土岗下面,口中干渴,想找点水喝。只见靠近土岗有一片竹篱围成的院落,中间有几间茅舍,不闻鸡鸣犬吠,死一般地宁静。屈原走过去敲门,出来开门的是一位老者。屈原说明来意,老者将他让坐房中,端上水来。屈原向屋中看时,只见几个三四岁的孩子在那里坐着,一个个面黄肌瘦,每人手中抱着一个黑不溜秋的野果啃着,显然是老者的孙子、孙女。问起他们的父母,说是上山采摘这种野果去了。老者拿了一个野果给屈原,一尝,又酸又涩。

"老人家,这种果子这么难吃,干什么还去采摘呢?"屈原问。

"客官,不瞒你说,今年田里没有收成,家中连一颗粮食也没有,全靠这火烧柑子勉强活命呢。"

"火烧柑子?"

老者看屈原疑惑的神色,便讲了关于这火烧柑子的传说。

这火烧柑子乃是附近雪峰山上的特产,别看它难看难吃,却来历不凡。据说天宫御膳房中有一烧火的丫头,玩耍时误入蟠桃园,只见桃子长得白里透红,晶莹如玉,香气四溢。不觉口流涎水,便大胆摘了一个。一尝呀,口角噙香,一脉甘泉顿时流向全身,只觉得软绵绵,醉醺醺,说不出的舒坦。这丫头一时高兴,忘了顾忌,一口气摘下十多个,抱回御膳房,让大司釜、掏火工、洗菜工……都尝了个鲜儿。不期事情败露,王母娘娘大怒,立命将丫头贬向凡间。这丫头一不申辩,二不求饶,只求将她变作一株蜜桃,永远造福人世。王母娘娘一边答应,一边却开了一个小小的玩笑,将她变成一片柑林。这种柑树枝叶如铁,果色似炭,仿佛大火烧了似的,故被称为"火烧柑子",它的果实味道虽然不好,却有两样好处:一是旱涝不怕,哪怕草木全都枯死,它依然能坚挺地生长、开花、结果;二是它有充

饥的功能,吃了它虽然不能长出多少力气,却能熄灭饥火。为此,人们又叫它"救命柑子"。

屈原听着老者叙述,心中十分羡慕这烧火丫头。她总算能为百姓解除一些苦难,而自己却东游西荡,眼看着国家满目疮痍,却束手无策,想着不觉流下眼泪来。

溆浦的年景渐渐转好。屈原住在那里,过着与世隔绝的日子。每天读书、抚琴、散步、写诗,或与当地老乡聊天,生活倒也安然,不觉又是三年。这几日忽然空气紧张起来,人们都少言寡语。一打听,原来有消息传来,说是郢都被秦将白起攻下,楚王由北逃往陈地去了。屈原一听,只觉得耳朵嗡地一声,眼前一黑,卟咚栽倒在地。老乡将他扶起来,只见他两眼发直,面如死灰,老泪纵横,双唇颤抖喊道:"完了!——亡国了!"

晚上,他不能入睡,20 年的郢都生活一幕幕重现在眼前。他的心如毒蛇在咬,如刀子在剜,眼前一片血,血中有人头在滚动,有婴儿在哭泣。耳边喊杀声连成一片,哭爹叫娘声响成一片。他又看到一片火光,熊熊烈火吞并了郢都的大街小巷,楚王的宫殿在烈火中崩塌下来。先王披荆斩棘,筚路蓝缕,创建楚国,而今葬送在这一代不肖子孙之手,多么可悲!

第二天,他不顾老乡们劝阻,打点行装,顺沅水东下郢都。在路上遇到大批难民,知道郢都没法去了,他只得随难民向东南方而逃。在船上,屈原又以《九歌》中的《国殇》为题,写了一首诗,悼念那些为国捐躯的战士。

难民们渐渐四散开,屈原不觉又走到罗子国。国君早已逃走,屈原心碎了,泪干了,只管怔怔地发愣。罗子国有位老臣,曾经和屈原过从甚密,第二天特来看他,发现房中没人,只有一首新诗。他看了下去,发现其中有一句是"生命已到了尽头"。他赶紧问邻居,邻居说,屈大夫起得很早,戴着高冠,佩着长剑,向汨罗江方向走去了。老臣三步并做两步,急匆匆地赶到江岸,江岸并无一人,他益发急了。纵目向江面搜寻,但见茫茫一片,哪里有什么踪影!忽然,他发现水面上有一顶帽子被岸边垂下的杨柳挂住,不能漂走。老臣跑到近处一看,正是屈原的切云冠!他喊起来,撕心裂肺地喊起来。

"三闾大夫——"

人们被惊动了,从四面八方跑到岸边,老臣指着帽子,一下子大家明白了。

"三闾大夫!——"众人的喊声汇成惊天动地的雷鸣,随着流水,随着白云,传播到无限远的地方……

这一年是公元前 278 年,周赧王三十七年,楚顷襄王二十一年夏历五月初五日,屈原时约 62 岁。

一个伟大的天才,蕴涵着救世济民的巨大能量,却在内耗中消磨尽了,这难道是他的个人悲剧吗?

屈原一生是曲折的、忧愁的,但他的爱国主义思想永远在影响着炎黄子孙的每一代人,他永远是我们华夏族闪耀在神州的名星。

1953 年,世界和平理事会号召世界纪念四大文化名人,其中之一是屈原。

中华名人百传

文化艺术卷

他的精神已经走向世界，走向未来。

司马迁

司马迁（公元前 145—公元前 87?），左冯翊夏阳（今陕西韩城县南）人，我国历史上著名史学家、文学家。

司马迁祖辈世代为史官，父亲司马谈又是汉王朝的太史令。少年时代，司马迁是在勤奋苦读中度过的，这为他日后著史打下了扎实的知识基础。

公元前 135 年，10 岁的司马迁随父亲司马谈来到都城长安。长安是当时的大都名城，也是西汉政治、经济和文化的中心，这对于司马迁的一生，是具有转折性意义的。

他脱离了农家儿在田野耕田放牛、自在悠然的闲散生活，开始了在父亲直接指导、严格督促下的紧张学习生活。司马迁学习非常刻苦认真，很快便诵读《左传》《国语》《世本》等古代史籍。

在长安这样的文化中心，司马迁又有幸拜识了两位博学的高师。一位是孔子的十二世孙，古文学派的大师孔安国，司马迁师从他学过《尚书》；另一位是当时最著名的经学大儒董仲舒，董仲舒是今文学专家，尤其精于《公羊》《春秋》。师从于这两位大师，使司马迁获益匪浅，为他日后能大量阅读古书，搜集整理古代史料，打下了非常扎实的基础。

就这样，少年司马迁在父亲和当时大家鸿儒的直接教育之下，树立了最初的理想，端正了做人的品行，培养了严谨的治学作风，打下了极为雄厚而牢固的知识基础。这些，无疑都为他日后能够写作《史记》创造了良好条件。

如果说，10 岁以前，司马迁还只是神往于鲤鱼跳龙门的梦幻，那么现在，他已以开始逐渐确立了自己的理想，并为一生理想的实现做好了基本的准备，打下良好的基础。

公元前 126 年，在司马迁 20 岁的时候，他怀着承继父业，执笔著史的宏志，带着对祖国山河实地考察的渴望，也怀着童年时代的美好梦幻，决定暂时终止对经传史籍的研读，到全国各地去寻访一下祖国的名山大川，考察古代流传下来的遗闻轶事，了解和搜集各种珍贵的史料。

这一年，他收拾好简单的行囊，离开了都城长安，出武关（今陕西商县东），经南阳（今河南南阳县）至南郡（今湖北江陵县），渡长江，踏上了他的漫游之路。

司马迁来到浪涛汹涌的汨罗江畔，他独自凭吊了这位他所敬仰的先贤——屈原。

湖南九嶷山，是个山清水秀的地方。司马迁在这风景秀丽的的九嶷山上，瞻仰了舜的葬地，对舜的事迹做了实地考察。古史遗闻已很渺茫，但山川形势还是很值得一看的。

从湘南到湘西，经沅江顺长江而东下，登上蓊郁葱茏的庐山，临九江，仿佛又看到了大禹为制服洪水，和民众一起疏通九江，"居外十三年，三过家门而不入"的情形，深为感动。

之后，他继续沿江东下，渡浙江（今杭州以下的钱塘江），登会稽山（今浙江绍兴），去探寻著名的"禹穴"。

司马迁游历了会稽后，便由越而吴，来到春秋战国时期吴越争雄的姑苏山下。这里，景色秀丽迷人，众多的湖泊连成一片，几乎到处都能见到令人发怀古之幽思的遗迹和故址。

在吴地，司马迁还参观了战国时期著名的四公子之一、楚国的春申君黄歇的故城和宫室。

结束了在江南的游历，司马迁渡过长江继续北上。

淮阴（今江苏省淮阴市东南）是大名鼎鼎的汉初名将韩信的故乡和封侯之地。司马迁与韩信的生活年代相距不过几十年，因此，他从淮阴父老们的口中听到了许多宝贵、生动的关于淮阴侯韩信的故事。

司马迁渡过淮水，沿泗水北上，来到春秋战国时期鲁国的都城（今山东省曲阜县）。这里是孔夫子的家乡，更是几百年前中国古文化的中心；这里，早就是司马迁十分景仰的地方。

出于对孔子的崇敬，兼作旅途休整，司马迁在这里住了很长的时间。他向学者们请教，研究印证孔子所著之书，搜集有关孔子的遗闻轶事，并跟当地儒生学习孔子的礼仪。

从山东峰山往南，就是孟尝君田文的封邑——薛的故城（今山东省滕县东南）。到了这里，司马迁觉得这个地方的民风强悍，与孔子故乡民情风俗大不相同，他向这里的父老乡亲们打听，才知道当年孟尝君好客养士，大量招收天下的豪杰侠客，因而迁居薛城的有6万多户人家。同时也有一些作奸犯法之辈，逃命藏身到薛城来，遂逐渐形成了此地这种特殊的豪强风气。

彭城（今江苏省徐州市）是秦楚、楚汉战争的古战场，自古为兵家必争之地，也是西楚霸王项羽的都城。项羽曾经在此地创造了一次战争史上以寡击众的奇迹，即公元前205年与汉高祖刘邦的彭城大战。

这一带地方豪杰辈出。彭城的东边，是项羽的故乡下相（今江苏省宿迁县西）；彭城西北的沛郡（今江苏省沛县以东一带），是曹参、周勃、樊哙和夏侯婴的故乡；沛郡以西的丰县（今江苏省徐州附近），是"月下追韩信"的萧何和汉高祖刘邦的故乡；而沛郡的蕲县（今安徽省宿县），又是陈胜、吴广起义的地方。这些人都是楚汉之际的风云人物，因此，这里是搜集秦汉之际的历史资料和了解刘邦及汉初统治集团一些重要人物的一个中心。

在大梁，司马迁还特地去访问了"夷门"，历史上有名的信陵君"窃符救赵"的故事就发生在这里。

结束了大梁的访问，司马迁已全部完成了他这一次游历的计划。

这是司马迁人生旅程中的一次伟大的壮举。

司马迁回到长安后不久,凭借着自己的才能与品德通过了朝廷的考试,从而被选拔到朝廷里,做了一名郎中。从此步入仕途,开始了他的政治生涯。

在西汉王朝庞大的封建官僚系统中,郎中只是一个级别很低的小官,是郎官中最低的一级。司马迁并不冀求在仕途上的飞黄腾达,也从未有过追求高官厚禄之想。然而,在汉王朝发达兴旺之时,能够进入宫廷,得以了解统治集团上层的各种情况和内幕,并随从皇帝巡行各地,游览四方,以便有更多的机会增长知识,丰富阅历,却是司马迁所欲求的。并且这毕竟是他入仕生活的开端。

司马迁入仕之年,正是汉王朝鼎盛的时代,他所侍奉的君王,又是具有雄才大略的汉武帝。他的生活道路、政治遭遇、事业成就均与汉武帝紧密地联系在一起了。

游历,已成为司马迁的生活中一件令他心驰神往的事情了。如果能够,他愿意更多地去看看祖国的山川河流,了解更多的风俗人情,丰富自己的阅历。恰好,他所担任的这个职务,又给他提供了更多的机会和方便。

此时正是汉武帝文治武功臻于极盛的时期,他正热衷于祭祀活动并且巡行频繁。因此,入仕后的几年间,司马迁也得以有更多的机会随从皇帝去游览四方。

有一次,他随从武帝到夏阳、汾阳,过陇山,西登崆峒山,临祖厉河,又北出萧关,和数万骑一起打猎于新秦中,然后回到甘泉。正当此时,汉武帝得到南越王赵佗的丞相吕嘉弑王反叛的消息,立即命令将军路博德、杨仆等率大军前往讨伐。

一年后,叛乱平定了。此时,司马迁也以自己的才能和品德取得了汉武帝的信任。他被任命为汉朝的使臣,代表皇帝和朝廷去视察和安抚西南少数民族地区,这是一件很重要的任务。

司马迁此次奉命出使,西到了巴蜀以南,南至邛(今四川省西昌县)、筰(今四川省汉源县)和昆明(今云南省曲靖县)。这对他是一次难得的机会,使他得以对我国西南地区的地理、物产、民情和风俗有了亲身的感受和清楚的了解,又一次开阔了眼界,增长了见识。

至此,刚过而立之年的司马迁,足迹已踏遍了祖国的中原大地和西北、西南、东南的广大地区。他曾东游江西、浙江、江苏、山东;南历云南、贵州、湖南、湖北;西至四川、甘肃;北经内蒙古、长城内外等地。足迹遍及黄河、长江和粤江流域,几乎走遍了全国。

祖国的壮丽山河,自然界雄伟奇特的景象和社会的现实生活,拓展了他的胸襟,丰富了他的阅历,培育了他热爱祖国的思想感情,也更增强了他著史的宏志。

游历,成为司马迁一生中最重要的经历之一。此时,开始步入中年的司马迁,已完全能够担当起历史降于斯人的大任了。然而,还要有几年的耽搁,他才能擎起那支如椽的巨笔;还将有灭顶的灾难,阻挠他这一使命的完成。

公元前110年,汉武帝特地把年号改为"元封",他亲率一支18万骑兵的大军,从长安出发,旌旗招展,声势十分浩大。先北越长城,巡行边塞,耀威匈奴;然后东巡海上，路经缑氏，礼拜嵩山；之后便转登泰山，开始举行正式的封禅大典了。

身为太史令的司马谈，早在数年之前就参与了封禅礼仪的制度策划等工作。然而偏偏不巧，正式的封禅尚未开始，他便途中病倒，留在了周南。一代的大典，不得参观，是一个史学家最为遗憾的事了。司马谈非常失望，气急之下，病愈加严重。

病榻上，司马谈无可奈何地摇了摇头，不禁老泪纵横。他颤抖地拉起儿子的手，断断续续地，用尽最后的气力，将终生的心愿郑重地托付给司马迁：

"我们的祖先是周王室的太史，世世代代担任这个职务。后世曾经中断过，现在我为太史令，本想接续祖先，振兴祖业，为后世留下一部史书，没想到大业未行，我已经不行了……"

司马谈无限遗憾又充满期望地望着司马迁：

"我死后，你必将为太史。我唯一的心愿，就是你能立志学习做第二个孔子，上续春秋，下迄汉代，写出一部好的通史著作来，以完成我终生誓愿……"

托付了终生的挂牵，带着满腔遗憾，司马谈抑郁抱恨而亡。

司马谈去世后的第三年——元封三年，司马迁果如父亲的遗言，得以继承父业，正式做了太史令。从此，他结束了侍从汉武帝的生涯，正式成为担当重任的史官了，实现理想和完成先父遗愿的大门打开了。

星移斗转，季节变换，日常生活对于司马迁来说，似乎已经没有了意义。他食不甘味，夜不安寝，只有那存放着皇家档案和藏书的库房，对他才具有无限的魅力。他一方面将汉初百年来收集起来的档案、图册、古籍编排整理出来，一方面在这些卷帙浩繁的档案资料中，精心挖掘对今后修史有用的材料。

公元前 104 年，这一年，对于司马迁来说，有两件在历史上是不朽的事业，一件事完成了，一件事开始了。

那完成了的历史上的一件大事业，是制定出了新的历法——太初历。

司马迁那另一件刚刚开始的大事业，便是那不朽的著述——《史记》。

时光如流，一晃过去了 6 年。《史记》在他的笔下也一页页地翻过去，日见增多。他激情洋溢，才思神飞，一天天地向着他的理想的终点进发。

然而，残酷的人生一页，却向他打开，而他却全然不知。

一个纯系偶然的事件将司马迁抛到了死亡的边缘。汉将李陵在与匈奴的一次交战中战败投降。

边塞的飞报将这一情况传到了长安。汉武帝正在等待征伐匈奴的捷报，结果却得到李陵兵败投降的消息，大为恼怒。

司马迁素日与李陵并不很熟悉，据他平日观察，认为李陵为人诚实、廉洁奉公、谦虚谨慎，和蔼待兵。尤其是他常能奋不顾身以解救国家之急难，更令他十分钦佩，而现在眼见这些专会阿谀奉迎的官僚们，这般自私地只顾保全个人和家小的群臣们，前些天还举杯盛赞李陵的功劳，而如今却不实事求是地看待李陵的过失，早已是愤愤不平，有如骨鲠在喉，不吐不快。因此，当汉武帝问他时，他坦

中华名人百传

文化艺术卷

诚地直言道：

"李陵率5千步兵深入敌境，就像在虎口边设下诱饵，勇敢地向强大的敌军挑战。又以寡敌众，杀敌数千，以至匈奴征调倾国之众来围攻。李陵顽强拼杀，与单于连战十余日，在箭尽粮绝，救兵不至，走投无路的情况下，李陵一呼，士卒仍无不奋起，血流满面，与敌人作殊死拼杀，即使古代的名将也不过如此。现在李陵虽败，身陷匈奴，但恐怕只是迫于形势而暂时栖身，看来他是想等待适当的时机来报效汉王朝。李陵对匈奴已经进行了沉重的打击，功可以告天下，望陛下不必深责于他。"

司马迁侃侃而论，却未注意到汉武帝脸上早已是青一阵红一阵，至此，汉武帝再也无法忍耐，拍案斥责道："够了！你是想为李陵做说客吗？"立即命令廷尉将司马迁逮捕下狱。

司马迁下狱后，案子恰恰落到了那个有名的酷吏杜周手里，杜周心狠手黑，被提升御史大夫后，为报答汉武帝的恩宠，暴虐的程度更超过以前所有的酷吏。

司马迁当然也不能逃脱他的魔掌。杜周对司马迁用尽一切手段，严刑拷打，百般凌辱。他命狱卒剥去司马迁的衣服用鞭子抽打，但司马迁不屈服，不认罪。此时，还有一线希望在司马迁的心里闪着微弱的光，他希望朋友们为他奔走呼号，鸣冤叫屈。

司马迁下狱后，往日的朋友没有一个敢为营救他而奔走，敢为他开脱而多说一句话，有权势的大臣们，更不会为一个小小的太史令而去得罪皇帝。

一年之后，汉武帝听说李陵在匈奴很受器重，单于把女儿嫁给他做妻子，又听说李陵正在为匈奴练兵，准备与汉朝为敌。汉武帝信以为真，盛怒之下，立刻下令将李陵的母亲、妻子和儿女都抓来杀掉了。司马迁也因此而受到牵连，被定下了"诬罔主上"的罪名，即欺骗皇帝之罪。按汉朝的法律，"诬罔主上"是要被判处死刑的。

根据汉朝的刑法规定，死刑可以有两种减免的办法：一种是用50万钱来赎罪，便可免去一死；一种是去受"宫刑"，又称"腐刑"（即毁掉生殖器），这是诸种刑中最残酷的一种，对人格也是一种极大的侮辱。

司马迁官微家贫，除了满腹经纶和一堆写满史记手稿的木简之外，哪来50万巨额钱财。往日的朋友们唯恐避之不及，也没有人肯捐资相助。

司马迁经过反复苦思，终于做出了最后的抉择：一定要完成这不朽的事业，写完这一部"究天人之际，通古今之变，成一家之言"的史书。

汉武帝知道司马迁要接受宫刑，却十分高兴，一来他很欣赏司马迁的才能，这样将来还可以为他所用；再者他想，这颇不驯服的小小史臣傲骨终于被折断了，什么样的骏马也得为我所驾驭。

公元前98年，司马迁毅然下了"蚕室"，"就极刑而无愠色"。"蚕室"是执宫刑的一种特别监狱，因其狭小、紧闭而得名。

公元前96年，已到知天命之年的司马迁获赦出狱。此时汉武帝宠爱的李夫人已死，贰师将军李广利也已失宠。而所谓李陵要带兵攻打汉朝一事也已经搞

清，原来要攻打汉朝的，是另一个汉朝降将李绪，而传言者错传为李陵。

汉武帝此时也觉得对司马迁的处刑过重，更兼之认为司马迁人才难得，遂命他为中书令。出狱后的司马迁，像换了个人，每每想起自己所受的耻辱，就脊骨发寒，"汗未尝不发背沾衣也"。

然而，司马迁也清醒地知道，他不能在这样悲哀和痛苦中了结阴惨的一生。他以坚韧顽强的精神忍受了来自朝廷上下的鄙视和讥嘲。支持着他的唯一安慰是，回到熟悉的案几旁，拿起著述的史笔。

司马迁的身体日益衰弱，而《史记》却一天天生长起来，是司马迁的灵魂铸成了《史记》。

但是，对于此时司马迁的心境和处境，人们都不能理解。司马迁任中书令三年后，他的一个朋友，益州刺史任安，曾写了一封信给司马迁，认为他既然处在这样一个受信任的位置上，应该更有作为，并责备他未能"推贤进士"。

这封信触动了司马迁心灵的创伤，增添了他不为人们所理解的痛苦。司马迁按捺不住满腔悲愤和不平，将自己因李陵事件得祸的经过和所蒙受的莫大耻辱，将自己艰难的处境、悲凉的心境以及完成史书的决心，一一悲痛激愤地向任安托出，并坚信："要之死日，然后是非乃定"，写下了字字血、声声泪的《报任安书》。这是一篇对封建专制淫威的控诉状，是一篇饱含愤郁感情的自叙文，是一篇足以惊天地、泣鬼神的"无韵之《离骚》"。

此时，司马迁的《史记》写作已接近尾声，从公元前104年开始动笔撰写，到全部完成这部史书，前后共用了14年的时间。这是他用毕生的精力、艰巨的劳动和整个的生命写成的。

司马迁生命中的最后几年，今天无可细考。完成了《史记》，也就完成了他终生的光辉使命，实现了他生命的全部意义。他大约卒于汉武帝末年，即公元前87年前后。他是在人生最可宝贵的壮年结束其生命的。

司马迁为我们留下的这部《史记》，是我国历史文化中的瑰宝，也是世界文化宝库中的一笔珍贵的财富。

《史记》是我国的第一部纪传体通史，记述了上起传说中的黄帝轩辕氏，下到汉武帝太初年间3000年来的历史发展。它记叙了各种各样的历史人物、历史事件，涉及政治、经济、军事、文化、艺术等各个领域，称得上是一部百科全书式的巨著。同时，它也是在公元前2世纪时全世界规模最大的一部通史。

《史记》全书包括十二"本纪"、十"表"、八"书"、三十"世家"、七十"列传"五个部分，共一百三十篇五十二万六千五百字。"本纪"是以各代帝王为中心的大事记或传记，叙述每一朝代的兴衰和重要的政治事件；"表"是按年代排列的各个朝代的大事，是本纪的补；"书"是记载历代的社会典章制度、天文历法、农田水利和社会经济方面的情况；"世家"所记载的是春秋战国以来诸侯国和汉代所封的诸侯、勋贵的历史；"列传"则是历代政治家、军事家、外交家、文学家、医学家、重要官吏、游侠、商人等各种人物的传记，还有对少数民族和邻邦的历史记述。

司马迁对于我国历史学的贡献，不仅在于他记叙了3000年来的历史发展，

还在于他开创了一种前所未有的新的历史学方法,即纪传体的历史编纂方法。它主要是把历史事件归纳、记载到人物的传记中,从而由许多人物的传记,构成一代的历史。

《史记》是历史,是文学历史;《史记》是文学,是历史文学。它在我国的史学和文学领域中,都有着划时代的伟大建树。

《史记》的作者司马迁,不但是中国的文化伟人,也是世界性的文化伟人,他在中国和全世界的文化史上,都享有崇高的、不朽的地位。《苏联大百科全书》称司马迁是"古代最伟大的思想家之一"。前苏联著名学者图曼说:"司马迁真正应当在大家公认的世界科学和文学泰斗中占有重要的地位。"

司马相如

司马相如是蜀郡成都人,字长卿。年少时喜欢读书,也学击剑之术,因而他的双亲给他起了个小名叫"犬子"。司马相如开始求学之后,很仰慕战国时的蔺相如的为人,于是改名为相如。他捐钱谋了个郎官,侍奉孝景帝,任武骑常侍,然而这项工作并不是他的爱好,景帝也不喜欢辞赋。此时正值梁孝王入朝晋见皇帝,跟随的人员中有许多善于游说的人士:如齐人邹阳、淮阴人枚乘、吴人严忌等,相如见到他们,心里非常高兴,就借口生病而辞职,到梁孝王那里去做客,梁孝王让他与诸生一起住,他得以与这些儒生、游士住在一起度过了几年,于是他写下了《子虚赋》。

等到梁孝王死了,相如就返回蜀地老家,然而他家中已很贫穷,无以为生。司马相如一向与临邛县令王吉交情很好,王吉曾说:"长卿你如果长久在外谋官职不如意的话,就过来看看我。"于是司马相如就去临邛找王吉,住在城廓外行人歇脚的一个凉亭里。临邛县令王吉装作很恭敬的样子,每天去拜访他。司马相如一开始还见见王吉,后来就干脆推说生病了,叫随从谢绝王吉的拜访,而王吉装得更加恭谨有礼。临邛的城里有很多财主,如卓王孙家中就有奴仆八百人,程郑家里也有好几百人,这两位财主互相商量说:"县令有贵客,我们准备酒宴招待他。"并将县令王吉一起请来。当县令来卓家时,客人已多达上百人。到了中午,就去请司马长卿,可相如却称病不去赴宴,相如不来,临邛令王吉竟然不敢进食,亲自去迎接相如。相如不得已,勉强来赴宴。当相如到了卓家后,满座的客人都无不为他的风采气度所倾倒。酒饱饭足后,临邛县令王吉捧上了一具琴说:"我私下听说长卿精于弹琴,希望您弹上一曲为自己助兴。"相如推辞了一番后,弹奏了一两首曲子。当时卓王孙有个女儿叫文君,她新近守寡,喜欢音乐,所以相如和县令假装相互敬重,而用琴来寄情挑逗文君的芳心。相如初到临邛时,后面跟随着车马,他的举止雍容闲雅,容貌更是丰美;当他到卓家赴宴饮酒,接着又弹琴,文君早已暗地从窗户里偷看,心里高兴并对相如产生了爱慕之情,只是担心

配不上他。宴会之后,相如派人赏给文君的侍者很多东西,让侍者向文君表达自己的倾慕之情。文君在夜里逃离家中私奔到相如那里,相如就与她一起驱车飞驰回成都的老家。而相如家中一贫如洗,可谓家徒四壁。卓王孙得知文君与相如私奔后大怒说:"我的女儿实在不成材,虽然我不忍心杀她,但一分钱也不会给她。"也有人劝说卓王孙不要这样,但卓王孙始终听不下去。文君在成都过了一段时间就不愿再过这样的苦日子了,她对相如说:"长卿啊,只要您和我一起去临邛,就是向兄弟借贷也足以维持生活,何必像这样自己苦自己!"于是相如又与文君一起回到临邛,将车马都卖掉,买一家酒店卖酒,让文君在酒垆前卖酒。相如自己穿了件犊鼻裈,和酒保庸役一起打杂,在街上洗盘碗。卓王孙听到这件事后深以为耻,因此连家门也不敢出。他的兄弟和城中长辈就来劝卓王孙说:"你只有一个儿子和两个女儿,家中所缺乏的绝不是财物。现在文君既然已经许身于司马长卿,长卿本已厌倦四处远游,他虽然贫穷,但确实是一位足以依赖的好人材。况且他又是县令的贵客,您为什么如此轻视他呢!"卓王孙不得已分给文君上百个奴仆,钱一百万,以及一些出嫁时用的衣服被子钱财和物品。文君于是与相如回到成都,买田置宅,成为大富豪。

过了一段时间,有位蜀人杨得意,作为管理猎犬的狗监来侍奉皇上。一次皇上读《子虚赋》而大为赞叹:"可惜朕不能与作者同时!"杨得意说:"这是臣子同乡司马相如写的赋。"皇上大为惊喜,于是召相如入朝询问。相如说:"这确实是我写的赋。但这篇赋描绘的是诸侯游猎的情形,不值得皇上一看。请允许我写一篇描绘天子游猎的赋,写成之后再上奏给皇上。"皇上答应了,命尚书给相如提供笔墨书简。相如设置一位"子虚"先生,是因为这是一篇虚构的文词,这位"子虚"先生在文章中赞颂楚国;文章中的"乌有先生",寓意为没有这回事,这位先生在文中替齐国诘难楚国;还有一位"亡是公",表示没有这个人,在文章中"亡是公"阐明天子的意图。因此这篇赋凭空假借这三个人的对话议论,来描绘赞美天子诸侯的苑囿。在最后一段又将本赋的主题归结于节俭,借此达到劝谏的目的。司马相如将这篇赋上奏给天子,天子读后非常高兴。

这篇赋呈奏上去后,天子就任命司马相如为郎官。亡是公所说的上林苑的广大,山谷、泉水和万物,以及子虚所说的楚国云梦泽的众多景物,都是夸张奢靡,言过其实,况且也不是义理所崇尚的,所以删取其中重要的内容,使之归于正道,并加以评论。

司马相如当了几年郎官,正逢唐蒙受命夺取夜郎及其西面的僰中,并开通前往两地的通道,征调巴、蜀两郡的官吏士卒上千人,两郡又为他大量征调水陆两路的运输人员达一万多人。唐蒙用战时法令杀了大帅,使巴、蜀地区的百姓都大为惊恐。皇上听说后,就派司马相如去责备唐蒙,进而告示巴、蜀地区的百姓,唐蒙的所作所为并非皇上的旨意。檄文说:

告示巴、蜀两郡的太守:蛮夷自作主张,不服朝廷,已经很久没有进行征讨了,经常侵犯边境,使士大夫蒙受劳苦。当今皇上即位,安抚天下,使中原和睦安定。然后兴师出兵,向北征讨匈奴,单于恐怖惊骇,拱手称臣,屈膝求和。康居和

583

西域各国，经过辗转翻译前来请求朝拜，叩头进献贡品。然后移师东进，闽、越相继被平定诛灭。随后到达番禺，南越的太子入朝请求归顺。南夷的君主，西僰的酋长，都经常进献贡物、缴纳赋税，不敢怠慢，人人伸长脖子，踮起脚跟，急切地盼望归附朝廷，甘愿充当臣仆，只因路途遥远，山川阻隔，不能亲自前来致意。如今不顺服的已被诛灭，而为善者还没有受到赏赐，所以派遣中郎将前来让他们归服，至于征发巴、蜀的士卒百姓各五百人，只是为了供给钱帛，保卫使者不发生意外，并没有兵革之事和打仗的祸患。现在听说中郎将竟然动用战时法规，使巴、蜀子弟受到惊扰，使巴、蜀父老蒙受忧患。两郡又擅自为他转运粮食，这些都不是皇上的旨意。至于被征发的人，有的逃跑，有的自相残害，这也不是做臣子应有的节操。

那些边郡的士卒，看到烽火升起，燧烟点燃，都张弓搭箭，驱驰急进，扛起兵器，奔向战场，汗流浃背，唯恐落后，冒着被刀刃、流矢伤害的危险，义无反顾，绝不退缩，人人同仇敌忾，就像替自己报仇一样。他们难道乐于死、讨厌生，不是编户之民，而和巴、蜀不是同一个君主吗？只是他们考虑深远，把解救国家的危险放在第一位，乐于尽人臣的义务罢了。所以他们中间有的人剖符受封，有的人析圭受爵，位居列侯，住进京师的甲等宅第。死后就能将显贵的封号传给后代，把赐封的土地留给子孙。他们行事非常忠敬，做官也十分安逸。美名传播久远，功业昭著不灭。所以贤人君子都能肝脑涂地，鲜血浸润野草而在所不辞。如今只是充当供奉币帛的役夫前往南夷，就自相残害，有的逃亡，有的诛死，身死而没有好的名声，被谥称为最愚蠢的人，使父母蒙受羞辱，被天下人所耻笑。人的气度胸襟，相差得也实在太远了。但这也不全是役夫们的罪过，父兄平日没有加以教导，也没有给子弟们谨慎地做出表率，所以寡廉鲜耻，世风不淳。他们被判刑杀戮，不也是理所当然的吗！

皇上既忧虑使者和官员的那些行为，又痛心不肖愚民的这些做法，所以才派遣信使将征发士卒的事情告谕百姓，进而指责他们不能忠于朝廷、不能为国事做出牺牲，责备三老和孝弟没能教育好他们。如今正是耕种的时节，信使担心烦扰百姓，已经亲自面谕郡旁近县的人了，但还是担心远处溪谷山泽间的百姓不能尽知，所以檄文一到，应赶快下发到蛮夷聚居的各县，使他们都明白皇上的心意，千万不可疏忽。

司马相如返回京师汇报情况。唐蒙已经掠取并开通了夜郎，进而想开通西南夷的道路，征发巴、蜀、广汉的士卒，参加工程的有几万人，修了两年，路没有修成，士卒大多死亡，耗费的钱财以亿计算。蜀地的百姓和汉朝当权的大臣有很多人都认为这样做不利。此时邛、筰的君长听说南夷和汉朝来往，得到很多赏赐，大都想做汉朝的臣仆，请求在他们那里设置官吏，和南夷一样，天子询问司马相如，相如说："邛、筰、冉、駹等地都靠近蜀郡，道路也容易沟通，秦朝的时候曾经来往并设置郡县，到汉朝建立时才废除。现在如果能再次沟通，设置郡县，价值超过南夷。"天子认为有道理，就任命司马相如为中郎将，让他持节出使。副使王然于、壶充国、吕越人等，乘坐四匹马拉的传车，通过巴、蜀两郡的官吏，用财物来笼

络西夷。到了蜀郡，蜀郡太守及其僚属都到郊外迎接，县令背负弓箭在前面开道，蜀郡人都引以为殊荣。于是卓王孙和临邛的各位父老都亲自登门，献上牛和酒，以便交好。卓王孙喟然感叹，自认为把女儿嫁给司马相如的时间太晚，就分给他女儿许多财产，和分给儿子的一样多。司马相如于是平定了西夷，邛、筰、冉、駹、斯榆的君长都请求臣服汉朝。于是拆除了旧时的边关，使边关更为扩大，西至沫水、若水，南至牂柯河，以此作为边界，打通了零关道，在孙水上修桥，用来沟通邛、筰地区。相如回来后向天子禀报，天子大为高兴。

司马相如出使时，蜀郡的长老大多认为开通西南夷没有用处，就连朝廷大臣中也有人持这种看法。司马相如想要进谏，但这项建议已经由自己提了出来，所以不敢再进谏，于是写了篇文章，假借蜀郡长老的口气来讲话，而自己来诘难对方，用来讽喻天子，并借此表明自己出使的意图，使百姓知道天子的本意。这篇文章说：

汉朝建立已经七十八年了，恩德隆盛已有六世，国势威武强盛，恩惠的流传久远和深广，黎民百姓都沾了光，在国外也广泛传播。于是就命令使者西征，西方各国顺应时势而退让，教化之风所到之处，无不随风顺服。因此使冉国朝见，使駹国服从，平定了筰，保全了邛，略取了斯榆，占领了苞满，然后车马纷纷返回，向东而去，将要向天子复命，到达了蜀都。

此时，耆老、大夫、荐绅、先生等二十七人，严肃庄重地前来拜访。寒暄完毕，因而进言说："听说天子对于夷狄，其意图只在于牵制他们而不使断绝关系罢了。如今烦劳三郡的士卒，去打通夜郎的道路，到现在已经三年了，工程还没有完成，士卒疲劳困乏，百姓得不到赡养。如今又接着开通西夷，百姓精力耗费殆尽，恐怕不能成事，这也是使者的麻烦和累赘啊，我们私下为您担忧。况且邛、筰、西与中国并存，已经经历了很多年，记都记不清了。仁者不能用德惠招徕他们，强者不能以武力吞并他们，猜想大概是办不到吧！如今割舍编户之民来附益夷狄，使汉朝所依赖的百姓遭受疲弊，而去侍奉无用的夷狄，鄙人愚昧浅陋，不懂得您这样做的意图究竟是什么。

使者说："怎么说这样的话呢？如果一定像你们所说的，那么蜀郡人就永远不会改变服装而巴郡人也永远不会改变风俗了。我常常讨厌听到这样的话。但这件事关系重大，本来就不是旁观者所能看得清的。我的行程很紧，不可能为你们作详尽的解释，请让我为大夫们粗略地陈述它的大概。

"大凡世上一定要有不同寻常的人，才能有不同寻常的事；有不同寻常的事，才能建立不同寻常的功业。不同寻常，原本就是常人觉得怪异的。所以说不同寻常的事情刚刚出现的时候，百姓会感到惊惧；等到事情成功后，天下就太平了。

"从前洪水涌出，泛滥蔓延，人民上下迁移，辗转于崎岖的道路而不得安宁。大禹对此十分忧虑，就堵塞洪水，决通大江，疏浚河流，分散积水，解救灾情，使水流向东归入大海。承受这样的辛苦，难道只有百姓吗？他内心愁思焦虑，身体亲受劳苦，身上瘦得没肉，皮肤磨得长不出汗毛。所以他那盛美的功业显扬于万世，声誉流传到当今。

"况且贤明的君主即位后，难道只是办理琐碎的杂务，被文法所拘束，被世俗所牵制，因循守旧，取悦于世俗而已吗！必定要有崇高的理想，宏大的议论，开创大业，垂留法统，作为万世遵循的规范。所以要致力做到胸襟宽阔，兼容并包，勤奋地思考建立与天地相匹的功业。况且《诗经》上不是说过'普天之下，莫非王土；率土之滨，莫非王臣'么。所以天地六合之内，四面八方以外，都逐渐受到天子盛德的浸润和滋养，如果哪个有生命的东西还没有受到圣恩的滋润，贤明的君主就会感到耻辱。如今疆土之内，文武官员，都获得了欢乐和幸福，没有缺漏的。然而，那些风俗殊异的夷狄国家，相距遥远、族类不同的地区，却车船不通，人迹罕至，政治教化尚未施行，社会风气还很低下，对内就在中国边境做些侵犯礼义的事情，在外就为非作歹，邪恶横行，弑君犯上。君臣关系颠倒，尊卑次序错位，父兄无辜被杀害，幼弱孤儿沦为奴隶，百姓遭受拘禁而号哭，内心无不向往中国的德泽教化，因此抱怨说'听说中原有至仁至德的君主，德泽广被，恩惠普施，万物无不各得其所，如今为何独独遗弃了我们呢'。他们踮着脚跟向往思慕，就像大旱而盼望雨水。这种情形，就是凶暴的人也会为之落泪，更何况是圣明的皇上，又怎么能无动于衷呢？所以向北出兵讨伐强悍的匈奴，向南派使者去责问强劲的越国。四境周围的邻国都承受仁德的教化，西、南二夷的君长像游鱼汇聚，仰面迎向水流，希望得到汉朝封号爵位的人数以亿计。所以才以沫水、若水为关塞，以牂柯河为边界，凿通零山，在孙水之上架设桥梁。开辟了道德的坦途，传留下仁义的大统。将要广施恩德，安抚和驾驭边远地区的民众，使疏远者不被阻阂，使愚昧者得到光明，在这里消除战争，在那里去除杀伐。使得远近一体，内外安乐，这不是很祥和康乐吗？救民于水火之中，尊奉至高无上的美德，挽救衰败的世风，接续周代业已断绝的功业，这是天子的当务之急。百姓纵然有些劳苦，又怎么可以停止呢？

"再说帝王的事业无不是开始于忧劳勤苦，而终止于安逸快乐。既然如此，那么禀承天命的符瑞，恰好就应在这件事上了。如今皇上正要在泰山举行封礼，到梁父山举行禅礼，和鸣玉鸾，高奏颂乐，使圣德上与五帝相同，下胜三王之际。而观者却没有理解皇上的意旨，听者也没有知晓皇上的心声，这好比是鹪明已经飞翔在寥廓的天空，而捕鸟的人却还盯着湖泽。太可悲啦！"

于是大夫们心中茫然，忘记了自己的来意，也忘记了自己所要进行的事情，慨叹着同时说道："汉朝的盛德确实可信呵！这些都是我们鄙陋之人愿意听到的。百姓虽然懈怠，请让我们率先做出榜样来。"他们怅惘不已，因此过了一会儿就辞别离去了。

此后有人上书说司马相如出使时收受贿赂，因此丢了官职。过了一年多，又被召去担任郎官。

司马相如口吃却善于著书，常犯消渴疾。和卓氏结婚后，富有钱财。他当官任职，从不肯和公卿们商讨国家大事，常自称有病而闲居家中，不羡慕高官显爵。经常跟从皇上到长杨打猎。这时天子正喜好亲自击杀熊罴等猛兽，骑马追逐野兽，司马相如上疏劝谏此事。

皇上认为他说得好。回来时路过宜春宫,司马相如奏上赋来哀叹秦二世行为的过失。他的赋中说:

登上蜿蜒不平的长坡啊,走进高峻的层层宫殿。俯瞰曲江弯曲的堤岸和水中的小洲啊,眺望高低错落的南山。山岩高耸深山幽远啊,通畅的溪谷豁然开阔。湍急的溪水流向远方啊,注入平坦宽广的洼地。观赏各种树木繁茂葱郁啊,浏览竹林的茂密。向东驰上土山啊,向北涉渡到石濑。放慢脚步从容徘徊啊,游历宜春宫凭吊二世。他修持自身不谨慎啊,灭亡国家丧失了权势。听信谗言不醒悟啊,使宗庙毁灭祭祀断绝。呜呼哀哉!节操品行不端正啊,坟墓荒芜污秽而无人修整啊,魂魄无所归依又无人祭祀。飘逝到遥远旷绝的地方而无所依止啊,历时越久历程越远而越暗昧。精魄虚妄地在空中飞扬啊,经历九天而永久消逝。呜呼哀哉!

司马相如被任命为孝文帝的陵园令。天子既已赞美子虚之事,司马相如看到皇上喜好神仙道术,于是说:"上林中的事还不是最美的,还有更华丽的。臣曾经写了一篇《大人赋》,还没有写完,请允许我写完后把它献给皇上。"司马相如认为传说中的众仙人居处在深山沼泽间,形体容貌很清瘦,这不是帝王心中的仙人形象,于是就写成《大人赋》,那篇赋中说:

世上有大人啊,居止于中原。宅舍遍布万里啊,尚不足以使他稍稍停留。悲叹世俗的窘迫困厄啊,轻身飞举而去远方漫游。乘着以赤气为幡饰的素虹啊,坐着云气而向上浮游。树起烟云长竿啊,总揽光芒闪耀的五彩旄旗。悬垂旬始星作为旄旗的飘带啊,拖曳着慧星作为旄旗的垂羽。旌旗随风翻卷啊,又婀娜地招展飘摇。手揽欃枪作为旌旗啊,缠绕上弯曲的彩虹而作为旗绸。天空红晕深远令人昏眩啊,狂飙奔涌云朵飘浮。乘上应龙、象车逶丽前行啊,驾着赤螭、青虬蜿蜒浮游。时而俯首缓行时而昂首腾飞而恣意奔驰啊,又屈曲起伏而盘绕蜷曲。螭虬时低时昂停滞不前啊,又放纵任性而参差不齐。忽进忽退逶丽相随啊,又摇头昂首惊奔而相倚。或嘶鸣喧嚣而踏上道路啊,或飞腾跳跃而狂奔。或迅捷飞驰疾如闪电啊,或转瞬即逝犹如雾散云消。

斜渡东极而登上北极啊,与神仙们相伴交游。走过幽深之处向右转啊,横渡飞泉而奔向东方。征请一切仙人而遴选啊,在瑶光星上部署众神。派遣五帝于先开路啊,遣返太一而却后陵阳子明。左方有玄冥而右面有含雷啊,前边有陆离而后侧有潏湟。役使征伯侨与羡门高啊,令岐伯执掌药方。祝融清道而护卫啊,清除雾气而后前行。屯聚起我的万辆车驾啊,聚合彩云成华盖又树立起华丽的旌旗。令句芒统领随从们啊,我要到南方去嬉戏。

经历崇山而见到了唐尧啊,路过九疑而拜访了虞舜。车骑纷繁而交错啊,杂乱交错而前行。骚扰相撞而纷乱啊,澎湃淋漓而阻滞。草木丛聚而葱茏啊,漫布各处而参差不齐。径直走入轰鸣的雷室啊,穿越高低突兀的鬼谷。遍览八纮而观望四荒啊,横渡九江又跨越五河。穿梭炎火而浮游于溺水啊,跨过小洲而横涉流沙。憩息葱岭,在水中泛舟嬉戏啊,让女娲鼓瑟冯

夷起舞。天色昏暗而混浊不明啊，召来屏翳而诛罚风伯雨师。西望昆仑山而恍惚不清啊，径直奔向三危。推开天门而进入帝宫啊，载着玉女而与她同归。登上阆风山而憩息啊，如同高飞的灵乌翔后齐集。于阴山徘徊低飞啊，我今日才目睹西王母的皓然白发。她佩戴华胜居处于洞穴啊，也幸亏有三足乌供她驱使。一定要像这样长生而不死啊，虽然活过万世也不值得欣喜。

拨转车头归来啊，绝路于不周山，会饮会餐于幽都。呼吸夜露啊吞食朝霞，咀嚼灵芝啊啜食琼华。身轻体健而高跃啊，纷然腾涌而向上疾飞。穿越闪电的倒影啊，涉渡云神兴作的滂沛大雨。驱驰游车、导车悠然下降，抛却云雾而远去。迫于世间的狭隘啊，缓缓走出北极的边际。遗留屯骑于北极之上啊，将先驱放散于天北之门。俯瞰下方幽深玄远看不到大地啊，仰望上方辽阔宽广而看不到苍天。视线模糊而视物不清啊，听觉恍惚而无所知闻。乘骑虚无而上至远处啊，超越无有而独自长存。

司马相如既已奏上《大人赋》，天子非常高兴，飘飘然有凌驾云天的感觉，似乎有遨游于天地之间的意思。

司马相如因病免官后，家住在茂陵。天子说："司马相如病得很厉害，可以派人前去把他的书都拿来。如果不这样，以后会散失的。"派遣所忠前去，而司马相如已经死了，家中没有书。问他的妻子，回答说："长卿本就不曾存有书，他经常写书，人们又经常取走，家中就空无所有了。长卿还没有死的时候，写了一卷书，说如果有使者来求取书，就将它奏上。没有其他的书了。"他遗留下来的书谈论的是有关封禅的事情，被送给了所忠。所忠把那书上奏给了皇上，天子对此大为惊异。

司马相如死后五年，天子才开始祭祀后土。八年，先祭礼中岳，再于泰山行封礼，到梁父山行禅礼，肃穆恭敬。

司马相如的其他著述，如《遗平陵侯书》《与五公子相难》《草木书》等篇不采录，只采录那些在公卿中传诵特别著名的。

太史公说：《春秋》能够推究显现极其隐微之事，《易》能够根据隐秘之迹来显明事理，《大雅》说的是王公大臣的事而恩德泽及黎民众庶，《小雅》讥刺卑小者的得失，其影响能涉及长上。所用来谈论的内容外表虽然殊异，它们全都合乎德义却是一致的。司马相如虽然多有虚浮言辞和妄滥说法，然而他的主旨可以归结为引导人们节俭，这和《诗经》的讽谏有什么不同？扬雄认为华丽的词赋，劝勉的意味重而讽谏的作用小，犹如尽情演奏郑地、卫地的音乐，乐曲终了时却奏点雅乐，不是已经亏失了吗？我采集了司马相如的那些值得论述的文辞著录于本篇之中。

钟繇

　　钟繇字元常，是颍川郡长社县人。他曾和他本族的叔父钟瑜一起去洛阳，在路上遇见一位相面先生，相面先生看着钟繇说道："这孩子生有一副尊贵相，只是有溺水之灾，要特别小心谨慎！"往前走了不到十里路，过一座桥，所骑的马受惊，钟繇被摔下河里，差点儿被淹死。钟瑜因相面先生的话很灵验，更加看重钟繇，供应他财物，让他专心从事学问。钟繇考中孝廉，任官尚书郎、阳陵县令，后因疾病去职。应司徒、司马、司空三府的征召，被任为廷尉正、黄门侍郎。当时汉献帝在西京长安，李傕、郭汜等人在长安发动叛乱，长安和关东地区交通断绝。曹操为兖州刺史，派人去向汉献帝上书。李傕、郭汜等人认为，"关东地区想另立天子，现在曹操虽然派来使者表示臣属，恐怕不是出自真心。"打算扣留曹操的使者，表示拒绝。钟繇劝李傕、郭汜等人说："现在天下的形势是，各路英雄乘时兴起，都诈称受皇帝的命令而专权行事，只有兖州刺史曹操真心向着皇帝，如果拒绝他的忠诚表示，就会使忠心于皇帝的人感到失望。"李傕、郭汜等人采纳了他的意见，对曹操厚礼报答，从此曹操才和朝廷保持联系。曹操多次听到荀彧称赞钟繇，又听说他对李傕、郭汜等人的劝戒，对他就更加赏识。后来李傕劫持汉献帝，钟繇和尚书郎韩斌共同策划，汉献帝才得以逃出长安，这是钟繇尽力的结果。朝廷任钟繇为御史中丞，又升任侍中尚书仆射，论功行赏，封他为东武亭侯。

　　当时关中割据将领马腾、韩遂等人，都拥有强大的军事力量，互相争夺。曹操在关东因有战事牵制，不能分身，他深为关中的形势忧虑。于是他上奏天子，让钟繇以侍中的身份代理司隶校尉一职，颁发给他符节，统领关中各军，并把以后关中的政事委托给他，还特别授权，行事不必受常规条法的束缚。钟繇来到长安，写信给马腾、韩遂等人，向他们说明利害关系，马腾和韩遂都把他们的儿子送交朝廷，作为人质，表示他们的忠诚。曹操在官渡与袁绍两军相对峙，钟繇给曹操送来两千多匹战马，供军队使用。曹操给钟繇写信说："得到你送来的战马，解决了当前的急需。关中地区得以平定，朝廷没有后顾之忧，这都是您的功劳，过去萧何镇守关中，为前线供应足够的军粮，军队才能行军作战，您也是这么做的。"后来匈奴的头领在平阳骚乱，钟繇率领各路人马把平阳包围起来，但没有攻克；这时袁尚设置的河东太守郭援来到河东地区，他的兵力强盛。钟繇手下的众将领纷纷议论，想解围退走，钟繇说道："现在袁尚的力量还比较强大，郭援来到河东，关中的割据势力暗暗和他联系，现在他们之所以还没有全部背叛朝廷，是顾忌我们的威慑力量。如果放弃攻城解围退走，暴露出我们的软弱，那么各地的人，哪个不是我们的敌人？即使我们想撤退，能回得去吗？这是不战而自败。再说郭援这个人，刚愎自用，又使气好胜，他必然不把我军放在眼里，如果他要渡过汾水安营扎寨，在他们还没有渡过汾水时发动攻击，可以大获全胜。"这时张既劝

说马腾会同钟繇攻击郭援，马腾派他的儿子马超率领精兵强将迎击郭援。郭援来到汾河边，果然就轻率下令渡河，他手下的人劝阻，他不听。兵士们还没渡过一半，钟繇发动攻击，把敌人打得大败，郭援被杀，匈奴头领投降。这事在《张既传》中有记述。后来河东的卫固发动叛乱，和张晟、张琰、高干等人到处抢掠，钟繇又率诸将把他们剿灭。自从汉献帝西去长安，洛阳的百姓也大都逃亡，钟繇从关中迁民至洛阳，又招集逃亡的百姓和失败的叛兵充实洛阳的人口，几年之间，洛阳的民户才稍稍得到充实。曹操征伐关中时，洛阳能够提供人力物力，于是曹操上奏，任钟繇为前军师。

曹操被封为魏王，魏国建立，任钟繇为大理，升任相国。曹丕为魏王世子，赏赐钟繇一口五味锅，锅上镌刻铭文说："显赫的魏国，是汉朝的拱卫。它的相国钟繇，是魏国的左膀右臂。他不分昼夜操劳国事，没有一时一刻安逸。是百官学习的榜样，百官都以他为规矩。"几年之后，魏讽谋反，钟繇受到牵连，罢官回家。曹丕继位为魏王，再任钟繇为大理。曹丕做了皇帝，改任钟繇为廷尉，封爵进升为崇高乡侯。升为太尉，封爵转为平阳乡侯。当时的司徒华歆、司空王朗，都是先朝的名臣。曹丕退朝后曾对身边的人说："华歆、王朗和钟繇这三个人，是一代伟人，后难为继了！"魏明帝即位，进封钟繇为定陵侯，封邑增加五百户，加上以前的封户，共一千八百户，又升任他为太傅。钟繇患有膝关节病，跪拜很不方便。当时华歆也因年老多病，他们上朝时都乘坐小车，由壮士把他们抬至殿上，然后就坐。从此以后，三公有病，上朝准许乘车，成为相沿的成例。

当初，曹操下令，让钟繇等人审查将死刑改为宫刑的罪犯。钟繇认为："古代的肉刑，历代圣人都执行，应该恢复，以代替死刑。"参加讨论的人认为这不是爱民措施，于是这事就搁置起来。文帝宴请群臣，当场下令说："司法机关想恢复肉刑，这实在是圣王的德政，公卿大臣应该赞成他的意见。"议论了一番，还没定下来，遇上军事行动，这事就又搁置下来。明帝太和年间，钟繇上书说："魏国建立国家，继承虞舜、夏禹的传统。汉文帝变革法律，不符合古代的法律思想。太祖的品德，是上天赋予的，他对古代的典籍，能够融会贯通。文帝继位以后，又颁发诏书，想恢复古刑，使之成为一代成法。因连年有战事，未能付诸施行。陛下您继承二位先帝的遗志，出于爱民之心，以为斩脚足的惩罚罪恶，被判为死刑是无辜的，让我明习法令，和群臣共同议定。罪恶本该斩去右脚而被判为死刑的，仍用斩足之刑。《书经》上说：'皇帝请问下民，鳏寡有辞于苗。'这句话是说，尧帝在废除蚩尤、有苗的刑法时，先向有意见的百姓询问。如果现在在审理疑案的时候，首先向三公九卿、各色吏员以及百姓征求意见，按照汉景帝时的律令，罪该判死刑的犯人，如果他愿意斩去右脚，应该允许。另外如刺面、割鼻、斩左脚、阉割等刑罚，按照汉文帝时的律令，改为剃发、杖打。有犯罪能力的人，大都在二十岁至四五十岁之间，虽然斩去他的脚，仍能够生育。现在国家的人口比汉文帝时代少，如实行上面的改刑措施，每年能够全活三千人。张苍废除肉刑，判死刑的每年数以万计。我想恢复肉刑，每年可使三千人免死。子贡问孔子：'能够拯救百姓，是否可算作仁人？'孔子回答说：'何止是仁人，那一定是圣人了，尧、舜也感到

难于做到！'孔子又说：'仁距我们很远吗？我们想做到仁，仁就在我们身边。'如果真的实行这种刑法，老百姓可以永世得到周全。"他的这封奏疏呈上去，皇帝下旨说："太傅钟繇，学问渊博，富有高才，对政事特别留心，又对于刑法研究很深。这是国家的大事，公卿群臣很好地讨论讨论。"司徒王朗论及此事，他认为："钟繇想减轻死罪的条款，增加斩足之刑的数量，这就是起死回生，化死尸为活人的措施。但是我的意见和他的意见稍微有些不同。五刑的各种刑罚，在法律上有明文规定，其中本来就有'减死一等'的律条，不够死罪就是减死一等。这条法律实行已经很久了，不需再去借用斧凿等肉刑名目而后才能分别罪恶的轻重。前代出于仁慈之心，不忍心用惨酷的肉刑，因此肉刑废而不用。不用肉刑，已经有几百年了。如果现在恢复肉刑，我担心减轻刑罚的条文老百姓还未看到，而恢复肉刑的消息已经传到敌人的耳朵里，远处的百姓谁还敢来归顺我们呢！现在可按照钟繇想法，若想把死罪囚犯减轻，判为减死一等剃发、斩足。如果认为这样太轻的话，可以成倍增加服罪役的年数。这样，对国内犯人有免死全活的大恩，对外也不会产生以斩脚代替脚镣那种骇人听闻的谣传。"参加讨论的有一百多人，同意王朗意见的人居多。皇帝因吴、蜀二国还没有平定，就暂且搁置下来。

太和四年，钟繇逝世。皇帝身穿素服亲自去吊唁，赠谥号为"成侯"。他的儿子钟毓继承他的爵位。当初，文帝下令将钟毓的封邑人户分出一部分，用来分给钟繇的弟弟钟演和钟繇的儿子钟劭、孙子钟豫，都封为列侯。

钟毓字稚叔。他十四岁时就任散骑侍郎，他生性机敏，谈笑风生，很像他的父亲。太和初年，蜀国丞相诸葛亮围攻祁山，魏明帝打算亲自率兵西征，钟毓上疏说："军事行动所贵的是朝廷的高明决策，建功立业在于运筹帷幄，身不下殿堂，而能决胜于千里之外。陛下您应镇守中原，调动兵力形成四面八方有威势的援军。如果大军西征，虽然对敌人有百倍的威力，但对于关中地区来说，损耗可就大了。再说，盛夏进军，《诗经》的作者都持慎重的态度，这的确不是陛下亲自征伐的时节。"因此，升他为黄门侍郎。当时在洛阳大兴土木，建筑宫殿，皇帝离开洛阳到许昌，全国的官员都到许昌去朝见皇帝。许昌城地方狭小，于是在城南搭盖毡房作为宫殿，并备有各种游艺陈设，老百姓服劳役疲于奔命。钟毓上疏劝谏，他说："各地不时发生水旱灾害，国库空虚，这一切兴造，可等到丰收年头。"他又上疏说："应恢复开垦关中荒地的措施，让老百姓尽力于农耕。"他的建议付诸实行。正始年间，他任散骑常侍。大将军曹爽在盛夏兴兵征伐蜀国，蜀军坚守，曹爽的军队无法前进。曹爽正要增兵，钟毓给他写信说："我认为高明的决策，不会在枪林弹雨中强攻；正义之师，出兵征伐，不会遇到抵抗。诚如大禹舞干戚可以征服三苗，晋文公用退避三舍足以降服楚军，而不必像汉光武帝派吴汉赴江关破敌，也不必像汉王刘邦那样，派韩信去井陉击破赵军。形势有利，可以前进，形势不利，应知难而退，这是自古以来用兵处世之道。希望公侯大人您仔细考虑！"结果曹爽是无功而回。后来因与曹爽意见不合，钟毓被降为侍中，又外任为魏郡太守。曹爽谋反被杀，钟毓调回京师，任御史中丞、侍中廷尉。钟毓在廷尉任上，做出几条新规定：君主和父亲逝世之后，他的臣属和儿子可以替君主或父亲辩白

被诬谤的委屈；士人得到侯位封爵，犯罪以后，他的妻子不再强行配嫁他人。

正元年间，毋丘俭、文钦谋反，钟毓持节出使扬州、豫州，宣布朝廷的大赦令，晓谕各地的官吏、百姓，回京后被任为尚书。诸葛诞反叛，大将军司马懿打算亲自率兵去寿春讨伐诸葛诞。当时正值吴国大将孙壹率部来投降，有人认为："吴国内部最近出现矛盾，必然不能再派军出征。我军在东部战线的兵力很多，因此可暂不出征，看以后形势发生如何，再作定夺。"钟毓认为："分析形势，估量敌人的动向，应该从敌我双方面的情况出发。现在诸葛诞把淮南大块土地拱手送给吴国，而孙壹所率来降的人，总数还不到一千，其中作战的兵士不过三百人。吴国的损失，微乎其微。如果不解除寿春被围困的局面，吴国国内反而会因此而安定，不能认为它一定不会出兵。"司马懿听了，说道："你说得好。"于是他带领钟毓出兵东征。淮南平定之后，钟毓任青州刺史，加后将军衔，升任都督徐州诸军事、假节，又转任都督荆州诸军事。他在景元四年逝世，追赠他为车骑将军，赠谥号为"惠侯"。他的儿子钟骏继承他的爵位。钟毓的弟弟钟会，本书另有传记。

王羲之

王羲之是我国历史上最著名的书法家。他对我国书法艺术的发展，做出了杰出的贡献，因此人们尊称他为"书圣"。

王羲之，字逸少，山东琅琊人，据清鲁一同考证，他生于晋怀帝永嘉元年（公元307年）。在那个时候，"八王之乱"刚刚结束，战乱历时十六年之久，人民死亡达数十万人，许多城镇被焚毁，社会生产遭到严重破坏，王羲之的祖父名正，官至尚书郎，父亲名旷，为淮南太守。伯父王敦、王导都是东晋有权势的达官贵人。他们看到中原局势难以维持，纷纷渡江。刚好叔父王澄为荆州刺史，伯父王敦为扬州刺史，控制长江中下流的重要据点，为晋王朝的南渡撤退奠定了基础。这年，琅琊王司马睿（即后来的东晋元帝）在王旷的建议下，渡江南下，移镇建业。王羲之就在这种兵荒马乱的年代里出生了。

王羲之的父亲去世早，依靠他的母亲和兄长教育成人。王羲之少年时为人木讷，不善言辞，人们对他并不注意。少年时代，才华方露，机敏过人。《世说新语》上曾记下他少年时的一件轶事，说是他十岁时候，其伯父大将军王敦十分喜欢他，经常把他放到自己的军帐中睡觉。有一天，王敦先起床，王羲之尚未起来。过了一会儿，钱凤进入军帐内，两人密谋谋反之事，两人都忘了还有王羲之在军帐中，王羲之听到他们所议之事，意识到听到此事后肯定有生命危险，于是吐唾津弄脏被子，装出一副熟睡的样子。王敦与钱凤商量到一半时，才猛然想起王羲之还未起床，可能听到他们谋反的事，便决定除掉他。等走上前一看，只见王羲之正流口水，便相信他正处于熟睡之中，才取消了杀他的念头，王羲之才得以保全性命，当时大家都认为王羲之很聪明。

东晋成帝咸和九年，十三岁的王羲之去拜见当时的名人周凯。周凯当时身居要职，爱才如渴。当时许多文人学士都争相拜谒他。王羲之去拜见的时候，正赶上周凯大摆宴席，席间高朋满座。周凯对王羲之的才华非常赏识，在别人尚未动箸的情况，首先割了一块炙牛心给他，大家都认为周凯如此钟爱这一少年，一定不是等闲之辈。自此以后，大家对王羲之刮目相看，王羲之名声大噪。

王羲之十六岁的时候，领军将军（后为太尉）郗鉴，听说太傅王导家子侄多英俊少年，就请门生去太傅府寻求女婿。郗鉴的门生见了王导说明来意，王导说："他们都在东厢房里，你自己去看着挑选。"那门生奉命来到东厢房里，看到众家公子，真是个个眉目清秀，英气勃勃。但见一人敞开衣衿，露着肚腹，坐在东面的床上就食，好像没有听到太尉派人来"相女婿"这件事似的。再回头看看其他公子都正襟危坐，目不旁视，十分矜持。那门生回去把这一情况对郗鉴一说，郗鉴是一个饱学之士，听了门生的话就说："那个敞襟祖腹的人，就是我要选的好女婿。"这个祖腹坐在床上的人便是王羲之。郗鉴就把女儿许配给他做了妻子，因此以后在人们中流传着凡是被称为好女婿的就说他是某某人的"祖腹东床"。

王羲之长大后，博学多才，深得家族长辈和达官贵人的宠爱，并对他寄予厚望。伯父王敦曾拍着他的肩膀说："你是我们家的优秀子弟，应该不弱于阮主簿。"阮主簿名称，为当时的名士，他也十分推崇王羲之，并把他与王录、王悦并称为"王氏三少"。王羲之在成年之前就已经崭露头角，成为王氏家族的佼佼者。

王羲之出身于豪门贵族，又有博学多才的名声，深得达官贵人的青睐。因此，官禄爵位可谓是囊中之物，垂手可得，对此王羲之既自负又自信。朝廷曾召他为侍中、吏部尚书，他都没有接受。考虑再三，他终于做了殷浩麾下的护军将军。在任护卫将军期间，安西将军，荆州刺史桓温攻克成都，灭成汉国，声威大振。朝廷畏惧桓温势力，便视殷浩为心腹，统管扬、豫、徐、兖、青五州军事，用以钳制桓温的势力。当时荆州的经济与军事力量雄厚，具有控制长江下游的咄咄逼人之势，东晋王朝陷入了中央与地方之间的重重矛盾中。面对这种局势，王羲之认为"国家之安定在于内外和睦，不宜内外嫌隙"，因此竭力上书劝殷浩以王朝利益为重，与桓温和好，但是殷浩始终没有听取。

王羲之的仕途并不是一帆风顺的，这可能是因为他自视清高，处事有独到见解，又好仗义执言，面折人之过而有"骨鲠"之称的缘故。四十五岁时，他从护将军而降至后将军、会稽内史。这对他来说无疑是沉重的打击，他因此心情十分郁闷。思考再三，他终于在永和十一年（355年）辞去了官职。

王羲之辞官后，则"放情山水"，"寄趣田园"，来发泄自己的悲愤，以慰藉失意的晚景。自然适性的生活使他的书法天才不再受时代与人的压抑而得到了充分发展。

在东晋，王氏家族不仅在政治上威势显赫，而且又是东晋的书法世家。他的父亲王旷擅长隶书，伯父王导行草兼妙。堂兄弟王恬、王访、王劭、王夸等擅长隶书和行草书。在家庭的熏陶下，王羲之七岁就开始学习书法，十一岁时就曾偷偷读其父亲藏于枕下的前代笔记著作。母亲和父亲都认为应在他长大成人后，才

传授他书写技巧。但他说"愿早授之,使得成人,已成暮学。"显出一副急不可待的样子,父亲见此情形,便将那本笔记著作细心地讲解,王羲之尽心领会,进步奇快。后来,他又拜卫夫人为师。卫夫人笔法传自钟繇,而钟繇则又上承蔡邕法脉。王羲之既有家学,又得名人指教,虽童年弄笔,已有老成之志。王羲之的叔父王廙特别赏识他的书法才能,曾经画了一幅孔子并十弟子图并题词赞扬他:"余兄子王羲之幼而岐嶷,必将隆余堂构,今始年十六,学进之外,书画过目例能,就余请书画法,余画孔子十弟子以励之。嗟尔羲之,可不勖哉!"他认为王羲之的书法一定能够光宗耀祖,为家族赢得声誉。王羲之果然不负所望。

王羲之成人以后,学习书法更加勤勉。有一次,他听到汉朝名家张芝每天临池学书,以致池水尽黑的故事,心里很感动。从此,他每天也坐在池边练字,送走黄昏,迎来黎明,不知写完了多少墨水,不知写烂了多少笔头。由于他常常在池里洗砚洗笔,竟把一池子清水也洗成黑色了。这就是我们今天广为传颂的"墨池"这个故事的来源。他的儿子王献之学书法想图个捷径,问父亲写字有什么秘诀。王羲之想了想,就指着家里的水缸说:"秘诀就在这水缸里面,你把十八只水缸的墨水写完了,自然就能够知道了。"王献之听了,从此日夜苦练,坚持不懈,以后果然练成了一笔好字,也成了著名的书法家。从以上这个传说故事中足可以看出王羲之是如何苦练起家的。

王羲之后又学习李斯、曹喜、蔡邕、梁鹄、钟繇、张芝、张昶、昆仲的书法,而且还不远千里寻觅前人真迹,凡见古代金石刻字,必坐卧其旁,钻研不舍。博学历代名家,兼采众长。撷取祖龙琅琊之丰韵,鸿都石径之精丽,曹喜、梁鹄、钟繇、张芝之宏逸。精益求精,又汲取民间手书的创新精神和通俗风格,刻苦自励,转移多师,取多用庞,变古判今,"增损古法,裁成今体",把秦汉篆隶笔法巧妙地融入真行草中,从而创造了那个时代的最佳体势,开辟了新天地。

王羲之最擅长于楷书和行书。与王羲之同时代的一些人,如谢安、庾亮、庾翼等人,都守钟法,仍袭分势。王羲之当时不为流传所限,独辟蹊径,大胆革新,一变魏晋以来质朴的书风,为妍美流便的新体,把楷书、行书这种年轻的书法艺术,引向一个成熟的阶段。第一,创造了笔画清圆,结构端正的新体楷书。钟繇破隶为真,尚不彻底,左右有波挑,存有隶意体取横势。王羲之改革钟法,破隶为真,去掉左右波挑,敛锋不发,摆脱隶意,形体完全独立,体取纵势。第二,创造了自然清新,笔势流动,变化多姿的行书,简捷、易识、实用。王羲之所采取的楷草相结合的行书道路,成为隋唐以来书法发展的主流,奠定了我国楷书、行书的基础,从而成为汉字现在楷、行、草的模范。这是王羲之集汉魏和群众书法之大成并在书法史上所建的不朽功绩。

王羲之的隶书被认为可冠古今,没有人能与他比衡。人们称赞他的字体是:飘若浮云,矫若惊龙。当时的书法家庾翼写信给王羲之说:"我曾藏有东汉书法家(张芝)伯英的书稿十数张,在东渡过江的转徙流离中失去了。我常常感叹惋惜,以为这样的妙品绝迹了。没有想到在家兄庾亮处见到你的书札,字迹遒劲,宛若神明,好像又见到当年所失的妙品了。"

594

王羲之的字很为当时人推崇。他在戢山看见一个老妇人拿了几把六角竹扇出售，他便拿了来看，书兴一发，随手在扇子上写起字来。老妇人开始以为他要买扇子，见他不但不买，还在素净的竹扇上东一抹西一画地涂了些墨迹，心里老大不高兴。王羲之见这种光景就说："婆婆，你且拿了去卖，说是王右军在扇子上写了字，要卖百文一把，你且试试。"老妇人把扇子拿到人多处出售，人们一见王右军在上面题了字，就争着来买。过了几天，老妇人又拿了几把扇子，求他在上面题字。王羲之笑而不答，不再书写。还有这样一个故事：山阴有个道士，想要王羲之写一部《道德经》，但王羲之不肯轻易为人写经。他听说王羲之爱鹅，就特地养了一群好鹅。王羲之知道后，真的跑去看了。他很爱这群鹅，要道士卖给他。道士说："只要帮我写一部《道德经》，就把鹅全部送给你。"王羲之马上给道士抄写好，高高兴兴地把这群鹅带回去了。这就是后人称颂的"书成换白鹅"的故事。

现存王羲之的行草书代表作有《兰亭序》《快雪时晴帖》和《丧乱帖》等，草书代表作有《十七帖》等。《兰亭序》是王羲之最著名的行书法帖。

《兰亭序》，又称《兰亭宴集序》《兰亭集序》《临河序》等，是王羲之的传世代表作，史称"天下第一行书"。东晋永和九年（公元353年）3月3日，王羲之和谢安等四十一位文人雅士，在山阴兰亭集，按当时的风俗，举行"修禊"，每人作诗一首汇成诗集，最后由王羲之作序。这幅书法珍品就是王羲之当年现场所写序文的草稿。据说王羲之后来多次誊写都不及原稿为佳，这也可以说是他不甚经意之作，却充分体现了王书的艺术风格。由于这幅作品是王羲之在"天朗气清，惠风和畅"的春日里，周围是"崇山峻岭，茂林修竹"又有"清流激湍，映带左右"，在这样十分优美的自然环境中，与诸位文友一起欢聚洗濯，饮酒赋诗，心情自然分外舒畅，"信可乐也"。这种创作心境，使得王羲之在书写之际，逸兴遄发，腕底如有神助，畅快淋漓，一气呵成。难怪他以后誊写的没有能够超过这篇的。这是因为不管怎么努力再也没有他那时的心境。王羲之当时的心境，显然与他长期形成的书法艺术风格是十分合谐的，因此，这幅作品真正达到了内容与形式的完美统一。序文的后半部分虽然流露出老庄思想中的消极因素和感伤情调，但又能自我解脱，表现一种达观开朗的思想情感，因此全文的情感基调是欢快的、乐观的。书法用自己那种圆润遒美，柔和婉转的点画线条，那种流转多变、轻快舒缓的转折蒙带，那种顾盼生辉、风姿绰约的字形结构，以及那种宽松雍容、自然流畅的布局章法，都使得全幅作品流荡着某种精神的主旋律，这就是平和自然、优雅闲适。欣赏这幅作品，的确使人如沐春风，心旷神怡，如行山阴道上，美不胜收。《兰亭序》帖正集中而典型地体现了王羲之书法艺术的优美风格。

王羲之当时用的是蚕茧纸，鼠须笔写出的《兰亭序》，他自己认为是平生得意之作，自己深为爱重，传给子孙，至七世孙智永去世后，再传入弟子辩才。太宗酷爱王羲之书法，令监察御史萧翼以计赚取，藏于密库，太宗死后，陪葬昭陵。其后人间所能见到的都是《兰亭序》的唐人摹本和刻本。刻本以《定式本》为佳，摹本以《冯承素本》较为近真。因为唐人辗转迭摹钩填，间用我法，故神韵笔法自有距

离，乃至失真，但在一定程度上尚能反映王羲之书法的风貌。

自唐以来，凡学书者莫不师从王羲之，凡学行书者莫不学《兰亭序》，因此，《兰亭序》则成了历代书法家和书者的典范，人们不断地学习它，研究它，或得之于用笔、结构和章法，或得之于气韵和神理，无不从中汲取营养而后卓然成家。诸如隋代智永，唐代陆东之，五代杨凝式，宋代米芾，元代赵孟頫，明代董其昌，清代刘石庵等人。《兰亭序》书法艺术，不仅声播九州，而且誉溢四海。时至今日，一些外国人士对王羲之崇拜至极，对《兰亭序》尤为敬仰。日本书法家没有不学《兰亭序》的。美国博物馆更是重金收买王右军书法，称《兰亭序》为稀世珍宝。《兰亭序》书法艺术能冲破民族与语言限制，一直受到国内外人民爱戴。

王羲之不仅书法为世人称道，他的诗文也相当出色。东晋文坛盛行骈文，不过有少数人仍用散文写作，或以散驭骈，取得优异的成绩，前期如王羲之，后期如陶渊明。王羲之文风清淡，不尚辞藻而多情致。他的《兰亭序》，不只是其书法代表作，也反映了他的诗文特点，序文中写道："夫人之相与，俯仰一世，或取诸怀抱，悟言一室之内；或因寄所托，放浪形骸之外。虽趣舍万殊，静躁不同，当其欣于所遇，暂得于己，怡然自足，不知老之将至。及其所之既倦，情随事迁，感慨系之矣。向之所欣，俯仰之间，以为陈迹，犹不能不以之兴怀。况修短随化，终期于尽。古人云：死生亦大矣，岂不痛哉！每览昔人兴感之由，若合一契。未尝不临文嗟悼，不能喻之于怀。固知一死生为虚诞，齐彭殇为妄作。后之视今，亦由今之视昔，悲夫！"全篇由叙事而写景，用感物以抒怀，笔势飘逸，一如其书法。这篇文辞优美的文章，长期以来一直脍炙人口，后世很多人想学而不主，只有李白的《春夜宴从弟桃李园序》独得其妙。他的书信如《一会稽王笺》《报殷浩书》《遗谢安书》等，均得自然之体。其杂帖文学，短小精华，文约义丰，气清辞美，隽永有味，是六朝散文中不可多得者。

王羲之作为一代书豪，为我国文化艺术的发展做出了不可磨灭的贡献。其《兰亭序》不仅蜚声华夏，而且驰誉海外，是我国和世界文化艺术宝库中一颗璀璨的明珠，放射着夺目的光彩。我们不仅要发扬他的书法艺术的优良传统，而且还应该学习他忧国忧民的爱国精神，学习他勤奋好学，博采众长，勇于创新的优秀品质。

陶　潜

陶潜，字渊明，有的说渊明字元亮，浔阳柴桑（今江西九江西南）人。曾祖父陶侃，任晋朝大司马。

陶潜少年时就有很高的志趣，曾撰写《五柳先生传》，以"五柳先生"比拟自己，说：

先生不知道是什么地方人，也不知道他的姓名，在他住宅的旁边有五株

柳树，因此就把"五柳"作为他的号。他沉静寡言，不羡慕功名利禄。喜欢读书，但不过分穿凿字句，每当心中有所领悟，便高兴得忘记了吃饭。他性情嗜好酒，然而由于家境贫困，不能经常有酒喝。亲戚朋友知道他的这种情况，有的就备酒招呼他。他去饮酒，总要把酒喝光，希望能够喝到醉，喝醉了就回家，从不会舍不得走。他的住屋四壁空荡，不能遮风蔽日；他穿的粗毛短衣，破烂缝补；他的竹篮瓜瓢常常空着，如此清苦，却安然自在。他曾经撰写文章自寻乐趣，文章很能表达自己的志趣。他忘却世俗的得失，而愿意终生过着这种生活。

陶潜自己是这样叙述的，当时的人说这是实际的记录。

陶潜的双亲年老，家境又贫穷，起初他任江州（今江西九江）祭酒，因不能忍受官职的拘束，不久，自己便辞职回乡。州府又召他做主簿，他不接受。他亲自耕耘种作，以自供自给，他的身体瘦弱疲病。后来在镇军将军刘裕幕府中任镇军参军，又在建威将军刘敬宣的幕下任建威参军，他向亲朋好友说："我姑且以出任官职来作为归隐田园的本钱，行吗？"当官的听到这句话，便任命陶潜为彭泽（今江西湖口东部）令。公家的田地全都指使差役种秫稻，他的妻子坚持请求种粳稻，于是，他就用五十亩地来种秫稻，用五十亩来种粳稻。郡守派了督邮到彭泽，县官告诉陶潜应该整饰衣冠，束紧衣带去拜见督邮，陶潜愤慨地说："我不能为了五斗米而向乡间小人弯腰。"当天，陶潜就解下官印，辞掉了官职。陶潜写了《归去来兮》赋，赋中写道：

回去啊！田园将要荒芜了，为什么还不回去？既然自己的心志被形体所驱使而做了官，又为什么要惆怅而独自悲愁呢？认识到过去已经不可挽回，知道未来尚可以弥补。确实迷失了道途，好在还不远，领悟到今天的正确、昨天的错误。回归时，水路中，船摇晃着是那样轻快飘扬，风轻飘飘地吹拂着衣裳；陆路上，向行人询问前面的路程，可恨的是星光微弱，辨认不清。

看见了简陋的家屋，高兴得奔跑过去。家僮仆人高兴地出来迎接，幼子等候在家门口。屋前的小路已经荒芜，但松树、菊花还在哩！拉着幼子进入屋内，酒器里盛满了酒，拿来了酒壶酒杯，自斟自酌。悠闲地观望着庭院里的树木，脸上露出了愉快的神情。靠着南边的窗子，寄托着傲世的情怀，深知狭小的屋室仅能容纳足膝，却也适宜于安身。每日在园子里散步倒也自成乐趣，屋子虽然设了门，门却经常关着。挂着手杖悠闲地随处休息，时常抬起头向远处眺望，云朵无意地飘出山头，鸟儿飞倦了也知道归巢。日光暗淡，太阳将要落山，我抚摸着松树，独自流连徘徊。

回去啊！愿与世间息绝交游。世俗与我相违背，再驾车出游还能有何要求？喜欢与亲戚谈心，乐于弹琴读书以消除心中的忧愁。农夫们告诉我春天到了，将要在田地上耕作。有的驾着篷车，有的划着小船，顺着山路蜿蜒曲折地进入幽深的山谷，沿着崎岖不平的山路，经过了小山岗。树木欣欣向荣，泉水缓缓流动。羡慕万物适时地生长，感叹我的生命将要结束。

算了吧，托身于天地间还能有多久？为什么不随着心意决定自己的行

止？为什么要心神不定而想到哪儿去了呢？富贵不是我的愿望，仙境也不可能期待。有时乘着美好的时光独自去游赏，有时放下拐杖去除草培土。登上东面的田边高地放声长啸，面对清澈的流水吟诗。姑且顺应自然的变化而死去，乐天知命，还有什么疑虑？

义熙末年，征召陶潜为著作佐郎，陶潜不接受。江州刺史王弘要与陶潜认识，但未能达到目的。陶潜曾经到过庐山，王弘让陶潜的朋友庞通之带着酒具在半路上的栗里邀请陶潜。陶潜患有脚病，便差派一个差役和两个小孩抬着竹轿去请陶潜。陶潜来到后，便高兴地一块喝酒。不多时，王弘来了，陶潜也没与他过意不去。在此以前，颜延之任刘柳后军功曹，在浔阳与陶潜款叙情怀。后来颜延之任始安郡守时，经过浔阳，天天去造访陶潜，每次前往，必然痛饮一直到醉，临离开时，留下二万钱给陶潜，陶潜全都存入酒店，逐渐去取酒来喝。曾经在九月九日重阳节时没有酒喝，走出门在屋子旁边的菊花丛中坐了很久，正逢王弘送酒来到，他马上就地喝了起来，到喝醉了才进家门。陶潜不懂音乐，却存有一张素琴，琴没有弦，每当他酒喝够了，总是抚弄着素琴，以此来寄托自己的心志。不分贵贱，只要来造访他的，凡是有酒，他总要摆出来，如果陶潜先喝醉，他便会对客人说："我喝醉了，要睡了，你可以走了。"陶潜就是如此地纯真、直率。郡守去探望陶潜，正逢陶潜的酒酿好，便拿下头上的葛布巾来过滤酒，滤完酒，又将葛布巾戴在头上。

陶潜幼年官微，他不修身，并考虑放弃或接受某种官职，自以为曾祖父陶侃是东晋皇帝的辅政大臣，因此生为后代的他却身份低微，屈居人下而感到羞耻。从曾祖以后，帝王的基业虽然逐渐兴隆，陶潜却不肯再做官了。他所撰写的文章，都写上写作的年、月，义熙以前，则写晋朝年号；自永初以后，只写明甲子而已。给他儿子的信中，谈了自己的志趣，并且拿它作为对儿子的教导和告诫。信中说：

天地赋予人以生命，人有生也必有死，自古以来的圣人贤士，有谁能够独免呢？孔子的学生子夏说过："生死由命运决定，富贵则在于天意。"子夏也是与孔子四个得意门生一样的人，他亲身受过孔子的亲口教诲，他发表这种议论，难道不是因为命运的好坏不可妄意追求、寿命的长短永远无法从分外求得的缘故吗？我的年纪已经过了五十岁了，还为穷苦所困扰，因为家境贫穷破败，只好到处飘泊。我的本性刚直、才质倔强，因而与世人多所不和，自己估计这样做下去，必定留下来自世俗的祸患。勉强辞官归隐，辞别世俗，却使你们幼小时便遭受饥寒之苦。常常被东汉孺仲的贤妻的话所感动，自己盖着破棉絮，对儿子又有什么可惭愧的呢？这是一件事。只恨邻居有羊仲、求仲那样的高士，而家中又没有像老莱子的妻子那样的贤妻，抱着这样的苦心，确实独自感到怅然失意。

少年时喜欢读书，偶然也爱闲适恬神，打开书卷阅读，心有所得时，便高兴得忘记了吃饭。看见树林枝叶交错成荫，听见鸟婉转鸣叫，便又高兴得很。我曾说过，五、六月在北边窗下闲卧时，恰逢凉风突然吹来，便自称是伏義时代以前的人了。意志浅薄，学识寡陋，岁月瞬息流逝，远远地回顾过去，一切是那么的渺茫！

　　自从患疟疾以来，身体就逐渐衰弱了。亲戚、老朋友不遗弃我，经常拿来药物相救助，不过，恐怕自己的寿命已经有限了。可恨的是你们还幼小，家境贫困，没有仆人，劈柴打水等劳动，什么时候可以免啊！只在嘴里叨念着，怎能用言语表达呢？你们虽然不是同一个母亲生的，但你们应该想到四海之内都是兄弟的这种情谊。鲍叔和管仲在分钱财时，管仲多分，鲍叔并不猜疑；归生和伍举各事其主，路上相遇仍能坐在荆条上款叙以往的友情。鲍叔能帮助管仲转败为胜；伍举因在国丧时，在郑国维护了公子纠的地位而立了功。他们这些人尚且如此，更何况同一个父亲生的人呢？颍川的韩元长是汉末的名士，身处辅助国君的执政大臣地位，八十岁时才辞世，兄弟却住在一起，一直到年老。济北的氾稚春是西晋时节操品行高洁的人，他七代人拥有共同的财产，家里所有的人都没有埋怨的神色。《诗经》中写道："在高山上能高瞻远瞩，在大路上能通行无阻。"你们要谨慎啊！我还有什么话可说呢？

陶潜又写了《命子诗》留给他的儿子，诗中写道：

　　我的祖先是多么悠远，可以追溯到陶唐氏帝尧。久远时，尧的儿子丹朱做了舜的虞宾，此后，历代留下了功德的光辉。陶唐氏的后裔御龙曾任职夏朝、豕韦又辅佐商朝。周朝司徒陶叔，端庄盛美，他的宗族因他而昌盛。纷乱的战国时代以及寂寞无闻的周朝衰落时期，陶氏人才有的隐居林间，有的隐居于山中。周末群雄战乱，犹如奔窜的虬龙蟠绕云上，飞驰的鲸鱼惊起了浪涛，由于上天成全而建立了汉朝，愍侯陶舍也就得到了眷顾。显赫的愍侯，运气当是依附帝王以建功立业。手执宝剑清晨起舞，他的战功是那样的显著。面对山河立下誓言，开辟疆土拓展地域。汉景帝时的丞相陶青是那样的勤勉，他精诚地追随帝王辅佐朝政。长河浩瀚渺茫，大树郁郁苍苍。众多的支流疏导长河，繁多的枝条罗盖大树。君子有时沉默独处，有时发愤入世，命运本来就有高贵，也有低贱。直到东晋，祖辈功业显赫于长沙（今湖南），威武的长沙公曾祖上封地，独揽荆、湘、江等州军事大权。功成后便辞官返乡，面对荣耀而心不迷乱，谁说此种心志，是近民可以有的呢？我的祖父武昌太守陶茂很严肃，始终谨慎小心。他正直执法，是荆、江二州刺史属官的模范，他的恩惠，使全郡人民和悦。父亲是多么仁慈啊！他淡泊虚疏，托身于仕途，对官职的得失，喜怒都不形于色。慨叹我自己孤陋寡闻，远望前辈，自己都不及他们。感到惭愧的是头发已经花白，而只能背负日光单身孤立，应受五种惩罚的罪过，莫过于没有后代。真正值得我思念的是听到你呱呱落地的哭泣声。在吉日良时为你占卜，给你起名叫俨，取字为求思，你要朝夕保持温和恭敬，我所盼望的就在于此。我还想到孔丘的孙子孔鲤，希望你能学他成为肖孙。长疮的人夜半生子，便拿来火光察看，生怕儿子像自己。君子有自己的志趣，为什么要等待我呢？既然看着他出生，确实希望他

能令人满意。人们也说，这种感情是真切的。岁月流逝，你将逐渐长大。福不会无缘无故地来到，祸害也容易降临。早起晚睡，时刻盼望你能成才，如果你不才，也就算了。

陶潜于元嘉四年逝世，享年六十三岁。

谢　朓

谢朓，字玄晖，陈郡阳夏人。南朝齐杰出的山水诗人，出身高门士族，祖父谢述曾任吴兴太守。父亲谢纬任过散骑侍郎。

谢朓少年时代就十分好学，享有美名，文章写得清雅流丽。初入仕时，任豫章王太尉行参军，后入随王东中郎府，又转为王俭卫军东阁祭酒、太子舍人以及随王镇西功曹，再转为太子文学。

随王萧子隆镇守荆州，爱好辞赋，多次与幕僚文友聚会，谢朓凭着出色的文学才华，特别受到随王的赏识、宠爱，两人对面唱和，流连忘返，从早到晚，吟哦不停。长史王秀之借口谢朓年轻，与人合谋相率行动，秘密奏知皇帝。齐世祖下诏命说："侍读虞云自可以经常应付侍奉，谢朓可以返回京都。"谢朓在途中写诗寄赠西府同僚，诗中说："时常担心鹰隼来袭击，秋菊在严霜中萎谢。寄语给设置罗网的人，向着空旷的天空，我已经高高地飞翔。"他改任新安王中军记室。谢朓写信辞别萧子隆说："我听说，池塘死水想流向大海反而干涸，低劣的马乘希望马匹驯顺，却又中途疲惫，为什么呢？面对沼池凋敝，忧愁惆怅；面对东西岔道，郁闷哀鸣。况且我空自坚守奉行仁义，回归的志向已无从实现，渺茫如坠落的雨点，凋残如秋天的瓜蒂。我实属平庸之辈，品低才疏，是天地的光明美善，是山川的接受容纳，才赞扬我一人，推崇我的小善行。放下场圃里的农具，菀园里侍奉笔墨。东渡三江，西游七泽，要约主帅，安逸闲谈。每日摇曳着长袖，追随前面的车乘，命驾而行。荣耀地置身于王府，得到恩典，倍受赏识。头发淋浴着旭日，您的恩德无边无际，扪心图报，早将誓言铭刻肌骨。没想到，沧海未渡，反作江海水族之臣空自游荡；渤海正值春天，群鸟的羽翼却已衰落。杂草丛生的房屋凄清冷落，陈旧的筚门寂寞空旷，轻舟遭遇逆流，孤独地吊影自怜，只见空中白云，不见龙门何处。离开恩德之主愈久，思念之情愈深。只待江景清澈可辨，等候归来的大船抵达春江绿洲。红色的府邸一旦启开，我要把浅陋的心献给品德、成就高贵的人。只要头簪足履犹存，床席不改，即使身填沟壑也还希望妻子、儿女能思念我回来。挥泪告辞，悲不自胜。"

不久，以中军记室兼任尚书殿中郎，郁林王隆昌初年（494年），命令谢朓接待北朝来使，谢朓以口齿不伶俐为由，想避开不承担，但未获许可。高宗辅政期间，任命谢朓为骠骑谘议，统领记室令史，掌管诸侯王府邸的章表文书，又掌管中书省中的帝王命令、任命或赠封的文书，授予秘书丞，但没有拜受，仍传为中书

郎。后出任宣城（今属安徽）太守，又因选拔而任中书郎。

齐明帝建武四年（497），出任晋安王镇北谘议、南东海太守，处理南徐州事务。他告发了王敬则造反的阴谋，皇帝十分赞赏，升他为尚书吏部郎。谢朓上表三次推让官职，还没来得及推掉官职，中书省已起了疑心，便询问祭酒沈约，沈约说："宋元嘉年间，范晔推让吏部官职，朱修之推让黄门官职，蔡兴宗推让中书官职，皇帝下诏书一起答复三份推让呈文，委婉地陈述事情。近代任小官不推让，就已成为通常的习惯，这恐怕有违背推让的本意。王蓝田、刘安西都任重要职务，起初并不推让，如今，岂能羡慕他而不推让呢？孙兴公、孔顗一起推让记室令史，如今怎能三者都推让呢？谢吏部现在是越级升迁，推让另有意思，哪里是关系官阶的大小？谦让的美德，本来出于人的性情。如果任大的官职就推让，这就与送至皇帝殿庭的表章没有什么不同了。惯例是这样，可说自当不必多疑了。"谢朓又启奏推让，皇上下诏赞赏，但不应允。

谢朓善写草书、隶书，又擅长五言诗，沈约常说："二百年来没见过这样的诗歌。"敬皇后迁移陵墓，谢朓撰写哀悼祭文，整个齐朝没有比得上他的。

东昏侯失去政德，江祏要立江夏王宝玄，心里迷乱，到最后又改变了主意，和他弟弟江祀秘密对谢朓说："江夏王年少轻佻，不堪承担国家重任，不能立为国君。始安王年纪较大，适合入朝继承王位，他一定不违众望。我们并非以此求得富贵，只是希望求得国家安定而已。"萧遥光又派亲信刘沨秘密向谢朓示意，想要把他引为心腹。谢朓因自己受恩于高宗，不听刘沨的话，不肯答应。不久，萧遥光命谢朓兼任卫尉事，谢朓怕被荐举，便将江祏等人的谋算告知左兴盛，左兴盛不敢作声。江祏听到这事，告诉了萧遥光，萧遥光非常愤怒，徐孝嗣、江祏、暄等人联名启奏皇帝，请求诛杀谢朓，奏折中说："谢朓生性阴险轻薄，远近昭著，王敬则过去谋图反叛，他也颇有诚意效法，自从擢升官职已超出同辈，他的欲望变得贪得无厌，如同沟壑难以填满一样。他着力于触惹事端，近来又煽动内外，处处传播妖言，狂妄地贬低皇上，私下议论宫中之事，离间诽谤亲人贤能，轻率地非议朝廷官员，丑恶的言论和不正当的谋算，不胜详说。心目中没有君主，这已经很明显，宜当共同唾弃、及早诛杀他。臣等相议认为，应到北面里巷捕捉逆贼，以严肃刑典。"皇帝下诏道："你等王公所启奏的事属实，谢朓天性轻薄险恶，众人的议论久已明显，他只凭那些雕虫小技，已为官绅所耻笑。过去在渚宫时，就煽动蕃王之间的矛盾，日夜怂恿谄媚，对上观言察色，对下密谋筹划。及至返回京城，反而更加暴露，江、汉地区平静，没有风波，以为是他自己的功劳。现在的议论尽是这些，大臣缙绅无不为之侧目怒视。去年夏天王敬则造反的事，他颇有一点诚意，奖赏擢升不正当，跨越了官阶顺序，竟没听到感激、喜悦话，而戒惧之心却更为明显。又借助制造流言蜚语，妄图迷惑众臣，诋毁贬低朝政，猜疑离间亲友贤能。花言巧语，口快舌利，比过去的心志更加丑恶，他的罪孽如同涓涓细流汇成了河。做事防备，计谋长远。理当用少正之刑，伸张除害的正义，可将他收交廷尉审讯，以严肃明正国家的刑典。"又派御史中丞范岫启奏收审谢朓，谢朓被投入监狱而死，时年三十六岁。

当初谢朓告发王敬则,敬则的女儿是谢朓的妻子,常常怀里藏刀要找谢朓报仇。谢朓不敢与她相见。到他当了吏部郎时,沈昭略对谢朓说:"你这个人才品和门第都好,真正不负这个职务,只恨今天要对你嫡妻施行法制了。"谢朓临到失败时,才叹息道:"我无意杀王公,王公却因我而死。"

庾　信

庾信,字子山,南阳新野(今河南新野)人。祖父庾易是南朝齐代的隐士。父亲庾肩吾,任过南朝梁的散骑常侍、中书令。

庾信少年时代就长得英俊出众,聪明绝伦。他博览群书,特别精通《春秋左氏传》;身高八尺,腰带长十围,容貌举止恭顺,有过人之处。起初,他任湘东(今湖南衡阳)国常侍,后转任安南府参军。当时,庾肩吾任梁太子中庶子,主持管记的工作,东海(今江苏东海沐阳连水以东、淮水以北地区)人徐摛任左卫率,徐摛的儿子徐陵和庾信一齐任抄撰学士。父子在太子的宫室里,出入于皇宫禁地,深受恩宠礼遇的荣耀,无人可以相比。他们都极具才华,文采显得绮丽华艳,因此世称为"徐庾体"。当时,后辈们都竞相模仿学习,他们每有一篇文章问世,便在京城广为传诵。后来,庾信升任为尚书度支郎中、通直正员郎,又出任郢州别驾。接着又兼任通直散骑常侍,出使东魏。他的诗文和应酬的言辞广泛流传,为邺下(今河北临漳县境)人士所赞许。从东魏回梁朝后,他又出任东宫学士、建康令。

侯景反叛作乱时,梁朝简文帝命令庾信率领宫中文武官员一千多人扎营于朱雀航(在今江苏南京镇淮桥东)。及至侯景兵到,他因敌军众多而先行撤退。台城(今南京玄武湖边)沦陷后,庾信逃到江陵(今属湖北)。梁元帝继承王位,授予他御史中丞之职。元帝登基时,转授右卫将军,并封他为武康县侯,又加授散骑常侍,奉命出使西魏。适值西魏大军进攻南朝,他便留在长安(今陕西西安)。江陵陷落后,他在西魏任使持节、抚军将军、右金紫光禄大夫、大都督。继之,又被引荐为车骑大将军、仪同三司。

孝闵帝即位后,封庾信为临清县子,赐给五百户的封地;授予司水下大夫。他还离京任弘农郡太守。又升迁为骠骑大将军、开府仪同三司、司宪中大夫,提升爵位为义城县侯。不久,任洛州(今河南洛阳)刺史。庾信精通以往的典章制度,为政简约沉静,下属官吏和百姓很安定。当时,陈朝和北周和好交往,羁留在对方国家的人士都被允许返回故国。陈朝便请王褒、庾信等十几个人回去。高祖只放走王克、殷不害等人,庾信和王褒俩都被留下而不遣返。接着,庾信被征召为司宗中大夫。

周世宗、高祖都很爱好文学,庾信特别蒙受恩宠礼遇。乃至赵王、腾王几位王侯,对他更是多所应酬,款待备至,犹如百姓间的平等交往。众多王公的碑铭文志,多半拜托他撰写。只有诗人王褒和他不相上下,其余的文人就没有比得上

他的了。

庾信虽然官位显达，名望显赫，但仍然经常怀有思乡的深情。于是，创作了《哀江南赋》表达自己的这种情绪。赋是这样写的：

戊辰年(548年)十月，窃国大盗侯景反叛篡国，京城金陵沦陷，国家土崩瓦解。我于是逃窜于荒山野谷。朝廷与百姓都陷于泥潭炭火之中。从江陵奉命出使西魏，羁留北方，不得南归。复兴梁朝的希望在甲戌之年(554年)便彻底破灭了。国家灭亡，我在长安亭舍遥哭了三天，在异国别馆被囚禁了三年。天理本如岁星运行一样周而复始，但梁朝消亡却不再复兴。我如同傅燮，只有悲叹身世而无处可以求生；又像袁安，每每思念先朝，自然而然地涕流满面。从前，桓谭有志于事业，杜预一生好运，两人都有著述，都在书中作序叙平生志向。潘岳的诗篇，最早叙述家族的风尚；陆机的辞赋，大多陈说祖先的功德。我从中年开始，便遭到丧国的变乱，远远地离开故国，流落他邦，直到如今已届晚年。吟咏着《燕歌》远别家国，悲伤得无法忍受。遇到了故国遗老，哭泣又有什么用处？本来想隐居避害，却忽然奉命出使而失节于西魏，本以谦让自守，便又不能如伯夷、叔齐以身殉义。飘泊在路旁的亭舍，寄身于异邦的篱下。唱唱怀乡的悲歌，不是取乐的办法；喝喝乏味的薄酒，没起忘忧的效果。如今，追写这篇辞赋，姑且用来记述一朝兴亡之事，其中虽不乏个人危难悲苦的辞句，但还是以国家的悲哀为重。

年老岁残，乡关路远，这混乱多变的世道成了什么世界？冯异将军一旦离去，那大树自然凋零；荆轲壮士一去不返，寒风更加凄凉。蔺相如手持和氏璧斜视庭柱，为换回赵国十五城直面秦王的欺凌，终于完璧归赵；毛遂登上石阶，逼使楚王订立盟约；而我出使魏国，手捧珠盘，却未能使梁朝和西魏结盟。钟仪是楚国的君子，被俘而成了头戴南方楚帽的囚徒；季孙为鲁国的使臣，被晋人拘留在西河的使馆里。申包胥为救楚国向秦王叩头，把头叩破；蔡威公因亡国哭干了眼泪，泪尽泣血。钓台的移柳，不是飘泊玉门关的游子所能望得见的；华亭的鹤鸣，岂是遭河桥之难的人所能听得着的？

孙策用以三分天下的士卒，起初只有五百；项羽起兵所带的江东子弟，也只有八千之众。他们就这样割据山河，主宰天下。哪有过百万义军一时丢盔弃甲，一败涂地，以致敌军滥杀百姓如同割草伐木？长江、淮河起不了普通河岸阻挡敌兵的作用，军营壁垒还不如一道篱笆牢固坚实。征税敛赋的各州官吏乘乱纠集起来，缔结盟约；出身卑微的人趁机窃取了国柄。莫非金陵的天子气数历经三百年理当完结了？由此可知，秦虽打败六国，吞并了天下，仍不能避免于轵道(今陕西西安东北)投降之灾，西晋虽统一了国家，也挽救不了国君于平阳(今山西临汾)丧身之祸。呜呼！大山崩塌，萧梁已走上灭亡的命运，改朝换代，必然会有典午(晋朝)前朝的哀伤。上天的意旨，朝代的更迭，足以使人感到凄凉悲怆，伤心不已。更何况行船到了航道的尽头，天河不是乘木筏可以上去的；暴风阻拦了仙境之路，蓬莱没有可以到达之日。不得志的人要作赋表达心头哀曲，困顿的人要咏唱所做之事。

陆机听到我的吟咏会拍手取笑，这是我心甘情愿的；张衡看到这篇辞赋定要加以鄙辱，这本来就是理所当然的事。

中兴之主梁元帝平定了侯景的叛乱，洗雪了父兄百姓的冤耻。由湘东王承接帝业，在江陵登基，如汉文帝被迎于代邸、帝尧在唐郊受禅。但却不能如光武帝任司隶时那样改变旧制，也不能恢复以往的正始之音。多猜忌而骄矜随意，嫉贤才而自以为是。国家大事因此完结，诸侯人心浮动。接着，与北齐绝交，遭西魏入侵之患。何况如西楚霸王离开关中想回楚地一样，他居江陵而不思返建邺；也不想如太伯以周礼开拓吴国那样，重返吴地。复用任约等侯景旧党去败自己的骨肉兄弟，如驱使绿林的散兵游勇去抗击在骊山（在今陕西临潼东南）造反的叛军。驻军于滠水，阅兵于巴渝。有事求问邪恶的鬼怪，乞灵于用迷信方法消灾除邪的巫术。杀武陵王于荆门（在今湖北宜都西北），如郑庄公追杀亲弟王廪延；使邵陵王死于夏首（在今湖北沙市东南），如咸季以弟害兄。无视骨肉之亲理当相受，残忍地以弯弓取代和乐。令人愤慨的是，当权者既无谋无略，又不能如天下所盼望的回旧都建邺。不能将立国之难深思熟虑，又自以为精通于文武二端。定都江陵，如登上阳城想逃避风险，倚卧砥柱想求得安宁。为人言谈多所猜忌，残忍更呈淫威。坐观时变，本性无情，不顾兄弟的急难。所拥有的狭小地方如同脸面上的黑闹，所据有的城池也只有弹丸一般大小。内外积怨甚深，兄弟之谊，国家之盟又都瓦解。冤禽精卫怎能填海，北山愚公哪能移山。何况灾相白天出现，妖气夜里降临，赤乌夹日而飞三日，青云围轸七重。元帝气数将尽，如同吴国灭亡的日子已经临近，兵入郢州的时间也已经到来。

如周和郑互相怨恨，秦和楚结下冤仇那样，梁元帝杀兄害弟，与梁王结怨隙，使西魏有机可乘。如南风不劲，楚师无功，西邻责问，嫁女不宜那样，梁朝必败了。继而，西魏入侵，云梯横冲乱舞在城头，冀马如云屯集，大小兵车咸陈，擂鼓响彻四方。如诸葛亮兵围陈仓使用连弩之箭，如韩信袭击安邑而横陈战船佯攻临晋。虽楚地有许多湖泊可以陷贼，三户人家就可以亡秦，便如乐伯射麋只中其一，梁朝无力御敌。未能如光武帝摧九虎之军，雷震四海。此时，我已告别落叶纷纷的洞庭湖，离开了溽阳尽处的浦口，身在长安。烈火焚旗，其师必败，贞风吹送，君王受擒。于是，魏军烧栅，梁元帝焚烧书画，龙文宝剑折于石柱。

魏兵入侵下江，攻陷长林。可惜只想着养肥可供上阵的战马，见不到可摆火牛阵的军队。见国家将倾覆，士大夫纷纷出走，如章曼支驾毂而逃，宫之奇率族出走，如光武帝骑马涉水渡河，太子丹学鸡鸣，天未亮逃出潼关。忠臣以身殉国，君子饮恨吞声。梁朝既败，魏兵肆意屠戮，章华、云梦诸地成了楚人祭亡、遭拎的所在。文武大臣不死则囚，如莫敖自缢于荒谷，群帅被办于冶父（在今湖北江陵东南），群儒被害于坑井。如鹰隼追逐乌鸦，冤气使夏日凝霜，怨恨使秋泉沸腾，杞妇哭夫，使城墙崩塌，湘妃血泪，染得竹纹斑斑。

江陵百姓被掳往西魏，历尽跋涉之苦。水土不服，山高路远，如泾水施毒，井陉险峻。十里一长亭，五里一短亭，道路迢遥。饿了寻找冬天蛰藏的燕子充饥，天黑追随荧火的微光行路。路过秦中黑水河，关中青泥城。那时，骨肉分离，冰消瓦解，风飞电散。既沦为奴，不分贵贱贤愚，混合一起，千里流亡，如淄水、渑水水味不同却相混合。白雪纷扬如寒沙，冰柱横凝似玉岩，遇到被俘的人，如适被征往洛阳的陆机，远离家乡的王粲。无不听到陇水声而掩面哭泣，无不望见关山无边而哀叹。何况夫君在西城交河（在今新疆吐鲁番西北雅尔和屯），妻子在河南清波（在今河南新蔡县西南）。岩上望夫更是遥不可及，山上望子愈增愁苦。贵妇人受尽凌辱，宫中妃子在追思邯郸生活，清河公主被卖为奴。栩阳亭侯写下了抒发离愁别恨的辞赋，临江王吟哦排遣愁思的诗歌。尚还有像我这样的人，飘泊在武威（今属甘肃），寄居于金微（今新疆北部、蒙古境内的阿尔泰山），回归无望。班超活着表达尸骨还乡的愿望。如李陵笔下的双凫永远北飞，苏武空放了寄书的大雁。

以往西魏克江陵，成为陈朝受禅金陵之祸的发端。虽然是借助外人之力，实际上是内部潜在的祸害。平定侯景之乱的梁元帝遭受杀戮，这位启中兴之业的人无人祭祀。其长子、幼子同时被其侄子梁王萧察所杀。乌鹊飞而荆山玉璧碎，大蛇生而随侯大珠死。臣民死伤无数。鬼火乱舞于平林（在今湖北京山东北）。梁朝的灭亡是因为从建邺迁都江陵，荆楚梁元帝的覆灭是因为西魏的入侵。梁朝不灭，西魏怎能昌盛，陈武帝哪能篡位？陈武帝这个有妫氏的后代，借助姜氏齐国而繁衍，篡夺梁朝的王位，受禅为帝。天地间最好的德行是使百姓安生，圣人最器重的是帝王的宝座。出现陈霸先这样的不肖子孙，江东大地全为他所占据。可惜萧梁一家的天下，被东南的叛逆所葬送。襄阳形胜之地为西魏所占有，梁朝的天下怎不灭亡！

那往复的天道，预示着民间的生生不息。我的八世祖烈烈有为，举家迁居江陵，到我历经七代，又碰到时局变幻而北迁长安。扶老携幼，寄居关中又经多年，生死艰辛，苍天也难以言喻。何况家世败落，家业将尽，尚有巍巍灵光，惟已独存。一年将尽，岁将复始。忧心如焚，年老更甚。走在长乐宫这神武城门，望着宣平里高贵府邸，渭水流贯天门，骊山蜿蜒在地市。幕府大将军对客人款待备至，丞相平津侯礼贤待士，得与贵戚交游，如在金氏、张氏府上观赏钟鼎古器，在许氏、史氏家中听奏弦歌。有谁知道，在灞陵（故址在今陕西西安东）夜猎的还是梁朝旧时的右卫将军，咸阳（在今陕西西安）百姓中盼望故乡的决非只有昔时梁朝的皇家贵胄！

大象初年，庾信因病离职，后病逝。隋文帝深切悼念他，赠予原来的官职，追认为荆州、淮州刺史。他的儿子庾立为继嗣。

李　白

李白(公元701—762年),号青莲居士,祖籍陇西成纪,出生于中亚的碎叶城。被后世奉为"诗仙"。

李白于公元701年出生于碎叶城。碎叶城是突厥部落和唐朝的必争之地,随时都可能爆发互相争夺的战争。因此,这一带的局势很不稳定。连年战乱,居民人心惶惶。

李白五岁的时候,跟着他的父亲带着在西域经营了几代的财产离开了碎叶城向中原进发。他们沿着丝绸之路,经秋甫、龟兹等地,经过几个月时间,终于到达大唐京城。

但他们却没有在京城站稳脚跟。这是因为当时的丝绸之路并不平静,李白的父亲靠着家传的武艺和祖传的龙泉宝剑,带着他的子侄们一路击退几伙毛贼,以至于在京城受到各式各样的骚扰,无法立足,不得不重踏征途,最后来到西蜀绵州昌隆县,定居在县城南青莲乡。昌隆,因为避唐玄宗李隆基的名讳,就改叫昌明(今四川江油)了。

有了固定的居所,李白也进入了读书的年龄,因此进了乡间私塾,与其他孩子一起读书。他小时候非常聪颖,人们就说他是天上的星宿下界,刚上学几天,他就会背天干、地支,以及用它来记时记日,并且还知道了自己的名字的来历,逢人就说:天上有一颗星星,叫太白星,它早晨出现在东方,叫启明星,晚上出现在西方,叫长庚星。他降生的时候,母亲梦见长庚入怀,所以爸爸给他起名叫白,字太白。老师见他聪颖,也格外喜欢他,常常让他读,让他背,给其他孩子做榜样。因此在他十岁前就已把所有启蒙书如《千字文》《蒙求》等读完了,并且已把《诗经》背得滚瓜烂熟。

少年李白除了用心读书外,还非常喜欢舞剑,那是受到父亲的影响。李白的父亲也是满腹才学,全身武艺,擅长剑术,真可谓文武双全,然而却不得志,只好每天闻鸡起舞。因此,少年李白跟着父亲,也练成了一身武艺。

渐渐地,李白长大了,他已经十五岁了,变成了一个小小男子汉。因此他想应该走出家门到外地读书,才能写出好文章,做出好诗来,再说走出家门,还可以读更多的书。因此,这年秋天,他决心已定,离开父母,搬到了离青莲乡数十里的匡山脚下的大明寺中,专心学习。在接下来的三年时光里,他又一次独立钻研了孔子增删编定的诗歌总集《诗经》,精心诵读了屈原的《离骚》等楚辞作品,还对乐府民歌反复吟唱过,汉魏以来有名作家的诗歌辞赋也认真学习过,同时用模仿别人的作品的方法来锻炼自己的能力,为他以后创作诗歌辞赋打下了坚实的基础。但他总觉得这还不够,还想拜名师,学习在世上应该怎样做人,学习学问也学做人。

李白十八岁这年,他听说梓州有个饱学之士,姓赵名蕤,字太宾,住梓州县(今四川三台)城外长平山上。当地人都叫他"赵处士",是一个屡试不第的秀才,后远游全国各地,长了不少见识后回到家乡,历二十余年,完成《长短经》的著述。

对于这个赵处士,李白佩服得五体投地,于是奔波三百余里向他求教,起先赵处士只将其看作一般门生,后见其才华不凡,又会击剑,因此,师徒感情加深,最后变得无话不谈了。赵处士常把那古往今来的历史人物故事讲给李白听,后又把传授《长短经》的计划提了出来,包括教材、日程进度、教学方法等,具体而详尽,此外还有剑术的练习。

经过一年多的学习,李白学习结束了。老师为他摆设酒宴送行,并谆谆教导他要多方寻求致仕之路,李白一一应承,踏上了求仕之路。

求仕之路

开元十八年冬,李白二十岁。这天,他向父亲禀明要去游成都,开阔眼界,增长知识,广泛结交,寻求荐举的机会。父亲一听立刻赞成。因此,第二天,李白就上路了。但此次成都之行令他非常失望。最后只好带着无限地惆怅、凄凉的心情离开了成都。第一次的希望就这样破灭了,这对于血气方刚的李白打击是非常大的,以至于在以后几年中心情一直不好。

直到开元二十三年的春天,二十五岁的李白,重新鼓起雄心,佩了父亲亲手交给他的那柄祖传的龙泉宝剑,准备辞别双亲,出蜀远游。重新寻找举荐之路。

他带着书童丹砂,先到达成都,然后乘船沿岷江而下,再转到长江东去。

李白到各处漫游,急于希望遇着机会碰到能举荐他的人,后来他到了扬州,扬州历来都是繁华之地,本来他带了很多钱,但他经常接济别人,特别是那些落魄公子。因此,不到一年工夫,"散金三十万",腰缠万贯的李白,如今已花得一干二净,变得不名一文了。偏在此时,李白又生了一场大病,靠着新结交的一位县丞,姓孟,人们都叫他孟少府的接济,延请名医,病才有了转机。

一天夜里,躺在病床上,皎洁的月光,透过窗户照在床前,久久不断的思乡情又涌上心头,不觉吟出了那首尽人皆知的《静夜思》:

床前明月光,疑是地上霜。

举头望明月,低头思故乡。

李白病好后,想到举荐还没着落,扬州虽是一个好地方,可是谁又能举荐他呢?孟少府只是一个县丞,根本没有这份力量。在扬州住下去,也没有多大希望。因此希望到云梦泽一带游览,碰碰运气,孟少府一听也赞成。并说那边他有一个世伯,住在安州的安陆,叫李白可以住在那里,李白听了也很高兴。

这一天,他到达了襄阳,因天色已晚,就投宿在一家客店里,听店主人介绍本地的名人、景物、名胜古迹时,提到了孟浩然才使他想起这位大诗人就在这里,对当时的李白来说,孟浩然还是其前辈。因此决定第二天去拜访他。

第二天，李白走出南门，在岘山附近，孟浩然的庄园就在一片竹林之内。听说李白来拜访，孟浩然亲自迎接出来，可见对李白的赏识。二人虽是初次见面，却有相见恨晚之意。他们都是诗文能手，孟浩然是老前辈，李白也有不少力作，不时地抵掌品评，吟诵诗歌；研究文章，不时地摘句称颂，非常融洽。

李白在孟浩然的庄园住了几天，由孟浩然做向导，游览了岘山，看了"堕泪碑"及"沉碑潭"等名胜古迹。因此心情非常愉快，完全忘记了从前的种种不快的事。正当他要重新上路时，又来了一个诗人元丹丘，于是李白又多住了几天。

李白一定要走了，不仅孟浩然挽留他，现在又多了一个元丹丘挽留他。李白就说计划去安州投靠许员外，准备漫游云梦泽一带，以求得被推荐的机会。孟浩然见他如此说，也就不便多说，只好让他走了。

李白离开襄阳，向安州首府安陆进发。不几日来到了安陆，安陆是安州的首府。曾吸引了无数诗人墨客，留下的诗章画卷十分动人。

李白来到许员外府上，呈上孟少府的书信，受到许员外的热情接待，心里感到很是温暖，与病倒异地他乡客店相比好多了。

许员外膝下有一女儿，二十六岁，才貌双全，性格贤淑，只是由于娇惯，至今尚未婚配，择婿之事已是议过多次，但总没有合宜的。

一天，许员外请李白在书房叙谈。谈起诗文，许员外对他称赞不已，说他文才不凡。谈起个人抱负和理想，许员外也很同意这个青年人的看法，一个人不能庸庸碌碌，没有理想。至于家世，李白简单地说了说，许员外也很满意，私下里已同意把女儿许配给他，只不知他是否婚配，后寻机会才问出其仍是单身一人。因此，过了一段时间，便正式提出想招李白为乘龙快婿的要求，李白见过许小姐，知其人品相貌很好，故而满口答应，马上改口称许员外为岳父。没过半个月，就举行了婚礼，李白从此就在许府安心住下来。

按说李白做了许府的女婿，举荐之事应该不是什么难事，谁知又是一场空呢。

时值岁末，安州都督府举行宴会，宴请本州郡各界知名人士，李白也在座。席间，各能写诗文者都写了一篇，李白所写受到州督马公的大加赞赏，但李长史很不满。

李长史故意刁难，使得李白甚为不满，从此郁闷不乐，精神受到很大刺激。老朋友元丹丘把孟浩然将于三月转道江夏去扬州的消息告诉了李白。许夫人怕他忧郁烦闷在心，日久天长成疾，于是趁机劝说他提前去江夏，一来准备访问看望多年不见的老朋友，二来准备欢迎孟浩然去扬州。李白也想摆脱心中种种不快，也就答应了。

到了江夏，朋友们为其在黄鹤楼上摆宴接风，并要李白作诗一首，但当李白看了崔颢写的一首《黄鹤楼》时，十分赞赏，就不愿写了，说："眼前有景道不得，崔颢题诗在上头。"可见其虚怀若谷的情怀。

不过在送走孟浩然时，李白依然写了一首流传很广的诗：

"故人西辞黄鹤楼，烟花三月下扬州。

孤帆远影碧空尽，唯见长江天际流。"

李白远游求见高官，希望得到他们的推荐，但屡次均遭失败。渴望得到玄宗皇帝的赏识和看重，也就想起玄宗皇帝的"求士诏"，玄宗一而再、再而三地下诏书：草泽有文武高才，可指阙自举。意思是民间如有文或武的方面的人才都可到长安朝廷上自己推荐自己。李白向许夫人和岳父说了自己要走"自举"之路的心意，他们都非常赞成。许员外并说他的侄孙许辅乾在京做官，可以叫他帮忙，李白听了也非常高兴。

这样，李白急急忙忙赶往京城，住在了许辅乾家中，等着许辅乾帮其推荐。然而许辅乾也无这个能力，但他想到右丞相张说比较合适推荐李白，一来张说一向喜欢推荐贤士；二来张说的二儿子张垍，如今是驸马爷，擅长应制诗文，很得皇上宠爱，是能跟皇上说得上话的人。

其时，张说正卧病在床，许辅乾以探病为由带上李白去张府求见，受到张垍的接待，许辅乾说明来意后，张垍答应帮忙，并说过几天再到许府就教。

过了几天，张垍果然前来，仍是彬彬有礼，说想好了一个荐举贤才的方法。他说，皇上有个亲妹妹玉真公主，信奉道教，在终南楼观台修了一座别馆，那里也是山青水秀，别有洞天，建议李白去那里等候，张垍非常有把握地说："由玉真公主推荐贤士，定可面见玄宗皇帝，青云直上。"

这样，李白就住进了终南山，在终南山住了几个月，终没有达到目的。只好到各地游览一番后，又回到安陆。

此后，李白听说荆州大都督府长史韩朝宗为人喜欢结交朋友，勇于提携后进之士，有"生不愿封万户侯，但愿一识韩荆州"之美誉，因此想见一见韩朝宗。刚好孟浩然跟朝宗熟识。通过他的介绍李白终于见着了韩朝宗。但见面后韩朝宗虽然赞赏李白的诗文，但最终因为李白傲视一切，锋芒毕露而没有推荐他，李白的希望再一次破灭。

天宝元年，朝廷一连三封诏书送到了李白家门，诗人再也停留不住了，朝廷诏命是真的，他心里别提多高兴，二十余年来的漫游、结交、隐居、请托推荐不就是希望得到任用吗？但他也很疑惑，怎么朝廷一下子想起他来了呢？这又是谁推荐的呢？他想不出来，但他准备进京了。

此时正值秋季，到处是丰收景象。李白豪情满怀，高歌"仰天大笑出门去，我辈岂是蓬蒿人？"跨马扬鞭，奔驰在去往长安的道上，不几日就到达了京城长安，住进了城里的招贤馆。

李白刚刚安顿好，就听见馆内人进来禀告，有熟人来会，李白不知何人，连说有请，只见门开处一个道家装束的人，定睛一看，原来是老友元丹丘。李白高兴极了，连忙把手言谈。李白从元丹丘口中才知道自己被荐原来还有元丹丘的功劳。因为元丹丘受玉真公主召见并为其讲经论道后，就趁机把李白推荐出来，玉真公主对李白还很熟悉。因此就把他推荐给玄宗皇帝了，谁曾想，李白能被推荐，会有如此曲折的过程呢。

没过几天，有内侍传下圣旨，召李白进宫。

文化艺术卷

从此,李白就在翰林院供职。皇帝时时诏见他,叫他填写新词,供宫女们排演舞曲,他多么希望皇帝能听听他治理国家的方略啊,但却始终未能如愿。

说到玄宗常常召李白进宫写词,这里还有一段有趣的故事呢!

暮春时节,玄宗皇帝与杨贵妃正在沉重亭赏花,兴致很高,就对杨贵妃说:"爱妃,赏名花应有音乐相伴,何不宣李白进宫,写词后叫梨园弹唱?"

这样,梨园长李龟年被找来了。但是李白却怎么也找不到,最后费了很大劲才在一家酒楼中找到了李白。但这时李白喝得酩酊大醉,根本就不知人事,但皇帝等得急,就只好先把他架入宫中再说。

玄宗听说李白喝醉了,也不介意,仍叫架来见驾,李白根本就不能站立,就让李白躺在卧榻上,并叫高力士为其脱鞋,然后亲自为其喂醒酒汤,李白醒来一看,吓了一跳,刚想跳下来为玄宗跪拜,玄宗连忙阻止了他,并说:"今日醉酒不必多礼,现在召你是叫你以面前景色作《清平调》三章,速速写来。"李白一看面前百花争艳的样子,也不禁诗兴大发。拿起笔来刷刷有声,三首诗一挥而就:

第一首是:

> 云想衣裳花想容,春风拂槛露华浓。
> 若非群玉山头见,会向瑶台月下逢。

第二首是:

> 一枝红艳露凝香,云雨巫山枉断肠。
> 借问汉宫何得似,可怜飞燕倚新妆。

第三首是:

> 名花倾国两相欢,长得君王带笑看。
> 解释春风无限恨,沉香亭北倚栏杆。

众人看李白运笔写诗,都看得呆了,心中暗自佩服。玄宗更是赞不绝口,马上叫李龟年排练弹唱。

李白写完歌词后,坐在旁边静观,等李龟年的歌唱队演唱终了,他的思绪也已完全整理清楚:大唐皇帝沉于声色,置国家、百姓于何处!

天宝三年,李白再也忍受不了朝廷中官吏之间的勾心斗角、尔虞我诈的生活,上疏玄宗求归故乡,玄宗本不愿李白回乡,无奈李白态度坚决,也只好批准了。一下子,李白又获得自由了,就重新开始了流浪的生活。

这一天,李白来到了东都洛阳,在这里他结识了诗人杜甫,二人一见如故,无拘无束了,二人变得无话不谈,他们既谈了朝廷的腐败,百姓的辛苦,豪官富商的巧取豪夺,也谈了诗歌的形式等,彼此都感觉遇到了知己。

天宝十四年十一月,正是北方千里冰封万里雪飘的隆冬季节。安禄山以讨伐杨国忠为名,率领二十万兵众,从范阳起兵,越过一座座州县,杀奔黄河而来,各州简直还没反应过来就已被攻破。

安禄山叛乱的消息传来,李白正在金陵。他没想到叛军的行动竟如此之快,当叛军杀过黄河之后,就赶快从金陵出发,骑马飞奔陆城接了儿子,又到亲家看了一眼女儿女婿,然后父子二人一同去宋城梁园接了宗夫人,三人一起,随着难

民南逃。在南逃的过程中,随时都有叛军攻陷州郡、杀人放火等噩耗传来。最后,李白一家逃到了当涂(今安徽境内)暂时住了下来。

玄宗在逃蜀的途中,采纳了臣子的建议,立即下了一道诏书:任命太子李亨为天下兵马元帅,兼任朔方、河东、河北、平卢等地节度使;任命永王为山南东道、岭南、黔中、江南西道等地节度使……太子李亨到了任所,不久在灵武(今宁夏灵武境内)即帝位,是为唐肃宗,改年号为至德元年,尊玄宗为太上皇。此时李白已全家迁住庐山,在庐山住了下来。

永王很快也到达任所江陵。很快招募了几万人的军队,肃宗马上急令他带兵去蜀地,而永王却想长期在江陵经营。江淮地处长江下游,土地肥沃,物产丰富,对发展军事力量、建设根据地极为有利,因此永王就没有理睬肃宗的调令。因此肃宗认为永王想图谋割据,于是暗中调兵遣将,准备消灭永王这股军事力量。

接着,永王移军江夏,继续招募军士、筹集物资、收揽人才。以李台卿、韦子春等人为谋士,以季广琛、高仙琦等人为将领,计划继续带兵东下。

永王为了扩大自己的势力和影响,他想到了李白,于是派了与李白有旧交情的韦子春请李白参加幕府。

李白开始还有些犹豫,但经韦子春反复以国家社稷的利益相陈,终于让李白动心,答应韦子春进入幕府,因此也就导致李白最终的悲剧命运。

李白入永王幕府后,写下了许多壮丽的诗篇,比如他写了《永王东巡歌》组诗十一首:

山川北虏乱如麻,四海南奔似永嘉。

但用东山谢安石,为君谈笑静胡沙。

诗人以谢安自比,坚信自己所参加的永王定能打败安禄山的叛乱军。但他哪知道自己已陷入了玄宗父子兄弟之间争夺权力的漩涡中了呢?

肃宗既对永王起了疑心,也就采取了军事行动。他派宦官啖廷瑶、段乔福去广陵部署军事行动,准备围击永王部队。

永王手下将领都愿意随他攻打安禄山,但偏离这个大方向,为永王争夺天下,特别是对抗当今朝廷,他们还没有这个思想准备。永王大军东下到丹阳,朝廷军队就前来迎击了。原来吴郡采访使李希言得到宦官啖、段的密令,写公文质问永王东下的用意,永王被激怒了,于是派浑惟明去攻取李希言,季广琛袭击广陵采访使李成式。季广琛众将领不愿攻打朝廷军队,先后离开了永王,只剩下高仙琦,在丹阳一下就被击败了,永王仅带领五人逃命,最后全部被杀。

肃宗与永王兄弟之间的矛盾发展到以兵戎相见的时候,李白才预感到问题的严重,当季广琛率部逃离时,李白也从丹阳逃了出来。此时,他才明白自己成了别人争夺权力的牺牲品,心中非常愤怒。

李白日夜奔亡,逃到彭泽(今江西)就被当地的官吏逮捕。李白有口难辩,肃宗最后将其流放夜郎。

此时李白已是五十八岁高龄了,流放到如此遥远的地方,真不知自己还有没

有回来的机会。因此把宗夫人托给妻弟宗璟后，就沿长江向四川方向进发了。

经过几个月的行船，直到第二年的春天才到了奉节，李白走下船，登上了白帝城楼，眺望着、追忆着。三十多年前出蜀的情景如在眼前，那时风华正茂，书生意气，幻想着干一番了不起的事业，急迫地追求荐举，谁知事事不如意，处处受挫折。他的思想一会儿飞到江南，一会儿又飞到长安，一会儿飞到北风猎猎的幽燕，一会儿又飞到梁宋。他怎么也都抑制不住自己对往昔的追念！

李白在奉节停留的时间较长，从这里出发就该南下黔中，向夜郎进发了。谁知，命运又一次照顾李白。正当李白向夜郎进发时，朝廷大赦令来了，李白也因此结束了流放生活。马上上船，顺流而下，从原路回家。李白站在船头，想着诗句，心情无比兴奋、畅快，一首《早发白帝城》脱口而出：

朝辞白帝彩云间，千里江陵一日还。

两岸猿声啼不住，轻舟已过万重山。

李白从流放的路上遇赦回来以后，来到江夏，继续在官场朋友中参加活动。

此时，安史叛乱军内部因争权夺利再一次发生内讧，史思明杀了安庆绪等一伙人，改编了安庆绪的部队，暂时停止了向官军进攻，派他儿子史朝义在前线，他带兵回到了范阳。

当这个消息传到江夏时，李白非常高兴，跟着人们谈论着大唐的中兴，国家中兴后，一定需要各种人才，他希望自己还能干出一番事业。但当他四处请托时，却没有什么结果。他终于明白了，自己的处境是"报国有壮心，龙颜不回眷"——想报效国家，然而国君天子却不理睬自己，根本不想用自己！自己空有一腔热血，却报国无门！

李白在江夏活动毫无结果，只得回到豫章宗璟家，这已是5月末了。

宗夫人依靠弟弟宗璟生活，生活非常清苦，而又恰逢李白六十岁生日，宗璟在县里当个小吏，根本无钱办酒席庆祝生日，最后只好卖掉自己平时心爱的几柄贵重扇子才紧巴巴地置办了一桌酒席，为李白庆祝了六十岁生日。

李白也知道宗璟生活清苦，要他负担自己的费用，真有些于心不忍，所以在家没多久就离开了，他出游鄱阳湖一带，拜访州县一些官员，写些诗，得到一些馈赠。李白简直是乞讨度日了，他把这些馈赠的微薄银两交给宗璟补贴家用，总算解决了一些燃眉之需。

这年秋天，叛军又聚集了一部分人马，再次攻陷了宋州，宋州向朝廷告急，天下兵马副元帅李光弼被封为临淮王，出镇徐州，与僚属策划收复宋州，以阻止叛军南下。

宋城梁园是宗夫人的故乡，当李白听说宋州为贼兵所陷，心中非常着急，决定去徐州李光弼元帅大营，希望能为国家出一份力。谁知刚到徐州就病倒了，只好回到金陵，但在金陵这地方他能住在哪里？想来想去，没有，回豫章去？宗璟够困难的了，怎能再给他增加困难？可怜一代大诗人李白，到晚年时连一个安身立命之处都没有！最后，他终于去当涂县令李阳冰那里，他从交友的角度分析，认为李阳冰这个人值得信托。另外，自己是他的远房叔叔，也可前去依靠。于是

李白就去了当涂，他在李阳冰家中休息了三个多月，自觉病体好了，就离开李阳冰去了宣州。

来到宣州，本来太守、长史都是老朋友，如今都高升了。寻友未遇，只好又回到当涂李阳冰家中，不久他的病又复发了。最终，死于李阳冰的家中，一代诗仙，就这样凄惨地离开了人世。

杜　甫

唐代诗人杜甫（公元712—770年），字子美，河南巩县人。他的诗歌达到了现实主义的最高水平，后人则尊称他为"诗圣"。

杜甫于公元712年生于河南巩县城东的瑶湾。他的祖籍在京北杜陵（今陕西西安市三兆村南）。杜甫的祖先杜审言，是在当时有影响、后来文学史上留了名的诗人。他的诗同宋之问、沈佺期齐名，都为五言律诗的形成做过共同的努力，起着奠基的作用。杜审言的排律诗尤其写得好，所写《和李大夫嗣真奉使存抚河东》四十韵，被称为天下第一篇。杜审言的诗品和人品都对杜甫有着直接的影响，被认为是杜甫的家学渊源。

杜甫诞生后，他的家境已不如往昔，但这个有着悠久传统的官宦世家，有着良好的受教育的条件和环境。他家的人和事潜移默化地影响着杜甫的性格和思想的成长，即诗书门第的熏陶和儒学入世思想的影响，为杜甫塑造了一个高迈而博大的胸怀。

洛阳在唐高宗末年已成为第二个国都，武后称帝后改称周都。这里经济繁荣，粮食也很富足，唐玄宗即位后更是一片蒸蒸日上的景象。

杜甫处在这样一个繁华的都市里，深受其文化熏陶。聪明的天赋，少年的勤奋，使杜甫不甘寂寞，十四五岁时便在文坛上崭露头角。他读书欲破万卷，下笔也开始有神。他写的诗文同辈人几乎不能理解与欣赏，但一旦投献给长辈看，长辈们都会被他的才学所震惊，对他大加赞叹。

杜甫求知欲很高，而且对各类艺术，如音乐、舞蹈、绘画等，都有天生的敏感。他常在长辈们的援引下，去拜访当时的名人。也正因为这些，他结识了李龟年，从而结合人生经历写了一首七绝《江南逢李龟年》，即妇孺皆知的：

岐王宅里寻常见，崔九堂前几度闻。

正是江南好风景，落花时节又逢君。

公元731年，杜甫从洛阳乘船出发，前往江宁（今南京市）。离别了故乡，来到江南，一切都是陌生又新鲜的。一路上，他亲眼目睹了过去只能从诗画书本中领略的江南景色，如今就在眼前，为他酝酿着诗的新声。

公元735年，杜甫漫游江南已经四年了，他胸怀大志，血气方刚，踏遍了江南的山山水水。游兴正酣时，接到家书催他回乡参加进士考试。踌躇满志的杜甫，

经过一番名山名水的洗礼之后，受到一次又一次文化的熏陶，他更加自信与自负了。一进考场，杜甫便下笔千言，一挥而就，自我感觉良好。他洋洋得意地步出考场，以为这次进士非他莫属。可是事不由人，一揭金榜，竟名落孙山，一盆冷水泼在少年气盛的杜甫心头。

第二年，他重整旗鼓，兴致盎然地开始了他的第二次漫游。

他在这段时间除了结交苏源明，还接交了高适，高适也是一个出身贫穷，少时缺吃少穿，且读书很苦而成才的人。

杜甫的朋友除了读书人外，也有一些仁人侠士。他学习他们轻财重义的为人处世态度，并与友人同游名山胜水。在畅游泰山时，他写下了《望岳》，并看到山下农桑荒废、平原憔悴等惨状，从而开始忧国忧民，忧虑天下了。他认为这是年年兴兵作战的恶果。此时候的杜甫在思想境界及创作艺术上都更上一层楼，登上了一个新的高峰。他的诗气魄雄伟，语言警拔，真有"一览众山小"的惊人魅力。

741年，杜甫从山东返回洛阳，结束了此次漫游。

他住在洛阳山下的几个窑洞里，常去埋在此地的祖先墓前祭祀，寄托哀思，激励心志，承继祖业。也恰在此时，杜甫结婚了，婚姻是美满的，可却无法不让杜甫为前程担忧。他感到世态炎凉，人心不古，达官显宦之间尔虞我诈，实在令人生厌。他毕竟年轻，看不出产生这些弊端的社会原因，因此成天郁结难解。

就在这时，李白来到了洛阳，他们一见如故，成了好朋友。李白畅谈他的"时见不平，不平则鸣，鸣则有罪，有罪则走，走则自由"的人生态度，同时表明他那样做是不怕别人，是不愿摧眉折腰事权贵，使己开心颜。他们推心置腹地讨论，使杜甫感到精神为之大振。

尽管杜甫倾慕李白，尽管李白曾带他到处访仙求道，杜甫却没对仙道发生大的兴趣。他仍热衷于求一个官职，以便施展才能为国家出力，为百姓谋利益。故他与李白握手道别以后，杜甫回到洛阳住了一些时间便赶到京城长安去了。

可是当时的政府气候对杜甫跻身于官场是不利的。唐玄宗终日沉溺声色，只知享受，不知世道已在衰落。宰相李林甫又口蜜腹剑，嫉贤妒才，杜塞言路，陷害忠良。面对这种现实，胸怀壮志的杜甫内心十分矛盾，他既恨官场的腐败，又忘不了建功立业，因此他一方面留恋漫游的自在生活，一方面又舍不得离开帝都长安。

他接二连三地向他的一位当官的朋友寄诗，诉说衷肠，希望得到同情与理解，并且直言不讳，对现实社会和政治进行大胆的激烈的抨击，直抒胸臆，表白自己的勤奋和才华及在政治上受到冷遇却没有丢掉自己一向的理想与报负。他的朋友虽很看重，但也无力改变杜甫的处境。

751年正月初八至初十，三天之内连续在长安举行三个盛典，即祭祀玄元皇帝、太庙和天地。这样三个盛典同时举行，其规模与影响显然是空前的。杜甫看准了这个良机，费尽心思写了三篇《大礼赋》，投给了唐玄宗，对三个大典进行了大力颂扬，同时介绍了自己的身世。这正对上了唐玄宗的胃口，唐玄宗读后十分赏识，立即召杜甫到集贤院，皇帝亲自主持，由宰相考试杜甫。可是杜甫做梦也没想到，这样一个当官的好机会又像美梦一样破碎了。尽管皇帝当面赏识他的文章，可李林甫却容纳不下有学问的人。

此时的唐朝已由昌盛转入衰微。唐玄宗昏庸，李林甫当道，奸臣当权。无端的苛捐杂税已使百姓怨声载道，频繁的不义战争又给人民带来了无穷的征役痛苦。

杜甫为唐朝走入没落而忧愁。一天，他来到长安西南渭水畔，忽听见车声辚辚，战马嘶鸣，一大批新入伍的士兵，从咸阳桥出发，开往边疆。其中有十五六岁的小兵，也有头发花白的老兵。一群送行人哭做一团，境状很是悲惨。杜甫再也控制不住自己的感情，挥笔写下一首《兵车行》，对人民寄予了深切的同情，谴责了统治者发动的不义战争。诗中写道：

> 君不见青海头，　古来白骨无人收。
>
> 新鬼烦冤旧鬼哭，天阴雨湿声啾啾！

写得如此催人泪下。他又为出征士兵写了一首《前出塞九首》，用以反映征夫的心里痛苦及对战争的埋怨。"杀人亦有限，立国自有疆"，却感化不了统治者的心灵，不能让他们下令放下武器，停止战争。

杜甫在长安十年，同上层人物有相当多的来往周旋，因而熟知上层社会种种骄奢淫逸的腐败现象。他写了《丽人行》大胆地揭露唐玄宗的昏庸和时政的腐败。

755年，杜甫在温饱的问题都不能解决的情况下突然接到通知，让他任河西县尉。而此官位小，时时要对上司曲意迎合，而对下级又得无情压迫，杜甫毅然决定不上任。后来他又被通知任右卫章府兵曹参军。主要任务是守兵甲器仗，管理门房钥匙。这种工作收入甚微，地位很低，但很自在而且可以解决生活拮据，于是杜甫委屈从命了。上任前他要回家探亲，可在探亲路上却受尽了贫寒的苦难，而此时的唐玄宗和杨贵妃正在骊山华清宫内避寒，时近凌晨还听到宫里传来响彻云霄的音乐声。杜甫看到玄宗与贵妃的纸醉金迷生活，又想到探亲路上所见的饿尸遍野的惨景，情不自禁地写出了震撼人心的千古名句：

> 朱门酒肉臭，路有冻死骨。

在杜甫回家探亲途中，安禄山已经在范阳造反。这时的长安还没得到消息，而杜甫也还不知道。安禄山事变后，唐朝陷入了动乱时期。杜甫也卷入了整个国家的大灾难之中，开始了逃难生活。

杜甫从奉先探亲刚回到长安不久，安禄山叛兵已逼近潼关。他又立即返回奉先，携带一家老小逃难。

杜甫一家历尽了兵灾和水灾带来的痛苦，终于来到了鄜州城北的羌村，他把家眷暂时安在这里。杜甫亲身经历了这场国破家亡之祸，身心受到莫大的创伤，思想感情和落难的广大人民融合在一起。他写的《三川观水涨二十韵》，就寄托了这种情怀，他的呼喊代表了人民的声音。

杜甫在羌村住下不几日便又听到了马嵬坡事变的传闻。

马嵬坡事件不久,长安便沦陷了,长安人民遭受到一场很大的灾难。

7月13日,太子李亨(肃宗)在灵武即位。当时身边的文武官员较少。杜甫在羌村听到这个消息,决定离开刚安下的家,一个人投奔肃宗。

杜甫在赴灵武途中,不幸陷入叛军手中,被送到沦陷了的长安。

杜甫身陷敌手,孤独一人,夜间想到鄜州的妻子和儿女,写下《月夜》诗一首,那首诗写得情感真挚,明白如话,深刻反映了战乱后妻离子散的人民的共同忧伤的感情。

不久杜甫又写了《塞芦子》,建议遭受失败的朝廷塞断芦子关,阻住敌人西进之路,并提醒朝廷此计势在必行,要神速出兵。

安禄山造反以后,自称皇帝。757年正月,他的长子安庆绪听说父亲要让爱妾的儿子安庆恩当继承人,十分不满,担心受害,于是联络到安禄山的贴身随从杀了安禄山,夺了父亲的职位,不久肃宗便从彭原南迁凤翔,作为朝廷临时所在地。官兵接连几次打了胜仗,国家形势大有改观。

4月的一天,杜甫的好友郑虔从洛阳偷偷回到长安,他们相遇后又悲又喜,两人挑灯长谈,分析形势,预测未来。后来,他们冒着生命危险,偷偷走出了长安城,奔向凤翔。一路上到处是敌兵的收搜,但他们历尽千难万险,终于死里逃生,来到了凤翔。

在凤翔,杜甫匆匆地争着上朝,结果肃宗给了他一个很小的职位左拾遗之职,即每天侍奉皇帝,为皇帝张罗帐幕,安排活动,做一些与他的年龄不相称的事情。为此,他也有些牢骚,但他还是尽忠尽职,认为自己的效忠得到了皇上的理解。

受命之后,他一直也不知道妻子儿女是否还平安地生活在羌村,他很想回去探一次家。由于工作他没有提出请假,没想到却因他的正直而被皇帝嫌弃,让他回家探望妻子。这是对杜甫一种体面的惩罚,尽管未罢官,实际上是要他暂离官位。

到家了。乱世归来,久别重逢,百感交集。一家人哭作一团,面对着一群破衣面黄的亲人,杜甫很难过,但国家有难,谈何家愁。

回到家里,杜甫病了一场,病稍好后,他又以途中见闻为内容,写了一篇《北征》。其中如实反映了战乱中人民的痛苦及自己对时局的忧虑。诗篇自始至终贯穿着杜甫的忧国忧民精神,写得真挚,曲折动情。最后他还鼓励皇帝创业,继承太宗业绩,把社会建设得兴旺发达。此时,他又在写奏议了,希望肃宗把国事办好,中兴大唐。

正如《北征》所言,757年闰8月,官军经过努力奋战,终于击败了凤翔叛军的进攻,并一鼓作气顺利地向长安挺进。安禄山和史思明一伙叛军,得到了应有的惩罚。肃宗也乘胜回到长安。11月,杜甫也携带全家回到长安,仍任左拾遗。

一回到长安,被动乱掩盖了的派系斗争又显露出来。房琯被贬为邠州刺史,杜甫也因为为房琯说话而受株连,被贬到华州任司功参军,官位更小了。杜甫本想在收复长安后,在皇帝身边好好地干一番事业,这一愿望却又成了泡影。

在华州任职期间,杜甫思念故乡,他曾回洛阳一趟,寻访亲人。

杜甫从洛阳到新安,又见到吏卒气势汹汹地抓人当兵。因为为了保住洛阳,必须补充兵力,而适龄当兵的都已被征走了,现在却只能让更年少的去当兵。杜甫于心不忍,但又想到战争需要,大家都是无奈的。杜甫怀着痛苦的心情写下了《新安吏》用以安慰士兵安心服役。

在潼关,杜甫见士兵在筑新城,又联想到了756年元旦,潼关守将哥舒翰本来准备以坚守来迎敌,结果却因唐玄宗促战而冒失地出关迎战而导致全军覆没,教训惨痛。于是杜甫又写了一首《潼关吏》,警告守关者不要轻易出战。这充分体现了杜甫时时刻刻在为国家操心。

杜甫到陕州石壕村时,他又见到官兵到处抓人的事实,男的没了就连老妇人也不放过。于是杜甫写下《石壕吏》,无情揭露封建王朝的残酷,歌颂人民忍痛负重,为国献身的爱国精神。

《新安吏》《潼关吏》《石壕吏》三首诗是真实写人写事的,它们被后人称为"三吏"。后来,杜甫又写了《新婚别》《垂老别》《无家别》,写出了新婚人、老人、孤身一人的老兵等为国家而献身的精神。

杜甫的"三吏三别"是他诗歌中的一组杰作,是他创作中现实主义的一个光辉顶点。这些诗写得真实、写得深刻,把战乱时期人民遭受的兵役之苦写得震撼人心。

杜甫被贬华州之后,更接近人民,对朝廷的腐败看得更清楚。房琯在官场斗争中的失败,直接影响着杜甫的政治前途。杜甫此时看透了官场,毅然弃官。为了生计携家去秦州投靠亲戚。杜甫历尽艰苦,到达秦州,而秦州也是战乱不断。秦州城位于陇峭的山上,这儿的民族杂居,生活也很苦,而时时又有外敌的骚扰。杜甫很为这儿的人民生活担心,而他自己也只能靠朋友接济或摘采些草药去换钱以便养家糊口,有时没钱买粮便吃树皮。有时杜甫也直接向别人讨些菜来吃。不过杜甫对这一切视为很自然的事,能够坦然对待。

生活贫困并没有阻止杜甫去忧国忧民。寂寞的边疆生活使杜甫很想念内地的故旧友人,写了很多反映人与人之间生离死别的复杂感情的诗篇。这年他又收到邀请信,约他去同谷县(今甘肃康县)去谋生。然而命运却同他开了玩笑,他带病赶到同谷,却找不到约他的人。举目无亲,无人接济,只好到深雪里去挖野生土芋或拾橡子充饥。在如此困苦的环境下呆了不久他便起身去成都了。在去成都路上,杜甫十二首记行诗,通过写景言志,抒发自己的政治见解,提醒朝廷要用好四川的官员,对百姓要减轻剥削。

杜甫在成都受到了朋友的接济,其中有高适、尹裴冕。杜甫同时希望尽早建一个处所,于是在官员及朋友帮助下,选了一棵二百年的楠树下的荒地,建了一所草堂。他一边建草堂,一边写诗求赠各种树苗和家什用具。这年春夏之交,草堂终于落成。

草堂落成后,杜甫很高兴,从此不用再四处漂泊了。他诗兴大发,立即写成《堂成》,把草堂描绘得很漂亮。在草堂里,杜甫日子过得轻松愉快,他打算长住

此地,不再回故乡。

但这种生活不是长久的,接济他的官人或朋友有的离开成都去京城,有的办别的事去了,于是他生活上失去了接济,加之遇到梅雨季节,空气潮湿难受,有时山洪爆发,草屋边涨水,杜甫又开始忧郁起来,后来来了次大风,楠树被吹倒,草屋失去了依靠。寒风中草屋失去了屋顶,而当时又逢秋雨,屋里的惨相可想而知了。

杜甫也不是不劳而获,靠乞食过日,只因劳动收入微薄,维持不了生计而已。他常种药草、耕作、砍柴,而且还同周围的隐士的关系很好。

草屋吹倒之后,杜甫再想到自己的所见所闻及亲身经历,感天动地地写下了《茅屋为秋风所破歌》。诗中写道:"安得广厦千万间,大庇天下寒士俱欢颜,风雨不动安如山,呜呼,何时眼前突兀见此屋,吾庐独破受冻死亦足!"此时四川也发生变乱,一些官员被杀死,一些官员忧愤而死。可变乱后新任职的严武和代职的高适都是他的朋友,因而此时的杜甫生活又还算可以。可好景不长,761 年 3 月,史朝义和他的部下合谋杀了他的父亲史思明。而后来官兵收复了洛阳,史朝义自缢身亡。杜甫听说安史之乱的残兵全部投降,又听说官军收复了河南、河北,欣然写下了《闻官军收河南河北》,充分写出了流浪者的心事,一下子倾吐了心头郁闷,一时间感动了很多读者。于是杜甫想回家乡去,但又舍不得草堂,正犹像时听闻女儿生病便决然回乡。可是还没东游,又接二连三收到聘信,邀他做官,盛情难却,又将东游放弃,回成都去了。他在成都当了节度使署中的参谋,检校工部员外郎。但是幕府的工作是枯燥无味的,而且杜甫同周围的文武官员有些不协调,因此他并不满意于自己的幕府工作。后来,杜甫多次提出辞职,严武同意了他的请求。杜甫又开始了他的田园生活。

杜甫从幕府回到草堂,正是春节时候。春节气氛热闹,可杜甫闲来无事,患上了乡愁。想到自己漂泊一生,想到四处都有叛军未消灭完,杜甫真想痛哭一场。

暮春时节,杜甫心情更抑郁了,几年来,才情并茂的好朋友一个个死去,文坛没了豪杰,文章也不会再有好的,生活接济越来越少,所有这一切怎不让杜甫忧伤?尤其是严武的死,使杜甫决定离开成都,乘舟东下。

在成都挥泪告别了好友和亲邻,杜甫一家乘一帆孤舟,顺流而下,杜甫身体不好,加上忧心过重,很是疲劳。他的胃病、肺病、腿病都先后发作了。由于生病,杜甫在途中走走停停。在休养时,杜甫又得知严武死后的四川又发生战乱,人们生活又被弄得很凄惨。外族同时乘机入侵。结果杜甫所在地的食盐及麻袋无法从四川运来,人们生活也开始紊乱。为了生计,杜甫又采过药,培植过果树等,可生活总是不那么如意,他充分体察人民疾苦,一路上写下了不少诗。

在东下途中,杜甫曾被困在舟中,幸亏有一叫苏焕的后生常去拜访他,并能谈得很投机,因此杜甫孤寂的晚年得到了苏焕的尊重。这对杜甫来说无疑是件兴奋的事。

770 年 4 月,湖南兵马使藏介杀死潭州刺史兼观察史崔林,潭州大乱。杜甫

再次卷入逃难行列，准备去岳阳。770年冬，杜甫在潭州开往岳阳的船上，船正经过洞庭湖，于是他在病中写了首《风雨中伏枕书怀三十六韵奉呈湖南亲友》，这便是他的绝笔，他写的最后一首诗，也是他自己的遗嘱及为自己写的祭文。这首诗写到了杜甫一生的贫困、疾病和漂泊的生涯以及自己的政治遭遇。

杜甫的一生是悲剧的一生，也是伟大的一生。他立足现实，为人民诉苦，为国家担忧。他留下了一千四百多首诗，其中不少是不朽之作。千年万载后的人民都会永记着他。

白居易

唐贞元十八年（公元802年）的冬天，白居易在吏部侍郎郑珣瑜的主持下应考。翌年春天，他以优良的成绩及第。

制科及第的几天后，白居易被授命京兆府盩厔县尉。不久，又兼摄于长安以东，管辖会清宫西北与盩厔同等级的昭应县的事务。职务虽繁忙，但白居易有时也度过了悠闲的时光，那时他所创作的诗歌中有一首就是《长恨歌》。

写作《长恨歌》的翌年秋天，白居易任京兆府考官，在乡试中录取了萧浣。考官之事结束后，白居易兼任集贤殿校理。这也是"好文"的王起曾经任过职的地方。这年年末，白居易应翰林院之召，通过了一系列的制诏考试，被任命为翰林院学士。这是根据喜欢白居易诗歌的宪宗皇帝的旨意而定的。

从此，白居易凭借文学走上了参与政治的道路。

元和三年（公元808年）春天，白居易被任命为制科考官之一，在"贤良方正直言极谏科"选出牛僧孺、李宗闵等人，他们俩后来均当了宰相，对白居易一直抱有好感。制科事毕，白居易执翰林学士时，同时被新授左拾遗。当时他向宪宗上表，首先表示要"粉身""答殊尧"，然后提出上次制科人事安排不当的问题。虽然其建议未被采纳，但是白居易并未畏缩。

由于旱灾带来的饥馑，农民生活极其艰难。对此，白居易也上书请求大量减免租税。白居易还对那些为了步步高升而向皇帝进献宝物的身居高位者进行严厉谴责。

白居易还常常把类似的题材写成诗歌，他在《杜陵叟》一诗里这样诉说了苦于征税的农民的生活：

> 典桑卖地纳房租，明朝衣食将何如？

感伤宫女辛酸的有《上阳白发人》和《陵园妾》。在《道州民》里，对朝贡云南矮人之事进行了严厉抨击。另外，憎恨宦官的横暴，写了《卖炭翁》。在《宿紫阁北山村》里，对乱闯民宅、任意征敛的暴力行为作了如下揭露：

> 主人慎勿语，中尉正承恩。

在《重赋》里，揭露了地方当权者为了榨取"羡余"，强迫农民负担过大税额的

实情。在阒乡牢狱，尽管"中有冻死囚"，但"秋官"和"延尉"等掌管刑政的高官却熟视无睹，通宵达旦地耽于宴乐。白居易在《歌舞》里对此作了严厉的批判。

江州司马

元和九年（公元 814 年）冬天，白居易好不容易被召回长安，授太子左赞善大夫。

震撼整个长安的大事件：宰相武元衡被暗杀。白居易对这个导致伦理和秩序发生崩溃的从未有过的事件感到无法抑制的愤怒。正值人们狼狈不堪，不知所措的时候，他直接向皇帝上奏，请求全力以赴，尽快捕获贼人。

对白居易上奏的责难，是他上谏后立即发生的，朝臣中间责难声骤然而起。中书舍人王涯上疏论之，言居易所犯状迹，不宜汾郡，追授江州司马。

白居易接受江州司马的任命，即时从宫中退出。

白居易花费了两个月时间，途经武昌黄鹤楼，十月到达任职之地。江州好似大地的尽头，风土却和北方完全不同，气候也和长安有别。人们的习俗也看不懂，说话好像鸟叫一样听不懂。白居易就像被抛进了性质完全不同的另一个世界。

白居易在这不习惯的环境和无所作为的闲职中，不能不逐渐变得内向。他把自己的这半生写成了自传，也就是《与之九书》。

当时，白居易的诗歌是广为传唱的，其中之一就是《琵琶行》。这是被精炼的"京都声"所激发，从写自己的幻想开始，试图把音乐翻译成语言。

不久，元和十三年（公元 818 年）十二月，白居易被授予忠州刺史之职。他在江州度过了四年，此时已是四十七岁。

宪宗之后太子恒即位，白居易曾担任过这位太子的赞善大夫。入夏以后，任期还远远没有满，白居易就被提前召回中央。

高级官僚司职长安

白居易一到长安，即被授予刑部司门员外郎。

当时朝中官僚集团各自结成朋党，继续进行无休止的互相倾轧，成为后来展开激烈权力斗争的开端。已经预见到事情严重性的白居易保持中立。

在这种情况下，白居易不想再留在京城了，他决定要求外任。

长庆二年（公元 822 年）七月，白居易任杭州刺史。杭州又叫余杭郡，是江南"名郡"。到达杭州已是十月了。白居易即刻写了《谢上表》，誓要"下苏凋瘵，上副忧勤"。

白居易到任之后的第一个夏天就碰上了持续干旱，他亲眼看到了农民的辛

苦。因此他对西湖及钱塘湖进行了各种调查。由于"春多雨，夏秋多旱"，所以修筑湖堤，增高数尺，对方圆三十里的西湖进行施工是一项很大的工程，但是这样一来就可以杜绝每年的旱灾之虞，而且可以使灌溉面积得到惊人的扩大。接着在湖的南北各设大水门，另外还规定了有关供水手续，采用了当天申请当天有效的办法。此外还修建了这样的工程，即在湖水放水的情况下，把位于东北的临平山脚下的鼎湖之水引进官河。

白居易正因为如此努力于州政，所以他在任上才能得到享受。应着四季的时令，他策马泛舟，沉醉在美好的风光里，并写了为数不少的诗歌和文章。其中有包括如下一联的《江楼夕况》：

　　　　风吹古木晴天雨，月照平沙夏夜霜。

任期满后，白居易离开杭州。这之前，越州的元稹把自己的诗文编成《元氏长庆集》，该文集促使白居易也把当时整理出来的诗文汇总为五十卷，托付给元稹。元稹对白居易的文集怀着尊敬的心情写序言，题名为《白氏长庆集》。

长庆四年（公元824年）夏天，白居易被授予太子左庶子之职。庶子是太子侍从，正四品官。

但是这样的生活并未持续多久。第二年即宝历元年（公元825年）三月，白居易突然被任命为苏州刺史，一到苏州，白居易就写了《苏州刺史谢上表》，他写道：

　　当今国用，多出江南。江南诸州，苏为最大。兵数不少，税额至多。

他一面这样写，一面有事已及此，必将忙煞于公务的感觉。入秋后，由于传统的"洞庭贡橘"一事，他漫游于太湖明媚的风光和清澈的湖水，感兴油然而生，创作了许多诗歌。这种感兴不久促使他制造画舫，游览城内水路。《正月三日闲行》里说：

　　　　绿浪东西南北水，红栏三百九十桥。

白居易沉醉在苏州那独特的风景之中。但是岁月更新。第二年三月，他从马上摔下来伤了脚，而后立下辞职的意志。于是从苏州到扬州，与刘禹锡一道，共同踏上了北去的旅途。第二年回到了洛阳履道家里。

回归京都

正当白居易在去洛阳的旅途上时，敬宗被身边宦官所杀害，文宗即位。不久，韦处厚与裴度一起任宰相，秉承文宗旨意，把有声望的人们召回中央。

当时白居易也被任命为秘书监，时为大和元年（公元827年）三月。白居易被旧友重逢之喜所吸引而去赴任。

没想到文宗降下授任他为河南尹的敕命，时为大和四年（公元830年）冬。

他一到公府，就抓住这次机会，为能减轻一点农民的疾苦和狱囚的困难而努力了。他在《新制绫袄成》里说：

心中为念农桑苦,耳里如闻饥冻声。

他所想到的是农民的痛苦。他在《舒员外游香山寺》中写道,在"白头老尹府中坐,早衙才退暮衙催"的繁忙时间里。他为了量罪缓刑而不厌其劳。故能写出这样的句子:

偶当谷贱岁,适值民安日。

郡县狱空虚,乡闾盗奔逸。

作为晚年的一个时期的总结,他编辑了《洛中集》之后,又想起了虽然考虑过很长时间,但一直未能实现的去下邽扫墓一事。

大和九年(公元 835 年)春天,他出发了。寒食节前后,他见到了同州刺史,姻戚杨汝士。另外正为母亲服丧的同曾祖弟白敏中也久别重逢。

居易作为白家的年高者做完了一族的祭祀仪式之后,把《洛中集》也编入了《白氏文集》。他凭借这个,但愿"与二林结他生之缘",并仿效慧远献文集,把自己的文集也献给了江州庐山东林寺。已经六十四岁的白居易开始考虑自己的人生归宿。

这时的白居易,被授同州刺史。

荣归故里

开凿八节石滩的第二年春天,白居易在履道里的家里邀请了已经退休的在洛阳过着舒适生活的六个长寿老人,开了一个"尚齿之会"。白居易七十四岁,在末席落座。他们边相互祝长寿,边畅谈漫长生涯的感慨。

那年夏天,白居易又邀请了僧人如满等二人,开了一个"九老会",还画了"九龙图"。在《醉吟先生传》里,如满被称为"嵩山僧""空山友",他不久成了洛阳佛光寺的长老,当时住在香山寺,也是白居易的导师。

与如满的相会,使白居易深深意识到自己的人生终结不久就要来临。所以他把诗文作了最后的总结,编成全集。在原先的七十卷里增添了五卷,手定为《白氏文集七十五卷》。它总共包括三千八百四十首诗文,是当时数量最为庞大的全集。

回顾一下,这些都是白居易从十五岁以来所创作的诗歌和文章。无论是当官还是不当官时,他都未曾停止过创作。有时他还把这些诗文应时加以编辑,这次则是最后的结集。正是这些诗集成了他一生的象征。

白居易在编定全集之后写了"后记"。时为会昌五年(公元 845 年)五月一日,其中有"日本、新罗诸国,及西京人家传写者"等文字,可见当时日本也传去了一部他的文集。这种情况,不光是日本,当时称为"新罗"的朝鲜也是一样。此外称为"日南"的越南也是如此。就是说,整个汉学文化圈都已经能够传诵他的诗文,白居易感到了巨大的满足。

八月,在宁静与平安的心境中迎来了大限。陪伴身边的有结婚以来时时相

伴、晚年在道场里共持长斋的妻子杨氏。几个子女中惟长大成人的,在淡氏死后白居易准其回家的女儿阿罗也在场,还有阿罗的儿女引珠和玉竟,还有几个外甥和侄女。其中大概也有弟弟行简死后由白居易亲自培养教育的侄子龟郎。当然并不止这些骨肉至亲,大概还有不少亲戚和亲友,另外曾受到白居易资助的佛寺僧侣等肯定也在场。在许多人温暖的守护下,白居易溘然长逝,享年七十有五。

在举行葬礼之际,白居易被追封为尚书右仆射。他不是葬在父母兄弟下葬的下邽,而是龙门山的青山寺,僧人如满的塔侧。十一月的葬礼,准备了符合仆射身份的仪物。其官位是由宣宗决定的。宣宗还写了吊唁诗,其中有这样两联:

浮云不系名居易,造化无为字乐天。

童子解吟长恨曲,胡儿能唱琵琶篇。

相传居易遗命"毋请谥"。但深感受惠于居易之处颇多的宰相白敏中,不久仍向宣宗提出请求,赐予居易"文"的谥号。"文",就是赞美对文化的贡献。白居易从此有了"白文公"的称号,后来人就是这么称呼他的。《旧唐书·白居易传》对于他的晚年这样评价道:

放心于自得之场,置器于必安之地,优游卒岁,不亦贤乎。

韩　愈

韩愈(公元 768—825 年),字退之,号昌黎,河南孟县人,著名的散文家、诗人,唐宋八大家之一。

韩愈的父亲韩仲卿,曾做过潞州铜县(今山西沁县)县尉,安史之乱时调任武昌县令,仲卿是一个能干贤明的官吏。

仲卿有三个儿子:长子韩会,次子韩介,最小的一个就是韩愈。韩介早死,韩会却是一个有名的大人物,在永泰、大历年间,以他非凡的才学,获得了很高的声誉。他既是政治家,又是文学家。

韩愈三岁就成了孤儿,由长兄韩会抚养。大历十二(777)年,韩会受到政治斗争的牵累,远贬离开京师五千里的韶州(今广东韶关市西)。韩愈跟兄嫂从长安南迁。

他们在韶州住了两年多的时间,韩会得病死了。韩会的死,打击了流寓在韶州的韩家,但是降临在他家的不幸苦难,也磨砺了韩愈的心志,鞭策他刻苦用功。因为不如此他就不能获得上进。他七岁开始读书,每天背诵几百字到几千字的文章,十三岁就学习写作。他后来告诉朋友说:"仆少学好问,自五经之外,百氏之书未有闻而不求,得而不观者"(《答侯继书》)。他除了睡觉、吃饭,很少离开书本。他后来之所以能成为当时著名的渊博学者之一,完全是勤奋苦学的结果。

韩愈在宜城住到贞元二年(786 年),也就是他十九岁的那一年,方才离开这里到长安去参加进士科的考试。在他侨居宜城的五六年间,是他在学问的路上

摸索前进的时期。在所有的学习课程中,就像这个时期一切的有名作家一样,儒家的经典著作是他主要的学习对象。

唐德宗贞元二年(786年),一个风尘仆仆的少年,带着简单的行李,行李中仅有的是一束书,来到了首都长安。这个少年寒伧的行装,掩饰不了他脸上的自信和轩昂的气概。

那时候读书人的进身途径,一般是通过科举考试。韩愈不会钻营,又没有名人代他吹嘘扬名,他参加进士考试而遭遇失败实在不足为奇。

到长安的第二年,他已不能从他的贫困的家庭里得到什么供给了,他的生活费用要由他本人来设法解决。谁能给他提供一些微薄的衣食援助呢?在长安茫茫的人海中,他简直找不到几个相识的人。

有一天,他在路上遇见了他做节度使书记的堂兄的上司——那个有着大名和高位的北平王马燧。他上去拦住马头,"以故人雅弟,拜北平王于马前,"马燧问明原因,怜悯他的寒苦,带他回安邑里王府,款待他饭食,又送他衣服。随后,他又谒见了也是他堂兄的上司的王浑。王浑和马燧都是有钱有势的豪门贵官,接济一两个穷苦的寒士,算不了什么,韩愈大约就是靠着这班有钱人的资助,方才度过了一段困苦的求试应考的时期。他为颂扬马燧、王浑功德而写成的,完全是过渡性质的《猫树乳》与《河中府连理木颂》两篇文章,就是作为他们资助他的报答。

从贞元二年到贞元七年,韩愈参加了三次进士考试,都失败了。没有比这种失败更让人沮丧的了。可是,在这五六年里,他致力于"古文"的写作,事实上从这时起已经参加并且推动了古文运动,虽然还没有正式来领导这个运动。

韩愈到长安的几年中,结识了一批志同道合的师友,讨论各自对文学和政治的主张。在他结识的师友当中,首推作为古文运动前驱者的梁肃。韩愈同时又结识了比他年长的诗人孟郊(751—814年),他们年岁虽然相差很多,但结成了忘年之交,在诗歌创作上成为亲密的朋友,最后一同在诗坛上形成独树一帜的新诗派。

韩愈在这个时期留下的作品不多。有一篇《仙人对》,虽没有确切的写作年份,但一般认为是他的"少作"之一,可能是这时他在长安写的。这篇文章的艺术手法还不十分成熟,但它敢于向社会公认的"孝行"提出批评,指出它的虚伪,这种批判精神是值得重视的。

贞元八年(792年),礼部侍郎陆贽(854—805年),负责主持这一年的进士科的考试。他是当时政府中一个正直贤明的官吏,并且又是一个出色的文章家。梁肃和王强做他的考试助手。

韩愈是第四次参加进士考试,由于梁肃的举荐,韩愈终于登第了。同榜登第的共有二十三人,韩愈是第十三名。

考取了进士的韩愈,打开了进入功名爵禄的大门;而且,对于古文运动来说,也是一个很大的收获,这给古文运动增强了号召力。

然而考取进士,并不等于已经取得了政治地位,更不等于说有官可做,这才

仅是进入仕途的第一步。

考取进士的第四年即贞元十一年(795),韩愈怀着最大的希望,在一个月内,接连给宰相们献上了三封最恳切的陈诉书,说他"遑遑乎四海无所归,恤恤乎饥不得食,寒不得衣",请求"垂怜"于他,给他一个官职,相府的大门关得紧紧的,杳无回音。那时高踞相位的是赵憬、贾耽和卢迈,都是高居禄位的庸人。

他再也不能忍耐下去了。他曾说过,他写这些乞求的书信,是"非我之志也",这都不是假话,而是真切地反映了他的内心矛盾。

韩愈最后是靠着宣武节度使董晋的荐举,方才第一次获得了一个微小的官职——试秘书省校书郎,职务是观察推官,同时掌管幕府的书记事务。这是贞元十二年秋天的事,韩愈已二十九岁了。

他在幕府的生活并不愉快。单调的公务,使他"伏门下而默默兮,竟岁年以康娱","情惝怳以自失兮,心无归之茫茫"(《复志赋》)。像韩愈这样追求奇伟事物、渴望有所作为的人,是不会满足于这种平淡生活的。他沉溺于赌博的游戏中,又收集了许多传奇小说,用很大的兴趣阅读。

然而他这时最大的努力,则是放在研究、宣传儒家正统学说和抨击佛教、道教上面。那时藩镇割据,宦官弄权,僧侣地主阶级人数剧增,大规模地逃避赋税差役。一些有着改革思想的知识分子和某些新进的中小官僚阶层成员,为了巩固唐朝地主阶级政权,维护封建等级秩序,为了统一全国和增强国防,也为了从僧侣地主阶级手中夺回被侵占的人力和财富,认为只有恢复儒家的正统地位,才是唯一挽救危机的办法。由于这时社会经济得到一定的恢复和发展,手工业和商业兴盛活跃,提供了一个相对稳定的局面,有人出来重振儒家学说,抨击异端思想,也就具有了一定的号召力,形成了一个儒学复兴运动,领导这个运动的人,便是韩愈。他正是代表当时广大的中小地主和官僚阶层的要求来提倡儒学的。

贞元十五年(798年),董晋病死。汴州发生兵乱,韩愈转到徐州节度使张建封幕下,仍旧担任推官职务。但迎接他的并不是一个能够满意的环境。

贞元十六年的夏天,韩愈终于辞别了张建封,毅然退出了不能使他有所作为的幕府生活。他把家庭安置在洛阳,住在一个草树茂密的乡间。他利用这段时间读书写作,宣传儒学复兴运动。

两次去长安等候调选的韩愈,终于在贞元十八年的春天,得到了国子监四门博士的任命。国子监是国家最高学府,下分七馆:国子、太学、广文、四门、律、书、算。在国子监教书的,有博士、直讲、助教,领导人称为祭酒,副职称为司业。

韩愈认真地做着他的教学工作,耐心地讲授功课。他的讲课,深入浅出,既通俗又生动,每个学生都从他那里得到对他们有用的知识。

从贞元十二年到贞元十九年,也就是从他29岁到36岁这一段时间内,韩愈开始做官,他在仕途上的进展虽然微不足道,但总算是登堂入室,找到了向上爬的阶梯。他所写的文章,逐渐得到人们的重视。影响也愈来愈大。他已具备有足够的能力向世人宣布儒家复兴运动和古文运动的主张,并且亲自把这两个运动统一结合,领导起来。

这个时期,韩愈写了许多重要的文章,宣传和号召大家参加儒学复兴运动的作品有"五原"——《原道》《原性》《原毁》《原人》《原鬼》。同时结合儒学复兴运动,比较明确地提出了古文运动的中心内容和具体要求的作品有《答李湖书》《答李秀才书》《与冯宿论文书》《答刘正夫书》《答尉迟生书》《送权秀才序》《送孟东野序》等。表现了高超的艺术手法和一定思想内容相结合的优秀古文作品有《送李愿归盘谷序》《师说》等。可以说,这个时期虽然韩愈在政治上谈不上什么地位,但在他的一生却是一个十分重要的时期,在学术活动和文学活动上获得了丰硕的成果。

　　没过多久,韩愈被任命为监察御史。这一官职品位虽不是很高,但是地位重要,有弹劾参奏政府官吏的权力。

　　韩愈写出了一封激烈的奏章,矛头直指权臣李实。这便是《御史台上论天旱人饥状》,毫不留情地揭露了酷吏剥削,人民苦难的真实情况,这封奏章所举的事实,明确地指出了李实犯下的罪行,他要求德宗"特赦京兆府",特别命令李实停止征发,让老百姓能活下去。这是一个为民说话的痛切呼声,希望最高统治者大发仁心。

　　德宗下了诏书,贬韩愈做连州阳山县令,距长安足足三千八百多里。一个宦官领了旨意,气势汹汹地来到他家,立逼上路,一刻不许逗留。弱妹病重在床,悲啼着希望同他见一面,作为永别,百般请求,不获准许。他的夫人抱着孩子顾不得羞耻,当着宦官的面,出来和韩愈拜别。

　　与他同时遭贬的,还有一个张署,他们一起被押解着狼狈上路。

　　他们俩在隆冬冰雪满天的时候翻过终南山,在春光明媚的时候乘坐一叶扁舟出没在洞庭湖的浪涛中。渡过湖水,在高耸入云的衡山脚下行走。张署的贬地是临武,他在这留下了,韩愈继续前进。

　　贞元二十一年(805年),异常无能的唐德宗死了,他的儿子顺宗继位。王叔文集团正式执政,在柳宗元、刘禹锡等人的策划下,实行了一系列增强国力、抑制宦官、有利于人民的政治措施。连州得到新皇帝即位的消息,州衙前响起了大鼓,表示祝贺。因新皇帝即位而颁发的大赦诏书,也用快马传递到四面八方全国各地。韩愈得到宽赦,被准许离开阳山,不过要到郴州去,等候第二次任命。

　　在郴州,他碰到了也是到此候令的张署。他们一同放逐,又一同遇赦归去。

　　到秋天快要结束的时候,他和张署的新任命下来:两人同派往江陵,他做法曹参军,张署做功曹参军。

　　韩愈在江陵做了将近半年的"两鬓雪白趋尘埃"(《感春之四》)的法曹参军,日日怀着召回长安的希望。元和元年的春天,他终于得到了长安新政府征他做国子监博士的诏命。这意味着新政府的执政者有可能认为他的被贬是出于王叔文集团的排挤。所以很快把他召回朝廷。

　　但是回到长安之后,他却受到了人们的嫉妒,有人在背后说他的坏话。韩愈感到疑惧,他想还是离开长安为好,于是托词请求调派到东都洛阳的国子监书,脱离是非之地。洛阳的教授生活是清闲的。"东司绝教授,游宴以为恒"(《送

侯参谋赴河中幕》),是他这一时期生活的真实写照。他常常独坐河边茂密树丛中垂钓,或是攀登高峻的山岭,或是在雪径里随着樵叟的足迹前进,到寺院与和尚谈论,晚间则燃起明灯与朋友们赌博。他的学生皇甫湜(777—约830年),在离洛阳不远的陆浑做一个小官,他常去游玩,那里有苍茂的山木,火热的温泉和灿烂的桃花。他还邀了隐居在少室山的李渤,一同攀登嵩山的峰顶,在上面题下自己的名字。

他在洛阳的生活随着聚集在他周围的朋友的逐渐增多,显得活跃起来。他们中间有文笔怪僻的樊宗师(? —约821年),有爱写含义深奥的古诗的卢仝(约795—835年),有以隐居读书闻名于时的石洪和温造。有谢绝了政府征召的隐士李渤,后来孟郊也来了,韩愈的生活就更不寂寞了。

他领导的古文运动、儒学复兴运动和新诗派的创立,逐渐形成了浩大的声势。这许多优秀的人物团聚在周围,就是很好的说明。受着政治斗争迫害的柳宗元远贬永州,他虽然在政治斗争中跟韩愈有着不同的命运,但在古文运动的立场上是一致的。他在那个偏僻的南方,积极支持韩愈的文学活动。当韩愈的作品受到人们的嘲笑时,他就挺身出来辩护,反击那些嘲笑的人。他同韩愈一样,培养了不少青年作家,使古文在南方的群众中得到广泛的传播。

这时,号称"中兴英主"的宪宗,正在进行他的统一事业。他二十九岁即位,年富力强,富有魄力,他的即位使唐王朝的政治有了一个转变:从对藩镇的妥协、退让,一变为坚决、进取。长安政府所表现的新气象,宪宗所采取的一系列符合人民愿望的统一政策,鼓舞起很多人的希望。

这个时期,韩愈的官职也得到了几次进迁:元和四年(809年)任东都都官员外郎,兼领祠部,曾裁抑中官;五年(810年)任河南县(今洛阳市)县令,曾禁藩邸;六年(811年)调回长安,升任尚书职方员外郎,但到七年(812年)因为代朋友申辩一事,又被降做国子博士,他满怀不平,写下了那篇受人传诵的《进学解》,叹自己"公不见信于人,私不见助于友,跋前踬后,动辄得咎"。

元和八年(813年)3月,宰相认为韩愈有史才,派他担任史馆修撰。

做一个正直的史官,是韩愈的素志。元和二年(807年),他曾写过记述忠臣义士事迹的《张中丞传后叙》,崭露了他写作历史的才能。他写的许多可以聆见其声音笑貌的墓志、行状,是写作史传的最好准备。现在他正式担任了史官的责任,人们向他投以殷切期待的目光。

可是在这样一个重要的时候,韩愈却后退了。他知道宰相加他这个官,只是给他一个荣誉,不是真的叫他写出一部秉笔直书、褒贬美恶的历史。他的政治立场完全和豪门大官僚集团格格不入,他也想到个人的安全和前途,他虽然提起了中国史官优秀传统中那支秉笔直书的笔,但是勇气消失了,终于又把这支笔放下了,这是韩愈政治软弱性的表现。

韩愈没有多久就离开了史馆。他在一年多的史官任内,曾经写过一部《顺宗实录》,可惜没有留传下来。

元和九年(814年)12月,韩愈担任考功郎中知制诰(这是代皇帝撰写制词的

文化艺术卷

职务）。十年，他积极参加了宪宗中兴事业中有名的"淮西之役"，到十二年胜利之后，得到了刑部侍郎的职位，这是朝廷的高级官吏，再上去就可以做宰相了，他终于进入上层统治集团。

从他卷入政治斗争的洪流后，他的政治态度基本上倾向大官僚统治集团阶层。他同他们不同的是，他较为同情人民的疾苦，并且有着与受压抑的知识分子一致的思想感情。他在宦途上虽然遭受了一连串的打击，总的趋势还是上升的。在这几年当中，他领导的古文运动获得了很大的成就。事实上已经取代了骈文的统治地位，连皇帝发布的诏书，制词也采用古文的文体，古文已经成为这个时代散文的主流。

凤翔县的法门寺有一座护国真身塔，塔内藏有一节指骨，据说是释迦牟尼佛的遗骨，称为"佛骨"。佛骨每三十年展览一次，传说能使"人安岁丰"。元和十四年的正月，宪宗派出一个宦官，领着三十个宫女，手捧香花，到法门寺内把佛骨迎出，送到长安皇宫里面。宫里供奉了三天，又送到寺院公开展览。整个长安城都为这节佛骨而轰动起来。有钱的人慷慨捐献钱财，无钱的只好遵从和尚的教导，烧焦头皮和手指，用苦行表示礼佛的诚心。供奉的庙宇热闹极了，自朝至暮拥挤着瞻拜的人群，奔走施舍，惟恐不及。

这些狂妄之举大量靡费了国家财富。韩愈看出了信佛对统治阶级不利，托福求福更是妄想。他的保卫儒家道统的信念，使他对佛骨的藏拜不能保持沉默。洋溢着卫道热情的《论佛骨表》就是在这样的背景下产生的。

看到奏章的宪宗，立即召集宰相，掷下韩愈的文章。在盛怒中，他命令必须将韩愈处死。

由于众人求情，宪宗最后同意免掉他的死罪，把他贬到南方很远的海边——潮州去做刺史。潮州离长安七千六百多里，根据当时一般的情况，贬逐到那里去的人，很少能有生还的希望。

在佛教徒的拍手称快声中，执法吏凶狠地把韩愈当成一个重犯，押解着即日上路，不许和家人告别。一直走到蓝田县的蓝关附近，他的侄孙韩湘赶上来，护持他，送他南行。春寒料峭，天空飘舞着雪花，一片荒凉，韩愈禁不住在马上给侄孙吟出了一首《左迁至蓝关示侄孙湘》。

韩愈知道，要想达到生还的目的，他必须把自己直言无忌的态度变为恭顺从命的态度，这样才有可能得到恩赦，免除放逐的命运。于是他刚抵达潮州便立即给宪宗写了一封《谢上表》。在这封《谢上表》里，他承认自己"狂妄戆愚，不识礼度"，触犯了皇帝，皇帝对他的处分是对的，他罪有应得。接着，他极力称颂了宪宗的"巍巍治功"。潮州《谢上表》与《论佛骨表》前后立场对比如此鲜明，这实是韩愈软弱动摇的政治立场和阶级性的表现。

《谢上表》果然产生了有利的效果：宪宗的愤怒过去，他满意韩愈的俯首哀求，决定赦免他。而且准备加以重用，要不是由于宰相皇甫湜的妒嫉与阻挠，他是可能很快被召回长安的。韩愈最后仅仅内调为袁州刺史。不过他"生还"的希望是实现了。

韩愈在潮州的日子虽然不长，但是还是替百姓办了一些好事。他在此兴办文教事业。潮州鳄鱼有害，他就写了《祭鳄鱼文》，当潮州因连绵大雨使得晚稻、蚕蛾受到损失时，他又写了《祭神文》请求神明归罪刺史，不要作贱百姓。他这种举动虽然过于迷信，但他心忧百姓的精神是可贵的。

韩愈到袁州，也采取了一些有利于人民的措施。袁州有这样的风俗：穷人家由于天灾，负债，把儿女押给富人做奴隶，过期不还，便被终身没入为奴。韩愈查明这件事，把已没的奴隶上百人，赎归其各家。从此禁绝袁州押卖儿女的风俗。

此时在朝中，宦官们合谋杀害了宪宗，把太子拥上了皇位，是为穆宗，第二年，改元长庆。拥立的宦官又掌握了宫廷与政府的大权，朝廷政局又起变动。

由宦官扶立的新皇帝穆宗，撤掉了一批旧人，将韩愈召回长安。元和十五年，朝廷发表了召他为国子监祭酒的任命。10月，命令到达袁州。国子监祭酒，这是相当于国立大学校长的职位。当时的国立大学仅此一座，所以祭酒的地位是相当高的。

这是他第四次进入国子监，这一次他以领导人的身份，选聘了一些有学问的学者做教授。

此后，他的政治地位日渐上升，历任兵部侍郎和吏部侍郎。这时他在政治上最重要的表现，就是为国家统一事业出力。当时朝廷内部矛盾扩大，削弱了中央政府的力量。河北方面接连爆发了两次叛乱，使得唐王朝致力的中兴局面，出现了越来越大的裂痕。

一次叛乱发生在镇州。叛军围困了重镇深州，只好同意让王廷凑做节度使，并且派出韩愈这位高级官员，去劝说他解开深州之围，放出城内的守将牛元翼。

韩愈这次出使，冒着极大的生命危险，韩愈在充满敌意的骄兵悍将面前，在森严的兵军环绕之中，镇静应付，终于让王廷凑答应去解除深州之围。

长庆四年（874年）的夏天，五十七岁的韩愈突发病痛。他告了病假，住到他在长安城南的别墅里去养病。亲密的朋友和学生张籍、贾岛陪伴着他。乡村安静的生活，使病人度过了一个愉快的夏天，甚至使他暂时忘记了病痛，他们一同驾起小舟在南溪的清流中游泛。

进入冬季后，他的病情恶化起来，不得已而由乡间迁入城内，这年的十二月初二日，也就是公元825年1月25日，他呼吸了在人世的最后一口气。据张籍说，他很旷达地接受了死亡的来临。在临死前一天的早晨，他仍安详地陪伴他的好友告别，叮嘱家属，死后不许用当时盛行的佛教、道教的恶俗仪式玷污他。他要求死后用儒家的礼法安葬。这是最后一次向世人宣示他复兴儒家，排斥佛、道异端的坚定态度。

韩愈最大的功绩，还是领导古文运动并使它获得成功。韩愈逝世时，古文运动已经深入人心，打倒了形式主义的骈文，奠定了它在文学史上的牢固地位，韩愈的名字从此在文学史上永垂不朽。

柳宗元

初期的文学活动和政治斗争

  柳宗元,字子厚,原籍河东(今山西省永济县)。柳家因为世代在外做官,便在首都长安(今陕西省西安市)营置了住宅和田园,差不多在那里定居下来。唐代宗大历八年(公元773年),即"安史之乱"基本平定后的第十年,柳宗元出生在长安家里。他长大之后,也就把长安当作自己的第二故乡了。

  柳宗元的父亲叫柳镇,先后做过录事参军、长安主簿、殿中侍御史等中下级官吏。他为人正直,富有学识,并爱结交朋友,曾经屡次向横暴的军阀和陷害贤良的大官僚提出批评,因此被迫害、被贬官,但不屈服,还创作了一些诗歌来表达自己的坚强意志。他交的朋友中,有不少是当时了不起的人物。柳宗元的母亲卢氏,是一个慈爱勤恳而有学问的妇女。家庭的教养,对柳宗元性格和学业的成长有相当影响。

  在柳宗元童年的时候,他父亲出门到江南去了,他和母亲留在长安家里。在母亲的教导下,他学习勤奋,四岁时候,已经熟读了十几篇古代的辞赋。当他十二三岁时,柳镇在湖北、江西等地做官,他跟随父亲到湖北、湖南、江西一带游历,初步接触了社会,开阔了眼界,还会见了一些优秀人物。十三岁时,他已具有比较丰富的知识,能够写出相当不错的文章,在文坛上颇有一点名声了。这年八月,一个叛乱的军阀李怀光被政府讨平,有个姓崔的中丞官就请柳宗元代写了一篇向皇帝祝贺的奏表。这是流传至今他写作时间最早的文章,虽然有很大一部分已经残缺,但仍旧可以看出他相当老练的文笔和反对军阀叛乱的态度。柳宗元在青少年时期已树立起宏伟的志愿:"始仆之志学也,甚自尊大,颇慕古之大有为者。"(《答贡士元公谨论仕进书》)期望自己能做到提高思想品德,继承古代思想中的光辉传统,使它发扬光大,照耀后世和提高实际工作能力,建立功业,对人民做出巨大贡献,在历史上留下不朽的名声。后来他的一生,就是沿着这两个目标积极努力的。

  德宗贞元九年(公元793年)二月,柳宗元二十一岁,在长安考取了进士。在唐朝,知识分子把考取进士看作是非常光荣的事情,它是做官的最有面子的进身阶梯;因而不少人在考试前到处奔走门路,请托人情。柳宗元却是凭着他自己的才学考取的。当德宗皇帝知道柳宗元就是曾和权贵作斗争的柳镇的儿子时,也说:"我知道柳镇是不会为他儿子考试去求人情的。"因此,柳宗元的考取进士,特别引起人们重视,受到一致赞扬。和他同年考取进士的还有刘禹锡,他们在此后

的政治活动和文学创作上成为了亲密的战友。

就在这一年五月,柳镇在长安去世了。柳宗元在父亲去世后曾到邠州(今陕西省彬县)去探望在军队里工作的叔父。他在那里居留了二年左右,有空暇的时候经常到国境一带去游览考察,和下层士兵们交谈。从一些年老的军士那里,获得了不少知识。他了解到那里的骄兵悍将如何残酷地虐杀人民、任意掠夺人民的财产、贪横地兼并土地和放高利贷,这一切激起了柳宗元强烈的愤怒;同时他也听到一些英雄人物怎样和凶暴的兵将作斗争以保护人民利益的故事,这些也深深地鼓舞着他。段秀实的形象,尤其使他久久不忘,在二十年后,他还记忆犹新地写成一篇《段太尉逸事状》,提供给编写历史的专门机关参考。

贞元十四年(公元798年),柳宗元二十六岁,又考取了博学宏词科。随后被分派做集贤殿正字。这个职务是替王朝编纂校订图书,也算是他正式踏进了官场。此后他一度被调到蓝田(今陕西省蓝田县西)做县尉,不久又调回朝廷担任监察御史里行。监察御史的任务是监督检查王朝官吏的工作,里行相当于见习的意思。在这五六年里,他大部分时间是在朝廷工作,虽然官职不高,年纪很轻,但积极地投入了当时政治和文学领域的活动。他经常参加各种辩论,大胆地发表自己的见解。他的发言和文章总是议论风生,滔滔不绝,上下古今,旁征博引,以精辟的见解和充足的理由说服对方。他卓越的思想和才华,渊博的知识,慷慨的意气,吸引了许多人的注目,名声由此大振,许多人争着和他交朋友,许多重要政治人物都争取他到他们自己的集团中去。然而,柳宗元在这纷纭复杂的政治舞台上是有所选择的,他不去依附那些贵族大官僚,而同不少正直而具有一定进步思想的人士交往,并在其中发挥积极的作用。

那时,他和正在积极提倡古文运动的韩愈建立了友谊,也经常接待来请求指导写作的文人,这样的人有时一天达几十人。他总是尽力满足他们的要求,诚恳地指出他们写作中的长处和缺点。不少人经过他指导而在古文写作上有所成就。

这时期他写了许多文笔雄健、态度鲜明的作品:在《送邠宁独孤书记赴辟命序》中,勉励到边境去的独孤生应该用文章来为当时政治军事斗争做出贡献,宣扬国家威望,鼓舞从军和爱国热情,写出像汉司马相如《喻巴蜀檄》、班固《封燕然山铭》那样在历史上有很高价值的作品;在《送宁国范明府诗序》中特别赞扬了范传真那种做官不是为个人追求利益而是为人民效力的思想;在《禇说》中抨击了对自然现象的怪诞迷信说法。《驳复仇议》是一篇探讨法律问题的论文,驳斥了一件对一个为父亲复仇的人既判处死刑又加以表扬的判例,指出这完全是自相矛盾的做法,判决案件应该是非分明,处罚和表扬不能混用。这篇文章,见解精确,论驳透辟,因此他的主张被许多人奉为判案的准则。此外如《种树郭橐驼传》《梓人传》等描写长安中下层人民的优秀品质和卓越艺能,形象生动,文笔优美,寄托着作者深远的政治、生活理想,并批判了统治阶级中某些丑恶行径,也都是这个时期所创作的。从这几篇文章中,我们可以看到作者和当时市面阶层有一定接触,受到了他们某些思想的影响。这些作品对于古文运动的开展,起着示范

的作用。

然而,柳宗元这时期的主要精力是放在政治活动方面,企图在政治上建立一番功业。他参加了一个以王叔文为首的主张革新的政治集团,并成为其中的重要成员。

王叔文出身贫寒,常常和德宗的太子李诵一起下棋。李诵对德宗后期宠任太监、虐害人民的某些做法曾表示不满,王叔文趁此向他反映许多民间疾苦,并提出一些改革政治的计划,甚得李诵的信任。这样,以王叔文为首,组成了一个政治集团。柳宗元对王叔文有较长期的了解,感到王与自己的政治见解一致,因此与王叔文建立了深厚的友谊,并积极参加了这个集团。同时参加这个集团的还有柳宗元的好友刘禹锡以及王伾、韦执谊、陆淳、吕温、韩晔、韩泰、陈谏、凌准、程异等,大多是当时出身较低、学有专长、品质优秀的知识分子。他们紧密地团结在一起,共同规划着怎样革新政治,振兴国家,改善人民生活,准备在李诵做皇帝的时候干出一番事业来。

贞元二十一年(公元 805 年)正月(这年八月改为永贞元年),德宗去世,李诵嗣位做皇帝,就是顺宗。王叔文立刻被任命为翰林学士,不久又担任度支盐铁转运副使、户部侍郎等管理财政的官职。柳宗元也被提升为礼部员外郎(礼部的属官),集团中其他人物也担任了朝廷要职。他们在短短五六个月内就积极而迅速地推行了一系列有利于国家和人民的政治改革。例如禁止"宫市"和"五坊小儿"等直接掠夺虐害人民的暴政,取消了过去巧立名目的额外赋税,豁免了人民历年积欠的各项租税五十余万贯,放还了宫女、女乐九百人,惩办了李寔等贪暴大官僚,下诏重新起用过去被奸臣迫害的陆贽、阳城等人。这些措施,可以说都是大快人心的,但还是属于点点滴滴的。王叔文等为了巩固王朝的权力,以实行进一步的改革,就设法委派素有威望的老将范希朝及自己集团中的韩泰去把掌握在太监手里的兵权接管过来。原来从肃宗到德宗朝,太监逐步掌握了朝廷武装力量,这使太监势力日增,没有人敢触犯他们。现在计划剥夺太监的武装力量,就是企图从根本上铲除这个反动势力。同时,王叔文等人还断然拒绝了某些地方军阀扩占土地的无理要求,并决定加以严惩。

王叔文等所进行的政治改革速度是如此的快,对豪强权贵的打击是如此的猛烈,引起了太监和反动大官僚的一致恐慌。于是他们相互勾结起来,串通地方军阀,进行疯狂反扑,一方面拒绝交出兵权,一方面利用顺宗患着沉重的疾病,逼迫顺宗退位,拥戴太子李纯为皇帝。这年八月,顺宗在反动势力的包围胁迫下让位给李纯。李纯做了皇帝,这就是宪宗。他因为自己的皇位是由于太监和旧官僚的支持而得到的,因而特别相信他们,并且立刻对王叔文集团进行迫害。宪宗一掌握政权,就贬王叔文为渝州司户,王伾为开州司马。九月,柳宗元被贬为邵州(今湖南省邵阳市)刺史。十一月,他刚走到半路,又接命令被贬为永州(今湖南省零陵县)司马。同时被贬为司马的还有:刘禹锡为朗州司马,韦执谊为崖州司马,韩泰为虔州司马,陈谏为台州司马,韩晔为饶州司马,凌准为连州司马,程异为郴州司马。历史上称为"八司马"。王叔文集团被一网打尽,他们轰轰烈

烈的政治改革也就此烟消云散。

　　王叔文集团的政治改革在历史上是有进步意义的,也在一定程度上符合人民的利益。但由于他们大都出身较低,又猛烈地打击了反动势力和旧官僚,所以在封建社会中,长期污蔑为争夺政权的"小人",柳宗元参加这次政治活动也被歪曲成为他生平的"污点"。今天我们对这次改革作了重新估价,从而对柳宗元政治品质有了较正确的了解,对他的作品的思想价值也有了更确切的认识。

贬谪永州,奋笔为文

　　永州的州治在零陵,位于湖南和广东、广西的交界处,当时还是一个相当荒僻落后的地区。柳宗元所担任的州司马的职位,名义是个小官,实则是个没有什么实际工作的"罪犯"。那一年的冬天,他侍奉着六十七岁的母亲,跋涉了万水千山,来到这里,寄住在一座叫龙兴寺的和尚庙里。

　　贵族大官僚集团对宗元等人的迫害在继续着。公元 806 年,宪宗改年号为元和,并宣布大赦。但接着下诏:左降官柳宗元等八人"纵逢恩赦,不在量移(调升)之限"。就在这年,柳宗元的母亲因水土不服和缺乏医疗条件而病故,王叔文被朝廷处死,被贬为连州司马的凌准也因忧愤而生眼病去世。有些竭力反对革新的人还经常对柳宗元进行种种无中生有的人身攻击,一些趋炎附势的人更捏造出许多污蔑柳宗元的谣言来讨好他们的主子。柳宗元几乎被他们说成为一个"怪民"。过去和柳宗元相交的一帮亲友,这时也不敢再和他通讯交往了。这几年里,永州还常常发生大火灾。五年中,柳宗元的住所就有四次被火灾延及,有一次他仓皇逃了出来才算保全了性命。残酷的、长期的政治迫害,使柳宗元痛苦、忧郁,身体也急剧地衰弱;但这种生活也使他获得了更多的锻炼和体验。他进一步接近了人民,了解到人民的生活痛苦和思想感情,更深刻地认识到权贵们的丑恶面貌和社会上种种不合理的现象。这时他又有机会广泛地钻研古今典籍,并加以批判吸收,因而大大地提高了认识水平和文学修养。于是他勇敢地拿起了笔,写出了大量的理论著作和文学作品,批判黑暗的现实和宣传进步主张,提倡古文革新。他的著名作品如《贞符》《非国语》《天说》《天对》《捕蛇者说》《段太尉逸事状》《三戒》《送薛存义之任序》等以及许多优秀的山水游记、诗歌、辞赋,大都是在这时期完成的。它们在思想史和文学史上闪耀出灿烂的光芒。

　　柳宗元尽管遭受到了沉重的政治打击,但始终坚信自己和王叔文等所实行的政治改革是正义的,是符合国家利益的,是"唯以中正信义为志,以兴尧、舜、孔子之道,处安元元(老百姓)为务"(《寄许京兆孟容书》)的。他始终不动摇自己的政治理想:"虽万受摈弃,不更乎其内(不改变自己的主张)"(《答周君巢饵药久寿书》)。柳宗元被贬往的湖南,正是战国时候伟大诗人屈原活动和行吟过的地方。他看到连绵的山峰,浩渺的洞庭湖,奔流的湘江,听到嗷嗷的猿啼,啾啾的鸟鸣:这一切正是屈原诗歌中所描绘的景色。他诵读屈原的作品,追思屈原的遭遇和

高尚人格,对照自己的身世,更增强了对腐朽势力的憎恨,更坚定了追求理想的意志。柳宗元曾经到屈原投水自沉的汨罗江去凭吊,缅怀过去,抚感当前,不禁热泪盈眶,写下了一篇沉痛的《吊屈原文》。文中强烈地鞭挞了当时颠倒黑白的社会,对屈原的爱国精神和为自己的理想而献出生命的行为表示无限向往,最后愤激地说:

"吾哀今之为仕兮,庸有虑时之否臧。食君之禄畏不厚兮,悼得位之不昌。退知服以默默兮,曰'吾言之不行'。既嫡风之不可去兮,怀先生之可忘!"

这里谴责了当时一批只顾私利而不关心国家的官僚,赞扬了屈原,也反映了作者不因个人得失安危而放弃与现实斗争的意志。柳宗元在永州时还学习屈原《离骚》的精神和艺术技巧,写了许多辞赋。在一篇《瓶赋》中,把一些损人利己、投机取巧的人比作"鸱夷"(一种盛酒的皮囊),他指出酒囊虽然博人宠爱,看起来似乎很"智",可是它却使人喝得酒醉糊涂,不辨是非,甚至损害集体,败坏国家,这种"智"是要不得的;因此接着指出:

"不如为瓶,居井之眉。钩深挹洁,淡泊是师。和齐五味,宁除渴饥。不甘坏,久而莫遗。清白可鉴,终不媚私。利泽广大,孰能去之? 绠绝身破,何足怨咨。功成事遂,复于土泥。归根反初,无虑无思。何必巧曲,徼觊一时。子无我愚,我智如斯!"

这段对于瓦瓶的赞美和表白,用简练有力的文笔,形象化的比喻,坦露了他光明纯洁的胸怀,高尚无私的品质和坚定不移的意志。他觉得像瓶那样从深深的井中打起纯洁的水,可以用来调和各种滋味,解除人们的饥渴,对人类的利益何等重大。尽管淡水不甘甜,可也不会腐坏,而且清清白白不向谁献媚。即使有一天吊瓶的绳索断绝,瓶被打破,瓦瓶本是泥土所做,仍旧回复为泥土,就好比回到老家恢复自己本来面目一样,也没有什么值得怨恨的,为了有利于社会大众而献出自己的一切,正是份所应当。由此看来,庸俗的人们以损人利己、投机取巧的"智",这恰恰是他所不齿的;庸俗的人们以不顾自己而为大众服务为"愚",这恰恰是他所向往的。他在被贬黜时期中经常自称"愚",甚至把所住的地方都题名为"愚",这不是对自己过去遭受挫折感到后悔或自我责备,恰恰是表示他对庸俗社会的鄙视,对自己坚持正直操守的自豪感,反映了他坚贞不拔的斗争意志。从这里我们看到,柳宗元和那些"智巧"的统治者距离远了,却与被他们视为"愚氓"的民众近了,有了不少共同的语言。

提倡散文革新

柳宗元在永州时期,古文运动也有了进一步发展。他不但不因自己的贬谪而放松对这一运动的关心,相反,在运动中发挥了更巨大的领导作用,并且在散文的理论和写作艺术修养上都大大提高了。他在《与杨京兆凭书》中也说他过去"未能究知为文之道,自贬官来无事,读百家书,上下驰骋,乃少得知文章利病"。

那时韩愈正与许多人建立师生关系,传授散文写作的理论和技巧,他也殷切期望柳宗元能和他共同担任指导工作。同时,更有不少人要求拜柳宗元为师。柳宗元也确实感到建立师生关系在传授学业中的重要性,并对于当时上层社会和知识界"耻于相师"的风气感到痛心(见《师友箴》);但他又觉得自己以一个贬官罪人的身份,而且经常受到政敌种种造谣污蔑,如果再大张旗鼓招收学生,更会供给政敌以攻击的资料,因此不愿公开建立师生的名义。然而,在实际上他却竭诚地指导着许多人学习理论和写作,正默默地担负起教师的崇高责任。当时有人从很远的地方跑到永州亲自求教,南方一带的知识分子跟随柳宗元学习的就更加多了。柳宗元总是把自己的心得毫无保留地教给他们。经过柳宗元的悉心指点讲授,他们的散文写作水平迅速获得提高。"衡湘以南为进士者,皆以子厚为师,其经承子厚口讲指画为文词者,悉有法度可观。"(韩愈《柳子厚墓志铭》)也有不少人是通过通信方式向他学习的。

在《答韦中立论师道书》中,柳宗元系统地提出自己关于散文写作的主张:首先,他指出"……文者以明道,是固不苟为炳炳烺烺,务采色,夸声音而以为能也"。即文章是为阐明道理服务的,反对片面地追求形式漂亮、文采华丽、音节动听。这就是主张思想内容重于艺术形式。

其次,既然文章是为阐明道理服务的,他就特别强调作家的人格修养和严肃认真的写作态度,要求作者在写作时不能有轻忽、懈怠之心,不能有昏昧、骄矜之气,否则写出来的作品将会浮滑、杂乱而不能为读者接受。"故吾每为文章,未尝敢以轻心掉之,惧其剽而不留也;未尝敢以怠心易之,惧其弛而不严也;未尝敢以昏气出之,惧其昧没而杂也;未尝敢以矜气作之,惧其偃蹇而骄也。"换句话说,只有做到思想端正明朗,态度严肃谦逊,头脑清醒,作品才能明辨事理,分析深刻,具有逻辑性和感染力。

第三,在为内容服务的前提下,他要求文章具有丰富多采的艺术手法:"抑之欲其奥,扬之欲其明,疏之欲其通,廉之欲其节,激而发之欲其清,固而存之欲其重,此吾所以羽翼夫道也。"这里揭示的"奥""明""通""节""清""重"六种手法是相反相成的,把它们综合利用,辩证地统一起来,可以使作品深刻而不隐晦,鲜明而不浅露,源流通畅而不一泻无遗,含蕴曲折而不壅塞,清新活泼而不轻浮,质实厚重而不凝滞,达到深入浅出,波澜壮阔,丘壑幽深,结构谨严,气势通畅的境界。也只有这样,才能使文章更好地担负起反映广阔深厚的思想内容和纷纭复杂的现实生活的任务。

第四,他提倡广泛学习古代文化遗产。"本之《书》以求其质,本之《诗》以求其恒,本之《礼》以求其宜,本之《春秋》以求其断,本之《易》以求其动,此吾所以取道之原也。参之《穀梁氏》以厉其气,参之《孟》《荀》以畅其支,参之《庄》《老》以肆其端,参之《国语》以博其趣,参之《离骚》以致其幽,参之《太史公》以著其洁,此吾所以旁推交通而以为之文也。"这就是要求汲取从《尚书》《诗经》《春秋》《易经》《礼经》到《穀梁传》《孟子》《荀子》《老子》《庄子》《国语》《离骚》《史记》等各种作品的不同特色和长处,加以融会贯通,自成一家。

这些都是柳宗元在长期学习和写作中积累起来的经验总结,对当时散文的发展起了很大的指导作用。

强调"道"的作用,重视文章的思想内容和作者的人格修养,正是唐朝古文运动的重要理论基础,它有力地抨击了六朝以来一些内容轻薄无聊,过分追求对偶、声律、辞藻的作品。然而在古代文论中,同是强调"道"、强调思想内容的首要地位,还因各人所谓"道"的实质和具体内容不同而有进步、落后与反动的区别。另一方面,从魏曹丕《典论·论文》所揭示的"诗赋欲丽"到梁萧统编《文选》所崇尚的"事出于沈思,义归乎翰藻"而不录经史学术论著,反映了对文艺特征认识的进展和文学概念的逐步形成;魏晋六朝骈俪声律的发展,在艺术技巧方面也有贡献,不能完全抹煞。而在韩愈、柳宗元以前有些提倡散文的人,所标举的"道",往往是空洞的儒家教义,缺乏现实内容,并且忽略文章艺术形式的作用,甚至把屈原、宋玉以及汉魏以后许多辞赋骈文家的作品都一概否定。隋代的李谔、王通、唐代的王勃、柳冕等,都在不同程度上存在这种偏向。所谓"屈、宋导浇源于前,枚、马张淫风于后","骚人起而淫丽兴,文与教分而为二",是有一定代表性的论点。这就实际上否定了一千年来文艺创作从经史等学术论著中独立出来的发展,因而他们的理论也不能得到很多人的拥护,他们自己的写作,有的仍用骈体,王勃出色当行之作,仍为《滕王阁序》一类辞章,或者流于干巴巴的说教,缺乏吸引人的艺术魅力。王通《中说》模仿《论语》,味同嚼蜡,柳冕的话更属可怜:"小子志虽复古,力不足也。言虽近道,辞则不文,虽欲拯其将坠,末由也已。"只能在那里干叹气了。

柳宗元虽然把"五经"当作"取道之原",但主要是从中汲取某些原则与方法,并不把它当作教条。他对"近世之言理道者"的"其言本儒术则迂回茫洋而不知其适"(《与吕道州温论非国语书》)等现象表示了不满,而且敢于说"圣人之道,不益于世用"(《与杨京兆凭书》)。在许多场合,他更重视"道"的现实意义与社会作用:

> 意欲施之事实,以辅时及物为道。
>
> ——《答吴武陵论非国语书》

> 道之及,及乎物而已耳。
>
> ——《报崔黯秀才论为文书》

> 且子以及物行道为是耶非耶?伊尹以生人为己任,管仲盥浴以伯济天下,孔子仁之。凡君子为道,舍是宜无以为大者也。
>
> ——《与杨诲之第二书》

从这些对于"道"与"时""物""生人"的关系的强调,可以看到其中朴素的唯物主义和民主思想的因素;而柳宗元本人许多反映进步思想的作品更具体地证明了这种特点。

"参之《国语》以博其趣"一语,也颇耐人寻味。柳宗元对《国语》的"务富文采,不顾事实,而益之以诬怪,张之以阔诞"(《答吴武陵论非国语书》)提出过强烈谴责,比之为用"文锦"覆盖在"陷阱"上诱人堕落,为此作了《非国语》进行批判,

这里却介绍自己对该书的艺术特点还是注意汲取的。那就是说,陷阱要揭露,文锦还值得借鉴。这种批判汲取的态度,正是柳宗元取得文学成就的重要原因之一。他还特别推重西汉文章说,"文之近古而尤壮丽,莫若汉之西京"(《柳宗直西汉文类序》),对贾谊、公孙弘、董仲舒、司马相如之作都加赞扬,推荐给人们学习。从他对文章各种艺术手法的论述看来,无疑对魏晋六朝的对偶声律之学也有所吸收,并且在自己的作品中表现得更为丰富多采,这就使这种散文在艺术上也超过了骈文,能够更好地起到反映现实、为表达思想内容服务的作用。因之有人认为柳宗元的学习古代经书也是把它们作为艺术借鉴,如清方苞《书柳文后》说:"子厚自述为文皆取原于六经,甚哉! 其自知之不能审也。彼言涉于道,多肤末支离而无所归宿,且承用诸经字义尚有未当者,盖其根源,杂出周秦汉魏六朝诸文家,而于诸经,特用为采色声音之助尔。"虽属用封建正统观念贬低柳宗元,却说出了柳宗元并不墨守经书之道和在艺术上博采众长的某些实际情况。

柳宗元是主张博采众长而自铸伟词的,他坚决反对盲目崇古与摹拟剽窃。《与友人论为文书》中他严厉批评了当时"荣古虐今者比肩迭迹"以及"为文之士亦多渔猎前作,戕贼文史,抉其意,抽其华"等现象。《与杨诲之第二书》中,他坦率地告诫对方"用《庄子》《国语》文字太多,反累正气,果能遗是,则大善矣"。他还大力肯定唐代文学的兴盛,认为其成绩可以超过前人:

> 自古文士之多莫如今。今之后生为文,希屈、马者可得数人;希王褒、刘向之徒者,又可得十人;至陆机、潘岳之比,累累相望。若皆为之不已,则文章之大盛,古未有也。

> ——《与杨京兆凭书》

这里反映了柳宗元的文学发展观点,也是对当时文人和青年作者的很大鼓励。他极力推重韩愈的文章"过扬远甚",指出"雄之遣言措意,颇短局滞涩,不若退之猖狂恣睢,肆意有所作"(《答韦珩示韩愈相推以文墨事书》)主要是从韩文的摆脱束缚和创造性方面加以肯定的。他后期所作《复杜温夫书》说:"吾虽少为文,不能自雕斲,引笔行墨,快意累累,意尽便止,亦何所师法",那是自述他的脱略陈规、直抒胸臆方面的经验了。

《杨评事文集后序》也是柳宗元的一篇重要文学批评论著,这里他对文学的作用、特征,从内容到形式进行了分析和概括:

> 文之用,辞令褒贬、导扬讽谕而已。虽其言鄙野,足以备于用,然而阙其文采,固不足以竦功时德,夸示后学。立言而朽,君子不由也。故作者抱其根源,而必由是假道焉。……文有二道:辞令褒贬,本乎著述者也。尊扬讽谕,本乎比兴者也。著述者流,盖出于《书》之谟训,《易》之象系,《春秋》之笔削,其要在于高壮广厚,词正而理备,谓宜藏于简册也。比兴者流,盖出于虞夏之咏歌,殷周之风雅,其要在于丽则清越,言畅而意美,谓宜流于谣诵也。兹二者,考其旨义,乖离不合,故秉笔之士,恒偏胜独得,而罕有兼者焉。厥有能而专美,命之曰艺成。

它的意思说:文章的作用有两种,一种是在政治社会生活中实际应用的,记事说

理直接表示肯定与否定态度的；一种是诱导和激发人们思想感情的，通过描写事物来进行讽刺、感染的。文章有了思想内容还必须有艺术特色，否则不能有宣传效果，也没有生命力。具体说来，这两种不同作用的作品有不同的渊源方法，前者以论述政治、哲学、历史问题为本，源出于《尚书》《周易》《春秋》等，主要要求结构完整、内容充实、语言准确、理论周密，适宜于作为文献保存；后者以运用比喻、寄托、联想等为本，源出于上古的歌谣、《诗经》中的《国风》和《大雅》《小雅》，主要要求色采绚丽而有法则、音节动听、语言流利、意境优美，适宜于流传歌诵。两者各有其写作目的和意义，因而历来作者大都只是有所专长，当然，能够兼擅两体是最好的了。这些论述，在相当程度上揭示了实用文件、学术论著与文学创作的区别，接触到文学创作需用形象思维的特点。由于对文学作品的特征有这样的认识，柳宗元有意识地创作了许多形象丰富生动的文艺散文，发挥并超过了过去诗赋骈文所具有的作用，开辟了散文发展的新境界。韩愈曾为毛笔作传，写了一篇趣味性很强的《毛颖传》，在当时被视为游戏笔墨，传为笑谈，引为怪事。柳宗元在《读韩愈所著毛颖传后题》中却竭力加以推崇，认为韩愈写这篇文章，"亦将驰焉而不为虐欤？息焉游焉而有所纵欤？尽六艺之奇味以足其口欤？""以发其郁积，而学者得之励，其有益于世欤！"意思说这样的作品，使人们在精神上得到休息、轻松与娱乐，调换新鲜口味，作者抒发了郁结，读者得到激励，对社会是有益处的。这里也反映了柳宗元文艺批评的宽广眼光。

柳宗元这些比较成熟的文学思想，无疑是他对于文学创作与文艺理论历史的总结，在指导唐代散文创作实践的健康发展方面做出了积极的贡献，它们在中国古代文学理论批评史上增添了光辉的一页。

改贬柳州，兴利除弊

元和十年（公元815年）正月，柳宗元忽然接到皇帝诏书，召他进京。那时他真是百感交集，觉得这次可以再见久别的故乡了，有可能再次施展自己的抱负；可是，转念一想，自己一向被朝中许多大官僚所忌恨，此去说不定再遭到什么意外打击，不禁又无限忧虑起来。当他坐船出发，与十年来忧患相共的永州山水和亲戚朋友离别愈来愈远时，更不由得瞻前顾后，感慨万端。"每忆纤鳞游尺泽，翻愁弱羽上丹霄。岸旁古堠应无数，次第行看别路遥。"（《诏追赴都回寄零陵亲故》）充分反映了作者当时矛盾的心情。然而，这次重回京城毕竟是件值得高兴的事，舟行重经汨罗江时，他写了一首《汨罗遇风》诗，庆幸自己命运总算胜过屈原，能够重入京门，可以为国家多做点工作。这年二月，春暖花开的时节，"诏书许逐阳和至，驿路开花处处新"（《诏追赴都二月至灞亭上》），柳宗元怀着兴奋的心情回到了长安。

因王叔文事件一起被贬的"八司马"，除了韦执谊、凌准已死，程异已于元和四年（公元809年）迁官外，其余五人，这次一起被召进京。原来当时执政大臣中

有人怜惜他们的才能,建议把他们召回来。但不出柳宗元先前所顾虑的,他们一到长安,就遭到一些大官僚在宪宗面前的毁谤,而宪宗也正对他们怨恨未消,在三月里,就下令派他们为荒远地区的州刺史(一州的长官)。柳宗元被派为柳州(今广西壮族自治区柳州市)刺史,韩泰为漳州(今福建省漳州市)刺史,韩晔为汀州(今福建省长汀县)刺史,陈谏为封州(今广东省封川县)刺史,刘禹锡被派为播州刺史,后来改为连州(今广东省连县)刺史,官职虽然比司马高了,可是地区却更远、更荒僻了。明代周思兼写的《八司马论》曾说:八司马中,"惟程异之材为下,而元和之末,犹得以自进于朝廷者,忌之者寡也。夫然后知刘(禹锡)、柳(宗元)之名愈甚天下,而贬斥之祸愈不得以自伸也。惜哉!"说明在封建社会,才能愈高就愈被人妒忌,遭到更多的打击。

暮春三月,百花如锦,柳宗元、刘禹锡等又带着失望的心情,匆匆离开长安,踏上辽远的征途。"十年憔悴到秦京,谁料翻为岭外行。"(《衡阳与梦得分路赠别》)"二十年来万事同,今朝岐路忽西东。"(《重别梦得》)他们一直同行到衡阳(今湖南省衡阳市)才依依不舍地分手,一路上相互赠答了不少诗篇,在共同政治思想和生活遭遇的基础上,彼此的友谊更加深厚了。

当年六月,柳宗元到达柳州,曾有一首《登柳州城楼寄漳汀封连四州》诗分寄给韩泰、韩晔、陈谏、刘禹锡云:

> 城上高楼接大荒,海天愁思正茫茫。惊风乱飐芙蓉水,密雨斜侵薜荔墙。岭树重遮千里目,江流曲似九回肠。共来百越文身地,犹自音书滞一乡。

作者在柳州城楼上遥望南面广阔的原野,不禁兴起无尽的哀愁。狂风骤雨的侵袭,池花墙萝的飘摇,高楼危墙的屹立,叠嶂层林的遮断远望视线,蜿蜒江流的恰似回荡愁肠,在这些眼前景物的描绘中,倾注着作者十分沉郁的感情,反映了他对反动势力重重包围与不断迫害的愤慨与忧虑,对亲友与家乡的怀念,对理想的坚持与向往。末两句感叹自己与韩泰等四人都来到了这样原始落后地区,而又各处一方,音信阻滞,不能相互慰藉,这茫茫愁思真不知如何排遣了。

当时的柳州,不仅远离中原地区,比起永州来也更为荒僻。柳宗元初到那里,只见山重水复,杂树参天,野草丛生,人迹稀少,言语不通,毒蛇猛兽,经常出没;居民的风俗习惯和中原地区也大不相同,一般生活都很穷苦,偷盗甚至劫杀的风气相当严重;他们受迷信思想毒害也很深,生了病就求神问卜,杀掉牲口来祭祀,如果卜出来病不会好就不吃东西等死;因此人口和牲畜的死亡率较高,城乡笼罩着一片荒凉恐怖的气氛。他看到这情况心里非常不愉快,但是他回过来一想:自己这番来柳州和过去做永州司马是不同了,毕竟是一个地方长官,有了政治实权,这里条件虽然很差,难道不可以有所作为么? 于是他下定决心要改变柳州的面貌,从当地实际情况出发,适应原来风俗习惯,制定了一系列法令,引导人民发展生产、改善生活。经过当地人民共同努力,在不很长的时间内,社会秩序逐步安定,许多荒地得到开垦,牛羊鸡鸭也繁殖了,城廓街道被修治得整整齐齐,路旁还种植了有名树木,交通船只也造了不少,流亡在外的人也纷纷回来。

柳宗元还在那里兴办学校,使当地青年获得学习文化的机会。柳州人民由于生产发展、生活和文化修养的提高,劳动情绪更加高涨,比较普遍地树立起事业心和讲道德、讲礼貌的风气,被中原人视为"蛮荒"的柳州出现了欣欣向荣的景象。从柳宗元的一首《柳州城西北隅种甘树》诗,可以部分地看到春来柳州古城的风光:

> 手种黄甘二百株,春来新叶遍城隅。方同楚客怜皇树,不学荆州利木奴。几岁开花闻喷雪,何人摘实见垂珠。若教坐待成林日,滋味还堪养老夫。

作者亲手种植的二百株黄柑,春天来时,枝叶葱茏,城西北隅呈现一片新绿,生意盎然。正像屈原一样,他喜爱的是柑桔树的优美品质,又哪里是学李衡那样把它们当做奴隶榨取财利。多少年后它们将盛开出芬芳洁白的花朵,又将是谁来摘取它们丰硕光润的果实呢?自己如果再在这儿长期呆下去,等待它们壮茂成林,也许可以享受到黄柑的美味呢!这里反映了作者高尚的情操,也流露出久谪的哀怨。这也说明,通过辛勤地参加该地的建设,作者对那里的风物已经有了特殊的感情。

柳宗元在柳州政绩中值得注意的还有帮助许多奴婢获得赎免。在唐代,官僚、贵族和大地主家里大都蓄养了许多奴婢,进行惨酷的压榨;而贫苦人民则由于天灾人祸、苛捐杂税等种种迫害,不得不卖儿鬻女或直接沦为奴婢。南方一带,地处边远,抵押、贩卖奴婢风气尤为严重。柳州的情况是:穷人交不起地租或还不清债务,便把自己子女抵押给地主或高利贷者,到期没有钱去赎,本利相加,即被没为终身奴婢。柳宗元定出了一项办法,规定凡是已被没为奴婢的人,可以按照做奴婢的时间计算工资,如果应得工资已达到所欠债务的数目,便可以赎身回家。这个办法在柳州及附近几州被推行,只一年,就有一千左右的奴婢获得了自由。

一转眼,三年多过去了。柳宗元初来柳州时在江边种植的柳树已经茁壮地成长起来。这使他想到又度过了几年贬谪生涯,引起了深深的感慨;但这些柳树也象征了他这几年来工作的成绩,从中可以得到慰藉。不过他感到自己为人民所做的事情太少了。正像他在《种柳戏题》中所说:

> 柳州柳刺史,种柳柳江边。谈笑成故事,推移成昔年。垂阴当覆地,耸干会参天。好作思人树,惭无惠化传。

柳宗元在这时期思想上不断想念着家乡,伤感着自己的远谪,正是"宦情羁思共凄凄,春半如秋意转迷"(《柳州二月榕叶落尽偶题》),春去秋来,惆怅满怀,但也对柳州地区及人民产生了深厚的感情。有一次,他和部属们在路边亭子中一起饮酒,对他们说:"我被朝廷所遗弃而到这里来,可是却能够和你们相处得这么好!"

柳宗元在永州时已经多病,到柳州后由于心情的抑郁,工作的勤苦,健康情况更加恶化。元和十四年(公元 819 年)十一月八日,他终于病死在柳州,只活了四十七岁。

柳宗元的死,引起柳州人民沉痛的悲悼,次年即为他修了衣冠墓。三年后,大家又为他在罗池地方建起了一座庙,永远纪念他。后人因为他原籍河东,有时就称他为柳河东;也因为他在柳州做过官,也称他为柳柳州。纪念他在柳州政绩的古迹,历代几经修葺,现在广西壮族自治区柳州市人民公园内还保存着柳侯祠(即罗池庙,为自治区重点文物保护单位)、柳宗元衣冠墓、罗池、柑香亭(原有柑子堂,为纪念他"手种黄甘二百株"而建。宋代堂址废,清乾隆十九年〔公元1754年〕,重建亭于罗池旁)等。

欧阳修

欧阳修,字永叔,庐陵(今江西吉安)人。四岁时父亲就去世了,母亲郑氏,立誓守节,亲自教导儿子读书,家境贫困,以至用芦管当笔在地上描画着学习写字。欧阳修自幼就聪敏颖悟,超过常人,书读过就能熟记背诵。等到成年,已有了很高的声望。

宋代立国将近百年,但文章的体裁还依然沿袭着五代的风气。文人们刻镂雕琢的都是骈偶之文,文坛污浊,文风不振,读书人因循陋习,墨守成规,议论卑下,气调柔弱。苏舜元、苏舜钦兄弟、柳开、穆修等人,都有意振作张扬正气,但力量不足。欧阳修游历随州(今属湖北),在废书篓中得到了唐朝韩愈的遗稿,读后万分欣慕。于是就苦心孤诣地探幽索隐,以至废寝忘食,决心要同韩愈并驾齐驱、比肩齐名。

天圣八年(1030年)中进士,欧阳修得南宫殿试第一,被选拔为甲科,调西京推官。开始交游,和尹洙一起写作古文,议论当朝时政,互相都把对方看成是自己的老师和朋友,又同梅尧臣交往,相互作诗唱和,就这样,欧阳修凭着他的文章名满天下。不久,被选进朝廷,为馆阁校勘。

范仲淹因为议论政事被贬了官,朝廷中很多官员都议论相救,只有司谏高若讷一个人认为当贬。欧阳修就写了封信责备他,指责他不复知人间还有羞耻之事。高若讷把欧阳修写给他的信送给了皇上,欧阳修因此获罪,被贬为夷陵(今湖北宜昌)县令,不久又调任乾德(今湖北光化)县令、武成(今河南滑县)节度判官。范仲淹出使陕西,征辟欧阳修任掌书记。欧阳修笑着推辞说:"从前我所以那样做,难道是为自己的私利吗?还是同其退不同其进较好吧。"过了很久,朝廷又恢复了他的校勘职务,并被进举为集贤院校理。宋仁宗庆历三年(1043年),主持谏院。

当时仁宗皇帝更换大臣,杜衍、富弼、韩琦、范仲淹都做了朝廷大臣,仁宗还决定增加谏官,起用天下名士,欧阳修第一个在被选之列。每次进见,仁宗都要征求主持政事的意见,询问他们应该做些什么。因为朝中兴废的事多了,小人们的聚合趋附感到了很多的不便。欧阳修考虑到正直的好人必然不会得胜,多次

向仁宗分别谈了自己的看法。

当初,范仲淹被贬饶州(治所在今江西波阳),欧阳修和尹洙、余靖都因为替范仲淹辩白伸冤而被逐,且被看成是范仲淹的"党人"。从此,朋党的说法就开始了,欧阳修写了《朋党论》进呈仁宗。其大略的意思说:"君子和君子因为志同道合结成朋党,小人和小人因为私利相投结成朋党,这是自然的道理。但我说小人是没有真正的朋党的,只有君子才有朋党。因为小人所喜好的是名利和厚禄,所贪图的是金钱和财物,当他们利害一致的时候,就暂时互相勾结拉拢成为朋党,而并非真正的朋党。等到有利可图的时候就互相争先,无利可图的时候就相互残害,即使是兄弟亲戚,也不能互为保护,所以说小人是没有朋党的。君子就不是这样,他们所恪守的是道义,所奉行的是忠信,所珍惜的是名节。用它们来修身,就不仅志同道合而且还互为裨益,用它们来效忠国家,就不仅同心协力而且同舟共济,始终如一,所以说:只有君子才有朋党。商纣有臣子亿万个,就有亿万颗心,可说是没有朋党了,商纣因此而亡国;周武王有臣子三千人,三千人只有一条心,可说是大的朋党了吧,因而周王朝得以振兴。这是因为君子的朋党,虽然多也不会嫌多的缘故。所以做国君的人只该贬退小人的假朋党,起用君子的真朋党,那么天下就可大治了。"

欧阳修评议朝政切要率直,小人们看他似仇人,而仁宗独夸奖他敢于说话,当面赐给他五品朝服,并且回看着侍臣们说:"像欧阳修这样的人,到哪里去找得来?"于是,提拔为同修起居注,又主管起草皇帝的诏令。按照先例,选拔主管起草皇帝诏令的官员一定要经过试用期以后才能正式任命,因为仁宗了解欧阳修,下诏书特地免了这一过程。

后来欧阳修奉命出使河东。自从朝廷对西方用兵以来,议论时政的人就想废除麟州(今陕西神木)以便节省军队的供给。欧阳修说:"麟州是天然的险要之地,不要废除,废除了麟州,那么河内这些郡县的百姓就不能安居了。不如分出麟州的军队,让他们进驻河内的各个要塞,遇到危急也可以互相得到接应和救援,而平时又可以省去辗转运输之劳,从谋略来说,这样做比较有利。"由于欧阳修的这个建议,麟州得到了保存。他又说:"忻州(治所在今山西忻县)、代州(治所在今山西代县)、岢岚(今属山西)多禁地和废田,希望下命令让老百姓去开垦和耕种,不然,就将被敌人占有了。"朝廷把欧阳修的提议交给有关部门讨论,直到很久以后才得以实行,结果是朝廷每年得到了几百万斛的粮食。凡是河东土地赋税过重,人民无法忍受的摊派,欧阳修上奏朝廷请求免除了十几项。

欧阳修出使回来,正值保州(今河北保定)屯兵作乱,欧阳修被授为龙图阁直学士、河北都转运使。他在向天子辞别的时候,仁宗对他说:"你不要做长久留在外面的打算,有什么想说的,说吧。"欧阳修回答说:"我在谏官任上就该评论朝政,现在我已经不做谏官了,再评议朝政就是越职了,这是有罪的。"仁宗说:"只管说,没关系,不要因为京官和外官而生出隔阂来。"乱贼平定了,大将李昭亮、通判冯博文私纳妇女,欧阳修逮捕了冯博文,把他囚禁在监狱里,李昭亮害怕了,马上放出了所有私藏的妇女。保州屯兵开始作乱的时候,官府曾经用投降不杀的

诺言进行招安,等到叛乱平定后却统统把他们杀死了,另外尚有胁从的两千人,本来已经把他们分别编制、隶属到各个州郡里去了,当时富弼是宣抚使,担心这些被编的人以后会再生变故,所以又决定将他们在同一天里全部杀死。碰巧富弼和欧阳修在内黄(今属河南)这个地方相遇了,半夜里,富弼屏退左右,悄悄地把自己的这个打算告诉了欧阳修。欧阳修说:"灾祸没有比杀死已经投降的人更大的了,何况又是胁从的人呢? 既然不是朝廷的命令,如果有哪个州郡不服从你的这个命令,变故起来可不是小事呀!"富弼恍然大悟,因此终止了这个计划。

当时,杜衍等大臣因为朋党之议一个接一个被罢了官,欧阳修愤慨地向朝廷上奏疏说:"杜衍、韩琦、范仲淹、富弼,天下人都知道他们是可以重用的贤才,而没有听说他们有什么应该被免职的罪过。自古以来小人诬害忠贤,他们的说法其实也并不复杂。想大批地陷害忠良,不过就是指责他们是朋党,想动摇大臣的地位,就必须用专权来诬陷他们,这是什么原因呢? 因为除去一个好人,其他很多的好人还在,这对小人并不能带来多大的利益;想把好人一网打尽,但好人却又很少有过失,很难一一找到他们的缺点,只有指责他们结为朋党,才可以在同一个时间内全部贬逐他们。至于自古以来那种已经被皇上了解、而且深得皇上信任的大臣,那么就难以用其他的事由来动摇他们了,只有专权是皇上最忌讳和憎恶的,所以,一定要用这种说法,方可以打倒他们。正直的人士在朝廷,邪恶的小人就会有所避忌,谋臣不被举用,正是敌国的福气。现在这四个正直的大臣一旦罢免,一定会使邪恶的小人相互庆贺于国内,四周的敌人相互称贺于国外,我替朝廷可惜呀!"于是邪党更加憎恨欧阳修,就借他妹妹的孤女张氏的案子罗织他的罪名,把他降为知制诰,出为滁州(今安徽滁县)知州。欧阳修在滁州住了二年,调任扬州(今属江苏)、颍州(今安徽阜阳)知州。不久,恢复了他龙图阁直学士的官衔,留守南京,因为母亲去世而离职。服丧期满,朝廷任命他为流内铨。这时,欧阳修在外已十一年了,仁宗看到他的头发都已花白,问候慰劳很是周到。小人们害怕欧阳修再次被重用,就有人假造欧阳修的奏章请求仁宗清除内侍中挟持恩宠,为非作歹,用非法手段获取私利的奸徒。这样就激起了宦官们对欧阳修的深切怨怒,纷纷诬陷他,要把他外放同州(今陕西大荔),仁宗皇帝采纳了吴充的意见才得以中止。升任翰林学士,让他修纂《唐书》。欧阳修奉命出使契丹,契丹君主命令四个贵臣掌管宴会,并且对欧阳修说:"这种规格的接待并不是常规制度,只是因为你的名声大,所以才这样做的。"

嘉祐二年(1057年),欧阳修主持贡举。当时应考的读书人喜欢写作险怪奇涩的文章,号为"太学体",欧阳修极力排斥,贬抑这种文体,凡是写作这种文章的人一概黜落。这件事结束后,从前那些轻狂浅薄的人侦候得欧阳修出门,聚集在一起气势汹汹地拦住欧阳修的马头高声责骂,街上的巡逻队也无法制止;然而科举考试的风气,却从此得到了改变。

欧阳修被封为龙图阁学士,知开封府。他继承包拯威严治政之风,用简明便易、遵循法制的原则治政,不求显赫的名声,京师也治理得很好。十个月以后,改充群牧使。《唐书》修撰完毕,欧阳修被任命为礼部侍郎兼翰林侍读学士。欧阳

修在翰林院八年，真正做到了知无不言。当时黄河在商胡决口，北京（今河北大名）留守贾昌朝想掘开横垅故道，回折河水使它向东流。有个叫李仲昌的人，却主张把河水引入六塔河。议论的人不知听谁的好。欧阳修认为："黄河水流多泥沙，按理说来没有不淤塞的，下流既然已经淤塞了，上流就一定会决口。用近来发生的事情去考察，黄河的决口并不是不能努力塞住，故道也不是不能努力恢复，但是这种做法都不是治本之道，因而势必不能保持久长。开掘横垅故道工程很大，难以成功，即使成功了，最终还是要再次决口。而六塔河河床狭窄，令黄河水悉数倾注，滨、棣、德、博各州一定会遭到它的灾害。不如依循河水的走向，增高河堤，疏通它的下游，让黄河之水无所阻拦地流入大海，这才是受益几十年的长久之计呀。"当时的宰相陈执中同意贾昌朝的意见，文彦博同意李仲昌的意见，终于造成了河北的大灾难。

谏院论述陈执中的过失，但陈执中仍然拖延着企图稳住自己的官位。欧阳修上书皇帝，认为"皇上拒绝采纳忠告，庇护愚顽的宰相，有损皇上的圣德。"过了不久，陈执中被免去了宰相职位。狄青做了枢密使，很有威望，仁宗不高兴，谣言纷起，欧阳修请求出任外官，以保全自己得以善终。于是就免去了他的朝官而改任陈州（今河南淮阳）知州。欧阳修曾经因为水灾向仁宗上奏疏说："皇上君临天下已经三年了，但至今东宫太子之位未定。从前汉文帝刚即位，因为臣子们的建议，马上立了太子，因此享国很久长。唐明宗讨厌臣下议论接班人的事，不肯早早立定太子，因此造成秦王之乱，宗庙社稷由此倾覆。皇上为何犹豫而久久不选定太子呢？"此后立英宗，推究其源，就在于欧阳修的这次上书。

嘉祐五年（1060 年），欧阳修升任为枢密副使。嘉祐六年（1061 年），为参知政事。欧阳修在兵府时，曾经和曾公亮考核全国的军队数和三路驻守兵员的多少、地理的远近，重新制造了地图和簿籍。凡是边防长久以来没有派兵驻守的，一定进行检阅和补充。他在任执政大臣时，和韩琦同心辅助仁宗。凡是兵民、官吏、财利等中书省应当知晓的重要大事，编集成一个总目，碰到事情就不必临时匆忙地向有关部门了解。当时东宫太子的人选还没有决定，欧阳修就和韩琦等人对这样一件大事协商出了一个意见。宋英宗因为得了病，无法亲自处理朝政。皇太后垂帘听政，左右的人互相猜忌，制造矛盾，皇帝和皇太后几乎因此成为怨仇。在韩琦奏事的时候，太后哭着向韩琦说了英宗和自己的种种矛盾。韩琦用英宗有病的理由来进行劝解，太后听了不高兴，欧阳修就进一步劝说道："太后侍奉仁宗皇帝已经几十年了，您的仁德昭示于天下。以前温成专宠，太后您处置得从容自如；现在母子之间，反而不能宽容吗？"太后的情绪稍稍和缓了些，欧阳修又劝说道："仁宗皇帝在位的时间很久，他德政的恩泽深深地留在人们心中，所以一旦驾崩，天下奉戴太子，没有一个人敢不赞成的。现在太后您只是一个妇人，而我们也只是五六个书生罢了，如果不是仁宗皇帝的遗意，天下谁人肯听从呢？"太后不作声，过了很久，母子之间的矛盾才逐渐平息了。

欧阳修平素和人相处总是坦率地说出自己要说的话，从不掩饰和隐瞒。等到他执政以后，士大夫们对他有所请求，他总是当面说明可以还是不可以的理由，就是谏院的官员议论政事，他也一定用是非作为标准来责问他们，因此怨恨他、说他坏话的人就更多了。英宗将追封尊崇自己的生父濮王赵允让，下命令让有关部门讨论，都说应当称皇伯，改封一个大国。欧阳修引述《礼记·丧服记》，认为："身为人子的人，应该替他的父母实行'报祭'，降服丧三年为服丧一年，而不隐没父母的名字，可是丧服可以降等，但名字是绝不可隐没的。如果出嗣的儿子把亲生的父亲改称为皇伯，这种例子就是遍考前代，都是没有根据的。进封为大国的王，但礼制规定又没有加爵的道理。所以中书省的意见，和大家的意见不同。"最后太后写出了手书，允许英宗称濮王为亲，推尊濮王为皇考，王、韩、任三位夫人为后。英宗不敢承当。于是御史吕诲等人毁谤欧阳修主张这种意见，争论不休，后来吕诲等人都被贬逐出了御史台。只有蒋之奇的意见附和欧阳修的主张，所以欧阳修推荐他为监察御史，但是被御史台的很多人看成是奸佞邪恶的小人，蒋之奇为此十分害怕，就想使自己摆脱这种窘境。正好欧阳修的内弟薛宗孺和欧阳修有仇恨，他捏造了欧阳修家庭生活淫乱的谤言来诋毁欧阳修，这个谤言辗转相传，一直传到了御史中丞彭思永的耳中，彭思永又把这个谣言告诉了蒋之奇，蒋之奇就上奏章弹劾欧阳修。当时，神宗皇帝初即位，心里想重重地遭责一下欧阳修，就去征求过去的宫臣孙思恭的意见，孙思恭替欧阳修辩白解释，欧阳修杜门不出，要求神宗对制造谣言的人治罪。神宗派人诘问彭思永、蒋之奇，追问谣言的出处，彭思永、蒋之奇回答不出来，结果都遭到了贬逐。欧阳修也坚决要求离开朝廷，结果罢为观文殿学士、刑部尚书、亳州（今安徽亳县）知州。第二年，迁兵部尚书、青州（今山东益都）知州，后来又改为宣徽南院使，兼任太原（今属山西）知府。欧阳修辞不受命，后又改徙蔡州（今河南汝南）。

欧阳修总是以风骨气节自我制约，但却屡屡遭到污蔑，且年纪已六十了，就一再上表要求辞去官职，神宗总是宽慰他，没答应他的辞官。及至出守青州，又因为请求停止散发青苗钱，被王安石所诋毁，因此求放归的愿望愈发急切。熙宁四年（1071年），欧阳修以太子少师的身份退休。熙宁五年（1072年）逝世，赠太子太师，谥号"文忠"。

欧阳修在滁州时，自号为"醉翁"，晚年改号"六一居士"。他天资刚劲，见义勇为，虽然机关陷阱就在前面，但也能置触发之险于不顾。虽然一而再、再而三地被放逐，却仍旧是志气自若。当他被贬夷陵时，没有什么可以自我排遣，就取出积年的陈旧案牍反复观看，发现其中冤屈谬误的地方不可胜数，于是仰天长叹道："一个荒远的山城，尚且如此，天下冤屈谬误事之多就可想而知了。"自此以后，碰到狱讼之类的事就不敢有丝毫的懈怠疏忽。学者求见，和他们谈话，从来不论及文章，只谈官事，他认为文章只能润及自身，而政事却可以推及它物。他前后历任数郡的长官，不炫耀政绩，不追求声誉，为政宽松而不扰民，所以，凡是他所到的州郡，人民都感到安适。有人问他："您老治政宽松，而政事却并没有弛废，这是什么原因呢？"欧阳修说："如果以放纵为宽，以怠慢为简，那么政事就一定会弛废，而人民也一定会受其弊害。我这里所说的宽，是指政令不苛刻急迫，我所说的简，是指政令不繁杂琐碎。"欧阳修从小失去了父亲，母亲曾经对他说：

"你父亲做官的时候,常常秉烛夜读公文,屡屡停卷而叹。我问他,他就说:'这是个死狱啊,我想设法让他能活,不能啊!'我说:'生可求吗?'你父亲就说:'做官的人想方设法寻求使死狱者获生的办法而不得,那么死的人和我就都无恨了。而做官的人虽然常常存有使死狱者变活的愿望,尚且会不小心使他死了,何况世上不少做官的常常希望的是治民以死地呢!'他平时教育他的子弟,也常常用这样的话来说,我都听得耳熟了。"欧阳修听后终身遵循父亲的这个教导。

欧阳修写的文章,自然天成,或丰满或简约,都符合标准。他的文辞简要,旨意明朗,立论有据,内容通博,旁征博引,引类例举,分析事理至深至透,因此很能折服人心。他超然脱俗,独自奔驰,众人不能相及,所以天下的人都聚集在他的周围尊他为师。欧阳修鼓励提携后进,犹恐不及,凡是被他赏识的人,大多成了有名望的人。曾巩、王安石、苏洵、苏洵的儿子苏轼、苏辙,当他们还是平民的时候,屏处乡里,不为人知,欧阳修就为他们游说,提高他们的声誉,说他们一定会显名闻达于世。他对待朋友非常笃信诚实,朋友在世的时候举拔扶持他们;朋友去世以后就调理保护他们的家族。

欧阳修喜好古文,爱好读书,凡是周、汉以来的金石遗文、断编残简,都要采集收拾起来,研究考核它们的异同,把自己的观点写在左边,明白、昭著可为表证,称之为《集古录》。奉诏修撰《唐书》纪、志、表,自撰《五代史记》,章法严谨,用词精约,多取《春秋》遗旨。苏轼论述欧阳修的文章时说:"论大道时像韩愈,议政事时像陆贽,记史事像司马迁,作诗赋像李白。"有识之人以为这是真正了解欧阳修的人所说的话。

……

评论:自从夏、商、周三代以来,一直到秦、汉,文章虽然跟着时代而有所盛衰,但它们的语言却都繁富滋润,它们的光泽都灿烂照人,它们的音节都清晰明亮,这是因为还都保留有先王遗留下来的功绩。经过晋、魏,文章就衰弊了,到唐代的韩愈手里,文章重新振兴起来。唐代的文章,经过五代又衰弊了,到宋代欧阳修手里,又再次振兴起来。挽回百川之颓波,平息千古之邪说,使这种文章的正气,可以辅佐大道,可以扶持人心,这都是韩愈、欧阳修两人所做的努力啊!韩愈在政治上没有得到重用,欧阳修得到了重用,但最终还是不能有所作为,这件事真应该被世道惋惜啊!

苏 轼

苏轼(1037—1101年),字子瞻,号东坡居士,四川眉山人,宋代著名文学家。

被称为"天府之国"的富饶而美丽的四川省中部,距成都西南约一百公里的地方,有一座古老的县城——眉山。我国北宋时期的一位杰出的大文学家——苏轼,就出生在这里。

苏轼从儿时起就对自己的故乡无限热爱。苏轼居家周围的山冈长有茂密的树林，他常与弟弟苏辙登山涉水；家乡的一草一木都与他们结下了深厚的感情。读书、嬉戏之余，还亲手栽种松树，看着小树苗渐渐成长，真是其乐无穷，乐在其中。儿童时代的乡间田园生活给苏轼留下了终生难忘的美好而丰富的记忆。少年苏轼在家乡对于农业生产劳动是有所了解和体验的，这一点在他中年谪居黄州开辟东坡，参加生产劳动而不外行上，明显地反映出来。苏轼从政以后十分注意关心劳动人民，同情热爱劳动人民，重视农业生产，减轻农民劳动负担，这一切都和苏轼自幼热爱生产劳动不无关系。对待农民的同情态度，是苏轼政治生活的最基本倾向。

苏轼对故乡山水是如此执着地热爱，他对故土的山水云月、一草一木、花鸟虫鱼的眷恋，一方面是他从小受到故乡山水大自然的陶冶，养成了赞美大自然，追求大自然的情性；另一方面也受惠于母亲。苏轼的母亲程氏颇有文化教养，相当重视对子女的家庭教育，并有自己的一套思想观点。当苏轼的父亲苏洵离家游学四方时，程氏担负起家庭教师的重任，尽心培养教育苏轼、苏辙两兄弟。除去教他们勤勉读书，奋励有志之外，还教他们种树、爱鸟……总之，程氏对于苏轼兄弟不仅是善良的慈母，而且是一位重要的启蒙教师。她对他们的生活、成长，以及后来的成功、成名，都起了极为重要的作用。

巴蜀之地自古人才荟萃，多少文化名人、杰出人才曾受这块沃土的养育。山川俊秀的自然环境，丰富多彩的文化沃土对苏轼的陶冶与成长，无疑提供了良好的条件。苏轼八岁时在著名的乡塾天庆观北极院读书，三年间勤学好问，深受道学先生的赏识。一天，有一位书生从京城汴梁来到天庆观，拿出当时文学家石介所作的《庆历圣德诗》给道士先生看。诗中颂扬了当时的十一位大臣，其中有范仲淹、欧阳修等贤良之士。年轻的苏轼在一旁观看，默默记住了诗中的词句，同时也悟出了一些道理。但是仍不甚清楚，于是便好奇地请教先生，诗中歌颂的十一位大臣究竟是些什么人。先生说："小孩子何必知道这些！"苏轼不服气地问道："难道他们都是些天上的人吗？那样，我就不用知道；如果也是地上的人，怎么不可以知道呢？"先生见这小苏轼出言不凡，心中暗自称奇和高兴，于是便一一告诉他范仲淹、欧阳修、韩琦等人都是人中的豪杰，当今政坛上的革新派。小苏轼听罢，对政治革新问题虽不甚懂得，然而对这些贤良之士、国之栋材产生了无比强烈的敬慕。

长大以后，苏轼无论为人还是为文，始终都以范仲淹、欧阳修等前辈为自己的楷模，在苏轼中举以后，都与他们有过交往，并对其政治生活和政治倾向产生重大影响。苏轼的少年时代较少有机会与名人往来，他说："自己虽已20岁，却没有什么朋友，四海之内只有同弟弟交游。"其实，他很羡慕贤才良士，只是没有机会交往。当时，唯一称得上名流之士的似乎只有张方平，张方平较苏轼年长，少时聪明过人，读书过目不忘，人称"天下奇才"。宋仁宗皇祐六年（公元1054年），张方平镇守成都，第二年，苏轼前往拜见，受到张方平的礼遇，以"国士"相待。此行苏轼受到很大鼓励，不久，张方平又推荐苏轼兄弟进京应试，以后他们

之间的友谊一直很深。

宋仁宗嘉祐二年(公元 1057 年)4 月,正当苏轼兄弟同科进士及第名震京师,父子三人兴高采烈的时候,按照宋朝的科举制度,苏轼、苏辙中举后就可以授官。但是,不幸的是苏轼的母亲程氏夫人于四月八日病故。

这个噩耗如晴空霹雳,父子三人来不及向亲朋好友告别,即匆忙离京,回四川奔丧。到了家中,一片凄凉景象,苏氏父子怀着悲痛的心情把程夫人安葬在眉山安镇方可龙里老翁泉旁,即后来所说的苏坟。嘉祐四年初冬,苏轼服丧期满,父子一行便又启程,第二次同赴京师,于次年二月到达京师。

就在苏轼准备走马上任时,欧阳修等因苏轼才识过人,便大力推荐他参加秘阁的制科考试。嘉祐六年(公元 1061 年)苏轼经过一番准备,参加了直言极谏科考试。考试前,苏轼上了 25 篇《进策》,25 篇《进论》。秘阁考试时,他又作了《王者不制夷狄论》《正礼以养人为本论》等六论(见《东坡后集》)。以前的秘阁考试不起草,所以一般文章都写得平平。从苏轼时起忽然放宽规定,允许起草,苏轼的文章大放异彩。最后,宋仁宗在崇政殿御试,苏轼呈上一篇《御试制科策》。宋仁宗大为欣赏,于是苏轼以优异成绩"入三等"。"入三等"很不容易,自宋王朝建立以来,制策入三等的只有两人,一个是吴育,一个就是苏轼。苏轼应制科试后不久,被任命为大理评事签书凤翔府(今陕西凤翔)判官,比起前次的官职来,提升多了。

上任以后,苏轼苏辙兄弟二人明确地表明了自己的政治见解。在所作的一些文章中,从政治到军事,从经济到文化,上至皇帝下至百官他们都指出弊病提出批评,真是初生牛犊不惧虎。他们的这些观点使保守派和激进派都很恼火。苏轼主张严格法制要从大臣开始,"王子犯法与庶民同罪";主张打击那些不法的高官贵族,只有这样才能使百姓心服口服。苏轼还指出当时国家有两大隐患:一是立法不严;一是任人不当,并进一步指出朝廷用人不当是主要的。苏轼主张变革,但在变革方式上却不同意王安石的那种骤变,应该循序而渐进。他毫不隐讳地指责仁宗皇帝无所作为,不会使用人,不懂得如何使用大臣。指出朝廷的大小官吏们因循守旧,对已有章法一点不敢变革,而且上下相安、官官相护,这些人不考虑国家的安危和百姓的疾苦,只想保住自己的乌纱帽。这在某种程度上符合当时广大人民的愿望。

由于苏轼对人民寄予无限同情,后来人们称他为"苏贤良"。苏轼既主张革新,又反对激进。这样一来,一些偏于保守的老臣和偏于激进的变法派人物都对他不甚满意。后来苏轼被提拔离京为官,弟弟苏辙一直送哥哥到郑州。举手劳劳,两情依依,苏轼有诗表述这种惆怅不安的心境。兄弟俩第一次离别,情绪都很伤感,回忆起往昔二人同窗共读、同游同乐,极惬人意,以后哪一天复能如此?想到这里,觉得高官厚禄不过是过眼云烟,并不值得追逐。相约日后一起退隐,纵情山水。从思想情绪上看,当时苏轼是比较低沉和苦闷的,反映出一种自我斗争比较激烈,思想意识又很复杂的精神状态。在功名利禄面前他表现出一种矛盾心情,表现了儒家知识分子在个人追求得不到实现时出现的一种消极的逃避

现实的思想意识。

　　但是,任职凤翔后,苏轼在面对国势的荏弱,人民大众的生活疾苦时,他持一种比较正视现实的态度,他又批判了自己的消极逃避态度,一种崇高的责任感被激发起来。他认为大丈夫要积极处世,在困厄之中不应后退,而要勇敢向前。总之苏轼的人生态度是奋发有为、锐意进取的。

　　苏轼的一系列政治主张同变法派的矛盾越来越深,惹得以王安石为首的变法派不满。他的两篇《上神宗皇帝书》,全面非难新法,更引起变法派不满,决心对苏轼进行报复。

　　宋神宗熙宁四年(公元1071年)有人状告苏轼,说他借父亲去世返川时贩运私盐。这应该说是苏轼一生中遭多次诬陷中的一次。苏轼面对这些握有实权的人物难以为辩,何况当时好多朝臣皆因与王安石政见不合而离开朝廷,如司马光、欧阳修、曾巩等。苏轼别无良策,也要求出任地方官躲开这些人。变法与反变法斗争的情况是复杂的,苏轼是一个温和的改革派,温和的改革思想决定了他在政治上总是倾向进步的;但也正因为他是一个温和的改革派,其政治主张中的落后因素有时也会突出出来,表现出浓重的保守色彩。同年四月,苏轼接到通判杭州的任命书,他当时带着愤懑与消极的情绪离开了汴京。他先到陈州(今河南淮阳)探望弟弟苏辙,而后同弟弟一道去颖州(今安徽阜阳)拜谒了欧阳修老先生。十月渡淮河经楚州、扬州等地抵杭州。

　　苏轼在通判任上,虽然郁郁不得志,写了不少游山玩水的诗,但由于担任助理官员,经常出差处理解决一些具体工作,使他有机会深入下层、了解人民,特别是农民的疾苦。广大农村,天灾人祸交织在一起,民不聊生。这个时期他写了《山村》《吴中田妇叹》等诗,一方面深刻同情人民疾苦,一方面揭露新法的弊端。苏轼曾做过统计:两浙地方,一年之中竟有17000余人因犯盐法而入狱。他对这些采取了揭露和批判的态度,引起改革派强烈不满,几乎遭到杀身之祸。苏轼对社会各阶层人民大众的广泛接触,为他的文学创作提供了广泛的创作题材。在苏轼传世的三百多首诗中含有政治、讽喻、理趣、景物等诸多方面。

　　宋神宗熙宁九年(公元1076年)年底,苏轼奉诏派往山西西南端的河中府(今山西永济)。这时政事将有大动荡,王安石革新派先后垮台,政局如何发展实难预料。苏辙出京迎接哥哥时说,去河中府的新职已取消,改派徐州太守。徐州当时是大城,也是军事要冲,且风光秀美,物产丰富,苏轼一到就说这里是"暂住"的好地方。不幸的是,他刚刚上任三个月徐州就发了大水,黄河大水泛滥,徐州被高山阻挡,水位猛涨。九月已接近三丈,人心惶惶百姓忧虑。苏轼日夜指挥,舍身救城,好几十天没有回家,他住在城墙顶上的木棚内,监督加固外墙。洪水围城45天,狂暴的黄河终于归了故道,徐州周围的洪水渐渐退去。

　　水退后,苏轼回到城中。此时市民们欣喜若狂,万分感激,苏轼也作诗《答吕梁仲屯田》以庆祝徐州得以保全。但他并没有沉浸在诗酒之乐中,没有沉醉于防洪胜利的喜悦之中。为了防止以后的水患,他上表给朝廷,请求朝廷拨款,允许他调集役夫,以便增筑徐州城堤。但他的数次陈请如石沉大海,他只好修改奏

议,要求不建石墙,改用木块工事。直到第二年二月朝廷才同意了苏轼的请求,苏轼在城东南建了一道木坝。完工后,他在东门上修了一大楼,以黄土刷墙,名曰黄楼,黄楼是抗水力量的象征。宋神宗元丰元年(公元1078年)重阳节,苏轼在黄楼之上举行盛大的开幕仪式,百姓倾城而出,人山人海前往祝颂。酒酣之时,苏轼想起去年今日的水灾,人们惊恐万状;今日平安无事,可以欢度佳节。于是吟诗助兴,题目是《九日黄楼作》。他站在黄楼之上,眺望四野风光,远处渔村、庙宇历历可见;耳闻楼下流水、桨声、鸭声打成一片。这段时间,苏轼时常与宾客登楼宴游,饮酒作诗。后来,在徐州写的诗集就叫做《黄楼》集,由此可见,诗人的成长与他的生活和事业是分不开的。

苏轼在宋神宗元丰二年(公元1079年)三月,从徐州迁知湖州(今浙江吴兴)。湖州虽然是风景优美的鱼米之乡,但由于近几年来这一带自然灾害严重,连年的饥疫死人很多。在苏轼看来,这种民不聊生的境遇,一方面是自然灾害造成的,同时也是"拙政"造成的。他在《次韵周开祖长官见寄》诗中谈到"拙政"表面上是自责,实际上是指变法,字里行间流露出对时政的不满。反映人民疾苦,不满变法的诗这时期写了不少,如:

凛然相对敢相欺,直干凌空未要奇。

根到九泉元曲处,世间唯有蛰龙知。

——《王复秀才新居双桧二首》之二

这是一首对桧树的赞歌,苏轼想以此来说明自己有如桧树一样挺拔向上傲然不屈的品格,没想到竟遭到别人的歪曲。

王安石虽然下台,但革新派人物仍居要职,他们把苏轼的四本诗集连奏状一起送了上去。另一位革新派人物李定也送了另一份奏状,列举了苏轼一连串该杀的理由,如:罪恶昭著,死不悔改;傲慢荒谬的话天天在朝廷内外传闻;言语荒谬而且诡辩,行为荒唐而且顽固;对陛下为政廉明他不满,认为全然不重用他,罪不容赦。皇帝看了确实很不高兴,于是下旨查办。革新干将何正臣也弹劾苏轼愚弄朝廷,妄自尊大,谤讪讥骂,无所不为。最初神宗不愿追究,但在御史众口一词的围攻下,神宗只好命令把苏轼拘捕入京审讯。苏轼得到苏辙从京城送来的消息,思想有所准备,不过他不知道罪行有多大,罪责有多重。官差到后,苏轼与家人告别,和结发妻子临别时,苏轼很镇定地安慰哭得死去活来的王氏夫人,并作诗相送。家里决定由长子苏迈陪苏轼进京。苏轼被捕入狱后,狱卒得知其身份颇为照顾,苏迈每天到狱中探望,为他送饭。

苏轼在狱中不知事态变化,以为难逃一死,便写了《狱中寄子由》诗,请狱卒转交。诗意极其悲切,说他一家十口都要靠弟弟子由抚养,而自己的灵魂将躺在荒郊聆听凄风苦雨。诗中还感谢皇帝的恩德,说这次获罪全怪他自己。这首诗后来转到皇帝手中,皇帝一看,果然大受感动。朝廷内外,对这桩诗案所持的态度错综复杂,有人欲置其死地而后快;有的乘人之危,落井下石;有的明哲保身,担心受累。敢于出来营救苏轼的人也不少。如老臣张方平曾愤然上书,称苏轼是"天下奇才",就连退居金陵的王安石也上书说:"安有圣世而杀才士乎?"神宗

好名而畏议论,对老臣,特别是王安石的话比较重视,加上神宗本来也很赏识苏轼的才华。同年十二月二十八日正式结案:贬苏轼为黄州(今湖北黄冈)团练副使;苏辙、王诜也受贬谪;司马光等人因与苏轼关系密切,各罚铜20斤,这就是北宋有名的"乌台诗案"。苏轼出狱后又写诗表述自己的心境。

苏轼自宋神宗元丰二年(公元1079年)被贬为黄州团练副使,进入他又一次政治上的失意时期。元丰三年苏轼带着21岁的长子苏迈离开京师,前往谪居地黄州。初到黄州,他颇有一种矛盾的、又难以言表的心情,在诗中自我嘲笑说:自笑平生为口忙,老来事业转荒唐。(《初到黄州》)为了养家糊口,一生忙忙碌碌,可越来越觉得荒唐可笑;想干一番事业,到头来却受诬陷遭贬谪。不过也好,官微身轻,有时间欣赏长江的"鱼美",和山中的"笋香"了。这实际上是自我嘲解、满腹牢骚。黄州是当时汉口附近江边小镇,苏轼一家住在黄州城南长江边上的临皋城。他在这里建有南堂,可俯瞰长江,眺望千帆往来。苏轼在这里住下后不久,老朋友马正卿为他请得城东过去的营防废地数十亩,让他垦荒种地。这里就是因苏轼而著名的东坡。由于仕途失意,壮志难酬,他已经产生了"归田"的思想,没想到真的当了"农夫",于是他自号"东坡居士"。并写诗《东坡八首》描述在这里垦荒的滋味:一年到头辛勤劳苦,费尽力气,但是得不到应有的报酬。

功夫不负有心人,荒地终于开垦出来了。苏轼夏季在东坡种稻,冬季种麦;而且在房前屋后栽了树,养了竹,一寸土地也不让它闲置。地开垦好了,苏轼还在这里修房子,给房屋命名"东坡雪堂"。雪堂北面是北山之微泉,南面是四望亭之后丘;堂前有景,柳树成荫;堂后有松树、桑树、桃树、枣树,还种有蔬菜。这些既解决了生活之需,也美化了环境。苏轼常把他的雪堂比作陶渊明的斜川,他在《江城子》词中写道:"梦中了了醉中醒,只渊明,是前生。走遍人间,依旧却归耕。……都是斜川当日境,吾老矣,寄余龄。"苏轼经常读陶渊明的《归去来辞》及其它陶诗,他愈读愈觉得诗中反映了自己的情感和目前的生活。他每天在田里干活时,时常把陶诗字句配上民歌,教农人唱。他虽然深感垦荒之苦,但也体会到劳动人民的疾苦。

宋神宗元丰五年五月、七月和十月,苏轼与友人一起先后三次游览黄州附近的赤壁,写下了千古名篇《赤壁赋》《后赤壁赋》和《念奴娇·赤壁怀古》,表达了他那种俯仰古今、超然旷达、不以个人得失为怀的积极态度;同时也流露出他随遇而安、消极自处的生活态度。赤壁之战的赤壁在湖北蒲圻县西北,长江南岸,这里的"赤壁"在黄州西边突入大江的一个山脚,石色发红,名曰赤鼻矶。后人误以为这里便是赤壁之战的赤壁。苏轼知道这里的赤壁是传说,所以他在《念奴娇》的词里写道:"故垒西边,人道是三国周郎赤壁。"他不是写史,只是借题发挥而已。五月,苏轼等来到赤壁,面对缓缓东去的大江,雄视千古,赞美江山,赞美英雄,本希望像这些英雄一样,少年得志,成就功名;而现实却是非常残酷的,自己壮志未酬受诬遭贬,华发早生。他不禁怀古伤今,慷慨激昂地高声吟诵:

大江东去,浪淘尽,千古风流人物。故垒西边,人道是三国周郎赤壁。乱石穿空,惊涛拍岸,卷起千堆雪。江山如画,一时多少豪杰。遥想公瑾当年,小乔初

嫁了,雄姿英发。羽扇纶巾,谈笑间樯橹灰飞烟灭。故国神游,多情应笑我,早生华发。人生如梦,一樽还酹江月。

《念奴娇·赤壁怀古》。

此次赤壁之游,是苏轼与川籍道人杨世昌同行的,时间是旧历七月十六傍晚,苏轼及朋友们坐着船在赤壁下面的江面上游玩。阵阵清风吹来,江面上风平浪静,苏轼举杯畅饮,并吟诵古诗《月出》。酒兴之余,面对眼前仙境般的美景他们高兴地敲着船帮唱起歌,一位会吹萧的客人吹萧伴奏助兴。回家之后,苏轼写下了脍炙人口的《赤壁赋》。过了三个多月,苏轼同两位客人从东坡雪堂返回临皋,只是月白风清,人影在地。面对这良辰美景三人不约而同觉得不能辜负它,于是带好酒和菜又游赤壁了。这次重游已是深秋,水位下降,许多江石露了出来,赤壁更显得雄伟高耸。"江流有声,断岸千尺,山高月小,水落石出。"好像没过几天时间,风景却变化这么大。兴尽而归后,苏轼又挥笔写下了《后赤壁赋》。由于时间的推移、江山易貌,诗人的心绪也从上次的欢乐自适变为凄清寂寞了,所以"悄然而悲,肃然而恐,凛乎? 其不可留。"这正表现出苏轼在贬谪黄州期间孤寂悲凉的心情及艰难的政治处境。然而,这不幸的遭遇与深刻的感受使他写下了众多不朽的诗文。

宋神宗很欣赏苏轼的才华,在贬谪黄州期间曾多次打算起用他。最后,神宗亲笔下诏,把苏轼从黄州调到离京城较近的汝州(今河南临汝)任职,苏轼犹豫再三,才决定抛下东坡农庄,准备收拾起行。元丰七年(公元1084年)三月调令下达,当地大群官吏乡绅前来饯行,众多友人前来道别,百姓更是依依不舍。苏轼也对黄州感情很深,几年后他还写诗表达这种心情。赴汝途中,他先到筠州看了弟弟苏辙,然后又到庐山游玩了几天。著名的《题西林壁》诗就写于此时:"横看成岭侧成峰,远近高低各不同。不识庐山真面目,只缘身在此山中。"诗写得很富理趣,启发人们怎样才能全面、完整地观察事物。六月,路经鄱阳湖,在长子苏迈陪同下游览石钟山,又写下了著名的游记散文《游石钟山记》。七月到达金陵,在金陵与王安石诵诗说佛,纵论天下大事。在泗州时遇到了青年时期家乡故人刘仲达,老友重逢颇多感慨:"三十三年,飘流江海,万里烟浪云帆。故人惊怪,憔悴老者衫。"(《满庭芳》)在泗州时,苏轼仍不想前去汝州任职,因他"有薄田在常州宜兴县",准备长期归隐田园。于是上书皇帝《乞常州居任表》,未见答复,只好继续前行。其实,神宗答复得快,苏轼到南都(商丘)接到诏旨,恩准他久居常州,苏轼很高兴,立即返回常州。

元丰八年(公元1085年)三月神宗驾崩,当时继位的哲宗赵煦年仅10岁,全由高太后听政。高太后反对王安石变法,掌权后立即启用保守派代表司马光为相,起用政见上反对过王安石的人,苏轼自然也包括在内。人的命运有时也难以琢磨,苏轼定居常州的计划刚刚付诸实践,复官的消息又来了,他被任命为登州(今山东蓬莱)太守。家人高兴,苏轼却心乱如麻,他把自己比作颠峰已过的骏马,跑不动喽! 苏轼十月十五日到达登州,五天后又奉诏到京城。苏轼很受太后恩宠,短短几个月,他从七品跳升为三品的翰林,负责起草诏书,时年49岁。这

一时期，他先后起草八百多道诏命，都收集在《苏东坡全集》中，文辞优美、古雅、精当。"翰林学士知制诰"是封建时代著名学者的最高职位，下一步往往是拜相了。苏轼虽是三品，但已极人臣，第二年苏轼就兼任了侍读。

苏轼这次回京不同以往，连连升迁，名气达到最高峰。文人友人都极崇拜他。司马光死后，他成为第一学者，尽管不适宜做宰相，但大家都公认他的声望一时高于百官。于是许多人慕名而来，有拜访、有求教、有拜为门生的。几年前和他通信的大诗人黄庭坚也来见他，正式拜在他的门下。秦观、张耒、晁补之也都先后拜师，黄、秦、张、晁被世称"苏门四学士"。后来又收了李荐和陈师道两人，成为苏门"六学士"。一天，苏轼率弟子秦观、黄庭坚，和佛印漫游，走到郊外一座荒废的寺院时，见到院东墙上有一首唐代大诗人杜甫的《曲江对雨》诗。吟罢，大家都赞不绝口，遗憾的是第三句"桃花著雨胭脂□"，最后一个字没了。这时苏轼建议大家各补一字，看谁补得准，四人各自琢磨，按自己的体会各补了一字。黄庭坚补的是"老"字；秦观补的是"嫩"字；佛印补的是"落"字；苏轼补的是"润"字。几个人回到翰林院查阅杜甫诗集，都没有补对，原诗第三句最末一字是"湿"字。虽说都未补对，但相比较来说，苏轼补的最贴切，也可见苏轼学问之深了。

欧阳修死后，苏轼已成为北宋文坛领袖，他的文名、诗名早已闻名遐迩，有的传到少数民族地区或国外。契丹、西夏不用说，就连高句丽乃至日本也都流传他的作品。"公元1089年，宋苏辙使辽，既主，辽人问大苏学士安否？"苏辙经涿州，寄诗苏轼："谁将家谱到燕都，识底人人问大苏……"

苏轼的政治主张既得罪了新党，也得罪了旧党，结果引起新旧两党对他的不满和攻击。由于苏轼反对司马光废除免役法、恢复差役法的主张，司马光准备把他赶出朝廷。另外，苏轼还受到已经失势，但势力仍不小的新党的攻击。对此，他连连上疏，要求出任地方官，哲宗元祐四年（公元1089年），苏轼以龙图阁学士身份出知杭州。再次来到杭州后，苏轼又为百姓做了许多好事，其中一桩就是兴修水利。他到杭州后，访问民间疾苦，得知杭州城内运河情况不佳，就请教专家，视察水位，制定出清理整个运河区的计划。运河工程大约半年时间就完成了，百姓们高兴极了，既解决了交通问题，更解决了百姓的饮水和供水系统问题。十年前，苏轼任杭州通判时曾协助知州修建水管，如今又组织人力开始修建，不仅修了管道，而且清理了老水库，修建了新水库，将西湖的清水引入北郊的两个新水库以后，当地军营也可以受益西湖水了。完成了杭州的运河系统和城内的六个水库（古称六井）后，马上开始整治西湖。苏轼不但上书给太后，而且给"政府"各部门上书，要求解决资金问题。上书请求获准后，开始整治西湖。

苏轼招募了几千名工人和船夫动工修湖，开工后几日，苏轼天天亲临湖上视察，不辞劳苦地工作到工程结束。杭州人民为了纪念苏轼的功德，至今把西湖中的长堤称为"苏堤"。时至今天，杭州成为世界驰名旅游城市，其中也应该包含有苏轼的历史贡献。苏轼认为西湖的整治，必将使杭州更繁荣，他写道："古岸开青葑，新渠走碧流，今看光满万家楼。"（《南歌子·杭州端午》）苏轼一年后调离杭州

到颍州，他又整治颍州西湖，他仍不忘疏浚杭州西湖盛况，不忘与民同甘共苦的动人景象。

正当苏轼忙于为杭州人民兴利除弊之时，有一位做法曹的小吏要辞官回家，这位法曹就是毛滂。毛滂是北宋末年著名词人，他早年科举失意，于是寄情笔墨，写了不少诗词。虽有才华，又在苏轼治下做官，但未被发现。毛滂因怀才不遇，经常借酒浇愁，还寄情于青楼烟馆。当时，他结识了一个叫琼芳的歌妓，两人一写一唱相得益彰，情投意合。毛滂打算回家另谋出路时，为琼芳赋词一首《惜分飞》，然后挥泪上路。后来苏轼在湖滨宴请宾客，酒席间有几名歌妓助兴，琼芳也来了，并在席间唱了毛滂赠给她的那首《惜分飞》。苏轼听罢，感到词写得情真意切，言尽而情不尽，酷似秦观之作，绝不是等闲之辈所能写出的。于是问琼芳所唱的调出自何人之手，琼芳如实相告。"本府僚属中竟有如此才华出众的词人，我怎么一点也不知道？"苏轼不禁顿足而叹，立即行文，令公差将毛滂追回来。

毛滂回来以后，苏轼向他表示歉意，并为他洗尘。此后两人成为词坛挚友，诗文往来颇多，毛滂因此名声大震。苏轼赞扬毛滂的文章"闲暇自得，清美可口"，表现了苏轼对后学的热心奖掖态度。毛滂从一个默默无闻的法曹，一举成为闻名天下的词人，其中有个人努力的因素，同时也有苏轼这样的"伯乐"，才未被埋没。后来，在苏轼的举荐下，先后做了武康（今浙江吴兴）县令、嘉禾（今浙江嘉兴市）太守，并且深得哲宗皇帝的器重赏识。"世有伯乐，然后有千里马"，苏轼这种奖掖后学，举荐人才的伯乐精神，一直成为艺林中津津乐道的佳话。

早年，苏轼带着怀才不遇的心情离开京城到了杭州，担任既无地位又无实权的小官——杭州通判。到任之后经常与同僚、诗友一起游山玩水，饮酒赋诗之外，还常与僧侣、歌妓往来。宋代的士大夫喜欢与歌妓往来，苏轼也不例外。许多名重一时的文人也常写词赞美某些名妓。原因大概是宋代对民妓的态度比较宽容，这段时间不但韩琦、欧阳修曾留下咏妓的诗词，就连以严谨闻名的宰相范仲淹、司马光都写过这种情诗。苏轼在和这些歌妓的往来中，尊重她们的人格，怜惜她们的遭遇，有时帮助她们摆脱困境。当时和他往来较多的有二人：名妓琴操与朝云。在与朝云相识以前，苏轼已两次成婚，两位夫人都姓王，是堂姐妹。

第一位夫人王弗，与苏轼是四川同乡。二人于宋仁宗至和元年（公元1054年）结婚，当时苏轼19岁，王弗16岁。婚后很美满，苏轼读书她便陪同终日不去，苏轼偶有遗忘，她便从旁提醒。她细心侍奉公婆，很恭谨，也常以君子处世交友之道劝诫苏轼。可惜这样一位好内助同苏轼结婚才11年，年仅27岁就病故了。苏轼对王弗之死很悲痛，10年后他在一天夜里忽然梦见王弗，醒来写了一首词，感情真挚动人：

十年生死两茫茫，不思量，自难忘。千里孤坟，无处话凄凉。纵使相逢应不识，尘满面，鬓如霜。夜来幽梦忽还乡，小轩窗，正梳妆。相顾无言，唯有泪千行。料得年年肠断处，明月夜，短松冈。

《江城子·乙卯正月二十日夜记梦》。

苏轼的继室是王弗的堂妹王润之，她于熙宁元年（公元1068年）同苏轼结

婚，宋哲宗元祐八年（公元 1093 年）卒于京师。与苏轼朝夕相处 25 个年头。苏轼在杭州任通判时，结识钱塘名妓朝云后，苏夫人收朝云为侍女，后苏轼正式纳朝云为妾。此后，朝云一直服侍苏轼，朝夕相伴，情感极深。苏轼很喜欢朝云的品格，认为朝云"敏而好义"，常引为知己。据毛晋所辑的《东坡笔记》记载：一次苏轼退朝回来，吃过饭，捂着肚子迈着方步走。回头对侍从们说，"你们知道这里边（指着肚子）是什么东西？""都是文章。"一个侍女抢着说。苏轼不以为然。又一人说："满腹都是机伦智慧。"苏轼也认为不合适。朝云胸有成竹，不慌不忙地说："学士你一肚子装的是不合时宜的东西！"苏轼听后捧腹哈哈大笑。苏轼主张改革，但又反对激进，先后当权的新旧两党他都得罪了。朝云说他装了一肚子不合时宜的东西，再确切不过了。

元丰六年朝云生了一个男孩，名叫遁儿，三日洗礼，苏轼写了一首自嘲诗："人皆养子望聪明，我被聪明误一生；唯愿孩儿愚与鲁，无灾无难到公卿。""路遥知马力，日久见人心"，困境知友。在苏轼贬官黄州，特别是贬官岭南期间，朝云终日相伴随，使苏轼深深感动，他说："予家有数妾，四五年相继辞去，独朝云者随予南迁。"（《朝云诗序》）年轻美貌的朝云随苏轼到惠州的那年只有 31 岁，而苏轼已年满 57 岁了，两人白发红颜，情深依旧。苏轼一生中所遇到的女子，朝云是最聪明、最活泼、最善良、最讲义气的一位；也是最了解和最理解他的一位。朝云无比尊重、敬仰自己丈夫的高尚人品，出众才华，在精神和生活上无微不至地体贴照料年长的苏轼。苏轼晚年有朝云相伴，过着谪居生活，他写诗感激她、赞美她，把彼此的相知相爱化作不朽的友情。

哲宗绍圣二年（公元 1095 年）七月，朝云患瘟疫而死，年仅 34 岁。朝云死后，苏轼十分悲痛，除写了《朝云墓志铭》外，还写了三首诗来悼念她。在一首《悼朝云》中写道："伤心一念偿前债，弹指三生断后缘。"对她一去不复返，抒发了自己无比悲痛的心情。

朝云之死给苏轼的打击是相当大的。他想在惠州安度晚年，但由于一句诗而又遭贬，绍圣四年四月，苏轼被贬到比惠州更远的儋州。

苏轼刚到儋州时，太守张中就来看望，还把他安排在客舍住下，不久张中因此罢官，苏轼也被赶出了官舍。苏轼被赶出后，只好在儋州城南买地造屋，以避风雨。新居在槟榔树丛中，周围百姓特别是几位穷学者纷纷赶来帮他盖屋，新居命名为"槟榔庵"。

就物质生活讲，苏轼父子在这里的确过着"苦行僧"般的生活；但精神生活并不贫乏，"超然自得，不改其度"。有一天，一位农家老婆婆正在田间挖芋头。只见苏东坡头上顶着一个大西瓜，边走边唱地走在田埂上，便笑着对他说："你昔日在朝廷的富贵，有如一场春梦吧！"认为官禄、金钱都属身外之物的苏轼此后就风趣地喊这位农家婆婆为"春梦婆"。在儋州，苏轼结交了当地的四位黎族朋友，他经常与朋友们一起在外面吃酒，有时醉了迷了路被黎族朋友送回家。这都充分说明苏轼在当地过着十分艰苦朴素的生活，与少数民族人民大众的关系是和谐友好的。苏轼对大自然的热爱一直没有减弱，在他生活最贫困的时期，他仍然热

情歌颂大自然的美好。元符二年(公元1099年)立春日他写下《春词》。苏轼晚年,特别是贬官儋州期间,更加喜欢陶渊明的诗。他说自己对前代诗人没有什么特别爱好,唯爱陶诗。他说,陶渊明作诗不多,然其诗质而实绮,癯而实腴。他不仅喜好陶渊明的诗,而且佩服陶渊明的为人。陶渊明临终时说:"吾少而穷苦,每以家弊,东西游走。性刚才拙,与物多忤。"苏轼一生也是"性刚才拙,与物多忤",所以他说:"吾真有此病,而不早自知,半生出仕,以犯世患,此所以深愧渊明,欲以晚节师范其万一也。"(苏轼《追和陶渊明诗引》)

元符三年(公元1100年)哲宗去世,前半年新太后(神宗皇后)摄政,元祐大臣全部获赦;七月她还政给儿子,但一直庇护元祐党人,流放的学者大都内迁升官,至少可以获赦就地养老。五月秦观等人就带信给苏轼,告之被赦,不久,正式得知被命内迁廉州(广西合浦)。苏轼略做准备就离开儋州,于六月二十日渡海北还,渡海时充满了兴奋之情。他挥笔写道:"九死南荒吾不恨,兹游本绝胜平生。"他认为坎坷的生活,困苦的遭遇使他能更广泛地接触社会,更深刻地认识人生,从而丰富了文学创作的题材。

苏轼过雷州投奔在雷州的秦观,但没有找到,便直往廉州。在廉州小住后,同年八月改为舒州(今安徽安庆)团练副使,永州(今湖南零陵)安置。八月底他离开廉州经梧州到广州。一路上不少朋友和敬慕他的人纷纷款待他,陪同他看山游庙,他也为友人写字题诗不少。十月抵达广州,与儿孙家人团聚,次子苏迨也由北方赶来探望父亲。在广州他自然受到家人、友人的热诚照顾、招待。当他正要离开广州时,便收到可以自由定居的消息,为了"安晚节",不再挨整,决定定居,但究竟定居哪里,颇费一番脑筋。后来,苏轼一行北上翻越了大庾岭。徽宗建中靖国元年(公元1101年)五月,他抵达南京。他曾写信给好友钱世雄,要他在常州帮忙找一间房舍。由于正月太后病逝,由一切迹象看来,政治风云会转回原状。苏轼惧怕引起麻烦,"老病唯退为上策",他不愿居处京师太近。这时候,子由已回到颍昌(今河南许昌市南)老农庄,写信叫哥哥同去居住,苏轼一时拿不定主意。经过反复考虑,他觉得常州在湖泊地区是鱼米之乡,又风景宜人,且田地在乡下,维持生活比较容易些,所以最终还是决定久居常州。说明决计不去颍昌而定居常州,主要出于政治原因,他非常担心政局不稳,千万别再惹事,避开政治,躲得远点住下为好。

苏轼在行途中身体开始感到不适,抵达常州后病情不见好转,吃不进东西,一个月内大部分时光是在病床上度过的。他似乎预感到自己的死期即将降临,几次写信给朋友叙述病情说:"病情有增无减","虚乏不能食",甚至整天整夜地睡不着觉。到后来渐渐难以站立,行走更为困难,常常自言自语地轻声念叨:"在岭南没有死,回来反而起不了床啦!唉!"除了家人,钱世雄几乎每隔一天看望他一次,苏轼和钱世雄友情很深,他贬居南方的时候,钱世雄不断地写信带药给他。待病情稍微好一点时,就叫苏过邀钱世雄过来聊天。一天苏轼对钱世雄说:"我很高兴从南方回来了,最难过的是归途没有见到子由,自从雷州一别,就再没有见到他。"七月十五日他病情恶化,当晚发高烧,次日牙床出血,全身无力。后来,

叫三个儿子到床前交待后事,指名让弟弟子由为自己写墓志铭,要求和妻子合葬在嵩阳小峨嵋山。

宋徽宗建中靖国元年七月二十八日,一代文豪苏轼卒于常州,享年六十六岁。苏轼的死引起多方人士,尤其是读书人的巨大悲哀,苏轼死后,许多士大夫为他写了祭文,以示哀悼。

苏轼虽然病逝,但他的事业与名声却永远光照人间。

陆　游

陆游是南宋时期最杰出的诗人,他出自江西诗派而又不局限于江西诗派,他的诗歌以其高度的爱国思想和独具一格的"放翁体",在文学史上享有崇高的声誉。

陆游的生平

陆游(1125—1210年),字务观,晚号放翁,越州山阴(今浙江绍兴)人。他生长在一个富有学术和文学氛围的仕宦之家,曾祖陆珪、祖父陆佃、父亲陆宰,在经学或文学方面,都有很深造诣。

陆游降世时,正值金军灭辽后南下攻宋的动乱时期。他的父亲做到淮南计度转运副使,在卸任回京的途中,陆游出生于淮水之滨。尚在襁褓之中,他便随着家人流寓荥阳。次年,金兵攻陷北宋国都汴京。陆游的父母带着他自中原"渡河、沿汴、涉淮、绝江,间关兵间",归山阴(《诸暨县主簿厅记》)。金兵过长江后,又逃到东阳(今浙江东阳),直到他九岁时才重返山阴,他的童年是在"儿时万死避胡兵"的颠沛流离中度过的。

陆游的父亲陆宰,是一个具有爱国思想的人,他所结交的多是一些爱国志士。父辈交往中的言谈对陆游思想有着深刻的影响,陆游在他晚年所写的《跋傅给事帖》里回忆当时的情况说:"绍兴初,某甫成童,亲见当时士大夫相与言及国事,或裂眦嚼齿,或流涕痛哭,人人自期以杀身翊戴王室,虽丑裔方张,视之蔑如也。"在他的幼年时期,就已经萌生了忧国忧民的思想,"少小遇丧乱,妄意忧元元"(《感兴》),青年时代便立下报国的壮志。

陆游以荫补登仕郎,绍兴二十二年(1152年),陆游被荐参加锁厅试,即在职考试,第二年,他参加礼部考试。当时秦桧因孙子秦埙被降低名次发怒,加以陆游又"喜论恢复","语触秦桧",因此陆游竟遭黜免。从此陆游返归乡里,一面致力于诗歌的写作,一面研读兵书,学习剑法。秦桧死后五年,绍兴二十八年(1158年),陆游才去福建宁德县任主簿,后改授敕令所删定官,绍兴三十一年(1161

年)被罢归乡里。这时,曾几也住在会稽。陆游十八岁就从曾几学诗,这时来往更密切,他说,"无三日不进见,见必闻忧国之言。"(《跋曾文清公奏议稿》)孝宗即位,朝廷中主战的老将张浚被起用,准备北伐。陆游迁枢密院编修官兼编类圣政所检讨官。据《宋史》本传记载,这一年"史浩、黄祖舜荐游善词章,谙典故",被孝宗召见,皇帝称赞"游力学有闻,言论剀切",遂赐进士出身。这时陆游乘机提出了许多有关军政方面的建议,我们从他所写的《论选用西北士大夫劄子》和《代乞分兵取山东劄子》两个奏折里可以看出他的政治军事见解。陆游积极支持张浚北伐。此后,由于陆游议论孝宗皇帝宠信的龙大渊、曾觌"招权植党,荧惑圣听",激怒了孝宗,遂被放出为建康通判。乾道二年(1166年),陆游又被以"交结台谏,鼓唱是非,力说张浚用兵"的罪名被免除了隆兴通判的职务,返归山阴。

乾道五年,宣布陆游为夔州(治所在今四川奉节县)通判。次年五月,他自山阴启程,溯江而上,沿路游览山水,凭吊了李白、白居易、苏轼、屈原、杜甫等大诗人的遗迹,"道路半年行不到,江山万里看无穷"(《水亭有怀》)。到夔州以后不久,他被任命为四川宣抚使司干办公事兼检法官。四川宣抚使王炎,是以副丞相名义任此职,积极准备收复失地,大军进驻南郑(今陕西汉中市)。陆游从夔州到南郑,终于走上了当时的军事前线。从此他不断来往于前线和南郑之间,有时射猎深山,有时戍守要塞,亲身感受了这里的爱国民众迫切希望抗击敌人的热情,考察了南郑一带地理形势,并为王炎出谋献策,提出了经由周至县西南骆谷直取长安的路线。这时期从军的豪迈生活,报国的战斗热情,必胜的坚定信念,对他以后的诗歌创作产生了深刻的影响。他自己也认为南郑的生活使他获得了"诗家三昧"。后来为了纪念这段有意义的生活,他把自己的诗集题名《剑南诗稿》。但是由于南宋统治者的怯懦,根本无心北伐,他虽在前线,却不能出兵杀敌。王炎被调离川陕后,陆游也被调回成都,任成都府路安抚使司参议官。他怀着壮志难酬的悲愤心情,吟诵着"衣上征尘杂酒痕,远游无处不消魂,此身合是诗人未?细雨骑驴入剑门"(《剑门道中遇微雨》)的诗句,问自己是否算一个诗人,抒发了他报国志愿不得实现的忧愤。

陆游调回成都以后,相继在蜀州(治今四川崇庆)、嘉州(治今四川乐山)、荣州(治今四川荣县)等地供职。嘉州是唐代边塞诗人岑参做过刺史的地方。陆游这时写下不少回忆边防前线生活的诗歌。他在《观大散关图有感》一诗里说:"上马击狂胡,下马草军书。二十抱此志,五十犹癯儒。""偏师缚可汗,倾都观受俘。上寿大安宫,复如正观初。丈夫毕此愿,死与蝼蚁殊!"诗人认为如果能够完成杀敌报国的志愿,即使死了也是有意义的。同时写的《金错刀行》:"楚虽三户能亡秦,岂有堂堂中国空无人。"更进一步表达他复国的决心。这时期调遣频繁,陆游颇不如意。淳熙二年(1175年),诗人范成大来成都,节制四川军事,以陆游为参议官。他们二人本来有文字之交,这时更是往来频繁,诗酒交欢,又因陆游不拘礼法,言官说他"燕饮颓放",他干脆自号为"放翁"。

淳熙五年(1178年),由于他的作品"寄意恢复,书肆流传"(《四朝闻见录》),受到朝廷注意,被召回临安,先后担任提举福建常平茶盐公事,江南西路常平茶盐公事。淳熙十三年（1186 年），权知严州。淳熙十五年（1188 年）除军器少监。次年，光宗立，除朝议大夫礼部郎中。他针对当时弊政提出的建议，非但没有被接受，反而被罢斥，退居山阴。

从光宗绍熙元年（1190 年）开始，到他去世的二十年间，除去约一年的时间到临安主修孝宗、光宗实录以外，他的晚年生活基本上都是在山阴三山村度过的。这时期，他的生活清苦平静，如《贫甚戏作绝句》其八："糴米归迟午未炊，家人窃闵乃翁饥。不如弄笔东窗下，正和渊明乞食诗。"陆游也写有和陶诗，注意学习陶渊明，如《自勉》诗中说"学诗当学陶"。诗风也趋平淡。诗中不时流露出消沉的心境，但爱国热情并未消退，如"一闻战鼓意气生，犹能为国平燕赵"（《老马行》）。直到临终之际，还写了著名的《示儿》诗："王师北定中原日，家祭无忘告乃翁。"

陆游诗歌的思想内容

陆游是一个具有多方面创作才能的作家，他的作品有诗、词、散文。著作除《剑南诗稿》八十五卷以外，尚有《逸稿》二卷，《渭南文集》五十卷（包括词二卷、《入蜀词》六卷），《南唐书》十八卷，《老学庵笔记》十卷。陆游以诗著称，他从十二岁起开始学诗，到八十四岁时仍是"无诗三日却堪忧"，所以他自称"六十年间万首诗"。陆游的诗歌内容十分丰富，差不多涉及了南宋前期社会生活的各个方面。特别突出的是反映了当时的民族矛盾，作品里洋溢着收复中原，统一祖国的愿望和请缨无路、壮志未酬的悲愤，表现了强烈的爱国主义精神。

陆游生活在南宋前期，南宋统治者偏安江南，屈膝事敌，这种妥协乞和的政策与行为，激起了当时广大人民和爱国志士的愤慨，他们强烈要求收复中原，统一祖国。这一时代的呼声构成了陆游诗歌的基本主题。所以，前人说他的作品"多豪丽语，言征伐恢复事"（见《鹤林玉露》）。《夜读兵书》是诗人早期的诗歌，写于绍兴二十六年（1156 年），当时中原沦落于金国之手，南宋政权置失地于不顾，而陆游个人参加礼部考试，又被秦桧黜免，诗人在这样的形势下，返回家乡，努力研读兵书，希望能有机会施展抱负，杀敌报国：

> 孤灯耿霜夕，穷山读兵书。平生万里心，执戈王前驱。战死士所有，耻复守妻孥。成功亦邂逅，逆料政自疏。陂泽号饥鸿，岁月欺贫儒。叹息镜中面，安得长肤腴？

这首诗大气磅礴，表现出作者不计个人安危得失，不畏牺牲的英雄气概。绍兴三十一年（1161 后），金主完颜亮率金兵大举南侵，曾一度逼近南京附近，并攻占瓜州镇。陆游听到消息心急如焚，写下了《送七兄赴扬州帅幕》：

初报边烽照石头,旋闻胡马集瓜州。诸公谁听刍荛策,吾辈空怀畎亩忧。急雪打窗心共碎,危楼望远涕俱流。岂知今日淮南路,乱絮飞花送客舟。

表达了诗人对国家局势的忧虑不安。乾道六年(1169年)十二月,陆游被任命为夔州军州通判,次年五月自山阴登程入蜀时,他在《投梁参政》一诗中表达了自己献身报国的决心:"游也本无奇,腰折百僚底。流离鬓成丝,悲咤泪如洗。""但忧死无闻,功不挂青史"。他一面希望南宋能有像霍去病率领的那样善于作战的军队,出兵打击敌人,一面表示自己也要投身抗敌的斗争:"士各奋所长,儒生未宜鄙。复毡草军书,不畏寒堕指"。

入蜀以后,陆游生活在宋金交界的前线,满怀高昂的斗志,写下了许多热情洋溢的爱国诗篇。《三月十七日夜醉中作》是陆游于乾道七年(1173年)在成都任参议官时写的一首诗:

前年脍鲸东海上,白浪如山寄豪壮。去年射虎南山秋,夜归急雪满貂裘。今年摧颓最堪笑,华发苍颜羞自照。谁知得酒尚能狂,脱帽向人时大叫。逆胡未灭心未平,孤剑床头铿有声。破驿梦回灯欲死,打窗风雨正三更。

抒发了诗人誓死讨伐入侵敌人的心愿。乾道九年(1175年)写的《八月二十二日嘉州大阅》:

陌上弓刀拥寓公,水边旌旆卷秋风。书生又试戎衣窄,山郡新添画角雄。早事枢庭虚画策,晚游幕府愧无功。草间鼠辈何劳磔,要换天河洗洛嵩。

从自己主持秋操检阅说明自己并不是不能打仗的文弱书生,只是苦于没有抗战立功的机会。十月,诗人又写了《观大散关图有感》和《金错刀行》,这些诗同样抒发了诗人的抗战理想和为国立功的誓愿。陆游对复国斗争充满信心。又如诗人在第二年写的《书愤》:

早岁那知世事艰,中原北望气如山。楼船夜雪瓜洲渡,铁马秋风大散关。塞上长城空自许,镜中衰鬓已先斑。出师一表真名世,千载谁堪伯仲间。

这是书写胸中愤慨的诗篇。诗人一生主张用军事力量收复中原,到六十多岁,仍是壮志难酬,满腔愤懑。首联写年轻时的雄心。早年哪里懂得世界上的事情是多么艰难险恶,没有考虑有多少障碍,北望中原"气涌如山",豪气磅礴,信心

很足。表面上看来好像自愤当年不知世事,实际上是为世上有这么多邪恶的东西感到愤慨。接下去颔联是回顾自己在抗敌斗争中值得回忆的事迹。"楼船夜雪瓜洲渡,铁马秋风大散关。"陆游任镇江通判时,曾经为加固防线,添置战舰尽力,后来陆游还因"力说张浚"免职。陆游也曾戍守大散关,还曾提出"进取之策"。这些在诗人心中都是永远不能忘记的,然而又都是未能实现志愿的恨事,回忆起来愈增愤慨。自己的志向未能实现,空有自比为国家长城的雄心,镜中照见自己的两鬓已经花白了。南朝时刘宋的名将檀道济北伐有功,被人诬陷,临死时说:"乃复坏汝万里长城。"词句充满英雄暮年难平的愤慨。诗的尾联"出师一表真名世,千载谁堪伯仲间。"诸葛亮真足以名扬后世,虽然世事充满艰难,他却毫不动摇坚持北伐,千年以来谁能和他相比呢? 借史咏怀,更是对南宋无人坚持北伐的现实无比愤慨。庆元三年(1197 年)春天,诗人在他所写的《书志》里更痛快淋漓地唱出他为国复仇的决心:"肝心独不化,凝结变金铁。铸为上方剑,衅以佞臣血。匣藏武库中,出参髦头列。三尺粲星辰,万里静妖孽。"诗人表示自己死后要把心肝凝成金铁,铸为利剑,去为国雪耻。在另一首《书愤》中,又表示死后要变厉鬼,痛击侵略者:"壮心未与年俱老,死去犹能作鬼雄",陆游杀敌报国的雄心,至死不衰。在他八十二岁的高龄时,又写下了"蹈海言犹在,移山志未衰,何人知壮士,击筑有余悲"(《杂感》其三)的诗句,炽热的爱国热情不减当年。"

由于陆游对祖国有着强烈的爱,所以对那些腐败无能、妥协投降的统治者自然表现出无比的憎恶。他在许多作品中都愤怒地谴责了南宋统治集团苟安误国的罪行。陆游在诗里不只一次地揭露了和议的恶果。如《关山月》是一首反对统治当局不抵抗政策,以及揭露与金人订立和约罪行的著名诗篇:

> 和戎诏下十五年,将军不战空临边。朱门沉沉按歌舞,厩马肥死弓断弦。戍楼刁斗催落月,三十从军今白发。笛里谁知壮士心,沙头空照征人骨。中原干戈古亦闻,岂有逆胡传子孙? 遗民忍死望恢复,几处今宵垂泪痕。

这一首七言乐府古诗,全诗十二句,四句一韵。开头四句:"和戎诏下十五年,将军不战空临边。朱门沉沉按歌舞,厩马肥死弓断弦。"宋孝宗隆兴二年,张浚恢复无功,又值金世宗刚刚即位,不准备用兵,所以达成和议。南北讲和后,金国金世宗注意内治,宋朝宋孝宗也注意休养生息,南北三十多年无战事。陆游写这首诗时距和议时间共十四年,说十五年是约数。诗人对宋孝宗下求和诏书以后不思恢复的局面不满。将军长期不战,徒然驻守边境,忘记了抗击敌人的责任。贵族的深宅大院内按节歌舞,沉迷声色之中,忘记了偏安的局面。战马在马房内养得肥死,弓长期不用都断了弦,荒废了战备。中间四句:"戍楼刁斗催落月,三十从军今白发。笛里谁知壮士心,沙头空照征人骨。"接着写戍边战士的苦闷心情。在戍楼上听着敲起刁斗的声音,一遍一遍地催着月落,随着时间的推移,人也由壮而老,已是白发苍苍。谁知道笛曲"关山月"所传达的壮士的心志呢? 明月徒

中华名人百传

文化艺术卷

然照着留在沙场上的征人的尸骨。难道把这些都忘了吗？最后四句是：中原干戈古亦闻,岂有逆胡传子孙？遗民忍死望恢复,几处今宵垂泪痕。"逆胡"是对外族的蔑称。中原的动乱从古以来也曾有过,但是这些政权岂能长久？中原的人民忍受着痛苦盼望着恢复,今夜不知多少地方的人民在落泪。人民希求恢复的愿望何时实现呢？作者在他七十七岁时写的《追感往事》诗里,更尖锐地指出"诸公可叹善谋身,误国当时岂一秦!"苟安投降的罪责不只在秦桧一人,而是整个统治集团。他大胆地揭露了他们的罪行："公卿有党排宗泽,帷幄无人用岳飞"(《夜读范至能揽辔录言中原父老见使者多挥涕感》),悲愤地控诉了"诸公尚守和亲策,志士虚捐少壮年"(《感愤》)。锋芒毕露的诗句中流动着诗人沸腾的爱国热情。

但是,由于陆游的报国理想,长期遭到冷酷现实的扼杀,因此他的诗歌在回荡着昂扬斗志的同时又多充满了壮志未酬的愤懑,带有浓厚的苍凉、沉郁的色彩;另一方面,由于破敌卫国的宏愿在现实中难于实现,诗人便通过梦境或醉酒的幻化境界来寄托他的报国理想。清赵翼《瓯北诗话》谈到陆游的纪梦诗时说："核计全集共九十九首,人生安得有如许多,此必有诗无题,遂托之于梦耳。"其实诗人是借助梦境来表达在现实中不可实现的向往。如《九月十六日夜梦驻军河外,遣使诏降诸城,觉而有作》,是诗人于乾道九年(1173 年)在嘉州时写的一首诗。这首诗所写都是梦境中发生的事情,于梦境中表现了诗人在现实中不可能实现的立功万里的决心。"昼飞羽檄下列城,夜脱貂裘抚降将。""更呼斗酒作长歌,要遣天山健儿唱"。《楼上醉书》诗人写自己醉中如一员猛将,跃马高呼,斩将夺关："三更抚枕忽大呼,梦中夺得松亭关。"淳熙七年(1180),陆游在抚州(江西临川)所作《五月十一日夜且半,梦从大驾亲征,尽复汉唐故地,见城邑人物繁丽,云:西凉府也。喜甚,马上作长句,未终篇而觉,乃足成之》：

> 天宝胡兵陷两京,北庭安西无汉营。五百年间置不问,圣主下诏初亲征。熊罴百万从銮驾,故地不劳传檄下。筑城绝塞进新图,排仗行宫宣大赦。冈峦极目汉山川,文书初用淳熙年。驾前六军错锦绣,秋风鼓角声满天。首蓿峰前尽亭障,平安火在交河上。凉州女儿满高楼,梳头已学京都样。

诗中说,自从唐代天宝之乱以后,直到南宋孝宗淳熙年间,五百年来,北庭安西地区一直没有收复。而他在梦中却看到了偏安的皇帝实现了收复失地的盛事。特别是全国一心,只要大军一出,各地纷纷响应,很快平定了辽远的北方,通用南宋王朝"淳熙"的年号。各地群众都为太平盛世而欢呼,边境的妇女梳头打扮也学着京都的式样。诗人向往着"尽复汉唐故地"一统天下的太平景象。在现实中无法实现的愿望,只有在梦境里去寻求。嘉定元年(1208 年)六月,陆游在《异梦》一诗里叙述了自己见到的奇异的梦境,他梦到自己身穿铠甲去作战,收复了中原："山中有异梦,铠奋雕戈。敷水西通渭,潼关北控河。凄凉鸣赵瑟,慷慨

和燕歌。"表达了作者收复失地的迫切愿望和为国奋战的决心。

陆游的爱国热情,渗透在他的全部生活之中,日常生活中的一切事物,无不可以引起诗人的联想,或游圣地,或凭吊古人,或读古书,或看地图,或闻雁声,或赏雨雪,或睡梦,或醉酒,无不使他浮想联翩,感慨万千。正如清赵翼在《瓯北诗话》里所说:"凡一草一木,一鱼一鸟,无不裁剪入诗。"

反映南宋农民生活,描写农村风光的诗,在陆游诗集中占有相当的位置。其中有同情劳动人民疾苦的诗篇,如《农家叹》:

> 有山皆种麦,有水皆种秔,牛领疮见骨,叱叱犹夜耕。竭力事本业,所愿乐太平。门前谁剥啄?县吏征租声。一身入县庭,日夜穷笞榜。人孰不惮死,自计无由生。还家欲具说,恐伤父母情。老人傥得食,妻子鸿毛轻。

全诗写出了农民的辛勤劳动,以及县吏们对他们的掠夺。《秋获歌》:"数年斯民厄凶荒,转徙沟壑殣相望,县吏亭长如饿狼,妇女怖死儿童僵。"写出了残暴官吏对人民的剥削压榨。《太息》其三,更为我们如实地描绘了一幅农村的惨景,农民在豪吞暗蚀的迫害下,成批逃亡:

> 北陌东阡有故墟,辛勤见汝昔营居。豪吞暗蚀皆逃去,窥户无人草满庐。

开禧二年(1206)七月陆游写《书叹》,斥责了封建政权对人民的掠夺:"有司或苛取,兼并亦豪夺;正如横江网,一举孰能脱!"诗人把统治阶级的剥削与掠夺比喻为横截江河的大网,使人民无法逃脱厄运,揭示了南宋社会严重的阶级矛盾。陆游在《上殿劄子》里曾经指出:"今日之患,莫大于民贫,救民之贫,莫先于轻赋!"又说:"赋敛之事,宜先富室,征税之事,宜核大商,是之谓至平,是之谓至公。"然而现实与他的意见截然相反。因此诗人以极大的不平,揭露了"公子皂貂方痛饮,农家黄犊正深耕!"(《作雪寒甚有赋》)"富豪役千奴,贫老无寸帛!"(《岁暮感怀》)的贫富悬殊的现象。

陆游还是写景咏物的能手,他擅长刻画各种风物,描绘出丰富多样的生活画面,如《游山西村》:

> 莫笑农家腊酒浑,丰年留客足鸡豚。山重水复疑无路,柳暗花明又一村。箫鼓追随春社近,衣冠简朴古风存。从今若许闲乘月,拄杖无时夜叩门。

这首诗生动地描绘了当地农村的淳朴民风、习俗与风光,表现了诗人对农村生活的挚情。又如《牧牛儿》:

溪深不须忧，吴牛自能浮。童儿踏牛背，安稳如乘舟。寒雨山坡远，参差烟树晚。闻笛翁出迎，儿归牛入圈。

只是寥寥数笔，就把牧童的形象勾勒出来。

陆游晚年写的《沈园》是为悼念他的妻子唐琬而作：

城上斜阳画角哀，沈园非复旧池台，伤心桥下春波绿，曾是惊鸿照影来。
梦断香消四十年，沈园柳老不吹绵，此身行作稽山土，犹吊遗踪一泫然。

陆游大约二十岁时和唐琬结婚。陆游的母亲不喜欢唐琬，迫使陆游休了唐琬。但陆游对唐琬的爱情始终如一，分后曾在山阴城东禹迹寺南的沈园相遇。几十年后重游沈园，感情仍是那样深沉。

陆游也擅长填词。刘克庄说："其激昂感慨者，稼轩不能过"（《后村诗话续集》）。晚年写的〔诉衷情〕概括了诗人壮志未酬的悲愤。又如〔鹧鸪天〕一词：

家住苍烟落照间，丝毫尘事不相关。斟残玉瀣行穿竹，卷罢黄庭卧看山。　贪啸傲，任衰残，不妨随处一开颜。元知造物心肠别，老却英雄似等闲。

极写放达闲适的生活，却掩饰不了才不得施的悲辛。他的咏梅词〔卜算子〕也为大家所熟悉。

陆游诗歌的艺术成就

陆游诗歌出自江西诗派，开始学诗吕本中，他在《吕居仁集序》中说：

某自童子时，读公诗文，愿学焉。稍长，未能远游，而公捐馆舍。晚见曾文清公，文清谓某："君之诗，渊源殆自吕紫微，恨不一识面"，某于是尤以为恨。

从这里可以看出陆游对这位江西派诗人的倾慕和他当时的诗风。他直接师事曾几，多次谈到从曾几学诗的情况，在《追怀曾文清公呈赵教授》诗中说："忆在茶山听说诗，亲从夜半得玄机。"但是中年以后，他否定了自己从吕本中、曾几所学的东西。他自己删定诗稿时，按照中年以后的标准去取，以至我们今天几乎看不到他早期受江西诗派影响所写的诗篇了。当然，模拟的痕迹虽抹去了，但却不能完全去掉已完全溶化到自己技法中去的艺术传承。他诗歌中的炼字炼句、工致的对偶，乃至善于用典，都是这种影响的表现。正如赵翼《瓯北诗话》所说："无意不搜而不落纤巧,无语不新亦不事涂泽","才气豪健,议论开辟,引用书卷,皆驱使出之,而非徒以数典为能事。"

　　陆游还熟读了屈原、陶渊明、王维、岑参、孟浩然、李白、杜甫、白居易、李商隐、林逋、梅尧臣、苏轼等人的作品,宋以前的作家,他最尊崇屈原和杜甫。屈原、杜甫都是忧国忧民的爱国诗人,他们在思想意境与表现手法方面,都给陆游以深刻的影响。杨万里在评陆游诗时说:"重寻子美行程旧,尽拾灵均怨句新。"既说明了陆游所师承的诗歌传统,又指出了陆游的创作特色。宋代诗人中,陆游与梅尧臣无论是就其所生活的时代,还是他们的出身与遭遇,都有许多相似之处,从生活时代看,都是民族矛盾与阶级矛盾空前尖锐的时代,而这些矛盾,在他们的作品中都得到了充分的反映,他们都比较关心人民的疾苦。因此陆游也最推重梅尧臣,并不断地向梅尧臣学习。最终在成就上远远超过了梅尧臣。陆游不是向前人乞求残余,而是把各家熔铸在自己的诗歌创作之中。

　　陆游的诗风更与他的生活经历直接相关。他在绍熙三年(1192年)写的《九月一日夜,读诗稿有感,走笔作歌》:

> 　　我昔学诗未有得,残余未免从人乞。力屏气馁心自知,妄取虚名有惭色。四十从戎驻南郑,酣宴军中夜连日。打毬筑场一千步,阅马列厩三万四;华灯纵博声满楼,宝钗艳舞光照席;琵琶弦急冰雹乱,羯鼓手匀风雨疾。诗家三昧忽见前,屈贾在眼元历历。天机云锦用在我,剪裁妙处非刀尺。世间才杰固不乏,秋毫未合天地隔。放翁老死何足论? 广陵散绝还堪惜。

他认为自己悟到"诗家三昧"是到达南郑后的变化。正是生活实践使他突破了江西派的樊篱,走出自己的路。他杰出的成就是他所生活的那个南宋时代赋予他的。他置身于时代的洪流之中,生活在人民群众中间,他有饱满的爱国热情,渴望杀敌报国,再加上他善于向前代和同时代的诗人学习,他的诗歌终于具有了自己的内容与风格。

　　陆游的诗歌广泛地反映了他所处的那个时代的社会面貌,真实而又深刻地反映了那个时代的主要矛盾,从这方面来看,他的诗很接近杜甫的风格,因而获得一代"诗史"的称誉。陆游善于抒写自己对现实的主观感受,而很少对客观现实生活去做具体的铺叙与细致的描绘,把复杂丰富的现实内容经过高度概括,凝聚在简炼的诗句之中,着重写出自己的感情,抒情味道浓厚。如"诸公可叹善谋身,误国当时岂一秦? 不望夷吾出江左,新亭对泣亦无人?"(《追感往事》)"公卿有党排宗泽,帷幄无人用岳飞"(《夜读范至能揽辔录言中原父老见使者多挥涕感》)等诗句,都犀利地揭露了投降派的本质。"遗民泪尽胡尘里,南望王师又一年。"凝炼而又概括的诗句,表现了诗人深沉而又丰富的感情。陆诗中很少有像杜甫"三吏""三别"那样的叙事诗。也没有白居易那样的夹叙夹议的讽刺诗。陆游的诗具有概括性强、抒情性强的特点。

　　陆游诗浪漫主义特色也十分浓厚,尤以七言古诗更为突出。这些诗多侧重

于抒写诗人的理想、抱负和为祖国献身的豪情壮志,慷慨激昂,乐观自信,表现出诗人执着的追求,热情的向往。古体诗的形式,平仄束缚少,韵脚自由,也适于表现热烈奔放的激情。如《醉歌》《楼上醉书》《醉中下瞿塘峡》《江楼吹笛饮酒大醉中作》《对酒歌》《神君歌》等等,从构思到表现手法,都带有浓重的浪漫主义的色彩。他在嘉州时写的《醉歌》:

> 我饮江楼上,阑干四面空。手把白玉船,身游水晶宫。方我吸酒时,江山入胸中。肺肝生崔嵬,吐云为长虹。欲吐辄复吞,颇畏惊儿童。乾坤大如许,无处著此翁。何当呼青鸾,更驾万里风。

诗人在江天空阔的高楼之上饮酒,醉后神游看到祖国大好河山遭到侵略,顿生无限激愤之情。最后两句写出诗人热情的憧憬,他希望能收复失地,乘青鸾驾万里风在祖国的江天自由遨游。这首诗想象丰富,气魄宏伟,有气吞山河,神游天外的气势。又如《江楼吹笛饮酒大醉中作》:

> 世言九州外,复有大九州。此言果不虚,仅可容吾愁。许愁亦当有许酒,吾酒酿尽银河流。酌之万斛玻璃舟,酣宴五城十二楼。天为碧罗幕,月作白玉钩,织女织庆云,裁成五色裘。披裘对酒难为客,长揖北辰相献酬。一饮五百年,一醉三千秋,却驾白凤骖班虬,下与麻姑戏玄洲。锦江吹笛余一念,再过剑南应小留。

这首诗是淳熙四年(1177 年)陆游在成都时写的,诗人从古代神话故事中汲取素材,发挥他瑰丽奇幻的想象,抒发了沉积在胸底的浓郁的愁闷感情,他永远怀念在蜀中前线的戎马生活,希望能驰骋战场杀敌立功,拯救被侵略的家园。即使自己能如传说中人物一样,化仙而去的时候,仍然有一个念头不能放下,那就是再过剑南时,要稍作停留,不忍立即离去。"锦江吹笛余一念,再过剑南应小留。"诗人对国家、对理想怀有何等深沉炽烈的热情!从这些作品中,我们又看到李白诗风对陆游的深刻影响,难怪在当时有人称他为"小李白"了。

陆游写诗兼及各种体裁,无论古诗、律诗或是绝句都有佳作,尤以七律为佳。沈德潜在《说诗晬语》中说:"放翁七言律,对仗工整,使事熨贴,当时无与比埒。"他写诗重锤炼,清赵翼《瓯北诗话》说他"或者以其平易近人,疑其少炼,抑知所谓炼者,不在乎奇险诘曲,惊人耳目,而在乎言简意深,一语胜人千百。此真炼也。放翁工夫精到,出语自然整洁,他人数言不了者,只在一二语了之,此其炼在句前,不在句下,观者并不见其炼之迹,乃真炼之至矣。"对诗句的锻炼决定了陆诗的语言特色,即晓畅平易,精炼自然,圆转流畅。刘熙载在《艺概》中也说:"放翁体明白如话,然浅中有深,平中有奇,故是令人咀味。"这些评论,都非常贴切地指出了陆游诗歌语言方面的特点。

陆游是南宋一代杰出的爱国诗人,他的诗歌无论在思想上与艺术上都取得

了高度的成就,无论在当代或者对后世,都发生了深远的影响。元明时期,陆游作品广泛流传,许多人向他学习,王世贞在《艺苑卮言》里称之为"广大教化主……于南渡后得一人,曰陆务观,为其情事景物之悉备也。"到了清代,许多人为他写诗话,编年谱,选印他的作品,高度赞扬、肯定陆游爱国诗歌的成就。陆游的爱国诗篇一直教育和鼓舞着后人。

关汉卿

关汉卿,生卒年不详,元代戏曲作家,号己斋叟,《录鬼簿》认为他是北京人。

关汉卿故乡之谜

关汉卿是饮誉中外的灿烂明星。全世界人民都知道他的故乡在中国。然而,中国人并没有弄清他的故乡在哪里。

关汉卿的生平事迹各书所载不同。据元戏剧家钟嗣成的《录鬼簿》载:"关汉卿,大都人,太医院尹,号己斋叟。"大都即今北京。

据熊自得的《析津志·名宦传》载:"关一斋,字汉卿,燕人。"这样就不能肯定他是北京人了。清代邵远平《平史类编》则说:"关汉卿,解州人。工乐府,著北曲十六种。"这样,他又成了山西人。而且关于此谈的书籍还有《解州志·人物》《山西志揖要·人物》等。

另外,还有人说他是河北省安国县伍仁村人。乾隆时的《祁州旧志》和《祁州志》都说"关汉卿故里祁州,元时祁之伍仁村人也。高才博学,而艰于遇,……"

这样,他就有了四个故乡:北京,燕,解州,祁州。而且专家们争论起来,也是各有各的见解,究竟谁是谁非,难下定论。

关于他的名字来历,《录鬼簿》说:"关汉卿,号己斋叟。"《析津志·名宦传》则说"关一斋,字汉卿。"这样,究竟哪一个是字,哪一个是号也成为疑案。

另外,他的生卒年也没有定论。有一说他是金代遗民,或是出生在金代,活到元代的人,那么他当生于 1210—1227 年左右,卒于 1280—1300 年左右。一说他是元代人,生于 1240—1250 年,卒于 1320—1323 年左右。还有人提出两个关汉卿的观点,一个出生较早,解州人,但不是大戏剧家;大戏剧家关汉卿出生于元代,大都人。还有说他生于 1180 年左右,死于元初。再一种则认为他生于 1226年左右,死于 1300 年,主要活动在元朝,写了许多杂剧,但没写《伊尹扶汤》。

关汉卿如此有名,但为什么缺少关于他的记载呢?这与当时社会的黑暗和封建统治的反动是不无关系的。

但就目前来说,人们认为他是元代戏曲家。自蒙古进入中原后推行种族歧

视政策。各族人民,特别是汉族人民受到空前压迫。元代废除科举制度八十多年,使知识分子断绝了当官的途径。另外,统治阶级怕人们利用文艺鼓动造反,所以严禁文艺活动。关汉卿是社会地位低贱的知识分子,写剧作曲暴露统治者的丑恶又被视为非法;就在一般文人眼中,也因为历史的偏见,把戏曲创作视为背离传统的旁门左道加以鄙视。因此,在史书文献中,自然不会有关汉卿的记载了。但是,人民不会忘记他。他永远是人民心中的英雄。但关于他的一些疑案,随着研究的不断深入,一个个问号,将会得到圆满的解决。

惊天动地的呐喊

由于元王朝废除了科举制,一些下层知识分子便无出头之日,社会地位一落千丈。于是投身到勾栏瓦舍,以求解脱。

勾栏瓦舍是从宋金开始兴起的娱乐兼商业场所,里面不仅有各种店铺,还有表演杂剧、曲艺、杂技、歌舞的地方。到元代,瓦舍勾栏非常之多,杂剧也成为当时的观众喜闻乐见的一种艺术形式。但繁荣也带来了竞争,为了争夺市场,勾栏之间也相互斗争。这就迫使一些戏班子不断提高演出水平,不断推陈出新,以确保自己的饭碗。因此戏班子迫切需要知识分子,也格外尊重知识分子,把他们视为才人、宝贝。这样不少中下层知识分子便投身到勾栏瓦舍。在无形中促成了知识分子和民间艺人的结合,提高了杂剧的创作水准。

在随着戏班子的流动演出过程中,关汉卿广泛深入地接触到社会底层的劳苦大众,知道他们的悲惨遭遇,看到了暗无天日的统治,于是决心为处于水深水热中的百姓呼号。

在这种情况下,他写下了大悲剧《窦娥冤》,虽然写的是一位少妇受屈含冤,惨遭杀害的故事,而女主角在行刑前的血泪控诉和质问,实际上是剧作家对黑暗现实的声讨。在异常黑暗的年代,这种空前大胆的呐喊,真可谓惊天动地。

窦娥是一个在苦海里长大的孩子,她的一生是悲惨的一生。在短短的20年生命历程中,她几乎受到了封建社会加在妇女头上的一切不幸。三岁丧母,七岁被卖为童养媳,十七岁结婚,不久又丧夫。她也自认自己一生多灾多难,没有好日子过。对未来她没有奢望,只望能克尽孝道,保守贞节。这点要求对她来说的确不过份。可在当时邪恶势力横行的社会里,她的这点要求也不能实现。泼皮流氓张驴儿父子闯入她的生活,于是更大的不幸落在了她的头上。张驴儿逼婆媳二人分别嫁给他们父子俩。窦娥坚决反对。不巧这时蔡婆婆病了,张驴儿于是想毒死蔡婆婆,然后与窦娥成亲。不巧,反毒死了自己的父亲,他见计不成,反顺势反咬一口,借此威逼窦娥。窦娥没有做亏心事,而且她心目中的"明如镜、清似水"的官府一定会替她做主。可是她错了,这个桃杌太守是个见了告状的就下跪的人,因为他认为他们都是他的"衣食父母"。因此,一开始,他就袒护张驴儿,并对窦娥一味严刑逼供。甚至要拿蔡婆婆动刑,在这种情况下,她不得不承认自

己药死"公公"。结果，被判死刑，含冤而终。

对于窦娥这样穷苦善良的女子，剧作家充满了同情。在第一折，她出场不久就叹道："窦娥也，你这命好苦也啊！"接着又唱道："满腹闲愁，数年禁受，天知否？天若是知我情由，怕不待和天瘦。"她又为什么这样愁苦呢？"则问那黄昏白昼，两般儿忘餐废寝几时休？大都来昨宵梦里，和着这今日心头。催人泪的是锦烂熳花枝横秀，断人肠的是困囚囚月色挂妆楼。长则是急煎煎按不住意中焦，闷沉沉展不彻眉尖皱；越觉得情怀冗冗，心绪悠悠。"不管白天黑夜，总是吃不下睡不着，时刻萦绕自己的就是烦恼。日复一日，年复一年，沉重的心没有稍微轻松一点的时候。作家往往是借题发挥，借物抒情。同样，关汉卿在这里借剧中人之口，抒发自己的情怀，表达自己的悲苦不平的心境。

在剧中，关汉卿对蔡婆婆进行了批判，她既是剥削者，同时又是受害者，她是使窦娥走向悲剧的直接、关键原因。而窦娥对她则是尽心侍养，宁愿自己上刀山，下火海，也不让她受刑。即使变做鬼魂后还托付自己的父亲照顾她，这是多么高尚的品质，完全是一颗金子般的心。

可是，就是这样一位善良的妇女，上公堂分辩几句，却被打昏三次，三次喷水，往往是才苏醒，又昏迷。桃杌之所以偏向张驴儿，是因为张驴儿是他的"衣食父母"。据元代文献载，元代官吏俸禄很少，甚至不发，因此官吏便以受贿、搜刮民财作为谋生的手段。而且，元代还不准妇人上诉。因此，不管窦娥多有理，一上公堂，就已注定要失败。桃杌那只听银子使唤的无情的大棒，最终打碎了她对官府的幻想。使她认识到社会的黑暗，也使她绝望。在这种黑白混淆、贿赂公行的社会，穷苦妇女除了屈死以外，又能做什么呢？

黑暗的社会，黑暗的官府，将妇女压在最底层，任意蹂躏。但窦娥这个善良的妇女却有着刚强的性格。在张驴儿对之动手动脚时，她是严词拒绝并将之推倒，显示了"气性最不好惹。"在她被判刑后，她终于认清"衙门从古向南开，就中无个不冤哉。"绝望中，她对世界的主宰天地也发出了声讨："有日月朝暮悬，有鬼神掌着生死权。天地也，只合把清浊分辨，可怎生糊涂了盗跖、颜渊！为善的受贫穷更命短，造恶的享富贵又寿延。天地也，做得个怕硬欺软，却原来也这般顺水推船。地也，你不分好歹何为地？天也，你错勘贤愚枉做天！哎，只落得个两泪涟涟。"

这惊天动地的怒吼！充分表现了窦娥无辜受害，含冤难伸的愤懑情绪。她对封建社会中一般认为最公正无私的天地鬼神都加以否定。它既是窦娥的呐喊，也是和她同命运的妇女的呐喊，是封建社会妇女觉醒的宣言。她这种否定现实的呐喊，实质是对封建统治的罪恶的有力抗争。同时她的这种呼声，也是关汉卿的心声！

窦娥的刚强个性，直到其生命的最后一刻，她不甘心白白死去，于是她用自己的方式，向天昭示自己的冤屈，她发下三桩誓愿：血溅丈二白练；六月飞雪；楚州三年大旱。结果，三桩誓愿都得以应验，从而证明了她的冤枉惊天动地。

当然，按照事物的发展规律，这三桩誓愿绝不可能实现。但是，艺术不是生

活，它虽来源于生活，却又高于生活，它可以有合理的想象和夸张。这剧中，作者用这一超乎常规的情节，表达了超乎常情的愤怒。作者的合理想象、浪漫主义的描写，创造了浓郁的悲剧气氛，构成了全剧的高潮。同时也表现了关汉卿卓越的、超人的艺术才能。

窦娥死了，但并没有屈服。而且最后，她的父亲也为她昭雪。作者这样写，是为了鼓舞人民与反动势力进行斗争。斗争要坚决彻底，即使牺牲了，精神也不能屈服。他相信，正义总能战胜邪恶，真理的光辉终将照临人间。

总之，大悲剧《窦娥冤》是黑暗的元代社会的一个缩影，窦娥的悲剧是整个元代人民悲剧命运的反映，同时也是关汉卿对残酷的社会发出的战斗檄文。

口诛笔伐的斗士

社会的腐败，吏治的混乱，给广大人民带来了极深重的灾难，关汉卿对统治者的种族歧视拍案而起，怒不可遏。对他们欺压柔弱的妇女的行径进行揭露批判。

窦娥这个善良的女子，在临终之际，发出了惊天动地的抗议；死后，仍不忘雪仇。他要求其父"把贪官污吏都杀坏"。这是窦娥的心愿，也是关汉卿的心愿。

蒙古人原是游牧民族，一贯靠对外掠夺发财致富，侵占中原以后，他们仍是恶行不改。由于那些功臣可以"百次犯罪不罚"，因此，他们胆大包天，无所不为。而抢夺妇女、马匹是他们的主要目标。元朝对这些人不但不严厉打击，还千方百计地祖护。

关汉卿作品里的权势虽不属高官，但他们却和皇帝有着种种特殊的关系。他们气焰嚣张，无法无天。《蝴蝶梦》中的葛彪，并不是高官，但他是皇亲，他可以"打死人不偿命"。他自己撞了穷书生王老汉，还反咬一口，将其活活打死，之后还叫嚣："只当是房檐上揭片瓦相似，随你那里告来。"社会是何等的黑暗，何等的荒诞。

《鲁斋郎》里的鲁斋郎一出场就自称"花花万岁为第一，浪子丧门再没双，街市小民闻我怕，则我是权豪势要鲁斋郎。"他完全是一个凶神恶煞的流氓，是个倚仗权势欺凌妇女的恶棍。本来鲁斋郎只是一个品位极低的小官，但他却因侍候了皇上几年，并受之宠爱，于是可以无法无天了。他成天和一些不三不四的人在一起鬼混。他常以把自己的快乐建立在别人的痛苦之上而自豪。对待妇女，他就像对待马匹等得意玩意儿一般，玩腻了便送人。

当他看到张珪的妻子时，于是贼心又起："一个好女子也！你倒有这个浑家，我倒无。张珪！……把你媳妇明日送到我府上……"张珪虽是郑州的六案都孔目，也是一个有实权的人物，但一听说鲁斋郎便吓得浑身直哆嗦。本来他的家庭很美满，正"青春似水，娇儿幼女成家计，无忧虑，少萦系"。但对仗势凌人的鲁斋郎，他无力反抗，无可奈何，还力劝妻子随顺仇人。送妻子到鲁宅的路上，他内心

痛苦万分,但只能嘲笑自己"从来有日月交蚀,几曾见夫主婚、妻招婿? 今日个妻嫁人,夫做媒。"到了鲁宅,他又喝得烂醉,以减轻痛苦,对鲁斋郎的欺负,他还笑脸相迎,最后被逼出家。这里关汉卿用反衬的笔法来写鲁斋郎罪大恶极。而这两部戏剧也是他对鲁斋郎、葛彪一类权豪势要的口诛笔伐。

关汉卿深谙人民的疾苦、不幸,他想将所有的贪官污吏、权豪势要都杀坏。但是在现实生活中,这些人却受到种种保护,虽为非作歹,却逍遥法外。于是,他把希望寄托在清官身上,在善良的人们遭遇不幸的时候,他希望有包公出现,主持正义,为民做主。于是在他的作品中出现了一些包公形象,他们使那些为非作歹的恶棍遭到报应。虽然其中有许多经不起推敲,但他却让老百姓在现实生活中不能实现的愿望在舞台上得以实现,从而为老百姓出了气。

凭智倚勇斗强敌

我们从前文叙述知道,作者塑造人物,总是倾注自己全部的情感。在他对自己笔下的人物的褒贬之中,他也把他鲜明的爱憎表现得淋漓尽致。在《窦娥冤》《蝴蝶梦》《鲁斋郎》中赞赏了反抗强暴的大无畏精神。同样,在《救风尘》《望江亭》中也充分表明了他的这一立场。

《救风尘》写妓女赵盼儿的故事。她为了搭救受骗的同伴宋引章,与富豪恶少周舍(舍非名,而是舍人之简称,相当于公子的意思)进行了一场激烈的斗争。周舍是郑州的副职官员周同的儿子,他是"酒肉场中三十载,花星整照二十年;一生不识柴米价,只少花钱共酒钱。"他是"自小上花(妓女)台做子弟(嫖客)。"他完全是一个吃喝嫖赌、五毒俱全的家伙。他为了娶妓女宋引章,耍了一些手腕,骗取了宋引章的信任,使其一心要嫁给他,把以前的知己安秀甩了。安秀知悉后,请赵盼儿去劝劝她。赵盼儿深知周舍的底细,于是教宋引章注意,可宋引章却鬼迷心窍,对赵盼儿的这些金玉良言视为妒忌,还是嫁给了周舍。

事态的发展完全符合赵盼儿的估计。周舍把宋引章一骗到手,便对她拳脚相加,并威胁说:"你早晚被我打死,休想逃出我的手心,给我多少钱,我也不放你!"对此,她痛苦不堪,后悔极了。她没有想到甜言蜜语的周舍一下子变了个人似的,她不得不佩服赵盼儿的眼光。想到以后的日子,宋引章就发抖。她知道周舍这样的人是什么事都干得出来的。于是决定写信给赵盼儿来救自己出火坑。赵盼儿听了她母亲的哭诉,又急又恨,当初不听自己的劝导,一心要嫁,还赌气说什么"我便有即该死的罪,我也不来求你。"现在又来求我干啥,仓促之间也没有什么好办法。再说周舍父子也是不好招惹的。只好默不作声,宋引章的母亲见此,哭得更加厉害。见此,赵盼儿的心又软了,先原谅了宋引章的无知,又激起了她对周舍的不满,打抱不平的劲头又上来了。于是决心斗一斗周舍这个地头蛇。想到此,她先安慰了宋引章的母亲。接着让捎信的货郎给宋引章带去了封信,然后,自己也赶往郑州。

671

到郑州后,她便约见周舍。周舍听说有美女约见,马上赶来。周舍先没有认出赵盼儿,到认出后便准备打赵盼儿。但马上又被她的语言软化,想娶赵盼儿为妻,并为自己的鲁莽连连道歉。当他们正在说话的时候,宋引章便骂将进来。对此,赵盼儿装出一脸的不高兴。接着她又用花言巧语骗周舍写了休书,终于使宋引章得以逃脱周舍的魔掌。

结果周舍还被判打六十杖,并被剥夺了享有的特权,和一般老百姓无异,宋引章也和安秀成亲,安安心心地过日子。就这样,赵盼儿凭着自己的智慧和勇气,彻底打败富豪势要、花花公子周舍,取得了完完全全的胜利。

同样,《望江亭》也塑造了一位智勇双全的女性谭记儿。她是一个寄居在道观的年轻寡妇。恰在这时,新任潭州长官白士中亦到该观来看望姑母白道姑。白道姑于是有意成全他们。而且他们也情投意合。而这事也惊动了花花太岁杨衙内,他本想占有谭记儿,没想到让白士中抢先一步。气得火冒三丈,于是到皇帝那儿诬告白士中。并得允自己到潭州去处死白士中。听到这个消息后,白士中愁得不知咋办。可谭记儿却安慰他放心。然后自己扮作一个鱼婆到杨衙内喝酒的望江亭,当场把杨衙内给震住了,并让她陪他们喝酒,席间,杨衙内利用一切机会和谭记儿套近乎。醉酒后,谭记儿搜走了文书、势剑和金牌。因此他的官司也打不赢,后来皇上派人查清真相,将其革职还乡,并赐白士中任原职,与谭记儿白头偕老。

在元代,寡妇的社会地位是低人一头的;而妓女,更为下贱。但是,关汉卿却看到了她们美好的心灵,看到了蕴藏在她们身上的智慧和力量。他满怀激情地树立她们在舞台上的形象,正是为了激励那些和她们同命运的妇女。为了反抗邪恶势力的欺凌,为了改变自己悲惨的处境,勇敢地挺直腰杆,施展自己的聪明和才智,与不平的世道抗争,与自己的不幸抗争,与自己的命运抗争!这实际上是关汉卿自己靠智靠勇斗强敌的映射。

寄予弱者无限情

赵盼儿、谭记儿之所以取得胜利,战胜比自己强大得多的仇敌,主要是凭借自己的勇气和智慧。而这种胜利,不仅是她们个人的胜利,还表达了人民的愿望,显示了人民的力量。

可是,生活并不如艺术那样完美。在那个妇女身受多重压迫的黑暗社会里,又能有多少人能像赵盼儿、谭记儿那样勇敢,又有多少人能和她们一样幸运呢?在此,关汉卿以浓厚的理想主义色彩描绘赵盼儿、谭记儿的感人形象时,也用凝重的笔触成功地刻画了其他类型的妇女形象,对她们表现出无限的同情,并为妇女解放做出了巨大贡献。

《玉镜台》中的刘情英,是一个富家少女,虽然年幼丧父,但家庭生活仍不错。长到十八岁时,琴棋书画样样精通,生活也无忧无虑。而表哥温峤的出现,打破

了她平静的生活。温峤这个翰林学士，很受皇上赏识。当他一见到自己漂亮的表妹后，便已倾心，于是决定娶之为妻。便假装为表妹找一位学士为夫，并以一座玉镜为定情物。而他说的这个学士正是他自己，待刘倩英知道后，又气又恼，拒绝和温峤成婚。于是他请皇上批准自己用水墨宴让倩英服从。由于怕自己头上插草花，脸上抹黑，倩英只好屈从温峤。但恰好中了温峤的圈套，成为他的囊中之物，和温峤结合为夫妻。据载，历史上确有温峤这个人物，关于他和刘家的婚事，也是事实，不同的是，戏曲中的刘倩英不再是一个听从安排的姑娘，变成了具有反抗精神的女性。

在当时的社会里，像温峤那样的身份，可能对许多女人都有吸引力，可刘倩英却不依从她。在新婚之夜，温峤百般的乞求、让步，并没有表现出一点夫权无上的威力。但事实上，他只是把女人当玩物，只是把刘倩英当成自己可值炫耀的一份财产，这样做，只是为了保护自己的名声。戏里的刘倩英较之《世说新语》中的刘倩英，不仅形象更加丰满，这其中还倾注了关汉卿的无限的情感。在他的笔下，刘倩英是一个善良的女子，对未来的生活充满幻想，对于突降的厄运，爆发了狮子般的反抗。表现了其人性的觉醒，青春的张扬。最后虽在统治阶级的诱逼之下妥协投降。但这并不掩盖贬低她进行反抗的重要意义。因为她的生命已发出过灿烂的光。也因为这亮光的闪射，反衬出社会的黑暗，统治者的丑恶、残酷、荒唐。

恩格斯曾说在整个古代，婚姻的缔结是由父母包办，当事人则安心顺从。可见，像刘倩英这样连家门也出不了的大家闺秀，在男权的威逼利诱下只有两条路可走，一是自杀，一是屈从。因为，在当时的社会环境，还不可能给她提供更好的出路。无论她性格有多坚强，斗争有多坚决，面对整个封建社会的压力，她孤立无援，绝不可能取胜。就连剧作家也毫无办法，除了对女主人公的满怀同情以外。

身为大家闺秀的刘倩英，对自己的婚姻大事，尚且无能为力。那么，一个妓女，在婚姻问题上则只有任人摆布，更无力回天。谢天香是关汉卿杂剧《谢天香》的主人公，她是官妓，是开封府歌妓的领班，才貌双全，深受书生柳永迷恋。柳永为了进京应考便托老朋友钱可照料天香，钱可为了柳永能专心读书，便想方设法给天香安加罪名，但没有成功，于是只好假娶其回家，柳永中状元后回来发现佳人已成为朋友的小妾，非常气愤，但等其见到钱可后，才知其良苦用心，一对恋人这才团圆了。

妓女是下贱货，这是一般人对妓女的评价，但熟悉她们的关汉卿，却深谙她们的不幸。同情她们的遭遇，并且从她们身上找到了闪光之处——她们的聪明才智。如天香在唱柳永送她的词《定风波》一词时，把她的聪明才智表现得淋漓尽致。为了避官讳，竟能边唱边将词中需押韵的字一一换掉，而且又不损原意，可见她有多么高的文学修养，可谓巾帼胜须眉。然而因为她是妓女，因而她的才能恰恰成为束缚她的绳索，给她带来不幸和烦恼。她清醒地知道自己的处境，希望能逃出火坑，改变命运，因此，虽舍不得柳永，仍让他去应试。柳永让老朋友照

顾她,但她并不把希望寄托在钱可身上,她认为钱可是可怕的人物,因此在其面前也不敢承认自己与柳永的真实关系。

柳永和天香真心相爱。可钱可却不这样认为,他觉得柳永不该迷恋天香。便一次又一次地加害于她,她虽竭力反对,但终不能如愿,只好最后屈服。纵观全过程,天香的屈服、妥协,都因强权所逼。

关汉卿能同情弱者,表现出那一颗颗美好的心灵,是如何被社会的强大的传统势力压迫得变形、衰竭,正显示出他超乎常人的敏锐眼光和超越时代的人道主义精神。今天,他仍是我们的楷模。

引吭高歌真善美

许多人看了谢天香、刘倩英的不幸后,都觉得心中有一股酸楚。特别是谢天香,对关系自己一生祸福的大事,完全任人调停,忍气吞声,逆来顺受,不说反抗,就连自己和心爱人儿的恋情也不敢道破,正如鲁迅笔下的那些麻木不仁的人,让人觉得其窝囊,真是哀其不幸,又怒其不争,可是话说回来,什么样的环境就有什么样的人。艺术要忠于生活,就得这样,虽然显得冷酷,虽然他充满同情,但也只能如此而已。

或许有人会把谢天香的软弱无能归结于她孤立无援,没有亲朋好友的帮助。但也不尽然,即使有亲朋好友也并不一定能帮助她。相反,往往是自己的至亲至爱将自己推入火坑。如《金线池》中的杜蕊娘便是一例。她是官妓,一次到济南衙府陪知府石好问和其义弟韩辅臣喝酒,她和韩辅臣一见钟情。当韩辅臣听石好问说准备把他安排到杜蕊娘家住时,高兴得跳了起来,以为自己能和蕊娘结为秦晋之好,但他们错了,因为蕊娘的母亲是开妓院的老鸨,是个发不义之财的人,他在杜家住了半年多,她仍不答应他们的婚事,而且因为韩辅臣的钱越来越少而遭白眼。蕊娘求其母亲答应她的婚事,她不但不允,反而想出一条毒计,自己用些闲言碎语来离间他们二人,差点成功。好在石好问利用自己的权力成全了这二人。否则他们会被她活活拆散。杜蕊娘是老鸨的唯一亲人,在她需要帮助的时候,她不是想方设法将之救出,而是使劲往火坑里推。

《绯衣梦》中的王半州为了自己的一己私利,想悔女儿王闰香和变穷的财主李庆安的婚事,结果,引出血案,差点酿成李庆安的杀身之祸。如果说老鸨和王半州是粗俗之人,无知无德,只认金钱,不认亲情,那么兵部尚书应该是一个德义兼备的人吧!

但《拜月亭》中的兵部尚书王镇之女王瑞兰,在兵荒马乱中与书生蒋世隆相遇,他们同生死、共患难,最终产生爱情,并结为夫妻。王瑞兰陪丈夫住在一个小镇里养病,可蒋世隆的病却不见好转。恰巧这时瑞兰的父亲带兵路过,瑞兰真是喜出望外,以为可以脱离苦难了。可她万万没想到自己的父亲会坚决反对,并不顾自己的申诉和丈夫的病情,将自己从蒋世隆身边带走,不管其死活。兵部尚书和前面的老鸨及王半州相比,则显得更加残忍,他明知女儿的恩人、心上人正处在生命危险中。他不仅不知恩图报,反而落井下石。他之所以这样做,无非是觉得蒋世隆没有功名,和自己不门当户对。他为了个人的面子和虚荣,竟置女儿的幸福、恩人的生死于不顾,这已不能说其粗俗或是无知,而只能说其毫无人性了,在这个剧本中有这样一支曲子:

[庆东原]他则图今生贵,岂问咱凤世缘;违着孩儿心,只要遂他家愿。则怕他夫妻百年,招了这文武两员,他家里要将相双权。不顾自家嫌,则要傍人美。

作为女儿,瑞兰早已洞悉父亲的所作所为。他做事有着极强的功利性。他要让他的家富丽堂皇。这支曲子,完全撕破了那张唬人的、道貌岸然的假面具,使其龌龊虚伪的灵魂暴露无遗。

作为艺术家,关汉卿并不对自己笔下的人物发表什么评价,而是让人物自身用自己的行为来塑造他们的形象。在《金线池》中既有为追求美好理想而顽强斗争的蕊娘,也有挖空心思陷害亲生女儿的老鸨;《绯衣梦》中有批判嫌贫爱富的行动;《拜月亭》中的瑞兰,同样也为自己的爱而进行了不屈的斗争。她们的这些行动都显示出她们忠于爱情的高尚品质。

对女性忠于爱情的赞美,在其剧作《调风月》中表现得更加明显。女主人公燕燕只不过是贵族家庭中的小婢女。她不但不卑躬屈膝,还有自己的意志,敢说敢做,虽不能主宰自己的命运,却敢于同命运抗争。她生活在大户之家,见识广博,她知道风流男子甜言蜜语,因此总是与对她表示亲近的男人保持高度警惕。但在潇洒的小千户的频频进攻前却动摇了,她虽怕上当,但却舍不得这个机会,最后在小千户的软缠硬磨之下,终于答应了他的求婚,并陷入热恋中。可后来小千户却又接受了富家小姐莺莺的定情物。燕燕在服侍他的时候发现了秘密,并得知了实情。对此,燕燕气得火冒三丈,恨小千户,更恨自己。并断然和小千户断绝关系,并回到自己的小天地。后来小千户又来求其原谅,但她却不再理他。小千户为了报复燕燕,派人到莺莺家为自己说亲。老夫人于是让燕燕前去说媒,去了之后,她提醒莺莺提防小千户。在婚宴上,得意忘形的小千户指着花枝招展的莺莺挖苦燕燕,埋在其心中的怒火一下子升了上来,于是当众揭穿了小千户的嘴脸,全场的人都为之震动,但为了照顾大户人家的气派,大家决定实现小千户的诺言,娶燕燕为小夫人。但她拒绝了,并且当下出走。

在封建礼教的统治下,一般人惯于做顺民,听天由命,任人摆布,把自己的欲望压抑下去,不敢外露。可是,关汉卿笔下的燕燕,虽身为奴隶,却能无视封建教条,敢于突破礼教的束缚。敢爱敢恨,敢做敢为,并不求人恩赐,怜悯。在关汉卿的作品中,这样的人物可谓别具一格,人物不大,意义却不小,作者对之充满同情和喜爱。表现了作者的进步思想和伟大的人道主义精神,以及其追求妇女解放的不懈努力。

发愤读书,不贪不义之财也是关汉卿所颂扬的美德。杂剧《裴度还带》《陈母教子》就歌颂了这类美德。前面已列举了许多普普通通的人物,他们只是一般的人,但他们却和常人接近,能为观众所接受、理解,并打动观众,使他们受到启迪

中华名人百传

文化艺术卷

和鼓舞。

作为现实主义作家,关汉卿善于发现、描写,并突出小人物身上的闪光点,并对他们心灵深处的真善美进行讴歌,并使之成为自己创作的主旋律,从而使得他不同于同时代的作家,并高于同时代的作家。因此,他的杂剧作品,不仅在当时有很大的影响,即使在今天,仍有极强的现实意义和生命力!

大气磅礴英雄节

众所周知,关汉卿是一位痛恨黑暗统治,同情妇女,赞美妇女斗争精神的人道主义作家。他笔下的妇女,性格鲜明,栩栩如生,她们不仅活跃在舞台上,还活跃在人们的心中。作为一个伟大的剧作家,他除了善于表现妇女以外,他还善于创造性格豪放、气壮山河的英雄人物。郑振铎先生在《中国文学史》中说:"汉卿不仅善于写妇人及其心理,也还长于写雄猛的英雄;不仅长于写风光旖旎的恋爱小戏剧,也还长于写电掣山崩、气势浩莽的英雄际遇……"

他的剧作《单刀会》里就塑造了关羽这样一个英雄人物。这是他以盖世的才华和诗人的气质为我们谱写的一支强者的歌。对英雄人物的伟大历史业绩的向往和对英勇豪迈精神的礼赞是全剧的主旋律。它不是展示正面人物的不幸和毁灭,而是借英雄人物的胜利和成功来歌颂他的美和崇高。

首先,作者打破了杂剧的一般格局,在前两折中没有让主人公关羽出场。在这两节里,作者大写特写乔玄和司马徽,而事实上,他们只是一个陪衬,写他们是为了更好地表现关羽。在这里,作者是用虚写的手法,通过乔玄、司马徽对关羽的敬畏,颂扬烘托出关羽的超群品质和盖世威风。这样,在观众的心理上造成一种未见其人,先闻其声,从而在观众心里获得崇高的地位,这种地位的获得,也是和他的正义分不开的。

通过前两折的大力铺垫、渲染,到第三折,关羽一出场,便满台生辉。在接受鲁肃送来的请书时,他一眼就识破其阴谋,但面对困难,他没有退缩,相反,他是明知山有虎,偏向虎山行,并坦然对待这一切,而这又是和他身上的一种出生入死的磊落精神和浩然之气分不开的。一曲[剔银灯]将他的高大形象展现在观众面前。

[剔银灯]折莫(不论)他雄纠纠排着战场,威凛凛兵屯虎帐,大将军智在孙(武)、吴(起)上,马如龙,人似金刚,不是我十分强,硬主张,但提起厮杀呵摩拳擦掌,排戈戟,列旗枪,各分战场。我是三国英雄汉云长,端的是豪气有三千丈。

何等正义凛然,何等威武雄壮。

关羽虽然勇猛过人,但绝不是蛮干的绿林好汉、草莽英雄,他文武双全。继前两折,第三折又渲染了关羽的神威气势,真可谓山雨欲来风满楼。到此,作者已将关羽推到浪尖上,他如何搏斗于浪尖,则是观众最关心的问题。接着作者推出了观众急于知道的单刀会,但作者并没有先写关羽和敌人的争斗,而是让人物

对景抒情：

（正云：）看了这大江，是一派好水也呵！

（唱：）[双调新水令]大江东去浪千叠，引着这数十人，驾着这小舟一叶，又不比九重龙凤阙，可正是千丈虎狼穴。

大丈夫心烈，我觑这单刀会似赛村社。

（云：）好一派江景也呵！（唱：）

[驻马听]水涌山叠，年少周郎何处也？不觉的灰飞烟灭！可怜黄盖转伤嗟。破曹的樯橹一时绝，鏖兵的江水犹然热，好教我情惨切！（云：）这也不是江水，（唱：）二十年流不尽的英雄血！

看着浩荡的长江，滚滚向东，翻卷起层层碧浪，好一派雄伟的气势，令人激情万丈。江山依旧，而英雄人物已随着时间的流逝，早已变成尘土云烟！这两支曲子可谓苍劲而悲壮，但却把关羽在惊心动魄的斗争即将出现时的从容镇定、英勇无畏、信心百倍的精神境界，揭示得淋漓尽致！在这里，景人结合，人物的英勇气概和群山大江交相辉映，景物的壮美衬托出人物内心之美和其宏大的气势。经过对关羽的英雄气概的这一番渲染后，作者笔锋一转，展开了单刀会上最尖锐的矛盾冲破。关羽鲁肃一会面，便开始舌战，继而箭拔弩张，最后关羽手执鲁肃，执剑相逼，堂堂东吴中大夫竟成为关羽手中盾牌。关羽借此脱险而去，观众也为之拍手称快。

《三国志·吴书》中有"单刀会"的故事，但是那是鲁肃处于上风，关羽处于理屈词穷，又胆怯尴尬的境地。但是在民间，关羽的忠勇却是受人崇拜的。在唐代，为之修了关羽祠；宋代民间将关侯改称为关王。关汉卿的《单刀会》显然受到这些传说等的影响，但在他笔下的关羽，不仅英勇，而且透出一股"汉家节"。

在封建社会，代表"正统"的，就是正义的。只有首先品质高尚、力量强大并代表"正统"的英雄人物，才能保有土地和人民。三国本为汉室天下，全国的土地都姓刘，因此刘备占领荆州是合理也合法的。因此他的每一句话都义正词严，打得鲁肃毫无招架之力。从而，他在道义上取得了完全胜利。他脱险后来到江边，则用自豪的心情、轻松幽默的语言来表现自己的凯旋：

[离亭宴带歇指煞]我则见紫袍银带公人列，晚天凉风冷芦花谢，我心中喜悦。昏惨惨晚霞收，冷飕飕江风起，急飚飚云帆扯。承管待、承管待，多承谢、多承谢。唤梢公慢者，缆解开岸边龙，船分开波中浪，棹搅碎江心月。正欢娱有甚进退，且谈笑不分明夜。说与你两件事先生记者：百忙里称不了老兄心，急切里倒不了俺汉家节。

在这曲文里，作者点出了"汉家节"三字。从而展现出关羽的威武豪迈、叱咤风云的神勇，表现出关羽大气磅礴的英勇气概。事实上，关汉卿在此借关羽的汉家节，表达了自己的感慨，因为在他的生活时代里，汉人是备受歧视和压迫的。人民痛恨异族的统治，并且不承认他们是"正统"，总是希望有代表汉民族的强大力量崛起，来振兴天下。而关汉卿由于长期生活在下层人民中间，深知人民的疾苦，而他自己的民族感情也是强烈的，因而有意识地选取和塑造富有汉民族精神和气质的人物,让他们在舞台上呐喊出人民的心声,自己的心曲。通过剧中人物的"汉家节"表现广大人民和自己的"汉家节"。可以说"汉家节"是《单刀会》的灵魂,同样也是现实生活中关汉卿的灵魂。他借关羽之口唱出"急切里倒不了俺汉家节",正表现了他不论遇到什么困难,也绝不向残暴的元朝统治低头,绝不妥协的斗争精神。"汉家节"在文中也是双关语,从而更增加了文字的表现力和杂剧的蕴含。关汉卿在杂剧中所表现的这种民族英雄气概,不仅在当时鼓舞代表汉民族力量的仁人志士的英勇抗争,今天读起来,它更能激起我们热爱中华民族,鼓舞我们为民族的振兴而奋斗拼搏!

曹雪芹

曹雪芹,名霑,字匠圃,别号雪芹,清代康熙年间人。

曹雪芹的远祖是宋朝开国元戎之一的曹彬。北宋初年,曹彬统兵平定四川,灭南唐统一江南,又攻取山西、河北,为宋王朝的建立立下殊功。他生前是统率全国兵马的枢密使,死后追封为济阳郡王。

曹彬是河北真定府录寿人。他的后代支派繁盛,各省都有"分布"。其中一支,在明朝初年移居到东北辽阳,在那里繁衍生息。直到明代末年,出了个曹世远,是明朝沈阳地方的一名官员;辽宁曹姓一族传到曹世远,已经是第九代了,他就是曹雪芹的直系始祖。

正当雪芹始祖(曹世远)做着明朝沈阳地方官员的时候,满族的部落首领努尔哈赤崛起,势力遍及黑龙江流域和山海关以北广大地区。明天启元年(1621年)努尔哈赤率满州旗兵攻占沈阳,曹世远被俘,成了满州八旗——正白旗旗主的奴隶——满语叫"包衣",包衣即满州家奴役,身份是不能改变的,从此曹家世代成为"正白旗包衣人",雪芹当然也有包衣身份。

祖辈早年随马上得天下的满清统治者效命沙场,并因勋劳而受擢拔,从曾祖父起,连续三代任江南织造。

雪芹是曹颙的遗腹子,父亲曹颙于康熙五十三年冬从南京到北京公干,于年底或转年正月于京中病故,父亲死时母亲腹中已有四五个月的胎儿。他于康熙五十四年(1715年)春夏间在南京江宁织造府内落生。

江宁织造府是曹家老宅。曾祖父曹玺任江南织造时,亲手在院中种了一株楝树,在树旁盖一座亭子,取名楝亭,作为他的两个儿子在这里读书的书斋。到祖父曹寅继任江宁织造,楝树已枝繁叶茂。曹寅追慕先人,以楝亭作为自己的别号。他常常在楝亭接待宾客,遍请南北名士为楝亭绘图题咏,至今留存的《楝亭园咏》有四卷。曹寅身后,他的子、侄曹颙、曹遗承袭江宁织造之职。数十年间,曹家先辈后人在楝树亭下生息繁衍,最终也在楝树楝亭下败落离散。楝树楝亭既是曹家先世遗泽,也是曹府岁月的象征。

雪芹在楝树荫下出生,他出生的时候,生父已辞世半年多,祖父长逝四年了。叔父也是养父刚刚接替迭连已故的父兄担任亏空巨大的江宁织造,已开始迎来曹家多事之秋。几十年来一直关怀着曹家的康熙皇帝也已到晚年,在曹寅、曹颙父子相继病亡之时,康熙一再颁示"旷典奇恩",对包衣老臣一家着意保全。因此曹家中人头上罩着的,还是皇恩浩荡而不是沉重的乌云。楝树年年盛夏依然绿荫如盖。雪芹在这片绿荫下从童年进入少年。直到出生十三年后的暮冬,寒云低垂楝叶凋零的某一天,继位五年的雍正帝下谕旨,叔父曹𬩽获罪抄家,旋即被遣离南京返北京。

雪芹的家遣离南京后,心情十分黯然。但返抵北京,有一个时期家境还不算黯淡。

家是败了,但离了南京祖居之地,进的是北京祖居之地。曹家在北京原有住房二所,住有族人,还有空房一所。这些房屋,其中一座是高祖辈随正白旗旗王多尔衮入关进京后分得的,颇具园林之胜。曹家被抄,北京房产也就充公了,到曹家北归后,是住进祖屋的,不过不会是那所祖上遗下的大宅子,他们是罪人家属,生活自然也根本不能与南京时相比。叔父曹𬩽依然被拘禁,一年多以后才从监狱内放出来。

曹𬩽被抄家,但没有株连九族。雪芹叔祖曹宜依然是内务府官员;祖姑父汉军镶黄旗副都统、兵都右侍郎傅鼐;姑父平郡王讷尔苏获罪被流放,圈禁,但另有罪名,与曹𬩽被抄无关。祖父的门生故旧,有的还做着大官。设法在有限的程度上照应曹家的人,也是还有可能的。

曹家过着带罪人家的日子,过了几年后有所缓和。主要是大环境即雍正朝局已趋稳定。到了雍正九年,流放的傅鼐已得起复并重新受到朝廷重用,讷尔苏之子福彭(雪芹表兄)也袭了平郡王爵位,还加了官,进入朝政中枢。叔祖曹宜也加官晋爵,任护军参领兼佐领加一级。雍正当政十三年上病死,乾隆皇帝即位,普施恩惠,曹家也因此沾光。先是以曹宜功劳追封其祖曹振彦为资政大夫,然后下旨"历年亏空之案,其情罪有一线可宽者,悉予豁免",大多数前朝侵吞挪用款项的罪官宽免追赔,曹𬩽等骚扰驿站案应赔银两也获宽免,曹𬩽也重新起用为内务府员外郎。曹家不再是罪臣,又上升到小康局面了。这就是《红楼梦》第七十四回提到的:"这样大族人家,若从外头杀来一时是杀不死的。这是古人曾说的'百足之虫,死而不僵'。"

但是好景不长,乾隆三年,傅鼐因"种种营私"革职病死。有研究者推测,转年曹家也因为什么事情而彻底破落。到乾隆十三年,福彭死去,曹家的几家重要亲戚就也都衰落了。

在乾隆初年曹家稍稍振起的时节,家里曾送雪芹入内务府主办的官学读过几年书,目的是要他参加科举。但雪芹仍然无意功名。二十多岁的雪芹就闲在家中,家中只好求有权有势的亲戚帮忙,为雪芹取得贡生的资格,这就是雪芹的一世"功名",对此雪芹也没有决然拒绝,因为他觉得不能剥夺长辈们想取得的这点安慰,基于同样的原因,后来他在右翼宗学时结识的友人敦诚科场不利,他也

中华名人百传

文化艺术卷

曾劝慰过,这是敦诚诗中记得的:"三年下第曾怜我"。

从雍正六年自南京到北京,到乾隆四五年,曹家经过几年罪臣生活几年小康生活,最后又从小康生活跌落下来。生活境况急骤变化,居所也在皇城内外搬迁。确切的记载没有,估计他们住祖居的时间不长,也可能是穷而变卖,他们又从祖居搬出,传说他们住过什刹后海南岸,住过西城旧刑部处,住过外城广渠门内卧佛寺,或广安门内千佛寺,或西城卧佛寺,甚至还有传说住过某王府的马厩……传说并不都可靠,但雪芹因穷途末路,居无定所,时好时"坏",或租赁,或向亲戚朋友求告借居,总之为觅栖身之地而在京城四处流迁,是极可能的。

就是在这样的艰难竭蹶中,雪芹早早结束了少年,度过青年,迈向中年。过了而立之年的雪芹,经人介绍,找到了一份谋生的差事,到朝廷为皇族宗室子弟开设的官学去当职员,做文书之类的工作。

八旗宗室按左右两翼分设宗学,雪芹任职的是右翼宗学。右翼宗学地址那时在西城西单牌楼以北的石虎胡同,是一所古老的大宅。学中子弟六十人,有总管、清书教习和汉书教习若干,职员和杂役若干。雪芹在这里当差的年份,在乾隆九年到十九年之间的某一段。

他在这里结识了两个交往颇深的友人,都是宗学的学生,一个叫敦敏,一个叫敦诚,是两兄弟。他们年纪比雪芹小二十岁左右,雪芹与他们是忘年交。后来雪芹离开右翼宗学,迁居西郊,他们仍城里城外往来。

雪芹在右翼宗学当差,充其量也就仅能维持低水平的温饱,实际上他家常常衣食难继。清人赵惠夫《能静居笔记》说雪芹"素放浪、至衣食不络"。清人潘德舆《金壶浪墨》中,也记有《红楼梦》作者"落魄无衣食,寄食亲友家"的传闻。

雪芹浪迹京城一二十年,富儿家的残杯冷炙他受够了,看人白眼寄人篱下的生活他过够了,他决定离开这里,离开喧嚣的市尘,到乡野去,到纯朴的农人中间去。大约乾隆二十二年前后,他搬到西郊海淀一带,最后隐居于西山脚下某个村落,直到去世。

京华不再能羁系他了。这是他的自我放逐,也是他的自我解脱。西山留下他写在《红楼梦》稿本上的最后手迹,留下一代文豪最后的遗踪。

在雪芹离居西山的日子里,祖母大概不在了,母亲、叔父是否还在,不得而知。根据雪芹友人诗词以及其他人的传说,似乎雪芹早就从大家分出,他只和娇妻弱子生活在一起。但他无怨无悔,仅把"老天爷"教他"赋穷愁"——家运与个人命运从贵盛到寒微,变成创作的内驱力。他是从豪门巨族人家而坠入困顿的,这一过程更使他看清了世人的真面目。从个人生活来说,这是他的不幸;从一个文学家的创作生活来说,这却是他不幸中的大幸。曹雪芹从贵盛之家跌落的过程,的确成为他一种创作的内驱力,更深切地根据生活的底蕴观照世运的变迁,洞察人情的反复,而这些是成功一部杰作的必要条件。

这时的雪芹过了"不惑"之年,接近"知天命"之年。人正是世事洞明,才已是炉火纯青。

没有朋友来访的日子,雪芹就完全沉浸在对自己并不漫长的一生那漫长的跌宕生涯的思索里，思索个人与家庭，家庭与社会，社会与历史，历史与人生。他的思考并没有结论，因为生活是难以结论的，而艺术是不需结论的。但是他那没有结论的思考，却触及和揭示了个人、家庭、社会、历史、人生的关联及其真谛。

天时入秋了，也是人生的秋天了吧。"念念的随旧雁远，寥寥坐听晚砧疾。"长空映出排成"人"字的雁阵，雪芹目送它们飞向南方的天际。那南方的一角云天下面，就是雪芹和他的家族的祖居地南京、苏州、扬州，就是秦淮烟雨环绕之处。雪芹痴痴地坐着，周围寂静无人，天已向暮，溪塘传来勤劳的山村妇女闷闷的捣衣声。

雪芹回到了茅屋里。"半床落叶恐声病，万里寒云雁阵迟。"白天外出，风吹落的黄叶，铺了他半床。他扫去落叶，躺到床上去。灶下的蟋蟀幽幽地鸣叫起来，与山野的秋虫共鸣响成一片，勾人生出绵绵的秋思，生出对世间美好的事物被葬送的忧思。不久，一阵雁啼又传入耳膜，在寒冷的夜色中显得分外响亮。

雪芹躺不住了。他觉得这正是他的《红楼梦》所要表现的。要是现在能向知心的朋友讲述自己的感受，讲述自己刚刚萌生的新构思与修改方案，那多好。寂静中雪芹披起衣服，点亮油灯，写完了他对红楼梦的新构思。

雪芹的晚年，日夕出入于《红楼梦》的艺术世界，他呕心沥血地撰写和修改，直到死神把他的笔夺下。

雪芹逝于乾隆二十八年岁尾，干支纪历是癸未年，公历是 1763 年底或 1764 年初，享年四十九岁。

雪芹身后极其萧条。他没有留下儿女，只余一个寡妻，故交又都亡落。他是由无财无势的旧友相助，才得草草营葬。有人揣测雪芹是从西山葬入曹家在北京东郊的祖墓的，但以雪芹殁时的凄凉景况，恐怕没有自西山起灵运赴东郊这种可能。

雪芹的遗孀和友人，当年无力为雪芹营建大墓巨碑，草草垒起的坟垅早已旷废，真使雪芹"托体同山阿了"。那巍巍西山即是雪芹墓碑。这是雪芹之幸还是不幸呢？不管怎样，雪芹生前却已经用一部《红楼梦》，为自己营建了一座"非人工的纪念碑"，一座用不朽的文字构筑的历史丰碑，它永远矗立在世世代代读者眼前。

《红楼梦》的宏大结构，包涵着家庭伦理道德小说—青春爱情小说—贵族主人公忏悔录型小说—社会世态写实型小说—历史文化史诗型小说这几个有机构成方面。这便是雪芹在漫长的创作过程中思路推进的基本脉络。经过一个个台阶，《红楼梦》终于登上了小说艺术的巅峰。世人所看到的雪芹的"遗文"就是这样一座屹立于小说艺术巅峰的壮丽殿堂。

《红楼梦》在 18 世纪的中国诞生，是横空出世，无可比拟的，它在 18 世纪的世界中出现，也是横空出世，无可比拟的。

18 世纪的西方世界，有法国启蒙运动四员主将孟德斯鸠、伏尔泰、狄德罗、卢梭的文学；有德国狂飚运动伟大诗人歌德、席勒的文学；有英国笛福、斯威夫特、菲尔丁等反映资本主义原始积累时期的时代精神和揭露贵族阶级的文学。

18世纪的东方世界,中国没有欧洲式的启蒙运动,但是出现了一批反儒学道统、反理学的思想家,他们的著作,表现了东方式的启蒙思潮。曹雪芹以自己的小说作品《红楼梦》加入了18世纪中国启蒙思想家的阵营。

　　曹雪芹的《红楼梦》深沉隽永的艺术灵光辉耀东半球。就单个作品而言,《红楼梦》不逊于18世纪世界文学的任何作品。把18世纪世界文学看作一个整体,看作连绵起伏的山脉,那么《红楼梦》是雄踞于东方的那座在世界现实主义文学发展史上,最早为世界迎来新的太阳的山峰。

　　世界现实主义叙事艺术的划时代发展与成熟,是19世纪的事情。《红楼梦》在18世纪出现,实在是超前了。世界文学中近代现实主义的巅峰状态,过去一直是以19世纪中叶以后的法国巴尔扎克、俄国托尔斯泰为标志的,其实19世纪欧洲批判现实主义的基本特征,在18世纪中叶,在曹雪芹的《红楼梦》里已完全展开并充分成熟了。《红楼梦》是提前了一百年结出的一枚硕果,它不但是中国文学的而且是世界文学的一大奇书。曹雪芹是领先一百年出生的巨匠,他不但是中国文学的而且是世界文学的一大奇人。

鲁　迅

　　鲁迅(公元1881年—1936年),原名周树人,字豫才,伟大的无产阶级文学家、思想家和革命家。

　　鲁迅的一生,是紧紧伴随旧中国苦难的一生,也是救国图强,苦苦求索的一生。没有这种求索真理的精神,也就产生不了后来的鲁迅。

　　鲁迅青少年时,清政府丧权辱国,日暮穷途,行将就木,人民百姓处于水深火热之中,为寻求振兴中华之道,青年时的鲁迅便踏上漫漫求索之路。这之中,虽有个人境况的逼迫,但更多的是社会的呼声,理想的追求。

　　求索的道路,曲折坎坷,鲁迅的人生理想一波几折。

　　首先,他进了洋务学堂,想通过办洋务救国兴国,但清政府的腐朽没落,封建教育的死板落后,粉碎了他"实业救国"的梦想。他不得不又一次踏上寻找理想的征途。

　　接着,他鉴于日本医学强国的经验,也想学医学,便留学仙台。偶然见到中国人麻木不仁的一幕,震醒了鲁迅。他觉得"凡是愚弱的国民即使身体如何强壮,也只能作毫无意义示众的看客"。于是,理想之塔再次坍塌。

　　为治疗中国人的精神,鲁迅最终选择了文艺。因为他觉得"精神的手术刀,应当是文艺吧"。鲁迅的这次选择,后来的事实证明了他的英明——他确实选对了。自此,鲁迅用他犀利的笔,向腐朽凶残的反动派掷出了"投枪";对沉积日久的国民劣根性作了深刻的揭露,向即将衰亡的民族发出了深沉的"呐喊"。

　　鲁迅最初的摇旗呐喊,是为了使革命者不惮前趋。但战友、学生们的鲜血和

辛亥革命以来军阀混战的现实深使鲁迅失望和悲痛。于是,他又开始了苦苦探求解救国民出苦海的道路。

如果说鲁迅投身文艺是他找到了自己理想的战斗岗位的话,那么接受马列主义,相信"惟新兴的无产者才有将来",则使他清楚地认识到以后将为谁而战斗,向谁而战斗,最终将向何方而战斗——找到了马克思主义道路。

经受马列主义洗礼的鲁迅用他那"投枪""匕首"似的杂文,向反动派的"文化围剿"作了一次又一次的反击。尽管他遭受了许多无耻的迫害,尽管他始终不是个共产党员,但是他甘心为中国无产阶级革命做舆论宣传,甘心充当被反动派诬蔑的战士的辩护人。正如他的《自嘲》诗中所说:

　　　"横眉冷对千夫指,俯首甘为孺子牛。"

鲁迅的骨头是最硬的,他没有丝毫的奴颜和媚骨。在当时的文化战线上,他是代表全民族的大多数,向敌人冲锋陷阵的最正确、最勇敢、最坚决、最忠实、最热忱的空前的民族英雄。只要他的生命不息,他的战斗就绝不停止。

而今,鲁迅早已去了,一个艰难地苦苦追求真理,为人们寻求解放道路的人;一个以笔做刀枪,与顽固的反动势力进行厮杀的人;一个将自己的毕生精力献给亲爱的祖国、献给人类最伟大的事业的人早已去了。但在他身后留下的,是一份无法估量的巨大财富。他憧憬的目标,已经实现,而他的精神,将永远激励人们不断地奋进。

儿时少年

公元 1881 年 9 月 25 日,农历八月初三,这是传说中"灶神菩萨"的生日,而浙江绍兴城中的新台门周家却在为着一个男婴的降生忙碌着。外面的世界喧嚣热闹,但是传不到这个飘溢着加饭酒的醇香的小城里来。

八月初三这一天的绍兴周家,是决计无暇理会身外世界的震荡的。周家长孙的诞生,给新台里带来一团喜气。这个后来把自己叫做"鲁迅"的婴儿第一口奶还没吃,嘴里先被大人们塞进五种奇怪的东西,第一是醋,第二是盐,第三是黄连,第四是有刺的钩藤,孩子初尝这酸、咸、苦、痛各种味道自是哇哇大哭,最后才尝到了甜滋滋的糖。这是绍兴旧俗,象征人生诸般滋味,仿佛经此一番预演,小孩子长大便无畏于任何艰难困苦了。

远在京城当官的祖父周福清听到孙儿降生的消息,老怀大畅,为他起了个学名叫樟寿,字豫山。后来因为豫山与"雨伞"谐音,又改为豫才。

鲁迅的保姆叫长妈妈,偏生得又胖又矮。鲁迅曾经不喜欢她,一来她老是吱吱喳喳在别人耳朵边搬弄点小是非,二来又总是对鲁迅管头管脚,他多走一步路,也会使她大惊小怪,拔一株草,搬一块石头,她也要去鲁迅的妈妈那里告状。

然而后来,小鲁迅与长妈妈不仅改善了关系,而且还对她产生了由衷的敬意,以至于原谅她过去对自己的"虐待"。

转变的起因是一本书。儿童的天性总是爱新奇的,鲁迅小时候对于图画书的爱,简直到了狂热的程度。一次,他从一位远房叔祖那里听到有那么一本绘图的《山海经》,里面绘有人面的兽,九头的蛇,三脚的鸟,生着翅膀的人,还有没有头却以两乳当作眼睛的怪物。叔祖绘声绘色的描述迷住了鲁迅,他多么想亲眼看到这部有趣的《山海经》。

但是,小鲁迅却想不出什么办法得到它。总之,为了这部《山海经》,鲁迅苦恼许久,连长妈妈都看出来了。虽说鲁迅一五一十地告诉长妈妈他的小心事,但却不曾对她抱有什么希望。谁知过了不到一个月,告假探亲的长妈妈回到周家,一见鲁迅,便笑嘻嘻地递给他一包书,"哥儿,有画的'三哼经'我给你买来了。"长妈妈竟将"海"字误念为"哼"字。

鲁迅一闻此言,就喜得全身颤抖起来。他拿过书,就迫不及待地看了起来。从此,这部来之不易的书便成了鲁迅心爱的宝物。

这件事,鲁迅直到晚年还记忆犹新。他不由得在一篇文章中对去世多年的长妈妈感怀不已。其中深情地写道:"仁厚黑暗的地母啊,愿在你怀里永安她的魂灵!"

旧中国儿童教育的刻板沉闷,是鲁迅深恶痛绝的。

鲁迅七岁时开始读书。读的第一本书叫《鉴略》,写的是从古到今的历史,然而文字却极其深奥,七岁的孩子是一句也不懂,只有死记硬背。有一回,家乡附近举办庙会,全家都准备坐船去游玩。小鲁迅对此兴奋得又跳又笑,嚷着要赶紧出发。

正当小鲁迅兴高采烈之时,谁知他父亲周用吉却在这个时候威严地对他说:"去把你的书拿来,给我读熟。背不出,就不准去看会。"说完,就进房去了。可怜的小鲁迅像是被浇了一盆冷水,从头凉到脚。可是他不敢违抗父命,只好生吞活剥地一句句强记着那些对他来说实在是莫名其妙的句子。

全家都静静地,提心吊胆地等着鲁迅背书。鲁迅稚嫩的嗓音在这一片沉默中发抖,不成个调儿了。终于他很有把握地走进父亲的书房居然像做梦似地把那一长串古奥的句子一气呵成地背了出来。全家人这才长长地松了一口气,脸上泛出了笑意,可是鲁迅经过他父亲这一搅,早已对热闹的庙会失去了兴趣。

比较起呆头呆脑地读这种"天书",鲁迅家院后的那个百草园简直是个乐园了,那里的热闹与生机常使小鲁迅乐而忘返。在这里,他不仅经常听到油蛉、蟋蟀的低唱,而且还苦苦寻找传说能使人成仙的何首乌,以至于弄坏了泥墙。

正是这个时候,鲁迅与闰土一家结下了深深的友谊。鲁迅不仅在闰土爸爸那里学到雪地捉鸟的本领,而且还在闰土那里了解到外面广博的乡下世界。儿时的这一段经历,鲁迅终生难忘,后来他将儿时的玩伴闰土写进他的小说《故乡》。

鲁迅偶尔也有离开新台门里呼吸一下乡野新鲜空气的时候,那便是去外婆家了。鲁迅的妈妈叫鲁瑞,"鲁迅"这个笔名便有他妈妈的姓氏在里面。

鲁迅一到外婆家,便像一只出了笼的小鸟,终日与小朋友们一起掘蚯蚓、钓虾、放牛。在外婆家,鲁迅最感兴趣的是看社戏。一次,鲁迅和小朋友们乘船去看社戏,在归途中感到肚子饿了,小朋友们就自告奋勇地去偷自家的罗汉豆,就在船上烧来吃。那种香喷喷的味道一直留在鲁迅的记忆里。到了四十一岁回忆起来那个晚上,鲁迅先生还写道:"真的,一直到现在,我再没有吃到像那夜似的好豆,也不再看到像那夜似的好戏了。"

鲁迅的童年生活结束于入私塾跟寿镜吾先生读书的时候,那年他十二岁。那私塾叫"三味书屋",寿先生正直博学。鲁迅拜过孔子像和先生,便成了三味书屋的正式学生了。初入学时,鲁迅脑子里对百草园中的那些小精灵还不能释怀。他一次斗胆向老师提出一个疑问:"先生,'怪哉'是怎么一回事?"先生却板着脸喝斥一声"读书"。鲁迅很是没趣,体会到学生只应该读书,先生不喜欢学生问各种古怪问题。

后来,十分严厉的先生由于喜爱鲁迅的聪慧刻苦,渐渐地态度和缓起来。但是鲁迅不喜欢死记硬背,他更注重理解。鲁迅自己做了张小书签,书签两端剪贴着红色花纹,中间有十个正楷小字:"读书三到:心到、眼到、口到。"读书时,他把书签夹在书页里,每读一遍就从上往下盖掉一个字,读过几遍后,就用默读来加深对课文的理解,用不了多久,他就能熟练地把课文背出来了。此外,鲁迅还爱好美术,他曾经把《西游记》《东周列国志》中的绣像描下装订成册,很令同学们羡慕。

鲁迅十三岁那年,祖父因科场贿赂案被关进狱中。为了营救他,周家花费了一大笔钱。谁知祸不单行,次年的冬天鲁迅的父亲又口吐鲜血一病不起。已濒临破产的周家只有靠典当首饰衣物来给病人治病了。这件屈辱的事自然落到长子鲁迅头上。有两年多,几乎每天他都要在讥嘲的目光中接过典当得来的钱,再到药铺去买药。虽然这样,但最后还是由于庸医误人,鲁迅的父亲不治身亡了。

这个时候的鲁迅在外婆家已失去了儿时的欢欣。家中的变故与破落使他屡遭白眼,甚至被人称为"讨饭的",这对少年鲁迅的自尊心,是一个很大的伤害。初尝世态炎凉的鲁迅于是决定要离开新台门,离开绍兴,离开他熟悉而厌恶的这些面孔了。

首先他到了被绍兴许多人所唾骂、所看不起的新式学堂——不要学费的南京水师学堂。这一年鲁迅十八岁。从这时起,鲁迅由"樟寿"改名为"树人"。

就在鲁迅赴南京求学的这一年中,发生了戊戌变法事件。维新变法运动虽然失败了,但维新思想却是无法禁绝的。它也给南京古城留下了一丝清新的空气。

鲁迅所入的水师学堂却依旧乌烟瘴气。除了门前竖着的二十丈高的桅杆以外,再找不出什么有别于旧式教育的气象。

课程也让人无法忍受,只有初级英文和汉语。汉语课的作文题目也散发着一股腐朽气,什么《云从龙风从虎论》《咬得菜根则百事可做论》……十个月后,鲁迅决然离开这所学堂,转入江南陆师学堂开设的矿业学堂去了。

这里的功课切实新鲜,多少对了鲁迅的胃口。因此鲁迅学习非常用功。但

课程对于鲁迅来说是轻而易举的,他从不复习,考试时却总是名列第一。偶尔一次,他的名次落到另一个同学后面,排到第二,鲁迅便笑嘻嘻地对那同学说:"下次一定拉你下来。"

课余时间鲁迅便如饥似渴地读新书。一次他买到一部严复译的《天演论》,他一口气读下去,进化论中"物竞天择"的理论出现了,古希腊智者苏格拉底、柏拉图出现了。鲁迅的眼前出现了一个崭新的天地,面对中国的积弱,急切地想寻找救国救民良方的鲁迅,开始立志要抽出青春的长剑,斩断幽灵的魔爪,寻找变革祖国的道路,为振兴祖国而进行勇敢的战斗。鲁迅的思想变化被他的一个思想守旧的本家长辈发现后,警告他说:"你这孩子有点不对了",可鲁迅只是付诸一笑,照旧津津有味地就着花生米、辣椒,看他的《天演论》。

中国已经到了大变革的前夜,只图治标而不治本的改良运动,已无法挽救中华民族的命运。忧国忧民的知识分子继续求索着振兴中华的真理,就在这样的气氛中,二十一岁的鲁迅从矿业学堂毕业了,可是他对自己这三年中所受的不中不洋的教育很不满意。心中惘然若失之余,一个念头在心中强烈起来;"只有一条路,到外国去,寻找强国富国的途径。"1902 年,鲁迅和另外三个同学受公派到日本留学。

求学生涯

"人生最苦痛的是梦醒了无路可走。"鲁迅在日本求学的七八年中,便在痛苦而执着地寻求梦醒后能够前行的路途。

十二月的日本东京又到了樱花烂漫的季节,远远望去,如一团团绯红的雾。但是花下却不乏"清国留学生"。他们不学无术,附庸风雅,有时还要将那被国人识为"国粹"、而外国人称为"猪尾巴"的大辫子扭来扭去,真是令人不堪入目。

对此,鲁迅和他的朋友许寿裳极为愤慨,不由想起清朝入关强迫汉人留辫的那段血泪史。于是过了几天,鲁迅便将那象征着民族压迫的辫子剪掉了。

在东京弘文学院江南班中鲁迅是第一个剪辫子的学生。清朝派驻弘文学院的监督看到鲁迅的模样气得咆哮起来:"简直是大逆不道,我非停了他的官费,把他赶回国去不可。"

谁知过了几天也不见他对鲁迅采取什么行动,而且连面也不露了。后来有同学当新闻似地去告诉鲁迅说,那监督由于行为不轨,被一个叫邹容的学生剪掉了辫子,现在不敢见人,已经溜回国去了。这事颇让大家开心一阵。

鲁迅这个时候已经对变成保皇派的改良派人物彻底失望,对新兴的革命党则深为敬佩。他开始深思怎样通过革命来唤醒民众。一次鲁迅凄然地对许寿裳说:"中国人的生命在历史上一直是不值钱的,特别是当了异族的奴隶之后。"他深深地叹了一口气与好友探讨起中国的国民性有哪些弱点,提出了三点疑问:一、怎样才是最理想的人性?二、中国国民性中最缺乏的是什么?三、它的病根

何在？这三个问题几乎成了鲁迅一生苦苦探究的课题。

1904年，鲁迅决定去日本仙台学医。闻讯而来与鲁迅告别的许寿裳问："你是为了你父亲的病被庸医所误而立志学医吧？"鲁迅点点头说："不过，还有更重要的原因。你知道，日本近来的强盛起源于他们的明治维新，而明治维新时引进的西学大部分是西方的医学，医学也能强国呵！"许寿裳赞许地笑了。

仙台是一个寒冷的小镇。仙台医专里只有鲁迅一个中国学生。鲁迅老师藤野先生对鲁迅的学业非常关心，经常亲自订正鲁迅抄录的讲义。一次，藤野先生又把鲁迅叫到自己的研究室去，翻出鲁迅讲义上的一张图，和蔼地说道："你看，你把这条血管移了点位。当然，这样一移比较好看一些。可是解剖图不是美术，实际是怎样就怎样，我们不能改变它……"任性的鲁迅嘴里答应，心里却也还有几分的不服气呢。

期末考试成绩发表了，鲁迅在同年级142名学生中，名次排在第68位。鲁迅对自己这个位居中游的成绩并不满意，可是出乎意料的流言出现了，学生会干事借故来检查鲁迅的讲义，接着又有人寄给鲁迅一封匿名信，开头便是气势汹汹的一句话："你改悔罢！"信中诬蔑鲁迅在上学期的解剖学考试之前，事先得到藤野先生泄露的考题，所以才会取得好成绩。鲁迅在愤怒中体味到弱国弱民的悲哀。尽管这流言后来不攻自灭，但这件事已经刺痛了鲁迅。接下来又发生了一件事，促使鲁迅放弃了医学救国的理想。

次年，学校在细菌课后时常放一些时事影片。当时，日俄两国在我国东北交战。一次影片中出现了这样的镜头：一个给俄国人做侦探的中国人被日军俘虏后要枪毙，一群中国人围在一旁张着嘴呆看。课堂的日本学生得意洋洋地欢呼"万岁"，这叫声在鲁迅听来，分外刺耳。但鲁迅看到银幕上无论是被枪毙的中国人，还是做看客的中国人，体格却很强壮，但是他们的神情却是那样麻木，他不由得对自己学医的理想产生了怀疑。那个围绕鲁迅许久的国民性问题又出现了。"精神上的手术刀，应当是文艺吧。"鲁迅这样想，于是他决定中止仙台医专的学业，回到了东京搞文艺。这个时候已经是1906年的春天了。

有感于东京留学生文坛的冷清寂寞，鲁迅打算办一个文学杂志，并且起好了名字，以"新的生命"文意命名的《新生》。这个消息一传开，却遭到不少留学生的讥讽和嘲笑。

那时的留学生大部分都学政治和法律，其次是学理工的，读文学的寥寥无几。一般都认为读文学不仅没出息，甚至连饭都吃不饱，而本来就清贫的鲁迅却要花钱办什么文学杂志。这些人对此都大摇其头。有一个留学生居然还跑去问鲁迅，"你弄文学干什么？"

为了这本杂志，鲁迅费了许多心血。他约了稿子，印了稿纸，还拟定了第一期的插图。然而，《新生》杂志却终于没能办成，事先说好写稿子的人不辞而别，经费也无处筹措。《新生》的夭折使鲁迅意识到走文学道路的艰难，但他并没有丧失信心。

鲁迅接着开始着手致力于外国文学的译介工作，尤其注重东欧文学，他希望

通过其他被压迫民族的文化作品,向中国人传播近代欧洲的进步文艺思想。鲁迅和弟弟周作人将翻译的作品编成《域外小说集》出版了两册,成为中国译介欧洲新文艺的先声。

由于鲁迅的母亲和正在日本留学的弟弟希望得到鲁迅经济上的帮助,鲁迅离开日本回国了。

鲁迅一回国,没有辫子成了大问题。国内依然是辫子的世界,容不得胆敢顶着平头的异己分子。鲁迅深知此中厉害,他就和别的留学生一样,一到上海便要了一条假辫子。

但辫子终究是假的,沉甸甸地坠着让人不舒服不说,还给人一种精神上的压迫。一向坦荡真诚的鲁迅对脑后这根累赘的玩艺儿别扭了许久。

一个月后,他毅然在众目睽睽之下,昂起没有辫子的头走上大街。那个时候他在杭州师范学堂担任化学、生理学的教员。于是,身后便有了杂乱的讥笑和嘲骂:"假洋鬼子""里通外国",可鲁迅不理睬他们。

过了一年,他回到故乡绍兴的中学堂任教并兼做监学,没有辫子的灾难就更大了。原先在杭州呢,他还可以穿着洋服,众人或许认为他是日本人而稍加宽容,在故乡有许多人都认识他,他也索性脱掉洋服换上长衫,这样招来更多的嘲骂和冷眼。

学校中热情冲动的学生对祖宗留下来的辫子也起了反感。一次,他们推举了代表来找鲁迅,商议剪辫子的事情。出乎他们意外,鲁迅劝他们说:"没有辫子好,但我还是劝你们不要剪。"吃够了剪辫子苦的鲁迅,当时是从爱护学生的角度出发考虑的。

"剪掉区区一条辫子,也不能使革命早日成功,反而把顽固派的目光集中到脑袋上来,招来一些不必要的麻烦。"所以鲁迅才劝学生别做无谓的牺牲。但是学生们没有理解鲁迅的苦心,不高兴地走了。

过了几天,鲁迅发现在讲台下的许多辫子中间夹杂了几个光头,他装作不知道,照样讲课,心里却为他们捏了一把汗。

过了两天,绍兴师范学堂也有六个学生剪了辫子,当晚便被学校开除,学校留不得,家又不敢回。吃够了剪辫之苦的鲁迅深深了解学生的苦痛,采取了一系列补救措施,使自己的学生尽量免遭恶势力的迫害。

"震骇一时的牺牲,不如深沉的韧性战斗。"鲁迅走向了成熟。仅从"辫子"酿成的大风波,也足以验证鲁迅的这段话:"中国太难改变了,即使搬动一张桌子,改装一个火炉。"

1911年辛亥革命的"鞭子"抡起在中国的上空。清朝的小皇帝滚下龙廷,大清帝国变成了中华民国,全国上上下下的"辫子"们终于或欣欣然,或慎慎然地一起消失了。

然而过了不多久,鲁迅便发现尽管满街都是象征光复的白旗,但是骨子里还是照旧。在好友许寿裳的敦请下,失望的鲁迅离开故乡绍兴,前往南京临时政府教育部工作去了。

无声胜有声

在南京，鲁迅又和好朋友许寿裳相聚了，两个人白天同桌办公，晚上联床共话。鲁迅时常向许寿裳描述绍兴革命的情形，大多数都十分滑稽可笑，两人不免为之长叹。不久南京政府迁往北京，鲁迅也随教育部北上，然而办公室的情形极其无聊。

"枯坐终日，极无聊赖"——这是鲁迅在第一天上班的日记中写下的感受。浓重的腐朽的官僚气息真使鲁迅感到气闷得十分难受。鲁迅只觉得逃无可逃，这小小的办公室，简直就是乌烟瘴气的中国的缩影。

这个时候在绍兴时常一同到酒楼畅饮的好友范爱农的来信也使他担忧。这个正直的读书人失了业，正在贫困中挣扎。鲁迅真想能帮助他在北京找工作，可是又没有机会。他还清晰地记得革命之初，他与范爱农豪性大发，把酒共抒抱负的情形。才不过大半年的时间，国运的衰败仿佛纹丝不动，好友的命运却已变得如此凄凉。

在一个夏日，鲁迅下了班回到宣武门外南半截胡同北头的绍兴会馆，这是他的住处。他展开一封新到的绍兴来信读了几行，心中一痛，信中竟说范爱农不幸落水死了！

但鲁迅总疑心范爱农是自杀的，是辛亥革命之后黑暗势力吞没的一个牺牲品。为寄托对好友怀念的深情，鲁迅后来写了三首诗和那一篇有名的叙事散文《范爱农》。

时令已是 1917 年夏天了，外面毒毒的日头晒得世界一片喧嚣，但鲁迅所住的绍兴会馆却一片沉寂。鲁迅除去上班外，便是借着槐树的阴凉安坐室内抄古碑，那样子已经有好几年了。鲁迅后来叙述这一段时期的心情道："我于是用了种种想法，来麻醉自己的灵魂，使我沉入于国民中，使我回到古代去。"但是鲁迅能真的自我麻醉吗？时代也不允许他再安坐于槐树下抄古碑了。

这一年的七月一日清早，反动军阀张勋带领他的辫子军进京复辟，拥立清朝废帝溥仪。鲁迅当即去教育部辞了职，表示坚绝不与顽固派合作，以抗议复辟。

十几天后，复辟丑剧草草收场，鲁迅又搬回原地，也复了旧职，依旧每日上班，但办公室依旧是一片乌烟瘴气，自己仍旧是终日枯坐。然而，张勋短暂的复辟毕竟给了他一个大刺激，中国实在不能再这样拖下去了。

那时到鲁迅住处偶尔来串门的有一个叫钱玄同的人。一次他到鲁迅那里指着鲁迅抄的古碑问道："你总是抄这些，有什么用呢？"

"没有什么用。"鲁迅坦率地答道。

"那么你抄它是什么意思呢？"

"没有什么意思。"

钱玄同接着说："我想，你可以给我们写点文章嘛。"原来，钱玄同正同陈独秀

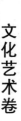

文化艺术卷

等人一起办《新青年》杂志。

鲁迅没有直接回答钱玄同，而是说："假如有一间铁屋子，是绝无窗户而万难破毁的，里面有许多熟睡的人们，不久将要闷死了。然而从昏睡到死亡，并不会感到死去的悲哀，但现在你都要大嚷大叫起来，惊醒了他们，使他们深受临终的痛苦，你以为是对得住他们么？"

钱玄同明白鲁迅的意思，热情地回答："但是这几个人既然起来了，你也不能说就肯定没有毁坏这铁屋的希望呀！"

"希望，希望总是将来的……"鲁迅沉思起来。最后，他答应钱玄同的要求，开始写文章了。

夜深了，客人也早已走了。鲁迅还噙着香烟坐在窗前，对着窗外那棵槐树凝思，最后他提起笔来，在面前那沓空白的稿纸上写下四个字："狂人日记"。

振臂呐喊

1918年的初夏，南昌已是热气弥天了。许寿裳在南昌寓所中一面轻轻地摇着扇子，一面翻阅新到的《新青年》杂志。他的目光不经意地落在目录中《狂人日记》这一栏上。

他记得俄国作家果戈理作过一篇同名的小说。是谁用这个题目又写了一篇呢？作者署名"鲁迅"。"鲁迅"何许人也？没听说过。许寿裳读了起来，一下子便被吸引住了。

《狂人日记》是鲁迅的第一篇白话短篇小说，1918年5月发表在《新青年》杂志上。小说通过一个被迫害者的自述——也就是"狂人"在日记里的"疯话"，极其深刻地揭露、塑造了一个封建叛逆者"狂人"的形象，号召人们起来推翻人吃人的旧制度。

许寿裳才读了两页，便觉得映入眼帘的几句话的风格十分熟悉。"这怎么有些像豫才的笔风呢？"许寿裳不由心想，"难道他不抄古碑，竟写起小说来了，可怎么署名又是'鲁迅'呢？"

许寿裳看着看着，不禁拍案而起。"太深刻了！太精辟了！"他意识到这是中国新文学史上的一篇杰作，作者真是一个伟大的思想家，"但究竟是不是豫才呢？"

他终于按捺不住，立即展开信纸给北京的好友寄出了这许多问号。

几天以后，鲁迅收到了这封信，读毕，他微笑了，心想，好友果然别具慧眼。第一次用"鲁迅"做笔名，便被他认出来了。

从《狂人日记》之后，鲁迅的创作激情像火山一样喷发出来，在《新青年》上接二连三地发表了《孔乙己》《药》《风波》等小说，揭示出中国人民在封建主义和帝国主义的双重压迫下受到的精神奴役，猛烈地向束缚中国前行脚步的封建传统开火。这十几篇小说后来结集出版，鲁迅将之命名为《呐喊》。

1921 年的冬天，新闻层出不穷。

鲁迅所在教育部办公室里的闲人们闲话连天。人们一边看《晨报》副刊上的连载《阿 Q 正传》，一边讨论作者"巴人"是谁，"阿 Q"讽刺的是谁？讨论来讨论去，都觉得写"阿 Q"其实是写自己，于是都恼羞成怒，对"巴人"一片愤慨。对此，真正的"巴人"鲁迅摸着自己上唇的一字胡，漫不经心。——其实，何只是教育部里一片疑窦，整个文化界都在打听，"阿 Q"是指谁啊？谁是"巴人"呢？

不少人都疑心是在写自己，倒也没错。阿 Q 正是当时许多中国人饱受摧残下的一个缩影，阿 Q 的愚昧、麻木、不幸和精神胜利法，也是许多中国人的境遇和精神状态的反映。阿 Q 的悲剧性格是社会造成的，当然也有个人的因素。鲁迅将国民性落后的一面毫不留情地揭露出来，是为了引起大家的注意，及时加以疗救。

《阿 Q 正传》是中国现代文学史上最杰出的作品之一，也是世界公认的名作。法国著名作家罗曼·罗兰读了法译本《阿 Q 正传》后说："这部讽刺的写实作品是世界的，法国大革命时也有过阿 Q，我永远忘记不了阿 Q 那副苦恼的面孔。"

《阿 Q 正传》风波告一段落后，当时的国粹派中就跳出一个反动文人林纾，著文大力反对并辱骂白话文和新文化运动。他认为文言文是老祖宗传下来的，是国家的精华，也就是国粹，千万废不得。

鲁迅读了这些呼吁保存国粹的文章，快捷地给予反击："什么是'国粹'？照字面看来，必是一国独有，他国所无的事物了。换一句话，便是特别的东西，但特别未必定是好，何以应该保存？"

接着，鲁迅便从生活中细小的地方，发现中国人心理上落后的一面，犀利而利索地加以抨击，使反动文人们一个个哑口无言。

鲁迅的胡须是很著名的。我们也十分熟悉，那就是将留在上唇的胡须修成整齐的"一"字形。为什么会这样呢？鲁迅在他的杂文《论胡须》中讲了它的由来。

当年，鲁迅从日本留学归来。一踏上故乡的小船，船夫就忽然说："先生，你的中国话说得真好。"鲁迅莫名其妙，就说自己确实是中国人。可船夫却说鲁迅开玩笑，原因就是鲁迅的胡子是东洋人的胡子。

然而"国粹家"对鲁迅严厉得颇不客气，强人所难地责问鲁迅怎么学东洋人的样子，身材又矮小，胡子又是这样子。

鲁迅只好闭住嘴，懒得再说，后来实在忍受不住，就蓄胡须，可又惹得改革家不满，认为他向"国粹派"妥协。再后来，鲁迅就干脆将胡子剪成一个隶书的"一"字。这样之后，鲁迅就可不负中国存亡的责任了。

从胡须的遭遇，鲁迅用犀利讽刺的笔法深深地透视出顽固派保护者的荒唐与无聊。

鲁迅将自己这些言简意深的杂文比喻为"匕首"和"投枪"。他终其一生，从未间断过向腐朽和反动的东西投掷这样的"匕首"与"投枪"。

没有"匕首"与"投枪"，也就没有了鲁迅，鲁迅的名字和他的杂文是联系在一起的，鲁迅多么希望他所抨击的东西，在中国渐渐消亡，这样，中国才会新生。

1922年秋天的一个星期五下午，温暖的阳光泻进北京大学的教室中，离上课还有十分钟呢，教室里却已座无虚席了，人很多，都十分安静。原来这里将上北大本科生开学以后的第一堂"中国小说史"课。

上课的钟声敲了。阳光已斜斜地移到讲台上，鲁迅走进这片阳光里，缓缓地默默地扫视着课堂，目光所及，因为他的到来而掀起的细小的声浪便渐渐地消失了。他开始讲课了，带着一点绍兴口音。生怕学生不清楚，他说得很慢，很慢。学生们静静地听着，只有许多多铅笔在纸上记录的沙沙声，像是有千百只小甲虫在干草上紧急地爬行。

小说在当时的中国文坛还登不上大雅之堂，所以，那时候还从未有人认真地研究中国小说史。鲁迅是第一个在这片园地开垦的人，写出了中国第一部小说史。并在北京大学等好几所高校首次开设了这门课程。

下课的钟声响了，鲁迅的声调也随之变得有些急促，讲完了一个段落，方收住话音。教室里喧嚷起来，鲁迅被激情的学生包围了。

课间十分钟很快过去了。上课的钟声又响起来，学生们兴趣盎然地纷纷归座。

课正上到一半时，忽然门被轻轻地推动了，有两个头发梳得油亮的家伙蹑手蹑脚地溜进教室里。教室中立即响起一片"嘘"声，学生们明白，这又是教育部派的督学来查堂了。一种宁静的教学气氛受到了骚扰。

鲁迅没有看那两个人，但却停下了讲课，把手中的书轻轻地放到桌子上，低着头在窄窄的讲台上踱起步来，一直到那两个人灰溜溜地被"嘘"了出去才停住脚步，又拿起书本。他先微笑着说了一句："我恐怕打扰了他们检查，这才停下来讲课，谁知他们不检查便回去打报告了。"

学生们轻松地笑了起来。

1925年的5月7日，北师大组织了一个演讲会。演讲会是为了纪念国耻日而举办的。1915年的这一天，日本帝国主义向袁世凯发出最后通牒，逼中国承认丧权辱国的"二十一条"，因而当时把这一天称为"国耻日"。

其实，北师大校长杨荫榆搞这个演讲会本没有安如此好心。她想借此机会显显威风，一来拉几个名人为她撑门面，二来如果学生不服她又可以"国耻"纪念日不守秩序为名来惩罚学生。

忽然间，会场上"嘘"声大作，震耳欲聋，原来是杨荫榆出场了。在这种气氛下，杨荫榆的演讲不得不草草收场。

果然不出所料，杨荫榆开始泄愤了。只过了两天，三三两两去吃早点的学生们吃惊地发现公告处的小黑板上贴了一张文告，上面写着胡桃大的字，竟然宣布开除学生中的积极分子刘和珍、许广平等六个学生会的干部。学生们愤怒了，他们摘下布告牌，扔进教室讲台的地板上，表示坚决不承认这个无理决定。

刘和珍和许广平等是鲁迅最喜欢的学生，她们所受的不公正待遇引起鲁迅

692

的极大愤慨和同情。他鼓励学生道："中国各处是壁，然而无形像'鬼打墙'一般，使你随时能'碰'到。能打这墙的，能碰而不感到痛苦的，是胜利者。"鲁迅对学生充满了希望。

谁知，杨荫榆又使出狠招。她迫令被开除和未被开除的学生一同离校。学生不肯从命，她就用一把铁锁将学生与外界隔绝开来。

但是，北师大的学生在许广平的带领下毁了铁锁，重开大门。这一下又惹了大祸，杨荫榆雇了一群女流氓，将学生们强打出校。女师大一片哭喊，不少学生被殴打致伤。这还不算，章士钊竟还把女师大非法解散了。

鲁迅和多数教员组织了北师大校务维持会，坚持义务为学生上课。他还与许寿裳等七位教员发表了《关于北京女子师范大学风潮的宣言》，声援学生。自然，身为教育部总干事的鲁迅这次的挺身而出，便重重地碰上了章士钊这面厚"壁"。章士钊恼羞成怒，于8月3日把鲁迅免职了。

然而这次"碰壁"的结果，却是鲁迅的头把"壁"给碰碎了。

8月22日，鲁迅向行政院起诉章士钊。

8月29日，鲁迅等北师大教员四十余人发表宣言，声讨章士钊和北洋军阀政府迫害女师大学生的罪行；接着，许寿裳等人为表示与鲁迅同仇敌忾，提出辞去教育部聘任的职务，北京几十个社会团体联络许多学校，开展了大规模的"驱章运动"。

与北京及全国当时的反帝反封建运动相呼应的斗争终于以胜利而告终。章士钊潜逃天津，女师大复校。鲁迅胜诉之后，重返教育部任职。

这只是一个回合的胜利。鲁迅后来所碰的"壁"比这次更厚、更硬、更凶恶。

1926年3月18日清晨，鲁迅正在工作室中写《无花的蔷薇之二》，北墙上边宽敞的玻璃窗洒进满室的阳光。

不久，许广平匆匆进来，在交给鲁迅已抄好的叫她帮忙抄写的《小说旧闻钞》后，顺便告诉鲁迅北京大中学校学生今天要去天安门开大会，抗议日本等国的霸道行径，还要向执政府请愿，不许他们向列强低头的事情。

原来帝国主义为了阻挠中国军队在天津布防，又是发口气强横的通牒，又是炮轰大沽，激起了北京学生的强烈愤恨和反帝爱国热情。

鲁迅是不赞成对武装到牙齿的执政府进行徒手请愿的，所以他就对许广平说："我还有些东西等着你抄呢。"

许广平不愿意让先生失望，便坐在书桌前准备帮助鲁迅抄写文稿。鲁迅一边翻找书稿一边对许广平说："我对你们搞请愿是不以为然的。你仔细想想看，他们那么地麻木冷漠，能有什么良心呢！"他抽出一迭稿子递给她："今天抄这个吧！我是觉得向他们请愿没有意义，学生们又是青年，这些人在羊群一样的学生们面前，就像是凶兽一般。"

许广平不吭声了，手下的笔飞快地动着。鲁迅坐下来继续写那篇写了一半的杂文《无花的蔷薇之二》。

果然不出鲁迅所料，请愿的学生吃了大亏。上午10点多钟的时候，一个衣

文化艺术卷

中华名人百传

裳零乱、满面泪痕的男青年闯了进来,悲愤地诉说着执政府的凶残——反动政府竟向学生开枪了。

鲁迅和许广平几乎同时发问:"死伤的人多吗?"

"现在还不清楚,外面乱极了!"

许广平不顾一切地冲了出去,她急切地想知道自己的同学安危如何,刘和珍她会怎么样了?

下午,许寿裳来看望鲁迅,痛楚地告诉他刘和珍和杨德群被打死了,学生死伤三百多人,……说完,淌出两行热泪。

鲁迅拍案而起用手抵着额头,沉痛地说:"我向来不怕用最坏的恶意来揣测这帮家伙的。但我怎么也没有料到,他们竟然卑劣凶残到这种地步!"接着,许寿裳详细地对鲁迅转述了上午的惨案。

听到执政府野兽般的凶残,听到自己心爱的学生血染大地,鲁迅再也忍受不住了。那如同岩浆迸发的激情使他用颤抖的手握起饱蘸墨汁的毛笔,接着那篇刚写了三节的《无花的蔷薇之二》写道:

"已不是写什么无花的蔷薇的时候了。……"

"如此残虐险狠的行为,不但在禽兽中所未曾见,便是在人类中也极少的。……"

鲁迅又向砚台中饱蘸了墨汁,头也不抬地飞快地写下去:

"假如这样的青年一杀就完。要知道屠杀者也绝不是胜利者。……"

"血债必须用同物偿还。拖欠得越久,越要付出更大的利息!……"

极度的愤怒使鲁迅剧烈地咳嗽起来,许寿裳关心地轻叩着。鲁迅向他摆了摆手,用力写下最后一段:

"血不但不掩于墨写的谎言,不醉于墨写的挽歌;威力也压它不住,因为它已经骗不过,打不死了。"

3月18日,民国以来最黑暗的一天。

墨迹淋漓的控诉在落日的余晖中凛凛地闪着寒光。这些文字后来发表于当月29日的《语丝》周刊上,引起社会上的人们一片悲愤。

3月25日,女师大礼堂内外一片肃穆。女师大师生和各界来宾七八千人在这里追悼刘和珍、杨德群。姑娘们的哭声使鲁迅的心弦为之颤动,他忍悲走出礼堂,独自踱着步,一点点地踩过自己的影子。

"先生",鲁迅闻声抬头一看,是女师大教育系的一个女生。她走近来问道:"您有没有为刘和珍写过一点什么?"

"没有。"

"先生还是写一点吧。刘和珍生前就很爱看先生的文章。"这几句轻轻的、叹息一般的话语却重重地叩在鲁迅的心上。

鲁迅写了,写了那酣畅淋漓的檄文《纪念刘和珍君》,他称刘和珍君是为了中国而死的中国青年。

鲁迅的"匕首"和"投枪"使敌人恼羞成怒了,在报章披露的被通辑的四十多

名作家、记者中,鲁迅赫然在目,在朋友们的劝告下,他与许寿裳等人避难躲入东郊民巷的德国医院的一间堆积房中,夜间在水泥地上睡觉,白天用面包和罐头食品充饥。

北京的血雨腥风飘飘洒洒,黑网般笼罩下有一种地狱似的悲凉。鲁迅实在是忍受不下去了。恰好这时厦门大学给寄来旅费和聘书聘请他去任教,鲁迅便立即答应了。

促使鲁迅南下的另一个原因,是他与许广平日益增长起来的友谊。许广平是鲁迅的学生,她在给鲁迅的信中,陈述自己对当时的学校和社会上的种种不满和苦闷,向他请教社会、人生问题,恳求鲁迅给予详尽的答复。鲁迅从许广平的信中,看出她是一位很有才干的、纯真而可爱的女性。两人越来越频繁的通信,而且通信中的感情色彩越来越浓,他们相爱了。

当鲁迅被黑暗势力压得很想到外面呼吸一下新鲜空气的时候,许广平从女师大毕业了,她准备回广州教书。于是,他们在 8 月 26 日结伴而行。

鲁迅终于乘上南下的列车,离开了北京。

峰回路转

厦门,峰峦起伏,碧海环绕,怪石嶙峋,千姿百态,是一个风景秀丽的岛屿。尤其是鼓浪屿上郑成功操练水师的水操台遗址,更使鲁迅留连忘返。他看到郑成功为抵御外侮,收复失地而操练水兵的地方,想到如今外国列强对中华民族的经济剥削和政治压迫日甚一日,更增强了他的报国之志。

鲁迅这个时候在厦门大学担任国文系教授兼国学研究院研究教授,主讲两门课,"中国小说史"与"中国文学史"。由于鲁迅在讲课中寓意着反对封建传统思想的精神,有着一种新生力量的风格,因而他的讲课很受学生们的欢迎。

然而,此时的鲁迅也常被一种苦恼萦绕心头。多年来,鲁迅用他那犀利的笔锋抨击了封建制度,可是他还没有找到一条通向光明和幸福的道路。他的确时刻都在想着让更多的中国人从地上站起来,但他曾感慨地说:"倘说为别人引路,那就更不容易了,因为连我自己还不明白应当怎么走。"鲁迅对自己当时这种急于寻找一条解救国民出苦海的道路,却又暂时没有找到的焦急和寂寞,曾很坦率地表露过:"我的确时时解剖别人,然而更多的是更无情地解剖我自己。"只有光明磊落的人才会有这样的胸怀敢于表白自己真挚的情感,他要求自己要继续思考,求索和总结。他不愿意彷徨了,他要明白自己应当怎样去走。

正在这时候,全国的形势有了重大发展。1926 年 7 月,国共两党联合北伐,势如破竹,捷报频频传来。鲁迅很想亲眼看一看那里的革命形势,更何况在他的心底,还时刻牵挂着许广平的近况。于是,他在收到中山大学给他的聘书之后,决定到广州去。

促使鲁迅离开厦大的原因,还有这里的风气实在太坏。在一次校员恳亲会

文化艺术卷

上，竟有人媚态十足，对校长歌功颂德起来。鲁迅实在忍无可忍，12月31日鲁迅向厦门大学当局提出辞职，1927年1月16日，鲁迅乘船去了广州。

18日，鲁迅便到了广州中山大学。本来，中山大学邀请鲁迅来校任教，是中国共产党广东区委多次向中山大学申请的，同时也是中共广东区委多次向中山大学校务委员会主任戴季陶提出的。戴季陶出于敷衍，才接受了这个建议。鲁迅对这些虽然不清楚，但他到广州后，很快地感觉到共产党和国民党对他的态度是泾渭分明的。

那时经常来拜访鲁迅的学生中间，有这个学校的共产党员学生毕磊，他当时是中共广东区委学生运动委员会副书记。毕磊经常将共产党的刊物《向导》《人民周刊》，青年团的刊物《少年先锋》等带给鲁迅。当鲁迅翻阅这些书刊时，他马上被其中的内容吸引住了，这里的许多话语是多么与自己的理想和主张相像啊，而且他们讲得是那么鲜明，那么有信心。对共产党，鲁迅是早有所闻的。看了这些书刊后，鲁迅后悔以前没有对共产党多加留意。自此以后，鲁迅经常翻看共产党的书刊，从而逐步了解到了马克思列宁主义，比较清楚地认识了共产党。鲁迅感到，在与旧世界的战斗中，并不只是自己孤军作战，还有那么多不相识的同志与自己战斗在一起。

1927年4月，鲁迅写的杂文《庆祝沪宁克复的那一边》，反映出他跟共产党的亲密关系，显示了他服膺和赞颂马克思列宁主义的心怀。鲁迅自己从实践中得来的经验，被列宁的话加以印证。这使鲁迅感到欣慰，他的这种喜悦的感情，显出了他对马克思列宁主义的热爱。在这篇杂文中，鲁迅还用他纯朴的感情和对事物敏锐的观察能力，对当时的广州形势做了非常客观的分析。他主张对敌人不能"大度"和"宽容"，给"陶醉着革命的人们"敲了警钟。

也可能是由于局外者清。鲁迅对当时广州的形势并不乐观。他曾指出："这地方是军人和商人所主宰的国土。广州的人民并无力量，所以这里可以做革命的策源地，也可以做反革命的策源地。"不久，鲁迅的这些预感得到证实。

1927年4月12日，蒋介石在上海发动反革命政变，大肆屠杀共产党人和革命群众。4月15日，在广州的反动派也向革命者举起了屠刀。

当鲁迅"被鲜血吓得目瞪口呆"后，愤怒和悲哀使他决心辞职不干了，以抗议反动派的大屠杀。

但是，血的事实并没有使鲁迅消沉、退却，鲁迅以积极的态度，总结了自己以往的思想。随着对马克思列宁主义的逐步了解，他对自己以前就曾怀疑过的进化论的思想进行了批判。事实上他已充分认识到，进化论不是观察和认识社会的正确方法，只有马克思主义才是观察和认识社会的科学真理。这时，鲁迅已经感到，在这充满恐怖的社会里，不能再发表"救救孩子"的议论了，要把那些思想启蒙的工作转向成为向反动派进行坚决的战斗。

鲁迅不愿在广州继续住下去了，这里给他的印象太深刻了，他与许广平商议后，于当年的9月27日离开广州，前往上海。

怒向刀丛

时间已是 1927 年 10 月。

在上海四川北路魏盛里有一家日本人开的书店,叫内山书店,一天,店主内山完造看到一个穿蓝布长衫,鼻下蓄着浓黑的,犹如隶书的"一"字似的胡子的中年人走进来,他想起这个瘦小的中年人已是第二次来了。内山完造不由地多看了几眼。

只见他认真地选购了几本书,然后接过内山的妻子送来的茶,一边用纯正的日本话客气地说:"老板,请你把这些书送到横滨路景云里 23 号去。"

内山闻声不觉有些惊讶,深知此人不同寻常,立即问道:"先生,尊姓大名?"

"周树人。"

"啊!您就是鲁迅先生,久仰大名,失礼了。"

鲁迅的住处离内山书店很近,他常常到这里来买书,由此开始了和内山完造先生的友谊。内山为了方便顾客,特地在店里辟出一块地方,设了茶座。鲁迅很喜欢这一点,有时还约朋友到这里来谈话。

内山和鲁迅就这样成了亲如兄弟的好朋友,在艰难的时刻,内山百般设法保护鲁迅的安全。在中日交战时,内山委婉而坚定地向鲁迅表示:"不出卖朋友的人,在日本人中也是有的。"

1930 年春天的一个晚上,上海中华艺术大学的楼上楼下,甚至楼梯和窗口上都挤满了人,他们正在等待着鲁迅先生的到来,给他们作些艺术的指点。大家的热情驱走了春寒。

鲁迅在人们的掌声中,走上讲台。人们正等着鲁迅出个新颖的题目,谁知鲁迅先生只是在黑板上幽默地写了三个字"题未定",然后转过来声明道:"我今晚想和大家随便谈谈有关美与不美,真艺术和假艺术的区别。"

说完,他将他随身带来的两幅画并排挂在黑板上。其中一幅是法国画家米勒的《拾穗者》,另一幅是英美烟草公司的商业广告"时髦女郎"。

鲁迅用手指着《拾穗者》说:"这一张虽然单纯,朴素,但深刻动人,反映了真实的农民生活,所以它是真正的艺术品。""这一幅呢",鲁迅的手指指向广告牌,"虽然很精细,虽然也是一个美人,但它只是一个俗气的商业广告,诱惑大家去买他们的香烟罢了,它就不是一件艺术品。"

学生们听得津津有味,心领神会,兴尤未尽。

鲁迅在上海期间,经常应邀到各大学去演讲,用"真话"唤醒青年,唤起民众,同恶势力作斗争。

左翼作家联盟成立后不久,作家郑伯奇同中国公学分院的代表去邀请鲁迅演讲,鲁迅当时正犯牙病,本不想去,但听说是"左联"第一次搞活动,就抱病参加了。

在演讲会上,郑伯奇先唱"开锣戏",但由于演讲平乏,听众并不欢迎,只好草草收场,赶紧请鲁迅登台升帐。

鲁迅的声音低沉而舒缓,就像是和亲朋好友拉家常一样。他谈起绍兴故乡的结婚的风俗,以劳动人民对新娘子的审美观来和剥削阶级对新娘子的审美观作对比,来驳斥"美是绝对"的荒谬观念。

听众中许多人赞许地笑了起来,深受鲁迅观点的感染。

鲁迅的话,就是如此的朴实,但时时闪动着机智和幽默,时常引起热烈的掌声和笑声。

演讲结束后,在鲁迅的感召下中国公学分院中的一个进步的文学团体便宣告成立了。

自从 1927 年蒋介石制造了"四一二"反革命大屠杀后,全国一片白色恐怖。国民党反动派加强了对人民的思想控制,到处叫嚣要防止赤化,排斥异端,甚至连拿一本红封皮的书也有通共产党的嫌疑,恨不得连红嘴唇也禁止掉,真是谈"赤"色变。

鲁迅却依然铁骨铮铮,1930 年 2 月,他参加发起了"中国自由运动大同盟",出席了秘密召开的成立会。这等于公开宣告与国民党的反动统治相对抗。

上海当时的教育局长陈德征听说鲁迅等人发起"自由大同盟"后,勃然大怒,说"在三民主义的统治之下还觉得不满吗?那可连现在给你们的一点自由也要收起来了。"国民党反动派的浙江省党部竟公然呈请通缉"堕落文人鲁迅",罪名便是发起"自由大同盟"。

但鲁迅不怕威胁,接下去又参加了"左翼作家联盟"的领导工作。然而,为了能坚韧持久地战斗,鲁迅便开始了避难流离的生活。

1930 年 3 月,在通缉声中,鲁迅到内山完造家避难,这期间,他牙病加重,换上了满口假牙。

1931 年 1 月,因为柔石被捕,传说鲁迅也难以幸免,又到日本人开的花园庄饭店避难。

1932 年 1 月 28 日,上海燃起战火,日本军队侵入,鲁迅的家正好在火线之中,不得已再入内山书店避难。

1934 年 8 月,内山书店一个店员被捕,因受到牵连,鲁迅到千爱里避难。

在这当中,鲁迅最为难忘的,恐怕要算那次花园庄饭店避难了。

上海的一二月,天气阴冷潮湿。鲁迅呆在饭店楼梯下的小房里,听着窗外凛冽的寒风,不由挂念着在狱中的柔石、白莽等人。谁知噩耗传来,说柔石和其他革命者 24 人,已于 2 月 7 日深夜,被上海龙华警备司令部秘密活埋或枪杀了。杀人者杀了人不算,还严密封锁消息,禁止国内外报纸透露消息。是烈士的朋友想方设法,甚至送钱物给行刑的刽子手才获悉他们被害了。

鲁迅心头受了重重的一击,他沉痛地感到:自己失掉了很好的战友,中国失掉了很好的青年。他悲愤交加,吟出一首后来广为传诵的七律:

"惯于长夜过春时,挈妇将雏鬓有丝。梦里依稀慈母泪,城头变幻大王旗。

忍看朋辈成新鬼,怒向刀丛觅小诗。吟罢低眉无写处,月光如水照缁衣。"

后来,不尽的怀念,使他写了那篇感情深切的散文《为了忘却的纪念》,以祭奠烈士们牺牲一周年。

1933年的一个春日,鲁迅兴冲冲地从外面回家,对着迎上来的许广平说:"有一位客人要来我们家了。"许广平见先生这样高兴,就不由地问:"是什么客人呀?"

"就是那位没有见面的时候就这样亲密的人罗!"

许广平立刻心领神会,不由得又惊又喜,原来他们所说的就是因病在沪休养、大名鼎鼎的中国共产党著名领导人瞿秋白。

瞿秋白翻译了大量苏联的文学作品,并且也撰写了各种论文、杂文参加斗争。他和鲁迅虽未曾见面,但早已有文学之交。瞿秋白曾在给鲁迅的一封信中这样说道:"我们是这样亲密的人,没有见面的时候就这样亲密的人。"

所以,一听到鲁迅提这句话,许广平就立即恍然大悟了。在当时,谁提到"瞿秋白"三个字,就有可能招来杀身之祸。几个亲密的朋友便称瞿秋白为"何苦",这个别名叫起来又顺口又亲切,以至于叫成了习惯。

鲁迅夫妇所盼望的那一天到了。瞿秋白和夫人杨之华一大清早,就沐浴着灿烂的阳光走进鲁迅的家门。瞿秋白和鲁迅紧紧地握着手,竟连问候的话都忘了说,眼中都流露出热切和激动来。

鲁迅很久以来就把中国摆脱苦难的希望寄托在马克思主义和中国共产党身上。如今见到了一直挽手战斗,神交已久的战友就像见到了家里人一样亲切。虽说瞿秋白身体不好,但为着纪念这次会见还是破例与鲁迅先生共饮了几杯酒。

自此,鲁迅和瞿秋白的交往就更加密切了,每次相见都有说不完的话。瞿秋白特别佩服鲁迅的杂文,曾专门写过一篇《鲁迅杂感选集序言》。在文中也对鲁迅早期杂文中某些思想的缺点进行了分析。鲁迅读了以后感慨地说:"分析的是对的,以前就没有人这样批评过。"

后来,瞿秋白发表杂文就常常用鲁迅曾用过的笔名,其中许多题目和思想,也是在两个人的长谈中酝酿成熟的。在对中国社会和历史进行深入的观察和分析时,二人也相互得到了不少启发。鲁迅后来将这些杂文收入自己的杂文集中。诸如《出卖灵魂的秘诀》《最艺术的国家》《真假堂吉诃德》和《大观园的人才》等篇章,连熟悉鲁迅文笔的朋友也一时分辨不出来呢。

在当时的白色恐怖中,瞿秋白和鲁迅就是这样采取了种种方式和敌人进行着坚韧的斗争。在形势严重的时候,瞿秋白夫妇曾屡次到鲁迅家中避难。为了让瞿秋白夫妇有一个稳定而安全的住所,鲁迅亲自出去找房子。终于,在1933年3月,瞿秋白搬到了离鲁迅家很近的四川北路东照里。这样一来,两家的交往就更频繁了。

1934年初,瞿秋白离开上海赴江西革命根据地工作了。谁知次年,中央红军长征,瞿秋白作为留守人员突围时被俘,于6月18日,在福建长汀英勇就义。噩耗传来,鲁迅悲恸极了。尚在病中的他和几个朋友为了弘扬秋白同志的

精神,秘密着手编辑出版瞿秋白的遗作。很快,集烈士译作的《海上述林》一书问世了,抚摸着这部书,鲁迅在病榻上悲愤地说:"人给你杀掉了,但作品是杀不掉的!"

绵绵秋雨把整个上海下得有气无力。1932年秋天的一个中午,一个叫做阿累的人走进内山书店躲雨。

蓦地,一排印着《毁灭》的书引起阿累的注意,原来那上面有"鲁迅译"三个小字,表明是一本好书。

"这本书多少钱?"阿累朝走过来的内山老板问道。

"一块四"。

阿累赶紧摸了摸内衣的口袋,唉,只有一块多钱了,还是后几天的饭费呢,阿累不禁踌躇了。

这时店中一位穿长衫的人走了过来问道:"你要买这书?"

"是的。"

"你买这本吧,这本比那本好。"那穿长衫的人又从书架上拿出一本《铁流》。

阿累翻了翻书的定价:一块八。

"先生,我买不起,我钱不够……"阿累窘迫起来。

"我卖给你,两本书,一块钱。"那穿长衫的人出乎意料地说道。

阿累吃惊地望着他,那如隶书的"一"字般的胡须猛然触动起他的记忆——他认出了面前的人就是敬爱的鲁迅先生。

1932年的一个冬日,作家郁达夫的哥哥郁华来到上海,郁达夫在聚中园为他接风,请了鲁迅和诗人柳亚子夫妇作陪。

"你这几天辛苦了吧?"鲁迅一到,郁达夫便笑着向他打招呼。

鲁迅一边入座,一边微笑着回答:"我可以用昨天想到的两句联语来回答你。就是:横眉冷对千夫指,俯首甘为孺子牛。"

柳亚子十分喜爱鲁迅吟出的那一联诗,便说:"听说豫才兄的字是极好的,不知能否送我一幅,以饱眼福?"鲁迅很爽快地答应下来。

过了几天,鲁迅拟了一首《自嘲》诗,在一幅宣纸上挥洒起来,这是他打算送给柳亚子的。

诗云:

"运交华盖欲何求,未敢翻身已碰头。

破帽遮颜过闹市,漏船载酒泛中流。

横眉冷对千夫指,俯首甘为孺子牛。

躲进小楼成一统,管他冬夏与春秋。"

诗中洋溢着战斗的激情和不屈的斗志,这正是鲁迅精神的写照。

1933年1月,蒋介石点起一百万大军,围剿红色根据地,并疯狂地逮捕、杀害革命者和进步人士。

6月18日早晨,民权保障同盟的总干事杨杏佛遇害。

杨杏佛是鲁迅的好朋友,鲁迅闻讯极为悲痛。

6月20日，是杨杏佛入殓的日子，鲁迅清晨起来，便准备前往，许广平对此事极为担心。因为反动派们一直在放风，说这一天要暗杀鲁迅。但鲁迅早已将生死置之度外，毅然走出门去。

"钥匙，你忘了带家里的钥匙！"许广平追了过去。鲁迅扭头说："不必带了！"恰巧，许寿裳迎面走来，他是约鲁迅同去为杨杏佛送葬的。两个老友会心一笑，相携而去。

许广平攥紧鲁迅不肯带走的钥匙，不由得泪眼模糊，她明白先生的心意，他是做好了慷慨赴死的准备啊！在许广平焦急的等待中，鲁迅终于平安归来了。原来反动派们并不是真的敢暗杀鲁迅。

奴颜和媚骨，一向是鲁迅最憎恶的。

一天，曹聚仁先生请朋友吃饭，同席的有鲁迅、林语堂、陈望道等人。林语堂也是个作家，和鲁迅交往很久了。

酒席上，大家的兴致很高。幽默大师林语堂开始了他的"幽默"："有一次到香港，正碰上几个广东人讲广东话，像讲'国语'似的，讲得瞎起劲。我心里一气，就同他们讲英语，嘿，一下子就把他们给吓住了，嘿嘿……"他正乐不可支呢，忽然间一句"你是什么东西"的话将他吓了一大跳。鲁迅直指林语堂，极不客气地奚落道："你想借外国语来压我们自己的同胞吗？我劝你不要一副'西崽相'！"

同席的人也对林语堂的话很恼火，但大家从没看到鲁迅先生发这么大的火。这是因为他有极强的民族自尊心啊！

林语堂满脸通红，羞愧得不敢抬头看大家。

不过不要错认为鲁迅欣赏那种夜郎自大的所谓民族自尊，他对国外国内的文化遗产，一向主张采取"拿来主义"的态度。

他写过一篇《拿来主义》的文章，很巧妙地把文化遗产比喻为"一所大宅子"，里面既有"鱼翅"也有"鸦片"。我们呢，"要运用脑髓，放出眼光，自己来拿！"先"占有"，再"挑选"，然后或"使用"，或"存放"，或"毁灭"。

鲁迅从不崇洋媚外，而是堂堂正正，铁骨铮铮做一个有尊严的中国人。

然而，长期潜伏在鲁迅身体中的病魔开始露形了，他不时被病魔所困扰。一位美国的医生检查了鲁迅的身体后，对他抵抗疾病的能力感到十分惊讶。这位医生说，倘若是欧洲人，像这样的病在五年之前早就死掉了。他称誉鲁迅顽强的生命力的同时，劝鲁迅住医院，以延长生命。

鲁迅的一些亲友们也劝鲁迅听医生的话。宋庆龄女士得知鲁迅的病情后，马上写了一封信，她说："……你的生命，并不是你个人的，而是属于中国和中国革命的！！！为着中国和革命的前途，你有保存、保重你身体的必要，因为中国需要你，革命需要你！！！"

然而鲁迅没有心思和功夫去考虑他的生命，他想到的更多的是工作和战斗。

他在自己生命的最后时刻，校完了两卷《海上述林》，还写了大量杂文。在他去世的时候，书桌上还摆着没有完稿的《因太炎先生而想起的二三事》。

1936年10月11日凌晨5时25分，在最黑暗的黎明前夕，一个伟人的心脏

停止了跳动——鲁迅先生与世长辞了！

在墓地，鲁迅的遗棺上覆盖着一面白地黑字的大旗，上面大书着三个字"民族魂"。

4年后，另一个伟人在延安的一个窑洞中就着微弱的油灯的光亮写道：

"鲁迅是中国文化革命的主将，他不但是伟大的文学家，而且是伟大的思想家和伟大的革命家……"

这个伟人，便是毛泽东。

儿女情长

"无情未必真豪杰，怜子如何不丈夫"，这是鲁迅写的一句诗。许多人以为鲁迅的性格又冷又硬，脾气不好，喜欢骂人。其实鲁迅爱憎分明，对敌人又冷又硬，对亲朋好友则充满了爱，充满了关切之情。

"……

我好像一只牛，

吃的是草，

挤出的是牛奶，血。

……"

这是鲁迅的夫人许广平在鲁迅逝后的第三天清晨，于哀痛中写的献词。

许广平与鲁迅本是师生，渐渐地相识，相知，相爱了。饱受包办婚姻之苦的鲁迅便格外珍惜这份迟来的爱情。

他们之间的书信往来很多，后来便出了一个集子，叫《两地书》，但其中并没有什么风花雪月，多的倒是对恶势力的同仇敌忾，是志同道合的互相理解与信赖。

1927年他们在上海结为伴侣，当时，白色恐怖时时威胁着鲁迅的安全，鲁迅的学生和朋友常有被逮捕或被暗杀的。有时候，他们俩一起出门，鲁迅就让许广平不要和他靠近，离得远一点。万一特务突然下杀手，许广平还能安然脱险，不至于受到牵连。可是许广平怎么肯呢？两个人常为此吵起嘴来。

1929年9月的一天，鲁迅感冒发烧，但仍坚持工作，睡下时已经很晚了，已经怀胎十月的许广平突然感到要临产了。但她怕影响鲁迅先生的睡眠，强忍着生命的阵痛，咬着牙一声不吭，一直疼了一整夜。

次日上午10点，她才不得不告诉鲁迅，她要生了，鲁迅抱病赶紧将她送进医院，一天一夜没有离开她。

许广平碰上了难产。医生将鲁迅拉到一旁，轻声对他说："情况很严重，您看，万一有意外，是留大人还是留孩子？"鲁迅闻言一颤，但随即镇定地说："留大人！"

也许是这一句话，母子两人都保平安。就在这一天，鲁迅的儿子海婴诞生了。这为他们的爱情增加了欢乐。

生活中的鲁迅真是一个好爸爸。

海婴没满月的时候，虽然请了保姆，但只让她抱孩子到12点钟就回房休息了，然后是鲁迅接班，带两个小时，再交给许广平。

有时鲁迅抱着小海婴在小房间里来回走着，从门口走到窗口，又从窗口走到门口，困了的时候，他这样走走，就驱走了睡意。

白天，鲁迅的工作仍然很辛苦，许广平就劝他取消夜里的值班。他也确实很吃力，毕竟年近半百了，但是鲁迅却怎么也不肯，一定要尽当父亲的责任。海婴一天天地长大了，五六岁的时候，更爱缠着爸爸了。鲁迅在饭后喜欢吃一点糖果啊，饼干啊当零食。他靠在藤躺椅上把零食放在桌角，一边慢慢地吃，一边悠闲地看书，这就是他最好的休息了。

但是海婴往往就钻出来了，毫不客气地吃爸爸的糖果饼干，鲁迅只是微笑地看着小儿子，从不呵责。海婴也从来不怕爸爸，吃完东西，他就爬到藤躺椅上，挤在爸爸身边，轻轻揪爸爸的胡子玩。

有时小海婴太顽皮了，鲁迅生气了，随手抓起一张报纸卷成个圆筒，举得高高的，脸也板得紧紧的，小海婴害怕了。

由于鲁迅对自己小时候受的束缚人性的封建教育十分不满，不愿小海婴重走他的童年之路。因而他从不喜欢把孩子拘管成呆头呆脑的木头人。他的原则是教孩子"敢说、敢笑、敢骂、敢打"，做一个活泼真诚的人。

鲁迅扶植过许多青年人走上文学道路，他对文学青年的无私帮助是有口皆碑的，特别是对女作家萧红和其丈夫萧军的帮助。由此他们和鲁迅一家都成了很熟的朋友。

一天，年轻活泼的萧红穿了一件宽袖的鲜红色上衣，式样很时髦，高兴地跑到鲁迅家里来。可是许广平在忙着做家务，鲁迅正在生病，谁都没注意她的衣服。

萧红一看，只好自己问啦："周先生，我的衣服漂亮吗？"

鲁迅上上下下打量了一遍，"唔，不大漂亮。"

"为什么？"萧红失望地问。

鲁迅说："你的红上衣和你的咖啡色裙子不相配，红上衣应该配红裙子或黑裙子"。

鲁迅先生兴致高起来，继续说道："人要是太瘦，就不该穿黑衣裳；要是胖人，就别穿白衣裳。方格子的衣裳，胖人也不能穿，但比横格子要好。胖子要是非穿横格子则好像被左右一拉，显得更胖了，所以胖人应该穿带竖条子的，竖的就使人显高、显瘦了。"

"女人穿衣裳的这些道理，周先生怎么也知道呢？"萧红听入了神，同时也不免惊讶，她还从来不知道鲁迅先生在美学方面也有许多见解。

是啊，伟大的鲁迅也不是不食人间烟火的嘛！他是一个伟大的人，但他也是一个平凡的人。

奸佞卷

吕不韦

　　吕不韦是阳翟的大商人。他往来各地,低价买进,高价卖出,累积了上千金家产。

　　秦昭王四十年,太子死了。到昭王四十二年,把他的第二个儿子安国君立为太子。安国君有儿子二十多人。安国君有一位宠姬,立为正夫人,号为华阳夫人。华阳夫人没有儿子。安国君有个排行在中间的儿子名叫子楚,子楚的母亲叫夏姬,不受宠爱。子楚被派到赵国替秦国做人质。秦国多次攻打赵国,赵国也不很礼待子楚。

　　子楚是地位卑贱的孙子,在诸侯国做人质,车辆等日常的费用并不宽裕,生活困窘,不得意。吕不韦在邯郸经商,看到了子楚而可怜他,说"子楚是可以囤积的奇货"。于是就去见子楚,向他游说:"我能光大你的门第。"子楚笑着说:"你暂且先光大自己的门第,然后再来光大我的门第!"吕不韦说:"你不知道吧,我的门第要等你的门第光大之后才能光大起来。"子楚明白吕不韦所说的意思,就领吕不韦与他一起坐下,深入交谈。吕不韦说:"秦王年纪老了,安国君被立为太子。我私下听说安国君宠爱华阳夫人,华阳夫人没有儿子,能够选立嫡嗣的,只有华阳夫人。现在你们兄弟有二十多人,你又排在中间,不很受宠爱,长久地在诸侯国做人质。如果大王死后,安国君立为王,那么你没有机会和长子或其他早晚在大王跟前的兄弟竞争当太子。"子楚说:"是这样,那该怎么办呢?"吕不韦说:"你贫穷,客居在这里,没有什么钱可以奉献给亲戚和结交宾客。我吕不韦虽然贫穷,但愿意拿出千金替你到西边去游说,去服事安国君和华阳夫人,让他们立你为嫡系继承人。"子楚于是叩头说:"如果你的计策成功了,愿意分封秦国的土地与你共同享有它。"

　　吕不韦就拿五百金送给子楚,作为日常的费用和结交宾客所需;又拿出五百金去购买珍奇和玩赏的物品,自己带上这些东西往西游历秦国,去求见华阳夫人的姐姐,并把带来的东西全部献给华阳夫人。吕不韦趁机说子楚贤能聪明,结交的诸侯宾客遍布天下,常常说"我子楚是把夫人看成像天一样,日夜流泪思念太子和夫人"。华阳夫人十分高兴。吕不韦于是让华阳夫人的姐姐劝说华阳夫人说:"我听说过,凭美色来侍奉人的人,一旦容颜衰老,宠爱也就会松弛。现在夫

人你侍奉太子,很受宠爱,但自己却没有儿子,不如在这个时候早早在众多儿子中结交有才能又孝顺的人,推举他立为嫡嗣并认为自己的儿子,这样,丈夫在的时候就更受到尊重,即便丈夫去世以后,所认的儿子继位为王,终究不会失去权势,这就是所谓一句话就能得到万代的利益。不在繁华时树立根本,那么美色衰退,宠爱松弛之后,即使想再进一言,还有可能吗?现在子楚贤能,而且自己知道排行在中间,依次不得立为嫡系继承人,他的母亲又得不到宠幸,因此自己依附于夫人。夫人如果确实能在这个时候举拔他作为嫡系继承人,那么夫人终生都能在秦国得到恩宠了。"华阳夫人认为很对,就在奉承太子的时候,慢慢地谈到在赵国做人质的子楚特别贤能,来往的人都称赞他。接着又流着泪说:"妾有幸得以充列后宫,却不幸没有儿子,希望能把子楚立为嫡系继承人,使我有个托身的人。"安国君答应了她,就给华阳夫人刻写玉符作为凭信,约定立子楚为嫡系继承人。安国君和华阳夫人因此送了很多东西给子楚,并且请吕不韦来辅佐他。因此,子楚的名声在诸侯间更加响亮。

　　吕不韦娶了邯郸女子中最漂亮而擅长歌舞的人,与她同居,知道她有了身孕。子楚跟吕不韦饮酒,看到那个女子后很喜欢她,因此站起来向吕不韦敬酒,请求得到她。吕不韦很愤怒,但转而想到已经为子楚破费了很多家财,想要钓取奇货,于是就献出了自己的姬妾。姬妾自己隐瞒已经怀有身孕的事,到生产时,生了个儿子名叫政。子楚于是立该姬为夫人。

　　秦昭王五十年,派王龁围攻邯郸,情况十分危急,赵国想要杀子楚。子楚跟吕不韦谋划,送了六百斤黄金给看守的官吏,得以逃脱,逃到秦军的营地,于是才顺利回到了秦国。赵国想要杀死子楚的妻子和儿子,因子楚的夫人是赵国富豪家的女儿,得以藏身,因此母子竟然得以活命。秦昭王在位五十六年去世,太子安国君立为秦王,华阳夫人为王后,子楚立为太子。赵国也护送子楚的夫人和儿子政回到秦国。

　　秦王即位一年,去世,谥号为孝文王。太子子楚继位,这就是庄襄王。庄襄王所认的母亲华阳王后就成为华阳太后,生母夏姬被尊为夏太后。庄襄王元年,用吕不韦做丞相,封为文信侯,将河南洛阳十万户做他的食邑。

　　庄襄王即位三年就死了,太子政立为秦王,尊吕不韦为相国,号称他为"仲父"。秦王年纪很小,太后经常与吕不韦私通。吕不韦的僮仆多达万人。

　　正当这个时候,魏国有信陵君,楚国有春申君,赵国有平原君,齐国有孟尝君,他们都礼贤下士,喜欢招徕宾客,并借此互相倾轧。吕不韦认为秦国这样强大,在这方面却不如他们,因而感到羞愧,也招来许多士人,厚待他们,招来的食客有三千人。这时候,诸侯中有很多辩才,如荀卿一班人,他们所著的书遍布天下。吕不韦就要他的门下食客人人都记下自己的所见所闻,汇集编排成八览、六论、十二纪,一共有二十多万字,认为这些包罗了天地万物和古今的事情,书名叫《吕氏春秋》。把它刊布在咸阳都市的城门上,并在上面悬挂千金,邀请各诸侯国的游士宾客,说若有能增加或减少书上一个字的人,就奖给他千金。

中华名人百传

秦王政逐渐长大，但太后仍然淫乱不止。吕不韦恐怕事情被发觉，祸及自身，就私下找来阴茎粗大的人嫪毐，作为门客，时常放纵淫乐，要嫪毐用他的阴茎贯入桐木所做的车轮行走，让太后知道这件事，来引诱太后。太后听说后，果然想要暗中得到他。吕不韦就进献嫪毐，假装让人以当受宫刑的罪名告发嫪毐。吕不韦私下里对太后说："让嫪毐假装受了宫刑，就可以让他在宫中供职。"太后就暗中送了很多东西给主持宫刑的官吏，假装来治嫪毐的罪，拔去他的胡须变成宦人的模样，于是得以侍奉太后。太后与嫪毐私通，非常喜爱他。有了身孕，太后担心别人知道了，就假称卜卦说需要回避一段时间，于是就搬家到雍宫。嫪毐经常跟从她，所受的赏赐非常丰厚，凡事都由嫪毐决断。嫪毐家的僮仆有数千人，那些为求官职而成为嫪毐门客的有一千余人。

秦王政七年，庄襄王的母亲夏太后去世。孝文王后叫华阳太后与孝文王合葬在寿陵。夏太后的儿子庄襄王埋葬在芷阳，所以夏太后单独另葬在杜地的东边，她生前曾说："向东可望见我的儿子，向西可望见我的丈夫。百年之后，墓旁会成为有上万户人家的城邑。"

秦王政九年，有人告发嫪毐根本不是宦人，常常与太后私通，生下两个儿子，都把他们藏匿起来。并且嫪毐跟太后密谋说："大王若死了，就用我们的儿子继位。"因此秦王就下令让官吏查办，全部得知了事情的真相，这件事牵连到相国吕不韦。九月，诛杀了嫪毐的三族，杀死了太后所生的两个儿子，并把太后迁移到雍宫。嫪毐家的所有门客都被抄没家产而迁徙到蜀地。秦王想要杀相国，但因他奉立先王的功劳大，以及宾客辩士为他说情的人很多，所以秦王不忍心法办他。

秦王政十年十月，免去吕不韦相国的职务。等到齐人茅焦劝说秦王，秦王就到雍宫迎接太后，太后又回到咸阳，而遣发文信侯到他河南的封地去。

过了一年多，各国诸侯宾客使者在道路上络绎不绝，来访问文信侯。秦王害怕文信侯进行变乱，就给文信侯写信说："你对秦国有什么功劳？秦国把河南封给你，食邑十万户！你跟秦国有什么亲缘关系？竟号称仲父！你与你的家属迁徙到蜀地去居住！"吕不韦自己意识到逐渐受到威胁，害怕被杀，就喝鸩酒自杀了。秦王所恼怒的吕不韦、嫪毐都已经死去，于是就让迁徙到蜀地的嫪毐的门客全部迁回。

秦王政十九年，太后去世，谥号为帝太后，跟庄襄王合葬在芷阳。

嫪 毐

　　嫪毐(音 lào'ǎi)(? —前238年)战国末秦国人。由吕不韦推荐给赵太后，拔掉须眉，冒充宦官，受到宠幸，被封为长信侯，后来，他通过施展各种阴谋诡计，勾结党羽，其权势竟扩展到与威震诸侯的文信侯吕不韦相抗衡。他怎么能够进到秦国宫中，又很快爬到权倾秦国的地位以至阴谋发动政变呢？

　　嫪毐进入秦国宫中，开始是由于吕不韦的政治需要，是吕不韦为了保住自己的权势，使出的一条"以嫪代吕"的诡计。吕不韦以相国和"仲父"自居，长期与秦王的母亲赵太后私通，早已风闻于朝廷大臣，只是慑于赵太后和吕的淫威，才不敢说。后来连秦王对吕、赵之私事也觉察到了不少。这使吕不韦旦夕提心吊胆，忧心忡忡，坐卧不安。他害怕一旦事情败露，就会一切完蛋。但此时的赵太后淫心愈炽，不时召吕进宫幽会，他又不敢拒绝。怎么办呢？这个以"奇货可居"起家的人，又使出了老计策，决定找一个能满足赵太后淫荡生活需要的人进宫代替自己，以便自己脱身。于是嫪毐被选中，并采取假"阉割"的办法剃去须眉，送进宫当宦官，专门侍奉赵太后。赵太后一见嫪毐非常倾心，"私与通，绝爱之。"

　　嫪毐这人出身小市民的无赖狂徒，不仅仅是个色胆包天的淫棍，还是个野心勃勃的阴谋家。他紧紧抓住这个难得的机遇，以流氓者特有的贪婪和伎俩，肆无忌惮地干着"掩耳盗铃"的丑事。他知道自己最大的赌注是赵太后，所以一进宫，就不遗余力地施展谄媚术，以各种丑态去博取赵太后的欢心。他对赵太后百依百顺，只要赵太后喜欢，就千方百计去逢迎。每当笙歌燕舞之时，他总是追随于太后之侧，挤眉弄眼，胡诌乱哼，甚至为太后搔痒痒，以此来讨得赵氏的喜悦。夜晚，他陪太后喝酒行令，当好忠实的面首。

　　赵太后与嫪毐长期私通结果怀了孕。这在封建社会可是件大逆不道的滔天罪行。赵太后为此十分焦虑，恐惧不安。嫪毐献诡计让赵太后装病，于是赵太后就"重病"了，她茶不思、饭不想，整天神魂颠倒，胡言乱语。这一招果然骗得秦王政相信。秦王见母亲"病"情这样重，十分着急，一边延医进药，一边求神问卜。这时，狡诈的嫪毐趁机用重金行贿卜者，说太后的"病"是中了宫中的邪气，必须离宫避灾。秦王当时只是有些怀疑太后与"仲父"吕不韦的关系，却不知道嫪毐与太后勾当。秦王想，太后既要离宫，便可以与吕不韦疏远一些，这正是他求之不得的好事，便一口同意。于是嫪毐的诡计成功了。秦王让他跟随太后迁居到离咸阳二百多里的雍城大郑宫居住。从此，嫪毐与太后深居离宫，远离秦都，无人监视和干扰，就俨然过起了"夫妻"生活，仅两年多时间，便生育了两个孩子。他们还阴谋商定"王即薨，以子为后"。为了保守机密，他们修筑了密室，把孩子养在里面。

嫪毐为了积蓄实力,不断向上爬,采取明要暗积的计策,不择手段地扩大自己的权力。他利用秦王只怀疑吕不韦,而没有觉察他,公然向秦王邀功请赏。但他自己躲在背后,而让赵太后出面,说他代替秦王伺候太后有功,应该封赐。太后已与他沆瀣一气,自然乐意,而秦王此时正忙于政务,无暇多思考,于是,嫪毐又如愿以偿。秦王先封其为长信侯,不久,又将"河西太原郡更为毐国。"赵太后为了拴住这匹能供她泄欲的野马,每天还赐给他很多的钱财,供他玩乐。嫪毐由此成了名噪一时的暴发户。他的宫室、舆马与王侯一般华贵,还经常带着一批人游猎、赌博、专横跋扈,令人生畏。随之,他的政治野心也日益膨胀起来,自称"假父",宫中大小事务都由他做主处理,俨然成了秦王政的太上皇,这是明着的。暗地里,嫪毐还依仗太后做靠山,豢养家僮、培植死党、结交权贵。他用金钱和权势来笼络权贵,收买人心。一些趋炎附势之徒便来投靠他,巴结他,借以向上爬。没多久,这位假宦官便蓄积了"家僮数千人,诸客求宦为嫪毐舍人千余人"。其恶势力已与吕不韦不相上下,以至当时的人把嫪氏、吕氏并提:"与嫪氏乎?与吕氏乎?"此时的嫪毐已从当年的流氓小丑,一跃而为政治扒手。

嫪毐为了加速其篡政夺权的步骤,不惜用重金贿赂朝中权贵作为党羽和耳目。他的眼线布到了秦王政的左右内室,朝中的一事一物,秦王的一言一行,就连吕不韦的一举一动,都在他的掌握之中。他的爪牙来往穿梭于咸阳与雍城之间,随时为他提供情报。就连当时的宫廷卫队长、禁军首领和掌管狩猎的侍从官等,都成了他的死党。有一次,秦王政由于多少听到了有关嫪毐的一些事,想派人调查一下,但还没做出决定,嫪毐就先知道了。

公元前238年4月,秦王政在政治上已完全成熟,他再不能忍受赵、嫪、吕三驾马车的掣肘了,更不能目睹他们的腐朽生活和祸国殃民的腐败政治,决定要亲自执政,干一番事业。他告诉文武百官,他要在祈年殿举行冠礼,宣布亲政。并放假五天,大宴群臣,以示庆贺。

这一宣告,对正在密谋窃国的嫪毐集团无疑是一个沉重的打击。野心勃勃的嫪毐按捺不住,便蠢蠢欲动,他要立即与赵太后密谋对策。可是这一天,赵太后和秦王政在大郑宫饮酒庆贺,嫪毐无法接近赵太后,只得在外面与左右权贵饮酒、博弈等候。不想这个利令智昏的家伙,在赌博输了之后,竟忘却了"大事",发作了流氓本性,非强拉对方再赌,对方不干,他就大打出手,并瞪大眼睛吼道:"我是当今皇上的假父,你算什么东西,敢与我对抗!"对方也是一个不小的官,他一听此话,吓破了胆,慌忙告饶逃走。此事很快为秦王政得知。当他了解了事情的全部底细之后,不由得气冲牛斗,立即密令桓齮率兵前去剿除这伙覆国之徒。

但是情报又很快到了嫪毐的手上。他见事已败露,便连夜进宫与赵太后密谋对策。他在狗急跳墙之时,想出一条孤注一掷的办法,"矫王御玺及太后玺,征集县卒、卫卒、宫骑以及他的舍人、党羽等,首先发难。"他们将祈年宫团团围住,扬言宫中有贼,并发起猛烈进攻。他幻想趁桓齮兵临之前,将秦王政除掉,取而代之,秦王政立即命昌平君、昌文君应变,双方展开了你死我活的搏斗。在这紧

急关头,秦王政登台宣布了嫪毐的罪行,并发出号召:"有谁能生擒嫪毐者,赐钱百万;杀而献其首者,赐钱五十万;得逆党首者,赐爵一级。不问职务、身份,只要除贼有功,都可以受到同样的奖励。"这一来,宦者及放牧牲口的人都拼死出战,那些被嫪毐蒙蔽而召集来的宫骑卫卒,便纷纷反戈一击;那些平时被嫪毐欺压、侮辱的人,更是奋不顾身;就连老百姓,听说嫪毐谋反叛乱,也都自愿持枪来战。

在这场殊死的搏斗中,嫪毐终因众叛亲离,逃遁不成,被活捉,最后被车裂处死。

赵　高

赵高,生年不详,死于公元前207年,秦末著名奸相。先祖原为赵国人,后迁入秦国,其父因罪被判宫刑,其母被没为官奴。赵高出生在宫内,长大后亦被处以宫刑,留在宫中服役。由于他生性狡诈,深藏不露,又巧舌如簧,善于奉迎,竟从一个宦者平步青云,连连高升,飞黄腾达,最后成为独揽朝政的宰相。他一生诡计用尽,坏事做绝,是个典型的奸佞幕僚。

赵高出身低下,但他身体非常强壮,膂力过人,而且生就一个聪明的脑袋。他生活在宫廷里,耳濡目染,学到了一套向上爬的本事。他为人十分狡猾,很会看风使舵,为了讨人喜欢,对于出入宫廷的人,不管职位高低,他都会曲意逢迎一番。因此,许多人都赞扬他聪敏伶俐,精明强干,且很谦虚,后来连秦始皇也知道了,就把他调到身边服侍。赵高了解到秦始皇非常重视法治,为投其所好,便专心阅读并钻研狱律,他边读边写,不仅熟悉了许多案例,而且写得一手很漂亮的字,因此,他很快就得到了秦始皇的赏识和信任,夸奖他"高缰(强)力,通于狱法",不仅提拔他为中车府令兼符玺令,为自己管理车辆马匹和皇帝大印,还让他当了小儿子胡亥的师傅。

赵高当了胡亥的师傅之后,经常出入内宫,更加接近秦始皇。他知道自己的地位是怎样得来的,更知道如何继续往上爬。他利用一切机会为秦始皇献计献策,无非是加强法治、严刑酷法一类秦始皇感兴趣的东西。与此同时,他又挖空心思,千方百计接近和讨好胡亥,因为他发现秦始皇十分喜欢这个生性懦弱、幼稚无知、有小聪明而无主见的小儿子。他心里明白,只有讨得胡亥喜欢,才能更加取信秦始皇;而且秦始皇死后,他也要有个靠山,何不趁此机会培养一个自己能够左右的靠山呢!工于心计、野心勃勃的赵高,此时已为日后打上了算盘,设计了远景。

公元前210年的冬天,秦始皇在老百姓的怨声载道中第五次出巡。自从统一天下之后,秦始皇为了耀武扬威,加强对全国各地控制,每隔一二年就要"亲巡天下,周览四方"。每次出巡都要带大批的随从。作为主管皇帝车马乘舆的中车

府令兼行符玺令事的赵高自然都在随行之列,这次亦不例外。

大概因此次出巡的路线是江南风景优美的吴、楚、越之故,公子胡亥也提出随父皇一起巡游。起初秦始皇表示不同意,后来在赵高的极力劝说下,才破例带他同行。这次陪同始皇巡视的还有右丞相李斯和将军蒙毅等。

不知是天意还是巧合,秦始皇才五十开外的年纪,此次出巡竟成了他的死期末路。他在兴致勃勃地游了云梦泽(今湖北省境内)之后,又南下钱塘江,游了杭州,再到会稽山(今浙江省绍兴市东南)祭祀了大禹,又渡江北上,专门到琅邪(今山东省胶南县)求长生不老之药。但他万万没有料到,自己竟会死在巡游的旅途之中。

当秦始皇感到自己死期即将来临时,他才想起了皇位的继承问题。尽管他对儿子扶苏有意见,但他还是认为扶苏是个人才,又是老大,应当继承帝位。他立即召来赵高写好"玺书",命扶苏即刻返回咸阳(今陕西省咸阳市)奔丧。"玺书"交由赵高传送。但未等"玺书"送出,始皇就死在沙丘了(今河北省广宗县境内)。

秦始皇一驾崩,心怀叵测的赵高,认为自己窃权的时机到了,马上展开一系列的阴谋活动。

第一,篡改"玺书"。赵高明白,"玺书"是秦始皇传位的遗嘱,只要扶苏一到京城,皇帝位置必然就是他的。但他最不愿意的就是扶苏上台。其一,扶苏是个有本事的人,为人正直,讨厌奸佞小人,不仅看不起他,还对他有仇恨;其二,扶苏有蒙恬、蒙毅两兄弟掌握兵权的支持,一旦称帝,赵高再也无施展手段的余地,到时候只有死路一条。想到这里,赵高觉得"玺书"不仅不能发出去,而且非拆开篡改不可。那么怎样篡改呢?他早已胸有成竹,马上想到了胡亥这个无能的竖子。

第二,笼络胡亥。赵高去找胡亥时,这个懦弱无能、只知玩乐的小公子正在那里哭鼻子。但他只是感到父皇一死再也没人宠爱他了,别的并未多去考虑。赵高是个诡计多端的人,他利用"玺书"只给扶苏一人,而对胡亥等其他公子没有安排和分封这一事实去挑唆和拉拢胡亥。他一见胡亥劈头就说:"今皇上驾崩,没有留下分封公子的诏令,可是单单给大公子写一封"玺书"。大公子接到"玺书"便会赶到咸阳当皇帝。而你没有得到分封,和平民百姓一样,该怎么办呢?"胡亥愚笨,听不出赵高话中话,只是叹息道:"这是命运决定的,有什么办法呢?英明的皇帝,睿智的父亲,既然没有分封,是有他的道理和想法的,我还有什么可说的呢?"胡亥的无能赵高早就知道,正因为他无能,赵高才相中他。赵高马上给他献计说:"你说得不对。事情并不是不可改变的。先皇死在途中,诸公子和蒙恬等大臣都不在这里,现在的大权全握在你与我及丞相李斯手中,一切的安排都取决于我们三人的意志,你要早作打算,我是愿意协助你的,你难道不明白统治与被统治的关系吗?你不想当皇帝吗?"胡亥听后仍然犹豫不决,怕别人骂他不仁不义。赵高接着说:"我听说商汤、周武杀了他们的君主,天下的人都说他们是仁义的,并不说他们不忠;卫国的君主杀了他自己的父亲而自立,大家都称颂他

有道德。……凡是干大事业的,就不能拘小节;有大德行的人,是不计较小的责备之辞的。所以顾小而忘大的人,以后必定有灾难;犹豫不决的人,以后一定要后悔;凡是果断而敢干的人,鬼神见了也要躲避,而且一定会成功,希望你就按照我的意见办吧! 我是真心实意为你着想啊!"赵高凭三寸不烂之舌,终于把懦弱而胆怯的胡亥说动了。但胡亥又说:"父皇病逝的消息还没有公布,丧事还没有办,怎么好去和丞相说呢?"赵高立即说:"机会不可失啊! 我马上去和丞相商量,这事没有他不行。"

　　第三,要挟李斯。李斯是秦始皇的亲信重臣,在朝廷中举足轻重。他足智多谋,为秦始皇统一六国出谋献策,立下很大功劳。但他利禄之心很重,是个重利薄义的人,此刻,他倒没有歪心,正在忙于处置秦始皇突然死去带来的政治危机。他已经为稳定政局想了个好主意:即对秦始皇的死秘而不宣,一切按秦始皇还活着行事,待回到京都咸阳后再宣布丧事。但他实在没有想到他的这一招正好为赵高阴谋篡权所利用。

　　赵高作为秦始皇的宠幸,又颇多心计,因此对朝中百官的情况非常了解。他知道李斯是个不大好对付的人,不采取一点办法是说服不了李斯的。他决定抓住李斯重利禄的弱点,用软硬兼施的手段对付他。

　　赵高独自一人去见李斯,进门就让李斯喝退左右,秘密地说:"皇帝病重时,给大公子扶苏留下一封玺书,要他到咸阳参加葬礼,继承皇位。玺书未发,皇帝就驾崩了,没有人知道这件事。玺书现在公子胡亥手中。究竟让谁继承皇位,全在丞相您和我的一句话了。就看您怎么办了!"

　　李斯事先的确不知此事,听后大惊失色,答道:"你怎么能说出这样的话来呢? 这种乱政亡国的事不是臣子应该做的。"

　　赵高见李斯态度坚决,就用激将法刺他:"丞相呀,请您考虑一下,论才能、功绩、谋略您都能高过蒙恬吗? 论个人的威信和与大公子扶苏的关系,您又能比得上蒙恬吗? 一旦大公子当了皇帝,您和蒙恬谁能占上风,难道您还掂量不出来吗?"

　　李斯陷入了沉思。赵高见李斯动心了,忙接着挑逗说:"我赵高懂得一点儿秦国那些被罢免丞相和功臣的下场。他们获得的富贵都没有超过两代人,其结局只有一个:就是杀头。"李斯也十分熟悉秦国的历史,此时他眼前又浮现出商鞅被"五马分尸,人啖其肉"的可怕景象。这血淋淋的事实不能不动李斯的心。但李斯毕竟有感于秦始皇恩重,仍不愿干此大逆不道的事,顺就天命,何必另有什么打算和决定呢?

　　赵高的软硬兼施终于把私心很重的李斯攻垮了,李斯不愿意丢掉荣华富贵,只得向赵高屈服说:"愿意一切听从你的安排。"

　　就这样,在赵高的主谋下,赵高、李斯、胡亥三人配合,一场篡夺皇位继承权的"沙丘政变",便以赵高的阴谋得逞、胡亥继任皇位而告一段落。然而,赵高的整个篡权活动却还在继续扩大。

为了让胡亥回到咸阳后顺利登基,赵高在要挟屈服李斯之后,立即毁掉原来的"玺书",另外假造了一道立胡亥为太子的遗诏,又伪造一封假遗书给公子扶苏和蒙恬,颠倒黑白地谴责他们在边疆没有功绩,不孝不忠,赐他们自杀。假遗书写好后,赵高马上派人日夜兼程送到边疆,可怜扶苏守卫着边疆,却被蒙在鼓里,识不破赵高的诡计,自己接过赵高送去的剑,不明不白地做了冤鬼。老将蒙恬,经验丰富,他对这突如其来的"遗书"感到惊疑,难以理解,心中十分怀疑,所以拒绝从命,不肯自杀。赵高很狡猾,早已吩咐去的使臣,如若不从命,立即抓捕。蒙恬便被夺去军权,囚禁在阳周的监狱里。

　　这样,胡亥登基当皇帝的障碍扫清了。于是一回到咸阳,赵高便拥立他继承了皇位,是为秦二世。而赵高因拥立有功,跃升为郎中令,全面掌管宫中警卫,并成为胡亥的决策谋臣。

　　胡亥当皇帝后,赵高篡位夺权的野心更加膨胀,他施展阴谋的手段也更为狠毒。他一面极力怂恿胡亥享乐腐化,沉溺酒色,不问政事;一边揽权乱政,借胡亥之名,杀戮忠良,铲除异己。

　　蒙恬和蒙毅两兄弟是秦国的名将,为秦始皇统一天下立下了汗马功劳,且两人在朝野的威望都很高,对秦始皇忠心耿耿。正因此,赵高非常忌恨这两人,因为他们看不惯赵高的为人,且对赵高的阴谋有所觉察,是赵高篡权的大障碍。于是,赵高就把蒙氏两兄弟列为他诛灭异己的首要对象。为了杀害蒙恬和蒙毅,赵高几乎"日夜毁恶蒙氏,求其罪过,举劾之",并以莫须有的所谓"先主欲立太子而卿难之"的罪名,令蒙毅自杀。接着又派人到阳周监狱逼迫蒙恬吞药而死。

　　诛蒙氏兄弟是赵高为实现篡位夺权而采取大屠杀手段的第一步。第二步是把屠刀挥向在朝的其他大臣和秦始皇的诸公子。将军冯劫和右丞相冯去疾在赵高的迫害下自杀而死。其他大臣有的被杀,有的被撤。转瞬间,原来秦始皇的重臣即被杀害得所剩无几。

　　赵高在迫害大臣的同时,没有忘记安插自己的亲信。他让兄弟赵成接他的班,当了中车府令;让女婿阎乐当咸阳县令。其他职位如御史、侍中等也都换上了他的人。

　　诛杀和整肃完朝臣之后,赵高感到秦始皇所生的诸多儿子是他篡权的阻力和日后的祸害,因此必须彻底除掉。赵的手段十分毒辣,他一次就在咸阳杀掉胡亥的12个兄弟。不久又在杜邮(今陕西省咸阳市东)碾死胡亥的6个兄弟和10个姐妹。连行为极其谨慎的公子将、闾、昆弟三人,赵高也派人逼他们自杀而死。就这样,秦始皇的几十个儿女惨死在赵高的手里。

　　赵高大屠杀的第三步便是向暂时的同盟者李斯开刀。李斯实际上是赵高最为不放心的一个政敌,只是由于种种原因,他不便先向他动手。赵高除掉李斯的理由起码有三条:一是李斯占着相位,掌着朝政大权;二是"沙丘政变"李斯对赵高搞的阴谋了解最多,一旦泄露出去,赵高就要彻底完蛋;三是李斯功高望众,赵高无法驾驭他。凭这三条,赵高非除掉他是不能安心的。那么怎样除掉李斯呢?

赵高计毒谋恶，他给李斯设圈套，让他自己上当，让李斯死得不明不白。

一天，赵高哭丧着脸去见李斯，进门就说："丞相啊，现在关东反叛的盗贼，越来越凶，可皇上却压根儿不放在心上，只知道修建宫殿，玩弄狗马，嬉戏宫妃，沉醉享乐，我想劝他几句，但自己职低位卑，他根本不听我的。您是丞相，又是先帝老臣，说话有分量，应当去劝谏劝谏呀！"李斯不知是赵高用计，而且赵说的亦是事实，便点头称是："你说的对，我有责任去劝谏，只是皇上深居后宫，我无法见到他呀！"赵高见李斯上当，忙又说："那好办，只要丞相愿意劝谏，我给丞相寻找机会，瞅皇上空闲时，我报信给您。"

老奸巨猾的赵高明明知道胡亥十分讨厌在他与宫妃们玩乐时有人去干扰，这往往是要当场治罪的。赵高要陷害李斯，自然要找个最能令胡亥发怒的时间。一连几次，都是在胡亥与宫女玩耍正浓时，赵高让李斯进宫劝谏，惹得胡亥很不愉快，但碍于他是先帝老臣和丞相，不好发作，只得忍下。有一天，正当胡亥与宫女们"燕私"之时，赵高又通知李斯去劝谏。这下可真气坏了胡亥，他等李斯一走，马上大骂道："李斯这个老贼，是不知趣，还是和我过不去，我闲着没事他不来奏，专找我'燕私'时一次又一次扫我兴，我看是他以为我年轻，不把我当皇上了！"此时赵高正在旁边，马上应声道："这可太危险了！沙丘之事丞相是参与者，现在陛下当了皇帝，而他却没有得到封赏，他怎么能满意！他大概是想封王吧！"说到这里，赵高突然把话锋一转，给李斯放了一支更毒的暗箭，他危言耸听地对胡亥说："有一件重大的事，不是陛下今日说起，我真不敢直言相告。丞相的大儿子李由任三川郡守，陈涉等造反闹事经过三川时，李由不去剿灭，那是因为陈涉等人是丞相的故里同乡。我还听说他和陈涉等人书信往来，只是我还没拿到真凭实据，所以暂时没向圣上奏明。"

胡亥一听，更加火冒三丈，立即决定要治罪李斯，并悄悄地派人去三川调查李由通盗的罪行。后来，李斯知道了赵高在捣他的鬼，非常气恼，便向胡亥面奏申冤，揭露赵高"无识于理，贪欲无厌，求得不止，列势次主，求欲无穷，"是个十分危险的人。

胡亥此时已在赵高的手掌中，他岂能相信李斯的劝谏！他反驳李斯说："夫高，以忠得进，以信守位，朕实贤之。"事后，胡亥还把李斯揭发赵高的奏章，密告赵高，叫他小心。赵高便趁机再进谗言道："丞相父子谋叛已明，所担心就是我一个人。我如果死了，他便会像田常（即田成子，曾杀齐简公，拥立齐平公，自任相国）一样杀死陛下夺取皇位的。"胡亥便下诏把李斯抓起来，并交给赵高审理，于是赵高便把李斯的家眷族人统统下狱治罪。赵高为了逼迫李斯供认"叛乱""谋反"之罪，除酷刑拷打外，还指派亲信轮番审理，诱使李斯招供。可怜李斯聪明一世，却因私心太重而死在赵高的手下。

赵高害死李斯之后，朝廷再也无人可以和他抗衡了。于是他便顺理成章地当上了丞相，把内宫和朝政的大权统统揽在自己的手上，完全成了胡亥的太上皇。

奸佞卷

但是,这仍然不能满足赵高的野心,为此,他又施展新的更大的阴谋诡计。"指鹿为马"便是他阴谋篡帝所玩的最卑劣而露骨的手段。赵高在一次文武百官朝贺时,命人牵来一只鹿献给胡亥,却说"陛下喜欢骑马,臣献上一匹漂亮的小马!"胡亥一看,大笑道:"丞相错了,这是鹿,不是马,我没有说错吧?"可是朝臣们面面相觑,谁也没有回答。因为他们慑于赵高淫威,不知赵高葫芦里卖的什么药,怎敢开口!直至皇帝再问时,正直的人回答是鹿,赵高亲信和善于拍马的说是马,骑墙的人则不说话。弄得胡亥莫明其妙,还以为自己病重了,连事物都辨不清了。于是回到后宫,马上命巫官为自己占卜算命,巫官说:"陛下祭祀时没有斋戒沐浴,所以会把马认为鹿呀!"此话是赵高事先收买巫官,让他这样说的。胡亥信以为真,便按赵高的安排,将朝廷政事统统交给赵高,躲进上林苑去斋戒消灾去了。

赵高指鹿为马的闹剧达到了两个目的:一是愚弄胡亥,看他已经昏庸到什么程度,视情况对其进行处置;二是试探文武百官的态度,以便进一步扫清异己。事后,他把说"鹿"和不表态的大臣杀的杀,降的降,统统赶出朝廷。

把胡亥赶到上林苑之后,赵高便独霸了朝政大权,朝野上下,人人自危,无不看赵高的眼色行事,任其胡作非为,此时赵高认为时机已经成熟,便决定实现阴谋大计的最后一着:除掉胡亥,自己登位。

首先他把胡亥支出皇城,让他住到离京城咸阳八里远的望夷宫去,使胡亥完全脱离了大臣和朝政;接着,马上找来弟弟赵成和女婿阎乐,进行密谋策划,做出夺位的决策和部署。为了遮人耳目,赵高让阎乐派人乔装起义军把老母抓起来,暗地里送往赵高府里,同时让赵成在望夷宫内散布谣言,说山东强盗已打来了,搅得人心不安,接着又指使阎乐以追贼为名,领兵杀入望夷宫。胡亥此时仍蒙在鼓里,还以为陈胜的起义军真的打进来了。他做梦也未曾想到,提着刀剑,气势汹汹站在他面前的竟是自己最信赖的丞相的女婿阎乐!阎乐向他宣布:"你是个大暴君,现在全国百姓都起来反对你,你自己看怎么办!"胡亥这个昏君还想念着赵高,说:"我可以见一见丞相吗!"阎乐说:"不行! 胡亥又可怜地哀求说:"那么我让出天下,给我个郡王当吧?"阎乐嗤之一笑。胡亥又恳求道:"让我当个万户侯可以吗? 再不,就留我一条命,当个老百姓也行。"这个死不要脸的皇帝真是太不识相了。他临死之前还给自己身上抹黑。

赵高接到胡亥自杀而死的报告后,欣喜若狂,匆匆赶到现场,并摘下胡亥身上的玉玺佩在自己的身上,大步向皇座走去,准备登基。但是"左右百官莫从",朝臣们以无声表示反抗。赵高见此情景,不敢贸然强行,悲叹道:"天弗与,群臣弗许",只得暂时打消称帝念头,并采取应急措施:"召始皇弟,授之玺。这位始皇弟就是后来向刘邦投降交印的子婴。

子婴十分了解赵高的为人及其险恶用心。为了除去祸害,也为了报仇,他与两个儿子和贴身太监商量了一个铲除赵高的计划:等赵高来要他受玺时,把他杀掉。按照皇位继承仪式,子婴斋戒沐浴五天后,推说有病不接印,赵高几次派人

相请亦不出，赵高急了，自己去找子婴。但双脚刚进门，就被早已布置好的太监韩谈一刀砍死。这个一贯算计杀害别人的赵高，到头来也只能死在别人算计之下。他是罪有应得，死有余辜！

梁　冀

梁冀，字伯卓，东汉安定乌氏人（今甘肃平凉县西北）。其父梁商，在顺帝年间出任大将军。梁冀的姑妈和胞妹，长得颇有姿色，被顺帝分别立为皇后和贵人。梁冀虽然出身豪门贵族，不仅面相丑陋凶恶，而且缺才少德，为人狡诈，诡计多端，无恶不作。就是这样一浪荡公子，凭借家族大权势，却官运亨通，数年之间由一个侍卫人员黄门侍郎，爬上执金吾的要职，掌管京师治安重权，继之又升任河南尹，为国都所在地的最高长官。梁商死后，顺帝让他继任大将军。他总揽朝政后，打击异己，滥杀无辜，陷害忠良，擅自立帝，弄得朝野天昏地暗，百姓怨声载道，结果使东汉王朝日趋衰败，走向灭亡。

梁冀任河南尹期间，专横跋扈，不理政务；恣性放荡，饮酒下棋，斗鸡玩狗，胡作非为，民愤极大。许多官吏由于惧怕权势，敢怒而不敢言。久而久之，梁冀更加无所顾忌，随心所欲，为所欲为，横行不法。当时的洛阳县令吕放，是梁商的得意门生，是梁家的常客，很受赏识。有一次，吕放出于善意，婉转地向梁商说了梁冀的不轨行为。梁冀被父亲叫去训诫后，心中十分恼怒。认为小小洛阳县令，胆敢揭露堂堂河南尹的短处，简直不能容忍，遂生杀人歹意。于是，即派人将吕放刺死在返回的途中。为欺骗父亲，掩人耳目，故意造谣吕放是遭人暗算，深表同情。为此，还假惺惺保荐吕放之弟吕禹接任洛阳县令，既堵住了吕氏家族的口，又转移了人们的视线，还避免了梁商的疑虑，何其阴险狡诈！接着，又一本正经，严惩凶手，让吕禹捕杀刺客和其宗亲、宾客，借吕禹之刀，除了刺客，达到杀人灭口的罪恶目的。

梁冀为了寻欢作乐，无视国法和制度，强行圈占多处耕地和园林，作为游乐场所。他在河南城西（今洛阳市西）修建一座兔苑，方圆几十里地，栽树种草，挖沟引水，专供打兔消遣。还下令从全国各地征调各种兔子送往兔苑饲养。为了防止兔子丢失和别人猎取，特意在兔子身上做记号，严禁伤害。如有违者，绝不轻放，甚至以命抵偿。有一次西域来经商的一个胡人，不知兔苑的禁令，擅自闯入，误杀一只兔子，不仅自己遭了杀身之祸，而且十几个无辜的亲朋好友也受牵连被处死。

东汉中期以后，由于皇帝昏庸无能，逐步形成了外戚专政的局面。一般是以皇帝母亲娘家的父兄出任大将军兼录尚书事的形式出现的，他们的主要手法，就是选择一些年幼无知的娃娃立为皇帝。这样，外戚就可借扶助小皇帝的名义，为

所欲为,控制皇帝,使权柄牢牢掌握在外戚手中。

汉安三年(公元144年),汉顺帝驾崩后,梁氏强奸民意,擅自做主,把只有二岁的刘炳推到皇帝宝座上,这就是汉冲帝。接着,梁太后让李固担任太尉,与梁冀参录尚书事。很显然,朝中大小、发号施令,只有梁冀说了算。谁知小皇帝命短,第二年归天了。在围绕皇帝的人选问题上,梁冀与李固发生了激烈的斗争。为了巩固刘氏政权,遏制外戚专权,李固主张挑选年龄稍大、处事稳重、品行较好、明辨是非的人继任皇帝。为此,他推荐清河王刘蒜作为新帝人选。当李固把自己的想法和为什么选择刘蒜为帝的原因说了之后,梁冀十分不满,表面上应付了几句。心里暗想,如果按李固的意见,立一个年长有为,知书达理的人当皇帝,自己就无法操纵朝政,到手的大权就要丢失了。因此,他大施淫威,置贤臣良言于不顾,拿社稷安危、民众利益当儿戏,为了个人的险恶目的,竟又立了一个年仅八岁的刘缵为皇帝(质帝),一切任其摆布。但是,时间长了,年幼的小皇帝对大将军的所作所为产生了看法,心里很不满意。有一次,小皇帝在众多文臣武将面前,谈笑风生时说漏了嘴,对着梁冀说:"此跋扈将军也。"梁冀顿时怒气冲冲,脸色相当难看。后来,丧心病狂地报复皇帝,暗中指使人把毒药夹在煮饼中间进给汉质帝吃。片刻之后,皇帝肚子疼痛难忍,觉得不对劲儿,想要喝水。当梁冀在场见此情况不妙,害怕事情败露。就极力阻止皇上说:"不能饮水!饮水会呕吐!"与其他人争执不休,结果耽误时机,药性发作了,硬是把小皇帝活活毒死。

几年之内,小皇帝接二连三,不明不白地命归黄泉。以太尉李固为首的一些忠良贤臣,忧心如焚。决心再次推举清河王刘蒜为帝。对此,梁冀耿耿于怀,在大会公卿时,借题发挥,指桑骂槐,满脸杀机。直吓得许多大臣浑身发抖,惊慌失措,连声呼应"唯大将军之命是从!唯大将军之命是从!"只有李固刚直不阿,冒死进言,仍然坚持立刘蒜为天子的意见。对此,梁冀怀恨在心。他说通梁太后,罢免李固官职,除去心头之恨。后来,再没有人敢议论此事了,也没有人敢与他抗衡。梁冀心安理得地把自己的妹夫刘志立为汉桓帝。从此,梁冀在朝中更加肆无忌惮,一手遮天了。

梁冀的权力不断增大后,贪求财富的胃口也急剧膨胀了。为掌握各地富户的底数,他打着皇帝的旗号,指派亲信对全国的财富进行普查,把富人的姓名、地址、资产等情况逐项登记造册。尔后,不择手段,抓住目标,无事生非,加以陷害,捕捉入狱,严刑拷打。有的人在万般无奈的情况下,只得违心招供,用金钱赎性命。有的人家产本来就不多,交不足巨额罚款,被流放边疆,弄得妻离子散,家破人亡。有的人天性吝啬,爱财如命,经不起折磨,冤死在狱中,万贯家产还是被梁冀一伙没收归为己有,到头来落得人财两空的可悲下场。

当时,国都郊区有一个人叫士孙奋,精于理财敛财,庄园、房屋、店铺、财产不计其数,是远近闻名的大富户,也是有名的守财奴。梁冀早就对士孙奋的财产眼红了,总想占为己有,苦于找不到正当理由,一直无从下手。有一天梁冀苦思冥想,心生一计,决定向士孙奋借钱。如果士孙奋借给,准备不还账,以后再找机会

继续借，量他也不敢讨还债款，等于借多少赚多少。万一士孙奋不借，正中圈套，捏造罪名，拿他试问，乘机夺财，再好不过了。果然，当梁冀开口向士孙奋借钱五千万时，士孙奋明知来者不安好心，可能是别有用意，但也不敢一口拒绝，只得硬着头皮陪笑脸，婉言推辞说眼下手头不宽绰，拿不出这么多，答应暂借三千万。梁冀勃然大怒，拍案而起，大骂士孙奋不识抬举，随之拂袖而去。尔后，指使心腹向郡县诬告士孙奋，说士的母亲曾在梁冀家当奴婢，偷了梁家白珠一千二百斤，紫金一千多斤逃跑。所以，士家才如此富有。官府心照不宣，早就串通了，不分青红皂白把士孙奋兄弟捉拿归案，同时查封士家一切财产。审讯时，士孙奋大呼冤枉，宁死不招，被活活打死了。官府为了巴结梁冀，判"物归原主"。这样士孙奋家的一亿七千余万的资产就被梁冀公开地、合法地据为己有了。

对梁冀的贪财聚敛强盗行径，不仅平民百姓敢怒不敢言，无可奈何，就连皇上也听之任之，甚至惧怕三分。当时，梁冀的封户已达三万多，不仅超过诸侯王公，占有大片良田山林，拥有奴隶数万计，还有数不清的金银财宝，过着花天酒地、荒淫无耻的生活。即使如此，他仍感到不足，唆使别人上书皇上，为他的老婆孙寿请功领赏。秉承旨意，弘农人宰宣奏本皇上，大肆宣扬梁冀的功绩，吹捧大将军的妻子孙寿是贤妻良母，应享受同公主一样的待遇。皇帝迫于梁冀的淫威，只好封她为襄城君，兼收附近阳翟县的租税，每处收入多达五千多万，是皇子收入的一倍半。加之梁冀的封地收入和名目繁多的敲诈勒索，使全国各地的大批钱财，像不尽的江水滚滚流入梁冀的金库。

梁冀自恃权势显赫，财大气粗，无法无天，挥金如土，他在京都和外地建亭台楼阁，修花园猎场，到处寻花问柳，整天醉生梦死。为便于作乐，梁冀还在西城盖一处秘宅，专门藏纳名媛美女，任意蹂躏奸淫。就连顺帝曾宠爱的美女友通期，也不放过，暗地派人弄到手，养在城西秘宅，长期私通鬼混，真是色胆包天。面对梁冀如此放荡，妻子孙寿也不甘寂寞。她也大兴土木，沿街广建楼房，雕花画鸟，金碧辉煌，桥梁曲径，四通八达，轻歌曼舞，乌烟瘴气，轰动京都，传遍四方。

梁冀生活上的糜烂，导致了政治上的腐败。他把持朝政后，无论大小机密事情，都要亲自过问，不经过他点头，什么事也办不成。因此，皇宫里的人员安排，及皇帝一言一行，都在梁冀控制之下。因而，朝中和地方官员要加封升迁，都得先到梁冀那儿打通关节，好言相求。从全国各地挑选的名贵特产贡品，通常是先送梁府，剩下才可送往皇宫。

对此，汉桓帝早有所闻，只是忍气吞声。延嘉元年（公元158年）出现了日食和月食，太史令陈授借自然现象，讽喻是天意惩罚大将军的过错。梁冀闻讯，恼羞成怒，下令拘捕陈授，拷打屈死狱中。桓帝得知后，十分震惊，准备追究责任，众人火上加油，又纷纷告状，促使皇上考虑惩办梁冀的决心逐步形成。加之梁冀不顾伦理，硬要桓帝倾心宠爱的贵人猛认他为干父，并要猛改姓为梁。为防止猛的母亲和姐夫从中作梗，竟冒天下之大不韪，派人刺杀他们。因为猛的母亲家与中常侍袁赦家是邻居，刺客登上袁的房顶，欲越墙而过，不料呼声惊动了袁赦，马

上击鼓呐喊捉人,使刺杀的阴谋破产。当即,猛的母亲慌忙逃往皇宫,向桓帝哭诉梁冀干的丑事经过。汉桓帝怒发冲冠,觉得梁冀欺负自己的美人,是跟他过不去。他把两件事连在一起,认为不能忍让了,决心除掉梁冀。于是,桓帝把所有尚书召来殿前,说明事情的严重性和自己的决心。命令尚书尹勋持符节调兵遣将守卫皇宫内院,以防不测;让黄门令具瑗带领一千多精兵会同司隶校尉张彪迅速包围梁冀住宅,不让其逃跑;由光禄勋袁盱持皇帝的符节前往梁家宣读旨令,收回大将军印绶。至此,昔日威风凛凛的梁冀知道大祸来临,吓得六神无主,样子狼狈不堪,预感性命难保,便和妻子孙寿自杀了。后来,清点梁冀的财产,折合约三十多亿,相当于当年全国税租的百分之五十以上。从此,梁冀被牢牢钉在历史的耻辱柱上。

董　卓

　　董卓,字仲颖,陇西临洮(今甘肃岷县)人,生年不详,死于汉献帝初平三年(公元 192 年)。

　　提起董卓,人们对他并不生疏,因为历史名著《三国演义》对他有具体的刻画和描写。他是一个穷凶极恶、横行霸道的乱世奸雄,是一个颇具心计,善于借机行事,以武篡权,野心勃勃的奸佞官僚。

　　董卓出身于大土豪,祖辈并非官宦世家,但他自幼好强,敢作敢为,性凶悍,善骑射,膂力过人,武艺不凡;肯动脑,好结交,善于投机,野心很大。出于土豪的本性,他很懂得在兵荒马乱时代,只要有人马,就可以称王称霸,作威一方。于是,他充分发挥自己的特长和与羌人接触多的机会,了解羌人风俗习惯的优越条件,经常活跃在汉族人士和羌族头领之间,广交豪杰,仗义疏财,习武传艺,征服人心。经过一番经营,他拉起了一支队伍。这支队伍既有羌人,也有汉人。由于成员都是游猎好斗的人,所以很能打仗。起初,他与羌相善,所以,他的队伍得到了羌人"豪帅"的支持,并纷纷投奔和依附他,听从他的调遣和指挥。接着,他利用羌人头领之间的矛盾,挑拨离间,分化瓦解他们,并招兵买马,不断发展自己的力量。就这样,董卓在陇西成了有声名的人。当地官吏注意到他的能力,招他为属官,干脆让他以官府名义带兵巡守边塞。从此,董卓把脚伸进了官场。

　　董卓的晋升,既有其深刻的时代背景,也靠着他的狡诈过人。

　　东汉晚期,汉室政权面临着十分棘手的西羌民族问题。由于朝廷官吏和地方豪强肆意凌辱掠夺羌人,引起羌人不满,纷纷举事反抗朝廷,并屡屡兵袭中原,使汉室损兵折将,耗资巨大。东汉统治者为了制服羌人的反抗,便对董卓这位"羌人通"发生兴趣,于汉桓帝永康元年(公元 167 年),委任他为六郡羽林郎,领兵出征西羌。董卓非常了解羌人的习性,便采取"以羌制羌"的策略,要弄拉一伙

打一伙的手段,利用和挑拨羌人头领之间的矛盾,用羌人打羌人。他取得了成功,屡战屡胜,战功显著,因之不断升官,从郎中到校尉,直至官拜并州刺史、河东太守。

不过,他也有倒霉的时候,汉灵帝中平元年(公元184年),黄巾军农民起义爆发,节节胜利,直接威胁着汉王朝的统治。汉灵帝为挽救败局,便派董卓去镇压农民军,董卓不敌黄巾义军首领张角的锐气,大败而归,被汉灵帝撤了职。

汉灵帝中平二年,西羌民族问题再起。羌、汉联军数万骑进逼三辅,京师危急。汉灵帝又紧急起用"制羌魔王"董卓,委其为中郎将,和车骑将军张温、副左骑将军皇甫嵩一起,出兵抗击。结果,张和皇甫的军队均被羌军所败,唯独董卓诡计多端,保全了军队。朝廷见董卓有能力,不久便拜他为前将军,攻打以羌人为主的起义军,并取得了胜利。于是董卓在朝廷武将中的地位大升,与皇甫嵩并列。

董卓很狡猾,每经一战,就扩充自己的军队,逐渐形成了凉州兵集团。这是一支以凉州人为主,兼有胡人和汉人的混合部队。他委任羌胡豪酋和汉族大地主为将领,使这支部队以野蛮、凶狠、残酷著称,成为关西地区一霸。

董卓自恃手中有军队,战功赫赫,又是朝廷命官、边疆重臣,就傲视汉室政权,其政治野心也越来越大。他几次采取"将在外君命有所不从"的伎俩,不接受朝廷的调遣和委任。朝廷看出董居心不良,下诏令让他进京任少府,位居九卿之一,企图以高官为诱饵,借以解除其兵权。但有心计的董卓已看透了当时的局势和朝廷的用心,他岂能上钩?他行伍一生,很懂得只有兵权才是安身立命、图谋再进的根本。于是他以胡兵不听命令为借口,不受新任,不辞军职。灵帝无可奈何,又任命他为并州牧,让他把军权交给皇甫嵩。奸雄董卓不仅再次托辞拒绝,并率领军队进驻洛阳附近,"以观时变"。

董卓领军来到洛阳之时,正值朝廷内部争权夺利斗争十分激烈,政局动荡不安。以蹇硕为首的宦官集团和以皇后之兄何进为首的外戚集团此刻正剑拔弩张,展开着你死我活的斗争。狡猾而政治敏感的董卓,看到这样一种形势,心中暗暗高兴。他信奉"乱世出英雄",也善于乱中取利,乱中夺权。现在他兵权在手,又驻守京郊,离朝廷很近,岂能错过良机,不大捞一把! 他采取的阴谋策略是:见机行事,坐收渔利。

在蹇硕、何进势均力敌、胜负不明的情况下,董卓按兵不动,采取坐山观虎斗的办法,对哪一家也不表态、不支持。当何进杀了蹇硕,以武力拥立年仅十四岁的外甥皇子辩为帝,秘密召董卓率军入城,企图一网打尽宦官集团时,董卓心中大喜,认为时机已成熟,立即领兵进城,但他并不是真正去增援何进,而是打着他自己乘机夺权的大算盘。他采取的手段是,进一步挑动宦官势力与何进斗,让他们两败俱伤。于是他在进军的途中上书说:"窃闻天下所以乱逆不正,皆由黄门常侍张让侮慢天常的缘故。……今臣请鸣钟鼓入洛阳,清除张让等,以清君侧。"他的上书有两个用意:一是说明自己师出有因,以此骗人;二是暗示他进城是有

人向他提供了情报,以挑起张让与何进互相厮杀,再由他去收拾残局。他的阴谋果然得逞。宦官张让等采取先发制人的办法,趁何进入宫晋见何太后之机,将其杀死。而何进的部下袁绍、袁术等党人闻讯后,即领兵包围了宫廷,并焚烧了宫门,大肆杀戮宦官达二千余人。而张让等人只得挟少帝出逃,因走投无路,被迫自杀。董卓却乘乱火速引兵追赶张让和少帝,并在洛阳城西邙山上找到了落荒逃命的少帝。

董卓找到少帝辩,如获至宝,挟帝称霸的野心也随之膨胀。他为了称霸天下,施展了一系列阴谋诡计:

第一,炫耀武力。为了显示实力,震慑人心,董卓进京后虚张声势,他以区区三千兵卒,白天进城,深夜撤出。进城时,城门大开,旌旗蔽日,鼓乐喧天,招摇过市;撤出时,偷偷摸摸,偃旗息鼓,悄然而去。如此数日,给人造成大军压境的假象,以震慑朝官和百姓。果然,许多人畏惧了他的武力,纷纷向他投靠。

第二,兼并部队。董卓为了扩展势力,他采取软硬兼施的手段先强行收编了何进、何苗二人的部队,接着又想把负责京师治安的丁原部队收归己有。丁原看透了他的虎狼之心,不愿屈服于他。董卓不甘心,便处心积虑设计除掉丁原。当他了解到了丁原的部将吕布是个反复无常的人,即用重金收买吕布,吕布见利忘义,果然杀了丁原,归顺了董卓。董卓得了吕布这员猛将,威势大增。为了笼络吕布,他收吕为义子。

第三,逼走反对派。董卓对于不肯顺服自己的人,便千方百计将其除掉或赶走。袁绍和曹操是两个握有兵权并有影响的人,董卓为了丰满自己的羽翼曾竭力想把他们拉入自己的帐下。怎奈袁、曹两人都怀有自己的野心,岂愿寄他篱下,为他效力。董卓拉笼几次不成,于是图穷匕首见,他竟在朝廷上持剑相逼袁绍,袁氏为了不吃眼前亏,乃引兵逃往渤海郡自立。他先委任曹操为骁骑校尉,因曹操拒绝与他合作,便想把曹暗害掉,曹得知消息,不辞而别,逃出洛阳。

第四,废帝另立。这是封建时代一切野心家和阴谋家篡权的惯技。董卓也用了这一手,而且做得更甚。他懂得一朝天子一朝臣,对于别人拥立的皇帝,尽管是傀儡,玩起来也不顺手,只有自己捧出来的才能玩得转,好使唤;何况,他要借此扬名,借此一扫异己,借此独霸大权。为此,他冠冕堂皇地对众朝官说:"皇帝懦弱,不足奉宗庙,安社稷。今欲仿伊尹、霍光故事,改立陈留王,不知诸位意下如何?"众朝官面面相觑,但都慑于他的淫威,敢怒不敢言。董卓说到做到,雷厉风行,第二天就废了刘辩,立了刘协,是为汉献帝。不久,董卓又一不做二不休,杀掉了刘辩,毒死何太后,大灭了何氏外戚势力,以绝"人望"。

第五,收买人心。董卓知道,当时天下人都十分憎恨宦官揽政。于是他封自己为宰相独揽朝政之后,一反嗜杀本性,忍性矫情,任用了一批有名望的士人为官,如当时著名大儒蔡邕等。他还为陈蕃等党人平反昭雪,以此装璜门面,收买人心,维持其统治。

董卓是货真价实的"中山狼",一朝得势,他的豺狼本性便暴露无遗。为了独

霸朝政，他不断给自己封官晋爵，从太尉到相国，再加封太师，还恬不知耻，自比姜尚，让汉献帝称他为"尚父"。他挟天子以令诸侯，"入朝不趋，剑履上殿"，随心所欲，杀戮大臣。他横行霸道，掠夺成性，挖掘帝王墓，盗宝窃珍。他还纵容士兵"淫略妇女，剽虏财物。"他在逃出洛阳时，烧杀掳掠，实行"三光"政策，把个昔日十分繁荣的京城变成了火海废墟。后来，他逃到长安偏居，为了过骄奢淫逸的生活，他驱使二十五万民夫，在离长安二百多里的郿县境内建"万岁坞"，并掠夺大量财物、美女供他享用。长安人民怨声载道，生活在水深火热之中。

董卓暴戾恣睢，倒行逆施，终于激起天怒人怨，众叛亲离，最后落得可耻下场。但是董卓万万没有料到，杀死他的竟是昔日追随他的一些官员和心腹。

东汉初平三年（公元192年），司徒王允、司隶校尉黄琬、中郎将吕布等人密谋了诛杀董卓的计划，趁董卓入宫之机，伏刀斧手于未央宫外行刺。当董卓被刺伤倒地时，他还蒙在鼓里，呼喊"吕布快来救我"，他竟忘了为争夺一个美女貂蝉，吕布早已恨他入骨；他还没有想到，最后杀死他的也竟是这个义子吕布！

董卓罪恶滔天，死有余辜。当时长安百姓听到董卓被杀的消息，高兴万分，高呼万岁，弹冠相庆，歌舞于道，"市酒肉相庆者，填满街肆"。更值得一提的是，有人见董卓尸体肥胖，就在他的肚脐眼里插上灯芯，点上火燃着，足足亮了两天。可见人们对这个胖贼是何等的愤恨！

许敬宗

许敬宗，字延族，杭州新城人。父亲许善心，在隋朝任官给事中。许敬宗自幼擅长作文章，隋炀帝大业年间举秀才中第，调为淮阳书佐，不久入值谒者台，奏通事舍人事。许善心被宇文化及所杀，许敬宗哀求得以活命，投奔李密担任记事。唐高祖武德初年，补官涟州别驾。太宗闻知其名，召署文学馆学士。贞观年间，拜官著作郎，兼修国史。他高兴地对亲近的人说："当官不当著作郎，就不能成立门户。"不久又改官为中书舍人。文德皇后（太宗皇后长孙氏）去世，群臣服丧，率更令欧阳询生得面貌丑怪，许敬宗拿他侮弄戏笑，被贬为洪州司马。累转为给事中，复修国史，因劳绩封为高阳县男爵，检校黄门侍郎，高宗在东宫为太子，许敬宗迁为太子右庶子。征伐高句丽之役，太子监国于定州，许敬宗与高士廉典掌机要之务。岑文本去世，太宗以驿车召许敬宗，以其为本官检校中书侍郎。驻跸山大破高句丽军，太宗命许敬宗在马前起草诏令，很喜爱他的文章华藻警拔，从此他便专掌诏令。

早先，太子李承乾被废，其官属张玄素、令狐德棻、赵弘智、裴宣机、萧钧都被除名为民，不再起用。许敬宗为此上言：张玄素等曾因进直言而被废太子嫌忌，如今一概治罪，考虑不够周到应宽恕。太宗醒悟，多所甄别复官。高宗即位，许

奸佞卷

敬宗迁礼部尚书。许敬宗为人贪婪,把女儿嫁给蛮族酋长冯盎的儿子,得了很多聘礼。有司检举劾奏,降许敬宗为郑州刺史。不久又官复原职,为弘文馆学士。

唐高宗想立武昭仪为皇后,大臣恳切谏阻,而许敬宗暗自揣摩高宗的内情,便妄言道:"庄稼汉多剩了十斛麦子,还想换掉旧老婆。天子富有四海,想立一个皇后,竟认为不可以,这是什么道理!"高宗的主意便打定。王皇后被废,许敬宗建议削除王后家属的官爵,废除太子忠而立代王李弘为皇太子,于是他又兼为太子宾客。高宗得其所欲,所以降诏命许敬宗待诏武德殿西阁。不久又拜侍中,监修国史,封爵为郡公。

高宗曾经临幸过去的长安城,驻跸周游,观看古代遗迹,问侍臣道:"秦、汉以来,有几个君王建都于此?"许敬宗道:"秦朝建都于咸阳,汉惠帝才在此建城,其后有苻坚、姚苌、宇文氏的北周以此为都。"高宗又问:"汉武帝开掘昆明池到底在哪一年?"许敬宗答道:"元狩三年,准备征伐昆明,便开挖此池以习水战。"高宗便命他与弘文学士考察古代宫室旧址,条列上奏。进位中书令,仍为侍中。许敬宗对册立武后出了力,他知道武后善于操纵,生性钳戾,能够控制皇上而稳固自己的权力,便暗自交结武后,并驱逐了韩瑗、来济、褚遂良,杀害了梁王、长孙无忌、上官仪。朝臣叠足而立,惊惧地侍奉他,威宠炽灼,当时无人能比。改为右相,以病谢,拜太子少师、同东西台三品。他年老,上朝时不能趋步而进,高宗特别降诏,让他与司空李勣朔日上朝,可以乘小马到内省。

高宗封禅泰山,以许敬宗领封禅使。行至濮阳,高宗问窦德玄:"此地又名帝丘,为什么?"窦德玄没能回答。许敬宗插嘴说:"臣能知道。古时颛顼帝开始居于此地,以为天下王。后来夏后相袭为都,被寒浞所灭。相的妻子缗正在怀孕,从墙洞中逃出,就在此地。后来昆吾氏居此地,而为夏伯。昆吾氏衰败以后,被商汤所灭。《商颂》中说'韦、顾既伐,昆吾、夏桀'(意思是伐灭了韦、顾二国,接着就是昆吾和夏桀了),说的就是这事。到春秋时,卫成公从楚丘迁居于此,《左传》说'相夺予享'(意思是夏后相失去的,被我所享有),就是因为它是夏时的旧地。因为它为颛顼帝所居,所以叫帝丘。臣闻有德的君主要开拓国土,而失道的君主则丧失疆宇,自古美的大都会,都不是由一姓永久占有,所以有国家者不可不慎重呀。"高宗道:"《书经》说'浮于济、漯',如今济水与漯水隔断而不相联接,这是什么缘故?"许敬宗答道:"夏禹导沇水东流为济水,流入于黄河。如今由漯水至温县而入黄河,水从此潜流地下,过黄河而南,出地为荥水,又潜流地下而至曹州、濮州,分散出于地面,合流而东,汶水由南而流入,所谓'泆为荥,东出于陶丘北,又东会于汶'(按此句出于《书经·禹贡》)即是。古时五行都有官职,水官不失职,则能辨别水的滋味与颜色。流而出地,合流而又分,水官都能辨识。"高宗说:"天下许多大河巨流都没载入祀典,济水甚小而列为四渎之一,这是为什么?"许敬宗答道:"渎的意思就是独,是指不凭借其他水流而独自赴入海洋的河流。而且天有五星,运行而成四时;地有五岳,其水流而为四渎;人有五事,用之而为四肢。五是阳数,四是阴数,天地人都是有奇偶和阴阳的。阳者光明,阴者晦暗,

所以辰星隐而难见。济水潜流于地,屡有断绝,其状虽然微小,但却是独而且尊的。"高宗道:"说得好。"许敬宗下去后,自矜道:"大臣不可无学问,方才窦德玄不能答对,我都为他觉得羞耻。"窦德玄听了,不屑地说:"每人有每人的特长,我不强说自己不懂的东西,这就是我的特长。"李勣说:"许敬宗博学多闻,这固然很好,但窦德玄的不强说不知之事,不也是很好么!"

起初,《高祖实录》和《太宗实录》都是敬播所撰写,信实而详尽。及至许敬宗担任监修国史,便随意纂改,不持公允,专出一己之私心。早先虞世基与许善心一起被宇文化及杀害,封德彝常说:"当年我看见虞世基被杀时,虞世南匍匐于地,请求替代哥哥去死;而许善心被杀的时候,许敬宗叩头拜舞以求自己的保全。"当世以为口实。许敬宗怀恨在心,到了给封德彝写传的时候,他便极力诬诋以恶事。许敬宗的儿子娶了尉迟敬德的孙女,而他的女儿嫁给了钱九陇的儿子。钱九陇本来是唐高祖的家奴,许敬宗便为他编造门第功状,甚至把他与刘文静等人合为一传。唐太宗赐给长孙无忌《威风赋》,许敬宗说成赐给尉迟敬德。蛮酋长庞孝泰率兵随驾征伐高句丽,敌人笑其怯懦,袭破其军。许敬宗接受了他的金钱,竟然称他"屡次击破敌军,唐将中称得上骁勇的只有苏定方和庞孝泰,曹继叔、刘伯英比他们差得太远了"。但自贞观之后,编次自晋至隋诸书,以及《东殿新书》《西域图志》《姓氏录》《新礼》等数十种,都是由许敬宗总管,皇帝的赏赐不可胜计。

许敬宗经营府第豪华越礼,甚至建造互相通连的楼阁,让诸妓在上面跑马,他纵酒奏乐以享受。他宠爱自己的一个婢女,便让她做继室,假姓虞氏。他儿子许昂与她通奸,许敬宗便恼怒地斥黜了虞氏,奏请贬斥昂于岭南,很久以后才上表请还。

咸亨初年,以特进退休,仍于朔望日上朝,续领俸禄。死时享年八十一岁,高宗为之举哀,诏令百官哭临于其府第,册赠开府仪同三司、扬州大都督,陪葬昭陵。太常博士袁思古评议道:"许敬宗把儿子抛弃在蛮荒边远之境,把女儿嫁到蛮夷之部,应谥为缪。"许敬宗的孙子许彦伯投诉说袁思古怀有仇嫌,诏命重新评议。博士王福畤说:"古时的何曾虽然又忠又孝,但由于他一日吃饭用达万钱,所以谥为缪丑,何况许敬宗忠、孝两弃,而饮食男女的毛病又超过何曾呢!"坚执不肯改。高宗又诏命尚书省参予评议,改谥号为恭。

许彦伯,是许昂的儿子,颇有文才。许敬宗晚年不再写文章,凡是朝廷的重要典册都由许彦伯代笔。许敬宗曾对许昂开玩笑说:"我儿子不如你儿子。"许昂答道:"他父亲不如我父亲。"后来,许敬宗又听信婢女的谮言,奏请把许彦伯流放岭南,遇赦还朝,累官太子舍人。他既与袁思古结下仇隙,想在路上拦截殴打,袁思古说:"我是为你的亡父报仇呢。"许彦伯惭愧而止。

武则天垂拱年间,诏以许敬宗配飨高宗的庙廷。

李义府

　　李义府（614—666年），瀛州饶阳（今河北饶阳县）人。祖父为梓州射洪县（今四川射洪县）县令。李义府从小聪明过人，才学出众。剑南道巡察大使李大亮出巡，发现他是个人才，补为门下省典仪。后又得到黄门侍郎刘洎和御史马周的赏识，推荐给唐太宗，唐太宗令他当场作《咏乌》诗，由于诗作得好，授予他监察御史，并侍晋王李治。李治立为太子后，他又被授予太子舍人，崇贤馆直学士。李曾写《承华箴》规劝太子"勿轻小善"，"勿轻微行"。太宗看到后大加赞赏，赐李义府帛四十匹，并令其参与《晋书》撰写工作。李义府开始并非奸邪之辈。但随着政治气候的变化，地位的提高，名利思想的恶性发展，逐步变为一个外貌和蔼、恭顺，内心阴险可怕，"笑中有刀"的"李猫"。

　　永徽元年（公元650年），太子李治继位为高宗。升李义府为中书舍人。第二年又让其兼修国史，加弘文馆学士。李义府由名声不佳的刘洎、马周引见，与高宗关系特别，再加上高宗继位后他曲意逢迎，引起一批王公大臣的嫉妒。元老派首脑、国舅长孙无忌奏请高宗把他贬到壁州（今四川通江）做司马。李义府得知后非常害怕，赶快找中书舍人王德俭商量对策。他从王德俭处知道唐太宗幼妾武则天被高宗选入宫中，并十分宠爱。高宗想立她为皇后，但由于长孙无忌等大臣不同意，未敢轻动。王德俭还给他出主意，如能建议皇上立武则天为皇后，则祸可转为福。李义府深知讨皇上欢心的意义，为了保住自己的地位，他认准这是千载难逢的机遇。立即草表，称武则天才貌双全，立为皇后是众望所归，恳请废王皇后，立武昭仪为皇后。高宗看后非常高兴，马上召见了李义府，不仅将贬其到壁州的诏令作废，还赐予了他宝珠一斗。武则天也秘密派人向他致谢。不久，武则天被立为皇后，他与卫御卿许敬宗、御史大夫崔义玄、中丞袁公瑜等人结为武皇后的心腹，连续晋升为中书侍郎、同中书门下三品，监修国史，并赐爵广平县男。

　　由于李义府窥准了方向，采取了投其所好，以攻为守的策略，从此青云直上，阴谋诡计是巩固发展自己的必不可少的手段。他便放开手脚，用各种手段讨好高宗，发展自己的党羽，打击陷害忠良。很快其势便"倾动朝野"，成为当时政治生活中的一大害。他的所作所为当然也引起了多数朝臣的不满。元老重臣、中书令杜正伦与中书侍郎李友益商量探察李义府的罪恶活动。此事很快被李义府发现，并秘密上报高宗。高宗找李、杜查问，两人互相攻击，争吵不已。当时朝中舆论支持杜正伦，而武后则袒护李义府。高宗不得已将杜正伦贬为横州（今广西横县南）刺史，将李友益流放到峰州（今越南河内西北），将李义府贬为普州（今四川安岳县）刺史。李义府虽然被贬，但仍受到武后的保护，不到一年，又官复原

职。显庆四年(公元659年),诏令其为吏部尚书、同中书门下三品,其余官如故。

唐高宗是一个昏庸无能的君王,他临朝时,臣下奏事,不会做出判断,要等宰相提出意见,才能做决定。永徽六年(公元655年),刚强机智的武则天参予朝政。显庆五年(公元660年),政权已全归武则天,武则天为巩固地位,经过谋划,制造了一个元老派首领、国舅长孙无忌谋反事件,贬杀了长孙无忌及其诸子,其余遭贬杀的大臣达十三人,使政权进一步掌握在后党手中。打击元老派势力后,武后感到贞观时所修的《氏族志》,不载武氏族望,应予重订。李义府感到这是自己跻身名门望族的大好时机,便积极上奏皇上主张修改此志。他自言本姓出于赵郡李氏,还与诸李比亲疏。一些李姓子弟,怕其权势,便与他称兄道弟。给事中李崇德开始也与他论谱叙辈,李义府贬为普州刺史后,他便揭露李义府,使李义府一度从赵郡李氏族谱中删除。李义府官复原职后,便叫人罗织罪名,将李崇德下狱,并迫其自杀。李义府曾多次向魏齐旧姓为子求婚未成,便上奏旧有七姓望族不得通婚。为了自己家族成员入谱,规定"皇朝得五品官者,皆升士流"。这样表面上满足了武则天的欲望,实际上达到了自己跻身名门望族的目的。

李义府功成名就后,决定改葬他的祖父。此事得到高宗的允许,并下诏让其节哀。李义府感到这是他光宗耀祖,捞取名利的大好机会,便拉大旗做虎皮,大兴土木,示意附近各县派车派牛参加修建。三原县县令为了讨好他,最卖力,周围其他七县县令也只得带领人丁车马去服役。由于劳役太重,连高陵县县令张敬业都累死在工地上。这次改葬声势十分浩大,自王公以下各级官员,都来送礼、送葬,车马及祭奠供帐等物从灞桥到三原七十多里之间,浩浩荡荡,连续不绝。成了唐朝以来王公大臣最豪华的葬礼。李义府不仅光耀了祖宗,而且捞取了无数的金银与礼品。

在封建社会,君王的爱憎决定一切,改变一切,根本没有民主可言。李义府深知这一点,只要他讨好高宗和武后,并利用高宗软弱无力、优柔寡断的弱点,别人就拿他没办法。洛州(今洛阳)有一美貌女子淳于氏有罪被关进大理寺监牢。李义府知道后,就要大理丞毕正义判她无罪,送他做小妾。大理卿段宝玄知道后便将此事上奏了高宗。高宗令给事中刘仁轨、侍御史张伦进行查实。李义府为了不让事情泄露,逼迫毕正义在狱中自缢灭口。毕正义死后,高宗也想息事宁人,不再追问。但侍御史王义方为了澄清事实,当朝向高宗上奏李义府"杀身以灭口","心狼貌恭",并大声呵斥李义府退下。李义府毫不理会,若无其事。由于王义方说李义府"窃幸乘权","蔽亏日月",要求"清除君侧"。涉及到高宗,高宗十分恼火,反以王义方当庭诽谤,侮辱大臣,言辞不逊将其贬到莱州(今山东掖县)做司户,而不问李义府的罪行。

李义府依仗高宗与武后的宠幸,为其已死的父母封官,将其诸子及在襁褓中的孩子都列为清官。他与其子及女婿利用手中权柄,"专以卖官为事",《唐书·李义府》形容其"卖官鬻狱,其门如市"。谁只要给他钱,就能得高官;谁送金银,他就拿国法、刑律作交易。对他这种骄横无羁、贪赃枉法的行为朝廷内外官员都

不敢碰他。高宗对他的所作所为也睁一只眼,闭一只眼。一次他对李义府说,你的儿子、女婿行为不慎,做了许多坏事,我也多次为你们掩护,没有公布于众,你要告诫他们,不要再这样下去了。李义府听后不但没有低头认罪,反勃然色变,问高宗是谁说的。高宗只是说,只要我说得对,何必问谁说的呢? 容忍他这种无礼举动。

正当李义府骄奢淫逸,春风得意时,一阴阳占候人说其宅有"狱气",需打发积钱二千万,方能"厌胜"。李为此,又大肆搜刮钱财。甚至为长孙无忌的孙子卖官。他还利用为母哭丧机会,换上普通百姓衣服登古冢窥天象。许多朝臣长期以来对他深恶痛绝,便以其夜观天象,图谋不轨等罪状上表高宗。李义府的胆大妄为行为涉及到高宗的统治,高宗便下决心革去了他所有的官爵,长期流放到巂州(今四川越西),他的三个儿子和女婿也被长期流放。乾封元年(公元 666 年)朝廷大赦,但长期流放人员不得返京,李义府忧闷发病而死,终年五十三岁。

李林甫

李林甫,唐高祖的从父弟长平王李叔良的曾孙,李叔良生李孝斌,官至原州长史。李孝斌生李思海,官至扬州参军,李思海就是李林甫的父亲。李林甫擅长音律。最初为官千牛直长,他舅父楚国公姜皎非常喜欢他。玄宗开元初年,迁为太子中允。当时源乾曜为侍中,源乾曜的侄孙源光乘,是姜皎的妹夫,源乾曜与他很是亲近,源乾曜的儿子源洁对父亲说:"李林甫要求当司门郎中。"源乾曜说:"郎中必须是平素品行和才望都高的人,哥奴哪里能当郎官呢?"过了数日,除官为谕德。哥奴,是李林甫的小名。累迁至国子司业。

开元十四年,宇文融为御史中丞,引荐李林甫与自己同列,于是拜官为御史中丞,历刑、吏二部侍郎。当时武惠妃正宠压后宫,她的两个儿子寿王、盛王因母亲得宠也尤其被宠异,而太子李瑛则越加被疏远淡薄。李林甫与很多中贵人交好,便通过宦官干谒武惠妃,道:"我愿保护寿王。"武惠妃很感激他。此前,侍中裴光庭的妻子是武三思的女儿,诡谲而有才略,与李林甫有私情。宦官高力士本出自武三思家,及至裴光庭去世,武氏含悲求请于高力士,请求让李林甫替代其夫的位置,高力士未敢答应。玄宗让中书令萧嵩选择宰相,萧嵩过了好久才以右丞韩休应对,玄宗同意,便命他起草诏命。高力士很快把这消息透露给武氏,武氏便让李林甫去告诉韩休。韩休既入朝为相,很感激李林甫,却与萧嵩不和,便推荐李林甫为宰相,武惠妃暗中相助,于是李林甫便拜官黄门侍郎,玄宗对他的恩遇更深了。

开元二十三年,以黄门侍郎平章事裴耀卿为侍中,中书侍郎平章事张九龄为中书令,李林甫为礼部尚书、同中书门下三品,都加银青光禄大夫。李林甫表面柔顺而内有狡计,能观察皇上的意图,所以骤然历官清显之列,为当时所委任。

而对宦官与后妃之家，他都深相结纳，窥伺皇上动静，都能预先知道，所以出言进奏，动辄符合皇上意旨。而他性格猜忌，暗中陷害人，不露于言词面色。朝官受到皇上恩顾，只要不出入他的门下，就要设法构成其罪；而与他交好的，即使是厮养之徒、卑贱之士，都可以位至荣宠。不久历官户部、兵部二尚书，执掌政事如故。

不久，太子李瑛、鄂王李瑶、光王李琚因母亲失宠而有怨言，驸马都尉杨洄把此事禀告给武惠妃，玄宗因此大怒，与宰相们商议，准备治罪。张九龄道："陛下三个成年的儿子不可再得。太子是国家根本，生长于宫中，受陛下教诲，人们没见他什么过失，陛下为什么在喜怒之间就忍心要废掉他呢？臣不敢奉行诏旨。"唐玄宗很不高兴。李林甫不知所答而退下，开始并无一言，既而他对中贵人说："王子自己家中的事，何必与外人商量。"当时朔方节度使牛仙客在镇所，有政治才干，玄宗要加以实封。张九龄又上奏道："边将训练军队，喂养马匹，储蓄军事物资，是正常的公务，陛下赏赐他就可以了。现在要赐以封邑的租赋，恐怕不甚得当。希望圣上考虑。"玄宗默然不语。李林甫把这些话告诉了牛仙客，牛仙客次日面见玄宗，哭泣着辞让官爵。玄宗要执行实封的命令，还让牛仙客兼任尚书，张九龄坚持上奏如旧。玄宗面色大变，道："事情总要听你的吗？"张九龄叩头道："陛下让臣担任宰相，事情有所不妥，臣就理应尽言。违忤圣意，该当万死。"玄宗道："你认为牛仙客没有门第吗？你又有何门阀？"张九龄答道："臣是荒野微贱之人，仙客是中华之士。但陛下擢拔臣登上台阁，执掌诏诰；而牛仙客不过河湟的一名典史（按牛仙客泾州人，初为县中小吏），目不识文字，如若委以重任，臣担心不太妥当。"李林甫退朝后说道："只要有才干见识，何必有文辞之学，天子用人，有什么不可的？"玄宗便更加对张九龄不满意了。

张九龄与中书侍郎严挺之交好。严挺之把初次娶的妻子休了，她便嫁给了蔚州刺史王元琰。当时王元琰犯了贪赃罪，诏令三司使鞫审，严挺之救免其罪。玄宗了解到此事，对张九龄说："王元琰不是没有赃罪，严挺之嘱托主管官吏给了面子。"张九龄道："她是严挺之的前妻，如今他已娶了崔氏，不应再有情分。"玄宗道："你不知道，虽然已经休妻，还是有私情的。"玄宗又追究前事，认为张九龄有党羽，便把他与裴耀卿都罢知政事，拜为左、右丞相，而贬严挺之为洺州刺史，王元琰流放岭南。就在当天，李林甫代替张九龄为中书令、集贤殿大学士、修国史；拜牛仙客为工部尚书、同中书门下平章事，知门下省事。监察御史周子谅上言说牛仙客不是宰相之材，玄宗发怒而杀死了他。李林甫说周子谅本是张九龄所荐举的，于是贬张九龄为荆州长史。

玄宗终于采用李林甫的建议，废太子李瑛、鄂王李瑶、光王李琚为庶人，太子妃的哥哥驸马都尉薛锈远流于瀼州，死于破旧的驿站中，人们称太子李瑛等为"三庶人"，听到这事的都感到冤枉。这个月，佞媚之人上言有乌鹊在大理寺狱的门上搭起了巢，天下几乎达到"刑措不用"的境界。玄宗把功劳推让给宰相，封李林甫为晋国公，牛仙客为豳国公。这年冬天，武惠妃病，"三庶人"为祟而死（按

《新唐书》言,玄宗用李林甫之言,杀死李瑛等三子)。储君之宫空虚,玄宗还定不下立谁为太子。李林甫说:"寿王年已长成,太子之位他是很适合的。"玄宗道:"忠王仁孝,年岁又居长,应该由他守重器于东宫。"便立忠王为皇太子。从此李林甫心怀忧惧,巧妙地探求阴私之事以倾陷太子。

李林甫既已执掌宰相大权,兼领陇右、河西节度使,又加吏部尚书。天宝年间改换官名,李林甫担任右相,罢去节度使,加光禄大夫,迁为尚书左仆射。天宝六载,加开府仪同三司,赐实封三百户食邑。而玄宗恩遇愈加深厚,凡是皇宫中的御膳珍馐,远方的珍奇食品,由宦官宣命赐送,相望于道路。他与宰相李适之虽然同为皇帝宗室,但李适之性格轻率,曾与李林甫一起论辩时政,多失宰相之体,由此玄宗对他越加疏远,以至罢免。黄门侍郎陈希烈生性乖巧谄媚,曾委曲事奉李林甫,李适之既已罢相,李林甫便荐引陈希烈为同知政事。李林甫久掌政枢,天下威权,都收归于自己,中央各部门机务,陈希烈不敢参预意见,只是唯唯诺诺而已。李林甫每次所有奏请,必先贿赠玄宗的左右,窥伺玄宗的意旨,以巩固自己的恩宠。玄宗在位多年,倦怠于处理政务,常认为与大臣相对时拘束,难徇自己的私欲。自从得到李林甫,一切政事都委托给他办理了,所以他杜绝了逆耳的忠言,恣意肆行宴乐,衽席之上不加区别(暗指玄宗纳其子寿王妃杨玉环事),也毫不以为羞耻,这都是由于李林甫赞成的缘故。

李林甫在京城的宅第,以及田园、水磨,尽都是上等膏腴。城东有薛王的别墅,林亭幽邃,为都城之首,玄宗特别赐给李林甫,还有女乐二部、天下的珍玩,前后赏赐,不可胜计。宰相用事之盛,自开元以来,未有能与他相比的。但他遇事非常谨慎,料理各种政务,增修各种法律,朝内外官吏的任命,都有稳定的规矩。可是他牢结恩宠,加固权位,培植自己的势力,谁在朝廷上声望稍著,他必然暗中策划加以中伤。当初,韦坚进入朝廷,李林甫因为韦坚是皇太子妃的哥哥,便荐引他居于要职,表示以恩信相结纳,但他实际上要图谋倾陷韦坚,便悄悄让御史中丞杨慎矜暗中窥伺韦坚的过错。正值正月十五之夜,皇太子出游,与韦坚相见,杨慎矜知道了,便奏告玄宗。玄宗大怒,认为他们图谋不轨,便黜罢韦坚,废免太子妃韦氏。李林甫借以上奏李适之与韦坚亲昵之份,裴宽、韩朝宗都曲身依附李适之。玄宗相信了这些话,便赐韦坚自尽,裴宽、韩朝宗都坐罪斥逐出朝。后来杨慎矜的权力地位渐盛,李林甫又忌恨起他来,便荐引王鉷为御史中丞,以心腹相托。王鉷投合李林甫的意愿,便秘密上奏诬陷杨慎矜用邪教为不法,于是族灭了杨家。杨国忠以外戚之亲,出入宫禁,奏请多被应允,李林甫便把他提拔到御史台,让他按察刑狱。正值皇太子良娣(良娣为太子内官,位低于太子妃)杜氏的父亲杜有邻与女婿柳勣不和,柳勣上匿名书告杜有邻不法,并引李邕为证,诏命王鉷与杨国忠鞠审。王鉷、杨国忠附合李林甫之意而上奏,于是赐杜有邻自尽,杜良娣逐出东宫为庶人,李邕、裴敦复等几个亲友都被处以极刑。李林甫的包藏祸心、安忍不露,都与此相类。

李林甫自己认为开始没有打算佐助皇太子,顾虑将为后患,所以屡次兴起大

狱以倾危太子,所赖太子稳重谨慎,没有过犯,所以流言未被玄宗相信。李林甫曾让济阳别驾魏林诬告陇右、河西节度使王忠嗣,魏林以往任朔州刺史,王忠嗣当时为河东节度使,自言与忠王同养于宫中,情意相投,打算拥兵以辅佐太子。玄宗听了后说:"我儿子在宫内,有什么途径能与外面人勾通?这是虚妄的。"但还是把王忠嗣降职为汉阳太守。天宝八载,咸宁太府赵奉章揭发李林甫罪状二十余条。罪状还没有奏上,李林甫知道了,便示意御史台逮捕赵奉章,定为妖言,用重杖打死。

天宝十载,李林甫兼领安西大都护、朔方节度使,不久又兼单于副大都护。天宝十一载,因为朔方节度副使李献忠叛变,李林甫辞让节度使,举荐安思顺代替自己。唐朝自武德(高祖年号)、贞观(太宗年号)以来,蕃人将领如阿史那社尔、契苾何力,忠孝而有才略,但也不专委以大将之任,大多以朝廷重臣遥领节度使以制驭他们。开元年间,张嘉贞、王晙、张说、萧嵩、杜暹都以节度使入朝知政事,李林甫为了稳固自己的位置,打主意要堵塞出将入相的源头,曾上奏说:"文士为将帅,害怕身当矢石,不如用寒族和蕃人,蕃人善战勇敢,寒族则没有亲党做后援。"玄宗很以为然,便用安思顺代替李林甫领节度使。从此高仙芝、哥舒翰都专任大将,李林甫取利于他们不识文字,没有入朝为相的理由,然而安禄山终于为祸乱,就是因为他专有大将之任的缘故。

李林甫自恃其早年腾达,舆马衣服,都极其华丽。他自己不学无术,仅能执笔,所以对有才名于时的尤其忌妒。而郭慎微、苑咸这些文士中的下等人物,则用来代他题写书信。李林甫典掌吏部时,参加考选的严迥,在判语中用了"杕杜"二字(《诗经》中有《杕杜》篇),李林甫不认识"杕"字,对吏部侍郎韦陟说:"这里说'杖杜',是什么意思?"韦陟低头不敢回答。太常少卿姜度,是李林甫舅父的儿子,姜度的妻子生个儿子,李林甫亲手写信庆贺,说"闻有弄麞之庆"(按为"弄璋"之误),宾客看了,掩口而笑。

开初,杨国忠进入朝廷,李林甫认为他才能平庸而未加忌妒;及至杨国忠位至御史中丞,权倾朝列,李林甫才开始嫉恨他。当时杨国忠兼领剑南节度使,正值南诏国进犯边境,李林甫就请杨国忠赴任镇所。玄宗虽然同意了他的奏章,但对杨国忠正恩宠方渥,亲自写诗送行,句末透露出以后让他入朝为相的意思,还说:"你只须到蜀郡处置军事就行了,朕数着指头等你回来。"李林甫心中更加不痛快了。李林甫当时已经病重。这年十月,他扶病随从玄宗临幸华清宫,数日之后病情加剧。巫师说,如果能见一下圣人,病就会好转,玄宗想去探视他,左右劝谏不要去。于是敕命李林甫出来到庭院中,玄宗登上降圣阁从远处观望,举起红巾招手慰问,李林甫不能起身,让别人代拜于席。次日,杨国忠自蜀郡还朝,谒见李林甫,拜于床下,李林甫垂着眼泪,以身后事相托。很快他就死了,追赠太尉、扬州大都督,赐给班剑、西园秘器(帝王用的葬具)。他的儿子们用吉礼的仪仗护送灵柩回到京城,发丧于平康坊的府第。

李林甫晚年沉溺于声妓,姬妾满房。自己觉得结怨于人,常担心暗中突然出

现刺客，重门复壁，联板砌石，一夜间几次迁徙，就是家中人也不知他睡在何处。有子二十五人，女二十五人：李岫为将作监，李崿为司储郎中，李屿为太常少卿；女婿张博济为鸿胪少卿，郑平为户部员外郎，杜位为右补阙，杨齐宣为谏议大夫，元撝为京兆府户曹。

当初，李林甫曾梦见一个白皙多须、个子高大的男子逼近自己，贴到身上推不开。醒了之后，他言道："那样子像裴宽，这是裴宽图谋取代我的缘故。"当时裴宽为户部尚书，兼御史大夫，所以李林甫借口他是李适之一党而斥逐出朝。当时杨国忠才刚当金吾胄曹参军，从此不到十年，李林甫死，杨国忠竟取代其位。杨国忠一向怀恨李林甫，既已得志，便诬奏李林甫与蕃将阿布思共同策划逆谋，并利诱李林甫亲戚中一向与他不合的人做证。于是诏命夺削李林甫官爵，废为庶人，李岫、李崿等诸子都谪斥于岭南。李林甫性格沉鸷缜密，城府很深，从来不以爱憎现于颜色。自己身处相位，举动遵循规定，衣冠士人，如不是正常调任，他从不开仕进之门，所以他执掌朝政二十年，朝野之人，侧目而视，惧惮他的威严和权势。及至杨国忠诬陷构罪，天下皆以为冤枉。

蔡 京

蔡京是中国历史上臭名远扬的人物。正史、稗史和小说家都对他的卑劣行径有具体的描述，尤其是《水浒传》对他的形象刻画更是入木三分。因此，他是中国老百姓几乎人人皆知的一个奸佞官僚。

蔡京靠诈变权术爬上相位，又以搜刮民脂，榨取百姓资财，大兴土木，乃至掠夺天下奇石花鸟，逢迎昏君宋徽宗，助其穷奢极欲，终日沉溺于声色犬马，致使北宋王朝政治日坏，经济愈凋，最终导致亡国。

蔡京是个权欲熏心、贪得无厌的野心家，在他的灵魂深处只有"权""钱"二字。为了能升官发财，他心术用尽，诡计使绝，尤以善"变"见长；变幻无常，翻手为云，覆手为雨，朝三暮四，是他惯用的手法。他是一个典型的变色龙式的阴谋家。

蔡京，字元长，生于公元1047年，死于1126年，今福建莆田人。1070年考取进士，其后历任钱塘尉、舒州推官、中书舍人、龙图阁待制、开封府知事直至当上宰相，位列三公。在北宋后期，朝廷中变法派与保守派之间斗争十分激烈的情况下，蔡京能够像不倒翁似的左右逢源，官运亨通，青云直上，飞黄腾达，靠的是什么呢？

蔡京为人狡猾虚伪，世故很深，尤其善于看风使舵，随机应变。他初登仕第之时，正值王安石在神宗皇帝的支持下推进变法，为了适应潮流，顺利上爬，便伪装积极，拥护变法，因而受到重用，一再升迁。到了1085年，神宗帝崩，王安石变

法受阻,保守派首领司马光为相执政,立即恢复旧制,废除新法,并以朝廷名义发布诏令,限制全国在五天之内恢复"差役法"。蔡京是个变色虫,应变能力很强,在风云突变之中,巧于投机,朝夕之间,一反常态,模样全换,马上把自己伪装成旧法的维护者,他积极响应司马光的号召,快马加鞭地废除新法,复行"差役法",别人都因时间太紧未能按时完成,而他却在规定时间内"悉改畿县雇役,无一违者",成绩十分突出,深得司马光赏识。只是由于他原是个"积极"的变法派,众多大臣表示反对,未能得到提拔重用,而且还把他赶出了京师。这是蔡京在官场上遭到的第一次挫折。不过他是一个能屈能伸的人,在形势对己不利的情况下,他并不绝望潦倒,而是采取积极钻营之术,厚颜无耻地向保守派讨好,表示拥戴,尽管他先后被贬谪到河北、四川、陕西、安徽偏僻之地充任地方官,条件非常艰苦,他都不露怨言,始终装出一副诚恳勤奋的样子。他的两面派手法,使司马光等保守派逐渐对其产生了好感,终于擢升他为龙图阁直学士,复知成都。

但是,在北宋末年的封建朝廷,各种矛盾错综复杂,越积越多,因此,统治阶级内部的斗争也很激烈,官场的变化,也是风云莫测。1093年,支持保守派的高太后死了,宋哲宗登位当了皇帝,他是主张变法的,一上台就积极推行变法,并把被高太后黜贬的变法派旧大臣重新启用。于是司马光下台,变法派人物章惇执政,蔡京出尔反尔,一边大骂司马光的旧法,一边声嘶力竭地鼓吹新法,建议章立即废除"差役法","取熙宁成法施行之"。章对他十分欣赏,接受他的意见,立废"差役"而行"雇役",并一再向皇上推荐蔡京,要求让蔡回京都任朝宫。

蔡京一会儿积极投身改革,一会儿摇身一变而成为司马光的"元祐党"人,忽而又再披上变革派的外衣,其变化之快,令人瞠目。二年间回京再莅其事,成于反掌,"两人相倚以济,识者有以见其奸"。这段话足以说明,蔡京是一个典型的两面派、伪君子。

蔡京得到章惇的推荐后,官运大转,福星高照,1095年当上翰林学士兼侍读,并任户部尚书,次年又被任命为翰林学士承旨,成了皇帝的左右近臣。但他是个中山狼,得势便猖狂。有一次,他负责审理一个案件,为了继续向上爬,他就假公济私,与其弟蔡卞相勾结,挥舞手中的屠刀,大开杀戒,诛杀了大批政敌,据史书载"被罪者达数千人"。一时朝野为之轰动。由于他做得太甚,遭到正直的朝臣一致反对,尤其是谏官、御史纷纷上本弹劾,以致宋徽宗不得不对他降职使用,夺去他的实权,让他挂职闲住杭州。

这是蔡京在官场上遭到的又一次打击。但是这个野心家觊觎执政的欲望是扑不灭的,他不能甘心自己的挫折和失败。他身在杭城,心在汴京,时刻都在窥测方向,以求东山再起,机会终于来了。闲居中的苦思冥想和经营谋划,使他结识了两个得力帮凶。一个是宦官童贯。提起童贯人们都耳熟,他是镇压北宋末年梁山泊等农民起义军的刽子手之一,《水浒》里对他有描写,其丑行与蔡不相上下。蔡京与他沆瀣一气,真乃意气相投,物以类聚。当时童贯深得大昏君徽宗的宠信,派他为钦差大臣,到江浙一带搜罗书画珍品。童贯一到杭州,蔡京不仅亲

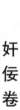

华名人百传

奸佞卷

自迎接,还时刻陪在左右,游山玩水,寻欢作乐,不分昼夜,他还向童贯献画献宝,谄媚逢迎,把童笼络得感激万分。童贯知恩相报,带着宝物珍品回到皇宫,便在皇帝面前百般夸奖蔡京,说得皇帝心动,巴不得马上召回"蔡爱卿"。另一个是道士徐知常。此人虽名不见经传,但亦是个不寻常的人物。当时正值道教盛行,尤其得到宋王朝的崇拜。从皇上到臣妾无不信奉道教。那个徐道士"道行"造诣不低,因此常出入皇宫行道讲学,交友甚多,特别是得到元符皇后和太学博士范致虚的宠信和交厚。蔡京重贿收买了他。他就在皇宫里到处吹嘘蔡京有肚量,是"相才"。他与宦官童贯密切配合,一唱一和,把个宫廷上下,妃妾宦官,统统都说动了,人人都称誉蔡京。众人的吹捧,使昏君徽宗认定蔡京是个能为自己所用的人,便于公元1102年提拔蔡京为右丞相,把朝政大权交给他。蔡京如愿以偿,他的野心兑现了。蔡京知道宋徽宗皇帝执意变法,就在宋徽宗面前表白自己是响当当的变法派,大唱变法高调,并出了许多馊主意,加速北宋王朝的灭亡;蔡京更知道宋徽宗淫逸好玩,便百般搜罗奇货、美女逢迎,并表示"愿尽死"为其效劳。

就这样,蔡京利用两块敲门砖,终于闯进了皇宫,并攀上了至高无上的大靠山宋徽宗皇帝。他那变化莫测的狡诈手段,把昏君越弄越昏,乃至达到君臣不分,同流合污,狼狈为奸的地步,为历史留下了笑柄。

"假托"是一切阴谋家常用的伎俩,只是假托的题目、内容往往因时、因势和因人而不同。如果说蔡京的狡诈多变和投靠术是为了升官向上爬,那么他阴托"绍述"则是为了因权保位,揽政敛财。

所谓"绍述",据史书载,是王安石在"绍宁"年间变法失败后,继位的宋哲宗、宋徽宗两帝都曾一度主张复行新法,并把登基年号改称"绍圣""崇宁",以示继承先帝神宗事业的决心。因此,被当时的权臣称为"绍述",其意是"行变法"。

阴鸷诡谲的蔡京,了解徽宗崇尚新法,所以他一登上相位,立即捧出"绍述"云云。但是,他骨子里并不真正拥护王安石的变法,只是为了实现自己篡政夺权的阴谋,才打出"绍述"这个幌子,用以骗人售奸,独揽朝政,搜刮钱财,祸国殃民。且看事实:

第一,巧立名目,想方设法强化自己的地位。例如,他将王安石变法时设置的三司条例司这个只"掌经画邦计,议变旧法以通天下之利"的权力单一的机构,改头换面成"讲议司",自任"提举",而这个"讲议司",几乎把全国政要大事都管了起来,如宗室、冗官、国用、商旅、盐泽、赋调、尹牧等等,"凡所设施皆由是出"。由此可见他揽权之本事。他还经常借变法之名改变官制,以固己位。为了堵别人的嘴,他竟写假诏书盗徽宗之名发布,违者即予严办。

第二,培植党羽,安插亲信。凡是为他帮过忙,做过事,并向他吹牛拍马的人,蔡京都以拥护"绍述"有功之名义,给予封官或提升。于是他的一大批亲信很快都被安插在重要位置上,什么尚书、尚书右丞、中书侍郎等要职几乎全安上了他的党羽。他还十分重用宦官集团,与童贯等人结成死党。童贯在他的极力推荐下,一再出任军事要职,官职一升再升,直至封为国公。当时人戏称童是"媪

相"。

第三，打击异己，置政敌于死地。元祐年间，他卖身投靠保守党，得到司马光等人的帮忙，终于保住了官。但对他未能提升重用始终含恨于怀。所以他一上台为相，就以怨报德，立即将司马光、文彦博等120人列为"奸党"。为了使他们永远不得翻身，他让皇帝亲自书写"奸党"名字，刻碑立于端礼门前，让文武百官皆知。他还对哲宗期间的旧官进行党伐，按上、中、下划为六等，分别进行处理，受害者达五百多人。

第四，揽军权，使"兵柄士心皆归己"。蔡京很懂得军权的重要，他借行"新法"之名，将一些"州"改置为"辅"，然后派自己的亲信去充任要职；同时，他给禁军加饷，"月钱骤增十倍以固结之"，让其为自己效劳。

第五，苛政勒索，搜刮民脂，积聚钱财。蔡京借新法之名，搞了一系列所谓经济改革，什么"方田法""增价折纳之法""和籴之法""免役法""铸钱法""盐法""茶叶法"等等，名目之多，不胜枚举。但归结起来，就是他自己所说的倡"丰亨豫大"之说。其目的就是用来掠夺民财，"以侈靡惑人主"，以中饱私囊，陷君臣上下于奢侈淫逸之中，置百姓于水深火热之下。

蔡京利用阴谋骗术夺取的权力和钱财，把徽宗皇帝和满朝文武官僚，紧紧控制在自己的掌心之中。他为相期间，君臣上下，竞相奢侈，尽管皇宫里有三宫六院，嫔妃、宫女上百成千，蔡京知道宋徽宗玩腻了，便诱导他微服出游花街柳巷，夜宿娼门，与李师师鬼混。蔡京横征暴敛，兼并土地达50万亩；他还公然索贿，所谓"生辰纲"，就是他大规模索贿的一种手段。每年他过生日，各地官吏都要向他送金钱、宝物做贺礼，而且组织官兵运送，贿赂之风盛行。

蔡京的一生是罪恶的一生。尽管他靠着变色龙的保护色，高官厚禄，四当国政，虽屡次遭贬，到最后也没有被"正典"刑罚，而是老死在贬官的途中。但他在史家和人民的心中，永远是个寡廉无耻的阴谋家和奸党。

秦　桧

秦桧（1090—1155年），字会之，江宁（今江苏南京）人。其父秦敏学曾任湖州吉安县丞、信州玉山县令等职。他早年曾拜过做宰相的奸臣汪伯彦为师，从汪伯彦那里学到不少知识，也学会了左右逢源、玩弄权术的本领。宋徽宗时，秦桧得中进士，任过密州（今山东县诸城县）州学教授，后又中宏词科。由于得到投降派代表人物李邦彦推荐，步入仕途。从此，在风云变幻的宋金斗争中，他逢迎拍马，青云直上，陷害忠良，投敌卖国，成为中国历史上人人切齿、个个唾骂的奸佞官僚。他的阴谋思想集中表现为阴阳并施，两面讨好，助纣为虐，残杀异己，从而达到左右逢源，卖国求荣的目的。

在秦桧踏入仕途的时候，金国已十分强大，它灭辽后，分两路南下，进攻宋朝。宋徽宗惊慌失措，急忙把皇位传给钦宗，到镇江避难去了。宋钦宗也十分害怕金人，当金人渡河包围了汴京后即向金求和，答应献出黄金五百万两，白银五千万两，牛、马各万匹，缎百万匹，并割让太原、中山（今河北定县）、河间三镇，还答应以亲王、宰相等为人质。秦桧当时已任礼部侍郎，由于主张割让土地，故被任命为割地使。当时主战派首领李纲率汴京军民积极备战，各地援军也陆续到来。金兵被迫北撤，秦桧未到目的地河中便返回京城。半年后，金兵以更大规模的攻势，一举攻克汴京，将徽、钦二宗及后妃、亲王全部俘虏，强立张邦昌为傀儡皇帝。立异姓为帝，这在当时是改朝换代的大事，故引起强烈反响，秦桧部属、监察御史马伸当众提议向金军写一反对状，要求保留赵氏。此时，身为御史中丞的秦桧全面分析形势，瞻前顾后，权衡利弊，认为只有采取"明修栈道，暗渡陈仓"的策略，才能混水摸鱼。于是他单独向金人写了一信。信中虽然提出保留赵氏的主张，但完全是为金人出谋划策。他说，赵宋建国百年，号令统一，立张邦昌为帝，会引起天下人的反对，于金不利。如果仍让钦宗在位，则"实金万世之利也"。金虽然未接受秦桧的建议。但已完全看出秦桧的用心，对他产生了好感。

金立张邦昌为大楚皇帝后，北宋从此灭亡。金兵北撤时将徽、钦二宗及宫妃、文武官员三千余人和大量金银财宝携走。此外，因嘉秦桧之"忠"，特将他一块带走。金太宗将徽、钦二宗及其宗室大臣流放，而独将秦桧赐金太祖阿骨打的堂弟、左监军挞懒任用。金太祖的四子金兀术还专门宴请秦桧，并让王公贵戚的姬妾为其侍酒。秦桧对此殊遇，受宠若惊，从此一心一意替金效劳，成为金的一个降臣。

靖康二年（公元1127年）五月，宋高宗在南京应天府（今河南商丘南）建立南宋。宋徽宗知道后，企图再次向金乞和，请秦桧代笔给金写信。秦桧利用这个机会，一面完成徽宗交予的差事，一面进一步为金出谋划策。他在信中引用了五代时，契丹灭后晋，将石氏宗室北迁，结果中原落入后汉刘知远手中的教训建议金利用宋高宗，让其子子孙孙向金称臣纳贡，以获"万世之利"。金国因决意用武力征服南宋，故未采纳秦桧的意见，但对秦桧的忠心，十分赏识，赐其钱万贯，绢万匹。

建炎三年（公元1129年）十月，金国以金兀术为统帅大举南下。因秦桧熟悉南宋情况，挞懒任命他为军事参谋兼随军转运使。南进中，挞懒在楚州（今江苏淮安）受到军民的顽强抵抗，围攻一百多天不下，便让秦桧写了封劝降书。但楚州军民宁死不屈，一直血战到底。金兀术的其他军队也受到爱国军民的顽强抵抗。这使金太宗认识到，光靠武力不可能征服南宋，便改用"以议和佐攻城"的策略。他一面立济南知府刘豫为大齐傀儡皇帝，统治中原与陕西一带，破坏抗金斗争；另一方面派秦桧回南宋充当内奸，从内部瓦解南宋。秦桧便于建炎四年（公元1130年）十月，编谎言说他是杀了"金人监已者，奔舟而来"的，回到南宋。

秦桧由于过去给金人上书，要求保存赵氏，在南宋留下了"忠义"名声，加上宋高宗畏惧金人，徽、钦二宗又在金人手中，所以不顾群臣的怀疑，立即召见了秦桧，秦桧根据金人的旨意，打着为南宋着想的幌子，提出了"南自南，北自北"的建议，并呈上了他代高宗写好的求和书。昏庸的高宗十分高兴，立即任命他为礼部尚书。秦桧假装不受，更赢得高宗的信任。高宗听信秦桧的谎言，公开宣传秦桧"最忠"，是一难得的"佳士"，被俘后，如"苏武之在匈奴常持汉节"，并很快升任他为参知政事（副宰相）。此后，秦桧为了攫取更高的权力，以便更好地为金人效劳，曲意逢迎高宗。根据金人的意图，提出南北官员书信往来的建议，以认可北方降吏的投敌行为；提出将北方来的抗金官员和忠义之士遣回原籍，以破坏南宋的抗金斗争，为金吞并南宋创造条件。对这些阴谋诡计，高宗不但不反对，反大加赞赏，并于绍兴元年（公元 1131 年）八月任命秦桧为右仆射、同中书门下平章事兼知枢密院事，成为主管军政大权的右相，爬上了仅次于高宗的地位。

秦桧当宰相后，扶植私党。依仗金人，胡作非为，甚至与高宗发生矛盾，引起广大军民的强烈反对。高宗便于绍兴二年秋罢了他的宰相职位。但这立即引起金的责问。高宗只好仍将他在行宫留用，参决尚书省枢密院事。绍兴七年十一月，金国统治者因伪齐伐宋屡屡失利，将其废黜，决定把刘伪统治区交给南宋，由南宋来镇压那里的抗金斗争，并送归徽宗的灵柩和韦太后（高宗生母），但交换条件是南宋向金称臣，岁岁纳贡。高宗无条件接受了金人的要求，并为办好这件事，又将秦桧升为右相，秦桧利用这个机会，竭力取得高宗的信任，并排挤了左相赵鼎，使朝中大权落入他一人手中。

绍兴八年十月，金使带金熙宗的诏书来南宋议和。他要求南宋沿途州县官员像迎宋帝诏书一样"迎接金帝诏书"，并坚持册封高宗为帝，要高宗像金臣一样跪拜。这当然激起南宋军民的反对，秦桧为了满足金使的要求，提拔主张议和的人，罢免、流放反对议和的人，并以软硬兼施等方略，诱使高宗接受条件。由于让高宗在满朝文武大臣面前跪拜求封，这实在太伤体统，高宗也无法接受，秦桧经过精心策划，向金使提出，高宗正在居丧守孝，不得行礼，跪拜之事由他代理。金使看到南宋朝臣中的不满情绪，便以此下台阶，由秦桧扮演了这场丑剧的可耻角色，接受了金国诏书。绍兴九年（公元 1139 年）正月，南宋正式宣布向金称臣，每年向金进贡白银二十五万两，绢二十五万匹。

宋、金议和后，金国统治集团内部发生了严重的派系斗争，金熙宗以谋反罪杀死挞懒，兀术、宗翰掌握了军事大权。金兀术历来反对把河南和陕西地区交给南宋，便以知宿州的赵荣和知寿州的王威不等到割地就归顺宋朝为借口，在绍兴十年（公元 1140 年）五月，撕毁和约，率军向南宋大举进攻，不到一个月，河南、陕西之地重被夺去。正当金兀术继续南侵时，却遇到了岳飞军队的坚决抵抗。岳飞先后攻克了颖昌、蔡州、洛阳等地，并在河南郾城与金兀术最精锐的拐子马决战，把金兀术杀得大败而逃。与此同时，韩世忠等部和忠义民兵也相继出击，取得了很大胜利，对金军形成大包围，并切断了金兀术的退路。抗金形势空前大好。金兀术见岳飞军队所向披靡，十分害怕，便通报秦桧，以杀害岳飞为讲和条

奸佞卷

件。金国的成败就是秦桧的成败,他便开始进行谋害岳飞的罪恶行动,其主要阴谋是:

一、编造理由,迫岳飞退兵。他授意台官向高宗起奏说,宋"兵微将少,民困国乏,岳某若深入,岂不危也? 愿陛下降诏,且令班师。"高宗下令抗金也是出于无奈,见军事上取得一定胜利,有了和谈条件,又害怕岳飞功重权大后难以驾驭,便下诏令岳飞退兵。岳飞力陈继续进兵理由,但得到的却是连续十二道退兵金牌,他只好班师回朝。颖昌、蔡州等地重被金军夺去。岳飞回朝后,秦桧出主意让高宗授予其枢密副使之职,解除了他的兵权。

二、制造谣言,将岳飞革职。秦桧与张俊合谋,放出一个谣言,说岳飞建议高宗放弃楚州,退守长江。然后又唆使同党右谏议大夫万俟卨以此为由弹劾岳飞。由于岳飞一贯看不起万俟卨,万俟卨便乘机报复,秦桧的其他党羽也一轰而上,弹劾岳飞,高宗便不加任何分析,革去了岳飞副枢密使的职。

三、捏造"谋反"罪名,将岳飞杀害。绍兴十年九月,金兀术进一步提出和议条件,于是杀害岳飞便提到了秦桧的日程上。但仅靠原有罪名,不足以杀头,秦桧便设法买通了岳飞的部下王贵、王俊等人,让他们诬告岳飞谋反,并写了"首告状"。高宗据此,立即将岳飞捉拿归案。秦桧任用自己的死党万俟卨审理此案,对岳飞及其儿子岳云严刑逼供。但一连两月,什么也没问出来,也无人愿意作证。大将韩世忠气恼地问秦桧,岳飞"谋反",有什么证据。秦桧只是说:"虽不明,其事件莫须有(即也许有)。"韩世忠说:"相公,莫须有三字何以服天下?"这年十一月,爱国名将岳飞及其子岳云被秦桧害死。高宗和秦桧在临安再次与金签订屈辱和约。

秦桧由于谋杀岳飞、与金议和有功,要求高宗给予他比蔡京更高的封赏,高宗便加封他为太师、魏国公、秦国公,封其母为秦、魏国夫人,封其妻为韩、魏国夫人,其子孙也一个个加官进爵,荣极一时。秦桧深知,他的罪行必被后世唾骂,便以宰相身份监修国史,同时令其子、孙负责编撰高宗在位以来的日历和实录。他隐瞒自己被俘变节、助纣为虐的罪恶历史,为自己歌功颂德,诬陷岳飞等抗金将领。为了在民间掩盖其罪行,同时大兴文字狱,使不少百姓、文人惨遭杀害。

绍兴二十五年(公元 1155 年),秦桧病入膏肓,还想让儿子秦熺接替自己的宰相地位。由于人民对其深恶痛绝,高宗此时也希望秦桧早点病死,没有答应秦桧的要求,秦桧便以重金赠送亲信党羽,让他们扶助秦熺为相。秦桧死后,四海欢庆,纷纷上书揭露秦桧的罪行,高宗迫于舆论压力,恢复了一些被罢免大臣的官职,罢免了秦桧党羽数十人,但仍加封秦桧为申王,谥号"忠献"。秦桧的墓石上因无人愿刻,"不镌一字"。宋将孟珙路过秦桧墓时,命军士在其墓上拉屎倒尿,使这座墓成为有名的"秽冢",秦桧也成为遗臭万年的卖国奸贼。

严　嵩

　　严嵩(1480—1567年)，中国历史上三大奸相之一。他的臭名与唐代的李林甫、宋朝的秦桧并列。但他的诡计权术要比其前辈李、秦多得多。他靠能哭会笑，善于逢迎；口蜜腹剑，阴险狡诈；一手遮天，蒙蔽视听，爬上相位，并独揽朝纲达二十年之久。他又因助纣为虐，祸乱朝政；纵子作恶，招财纳贿；残害忠良，祸国殃民，而成为遗臭万年的历史罪人！

　　明朝中期，由于嘉靖皇帝朱厚熜崇拜仙道，祈求长生，昏聩不堪，不理政事，使得朝政腐败，边事松弛，国势衰弱；"北虏南倭"滋扰，边塞烽火四起，朝廷官员贪污腐化，奢侈淫糜到了极点，老百姓则穷得无衣蔽身，无米下锅。正如著名清官海瑞讽刺"嘉靖，嘉靖，佃得一干二净！"正是这样一个时代背景，给严嵩提供了施展诡计，窃取权柄，操纵国政的机遇。

　　严嵩出生于明宪宗成化十六年(1480年)，家境贫寒，父亲是个读书人，很不得志，一生醉心科举而不得中，严嵩却不负乃父之志，从小聪明，用功读书，明孝宗弘治十八年，当他25岁时便考中进士，被朝廷授予编修官之职。于是他有了飞黄腾达、步步高升的机会。他既野心勃勃，又颇有心计，是个善于窥测方向，观察政治气候，寻找进身之机的人。当他被任命编修官之时，正值太监刘瑾权倾朝野，炙手可热。他知道此人声名狼藉，不会有好下场，不愿去巴结他，他又怕祸及自己，便托病在家乡江西分宜县南门外钤山堂"隐居"十年。此期间，一边著书立说，一边寻找出山之机。不久，刘瑾失宠被诛，严嵩马上北上还朝复官，但苦于无门路，官职不高，又坐了十年冷板凳。他的耐性终于换来了机会，经过多方活动，他攀上担任嘉靖皇帝内阁首辅(即首相)的同乡夏言。

　　夏言年龄比严嵩小，中进士也比严嵩晚十二年。按封建礼教、科举分论，夏言是严嵩的晚辈。但此时夏言位高受宠，严嵩为了往上爬，需要仰仗夏的援引，自然顾不得前辈晚辈，巴不得借着老乡的缘分，想方设法，曲意逢迎，去巴结夏言。可是夏言是个"豪迈有俊才，纵横辩驳，人莫能屈"的人，而且正受到世宗皇帝的宠信，"政由言出"，难免有点刚愎自用，恃才骄横。开始，他对严嵩有些不屑一顾。严嵩并不因此罢休，他使出了浑身解数，非投靠上夏言不可。有一次，他想出了设家宴请夏言的办法，不想又遭到拒绝。这可急坏了严嵩。这一次再不成，等于断绝了往上爬的门路。权欲熏心的他，死也不能甘休。他便亲自拿着请束到夏言府中相请。夏言的架子实在太大，竟闭门不肯相见。严嵩仍不罢休，他眉头一皱，计上心来，竟双膝一曲，跪在夏言府前，展开请束，和声朗诵，音调委婉动人，显出十分真挚的样子。这一手也真灵，夏言以为严嵩出于真心，为人谦恭，很受感动，便亲自出门将严扶起，并立即赴宴。从此，严嵩多方曲意奉承和取悦

奸佞卷

中华名人百传

夏言,使夏言真个把他视为知己,多次在皇帝面前引荐严嵩。但他万万没有想到,自己栽培的却是一个掘墓人。这是后话了。严嵩投靠有术,果然官运亨通,步步高升,很快就升到了礼部右侍郎,这一官职虽还不算很高,但有机会为皇帝直接办事,为他进一步施展伎俩,夺取要位提供了条件。

对严嵩来说,礼部侍郎这样的官,绝不会使他满意,他的抱负是"定数难移岂信然,但修人事可回天"。他是要夺位掌权的。为此,他必须直接取信于皇帝。到朝廷不久,他便利用一切机会向世宗皇帝邀宠。一次,他奉旨到湖广安路为世宗皇帝生父祭墓,他便利用这次大好机会,施展出谄媚取宠的手段,在回朝秉报时,向世宗大讲所谓种种祥瑞之兆,并建议世宗"撰文刻石,以记天眷",把个世宗说得心花怒放,兴高采烈,对严嵩留下了极好的印象。不久便提升其为礼部尚书。

嘉靖十五年,也是严嵩被升任礼部尚书的这一年,世宗提出把自己生父的牌位移入太庙(明代帝王的祖庙,现劳动人民文化宫)。严嵩认为此举不妥,打算进言劝阻,不想没说了几句,就惹得皇上大为光火,怒不可遏。严嵩见状,十分惶恐,差点吓破了胆,赶快见风使舵,"尽改前说",并告诉世宗说,一切礼仪都已经办妥了,世宗也立即转怒为欢,并愈加赏识严嵩会办事。严嵩取信世宗皇帝第三手是投其所好。他在世宗身边混了一段,了解到世宗是个极信仙道的人,对于道教祭祷神仙的"青词"十分重视,往往以"青词"写得好赖来录取、提拔官吏。严嵩便不遗余力地施展出自己文学功底深厚的特长,卖弄词藻,以天上出现祥云为由,写了一篇《庆云赋》,呈给世宗。世宗从头至尾读了一遍,觉得字字典雅,语语精工,极为赞赏,击节叫好。说以前大臣们所写的"青词"都不如此篇。此后,世宗斋醮祭道的青词一概由严嵩主编。其受宠信程度可想而知。严嵩还利用世宗迷信能够长生不老,经常给世宗讲仙道的故事,以博取皇帝的欢心和恩宠。严嵩和世宗,一个善于拍马,一个喜欢奉承,真是臭气相投,一拍即合。

严嵩当了礼部尚书之后,由于受到世宗皇帝的宠信,权欲愈加膨胀,要当内阁首辅,做个一人之下,万人之上的人。可内阁首辅的要职一直由世宗宠信的夏言把持。严嵩是个忘恩负义、"无毒不丈夫"的人。此时的夏言在他的眼里,不再是当初的"靠山""恩师",而是阻碍他继续向上爬的最大政敌了,他必须搞掉他才能取而代之。但这位敌手既不是草包,又正受着皇帝的信任,不耍点手腕是难以搞掉的。严嵩是个诡计多端的人,他研究了夏言所处的地位和为人,针对其刚愎自用、骄横傲慢的弱点,采取了渗透战术,用以柔克刚的办法,让夏言逐渐失去世宗的宠信,自己再乘隙而入。夏言性情刚烈,好直言不讳,常在世宗面前态度疏慢;严嵩便反其道而行之,对世宗温顺谄媚,俯首贴耳,低声细语,诚惶诚恐。夏言对下级要求严峻,轻加处分,严嵩则装得宽厚下士,乐于帮人。与此同时,他用金钱收买到世宗身边服侍的小太监,让他们散布流言蜚语,搬弄是非,说夏言的坏话。果然,柔能克刚,他的阴谋得逞了,世宗对夏言的言行由不满,到愤怒,并把对夏言的恩宠移到了严嵩身上。严嵩认为时机已到,便直接向夏言开火了。

一天，世宗单独召见严嵩，询问严与夏的关系为何不协时，严嵩突然全身颤抖，俯伏在地，痛哭不已。世宗见这个六十多岁的白发老头哭得如此伤心，认定他是受了莫大委屈，不免动了怜悯之情，让他把话都说出来，不要害怕。严嵩心里暗喜，便将他平日搜集的所谓夏言的罪状，添枝加叶，一一哭诉出来。世宗听后，不由得对夏言十分恼恨。事后不久，碰巧出现了一次日全蚀，严嵩便利用世宗的迷信观念，说太阳是皇帝的象征，出现日蚀是夏言慢君所致，若不处分夏言，皇上将不得安宁。世宗十分迷信，竟相信严嵩的鬼话，将夏言免职赶回老家。严嵩便如愿以偿，补缺夏言，进入内阁，提任首辅，一跃而成为炙手可热的权要。这位权欲熏心的家伙，一进入内阁，便大权独揽，独断专横，安插亲信，结党营私，纳贿敛财，干了许多坏事，连世宗都看不下去，二年后，又将夏言请回来主政，让严嵩当了次辅。

经过这次折腾，夏言进一步了解了严嵩的为人，十分鄙视他，并处处对他加以提防和打击。凡严嵩决定的事，往往全部推翻，还将严嵩安插的人，一一加以辞退。但他毕竟是个直人，只能来硬的、明的，缺乏谋略，所以最后还是败在善搞阴谋诡计的严嵩手下。严嵩对失去梦寐以求的要职本来心里就很恼火，看到自己安插的心腹一个个被夏言赶走，更是恨得咬牙切齿。但他表面上仍是笑语周旋，不露声色，暗地里却在窥测时机，准备报复，这次他决心非将夏言置之死地不可。

果然，时机来了。当严嵩发现世宗皇帝对夏言和陕西总督曾铣共同筹划的收复河套地区的议案，先表示同意，后又犹豫不决，想推翻又找不到借口时，便乘机插手，陷害夏言。首先，他买通世宗的近侍，让他们不断在世宗耳旁吹冷风，说复议河套是祸根，绝对不能实行。其次，他又指使心腹爪牙不断上书，极论边衅不可开，否则后患无穷。第三，更为卑鄙的是，他勾结边将仇鸾，让他上书说夏言接受了曾铣的贿赂。世宗是个反复无常的人，在严嵩的挑拨下，表示改变原旨，不再议决收复河套的事。夏言是个死心眼，仍然在世宗面前争辩，使世宗大为恼火，当即下了一道圣旨，再次将夏言革职还家。因为有了上一次的教训，严嵩对夏言被革职还乡仍不罢休，他怕世宗这个喜怒无常、优柔寡断的人，再次起用夏言，那时，自己的后果将难以设想。这个心毒手辣、笑里藏刀的人，便又设计了一个借刀杀人的毒计。夏言一走，他就指使手下心腹在宫中放出谣言，说夏言离京时愤愤不平，口出怨言，说当初皇上曾命自己拟旨奖谕曾铣，同意"议复河套"，为什么出尔反尔？世宗皇帝闻此极为羞怒，心想，好个夏言，你竟敢对我皇上口出怨言！恰巧此时，北方边境俺答部族进犯宣府（今宣化），世宗就说这是夏言、曾铣提出收复河套所致，竟不分青红皂白，降旨一道，将夏言斩首。此事还累及朝廷数以百计的文武官员，有的被杀，有的被贬，有的降职降俸。而这一是非颠倒的"复议河套"事件，是由老奸巨猾的严嵩一手策划、精心设计的。他终于达到害死夏言，取而代之，将内阁首辅要职弄到手的罪恶目的。

夏言被杀，除去了严嵩的最大政敌，首辅一职长期被他把持，国政大权完全

操纵于他。严嵩不仅仅权欲很大，而且招财纳贿，贪得无厌。为了独揽朝纲，他大搞结党营私，安插亲信，还把不学无术的无赖儿子严世蕃弄到朝廷当了工部侍郎，形成了父子狼狈为奸，操纵朝政，排斥异己，残害忠良，祸国殃民的一段臭名昭著的罪恶历史。

严嵩为相二十年，罪恶累累，罄竹难书。被他陷害致死的明代忠臣杨继盛把他的罪行和奸诈归纳为"十罪状""五奸才"。"五奸才"大致能看出严嵩的奸诈的嘴脸，姑录于此："贿结皇上左右，使之成为自己的间谍；控制通政司，使之成为自己的鹰犬；与厂卫官缔结姻亲，使之与自己有瓜葛；牢笼言官，使之成为自己的奴隶；网罗部臣，使之成为自己的心腹。"

逢迎皇上的另一手法和谋略，便是争献长生术。

世宗自祈子得子后，愈益迷信，进而讲求长生术和房中术，几近于疯狂。自嘉靖十三年（1534 年）以后，三十余年不视常朝，不与大臣面谈。晚年想传位太子，退居西苑，专祈长生，为徐阶劝阻。

邵元节生前引荐陶仲文。陶县吏出身，学一套骗人的法术，除了会念经，主持道场，做法事外，还能扶乩，以符水持剑除妖，祈祷治病，预卜吉凶。世宗甘心受骗，大为常识，历封陶礼部尚书，恭诚伯，屡加少保、少傅、少师，一人兼领"三孤"（少保、少傅、少师合称）。子陶世恩历官至尚宝少卿、太常寺丞、太常卿。其徒弟也封官。

于是三教九流、牛鬼蛇神认为这是升官发财的捷径，争相献法术，献仙方，献仙药，献符瑞，闹得乌烟瘴气。其中不乏国子监生和进士出身的官僚。严嵩也卷了进去。

世宗在秘殿扶乩，说是服灵芝可以延年益寿，遣使去采灵芝。于是天下四方都来献芝，堆积宫苑中。太监偷运出去，卖给献芝邀赏的，往来循环，聚万本为"万岁芝山"。有鲜五色龟、白龟、白雁、白鹿之类。严嵩亦令其孙严鹄献玉兔及灵芝。世宗每得所献"灵"物或兔、鹿生子，必举行告庙典礼。礼官袁炜等率廷臣上表祝贺。世宗死前两年，夜坐庭中，忽于御幄后得一桃。左右哄骗他说，这是天降下的仙桃。他大喜若狂，下令做道场五天，感谢上天。嘉靖四十一年（1562年）和四十三年（1564 年），世宗急于求方术，因陶仲文等已死，派御史等官到全国访求方士和秘方。方士（包括武当山道士高守中）所进各种仙丹药酒等，据当时有识之士说，"其实都是用麝香、附子等热毒的药剂，喝了能使丹田火发，假借延年及羽化成仙之名，其实都是房中术。"

身为宰相的严嵩，对此不仅不加谏阻，反而为了逢迎皇帝，巩固他的权位，推荐"妖人术士，引入禁中"。

顾可学与严嵩同年中进士，官至浙江参政，因贪污免职，家居二十余年。他看到世宗好长生术，而同年严嵩又为相柄政，便以厚礼贿赂严嵩，自言能炼童男童女小便为"秋石"（药名），服之可以延年益寿。严嵩向皇帝推荐，大得赞赏，赏赐之外，委任工部尚书。端明，历官右副都御史，主管南京粮储，因不称职，遭弹

劾罢官,家居十年,也自言精通药石,服之可以长生。由陶仲文和严嵩向世宗推荐,召为礼部右侍郎,不久又升工部及礼部尚书。这两位尚书拿薪俸,不管事,只"供奉药物"。

即使是同党,也为此向皇帝争宠。

赵文华是严嵩同乡,为国子监生,嘉靖八年(1529年)进士,拜严嵩为义父,提升为通政使。他也要直接巴结皇帝,献"百花仙酒",奏疏中说:这酒系仙人所传授,喝了可以长生不死。只有他和老师严嵩知晓,严嵩喝了很长寿云云。世宗觉得很好喝,手敕责问严嵩,既有此方,为何不奏?严嵩很害怕,说他生平不近药饵,不知为何能活七八十岁。同时恼怒文华,召他至内阁,责问他为何事先不关照。赵文华否认有此事,严拿出赵的《进酒疏》。赵长跪蹄哭请罪,久久不敢站起来。大学士徐阶、李本从旁劝解,赵才敢回去。

严嵩从内阁休假回寓,九卿都来谒见。赵文华也来,被严命从吏赶走。赵贿赂他的义母、严嵩妻,为其说情,才恢复关系。

嘉靖四十一年(1562年)五月,御史邹应龙上章弹劾严嵩不法事。世宗下令处分,严世蕃等戍边,严嵩勒令罢相回乡。他归至南昌,适逢世宗万岁节,命道士蓝田玉建道坛祝寿。蓝善召鹤。严嵩闻讯,撰写《祈鹤》文,并符篆呈递皇帝,希图藉此能蒙皇上召用复官。世宗很赞赏,优诏褒奖,但没让复职,也不准赦免世蕃。这次施展的逢迎权术不灵了。

魏忠贤

结党营私是阴谋家们争权夺利的惯用伎俩,但具体手法运用上却各有各的高招。明末大宦官魏忠贤在这上面造诣颇深,他就是靠广结死党,利用党徒做内奸、特务,造谣诬蔑,嫁祸栽赃,铲除政敌,残害忠良,夺取朝政大权,实行阉党政治,变朱家王朝为魏家天下。他在短短的七年中,为一己的权力,杀人如麻,坏事干尽,祸国殃民,是个丧尽天良,灭绝人性的奸佞幕僚,是历史上的罪人!

魏忠贤,河北肃宁人,原是个市井无赖,好逸恶劳,酗酒聚赌,无所不为。曾娶妻冯氏,并生有一女。二十二岁上因赌输了钱,不能维持生计,把自己阉了,跑到北京当了太监。他虽大字不识一个,但有胆力,能决断,又办事勤快,恭顺听话,而且更善于阿谀逢迎。所以很快就由一个充当杂役的小太监,被引荐到明神宗皇帝朱翊钧长孙朱由校及其母处服侍。朱由校自幼贪玩,不喜读书。但他是长孙,按封建礼数,是皇帝的自然接班人。狡黠的魏忠贤很晓得这个道理,所以非常用心服侍朱由校,以自己在市井无赖那里学到的骑、射、嫖、赌之伎俩,常导朱由校倡优声妓,骑马射猎,渐渐地把个朱由校调唆得十分惬意,深深地喜爱上了魏忠贤,并非常信任他。

明朝中期开始,宦官擅政层出不穷,到了后期,愈演愈烈,这多与皇帝的昏庸无能分不开。经过魏忠贤服侍、培植的朱由校便是一个只会游猎玩乐、淫狎女色、懦弱无能、昏聩无比的人。也真是阴差阳错,就是这么个无能的宝贝疙瘩,于公元1620年他十六岁时被"东林党"人捧上了宝座,是为熹宗,年号天启。他在位七年,除了吃喝玩乐,朝政之事一概不理,是个典型的傀儡皇帝。

利用、操纵傀儡皇帝,"挟君主以令诸侯",是历史上宦官擅政夺权的惯用伎俩。魏忠贤也用了这一手。但在具体应用上,这个没有读过四书五经的人,凭着阴险狡黠的个性,权欲熏天的野心,却施展出许多令人发指的毒计。

"清君侧"不是他的发明,也许他还不承认,但他的确用了这一毒计,而且手段特狠。朱由校当皇帝是他梦寐以求的天赐良缘。他十分了解这个在他陪伴下长大的小皇帝。而这个小皇帝待他也不薄,登基不久就提拔他当了负责掌握和传递皇帝圣谕、大臣奏报,权力很大的司礼监秉笔太监。有了权,野心也随之膨胀。他要继续往上爬,夺取更大的权。他十分清楚,要达到目的必须得到皇帝的恩宠和信任以为"靠山"。他不患玩不转皇帝,所不放心的是皇帝左右的人,怕他们吹冷风,把原本无能的皇帝夺走,反过来害自己。他必须先下手为强,但单枪匹马不行,还要有帮凶。经过物色,他发现了一个与他臭气相投的女人,此人便是皇帝一日不见就受不了,格外受到宠幸的奶娘客氏。她虽来自家庭贫寒的农村,但利欲熏心,贪得无厌,心地不良,好挑拨离间。魏忠贤看中她,她也喜欢魏忠贤,两人一拍即合,互相勾搭,由"假夫妻"的暧昧关系,发展到政治上的结合。魏忠贤便利用她与皇帝的特殊关系,让她在熹宗面前挑拨离间,煽动蛊惑,污蔑中伤,捏造罪名,把比自己权位高的、为人正直有威望的、能与自己抗衡的、不买自己账的、或受到皇帝信任的宫中太监统统加以打击排挤,有的被逐出宫,有的被杀。其中有两个历史上著名的,一个叫王安,是比较正派的宦官,曾协助"东林党"人拥立朱由校为帝;另一个叫魏朝,受熹宗的宠幸重用,掌管兵信局,握有实权。两人原都是魏忠贤的"恩人",但因能与魏抗衡,并受到皇帝的信任,魏就不能相容,便与客氏密谋将两人害死。客氏则利用魏忠贤的狠毒,由他出谋献策,或采取暗杀的办法,把与她不睦和说过坏话的嫔妃宫女除掉,连受皇帝宠爱的皇后他们也敢下手,并差点被害死。

由于朱由校十分昏庸,对客氏的话几乎到了每句必听,对魏忠贤宠幸不疑,尽管朝廷中有不少人参奏弹劾魏忠贤和客氏,但都被他压住或挡了回去。于是,魏忠贤清君侧、除异己之计便顺利得逞。几乎宫中的所有人都被他折腾了一遍,真是犁庭扫穴,威势逼人。此次被迫害、打击的嫔妃、太监数以百计,许多人还做了魏忠贤的刀下冤鬼。与此同时,魏忠贤把宫中的主要太监都换成自己的亲信和表示屈服忠心于他的人。

魏忠贤利用客氏,一举扫除宫中异己,成了独一无二的大太监。皇帝身边的人他可以放心了。但这仅是他整个阴谋的前奏,他的狼子野心是要夺取朝政,独揽天下。为达此目的,他又施出了张网收罗,广结阉党的诡计。他利用当时执掌朝政的东林党与在野的齐、浙、楚三党矛盾极深,斗争激烈的形势,为自己捞好处。东林党人虽比较正派,但缺乏远见,而且门户之见甚深,凡不合己见的,皆认为是异党,加以打击和排斥。被排斥的官员为了保全自身,便纷纷投向受皇帝宠幸的阉党魁首魏忠贤。而魏对东林党早就怀恨在心,因为东林党领袖杨涟等曾力主客氏出宫并弹劾过他。鹬蚌相争,渔翁得利。魏忠贤这个狡猾的家伙,便利用朝中两派的矛盾,趁机张网抛线,搜罗党羽,壮大自己的势力。

抓权就要抓要害部位。魏忠贤也懂得这个道理。他要掌大权,建立自己的天下,必须把内阁控制在自己手中。明朝不设宰相,以内阁为朝廷的办事中枢,实际上内阁行使宰相之权,内阁首辅就是首相。他决心要找个忠实于他的阉党党徒当首辅,并逐步把阁臣都换成自己的亲信,以便把持内阁乃至整个朝政。经过一番物色,他选中了顾秉谦。此人原任礼部尚书,为了投靠阉党,曾率子跪在魏忠贤脚下,还厚颜无耻地说"我本想拜在您的脚下为义子,又恐您不喜欢我这个白胡子儿子,所以让我儿子给您当孙子吧!"对这样忠实的奴才,魏忠贤自然要重用。果然,顾秉谦于天启三年入阁当了首辅之后,便替魏忠贤总揽一切要事,成为魏的得力帮凶和吹鼓手。"凡倾害忠直,皆秉谦亲拟。《三朝要典》之作,秉谦为总裁,复拟御制序冠其首,欲用是钳天下口。朝廷有一举动,辄拟旨归美忠贤,褒赞不已。"首辅安插好了,阁员更不成问题。凡不肯附和阉党的,魏忠贤便捏造种种罪名,将其排挤出阁。不久,内阁的成员都成为魏忠贤的人,其中著名的有先自称魏忠贤"宗弟",后又自降一辈,改称"侄儿"的魏广微,此人是魏安插在内阁的谍报,凡内阁中事,都由他亲笔书写"内阁家报"呈魏忠贤。再一个是被称为"少年宰相"的冯铨,此人因与东林党不和,又与魏妻冯氏同宗,魏便将其拉入阉党。他是阉党残害东林党主要密谋人。

内阁成了"魏家阁老"之后,朝廷六部官员中的奸佞者和无耻之徒,纷纷争相投靠魏忠贤,认阉为父,称子称孙。魏忠贤为扩大自己的势力,来者不拒,一律收纳,量佞使用,分别安插在各部作为亲信。于是,最臭名昭著的所谓"五虎""五彪""十狗""十孩"和"四十孙"之流,便都被魏忠贤网罗为党羽,成为他独揽天下,实行特务统治,残杀忠良,祸国殃民的帮凶和刽子手。

魏忠贤这个阴谋家在结党营私过程中,特别重视控制要害部门。六部中的吏部是掌握官吏进退升迁的要害部门,相当于现在的组织、人事部门,他便让投靠他的死党王绍徽充任尚书,也即部长。此人每升降一人,必要秉告魏忠贤,又时常列出"点将录"诬告东林党,被魏称为"真吾家之珍也!"兵部、刑部、工部等的第一把手也都由他的死党和亲信充任。兵部尚书崔呈秀,投靠魏做了养子,是"五虎"之首,也是魏忠贤最忠实的一条走狗。

短短几年,魏忠贤就结成了一个声势浩大的"阉党",其党徒遍布全国,控制着朝廷各部和地方政权的要职,他实现了执掌朝政,独揽天下的野心。

魏忠贤构结阉党、横行宫中,独揽朝政必然要引起有良心的朝臣和反对派的不满。魏忠贤为了巩固自己的权势,保住"魏氏天下",便利用他执掌东厂特务的

大权,在宫中、朝廷,乃至全国各地广布特务。利用特务,大兴冤狱,杀尽反对派是这个大野心家的又一条毒计。明代的特务统治本来就很厉害,光是特务机构就有三家——东厂、西厂、锦衣卫。这些特务组织权力很大,几乎在全国各地都有它们的分支机构和眼线。谁掌握了这些特务机构,就可利用其收集情报、抓人、杀人,乃至捏造罪名,投入监狱,杀了事。魏忠贤抓到掌管东厂的大权后,就变本加厉地实行特务统治,他把许多阉党党徒和忠实走狗派进东厂和锦衣卫当首领和特务。所谓"五彪""十孩儿"等,就是魏忠贤安排在特务组织中的杀人魔王和打手。兴冤狱,用酷刑,捕人杀人是他们的专务。当时人一听到东厂特务,便会不寒而栗,毛孔紧缩。

两次大冤狱,是魏忠贤实行特务统治的极恶之作。这两次大冤狱被陷害的都是历史上著名的东林党人,前一次被害六人,称为前"六君子",后一次被害七人,称为"后七君子"。他们都是东林党的领袖和中坚,为人比较正派,极力反对阉党横行肆虐,在朝中有一定影响,又都曾上疏弹劾过魏忠贤,成了他不共戴天的政敌。因此,魏忠贤把他们视为眼中钉肉中刺,千方百计要把他们斩尽杀绝。他时刻都在密谋着如何向他们下毒手。现在阉党结成,朝政在握,而且控制着权力无比、随时都可以出动捕杀朝臣百姓的特务机构,岂能错过良机,不把自己蓄谋已久的计划付之实现!何况,欲加之罪,何患无词。天启五年,即公元1625年,魏忠贤伙同阉党骨干崔呈秀、徐大化等人,采取旧账新算,或无中生有的卑劣手段,捏造种种罪名,先后把东林党领袖杨涟、左光斗等六人捕入狱中,酷刑逼供,非让他们承认受贿万金不可,六人不屈,均被械、镣、棍、拶夹杠,五毒刑具相加,活活整死狱中,死状惨不忍睹,历史上称为前"六君子"事件。第二年,他又采取同样的手段,将东林党人周启元、周顺昌等七人捕入狱中害死,其受毒刑程度更超过前六人。历史上称为"后七君子"事件。

除了这两次大冤狱,还有数以百计的朝臣忠良和黎民百姓被魏忠贤的特务和冤狱整死。其中著名的有东北边防守将熊廷弼、孙承宗等。

魏忠贤为了彻底铲除政敌,杀尽忠良,还采取了宁可错杀一千,也不放过一个的残暴手段。他指使爪牙肆意开具黑名单,把不肯依附他的人,一概指为东林党。于是死党崔呈秀《东林同志录》、王绍徽《东林点将录》、阮大铖《百官图》等黑名单竞相而出。魏忠贤还嫌不全,竟索性以皇帝名义颁布了《东林党人榜》,开具了309名。凡列入名单的"生者削籍,死者追夺,已经削夺者禁锢。"魏忠贤兴冤狱,大搞特务统治,真是到了无以复加的程度!

但是,如一切阴谋家一样,心毒、计狠、手辣的魏忠贤,最后也只能落个可耻的下场。朱由校死后,明恩宗,即崇祯皇帝朱由检登基不久,便将这个丧尽天良的大阉党头子削职发配安徽凤阳,紧接着又于途中将其逮捕归京问罪。魏忠贤自知末日到来,乃上吊自杀而死。死后又被"诏磔其尸,悬首河间",并籍没其家产。魏忠贤罪有应得,死有余辜!

马士英

马士英(约 1591—1646 年),贵阳(今属贵州)人,万历四十四年(1616 年)与阮大铖同中会试,长期任地方官。崇祯五年(1632 年),升任右佥都御史,巡抚宣府,因吞没公款以贿赂权贵,案发,谪戍处分,后流寓南京。阮大铖是阉党,名列逆案,判徒刑三年,纳银赎为民。他老家怀宁(今安徽安庆),因避战乱,也住南京,两人臭味相投,相互勾结,过从甚密。纵观他的仕途之路,其阴谋嘴脸就会显露得一清二楚。周延儒同阉党有千丝万缕的联系。他再次应召入京为相时,阮大铖运了很多金银到扬州,送给周,托他为其洗雪逆案,推荐他出去做官。周表示很为难。阮深思良久,改而请求推荐马士英。周同意。崇祯十五年(1642 年)六月,凤阳总督高斗光以五个城池失守,逮捕法办。在周延儒安排下,马士英以兵部侍郎兼右佥都御史总督凤阳等军务。

是时,原四川遵义总兵官刘超,河南永城人,起兵反叛。马士英奉命讨伐,连战皆捷,筑长围围困叛军。刘超原与马士英相识,势穷请降。马士英假答应。刘超出城见马士英,不肯解去佩刀。马笑笑说:"既然归顺朝廷,还佩刀干嘛?"上前解去佩刀,又暗地里遣散刘的亲信,遂捆绑献俘朝廷。刘被凌迟处死。这是马士英惯用的谋略和手段。

南都议论立君时,阮大铖邀诚意伯刘孔昭(刘基的裔孙)到马士英幕中密议,商定拥立福王,因他荒淫又愚蠢,便于操纵。且同史可法、张慎言唱反调,有拥戴之功,可以总揽大权。

马士英和阮大铖为实现这一企图采取的谋略,分三个步骤:一、派人欺骗史可法说,他也赞成立君以贤,不必拘泥伦序。史回书说:"福王有"七不可",要择贤,当立潞王。二、派杨文聪在淮阳找到福王。三、同四镇高杰、刘泽清、刘良佐、黄得功勾结,出兵护送福王去仪真,转南京,立为"监国"。史可法、张慎言等在枪杆面前让步了、妥协了。四、马士英将史可法写的"七不可"的书函盖上凤阳总督的大印,作为档案,用以要挟史可法,即可以随时上报新皇帝朱由崧,这一手更阴险。

在立君问题的较量上,史可法失策了、失败了,其后果非常严重。南明的南京朝廷只维持短短的一年,即断送在极其荒淫的皇帝朱由崧手里,葬送在卖国奸相马士英手里,阉党余孽阮大铖起了很大破坏作用。

五月初三日,南京诸臣立福王为"监国"。初五日,廷推内阁丞相,史可法为东阁首席大学士兼兵部尚书,高弘图为东阁大学士兼礼部尚书,马士英为东阁大

学士兼都察右都御史。张慎言改任吏部尚书。

在廷推时，诚意伯刘孔昭吵闹要出任大学士。史可法说："本朝没有勋臣入阁的先例。"刘发怒，说："即使我不能当大学士，马士英为什么也不能当呢？"大家只好也推举马为大学士。这也是马士英一伙搞的阴谋。

初七日，又任命姜曰广、王铎二人为大学士，参赞机务。

史可法只赞成福王称"监国"，理由是崇祯帝的皇太子和两位皇子在北京存亡未卜，如果南来，当由他们做皇帝，所以要虚位以待。这是拖延之计。

马士英仍然以武力作为施展谋略的后盾。他率领军队，乘船一千二百艘，由淮入江，抵南京江边，上疏拥戴福王做皇帝，并将史可法写的"七不可"书信上报福王。

在马士英枪杆子支持下，福王于五月十五日登上皇帝宝座。群臣只好同声拥护。

马士英进而排挤史可法出京都，采取的是两面手法。一方面高举史可法写的"七不可"，摇晃摇晃，以资要挟；另一方面假装从大局出发，对史说："我驾驭军队太宽，以至于军队不免扰民，你的威名著于江上，你若在外经营，我居中支持接应，事情就好办了。"

史可法自知同马士英已"势不两立"，但马已挟天子以令群臣，非同意不可。十六日，自请督师江上，得到批准。十八日辞别皇帝，当即出发，坐镇扬州。这一回合，史可法又输了。

他虽然仍然保留首辅名义，督师江北，在一定程度上也能指挥江北四镇，而且带去他所提拔的总兵刘肇基、金声桓等；但离开了京都，离开了内阁，离开了政治权力中心，标志着以他为首的抗清爱国派开始失势了，同时以马士英、刘孔昭、阮大铖等为首的卖国投降派得势了。

史可法出镇扬州之日，京师士民哗然。太学生陈方策和诸生卢渭上疏说："淮、扬是门户，但京师是枢要之地，门户有人把守，枢要之地无人坐镇，怎么可以呢？"疏中指出：这样一来，便是"秦桧在内，李纲在外"。朝野认为一语道破要害，是"名言"。这表明了年轻文士已识破马士英之流的真面目。

当时黄宗羲亦在南都，对于史可法处理马士英关系的对策很有意见。他认为史之所以受制于马，因当初关于立君问题有不同意见。福王既立之后，不妨对皇上开诚布公地明说，当时考虑的是"社稷为重"，不要讳言，以致给"小人"马士英留下把柄，受其挟制。他曾对刘宗周说，刘很赞成，对史说了，史不采纳。

恢复中原，才能保住江南。史可法虽督师扬州，仍保有内阁首相的身份，对于一些重大问题，提出对策、措施和谋略，主要有以下几点。

他分析形势，提出总的战略目标以及相应的策略。

他一再上疏给弘光帝，要总结北京沦陷，毁了明王朝"大业"的深刻教训，要小心谨慎，朝夕警惕。要有"远略"，要辨别"贤奸"，切不可苟且偷安。

所谓"远略",即有远大的战略目标,首先是高举讨伐李自成的大旗,表明福王是力图"中兴"的新皇帝,可以收南北官民之心;也可以对付清多尔衮的刁难与责备。北进收复失地,也就师出有名。

六月间,史可法听说李自成败退陕西,山东各州县士民纷纷起而杀逐大顺地方官吏,据城自保时,又上疏提出,颁布"监国"与"登基"两诏书,派官慰问山东、河北军民,"开礼贤馆",招纳四方才智之士。他派监纪推官应廷吉负责主持。十月间,又挥师北进,高杰打前锋,他也挺进至清江浦督师。又派官屯田开封,作为经略中原的计划。

他引东晋和南宋的历史论证说:"东晋君臣日图中原,而仅保江左。南宋君臣尽力经营湖广、四川,而仅保临安。"意即只有力图收复中原,才能保住江南,亦即能攻而后能守,以进为退。取乎上而得乎中,力争上游以保中游的谋略,主要会起到收人心、孚民望的巨大作用。他批评福王听信马士英等偏安江左放弃中原的谬论,不颁诏讨伐,不向中原发一兵一卒,致使人心涣散,"朝气"尽丧。他在疏中说:"偏安是恢复的退步,没有志在偏安而能自立自存","东南一隅,未可保也"!第二年福王小朝廷就覆灭了,证明史可法的论断是正确的。

史可法所提出的总的战略目标,是很高明的谋略,可惜为马士英所排挤,没为福王所接受。

可见,宰相即使提出有利于国家的高明谋略,如果得不到皇帝的支持和采纳,也是枉然,无济于事。

其次,在李自成大顺军占领北京期间,没有死难的明朝廷官员,于九月间纷纷辗转南下到南京。如何对待他们,是一个政策性问题。史可法向皇帝建议,采取宽容而区别对待的政策:除了罪状显著,严惩以儆效尤外,如虽受李自成封官,没有罪迹,以及受大顺军拷打追赃的,概不追究。至于未曾降敌,逃匿北方,近始南归的,许其立功报效,在督师军前酌情任用。若原籍北方,即使曾降附李自成,但北方已为清所占领,他们又不愿降清,已无家可归的,令其到吏、兵二部报到录用。他说,不如此优待,恐将"绝其南归之心"。实际这是对抗清朝廷采取的策略,为了采取团结汉族官僚士大夫,这是很高明的谋略,为福王所采纳。

他在疏中说明采取这样处理办法的理由为:北京发生巨变,凡是明朝廷的臣僚,不分南北,都有罪责,不限北都诸臣。他说,他是南京兵部尚书,马士英是凤阳总督,都掌握兵权,没有及时征集东南军队,驰援北京;总兵刘泽清、高杰战败南撤,都有罪责。这样解释,可以减轻南归诸臣的心理压力,也是好谋略。

第三,处理四镇关系。四镇即驻防淮水南北的高杰、刘泽清、刘良佐、黄得功四总兵。他们已成为军阀,都图保存实力,常常不服从指挥,或阳奉阴违。到了紧要关头,为了维护他们个人的权益,也会叛变降敌。吴三桂是一先例。所以控制和驾驭他们很难。

史可法是督师的内阁大臣,有很高的地位和权力,但那是虚的。福王及其朝

奸佞卷

廷在他们眼中也没有什么权威,福王还是靠他们的枪杆子拥立的,何况是福王派出来的督师。史可法又没有嫡系亲军。实际上,史可法还能大体上指挥他们,并没出什么大乱子,主要靠两条:一是史可法是有名的清官好官,在社会上有很高的威信和声誉;一是史可法在处理与他们的关系时,采取相应的谋略,主要是以诚相待,胸怀坦荡,能以大道理感化他们。

督师初到任,便遇到难题。

扬州是繁华富庶的都市,黄得功、刘泽清、高杰争相要驻防扬州,高杰兵先至,杀戮抢掠,扬州士民坚守城池,高杰攻城一个月。刘泽清也大掠淮上,刘良佐要进驻临淮,亦被拒。史可法前往调解,刘泽清、刘良佐、黄得功都接受调度,接着去视察高杰部队。高杰很害怕,连夜挖很多大坑把尸首埋了,第二天去史可法营帐中谒见,吓得脸色变了,话也说不出来,汗流浃背。史可法坦怀相待,对小军官好言劝慰。于是,军心稳定下来,服从调度,驻防瓜洲。

史可法在扬州成立帅府。他以高杰跋扈桀骜,调黄得功驻仪真,以资防范。九月,两人火并,史出面调停,对高杰一再开诚布公地劝导、说服、教育,申明大义。高杰被感动,才觉悟,肯接受约束,服从指挥。十月间率师北进,抗御清兵。刘良佐、黄得功也奉命率师扼守颍川、寿州。

史可法的谋略开始收到效果。马士英却克扣粮饷,致使军队饥饿。第二年正月,高杰仍奉命挺进徐州、归德,高杰至睢州,为部下许定国杀害,军队大乱,许定国降清。史亲往徐州,委任高杰外甥总兵李本身为提督,统率高杰旧部,封杰子元爵为世子。军心稍定,但元气已损伤。马士英又派他的亲信卫允文以兵部侍郎名义,总督高杰旧部,夺史可法权,影响很坏。

三月二十五日,明左良玉从武昌引兵东下,以“清君侧”为名,讨伐马士英,四月初攻占九江。而清兵也节节南侵。马士英以皇帝名义,诏令史可法率兵入援。史听令,南至燕子矶而返,于是军心涣散,秩序大乱。

时左良玉病死,子左梦庚率军继续东进,攻取九江、安庆。黄得功统军抗御。高杰旧部仍遭马士英排挤,溃散于瓜洲。刘泽清大掠淮安,不久亦降清。当四月十九日,清兵包围扬州时,史可法已无兵可调,仍率领少数残兵,闭门坚守。二十五日城陷,史可法自杀未遂,被俘不屈,壮烈殉国。

古人曾总结历史经验教训说:奸相在朝,良将在外没有不失败的。史可法的失败是又一实证。

史可法提出的总的政治战略非常正确,他的失败在于向马士英让步、妥协以至屈服,没有对马士英进行斗争,从而招致失败,但虽败犹荣,流芳百世。

马士英在窃弄权柄,排除异己,拉帮结派,陷害正人方面,有一套阴险而又有效的谋略,总的一条便是挟傀儡福王以令群臣。如前所述,先以武力拥立福王,致使诚意伯刘孔昭出面推举他为大学士,继以史可法写的“七不可”信件,进行要挟,然后诱引福王搜寻美女金珠,终日观剧,尽情享乐,少问国事,由他揽大权。

为此又做了一些布置,通过阮大铖,勾结原南京守备太监、今司礼太监韩赞周,并收买一些太监;在外地勾结刘孔昭和其他侯爵、伯爵汤国祚、柳祚昌、赵之龙等。千方百计把阉党骨干阮大铖推上前台,由他任兵部右侍郎,不久又升兵部尚书兼右佥都御史,巡阅江防。进而起用阉党杨维垣、周昌晋等。同时陆续排挤爱国大臣张慎言、吕大器、姜曰广、刘宗周、高弘图、徐石麒等。在外地则勾结刘泽清、刘良佐,大翻逆案,打击和陷害东林党人和复社成员,有的被害死。此外,又广收贿赂,大卖官职,即使是白丁隶役,只要输纳重金,便可官封"大帅"。当时南都流行一歌谣:"职方(明代兵部有职方司,司长官称职方郎中)贱如狗,都督满街走。"

所有这些谋略,的确起了巩固和加强宰相马士英权力的效果,但也起了加速新建立的南明朝廷覆灭的作用。

北都沦陷后,局势动荡,情况很复杂。淮河以南广大地区仍为明地方政府所统辖。皖北、苏北、河南以及山东某些州县仍为明王朝官吏所把守。南方明官僚贵族会拥戴某一位明亲王为帝,重建政权,这也是势所必然。但是拥立谁为皇帝,却是头等重大问题。

福王有"七不可",荒淫、贪鄙、无志又无能,不但不是中兴帝王,也不是偏安之主,是昏君,是亡国之君,马士英施展谋略,拥立福王为帝,达到了独揽大权的个人贪欲,但很快断送南明朝廷,自己的地位、权力、财产也化为乌有,而且落得身败名裂,遗臭万年。

宁向清兵投降,不容卫国史将。马士英不仅缺德,也无志无能,既无历史知识,又无政治眼光,最初寄希望于"偏安",清兵不会南侵。当清兵节节南进时,他又一筹莫展。《明史》批评他"为人贪鄙无远略",待"四方警报狎至,士英身掌中枢,一无筹划,是以锄正人引凶党为务。"当清兵节节南下,马士英调黄得功、刘良佐去抵御左良玉父子,大理寺少卿姚思孝等请不要撤江北兵,当坚守淮安、扬州。马士英大骂:"你们东林党人还借口江防,纵容左良玉东下吗? 清兵到来,还可以请求投降;左兵到了,你们做高官,我是死路一条。"并大喊:"有再提议守淮的,杀无赦。"这就是马士英的总谋略。

同时,史可法一再上书向福王告急,说,左良玉不过欲清君侧,不会伤害皇上,清兵至,就有亡国的危险。这是史可法的总战略。

四月十三日,清兵渡淮。十五日,福王正在选美女。二十五日,扬州沦陷。二十六日,清兵编木筏,乘风而下。马士英亲信杨文骢谎报军情,说木筏已被守军炮火击沉。于是君臣皆大欢喜,照旧歌舞升平。夜里,有人在长安门写一首词:"福人(指福王)沉醉未醒,全凭马上胡诌(指马士英)。幕府凯歌已休,犹听阮中曲变(指阮大铖会戏曲,曾写《燕子笺》一剧)。"

五月初五日端午节,南京危在旦夕,福王犹在听戏,不坐朝。初七日,大学士马士英、王铎召集大臣密议,决定推赵之龙向清兵接洽投降。初八日,清兵渡江,

侵占镇江,明军溃逃。

初十日,福王出奔太平。刘孔昭先一天已逃往太平,闭门不纳他曾拥立的皇帝。福王转奔芜湖,投靠黄得功。刘良佐叛变降清,率兵追福王。二十二日,黄得功战败,受伤,大骂刘良佐后自杀。叛将劫福王出降,押送清营。弘光朝廷覆灭。

马士英于十一日带了亲军卫队,挟持太后,逃往浙江杭州。十二天后,阮大铖、朱大典、方国安等也逃来杭州,到处遭到抵制和辱骂。监国鲁王和福建唐王都拒绝接纳。马士英后被俘,清帝判处死刑。阮大铖后降清,跟从清兵攻仙霞关,半路上摔死。

十四日,清兵开抵南京,明忻城伯赵之龙、魏国公徐允爵(徐达后裔)、大学士王铎等迎降。十五日,清豫亲王多铎入南京,赵之龙、徐允爵率保国公朱国弼等贵族十五人,驸马一人,文臣除王铎、钱谦益外,大学士蔡奕琛、侍郎朱之臣、梁去构、都御史李乔等都跪降。其中大都是马士英的党羽,是投降派。

与史可法政见相同的大臣,如大学士高弘图、姜曰广,吏部尚书张慎言、徐石麒,都御史刘宗周等属于抗清派,都壮烈殉国。